WiKu-Wissenschaftsverlag Dr. Stein

DUISBURG - KÖLN

www.wiku-verlag.de

www.stonespublishingcologne.eu

Daniela Prousa

Analyse des Vermisstenfalles Madeleine McCann

Psychologische Untersuchung des Öffentlichkeitsverhaltens der Eltern
zur Frage ihrer möglichen Verwicklung –
Eine Einzelfallstudie mittels objektiver Hermeneutik und Tiefenhermeneutik

WiKu ®

DUISBURG - KÖLN

Bibliografische Informationen

Die Deutsche Bibliothek verzeichnet diese Publikation in der
Deutschen Nationalbibliografie; detaillierte bibliografische
Daten sind im Internet über http://dnb.ddb.de abrufbar.
Kurzsigel des Verlages: WiKu

ISBN 978-3-86553-353-1

© 2010 Duisburg, Köln: WiKu-Verlag - Wissenschaftsverlag und Kulturedition
Wissenschaftsverlag Dr. Stein, Duisburg & Köln

Printed in Germany

Danksagung

Ohne die freundliche Unterstützung all jener Menschen, die mir mit ihrer Bereitwilligkeit, diese Arbeit zu betreuen, mit ihren praktischen Hilfen, ihren inhaltlichen Beiträgen oder Anregungen sowie mit ihrem zugewandten und motivierenden Interesse auf dem für mich so spannenden Weg der Arbeitsanfertigung zur Seite standen, wären die nun vorliegenden Bände nicht entstanden. Ihnen allen gilt mein herzlicher Dank. Besonderer Dank gilt meinen beiden Gutachtern, Herrn Prof. Dr. Dietmar Heubrock und Herrn Prof. Dr. Lorenz Böllinger von der Universität Bremen, die keine Mühe scheuten.

In den vielen verschiedenen Gesprächen habe ich fachlich noch so vieles gelernt, mich mal von den angezapften Erfahrungsschätzen tief berührt gefühlt, ein anderes Mal ausgesprochen gut unterhalten, mal war ich beeindruckt, mal vom Einfallsreichtum meines Gegenübers begeistert und mal war mir das Zustandekommen der Begegnung zwischenmenschlich ein großes Erlebnis.

Zusammenfassung

Die vorliegende Arbeit stellt die offiziell erste umfangreiche psychologische Untersuchung der Vermisstenangelegenheit der am 03. Mai 2007 während eines Portugalurlaubes der Familie verschwundenen Madeleine McCann dar. Insbesondere das außergewöhnlich starke öffentliche Agieren der Eltern des damals knapp vierjährigen Mädchens verschaffte dem bislang unaufgeklärten Kriminalfall eine spektakuläre Bekanntheit. Es warf jedoch, in Verbindung mit einer mit der von den McCanns propagierten Entführungsversion unvereinbar erscheinenden Spurendetektion durch exzellent geschulte Blut- bzw. Leichenspürhunde, auch kritische Fragen bezüglich einer mögliche Verwicklung der Eltern selbst in das Verschwinden ihres Kindes auf. Da Madeleines Mutter und Vater aber jedwede Beteiligung verneinen, die DNA-Analysen der von den Hunden angezeigten Spuren letztlich ergebnislos verliefen und das Mädchen bis heute nicht wieder aufgetaucht ist, besteht das kriminalistische Aufklärungsinteresse seines erlittenen Schicksales und damit der vorgefallenen Straftat weiter fort.

Insbesondere das von den Eltern nach dem in Frage stehenden Ereignis so umfangreich produzierte Blog-, Appell- und Interviewmaterial, das im Falle ihrer Verwicklung mit zum aufschlussreichen, durch Tarnung und Abwehr einerseits, aber auch durch ein potenzielles Durchscheinen der verheimlichten bzw. verdrängten Erlebnisinhalte andererseits geprägten Nachtatverhalten gerechnet werden kann, erscheint offiziell noch nicht als psychologisch erschöpfend analysiert. Entsprechend widmet sich die vorliegende Arbeit schwerpunktmäßig dieser Untersuchung.

Sie betrachtet das Fallmaterial unter der übergeordneten Fragestellung, ob sich im öffentlichen Verhalten der Eltern McCann Hinweise auf eine Verwicklung in das Verschwinden ihrer Tochter oder auf einen ganz und gar anzunehmenden Angehörigen-Opferstatus finden lassen.

Es wird dabei davon ausgegangen, dass für ein derartiges Erkenntnisinteresse eine vorwiegende Konzentration auf die von den Eltern in bewusster Absicht übermittelten Bedeutungsgehalte ihrer Handlungen nicht Erfolg versprechend ist. Eine derartige Verfahrensweise würde gerade über die hinsichtlich der Fragestellung als besonders bedeutsam einzuschätzenden Aspekte - psychisch Abgewehrtes, nach Außen hin bewusst Zurückgehaltenes und andere, einer Reflexion nicht immer vollständig zugängliche Strukturen, wie z. B. intrafamiliäre Beziehungsmuster -

nicht viel in Erfahrung bringen können. Auf eben diesen *latenten* Bedeutungssphären der von den Eltern McCann nach dem Verschwinden ihrer Tochter Madeleine produzierten Handlungen soll darum in dieser Arbeit das Hauptaugenmerk liegen.

Für die psychologische Differenzierung der übergeordneten Fragestellung wird bezüglich der Inhaltlichkeit dieser latenten Bedeutungen außerdem davon ausgegangen, dass je nach dem von Madeleines Eltern im unmittelbaren Zusammenhang mit dem Verschwinden ihrer Tochter tatsächlich Erlebten sowie je nach ihren Persönlichkeitsstrukturen und ihrer Bindung und Beziehung zu dem Kind unterschiedliche latente Gehalte und Dynamiken zu erwarten sind, die bereits im Vorfeld der Analyse in rudimentärer Form differenziell postuliert werden können. Ihre Aufdeckung mittels hierauf zugeschnittener Methoden kann dann Aufschluss geben über den in dem vorliegenden Fall konkret bestehenden Plausibilitätsgrad der theoretisch möglichen Verschwindens-versionen.

Als für die Herausarbeitung dieser latenten Inhalte am geeignetsten erscheinen die Analysemethoden objektive Hermeneutik und Tiefenhermeneutik, die triangulär-abgleichend und -ergänzend angewandt werden.

Im Ergebnis kann gezeigt werden, dass in dem betrachteten Fallmaterial recht starke Hinweise auf eine aktive Verwicklung von Frau McCann in das Verschwinden ihrer Tochter Madeleine enthalten sind, quantitativ und qualitativ weniger stark ausgeprägte und damit uneindeutigere Indizien auch bezüglich einer Involviertheit von Herrn McCann.

Aus diesen Indizien können schlussendlich einige Konsequenzen für das weitere ermittlungsstrategische Vorgehen abgeleitet werden.

Darüber hinaus mag die aufwendige Dokumentation der Untersuchungen dem Leser das vielversprechende Unterfangen vor Augen führen, mit dem sich auf wissenschaftlich fundierter Ebene um eine hermeneutische „Rekonstruktion des Originalvorfalles" (vgl. Lorenzer in Kap. 11.2.2) bemüht werden kann.

Inhalt

1 Einleitung

In dieser Arbeit wollen wir uns mit dem weltweit Aufsehen erregten und bis heute unaufgeklärt gebliebenen Kriminalfall des Verschwindens der damals knapp vierjährigen Madeleine McCann beschäftigen, die am Abend des 3. Mai 2007 auf mysteriöse Weise aus einem Ferienapartment im Süden von Portugal entschwand, wo ihre aus Großbritannien angereiste Familie mit einigen befreundeten Paaren sowie deren Kindern ab dem 28. April 2007 Urlaub gemacht hatte.

Während Madeleines Mutter und Vater einerseits eine Entführung propagieren, weisen andererseits die von hervorragend ausgebildeten Blut- und Leichenspürhunden detektierten Spuren darauf hin, dass das Kind in dem Apartment ums Leben kam. Da die DNA-Analysen jedoch letztlich keine Aussage erlauben, Madeleines Eltern eine Verwicklung von sich weisen, ihre weltweite „Find-Madeleine"-Medienkampagne jedoch aufgrund ihres nie zuvor dagewesenen Ausmaßes kritische Fragen bezüglich des tieferen motivationalen Hintergrundes aufwirft, erscheint es angesichts des andauernden kriminalistischen Aufklärungsinteresses der Straftat lohnenswert, einmal in einer umfangreichen psychologischen Untersuchung der Fragestellung nachzugehen, ob sich im öffentlichen Verhalten der Eltern Kate und Gerald McCann Hinweise auf eine Verwicklung in das Verschwinden ihres Kindes oder einen eindeutigen Angehörigen-Opferstatus finden lassen.

Dazu wollen wir in Kapitel 2 zunächst ganz allgemein in die in der Literatur bislang recht spärlich behandelte Phänomenologie von Vermisstenangelegenheiten von Kindern eintauchen, mittels Fallskizzen sowie offiziell verfügbarer Zahlen erstmals auf breiter Ebene für den europäischen Raum das diesbezügliche Wissen auf dem Papier zusammentragen, auch um vor diesem Hintergrund die möglichen Besonderheiten des zu betrachtenden Kriminalfalles Madeleine sowie seine ggf. vorhandenen Zusammenhänge mit ähnlichen Vorkommnissen herauszuschälen.

In Kapitel 3 wollen wir dann die Familie McCann in ihren persönlichen Lebenszusammenhängen kennenlernen, bevor wir in Kapitel 4 den von den Polizeibeamten in der Nacht des 3. Mai vorgefundenen Tatort sowie seine Spurenlage explorieren. Diese beiden Ebenen sollen neben anderen später psychologisch untersucht werden, im Gegensatz zu den Darlegungen in Abschnitt 5, den aus den kriminalpolizeilichen Erstvernehmungen der Reisegruppe stammenden Informationen, die unser Bild vom Verlaufe des besagten Abends vervollständigen sollen, auf die hingegen in den näheren Untersuchungen nur in bestimmten relevanten Punkten zurückgegriffen wird. Kapitel 6 führt uns dann die Ergebnisse der weiteren Ermittlungen vor Augen, wie sie dem Abschlussbericht der Portugiesischen Kriminalpolizei bzw. der Publikation des ehemaligen Chefermittlers im Fall, Gonçalo Amaral, zu entnehmen sind. In den Kapiteln 7 und 8 wollen wir uns dann den Handlungen der Eltern McCann in der Folgezeit des in Frage stehenden Ereignisses zuwenden, d. h. zunächst betrachten, wie sich ihr auffälliges Öffentlichkeitsverhalten entwickelte und anschließend den von dem 13.05.2007 an geführten Internetblog von Gerald McCann unter dem Gesichtspunkt inhaltlicher und formaler Charakteristika anschauen, die später auf ihren möglichen Zusammenhang mit den textassoziierten Ereignissen bzw. dem damit verbundenen inneren Erleben hin analysiert werden sollen. In Abschnitt 9 erfolgt dann eine Auffächerung des zu betrachtenden Problems, in der Form, dass wir die psychische Situation von Eltern mit ausschließlichem Angehörigen-Opferstatus aus der Sicht verschiedener Experten kennenlernen, das Spektrum möglicher Versionen von Madeleine McCanns Verschwinden theoretisch bezüglich seiner Plausibilitätsgrade explorieren und schließlich die aus Expertensicht kritischen Elemente an diesem Kriminalfall erfahren. In Kapitel 10 wollen wir schließlich überlegen, in welche psychologisch relevanten Konstrukte sich die übergeordnete Fragestellung für die vorzunehmenden Untersuchungen des Elternverhaltens differenzieren lässt, in Abschnitt 11, mit welchen idiographisch ausgerichteten wissenschaftlichen Methoden und an welchen Materialstichproben sich die uns interessierenden Aspekte am besten herausarbeiten lassen.

Für Einblicke in den ausführlich dokumentierten Analyseprozess ist der Anhang dieser Arbeit zu konsultieren:

....

Für den an ausführlicherem Fotomaterial zum Fall interessierten Leser ist die Website http://www.mccannfiles.com zu empfehlen, die u. a. eine Fremdarchivierung von Fotos der Presse und der Ermittlungsbehörden darstellt.

Tauchen wir nun erst einmal, wie eben angekündigt, in die Phänomenologie von Vermisstenangelegenheiten allgemein ein und führen uns dazu verschiedene Fälle aus der jüngeren Zeit vor Augen, von denen viele auch in der Öffentlichkeit sehr bekannt geworden sind.

2 Einordnung der Umstände des Verschwindens von Madeleine McCann in das Spektrum westeuropäischer Vermisstenfälle von Kindern[1]

Am 3. Mai 2007, 9 Tage vor ihrem vierten Geburtstag, verschwindet in dem kleinen, an der portugiesischen Algarve gelegenen Urlaubsort Praia da Luz das britische Mädchen Madeleine McCann aus der Ferienanlage „Ocean Club". Ihre Mutter, die ab 20.45 Uhr gemeinsam mit ihrem Ehemann und einer Gruppe mitreisender Freunde in einem zum Hotel gehörenden Restaurant zu Abend isst, findet nach eigenen Angaben gegen 22.00 Uhr in dem unverschlossenen Apartment nur noch Madeleines leeres Bett vor. Bis zum heutigen Tag gehen die Eltern offiziell von einer Entführung aus. Die mögliche Leiche des Kindes wurde nicht gefunden.[2]

Im Sommer 2007 hat Interpol in dieser Angelegenheit eine weltweite Vermisstenfahndung herausgegeben.[3] Eine solche erfolgt nur in „begründeten Ausnahmefällen".[4]

Um uns einem Verständnis dieses Kriminalfalles anzunähern, wollen wir uns zunächst seine möglichen Besonderheiten einerseits sowie seine eventuellen Zusammenhänge mit ähnlichen Vorkommnissen andererseits vor Augen führen. Explorieren wir also einmal die öffentlich verfügbaren Daten zu Vermisstenfällen Minderjähriger, insbesondere jüngerer, in Westeuropa verschwundener Kinder, und nehmen eine erste, grobe Verortung des vorliegenden Falles im phänomenalen Spektrum vor.[5] Beginnen wir mit einer Ausbreitung verschiedenartiger Fallskizzen, um uns die Heterogenität und die darin vielleicht doch auch zu vermutenden Muster von Vermisstenangelegenheiten bewusst zu machen:

2.1 Fallskizzen

Manche als vermisst gemeldeten Kinder und Jugendliche werden Opfer von Sexualmördern. Wie vor allem die ersten, aber auch viele der folgenden Beispiele zeigen werden, neigen derartige Täter im Allgemeinen sehr stark zur Wiederholung.[6] Solange sie nicht gefasst sind, sind daher regional weitere Vermisstenfälle oder unaufgeklärte Tötungsdelikte zu erwarten:

An einem Juninachmittag des Jahres 1996[7] kehren im niedersächsischen Jeddeloh bei Oldenburg zwei Pferde mit ihrer Kutsche allein von einem Ausflug zurück - die 13-jährige Ulrike ist verschwunden. Die Eltern erstatten Vermisstenanzeige bei der Polizei und suchen europaweit nach ihrer Tochter.[8] Dann verschwindet im März 1998 im nur 25km entfernten[9] Strücklingen die 11-jährige Christina spurlos von einer kleinen Nebenstraße in der Nähe ihres Wohnhauses[10] auf ihrem Nachhauseweg vom Schwimmunterricht[11]. Im gleichen Monat findet ein Jäger[12] in einem 15km vom Tatort entfernten Waldstück Ulrikes Leichnam[13]. Das Mädchen ist vergewaltigt und anschließend erdrosselt worden. Das Ermittlungsteam führt daraufhin einen Massenspeicheltest durch, der im Mai 1998 den nur einige Kilometer von dem Kind entfernt wohnenden, 30-jährigen arbeitslosen Binnenschiffer und dreifachen Familienvater, Ronny R., der Tat überführt. Er zeigt den Beamten schließlich auch die Stelle im morastigen Wald, an der er die sterblichen Überreste von Christina vergraben hat. Auch sie hat er brutal überwältigt, vergewaltigt und dann mit einem Kabel erdrosselt. Anschließend hat er noch mehrfach auf den toten Körper eingestochen, um das Sexualverbrechen zu kaschieren.[14]

Bereits 1989 hatte Ronny R. seine 17-jährige Schwester vergewaltigt, woraufhin er zu 5 Jahren Freiheitsstrafe verurteilt worden war. Während eines Hafturlaubes hatte er dann, in der Silvesternacht 1992/1993, seine 8-jährige Nichte in ihrem Kinderzimmer vergewaltigt. 1997 hatte er außerdem die 13-jährige Schwester seiner Frau missbraucht.[15]

Der wichtigen Frage, ob auch im Falle von Madeleine McCanns Verschwinden Hinweise auf einen seriellen Tatzusammenhang und damit wiederum auf eine wahrscheinlich vorgefallene Entführung vorliegen, werden wir weiter unten nachgehen.

Wenden wir uns zunächst noch anderen für unser Erkenntnisinteresse potenziell aufschlussreichen Fallbeschreibungen zu.

Im Mai 2004 wartet die 8-jährige Levke vor ihrem Elternhaus in Cuxhaven auf ihren Vater. Der 30-jährige Marc H., ein wegen versuchter Vergewaltigung vorbestrafter, arbeitsloser Installateur und Vater zweier Töchter, entdeckt das Kind zufällig bei seiner Vorbeifahrt. Er spricht das Mädchen an und gibt vor, es zu seiner Mutter bringen zu wollen, der etwas zugestoßen sei. Angeblich vertrauensvoll steigt Levke in das Auto. Marc H. fährt mit ihr in ein abgelegenes Waldstück und versucht, sie zu vergewaltigen. Nach dem Missbrauch erhält er einen Anruf seiner Frau, der er in gelassenem Tonfall erzählt, er sei noch bei der Arbeit. Dann legt er dem Mädchen einen Kabelbinder um den Hals, wobei er es seinen Angaben zufolge mit den Worten ablenkt, er wolle ihm eine schöne Kette schenken, und erdrosselt es. Den Leichnam versteckt er zunächst provisorisch in einem Waldstück bei Cuxhaven. Danach fährt er nach Hause und isst mit seiner Familie zu Abend. Am nächsten Tag gelingt es ihm trotz Polizeikontrollen, den toten Körper abzuholen und ihn in seinem Kofferraum in einen Wald nahe seines Heimatortes Attendorn im Sauerland zu transportieren.[16] Hier legt er ihn versteckt ab.[17] Erst viele Monate später werden die Überreste gefunden.[18]

An einem Nachmittag im Oktober desselben Jahres begeht Marc H. dann erneut eine Straftat nach gleichem Schema: Der 8-jährige Felix ist mit seinem Fahrrad auf dem Nachhauseweg zwischen den abgelegenen Orten Hipstedt und Neu-Ebersdorf nördlich von Bremen. Marc H. spricht auch ihn aus seinem Wagen heraus an und erzählt dem Jungen, er solle ihn zu seinen Eltern bringen, die einen Unfall erlitten hätten. Nach etwa 10-minütigem Zögern des Kindes lässt es sich schließlich überzeugen und steigt in das Auto. Sein Fahrrad verstaut Marc H. im Kofferraum[19]. Er missbraucht Felix. Etwa eine Stunde nach Kontaktaufnahme erwürgt er ihn mit bloßen Händen.[20]

Mit der Leiche des Jungen sowie dessen Fahrrad im Kofferraum begibt er sich noch am selben Tag ins Sauerland. In einem dortigen Stausee entsorgt er das Rad und holt auch den Leichnam aus seinem Wagen, um ihn zu vergraben. Er entscheidet sich dann aber um und fährt zurück nach Cuxhaven. Erst 3 Tage später beseitigt er die Leiche schließlich knapp 40km entfernt bei Bremerhaven[21]: Marc H. versucht, den in einen Müllsack gelegten, toten Körper zu vergraben, scheitert jedoch an den vielen Wurzeln. Daraufhin beschwert er den Sack mit Pflastersteinen und wirft ihn von einer Brücke aus in die Geeste. Den Spaten sowie einen Schuh des Jungen lässt er an der Überführung zurück.[22]

Als die Ermittler Marc H. im Dezember 2004 wegen des dringenden Tatverdachts an dem Mord an Levke festnehmen, gesteht er von sich aus wenig später auch die Straftaten an Felix.[23]

Wie man an diesem Fallbeispiel sehr gut erkennen kann, muss bei einem Sexualmörder nicht unbedingt eine Fixierung auf ein bestimmtes Geschlecht vorliegen. Eine bisexuelle Ausrichtung ist jedoch zumindest für „primärpädophile" Männer (vgl. Kap. 9.2.1.1) sehr selten.[24]

Ebenso zeigt es, dass die Kontaktaufnahme zu den Kindern statt mit körperlicher Gewalt auch mit dem Erschleichen von Vertrauen erfolgen kann, was beim Täter allerdings gewisse kommunikative, sozioemotionale und selbstregulatorische Kompetenzen voraussetzt (bzgl. letzterem Aspekt vgl. z. B. die Geduld des 10-minütigen Überzeugungsversuchs).

Auch das von dem Familienvater erfolgreich geführte „Doppelleben" ist bemerkenswert.

Im Vermisstenfall von Madeleine McCann könnte also durchaus auch ein Täter mit einem Profil zugeschlagen haben, das man im Allgemeinen eher weniger erwarten würde: Ein heute „liebevoller" Familienvater, der jedoch in seiner Vergangenheit einmal wegen des Missbrauchs von Jungen aufgefallen ist.

Allerdings müsste dieser Mann in Praia da Luz oder der unmittelbaren Umgebung einen sozialen Ankerpunkt (gehabt) haben, denn wie die vorangehende, so zeigt auch die nächste Fallskizze noch einmal die aus der kriminologischen Forschung gewonnene Erkenntnis, dass Straftäter sehr häufig an Orten agieren, die mit ihrer Lebensgeschichte zusammenhängen[25]:

Ein Vermisstenfall trägt sich Ende Februar 2001 in dem kleinen Ort Eberswalde-Finow bei Berlin zu: Die 12-jährige Ulrike wird von ihrer Mutter als vermisst gemeldet, als sie mit ihrem Fahrrad nicht wie erwartet vom Handballtraining in der nahegelegenen Sporthalle zurückkehrt. Das Rad findet sich mit verbogenem Lenker und weißem Autolack an der Gabel auf dem Weg zwischen Halle und Elternhaus. Am selben Tag geht 30km südwestlich von Finow, am Ortsrand von Bernau, ein weißer VW Polo in Flammen auf. Dieser war zuvor vom Bahnhof einer nahen Ortschaft gestohlen worden. In dem Wagen kann eine verkohlte Kinderhaarspange sichergestellt werden. Am 8. März wird dann 15km entfernt des Autowracks, nahe des Flugplatzes Werneuchen (ebenfalls etwa 30km südlich von Finow), die Leiche des Kindes durch einen Spaziergänger aufgefunden. Wie sich später herausstellt, ist Ulrike vergewaltigt und bereits am Tag nach ihrem Verschwinden getötet worden. Aufgrund eines Phantombildes des Autodiebes erkennt eine Bewährungshelferin schließlich den 25-jährigen Stefan J., der ein Jahr zuvor vorzeitig und auf Probe aus der Haft entlassen worden war. In seiner Jugend war er in einem Heim bei Finow untergebracht gewesen.[26]

Die folgende Kasuistik legt nahe, dass eine aktuelle soziale Destabilisierung bei alkoholabhängigen Triebtätern die Wahrscheinlichkeit für eine Begehung der Straftat erhöht:
An einem Februarnachmittag des Jahres 2007 kommt der 43-jährige Uwe K., der mit seiner von ihm getrennten Frau selbst eine bei dieser lebende Tochter hat und mehrfach einschlägig vorbestraft ist, an einer Leipziger Straßenbahnhaltestelle mit dem 9-jährigen Mitja in Kontakt. Sein Arbeitgeber hat ihn 2 Tage zuvor von der Arbeit freigestellt, da es zu wenig zu tun gab. Diese freie Zeit hat der Alkoholiker zum Konsum von Bier genutzt. Mitija nimmt er mit in

seine Wohnung, wo er ihn vergewaltigt und dabei drosselt, um ihn am Schreien zu hindern. Zur Vertuschung der Tat tötet er das Kind anschließend. Den Leichnam lagert er in seinem Kleingarten, wo er ihn vergraben will. Bereits am Folgetag wird dieser dort von der Polizei aufgefunden. Der Täter begibt sich unterdessen auf eine mehrtägige Flucht im Stadtgebiet, bis er sich schließlich vor eine Straßenbahn wirft. Er überlebt und legt ein Geständnis ab. Sein Anwalt gibt an, Uwe K. sei als 9-jähriger selbst Opfer einer Vergewaltigung gewesen.[27]

Wenngleich der Anteil an Männern mit eigenen Erfahrungen von sexuellen Übergriffen in der Kindheit unter Straftätern, die Kinder missbrauchen, signifikant höher ist als unter den Männern in der Allgemeinbevölkerung, so wurden doch mindestens 70-80% der Täter selbst nicht in ihrer Kindheit missbraucht.[28] Für die Erstellung von Täterprofilen ist dieses Merkmal also nicht heranzuziehen.

Anders als in den bisher skizzierten Fällen kommt es mitunter auch vor, dass zwar eine Leiche aufgefunden wird, der Täter aber auch nach geraumer Zeit noch nicht ermittelt werden kann. So ist auch der Mörder der 2001 in Bremen als vermisst gemeldeten Adelina ist noch nicht identifiziert. Das 10-jährige Mädchen, das mit ihrer Familie 3 Jahre zuvor aus Russland eingewandert war, wird an einem Juniabend zuletzt von ihrem Urgroßvater gesehen, bei dem sie im Auftrag ihrer Mutter Lebensmittel abholt. In ihrem nur etwa 200 Meter entfernten Zuhause kommt sie danach jedoch laut Angaben der Eltern nicht an.[29] Anfang Oktober jenes Jahre werden dann ihre sterblichen Überreste von einer Pilzsammlerin in einem südlich von Bremen gelegenen Waldstück gefunden.[30] Vom Täter fehlt bislang noch jede Spur.

Dieser Fall führt auch noch einmal besonders deutlich vor Augen, dass sehr viele Kinder auf allein zu bewältigenden Wegstrecken in der Nähe ihres Elternhauses verschwinden. Die verschwundene Madeleine McCann hingegen war diesem Risiko nicht ausgesetzt, womit eine Kindesentführung durch einen sich in eine fremde Unterkunft begebenden außerfamiliären Täter in ihrer Angelegenheit eine recht untypische Begehungsweise abbilden würde. Das bedeutet, dass ein in dieser „Handschrift" agierender Täter in seinen vorangegangenen oder weiteren Entführungen ganz besonders auffallen würde. In dieser Hinsicht könnte die im Folgenden geschilderte vermutliche Tatserie für uns vielleicht sehr aufschlussreich sein, da sie die einzige ist, die in Nord-/Westeuropa durch eine solch auffällige Parallele in der Tatausführung bekannt wurde:

In einer Nacht im September 2001 verschwindet der 9-jährige Dennis auf einer Klassenfahrt in einem Schullandheim im niedersächsischen Wulsbüttel, in dem bereits in den 1990er Jahren mehrfach Jungen nachts von einem maskierten Täter missbraucht worden waren, ebenso wie in anderen nahegelegenen Schul- und Kinderheimen. Zwei Wochen Später wird Dennis von einem Pilzsammler an einem Waldweg zwischen den etwa 30km Luftlinie von Wulsbüttel entfernten Ortschaften Hepstedt und Kirchtimke tot aufgefunden. Konkrete Hinweise auf ein Sexualverbrechen liegen nicht vor, sind jedoch auch nicht auszuschließen. Bislang fehlt von dem Täter noch jede Spur.

Aufgrund von einigen Gemeinsamkeiten mit anderen im norddeutschen Raum stattgefundenen Missbrauchstaten mit Jungen als Opfer, sowohl was die Täterbeschreibung als auch die Begehungsweise anbetrifft, ist für die Polizei Niedersachsen vorstellbar, dass es sich um einen Serientäter handelt. Unter anderem verschwindet in einer Märznacht des Jahres 1992 ebenfalls der 13-jährige Stefan aus einem Internat in Scheeßel im Kreis Rotenburg. Zurück bleiben in einem Aufenthaltsraum ein Schlafanzug und ein offenes Fenster. Anfang Mai wird das Kind gefesselt, getötet und vergraben in den etwa 30km Luftlinie entfernten Verdener Dünen aufgefunden. Der Täter ist noch nicht identifiziert.[31]

Obgleich der Leichenfundort, wie es die meisten der bislang dargestellten Fälle nahe legen, zumindest bei im ländlichen Gebiet begangenen Taten sehr häufig etwa 30km, bzw. genauer gesagt, zwischen 15 und 40km, vom Ort der Kontaktaufnahme mit dem Opfer entfernt zu sein scheinen, zeigt der nächste Fall, der von der Polizei ebenfalls in einem möglichen Zusammenhang mit den zuvor genannten Straftaten gesehen wird, dass die Distanz manchmal auch völlig anders ausfallen kann:

Im Juli 1995 verliert sich in den frühen Morgenstunden die Spur des 8-jährigen Dennis R. in einem abgelegenen Ferienzeltlager in Selker Noor bei Schleswig. Zwei Wochen später wird die Leiche des Jungen vergaben in einer etwa 250km entfernten Düne bei Skive in Dänemark entdeckt. Der Täter kann nicht ermittelt werden.[32]

Diese vermutliche Tatserie scheint - zumindest, was ihr möglicherweise mittlerweile weiterentwickeltes Stadium der auch im Falle von Madeleine McCann eventuell vorliegenden Begehungsweise anbetrifft – seit Jahren abgeschlossen zu sein. Auch von ihren geografischen Merkmalen her sowie der mit an Sicherheit grenzenden Wahrscheinlichkeit einer ausschließlichen Fixierung des Täters auf Jungen im präpubertären und pubertären

Alter kann eine Verbindung mit Madeleines Verschwinden nicht hergestellt werden.

Bliebe also noch die Möglichkeit, dass dieser auf Jungen fixierte Täter mittlerweile seine Fähigkeiten innerhalb einer größeren Gruppe organisierter Krimineller gegen Bezahlung zur Verfügung stellt und somit auch kleine Mädchen aus Unterkünften heraus raubt. Es gibt jedoch keine bekannten Fallgeschichten, die diese ohnehin unwahrscheinliche Entwicklung nahe legen würden. Damit bleiben die Umstände von Madeleine McCanns Verschwinden vorerst etwas Besonderes – im Vergleich zu den eben skizzierten Fällen auch angesichts einer knapp 2 Jahre nach ihrem Verschwinden nicht aufgefundenen Leiche.

Es gibt allerdings mitunter auch Fälle, in denen es trotz des Fehlens einer Leiche zu einer Verurteilung der mutmaßlichen Täter kommt, denen aufgrund von Indizien oder psychologischer/psychiatrischer Gutachten Tötung zur Last gelegt wird:
An einem Nachmittag im März 2001 verschwindet die 9-jährige Peggy aus dem oberfränkischen Lichtenberg. Ihre vom Vater getrennt lebende Mutter arbeitet tagsüber als Altenpflegerin, mit ihrem neuen Lebensgefährten versteht sich Peggy angeblich nicht. An dem Nachmittag bringt das Mädchen seinen Roller, mit dem es den Schulweg bewältigt, nach Hause, verlässt dann jedoch mit seiner Schultasche wieder das Haus und wird von verschiedenen Personen in der Ortschaft gesehen.[33]
Monate nach dem Verschwinden legt der bereits mehrfach von den Ermittlern verhörte 27-jährige Gastwirtssohn Ulvi K., der eine geistige Behinderung aufweisen soll, ein Geständnis ab. Er erzählt, Peggy einige Tage vor ihrem Verschwinden sexuell missbraucht zu haben und ihr dann an dem besagten Nachmittag aufgelauert zu haben, um ihr einzuschärfen, sie möge ihn nicht verraten. Peggy sei jedoch weggerannt, zwischen den Schrebergärten hindurch. Sie sei gestürzt, habe sich das Knie aufgeschlagen, sei aber weitergelaufen. Als er sie eingeholt habe, habe sie geschrien, dass sie ihn verraten würde. Daraufhin habe er ihr Mund und Nase zugehalten, bis sie sich schließlich nicht mehr rührte. Nach der Tat habe er erst einmal eine Zigarette geraucht. Später widerruft der Mann sein Geständnis. Dennoch wird er im April 2004 zu einer lebenslangen Freiheitsstrafe wegen Mordes verurteilt, da ihm ein Sachverständigengutachten bescheinigt, er könne sich eine derartige Geschichte nicht ausdenken, und er mit der angeblichen Missbrauchshandlung ein Motiv gehabt habe.[34]

Auch im Falle der seit Juni 2006 vermissten Hannoveranerin Karen G. und ihres Babys Clara wird im Jahr 2007 deren Ex-Freund und Vater des Kindes in einem Indizienprozess vom städtischen Schwurgericht zu lebenslanger Freiheitsstrafe wegen Mordes verurteilt. Wo und wann er die Leichen beseitigt haben soll, bleibt weiterhin unklar.[35]

Diese Fälle weisen darauf hin, dass Madeleines möglicherweise vorhandener bzw. vorhanden gewesener kleiner Leichnam auf eine Weise beseitigt worden sein kann, die eine länger oder sogar ewig anhaltende Unauffindbarkeit bedeuten kann. Diesbezüglich in Betracht kommen insbesondere eine Auflösung des Körpers mittels salzsäurehaltigen Rohrreinigers, seine Entsorgung auf einer Mülldeponie, in deren Abfallbergen eine Temperatur von bis zu 800°C herrscht, was den Körper/zerstückelte Körperteile rasch skelettieren lässt, bevor er dann in die Verbrennungsanlage gerät sowie eine Enbetonierung.[36] Ebenso möglich erscheint mir ein Einfrieren in einer Tiefkühltruhe, eine Entsorgung in einer Tierkörperverbrennungsanlage oder Eisengießerei, eine Versenkung im Moor, ein Vergraben auf einem Friedhof oder einem anderen gut geeigneten Platz, ein Zermahlen der Knochen in einer Mühle oder eine Verfütterung des Körpers an Raubtiere oder auch ausgehungerte Schweine.

Ein Nicht-Auffinden einer Leiche eines vermissten Kindes muss jedoch nicht zwangsläufig bedeuten, dass es getötet und in einer der oben beschriebenen Weisen entsorgt wurde. Manche Täter stellen ihre langfristige Bedürfnisbefriedigung auch dadurch sicher, dass sie ihre kindlichen Opfer über einen längeren Zeitraum gefangen halten und sie während dieser Zeit immer wieder sexuell missbrauchen. Es scheint dabei unterschiedliche Beziehungsformen zwischen Täter und Opfer zu geben, wie die beiden folgenden Fälle zeigen:

An einem Morgen im Januar 2006 wird die 13-jährige Stephanie in Dresden von dem einschlägig vorbestraften, 36-jährigen Mario M. auf ihrem Weg zur Schule entführt. In seiner nur wenige hundert Meter von Stephanies Elternhaus entfernten Wohnung hält er das Mädchen 5 Wochen lang gefangen und vergewaltigt es über 100 Mal. Häufig zeichnet er das Tatgeschehen mit seiner Videokamera auf. Zuweilen sperrt er Stephanie in eine Kiste und hindert sie mit einem Socken im Mund am Hilferufen. Mario M. nimmt das Kind allerdings auch mitunter auf nächtliche Spaziergänge mit. Bei diesen Gelegenheiten gelingt es Stephanie, mit Hilfsappellen beschriebene Zettel fallen zu lassen. Einer von diesen wird schließlich von einem

Passanten gefunden, der dann die Polizei verständigt, was zu Stephanies Befreiung führt. Mario M. legt zu Prozessbeginn ein Geständnis ab.[37]

In dieser Angelegenheit können wir festhalten, dass der Einfallsreichtum des Kindes wesentlich zu seiner Befreiung führte. Aber auch der relativ große Bewegungsradius, den der Täter seinem Opfer wohl vor dem Hintergrund der fehlenden unauffälligen Unterbringungsmöglichkeit zeitweise zugestand, spielte eine Rolle. Mit einem noch so jungen Kind wie Madeleine, das noch über eine deutlich geringere Selbstkontrolle verfügt und daher für den Täter einen enormen Stress bedeutet, wäre dieses Szenarium allerdings so kaum vorstellbar gewesen. Wäre ihr möglicher Entführer überhaupt auf die Idee einer derartigen Unterbringung gekommen, wäre somit eine relativ rasche Tötung oder ein versehentlicher Tod des Kindes durch eine anhaltende Beruhigungsmittelüberdosierung anzunehmen.

Was die Bewegungsfreiheit des Opfers anbetrifft, so kann sich diese auch im Rahmen einer „vertrauensvollen" Beziehung des Täters zu ihm entwickeln, die mit einer stärkeren Behandlung des Geschädigten als „menschliches Wesen" und damit einem deutlichen Interesse an zwischenmenschlicher Beziehung einhergeht. Diese Unterscheidung von Interaktionsformen des Täters sieht der britische Kriminalpsychologe David V. Canter (2004) allerdings als wesentlich für die Typisierung von Serienmördern an.[38] Aber auch am spektakulären Vermisstenfall der im März 1998 in Wien verschwundenen Natascha Kampusch wird dieser eben genannte Beziehungstyp deutlich:

Gegen 7 Uhr morgens begibt sich die 10-Jährige auf ihren Schulweg. In einem sich in der Nähe der Schule befindenden Kreisverkehr sieht eine Mitschülerin sie dann in einen Kleinbus steigen. Von dessen Fahrer, Wolfgang P., wird Natascha bis zu ihrer Flucht im August 2006 in einem kleinen, schallisolierten[39] Kellerverlies unter dessen Garage gefangen gehalten und sexuell missbraucht[40].

Anders als im Falle von Stephanie gibt das Mädchen an, sie habe mit dem Täter eine zärtliche Beziehung geführt[41]. Er gibt ihr Bücher zum Lesen und selbst die Möbel für ihr Verlies darf sie sich in Katalogen aussuchen. Natascha führt den Haushalt des Mannes und bekocht ihn. Im Laufe der Zeit essen beide auch immer häufiger gemeinsam auf der Terrasse und unternehmen sogar einmal einen Skiausflug, während dem Wolfgang W. jedoch sehr wachsam gewesen sei. Natascha habe stets auf den richtigen Zeitpunkt zur

Flucht gewartet, jedoch gewusst, dass sie sich keinen Fehlversuch hätte leisten können.[42]
Als das Mädchen an einem Augusttag des Jahres 2006 den Wagen des Täters reinigt und sich dieser aufgrund des Staubsaugerlärms während eines Handyanrufes von ihr entfernt, gelingt Natascha die Flucht. Wolfgang W. nimmt sich vor seiner Festnahme das Leben, indem er sich vor einen Zug wirft.[43]
Ein sich für den Fall interessierender Richter aus der Steiermark, der während Nataschas Verschwundenseins aufgrund von im Fotoalbum der Mutter gefundenen Nacktfotos des Kindes, seiner kurz vor dem Verschwinden eingesetzten Bettnässerei und Gewichtszunahme die Mutter einer Verwicklung in ein sexuelles Missbrauchsgeschehen verdächtigt, wird von der Wiener Polizei allerdings angezeigt und muss sich einer psychiatrischen Untersuchung auf Zurechnungsfähigkeit unterziehen.[44]

Was wir aus den soweit beschriebenen Fällen schon einmal vermuten können, ist dass vor allem sexuell motivierte Kindesentführer in aller Regel Opfer im Alter von mindestens 8 Jahren, eher aber noch Mädchen und Jungen im direkten präpubertären oder pubertären Alter, wählen. Möglich wäre eine Bedingtheit durch die Verfügbarkeit der Kinder (jüngere Kinder befinden sich viel eher unter der Aufsicht eines Erwachsenen). Wie die Leipziger Studie zur gesellschaftlichen und psychischen Situation pädophiler Männer[45] jedoch herausfand, liegt zumindest für tatsächlich „pädophile" Täter (vgl. dazu Kap. 9.2.1.1) die interessanteste Alterspanne zwischen 7.6 und 14.6 Jahren, je nach geschlechtlicher Ausrichtung[46]. Unter diesem Gesichtspunkt ist es unwahrscheinlich, dass ein Entführer aus sexuellem Interesse heraus ein wesentlich jüngeres Kind wie Madeleine McCann entführt.

In Fällen, in denen der Täter zeitgleich mehrere Opfer in seiner Gewalt hat und/oder über größere handwerklich-technische Fähigkeiten verfügt, scheint die Unterbringung besonders professionell und die Kontrolle eher stärker ausgeprägt zu sein, sodass sich letztere weniger wahrscheinlich aus eigenen Kräften befreien können. Sie vegetieren dann, wie es scheint, eher vor sich hin und kommen in ihrer Gefangenschaft u. U. gar ums Leben:
Im August 1996 befreien Polizeibeamte im belgischen Charleroi zwei abgemagerte Mädchen, die 12-jährige Sabine und die 14-jährige Laetitia, aus dem Kellerverlies von Marc Dutroux, einem bereits wegen Entführung von Mädchen und Vergewaltigung

verurteilten, damals 39-jährigen arbeitslosen Elektriker. Er hat die Kinder über 3 Monate zuvor von der Straße weg entführt und sie in dem von einer Wasserzisterne umgebauten Verlies seines Hauses mehrfach vergewaltigt. Zwei Wochen nach seiner Festnahme führt Marc Dutroux die Ermittler zu vier von ihm in verschiedenen Gärten vergrabenen Mädchenleichen: die 8-jährige Mélissa und die gleichaltrige Julie sowie die beiden mit Komplizen entführten älteren Mädchen, die 17-jährige An und die 19-jährige Eefje. Sie waren nach ihrer Entführung ebenfalls in dem Kellerverlies gefangen gehalten und vergewaltigt worden. Schließlich waren sie dort verhungert und verdurstet. Marc Dutroux hatte mehrere Mittäter, unter anderem seine Frau, sowie seinen Angaben zufolge auch Personen aus der High-Society, denen er die Mädchen für Sexpartys überlassen haben will.[47]

Im August 1984 lockt der 49-jährige Elektrotechniker, Josef F., im niederösterreichischen Amstetten seine durch ihn seit ihrem 11. Lebensjahr missbrauchte und zu jenem Zeitpunkt 18-jährige Tochter Elisabeth in den Keller seines Einfamilienhauses, fesselt sie und sperrt sie in einen Raum ohne Tageslicht. Während er die junge Frau offiziell als vermisst meldet und angibt, sie sei seines Wissens nach zu einer Sekte übergetreten, vergewaltigt er sie immer wieder und zeugt mit ihr sieben Kinder. Eines davon, dass kurz nach der Geburt durch Mangelversorgung gestorben sein soll, verbrennt er nach eigenen Angaben im Heizkessel des Hauses. Drei weitere Kinder leben mit Elisabeth in dem später mit einer elektrisch gesicherten Stahlbetontür verschlossenen Kellerverlies, das über sanitäre Anlage verfügt. Elisabeths andere Kinder nimmt Josef F. in den Haushalt von sich und seiner Frau auf, die von den Vorgängen im Keller nichts mitbekommen haben will. Offiziell erklärt der Täter, seine Tochter habe ihm ihre Kinder vor die Tür gelegt. Den Behörden fällt daran nichts Merkwürdiges auf. Als Elisabeths 19-jährige Tochter im April 2008 in dem Keller das Bewusstsein verliert und ihr mittlerweile 73-jähriger Großvater sie immerhin ins Krankenhaus bringt, klärt sich dieser Vermisstenfall 24 Jahre nach seiner Anzeige auf.[48]

Was nach Darlegung der letztgenannten Fälle ins Auge sticht, ist dass es sich beim Gefangenhalten der Opfer über einen längeren Zeitraum bislang ausschließlich um Mädchen handelt. Es könnte also eine Tatbegehungsvariante darstellen, die bei homo- oder bisexuell orientierten Tätern nicht oder signifikant seltener zu finden ist. Dies bliebe allerdings an anderer Stelle genauer zu untersuchen. Diese Angelegenheit dient uns außerdem, ebenso wie die drei nachfolgend dargestellten, als Beispiel dafür, dass hinter einer von den Eltern getätigten Vermisstmeldung auch manchmal diese selbst aus recht unterschiedlichen Motiven heraus als Täter stehen können:

Im Februar 2008 entführt ein 40-jähriger Mann die 9-jährige Shannon im englischen West Yorkshire auf ihrem Weg zur Schule. Er bringt sie in sein Haus, wo er sie an einen Strick bindet, der ihr erlaubt, das Bad aufzusuchen, jedoch nicht bis zur Haustür zu gelangen. Eine der größten Suchaktion in der Geschichte der regionalen Polizei beginnt. Mit ihrer 24-tägigen Dauer verursacht sie Kosten in Höhe von über 3 Millionen Britische Pfund. Als die Ermittler schließlich das Haus des Verdächtigen durchsuchen, finden sie Shannon betäubt im Bettkasten liegen. Im Dezember steht dann Shannons 33-jährige Mutter vor Gericht: Sie wird für schuldig befunden, die Entführung gemeinsam mit ihrem Bekannten inszeniert zu haben, um die auf ihr Kind ausgesetzte Belohnung zu kassieren.[49]

Ein vergleichbares Geschehen ist in der Vermisstenangelegenheit von Madeleine McCann allein schon aus Gründen der langen Dauer ihres Verschwundenseins allerdings auszuschließen.

Kinder gelten ebenfalls im Falle von Kindesentziehungen offiziell als vermisst, wenn sie - so zumindest die deutsche Regelung[50] - mit einer für das Kind nicht auszuschließenden Gefahr verbunden sind. Derartige Konstellationen kommen vor allem bei Sorge- und Umgangsrechtsstreitigkeiten der Eltern vor, wie die folgende Fallskizze zeigt:

Im Oktober 2002 entführt der getrennt von seiner Frau und seiner 2-jährigen Tochter Celina lebende Alita S. die Tochter in sein Heimatland Serbien. Zuvor hatte er auf dem Rechtsweg für sein Kind eine Besuchserlaubnis erstritten. Zwei Jahre später ermitteln die serbischen Behörden den Aufenthaltsort des Mannes und es kommt zu einem Verfahren vor dem Familiengericht in Belgrad.[51]

Eine etwas anders gelagerte Situation erlebt eine Bremer Mutter 2008: Die von dem tunesischen Vater ihres 3-jährigen Sohnes Faris getrennt lebende Frau mit alleinigem Sorgerecht geht auf den Wunsch des Mannes ein, das Kind im Rahmen einer Reise seiner Familie in Tunesien vorstellen zu wollen. Am Abend vor der geplanten Heimreise lockt er sie mit einem Vorwand vor die Haustür. Als sie danach nach ihrem Kind sehen will, ist dieses aus seinem Bettchen, in dem es geschlafen hatte, verschwunden. Mit Hilfe der Bremer Politikerin Marieluise Beck, ehemalige Ausländerbeauftragte der Bundesregierung, kämpft sie daraufhin um Faris, dessen Vater mit einem EU-weiten Haftbefehl gesucht wird.[52]

Für Madeleine als leibliche Tochter von Kate und Gerald McCann kann allerdings auch eine Kindesentführung durch ein Elternteil ausgeschlossen werden.

Um das phänomenale Spektrum aber auch abgesehen von dem uns zentral interessierenden Fall der Übersicht halber noch etwas auszuweiten, sollen auch die folgenden Konstellationen noch eben Erwähnung finden, wenngleich die meisten von ihnen nicht auf das Verschwinden von Madeleine zutreffen:

Mitunter kommen Entführungen eines fremden Babys von einer Geburtsstation durch Frauen vor: Im November 2008 entführt eine Dame die 2 Tage alte Lara von der mit einem elektronischen Zahlenschloss gesicherten Neugeborenenstation des Buxtehuder Klinikums. Neun Stunden später setzt sie das Baby allerdings in einem Krankenhaus in Bremerhaven wieder aus.[53]

Aber selbst die Entführung sehr junger Kinder kann unter Umständen einen gewissen - jedoch zumindest meist physisch eher weniger schwerwiegenden - sexuellen Hintergrund haben, wie das folgende Beispiel zeigt:

Im Jahr 2005 entführt ein 38-jähriger Mann ein 1.5-jähriges Mädchen aus einem norddeutschen Baumarkt. Aufgrund entsprechender Spermaspuren auf der Kleidung und in der Windel des Kindes legt der Richter vor dem Hamburger Landgericht dem Täter zur Last, dem Kind die Windel geöffnet und dann in dessen unmittelbarer Nähe onaniert zu haben. Nach der Tat setzt der 38-Jährige das Kind an einem U-Bahnhof wieder aus. Das Anlächeln von Seiten des Kindes in dem Baumarkt habe der Mann als „Anflirten" gedeutet, so der Richter. Der Straftäter wird zu 2 Jahren Haft und zur Unterbringung in einer psychiatrischen Klinik verurteilt.[54]

Wäre Madeleine ein ähnliches Schicksal wiederfahren, so wäre sie wohl eher mittlerweile ebenso wieder aufgetaucht.

Das Spektrum von Hintergründen des Verbleibs vermisst gemeldeter Kinder schließt auch Situationen eines tödlichen Unfalles ein:

An einem Nachmittag im April 1997 fährt die 7-jährige Sandra K. in einem niederösterreichischen Dorf mit ihrem Fahrrad den bekannten 10-minütigen Weg zu ihrer Schulfreundin. Als sie dort jedoch nicht ankommt, sucht man nach ihr und findet etwa 200m von der

Wohnung entfernt das in einem Bach liegende Rad. Einige Tage später wird 4km entfernt der Rucksack des Mädchens angetrieben. Ein Spaziergänger findet schließlich einen Monat nach Sandras Verschwinden die bekleidete Kinderleiche an einer anderen Uferstelle. Da sich keine Spuren äußerer Gewalteinwirkung finden lassen und der Körper vollständig bekleidet ist, gehen die Ermittler von einem Fahrradsturz mit anschließendem Ertrinken aus.[55]

Was Madeleine McCann anbetrifft, so könnte auch sie prinzipiell einen ähnlichen tödlichen Unfall erlitten haben. Aufgrund der massiven Suchaktionen sowie ihres eher geringen Aktionsradius wäre sie jedoch mittlerweile sicherlich von jemandem aufgefunden worden.

Insbesondere bei Jugendlichen kann hinter einer Abgängigkeit auch ein wie das im Folgenden beschriebene Szenario stehen:
Im Jahr 1995 ist für ein halbes Jahr auf den Milchpäckchen der Molkerei Stainz in der südlichen Steiermark das Gesicht der 15-jährigen Tamara mit einer Beschreibung ihrer Person abgedruckt. Ihr Vater hat dies 2 Jahre nach ihrem Verschwinden aus einem psychiatrischen Klinikum durchgesetzt. Das Mädchen war aus der Einrichtung zu ihrer behandelnden Therapeutin nach Hause geflüchtet. Als diese sie wieder zurückgebracht und vor der Tür abgesetzt hat, war Tamara verschwunden.
Vier Jahre später, 1995, wird das Mädchen dann im Hause eines ehemaligen Angestellten ihres Vaters entdeckt, welcher sie schon früher des Öfteren heimlich beherbergt hatte und wodurch er seine Anstellung verloren hatte. Für die erfolgreiche Aufspürung verantwortlich ist derjenige, der sich kurze Zeit später aufgrund seiner Verdächtigungen gegen die Mutter von Natascha Kampusch einem psychiatrischen Gutachten unterziehen müssen wird.[56]

Andere Jugendliche laufen aus den verschiedensten Gründen von zu Hause weg: aus Abenteuerlust, Schwärmerei, Streunerei, Liebeskummer, Drogenabhängigkeit oder Freitodabsicht heraus, aus Familienstreitigkeiten oder Angst vor Strafe, aus Schwierigkeiten in der Schule oder der Ausbildung.[57] Nicht alle durch Suizid gestorbene Jugendliche werden umgehend gefunden, sodass auch sie längere Zeit als vermisst gelten können.[58]
Ähnlich verhält es sich mit Jugendlichen, die Substanzmissbrauch begehen und dabei ungewollt ums Leben kommen, wie der folgende Fall zeigt:
Im Oktober 2007 finden eine Mutter und ein Freund des Jugendlichen den 15-Jährigen nach Erstattung einer

Vermisstenanzeige tot in einem Waldstück bei Damme im Kreis Vechta auf. Dort werden auch mehrere Gas-Nachfüllbehälter entdeckt. Die Ermittler gehen davon aus, dass der Junge beim „Schnüffeln" an einer Vergiftung mit Butangas starb.[59]

Jüngere Kinder gehen typischerweise in der Stadt oder im Kaufhaus verloren und werden rasch wiedergefunden.[60] Nur sehr selten kommen auch Situationen vor wie diese: Ein 5-Jähriger verlässt vorsätzlich das Elternhaus, um einmal mit dem Zug zu fahren. Nach 2-tägiger Abwesenheit wird er als „blinder Passagier" im Schwarzwaldexpress aufgegriffen. Er gibt an, „unwahrscheinlich gern" mit der Eisenbahn zu fahren.[61]

Der Raum, den die von mir aufgezeigten, verschiedenartigen Hintergründe von Vermisstenfällen jeweils einnehmen, entspricht größtenteils etwa dem der Berichterstattung in den Medien. Ob er jeweils auch proportional ist zur Anzahl der tatsächlichen Vorkommnisse, darüber geben entsprechende Statistiken annähernd Auskunft. Sie verraten auch, wie häufig es überhaupt vorkommt, dass Kinder und Jugendliche offiziell vermisst werden. Werfen wir nun also einen Blick in die zu diesem Themenkomplex auffindbaren Zahlen.

2.2 Zahlen
Bei Konsultation der Interpol-Datenbank über weltweit vermisste Kinder und Jugendliche unter 18 Jahren[62] stößt man am 10. Januar 2009 auf insgesamt 324 gesuchte Personen mehrheitlich männlichen Geschlechts. 62 Kinder sind zum gegenwärtigen Zeitpunkt nicht älter als 6 Jahre, bei 125 von ihnen handelt es sich um Mädchen und Jungen zwischen 7 und 12 Jahren und in 137 Fällen um Jugendliche zwischen 13 und 18 Jahren. Zum Zeitpunkt des Verschwindens waren über die Hälfte dieser von Interpol aktuell als vermisst ausgeschriebenen Minderjährigen nicht älter als 6 Jahre. In Verbindung mit den vorgenannten Zahlen bedeutet dies, dass ein Großteil der von der Organisation behandelten, d. h. von vornherein als besonders schwerwiegend eingestuften, Angelegenheiten über Jahre unaufgeklärt bleibt. Der Fall von Madeleine McCann stellt also in dieser Hinsicht keine Ausnahme dar.
Während die Mehrheit der von Interpol registrierten Kinder und Jugendlichen aus dem nordamerikanischen Raum stammt, haben rund 100 eine Nationalität eines EU-Mitgliedstaates und etwa 60 von ihnen kommen aus den westeuropäischen Ländern (Belgien,

Deutschland, Frankreich, Griechenland, Großbritannien, Irland, Italien, Luxemburg, Niederlande, Portugal, Spanien). Auf die meisten dieser Staaten entfallen gegenwärtig höchstens 5 Angelegenheiten. Betrachtet man diese nationalen Fallzahlen in Relation zu den jeweiligen Populationsgrößen, so zeichnet sich folgendes Bild:

Der mit seiner Bevölkerung von etwa 80 Millionen Menschen[63] populationsstärkste Staat Deutschland verzeichnet mit 2 aktuell über Interpol gesuchten Minderjährigen die wenigsten als besonders schwer eingestuften Vermisstenfälle. Italien steht mit 5 Fahndungen bei 60 Millionen Einwohnern an zweiter Stelle. Die westeuropäischen Länder mit den derzeit relativ meisten über Interpol gesuchten Kindern und Jugendlichen sind das ca. 10 Millionen Einwohner starke Portugal mit 3 Fällen, das eine Bevölkerung von ca. 40 Millionen aufweisende Spanien mit 12 Fällen und als Schlusslicht das von gut 10 Millionen Menschen bewohnte Belgien mit 4 als besonders schwerwiegend eingestuften Vermisstenfällen von Kindern.

Wenngleich man für eine noch genauere Einschätzung die jeweils nationale Größe der Subgruppe Minderjähriger heranziehen müsste, die Zahlen über einen längeren Zeitraum beobachten sowie überprüfen müsste, ob die Kriterien für eine Fallaufnahme in die Interpol-Datenbank in den einzelnen europäischen Staaten übereinstimmen, so gewähren die oben genannten Daten doch einen groben Eindruck und lassen den Schluss zu, dass Kindesentführungen in Portugal möglicherweise etwas häufiger vorkommen können als in Deutschland.

Da sich aus den Eckdaten der einzelnen von Interpol behandelten Vermisstenangelegenheiten Hinweise auf einen derartigen - wie oben postuliert, auch *seriellen* - Tatzusammenhang ergeben könnten, der u. U. auch das Verschwinden von Madeleine McCann bedingt haben kann, ist es sinnvoll, dass wir uns die wenigen Fälle von Kindern aus der Altersgruppe bis zu 6 Jahren, die innerhalb der letzten 5 Jahre (2004 bis 2008) wie Madeleine McCann im südlicheren Westeuropa „verschwunden" sind, einmal betrachten:

- Seit dem Jahr 2004 wird ein in Italien nicht mehr aufgefundener 1-jähriger Ire gesucht.
- In Madrid verschwand im Februar 2006 ein 3-jähriger spanischer Staatsbürger.
- In Belgien verlor sich im Oktober 2006 die Spur eines 1-jährigen Jungen belgischer Nationalität.
- Seit dem 10. März 2007 wird ein 6-jähriger Spanier von Gran Canaria vermisst.

- Im Oktober 2007 verschwand in Paris eine 2-jährige französische Staatsbürgerin mit auch griechischer Nationalität.
- Ein in seinem Heimatland seit September 2008 vermisster 6-jähriger französischer Junge wird ebenfalls von Interpol gesucht.

Die Zusammenstellung dieser Eckdaten ergibt für uns keine augenfälligen Hinweise auf eine Verbindung mit dem Verschwinden von Madeleine McCann in Form einer möglichen Serientat: Bis auf eine Ausnahme handelt es sich um vermisste Jungen, die, wiederum mit einer Ausnahme, bei ihrem Verschwinden noch im Babyalter sind oder aber bereits 6 Jahre alt. Der 2006 in Madeleines Alter als vermisst gemeldete Spanier verschwindet in keiner dünn besiedelten Ferienregion, sondern in einer Metropole. Ein sonstiges geographisches oder jahreszeitliches Muster ist ebenfalls nicht zu erkennen.

Zu einem anderen Ergebnis gelangen wir hingegen, wenn wir uns die Steckbriefe der 3 in der Interpol-Datenbank vorhandenen portugiesischen Vermisstenfälle ansehen: Seit dem 13. Mai 1994 gilt eine 7-jährige Portugiesin als in ihrem Heimatland vermisst. Am 4. März 1998 verschwindet dort ein 11-jähriger Staatsbürger, fast auf den Tag genau ein Jahr später, am 2. März 1999, dann ein 13-jähriger Portugiese. Zusammen betrachtet mit dem Fall des am 10. März 2007 auf Gran Canaria verschwundenen 6-Jährigen sowie anderen in der Datenbank registrierten Fällen der dazwischenliegenden Jahre aus Spanien (z. B. das Vermisstsein eines 13-jährigen Jungen seit dem 10. April 2006), wäre ein vor allem im Frühjahr im spanisch-portugiesischen Raum agierender Serientäter durchaus vorstellbar - allerdings vor allem einer mit Fixierung auf bereits etwas ältere Jungen. Ein augenfällig möglich erscheinender Zusammenhang mit dem Verschwinden von Madeleine McCann ergibt sich also nicht.

Aus der Presse[64] ist allerdings auch ein Vermisstenfall bekannt, der sich im September 2004 an der Algarveküste ereignete: Ein 8-jähriges Mädchen verschwindet laut Aussage der Mutter auf einem Besorgungsgang. Als Spermaspuren im Bett des Kindes und an dessen Kleidung festgestellt werden, wird ihr Onkel des sexuellen Missbrauchs überführt und er sowie die Mutter des Mädchens wegen Mordes verurteilt. Eine Leiche wird jedoch nicht gefunden. Die Frau bestreitet bis heute die Tat und klagt gegen fünf Kriminalbeamte, die sie der Erpressung eines Geständnisses sowie der versuchten Erpressung des Leichenverstecks bezichtigt - darunter auch Gonçalo Amaral, der anfängliche Ermittlungschef im Vermisstenfall Madeleine McCann.

Da die 8-Jährige jedoch entweder ihrer Familie zum Opfer fiel oder aber tatsächlich, wie es für Entführungsfälle typisch ist, auf einem allein zurückzulegenden Weg verschwand, und obendrein der sexuelle Missbrauch im Raum steht, ist auch hier eine serielle Verbindung zu dem Fall Madeleine nicht ersichtlich.

Weil es sein kann, dass die Vermisstendatenbank des Portugiesischen Kriminalamtes[65] aufgrund ihrer vermutlich höheren Fallzahl ein anderes Bild zeichnet, betrachten wir einmal ihre am 10. Januar 2009 enthaltenen Datensätze:
Neben Madeleine McCann sind 9 weitere Personen zur Fahndung ausgeschrieben, die seit Mitte der 1990er Jahre in Portugal verschwunden sind und zum damaligen Zeitpunkt minderjährig sind. Unter ihnen befinden sich die 3 oben bereits erwähnten portugiesischen Kinder sowie der canarische Junge. Ein weiterer 1998 im Alter von 15 oder 16 Jahren verschwindender Portugiese fällt dadurch auf, dass er dem seit dem 2. März 1999 vermissten 13-Jährigen mit seinem schwarzen Haar, seinen dunklen Augen sowie buschigen Augenbrauen enorm ähnlich sieht, was die Annahme eines hier vorliegenden seriellen Tatzusammenhanges stützt. Bei den 4 übrigen Anzeigen handelt es sich um Mädchen, von denen zwei im höheren Teenageralter 2007 verschwinden. Die Spur der beiden anderen im Zeitraum 2004/2005 als vermisst gemeldeten Mädchen verliert sich, als sie 2 bzw. 7 Jahre alt sind. Bei einer genaueren Betrachtung der detaillierteren Umstände ihres Verschwindens erfährt man heute, dass die 2-Jährige durch ihren Vater entführt und danach in dessen Obhut abhanden gekommen sein soll und dass die 7-Jährige von ihrer Mutter angeblich an eine andere Frau vermittelt wurde, in dessen Obhut sie laut dieser an einem Verkehrsunfall gestorben sein soll.[66]
Wie wir sehen, haben diese Vermisstenfälle primär einen familiären Hintergrund, was bedeutet, dass auch in dem Register der portugiesischen Kriminalpolizei keine Angelegenheiten verzeichnet sind, für die wir einen seriellen Tatzusammenhang mit dem Verschwinden von Madeleien McCann annehmen könnten.

Was aus den bisher dargelegten Daten noch nicht hervorgeht, sind beispielsweise Informationen über die tatsächliche Inzidenz von Vermisstenfällen in Westeuropa sowie differenzierte Aussagen zu deren jeweiligen Hintergründen.
Hierüber bieten die Informationen der 2001 gegründeten europäischen Schirmorganisation „Missing Children Europe" (MCE), die derzeit 21 größtenteils in den 1980er und 1990er Jahren

entstandene nicht-Regierungs-Organisationen aus 15 Mitgliedstaaten der Europäischen Union repräsentiert, darunter auch die deutschen Verbände „Elterninitiative Vermisster Kinder" und „Weißer Ring", eine Möglichkeit zur weiteren Näherung:
MCE geht hinsichtlich der im Vereinigten Königreich von Großbritannien und Nordirland (insgesamt ca. 61 Millionen Einwohner) in den verschiedensten Konstellationen als vermisst gemeldeten Minderjährigen von schätzungsweise 140 000 Fällen jährlich und damit von etwa 383 Anzeigen pro Tag aus. Für Belgien (10.5 Millionen Einwohner) nimmt sie aufgrund der Daten der Hilfsorganisation „Child Fokus" eine Größenordnung von etwa 3 000 neuen Vermisstenfällen von Kindern und Jugendlichen pro Jahr an, was durchschnittlich 8 vermisste Fälle täglich bedeutet.[67]
Problematisch erscheint mir die ganz offensichtliche Inkongruenz der von den einzelnen Hilfsorganisationen zu Grunde gelegten Kriterien für die Einstufung einer Angelegenheit als Vermisstenfall. Schauen wir uns also noch konkretere Zahlen und deren Hintergrundinformationen an:
Sowohl in ihrem Jahresbericht von 2007[68] als auch auf ihrer Internetplattform[69] nennt Missing Children Europe die folgenden Statistiken von einigen ihrer Mitglieder für jenes Kalenderjahr:
Die im Vereinigten Königreich Großbritannien und Nordirland agierende Initiative „Missing People" war in 4 802 neue Vermisstenfälle involviert. Die belgische Organisation „Child Fokus" berichtete 2 928 neue Fälle, in denen sie aktiv wurde.
Was vorsätzlich von zu Hause oder von einer anderen für das Kind zuständigen Person oder Institution weggelaufene Kinder und Jugendliche anbetrifft, so waren dem irischen Verband „ISPCC" 2007 insgesamt 258 neue Fälle bekannt. Bis auf lediglich 5 Kinder bis 5 Jahren und 34 Mädchen und Jungen zwischen 6 und 11 Jahren handelte es sich dabei allerdings um ältere Kinder bzw. Jugendliche.
Hinsichtlich elterlicher Kindesentführungen (Entzug des Kindes durch mindestens ein Elternteil oder eine andere sorgeberechtigte Person) hatte die französische Organisation „La Fondation pour l'Enfance" mit 192 neuen Fällen zu tun. Kinder bis zu 5 Jahren waren 75 mal betroffen, 83 mal 6- bis 11-Jährige und in 34 Fällen handelte es sich um Jugendliche zwischen 12 und 17 Jahren.
Die portugiesische Hilfsorganisation „Instituto de Apoio à Criança" (IAC) berichtete von ihrer Unterstützung in 3 neuen Fällen von Kindesentführungen, in denen weder die Eltern noch eine andere, sorgeberechtigte Person die Täter waren.

„Child Fokus" nennt außerdem die Zahl von 36 neuen Fällen unbegleiteter Flüchtlingskinder in Belgien.
Die als nicht besonders hoch erscheinenden Fallzahlen von IAC hinsichtlich der von ihr behandelten portugiesischen Fälle von Kindesentführung stützen nicht die offizielle elterliche Hypothese, Madeleine McCann sei entführt worden. Die relativ hohe Zahl der portugiesischen Interpol-Suchmeldungen könnte also eher anderweitig bedingt sein.

Wenngleich die Fallzahlen eines Staates selbstverständlich nicht einfach auf andere übertragbar sind (zu beachten sind neben den unterschiedlichen Populationsgrößen wohl vor allem auch deren verschiede demographische Strukturen, die (sicherheits)politischen und geographischen Merkmale des Landes, der Grad seiner Urbanisierung und Technisierung sowie nicht zuletzt der soziale Status des Kindes in der Gesellschaft), so vermittelt die vom Bundeskriminalamt (BKA) geführte Statistik[70] wohl dennoch einen wesentlich klareren Eindruck, was Inzidenzzahlen und Aufklärungsquote anbetrifft:
Das BKA beziffert die Zahl der im Jahr 2001 in Deutschland insgesamt als vermisst gemeldeten Kinder unter 14 Jahren auf 14 658. Bis Mitte Juni 2003 konnte der Behörde zufolge eine Quote von 99% (14 519 Fälle) aufgeklärt werden. Bei den verbleibenden 139 Angelegenheiten handele es sich um 58 Situationen von Kindesentziehung, die vor allem bei Streitigkeiten von aus verschiedenen Kulturkreisen stammenden Eltern vorkämen und die nur bei einer nicht auszuschließenden Gefahr für das Kind polizeilich erfasst würden, sowie um 38 unbegleitete Flüchtlingskinder.
Am 1. Juli 2007 seien beispielsweise 518 Kinder, ebenfalls größtenteils Flüchtlingsinder sowie Opfer von Entziehungen, polizeilich gesucht worden.
In der alle Altersgruppen umfassenden Datei „Vermisste/Unbekannte Tote" seien sowohl Fälle enthalten, die sich innerhalb weniger Tage erledigten, als auch seit Jahrzehnten unaufgeklärte Angelegenheiten. Erst nach 30 Jahren erfolgloser Fahndung nach einem verschwundenen deutschen Staatsbürger würde diese von den deutschen Behörden eingestellt. Täglich würden etwa 150 bis 250 Fahndungen neu registriert bzw. könnten andererseits wieder aus der Datei gelöscht werden. Etwa die Hälfte aller Fälle kläre sich innerhalb der ersten Woche auf, 80% erledigten sich im ersten Monat und nur 3% der Vermissten bliebe länger als 1 Jahr verschwunden. Bei ihnen sei zu befürchten, dass sie Opfer

einer Straftat oder eines Unglücksfalles wurden, wie er z. B. das Ertrinken eines Kindes darstelle. Das BKA kommt zu folgendem Schluss: „Insgesamt kann man sagen, dass tagtäglich zwar viele Kinder verschwinden, dass aber glücklicherweise das Schicksal nur weniger auch nach längerer Zeit nicht geklärt werden kann"[71].

Wie viele Vermisstenfälle von Kindern jedoch auf eine ggf. auch für das Opfer tödlich endende Entführung durch einen *außer*familiären und damit wohl im Allgemeinen als besonders gefährlich einzustufenden Täter zurückzuführen sind, so wie ihn die Eltern der verschwundenen Madeleine für ihren Fall propagieren, darüber gewährt auch der 2006 vom Bundesministerium des Innern und dem Bundesministerium der Justiz herausgegebene „Zweite Periodische Sicherheitsbericht" nur sehr indirekt eine Orientierung: In ihm sind die Fälle von Menschenraub, Entziehung Minderjähriger und Kinderhandel in einer Kategorie zusammengefasst und für das Kalenderjahr mit 1 727 beziffert.[72] Wie man an den recht ausführlichen Hintergrundinformationen zu den Vermisstenfällen auf der Suchseite des deutschen Verbandes „Elterninitiative vermisster Kinder"[73] allerdings erkennen kann, kommt die Entziehung eines Kindes durch einen Elternteil, vor allem in Sorgerechtsstreitigkeiten, sehr häufig vor. Somit kann davon ausgegangen werden, dass von den 1 727 Angelegenheiten ein Großteil, wenn nicht gar die überwiegende Mehrheit, dementsprechend einzuordnen ist. Dies lässt vermuten, dass die Anzahl der in Deutschland pro Jahr durch einen außerfamiliären Täter für eine mehr oder weniger kurze Zeit festgehaltenen, u. U. auch mit ihrem Einverständnis beherbergten Minderjährigen eine Größenordnung von knapp 1 000 Fällen im Hellfeld nicht übersteigt. Bei einem Bruchteil davon, also bei wohl höchstens (wenigen) hundert jährlichen Vorkommnissen, mag es sich demnach um einen für das kindliche Opfer psychisch oder sogar körperlich ernsthaft gefährlichen Menschenraub handeln.

Ein Großteil dieser Fälle wird sicherlich mit einem mindestens versuchten sexuellen Missbrauch einhergehen, wie die für diesen Deliktbereich im Zweiten Periodischen Sicherheitsbericht verfügbaren Zahlen[74] nahelegen: Demnach handelt es sich bei den im Jahr 2005 etwa 13 500 zur polizeilichen Anzeige gebrachten Missbrauchstaten an Mädchen in über 10 000 Fällen um einen Täter außerhalb der Verwandtschaft und in etwa 5 000 Situationen sogar um ein Person ohne Vorbeziehung. Ebenso war die Täter-Opfer-Beziehung in über 3 500 Fällen der 2005 angezeigten gut 4 000 Missbrauchstaten an Jungen außerverwandtschaftlich und in mehr als 1 000 Situationen ohne Vorbeziehung. Wenngleich ein sexueller Missbrauch durch einen Fremden selbstverständlich nicht mit einer

Entführung des Kindes in Zusammenhang stehen muss, so deutet die aus aufgeklärten Entführungsfällen retrospektiv gewonnene Erfahrung umgekehrt jedoch darauf hin, dass Kindesentführungen durch außerfamiliäre Täter in Westeuropa meistens sexuell motiviert sind (vgl. Fallskizzen zu Beginn dieses Oberkapitels).

Was allerdings die Anzahl von unter 14-jährigen Kindern anbetrifft, die in der Bundesrepublik vollendeten Sexualmorden zum Opfer fallen, so stellt der Zweite Periodische Sicherheitsbericht Folgendes fest: „Lag die Fallzahl in den 1970er Jahren noch bei etwa zehn pro Jahr, so sank sie in den 1980er Jahren auf durchschnittlich fünf und in den 1990er Jahren auf im Durchschnitt etwa drei derartige Fälle pro Jahr."[75]

Bezüglich des Zeitfaktors bei der eventuellen Tötung des Kindes durch den Entführer spricht MCE davon, dass von 621 in den USA im Rahmen eines Menschenraubes ums Leben gebrachten Kindern 44% der Opfer bereits innerhalb der ersten Stunden nach ihrem Verschwinden ermordet worden seien, 74% innerhalb der ersten 3 Stunden und 91% innerhalb von 24 Stunden.[76]

Die Zusammenschau der für Portugal in den Datenbanken von Interpol und nationaler Kriminalpolizei aktuell verzeichneten Vermisstenfälle sowie der von MCE veröffentlichten Statistiken legen zwar nahe, dass das Verschwinden von Kindern in Portugal, relativ gesehen zur Population, möglicherweise zahlenmäßig häufiger vorkommt als in Deutschland (vgl. v. a. die Interpolfahndungen). Es ergeben sich aber keine augenfälligen Hinweise darauf, dass sich dort (sexuell motivierte und für die Opfer tödlich endende) Kindesentführungen alarmierend oft zutragen (vgl. v. a. die von IAC über MCE veröffentlichte Zahl sowie die Auswertung der Datenbank des Portugiesischen Kriminalamtes); die Auswertung der Datenbank des Portugiesischen Kriminalamtes lässt zudem die Vermutung eines möglicherweise *auf Jungen ab 6 Jahren* fixierten, seit Ende der 1990er Jahre im spanisch-portugiesischen Raum agierenden Serientäters aufkommen.

Dass Madeleine McCann einem entsprechenden Verbrechen zum Opfer gefallen ist, erscheint vor diesem Hintergrund nicht als wahrscheinlich.

In den knapp 300 Millionen Einwohner starken USA, wo sich bereits 1984 das private und nicht-kommerzielle „National Center for Missing and Exploited Children" gründete[77], das relativ eng mit dem Justizministerium zusammenarbeitet, und wo bereits 1997 das grenzüberschreitende Alarmsystem „AMBER-Alert" eingeführt wurde, das in als gefährlich bewerteten Vermisstenfällen von Kindern durch eine rasche mediale Verbreitung die umgehende Aufmerksamkeit der Bevölkerung erregt sowie die Grenzbehörden informiert[78], ist die zum Themenfeld verfügbare Datenlage - zumindest aufgrund von durch die Regierung in Auftrag gegebener wissenschaftlicher Untersuchungen – zu einigen Aspekten ein wenig besser. Betrachten wir einmal die hier verfügbaren, unsere bisherige Orientierung erweiternden Informationen:

Die vom US-Justizministerium initiierte Untersuchung zur Bestimmung der Größenordnung der sich 1999 national zugetragenen außerfamiliären Kindesentführungen, „NISMART-2" (National Incidence Studies for Missing, Abducted, Runaway and Thronaway Children, Folgestudie 2002)[79], beziffert diese wie folgt: Von den unter 15-Jährigen hätten sich im angegebenen Zeitraum schätzungsweise 58 200 Kinder freiwillig oder unfreiwillig mindestens eine Stunde lang in der Gewalt einer außerfamiliären Person befunden, im Rahmen heimlicher Unterbringung, erpresserischen Menschenraubes oder des geäußerten Wunsches, das Kind behalten zu wollen. Es sei davon auszugehen, dass 115 dieser Kinder Opfer eines stereotypischen Entführungsfalles gewesen seien, also von einem außerfamiliären und dem Kind höchstens entfernt bekannten Täter mindestens über eine Nacht festgehalten und/oder 50 Meilen oder weiter wegtransportiert wurden, vor dem Hintergrund eines erpresserischen Menschenraubes, der Absicht, das Kind langfristig zu behalten oder es zu töten. Was die stereotypischen Entführungsfälle anbetreffe, könne man davon ausgehen, dass im Jahr 1999 etwa 20 Kinder bis einschließlich 5 Jahren betroffen gewesen seien, 25 Jungen und Mädchen zwischen 6 und 11 Jahren, 45 Kinder zwischen 12 und 14 Jahren sowie 20 Jugendliche von 15 bis 17 Jahren. Fast alle Taten hätten sich zwischen Frühling und Herbst ereignet. In ca. 69% der Fälle sei das Opfer weiblich gewesen.

In 86% der 1999 vorgefallenen Straftaten mit diesem gefährlicheren Hintergrund sei von einem männlichen Täter auszugehen. In 48% der Fälle hätten mehrere Täter gemeinschaftlich gehandelt und in 41% der Situationen habe es nur einem Täter gegeben. (Für die übrigen Fälle sei davon auszugehen, dass darüber keine Information vorliegt.) In den meisten Fällen habe es sich um einen unter 40-jährigen Täter gehandelt, zumeist aus der Altersgruppe der 20 bis 29-Jährigen. In 40% der stereotypischen Vermisstenfälle habe sich die Straftat auf der Straße, in einem Auto oder anderen Fahrzeug ereignet. In weiteren 16% sei das Kind aus der elterlichen Unterkunft oder dem dazugehörenden Hof verschwunden. In 49%

der Situationen sei der Junge oder das Mädchen sexuell missbraucht worden. 83% der Vorkommnisse seien mit einem Festhalten des Kindes zwischen 3 und 24 Stunden verbunden gewesen, nur in 10% habe es sich um einen Zeitraum von mehr als 1 Tag gehandelt. 57% der Opfer seien lebend aufgefunden worden, wobei 32% der Kinder körperlich verletzt gewesen seien. 40% der stereotypischen Vermisstenfälle hätten für das kindliche Opfer ein tödliches Ende genommen. Die Konstellation, dass das Kind relativ zeitnah weder lebend noch tot aufgefunden wird, kommt der Studie zufolge so selten vor, dass hierzu keine zuverlässige Schätzung vorgenommen werden kann.

Wenngleich die Daten aus den bereits genannten Gründen nicht auf Portugal übertragbar sind, so liefern sie doch in einigen, vermutlich ohne starke Bedenken zumindest in Form einer Richtungsweisung verallgemeinerbaren Punkten, einen Informationsgewinn für die Einschätzung des Vermisstenfalles von Madeleine McCann: Dass ein Täter ein sich in seiner Unterkunft befindendes Kind entführt, kommt vor, obgleich es wenig wahrscheinlich ist. Dass er das Kind jedoch nach knapp 2 Jahren noch in seiner Gewalt hält, ist ausgesprochen unwahrscheinlich. Tötet er es, so ist das Auffinden der Leiche jedoch die Regel. Für das mittlerweile knapp zwei Jahre zurückliegende Verschwinden der bis heute weder lebend noch tot aufgefundenen Madeleine McCann bedeutet dies, vor allem in der Kombination dieser Merkmale, dass ein entsprechendes Entführungsszenario sehr unwahrscheinlich ist. Handelt es sich jedoch um einen *derartig unwahrscheinlichen* Fall, so kann für diesen vor dem Hintergrund der hier aufgeführten Daten wohl eher davon ausgegangen werden, dass das Mädchen sich noch in der Gewalt des Täters befindet.

Als Quintessenz aller bis hier hin explorierten Merkmale von Vermissten- bzw. Entführungsfällen von Kindern können wir festhalten, dass es bezüglich des Verschwindens der knapp vierjährigen Madeleine McCann aus dem Ferienapartment in Portugal, in dessen Zusammenhang eine mögliche Leiche des Kindes bislang nicht gefunden wurde, sehr wenige empirische Argumente gibt, die die von den Eltern propagierte Überzeugung einer Kindesentführung stützen.

Bevor wir überlegen, welche Alternativszenarien für das Verschwinden des Kleinkindes denkbar sind, wollen wir uns diese Fallgeschichte selbst erst einmal genau vor Augen führen. Beginnen wir mit dem Kennenlernen der Familie McCann.

3 Informationen über die äußeren Erscheinungsbilder der McCanns, ihre Lebenshintergründe und interpersonellen Attributionen

3.1 Zu den äußeren Erscheinungsbildern von Kate und Gerald McCann

Der zum Zeitpunkt des Verschwindens seiner Tochter 39-jährige Gerald McCann ist von sportlich-kräftiger Statur mit breiten Schultern und erscheint mit einer Körperlänge von schätzungsweise 1,80m - 1,90m eher groß. Sein dichtes dunkelbraunes Haar trägt er kurzgeschnitten, der Ansatz seiner breiten Stirn ist mit etwas längeren Strähnen überdeckt. Er verfügt über ein großflächiges, symmetrisches Gesicht mit weder sehr feinen noch grobschlächtigen Zügen, über blau-grüne Augen und, wie im Profil erkennbar, über eine recht prominente Nase. Seine Stirn weist leichte Falten auf.

Der Mann wirkt gut gepflegt: Das Barthaar ist stets abrasiert, seine Haut scheint rein und die Zähne gesund.

Gerald McCanns Kleidung in Form eines meist blassfarbenen oder dunklen Poloshirts oder über der Hose getragenen Hemdes lässt sich als sportlich bis leger einordnen. Auch weist er eine recht starke Brustbehaarung auf, die des Öfteren unter seiner Kragenöffnung sichtbar ist.

Er zeigt eine aufrechte Körperhaltung und spricht grundsätzlich in einem ruhigen, häufig aber nachdrücklichen Tonfall.

Um sein rechtes Handgelenk trägt er in der Regel ein oder zwei grün-gelbe Armbänder mit der Aufschrift „Find Madeleine", die die McCanns in ihrer Suchkampagne vertreiben.

Während Interviews hält das Paar meist Händchen.

Die im Mai 2007 ebenfalls 39-jährige Kate McCann ist etwa 15cm kleiner als ihr Mann Gerald und misst somit wohl ungefähr 1,65 – 1,75m. Insgesamt verfügt sie über einen zierlich-sportlichen Körperbau sowie über eine sehr zarte, ebenmäßige Physiognomie mit einer kleinen, flachen Nase und blau-grauen Augen. Ihre Zähne sehen gepflegt aus. Stets trägt sie Make-up und ist dezent geschminkt.

Frau McCanns relativ dünnes und eher glattes, naturblondes Haar ist knapp schulterlang und fällt nach hinten mit leichten Stufen ab. Sie trägt Pony und oftmals einen hohen Zopf mit langem, breitem, dunkelgrünem Band. In den ersten Wochen nach dem

Verschwinden ihres Kindes scheint ihre Haarpflege etwas vernachlässigt.

Ihre Oberteile aus eher feinem Stoff haben oft ein eher tiefes Dekolleté, das sie mit Silberketten schmückt. Neben weißen T-Shirts und Blusen trägt sie solche mit Blumenmotiven, häufig auch rosafarbene oder pinke Wäsche. Auch haben ihre Ohrringe zumindest eine Zeitlang nach Madeleines Verschwinden mitunter die Form eines zartrosa Herzes oder silbernen Schmetterlings.

Im ersten halben Jahr nach dem in Frage stehenden Ereignis führt sie bei den Appellen oder Interviews stets Madeleines rosa Kuscheltier mit. Sitzt sie, so liegt es auf ihrem Schoß. Um das rechte Handgelenk ist auch bei ihr stets ein Find-Madeleine-Armband zu sehen.

Frau McCann wirkt bei den ersten Auftritten vor der Öffentlichkeit oft gebrechlich und steht in der Regel schweigend neben ihrem Mann, die psychische Anstrengung steht ihr ins Gesicht geschrieben. Einige Monate später bringt auch sie sich deutlich in die Gespräche ein und zeigt eine sicherere Körperhaltung. Auf den in den Medien zu findenden Fotos schaut sie selten direkt in die Kamera, oft hält sie den Blick sogar gesenkt.[1]

3.2 Die familiären Hintergründe

Die seit 1998 verheirateten[2] Eltern Kate und Gerald McCann stammen beide aus Familien der Arbeiterklasse: Die Väter waren jeweils Schreiner, Geralds Mutter arbeitete zusätzlich in einer Keksfabrik.[3] Während Kate McCann als Einzelkind[4] in Liverpool aufwuchs, verbrachte Gerald seine Kindheit mit vier älteren Geschwistern, drei Schwestern und einem Bruder, von denen einige heute auch selbst Kinder haben, in Glasgow.[5]

Bei seiner Schwester Philomena ist den verfügbaren Fotos nach Adipositas zu vermuten.

Gerald McCanns Herkunftsfamilie war einst von Irland nach Schottland migriert,[6] wo dann die beiden jüngsten Kinder geboren wurden[7]. Da sein Vater keine weitere Erwähnung findet,[8] ist zu vermuten, dass er verstorben ist; zumindest ist er als Bezugsperson nicht mehr verfügbar.

Kate und Gerald McCann leben mit ihrer fünfköpfigen Familie in einem Einfamilienhaus in der Kleinstand Rothley, in der Nähe von Leicester.[9] Während Kate und Geralds Familie mit Kates Eltern normalerweise im Turnus von ein paar Wochen Besuchskontakt pflegt[10], findet ein solcher zu Geralds Mutter seltener statt[11]. Auf der Homepage des Paares ist zu lesen: „Family has always been incredibly important to us."[12]

3.3 Die beruflichen Werdegänge

Kate und Gerald McCann lernten sich während ihres Medizinstudiums in Glasgow kennen und begannen dann auf einer gemeinsamen Reise nach Neuseeland ihre Beziehung.[13]
Kate McCann machte ein ausgezeichnetes Examen, wurde zunächst Gynäkologin, dann Anästhesistin[14] und arbeitete zuletzt als Allgemeinmedizinerin in einem Gesundheitszentrum in der Nähe von Leicester[15] eineinhalb Tage pro Woche und kümmerte sich den Rest der Zeit um die Kinder[16].
Das Paar lebte zunächst in Glasgow, bis Gerald McCann im Jahr 2000 seine Karriere als Kardiologe am Glenfield-Hospital in Leicester startete, einem bedeutenden Herzzentrum,[17] in dessen Nähe er dann mit seiner Frau zog.

3.4 Die Verbindung zu den mitgereisten Freunden

Von den drei Paaren, die mit den McCanns nach Portugal gereist waren, hatten vier Personen gemeinsam in den frühen 1990er Jahren an der Universität in Leicester Medizin studiert: Matthew Oldfield, Russell O'Brien sowie David und Fiona Payne.[18] Mit dem Eintritt der McCanns in den Kreis der Leicester Mediziner im Jahr 2000 entwickelte sich dann auch ihre Bekanntschaft mit dieser Gruppe.[19]
Russel O'Brien arbeitete zu dieser Zeit ein halbes Jahr lang direkt mit Gerald McCann zusammen. Im Jahr 2003 wurden beide dann fast zeitgleich Vater.[20]
Die Bekanntschaft zwischen den McCanns und Rachel Oldfield entwickelte sich erst zu dieser Zeit.[21] Fiona Payne war eine Zeitlang eine Kollegin von Kate McCann.[22]
Nachdem die McCanns mit den Paynes und anderen Paaren bereits im Sommer 2005 einen gemeinsamen Urlaub auf Mallorca verbracht hatten,[23] begab sich die Gruppe von neun Erwachsenen und acht Kindern nun auf ihre Reise an die Algarve.

David Payne, ein Herzspezialist und Wissenschaftler aus Leicester,[24] und seine Frau Fiona kamen gemeinsam mit ihren beiden Kindern, der ein Jahr alten Lily und der zweijährigen Scarlett, sowie mit Fionas Mutter, Dianne Webster[25].
Die Lononder Rachel und Matthew Oldfield reisten zusammen mit ihrer 19 Monate alten Tochter Grace nach Portugal. Jane Tanner und ihr Partner, Russel O'Brien, kommen aus Exeter und haben zwei Töchter, die dreijährige Ella und die ein Jahr alte Evie.[26]

3.5 Freizeitinteressen

Der Laufsport ist die gemeinsame Vorliebe des Paares McCann. Als Jugendlicher war Gerald schottischer Champion im 1500m-Lauf[27] und auch über seine Frau Kate sagt er, sie sei „a keen runner"[28]. In Gerald McCanns Blog liest man daher häufig von gemeinsamen Joggingrunden.[29] Besonders während des Aufenthaltes in Portgual nach dem Verschwinden von Madeleine scheinen dem Vater sportliche Aktivitäten für das Wohlbefinden sehr bedeutend. So schreibt er: „I have made a mental note to get some form of aerobic exercise in at least 2-3 times per week as it does help me both physically and mentally."[30] Außerdem spielten Madeleines Eltern zumindest im Urlaub auch Tennis.[31]

Kate McCann ist darüber hinaus Everton-Fan, wie ihr Vater und ihre verschwundene Tochter.[32]

3.6 Zum Stellenwert der Religion im Leben der McCanns

Kate McCann ist römisch-katholisch getauft und im christlichen Glauben stark verhaftet.[33] Sie steht einem katholischen Pfarrer sehr nahe, der das Paar verheiratete und auch Madeleine taufte.[34]

Der ebenfalls katholische Gerald McCann entwickelte hingegen erst in der Zeit nach dem Verschwinden seiner Tochter wieder einen engeren Bezug zum Glauben.[35] Seitdem besuchen beide gemeinsam in ihrem Heimatort Rothley recht regelmäßig die Kirche[36] - interessanterweise die einer *anglikanischen* Gemeinde[37] der „Low church"/"Evangelikalen",[38] obgleich es dort auch ein katholisches Gotteshaus gibt[39]. Wenige Stunden nach dem Verschwinden ihres Kindes wandte sich Frau McCann mit einem Hilfegesuch an den ihr lang vertrauten Pfarrer,[40] der dann Mitte Mai an die Algarve reiste, um den Eltern vor Ort beizustehen[41]. In Praia da Luz nahmen die McCanns nach Madeleines Verschwinden häufig an anglikanischen Gottesdiensten in der katholischen Kirche teil.[42]

3.6.1 Exkurs I: Die Anglikanische und die Römisch-Katholische Kirche in England.

Nach der Römisch-Katholischen und der Orthodoxen ist die Anglikanische Kirche die drittgrößte religiöse Gemeinschaft der Welt.[43] In ihrem Ursprungsland England gehört die Mehrheit der Bevölkerung dieser Glaubensrichtung an.[44]

Die Anglikanische Kirche entstand in den 1530er Jahren durch die Abspaltung von Rom unter dem englischen Monarchen Heinrich VIII[45]: Nach seinen theologischen Studien in Oxford[46] wandte sich der König zunächst mit kämpferischer Loyalität gegen die Reformbewegung Luthers, wofür ihm vom Papst der Ehrentitel „Defensor Fidei" verliehen wurde.[47]

Doch der König entwickelte ein immer stärkeres Bestreben zu europäischer Großmachtstellung und nationaler Unabhängigkeit auch in kirchlichen Belangen.[48] Als sich der Papst dann weigerte, die Ehe zwischen ihm und seiner zweiten Frau, Katharina von Aragon, aufzuheben, drängte Heinrich VIII 1531 den Klerus zur Lossagung von Rom und zu seiner Anerkennung als Oberhaupt der Englischen Kirche. Diese Position wurde dann 1534 durch die Zustimmung des Parlament gänzlich besiegelt.[49] Sie füllte auch die Staatskasse durch die Aufhebung der Klöster.[50]

Es wurden neue, „protestantische" Glaubensgrundsätze verabschiedet, die schließlich zu den noch heute gültigen „39 Artikeln" der Anglikanischen Kirche von 1571 führten.[51] Darin wurden Heiligen- und Marienverehrung abgeschafft, ebenso Zölibat und Ohrenbeichte[52] sowie der Glaube an das Fegefeuer; die Idee der Erbsünde wurde jedoch beibehalten.[53] Als Sakramente feiert man nur Taufe und Abendmahl; das „Book of Common Prayer" ist das bis heute verwendete Andachtsbuch der Anglikaner.[54]

„A Beginner's guide to the Anglican church"[55] bietet zusätzlich folgende wichtige Orientierung:

„There are many differences between individual Anglican churches, but we hold four things in common:

- The Bible as a basis of our faith;
- The Nicene and Apostles' Creeds, basic statements of Christian belief;
- Recognition of the sacraments of Baptism and Holy Communion, and
- The historic episcopate; that is, the continuity of the line of bishops since the time of Christ."

Wie hier anklingt, bildet die Anglikanische Kirche keine Einheit. Im 19. Jahrhundert kam es innerhalb eines Teils der

Glaubensanhänger zu einer tendenziellen Rückbesinnung auf den Katholizismus. Diese konservative Liga, die „High Church", befürwortet heute eine Anerkennung des Papstes als Oberhaupt und steht damit der mehr liberal-protestantisch geprägten „Low Church" in einem Spannungsverhältnis gegenüber.[56] Letztere ist vom Methodismus beeinflusst und legt besonderen Wert auf tätige Frömmigkeit.[57] Diese Haltung wird auch in dem „Beginner's Guide to the Anglican Church" deutlich: „Our third purpose is fellowship; we are a community of people with a common goal, supporting and strengthening each other as we work towards that goal. An important part of Christian teaching is the need to have compassion for others, and so this, too, is an external as well as an internal activity. The Church provides material support for the needy, and it attempts to promote social justice to the rest of society."[58]

Mit der Einführung der Priesterweihe für Frauen verschärfte sich der Konflikt zwischen den beiden Fraktionen, wodurch viele anglikanische Priester zur Römisch-Katholischen Kirche übertraten.[59] Diese erkennt die anglikanische Taufe an.[60]

Unter dem Schutz konservativer Großgrundbesitzer blieben jedoch einige Gegenden Englands auch entgegen der Reformbewegungen des Königs katholisch.[61]

Für die Katholiken gilt das Oberhaupt ihrer Kirche, der Papst, als Nachfolger von Petrus und als Stellvertreter von Christus auf der Erde. Er allein nimmt Selig- und Heiligsprechungen vor, bestimmt die konservative Lehrmeinung der katholischen Kirche und ist die letzte Instanz bei der Exkommunikation.[62] Die Anhänger des Katholizismus kennen sieben Sakramente, deren Erfüllung Gnadenwirkungen erzielen soll: Taufe, Firmung, Eucharistie, Ehe, Bußsakrament, Krankensalbung und Priesterweihe.[63] Nach der Doktrin gilt die Kirche als „unfehlbar".[64] Die von der anglikanischen Kirche abgeschafften Elemente Marienverehrung, Zölibat, Ohrenbeichte und Fegefeuertheorem bestehen in der katholischen Kirche auch heute weiter.[65]

3.7 Zu Kate McCanns Sicht auf die Persönlichkeit ihres Ehemannes
In ihrem ersten Medienkontakt ohne ihren Ehemann, einem Interview mit der englischen Tageszeitung „The Independent" Anfang August 2007, wird dieser von Frau McCann folgendermaßen charakterisiert: „Gerry's way of coping is to keep busy and focused. He needs to feel like he's doing something. He's a very optimistic, positive person. I'm not always. With a lot of the campaign stuff, he has done the talking. Sometimes I want to speak, but I just can't. It's not natural for me. Gerry's used to having to speak at conferences and it's harder for me. But I'm equally involved. Every decision is mutual."[66]

Eine ähnliche, noch etwas weiterführende Beschreibung findet sich auch in einem Interview mit Herrn Bilton von BBC:

"BILTON: Is he big brother or little brother?
KATE: Little brother. Yeah, Gerry's the youngest, yeah.
BILTON: He's the youngest isn't he? Because the media see Gerry as this kind of emotionless warrior and he's not really, is he?
KATE: No he's not. I mean it's really harsh to say that because I mean... Gerry, he's always been a very focused person, he's enthusiastic, he's focused and he's incredibly positive which is great for me to be honest, and he's obviously he's speaking in public, not dealing with media but speaking in public, so he's able to go on and do that, and throw himself into it, and I think that's what people see (....) You know, he has his lows as well, you know, for sure, and in fact probably Gerry's lowest points were often on a Saturday because we had like a family day, we'd just say right we'll try and put the work on hold as much as you can, and we'll do something with it, with the twins and then he often found that the hardest because we were on family time without Madeleine, you know, it just didn't seem right."[67]

Derart längere Ausführungen über die Persönlichkeit seiner Frau werden von Gerald McCanns Seite aus meines Wissens nach nicht gemacht. Er wird jedoch auch nicht darum gebeten.

3.8 Die Geburt der Tochter Madeleine
Im Interview mit der britischen Tageszeitung „The Independent"[68] von August 2007 schildert Kate McCann Madeleines Zeugung, die Schwangerschaft sowie die Geburt am 12. Mai 2003 so:
Zusammen mit ihrem Mann Gerald habe sie jahrelang vergeblich versucht, ein Kind zu bekommen. Für Frau McCann sei es eine

schmerzliche Erfahrung gewesen zu sehen, dass viele ihrer Bekannten nach und nach Eltern wurden, sie hingegen kinderlos blieben. Sie sagt: „The one thing I have always been definite about is that I wanted to be a mother".

So hätten die McCanns schließlich Zuflucht genommen zum Versuch einer künstlichen Befruchtung mit der Methode der In-Vitro-Fertilisation (siehe Exkurs II). Das erste Mal sei dies erfolglos verlaufen, was sehr belastend gewesen sei. Der zweite Versuch hätte dann zur Schwangerschaft geführt, über die sich die werdende Mutter sehr gefreut habe. Sie erklärt: „I did a test at home so I could handle the result if it wasn't good".

Über die dann folgende Zeit erzählt Frau McCann: „I swam every day until the day she was born to keep us both healthy. It was a really uncomplicated pregnancy. I had no sickness, nothing. It was so easy. I didn't know I was having a girl until she was born. (She smiles) There she was, perfect. She was lovely. She had the most beautiful face. I'd thought I was going to have a boy, just based on instinct. That actually made it even more special that she was a girl."

„The first five or six months were really difficult. She had very bad colic and cried about 18 hours a day. She had to be picked up all the time. So I spent many a day dancing round the living room holding Madeleine. I remember trying to butter my toast with one hand and holding her in the other. We would watch the clock and Gerry would come home and there would be three of us. Sometimes she just looked so sad with colic, and the three of us would be cuddled together trying to get her through it. Like a lot of things, you go through that difficult, bad stage and it tightens that bond. We've both got an incredible bond with Madeleine."

3.8.1 Exkurs II: Das Verfahren der In-vitro-Fertilisation.

Die Bezeichnung „in vitro" bedeutet „im Reagenzglas/im Laborversuch".[69] Die In-vitro-Fertilisation (Abkürzung IVF) ist demnach eine Methode der extrakorporalen Befruchtung, der Insemination in einem mit Nähstofflösung gefüllten Reagenzglas. Sie wird angewendet, „um bei bestehender Unfruchtbarkeit der Frau, vor allem bei Undurchlässigkeit der Eileiter, aber auch bei starker Beeinträchtigung der männlichen Samenzellen, eine Schwangerschaft herbeizuführen. Die In-vitro-Fertilisation ist aufwendig und für Frauen psychisch und durch die starken Hormongaben auch körperlich belastend. Die Erfolgsrate wird mit rd. 20% angegeben und entspricht damit der natürlichen Schwangerschaftswahrscheinlichkeit."[70]

Den genaueren Ablauf des Verfahrens kann man sich wie folgt vorstellen: „Nach einer zweiwöchigen Hormontherapie reifen in den Eierstöcken der Frau rund 15 Follikel heran. Unter Narkose sticht der Mediziner eine Nadel in die Scheidenwand und dringt schließlich bis zum Eierstock vor. Ein Follikel nach dem anderen wird angepikst, die darin enthaltene Flüssigkeit - samt Eizelle - abgesaugt. Im Reagenzglas werden die Eizellen mit Spermien zusammengebracht (....) Anschließend pflanzen Mediziner die befruchteten Eizellen in die Gebärmutter ein."[71]

Mittlerweile kommt in Deutschland jedes 80. Kind aus der Petrischale. Im Jahre 1999 erblickten 9 675 Retortenbabys das Licht der Welt.[72]

Die in den 1980er Jahren entwickelte Reproduktionsmethode der In-vitro-Fertilisation gehört heute zu den Standardverfahren,[73] unter denen seit den 1990er Jahren auch die Methode der intrazytoplasmatischen Spermieninjektion (ICSI) von großer Bedeutung ist. „Bei ICSI wird eine einzelne Samenzelle ausgewählt und direkt in die Eizelle gespritzt. IVF wird vor allem bei weiblichen, ICSI bei männlichen Fruchtbarkeitsstörungen angewendet."[74]

Einige Experten wie Professor Thomas Haaf vom Institut für Humangenetik der Universität Mainz und auch Dieter Schäfer vom Institut für Humangenetik der Universitätsklinik Frankfurth weisen auf ein erhöhtes Risiko gesundheitlicher Schädigungen an künstlich gezeugten Kindern hin. Das Spektrum scheint von Missbildungen an Knochen, Muskeln, Auge oder Ohr über Fehlbildungen der Harn- und Geschlechtsorgane bis hin zu kompexen Krankheitsbildern zu reichen wie der Trisomie 21, dem Angelman-, Prader-Willi- oder dem Beckwith-Wiedemann-Syndrom.[75] Einschlägige Studien zur Frage einer Erhöhung des Schädigungsrisikos unter IVF und ICSI zeichnen hingegen ein uneinheitliches Bild.[76]

Nach Angaben des Deutschen IVF-Registers (DIR) kommen Chromosomenanomalien und angeborene Missbildungen nach der ICSI-Prozedur allerdings doppelt so häufig vor wie bei der IVF-Methode.[77] Auch die „Deutsche ICSI Follow up Studie"[78] weist auf das erhöhte Risiko von Schädigungen bei dieser Technik hin.

Diskutiert wird, ob die bei der künstlichen Reproduktion möglicherweise vermehrt auftretenden Missbildungen auch auf den Faktor der Sterilität[79] oder auf Hormontherapien während der Schwangerschaft[80] zurückgehen könnten.

Zudem ist zu überlegen, ob das bei künstlicher Befruchtung vermutlich relativ hohe Alter der Eltern die eventuell erhöhte Schädigungsrate (mit)bedingt.

Die Katholische Kirche ist Gegnerin der Reproduktionsmedizin. Dr. Clemens Breuer von der Katholisch-Theologischen Fakultät der Universität Augsburg kritisiert vor allem die „Instrumentalisierung der menschlichen Sexualität"[81], die Aussonderung und Vernichtung überzähliger Eizellen bzw. Embryonen durch die z. B. in Großbritannien erlaubte Präimplantationsdiagnostik sowie die Unterstützung der Verzweckdienlichung der Erbsubstanz für die Forschung.[82]

3.9 Die Geburt der Zwillinge Sean und Amelie

Während eines durch die Arbeit des Vaters bedingten zweijährigen Aufenthaltes in Holland wurden die Zwillinge Sean und Amelie gezeugt.[83]

Als Madeleine 20 Monate alt war [also im Januar 2005, D. P.] wurden die beiden dann geboren. Die größere Schwester habe gleich eine liebevolle Haltung zu den beiden gezeigt, so Frau McCann. Sie legt dar: „We had the odd moment of course, such as when I was breast-feeding the twins. There was a tired Madeleine walking about the room wanting attention. But she was remarkable the way she coped with it all. She would look at me and say 'hold it, hold it,' meaning she wanted to hold one of the babies."[84]

Gerald McCann verrät in seinem Blog über die Zeit nach der Geburt der Zwillinge: „Kates parents[85] have been a huge help to us, especially since the twins were born, often driving down to Leicestershire for the weekend to help with the kids. This has been really important when I have been on-call at weekends and Kate would have been left looking after the three of them on her own. Trisha would often fly down to help when she had a few days off or when her and Sandy were en route to Cambridge."[86]

Neben der Versorgung durch die nur noch geringfügig als Ärztin arbeitende Mutter wurden die Kinder auch in einer Krippe untergebracht; über Regelmäßigkeit und Dauer sind allerdings keine Informationen verfügbar.[87] Auch während des Urlaubs der Familie im Ocean Club in Praida da Luz verbrachten die Kinder in der Regel den Tag in der hoteleigenen Kinderbetreuung.[88]

3.10 Madeleines Persönlichkeit aus Sicht der Eltern

Wie im vorangehenden Absatz schon angeklungen, sehen die Eltern Madeleine als eine gegenüber den jüngeren Zwillingen sehr liebevolle Schwester. Diese Charakterisierung findet sich auch auf der Find-Madeleine-Homepage wieder: „Madeleine has always been a wonderfully loving and caring big sister to Sean and Amelie."[89]

Weitere, mehrfach genannte Aspekte ihrer Persönlichkeit sind aus Elternsicht Lebhaftigkeit, Extraversion und eine immense Energie, die das Kind besitze.[90] Neben der Erwähnung einer „outgoing personality" kann man diesbezüglich auch auf der Homepage lesen: „She has an incredible amount of energy and even as a little baby, didn't seem to need much rest (....) It was certainly not the quietest house on the planet with lots of giggling, singing and the inevitable odd bit of mischief!"[91] Gegenüber der Polizei beschreibt der Vater das Kind sogar als „hyper-acitve"[92].

Was die Interessen des Mädchens anbetrifft, so erfährt man auf der Internetseite: „Like most girls her age, she likes dolls and dresses (and anything pink and sparkly) but with a definite taste for action-adventure too! (....) She enjoys running and swimming." Außerdem sei Madeleine ein Everton-Fan, wie ihre Mutter und ihr Großvater.[93]

Das Lieblingsspielzeug der Vierjährigen sei ein rosa Kuscheltier, eine Katze namens „Cuddlecat".[94]

Mit ihrem „funny and engaging chatter" sei Madeleine sowohl bei Kindern als auch Erwachsenen sehr beliebt.[95] Auch sei sie gut in der Konversation.[96]

Besonders Kate McCann betont, ihre Tochter sei „(so) special"[97]. Noch häufiger verwenden beide Eltern jedoch mit Bezug auf Madeleine das Attribut „beautiful"[98]. Das Kind, so seine Eltern, sei eine Lebensbereicherung: „Despite her young age, it often felt like Madeleine had been on this earth before! (....) Madeleine is a warm, life-enriching little person and will never fail we're sure, to bring joy into the life of anyone she may encounter."[99]

3.11 Zu Madeleines äußerem Erscheinungsbild

Die 9 Tage vor ihrem vierten Geburtstag verschwundene Madeleine Beth McCann ist im Mai 2007 laut Interpol-Informationen[100] 90 cm groß. Ihre Statur erscheint etwa durchschnittlich kräftig. Madeleine trägt ihr mittelblondes, etwa schulterlanges Haar mit Pony in der Regel gänzlich offen.[101] Auf einem verfügbaren Foto, das die Eltern auf die Find-Madeleine-Homepage gestellt[102] und auch in ihrer Power-Point-Präsentation vor dem Brüsseler EU-Parlament verwendet haben[103], fällt das geflochtene Zöpfchen auf, das die rechte Gesichtsseite schmückt.

Die Farbe Rosa ist in ihrer außerdem generell saubereren und modernen Kleidung überwiegend zu finden.[104] Auch den hier abgebildeten Sonnenhut trägt das Kind auf mehreren Fotografien.[105]

Wie hier zu sehen, wirken die Zähne des Mädchens gepflegt. Madeleines unveränderliches Kennzeichen ist der braune „Spalt" in ihrer rechten Iris, ein sogenanntes „Kolobom" (vgl. Exkurs III). Außerdem hat ihr linkes Auge die Farben Blau-Grün, ihr rechtes hingegen ist nur grün.[106]

Zu ihrem sonst so hellen Typ bilden die dunklen Wimpern einen gewissen Kontrast.

Das zarte Gesicht des Kindes scheint eine verschwindend kleine Asymmetrie aufzuweisen: Die flach wurzelnde Nase verläuft wohl nicht ganz zentral, sondern leicht zur rechten Gesichtshälfte hin.

Auf den meisten im Internet zu findenden Fotos lacht oder lächelt Madeleine freudig.[107] Die Gesichtsausdrücke der restlichen Bilder zeigen eine breitere Variation.[108]

3.11.1 Exkurs III: Über Iriskolobome.

Der Begriff „Kolobom" stammt aus dem Griechischen und bedeutet „Spalt" oder „Lücke".[109]

Laut Sprecherin der Micro- and Anophtalmic Children's Society treten Iriskolobome mit einer Prävalenz von bis zu 7 Fällen auf 100 000 Geburten auf.[110]

Die Gewebsfehlbildung entsteht in der Regel durch einen unvollständigen Schluss des sich aus einer gespaltenen Knospe entwickelnden Augenbechers während der Embryonalentwicklung. Diese Kolobome erkennt man in der Regel in Abgrenzung zu verletzungs- oder operationsbedingten Iriskolobomen an ihrer Lage unterhalb der Pupille sowie ihren unscharfen Übergängen zu dieser.

Die Fehlbildungen verhindern die Adaptation des Auges bei Lichteinfall, d. h. die Pupille kann nicht mehr völlig eng gestellt werden. Eine häufige Folge ist starke Blendempfindlichkeit. Die Spaltbildung kann zusätzlich Aderhaut, Netzhaut, Linse, und Sehnerv betreffen. Je nach Ausbreitung, vor allem bei Kolobomen in beiden Augen, kann das Sehvermögen beeinträchtigt sein. Auch Hornhautkrümmungen, Schielen oder unwillkürliche Augenbewegungen (Nystagmus) können auftreten. Darüber hinaus können Kolobome auch mit weiteren Anomalien anderer Organe einhergehen.[111] Bekannt ist beispielsweise eine mögliche Komorbidität mit Nierenfehlbildungen, für die das kürzlich entdeckte Gen NPHP6 verantwortlich gemacht wird, das die Entwicklung beider Organe beeinflusst.[112]

Diese Nierenmissbildungen können z. B. auch beim CHARGE-Syndrom auftreten. Die englische Abkürzung „CHARGE" steht für die typischen Symtpome dieses Krankheitsbildes: Kolobome des Auges (C), Herzfehler (H), Atresie der Choanen (Nasengangverengung; A), Retardierung von Längenwachstum und Entwicklung (R), Geschlechtsorgananomalien (G), Ohrfehlbildungen (E).[113]

Daneben finden sich z. B. auch bei 30% der Patienten mit einem Deletion-1p36-Syndrom Kolobome. Dieses Krankheitsbild, das mit einer Prävalenz von 1: 5 000 auftritt, zeichnet sich vor allem durch Wachstums- und Entwicklungsretardierung (v. a. der Sprache), durch Muskelhypotonie, Epilepsie, Herzfehler sowie Dysmorphien (z. B. Gesichtsasymmetrie) aus.[114]

Ein phänotypisch ähnliches Krankheitsbild zeigt das Deletion-2-q-Syndrom: Auch hier können Muskelhypotonie, Herzfehler sowie eine Retardierung von Wachstum und mentaler Entwicklung auftreten. Diese Retardierungen sind es, die das Krankheitsbild zusammen mit einem niedrigen Geburtsgewicht, kleinen Gesichtszügen mit

Fehlbildungen von Augen, Ohren und Nase kennzeichnen, sowie einem kurzen Nacken, Deformationen der Finger und Herz-Lungendefekten.[115]

Nachdem wir nun das Opfer des uns interessierenden Kriminalfalles - Madeleine McCann - ihre Familie und weiteren Lebenszusammenhänge den Umständen entsprechend gut kennengelernt haben, wollen wir uns im Folgenden ihrem Verschwinden selbst zuwenden. Beginnen wir damit, uns im nächsten Kapitel einmal ein Bild vom Tatort mit seiner Spurenlage zu machen, bevor wir im Anschluss daran die Aussagen von Zeugen hören werden.

4 Daten zu Tatort und Spurenlage sowie zum Elternverhalten am Tatabend

4.1 Die Alarmierung der Polizei

Am Abend des 3. Mai 2007 erreicht die Polizeidienststelle in Lagos gegen 22.10Uhr[1] aus der Ferienanlage „Ocean Club" in Praia da Luz der Anruf[2], aus einem Gästeapartment sei ein Kind verschwunden. Es sei dort mit seinen beiden Geschwistern allein gewesen, während die Eltern zu Abend aßen. Zweimal hätten diese nach ihren Kindern gesehen, wobei die Mutter bei dem letzten Kontrollgang schließlich das Verschwundensein ihrer knapp vierjährigen Tochter bemerkt habe.[3]

Als die Polizisten gegen 23.10/23.15Uhr an der Rezeption des Ocean Clubs eintreffen, fällt Gerald McCann den Darstellungen Amarals zufolge vor diesen auf die Knie;[4] auch schlägt er angeblich mit den Händen auf den Boden und schreit[5]. Kate McCann hingegen sitzt angeblich in der Ferienwohnung auf dem Ehebett.[6] Das Apartment ist voller Menschen, die die Räumlichkeiten bereits gründlich durchsucht haben[7].

4.2 Der Tatort

4.2.1 Praia da Luz.

Das portugiesische Feriendorf Praia da Luz befindet sich an der dünn besiedelten Südküste Portugals, der Algarve, direkt am Atlantik.

Der kleine Ort mit schätzungsweise 500 Privathäusern und zahlreichen Ferienresidenzen[8] liegt rund 20km[9] östlich des Südwestkaps des Landes, Saõ Vicente, mit der vorgelagerten Stadt Sagres, und etwa 4km westlich von der an einem Stausee gelegenen, ca. 13 000 Einwohner[10] großen Stadt Lagos. Bis zur Spanischen Grenze fährt man ca. 120km, der Flughafen Faro liegt auf halber Strecke dorthin.

Etwa 3km westlich von Praia da Luz befindet sich das noch kleinere Dörfchen Burgau, von dem sich bis Sagres eine Reihe weiterer kleiner Ferienorte erstreckt. Knapp 4km östlich von Praia da Luz liegt der ebenfalls touristische Ortsteil Porto de Mós von Lagos. Nördlich ist die Besiedlung noch dünner; es gibt dort weite Regionen mit Steppe, Ackerbau und Hartlaubgehölzen.[11]

Knapp 2km nördlich des Ortskernes von Praia da Luz erreicht man die Fernstraße EN 125, die West-Ost-Verbindung des Landes. Von hier bis zur Auffahrt der A22, der „Via Infante de Sagres"[12], sind es nur 4.5km.

Praia da Luz verfügt über einen knapp 1km langen Sandstrand, der im ausgedehnteren Ostbereich entlang eines etwa 100m hohen Berges verläuft und schließlich von Felsen unterbrochen wird. Im Westen geht der Strand bereits vor Ortsende in felsigen Untergrund über.

Während man im Strandbereich von Praia da Luz Gastronomie, Geschäfte und Dienstleistungen findet sowie eine kleine katholische Kirche[13] und einen Yachthafen[14], in den Randgebieten des Ortes auch einige Bauernhöfe angesiedelt sind, besteht der Großteil der übrigen Bebauungsfläche aus privaten und kommerziellen Ferienunterkünften[15]. Unter ihnen ist der „Ocean Club" die größte.

In der Nähe von Praia da Luz gibt es ein Tierkrematorium.[16]

Im Frühsommer 2007 fanden in weiten Teilen des Ortes Straßenbauarbeiten (Verlegungen von Rohren)[17] statt.

4.2.2 Die Ferienanlage „Ocean Club".[18]

Die weitläufige Hotelanlage „Ocean Club", die sich vom Strand aus bis etwa 500m nach Norden erstreckt, wo sie sich über mehrere Straßenviertel ausdehnt, besteht aus drei Anlagen ohne Videoüberwachungssysteme und Security.

Direkt am Meer, umgrenzt von den Straßen Rua Direita im Nordwesten und Avenida dos Pescadores im Südosten, befindet sich das schätzungsweise 7 500 m^2 große Areal „Waterside Village". Nördlich der Rua Direita, im Dreieck von ihr, der nach Norden zur EN 125 führenden Rua 1° de Maio und der nördlich schließenden Rua do Ramalhete liegt mit seinen wohl etwa 30 000m^2 Ausdehnung der größte Bereich des Ocean Clubs. Sein Zentrum bildet das etwa 9 000m^2 große Viertel mit Freizeitbereich und Gastronomie, das durch die Rua Direita im Süden, der Rua 1° de Maio im Westen, der Rua Prof. Agostinho da Silva im Norden und der Rua Dr. Francisco Gentil Martins im Osten begrenzt wird: An der Straße Rua Dr. Agostinho da Silva liegen zwei schätzungsweise 30m lange Apartmentblöcke des Ocean Clubs, zu deren Südseite ein wohl etwa 30m langer Pool. An seiner Ostseite ist der Eingang der Anlage angebracht, in seinem Süden trifft man mittig auf die Tapasbar, hinter der eine Kinderkrippe liegt, westlich von dieser zwei Tennisplätze. Das von den McCanns angemietete Apartment befindet sich in diesem Areal, gut 50m schräg gegenüber der Tapasbar, auf der anderen Poolseite. Von dieser Unterkunft bis zum Sandstrand sind etwa 500m Fußweg.

Im Nordosten dieses zentralen Areals gibt es neben einem weiteren etwa 10 000m^2 großen Bereich der Anlage noch die „Ocean Club Gardens", die schätzungsweise wiederum 8 000m^2 von der 30 000m^2 großen Fläche einnehmen. Im nordöstlich an die Gärten angrenzenden Viertel befindet sich noch ein separates Ocean Club-Areal von noch einmal wohl gut 10 000m^2 Fläche. Es ist ähnlich aufgebaut wie das Zentrum des eben beschriebenen Gebietes, verfügt aber über einen größeren Pool sowie kleinere Wohnanlagen.

4.2.3 Das Apartment G5A, die Unterkunft der Familie McCann, von außen betrachtet.

Das Apartment G5A des Ocean Clubs, das Familie McCann vom 28. April 2007 an bewohnte,[19] befindet sich am Rande des Zentralbereiches des ca. 30 000m^2 großen Areals, d. h. in der untersten Etage eines ca. 30m langen, weißen, vierstöckigen Gebäudes an der Straßenkreuzung Rua Prof. Agostinho da Silva/Rua Dr. Francisco Gentil Martins[20]. Der Eingang des hier erdgeschossig liegenden Apartments befindet sich zur Rua Dr. Agostinho da Silva, von der das Gebäude durch einen zugehörigen Parkplatz schätzungsweise 8m - 10m getrennt ist.

Entlang dieser Hausseite verläuft mit wohl etwa einem Meter Entfernung eine ca. 20cm breite[21], ebenfalls weiße Mauer. Sie variiert durch mindestens eine vorhandene Stufe leicht in der Höhe. Vor dem Kinderschlafzimmerfenster der Wohnung G5A, das sich in etwa einem Meter Höhe auch an dieser Gebäudeseite, nämlich von Außen gesehen rechts der Eingangstür, befindet, misst sie schätzungsweise 1.20m – 1.30m. Zwischen ihr und dem Parkplatz gibt es einen 30cm - 50cm breiten Grünstreifen mit niedriger Bepflanzung.

Das Kinderschlafzimmerfenster ist durch einen dortigen Vorsprung des Gebäudes leicht nach vorn versetzt, sodass die rechts neben ihm angebrachten, anderen Fenster etwa 10cm weiter zurückliegen, die sich links neben ihm befindende Eingangstür etwa 1.50 Meter. Dadurch ist diese lediglich von der äußersten linken Parkplatzseite einsehbar. An der Stelle des Vorsprunges verengt sich der schmale, gepflasterte Pfad entlang der Mauer zu wohl nur noch 80cm - 90cm.

Das Fenster des Kinderschlafzimmers besitzt eine metallene Außenjalousie. Diese ist beim Eintreffen der Polizisten in der Nacht des 3. Mai knapp 15cm geöffnet.

Die scheinbar aus Holz gefertigte **Eingangstür** hat ihre Angeln rechts. Vor ihr befindet sich eine, vielleicht auch eine zweite Stufe sowie ein dunkler Fußabtreter. Rechts neben der Tür sind zwei in einander gestellte, ungefähr 20cm hohe Blumentöpfe platziert; in ihnen liegt ein ebenso kleines Werkzeug mit stabförmigem Griff.

An dem Gebäudevorsprung rechts des Einganges findet man drei über einander ins Mauerwerk eingelassene weiße Metalltürchen, hinter denen sich vermutlich elektrische Sicherungen oder dergleichen befinden.

Die **Veranda** des Apartments G5A ist auf der zum Vordereingang gegenüberliegenden Seite, zum Pool hin, gelegen. Von diesem ist das Wohngebäude durch zwei sich in Richtung seiner Längsachse erstreckende, etwa 1.20m hohe Mauern getrennt, von denen die eine den Freizeitbereich einfasst, die andere einen rund 2m breiten, z. T. mit etwa 2.50m hohen Büschen bepflanzten Grünstreifen entlang des Hauses.[22] Auch zur Straße hin ist diese Mauer mit etwa 2.50m hohem, dichtem Buschwerk versehen. Ihr gegenüber, an der anderen Straßenseite, steht eine Laterne.[23] Die zur Poolanlage hin gelegene Mauer ist ebenfalls etwa 1.50m hoch begrünt. Zwischen beiden verläuft ein schmaler Fußweg.[24] Die Tapas Bar des Restaurants, in dem die Eltern zu Abend gegessen hatten, liegt etwa 80m Fußmarsch und 50m Luftliniendiagonale vom Apartment G5A entfernt. Sie befindet sich südlich des Pools.[25]

Zwischen der zum Haus gehörenden Bepflanzung und dem Gebäude selbst befindet sich wiederum eine schmale Pforte, ein knapp meterhohes und wohl 60cm - 80cm breites Törchen in Form eines Metallgitters. Es ist zur Straße Rua Dr. Francisco Gentil Martins hin gelegen. Unmittelbar hinter der Pforte führt eine ebenso schmale Treppe mit mutmaßlich acht bis zehn Stufen hinauf zur überdachten Veranda des Apartments G5A, die sich gut 1.50m über dem Erdboden befindet.

An der schätzungsweise 10° ansteigenden Straße Rua Dr. Francisco Gentil Martins liegt die etwa 8m breite Seite des Apartments, die in etwa 2.50m Höhe von links nach rechst die Fenster folgender Räumlichkeiten besitzt: Veranda,[26] Wohnzimmer, Essbereich des Wohnraumes, Küche. Im Gegensatz zu dem doppelflügeligen Wohnzimmerfenster sind die beiden anderen mit ihren etwa 60cm - 80cm Länge nur knapp halb so lang. Im Bereich von Veranda und Wohnzimmer liegt das Gemäuer durch seinen vielleicht 15cm - 20cm breiten Vorsprung etwas näher zur Straße als die beiden anderen, vergleichsweise zurückgesetzten Fenster.[27]

Über Veranda und Wohnzimmer einerseits sowie der Küche andererseits ist mit einer Reihe ca. 20cm - 30cm roter Ziegel der Absatz eines Daches angedeutet, der aber dann durch das senkrechte Gemäuer des nächsten Stockwerkes beendet wird. Die beiden Stockwerke über diesem untersten Apartment lassen eine ähnliche bauliche Aufteilung erkennen: Über der Veranda der Wohnung G5A liegen Balkone, die Fenster gleichen sich bis auf die fehlenden Küchenfenster.

Auf der Veranda befindet sich unmittelbar vor der Treppe ein ähnliches Metallgittertürchen wie an der Straße; es misst schätzungsweise 70cm - 80cm Höhe und lässt sich mit einem Haken am zum Grünstreifen hin liegendem Mauerwerk befestigen. Um von der Treppe zur etwa 2.50m langen zweigliedrigen Glasschiebetür zu gelangen, die in das Wohnzimmer führt, muss man sich um 90° nach rechts wenden, d. h. die Treppe verläuft genau parallel zu dieser Tür.

Die Veranda besitzt eine ungefähre Länge von 3m sowie eine vermutliche Breite von 1.20m, am Treppenvorsprung ist sie wohl einen Meter breiter. Sie wird von einer ca. 1m – 1.20m hohen, schmalen Mauer umsäumt, die an ihrer Längsseite außen von der Treppe mit etwa 20cm etwas breiter ist. Die parallel dazu innen entlang der Treppe verlaufende Mauer hat auf etwa halber Höhe nach oben hin eine Aussparung, in der horizontal ein Gittergeländer aus Metall eingefasst ist. Links und rechts des Gitters bleibt der Mauer ein etwa 30cm langer Absatz von ganzer Höhe.

An der Stelle des Treppenvorsprunges rankt eine schmale Reihe Pflanzen bis zu mindestens 10cm Höhe über die Mauer.

Die Veranda ist gepflastert, scheinbar mit rotem Backstein. In der Ecke des zur Straße weisenden Rundbogenfensters und der Glastür befindet sich ein etwa 70cm hoher und schätzungsweise 50cm x 60cm großer Gartentisch, der scheinbar auf einem mittig angebrachten Fuß steht.

Um den Tisch herum befinden sich vier weiße Gartenstühle, bei zweien von ihnen handelt es sich, der geringeren Größe nach zu urteilen, um Stühle für Kinder.

4.2.4 Die Innenansicht des Apartments G5A in der Nacht des 3. Mai 2007.

Die folgenden Beschreibungen stellen die Situation der Wohnräume des Apartments Nr. G5A dar, wie sie von den am 3. Mai 2007 gegen 23.10/23.15Uhr dort eintreffenden Polizisten vorgefunden wurde, mit Ausnahme der Menschenansammlung.

Betritt man das Apartment durch die zur Straße Rua Dr. Agostinho da Silva gelegene Eingangstür, befindet man sich auf einem etwa 2m langen und 80cm breiten, weiß gestrichenen **Flur**. An dessen rechter Wand ist ein Kleiderhaken angebracht, auf dem ein dunkelrosafarbenes Kleidungsstück hängt, vermutlich ein

Kinderjäckchen. Auf dem Fußboden steht eine Reihe von Schuhen nebeneinander an der Wand.

Unmittelbar links des Einganges ist die schätzungsweise 2m x 1.50m große **Küche** gelegen, mit dem Fenster zur Rua Dr. Francisco Gentil Martins. Sie ist vollständig eingerichtet, d. h. mit Herd, Backofen[28], Kühlschrank und Spüle ausgestattet, außerdem mit einem Erhitzungsgerät für Wasser.[29]

Die Küche hat zu dem weiß gestrichenen und mit ca. 20cm x 20cm weißen Fliesen ausgelegten Wohnzimmer hin eine ca. 1m – 1.20m breite Durchreiche. Diese ist wie ein knapp ebenso hohes Fenster mit oben abschließendem Rundbogen gestaltet und befindet sich in etwa 1m – 1.10m Höhe. Ihre steinerne Ablageplatte reicht zur Wohnzimmerseite hin ungefähr 10cm über den Wandabschluss hinaus. Auf ihr steht, vom Essbereich außerhalb der Küche betrachtet, ganz links ein ca. 30cm hohes Stehlämpchen mit weißem Stoffschirm, der zur Küche hin etwas angewinkelt ist, was eher durch eine absichtliche Herrichtung als durch die Fabrikationsweise bedingt scheint. An die Lampe gelehnt steht eine Karte oder ein Foto, das mit Vorder- oder Rückseite in Fensterrichtung weist. In der Mitte der Ablage liegen weitere Gegenstände, ganz rechts ein Geschirrtuch und unmittelbar vor dem anschließenden Mauerwerk steht eine ca. 15cm hohe Dose mit Deckel. Zwischen der Durchreiche und der Flurtür ist in etwa 2m Höhe eine Lampe angebracht, deren Licht nach oben strahlt.

In dem ca. 20m^2 - 25m^2 großen **Wohnzimmer**, längs vor der etwa 2m langen Wand mit der Durchreiche, steht ein ca. 1.50m langer und 70cm breiter **Holztisch mit fünf Holzstühlen**; lediglich an der vor dem Wohnzimmerfenster gelegenen Seite befindet sich keine Sitzgelegenheit. Die leicht zurückgebogene Rückenlehne der Stühle besteht aus drei Sprossen, Armlehnen sind nicht vorhanden.

Zwei der fünf Sitzmöbel sind vom Tisch abgerückt, auf ihnen hängen Textilien: Über der Rückenlehne des Stuhls in der Ecke von Durchreiche und Fenster hängt ein großes buntes Badetuch und auf dem um etwa 45° vom Tisch weggedrehten Stuhl an der zum Fenster gegenüberliegenden Querseite befindet sich ein rosa Kinderjäckchen mit Kapuze, ordentlich über den linken Lehnengriff gehängt. Ein weiteres, bräunliches Kleidungsstück liegt über der Mitte der Lehne und ist durch deren erste Sprosse hindurch geschlungen. Unter der rosafarbenen Jacke oder innerhalb dieser scheint sich ein weiteres Kinderoberteil zu befinden. Am Fuße des Stuhles liegt etwas auf dem Boden.

Auf dem Tisch befinden sich mehrere Gegenstände: Auf dem Platz links vor der Durchreiche liegen mehrere Blätter Din-A-4-Papier auf einer kartonähnlichen Unterlage, vielleicht einem Klemmbrett oder einfach dem Blockrücken. Auf dem Stapel liegt, In der Mitter der rechten Längsseite, im etwa 45°-Winkel zur linken oberen Blattkante weisend, ein Stift. Vor den Schreibutensilien steht etwa in der Mitte des Tisches aufrecht ein Fotoapparat, dessen schwarzes Sichtfenster verrät, dass es sich um eine Digitalkamera handelt. Auch diese bildet mit dem Papier etwa einen 45°-Winkel, indem die linke Kameraseite näher dorthin steht. Zwischen rechter Geräteseite und rechter oberer Blattecke liegt senkrecht ein weiterer Stift. Links des Fotoapparates ist, parallel zu diesem, ein anderes etwa Din-A-4-großes Papier zu sehen, vielleicht auch ein Prospekt o. ä. . Links des erstgenannten Papierstapels, in Höhe des oberen Stapelrandes, steht mit ca. 15cm - 20cm Abstand ein zu etwa 2/3 mit Wasser gefülltes Glas. Hinter diesem, in Richtung Fensterplatz, liegt eine aufgeklappte dunkle Sonnenbrille, deren Gläser genau in die zum Fenster entgegengesetzte Seite zeigen.

Auf dem Platz in der Ecke Durchreiche/Fenster steht nahe dem zum Fenster weisenden Tischrand eine Schale, vermutlich aus Ton, mit einem ungefähren Durchmesser von 15cm und einer geschätzten Höhe von knapp 10cm. Schräg links oberhalb der Schale befindet sich ein weiteres Gals, etwa gleich hoch mit Wasser gefüllt wie das erste. Zwischen diesem Gals und der Sonnenbrille scheint ein weiteres Papier zu liegen, ebenso oberhalb der Schale in Richtung des anderen Fensterplatzes.

Das etwa 80cm breite und schätzungsweise ca. 1m hohe **Fenster der Essecke** beginnt in ca. 90cm Höhe. Es ist verhangen mit einer relativ engmaschigen, weißen, chiffonartigen Gardine, die etwa mit dem unteren Fensterrand abschließt. Die Gardinenstange ist mit ca. 20cm breitem, hellblau lackiertem Holz verkleidet, hinter dem ebenfalls ein gleichfarbiges Rollo angebracht ist, welches bis auf eine Handbreit ganz hochgezogen ist. Unter dem Fenster scheint sich eine Heizung zu befinden. Auf ihr hängt relativ wulstig ein weißes Badehandtuch; nicht auszuschließen ist, dass es sich dabei doch um zwei kleinere Handtücher handelt.

Unter der Durchreiche befindet sich in etwa 40cm Höhe eine Steckdose.

Im Abstand von etwa 80cm zum Fenster der Essecke gibt es links von diesem ein weiteres, das doppelflügelige **Wohnzimmerfenster**. Es trägt ebenfalls eine chiffonähnliche Gardine sowie eine, hier etwas längere, Holzverkleidung am oberen Rand. Anstelle eines Rollos verfügt dieses Fenster über eine hellblaue, zweiteilige Stoffgardine, die mindestens bis fast zum Boden reicht. Während die rechte Gardinenhälfte mit recht gleichmäßigen Stoffwindungen bis zur Mitte des Fensters zugezogen ist, reicht die andere Seite nicht ganz bis dorthin, sondern lässt mittig einen etwa 10cm - 15cm breiten Spalt frei, sodass die Chiffongardine sichtbar wird. Außerdem ist diese Hälfte nicht gleichförmig zugezogen: Der Stoff ihres linken Randes ist unterhalb von etwa 1.50m Höhe unebenmäßig hinter den anderen geschlagen, sodass auch hier die weiße Gardine zum Vorschein kommt sowie eine Halterungsschnur, die in etwa 1m Höhe angebracht ist und von der sich eine entsprechende auch an der anderen Seite befindet. Zudem fällt der Stoff nicht senkrecht hinunter, sondern ist vom unteren Teil her leicht nach links verzogen.

Durch das mit seinem Rücken dicht vor dem Fenster stehende **Sofa** wird die blaue Gardine so in einer Schräge gehalten. Dieses schätzungsweise 1.50m -1.60m lange und 50cm - 60 cm breite Möbelstück misst in der Höhe etwa einen Meter und hat die Farbe Dunkelblau. Es ist aus seiner gewohnten Position leicht verrückt.[30] Links neben ihm steht im 90°-Winkel ein zweites, recht ähnliches Sofa, das jedoch in einem etwas helleren Blau gehalten ist. Über dessen rechter Armlehne liegt ein dunkles Kleidungsstück, vermutlich der Pullover eines Erwachsenen, dessen Ärmel an der Lehnenaußenseite nach unten hängen.

Vor den beiden Sofas befindet sich ein ca. 50cm hohes **Holztischchen** von etwa 80cm Länge und 30cm Breite. Es steht mit der kürzeren Seite zu der sich direkt vor dem Fenster befindenden Couch, in einem Abstand von schätzungsweise 40cm. Die Entfernung von der zweiten Couch ist mit wohl höchstens 25cm geringer. Auf halber Höhe besitzt der Tisch ein scheinbar leeres Ablagefach. Auf dem Möbelstück befinden sich Gegenstände, vermutlich ein mehr zur Fensterseite hin stehendes Teelicht, schräg von diesem im Abstand von einigen Zentimetern ein knapp 10cm hoher, nach oben spitz zulaufender, dunkler Gegenstand. Schräg neben ihm liegt wohl ein Stift.

Rechts neben dem vor dem Fenster gelegenen Sofa steht in der Zimmerecke noch ein Holztischchen mit etwas kleineren Maßen als das eben genannte. Auf ihm befindet sich ein Stehlämpchen von der gleichen Art wie dem auf der Durchreiche. Zu der in den Raum weisenden Seite steht etwas Kleines, Weißes, das wie eine Tasse oder Kerze anmutet. Eventuell liegt vor der Lampe noch ein Buch.

An der angrenzenden Wand ist in Höhe der Gardinenstangenverkleidung wieder eine runde Lampe befestigt mit nach oben strahlendem Licht. Gleich daneben befindet sich die etwa 2.50m breite **Verandatür**, die beinahe die ganze Wandseite einnimmt. Sie verfügt über die gleiche Art von Gardinen und –

stangenverkleidung wie das Fenster hinter dem Sofa, außerdem über zwei Außenjalousien. Diese sind hochgezogen, die linke ein paar Zentimeter weniger als die rechte. Auch die beiden blauen Vorhänge sind zu den Seiten hin aufgezogen. Die weiße Gardine ist bis zur Mitte des linken Türflügels aufgeschoben; die Stoffdichte scheint eine deutlich weitere Öffnung auch nicht zu erlauben.

In der Zimmerecke rechts der Verandatür befindet sich auch wieder ein kleines Holztischchen in der Größe von jenem der gegenüberliegenden Raumecke. Auf ihm steht diagonal und damit zu den Couchplätzen gedreht ein Fernseher, der etwa 35cm x 30cm misst.

An der angrenzenden und dem Fenster gegenüberliegenden Wand steht in einem Abstand von ca. 20cm zu dem Fernsehtisch ein ungefähr 1m hoher, 30cm tiefer und 80cm breiter **Schrank** mit zwei Schubladen oben sowie zwei weiteren Schubladen oder Türen unten. Auf der rechten oberen Ecke des Möbelstückes liegen zwei Spiele oder Bücher, das kleinere über dem größeren. Links daneben befindet sich ein Stapel mit zwei oder drei Bilderbüchern, daneben scheinbar ein auf der Körperseite liegendes, zwei Faust großes rosa Kuscheltier. Neben diesem scheint sich ein kleineres Papier zu befinden, am linken Rand schließlich noch ein länglicher Gegenstand. Auf der Schrankmitte scheint an der Wand ein ca. 30cm hoher, weißer Gegenstand zu stehen, der anmutet wie eine Vase. Über dem Schrank hängt eine Lampe, die gleiche wie links neben der Veranda, auch etwa in Höhe derselben. Rechst neben dem Schrank befindet sich eine wohl 1.60m – 1.70m hohe Stehlampe mit weißem Schirm auf einem Metallgestell.

Hinter der Stehlampe geht die Wand in einen knapp 2m breiten, **bogenförmigen Durchgang** über, in dessen Flur sich gleich rechts und damit neben dem Flur des Eingangsbereiches das Kinderzimmer befindet. Direkt geradeaus im Durchgang findet man ein kleines Badezimmer. Unmittelbar rechts nach dem Rundbogen und damit gegenüber dem Kinderschlafzimmer einerseits sowie neben dem Wohnzimmer andererseits ist das Elternschlafzimmer. An der linken Seite des Durchgangsbogens steht auf der Erde eine etwa 20cm hohe und 40cm lange Sporttasche, deren Schultergurt mindestens 10cm weit in Richtung Stehlampe liegt.

Öffnet man die Tür zum **Kinderschlafzimmer**, steht man in einem wohl gut 3m langen und an der Fensterseite knapp 3m breiten, ebenfalls weiß gestrichenen Raum. Fünf Zentimeter von der Außenwand entfernt steht ein schätzungsweise ca. 80cm breites **Bett**, das wohl knapp 2m Länge misst. Seine Fußseite reicht bis knapp über die rechte Fensterhälfte. Seine Kopfseite befindet sich an der linken Raumwand, an der an dieser Stelle ein bis etwa 40cm über die Betthöhe hinausreichendes, dünnes Holzbrett angebracht ist, das oben in einem leichten Bogen ausläuft. Das kleine weiße Kopfkissen scheint um 90° gedreht an dem zur Außenwand zeigenden Bettrand zu liegen. Die linke Längsseite der grau-weiß karierten Überdecke und auch der Bettdecke sind, bis auf ein paar Zentimeter am Fußende, ungleichmäßig zur Bettmitte hin verschoben, sodass sie große Falten bilden. Am Bettende steht ein **Korbstuhl** mit nahe an der rechten Wand sich befindender Rückenlehne, dessen vermutlich höchstens 45cm hohe Sitzfläche sich somit in einem Winkel von rund 45° zum Fenster gewandt befindet.

Das sich in einem knappen Meter Höhe befindende **Fenster des Kinderzimmers**[31] scheint nicht breiter als höchstens 80cm zu sein. Seine ungefliese Fensterbank misst nur zwischen 5cm und 10cm. Das Fenster besitzt zwei Flügel, die sich durch einen kleinen silberfarbenen Knauf im Zentrum des Mittelrahmens öffnen lassen. Der Rahmen ist überall gleich breit, etwa 5cm. Die Außenjalousie des Fensters ist nicht ganz heruntergezogen: Unten bleibt ein Spalt von 10cm -15cm frei und auch zwischen den einzelnen Metallstreifen ist jeweils noch Raum. Der bis mindestens fast bis auf den Erdboden reichende zweigeteilte Vorhang aus festem Stoff, der das gleiche Muster trägt wie die Überdecken der Betten, ist bis jeweils etwa zur Hälfte zugezogen, an der rechten Seite eine Handbreit weniger. Während der Stoff der rechten Hälfte gleichmäßig senkrecht fällt, wirkt der rechte Rand der linken Seite ungleichmäßig: Er ist kurz unter dem Fensterbrett etwas nach links gerückt, genau über dem Bettrand liegt er aber eine Handbreit nach rechts. Das rechte Halterungsband für den Vorhang liegt auf der Erde, zwischen Bettende und Stuhl.[32] Fußspuren sind auf keinem dieser beiden Möbel zu finden.[33]

Direkt links neben der Kopfseite des Bettes steht ein kleines Nachttischchen von wohl nicht mehr als 50cm Höhe und jeweils 30cm Länge und Breite. Auf ihm steht ein kleines Stehlämpchen, das jenem im Wohnzimmer gleicht. Unmittelbar links von ihm befindet sich eine ca. 90cm - 1m hohe, 80cm lange und 30cm breite **Holzkommode** mit drei oder sogar vier Schubladen übereinander. An der Wand hinter dem Schrank ist das gleiche Holzbrett befestigt wie an der Kopfseite des vor dem Fenster stehenden Bettes. Auf dem Schrank liegen am linken Rand zwei mit der Bindung nach links zeigende Kinderbücher, daneben ein etwa faustgroßes rosa Stoffteil, vermutlich ein Kuscheltier, ferner vielleicht ein Tuch.

Daneben scheinen sich ein bis zwei hochkant gelegte Dokumente zu befinden.

Vor dem zuvor beschriebenen Nachttisch und dem rechten Rand der Kommode steht ein **Kinderreisebett**, parallel zu diesem ein zweites nahe der Wand, die den bei der Eingangstür gelegenen Flur von dem Zimmer abtrennt. Auf dieser Höhe befindet sich zwischen der Wand und dem Reisebett ein hoher, weißer **Kleiderschrank** mit mindestens zwei Türen und einem Metallknauf in einem knappen Meter Höhe. Beide Bettchen sind schätzungsweise 80cm - 90cm hoch, 80cm lang und knapp 60cm breit. Während das an der Kommode stehende vier durchsichtige Seitenwände besitzt, sind Kopf- und Fußseite des anderen aus intransparentem braunem Stoff, seine zum ersteren Reisebett weisende Längsseite ist jedoch ebenfalls durchsichtig. Über seinem Fußende hängt eine weiße Textilie, dem Anschein nach ein Laken oder Handtuch, das durch den Fall seines Stoffes benutzt aussieht. Das eine Bett ist nur wenige Zentimeter von der Kommode und in wohl knapp 30cm Entfernung von der großen, unter dem Fenster stehenden Schlafgelegenheit platziert. Zwischen den beiden kleinen Bettchen beträgt der Abstand wohl etwa 50cm.

Unmittelbar links des Zimmereinganges befindet sich **das Bett, in dem Madeleine geschlafen haben soll.** Es steht sehr dicht an der rechts von ihm liegenden Wand, sodass Bett- und Überdecke ein bisschen in dem schmalen Spalt eingeklemmt scheinen. Sowohl in seinen Maßen als auch in seiner Wäsche gleicht es der Schlafgelegenheit vor dem Fenster. Das ca. 40cm x 25cm große Kopfkissen liegt allerdings gerade platziert und die Überdecke ist beinahe glatt. Der obere Rand der Bettdecke ist von ganz rechts bis etwa zur Mitte ca. 35cm in Richtung Bettunterseite zurückgeschlagen. Somit liegt das Laken unterhalb des Kopfkissens ab etwa halber Länge davon frei, also für etwa 15cm - 20cm. Direkt rechts neben dem Kopfkissen liegt ein kleines rosa Kuscheltier, „Cuddle Cat".[34] Vor diesem - betrachtet man das Bett vom Fußende aus - befindet sich ein ca. 25cm langes, leicht gefaltetes Stofftuch.[35] An der Wand rechts neben dem Bett hängt etwa mittig über diesem ein 30cm breiter tafelflacher Gegenstand in einem Holzrahmen mit verstärkter Unterseite, bei dem es sich um einen Spiegel handeln wird, ferner vielleicht auch um einen Bilderrahmen. Er ist in Höhe von ca. 1.20m – 1.30m angebracht, reicht also 70cm - 80cm über die Betthöhe von etwa 50cm hinaus.

Das wohl recht kleine **Badezimmer** grenzt an die Wand links von Madeleines Bett[36]. Über seine Einrichtung ist öffentlich nichts Sicheres bekannt.

Das **Elternschlafzimmer**, dessen Eingang dem Kinderschlafraum gegenüber liegt, ist unbedeutend größer als jener.[37] Die zur Tür gegenüberliegende Wand liegt direkt neben der Veranda, sodass das **Fenster** in Richtung Pool hinausgeht.
An der Wand, die rechts an die Eingangstür des Schlafraumes grenzt, steht ein hoher, weißer **Kleiderschrank**. Er besteht aus zwei sich nebeneinander befindenden, etwa 80cm langen Teilen, die jeweils eine Doppeltür haben. Der linke Teil besitzt innen im Abstand von ca. 25cm Ablagebretter, der rechte eine oben angebrachte Kleiderstange.
Parallel zu diesem Schrank stehen in der Mitte der an seine linke Seite grenzenden Zimmerwand **zwei aneinandergerückte Einzelbetten**. Zwischen ihnen und dem Kleiderschrank gibt es eine recht große leere Fläche.[38] Während über dem linken eine glattgestrichene Überdecke liegt, ist jene des rechten Bettes ungleichmäßig zurückgeschlagen, die Bettdecke ebenfalls wulstig an die Seite geschoben und auch das Kopfkissen nicht glatt.[39]

Einbruchspuren sind an keinem der Fenster oder Türen zu finden. Auch Medikamente werden nicht entdeckt.[40]

Die mitgereisten Freunde der McCanns wohnen in Apartments des gleichen Gebäudes wie Kate und Geralds Familie. Die Räumlichkeiten der Paynes befinden sich im ersten Stock, die der anderen Parterre.[41]

4.3 Die ersten Angaben der Eltern McCann gegenüber den eintreffenden Polizisten
Frau McCann erklärt den gegen 23.10/23.15 Uhr ankommenden Polizisten, dass bei ihrem Bemerken von Madeleines leerem Bett um 22.00Uhr das Fenster des Kinderschlafzimmers offen gestanden habe und die Außenjalousien ebenfalls oben gewesen seien (vor der Aufnahme des Polizeifotos müssten sie demnach geschlossen worden sein). Die Eltern hätten jedoch beides zuvor zugemacht. Auch hätten sie die Fenstervorhänge vollständig zugezogen, die nun halb geöffnet sind.[42] Die Mutter schildert auch, sie habe bereits vor dem Betreten des Kinderschlafraumes einen Luftzug verspürt sowie beim Öffnen der Zimmertür die Bewegung der Fenstervorhänge gesehen[43.]

Das rosa Plüschtier und das pinke Kuscheltuch neben Madeleines Kopfkissen hätten bereits bei seinem vorangegangenen Kontrollgang gegen 21.00Uhr in dieser Position gelegen, so der Vater. [44]

Madeleines Kleidung zum Zeitpunkt ihres Verschwindens wird von den Eltern mit einem rosafarbenen Schlafanzug angegeben. [45]

Unter ihnen sowie auch ihren Freunden besteht Einigkeit, dass die Verandatür am Abend zu, aber nicht verschlossen gewesen sei. [46] Kate McCann erklärt, durch sie das Apartment um 22.00Uhr betreten zu haben. [47] Eine andere Person habe die Unterkunft am Abend nicht durch diesen Eingang betreten, so der Vater. Schließlich habe er die Veranda von der Tapasbar aus, in der die Gruppe gegessen habe, sehen können. [48] Die Vordertür hat Gerald McCann seines Wissens zufolge nach seinem Kontrollgang wieder verschlossen. [49] Als er gegen 21.00Uhr im Apartment gewesen sei, sei das Kinderzimmerfenster noch ungeöffnet gewesen. [50] Allerdings schiene ihm die Tür zu diesem Raum etwas weiter offen gestanden zu haben, als von ihm zurückgelassen. [51]

Russel O`Brien überreicht den Polizisten in dieser Nacht zwei von Gerald McCann bereits vor deren Eintreffen handgeschriebene Listen, die stichwortartig eine zeitliche Rekonstruktion der Kontrollgänge und besondere Beobachtungen, auch von Seiten der Freunde, darstellt. Die Listen sind auf der Heftdeckelinnenseite eines Stickeralbums für Kinder über drei Jahren geschrieben und dann herausgetrennt worden. [52] Sie lauten wie folgt:[53]

1) „8:45 pm all assembled at poolside for food

9:00 pm Matt Oldfield listens at all three windows 5A, B, D,

        ALL shutters down

9:15 pm Gerry McCann looks at room A ? Door open to bedroom.

9:20 pm Jane Tanner checks 5D – sees stranger walking carrying a child

9:30 pm Russel O'Brien in 5D. (...) poorly daughter

9:55 pm

22:00 pm Alarm raised after Kate

GERALD"

2) „8:45 pool

Matt returns 9:00 – 9:05 - listened at all?

-all shutters down.

(…) 9:10 – 9:15 in the room + all well

? Did he check

9:20/5 - Evie Jane checked 5D. Sees stranger & child

9:30 – Russel Ella Matt checks all 3

9:35 – Matt check (…) Sees twins

-

(…) returns

9:55 – Kate realized Madeleines (…)

10:00 pm alarm raised"

4.4 Daktyloskopische Daten und organische Anhaltspunkte aus der kriminal- technischen Untersuchung des Tatortes

In den ersten Tagen nach Madeleines Verschwinden wird der Tatort mit portugiesischen Polizeihunden abgesucht, was keinerlei Hinweise erbringt.[54]

Bei der Untersuchung des Fensterrahmens des Kinderschlafzimmers werden dann lediglich die Fingerabdrücke von Kate McCann gefunden.[55] Sie sind so platziert, dass man ihre Entstehung durch ein Öffnen des Fensters annehmen kann.[56]

Schließlich greifen die portugiesischen Kriminalbeamten auf das Angebot ihrer britischen Kollegen zurück, sehr qualifizierte, leistungsstarke Spürhunde nach Portugal einzufliegen.[57] So trifft im Juli 2007[58] zunächst Mark Harrison, ein international arbeitender Experte für die Suche nach vermissten, verschütteten und getöteten Personen,[59] in Portugal ein, analysiert den Fall gemeinsam mit der portugiesischen Polizei, Beamten aus Leicester sowie Scotland Yard und arbeitet mit ihnen letztlich einen Plan für den Einsatz der Hunde aus[60]. Am 30. Juli 2007 kommt dann der Hundeführer Martin Grimes mit dem Blutspürhund Keela und dem Leichenspürhund Eddie in Praia da Luz an.[61] Während Eddie nach sterblichen

Überresten von Menschen und nach Geruchsspuren entsprechenden Leichenkontakts sucht und auch an Stellen anschlägt, an denen ein toter Körper nur einen Moment lang gelegen hat, erspürt Keela menschliches Blut, auch im Falle einer gründlichen Reinigung mit Chemikalien und selbst in so geringen Mengen, dass es mit technischen Mitteln nicht mehr entdeckt werden kann.[62]

Die beiden Hunde wurden bereits in über 200 Fällen weltweit eingesetzt, darunter auch welche des FBI, in dessen Ausbildungs- und Versuchsstätte, der „Body Farm", sie erfolgreich Tests absolvierten. (Einzig hier ist der Einsatz menschlicher Leichen für Trainingszwecke erlaubt.)[63] Ihre Erfolge wurden in der Vergangenheit durch Laboruntersuchungen bestätigt[64] und werden jedes Jahr offiziell überprüft[65]. Sie schlagen nur auf *menschliche* Spuren an[66].

Am Abend des 2.August 2007 wird zunächst der Leichenspürhund Eddie in der von den McCanns kurz zuvor angemieteten Villa in Praia da Luz eingesetzt. Schlägt er an, soll der Blutspürhund ebenfalls unabhängig von ihm das Haus durchsuchen.[67]

Im Wohnzimmer des Hauses signalisiert Eddie an dem auf einem Stuhl liegenden[68] Kuscheltier von Madeleine, „Cuddle Cat", Leichengeruch.[69] Der Blutspürhund schlägt dagegen nicht an.[70]

Alle sich im Haus befindenden Kleidungstücke werden eingesammelt und in der Nacht von den Hunden untersucht.[71] Eddie signalisiert auf zwei Teilen von Frau McCann sowie auf einer zu Madeleine gehörender Textilie Leichengeruch.[72] Bei den Kleidungsstücken der Mutter handelt es sich um eine sportliche Hose in schwarz-weißem Schachbrettmuster sowie eine ärmellose weiße Bluse.[73]

Am Nachmittag des 3. August überprüft Martin Grimes mit den Hunden dann das Ocean-Club-Apartment G5A, das die McCanns Ende April/Anfang Mai bewohnt hatten. An der Eingangstür ignoriert Eddie angeblich das Kommando des Hundeführers, sich zu setzten, damit ihm das Halsband abgenommen werden kann. Er läuft stattdessen wohl sofort in das Apartment hinein und dort in recht wilder Weise vom Wohnzimmer in das Elternschlafzimmer.[74] Leichengeruch zeigt er in diesen beiden Räumen an: in einer Ecke neben dem Kleiderschrank dieses Schlafzimmers sowie im Wohnzimmer hinter dem Sofa, dort in der Nähe des Seitenfensters des Apartments.[75] Auch die Blutspürhündin Keela schlägt, nachdem

Eddie seine Arbeit beendet hat, hinter dem Sofa an.[76] Sie weist mit ihrer Nase auf die Bodenfliesen.[77]

Im Garten des Apartments schlägt Eddie ebenfalls an, in einem Blumenbeet[78] vor der Veranda[79]. Das Bellen hier ist jedoch leiser, was der Hundeführer als eine nur sehr schwache Geruchsspur interpretiert[80] und was auch als ein „Vielleicht" verstanden werden kann[81].

Sowohl in den Apartments der mitgereisten Freunde als auch in Praia da Luz selbst werden die Spürhunde hingegen nicht fündig. Durchsucht werden im Ort alle als Versteck für eine Leiche als sinnvoll erachteten Lokalitäten, darunter v. a. verlassene Gebäude und Ruinen, Gewässer, Zugänge zu Abwasserkanälen, der Strand und die Natur.[82]

Am 6. August werden dann von den Spürhunden in einem Parkhaus zehn Autos von Verdächtigen untersucht, darunter auch der ab dem 27. Mai von den McCanns gemietete Renault Scenic[83] sowie ein von Russell O'Brien gefahrenes Auto[84].
Eddie signalisiert am Autoschlüssel des Renaults Leichengeruch. Danach schlägt auch die Blutspürhündin an dem Schlüssel an, ebenso weist sie auf Blut im Kofferraum des Autos hin.[85, 86]

Das von den Hunden indizierte Material wird nach Großbritannien gebracht und dort z. T. in dem Labor „Forensic Science Service" (FSS), z. T. im „National Institute of Forensics Medicine" untersucht. Eine erste Schnellprüfung durch FSS ergibt eine mögliche Übereinstimmung des gefundenen genetischen Materials mit dem von Madeleine McCann, v. a. was die im Auto sichergestellten Spuren anbetrifft. Dieses Ergebnis kann jedoch durch die anschließenden komplexen forensischen Analysen nicht bestätigt werden. Es kann letztendlich nicht einmal bestimmt werden, ob es sich bei den Spuren um Blut oder eine andere Körperflüssigkeit handelt, geschweige denn, welcher Person die DNA zuzuordnen ist.[87]

Wenden wir uns nach diesem noch nicht in ausreichender Deutlichkeit gewonnenen Bild nun im nächsten Kapitel zur weiteren Erkundung der Sachlage den Informationen zu, die der Portugiesischen Kriminalpolizei aus Zeugenvernehmungen vorliegen. Im Anschluss daran werden die Ergebnisse der weiteren Ermittlungsarbeit vorgestellt.

5 Die kriminalpolizeiliche Erstvernehmung von Kate und Gerald McCann sowie den mitgereisten Freunden

Betrachten wir nun also die wesentlichen Informationen aus einer verfügbaren Zusammenfassung der ersten kriminalpolizeilichen Befragungen,[1] die mit Hilfe von stets verschiedenen Dolmetschern geführt wurden.

5.1 Vernehmung von Gerald McCann

Madeleines Vater wird am 4. Mai 2007 ab 11.15Uhr erstmals von der Portugiesischen Kriminalpolizei vernommen. Er sagt folgendes aus:

Bereits im Jahr 1994 habe er eine Reise nach Portugal unternommen und in Albufeira gewohnt. Es sei damals die Bekanntheit des Landes für seine exzellenten Golfanalgen gewesen, die Gerald McCann angezogen hätte. Die aktuelle Reise habe David Payne organisiert; er habe auch für die gesamte Gruppe die Reservierungen vorgenommen.

Die Freunde seien in zwei Subgruppen angereist: Die Familie McCann sei zusammen mit der Familie Payne sowie Fiona Paynes Mutter von einem Flughafen in Leicestershire nach Faro geflogen, der Rest der Gruppe von London aus. Während die aus London Abgeflogenen am 28. April um 13.00Uhr im Ocean Club mit einem Bus angekommen seien, sei die Gruppe der McCanns dort am gleichen Tag auf dieselbe Weise um 14.30Uhr eingetroffen. Geralds Familie sei das Apartment G5A zugeteilt worden. Während er und seine Frau in dem einen Schlafzimmer genächtigt hätten, hätten ihre drei Kinder in dem anderen Raum geschlafen, in dem ein weiteres Bett ungenutzt geblieben sei.

Madeleines Vater sei in der Zeit zwischen seiner Ankunft und dem Verschwinden seiner Tochter nichts Ungewöhnliches aufgefallen, mit Ausnahme eines Kommentars seiner Tochter am Morgen des 3. Mai: Sie habe ihn gefragt, weshalb er nicht gekommen sei, als die Zwillinge geweint hätten. Herr McCann hatte jedoch nach seinen Angaben kein Weinen gehört und deshalb auch nicht nachgesehen. Es sei das erste Mal gewesen, dass seine Tochter eine derartige Bemerkung gemacht habe.

Was den Tagesablauf der Familie im Ocean Club anbetrifft, so habe sie am Sonntag, den 29. April, zunächst in einer Bar in der Nähe des Apartments gefrühstückt, habe in den Tagen danach aber in einem Supermarkt ihrer Straße Lebensmittel für das morgendliche Essen in ihrer Unterkunft eingekauft. Nach dem Frühstück hätten die Eltern ihre Kinder stets in einer der Krippen, dem „Kids' Club", untergebracht, wo diese an diversen Aktivitäten teilgenommen hätten. Auf jeweils drei Kinder sei in dieser Einrichtung ein Betreuer gekommen. Um 12.30Uhr hätten die McCanns dann ihre Kinder immer zum Mittagessen in ihrem Apartment abgeholt. Nach dem Essen, gegen 13.30Uhr, hätten die mit Sonnenlotion eingekremten Kinder dann für etwa 45 Minuten unter der Aufsicht ihrer Eltern gespielt. Anschließend seien sie in die Krippe zurückgekehrt, bis sie gegen 17.00Uhr von den McCanns wieder für ihr Abendessen in der Bar unter elterlicher Aufsicht abgeholt worden seien. Nach dem Essen hätten die Eltern sie gebadet und ihnen vor ihrem Zubettgehen, das zwischen 19.30Uhr und 20.00Uhr stattgefunden habe, noch erlaubt, unter ihrer Aufsicht neben den Tennisplätzen zu spielen.

Während die Kinder in der Krippe beaufsichtigt gewesen seien, habe Gerald McCann mit seiner Frau gewöhnlich Tennis gespielt, sei Joggen gegangen oder habe Spaziergänge unternommen.

Am Abend des 3. Mai seien Madeleine und die Zwillinge um 19.30Uhr ins Bett gebracht worden. Danach hätten sich Herr McCann und seine Frau bei einem Glas Wein im Apartment entspannt und seien dann gemeinsam mit anderen Erwachsenen in die etwa 50m entfernte Tapasbar gegangen, um zu Abend zu essen. Wie gewöhnlich hätten Gerald McCann oder seine Partnerin alle halbe Stunde einen Kontrollgang zu ihren Kindern gemacht. Dieses Zeitintervall sei auch dadurch bedingt gewesen, dass sich das Apartment so nahe an dem Restaurant befinde.

Um 21.05Uhr habe der Vater die Unterkunft mit seinem Schlüssel durch die verschlossene Tür betreten. Im Kinderschlafzimmer habe er gesehen, dass mit allen drei Kindern alles in Ordnung gewesen sei. Er habe dann noch einige Minuten mit einem Gang zur Toilette verbracht. Auf seinem Rückweg zur Bar habe er einen Tennispartner getroffen, mit dem er sich noch kurz unterhalten habe.

Um 21.30Uhr habe sich Matt Oldfield zu seinen eigenen Kindern begeben und sei dabei auch durch das Apartment der McCanns gegangen. Dieses habe er durch die stets unverschlossene Verandatür betreten. Er habe den Kinderschlafraum aufgesucht, die Zwillinge gesehen und auch geschaut, ob mit Madeleine alles in Ordnung ist. Es sei alles normal gewesen, die Außenjalousien geschlossen und die Zimmertür, wie gewohnt, halb geöffnet. Schließlich sei Matt Oldfield zu ihnen in die Bar zurückgekehrt.

Um 22.00Uhr sei dann Kate McCann in ihre Unterkunft gegangen, um nach den Kindern zu sehen. Auch sie habe nach Angaben ihres

Mannes ihren Schlüssel benutzt. Sie habe bemerkt, dass die Schlafraumtür ganz offen gestanden habe, ebenso das Fenster, dessen Außenjalousien hochgezogen und dessen Gardinen geöffnet gewesen seien. Die Mutter habe dann festgestellt, dass die Zwillinge in ihren Betten schliefen, Madeleine jedoch fehlte. Nach einer gründlichen Durchsuchung des Apartments sei Frau McCann dann erschrocken und geschockt in das Restaurant gekommen, um ihren Mann zu informieren. Sofort hätte die Gruppe mit Hilfe der Hotelangestellten, die zur gleichen Zeit die Behörden informiert hätten, sowohl die gesamte Anlage als auch das Apartment durchsucht.

Früher am Abend, gegen 21.10Uhr/21.15Uhr, habe sich ein weiteres Mitglied der Gruppe, Jane Tanner, zu ihren Kindern in die Unterkunft begeben. In der Straße, die zu dem Ocean Club führt, habe sie in einer Entfernung von etwa 50m eine Person gesehen, die ein Kind in einem Pyjama getragen habe.

Als Madeleine verschwunden sei, habe sie einen Schlafanzug mit weißer, Blumen gemusterter Hose und einem vorwiegend pinkfarbenen, kurzärmeligen Oberteil getragen, auf der „EEYORE" gestanden habe.

Nach Ansicht des Vaters würde Madeleine von ihrer Persönlichkeit her niemals mit einem Fremden mitgehen.

Gerald McCann kann keine ihm verdächtige Person nennen. Er und seine Frau hätten keine Feinde.

Abgesehen von ihrem Aufenthalt in dem Apartment und dem Kids' Club sei das Mädchen mit den Eltern und ihren Geschwistern aufgrund des wechselhaften Wetters lediglich einmal kurz am Strand gewesen und hätte dann auch im Ort ein Eis gegessen. Es sei außerdem einmal mit den anderen Kindern im Kids' Club und den Betreuern für eine Stunde an den Strand gegangen, ohne die Eltern.

Madeleine leide unter keiner Krankheit und benötige keine Medikamente.

Gerald McCann erlaubt eine Inaugenscheinnahme seines Mobiltelefons.

5.2 Vernehmung von Jane Tanner

Jane Tanners polizeiliche Befragung beginnt um 11.30Uhr des 4. Mai 2007.

Über ihren Tagesablauf im Ocean Club berichtet sie Folgendes:

Gewöhnlich sei ihre Familie zwischen 7.30Uhr und 8.00Uhr aufgestanden und habe dann im in der Nähe des Apartments gelegenen Millennium-Restaurant gefrühstückt. Gegen 9.00Uhr habe man die Kinder dann je nach ihrem Alter in verschiedene Krippen gebracht. Von den anderen Paaren hätten lediglich die McCanns das Frühstück in ihrer Unterkunft eingenommen, da diese drei Kinder hätten, was einen gemeinsamen Gang zu einem auswärtigen Essen komplizierter gestalte. Die McCanns hätten ihre Kinder ebenfalls nach dem Frühstück im Kids' Club untergebracht.

Ella O'Brien und Madeleine McCanns Kinderbetreuung habe sich bei der Rezeption befunden. Beide hätten dort an diversen Aktivitäten teilgenommen, wie z. B. dem Besuch des Indoor-Swimming-Pools, des Tennisplatzes oder des Strandes. Unter den Betreuern habe es auch Engländerinnen gegeben. Die jüngeren Kinder seien in einer Einrichtung in der Nähe der Tapasbar untergebracht gewesen. Auch hier habe englisches Personal zur Verfügung gestanden und die Aktivitäten der Kinder hätten sich ebenfalls sowohl innerhalb des Gebäudes als auch draußen abgespielt.

Gegen 12.30Uhr, wenn die Betreuung über Mittag schließe, habe man die Kinder zum Essen abgeholt, das manchmal in großer Runde in einem der Apartments stattgefunden habe. Wenn gegen 14.30Uhr die Krippen wieder geöffnet hätten, seien nur Sean, Amelie und Madeleine sowie Ella, Jane Tanners älteste Tochter, dorthin zurückgekehrt. Die anderen Kinder seien bei ihren Eltern geblieben. Gegen 16.45Uhr hätten alle Kinder in der Tapasbar Tee getrunken, während die Erwachsenen eigenen Aktivitäten nachgegangen seien.

Am 3. Mai habe Jane Tanner aufgrund einer um 9.00Uhr stattgefundenen Tennisstunde nicht am gemeinsamen Frühstück teilgenommen. Ihr Mann, Russel O'Brien, habe nur Ella an diesem Morgen in die Betreuung gebracht; die jüngere Tochter, Evie, habe sich nicht wohl gefühlt, weshalb sie an diesem Tag bei den Eltern geblieben sei. Kate McCann und Diane Webster seien ebenfalls gegen 9.00Uhr zum Tennisplatz gekommen und hätten dort bis zum Ende von Janes Unterrichts um 9.30Uhr gewartet. Die Kinder der McCanns hätten sich unterdessen im Kids' Club befunden.

Nach dem Sport sei Jane Tanner mit ihrem Mann und Evie zum Strand gegangen, den sie um 12.20Uhr wieder verlassen hätten, um Ella aus der Krippe abzuholen. Gerald McCann habe unterdessen von 10.10Uhr bis 11.10Uhr seinen Tennisunterricht wahrgenommen. Jane Tanners Familie habe dann, gemeinsam mit Matthew Oldfields Familie, bis 13.45Uhr in Frau Tanners Apartment zu Mittag gegessen. Anschließend, um 14.00Uhr, habe Jane erneut Tennis gespielt, diesmal mit Matthews Frau, Rachel. Während dieser Aktivität habe sie die ganze Familie McCann auf dem nahegelegenen Spielplatz gesehen; Kate habe ihr gewunken. Um 14.40Uhr seien die McCanns dann die Kinder in den Kids' Club bringen gegangen. Nach dem Tennisspiel, um 14.45Uhr, habe sich Frau Tanner dann mit ihrer jüngsten Tochter im Apartment aufgehalten, während ihr Mann gemeinsam mit Matthew Oldfield segeln gegangen sei.

Um 15.45Uhr sei Jane Tanner, mit Ausnahme von Kate McCann gemeinsam mit allen Frauen der Gruppe sowie Evie und den Kindern der Paynes an den Strand gegangen. Auf dem Weg dorthin hätten sie Kate und Gerald McCann bei einer weiteren Tennisstunde gesehen. Gegen 17.15Uhr sei Kate dann am Strand an ihnen vorbeigejoggt. Jane Tanners Mann Russel sei gegen 18.10Uhr/18.15Uhr zu ihnen gestoßen, nachdem er Ella aus der Betreuung abgeholt habe. Schließlich sei die ganze Gruppe, mit Ausnahme der McCanns, zusammen gewesen.

Die drei Männer hätten den Strand dann eher verlassen, um an der „Men's Tennis night" teilzunehmen. Als die Frauen später auch zurück zur Ocean-Club-Anlage gegangen seien, hätten sie sie sowie Gerald McCann auf dem Tennisplatz gesehen. Man habe sich etwa 20 Minuten miteinander unterhalten. Kate sei während dieser Zeit wohl in ihrem Apartment gewesen und habe die Kinder zu Bett gebracht, so die Vermutung von Jane. Gegen 19.00Uhr hätten sich dann auch alle anderen mit ihren Kindern in die Apartments begeben. Da Evie übel gewesen sei und sie nicht habe schlafen können, sei ihr Vater bei ihr geblieben, während Jane gegen 20.30Uhr die Tapasbar aufgesucht habe.

Bei ihrem Eintreffen seien bereits einige Erwachsene der Gruppe dort gewesen. Gegen 21.00Uhr sei schließlich auch Russel hinzugestoßen, der ihre Tochter zum Einschlafen habe bringen können. Die drei Paynes seien recht spät gekommen, sodass das Essen, das eigentlich für 20.30Uhr bestellt gewesen sei, erst ab 21.00Uhr eigenommen worden sei.

Während des Essens seien alle in guter Verfassung gewesen. Wie gewöhnlich sei jeweils ein Partner in Abwechslung mit dem anderen nach den Kindern sehen gegangen.

Jane Tanner erinnert sich, dass sich Gerald McCann gegen 21.10Uhr auf einen solchen Kontrollgang begeben habe. Fünf Minuten später habe auch sie selbst ihre Kinder aufgesucht. Auf ihrem Weg dorthin sei sie dabei an Madeleines Vater vorbeigegangen, den sie mit einem seiner britischen Tennispartner in einer Unterhaltung angetroffen habe; nach seinen Kindern habe er Jane Tanners Wissen zufolge zu diesem Zeitpunkt bereits geschaut.

Beim Passieren der beiden Männer sei Frau Tanner dann ein schnell über die Kreuzung gehender Mann aufgefallen, der ein Kind in einem Pyjama ohne irgendeine Decke getragen habe. Das habe ihre Aufmerksamkeit erregt. Sie habe den Mann, der von dem Parkplatz am Ende des Apartmentblocks gekommen sei, an dem sich der Eingang in das Gebäude befinde, allerdings nur von der Seite gesehen.

Nachdem Jane Tanner nach ihren eigenen Kindern gesehen habe, sei sie in die Bar zurückgekehrt. Gerald McCann habe sie dann dort wieder, zusammen mit seiner Frau, angetroffen.

15 bis 20 Minuten später seien Matthew Oldfield und Janes Mann Russel gemeinsam aufgestanden, um nach ihren Kindern zu sehen. Da es Evie nicht gut gegangen sei und sie geweint habe, sei Russel vorerst bei ihr geblieben. Matthew habe bei seinem Kontrollgang auch nach den Kindern der McCanns gesehen. Er habe gesagt, dass er die Zwillinge gesehen habe, Madeleine in ihrem Bett jedoch aus seiner Position nicht habe wahrnehmen können. Da er jedoch keinen Laut gehört habe, habe er gedacht, alles sei in Ordnung und er sei dann in das Restaurant zurückgekehrt, wo er Jane Tanner übermittelt habe, dass Russel im Apartment bleibe. Jane habe daraufhin rasch ihr Hauptmenü aufgegessen und sei danach beunruhigt in ihre Unterkunft gegangen, damit ihr Mann ebenfalls habe essen gehen können.

Gegen 22.00Uhr/22.15Uhr, als sie im Schlafzimmer ihres Apartments gewesen sei, habe sie Kate McCann und Fiona Payne schreien gehört, Madeleine sei verschwunden. Jane Tanner wisse aufgrund ihres frühen Verlassens des Restaurants nicht, ob es Kate gewesen sei, die das Verschwinden bemerkt habe.

Was Madeleine McCanns Persönlichkeit anbetrifft, so sei sie ein braves Kind gewesen, liebevoll, stets beschäftigt und witzig. Sie habe es geliebt zu spielen und sei intelligent gewesen. Jane Tanner glaube nicht, dass sie eine fremde Person sich nahe treten gelassen hätte ohne zu schreien.

Über den Tag hinweg sei Jane Tanner an den McCanns nichts Ungewöhnliches aufgefallen.

Den Mann, den sie auf der Straße das Kind tragen gesehen habe, beschreibt sie folgendermaßen:

Er habe sehr dunkles, dickes, über den Nacken reichendes Haar, sei zwischen 30 und 40 Jahren alt, dünn und etwa 1,70m groß. Er habe lange, leinenartige Hosen von beiger Farbe getragen, einen Mantel im Duffy-Stil, jedoch heller, sowie klassische, schwarze Schuhe. Sein Gang sei recht überstürzt gewesen. Das Kind habe er über seinen beiden Armen, quer vor seiner Brust, gelegen. Der

Mann habe bei Jane Tanner nicht den Anschein eines Touristen erweckt.

Die Frau habe von dem Kind lediglich die Beine gesehen. Es habe älter als ein Baby ausgesehen, habe einen hellen Baumwollpyjama in vielleicht rosaner oder weißer Farbe getragen und keine Schuhe an den Füßen gehabt. Jane Tanner ist sich nicht sicher, glaubt aber, ein Muster auf dem Schlafanzugstoff erkannt zu haben, vielleicht seien es Blumen gewesen.

Was Madeleine zum Zeitpunkt ihres Verschwindens getragen habe, wisse Frau Tanner nicht. Darüber habe niemand mit ihr gesprochen. Sie selbst habe ihre Beobachtungen bezüglich des auffälligen Mannes auch nur Gerald McCann sowie der Polizei erzählt.

Jane Tanner wird gebeten, bei der Erstellung eines Phantombildes mitzuhelfen. Auf die Frage, ob sie den Mann wiedererkennen könne, antwortet sie, dass sei dazu fähig sei, wenn sie ihn an der gleichen Stelle sowie im Profil sehen könne.

5.3 Vernehmung von Matthew Oldfield

Matthew Oldfield wird am 4. Mai 2007 ab 11.30Uhr von der Kriminalpolizei vernommen. Er berichtet Folgendes:

Es seien David und Fiona Payne gewesen, die einst die Idee zu dem gemeinsamen Urlaub in Portugal geäußert und vor vier oder fünf Monaten die Reservierungen für den Ocean Club vorgenommen hätten.

Die Gruppe sei in den vergangenen Tagen stets zwischen 6.30Uhr und 8.00Uhr aufgestanden und habe sich dann zu Fuß zum Frühstück in das Millennium-Restaurant begeben, das etwa zehn Minuten von ihrer Unterkunft entfernt sei. Lediglich die Familie McCann habe in ihrem Apartment gefrühstückt, aufgrund der drei sehr kleinen Kinder. Madeleine McCann werde am kommenden Sonntag vier Jahre alt.

Nach dem Essen seien die Kinder je nach Alter in den verschiedenen Kinderbetreuungen untergebracht worden. Mittags habe man sich gewöhnlich zu einer gemeinsamen Mahlzeit in einem der Apartments getroffen. Nachmittags hätten die Kinder dann unter der Aufsicht eines Erwachsenen Mittagsschlaf gehalten, während die anderen sportlichen Aktivitäten in der Ferienanlage nachgegangen seien. Anschließend seien die Kinder wieder in die Betreuung gegangen, bis sie gegen 16.45Uhr in der Tapasbar gegessen hätten. Danach hätten sie auf einem Spielplatz des Hotels unter der Beaufsichtigung von Erwachsenen gespielt. Nachdem sie gegen 20.00Uhr zu Bett gebracht worden seien, hätten die Erwachsenen sich gegen 20.30Uhr in der Tapasbar zum

Abendessen getroffen. Während dieser Zeit seien die Kinder ohne konstante Aufsicht gewesen. Da die Lokalität sich aber nur etwa eine Minute von den Apartments befände, sei häufig ein Erwachsener stichprobenweise nach den Kindern sehen gegangen. Der Abend des 3.Mai sei genauso verlaufen wie die Abende zuvor. Wie immer seien er und seine Frau gegen 8.45Uhr von ihrer Unterkunft, in der ihre Tochter geschlafen habe, zur Tapasbar aufgebrochen, wo sie Kate und Gerald McCann an diesem Abend bereits angetroffen hätten. Diese seien fünf Minuten vor ihnen dort angekommen. Die anderen Erwachsenen ihrer Gruppe hätten die Runde fünf Minuten nach der Ankunft der Oldfields vervollständigt, wobei David und Fiona Payne gegen 21.00Uhr die Letzten gewesen seien.

Gegen 21.05Uhr sei Matthew Oldfield zu den Fenstern der Schlafräume aller Kinder gegangen. Er habe dort keine Geräusche vernommen, woraus er abgeleitet habe, alle schliefen. Zu diesem Zeitpunkt habe er diese Fenster geschlossen vorgefunden, eben auch jenes von Madeleines Zimmer.

Herr Oldfield sei dann ins Restaurant zurückgekehrt und habe mitgeteilt, die Kinder schliefen. Gerald McCann sei jedoch selbst noch einmal nach seinen Kindern schauen gegangen. Angeblich habe er das Apartment betreten und sich versichert, dass alle drei Kinder schliefen. Im Raum sei es wohl ziemlich dunkel gewesen und die Zimmertür habe halb offen gestanden. Nach fünf Minuten sei Gerald McCann dann wieder zu den anderen Erwachsenen gestoßen.

Auf die Frage des Polizisten, ob Herr McCann auf seinem Weg jemanden getroffen habe, antwortet Herr Oldfield, dass er das nicht wisse.

Während des Abendessens des 3. Mai sei, wie an jedem Abend, alle 15 Minuten einer der Erwachsenen aufgestanden und habe einen Kontrollgang zu den Kindern gemacht. Normalerweise habe es sich dabei um eine visuelle Prüfung gehandelt, d. h. man sei in die Apartments hineingegangen; um ehrlich zu sein, müsse man jedoch sagen, dass die Überprüfung manchmal auch nur auditiver Art gewesen sei, nämlich von außen, von den Kinderschlafzimmerfenstern aus.

Wie gewöhnlich habe man am Abend des 3. Mai mit dem Essen um 21.30Uhr begonnen. Gegen 21.25Uhr sei Matthew Oldfield jedoch noch einmal in sein Apartment gegangen sowie auch in die Unterkunft der McCanns. In letzterer habe die Tür des Kinderschlafzimmers halb offen gestanden und es sei hell genug in dem Raum gewesen, um die Zwillinge in ihren Kinderbettchen sehen zu können. Madeleines Bett habe er hingegen nicht sehen können. Da jedoch alles ruhig gewesen sei, habe er geschlossen, sie würde schlafen. Die Helligkeit in dem Zimmer habe von einer künstlichen Quelle hergerührt, jedoch von keiner innerhalb des Apartments, sondern eher einer von draußen, die durch das Fenster geschienen habe. Es habe ihm angemutet, als seien die Außenjalousien oben gewesen. Ob das Fenster auch geöffnet gewesen sei, wisse er nicht. Das Zimmer verfüge über zwei Fenster. Madeleine schlafe in dem den Fenstern gegenüberliegenden Bett.

Die Tür, durch die Herr Oldfield das Apartment der McCanns betreten habe, sei jene gewesen, die man vom Restaurant aus sehen könne. Sie sei zu, aber nicht abgeschlossen gewesen. Ob Kate und Gerald McCann sie gewöhnlich unverschlossen ließen, wisse er nicht.

Gegen 22.00Uhr sei Frau McCann dann nach ihren Kindern sehen gegangen. Sie sei völlig geschockt zurückgekommen, schreiend, und habe geäußert, Madeleine sei nicht mehr in ihrem Schlafzimmer. Daraufhin sei die ganze Gruppe zu dem Raum gegangen und habe geprüft, ob die Zwillinge unversehrt schliefen. Das Apartment habe keine Spuren eines Einbruchs aufgewiesen. Nur ein Fenster des Kinderschlafraumes habe offen gestanden und seine Außenjalousien seien ebenfalls hochgezogen gewesen.

Während des Urlaubs sei Matthew Oldfield nichts Ungewöhnliches aufgefallen, auch nicht im Tagesverlauf des 3. Mai und ebenfalls nicht während des Abendessens. Niemand aus der Gruppe habe auch nur eine geringste Änderung in seinem Verhalten gezeigt, auch niemand aus der Familie McCann.

Auch außerhalb der Gruppe habe der Mann nichts Ungewöhnliches bemerkt.

Ob Madeleine an irgendeiner Krankheit leide oder Medikamente einnehme, wisse er nicht. Das Mädchen sei sehr lebhaft, gehorsam, kommunikativ und extrovertiert. Kate und Gerald McCann seien beide sehr freundliche und kommunikative Leute, fröhlich und vernünftig. Sie hätten eine hervorragende Beziehung zu ihren Kindern und würden zwischen ihnen keine Unterschiede in der Behandlung machen. Die drei Kinder seien von ihren Eltern sehr gewollt gewesen und alle seien sie durch In-Vitro-Fertilisation gezeugt worden.

Matthew Oldfield glaube an eine Entführung, die vor dem Hintergrund einer Lösegeldforderung stattfinde, da es den McCanns finanziell sehr gut gehe.

5.4 Vernehmung von Kate McCann

Kate McCann wird von der Polizei am 4. Mai ab 14.20Uhr als Opfer befragt. Sie berichtet folgendes:

In Portugal sei sie vor ihrer derzeitigen Reise noch nicht gewesen. Diese sei durch eine Anregung von Freunden Ende 2006 zustande gekommen. David Payne habe den Urlaub per Internet für die ganze Gruppe gebucht. Sie seien in zwei Grüppchen angereist, die eine von London aus, die andere von Leicestershire. Der Familie McCann sei nach dem Einchecken das Apartment G5A zugewiesen worden.

Frau McCann habe mit ihrem Mann in dem einen Schlafzimmer genächtigt, ihre drei Kinder in dem anderen. Eines der Betten des Kinderschlafraumes sei ungenutzt geblieben.

In der Zeit zwischen ihrer Ankunft in Portugal und dem Verschwinden der Tochter habe Frau McCann nichts Ungewöhnliches bemerkt. Es habe lediglich einen Vorfall am Morgen des 3.Mai gegeben: Madeleine habe ihre Mutter gefragt, warum diese nicht in das Kinderzimmer gekommen sei, als die Zwillinge geweint hätten. Kate McCann hatte jedoch nach ihren Angaben kein Weinen gehört und sei deshalb nicht in das Zimmer gegangen. Sie habe die Aussagen ihrer Tochter dann ignoriert, da es das erste Mal gewesen sei, dass diese so etwas gesagt habe.

Was den Tagesablauf der McCanns im Ocean Club anbetrifft, so erzählt Kate McCann, dass sie am Tage nach ihrer Ankunft gegen 7.30Uhr/8.30Uhr das Frühstück in einer Bar in einiger Entfernung von ihrem Apartment eingenommen hätten. Da diese Lokalität relativ weit weg gewesen sei, hätten sie danach in dem Supermarkt ihrer Straße Lebensmittel eingekauft und in den folgenden Tagen in ihrer Unterkunft gefrühstückt.

Nach der Mahlzeit hätte das Paar regelmäßig die Kinder in dem Kids' Club untergebracht, wo diese unter der Betreuung von einem Erwachsenen pro drei Kindern an diversen Aktivitäten teilgenommen hätten. Aufgrund des Altersunterschiedes habe Madeleine einer anderen Gruppe angehört als ihre beiden jüngeren Geschwister.

Um 12.30Uhr habe das Paar die Kinder dann immer aus der Betreuung abgeholt und mit ihnen im Apartment zu Mittag gegessen. Anschließend, ab etwa 13.30Uhr, hätten sie gewöhnlich für ungefähr 45 Minuten unter der Aufsicht ihrer Eltern in der Nähe des Schwimmbeckens gespielt. Danach hätten die McCanns ihre Kinder wiederum bis 17.00Uhr/17.30Uhr in den Kids' Club gegeben. Anschließend hätten sie unter elterlicher Aufsicht in einer Bar zu Abend gegessen und seien dann gebadet und für die Nacht hergerichtet worden. Bevor sie gegen 20.00Uhr zu Bett gebracht worden seien, hätten sie noch eine Zeitlang unter der Aufsicht ihrer Eltern auf dem Spielplatz in der Nähe der Tennisplätze spielen dürfen. Während der Unterbringung der Kinder in den Betreuungseinrichtungen habe Kate McCann mit ihrem Mann Tennis gespielt, sei spazieren gegangen, habe gelesen oder sei gejoggt.

Was den Abend des 3.Mai anbetrifft, so seien Madeleine, Sean und Amelie gegen 19.30Uhr zu Bett gegangen. Frau McCann sei mit ihrem Mann noch bis 20.30Uhr im Apartment geblieben und hätte sich entspannt. Sie habe ein Bad genommen, ihr Makeup aufgetragen und gemeinsam mit Gerald ein Glas Neuseeländischen Wein getrunken. Unmittelbar nachdem die McCanns um 20.30Uhr noch einmal nach ihren Kindern gesehen hätten, hätten sie sich zu den anderen Erwachsenen in die etwa 50m entfernte Tapasbar gesellt. Dort hätten sie zu Abend gegessen. Wie gewöhnlich seien die McCanns, auch in Anbetracht der räumlichen Nähe zu ihrem Apartment, alle halbe Stunde nach den Kindern sehen gegangen. So sei ihr Mann Gerald gegen 21.00Uhr zum Apartment gegangen und habe bei seiner Rückkehr mitgeteilt, dass es den Kindern gut gehe und er außerdem unterwegs einen Tennispartner getroffen habe. Zeitgleich habe Russel O'Brien seine eigenen Kinder aufgesucht, nach denen der McCanns jedoch nicht geschaut.

Gegen 21.30Uhr hätte Kate McCann eigentlich einen Kontrollgang unternehmen sollen, aber Matthew Oldfield habe gerade zuvor in ihrem Apartment, das er durch die Glastür betreten habe, nach dem Rechten gesehen. Nach Angaben von Kate McCann habe er den Schlafraum der Kinder nicht betreten, sondern nur durch den Türspalt geschaut und keinerlei Geräusche gehört. Also sei er in die Bar zurückgekehrt und habe mitgeteilt, alles sei in Ordnung.

Gegen 22.00Uhr sei dann Kate McCann zu ihren Kindern gegangen. Sie habe das Apartment von der Seitentür aus betreten, die geschlossen gewesen sei. Sie habe bemerkt, dass die Tür zum Kinderschlafzimmer ganz offen gestanden habe. Das Fenster sei auch geöffnet gewesen, die Außenjalousien hochgezogen und die Vorhänge geöffnet. Sie sie sich jedoch sicher, dass sie zuvor wie immer alles geschlossen hatte.

Frau McCann habe dann überprüft, ob die Zwillinge tatsächlich in ihren Betten schliefen.

Madeleines Bettdecke sei zurückgezogen gewesen, die Spielzeuge hätten wie gewöhnlich auf dem Kopfkissen gelegen.

Nachdem Kate McCann das ganze Apartment gründlich durchsucht habe, sei sie erschrocken und geschockt in das Restaurant zurückgekehrt, um ihren Ehemann über das Verschwinden des

Kindes zu alarmieren. Die ganze Gruppe sei daraufhin ausgeströmt und habe überall auf der Ferienanlage nach Madeleine gesucht – in allen Gebäuden, den Schwimmbecken, auf den Tennisplätzen, etc. . Auch im Apartment hätten sie nach Madeleine gesucht. Das Hotelpersonal hätte ihnen bei der Suche geholfen und gleichzeitig die Behörden informiert.

Später habe Jane Tanner gesagt, sie habe gegen 21.15Uhr in etwa 50m Entfernung einen Mann sehr rasch die Querstraße entlanggehen sehen. Er habe langes Haar gehabt und ein Kind in seinen Armen getragen. Doch Frau Tanner könne diesen Sachverhalt wohl besser berichten, so Kate McCann.

Was Madeleine anbetrifft, so habe sie einen Sonnenbrand auf ihrem rechten Vorderarm; Narben habe sie nicht. Zum Zeitpunkt ihres Verschwindens habe sie einen Schlafanzug mit weißem Unterteil getragen, auf dem ein Blumenmuster aufgedruckt sei. Das vorwiegend rosane, kurzärmelige Oberteil weise die Aufschrift „EEYORE" auf; dieses Wort befinde sich auch auf einem Hosenbein. Der Pyjama sei von der Marke „Marks & Spencer".

Madeleines Persönlichkeit beschreibt die Mutter als extrovertiert, sehr aktiv, auch was Kommunikation anbelangt, und schlau. Im Verhalten zu andern Kindern tue sie sich sehr leicht. Mit einem Fremden würde sie jedoch niemals mitgehen.

Kate McCann kann keine ihr verdächtige Person benennen und weiß für die Tat keinen Grund. Weder sie noch ihr Mann hätten Feinde.

Ihre Tochter Madeleine leide unter keinerlei Krankheiten und stehe auch nicht unter Medikamenten.

Frau McCann erlaubt eine Inaugenscheinnahme der Anrufe auf ihrem Handy.

Abgesehen von dem Kids' Club und dem Apartment hätten sich die Eltern mit Madeleine nur einmal am Strand aufgehalten, und das für eine sehr kurze Zeit, da das Wetter sehr wechselhaft gewesen sei. Sie hätten nur zwischen 13.30Uhr und 15.00Uhr an den Strand gehen können, zu letzterer Zeit seien sie zurück zum Club gegangen. An der Küste hätten sie lediglich ein Eis gegessen. Darüber hinaus sei Madeleine nur einmal für eine Stunde im Rahmen des Kids' Clubs an den Strand gegangen, ohne die Eltern.

In den vergangenen Tagen sei Kate McCann keinerlei ungewöhnliches Verhalten aufgefallen, dass Madeleines Verschwinden erklären könne. Auch seien keine weiteren Gegenstände verschwunden, weder Kleidung noch der Schmuck des Kindes.

Aus der Gästeliste des Ocean Club seien ihr nur die Namen der mitgereisten Freunde bekannt.
Über ein Babyphon/ein transportables Abhörgerät würden die McCanns, im Gegensatz zu den Paynes, nicht verfügen.

5.5 Vernehmung von David Payne

David Payne wird am 4. Mai um 14.45Uhr von der Kriminalpolizei gehört:
Er sei derjenige gewesen, der die Portugalreise für die Gruppe gebucht habe. Die Familie Payne habe ihre Tage unabhängiger von den anderen verbracht. Am häufigsten seien sie mit Russel O'Brien und dessen Frau, Jane Tanner, zusammen gewesen.
Die anderen Gruppenmitglieder hätten gewöhnlich im Millennium-Restaurant gemeinsam gefrühstückt. Danach seien die Kinder in die Betreuungseinrichtungen gegeben worden und die Erwachsenen seien sportlichen Aktivitäten in der Ferienanlage nachgegangen oder hätten sich zum Strand begeben. Die McCanns hätten jedoch in ihrem Apartment das Frühstück eingenommen.
Es sei die Regel gewesen, dass alle zusammen zu Abend gegessen hätten. Am Sonntag, den 29. April, hätte man im Millennium-Restaurant diniert, in den folgenden Tagen dann im Tapas-Restaurant. Dort hätten sich alle Erwachsenen gegen 20.45Uhr getroffen, während die Kinder in den jeweiligen Unterkünften geschlafen hätten.
David Payne habe während der Abendessen nie einen Kontrollgang übernommen, da er über ein Babyphon/ein transportables Abhörgerät verfüge. Die anderen Gruppenmitglieder hätten stichprobenartig alle 20 Minuten nach ihren Kindern geschaut um sicherzustellen, dass sie schlafen.
Bezüglich des Abends des 3. Mai berichtet David Payne, er sei mit seiner Frau und seiner Schwiegermutter gegen 20.55Uhr im Restaurant eingetroffen. Seiner Erinnerung nach seien zu diesem Zeitpunkt bereits alle anderen Erwachsenen anwesend gewesen. Im Verlaufe des Abends seien Gerald McCann, Jane Tanner und Matthew Oldfield abwechselnd zum Schlafraum ihrer Kinder gegangen, um zu prüfen, ob sie schliefen. Er denke, dass sie die Apartments auch betreten hätten. Die Reihenfolge ihrer Gänge erinnere er nicht mehr.
Gegen 22.00Uhr sei Kate McCann zu ihrer Unterkunft gegangen und in weniger als fünf Minuten zurückgekehrt. Sie sei zusammengebrochen und habe berichtet, Madeleine sei verschwunden. Daraufhin hätten sich alle aus der Gruppe zu dem Apartment begeben. David Payne erinnere sich an Bemerkungen

darüber, dass das Fenster offengestanden habe und die Außenjalousien hochgezogen gewesen seien, obwohl die McCanns sie die Woche über geschlossen gehalten hätten.

David Payne selbst habe das Kinderschlafzimmer nie betreten, jedoch habe er sehen können, dass sich darin zwei Betten und zwei Kinderbettchen befänden. Madeleine habe das Bett gegenüber dem Fensters gehört und die Zwillinge hätten in den in der Raummitte stehenden Bettchen geschlafen.

Wie oft Madeleine die Hotelanlage verlassen habe, könne Herr Payne nicht sagen. Sie sei aber zumindest einmal zum Strand gegangen.

Während des Urlaubs habe David Payne an keinem Mitglied der Familie McCann etwas Unnormales bemerkt. Auch innerhalb der Gruppe sei ihm nichts Derartiges aufgefallen. Überhaupt habe er während seines Aufenthaltes in Portugal nichts Merkwürdiges wahrgenommen, das mit dem Verschwinden des Kindes in Zusammenhang stehen könne, auch nicht am 3. Mai und ebenso wenig in der Nacht auf den 4. Mai.

David Payne beschreibt Madeleine als ein kommunikatives, fröhliches, gehorsames und sich sehr gut benehmendes Mädchen. Kate und Gerald McCann seien sehr gesellige Leute, die bei vielen bekannt seien. Sie seien freundlich und liebevoll. Madeleine sei tatsächlich das leibliche Kind der beiden. Sie sei ein Wunschkind gewesen und durch In-Vitro-Fertilisation gezeugt worden. Die Eltern würden in der Behandlung von Madeleine keinen Unterschied zu den Zwillingen machen.

Ob Madeleine unter einer Krankheit leide oder unter Medikamenten stehe, wisse Herr Payne nicht.

5.6 Vernehmung von Fiona Payne

Die polizeiliche Anhörung von Frau Payne als Zeugin findet am 4. Mai ab 19.20Uhr statt. Sie sagt Folgendes aus:

Die Idee der gemeinsamen Portugalreise stamme von ihrem Mann, der elf Jahre zuvor bereits einmal in Portugal gewesen sei.

Nach ihrer Ankunft sei den Paynes das Apartment G5H zugeteilt worden.

Bezüglich ihrer täglichen Routine in Praia da Luz berichtet Frau Payne, ihre Familie habe des Morgens gegen 8.15Uhr/8.30Uhr in einer Bar gefrühstückt. Im Anschluss daran hätten sie ihre Kinder in verschiedenen Abteilungen einer zum Hotel gehörenden Krippe untergebracht. Am Nachmittag hätten die Kinder dann einen Mittagsschlaf gehalten, während dem sie und ihr Mann mit im Apartment geblieben seien. Gegen 15.30Uhr/16.00Uhr sei die ganze Familie dann zum Swimmingpool oder zum Tennisplatz gegangen, wo sie bis 18.00Uhr/19.00Uhr geblieben sei. Danach hätten die Paynes ihre Kinder in der Unterkunft gebadet und ins Bett gebracht und anschließend die Tapasbar für das gemeinsame Abendessen im Kreis der anderen Erwachsenen ihrer Gruppe aufgesucht.

Dank eines Babyphons, mit dem sie jedes geringste Geräusch im Apartment hören könnten, hätten die Paynes während der Abendessen nie nach ihren Kindern gesehen.

Am Abend des 3. Mai sei die gewöhnliche Routine jedoch leicht verändert gewesen. Sie sei mit ihrer Familie zum Strand gegangen, wo sie etwa um 15.45Uhr angekommen seien. Gegen 18.15Uhr seien sie von dort aus zu den Tennisplätzen aufgebrochen, wo sie dann bis 19.00Uhr geblieben seien. Um diese Zeit habe sich Fiona Payne gemeinsam mit ihrer Mutter und ihren Kindern in die Unterkunft begeben. Dort habe ihre Mutter unter der Hilfe ihres Ehemannes David die Kinder gebadet. Während dieser Zeit sei Fiona Payne am Strand gejoggt. Um 20.00Uhr sei sie wieder zurück gewesen. Sie habe dann im Apartment einige Hausarbeit erledigt und schließlich um 20.45Uhr gemeinsam mit ihrem Mann und ihrer Mutter die Tapasbar aufgesucht.

Die McCanns hätten ebenfalls an der Dinner-Runde teilgenommen. Wie die anderen Paare auch hätten Kate und Gerald in regelmäßigen Abständen einige Male das Lokal verlassen, um nach ihren Kindern zu sehen. Von einem dieser Kontrollgänge sei Kate McCann dann verängstigt und sehr nervös zurückgekehrt, sogar in Panik. Sie habe verkündet, Madeleine sei verschwunden.

Sofort seien Suchtruppe organisiert gewesen, die im Apartment nachgesehen hätten, da man dachte, das Kind könne sich dort versteckt haben. Dann habe man draußen gesucht, auch mit Hilfe des Hotelpersonals, aber ohne Erfolg. In Anbetracht von Kates angstvollem Zustand habe Fiona Payne dann beschlossen, bei ihr zu bleiben und für sie da zu sein.

In dem Apartment der McCanns sei Frau Payne nie gewesen.

Sie kenne Madeleine gut. Diese sei ein sehr intelligentes Mädchen und es sei vollkommen unmöglich, dass sie ohne zu schreien und stark zu protestieren mit einem Fremden mitgehe, es sei denn, sie wäre sehr müde oder würde schlafen.

Jane Tanner habe lediglich berichtet, eine Person gesehen zu haben, die ein Kind auf dem Arm getragen habe; sie habe jedoch nicht gewusst, ob es sich um Madeleine gehandelt habe.

Während ihres Urlaubs habe Fiona Payne keine ungewöhnlichen Beobachtungen gemacht.

5.7 Vernehmung von Rachael Oldfield

Rachael Oldfield wird am 4. Mai ab 19.20Uhr kriminalpolizeilich vernommen. Sie erklärt, bereist letztes Jahr habe die Gruppe gemeinsam einen Urlaub in Griechenland verbracht, an dem Kate und Gerald McCann allerdings nicht teilgenommen hätten.

Im Ocean Club seien die Paare alle in dem gleichen Komplex untergebracht gewesen.

Der Tagesablauf habe sich stets so gestaltet, dass Frau Oldfield nach dem zwischen 8.00Uhr und 9.00Uhr im Millennium-Restaurant eingenommenen Frühstück ihre Tochter zum etwa zehn Gehminuten entfernten Kids' Club gebracht habe. Die anderen Paare hätten dies gleichsam getan, bis auf die McCanns, die in ihrem Apartment gefrühstückt hätten.

Was die Kinderbetreuung anbetrifft, so sei Rachael Oldfields Tochter in der Nähe der Tapasbar untergebracht gewesen, Madeleine hingegen aufgrund ihres höheren Alters in Räumlichkeiten nahe der Rezeption.

Zwischen 11.00Uhr und 12.00Uhr habe Frau Oldfield dann eine Tennisstunde gehabt, nach der sie ihre Tochter wieder aus der Krippe abgeholt habe. Sie habe das Essen für das Kind zubereitet und sich dann in das Apartment von Russell O'Brien oder David Payne begeben, wo alle zusammen gegessen hätten, mit Ausnahme von den McCanns, die ihr Mittagessen in ihrem Apartment eingenommen hätten. Frau Oldfield glaube, die McCanns hätten einmal auch am Strand gegessen.

Alle aus der Gruppe hätten ihre Einkäufe stets in dem Supermarkt ihrer Straße erledigt, dem einzigen Markt in der Nähe der Anlage.

Rachael Oldfield sei niemals etwas Ungewöhnliches oder jemand Verdächtiges aufgefallen.

Zu Gerald und Kate McCann bestehe eine gute Freundschaft; man würde sich auf Feiern, Hochzeiten und Geburtstagen treffen.

Madeleine sei ein fröhliches Kind, das einen guten Charakter habe und voller Energie sei. Rachael Oldfield betrachte es als unmöglich, dass ein Fremder sie mitnehmen könnte, ohne dass Madeleine schreien oder weinen würde. Sie sei ein kluges Kind, das richtig und falsch gut unterscheiden könne.

Des Abends bestehe in der Gruppe die Gewohnheit, gemeinsam in der Tapasbar essen zu gehen. Sie liege etwa 50m Luftlinie entfernt von den Apartments, zum Hintereingang seien es jedoch 60m oder 70m Fußweg.

Am Abend des 3. Mai hätte sich Frau Oldfield mit ihrem Mann, der zuvor noch bei den Paynes vorbeigeschaut habe, wie immer gegen 20.45Uhr zu den anderen in das Restaurant gesellt. David und

Fiona Payne seien dann gegen 21.00Uhr, drei oder vier Minuten nach Matthew, in der Tapasbar eingetroffen.

Matthew Oldfield habe dann sowohl an den Außenjalousien seines eigenen Apartments als auch an denen von Madeleines Schlafraum gehorcht. Auch habe er geprüft, ob er in Russel O'Briens Apartment ein Geräusch höre. Er habe anschließend mitgeteilt, dass er nichts vernommen habe.

Nach der Essensbestellung, gegen 21.15Uhr, sei Herr McCann zu einem Kontrollgang seines Apartments aufgestanden. Er sei für zehn Minuten aufgehalten worden und habe sich nach seinen Angaben mit einem Tennispartner unterhalten. Es habe am 4. Mai ein Turnier gegeben, an dem sie beide hätten teilnehmen wollen.

Während Gerald McCanns Abwesenheit hätten die Bedienungen mit der Servierung des Essens begonnen. Frau Tanner sei zu dieser Zeit ebenfalls nicht am Tisch gewesen, sie sei kurz vor Herrn McCann zurückgekehrt.

Zwischen Vorspeise und Hauptmenü, gegen 21.30Uhr, sei Rachaels Mann Matthew zusammen mit Herrn O'Brien aufgestanden, um nach den Kindern zu sehen. Kate McCann habe ebenfalls vorgehabt, sich zu ihrem Apartment zu begeben, aber die beiden hätten ihr gesagt, sie würden auch bei ihrer Unterkunft vorbeisehen, weshalb sie also im Restaurant geblieben sei.

Nach vier oder fünf Minuten sei Rachaels Ehemann wiedergekommen. Er habe ihr Apartment kontrolliert und auch jenes der McCanns, das er durch die Verandatür betreten habe. Diese Tür hätten Kate und Gerald während des Essens unverschlossen gelassen, sodass jeder dort Zutritt gehabt habe. Matthew habe vom Wohnzimmer aus nach Geräuschen aus dem Schlafraum der Kinder gelauscht. Licht habe er nicht angemacht. Er habe die Zwillinge in ihren Betten sehen können. Die Zimmertür sei halb geöffnet gewesen. Erst später habe er realisiert, dass dies merkwürdig sei. Zu diesem Zeitpunkt aber habe er der halb geöffneten Tür keinerlei Bedeutung beigemessen und habe bei seiner Rückkehr der Gruppe im Lokal mitgeteilt, alles sei in Ordnung. Er habe außerdem darüber informiert, dass Russel O'Brien bei seiner weinenden Tochter Evie bleibe.

Während des Hauptgangs habe Jane Tanner die Runde verlassen, um ihren Mann abzuwechseln, damit auch er essen könne. Wann genau Russel wieder eingetroffen sei, erinnert Rachael Oldfield nicht.

Gegen 22.00Uhr habe Kate McCann sich erhoben, um nach ihren Kindern zu sehen. In Tränen sei sie dann in das Restaurant zurückgekehrt und habe gesagt, Madeleine sei verschwunden. Alle aus der Gruppe seien daraufhin aufgestanden und mit ihr mitgegangen, um nach Madeleine zu schauen. Nachdem man sich versichert habe, dass das Kind sich nicht im Apartment verstecke, habe man das Außengelände durchkämmt. Die Zwillinge hätten weitergeschlafen, ohne sich zu rühren.

Am Ende der Vernehmung erinnert Rachael Oldfield noch, dass Kate McCann gesagt habe, das Fenster an der Vorderseite des Apartments habe offen gestanden und die Außenjalousien seien hochgezogen gewesen. Das Paar habe während ihres gesamten Aufenthaltes diese Jalousien jedoch nicht geöffnet.

5.8 Vernehmung von Dianne Webster

Die polizeiliche Befragung von Dianne Webster als Zeugin beginnt um 20.45Uhr des 4. Mai. Die Dame berichtet Folgendes:

Kate und Gerald McCann habe sie etwa vier Jahre zuvor kennengelernt, durch ihre Tochter Fiona. Zwischen Dianne Webster und den McCanns habe sich seither eine Freundschaft entwickelt.

Frau Webster glaube, die Idee der Portugalreise stamme von ihrer Tochter, von der sie denke, dass diese das Land kenne. Bei ihrer Ankunft im Hotel sei die Dame im Apartment G5H ihrer Familie untergebracht worden.

Was den Tagesablauf betreffe, so habe sie lediglich die Nachmittage mit ihrer Familie verbracht, das jedoch auch nicht immer. Manchmal habe sie gelesen, sei einkaufen gegangen oder habe andere Dinge unternommen. Nur am Donnerstagmorgen habe sie mit ihrer Familie gefrühstückt, da es geregnet habe. Die anderen Morgende habe sie mit Tennisspielen verbracht.

Am Nachmittag des 3. Mai sei sie mit ihrer Familie an den Strand gegangen, wo sie gegen 15.45Uhr angekommen seien. Um etwa 18.15Uhr seien sie wieder aufgebrochen, zu den Tennisplätzen, bei denen sie bis 19.00Uhr geblieben seien. Frau Webster habe sich dann mit den Kindern ins Apartment begeben; zehn Minuten später sei ihr Schwiegersohn dann hinzugestoßen und gemeinsam hätten sie die Kinder gebadet.

Gegen 20.45Uhr hätten die drei Erwachsenen das Apartment verlassen und die anderen in der Tapasbar aufgesucht. Kate und Gerald McCann seien auch dort gewesen.

Da die Paynes über ein Babyphon verfügten, hätten sie während des Abends nicht nach ihren Kindern gesehen. Die McCanns sowie auch die anderen Paare hätten jedoch regelmäßig nach ihren Kindern geschaut. Von einem dieser Kontrollgänge sei Frau McCann dann erschrocken und nervös, sogar in Panik, wiedergekehrt und habe gesagt, Madeleine sei verschwunden.

Sofort hätte die Gruppe Suchtrupps organisiert, die zunächst im Apartment nachgesehen hätten, da man dachte, das Kind könne sich dort verstecken, dann draußen. Doch trotz der Hilfe von Seiten des Hotelpersonals sei die Suche erfolglos gewesen.

Dianne Webster kenne Madeleine nicht gut, da sie weit von den McCanns entfernt wohne; von daher könne sie nicht sehr viel über die Persönlichkeit des Kinders sagen. Madeleine sei jedoch ein ruhiges, aber sehr aktives und energievolles Kind, das gut erzogen sei.

Während des Urlaubs sei ihr nichts Ungewöhnliches aufgefallen.

5.9 Vernehmung von Russel O'Brien

Die Befragung von Russel O'Brien findet am 4. Mai 2007 ab 21.45Uhr statt.

Der Mann bestätigt die gesamte Aussage von sowohl seiner Frau Jane Tanner als auch von Rachael Oldfield.

Seine ältere Tochter, Ella, und Madeleine McCann seien vom Alter her nur etwa einen Monat auseinander. Sie würden in die gleiche Betreuungseinrichtung im Kids' Club gehen, die nahe der Rezeption gelegen sei.

Bis gestern, den 3. Mai 2007, sei ihm kein ungewöhnliches Geschehen aufgefallen, weder innerhalb der Gruppe, noch an den Angestellten des Hotels oder den Menschen in Praia da Luz.

Da seine Tochter Evie sich am gestrigen Tag krank gefühlt habe, habe Russel O'Brien Ella nach dem Frühstück um 10.00Uhr im Kids' Club abgesetzt. Der Rest des Tages sei dann so verlaufen, wie ihn seine Frau geschildert habe.

Gegen 19.15Uhr/19.30Uhr habe sich Herr O'Brien dann zurück ins Apartment begeben und habe dort seinen beiden Töchtern Geschichten vorgelesen. Evie habe sich zu diesem Zeitpunkt gesundheitlich besser gefühlt.

Seine Frau sei dann gegen 20.30Uhr in die Tapasbar gegangen, er selbst sei gegen 20.45Uhr nachgekommen. Bei seinem Eintreffen im Restaurant seien alle Erwachsenen bereits dagewesen, bis auf die Paynes, welche etwa fünf Minuten später gekommen seien.

Gegen 21.00Uhr hätten alle ihre Bestellungen aufgegeben. Während des Abendessens hätte sich alle 15 Minuten jeweils ein Elternteil jedes Kindes zu einem Kontrollgang erhoben. Da es Evie am 3. Mai nicht gut gegangen sei, hätten diese Überprüfungen in kürzeren Zeitabständen stattgefunden. Matthew Oldfield habe das Restaurant um kurz nach 21.00Uhr verlassen, um nach seinen Kindern zu sehen. Fünf Minuten später seien Gerald McCann und Russels Frau, Jane, fast gleichzeitig zu ihren Kindern gegangen.

Wer von beiden zuerst aufgestanden sei, wisse er nicht mehr, es müsse jedoch Herr McCann gewesen sein, da Jane ihn während einer Unterhaltung mit einem anderen Mann gesehen hätte. Herr O'Brien glaube, seine Frau habe lediglich ihr eigenes Apartment aufgesucht, da sie sich um Evie gesorgt hätte.

Herr McCann sei dann gegen 21.15Uhr/21.30Uhr zurückgekommen und man hätte mit dem Hauptgericht begonnen.

Gegen 21.35Uhr/21.40Uhr habe Herr O'Brien eine Pause zwischen den Gerichten zu einem weiteren Kontrollgang genutzt. Gemeinsam mit Matthew Oldfield habe er das Lokal verlassen. Seine Tochter habe er weinend vorgefunden, woraufhin er bei ihr geblieben sei. Er nimmt an, Herr Oldfield habe in dieser Zeit nach seinen eigenen Kindern gesehen. Dieser sei wohl fünf Minuten nach ihrem gemeinsamen Aufbruch in das Restaurant zurückgekehrt. Nachdem Jane Tanner gegessen habe, sei sie zu ihrem Mann in die Unterkunft gekommen, um ihn abzulösen. Das sei etwa 15 Minuten später gewesen.

Gegen 21.55Uhr sei Herr O'Brien zurück in die Bar gegangen, wo das Essen bereits fünf oder zehn Minuten auf ihn gewartet habe und alle anderen schon ihr Mahl beendet hätten.

Gegen 22.00Uhr sei Kate McCann nach ihren Kindern schauen gegangen. Bei ihrer Rückkehr sei sie zu dem Tisch der Gruppe gekommen und habe geschrien, Madeleine sei verschwunden. Alle aus der Runde seien daraufhin losgerannt und hätten beschlossen, mit der Unterstützung einiger anderer Leute das Gebiet um die Apartmentblöcke abzusuchen. Diese Suche sei jedoch erfolglos gewesen.

6 Ergebnisse der weiteren polizeilichen Ermittlungen

6.1 Vernehmung von Hotelangestellten und Gästen

Am 4. Mai 2007 erklärt Jeremy Wilkins, ein britischer Urlauber aus den etwa 50m vom Apartment der McCanns entfernten „Waterside Gardens", gegenüber den Kripo-Beamten, ihm sei am Abend des 3. Mai zwischen 20.30Uhr und 21.00Uhr in der Tapasbar ein merkwürdig erscheinender Gast aufgefallen, den er noch nie zuvor gesehen habe. Der Fremde sei etwa 1,70m groß gewesen, habe langes blondes Haar und wohl Rasta-Locken getragen. Er habe grüne Military-Kleidung angehabt. Der Mann sei allein gewesen, habe mit niemandem gesprochen und nervös gewirkt. Er sei nur für kurze Zeit geblieben.[1]

Der Barkeeper Jeronimo Tomas Rodriguez S. sagt gegenüber der Polizei am 4. Mai, er habe Madeleine McCann zuletzt am Tag zuvor gegen 16.45Uhr im Restaurant gesehen.

Die Bedienung aus der Tapasbar, Joacquim Jose M. B., erinnert gegenüber den Polizisten am 4. Mai folgendes Geschehen des Vorabends: Nur zwei Leute aus der Gruppe hätten während des Essens den Tisch verlassen. Bei dem ersten handele es sich um einen Mann mit grau werdendem Haar, der für etwa 15 Minuten abwesend gewesen sei und dessen Essen er habe aufwärmen müssen. Der zweite Mann hätte weniger sowie dünneres Haar und sei für etwa 30 Minuten ferngeblieben. Kurz nach dessen Rückkehr habe die ganze Gruppe den Tisch verlassen, bis auf eine ältere Dame, dle ihm gesagt habe, dass ein Kind verschwunden sei. Wenn die Gruppe in dem Restaurant essen würde, würde sich manches Mal jemand von ihnen wegbegeben, um nach den Kindern zu sehen. Ein Mann mit Rasta-Locken sei ihm an dem Abend allerdings nicht aufgefallen.

Eine weitere Bedienungskraft aus der Tapasbar, Ricardo Alexandre D. L. O., erklärt den Beamten am 4. Mai, die McCanns seien am Vorabend mit in der Runde der acht oder neun Erwachsenen gewesen, die regelmäßig dort zu Abend äße. Ein Mann mit hellbraunem Haar sei aus der Gruppe für ca. 15 Minuten abwesend gewesen; es sei normal, dass jemand von ihnen aufgestanden sei, um nach den Kindern zu sehen. Auf dem Tisch habe ein Babyphon gelegen. Ein Mann mit Rasta-Locken sei ihm nicht aufgefallen.

Die russische Küchenhilfe, Svetlana S. V, berichtet der Polizei am 4. Mai, sie habe am Vortag von 14.30Uhr bis 23.00Uhr im Tapas-

Restaurant gearbeitet. Ein Mann mit Rastalocken sei ihr nicht aufgefallen, aber ein Herr aus der Neunergruppe, von dem sie annehme, es sei Madeleines Vater gewesen, habe sich an dem Abend für etwa 30 Minuten wegbegeben. Als er wiedergekommen sei, sei eine Frau aufgestanden und gegangen, wohl die Ehefrau des Mannes. Nach einer kurzen Zeit hätten dann alle den Tisch verlassen, bis auf eine ältere Dame, die mitgeteilt habe, dass das Kind verschwunden sei.

Bezüglich des Mannes mit den Rasta-Locken und der grünen Kleidung erklärt der Rezeptionist am 4. Mai gegenüber den Vernehmungsbeamten, dass dies ein Gast sei, der zusammen mit seiner Frau in dem Ferienresort wohne und der sich seit dem Vortag unermüdlich an der Suche nach dem Kind beteiligt habe. Seine Passdaten wurden von den Polizisten aufgenommen.

Catriona B., die Madeleine von Beginn an in der Kinderkrippe betreute, sagt zunächst informell, dann am 6. Mai mit Hilfe des sich als Übersetzer angebotenen Robert Murat, Folgendes als Zeugin aus:
Madeleine McCann sei jeden Tag von ihren Eltern in die Kinderbetreuung gebracht worden und sei auch mit diesen persönlich wieder nach Hause gegangen.
Am 3. Mai sei das Mädchen um 9.10Uhr von ihrem Vater gebracht worden, von ihrer Mutter dann um 12.45Uhr abgeholt worden, von der es dann auch um 14.50Uhr wieder gebracht und um 17.30Uhr geholt worden sei. Am ersten Tag sei das Kind schüchtern gewesen, in den folgenden Tagen jedoch selbstsicherer und ungehemmter, aktiv und gesellig. Es sei gehorsam gewesen, hätte sich nie aus der Gruppe fortbewegt und auch nicht mit Fremden gesprochen. Es habe Momente gegeben, in denen Madeleine ihr traurig erschienen sei, ohne dass das Kind jedoch einen bestimmten Grund genannt habe. Am 3. Mai habe Catriona B. eine freudvolle Stimmung an ihm bemerkt. Madeleines Eltern habe sie als aufmerksam bezüglich ihrer Tochter erlebt: Sie hätten sich beispielsweise erkundigt, was ihre Tochter in der Krippe gemacht habe und hätten es sogar einige Male zu dort stattfindenden Outdoor-Aktivitäten begleitet.
Was die Öffnungszeiten der Betreuung anbetrifft, so gebe es drei verschiedene Services: Einmal von 9.00Uhr bis 12.30Uhr, einen zweiten von 14.30Uhr bis 17.30Uhr sowie eine Betreuung für das Abendessen der Eltern, von 19.30Uhr bis 23.30Uhr. Gegen zusätzliche Kosten stehe auch ein Babysitterservice zur Verfügung,

der die Kinder im Apartment bis 1.00Uhr morgens beaufsichtigen könne.
Während ihrer Arbeit in der Krippe sei Catriona B. für etwa sieben Kinder einer Altersklasse zugleich verantwortlich. Am Vormittag des 3. Mai hätte sie sechs Kinder betreut, am Nachmittag nur vier. Eine Betreuerin würde die Kinder jeweils über eine Woche begleiten.
Im Verhalten von Madeleines Eltern habe sie im Verlauf der Zeit keinen Wechsel festgestellt. Irgendwelche Fremden habe sie in der Ferienanlage ebenfalls nicht bemerkt und auch habe das Mädchen ihr von keiner verdächtigen Unterhaltung berichtet. Sei sie selbst ausgegangen, habe sie nicht über ihre Arbeit gesprochen, auch nicht über Madeleine oder die McCanns. Während der Betreuung habe Catriona B. Madeleine nicht aus den Augen gelassen. In den paar Jahren, in denen sie in der Urlaubsbetreuung tätig gewesen sei, auch in anderen Ländern, habe sie von einem derartigen Vorfall, wie dem hier vorliegenden, noch nie gehört.

In einer am 14. April 2008 stattfindenden Anhörung vor der Polizei in Leicestershire berichtet Catriona B. weitere bedeutsame Einzelheiten:
Madeleine sei häufiger von ihrem Vater als von ihrer Mutter gebracht worden. Unter den Kindern, die sie betreut habe, sei auch Ella gewesen, die Tochter von Jane Tanner. Am Nachmittag des 3. Mai sei Catriona B. mit den Kindern schwimmen gegangen. Zwischen 17.35Uhr und 18.00Uhr habe sie beobachtet, dass sich Frau McCann, die Sportkleidung getragen habe, mit Madeleine zu einem Bereich in der Nähe der Tapasbar begeben habe. Die Betreuerin glaube, Frau McCann sei zuvor joggen gewesen und Gerald McCann sei gerade am Tennisspielen gewesen.
Die McCanns seien ihr wie eine sehr glückliche Familie vorgekommen.
Was den Abend des 3. Mai anbetrifft, so seien gegen 22.30Uhr zwei Zimmermädchen zu ihr nach Hause gekommen und hätten sie darüber informiert, dass Madeleine vermisst würde. Sie habe daraufhin bei der Suche geholfen, habe die Anlage sowie den Strand abgesucht. Kate und Gerald McCann habe sie in dieser Nacht nicht gesehen.
Der Hotelbetreiber Mark Warner habe Catriona B. eine Woche nach dem Verschwinden von Madeleine in ein anderes Land versetzt.

In der informellen polizeilichen Befragung der Betreuerin der Zwillinge Sean und Amelie McCann macht Stacey P. am 4. Mai 2007 folgende Aussage:

In der Regel hätten sie und ihre Kollegin, Shinead, die Zwillinge betreut. Am 3. Mai hätte ihre Kollegin allerdings frei gehabt. An diesem Tag seien die beiden Kleinkinder von ihren Eltern um 9.30Uhr in der Krippe abgeliefert und von der Mutter um 12.30Uhr wieder abgeholt worden. Ihr Vater hätte sie dann um 14.30Uhr erneut in die Krippe gebracht, aus der sie dann von Frau McCann um 17.30Uhr abgeholt worden seien. Das Verhalten der Eltern sei immer absolut normal gewesen. In der Umgebung habe Stacey P. nie irgendwelche Fremden gesehen.

Lindsay J., die Managerin des Kids' Clubs, gibt bei ihrer polizeilichen Befragung als Zeugin am 6. Mai 2007 folgende zusätzliche Informationen:
Nachdem sie am 3. Mai gegen 22.20Uhr von einer Kollegin darüber informiert geworden sei, dass Madeleine verschwunden sei, habe sie sofort den Notfallplan „Vermisstes Kind" in Gang gesetzt. Der Plan bestehe darin, das Gelände in verschiedene Gebiete einzuteilen, die dann jeweils von bestimmten Hotelangestellten durchsucht würden. Um 22.45Uhr hätte man mit der Suche begonnen, die auch die umliegenden Straßen und den Strand eingeschlossen habe. Fünf der Angestellten seien mobilisiert worden, um die Suchaktionen zu koordinieren, an denen Personal, Gäste und andere Touristen teilgenommen hätten. Um 4.00Uhr morgens habe man die erfolglose Suche dann eingestellt.

6.2 Ergebnisse anderer polizeilicher Maßnahmen und weitere Zeugenaussagen
Laut Abschlussbericht der Portugiesischen Kriminalpolizei[2] finden in den Tagen und Wochen nach Madeleines Verschwinden diverse polizeiliche Operationen und Ermittlungstätigkeiten statt, die jedoch keine Erfolge mit sich bringen:
Noch in der Nacht des 3./4. Mai 2007 wird sowohl von Seiten der Polizei als auch von Trupps aus der Öffentlichkeit der Ort Praia da Luz durchsucht. Innerhalb der ersten 24 Stunden wird ein 130 Mann starkes Team aus mehreren polizeilichen Einheiten und zivilen Schutzeinheiten gebildet, das innerhalb des nächsten Tages auf über 300 Kräfte aufgestockt wird. Es kontrolliert die Grenze nach Spanien, führt Kontrollen auf den Straßen durch, beinhaltet Spürhunde- und Rettungsstaffeln, sucht mit zwei Helikoptern in der Luft, mit Geländewagen auf dem Boden sowie mit vier Schiffen auf dem Wasser. Ein Gebiet von 30km^2 wird mit Hundertschaften durchkämmt. Die Polizisten suchen 443 Haushalte in Praia da Luz auf und betreten mit Erlaubnis der Bewohner die Räumlichkeiten,

um nach Spuren des Kindes zu schauen. Es werden 188 Müllcontainer des Ortes untersucht, das Videomaterial der Tankstellen durchgesehen und bekannte Sexualstraftäter überprüft. Die Telefonverbindungen zwischen dem 2. und dem 4. Mai von Verdächtigen werden analysiert. Man ermittelt in alle Richtungen:

- 1. Entführung, motiviert durch sexuelle Ausbeutung oder auch einen nicht-sexuellen Hintergrund (Sexualstraftat durch einen Einzeltäter, Adoption, Menschenhandel, Organhandel) ohne Tötung;
- 2. Entführung mit anschließender Tötung des Kindes, mit oder ohne ein Verstecken seiner Leiche;
- 3. versehentliches Zu-Tode-Kommen des Kindes mit Verstecken der Leiche.

In Ponta da Piedade (Lagos) wird dann an den Klippen eine Tasche gefunden, deren Inhalt sich jedoch aus Sicht der Behörde als für den Fall unwesentlich herausstellt. Schließlich wird nach Vermutungen der Presse, das Kind könne in einem nahe gelegenen Krematorium verbrannt worden sein, diese Einrichtung geschlossen und untersucht.

Aus Amerika erreicht die Behörden nach einigen Monaten das Ersuchen, ein DNA-Profil von einer dort angeschwemmten Leiche mit den genetischen Informationen von Madeleine McCann abzugleichen. Das Erbmaterial stimmt aber nicht überein. Auch wird der Fall eines entführten Gipsy-Mädchens aus Huelva in Spanien mit den Umständen des Verschwindens von Madeleine McCann abgeglichen. Die Experten gelangen auch hier zu dem Schluss, dass es sich um verschiedene Fälle ohne Zusammenhang handelt.

In einer Ferienunterkunft im nahegelegenen Ort Burgau wird im Zuge der Ermittlungen dann ein verdächtiges Haar sichergestellt, das zur DNA-Analyse in ein Labor geschickt wird. Bei der Untersuchung wird ein Haplotyp (d. h. eine Kombination von Allelen auf einem Chromosomenabschnitt) gefunden, der der DNA von Jane Tanner entspricht. Die Behörden fragen noch einmal bei dem Labor nach, wie dieses Ergebnis zu interpretieren sei und erhalten als Antwort, dass Haplotypen zu einem signifikanten Prozentsatz interindividuell übereinstimmen. Daraus schließen die Ermittler, dass es sich bei dem gefundenen Haar nicht um eines von Jane Tanner handelt.

Im Laufe der Zeit ereignen sich zwei Erpressungsversuche von Trittbrettfahrern, die schließlich festgenommen werden können.

Vierundzwanzig Stunden am Tag arbeiten mehr als 100 Polizeikräfte aus Portimão, Faro und Lissabon an Vernehmungen von insgesamt über 700 Personen, darunter neben dem Hotelpersonal auch Straßenbauarbeiter und Taxifahrer, ebenso der Priester José P., mit dem die McCanns eng in Kontakt standen, sowie die Frau des anglikanischen Priesters, Susan H. . Um die Informationsgewinnung zu erleichtern, wird in Praia da Luz ein mobiler Polizeiposten eingerichtet. In den folgenden Wochen und Monaten untersuchen die Beamten zahlreiche weltweite „Sichtungen" des Kindes, von denen sich die meisten als Verwechslungen herausstellen, andere hingegen ungeklärt bleiben.

Potenziell bedeutsamere Informationen, die man gewinnt, sind hingegen folgende:

Rachael Oldfield gibt zu, am Morgen des 4. Mai gegen 2.00Uhr über einen Bekannten BBC informiert zu haben und gebeten zu haben, über das Verschwinden des Kindes zu berichten.

Pamela F., die während des Aufenthalts der McCanns im Ocean Club das Apartment über ihnen bewohnte, sagt aus, sie habe am 1. Mai gegen 22.30Uhr ein Kind über eine Stunde und 15 Minuten lang weinen hören. Von seinem Klang her sei es Madeleine gewesen. Das Kind habe erst gegen 23.45Uhr mit Weinen aufgehört, als die Eltern eingetroffen seien, dessen Ankunft Pamela F. durch das Schlagen der Tür bemerkt habe.

Pamela F.s Nichte habe allerdings auch am Morgen des 3. Mai eine Person gesehen, die das Apartment der McCanns beobachtet habe. Die Polizei geht davon aus, dass es sich um einen Gärtner handele, leitet die Information aber an die Behörden in Großbritannien weiter.

Eine andere Zeugin berichtet über eine vermutlich betrügerische Spendensammlung von zwei Personen, die sich am 3. Mai als Mitarbeiter einer Einrichtung für Kinder ausgegeben hätten. Die Polizei kann diesen Hinweis jedoch nicht mit Madeleines in Zusammenhang bringen, auch deshalb nicht, weil die Personenbeschreibungen nicht dem erstellten Phantombild entsprächen.

Ein verdächtiger Spendensammler wird auch aus dem Kreise der McCanns zur Grundlage einer Phantomskizze gemacht: Der Zeuge Gail C., der diesen Mann beobachtet habe, wird dazu von den britischen Behörden sehr detailliert befragt. Bei seiner ersten Vernehmung gibt er an, den Herrn einmal gesehen zu haben, und zwar bei einer Spendensammlung an der Tür der Ferienunterkunft. Einige Monate später sagt er allerdings aus, er habe diesen Mann dreimal gesehen, einmal habe dieser die Kinder im Strandrestaurant in merkwürdiger Weise beobachtet. Obgleich das durch die Angaben von Frau Tanner erstellte Phantombild über kein Gesicht verfügt, ist sich diese Dame, wie sie sagt, zu 80%

Wahrscheinlichkeit sicher, dass es sich bei den beiden Männern um die selbe Person handelt. Die Ermittler erreicht auch noch ein anderer Hinweis über einen Mann, der in einem Telefonhäuschen gesichtet wird und dem Phantombild von Jane Tanner gleicht.

Einem weiteren Zeugen fällt ein Verdächtiger auf, der von einem weißen Truck aus die Unterkunft der McCanns beobachtet habe. Die Polizei kann diesen Mann nicht identifizieren, nimmt jedoch an, dass es sich entweder um einen Straßenbauarbeiter, einen Gärtner oder einen im Ort bekannten Straßenmusikanten gehandelt habe.

Eine andere Zeugin gibt an, mehrmals eine Person bemerkt zu haben, die das Apartment der Familie McCann beobachtet habe. Diese Person kann von den Polizeikräften identifiziert werden, wird aber nicht mit dem Verschwinden von Madeleine in Zusammenhang gebracht.

Ein weiterer Herr, Nuno J., berichtet der Polizei von einer - von ihm selbst als eine solche eingestuften - versuchten Entführung seiner Tochter. Auch die Autonummer der Täter, einem polnischen Paar, kann er der Behörde nennen. Bei ihrer Heimfahrt werden die Polen angehalten, das Auto wird beschlagnahmt und im Labor untersucht, ebenso ihre Ferienunterkunft. Beides erbringt keinerlei Hinweise auf das Verschwinden von Madeleine McCann.

Über längere Zeit wird insbesondere Robert Murat von den Ermittlern verdächtigt, im vorliegenden Vermisstenfall eine Rolle zu spielen. Er wohnt 100m bis 150m vom Ocean-Club-Apartment der McCanns entfernt und fällt einer Journalistin durch sein besonderes Engagements im Rahmen der Such- und Ermittlungsmaßnahmen (z. B. auch seinem Übersetzungsdienst) auf. Im Gegensatz zu Robert Murat, Hotelangestellten und Polizisten behauptet die Reisegruppe um die McCanns, sie habe den Mann bereits am Abend des Verschwindens bei der Suche mithelfen sehen. Er und seine Bezugspersonen werden von der Polizei telefonisch abgehört und persönlich vernommen. Sein Auto, sein Haus sowie seine Computer werden nach Hinweisen durchsucht. Auch sein Grundstück wird umgegraben und mittels der Spürhunde Eddie und Keela abgesucht. Es finden sich jedoch keinerlei Hinweise auf eine Verwicklung.

Martin S. meldet sich bei der Polizei und sagt aus, am Abend des 3. Mai in Praia da Luz einen Mann ein Kind tragen gesehen zu haben, in der Straße, die zum Strand führt. Einige Monate später wendet er sich erneut an die Behörde und meint nun, es habe sich um Gerald McCann gehandelt. Er habe ihn an seiner Art des Gehens wiedererkannt, als der Vater von der Treppe eines Flugzeugs gestiegen sei. Die Polizei kann jedoch feststellen, dass Herr McCann zu der von Martin S. angegebenen Uhrzeit am Tisch des Tapas-Restaurants gesessen habe.

Ein anderer Zeuge will Gerald McCann am 7. Mai um 14.26Uhr in Lagos gesehen haben. Er soll in den Telefonhörer gesagt haben: „Don't hurt Madeleine, please". Der Kriminalpolizei erscheint dieses Ereignis allerdings als unwahrscheinlich, da Gerald McCann an diesem Tag um 14.16Uhr noch mit einer Radiosendung beschäftigt gewesen sei und sie es nicht für möglich hält, dass der Mann nur zehn Minuten später in Lagos sein kann.

Der ehemalige polizeiliche Chefermittler im Vermisstenfall Madeleine McCann, Gonçalo Amaral, wird gegen Mitternacht des 3./4.Mai 2007 von seinen Kollegen über den Vorfall benachrichtigt und nimmt ab dem Morgen des 4. Mai persönlich an den Ermittlungen teil.[3] Aufgrund kritischer öffentlicher Äußerungen gegen das Ehepaar McCann wird er im Oktober 2007 von der Portugiesischen Kriminalpolizei abgesetzt.[4] Sein Nachfolger wird Paulo Rebelo.[5] In seinem im August 2008 erschienen Buch „Maddie - A Verdade Da Mentira",[6] in dem er die These von einer Verwicklung der Eltern in das Verschwinden ihres Kindes propagiert, berichtet Amaral über weitere, ihm vorliegende Informationen:

Am Abend des 3. Mai habe sich David Payne gegen 18.35Uhr/18.40Uhr zum Apartment der McCanns begeben. Kate McCann habe gerade zuvor ein Bad genommen. Nach ihrer Aussage habe Herr Payne an der Verandatür geklopft, sie habe sich ein Handtuch übergeworfen und sei ins Wohnzimmer gegangen. Beide hätten für etwa 30 Sekunden miteinander gesprochen. David Payne hingegen glaube, die Verandatür sei offen gewesen und er sei in das Apartment hineingegangen. Dort habe er sich für 3 bis 5 Minuten mit Frau McCann unterhalten. Die Kinder habe er in ihren Pyjamas spielen gesehen. Dies sei das letzte Mal gewesen, dass er Madeleine gesehen habe. Gerald McCann gebe allerdings an, David Payne sei 30 Minuten lang geblieben. Gegen 19.00Uhr sei David Payne dann auf dem Tennisplatz eingetroffen und habe mit den anderen drei Männern der Reisegruppe gespielt. Wenig später sei Gerald McCann in seine Unterkunft gegangen und sei von Dan, einem Tenniscouch des Ocean Clubs, abgelöst worden. In den Tagen nach dem Ereignis sei David Payne sehr dicht an der Seite von Kate McCann gewesen.

Noch in der Nacht des 3./4. Mai seien der Flughafenpolizei in Faro sowie den Kräften an der Spanischen Grenze die Daten der verschwundenen Madeleine McCann übermittelt worden.

Am späten Vormittag des 4. Mai hätten die Ermittler Frau McCann gebeten, mit ihnen zu einer Tankstelle zu fahren, die sich zwischen Lagos und Spanien befinde, um dort ein verdächtiges Video auf ihre Tochter hin zu überprüfen. Die Polizisten hätten sich gewundert, dass sie keinerlei Hoffnung gezeigt habe, sondern durch die Bitte irritiert geschienen habe und in Anbetracht der Geschwindigkeit des Polizeiwagens auch verärgert.

Von Beginn an hätten Herr und Frau McCann ausschließlich die Entführungs-Theorie forciert.

Sie hätten sich jedoch geweigert anzunehmen, jemand sei, ohne ihr Bemerken von ihren Plätzen in der Tapasbar aus, durch die unverschlossene Verandatür in ihr Apartment eingedrungen. Die Polizei habe aber feststellen können, dass den Eltern eine entsprechende Wahrnehmung gar nicht möglich gewesen wäre, zum einen wegen der dazwischenliegenden Hecke, zum anderen aufgrund ihres Sitzens mit dem Rücken zur Unterkunft.

Als Erklärung für das aus seiner ursprünglichen Position gerückte Sofa habe Herr McCann erklärt, er habe dieses Möbelstück an die Wand gerückt, da die Kinder immer Spielzeug dahinter fallen gelassen hätten.

Die Überprüfung der Mobiltelefone des Ehepaares McCann habe ergeben, dass die Frau zwischen dem 27. April und dem 4. Mai keine ausgehenden Anrufe getätigt habe. Zwischen dem 2. Mai und 23.17Uhr des 3.Mai habe sie auch keine Gespräche empfangen. Dieser dann stattgefundene nächtliche Anruf stamme von Gerald McCann. Auf Gerald McCanns Telefon hätten sich allerdings überhaupt keine Einträge vor 0.15Uhr des 4. Mai befunden. Der von seinem Apparat am 3. Mai um 23.17Uhr an seine Frau ausgegangene Anruf sei demnach gelöscht worden, so Amaral.

Während einer von Gerald McCanns Reisen nach Großbritannien im Juli 2007 habe ein britischer Polizist den Vater zu Hause besucht. Er habe anschließend von einem Zettel am Kühlschrank berichtet, auf dem Verhaltensprobleme des Kindes benannt seien, darunter auch Schlafprobleme und ein gewöhnlich häufiges Aufstehen in der Nacht. Madeleines Großvater habe zugegeben, dass den Kindern ein Mittel gegeben werde, das ihnen das Einschlafen erleichtere.

Kate McCann habe laut Amaral erwähnt, sie habe vor ihrer Abreise nach Portugal ein schlechtes Omen verspürt.

Sobald die Eltern von der Polizei offiziell als Verdächtige behandelt worden seien, habe Kate McCann jede Aussage verweigert. Ihr

Ehemann habe die Fragen hingegen beantwortet und jede Verwicklung bestritten.

Eine Ärztin, die mit ihrem Ehemann, den McCanns, den Paynes sowie einem weiteren Paar im September 2005 ein Ferienhaus auf Mallorca gemietet habe, habe der Polizei am 16. Mai 2007 von einer für sie besorgniserregenden Situation berichtet, die sie in der dritten oder vierten Urlaubsnacht gemacht habe: Nach dem Abendessen, zu dem man auch alkoholische Getränke zu sich genommen habe, habe David Payne Gerald McCann gegenüber sexuelle Andeutungen gemacht, indem er an seinen Fingern gesaugt habe, die er immer wieder in und aus seinem Mund geführt habe und Herrn McCann dabei gefragt habe, ob „sie" dies auch tue. Seine Worte und Handlungen habe er von einem Umkreisen seiner Brustwarzen mit der anderen Hand begleitet. Die Dame habe befürchtet, die Männer könnten sich auf Madeleine beziehen. Auch habe sie sich ernsthaft Sorgen um Herrn Paynes Beziehung zu Kindern gemacht. Sie habe beide angeschaut, was diese zu einem nervösen Schweigen veranlasst habe. Dann hätten die Männer sich weiter unterhalten, als sei nichts gewesen. Die Zeugin habe diese von David Payne kommende Geste noch bei einer weiteren Gelegenheit beobachtet; diesmal habe er sich jedoch auf seine eigene Tochter bezogen. Nach diesem Urlaub habe die Frau nur noch ein einziges Mal Kontakt mit den Paynes gehabt. Auch die Beziehung zu den McCanns habe sich abgekühlt. Laut Amaral sei im Ermittlungsteam die Frage aufgekommen, ob sexueller Missbrauch des Kindes durch einen darüber Andeutungen machenden Bekannten nicht auch im Zusammenhang mit dem Verschwinden von Madeleine stehen könnte, wie in einem den Beamten bekannten Fall aus Griechenland. Man habe daraufhin die Dienststelle in Großbritannien gebeten, Herrn Payne dazu zu vernehmen. Das Vernehmungsprotokoll sei jedoch erst sechs Monate später, nach der Entlassung Amarals, nach Portugal gesandt worden und die Theorie sei seiner Meinung nach nicht erschöpfend untersucht worden.

Eine weiteres nicht aufgeklärtes Ereignis habe sich am Strand von Sagres ereignet: Ein Mann, der durch seine unpassende Kleidung aufgefallen sei, habe dort Kinder fotografiert, darunter auch ein blondes, vierjähriges, dessen Vater den Vorfall gemeldet habe. Der Mann erinnere laut Amaral stark an das Phantombild von Jane Tanner: dunkles, über den Nacken reichendes Haar, eine cremefarbene Hose und klassische Halbschuhe.

Was Robert Murat anbetrifft, so seien britische Profiler zu dem Schluss gekommen, dass er mit einer Wahrscheinlichkeit von 90%

verantwortlich sei für das Verschwinden von Madeleine. Hintergrund dieses Urteils sei u. a. gewesen, dass ein Jugendfreund über den Mann ausgesagt habe, er solle als Teenager versucht haben, mit einem Hund und einer Katze Sexualverkehr durchzuführen. Anschließend habe er beide Tiere grausam getötet. Davon abgesehen habe er mit 16 Jahren versucht, seine Cousine zu vergewaltigen.

Jane Tanner sei sich sicher gewesen, Herrn Murat bei einem polizeilichen Rekonstruktionsversuch an seiner Gangart wiedererkannt zu haben: Die Ermittler hätten sie in einem abgedunkelten Wagen in der Nähe des Apartments G5A Platz nehmen lassen, während sie mit dem Mann vor ihr entlang den Weg beschritten hätten, den die Frau bei der Anfertigung des Phantombildes beschrieben habe. Frau Tanner habe daraufhin geäußert, zweifelsfrei davon überzeugt zu sein, dass es sich bei dem von ihr am 3. Mai beobachteten Mann um Herrn Murat handle.

Allerdings hätten die Polizisten am 4. Mai von 20.00Uhr bis 22.00Uhr die Lichtverhältnisse auf der Straße vor dem Apartment der McCanns in Augenschein genommen. Sie hätten festgestellt, dass es bereits relativ dunkel gewesen sei und man schlecht habe sehen können, sodass eine detaillierte Personenbeschreibung, so wie sie Jane Tanner gegeben habe, schwierig sei. Zudem sei es z. B. merkwürdig, so Amaral, dass ein geplant vorgehender Entführer sein Auto so geparkt hätte, dass er in das Licht einer sich in der von der Zeugin beschriebenen Richtung befindenden Straßenlaterne getreten wäre.

Der Abschlussbericht der Portugiesischen Kriminalpolizei schließt am 20. Juni 2008 mit folgendem Fazit:[7]
Trotz aller polizeilicher Anstrengungen in alle erdenklichen Ermittlungsrichtungen sei es nicht möglich, eine stichhaltige und objektive Schlussfolgerung über die Ereignisse in jener Nacht von Madeleines Verschwinden sowie ihren Verbleib zu ziehen.

Es dürfe jedoch nicht unerwähnt bleiben, dass die Ermittlungen im vorliegenden Fall in einer Situation stattgefunden hätten, in der man außergewöhnlich stark den Medien ausgesetzt gewesen sei, die oftmals ungenaue oder gar falsche Informationen publiziert hätten. Statt zu einer behutsamen Aufklärung des Sachverhaltes beizutragen, habe dies häufig eher einen kontraproduktiven Aufruhr bewirkt.

Von Seiten der Portugiesischen Kriminalpolizei strebe man zu diesem Zeitpunkt keine weiteren Untersuchungen mehr an.

7 Die Entwicklungen des Verhaltens der McCanns (in der Öffentlichkeit) sowie die Entwicklung des Verhaltens der Öffentlichkeit gegenüber den McCanns

Das Verhalten der Eltern Kate und Gerald McCann unmittelbar nach der offiziellen Entdeckung von Madeleines Verschwinden lässt sich anhand von Zeugenaussagen folgendermaßen rekonstruieren:
Gegen 22.30Uhr des 3. Mai weint Kate McCann nach Angaben einer benachbart untergebrachten Urlauberin sehr und macht sich lautstark Selbstvorwürfe. Angeblich stößt sie immer wieder aus: „We've let her down!"[1]
Etwa eine Stunde später ruft Gerald McCann laut der vagen Erinnerung seiner Schwiegermutter diese an, ebenso seine eigenen Verwandten. Alle berichten übereinstimmend über seinen starken Gefühlsausbruch. Noch morgens um halb vier läuft Gerald McCann laut Angaben seines Bruders John heulend durch die Straßen von Praia da Luz.[2]
Auch Kate McCann spricht mit ihrer Mutter, die den Zustand ihrer Tochter als „distressed" erinnert. Sie fragt sie angeblich nur nach der Telefonnummer eines ihr nahe stehenden katholischen Priesters, Father Paul Seddon, der das Paar verheiratete und Madeleine taufte.[3]

Der wohl erste Medienartikel überhaupt zum Fall des Verschwindens von Madeleine McCann ist ein um 00:01Uhr des Folgetages erscheinender Kurzbericht auf der Website der britischen Tageszeitung „Telegraph". Dieser nennt als seine Informationsquelle die Ausländerbehörde, an die sich die Eltern umgehend gewandt haben sollen.[4]
Wie Rachael Oldfield gegenüber der Polizei angibt, informiert auch sie am Morgen des 4.Mai gegen 2.00Uhr über einen Bekannten BBC.[5] Diese offiziell ersten Medienkontakte bilden den Ursprung eines sich nachfolgend entwickelnden Ausmaßes an Berichterstattung, das die Tageszeitung „Die Zeit" später als „Medienhysterie" bezeichnet.[6]
In vielen Presseartikeln zu dem Vermisstenfall Madeleine wird im Mai 2007 darüber geschrieben, dass es nun soundso lange her sei, dass das Kind *entführt* worden sei[7] was die Eltern durchleiden „seit ihre Tochter (...) aus einer Ferienanlage in Praia da Luz in Portugal *entführt* wurde"[8] und was sie „auf der verzweifelten Suche nach ihrer *entführten* Tochter"[9] alles in Bewegung setzen.
Die McCanns selbst wenden sich erstmals am Samstag, 5. Mai, mit einem kurzen Statement an die Medien.[10] In der hierzu verfügbaren

Videoaufzeichnung[11] sieht man Herrn McCann, wie er im Dunkeln mit Taschenlampe und Notizblock vor einer Runde versammelter Journalisten spricht, woraus man ableiten kann, das es sich bei dieser Wendung an die Öffentlichkeit um keine geplante Aktion handelt sondern eine Spontanhandlung, vielleicht aufgrund des Druckes der vor der Hotelanlage wartenden Reporter. Seine neben ihm stehende Frau hält den Blick meist gesenkt; Madeleines rosa Kuscheltier, „Cuddlecat", trägt sie in der Hand. Gerald McCann richtet eine Bitte um Weiterleitung jeglicher sachdienlicher Hinweise an die Öffentlichkeit sowie einen direkten Appell an den mutmaßlichen Täter, das Kind nach Hause zurückkehren zu lassen. Außerdem bittet er um das Respektieren der Privatsphäre seiner Familie.

Frau McCann spricht wohl erstmals am Montag, dem 7. Mai, vor laufender Kamera. In einem Appell wendet sie sich an den mutmaßlichen Entführer,[12] indem sie ihn anfleht, das Kind nicht zu verletzen oder zu ängstigen und es den Eltern zurückzugeben. Ihr Mann legt dabei unterstützend seinen Arm um sie.

Die Zeit bis Mitte Mai ist vor allem geprägt durch zahlreiche Unterstützungsmaßnahmen von Seiten der Freunde und Verwandten der McCanns, der Behörden aus Großbritannien sowie der anteilnehmenden Bevölkerung:

Am 7. Mai treffen in Praia da Luz zwei Angehörigenbetreuer der Verhandlungsgruppe der Britischen Polizei ein, um in ihrer Brückenfunktion zu den portugiesischen Ermittlern den Eltern organisatorische und psychologische Unterstützung zukommen zu lassen.[13]

Am 9. Mai stellen die Eltern zusammen mit der schottischen IT-Firma „Infohost" eine Website mit Fotos von Madeleine und Kontaktdaten für Hinweise aus der Öffentlichkeit ins Internet, deren Adresse wohl am 16. Mai von www.bringmadeleinehome.com um www.findmadeleine.com erweitert wird.[14] Laut Betreiber wird sie bereits bis zum 18. Mai mehr als 50 Millionen Mal aufgerufen;[15] bis Ende jenes Monats verzeichnet sie über 100 Millionen Aufsuchungen[16]. Verwandte der McCanns, die die Familie z. T. auch immer wieder einmal in Praia da Luz besuchen,[17] tragen mit E-Mails, Interviews, initiierten Gottesdiensten und Besuchen im Britischen Unterhaus zur Verbreitung des mutmaßlichen Entführungsfalles bei.[18] Freunde des Paares suchen in Großbritannien nach einflussreichen Helfern. Einer von ihnen spricht den in seiner Straße wohnenden Bruder des britischen Premierminister Gordon Brown an,[19] der alsbald mit den Eltern in telefonischem Kontakt steht.[20] Bald ist auch Prinz Charles eingeschaltet.[21]

Andere Unterstützer werden von sich aus durch Medien auf den Vermisstenfall Madeleine aufmerksam. So werden von den bekannten Unternehmern Stephen Winyard[22] und Sir Philipp Green sowie der berühmten Harry-Potter-Autorin J. K. Rowling im Mai 2007 Spenden in Höhe von 2,5 Mio. Britischen Pfund für Informationen ausgesetzt, die zur sicheren Rückkehr des Kindes und zur Ergreifung des Täters führen.[23] Auf diese Spenden hin wird von den McCanns ein Fond eingerichtet, der neben der Finanzierung von Suchaktionen nach der eigenen Tochter auch als Hilfe für andere Familien in ähnlicher Lage gedacht ist.[24] David Beckham ruft am 11. Mai im spanischen Fernsehen zur allseitigen Hilfe bei der Suche nach Madeleine auf.[25]

Den 12. Mai, den vierten Geburtstag ihrer Tochter, begehen Kate und Gerald McCann mit einer Messe,[26] aus der sie mit relativ entspanntem und zufriedenem Gesichtsausdruck heraustreten.[27] An diesem Tag erhalten die McCanns viele Spenden.[28] Der englische Priester, Father Paul Seddon, ist nun vor Ort und begleitet die beiden.[29] Auch der Britische Premierminister, Gordon Brown, nimmt Anteil und erklärt, alle Eltern würden an die McCanns denken und überlegen, wie sie ihnen helfen könnten.[30] Am Vormittag machen die Eltern wohl allein einen Strandspaziergang. An einer abgelegenen Stelle lassen sie sich nieder und schauen angeblich etwa eine halbe Stunde lang aufs Meer hinaus.[31] Delegierte des Mark Warner Holiday Resorts verlesen an Madeleines Geburtstag im Namen der Eltern einen Appell zur Fortsetzung der Hilfe an die Öffentlichkeit, mit dem verkündeten Ziel, „to redouble their efforts".[32] Als Zeichen der Hoffnung binden an diesem Tag viele Anteil nehmenden Menschen gelbe Bänder an die Bäumen.[33] Auch an Madeleines Heimatort Rothley werden zahlreiche Blumen, Kuscheltiere und Geburtstagskarten niedergelegt.[34]

Am 13. Mai stellt Gerald McCann den Tagesablauf der Familie auf die Find-Madeleine-Website. Dieser verrät unter anderem, dass er und seine Frau Kate seit einigen Tagen regelmäßig joggen.[35]

Mitte Mai ist bei Kate und Gerald McCann dann ein gewisses Rückzugsverhalten von den Beziehungsangeboten Außenstehender zu verzeichnen:

Am 14. Mai beenden die Eltern die Zusammenarbeit mit den Angehörigenbetreuern, die ihnen kritische Fragen über das Verschwinden ihres Kindes gestellt haben sollen. Die Funktion dieser Beamten wird durch einen für den Fall zuständigen Ermittler der Portugiesischen Kriminalpolizei ersetzt.[36] Am gleichen Tag tritt das Ehepaar wieder vor die Medien, denen Herr McCann für die so massive Verbreitung des Verschwundenseins seiner Tochter dankt, ebenso wie der Öffentlichkeit für ihre große seelische und finanzielle Unterstützung. Bezüglich des Umgangs mit letzterer hätten die Eltern Anwälte eingeschaltet. Auch hätten sie in den letzten Tagen von der angereisten Family Law Group rechtliche Beratung erfahren sowie von eingetroffenen Trauma-Experten psychische Hilfe. Zugleich betont Herr McCann die Notwendigkeit, dass er und seine Frau nun mehr Zeit für sich selbst und die Familie benötigten. Aus diesem Grund solle die Kommunikation mit den Medien von nun an vorwiegend über den Pressesprecher des Unternehmens Mark Warner laufen, dem das Ferienresort Ocean Club gehört.[37] Am 20. Mai reist Madeleines Vater dann allein für ein paar Tage nach Großbritannien zurück, um persönliche Angelegenheiten zu regeln und den Spendenfond einrichten zu helfen.[38]

Die Hinwendung zur Bevölkerung von Seiten der McCanns besteht jedoch weiter fort, ebenso wie die enthusiastischen Unterstützungsaktionen von Seiten der Öffentlichkeit, die zunehmend kultische Züge annehmen: Am 17. Mai wird in Portugal sowie u. a. auch auf BBC ein von den Eltern erstelltes Kurzvideo mit Fotos von Madeleine, der Websiteadresse sowie anderer Kontaktdaten für eingehende Hinweise zu ihrem Verschwinden ausgestrahlt.[39] Bei bedeutenden Fußballspielen im Mai halten Fans Schriftbänder mit Solidaritätsbekundungen in die Höhe wie „We want OUR Maddy BACK SAFE"[40] oder die Spieler tragen gelbe Armbänder mit der Aufschrift „Find Madeleine"[41], die neben Plakaten und T-Shirts mit Madeleines Profil auf der Website der McCanns zu erwerben sind.[42] Im Wembley-Stadium wird vor dem Spiel Chelsea gegen Manchester United auf einer Leinwand ein von den Eltern erstellter und zur Mithilfe auffordernder Film über Madeleine McCann gezeigt, den Schätzungen zufolge 450 Millionen Zuschauer in 160 Ländern sehen. Auch im Finale des UEFA-Cups wird dieser Appell gezeigt.[43]

Tankstellen, Fluggesellschaften und andere Unternehmen hängen international Poster mit dem Gesicht des Kindes auf, Telefonkonzerne starten SMS-Kampagnen.[44] Die von den McCanns, ihren Verwandten und Freunden geführte Suchkampagne bekommt bald ein eigenes Logo.[45]

Im Zuge dieser Entwicklungen engagieren die McCanns eine Sprecherin, Justine McGuinness.[46] Clarence Mitchell, ein früherer BBC-Journalist und nun Direktor der Medienüberwachung der Britischen Regierung,[47] wird von letzterer ebenfalls nach Praia da Luz gesandt, um die McCanns professionell zu unterstützen[48].

In der Zeit von Ende Mai bis Ende Juli agieren Kate und vor allem Gerald McCann sehr stark in der Öffentlichkeit; sie beginnen, Interviews zu geben und besuchen auf drei Kontinenten Hilfsorganisationen, hochrangige Politiker und den Papst:
Am 23. Mai beginnt Gerald McCann, auf seiner Website öffentlich Blog zu führen.[49] Seine Frau Kate schreibt indessen privat Tagebuch.[50] Wo sie auftaucht, wird sie meistens mit Madeleines Kuscheltier gesehen.[51] Beide Eltern tragen häufig die auf der Website zu erwerbenden gelben und grünen Armbänder mit der Aufschrift „Look for Madeleine" und der Telefonnummer für sachdienliche Hinweise.[52] An diesem Tag, dem 23. Mai, werden die Eltern von einem vom Hotel zur Verfügung gestellten Fahrer zur gut 250km nördlich von Praia da Luz gelegenen Pilgerstätte Fatima gebracht,[53] wo im Jahr 1917 drei Schäferkinder eine Marien-erscheinung erlebt haben sollen[54]. Gemeinsam mit Tausenden von Gläubigen beten die Eltern hier für ihr Kind. Mit Madeleines Kuscheltier in der Hand zündet Kate McCann Kerzen an.[55]
In ihrem wohl ersten Interview, einem Gespräch mit einer Reporterin von BBC am 25. Mai 2007,[56] sprechen die McCanns von ihrer empfundenen Schuld, nicht dagewesen zu sein, als der Entführer zugeschlagen habe.[57] Kate McCann gibt zu, physisch selbst kaum nach ihrer Tochter gesucht zu haben. Auf die Frage, ob sie beim Vorfinden des leeren Bettes nicht auch die Möglichkeit in Erwägung gezogen habe, Madeleine könne aufgestanden und im Apartment umhergelaufen sein, antwortet sie „Not at all, no". Nach einer längeren Schweigepause übernimmt Gerald McCann die weiterführende Beantwortung der Frage.[58] An diesem Tag nimmt Kate McCann an einer Feier zum Internationalen Tag des Vermissten Kindes teil.[59]
Ab dem 26. Mai ist eine dritte Website zur Suche nach Madeleine unter der Adresse www.cuddlecat.co.uk verfügbar.
Der Besuch der Eltern bei einer öffentlichen Audienz des Papstes auf dem Petersplatz am 30. Mai ist der Startpunkt für ihre Tour durch Europa (1.6. Madrid, 6.6. Berlin, 7.6. Amsterdam), Nordafrika (11.6./12.6. Rabat), und eine Reise nach Amerika (22.7. – 26.7. Washington), deren Zweck es laut Gerald McCann ist, auf Madeleines Verschwinden bzw. Entführung möglichst

flächendeckend aufmerksam zu machen.[60] Die Zwillinge Sean und Amelie werden während der Abwesenheit ihrer Eltern in der Regel von angereisten Verwandten im Ocean Club betreut.[61] Überall treffen Madeleines Eltern bedeutende Politiker, Mitglieder von staatlichen und nichtstaatlichen Hilfsorganisationen, geben Interviews und werden von den jeweiligen Botschaften begleitet.[62]

In Berlin werden Kate und Gerald McCann am 6. Juni von dem regierenden Bürgermeister Klaus Wowereit empfangen, führen Gespräche im Bundesjustizministerium und geben anschließend eine Pressekonferenz im Presse- und Besucherzentrum der Bundesregierung.[63] Auf dieser Konferenz werden sie erstmals mit der Erwägung konfrontiert, sie könnten in das Verschwinden ihrer Tochter Madeleine involviert sein. Die betreffende Journalistin fragt sie: „Wie gehen Sie damit um, dass immer mehr Menschen mit dem Finger auf Sie zeigen und sagen ‚Wie Sie sich verhalten ist nicht die Art und Weise, wie man sich normalerweise verhält, wenn das Kind entführt wird' - und damit implizieren, dass Sie etwas damit zu tun haben könnten?"' Kate McCann erwidert, sie glaube nicht, dass dies der Fall sei. Was ihre Kritiker anbetrifft, so handele es sich um eine sehr kleine Minderheit. Fakt sei, dass sie an dem Abend, als Madeleine verschwand, in der Nähe der Kinder gegessen hätten und regelmäßig nach ihnen geschaut hätten. Sie seien absolut verantwortungsvolle Eltern und würden ihre Kinder sehr lieben. Gerald McCann ergänzt, sie seien nicht im Geringsten in die Entführung involviert. Die britische Presse verurteilt das Verhalten der deutschen Reporterin sehr.[64]

Am 8. Juni veranstaltet die britische Tageszeitung „The Sun" ein Event, bei dem sie am Strand von Praia da Luz 1 000 gelbe Luftballons steigen lässt.[65]

In einem Gottesdienst am 3. Juni bricht Kate McCann angeblich in Tränen aus, nachdem ein kleines portugiesisches Mädchen sie küsst.[66]

Während die ungebrochen enthusiastische Anteilnahme der Öffentlichkeit ab Mitte Juni zu vermeintlichen Sichtungen von Madeleine McCann in zahlreichen Ländern führt, kommen andererseits auch Gerüchte und Überlegungen - selbst von Seiten der McCanns - auf, das Kind könne tot sein:

Am 13. Juni werden in der Niederländischen Zeitung „De Telegraaf" Informationen über einen dem Blatt anonym zugeschickten Brief veröffentlicht, in dem der Schreiber behaupten soll, das Kind sei tot. Den Leichenfundort soll er auf dem beigefügten Kartenmaterial mit einer etwa 14km von Praia da Luz entfernten Stelle im unwegsamen Gelände angegeben haben, in dem das Mädchen wenige Meter abseits einer Straße von Zweigen bedeckt auf Steinen liege. Im Jahr 2006 hatte die Zeitung schon einmal einen sich als später annähernd zutreffend herausgestellten Hinweis auf die Fundorte der beiden belgischen Mädchenleichen Stacey und Nathalie erhalten, die damals entführt, missbraucht und ermordet worden waren[67]. Nach Angaben des Telegraaf sollen die Kartenausschnitte in beiden Fällen von derselben Internetquelle stammen und auch die Bezeichnung der in ihnen vorgenommenen Markierungen als „mögliche Fundstellen" stimmen angeblich überein.[68] Die polizeilichen Ermittlungen zu diesen Briefen sind bis heute nicht abgeschlossen.[69]

Am 21. Juni berichten die Medien über eine vermeintliche Sichtung von Madeleine auf Malta, der bis in die jüngere Zeit weltweit zahlreiche weitere folgen.[70] Eine besonders eklatante Verwechslung ereignet sich im August 2008: Der kroatische Fußballstar Dino Drpic kann während seines Urlaubes auf der Insel KrK gerade noch verhindern, dass eine britische Touristin seinen 2,5-jährigen *Sohn* mitnimmt, da sie ihn für Madeleine hält.[71]

Den 22. Juni, den 50. Tag des Verschwundenseins von Madeleine, begehen die McCanns im Rahmen eines von ihnen initiierten internationalen Gedenkens, bei dem an annähernd 300 Orten weltweit gelbe und grüne Luftballons für vermisste Kinder in den Himmel gelassen werden. In Praia da Luz zieht diese Feierlichkeit das Interesse der Medien stark auf sich.[72]

Am 28. Juni bitten die McCanns das Ermittlungsteam, die Hilfe des südafrikanischen Exporton für Leichenaufspürungen, Daniel Krugel, in Anspruch zu nehmen und ihn nach Praia da Luz kommen zu lassen. Der Wunsch der Eltern wird im Juli realisiert: Daniel Krugel sucht in Praia da Luz nach Madeleines Leiche. Fündig wird jedoch nicht.[73]

Im Juni 2007 ist in Gerald McCanns Blog von bislang Tausenden von an die McCanns gerichteten Briefen anteilnehmender Menschen zu lesen. Mittlerweile hängen auch in der Bremer Innenstadt von eifrigen Bürgern geklebte Find-Madeleine-Poster und von Freunden aus Frankreich erreicht mich eine mehrfach um den Globus gegangene Kettenmail mit der Bitte, die Augen nach dem Kind offenzuhalten.

Am 2. Juli ziehen die McCanns vom Ocean Club in eine im Ort angemietete Villa.[74]

In der ersten Augusthälfte 2007 schlägt die Stimmung gegenüber den Eltern von Seiten der portugiesischen Polizei und dementsprechend auch seitens der unvollständig informierten Medien um:

Am 2. August untersucht die Kripo mit exzellent ausgebildeten britischen Spürhunden das von den McCanns in Praia da Luz angemietete Haus. Einen Tag später werden die Apartments der gesamten britischen Reisegruppe im Ocean Club inspiziert und schließlich werden am 6. August die von den Verdächtigen gefahrenen Autos, darunter auch der von den McCanns ab dem 27. Mai gemietete Renault Scienic, mit den Hunden überprüft. Wie später bekannt wird, signalisieren die Tiere an mehreren mit den McCanns verbundenen Gegenständen und Örtlichkeiten Leichengeruch und Blut.[75]

Am 5. August wird Frau McCanns erstes Interview ohne ihren Ehemann veröffentlicht. Es handelt sich dabei um ein ausführliches Gespräch mit der britischen Tageszeitung The Independent.[76]

Am 8. August beginnt die portugiesische Presse damit, aufgrund von aus den polizeilichen Ermittlungen durchgesickerten Informationen die Eltern zu beschuldigen.[77]

Am 9. August geht der You-Tube-Kanal namens „Don't you forget about me" mit Filmmaterial zur Erinnerung an weltweit vermisste Kinder online, eingerichtet durch die McCanns in Zusammenarbeit mit dem International Center for Missing and Exploited Children und Google.[78]

Den 11. August, den 100. Tag nach Madeleines Verschwinden, begehen die Eltern mit dem Besuch eines Gedenkgottesdienstes in der Kirche von Praia da Luz. Ohne es den Kate und Gerald McCann zuvor zu sagen, lässt die portugiesische Polizei erstmals öffentlich verlauten, sie denke, Madeleine könnte tot sein. Am 15. August berichten die Ermittler von im Ferienapartment der McCanns entdecktem Leichengeruch und verkündet am 21. des Monats, ihre Haupthypothese sei nun, dass Madeleine im Apartment durch einen Unfall zu Tode gekommen sei.[79]

Ende August wehrt sich der Vater dann gegen die von ihm als obsessiv und intrusiv empfundene Haltung der Reporter:

Am 25. August besucht Gerald McCann das Edinburgh International Television Festival und appelliert an die Medienvertreter, ihre übersteigerte Berichterstattung über den Fall des Verschwindens seiner Tochter zurückzufahren.[80] Die Beobachtung durch die Medien, so angeblich Herr McCann, habe ein zehnmal höheres Ausmaß erreicht, als sich die Familie jemals habe vorstellen können. Er und seine Frau würden überlegen, nach Hause zurückzukehren und die Kampagne in einem deutlich kleineren Rahmen fortzusetzen.[81]

Am 29. August bricht Madeleines Vater die Aufzeichnung eines mit seiner Frau bei einem spanischen TV-Sender geführten Interviews ab,[82] nachdem der Journalist die Eltern mit den im Ferienapartment gefundenen Blutspuren konfrontiert.[83]

Doch der Druck auf die Eltern durch die weiteren Maßnahmen der Portugiesischen Kriminalpolizei sowie die Gerüchte einiger Medien wächst weiter:

Anfang September berichten Zeitungen fälschlicherweise von eindeutigen Ergebnissen forensischer Tests, denen zufolge Madeleines DNA an einem sehr ungewöhnlichen Ort gefunden sein soll.[84] Am 6. September wird Frau McCann dann bis tief in die Nacht von der Kripo vernommen.[85] Um ihr einige besondere Fragen (vermutlich solche bezüglich der am Tatort gefundenen Spuren, D. P.) stellen zu können, wird sie in dieser Befragung zu einer offiziell Verdächtigen erklärt.[86] Der Status gewährt ihr juristischen Beistand bei den Verhören sowie das Recht auf Aussageverweigerung.[87] Von diesem Zeitpunkt an beantwortet die Mutter laut Amaral nun keine Frage der Beamten mehr.[88] Am 7. September wird auch Gerald McCann als Verdächtiger verhört.[89] Er beantwortet angeblich alle Fragen und weist jegliche Verwicklung von sich.[90]

In der folgenden Woche ziehen sich die McCanns von Praia da Luz nach Großbritannien zurück und rüsten dort ihren Beraterstab auf, während einige Medien weiter Gerüchte verbreiten:

Am 9. September fliegen die McCanns zurück in ihre Heimat.[91] Sie nehmen sich hochrenommierte Anwälte aus Großbritannien und Portugal.[92]

Am 11. September werden die Ermittlungsergebnisse der Staatsanwaltschaft übergeben, die weitere Untersuchungen anordnet. An diesem Tag behaupten Medien fälschlicherweise, im drei Wochen nach Madeleines Verschwinden gemieteten Auto der Eltern sei von den Kripo-Beamten DNA gefunden worden, die zu 100% mit der des Mädchens übereinstimme. Zwei Tage später berichtet eine französische Zeitung ebenso unfundiert, Madeleine sei an einer Überdosis Schlaftabletten gestorben.[93]

Clarence Mitchell übernimmt ab Mitte September auch die Aufgaben der bisherigen Sprecherin Justine McGuinness.[94]

In der zweiten Septemberhälfte distanziert sich die portugiesische Polizei wieder ein Stück weit von ihrem Verdacht gegen die McCanns, da die Indizien angeblich nicht ausreichen, um das Paar dazu erneut zu vernehmen.[95] Auch die Presse berichtet, die Eltern McCann würden von der Behörde nicht der Tötung ihrer Tochter verdächtigt, sondern lediglich der Wegschaffung der Leiche nach ihrem Unfall.[96]

Zu dieser Zeit treten die Anwälte der McCanns in Kontakt mit amerikanischen Kollegen, um für ihre möglicherweise bevorstehende Anklage, in die Tötung des Kindes verwickelt zu sein, genauere Informationen über einen Prozess einzuholen, in dem die Indizien von Spürhunden vom Gericht letztendlich als irrelevant eingestuft wurden.[97]

Nachdem der portugiesische Chefermittler Amaral im Vermisstenfall von Madeleine am 2. Oktober die McCanns öffentlich beschuldigt, die polizeilichen Untersuchungen zu behindern, wird er am Tag darauf seines Amtes erhoben. Sein Nachfolger wird am 9. Oktober der bei der Kriminalpolizei in Lissabon arbeitende Oberkommissar Paulo Rebelo.[98]

Mitte Oktober muss ein Interview der McCanns beim spanischen TV-Sender Antena3 unterbrochen werden, als die Mutter beim Erzählen über ihre Gefühle von Traurigkeit, Einsamkeit und Angst, unter denen sie seit dem Verschwinden ihrer Tochter leide, zusammenbricht.[99]

Zwischen Ende Oktober 2007 und Ende Januar 2008 agieren Kate und Gerald McCann mit, wie es aussieht, neu gewonnen Kräften:

Am 25.Oktober veröffentlichen die Eltern eine neue Version des Phantombildes von dem durch Jane Tanner am Abend des 3. Mai gesehenen Mann, angefertigt von einem durch das FBI ausgebildeten Zeichner. Am 1. November nimmt Madeleines Vater auch seine Arbeit am Glenfield Hospital wieder auf.[100]

Das sechsmonatige Verschwundensein ihrer Tochter begehen die McCanns am 3. November mit einem von den vier Kirchen in Rothley gemeinsamen veranstalteten Gedenkgottesdienst.[101]

Am 4. Dezember wendet sich Frau McCann mit einem Brief an den portugiesischen Ermittlungschef Paulo Rebelo, mit der Bitte um ein Mindestmaß an Information und Kommunikation. Sie leide unter dem nicht vorhandenen Kontakt und der fehlenden Einbeziehung von ihnen als Eltern in das polizeiliche Handeln.[102]

Am 13. Dezember behauptet die von den McCanns mit privaten Ermittlungen beauftragte Detektei „Metodo3", sie wisse, wer das

Mädchen entführt habe und könne es noch vor Weihnachten wieder mit seiner Familie zusammenführen.[103] Diese Zusicherung kann sie nicht einhalten.

Am 22. Dezember wird von zahlreichen britischen, europäischen und auch außereuropäischen Sendeanstalten ein TV-Weihnachtsappell der Eltern an Madeleine und ihre(n) Entführer ausgestrahlt.[104] In der etwa dreiminütigen Sendung sind Videoausschnitte der Bescherung des vorigen Weihnachtsfestes eingespielt. Die Eltern bedanken sich für all die Unterstützung, die ihnen Freunde und auch so viele Anteil nehmende Fremde zukommen lassen haben. Dann sprechen sie denjenigen, der über die Schlüsselinformationen verfüge, persönlich an und bitten ihn, dem Kind und der Familie mit der Bereitstellung seines Wissens zu helfen. Sie beenden den Appell mit einer Wendung an Madeleine: Die Mutter versichert ihrer Tochter, wie sehr die Eltern sie lieben würden, wie oft die Geschwister von ihr sprächen und wie stark sich die Eltern mit Hilfe so vieler anderer sie unterstützender Menschen darum bemühen, dafür beten und hoffen würden, mit ihrer Tochter wieder vereint zu sein.[105] Am 20.Januar 2008 veröffentlichen die McCanns noch ein weiteres Phantombild, das auf den Angaben eines Briten basiert, der zum Zeitpunkt des Verschwindens in Praia da Luz Urlaub gemacht hatte.[106]

Im Februar und März 2008 wird der öffentliche Ruf der McCanns von Seiten der Behörden in Portugal und Großbritannien wiederhergestellt:
Am 4. Februar lässt die portugiesische Polizei verlauten, es sei von ihrer Seite aus übereilt gewesen, die Eltern zu Verdächtigen zu erklären.[107] Am 19. März werden die britischen Tageszeitungen, die die Eltern für Madeleines Tod als verantwortlich erklärt hatten, schließlich zu Schadensersatzzahlungen von insgesamt 550 000 Pfund verurteilt.[108] Es betrifft vor allem die Verlagsgruppe *Express,* die unter anderem die Blätter *Daily Express, Sunday Express, Daily Star und Daily Sunday Star* herausbringt.[109] Die Zeitungen entschuldigen sich mit entsprechenden Artikeln auf Seite eins.[110]

Im Frühjahr 2008 setzen sich die Eltern neben der Forcierung der Ermittlungen im eigenen Vermisstenfall vor allem auch für eine allgemeine Etablierung früher Interventionsmaßnahmen in derartigen Situationen ein:
Im März bitten die McCanns die Polizei in Portugal mit Nachdruck um die Überprüfung eines spanischen Pädophilen, der zu dieser Zeit aufgrund der Ermordung eines fünfjährigen Mädchens verurteilt

wird.[111] Gegen Ende des Monats reisen die Eltern nach Washington und besuchen dort das National Center for Missing and Exploited Children (NCMEC), um sich über sein implementiertes nationales Alarmsystem zu informieren.[112]

Die ein Jahr zuvor mit Kate und Gerald McCann nach Portugal gereisten Freunde werden Anfang April erneut von der Polizei vernommen. Einer Rekonstruktion des folgenreichen Abends am Ort des Geschehens stimmen die McCanns nicht zu.[113] Am 10. April sprechen die McCanns dann vor dem Europaparlament in Brüssel, um für die Einführung eines EU-weiten Alarmsystems für vermisste Kinder nach amerikanischem Vorbild zu werben, das Medien, Grenzbehörden, Zoll und Polizei einbinden soll. Sie unterstützen damit das Projekt von EU-Abgeordneten, die eine schriftliche Erklärung mit der Forderung nach einem solchen System erarbeitet haben und diese nun dem Parlament vorlegen wollen.[114]

Ende April 2008 wird von der Zeitung *News of the World* und der Vereinigung der Britischen Reiseveranstalter ein Sechs-Punkte-Plan entworfen, der sich im Urlaub befindende Eltern und Hotelpersonal im Falle des Vermisstseins eines Kindes zu einem effektiven Handeln anweist. Der Plan, der von den McCanns unterstützt wird, bekommt den Namen „Code Maddie".[115]

Kurz vor dem ersten Jahrestag des Verschwindens ihrer ältesten Tochter geben die Eltern eine Serie von Interviews[116] und lassen eine Dokumentation über das zurückliegende Jahr sowie das US-AMBER-Alarmsystem bei Vermisstenfällen von Kindern ausstrahlen.[117] Den 3. Mai 2008 selbst begehen sie mit einem Gottesdienst in ihrem Heimatort Rothley. Engagierte Bürger, die sich zur *Helping to find Madeleine Group* zusammengeschlossen haben, organisieren eine Lichterkette zum Gedenken an Madeleines Verschwinden.[118]

Ein Jahr nach dem Verschwinden ihrer Tochter Madeleine liegen hinter Kate und Gerald McCann annähernd hundert öffentliche Aufrufe und Interviews.[119] In der Folgezeit treten die Eltern mehr und mehr aus der Öffentlichkeit zurück.

Im Sommer und Herbst 2008 werden die Madeleines Eltern durch die Entscheidungen der Behörden weiter entlastet bzw. rehabilitiert, allerdings auch mit Veröffentlichungen der Ermittlungsdaten konfrontiert:

Am 20. Juni 2008 legt die Portugiesische Kriminalpolizei den Abschlussbericht über ihre Ermittlungen vor, die weder zu einer sicheren Bestimmung der Art der vorliegenden Straftat führten, noch zum Auffinden von Madeleine oder der Festnahme des Täters/der Täter.[120] Am 21. Juli 2008 hebt der Generalstaatsanwalt in Portugal den Verdächtigenstatus der Eltern auf.[121] Drei Tage später bringt der frühere Ermittlungschef im Vermisstenfall Madeleine sein Buch „Maddie. A Verdade da Mentira" (deutsch: Die Wahrheit der Lüge) heraus.[122] Seit Ende Juli werden dann auch die Ermittlungsakten durch die Medien veröffentlicht.[123]

Mitte Oktober 2008 wird die britische Verlagsgruppe *Express* erneut von einem Londoner Richter zu Entschädigungszahlungen verurteilt, diesmal an die sieben mit nach Portugal gereisten Freunde der McCanns, denen insgesamt umgerechnet 479 000 Euro zugesprochen werden. Diese hatten geklagt, da sie sich von den Blättern als potenziell Verdächtige behandelt gefühlt hätten. Das Geld lassen die Freunde angeblich dem Find-Madeleine-Fond zukommen. Auch dem ehemals der Entführung verdächtigten Robert Murat werden von Zeitungen 600 000 Euro zugestanden.[124]

Die Anteilnahme der Öffentlichkeit an dem Schicksal der McCanns ist auch gegen Ende des Jahres 2008 noch sehr groß: Allein über die Mitteilungsoption auf ihrer Homepage erreichen die Familie monatlich noch etwa 1 000 Kondolenzen.[125]

8 Formale, stilistische und inhaltlich-manifeste Merkmale der ereigniskorrelierten Blogeinträge

Die folgende tabellarische Übersicht bietet eine Beschreibung der wesentlichen formalen/stilistischen und inhaltlich-manifesten Charakteristika der von Gerald McCann zu bedeutsamen äußeren Geschehnissen verfassten Blogeinträge. Erkennbar sind darüber hinaus die zu bedeutenden Ereignissen *fehlenden* Vermerke sowie ein besonders auffälliger Eintrag ohne bekannten Kontext.[1]

Tabelle 1: Charakteristika ereignisbezogener Blogeinträge

Datum und äußeres Geschehen	Inhaltlich-manifeste Merkmale des Blogeintrages	Formale Merkmale des Eintrages
Sonntag, 13.05.2007: Tag nach der großen öffentlichen Anteilnahme zu Madeleines Geburtstag	• Allgemeiner Tagesablauf der Familie McCann • Ausschließlich Aufzählung von Aktivitäten • Hervorhebung der Kinder Sean und Amelie	• **Erster Eintrag überhaupt** • Langer Eintrag • Text stark nach Uhrzeiten in Absätze zergliedert • Satzbau z. T. fragmentarisch • Präsens, letzter Satz jedoch im Präteritum
Montag, 14.05.: Beendigung der Beziehung zu den Angehörigenbetreuern und Ankündigung, die weitere Kommunikation mit den Medien solle über einen Sprecher erfolgen	- Kein Eintrag -	-
Mittwoch, 23.05.: Fahrt zur Pilgerstätte Fatima, dort gemeinsames Beten für die Tochter mit Tausenden von Menschen	• Bericht über den Tag • Fokus auf Aktivitäten • Anvisieren des Ziels von großer Publicity und einer europaweiten Kampagne	• **Erstmals typische Eintragsform** • Relative Kürze • Präteritum, letzter Satz z. T. im Präsens
Donnerstag, 24.05. Unbekannter Kontext	-	- Wiederholte Eintragung des Textes vom Vortag -
Freitag, 25.05.: Internationaler Tag des Vermissten Kindes; laut Presse erstes Interview der McCanns; sie sprechen u. a. über ihre empfundene Schuld, die Kinder allein gelassen zu haben; relativ kritische Haltung der Interviewerin	- Kein Eintrag -	-

Samstag, 26.05.: Laut Gerald McCanns Blog an diesem Tag erste Interviews und o. g. Gedenktag, an dem Frau McCann teilnimmt	• Bericht über den Tag sowie den Vortag • Themenpole Aktivität versus Ruhe • Außerdem Beschäftigung mit organisatorischen Fragen und Benennung von Zuversicht • Differenzierte Thematisierung der Haltung der Interviewer • Indirekter Appell an den Leser, nach verdächtigen Aktivitäten Ausschau zu halten	• **Beginn täglicher Aufzeichnungen** • Langer Eintrag • Zu Beginn der Schilderung des Tagesgeschehens Rückblick auf Vortag; Endung mit Ausblick auf nächsten Tag • Textgliederung in drei Absätze, die mit „Yesterday" bzw. „Today" bzw. „Tomorrow" beginnen • Mehrmals Benutzung des Futurs • Komplexe Sätze • Sehr erzählerischer Stil
Montag, 28.05.: Eintreffen der Bestätigung des Papstbesuches	• Grobe Darlegung der Planung des Trips • Benennung des Zieles der Aufmerksamkeitserregung • Rechtfertigung für die Nutzung eines Privatjets sowie für das Zurücklassen der Zwillinge • Thematisierung der Entwicklung der Kinder • Danksagung an alle Unterstützer	• Langer Eintrag • Erstmals direkte Ansprache der Leser • Häufige Verwendung des Futurs • Komplexe Sätze • Sehr erzählerischer Stil
Dienstag, 29.05.: Reisevorbereitungen	• Benennung eher alltäglicher Reisevorbereitungen und Beschreibung des Fluges • Darlegung der Schwierigkeit, die Kinder zurückzulassen; Beruhigung durch Betreuung von Verwandten • Mitteilung von Erwartungen, Empfindungen und Reflektion	• Relative Länge • Überwiegen des Perfekts • Eher komplexe Sätze • Erzählerischer Stil • Schließen des Eintrages in den Verlaufsformen von Präsens und Futur
Mittwoch, 30.05.: Papstbesuch	• Detaillierte Beschreibung des Tagesgeschehens voller Begeisterung • Verschiebung des Berichts über die Pressekonferenz auf den Folgetag • Beendigung des Textes mit dem gedanklichen Vorgriff auf die Planung der nächsten Reise	• Einer der längsten Einträge überhaupt • Fast ausschließlich im Präteritum gehalten • Komplexe Sätze • Sehr anschaulich-erzählerischer, erlebnisstarker Stil

Tag / Ereignis	Aktivitäten / Inhalt	Stil
Freitag, 01.06.: Treffen des spanischen Innenministers in Madrid; dort Besuch zahlreicher Hilfsorganisationen und Abhaltung einer Pressekonferenz	• Zentral: Aufzählung der Aktivitäten an diesem Tag	• Relative Textkürze • Satzbau z. T. unübersichtlich • Wenig erzählerische Aufzählung der Geschehnisse des Tages • Beendigung des Eintrages im Futur
Sonntag, 03.06.: Tränenausbruch von Frau McCann während einer Messe	• Ausdruck von Ermutigung über die vielen bei der Britischen Polizei eingegangenen Hinweise • Benennen der Hoffnung auf ein Treffen mit der portugiesischen Polizei • Beschreibung einer Hilfsaktion Anteil nehmender Menschen • Verbalisierung von Ärger über das Verhalten einer Zeitung	• Relative Kürze • Elliptischer Beginn des ersten Satzes in der ersten Person Singular • Absatzlos geschriebener Eintrag
Dienstag, 05.06.: Gerald McCanns Geburtstag	• Betonung des hohen Stellenwertes und des positiven Charakters zwischenmenschlicher, besonders familiärer Nähe und Unterstützung • Erinnerung an die Unterstützung der Verwandten nach der Geburt der Zwillinge • Fokussierung auf die Kinder	• Eher längerer Eintrag • Absatzloser Text • Sehr anschaulich, erzählerisch und erlebnisstark • Sehr persönlich gehalten; dadurch große Nähe zum Leser • Elliptische Satz- formen an Textanfang und -ende
Mittwoch, 06.06.: Besuch im Bundesjustizministerium in Berlin mit Pressekonferenz im Presse- und Besucherzentrum der Bundesregierung; kritische Frage einer Journalistin	• Fokussierung der Kampagne und Bowortung des Berlinbesuches als für diese sehr nützlich • Thematisierung der kritischen Frage der Journalistin und Äußerung der Hoffnung, mit den gegebenen Antworten jegliche Zweifel ausgeräumt zu haben	• Eher langer Text • Absatzlos geschriebener Eintrag • Erzählerischer Stil mit starker Variations-breite der vom Verfasser geschilderten Erlebnisqualitäten
Donnerstag, 07.06.: Treffen mit Funktionären verschiedener Organisationen und Abhaltung einer Pressekonferenz in Amsterdam	• Konzentration auf Aktivitäten für die Kampagne • Aber auch deutliche Elemente von Reflektion und Ausdruck sehr persönlicher Empfindungen	• Eher längerer Text • Versehentliche Datierung auf den 06.06. • Erzählerischer Stil mit starker Variations-breite der vom Verfasser geschilderten Erlebnisqualitäten
Freitag, 08.06.: Luftballon-Event der	• Aufzählung der Aktivitäten im	• Eher längerer Text • Erzählerischer Stil ohne

117

Zeitung „The Sun" am Strand von Praia da Luz	Zusammenhang mit der Kampagne • Wiedergabe öffentlich geäußerter Wertschätzung der Unterstützungsaktionen	besondere Erlebnistiefe • Schließen des Eintrages im Futur
Montag, 11.06. Treffen politischer, sozialer und polizeilicher Funktionäre in Marokko	• Begeisterte Schilderung der Erlebnisse, Eindrücke und Empfindungen des Tages • Ankündigung einer Reflektionsphase zur Strategieänderung der Kampagne • Schließen des Eintrages mit der direkten Bitte an den Leser, die McCanns weiterhin zu begleiten	• Eher längerer Eintrag • Versehentliche Datierung auf den 12.06. • Anschaulich-erzählerischer Stil mit hoher Erlebnisintensität
Mittwoch, 13.06.: Veröffentlichung von Informationen in einer niederländischen Tageszeitung über einen anonymen Schreiber, der behauptet, Madeleine sei tot	• Textbeginn mit Verweis auf Treffen mit Polizei, das Anlass zur Zuversicht gebe • Dann zentral: Vornahme einer negativen Bewertung des Journalismus und Mitteilung entsprechender Gefühle	• Eher kürzerer Eintrag • Beginn mit elliptischer Satzform • Kritischer und emotional relativ expressiver Stil
Donnerstag, 21.06.: Medienberichte über eine vermeintliche Sichtung des Mädchens auf Malta	• Textbeginn mit Verweis auf zufrieden stimmendes Treffen mit Polizei • Bericht über Geschenke vieler Anteil Nehmender • Benennung der großen Resonanz auf die Idee eines internationalen Events am Folgetag • Aufforderung an die Leser, Fotos von den Veranstaltungen zu machen • Ausdruck der Absicht, sich in der Zukunft allgemein gegen Kindesmissbrauch engagieren zu wollen	• Relativ langer Eintrag • Thematisch sehr klar in Absätze gegliedert • Überwiegen des Futurs in der zweiten Texthälfte • Emotional-persönlich sowie propagierend
Freitag, 22.06.: 50 Tage andauerndes Verschwinden des Kindes; von den Eltern initiiertes Luftballon-Event an annähernd 300 Orten weltweit	• Zentral: Ausdruck der Begeisterung über die internationale Dimension des Events und der starken Solidarität der Öffentlichkeit • Bitte an die Leser, Fotos und Videos ihrer lokalen Veranstaltung zuzusenden	• Eher längerer Eintrag • Klare thematische Gliederung in Absätze • Persönlicher Stil mit hoher Erlebnisintensität

Donnerstag, 28.06.: Bitte der McCanns an das polizeiliche Ermittlungsteam, einen Experten für Leichenaufspürungen einzuschalten	• Schließen des Textes in Zuversicht • Fokussierung auf Kampagne • Benennung des entschlossenen Zieles, die Beachtung von Madeleines Verschwinden in der Öffentlichkeit langfristig aufrechtzuerhalten • Hinweis auf eine Verhaftung im Zusammenhang mit dem Verschwinden der Tochter und Bewertung als Zeichen ernsthafter polizeilicher Bemühungen	• Kurzer Eintrag • Elliptischer erster Satz • Kämpferisch-zuversichtlicher Duktus • Überwiegen von Präsens und Futur
Montag, 02.07.: Umzug in eine in Praia da Luz angemietete Villa	• Danksagung an die Leser für die vielen Anteil nehmenden Briefe • Äußerung der Erwartung, die Berichterstattung über die aktuellen Terror-anschläge würden über die neuen Artikel bezüglich Madeleine dominieren	• Eher kurzer Text • Relativ persönlicher Stil • Endung des Eintrages im Futur
Donnerstag, 02.08.: Polizeiliche Untersuchung der Villa mit Spürhunden	• Erklärung des Schreibers, aufgrund einer Virusinfektion zu Hause geblieben sein zu müssen • Bericht über Kates außerhäusliche Tagesaktivitäten • Zum Schluss Darlegung einer angeblich zu Zuversicht Anlass gebenden Statistik	• Eher kurzer Eintrag • Mehr faktische Darlegung als erlebnisintensiver Bericht • Markierung der Trennung zwischen den Aktivitäten der Partner durch Absätze
Freitag, 03.08.: Dreimonatiges Andauern des Verschwindens des Kindes; Überprüfung der von der Reisegruppe bewohnten Apartments im Ocean Club mit den Hunden; unterdessen Reise der McCanns nach Huelva	• Bericht über den Tagestrip nach Huelva mit Erklärung, man habe diese für den Vortag geplante Reise aus Krankheit verschieben müssen • Bitte an die Leser, auf Urlaubsreisen Poster aufzuhängen, an öffentlichen Orten jedoch zuvor Erlaubnis einzuholen • Antizipation des Medieninteresses am 100. Tag des Verschwindens mit Betonung des	• Eher längerer Eintrag • Klare thematische Absatzgestaltung • Persönlicher und eher erzählerischer Stil • Dreimalige Verwendung des Wortes „abducted" bzw. „abduction"

119

	Optimismus der Eltern, Madeleine wiederzubekommen	
Sonntag, 05.08.: Veröffentlichung des ersten Interviews von Frau McCann ohne ihren Ehemann	• Aufzählung der Tagesaktivitäten • Ausdruck der Zufriedenheit des Schreibers mit der Arbeit der Journalisten, was die Veröffentlichung der Interviews anbetrifft • Darlegung, welches die Schlüsselinformation in einem der Interviews sei: Die intensive Bemühung der Eltern, bei der Suche nach ihrem Kind zu helfen • Beschäftigung mit den Geschehnissen um den bevorstehenden 100. Tag des Verschwindens	• Eher längerer Text • Starke Zergliederung in kurze, thematisch orientierte Absätze • Eher weniger persönlich und erlebnisstark gehalten
Montag, 06.08.: Untersuchung des Mietwagens der McCanns mit den Spürhunden	• Benennung von Aktivitäten der Eltern, darunter die Angabe, der Schreiber habe an diesem Tag in einer etwas entfernteren Stadt einen Einkauf getätigt • Begrüßung der Tatkraft der Ermittler • Schließen des Eintrages mit der Betonung der elterlichen Kooperation bei den Ermittlungen und ihrer Zuversicht	• Eher kürzerer Text • Vom Einblick des Lesers in das Tagesgeschehen her relativ allgemein gehalten • Trennung der elterlichen Tagesaktivitäten von den medialen und polizeilichen Tätigkeiten durch einen Absatz • Textendung im Futur
Mittwoch, 08.08.: Beginn der portugiesischen Presse, die Eltern der Verwicklung im Verschwinden zu beschuldigen	• Indirekter Appell an die Leser, die Eltern nun besonders zu unterstützen • Attribution des medialen Interesses an den McCanns als „unfair" gegenüber den ständig gefilmten Zwillingen • Betonung der Bedeutung des Glaubens der McCanns an die Lebendigkeit ihrer Tochter und Hinweis, die Polizei habe dessen Angemessenheit bestätigt	• Eher kürzerer Text • Gemäßigt Kritischer Stil mit persönlich gehaltener Verteidigung der eigenen Zuversicht, vorwiegend in Form von konstruktiven Ich-Botschaften
Donnerstag, 09.08.: Eröffnung des u. a. von den McCanns ins Leben gerufenen You-Tube-Kanals für vermisste Kinder	• Bericht über die Eröffnung des You-Tube-Kanals • Wiedergabe der in aktuellen Interviews getätigten Aussage der	• Eher längerer Eintrag • Informativer, aber auch emotional-expressiver Stil • Klare Trennung in Absätze gemäß

120

	Eltern, ihnen seien keine Hinweise auf eine ernsthafte Verletzung ihrer Tochter bekannt	emotionaler Valenz der Themen
	• Scharfe Kritik am intrusiven Verhalten der Medien	
Samstag, 11.08.: 100. Tag des Verschwundenseins des Kindes; Eltern nehmen an Gedenkgottesdienst teil; Polizei lässt verlauten, sie glaube, Madeleine sei tot	• Detaillierter Bericht über die Messe und Einstufung von dieser als positiv • Konzentration auch auf die Lebensfreude der Kinder • Anerkennung der großen Solidarität in der Öffentlichkeit als sehr hilfreich • Ausdruck von Optimismus bezüglich der Ermittlungen des Täters	• Langer Eintrag • Klare thematische Gliederung in Absätze • Erzählerischer und persönlicher Stil mit hoher Erlebnisintensität • Endung des Textes im Präsens
Mittwoch, 15.08.: Portugiesische Polizei berichtet öffentlich über den von den Spürhunden im Ocean-Club-Apartment der McCanns entdeckten Leichengeruch	• Information über den mit einem Messebesuch begangenen Feiertag Maria-Himmelfahrt • Mehrfache Bezugnahme auf Unterstützer	• Kurzer Blogeintrag • Beendigung jedes Absatzes mit Verweis auf Anteil Nehmende
Dienstag, 21.08.: Polizei verkündet, sie gehe nun von einem tödlichen Unfall des Mädchens in dem Apartment aus	• Wiedergabe der Aussage der McCanns gegenüber Interviewern, sie würden weiterhin an die Lebendigkeit ihrer Tochter glauben und nach ihr suchen • Aufgreifen der „Spekulationen" in den Medien, insbesondere der über einen Verdächtigen im Kreise der McCanns, und beschwichtigender, klarstellender Verweis auf hingegen „nüchterne" Mitteilungen der Polizei	• Eintrag mittlerer Länge • Klare thematische Gliederung in Absätze • Faktisch-informativer Stil mit Elementen ungezwungen-kritischer Wertung
Samstag, 25.08.: Herr McCann bittet auf dem Edinburgh Television Festival um mehr Zurückhaltung der Medien	• Suche nach Erklärungen für die enorme mediale Berichterstattung; auch Benennung der eigenen Rolle sowie der von Freunde und Verwandten • Aussage, die McCanns hätten mit einem baldigen Rückgang des Medieninteresses gerechnet • Darlegung, die Eltern würden sich nur noch auf behördliche Informationen	• Langer Eintrag • Stark reflektierend • Klar thematische Absatzgestaltung

	verlassen	
Mittwoch, 29.08.: Gerald McCann bricht die Aufzeichnung eines TV-Interviews ab	• Kurze Benennung des Interviewabbruches mit Erklärung • Beendung des Textes mit der Erwähnung der Spaß bringenden Beschäftigung mit den Zwillingen	• Kurzer Text • Elliptischer erster Satz • Fehlleistung im Text • Schließen des Eintrages im Präsens
Donnerstag, 06.09.: Kriminalpolizeiliche Vernehmung von Kate McCann als Verdächtige	• Demonstrativ offene Benennung der Vernehmung • Relativierung der Vernehmungsdauer • Einstufung des Verdachtes gegen Kate McCann als „lächerlich" • Schluss in Form der Ver- sicherung, die Situation zu durchkämpfen und weiter nach dem Kind zu suchen	• Kurzer Blogeintrag • Vorwiegend einordnend- bewertend • Textende im Futur
Freitag, 07.09.: Kriminalpolizeiliche Vernehmung von Gerald McCann als Verdächtigen	- Kein Eintrag – (Jedoch Eintrag am 10.09. mit der Erklärung, die Eltern seien nun offiziell Verdächtige)	-
Sonntag, 09.09.: Rückflug der McCanns nach Großbritannien	- Kein Eintrag – (Jedoch ausführlicher Eintrag einen Tag später: • Betonung der Gewissheit, die Verdächtigung der Eltern werde sich als unhaltbar erweisen • Hervorhebung des Fehlens einer Spur der Tochter, nach der zu suchen in den Ermittlungen immer Priorität haben müsse • Angabe, der Rückflug sei ohnehin geplant gewesen; man habe die Polizei nach evtl. Einwänden gefragt und weitere Kooperation zugesichert • Beschreibung der Empfin-dungen der letzten Zeit: Benennung von Leid, Unverständnis und Trost)	(Text des Folgetages: • **Beginn der diskontinuierlichen Blogführung** • Sehr langer Eintrag • Sehr auf die Darlegung des Inneren Erlebens ausgerichteter Erfahrungsbericht • Textende im Präsens)
Dienstag, 11.09.: Fälschliche Behauptung von Medien, im Mietwagen der McCanns sei Madeleines DNA gefunden worden	- Kein Eintrag – (Nächster Blogvermerk erst am 16.09.: • Beginn des Textes mit einer Entschuldigung, in der vergangenen, turbulenten Woche den	(Text vom 16.09.: • Kurzer Eintrag • Starke Zergliederung in themenbezogene Absätze

122

	Blog nicht upgedatet zu haben • Danksagung für die Unterstützung der Menschen, die sich im Zuge der vielen Gerüchte nicht abgewendet haben • Benennung des Trostes durch Kirchgang, Familie und Freunde)	• Satzkomplexität relativ gering • Persönlich gehalten, jedoch ohne Preisgabe vieler konkreter Erlebnisse)
Dienstag, 02.10.: Der leitende Beamte im Fall, Amaral, beschuldigt die Eltern öffentlich der Behinderung der Ermittlungen	- Kein Eintrag – (Nächster Blogeintrag am 05.09.; dort keine Erwähnung des Geschehens des 02.10.)	-
Mittwoch, 03.10.: Absetzung von Amaral als Leiter der Ermittlungen	- Kein Eintrag – (Nächster Vermerk am 05.09. mit Bezug auf das Ereignis des 03.10.: • Skizzierung der „ruhigeren" Woche • Äußerung der Absicht der Eltern, im portugiesischen Gerichtsprozess ihren Ruf wiederherstellen zu wollen • Information, der Verdächtigenstatus könne bis zu acht Monate lang aufrecht erhalten werden • Benennung der Absetzung Amarals und Aussage die Eltern seien froh, weiterhin mit den portugiesischen Behörden zu kooperieren)	(Vermerk vom 05.09.: • Eintrag mittlerer Länge • Persönlicher Stil, informativ-erklärend • Gliederung in Absätze nach den Örtlichkeiten • Letzter Absatz in Präsens und Futur)
Dienstag, 09.10.: Ernennung von Paulo Rebelo als Amarals Nachfolger	- Kein Eintrag – (Nächster Blogvermerk am Folgetag: • Betitelung kürzlicher Zeitungsberichte als „lächerlich" • Attribution der Mitteilung des Leiters der Portugiesischen Kripo als „ermutigend", alle Ermittlungsrichtungen würden noch verfolgt und in den Medien gebe es viele Spekulationen • Appell an die Medien, Fakten zu verbreiten und damit die Konzentration auf die Suche nach Madeleine zu	- (Text vom 10.10.: • Kurzer Eintrag • Informativ und persönlich-wertend • Gliederung in Absätze nach Darstellung von Vergangenem und Gegenwärtigem versus Zukünftigem • Überwiegen von Perfekt und Präsens, Textende jedoch im Präteritum)

Mittwoch, 24.10.: Ausstrahlung eines Videos, das in der vorangegangenen Aufzeichnung wegen eines Tränenausbruches der Mutter unterbrochen werden musste	gewährleisten) – Kein Eintrag – (Nächster Eintrag zwei Tage später, jedoch ohne Rekurs auf diesen Aspekt)	-
Donnerstag, 25.10.: Veröffentlichung eines neuen Phantombildes durch die Eltern	– Kein Eintrag – (Nächster Blogeintrag einen Tag später: • Bericht über Aktivitäten im Zusammenhang mit der Suche nach Madeleine, u. a. über die Inanspruch-nahme der Hilfe einer Privatdetektei, der Veröf-fentlichung eines Phantombildes und der Schaltung einer Anonymität gewährenden Telefonnummer • Mehrere direkte bzw. indirekte Appelle an die Leser, sachdienliche Hinweise zu übersenden)	(Vermerk vom 26.10.: • Eher längerer Eintrag • Informativ-appellativer Charakter)
Donnerstag, 01.11.: Wiederaufnahme der Erwerbstätigkeit durch Gerald McCann an seinem alten Arbeitsplatz	– Kein Eintrag – (Nächster Vermerk zwei Tage später; dann keine Bezugnahme auf die Wiederaufnahme der Arbeit)	-
Samstag, 03.11.: Sechsmonatiges Verschwinden von Madeleine; die Eltern nehmen an Gedenk-gottesdienst in ihrem Heimatort Rothley teil	• Erstmals Erwähnung der Möglichkeit, Madeleine könne leiden • Erwähnung der zum Gedenken stattfindenden Gottesdienste • Betonung, Madeleine sei noch verschwunden und die Eltern würden die Suche nicht aufgeben • Eindringlicher Appell, sachdienliche Hinweise zum Fall zu übermitteln	• Mittlere Eintragslänge • Klare Strukturierung des Textes mittels aspektbezogener Absätze • Persönlich gehaltene Schilderung der inneren Verfassung; zum Schluss appellativ • Fast ausschließliche Formulierung in Präsens und Futur
Dienstag, 04.12.: Frau McCann sendet Brief an den Ermittlungschef mit der Bitte um Informationen und Kommunikation	– Kein Eintrag – (Nächster Blogvermerk einen Tag später: • Skizzierung einer am Vortag besuchten privaten Messe zum Gedenken an Madeleine • Konzentration auf die Zwillinge, ihre Freude und die Freude, die sie anderen bereiten • Erwähnung, die Familie bete und hoffe noch	(Text vom 05.12.: • Eintrag mittlerer Länge • Persönlicher Erlebnisbericht mit vorwiegend betont positiver Stimmung • Absatzgestaltung gemäß Trennung zwischen „yesterday" und „tomorrow")

Donnerstag, 13.12.: Die von den McCanns beauftragte Privatdetektei behauptet zu wissen, wer Madeleine entführt habe und will das Kind noch vor Weihnachten mit seiner Familie wiedervereinen	immer auf Madeleines wohlbehaltene Rückkehr) - Kein Eintrag – (Nächster Text erst am 23.12.; dann ohne Bezugnahme auf das am 13.12. angegebene Geschehen)	-
Samstag, 22.12.: Länderübergreifende Ausstrahlung eines TV-Weihnachtsappelles der Eltern an Madeleine und ihren angeblichen Entführer	- Kein Eintrag – (Nächster Blogvermerk am Folgetag: • Beginn des Textes mit direkter Ansprache der Leser • Empfindungsvolle bis dramatische Erläuterung zum am Vortag ausgestrahlten Appell • Danksagung für die so große und als so hilfreich attribuierte Unterstützung)	- (Eintrag des 23.12.: • Text mittlerer Länge • Empfindungsbetonte Gedankenausbreitung in großer Nähe zum Leser • Absatzgestaltung gemäß basaler Gefühlsqualitäten)
Sonntag, 20.01.2008: Veröffentlichung eines weiteren Phantombildes des mutmaßlichen Entführers durch die McCanns	• Ausführliche Bezugnahme auf das neu veröffentlichte Phantombild • Deutliche Appelle zur Kontaktaufnahme bei wichtigen Informationen	• Eher längerer Eintrag • faktisch-informativer und eindringlich appellativer Stil
Montag, 04.02.: Eingeständnis der portugiesischen Polizei, die Beschuldigung der Eltern sei übereilt gewesen	- Kein Eintrag – (Nächster Vermerk erst am 14.02.: • Bericht über das Treffen mit Funktionären einer Hilfsorganisation, die die Einführung eines europäischen Alarmsystems propagiert • Darlegung, der portugiesische Justizminister habe vor dem Parlament Bezug genommen auf das o. g. Eingeständnis der Polizei • Ausdruck von Zuversicht und Versicherung, die Suche nicht aufzugeben)	- (Text des 14.02.: • Eher längerer Eintrag • Absatzgestaltung gemäß der Aspekte „Allgemeinwohl" und „Persönliche Belange" • Überwiegen der Zeitformen Präsens und Futur • Vorwiegend informativ-propagierender Stil)
Mittwoch, 19.03.: Verurteilung britischer Tageszeitungen zu Schadensersatzzahlungen an die Eltern McCann	• Bezugnahme auf das Urteil mit der Erklärung, derartige Schritte freuten die Eltern nicht • Scharfe Verurteilung der dem Richterspruch zu Grunde liegenden Artikel • Ausdruck der Hoffnung, die aktuelle Entwicklung	• **Ab diesem Zeitpunkt fast nur noch Blog-texte zu besonderen Ereignissen im direkten Zusammen-hang mit dem Vermisstenfall** • Relativ kurzer Eintrag • Persönlich, faktisch-

125

	...stelle ein „Sprungbrett" für die weitere Suche nach dem Kind dar, in die man das zugesprochene Geld investieren wolle	informativ und emotional-wertend
Ende März: Reise nach Washington, um sich über das dortige Alarmsystem für vermisste Kinder zu informieren	**27.03.:** • Informationen über die in Washington ansässige Organisation NCMEC und das durch sie dort imple-mentierte Alarmsystem in Vermisstenfällen von Kindern • Hinweis auf eine Doku-mentation über die Kampagne zur Einführung des Systmes in Europa um Madeleines Geburtstag • Begründung der Hoffnung, das Kind könne unbeschadet wieder-gefunden werden, mit der Erfahrung von NCMEC	• **Ab nun Einträge in der Regel nur noch im Abstand von Wochen** • Relativ langer Eintrag • Klare thematische Textgliederung nach Absätzen • Faktisch-informativ und propagierend
Woche ab Montag, 07.04.: Erneute Vernehmung der Freunde der Eltern in Großbritannien; Konfrontation der McCanns mit dem Wunsch der Ermittler nach einer Rekonstruktion in Portugal	- Kein Eintrag – (Nächster Blogtext am 12.04.; dann kein Rekurs auf die unter dem 07.04. genannten Entwicklungen)	-
Donnerstag, 10.04.: Auftritt der McCanns vor dem EU-Parlament zur Unterstützung der Einführung eines europaweiten Alarmsystems nach amerikanischem Vorbild	- Kein Eintrag – (Nächster Vermerk zwei Tage später: • Informationen über den Besuch vor dem EU-Parlament zur Forderung eines Alarmsystems • Darlegung der Gedanken über ein die Eltern verärgerndes Durch-sickern von Elementen ihrer polizeilichen Ver-nehmung an die Medien)	- (Eintrag vom 12.04.: • Relativ langer Text • Zunächst faktisch-informativ und propagierend, dann persönlich-einordnend • Gliederung klar nach thematischen Absätzen)
Samstag, 03.05.: Jahrestag von Madeleines Verschwinden; die McCanns besuchen einen Gedenkgottesdienst in Rothley	• Persönlich-emotionaler Textbeginn • Rückblick auf das letzte Jahr und die zurückliegende Arbeit an der Kampagne • Ausdruck von durch Expertenerfahrungen begründete Zuversicht • Starke Appelle,	• Relativ langer Eintrag • Persönlich-emotional beginnend, dann vor allem appellierend • Überwiegen von Perfekt, Zeitformen der Gegenwart und Futur

126

Montag, 21.07.:
Aufhebung des
Verdächtigenstatus der
Eltern

- Hinweise einzureichen
- Danksagung der Leser
  für ihre Gebete und
  Ausdruck von
  Wertschätzung für
  Unterstützungsaktionen
- Zitation eines Statements
  von Kate McCann
  anlässlich der Aufhebung
  des Status; Ausdruck des
  Leides, den er nach sich
  gezogen habe
- Ankündigung des
  Aktenstudiums zur
  Erkundung weiterer
  Maßnahmen
- Dringlicher Appell,
  Hinweise einzureichen
- Danksagung für die
  Unterstützung zu Zeiten
  ihrer Verdächtigung
- Versicherung, Madeleine
  niemals aufzugeben

- Eintrag mittlerer Länge
- Persönlich-emotional
  sowie kämpferisch und
  appellativ
- Verschwimmen von
  aktuellem Eintrag und
  Zitat

Donnerstag, 24.07.:
Publikation des gegen
die Eltern sehr kritisch
verfassten Buches von
Amaral
Ab Ende Juli:
Veröffentlichung der
Ermittlungsakten durch
die Medien

- Kein Eintrag –
(Nächster Blog erst am 14.08.;
darin keine Erwähnung der
Buchveröffentlichung)

-

14.08.:
- Bezugnahme auf die
  Aktenpublikation und
  Klarstellung der Lesart,
  es gebe keinerlei
  Beweise, das Kind sei
  verletzt
- Verbalisierung von
  Kampfgeist, Zuversicht
- Appell zur Übermittlung
  von Hinweisen

- Eintrag mittlerer Länge
- Kämpferisch-
  propagierend und direkt
  appellativ; auch
  Schließen des Textes
  mit direkter Ansprache
  des Lesers in
  eindringlicher Weise

Mitte Oktober 2008:
Verurteilung britischer
Tageszeitungen zu
Schmerzensgeldzahlun
gen an die mitgereisten
Freunde der McCanns

- Texteröffnung mit
  direkter Ansprache des
  Lesers
- Bericht über das
  richterliche Urteil
- Information, die Freunde
  spendeten das Geld für
  die Suche
- Danksagung an die direkt
  angesprochenen
  Freunde sowie an die
  Unterstützer

- Text mittlerer Länge
- Zunächst faktisch-
  informativer Stil, dann
  vor allem Anerkennung
  aussprechend
- Absatzgestaltung
  gemäß Unterstützungs-
  fraktionen

9 Problemaufriss

Wie wir in Kap. 7 und 8 erfahren konnten, haben die Eltern McCann, insbesondere Madeleines Vater, nach dem Verschwinden der Tochter einen Aufsehen erregenden Aktionismus entwickelt. Wenngleich dieser nicht unwesentlich von Verwandten und Freunden angeregt sowie von Medien, Prominenten und der allgemeinen Öffentlichkeit getragen wurde und z. T. noch bis heute getragen wird (vgl. z. B die Ende des Jahres 2008 noch immer so zahlreichen Kondolenzen auf der Find-Madeleine-Website der McCanns), kommt doch auch die Frage auf, vor welchem eigenen motivationalen Hintergrund Kate und Gerald McCann entsprechend handelten:

Einerseits wäre vorstellbar, dass sie ihre tatsächlich entführte Tochter einfach mit allen Mitteln aus der Gewalt des Täters befreien wollen. Um diese Möglichkeit schon einmal ansatzweise zu beleuchten, wollen wir im Folgenden einmal vergleichsweise die allgemeine psychische Situation sowie das Verhalten von Eltern vermisster Kinder betrachten, die nachweislich nicht in das Verschwinden involviert sind.

Möglich wäre andererseits auch, dass die Eltern selbst in irgendeiner Form in das Verschwinden ihres Kindes verwickelt sind und die beispiellose Medienkampagne im Rahmen eines ablenkenden Tarnverhaltens und/oder einer Verleugnung des tatsächlich Geschehenen erfolgt. Es gilt deshalb auch, das Spektrum der potenziellen Versionen des sich am 3. Mai 2007 in dem portugiesischen Ferienapartment der McCanns abgespielt habenden Geschehens auch in seinen diesbezüglichen Facetten einmal aufzufalten.

In letzterem Zusammenhang ist für uns auch ein Aufzeigen von Fallaspekten interessant, die für Experten Fragen aufwerfen und Misstrauen erwecken. Deshalb wollen wir auch diese Kritiker hören. Wenden wir uns nun zunächst dem erstgenannten Punkt zu.

9.1 Die psychische Situation und das Verhalten von Eltern mit ausschließlichem Angehörigen-Opferstatus im Vermisstenfall ihrer Kinder

9.1.1 ...Aus Sicht kriminalpolizeilicher Angehörigenbetreuer

Ein Gespräch mit zwei Kriminaloberkommissaren von der Verhandlungsgruppe der Polizeidirektion Oldenburg, die sich neben der Verhandlung mit Straftätern, wie z. B. bei Geiselnahmen, im Rahmen eines speziellen Teams auch der beratenden Betreuung von Angehörigen in Fällen von Entführung, Erpressung, Tötung von Kindern, herausragenden Gewalttaten sowie Massenunfällen (z. B. dem Transrapid-Unfall 2006 im Emsland) widmet, brachte am 19.09.2008 hilfreiche Erkundungen ein. Ihr Aufgabenspektrum in der Angehörigenbetreuung und damit insbesondere ihre spezifischen Erfahrungen in der Betreuung von Eltern vermisster Kinder beschrieben die beiden Beamten folgendermaßen:

Das im Idealfall aus vier Personen gemischtgeschlechtlich zusammengesetzte Betreuungsteam bietet den Verwandten und/oder Lebenspartnern der Opfer vielfältige informatorische und lebenspraktische Hilfestellungen an mit dem Ziel, ihre durch zahlreiche Überforderungen geprägte psychologische Situation zu verbessern und dadurch bestmögliche Voraussetzungen für das polizeiliche Handeln der ermittelnden Sonderkommission zu schaffen. Die Angehörigenbetreuer stehen dabei stets vor der Herausforderung, eine gute Beziehung zu Betroffenen mit den unterschiedlichsten Lebenshintergründen herzustellen – im Kraftfeld eines ermittlungstaktischen Schweigegebots über bestimmte polizeiliche Kenntnisse sowie eines fehlenden Zeugnisverweigerungsrechts. Der zeitliche Rahmen der Betreuung richtet sich nach den individuellen Bedürfnissen der Menschen und den durch das Angehörigenteam festgestellten Erfordernissen. So kommt es gelegentlich auch vor, dass die Polizisten bei den Betroffenen übernachten.

Das Betreuungsteam, das den Angehörigen verspricht, diese in jedem Fall vor einer Benachrichtigung der Presse über Ermittlungsfortschritte zu informieren, nimmt sich auch ihren Fragen bezüglich der Art und des Ablaufs der laufenden und geplanten polizeilichen Aktionen an und bietet durch sein Fachwissen Aufklärung über fallspezifisch relevante Sachverhalte, wie beispielsweise über den Zustand von Leichen nach längerer Liegezeit. Es berät die Familie bzw. den Lebenspartner auch in dem häufig aus Loyalität zu dem Verstorbenen heraus bestehenden Wunsch, dessen Leichnam noch einmal sehen zu wollen (gemäß des Glaubens, „er hätte es sicher so gewollt"). Gegebenenfalls werden Verbindungen zu Therapeuten, Anwälten und Hilfsorganisationen, zu Krankenkassen oder dem Versorgungsamt hergestellt, um den Eltern rechtliche bzw. psychotherapeutische Hilfe zukommen zu lassen und die entsprechenden finanziellen Mittel zu organisieren. Bei Bedarf erfährt die Familie von den Angehörigenbetreuern letztlich auch die Begleitung zur Beerdigung.

Speziell in Vermisstenfällen von Kindern hilft das Betreuungsteam, die Suchmaßnahmen der Angehörigen zu kanalisieren und zwischen ihnen und den hier besonders starken Interessen der Medien Distanz schaffend zu vermitteln, z. B. auch durch die Veranlassung von Straßensperren und Platzverweisen.

In ihrer langjährigen Betreuungsarbeit mit Familien vermisster Kinder machten die beiden Kriminalbeamten sehr häufig die Erfahrung eines extremen Informationsbedürfnisses der Eltern. Diese würden alle für sie in den Medien verfügbaren Informationen begierig aufgreifen und seien oft überfordert, zwischen Wahrheitsgehalt und Gerüchten sicher zu trennen. Typischerweise klammerten sie sich an jeden noch so kleinen Hoffnungsschimmer und würden mit fortschreitender Zeit eine immer größere Bereitschaft entwickeln, auch auf ungewöhnlichere Hilfsangebote, wie z. B. aus dem esoterischen Bereich, zurückzugreifen.

Außerdem zeigten sie gegenüber den Angehörigenbetreuern oftmals ein sehr starkes Mitteilungsbedürfnis, das jedoch auch in ein resigniertes Schweigen oder eine oberflächliche Ausgelassenheit umschlagen könne. Sehr häufig hätten die Eltern starke Schuldgefühle, durch ihr Verhalten das Verschwinden des Kindes verursacht oder mit begünstigt zu haben und selbst Geschwisterkinder machten sich derartige Vorwürfe. Auch komme es von Seiten der Eltern nicht selten zu Fremdvorwürfen, z. B. vor dem Hintergrund ihrer großen Sorge, ob denn von polizeilicher Seite aus auch wirklich alle Möglichkeiten der Suche nach dem Kind und der Ermittlung des Täters ausgeschöpft würden.

Im Familienleben werde dem vermissten Kind von Eltern und Geschwistern oft noch über eine geraume Zeit ganz konkret ein Platz eingeräumt.

Eine Ressource für Eltern, die letztendlich den Verlust eines Kind durch eine Gewalttat oder auch einen Unfall zu verarbeiten hätten, seien noch vorhandene Geschwisterkinder.

Oftmals erführen die Betroffenen eine Werteverschiebung: Notwendige Verrichtungen des Alltags, wie z. B. das Beseitigen von Müll, könnten für einige Menschen in einer derartigen Situation zu einer solche Nachrangigkeit werden, dass zusätzliche familiäre Konflikte entstehen könnten.

Das Bedürfnis, selbst bei der Suche nach ihrem vermissten Kind und ggf. dem Täter aktiv zu werden, sei bei vielen Eltern, insbesondere den Vätern, vorhanden. Im Fall einer Mitte der 1990er Jahre missbrauchten und getöteten 13–Jährigen habe der Vater beispielsweise ein eigenes Koordinationsbüro für private Fahndungsmaßnahmen eingerichtet und auch eigene Plakate entworfen. Er selbst habe sehr stark die Rolle eines „Ermittlers" übernommen und in Folge der Überaktivität gesundheitlich immer stärker abgebaut. Das habe die Polizei zur damaligen Gründung der Angehörigen-Betreuungsteams veranlasst.

Auch die Mutter des 2004 durch Marc H. entführten, missbrauchten und getöteten 8-jährigen Felix aus Neu-Ebersdorf habe ein Buch über ihre Erlebnisse verfasst. Diesen Elternteilen, denen die Eigenaktivität bei der Suche nach dem Kind und der Verarbeitung des Verlustes sehr wichtig sei, nähmen gern auch die Angebote von Zeitungs- und Fernsehinterviews in Anspruch, obgleich dies für sie stets auch ein enormer Stress bedeute.

Bezüglich eines möglichen Täuschungsverhaltens von Angehörigen vermisster oder unmittelbar tot aufgefundener Personen erinnern sich die beiden Kriminalbeamten an das auffällige Verhalten des Ehemanns einer einst tot vorgefundenen Frau: Der Mann habe versucht, die Angehörigenbetreuer in einer freundlich-fürsorglichen Art auf Distanz zu halten, indem er sich stets sehr nach ihrem Befinden erkundigt habe und nachdrücklich geäußert habe, er wolle ihnen die Mühe des Weges zu ihm ersparen. Die Beerdigungszeremonie sei den Beamten dann durch zahlreiche Elemente von Übertreibung „wie eine Theatervorstellung" vorgekommen. So habe der Herr in der Friedhofskapelle viele rote Herzen mit Aufschriften wie „Du wirst immer in unserem Herzen bleiben" aufgehängt, beschwingte Schlager gespielt und sei am Urnengrab, an dem er dann das Gefäß umarmt habe, immer wieder erneut mit viel Pathos zu Boden gesunken. Später sei dieser Mann dann als der Täter überführt worden.

Wie wir erfahren, stellt der Aktionsdrang der Eltern McCann sowie auch ihr Informationsbedürfnis im Vermisstenfall aus Expertensicht prinzipiell noch keineswegs eine Ausnahme dar.

Um noch etwas tiefer in das psychische Erleben von in das Verschwinden ihres Kindes nicht involvierten Eltern einzutauchen, hören wir doch einmal in die Betroffenenperspektive hinein:

9.1.2 ... Aus Sicht einer betroffenen Mutter
Im Jahr 2005, wenige Monate nach dem Auffinden der Leiche ihres Sohnes Felix, berichtete seine Mutter Journalisten der Zeitschrift „Stern" über ihr monatelanges Martyrium während der Vermisstenzeit:[1]
Es sei gegen halb sechs Uhr gewesen, eine halbe Stunde nach der erwarteten Rückkehrzeit von Felix, als sie seinen Nachhauseweg abgefahren sei und überall nach ihrem Sohn gefragt habe - ohne positives Ergebnis. Dann habe sie zwischen der Vermutung geschwankt, er könne in den Wald gegangen sein, Pilze suchen, und der Angst, ihr Kind könne doch einen Unfall erlitten haben. Sie habe die Polizei angerufen, die rasch gekommen sei. Auch das halbe Dorf habe mitgesucht, selbst Frauen in Abendkleidern und Männer in Anzug und Krawatte, die Gäste einer Silberhochzeitsfeier. Dass die Polizei am nächsten Tag gleich zwei Beamte zur ständigen Betreuung vorbeischickte, habe sie zuerst für etwas übertrieben gehalten.
Sie habe sich ausgemalt, Felix werde von einem Psychopathen gefangen gehalten. Weitere Gedanken habe sie nicht zugelassen. Wenn ihre Tochter sie danach gefragt habe, wie es Felix wohl ergehe, so habe sie ihr geantwortet, er sitze irgendwo in einem Keller, teste Computerspiele und werden mit Nutella-Brötchen versorgt. Nur wenn sie in ihren schlaflosen Nächten allein gewesen sei, habe sie sich gefragt: Was ist, wenn er tot ist?
Sie sei aber nicht bereit gewesen, sich über diese Gedanken mit anderen zu unterhalten. Es wäre ihr wie ein Verrat an ihrem Kind vorgekommen, sagt die Mutter. Sie habe immer gesagt: „Wir suchen nach einem Kind auf zwei Beinen, das läuft und ein Fahrrad schiebt." An diesem Glauben habe sie sich festgehalten, sonst hätte sie nicht die Kraft gehabt, alles zu tun, um Felix zu finden, um überall die Flugblätter zu verteilen und hinzumailen sowie für die Polizei Socken aus derselben Wolle zu stricken, aus der sie einst diejenigen gefertigt hatte, die Felix bei seinem Verschwinden trug.
Nach wie vor habe sie jeden Tag vier Teller aus dem Schrank geholt – doch jeden Tag sei ein Familienmitglied zu wenig nach Hause gekommen.
In der ersten Zeit habe sie noch ein wenig in ihrer Krankengymnastikpraxis gearbeitet und versucht, sich damit auf andere Gedanken zu bringen. Und immer auf dem Nachhauseweg habe sie sich gesagt: Jetzt ist er da. Er muss einfach da sein.
Die Adventszeit, in der die Leute ihre Fenster schmücken und die Kinder sich so freuen, habe sie dann als besonders schlimm erlebt. Auch ihrem Sohn habe sie einen Nikolausteller gemacht und ihm ein

Geschenk gekauft, Yo-Gi-Oh-Karten, die er so geliebt habe. Sie habe sie auf den Teller gelegt und neben sein Bett gestellt. Auch habe sie Felix Stiefel in einen Kaufmannsladen gebracht, aus dem er ihn eigentlich, wie andere Kindes des Ortes auch, mit Süßigkeiten gefüllt wieder abholen sollte. Der Verkäuferin habe sie dann aber sagen müssen, dass Felix den Stiefel nicht selbst abholen könne. Diese habe ihr ihn dann gefüllt wieder mit nach Hause gegeben. Die Mutter habe gedacht, irgendwann werde Felix wiederkommen. Und wenn er dann sehe, da hänge kein Adventskalender, da stehe kein Teller und da sei kein Stiefel, werde er sagen: Ihr habt mich aber schnell vergessen.

Nach über sechs Wochen ohne eine Spur von ihrem Sohn habe sie dann nur noch 42kg gewogen. Sie habe dann langsam begriffen: Es wird nicht mehr helfen. Die Infokästen, die sie noch errichtet habe, habe sie dann nicht mehr wirklich für Felix aufgestellt. Diese hätten nur noch andere Kinder schützen sollen und helfen sollen, den Täter zu finden.

Aus einem der Träume, in denen ihr ihr Kind erschienen sei, sei sie dann aufgewacht und habe sich ins Badezimmer begeben, um sich mit einer Rasierklinge den Unterarm aufzuschneiden. Vielleicht sei dieser Schmerz ja größer, habe sie gedacht, und die Klinge angesetzt. Dann habe sie sich das Blut angesehen, es anschließend abgewaschen.

Ihre Tochter habe sie dann zu ihrer Mutter gegeben, da sie nicht mehr die Kraft gefunden habe, sich um sie zu kümmern.

Fünf Tage vor Weihnachten habe sie sich schließlich in ihren Wagen gesetzt und einen Abschiedsbrief geschrieben. Auf einer Straße habe sie eine mit Betonpfeilern gesäumte Brücke entdeckt. Sie habe aber entschieden, sich diese Stelle für ein anderes Mal zu merken.

Dann sei sie zu ihrer Freundin nach Bonn gefahren. Ihr sei zwar auch dort die hinter dem Haus gelegene Bahnstrecke aufgefallen, aber sie habe auch viele intensive Gespräche geführt, unter anderem mit ihrem Angehörigenbetreuer von der Polizei, dem sie von der Brücke erzählt habe. Dieser habe ihr Mut gemacht durchzuhalten, und habe ihr gesagt, sie brauche professionelle Hilfe.

Anfang Januar sei sie schließlich in eine psychiatrische Klinik aufgenommen worden. Drei Tage später habe Marc H. den Mord an Felix gestanden und seine Leiche sei gefunden worden.

Lange habe Felix Mutter wegen der Aufdringlichkeit der Presse unter falschem Namen leben müssen und den Leuten angesehen, sie mache ihnen Angst.

Reden solle man nicht nur über den Täter, sondern man solle auch an ihren erst 8-jährigen Sohn denken, so Felix Mutter.

Auch diese betroffene Mutter beschreibt - noch einmal auf eine sehr plastische Weise – den Platz, den das verschwundene Kind weiter im konkreten Alltagsleben der Familie spielt. Auch der immense seelische Schmerz, das zunächst kämpferische Festhalten an der Hoffnung und das Empfinden ihrer Aufgabe als Verrat am Kind sind

9.1.3 ... Aus Sicht einer einschlägig spezialisierten Psychotherapeutin

Die Klagenfurter Psychoanalytikerin und Psychotraumatologin, Barbara Preitler, betrachtet ihre Erfahrungen im Rahmen einer über mehr als ein Jahrzehnt andauernden therapeutischen Arbeit mit Angehörigen vermisster Personen vor einem psychodynamischen Hintergrund. Unter anderem wird dabei auch die Bedeutung einiger wesentlicher Erlebnis- und Verhaltensweisen von Angehörigen-Opfern, die wir bereits sowohl aus der Sicht der polizeilichen Betreuer als auch aus dem Blickwinkel von Felix Mutter erfahren haben, sehr gut verstehbar. Die für unser Themenfeld bedeutsamsten Kernaussagen von Preitler (2006) lassen sich wie folgt zusammenfassen:

- Vor allem in den ersten Wochen, oft aber auch Monaten und Jahren nach dem unaufgeklärten Verschwinden des Angehörigen, werde das Zulassen von Trauer als Verrat empfunden, der Ausdruck des Verlustschmerzes als ein Zugeständnis an den Tod. Deshalb werde alles getan, um die Hoffnung auf ein Wiedersehen aufrechtzuerhalten.
- Um den Tod eines Menschen akzeptieren zu können, sei es für die ihm Nahestehenden sehr hilfreich, den toten Körper noch einmal sehen zu können. Er demonstriere die Endgültigkeit des Abschiedes und verhindere Phantasien, die Person sei noch am Leben und werde bald wiederkommen. Denn Trauer als Lösung der Bindung setze voraus, dass die Realität des Todes verifizierbar sei. Wenn eine Leiche jedoch nie gefunden werde, ergebe die Realitätsprüfung nichts als Ungewissheit, die den Ablösungsprozess deutlich verkompliziere. In der Therapie mit Angehörigen lange verschwundener Personen sei es deshalb manchmal eine gute Lösung, die Beerdigung symbolisch zu vollziehen: Z. B. habe eine Patientin Texte für eine virtuelle Todesanzeige und einen phantasierten Grabstein entworfen, und beschrieben, wie das Begräbnis abgelaufen wäre; wer gekommen wäre,

was gebetet worden wäre und welche Speisen gekocht worden wären.

- Der Verlust eines Kindes stelle ein besonders kritisches Ereignis im Leben von Eltern dar. Es gelte der Ausspruch von Leahy[2]: „The loss of a child is the loss of one's own being and a loss of the future." Der elterliche Trauerprozess sei kein zeitlich begrenztes Geschehen, sondern dauere meist ein Leben lang. In einer Idealisierung der verschwundenen Person werde oftmals versucht, diese „weiterleben zu lassen". Die Beziehung zu dem Kind werde häufig nicht abgeschlossen.
- Plakate mit dem Abbild der verschwundenen Person, die anfänglich als Suchinstrument gedacht seien, können zu Gegenständen des Gedenkens, zum „Ersatz für die fehlenden Körper"[3] werden.
- Der natürliche Trauerprozess, der sich von der Verleugnung hin zum Akzeptieren des Verlustes bewege, könne sich in den mittleren Stadien durch ein dissoziatives Nebeneinander von Anerkennung und Verleugnung zugleich auszeichnen.[4] Der gewaltsame Tod von Kindern könne jedoch besonders schwer ertragen werden und führe nicht selten zu lebenslanger Dissoziation. Diese könne so weit gehen, dass z. B. der Verlust eines Babys durch eine Gewalttat in einer kontinuierlich aufrechterhaltenen Abspaltung der Erinnerung, überhaupt ein Baby gehabt zu haben, ende.
- Eine Metastudie über Trauerforschung von Leahy[5] habe gezeigt, dass die Reaktion der Eltern auf den Verlust ihres Kindes nicht mit dessen Alter korreliere, Mütter jedoch allgemein stärkere und längere Formen der verkomplizierten Trauer erlebten.
- Die aufgrund der so schmerzhaften Erfahrung eigentlich gegen den Täter bzw. das Ereignis empfundene Wut und Aggression finde nicht immer diese klare Zuordnung, sondern werde oft gegen das Selbst gerichtet. So hätte es unter zwölf von ihr behandelten Angehörigen „verschwundener" Personen nur zwei gegeben, die keine Suizidgedanken und –phantasien, ggf. auch über einen erweiterten Suizid mit den noch verbliebenen Familienmitgliedern, geäußert hätten. Auch könne es vorkommen, dass die Betroffenen im zwischenmenschlichen Bereich die Kontrolle über ihre Aggression verlören.
- Angehörige empfänden oftmals eine „Überlebensschuld" – das Schuldgefühl, selbst vom Schicksal verschont worden zu sein, während einem von ihnen geliebten Menschen ein schweres

Unglück widerfahren sei. Durch Gruppentreffen von Angehörigen in ähnlicher Situation ließe sich dieses Gefühl vermindern.[6]

Die von Preitler benannte Verkomplizierung des Trauerprozesses, wie sie auch bei Eltern verschwundener Kinder vorkommt, kann auch dazu führen, dass sich die Betroffenen „Brückenobjekte" zu der verschwundenen Person schaffen; d. h. mit dieser assoziierte Gegenstände oder auch sogenannte „Last-Minute-Objekte" (z. B. bei Benachrichtigung über einen Unglücksfall in der Hand gehaltene Dinge) werden als ein symbolischer Repräsentant verwendet, der die Verbindung zum Verstorbenen aufrecht erhalten soll.[7] Während Volkan und Zintl (2000) ihre Funktion als eine für die Progression des Trauerprozesses wenig förderliche Wiederverschmelzung von Selbst- und Objektrepräsentanzen betrachten,[8] sehen Brenner und Kestenberg (1996)[9] in ihnen „Übergangsobjekte"[10], die prototypisch als Repräsentant der Bezugsperson (z. B. Kuscheltier oder Kleidung der Person) ein von den Eltern kurzzeitig verlassenes Kleinkind über die Abwesenheit hinwegtrösten, indem sie eine kreative Synthese von Omnipotenzphantasien über das Objekt einerseits sowie die Akzeptanz von dessen Unabhängigkeit/Eigenmächtigkeit andererseits darstellen.

Die im vorletzten Punkt der Aufzählung genannte Richtung der Aggression gegen das eigene Selbst stellt das psychodynamische Kernelement klassischer psychoanalytischer Depressionstheorien dar.[11] Auf deskriptiver Ebene ist die depressive Reaktion, je nach Schweregrad, durch wenige oder aber zahlreichere Symptome aus dem Bereich Antriebsverminderung, Selbstwertgefühlsminderung, Anhedonie, Interesselosigkeit, beschwerte Stimmung, Agitiertheit, Konzentrationsprobleme, vegetative Störungen und somatische Symptome gekennzeichnet.[12] Als Bedingungen für die Entwicklung einer Depression nimmt Freud (1917) einen realen Verlust eines äußeren Objektes an, der unbewusst mit einem in der frühen Kindheit erlebten Verlust unterfüttert ist, und der sich aktuell auf eine narzisstische Beziehungsform bezieht (d. h. das Gegenüber verkörpert für das Subjekt das, was dieses selbst war, ist oder sein möchte bzw. verspricht ihm eine infantile Anlehnung oder andere egozentrisch akzentuierte Befriedigung)[13]. Statt einer Lösung der Libido vom zwar „bewüteten", aber zugleich eben ersehnten Objekt (Ambivalenzkonflikt) und nachfolgender anderweitiger Reinvestition wird sie nach Freuds Modell der Depressionsentwicklung zum Schutze vor ihrer Aufhebung ins eigene Ich zurückgezogen (Libidoregression auf den primären Narzissmus), in der Form, dass sich das Ich mit dem Verlorenen global identifiziert (Introjektion). Das durch die Introjektion veränderte Ich wird nun, so der Psychoanalytiker weiter, vom Über-Ich wie das Schmerz und Wut verursachende Objekt behandelt: Die aggressiven Vorwürfe gegen das verlorene Gegenüber werden zu destruktiven Selbstvorwürfen - aus dem interpersonellen Konfliktanteil wird also ein intrapsychischer.

Während partielle Identifikationen von der Psychoanalyse als im Trauerprozess „normal" betrachtet werden (vgl. z. B. den Ausruf: „Wenn er das doch noch erleben könnte!",[14] werden die auch vorkommenden tendenziell globaleren Formen der Identifikation oder gar Introjektionen (z. B. die Übernahme von Krankheiten der Bezugsperson)[15] als Trauervermeidung eingestuft[16].

Neben dem triebtheoretischen Verständnis der Depression stellt ein zweites Cluster psychoanalytischer Auffassungen eine postulierte Selbstwertproblematik in den Mittelpunkt der Störungsentstehung.[17]

In seinem „Dreisäulenmodell" der narzisstischen Homöostase nimmt Mentzos (1996) an, dass die Regulation des Selbstwertgefühles durch drei Faktoren (Säulen) bestimmt wird:

- zum einen durch gesunde Größen- und Idealvorstellungen (Größen- bzw. Idealselbst), die durch eine ausreichend gute frühkindliche Spiegelung etabliert werden, aber zusätzlich auch noch auf ein gewisses Maß an aktueller narzisstischer Zufuhr (Zuwendung und Anerkennung) angewiesen sind;
- zum anderen durch im Säuglingsalter noch symbiotische und später dann immer partieller werdend identifikatorische Vorgänge, durch die „gute" Objektaspekte in das Selbst aufgenommen werden (z. B. in Form der Entstehung von Ich-Ideal-Elementen, also Selbstwerdungszielen);
- darüber hinaus durch eine Anerkennung des Selbst vor dem Über-Ich.

Besteht ein Mangel an frühkindlich internalisierten „guten" inneren Objekten und fällt die aktuelle narzisstische Zufuhr aus oder verringert sie sich eklatant (z. B. durch mangelnde Anerkennung (vgl. erstgenannte Säule), Objektverlust, Verweigerung der Wir-Bildung (vgl. zweiter Faktor) oder Kritik (vgl. dritte Säule), dann können, so Mentzos, verschiedene Depressionsformen auftreten:

Je nachdem, auf welchem Wege die Person eine Selbstwertstabilisierung versucht zu erreichen, kommt es nach Mentzos entweder zu einer Schulddepression (durch kompensatorische Aktivierung der dritten Säule, einer Verstärkung der Über-Ich-Funktionen), einer Abhängigkeitsdepression (durch betont regressive Aktualisierung der zweiten Säule), zu einer leeren

Depression (bei einer defensiven Blockierung aller Säulen) oder zu einer Manie (betont regressive Mobilisierung der ersten Säule und gleichzeitige Unterdrückung des dritten Faktors).

Frau McCanns in der Falldarstellung benannte ständige Mitführung des Kuscheltieres ihrer verschwundenen Tochter könnte also durchaus die Funktion eines Brückenobjektes haben; ihre in der ersten Zeit nach dem Ereignis auffallende Passivität könnte im Rahmen einer (Abhängigkeits)-Depression stehen.

Beachtet werden muss jedoch, dass eben diesen reaktiven Verhaltensweisen von Eltern auch ein ganz anderes Geschehen vorausgegangen sein kann, als das plötzliche Verschwinden ihres Kindes aufgrund von Entführung oder von allein äußeren Umständen überhaupt (wie auch Ausreißen oder Unfall). So könnte denselben psychopathologischen Reaktionen auch ein Objektverlust durch eine fahrlässige oder gar auch vorsätzliche, aber ambivalent besetzte Tötung vorangegangen sein. Es ist deshalb wichtig, dass wir uns einmal alle denkbaren Versionen der Verschwindensumstände von Madeleine McCann aus dem Ferienapartment am 3. Mai 2007 bewusst vor Augen halten.

9.2 Versionen des Verschwindens von Madeleine McCann
Zunächst einmal werden wir den Möglichkeitsraum an Szenarien erkunden, der sich durch den Faktor der Nicht-Verwicklung der Eltern McCann charakterisieren lässt. Im Anschluss daran betrachten wir dann die verschiedenen Möglichkeiten einer cltcrlichen Beteiligung an Madeleines Verschwinden.

9.2.1 Versionen der Nicht-Verwicklung der Eltern

9.2.1.1 Kindesentführung durch sexuell motivierte(n) Einzeltäter.
Wie wir aus der Darlegung des Spektrums von Vermisstenfällen mit Kindern als Opfer (vgl. Kap. 2) in Erfahrung gebracht haben, kommt die Begehensweise einer Kindesentführung aus einer geschlossenen Unterkunft durchaus vor, wenngleich sie selten ist. Was dies betrifft, so könnte die wohl als recht hübsch einzustufende Madeleine McCann also prinzipiell von einem (oder - unwahrscheinlich – mehreren) sexuell motivierten Täter(n) aus dem Ferienapartment entführt worden sein. Wie wir aus dem zweiten Kapitel ebenfalls wissen, wäre vor allem ein Serientäter anzunehmen. Für ihn lassen sich allerdings keine augenfälligen

Hinweise finden[18], sodass es sich bei dieser Entführung eher um einen Ersttäter handeln müsste. Für einen solchen wäre wiederum eine andere Begehensweise zu vermuten (vgl. die der Ermordung von Dennis lange vorausgegangenen Missbrauchstaten in den Schul- und Kinderheimen durch vermutlich den sich progressiv entwickelnden Täter).

Falls man jedoch von einem Sexualstraftäter im Vermisstenfall von Madeleine ausgehen will, so müsste sich um einen Mann handeln, der in Praia da Luz oder in dessen unmittelbarer Nachbarschaft einen sozialen Ankerpunkt besitzt (v. a. früherer oder aktueller eigener Wohnort oder der von Kontaktpersonen, Arbeitsstätte, Freizeiteinrichtung oder auch Urlaubsreiseziel).

Er könnte gut ein Doppelleben in einer gegründeten Familie führen wie Marc H. oder getrennt von Frau und Kind leben wie Uwe K., denn die meisten Männer mit sexuellem Kontaktwunsch mit Kindern haben *keine* primäre sexuelle Vorliebe für diese, sind also nicht „primärpädophil". Sie greifen stattdessen situativ auf ein Kind zu, als „Ersatzobjekt" für eine oft eher temporäre Verhinderung von Sexualität mit Erwachsenen (z. B. bei Partnerschaftsproblemen). Den Sexualakt führen sie – im Gegensatz zu den typisch pädophilen Männern, die sich meist auf gegenseitiges Streicheln und Masturbation beschränken - auch gegen den Widerstand ihrer Opfer aus. Morde begehen sie in aller Regel aus der instrumentellen Motivation heraus, den vorangegangenen Missbrauch selbst zu verdecken.[19]

Entweder hält der mögliche Täter das Kind noch gefangen, was, da bisher noch keine Leiche gefunden ist, an und für sich etwas wahrscheinlicher ist, als seine Tötung.[20] Da das Gefangenhalten eines noch recht kleinen Kindes aber eine besondere Herausforderung bedeutet (v. a. größere Bedürftigkeit des Opfers, die bei Nichterfüllung vermutlich auch zu schwerer psychosomatischer Krankheit führen kann sowie besondere Unkontrollierbarkeit des Kindes durch dessen wenig entwickelte Selbstregulationsmechanismen) und damit einen enormen Stress für den Täter, mutet es, so gesehen, doch als recht unwahrscheinlich an.

Er könnte an dem Kind also einen Sexualmord begangen haben, wobei man die Wiedererkennungsgefahr durch ein knapp 4-jähriges Kind im Allgemeinen wohl noch nicht als so hoch einstuft, dass der Mord zur Verdeckung einer Sexualstraftat aus Sicht des Täters unbedingt hätte durchgeführt werden müssen.

Wenn der mögliche Täter das Kind umgebracht hat, so ist dessen bislang nicht gefundene Leiche in einer Entfernung von etwa 15km bis 40km vom primären Tatort, der Ferienunterkunft Ocean Club, zu vermuten (vgl. Kap 2).

Bewerten wir die Plausibilität der Version „Kindesentführung durch Sexualstraftäter" aber noch einmal aus folgendem Blickwinkel heraus: Aus Forschungsergebnissen über primärpädophile Männer ist bekannt, dass die für sie interessante Altersspanne bei 7.6 Jahren beginnt. Heterosexuell ausgerichtete Pädophile präferieren demnach Mädchen im Alter zwischen 7.6 und 9.2 Jahren, homosexuell veranlagte Pädophile Jungen im Alter zwischen 9.8 und 13.2 Jahren und bisexuelle finden die größte Altersspanne attraktiv, nämlich Jungen und Mädchen zwischen 7.6 und 14.6 Jahren.

Die im zweiten Kapitel betrachteten Fallskizzen über die in aller Regel wohl nicht primärpädophilen Sexualstraftäter, die sich an Kindern vergehen, legen nahe, dass diese Alterspräferenzen in der Regel auf die Sexualmörder übertragbar sind. Selbst für den wohl am seltensten vorkommenden[21] Fall des in Bezug auf Kinder bisexuell agierenden Marc H. trifft die aus den angegebenen Vorlieben ableitbare Bedingung zu, dass bei einer Ausrichtung auf deutlich unter 9.8-jährige Jungen daneben auch eine auf Mädchen vorhanden ist.

Diese Annahmen sowie die Vermutung, dass an sehr jungen Kindern nicht der präpubertäre Reiz, sondern das Kindchenschema dominiert, das den Wunsch nach einem ohnehin aus anatomischen Gründern heraus schwer durchführbaren Penetrationsakt wohl eher hemmt und stattdessen potenziell Versorgungswünsche aktiviert, machen ein Zutreffen der Hypothese einer Entführung von Madeleine McCann durch einen Sexualstraftäter sehr unwahrscheinlich.

Allerdings darf man das wohl als recht attraktiv einzustufende Erscheinungsbild des - vermutlich altersentsprechend ödipalwerbenden - Mädchens nicht außer Betracht lassen, das bei einigen Männern auf entsprechende potenzielle Phantasien treffen könnte. Dass sehr vereinzelt stark gestörte Menschen diese dann auch in die Tat umsetzen können, davon zeugt das im zweiten Kapitel dargelegte Fallbeispiel der sexuell motivierten Entführung einer Eineinhalbjährigen aus einem Baumarkt.

9.2.1.2 Kindesentführung im Rahmen der Organisierten Kriminalität (Kinderhandel).

Die Verbringung von Kindern durch Entführung oder Verkauf, v. a. zum Zwecke der Ausbeutung in den Bereichen Arbeit, Kriminalität, Prostitution, Pornographie oder Adoption, erfolgt in der Regel entlang eines Wohlstandsgefälles. Somit führen zwar zahlreiche Menschenhandelsrouten *nach* Westeuropa, von hier aber primär nicht in andere Länder.[22] Darüber hinaus ist die knapp 4-jährige Madeleine für einige Handelsmotive (Arbeit, Kriminalität) ohnehin noch zu jung.

Andererseits könnte Madeleine McCann aufgrund ihres als wohl recht attraktiv einzustufenden Erscheinungsbildes und der in ihrem Alter einsetzenden ödipal-werbenden Züge durchaus für vereinzelte Männer sexuell interessant sein (s. o.), sodass eine Verschleppung zu entsprechenden kommerziellen sexuellen Missbrauchszwecken nicht an und für sich auszuschließen ist. Allerdings würden die Täter bei einer derart motivierten Entführung eines Kindes aus Westeuropa in Anbetracht der hier besonders hochqualifizierten Kriminalitätsbekämpfung und Strafverfolgung ein erhebliches Entdeckungsrisiko eingehen, vor allem eben bei dieser als langfristig gedachten Missbrauchsform. Insbesondere aber in ausgeprägten kriminellen Netzwerken agierende Täter sind aufgrund des Risikos für die ganze Gemeinschaft mutmaßlich zu besonders wohlüberlegtem Handeln angehalten. In der Quintessenz ist auch diese Version somit sehr unwahrscheinlich, wenngleich sie nicht völlig auszuschließen ist. Recht sicher ist wohl, dass im Falle des Zutreffens der Version das Kind mittlerweile unter dem enormen Aufdeckungsdruck der Medien und der Strafverfolgungsbehörden getötet wurde.

9.2.1.3 Kindesentführung vor dem Hintergrund eines unerfüllten Kindeswunsches.

Wie wir an einem zu Beginn dieser Arbeit vorgestellten Fallbeispiel gesehen haben, kommen Entführungen von Säuglingen durch Frauen gelegentlich vor. Es liegt nahe, dass viele von ihnen aus unerfülltem Kinderwunsch handeln und sich dementsprechend durch den Menschenraub ihr Bedürfnis befriedigen wollen.

Bei einem Kind im Alter von etwa vier Jahren ist aber wohl davon auszugehen, dass es in der Regel auch noch relativ langfristig einen unkontrollierbaren Widerstand gegen eine solche Aktion aufbringen wird, der dem von der Frau vor dem Hintergrund ihres starken Wunsches sicherlich auch in idealisierter Form ausgemalten

Szenario von einer „perfekten" Mutter-Kind-Dyade fundamental entgegenläuft.

Derart motivierte Frauen scheinen dies zu antizipieren, denn es sind hierzulande keinerlei Fallbeispiele einer entsprechend motivierten Entführung eines Kindes in Madeleines Alter ausfindig zu machen. Diese Version gilt demnach für das Verschwinden der Vierjährigen als höchst unwahrscheinlich.

Falls sie Madeleines Verschwinden aber dennoch zugrunde liegt, ist aufgrund des Druckes von Medien und Ermittlungsbehörden sehr wahrscheinlich wieder von dem Tod des Kindes auszugehen.

Der Vollständigkeit halber sind an dieser Stelle weitere potenzielle Szenarien auf ihre Plausibilität hin einzuschätzen: Ein nach selbständigem Verlassen des Apartments erlittener tödlicher Unfall ohne Auffinden der Leiche bzw. mit Auffindung und Wegtransport durch einen fremden Unfallverursacher (z. B. vorbeikommender Autofahrer), ein Ausreißen des Kindes oder eine Verschleppung zu Organhandelszwecken. Die erste Möglichkeit ist auszuschließen, in Anbetracht des bereits über eineinhalb Jahre zurückliegen Verschwindens, das eine Nicht-Entdeckung einer Leiche in unmittelbarer Apartmentnähe als unmöglich erscheinen lässt sowie der in jeglicher Hinsicht nicht mit ihr zu vereinbarenden Aussage von Madeleines Mutter, das Kinderzimmerfenster offenstehend vorgefunden zu haben. Von dem Szenario eines Wegtransportes des verletzten oder gar toten Kindes durch einen fremden Unfallverschulder ist ebenso abzusehen, da für ein derart Aufsehen erregendes Ereignis Zeugen sehr wahrscheinlich wären, ebenso wie Spuren (z. B. vom Kind offen gelassene Tür, Blut auf der Straße), und wieder die Aussage der Mutter in jeglicher Hinsicht damit unvereinbar ist. Letzteres gilt auch bezüglich der Annahme eines Ausreißens eines knapp 4-jährigen Kindes, das an und für sich schon sehr unwahrscheinlich ist (vgl. hierzu die in Kap. 2.2 dargelegten Zahlen von MCE) und welches darüber hinaus angesichts der noch so mangelnd ausgeprägten organisatorischen Fähigkeiten in diesem Alter rasch aufgegriffen würde. Diese Version ist also für den vorliegenden Fall gar als „absurd" einzustufen, gleichsam die einer Entführung zu Organhandelszwecken: Hinsichtlich der Tatbegehungsweise wäre hier die Risiko-Nutzen-Relation des Täters außerordentlich unverhältnismäßig (Straßenkinder, besonders in Ländern der Dritten Welt, wo dieser Handel bekanntlich existiert, würden den selben Zweck erfüllen, aber ein immens geringeres Entdeckungsrisiko für den Täter darstellen). Außerdem wäre bei dieser Form von Organisierter

Kriminalität wohl eine regionale Fallhäufung anzunehmen, für die es keinerlei Hinweise gibt.
Diese Versionen sind also aus den genannten Gründen zu verwerfen.

Führen wir uns nun die möglichen Szenarien einer Verwicklung der Eltern McCann vor Augen und schätzen diese in ihren Plausibilitätsgraden ein:

9.2.2 Versionen einer elterlichen Beteiligung

9.2.2.1 Elterliche Kindstötung (Infantizid) und Wegschaffung der Leiche.
Die möglichen Motive und konstellativen Faktoren für eine Tötung des Kindes durch seine Eltern bzw. einen Elternteil bilden ein sehr heterogenes Feld. Nach Ansicht von Schläfke und Häßler (2008)[23] liefern Guileyardo, Prahlow und Barnard (1999) die derzeit zu präferierende Subtypisierung. Die daraus für uns wesentlichen Motive/Faktoren sollen hier einmal wiedergegeben werden:[24]

- Altruismus: erweiterter Suizid(versuch) als eine der häufigsten Formen des Filizids,[25] bei dem das Kind subjektiv „aus Liebe" getötet wird (z. B. dem Wunsch, ihm das Leiden des Verlusts von Mutter bzw. Vater zu ersparen oder es nach dem eigenen Tode bei sich zu haben); in Abhängigkeit von der Suizidintention große motivationale Variationsbreite; oftmals wahnhaft beeinflusstes Erleben des Täters
- Euthanasie: mitleidsbedingte Tötung eines schwer erkrankten Kindes; keine Hinweise auf wahnhaften Hintergrund und keine egoistische Motivlage; möglicherweise folgender Suizidversuch des Elternteils
- Akute Psychose: wahnhafte Bedingtheit der Tat ohne Mitbeteiligung anderer Motive, insbesondere keiner altruistischen
- Unerwünschtheit des Kindes: Ablehnung des Kindes und/oder Egoismus der Eltern (z. B. Tötung aufgrund von beim Kind vorliegender Deformierungen/Störungen oder zur Erzielung von Versicherungszahlungen)
- Ärger-Impuls-Handlung: Unfall-Filizid aufgrund eines aggressiven Ausbruchs in Form einer Ärger-Impuls-Handlung eines Elternteils; oftmals aggressives (z. B. misshandelndes) familiäres Vorfeld, verbunden mit überstrenger Erziehungshaltung oder elterliche Überforderung durch kindliche Verhaltensauffälligkeiten); häufig soziale Probleme

144

der Eltern (Arbeitslosigkeit, Finanzsorgen, Delinquenz) sowie Substanzmissbrauch; in der Regel Arztkonsultation nach lebensbedrohlicher Schädigung des Kindes, aber Verheimlichung der Verursachung; selten Suizidversuch des Elternteils im Anschluss an die Tat

- Rache gegen den Partner: Instrumentelle Kindstötung zur Erzielung einer „Bestrafung" des Partners (z. B. vor dem Hintergrund seiner Untreue oder eines Sorgerechtsstreites), auch als „Medea-Komplex" bezeichnet; möglicherweise anschließender, nicht altruistisch motivierter Suizidversuch des Täters oder gar Ausweitung der Tötung auf die ganze Familie
- Sexueller Missbrauch: Tötung durch sekundäre Verletzungen oder subjektiv sexuell konnotierte Attacken wie Strangulation im Rahmen von direkt auf den Körper des Kindes gerichteter Missbrauchshandlungen; u. U. auch Verdeckung einer langjährigen Sexualdelinquenz durch die Tötungshandlung
- Münchhausen-by-proxy-Syndrom: instrumentelle Induktion von Symptomen zur Erlangung von Aufmerksamkeit Dritter mit ungewollter Todesfolge des Kindes oder gezieltes Herbeiführung des Todes zur Sympathiegewinnung; möglicherweise ähnliche, aber zufällige Vorfälle in der Vergangenheit (z. B. in Form eines augenscheinlichen „Plötzlichen Kindstods")
- Vernachlässigung und Fahrlässigkeit: singuläre oder langfristig prozesshafte Mangelversorgung bzw. unverantwortliche Gefahrenaussetzung des Kindes (z. B. Verletzung der Aufsichtspflicht beim Baden oder Überdosierung von Medikamenten zur Ruhigstellung)
- Sadistische Bestrafung: isolierte Episode oder langandauernder Missbrauch unter dem Motiv einer gezielten Schmerzverursachung bzw. überzogenen Bestrafung eines subjektiv „störenden" Kindes (z. B. Zufügung von Verbrennungen, Salzingestionen, Nahrungs- und Flüssigkeitszurückhaltung)
- Drogen- und Alkoholmissbrauch: konstellativer Faktor bei verschiedenen der vorgenannten Subtypen, v. a. Ärger-Impuls-Handlungen
- Kind als unbeteiligter Zuschauer eines interparentalen Tötungsversuches (zufälliger Unfall oder absichtliche Aggressionsausrichtung auch gegen das Kind)

Zumindest die möglichen elterlichen Tötungsmotive „Unerwünschtheit des Kindes" sowie der „Altruismus" sind im Vermisstenfall von Madeleine McCann wohl mit an Sicherheit grenzende Wahrscheinlichkeit auszuschließen, da die Eltern im erstgenannten Fall die geplante Tat zur Senkung des Entdeckungsrisikos sicherlich in ihrer gewohnten Umgebung durchgeführt hätten und ein erweiterter Suizidversuch, der ohnehin schlecht in das uns bekannte Geschehen des Abends des 3. Mai 2007 passen würde, wohl eher nicht unentdeckt geblieben wäre. Aus dem letztgenannten Grund ist ebenso wenig eine Kindstötung im Rahmen einer akuten Psychose vorstellbar.

In einem Review über seit 1980 in zwölf Industriestaaten veröffentlichten Filizid-Studien beschreiben Friedman, Horwitz und Resnick (2005)[26] die Mütter, die häufig selbst Opfer häuslicher Gewalt seien, als oftmals arm, gänzlich von Sozialhilfe abhängig und gesellschaftlich isoliert. Oft liege bei ihnen ein Substanzmissbrauch vor. Eine zweite Gruppe von Müttern leide an psychiatrischen Krankheiten, weise Intelligenzminderungen auf oder sei zum Tatzeitpunkt suizidal. Diese Frauen hätten schon mehrfach psychiatrische Hilfe in Anspruch genommen, litten sowohl unter finanziellem als auch sozialem Stress, könnten nicht auf die Unterstützung ihres Partners zurückgreifen und hätten schon eine längere Zeit vor der Tat Schwierigkeiten mit der Versorgung ihres Kindes gehabt. Die meisten Frauen seien zudem in ihrer Kindheit sexuell missbraucht oder körperlich misshandelt worden.
Wenngleich aufgrund der uns bekannten Informationen über die Familie McCann (vgl. Kap. 3) mit an Sicherheit grenzende Wahrscheinlichkeit ausgeschlossen werden kann, dass Madeleines Mutter zur erstgenannten Gruppe von Täterinnen gehören könnte, so ist dies an dieser Stelle für die zweite Gruppe noch nicht so eindeutig bestimmbar.

Die Ursachen für Kindesmisshandlung im engeren Sinne (vgl. wohl die Items „Ärger-Impuls-Handlung" und „sadistische Bestrafung" in der o. g. Subtypisierung, D. P.) sehen Wegener und Zack (2008)[27] vor allem auf sozioökonomischer Ebene liegend:
Im persönlichen Bereich sei ökonomische Deprivation hochrelevant, die zu sozialem Stress und ökonomischen Zwängen führe und die durch Substanzmissbrauch noch verstärkt werden könne. Aber auch Persönlichkeitsstörungen von Krankheitswert, die sich in ihrem Ausprägungsgrad ebenfalls unter dem Einfluss von Alkohol/Drogen noch verschlimmern könnten, seien ausschlaggebend.

Was die Ebene des sozialen Nahbereiches anbetreffe, so spiele die intrafamiliäre Übertragung von Gewalterfahrungen eine Rolle für das Misshandlungsrisiko, ein gestörter Zusammenhalt der Familie durch physische Gewalt, v. a. durch Täter ohne anderweitige Machtressourcen, sowie subjektive Lernerfahrungen der Nützlichkeit oder des Hinnehmens von Gewalt. All diese Faktoren könnten durch Substanzmissbrauch wiederum noch verstärkt werden.

Was das soziale Umfeld anbetrifft, so sei insbesondere ein durch Ballungsgebiete mit Arbeitslosigkeit, Drogenhandel oder anderweitiger Kriminalität vorhandenes Setting für Gewalt von Bedeutung für das Auftreten von Kindesmisshandlung. Relevant seien aber auch kulturelle Ausgrenzung und Viktimisierung, infolge dessen Gewalt als ideologischer Gegenentwurf zu den Vorstellungsklischees von öffentlicher und staatlicher Gewalt angewendet werden könne.

Auf gesellschaftlicher Ebene sei vor allem eine unzureichende Beachtung des Kindeswohls nennenswert, die sich in Form von mangelnden Hilfsangeboten und strukturellen Unzulänglichkeiten bestehender Dienste äußere.

Ein kontinuierliches Misshandlungsgeschehen in einer Form, die äußere Spuren der Gewalteinwirkung hinterlässt, ist im Vermisstenfall von Madeleine unwahrscheinlich (Verletzungen durch massive Gewaltanwendung wären zuvor bereits jemandem aufgefallen oder auf der Portugalreise den mitreisenden Freunden oder Krippenbetreuungskräften, zumal sie das Kind auch in Badebekleidung gesehen haben). Für jedoch regelmäßig stattfindende körperliche Übergriffe, die keine oder schwer einzuordnende Spuren hinterlassen (v. a. Schütteln des Kindes, das u. U. zu letalen Hirnschädigungen führen kann), kann an dieser Stelle noch keine so eindeutige Plausibilitätseinschätzung vorgenommen werden. (Zur Betrachtung der Möglichkeit einer singulären Misshandlung siehe unten.)

Die Merkmale der Mütter, die ihr Kind im Rahmen eines Münchhausen-by-proxy-Syndroms misshandeln, lassen sich nach Rosenberg (2002)[28] wie folgt angeben: eher aus der Mittelschicht stammend, Aufweisen psychopathologischer Auffälligkeiten (vorrangig Impulskontroll- und Persönlichkeitsstörungen) mit guter Kompensation, Aufwertung eines geringes Selbstwertgefühles durch Aufopferung und/oder Kontakte zu medizinischen Fachkräften, Streben nach Aufmerksamkeit und Anerkennung u. a. auch durch den Partner und die Familie, unsicheres Bindungsmuster, Überforderungsreaktionen vor dem Hintergrund einer geringen

Stresstoleranz, mittels Überfürsorglichkeit abgewehrte Antipathie gegen das Kind.

Unter den darüber hinaus von Noeker und Keller (2002)[29] gefundenen Merkmalen sind eine medizinische Ausbildung und/oder entsprechende berufliche Erfahrung sowie ein Vorhandensein ähnlicher Gesundheitsstörungen bei Kind und Mutter beachtenswert.

Für diese Version lassen sich in dem von uns rezipierten Material (v. a. auch den Zeugenvernehmungen) keinerlei Hinweise finden, obwohl dies im Falle ihres Zutreffens unbedingt zu erwarten wäre (vgl. das oben angegebene starke soziale Agieren der Täterinnen, um Aufmerksamkeit zu erzielen). Sie ist demnach mit an Sicherheit grenzende Wahrscheinlichkeit auszuschließen.

Ärger-Impuls-Handlungen sowie u. U. auch andere im o. g. Katalog aufgezählten Subtypen der Kindstötung (v. a. die Miteinbeziehung eines unbeteiligten Kindes in einen interparentalen Tötungsversuch) stellen wohl oftmals ein Affektdelikt dar. In einer Neudefinition dieser Deliktkategorie unterscheidet Marneros (2007) zwischen Impuls- und Affekttaten: „Als Impulstaten werden all diejenigen impulsiv durchgeführten, nicht geplanten aggressiven Handlungen bezeichnet, bei denen keine spezifische, aus einer selbstdefinitionsrelevanten Täter-Opfer-Beziehung abgeleitete Vorgeschichte der Tat vor der aktuellen Tatsituation bestanden hat."[30] „Affekttaten sind impulsiv-aggressive Handlungen, begangen im Zustand hoch gespannter Affektregung, gerichtet an einen relevanten Anderen und gekennzeichnet durch eine spezifische Vorgeschichte der Tat, abgeleitet aus der selbstdefinitionsrelevante (sic!) Täter-Opfer-Beziehung."[31]

Die beiden Arten von Affektdelikten unterschieden sich außerdem durch eine für die Impulstaten häufig bereits seit Kindheit oder Jugend zu bemerkende prädisponierende gestörte Impulsivität und dem Vorhandensein enthemmender Faktoren wie Alkohol oder Drogen. Einer Affekttat gehe stets eine für die Selbstdefinition des Täters relevante Erschütterung der zwischenmenschlichen Beziehung zum Opfer voraus, die eine Labilisierung seiner Persönlichkeitsorganisation und damit auch eine Abschwächung seiner Coping-Mechanismen sowie die Entstehung eines destruktiven Bereitschaftspotenzials nach sich ziehe. Die Relevanz einer zwischenmenschlichen Beziehung für die Selbstdefinition hänge dabei von vier auch gegenseitig von einander abhängigen Faktoren ab, nämlich dem Grad der Fixierung auf die Beziehung (die Bedeutung der Beziehung als Selbstdefinitionsressource), dem

Symmetriegrad der Investition in die zwischenmenschliche Verbindung, der Stärke der interaktionalen Komplementarität (dem Sich-gegenseitig-Ergänzen) sowie der Verfügbarkeit alternativer Ressourcen der Selbstdefinition. Die Gefahr der Entwicklung prähomizidaler Konstellationen sei umso größer, je stärker die Fixierung des Täters auf die Beziehung zu seinem Opfer ist, je größer die Asymmetrie der Investition, je schwächer die Komplementarität in der Interaktion und je weniger Alternativressourcen verfügbar sind.[32]

Was den andauernden Vermisstenfall von Madeleine McCann anbetrifft, so wäre der Möglichkeit des Vorliegens einer Impulstat (z. B. eine singuläre Überforderungssituation mit dem Kind unter Alkoholeinfluss sowie dem allgemeinen Regressionsrahmen „Urlaub"), vor allem aber einer Affekttat durch einen Elternteil noch näher nachzugehen. Letzteres wäre in Anbetracht von Madeleines altersbedingter psychosozialer Entwicklungsphase insofern plausibel, als dass das Autonomiestreben, die Hinwendung zum Vater sowie die damit verbundenen Abwendung von der Mutter durch ein knapp 4-jähriges Kind die Selbstdefinition der Mutter in ihrer Rolle als enge Bezugsperson in Frage stellt: Während die Mutter vielleicht auf die Beziehung fixiert bleibt, misst das sich entwickelnde Kind ihr zunehmend weniger Bedeutung für seine eigene Selbstdefinition zu, investiert somit auch weniger in diese Verbindung und schwächt die zwischenmenschliche Ergänzung, v. a. durch „Eigenwille" und damit „Unfolgsamkeit". Eine genauere Analyse insbesondere der Mutter-Kind-Beziehung, aber auch der Vater-Tochter-Beziehung, erscheint in dem von uns betrachteten Fall also sinnvoll.

Im Kern der intrapsychischen und damit verbundenen interpersonellen Psychodynamik einer Mutter, die ihr Kind tötet, steht für Wiese (1993) stets eine aggressive oder narzisstische Problematik.

Eine Frau, die in ihrer Kindheit nicht gelernt habe, eigene aggressive Anteile zu integrieren, weil sie durch eine Mutter mit dem gleichen Schicksal in diesen Selbstaspekten drastisch zurückgewiesen worden sei, die durch die Mutter erfahrenen Frustrationen zu groß gewesen seien, keine Loslösung von dieser primären Bezugsperson erfolgt sei oder aber die Frau einer Delegation der abgewehrten mütterlichen Aggression zum Opfer gefallen sei, trage sie diese Aggressionsproblematik in ihre eigene Mutterschaft hinein. Dies könne sich in verschiedenen Formen äußern:

- Im Falle der Überforderung der Frau, in dessen Folge ihre eigenen abgespaltenen aggressiven Anteile gegen das Kind virulent würden, dessen „gute" Teilobjektrepräsentanz dann trotz der Bedeutung für die eigene Selbstwertregulation nicht weiter aufrecht erhalten werden könne, könne es zu einer regressiven Wiederverschmelzung mit dem Kind kommen. Da Subjekt- und Objektgrenzen dann weitestgehend demontiert seien, könne der Nachkomme bei länger andauernder Regression der Mutter nicht aus der in den ersten Lebensmonaten bestehenden symbiotischen Phase entlassen werden. „Jeder Versuch des Kindes, der Symbiose zu entrinnen, ist bedrohlich und kann einen mütterlichen Destruktionsausbruch zur Folge haben, der aber eigentlich nicht das Kind meint, da dieses nicht als getrenntes Wesen existiert. Gemeint ist der ‚Schmelztiegel' ‚Mutter – eigene Existenz', der Ursprung und Ziel des archaischen Hasses ist."[33]

- Eine ausgeprägte Spaltung der Mutter in aggressive und libidinöse Anteile in Objektbeziehungen führe in der Interaktion mit dem Nachkommen auch zu einer Etablierung von Spaltung in dessen Beziehungsangeboten. Dieser übernehme also entweder die aggressive oder die ideale Seite. Problematisch werde es dann, wenn er (z. B. durch die Entwicklung aggressiver Unabhängigkeitswünsche) der Mutter die Aufrechterhaltung der Spaltung nicht mehr erlaube. Um sich vor einem Überwältigtwerden innerpsychischer Angst zu schützen, könne es zu einem Infantizid kommen.

- Durch eine mangelnde Triangulation in der Entwicklung der Objektbeziehungen der Frau (v. a. durch einen fehlenden Vater oder ein Nicht-Zulassen der Dreierbeziehung durch eine „klammernde" Mutter) habe diese ggf. eine Loslösung von ihrer Mutter nicht vollziehen können. „Die andauernde Abhängigkeit von der als allmächtig empfundenen Mutter wird als Unterwerfung erlebt und diese dafür entsprechend gehaßt."[34] Durch die anhaltend nicht erfolgte Loslösung der Mutter blieben die aggressiven Regungen gegen diese auf einer archaischen Stufe stehen, auch weil durch die fehlende Erfahrung mit der eigenen Aggression keine Umgangsweisen mit ihr hätten entwickelt werden können. „So ist auch die Tötung eines Kindes als Aufflammen archaischer Wut zu sehen, für deren Kontrolle keine Maßstäbe entwickelt werden konnten."[35] Die eigentlich der Mutter geltende Aggression könne dann u. a. suizidal gegen sich selbst gerichtet oder aber in Form einer Kindstötung verschoben werden.

- Eine mangelnde innerliche Loslösung von der eigenen Mutter könne auch mit einem Kinderwunsch der um Selbständigkeit ringenden Frau beantwortet werden. Er stelle eine progressive Separation von der eigenen Mutter dar und biete ihr zugleich ein Ersatzobjekt für die eigene Abhängigkeit. Aufgrund des unbewusst jedoch weiterhin virulenten „Loslösungsverbots", der Bedrohlichkeit der Separation aufgrund der Angst vor dem Objekt- oder Liebesverlust der Mutter sowie ihrer Aggression, könne für die Frau der Konflikt entstehen, sich zwischen der Sicherung der Beziehung zur Mutter und der zum Kind entscheiden zu müssen, was zu einer Kindstötung führen könne, gemäß der Prämisse: „Wenn ich es nicht tue, macht es meine Mutter."[36]
- Eine Tötung des Kindes könne auch altruistisch motiviert sein, in dem Sinne, dass die Mutter eine Wiederholung der ihrer eigenen Mutter geltenden Aggression in der Beziehung zum Kind erkenne und dieses daraufhin durch die Tat „retten" wolle.
- Ein erweiterter Suizid könne in manchen Fällen auch analog zur Selbsttötung unter Depression begriffen werden (vgl. die oben dargelegte Entstehungstheorie von Freud): „Sieht die Mutter ihr Kind aufgrund nicht geglückter Trennung als erweitertes Selbst, so beinhaltet die Vernichtung des gesamten Selbst neben der Destruktion der eigenen Person auch die des Kindes."[37]
- Eine Kindstötung kann nach Ansicht von Wiese auch auf eine narzisstische Störung zurückgehen: Eine Mutter, deren Kinderwunsch auf der Phantasie basiere, zusammen mit dem Kind eine entbehrte frühkindliche Geborgenheit nachträglich erleben zu können, und in diesem Bedürfnis durch die Realität enttäuscht werde, könne die Vorstellung dieses Idealzustandes erhalten wollen, in Form einer Selbst- oder Kindestötung. „Wird das Kind allein getötet, so kann es der Mutter als ‚konserviertes Ideal' dienen, das ihr, in ihrem Inneren verankert, die Möglichkeit der permanenten Harmonie vor Augen führt. Ihr eigenes Weiterleben ist damit sichergestellt."[38]

Eine weitere, von Wiese nicht explizit dargelegte, aber hinführend von ihr angerissene Psychodynamik der Kindstötung könnte in dem Bewältigungsversuch der eigenen Aggressionsproblematik mit Hilfe des Abwehrmechanismus der projektiven Identifizierung bestehen:

Das Kind wird unbewusst dazu gebracht, sich aggressiv zu verhalten und damit die von der Mutter abgewehrten Selbstanteile zu verkörpern. So sichtbar geworden, kann die Mutter diese Aggression nun „bekämpfen", was ggf. auch zum Tod des Nachkommens führt.

Um überhaupt etwas zur Psychodynamik der Mutter-Kind-Beziehung zwischen Kate und Madeleine McCann sagen zu können, müssten wir die so globale und rein manifeste Betrachtungsebene verlassen und stattdessen durch eine sehr differenzierte Analyse versuchen, die darunterliegenden latenten Strukturen offenzulegen.
Bevor wir überlegen, ob sich dieses Unterfangen lohnen würde, wenden wir uns aber noch einer weiteren Version zu:

9.2.2.2 Unfall des Kindes im/am Apartment der Familie mit anschließender Leichenbeseitigung.
Laut des 2001 von der Unicef herausgegebenen Innocenti-Reports waren in dem untersuchten Fünfjahreszeitraum 1991 – 1995 in den 29 OECD-Ländern körperliche Verletzungen, zumeist durch Unfälle, für rund 40% der Todesfälle von Kindern der Altersgruppe 1 bis 14 Jahre verantwortlich und stellten damit in dieser Kohorte die Haupttodesursache dar. Während im Vereinten Königreich von Großbritannien und Nordirland allerdings pro Jahr 6.1 von 100 000 Kindern auf diese Weise ums Leben kamen (im Fünfjahreszeitraum ein Anteil von 29% an allen Todesfällen), verunglückten in Deutschland, das im oberen Mittelfeld rangiert, jährlich 8.3 von 100 000 Kindern derart tödlich (ein Anteil von 38% an allen Todesfällen im betrachteten Zeitraum). Im mit Korea und Mexiko am Extrempol platzierten Portugal betrug die Anzahl der pro Jahr in Folge einer (meist unfallbedingten) Verletzung verstorbenen Kinder 17.8 pro 100 000 (ein Anteil von 40% an allen Todesfällen in der betrachteten Population im Fünfjahreszeitraum).[39]
Über die Verteilung einzelner Unfallarten bietet die Todesursachenstatistik des Statistischen Bundesamtes (2004)[40] für das Jahr 2002 folgende gut differenzierte Orientierung:
Im Kalenderjahr 2002 verunglückten insgesamt 504 Kinder und Jugendliche in Deutschland an einem Unfall. Dabei waren 48 Kleinstkinder unter 1 Jahr betroffen, 162 Klein- und Vorschulkinder zwischen 1 und 5 Jahren, 120 Schulkinder zwischen 5 und 10 Jahren sowie 174 Kinder und Jugendliche von 10 bis 15 Jahren. Während die Unfallumstände in der Gruppe der Säuglinge breit streuten, ereigneten sich unter den Klein- und Vorschulkindern vor

allem Unfälle mit Transportmitteln (55 Fälle), Unglücke des Ertrinken und Untergehens (45 Fälle), Stürze (14 Fälle), Unfälle im Zusammenhang mit Rauch, Feuer und Flammen (14 Fälle) sowie 25 nicht näher eingeordnete Vorkommnisse. In den höheren Altersgruppen fanden sich, deskriptiv gesehen, jeweils mehr Unfälle mit Transportmitteln, vor allem unter den 10- bis 15-Jährigen (122 Fälle), hingegen deutlich weniger Ereignisse von Ertrinken/Untergehen (21 Fälle für die 5- bis 10-Jährigen und 10 Fälle für die ältesten Kinder.)

Die Daten legen ein gegenüber den jüngeren Schulkindern deutlich höheres Unfallrisiko der Klein- und Vorschulkinder nahe, was entwicklungspsychologisch gesehen plausibel ist (man denke an das hohes Explorationsverhalten und Autonomiestreben der Kleinkinder bei noch nicht voll ausgereiften sensumotorischen Kompetenzen).

Gegenüber den anderen Altersgruppen hatten im Jahr 2000 laut einer repräsentativen Haushaltsbefragung der Bundesanstalt für Arbeitsschutz und Arbeitsmedizin[41] Kinder unter sechs Jahren in Deutschland die höchste Unfallquote im häuslichen Bereich (hochgerechnet 25 Fälle pro 1 000 Kinder dieser Altersgruppe gegenüber 17 Fällen innerhalb der Gruppe der 6- bis 15-Jährigen). Die meisten jüngeren Kinder verunglückten jedoch in Kindergarten oder Schule (hochgerechnet 50 Fälle pro 1 000 Kinder dieser Kohorte).

Die Zahlen verdeutlichen die Relevanz der Unfall-Version für die Betrachtungen des Vermisstenfalles von Madeleine McCann: Verglichen mit der im zweiten Kapitel gennannten Anzahl der durch Sexualmorde getöteten Kinder in Deutschland sowie der durch die Falldarlegungen als noch geringer zu vermutenden Größenordnung an langfristig von einem Entführer festgehaltenen Kindern scheint die Wahrscheinlichkeit, durch einen Unfall zu sterben, allgemein um ein vielfaches höher zu sein – vor allem für Kinder der Altersgruppe von Madeleine McCann.

Was den Aspekt einer (vielleicht auch in Auftrag gegebenen) Leichenbeseitigung durch einen Elternteil oder beide in den zuletzt betrachteten Versionen angeht, so wären vor allem zwei Motive vorstellbar: Angst vor Strafverfolgung bei aktiver Verursachung des Todes oder Verleugnung der schmerzlichen Realität des Todes des geliebten Kindes. Da diese Beweggründe, sollten sie vorhanden sein, nach außen hin aber von den Eltern McCann mehr oder weniger bewusst „geheim gehalten" werden, wird eine alleinige Betrachtung der mit ihren Handlungen absichtlich transportierten

Bedeutungsgehalte für einen Aufdeckungsversuch nicht geeignet sein. Wie oben bereits einmal erwähnt, müssten wir bei diesem Vorhaben den Fokus auf mögliche versteckte, nicht bewusst übermittelte Bedeutungsgehalte legen.

In der Abschlussbetrachtung zu den möglichen Versionen des Verschwinden von Madeleine McCann kann festgehalten werden, dass sämtliche Szenarien einer Nicht-Verwicklung ihrer Eltern wenig plausibel erscheinen, diejenigen einer Beteiligung am Verschwinden hingegen überwiegend ohne eine genauere Fallanalyse nicht eingeschätzt werden können, zumindest aber z. T. als wahrscheinlicher einzustufen sind als eine Kindesentführung durch einen Fremden.

Dass auch die Möglichkeit eines Zutreffens einer der Alternativversionen zur Entführungstheorie ernsthaft in Erwägung zu ziehen ist und der Vermisstenfall von Madeleine McCann darum eine genauere Analyse verdient, zeigen auch die im nächsten Abschnitt aufgeführten Zweifel von Experten.

9.3 Kritische Aspekte am Vermisstenfall Madeleine McCann

9.3.1 ...Aus Sicht eines kriminologisch geschulten Psychotraumatologen

Das Essener Unternehmen „TERAPON" bietet unter der Leitung des Traumatologen Herrn Dr. Christian Lüdke Privatpersonen sowie Firmen Prävention, Beratung und therapeutische Betreuung im Zusammenhang mit Gewalttaten, wie v. a. Überfällen oder Geiselnahmen, aber auch Unfällen und Katastrophen, an.

Der aufgrund seiner ehemaligen Tätigkeit als Ausbilder polizeilicher Spezialeinheiten auch über kriminologische Kenntnisse verfügende Psychotherapeut hat mittlerweile seit mehr als zehn Jahren Erfahrung in der Arbeit mit Geschädigten: Er betreute bereits Opfer der New Yorker Terroranschlägen vom 11. September 2001, Jan Philipp Reemstma nach dessen Entführung sowie auch zahlreiche Eltern nach dem Verschwinden ihrer Kinder, darunter z. B. den Vater von Natascha Kampusch.

Bezüglich des so auffallend aktiven Verhaltens der Eltern McCann in der Öffentlichkeit hatte Herr Dr. Lüdke bereits im Jahr 2007 kritische Überlegungen angeregt. Einerseits vor dem statistischen Hintergrund, dem zufolge es sich bei etwa 70% der Gewalttaten gegen Kinder um Beziehungstaten aus dem familiären oder bekanntschaftlichen Umfeld handele,[42] andererseits vor allem aufgrund der Ungewöhnlichkeit des massiven Agierens der Eltern

McCann in der Öffentlichkeit, die seinen Erfahrungen widersprechen,[43] sieht Dr. Lüdke eine Verwicklung von ihnen in das Verschwinden ihrer Tochter als gut möglich an: „Es könnte durchaus sein, dass die Eltern Täterwissen haben – oder vielleicht sogar die Täter sind. Und sich unbewusst einer Schuld im Klaren sind. Dass sie eine völlig neue Wirklichkeit konstruiert haben über ihre Kampagne, durch die Besuche bei verschiedenen Regierungschefs bis hin zum Papst. Um eventuell von der eigenen Tat abzulenken."[44]

„Es gibt pro Jahr in Deutschland zehn bis fünfzehn Fälle, wo die Eltern am Anfang, wenn sie nicht wissen, was mit ihrem Kind ist, die Öffentlichkeit suchen. Aber das sind dann ein, maximal zwei Auftritte, wo sie einem Fernsehsender ein Interview geben. Ein solcher Fall, der dann auch eine so große öffentliche Anteilnahme erregt hat, ist mir aus der Kriminalgeschichte aber nicht bekannt."[45] Was die McCanns unternähmen, könne man auch als „Vorwärtsverteidigung" verstehen.[46] Hinter der möglichen Täterschaft der Eltern McCann in Form einer vorsätzlichen Tötung[47] oder auch einer Beruhigungsmittelüberdosierung[48] ist für Herrn Dr. Lüdke vor allem eine Bindungsstörung zu dem Kind vorstellbar, ebenso möglichweise lang andauernde Selbstwert- sowie Partnerschaftsprobleme im Zusammenhang mit der künstlichen Befruchtung.[49]

Im persönlichen Gespräch am 15.09.2008 legte Herr Dr. Lüdke seine Gedankengänge bezüglich der Verhaltensvariabilität von Eltern vermisster Kinder sowie der Möglichkeit einer Aufklärung des Falles McCann vor dem Hintergrund seines praktischen Erfahrungsschatzes wie folgt dar:
Der Verlust des eigenen Kindes sei auf der von Psychologen empirisch entwickelten Skala des allgemeinen Belastungsgrades einschneidender Lebensereignisse, der Holmes-Rahe Life Event Rating Scale[50], nahe des Extrempols angesiedelt. Nach der etwa einen Tag bis eine Woche andauernden akuten Phase des Traumas, in der die geschockten Eltern in ihrem erlittenen Kontrollverlust typischerweise eine Art „Starre" erleben würden sowie die annähernde Unmöglichkeit, klare Gedanken zu fassen, zögen sie sich in der Regel in einem allgemeinen Vermeidungsverhalten zurück und litten häufig unter posttraumatischen Störungen wie Intrusionen und Flashbacks. Auch sei ihre Zeitwahrnehmung gestört: Durch einen Schutzmechanismus der Psyche würde die Dauer kurzer Ereignisse typischerweise wie ein Zeitraum von vielen Stunden oder gar Tagen empfunden, lang andauernde Geschehnisse hingegen wie nur sehr kurze. Das

Zimmer des Kindes würden die Eltern eine lange Zeit nach dessen Verschwinden normalerweise nicht verändern.

Unabhängig von der individuellen Persönlichkeit zeigten die Eltern im persönlichen Kontakt sehr starke Emotionen – ein Verhalten, dass hingegen an den McCanns nicht zu bemerken gewesen sei. Statt ihres harmonischen Händchenhaltens und den gemeinsamen Joggingrunden am Strand wenige Tage nach dem Verschwinden ihrer Tochter Madeleine machten sich die Eltern typischerweise gegenseitig massive Vorwürfe. Das dramatische Ereignis stelle einen immensen Beziehungstest dar, dem viele Ehen nicht standhielten. Nicht selten würden die Männer anfangen, größere Mengen Alkohol zu konsumieren, Mütter würden depressiv und Großeltern körperlich krank. Was ein so frühes bewusstes Gegensteuern in Form von Joggingrunden anbetreffe, so ist Herr Dr. Lüdke überzeugt: „Man *kann* sich gar nicht ‚ablenken' in solch einer Situation!"

Auch die Tatsache, dass die McCanns über Monate hinweg am Ort des Geschehnisses geblieben seien, statt zurück in ihre Heimat zu fliegen, sei durch die Entführungsversion wenig erklärbar: In solch einem Fall sei der Ort mit einem derartigen Schrecken besetzt, dass die Eltern dort sicherlich großen Stress empfinden würden und daher den Ort vielmehr zu meiden suchten.

Auf meine Frage, ob sich das starke Öffentlichkeitsverhalten der Eltern McCann nicht einfach vor dem Hintergrund ihrer Persönlichkeitsstrukturen verstehen ließe, erklärt Herr Dr. Lüdke: Der Wunsch, im Verlauf der Zeit an die Bevölkerung heranzutreten, variiere zwar mit der Persönlichkeit der Betroffenen. Diejenigen Eltern, die mit den Medien in Kontakt träten, führten jedoch in aller Regel nur ein bis drei Interviews, selten ein paar mehr. So z. B. auch die Eltern der 2001 im oberfränkischen Lichtenberg entführten 9-jährigen Peggy Knobloch, die sich mit ein paar medialen Appellen an die Entführer gewandt hätten. Ein derartig immenses öffentliches Agieren, wie es die McCanns jedoch betrieben, habe Herr Dr. Lüdke noch nicht erlebt: „Eltern, die nach einer Entführung ihres Kindes an die Öffentlichkeit gehen, machen das nicht so systematisch, nicht über einen so langen Zeitraum hinweg und nicht so intensiv", legt er dar. Auch falle der ungewöhnlich hohe Planungsgrad des Vaters an dessen höchst professionell aufgezogener Internetseite auf. Als Motiv für ein derartig massives öffentliches Agieren kann sich Herr Dr. Lüdke ein Bestreben der Eltern nach einer *nachträglichen* Aufmerksamkeitsausrichtung auf die Tochter aufgrund entsprechender Schuldgefühle vorstellen. Das starke Engagement der Eltern sei dann auf eine für eine derartige Thematik überaus empfängliche Öffentlichkeit getroffen, deren Sicherheitsgefühl nach den Terroranschlägen des 11.September 2001 deutlich labilisiert sei und die darüber hinaus von der außergewöhnlichen Dramatik eines Kidnappings in der Urlaubsidylle besonders berührt gewesen sei. Meinen Überlegungen, die Eltern McCann könnten vielleicht aufgrund einer Überbesetzung des endlich durch künstliche Befruchtung gezeigten Kindes so immens reagieren, hält Herr Dr. Lüdke entgegen, dass eine derartige Haltung vielmehr mit einem „Glucken" der Kinder verbunden sei, die mit ihrem Alleinlassens am Abend des Verschwindens nicht vereinbar sei. Auch müssten die Eltern in der Folge des Ereignisses derartige Ängste um die noch verbleibenden Geschwisterkinder haben, dass sie diese nicht für eine „Europatournee" allein lassen würden.

Herrn Dr. Lüdkes Gedankengänge im Zusammenhang mit den Aufklärungsmöglichkeiten des Vermisstenfalls von Madeleine McCann lassen sich wie folgt skizzieren:

Die Frage der Anzahl der möglichen Fremdtäter ließe sich bereits durch die Tatsache beantworten, dass nur eines, nicht aber alle drei angeblich in einem Raum schlafenden Kinder verschwunden seien, womit eine gemeinschaftliche Handlung mehrerer Täter auszuschließen sei. Wenn man sich allerdings das hohe Entdeckungsrisiko vor Augen halte, das ein in ein Hotelzimmer einsteigender Kindesentführer auf sich nehme, komme man rasch zu einer Einstufung dieser Version als grundsätzlich wenig wahrscheinlich. Auch spreche das andauernde Fehlen der Leiche gegen einen fremden, pädophilen, Täter: Auf den immensen Druck der Öffentlichkeit hin hätte er das wahrscheinlich schnell getötete Kind mittlerweile eher sehr sichtbar abgelegt, um sich aus der überaus stressreichen persönlichen Situation zu befreien. Kinder, die in Europa „spurlos verschwinden", indem sie über Jahre hinweg in Kellern gehalten oder aber z. B. mittels Säure vernichtet würden, seien hingegen zumeist Opfer von Serientätern – der Modus operandi der Entführung aus einer geschlossenen Unterkunft sei von derartigen Fällen in Südeuropa aber, zumindest öffentlich, nicht bekannt.

Wahrscheinlicher sei also eine Täterschaft innerhalb der Familie oder aber innerhalb des Kreises mitgereister Freunde, die größtenteils Ärztekollegen sind. Was letztere anbetrifft, so könnte es sich nach Auffassung von Herrn Dr. Lüdke um einen Rivalitätskonflikt gehandelt haben. Wahrscheinlicher sei jedoch (wie oben dargelegt) eine Verwicklung der Eltern. Hier gelte es zu schauen, ob diese in ihren Persönlichkeiten stärkere Auffälligkeiten, vielleicht gar Störungen aufwiesen. Eine derartige

Persönlichkeitsstörung stellte stets eine Beziehungsstörung dar und sei zumeist aus der Biographie ableitbar. Im Falle einer Täterschaft der Eltern McCann sei die Verbrennung des Leichnams im nahe gelegenen Tierkrematorium oder seine Versenkung im Meer in Erwägung zu ziehen.

Herr Dr. Lüdke erinnert sich an mehrere Fälle Anfang der 1980er sowie 1990er Jahre, in denen die Eltern, die ihr Kind zunächst als vermisst gemeldet hätten, dann selbst als Täter überführt worden seien. Auch vor etwa 3 Jahren habe in solch einem Fall der Großvater schließlich die Leiche des Kindes in einem Waldstück „gefunden" und die Eltern erklärt, das Kind sei doch aus dem Bett gefallen. Ob es sich tatsächlich um einen Unfall oder aber sogar eine Tötung des Kindes durch die Eltern gehandelt habe, sei dann nicht mehr feststellbar gewesen.

9.3.2 ... Aus Sicht des ehemaligen Chefermittlers im Kriminalfall „Madeleine"
Gonçalo Amaral, der anfängliche kriminalpolizeiliche Ermittlungschef im Vermisstenfall Madeleine in Portugal, äußert in seinem Buch „A Verdade Da Mentira" (2008) ein noch schärferes Misstrauen gegen ihre Eltern:
Amaral geht davon aus, dass Madeleine McCann im Ferienapartment der Familie im Ocean Club verstarb, möglicherweise durch einen tragischen Unfall. In der Nähe des Sofas sei das Mädchen ums Leben gekommen. Was die Entführung anbetrifft, so nimmt er an, diese wurde von Kate und Gerald McCann inszeniert. Sie hätten die Leiche ihres Kindes versteckt und später mit dem Auto weiter wegtransportiert.
Sein Verdacht stützt sich zum einen auf die von den Spürhunden gefundenen Spuren von Blut und Leichengeruch (vgl. Kap. 4.4), zum anderen auf einige ihm im Zuge der Ermittlungen merkwürdig erscheinenden Verhaltensweisen der McCanns (vgl. Kap. 4.3 und 5). Darüber hinaus führt er folgende Argumente an[51]:

- In den Tagen vor der Untersuchung des Leihwagens der McCanns habe laut einer portugiesischen Zeugin dessen Kofferraum offengestanden. Die McCanns hätten diese Auffälligkeit – für Amaral wenig befriedigend - mit einem Auslüften dieses Bereiches erklärt, da dort schmutzige Windeln transportiert worden seien und außerdem nach einem Einkauf Flüssigkeit von Fleisch ausgelaufen sein soll.
- Für das Agieren eines Entführers seien die Räumlichkeiten der McCann zu aufgeräumt gewesen. Auch habe man keine

Fußspuren eines aus dem Fenster steigenden Fremdtäters entdecken können. An dem Fensterrahmen des Kinderschlafzimmers seien außerdem weder fremde Finger- noch Handschuhabdrücke gefunden worden, lediglich Kate McCanns Spuren, was gegen einen Ein-/Ausstieg eines einzelnen Entführers spreche. Entweder habe es also keinen Entführer gegeben oder aber zwei Täter, wobei der eine dem anderen das Kind durch das Fenster gereicht habe. Es sei aber auch nicht plausibel, dass ein Entführer durch die Tür eintreten, dann aber das Apartment wieder auf dem viel umständlicheren Weg durch das Fenster verlassen würde. Abgesehen davon hätte er sich in dem kleinen Raum mit den beiden Kinderreisebetten in seiner Mitte nur schwerlich bewegen können.

- Wenn das Sofa, wie vom Vater angegeben, zunächst nicht direkt an der Wand gestanden habe, habe Madeleine leicht dahinter fallen können.
- Madeleines Bett habe aufgrund der Ordentlichkeit der Wäsche den Eindruck erweckt, es sei gar nicht benutzt worden.
- Das gebrauchte zweite Bett im Kinderschlafraum werfe die Frage auf, ob die Mutter aufgehört habe, mit dem Vater im Elternschlafraum zu nächtigen, und dann bei den Kindern geschlafen habe.
- Die Vorhänge des Kinderschlafzimmers mit ihrer von der Wand gerissenen Umfassung würden vielmehr so aussehen, als seien sie in Eile zugezogen worden, als dass sie wohl von einem Entführer geöffnet worden seien.
- Als einige Zeit nach dem Verschwinden ein Niederländer per E-Mail eine hohe Summe Lösegeld für Madeleines Freilassung gefordert habe, sei die Polizei eingeschaltet und der E-Mail-Verkehr unter der Beobachtung der Beamten fortgesetzt worden. Diese hätten sich gewundert, dass Gerald McCann dabei einen Lolli gelutscht, im Internet Trivialitäten recherchiert und mit den Polizeikräften Sportergebnisse besprochen habe.

(Darüber hinaus kritisiert Amaral, dass eine unabhängige Ermittlungsarbeit nicht möglich gewesen sei, da der Fall schnell keine kriminalpolizeiliche Angelegenheit mehr gewesen sei, sondern eine politische: So sei bereits an dem Tag nach Madeleines Verschwinden der britische Botschafter aus dem drei Autostunden entfernten Lissabon zur Unterstützung der McCanns angereist. Ein britischer Polizeibeamter sei mit einem von Madeleines Eltern ausgegebenen „Find-Madeleine"-Armband um das Handgelenk in

Portugal eingetroffen. Und nach seiner Absetzung habe sich Gordon Brown telefonisch bei den Behörden erkundigt, ob dieser Schritt auch wirklich unternommen worden sei. Es habe geschienen, als sei es verboten gewesen, die McCanns oder die mitreisenden Freunde zu verdächtigen.)

Was man bei Einschätzung der Seriosität von Amarals Darlegungen allerdings allgemein nicht ganz unberücksichtigt lassen darf, sind die gegen ihn laufenden Ermittlungen wegen der Billigung und Vertuschung von Körperverletzung zwecks Erpressung eines Geständnisses in einem einige Jahre zurückliegenden Vermisstenfall.[52]

Dennoch zeigen uns die in diesem Oberkapitel kennengelernten Fragwürdigkeiten im Vermisstenfall Madeleine McCann insgesamt, dass eine genauere Untersuchung einer möglich erscheinenden Verwicklung der Eltern sehr lohnenswert wäre.

10 Die Fragestellung und ihre Differenzierung in psychologische Konstrukte

Unsere vorangehenden Erkundungen bewegen uns dazu, in dieser Arbeit einmal der folgenden Frage nachzugehen:

Finden sich im öffentlichen Verhalten der Eltern McCann Hinweise auf eine Verwicklung in das Verschwinden ihrer Tochter oder auf einen Angehörigen-Opferstatus?

„Öffentliches Verhalten" bezieht sich hierbei vorwiegend auf die Blogführung des Vaters im Internet, die TV-Appelle und Interviews der Eltern sowie sonstige ausgewählte Zeugnisse ihres nach dem in Frage stehenden Geschehen gezeigten Verhaltens in der Öffentlichkeit, wie z. B. eine vor dem Brüsseler EU-Parlament gehaltene Power-Point-Präsentation sowie die medial dokumentierte Begehungsweise von Madeleines Geburtstag. Sehr vereinzelt werden auch Verhaltensweisen mit einbezogen, die zunächst privat waren, aber in Folge des Medieninteresses publik wurden, wie z. B. Herrn McCanns Telefonanruf bei seiner Schwiegermutter in der Nacht des Verschwindens des Kindes.

Ferner soll nicht unerwähnt bleiben, dass auch der biographische Hintergrund und die von den Ermittlern vorgefundene Tatortsituation als bedeutsame Hintergrundinformationen in die Analysen einbezogen werden.

„Angehörigen-Opferstatus" meint den Fall, dass keine aktive Verwicklung der Eltern McCann in eine Tötung des Kindes sowie in eine nachfolgende Leichenbeseitigung gegeben ist, ihnen also höchstens eine Vernachlässigung der Aufsicht vorzuwerfen ist, die zu Madeleines Entführung oder ihrem Hinauslaufen, Verunglücken und Nicht-gefunden-Werden führte.

Wie wir in Kapitel 9 an verschiedenen Stellen sehen konnten, ist für die Untersuchung einer solchen Fragestellung eine ausschließliche Konzentration auf die von den Eltern in bewusster Absicht übermittelten Bedeutungsgehalte ihrer Handlungen und Äußerungen nicht Erfolg versprechend. Mit einer derartigen Verfahrensweise würden wir gerade über die hinsichtlich unserer Fragestellung als entscheidend wertzuschätzenden Aspekte, nämlich psychisch Abgewehrtes, nach Außen hin bewusst Zurückgehaltenes und andere, einer Reflexion nicht immer vollständig zugängliche Strukturen, wie z. B. intrafamiliäre Beziehungsmuster, nichts in Erfahrung bringen können.

Ebenso wenig erhielten wir auf unsere Frage eine Antwort, würden wir mit einem quasi-nomothetischen Ansatz aus dem Erscheinungsbild des Verhaltens die dahinterstehende (unbewusste) Bedeutung ableiten wollen. Weil es diesbezüglich für einen konkret vorliegenden Fall kein 1:1-Verhältnis gibt, ein und dasselbe Verhalten viele Bedeutungspotenziale hat,[1] würden wir auch mit dieser Vorgehensweise scheitern.

Was hingegen wesentlich Erfolg versprechender zu sein scheint, ist das Bemühen, unter der Prämisse ihrer Existenz und wissenschaftlichen Erfahrbarkeit (vgl. Kap. 11) die für die Elternteile McCann jeweils *individuellen latenten* Bedeutungssphären der von ihnen nach Madeleines Verschwinden produzierten Handlungen und Aussagen zu erkunden. Es kann danach der Versuch unternommen werden, aus einem umfangreichen Gesamtbild der bei den Eltern nach dem Verschwinden ihrer Tochter Madeleine vorhandenen Psychodynamik heraus eine Aussage über den Plausibilitätsgrad der potenziell möglichen Ereignisversionen abzuleiten.

Mit Verweis auf die theoretische Untermauerung der Annahmen im nachfolgenden Kapitel 11 gehen wir für die Spezifizierung der übergeordneten Fragestellung davon aus, dass je nachdem, was die Eltern McCann im unmittelbaren Zusammenhang mit dem Verschwinden ihrer Tochter tatsächlich erlebt haben, sich bestimmte Aspekte davon in ihrem Verhalten manifestieren - seien sie auch verdrängt, der Reflektion einfach naturgemäß (vorübergehend oder per se) nicht vollständig zugänglich oder bewusst nach Außen hin „geheim gehalten".

Je nach Persönlichkeit der Elternteile und ihrer Bindung zu Madeleine – den wohl zwei wesentlichen Moderatorvariablen für das Erleben - sowie je nach der von ihnen am Abend des 3. Mai 2007 jeweils erlebten Version sind damit korrelierte latente Elemente zu vermuten, unter denen sich die folgenden besonders gut abgrenzen lassen:[2]

- **Unbewusste ereigniskorrelierte Konfliktspannungen (auch von Persönlichkeit und Beziehung zum Kind abhängig) und damit assoziierte wesentliche und differenzielle Wünsche, Ängste und Phantasien:**
  - *Vorsätzliche Tötung eines unerwünschten Kindes*: Da bei dieser Motivationsvariante in der Regel sowohl eine geringere Bindung zu dem Kind vorausgesetzt werden kann als auch eine Unterentwicklung der Norm- und Gewissensstrukturen der Täterpersönlichkeit ist eher eine fehlende oder gering ausgeprägte Konfliktspannung zu vermuten. Ein solcher Täter wird nach der Tat wohl, zumindest vornehmlich, erleichtert sein. Die Entwicklung von ausgeprägter Trauer oder Depression ist unwahrscheinlich.

- *Versehentliche Kindstötung durch eine sadistische Bestrafung oder durch eine Affekt-/Impulstat*: Ab einer gewissen Bindung zu dem Kind und normaler Entwicklung der Norm- und Gewissensstrukturen sind sowohl ein Schuld- als auch ein Selbstwertkonflikt des Täters anzunehmen, mit dem zentralen Inhalt: „Ich war zu aggressiv/impulsiv". Vor diesem Hintergrund müsste eine Gegenbesetzung erfolgen, durch die sich der Täter nun in auffallender Weise vor sich selbst und/oder anderen bemüht, „demonstrativ sanft" zu wirken. Er könnte die unbewusste Phantasie haben, durch diese Sanftheit das Kind wieder lebendig machen zu können.
- *Vorsätzliche Tötung nach dem Typus „Euthanasie"*: Diese Tat setzt eine gewisse Bindung zum Kind voraus, ebenso Feinfühligkeit. Da „Tötung aus Liebe" aber ein psychisch erst einmal zu verarbeitendes Paradoxon darstellt, wird der Täter vermutlich längere Zeit vor der Tat eine ambivalente Haltung bezüglich des Tötungsvorhabens verspürt haben und empfindet wohl auch nach dessen unumkehrbarer Realisierung noch einen massiven Ambivalenzkonflikt im Sinne von: „Ich liebe mein Kind und habe es deshalb getötet, die Tat war also ‚gut'" versus „ich habe mein Kind getötet und das bedeutet doch eigentlich, ich liebe es nicht, meine Tat war also ‚böse'."
- *Unfall ohne aktive Verwicklung der Eltern; diese finden ihr Kind später tot auf:* Ab einer gewissen Bindung an den Nachkommen ist bei den Eltern ein Schuld- und Selbstwertkonflikt zu vermuten, mit dem zentralen Inhalt: „Ich bin nicht für das Kind dagewesen, habe nichts tun können, um es nach dem Unglück zu retten, und nun ist es deswegen tot." Daraus resultierend ist als Gegenbesetzung ein Verhalten anzunehmen, das, gegenüber sich selbst und/oder anderen, ein demonstratives „Dasein" für das Kind, ein „Sich-Kümmern", ein „Etwas-für-das-Kind-Tun" beinhaltet, verbunden mit der Phantasie, das tote Kind dadurch wieder lebendig zu machen. Die erstgenannten Elemente sind zwar sicherlich bei Eltern mit einer guten Bindung an das Kind auch unter anderen Versionen bis zu einem gewissen Grad vorhanden, in der hier abgehandelten werden sie aber vermutlich durch den ereigniskorrelierten Konflikt noch übersteigert sein.
- *Entführung während der Abwesenheit der Eltern*: Ab einer gewissen Bindung ist auch hier ein Schuld- und Selbstwertkonflikt anzunehmen, mit dem Fokus: „Ich bin nicht für das Kind dagewesen, habe es nicht vor dem bösen Eindringling beschützt." Die Gegenbesetzung, die unter dem vorliegenden Konflikt zu einem wohl besonders übersteigerten Verhalten führt, wird in etwa der unmittelbar vorangehend vorgestellten entsprechen. Statt einem Wieder-Lebendig-Machen-Wollen wird die Eltern jedoch insgeheim die zermürbende Frage beschäftigen, *ob* das Kind noch lebt oder ob es schon tot ist. Auch der potenziell traumatische Aspekt des intrusiven Verhaltens des Entführers, seine Missachtung der eigenen (Apartment)Grenzen, wird vermutlich in der Psyche der Eltern virulent sein.
- *Beseitigung der Kinderleiche:* Ab einem gewissen Maß an Bindung ist ein Konflikt zwischen dem Wunsch nach einer würdevollen Beerdigung und einer zweckmäßigen, vor allem sicheren, Entsorgung zu vermuten. Außerdem ist von einem Konflikt zwischen dem Wiederaufsuchen des Ortes (Nähe für Trauerarbeit, Gedenken) und einem Fernbleiben als Bestandteil der Tarnhandlung auszugehen.

- **Potenziell traumatische[3] ereigniskorrelierte Elemente:**
  - *Vorsätzliche Tötung eines unerwünschten Kindes:* Es ist wäre vorstellbar, dass die eigene Tötungsaktivität traumatische wirkt und somit Elemente dieser Handlung dissoziiert werden o. ä. .
  - *Versehentliche Kindstötung durch eine sadistische Bestrafung oder durch eine Affekt-/Impulstat:* Der Anblick des geliebten und verletzten, vielleicht gar des sterbenden Kindes, hat vermutlich traumatisches Potenzial. Ebenso die eigene Tötungsaktivität.
  - *Vorsätzliche Tötung nach dem Typus „Euthanasie"*: Da eine Tötung unter diesem subjektiv „durch Liebe" bestimmten Motiv sehr wahrscheinlich relativ „sanft" geschehen wird (wohl am ehesten durch Intoxikation), ist ein für die Eltern traumatisches Bild ihres äußerlich stark verletzten Kindes hier sehr unwahrscheinlich. Die Tötungsaktivität selbst könnte hingegen traumatisch gewirkt haben.

- *Unfall ohne aktive Verwicklung der Eltern; diese finden ihr Kind später tot auf:*
  Als „traumatisch" denkbar ist in diesem Fall vor allem sowohl der Eindruck eines leer aufgefundenen Kinderbettes sowie der eines plötzlichen Entdeckens der Leiche. Auch das Bild eines möglicherweise stark verletzten Kindes könnte traumatisch sein.
- *Entführung während der Abwesenheit der Eltern*:
  Das leer vorgefundene Kinderbett, zusammen mit der relativ zeitgleich gemachten Entdeckung des offenen Fensters, ist als traumatisch vorstellbar. Darüber hinaus ist auch der Eindruck der Intrusion eines Fremden in das eigene Apartment als traumatisch wirkend denkbar.
- *Beseitigung der Kinderleiche:* Der Eindruck eines „im Dreck" verscharrten oder anderweitig unwürdig zurückgelassenen Kindes könnte ebenfalls für den „Leichenentsorger" tendenziell traumatisch sein.

- **Ereigniskorrelierte (unbewusste) Bedeutung von manifest auffallenden Handlungen und Äußerungen der Eltern (auch deutlich von Persönlichkeit und Beziehung zum Kind mit abhängig):**
  Von den Eltern produzierte Aussagen und Handlungen können, je nach dem von ihnen am 3. Mai 207 tatsächlich erlebten Geschehen, eine ganz verschiedene persönliche Bedeutung für sie haben, die mehr oder weniger bewusst sein kann.
  So kann der wenige Wochen nach dem Verschwinden des Kindes erfolgte Papstbesuch im Falle einer aktiven Verwicklung in das Verschwinden beispielsweise die Bedeutung einer Beerdigungszeremonie und einer Sünden-Vergebungs-Veranstaltung haben, im Falle eines alleinigen Angehörigen-Opferstatus eines Tankens von Hoffnung für das Kind sowie eines an den Täter gerichteten Signals, weiterhin mit allen Mitteln für ein Wiederbekommen des Kindes zu kämpfen.

- **Ereigniskorrelierter Selbstverrat:**
  In der Funktion einer Entlastung des Ichs, das unter der Voraussetzung einer in moralischer Hinsicht nicht unterentwickelten Persönlichkeit im Falle einer aktiven Verwicklung in das Verschwinden des Kindes eine Strafbedürfnis-Spannung dem Über-Ich gegenüber trägt, wäre auch ein mehr oder weniger deutlicher, unbewusst motivierter Selbstverrat möglich. Eine weitere Erklärung für einen möglichen Selbstverrat ist das psychoanalytische Theorem von der „Wiederkehr des Verdrängten" (vgl. Kap. 11).

Dabei wird davon ausgegangen, dass zumindest bei Persönlichkeiten, die vor dem potenziell traumatischen Geschehen keine Störungen von Krankheitswert aufwiesen, die in ihren nach dem Ereignis produzierten Handlungen und Aussagen primär feststellbaren Konfliktspannungen und unbewussten Themenfoki überwiegend durch das Ereignis bestimmt sind, zwar u. U. auch in Form einer Reaktualisierung früherer Konflikte, jedoch einer *ereigniskorrelierten Reaktualisierung.*

Der hier aufgeführte „Katalog" von mutmaßlich mittelbar ereigniskorrelierten psychodynamischen Elementen soll das grobe Gerüst aufzeigen, an dem sich die Beantwortung der Fragestellung orientiert; er soll nicht darüber hinwegtäuschen, dass das im Ergebnis in seiner Einzigartigkeit fertiggestellte Gebäude noch um einiges komplexer, verwinkelter und bunter sein wird, als man es nach diesen orientierenden Darlegungen hier vielleicht erwarten könnte. Dies liegt insbesondere daran, dass sich an dieser Stelle nicht sämtliche ereignisassoziierten psychodynamischen Aspekte und Aspektkonstellationen antizipieren und systematisieren lassen. Es gilt also, mit diesem theoretischen Stützwerk als Hintergrund an das vorliegende Fallmaterial heranzugehen, immer darauf ausgerichtet, seine *in ihm* virulenten Zusammenhänge zu entdecken und sich von ungeahnten Facetten noch überraschen zu lassen.

Für die am individuellen Einzelfallmaterial ausgerichtete Plausibilitätsbeurteilung der Ereignisversionen bezüglich Madeleines Verschwindens sind außerdem auch die folgenden, z. T. bereits erwähnten latenten Strukturen[4] von Bedeutung:

- **Persönlichkeitsstrukturen der Elternteile** *(v. a. Grad des normorientierten Verhaltens, individuelle Konfliktverarbeitungsmuster und Kontrollüberzeugungen[5], Grad der Fähigkeit zu konstruktiver Empathie[6] und Affektregulation):*
  Während die Frage nach dem Ausmaß des normorientierten Verhaltens wohl vor allem hinsichtlich des Infantizid-Typs „vorsätzliche Tötung eines unerwünschten Kindes" von Relevanz ist, sind individuelle Konfliktverarbeitungs- und Kontrollüberzeugungsmuster, von denen insbesondere erstere auch pathologisch sein können, für eine Einschätzung des wahrscheinlichen Verhaltens der Personen innerhalb der verschiedenen möglichen Versionen entscheidend. Von der Fähigkeit zu konstruktiver Empathie wird hier angenommen, dass sie bezüglich der Infantizid-Versionen „vorsätzliche Tötung eines unerwünschten Kindes", „versehentliche Tötung durch sadistische Bestrafung oder eine Affekt-/Impulstat" und „vorsätzliche Tötung nach dem Typus Euthanasie" einen entscheidenden Einflussfaktor darstellt. Was eine mögliche Impulstat anbetrifft, so ist selbstverständlich auch ein Wissen über die individuelle Fähigkeit zur Affektregulation der Elternteile von Nöten.

- **Person und Persönlichkeit des Kindes** *(v. a. äußeres Erscheinungsbild, Gesundheit, allgemeiner Entwicklungsstand, Sozialverhalten, Temperament):*
  Die Persönlichkeitsmerkmale des Kindes sind insofern von Relevanz, als dass sie für bestimmte Ereignisversionen Risiko- oder auch Schutzfaktoren darstellen könnten. So ist z. B. unmittelbar ersichtlich, dass für ein besonders aktives Kind eine erhöhte Unfallgefahr besteht, für ein Kind mit auffälligem Sozialverhalten und sehr aktivem Temperament ein erhöhtes Risiko für repressives, u. U. auch gewaltbesetztes Erziehungsverhalten sowie für ein besonders attraktives Kind ein Risiko für eine geplante, sexuell motivierte Entführung).

- **Jeweilige Bindung und Beziehung des Vaters und der Mutter zu Madeleine** *(Konzeptualisierung des Kindes (also „inneres Bild"), Stärke und Qualität der Bindung, Qualität der Beziehung, Beziehungsstrukturen):[7]*
  Neben der Prämisse, dass die Stärke der Bindung der Eltern zu ihrem Kind sowie die Qualität der Beziehung wesentlich die Konfliktstärke nach dem im Frage stehenden Geschehen mitbestimmen, ist von ihrer Ausprägung wohl auch der Plausibilitätsgrad für bestimmte Versionen abzuleiten, v. a. wohl des möglichen Szenarios „Tötung eines unerwünschten Kindes". Zudem korrelieren die hier aufgeführten Variablen wohl auch mit der Erziehungshaltung gegenüber dem Kind, aus der ein ggf. bestehendes besonderes Risiko für Überforderungen des Kindes, Vernachlässigungen oder sadistische Bestrafungen abgeleitet werden kann.

- **Paarbeziehungsgefüge der Eltern** *(v. a. Kollusionsmuster):*
  Die Paarbeziehungsstruktur legt auch für den Fall einer möglichen Täterschaft der Eltern bestimmte Rollen nahe, in deren Zusammenhang z. B. die Frage relevant ist, in wie weit jeder Elternteil dazu fähig wäre, eigenständig und ohne Versicherung durch den Partner zu agieren. Wäre eher zu erwarten, dass sich das Paar nach einer aktiven

Verwicklung gegenseitig in seinem Tarn- und ggf. Abwehrverhalten stabilisiert oder wäre eher zu erwarten, dass es zu einem Zusammenbruch der Beziehung und einem Selbst- oder Fremdverrat kommt? Darüber hinaus steht die Paarbeziehungsstruktur immer im Zusammenhang mit potenziellen Konfliktarten, aus denen sich dann u. U. auch ein Tatmotiv ableiten lässt (vgl. die Tötung des Kindes als Racheakt gegen den Partner oder ein interparentaler Tötungsversuch, dem das zunächst unbeteiligte Kind zum Opfer fällt). Im Falle einer entsprechend bedingten Kindstötung ist davon auszugehen, dass schon vor der Tat ein beim Täter auch interpersonell vorhandener, massiver Konflikt virulent war, der im betrachteten Material auch zu Tage treten könnte.

Neben den bis hier hin genannten latenten Strukturen ist natürlich auch die Frage nicht zu vernachlässigen, ob die formalen und inhaltlichen Charakteristika der von Madeleines Vater zu zahlreichen Erlebnissen verfassten (oder auch ausgelassenen) Blogeinträge vielleicht auf ein bestimmtes Ereignisverarbeitungs- bzw. Tarnungsverhalten hindeuten.

Ferner ist davon auszugehen, dass die von ihm erlebte Ereignisversion aus den nachfolgend möglichen Verhaltensweisen bestimmte Auswahlentscheidungen nach sich zieht, die zusammen betrachtet, eine hinsichtlich des stattgefundenen Geschehens aufschlussreiche Entscheidungsstruktur bilden. So ist anzunehmen, dass sich direkt auf das in Frage stehende Geschehen verweisende latente Strukturen bei einer elterlichen Verwicklung zumindest in einem gewissen Grad auch in der Erscheinung des Tatortes wiederfinden. So manifestieren sich v. a. vorsätzliche Inszenierungen zum Zwecke der Vertuschung dessen, was tatsächlich passierte, in logischen Fehlern und damit einhergehenden Widersprüchen im Gesamtbild. In ähnlicher Weise schlägt sich die von den Elternteilen jeweils erlebte Version mutmaßlich auch in den anderen ihrer nachfolgenden Äußerungen und Handlungen nieder, wobei einen die Bedingungsanalyse für diese Verhaltensweisen unter Normalitätserwartungen[8] unmittelbar zu dem nach dem stattgefundenen Ereignis gegebenen inneren Erleben führt und damit auch mittelbar zu einer ausgewählten Anzahl plausibler Versionen.

Die obigen Darlegungen zeigen, dass für die Erarbeitung eines besseren Verständnisses der Verschwindensumstände von Madeleine McCann also den folgenden *psychologischen Fragestellungen* nachzugehen ist, in die sich die übergeordnete Frage für die anzustellenden Untersuchungen differenzieren lässt:

1) Wie lässt sich Madeleine McCanns Person und Persönlichkeit aus dem vorliegenden Fallmaterial beschreiben, v. a. auch in den Aspekten
- äußeres Erscheinungsbild
- Gesundheit
- allgemeiner Entwicklungsstand
- Sozialverhalten
- Temperament?

Für welche Ereignisversionen stellen welche Merkmale ihrer Person und Persönlichkeit Risiko- bzw. Schutzfaktoren dar?

2) Wie sind die aus dem verfügbaren Fallmaterial abzuleitenden Persönlichkeitsstrukturen der Elternteile jeweils zu charakterisieren, v. a. auch hinsichtlich
- der allgemeinen Normorientiertheit des Verhaltens
- der individuellen Konfliktverarbeitungsstrategien
- der vorherrschenden Kontrollüberzeugungen
- der Fähigkeit zu konstruktiver Empathie
- der Fähigkeit zur Affektregulation?

Für welche Ereignisversionen stellen auch hier welche Merkmale Risiko- und Schutzfaktoren dar?

3) Wie erscheint die jeweilige Bindung und Beziehung der Elternteile zu Madeleine, v. a. auch im Bezug auf
- die Konzeptualisierung des Kindes
- die Bindungsstärke
- die Bindungsqualität
- dic Bczichungsqualität
- die Beziehungsstrukturen?

Welche Szenarien des Verschwindens des Kindes sind vor diesem Hintergrund plausibel, welche nicht?

4) Welche Beziehungsstrukturen, v. a. in Form von Kollusionsmustern, scheint es auf der Paarebene der Eltern McCann zu geben? Welche Konfliktpotenziale einerseits und welche interpersonellen Stabilisierungsmechanismen andererseits sind daraus ersichtlich? Welche Ereignisversionen legen sie nahe, welche eher nicht?

5) Welche Szenarien von Madeleines Verschwinden werden von einer mit Hilfe von (Foto)material aus den Medien erstellten Tatortanalyse sowie der Spurenlage nahe gelegt, welche hingegen scheinen nicht überzeugend?

6) Finden sich im jeweiligen Verhalten von Madeleines Mutter bzw. ihrem Vater Hinweise auf unbewusste intrapsychische Konfliktspannungen? Wenn ja, aus welchen Ereignisversionen können diese plausibel hervorgegangen sein, aus welchen hingegen nicht?

7) Welche weiteren unbewussten psychischen Vorgänge (v. a. Wünsche, Ängste und Phantasien), die das Elternverhalten potenziell bedingen, scheinen bei der Mutter bzw. dem Vater nach dem in Frage stehenden Ereignis vorzuherrschen? Mit welchen Versionen können diese einleuchtend assoziiert sein, mit welchen wiederum nicht?

8) Wie erleben die Eltern den Papstbesuch? Welche unbewusste Bedeutung scheint diese außergewöhnliche Handlung für die Eltern zu haben? Auf welche von den Jeweiligen Elternteilen möglicherweise erlebten Geschehnisse des Abends des 3. Mai 2007 weist dies hin, auf welche nicht?

9) Gibt es im Verhalten der Mutter bzw. des Vaters Hinweise auf traumatische Erlebniselemente? Falls ja, auf welche Ereignisversionen können sie überzeugend zurückzuführen sein und auf welche nicht?

10) Fallen im öffentlichen Verhalten der Elternteile McCann Momente auf, die wie ein unbewusst determinierter Selbstverrat anmuten? Wenn ja, mit welchen Szenarien des in Frage stehenden Geschehens sind sie überzeugend vereinbar, mit welchen dagegen nicht?

11) Deuten die inhaltlichen und formalen Charakteristika der vom Vater zu besonderen äußeren Geschehnissen verfassten Blogeinträge auf ein bestimmtes Ereignisverarbeitungs- und ggf. Tarnverhalten hin?

12) Welche Tathergangsrekonstruktion zur Situation von Madeleines Verschwinden, mit Fokus auf der Rolle der Eltern und ihrem psychischen Erleben, lässt sich aufgrund der Punkte 1-11 sowie dem in dieser Arbeit vorgestellten Hintergrundwissen zum Fall erstellen?

Da wir mittlerweile genau wissen, welche Aspekte des vorliegenden Fallmaterials uns besonders interessieren, wenden wir uns im nachfolgenden Kapitel nun denjenigen Methoden zu, die auf die Untersuchung von ihnen zugeschnitten sind.

11 Methodisches

11.1 Untersuchungsmaterial
Grundlage für die zur Untersuchung der Fragestellung verwendete Materialstichprobe bildet schwerpunktmäßig das in den Medien von mir aufgefundene, innerhalb des ersten Jahres nach Madeleines Verschwinden (03. Mai 2007 bis 03. Mai 2008) von den Elternteilen McCann mehr oder weniger direkt produzierte Fallmaterial. Aus den nachfolgenden Monaten werden nur Dokumente zu herausragenden Ereignissen einbezogen (zur Aufhebung des Verdächtigenstatus der Eltern am 21.7.08, zur Publikation des elternkritischen Buches des ehemaligen Ermittlungschefs Amaral am 24.07.08, zur Veröffentlichung der Ermittlungsakten in den Medien Ende Juli 2008 sowie zur gerichtlichen Verurteilung britischer Tageszeitungen zu Schmerzensgeldzahlungen an die nach Portugal mitgereisten Freunde der McCanns Mitte Oktober 2008). Die Materialgrundlage dieser Arbeit besteht hauptsächlich in

- dem von Herrn McCann ab dem 13.05.07 geführten Internetblog
- dem Text von der Startseite der von den McCanns unterhaltenen Homepage www.findmadeleine.com
- von beiden Elternteilen gesprochenen TV-Appellen an den in Frage stehenden Entführer
- von Frau und Herrn McCann gegebenen Interviews in Fernsehen und Zeitung
- dem von Madeleines Mutter am 04.12.07 an den portugiesischen Ermittlungschef verfassten Brief sowie
- der von den Eltern am 10.04.08 vor dem EU-Parlament gehaltenen Power-Point-Präsentation.

Darüber hinaus werden auch einige von sekundären Quellen produzierten Fallinformationen in die Untersuchung einbezogen:
- Fotos zu der von den Ermittlern vorgefundenen Tatortsituation, die im Zuge der Veröffentlichung der Ermittlungsakten medial verfügbar wurden
- weitere Informationen zum Tatort, zu Daten bezüglich der ersten Angaben der Eltern gegenüber den eintreffenden Polizisten und über Ermittlungsergebnisse, jeweils aus dem von einer sekundären Internetquelle zur Verfügung gestellten Abschlussbericht der Portugiesischen Kriminalpolizei sowie aus einer im Internet zu findenden umfangreichen Zusammenfassung des Buchs des ehemaligen Ermittlungschefs, Gonçalo Amaral

- Angaben über kriminalpolizeiliche Zeugenvernehmungen von einer auf einer sekundären Internetseite zu findenden umfangreichen Zusammenfassung
- Kenntnisse zu den örtlichen Gegebenheiten der Ferienanlage Ocean Club, der Ortschaft Praia da Luz und ihrer Umgebung aus geeigneten medialen Quellen
- Informationen über die äußeren Erscheinungsbilder der McCanns, ihre Lebenshintergründe sowie einige nach dem in Frage stehenden Ereignis getätigten Handlungen („Folgehandlungen") aus den Medien
- ein medial verfügbares Foto über den Papstbesuch der Eltern McCann vom 30. Mai 2007.

11.1.1 Kriterien für die Materialstichprobe.

In letzterer Liste handelt es sich bei den ersten vier aufgeführten Punkten um Falldaten, die z. T. in begrenztem Ausmaß zugänglich, aber klassisch von besonderer Bedeutung sind, sodass sie so vollständig wie möglich in diese Arbeit einbezogen werden. Analysiert werden von ihnen jedoch aus Gründen der fokusbezogenen Suffizienz ausschließlich die Tatortfotos, die weiteren Informationen über den Tatort, Ermittlungsergebnisse, die diesen betreffen, sowie die Kenntnisse zu den örtlichen Gegebenheiten. Die beiden oben zuletzt in dieser Kategorie aufgeführten Materialarten werden ebenfalls mit einbezogen, zum Zwecke der Gewinnung eines komplexen Hintergrundwissens zum elterlichen Agieren. Hier erfolgte lediglich die Auswahl der zu analysierenden Folgehandlungen ökonomiebedingt nach der Strategie des „purposive Sampling" (Patton, 1990)[1], also einer gezielten Stichprobenziehung, wie sie auch der aus dem erstgenannten Datenblock gezogenen Materialstichprobe zugrunde liegt.

Patton[2], der die Strategie der gezielten Stichprobenziehung generell der Zufallsauswahl gegenüberstellt, nennt vor allem folgende, je nach konkretem Einzelfall singulär oder auch konjunktiv anwendbare Auswahlkriterien:

- gezielte Heranziehung von Extrembeispielen
- zielgerichtete Auswahl besonders typischer Proben
- systematische Einbeziehung möglichst unterschiedlicher Beispiele zur Erschließung der maximalen Variation
- gezielte Auswahl nach der (größten oder maximal variierenden) Intensität, mit der die interessierenden Phänomene im Material (mutmaßlich) vorhanden sind

- absichtliche Heranziehung kritischer Fälle (in denen Zusammenhänge besonders deutlich werden oder die nach anderen Kriterien als besonders wichtig erscheinen)
- zielgerichtetes „convenience sampling", d. h. eine Auswahl der am leichtesten zugänglichen Proben.

Die in dieser Arbeit verwendete gezielte Stichprobenfestlegung erfolgt gemäß einer Kombination aus folgenden Auswahlkriterien: einer systematischen Einbeziehung möglichst unterschiedlicher Beispiele, einer gezielten Heranziehung kritischer Fälle und einer vermuteten großen Intensität der interessierenden Phänomene.

Das einer Analyse unterzogene Material stellt sich damit in einer Gesamtübersicht so dar (man beachte die Anmerkungen für die Verweise auf die Analysedokumentation):

Tabelle 1: Untersuchungsdesign

Material-subkategorie	Stichproben-elemente	Konkrete Begründung des Einbezuges	Angewandte Analyse-methoden
Informationen über die äußeren Erscheinungsbil-der der McCanns und ihre Lebens-hintergründe[3]	←	Analyse so vollständig wie möglich mit Berücksichtigung klassisch bedeutsamen Materials	objektive Hermeneutik
Tatortfotos, weitere Informa-tionen zum Tatort und zu den örtlichen Umgebungs-variablen, Ergebnisse der kriminaltech-nischen Tatort-untersuchung[4]	←	Analyse so vollständig wie möglich mit Berücksichtigung klassisch bedeutsamen Materials	objektive Hermeneutik
Homepage-Startseite[5]	- Textauszug	Materialprobe nach inhaltlicher Interessantheit gewählt (d. h. vermutlich große Intensität der interessierenden Phänomene)	regulär Tiefenhermeneutik; an besonders überdeterminiert erscheinender Stelle zusätzlich objektive Hermeneutik
Internetblog des Vaters; davon Einträge verschiedener Zeitpunkte[6]	- 13.05.07 - 23.05.07 - 26.05.07	erste Einträge nach Verschwinden des Kindes: stabile Abwehr wohl eher noch wenig etabliert	

- 27.05.07 - 28.05.07 - 29.05.07 - 30.05.07	}	Vorbereitung und Realisierung des Papstbesuches: herausragendes Ereignis, das wohl psychisch kritische Elemente im Zusammenhang. mit dem Verschwinden aktiviert	generell gilt bzgl. der Blogeinträge: regulär Tiefenhermeneutik; an besonders überdeterminiert oder diffizil erscheinenden Textstellen zur Ergänzung objektive Hermeneutik
- 02.08.07		ermittlungstechnische Untersuchung der Villa: besondere Stresssituation, die wohl (besonders bei Verwicklung) die Abwehr herausfordert	
- 06.09.07		lange polizeiliche Vernehmung von Frau McCann als Verdächtige: wohl besondere Stresssituation, die (besonders bei Verwicklung) die Abwehr herausfordert	
- 19.03.08		Verurteilung britischer Tageszeitungen zu Schmerzensgeldzahlungen an die McCanns: mutmaßliche Situation der Erleichterung, die die Abwehr im Falle der Verwicklung evtl. zurückfährt	
- 03.05.08		erster Jahrestag des Verschwindens: besonderes Datum, das Erlebnisinhalte des Verschwindens wohl besonders aktiviert	
- 21.07.08		Aufhebung des Verdächtigenstatus der Eltern: wohl erleichterndes Ereignis, das die Abwehr im Falle der Verwicklung evtl. zurückfährt	
Foto des Papstbesuches vom 30.05.07[7]	←	variierende Materialart sowie vermutlich besonders kritisches Element	Tiefenhermeneutik und objektive Hermeneutik
Internetblog des Vaters	- zusätzliche kursorische Durchsicht des Blogs	Auszüge, die aufgrund ihres besonders starken unbewussten Gehaltes „irritieren"[8]	regulär Tiefenhermeneutik; an besonders überdeterminiert oder diffizil erscheinenen Stellen ergänzend objektive Hermeneutik
Internetblog des Vaters	- ereignis-assoziierte Einträge	alle Einträge bzw. deren Fehlen zu wichtigen äußeren Geschehnissen (vgl. Kap. 8)	Herausarbeitung formaler und inhaltlicher Merkmale

174

TV-Appelle	- erster Appell der Eltern am 05.05.07[9] - Appell der Mutter am 07.05.07[10]	früheste mediale Produkte der Eltern nach dem Verschwinden ihres Kindes: Abwehr wohl noch nicht stabil etabliert	regulär Tiefenhermeneutik
Interview-ausschnitte und Wendung der Eltern an die Medien	- Wendung an die Medien am 14.05.07[11] - irischer Sender RTE, 19.06.07[12] - The Independent, 05.08.07 (Kate McCann)[13] - portugies. Dokumentation, 02.11.07[14] - spanischer Sender Telecinco, 29.08.07[15] - spanischer Sender Antena3, 24.10.07[16] - BBC, 19.11.07[17] - Sky News, 01.05.08[18]	einer der ersten Wendungen an die Medien: Abwehr wohl noch nicht stabil etabliert generell gilt für alle Auszüge ab dem vom irischen Sender RTE, dass es sich um solche handelt, die aufgrund ihres starken unbewussten Gehaltes „irritieren"	generell gilt: regulär Tiefenhermeneutik; bei besonders überdeterminiert und diffizil erscheinenden Stellen zusätzlich objektive Hermeneutik
Brief der Mutter an den Ermittlungschef vom 04.12.07[19]	←	einziges offiziell von der Mutter allein schriftlich vorliegendes Dokument: Bemühen um große Variationsbreite an einbezogenem Material	Tiefenhermeneutik
Power-Point-Präsentation der Eltern vor dem EU-Parlament am 10.04.08[20]	←	kreative Arbeit der Eltern für ein ihnen wichtiges Anliegen: unbewusster Gehalt vermutet	Tiefenhermeneutik
Folge-handlungen[21]	ausgewählte Items	Auswahl nach vermuteter Analyseergiebigkeit	objektive Hermeneutik

Wie aus der Tabelle außerdem ersichtlich, werden die von den Eltern mehr oder weniger direkt produzierten Daten schwerpunktmäßig mittels Tiefenhermeneutik analysiert, die Hintergrundinformationen aus den Ermittlungsakten, dem Polizeibericht, dem Buch des ehemaligen Ermittlungschefs sowie den recherchierenden Journalisten hingegen vor allem mit Hilfe der objektiven Hermeneutik. Dies geschieht unter der Annahme, dass sich die psychodynamischen Elemente, die sich wohl im Zusammenhang mit der stattgefundenen Version von Madeleines Verschwinden entwickeln, vor allem durch die fokussierte Herausarbeitung des dynamischen Unbewussten in dem von den Eltern später mehr oder weniger direkt produzierten Material zu Tage befördert werden können, während sich die nicht explizit in diesem Sinne „unbewussten", sondern verborgenen „objektiven" Bedeutungsstrukturen bezüglich des Ereignisses, der Persönlichkeiten sowie der intrafamiliären Beziehungen auch gut in den (allgemeinen) Hintergrunddaten finden.

Die unterschiedliche Bedeutung von latenten Gehalten in den beiden hermeneutischen Verfahren wird noch klarer, wenn wir sie uns einmal näher betrachten.

11.2 Auswertungsmethoden

11.2.1 Objektive Hermeneutik.

Die objektive Hermeneutik stellt ein theoretisches und methodologisches sozialwissenschaftliches Konzept dar, das im Wesentlichen entwickelt wurde im Rahmen des von Ulrich Oevermann und seinen Mitarbeitern ab 1968 geleiteten Großforschungsprojekts „Elternhaus und Schule" zur Untersuchung von Sprachbarrieren für den Schulerfolg. Aufgrund der Insuffizienz ihrer anfänglichen statistischen Ergebnisse setzte die Gruppe damit einen qualitativ geformten Kontrapunkt zu der bis dahin quantitativ ausgerichteten Sozialforschung. Konzeptuell angeknüpft wurde vor allem an das Drei-Welten-Modell von Popper[22], an Watzlawicks Unterscheidung zwischen Inhalts- und Beziehungsaspekt in der Kommunikation[23], an die Sprachtheorie von Mead[24] sowie an die Sprechakttheorie von Searle[25, 26].

Das zentrale Theorem der objektiven Hermeneutik bildet, in Anlehnung an Poppers Realitätsmodell der Drei Welten, die Annahme von sich entlang einer Zeitachse aufbauenden Strukturen als eine dritte Ebene zwischen Handlung(sprodukten) und subjektivem Bewusstsein, die sich nach Oevermann reproduzieren und mehr oder weniger auch transformieren können: Universale Strukturen, wie v. a. Grammatikalität, Logizität, Moralität und Vernünftigkeit, würden den Handlungsspielraum des Menschen an sich eröffnen und begrenzen, sie würden sich in der Regel nur reproduzieren. Die historischen Strukturen mit großer Reichweite, wie v. a. fundamentale Weltdeutungen und der epochale Zeitgeist, wandelten sich hingegen in großen Krisen. Historische Strukturen mit geringer Reichweite, wie Interaktions- und Deutungsmuster von Gruppen oder Subjekten, würden sich wiederum relativ leicht verändern können.[27]

Mittelbarer Untersuchungsgegenstand der objektiven Hermeneutik sind nahezu ausschließlich die letztgenannten Muster, die sich in Protokollen der Lebenspraxis, also z. B. in sprachlichen Äußerungen, beobachtbaren Handlungen, Handlungsprodukten, Werkzeugspuren oder Körpersymptomen materialisieren. Auf abstrakter Ebene stellen sie insofern einen Text dar, als dass sie, eben bedingt durch die Muster, sinnhaft strukturiert sind und deshalb auch vertextet werden können.[28] Die Ermittlung der individuellen Beschaffenheit dieser jeweils interessierenden Struktur ist Analyseziel. Hierzu sagt Oevermann (2003):

„Gegenstand der Sinnauslegung in der objektiven Hermeneutik sind – bezogen auf einzelne Äußerungen oder Handlungen – *objektive Bedeutungsstrukturen* bzw. – bezogen auf Sequenzen von Handlungen oder Äußerungen – *latente Sinnstrukturen* (Hervorhebungen von Oevermann). Diese Gegenstände werden als objektiv bzw. latent bezeichnet, weil sie einerseits, ganz analog zum Objektivitätsbegriff in den Naturwissenschaften, durch methodische Operationen als objektiv gegebene Realitäten unstrittig nachweisbar sind, und andererseits als solche nicht an eine bewußtseinsmäßige Repräsentanz ontologisch gebunden sind, bezogen auf die subjektiv sinnhafte Repräsentanz von Welt also, die wir gewöhnlich mit der Kategorie des Sinns oder der Bedeutung verbinden, weil darin Sinn bzw. Bedeutung uns manifest entgegentritt, als latent gelten können. Mit der Bezeichnung latent soll die logisch analytische Unabhängigkeit der latenten Sinnstrukturen von der manifesten Realisierung dieser Sinnstrukturen im Bewußtsein eines konkreten Autors oder Rezipienten ausgedrückt werden."[29]

„Objektive Bedeutungsstrukturen" sind also „latente Sinnstrukturen"; letztere beziehen sich allerdings auf ganzheitliche und damit erst *sinn*tragende Handlungen/Handlungsprodukte.

Bei der Erschließung dieser objektiven Bedeutungsstrukturen gelte es nun, so Oevermann, sich mit Intuition sowie Reflexion derjenigen Regeln zu bedienen, die eben diese Bedeutungen selbst bedingen.

Es handele sich dabei um „Regeln der Sozialität", die Handlungsmöglichkeiten eröffnen, aus denen das Individuum bzw. die Gemeinschaft eine Auswahl treffe, deren Wesensart dann erfasst werden könne.[30]

Um diese getroffene Auswahl deutlicher zu sehen, können in der objektiven Hermeneutik auch Ersetzungstests sowie kontrastierende Gedankenexperimente eingesetzt werden. Bei der ersteren Technik wechselt man *ein Protokollelement* gedankenexperimentell aus, wodurch eine ausschlussdiagnostische Feststellung dessen, was die Fallstruktur *nicht* ist, möglich wird. Durch kontrastierende Experimente werden zum gleichen Zweck *Kontexte und damit Bedeutungen* für das betrachtete Protokollelement überlegt, die mit diesem *nicht* vereinbar sind.[31]

Nagler und Reichertz (1986) konkretisieren das Wissen, das in der Rekonstruktion der Auswahlen angewendet werden sollte, als die Semantik und die Pragmatik einer Interaktionsgemeinschaft sowie deren alltägliche und wissenschaftliche Normalitätserwartungen. Wernet (2006)[32] weist den letzteren Aspekt zurück: „Das Konzept der Regelgeleitetheit formuliert, anders als etwa soziale Normen, nicht, *was zu tun ist*, sondern *was es heißt, etwas zu tun*. Die Regelgeleitetheit verleiht der Handlung erst Bedeutung."

Das Besondere an der Bedeutungserkundung in der objektiven Hermeneutik charakterisieren Aufenanger und Lenssen (1986)[33] so: „Interpretationen des Alltagshandelns zielen auf möglichst schnelles Erfassen der Absichten und Motive des Interaktionspartners; dagegen versucht ‚wissenschaftliches' Interpretieren, möglichst extensiv die Bedeutungsmöglichkeiten einer Handlung zu erfassen."

Bei der Methodik des Schließens handelt es sich damit um die von Peirce propagierte Abduktion[34]. Im Gegensatz zur Deduktion, die von einer Gesetzmäßigkeit oder einem vorgefertigten Kategorienschema auf den Einzelfall schließt und damit kein neues Wissen erzeugt, sondern einen stets nur das bereits bekannte auffinden lässt, sowie im Unterschied zur Induktion, die den Geltungsbereich von Merkmalen eines Einzelfalles auf eine Grundsätzlichkeit ausweitet und damit ebenso keine neuen Erkenntniselemente aufzeigt, jedoch einen Unsicherheitsfaktor mit sich bringt, schließt die Abduktion von beobachtbaren Fakten auf Hintergründe, die diese Fakten bedingt haben könnten, wobei in der Regel mehrere mögliche Abduktionen miteinander konkurrieren.[35]

Die objektive Hermeneutik versucht mit ihrer Extensivität in der Bedeutungsexploration die Menge dieser Möglichkeiten vollständig abzubilden, womit ihr auch in diesem Sinne „Objektivität" zugesprochen werden kann (im Gegensatz zu evtl. subjektiven

Präferenzen und Exklusionen einzelner Schlüsse). Aus dem Gesamtbild der Abduktionen zu verschiedenen Elementen einer Handlung/eines Handlungsproduktes, die sich auch gegenseitig erläutern, kristallisiert sich schließlich die Strukturbesonderheit heraus.

Während dieses Interpretationsprozesses kann eine noch unzureichend herausgearbeitete Strukturbesonderheit als „Fallstrukturhypothese" bezeichnet werden. Diese kann dann erweitert, modifiziert und ggf. auch wieder verworfen werden.[36]

Die Verwendung des Begriffs „Fallstrukturgesetzlichkeit" sei erst berechtigt, wenn mindestens eine Reproduktion oder Transformation der Bedeutungsstruktur lückenlos aufgedeckt worden sei. Sie könne man dann am weiteren Material nach dem Falsifikationsprinzip überprüfen.[37] Eine herausgearbeitete Fallstrukturgesetzlichkeit nennt man auch „Einzelfallstrukturrekonstruktion". Die Rekonstruktionen der Strukturen mehrerer Einzelfälle können zum Zwecke der Entwicklung eines fallübergreifenden Modells auch zu einer „Strukturgeneralisierung" verdichtet werden.[38]

Als ein Beispiel für eine generalisierbare Fallstrukturgesetzlichkeit nennt Oevermann (1981) den Interaktionstyp „Double bind", der eine paradoxe Botschaft des einen Beziehungspartners an den anderen bezeichnet (im klassischen Fall einer Erziehungsperson an ein Kind, z. B. in Form einer Umarmung bei gleichzeitig subtilem Wegstoßen). Allein eine eingehende Bedeutungsexplikation der beobachteten Umarmung sowie der Reaktion des Kindes führe zum Erkennen dieser Beziehungsfalle, nicht ein an der Oberfläche verbleibender subsumtionslogischer Gebrauch von Konzepten. (Bei einem derartigen Vorgehen würde man wohl vielmehr die Umarmung als liebevolle Geste und die mutmaßliche Irritation des Kindes als eine ihm inhärente Störung deklarieren, D.P. .) In dem selben Artikel zeigt Oevermann an einem weiteren Beispiel, wie bestimmte, nicht offen verbalisierte Beziehungswünsche einer Person sowie eine ebenso wenig offene, auch ambivalente Haltung dazu von dem Interaktionspartner einem Gespräch eine auffallende und mittels objektiver Hermeneutik daraufhin analysierbare Form verleihen.

Die Interaktionspartner selbst nach den *objektiven* Bedeutungsstrukturen zu fragen, sei „irreführend", so Oevermann. „Bezogen darauf sind die von der Lebenspraxis selbst antezipierten oder erinnerten bzw. aktuell introspektiv zugänglichen, intentional repräsentierten, subjektiv gemeinten Bedeutungen immer schon Abkürzungen und potenziell Verzerrungen."[39]

Die objektive Hermeneutik kennt im Rahmen ihrer o. g. Grundausrichtung verschiedene Varianten der Textauslegung und mit nahezu jedem Forschungsbeitrag entstehen neue, auf den konkreten Untersuchungsgegenstand und die jeweilige Fragestellung hin zugeschnittene Analyseformen.[40]
Neben der ausführlichen Interpretation von Sozialdaten, der vor allem früher praktizierten summarischen Textinterpretation unter Heranziehung eines breiten Kontextwissens sowie einer Adaptation der Begrifflichkeit der objektiven Hermeneutik für andere Verfahren existieren heute vor allem zwei verschiedene Analyse*weisen*, die „Feinanalyse" und die „Sequenzanalyse".
Während erstere zunächst den Handlungskontext expliziert, um ihn danach auf einer acht Stufen umfassenden Analyseprozedur einzubeziehen, untersucht die Sequenzanalyse schrittweise jedes Element des Protokolls ohne vorherige Kontextexploration.[41]

Da in dieser Arbeit das Verfahren der Sequenzanalyse angewandt wird, soll es in seinen wesentlichen Prinzipien hier einmal genauer dargelegt werden:
Diese Interpretationsvariante, die sich vor allem für die Untersuchung von Verlaufsprofilen komplexerer Protokolle eignet,[42] folgt fünf Interpretationsregeln: dem Prinzip der Kontextfreiheit, dem der Wörtlichkeit, dem Gebot der Sequenzialität, dem der Extensivität sowie der Sparsamkeitsregel.[43]
Die kontextfreie Interpretation, die das Potenzial birgt, auch subtilere Bedeutungen entdecken zu können, meint eine Ausblendung alles Wissens über den tatsächlichen Hintergrund des Untersuchungsgegenstandes und stattdessen *eine gedanken-experimentelle Konstruktion möglicher Kontexte*. Aus ihnen gilt es dann, zusammenfassende Kategorien von Lesarten zu bilden, d. h. pragmatisch sinnvolle Bedeutungen/Bedingungen für das Zustandekommen des betrachteten Protokollelements zu benennen. Erst im Anschluss daran erfolgt ein Abgleich mit dem tatsächlichen Kontext („äußerer Kontext" bei Oevermann).[44]
Diskrepanzen zwischen postuliertem und tatsächlichem Kontext führen den Interpreten in den Bereich der dem Realitätsprinzip entgegenlaufenden psychischen Vorgänge oder Phänomene, wie z. B. zu unbewussten Wünschen[45] oder vorsätzlicher Täuschungen[46].
Das Prinzip der Wörtlichkeit weist den Interpreten an, jedes Wort „kleinlich" auf die Goldwaage zu legen. Es ermöglicht recht direkt die Aufspürung von latenten Sinnstrukturen. Das Gebot der Sequenzialität bedeutet ein Ausblenden aller, von der aktuell analysierten Sequenz abgesehen, übrigen Protokollelemente. Nur

so kann eine Fokussierung auf die tatsächliche latente Bedeutungsstruktur jedes einzelnen Fragments sichergestellt werden. Extensivität ist einmal hinsichtlich der Berücksichtigung jedes Protokollelementes geboten, was auch die Berücksichtigung von oft sehr aufschlussreichen „Nebensächlichkeiten" sicherstellt. Zum anderen fordert sie eine erschöpfende typologische Ausleuchtung der gedankenexperimentellen Kontexte. Das Sparsamkeitsprinzip bedeutet eine ausschließliche Einbeziehung von Lesarten, die durch das Protokoll selbst nahegelegt und damit auch an ihm überprüfbar sind.[47]

Neben diesen Interpretationsprinzipien ist noch wesentlich, dass jede bereits erarbeitete latente Bedeutungsstruktur für die nachfolgenden Sequenzen einen inneren Kontext bildet, der diese potenziell näher erläutert.[48]

Über die Analyse der einzelnen sequentiellen Elemente hinaus legt die Sequenzanalyse auf ihre Verknüpfungen und damit den Protokollverlauf noch einmal ein gesondertes Augenmerk:

Diese Analysevariante „(...) geht von der elementaren Feststellung aus, daß jegliches Handeln, selbst wenn es als monologisches oder individuell isoliertes in Erscheinung tritt, qua Regelerzeugtheit soziales Handeln ist. Regelerzeugung bedeutet in sich Sequenzierung: jedes scheinbare Einzel-Handeln ist sequentiell im Sinne wohlgeformter, regelhafter Verknüpfung an ein vorausgehendes Handelns (sic!) angeschlossen worden und eröffnet seinerseits einen Spielraum für wohlgeformte, regelgemäße Anschlüsse. An jeder Sequenzstelle eines Handlungsverlaufs wird also einerseits aus den Anschlussmöglichkeiten, die regelmäßig durch die vorausgehenden Sequenzstellen eröffnet wurden, eine schließende Auswahl getroffen, und andererseits ein Spielraum zukünftiger Anschlussmöglichkeiten eröffnet."[49]

In einem ersten Schritt dieser Verknüpfungsanalyse gilt es also, die nach sprachlichen und sozialen Regeln *erwartbaren Weiterführungsoptionen* für die erste Sequenz eines Protokolls zu erkunden („Parameter I" im Sprachgebrauch von Oevermann), in einem zweiten festzustellen, welche davon tatsächlich vom Handlungsträger realisiert wurde, welche Alternativen hingegen verworfen wurden („Parameter II"). **Diese Entscheidungen der Selektion sind Ausdruck der Spezifität der betrachteten Fallstruktur**, deren Gesetzlichkeit sich im Verlauf der Analyse der weiteren Sequenzen mehr und mehr herauskristallisieren wird. Dabei kann einmal der Fall auftreten, dass die vorgefundene Selektion eine Option darstellt, die pragmatisch „wohlgeformt" ist, also im Bereich der Erwartungen liegt. Dann handelt es sich nach

Oevermann um eine Fallstruktur, die „in der allgemeingültigen Rationalität realitätsgerechter Entscheidungen" aufgeht.[50] Anders hingegen, wenn die vom Handlungsträger getroffene Wahl eindeutig außerhalb des Erwartungsraumes liegt und auch durch eine Heranziehung des Protokollkontextes („äußerer Kontext") nicht erklärt werden kann. Dann müssen innere, im weitesten Sinne pathologische, Bedingungen als Selektionsgrundlage postuliert werden.[51]

Die objektiv-hermeneutische Sequenzanalyse findet heute neben ihrem klassischen Untersuchungsgegenstand, der sozialwissenschaftlichen Untersuchung von Interaktionsstrukturen[52], in einem breiten Spektrum Anwendung:
Als eine ergiebige Methode hat sie sich für die Erstellung von Tathergangsrekonstruktionen (also der Rekonstruktion der Ereignisstruktur, die der Tatort wiederspiegelt, D.P.) und Täterprofilerstellungen (d. h. der Herausarbeitung der Persönlichkeitsstruktur, die wiederum der Tathergang abbildet, D.P.) des BKA etabliert.[53] Ebenso wird sie für die Analyse von Bedrohungslagen angewandt[54] sowie für die Gewinnung von Informationen zur Persönlichkeit eines Aussagenden und seiner Beziehungsstruktur zum Opfer aus Vernehmungsprotokollen.[55] Wie Erfahrungen zeigen, kann in der Polizeiausbildung mit der Vermittlung der objektiven Hermeneutik auch eine Verbesserung in der Kommunikation bei Notrufen erzielt werden.[56] Eine kriminalistische, objektiv-hermeneutische Analyse eignet sich gleichermaßen für Erpresserschreiben[57] wie für Protokolle anonymer Anrufe[58] oder gar Interaktionsfiguren in Internet-Suizid-Foren, welche auch bereits unter bedrohungsanalytischen Gesichtspunkten mittels objektiver Hermeneutik untersucht worden sind.[59]
Wie Oevermann zeigt, kann die Sequenzanalyse darüber hinaus im psychotherapeutischen Supervisionsbereich zu einem besseren Verständnis von Beziehungen und Konflikten, die sich latent in Interaktionssequenzen finden, beitragen.[60]
In der Kulturwissenschaft werden mittels objektiver Hermeneutik z. B. Werbeplakate auf ihre latente Bedeutung und damit auf ihr Wirkungspotenzial beim Rezipienten hin analysiert,[61] persönliche Fotos auf die Persönlichkeitsstrukturen der Dargestellten[62] und Kontaktanzeigen auf das Selbstbild, die Persönlichkeit und die Beziehungsvorstellungen des Verfassers.[63]

Im Folgenden wollen wir uns nun einmal ansehen, wie die objektiv-hermeneutische Sequenzanalyse in dieser Arbeit konkret angewendet wird. Es werden zuerst die für alle betroffenen Materialstichproben gleichermaßen geltenden methodischen Prinzipien dargelegt, im Anschluss daran die hinsichtlich der einzelnen Materialsubkategorien geltenden Besonderheiten und detaillierten Interpretationsschritte.

Aus dem auch ökonomisch motivierten Beweggrund der inhaltlichen Fokussetzung auf das Wesentliche wird die gedankenexperimentelle Kontexterstellung generell nicht dokumentiert, sondern mit ihrer Quintessenz, der Lesartenbildung, begonnen.

Die für jede untersuchte Sequenz in Form von *Unterhypothesen zur Fallstruktur* (verwendete Abkürzung: „H") gezogenen Schlussfolgerungen sind mit alphanummerischen und nummerischen Indizes hinsichtlich ihrer Strukturbezogenheit und Aufstellungsabfolge gekennzeichnet, wobei für jeden Untersuchungsabschnitt (vgl. die Anhangsbezeichnungen) die laufenden Nummern wieder neu starten.

„ C $H_{1Ereignis}$" bedeutet demnach die in einer Untersuchungseinheit (z. B. der Analyse von Tatort, Spurenlage und des Elternverhaltens am Tatabend, vgl. Angang C) zuerst aufgestellte Unterhypothese zur Fallstruktur „stattgefundene Ereignisversion des Verschwindens".

Bezüglich der alphanummerischen Indexierung gilt, abgesehen von dem Beispiel, bezüglich der interessierenden Strukturen folgende Legende:

- *PersG, PersK, PersM:* Persönlichkeitsstruktur von Gerald bzw. Kate bzw. Madeleine McCann
- *Bez:* intrafamiliäre Beziehungsstruktur
- *Bez_Leser:* Beziehungsstruktur zum Leser
- *Freunde:* Beziehungsstruktur zwischen den McCanns und den mitgereisten Freunden
- *ErlebenG, ErlebenK:* Erlebnisstruktur von Gerald bzw. Kate McCann hinsichtlich eines aus dem jeweiligen Kontext entnehmbaren Aspektes
- *VerhaltenK:* Verhaltensstruktur von Kate McCann bezüglich eines aus dem jeweiligen Kontext entnehmbaren Aspektes.

Die jeweilige konjunktive oder disjunktive Beziehung zwischen den zu einer Lesart aufgeführten Schlussfolgerungen ist logisch unmittelbar ersichtlich und wird deshalb nicht zusätzlich benannt.

Explizite Fallstrukturhypothesen werden in der Regel eher relativ spät aufgestellt, um der Gefahr entgegenzuwirken, vorschnelle Überzeugungen über die Strukturbesonderheiten zu entwickeln und diese dann vielleicht nur noch mit einem die Validität schwächenden Tunnelblick konfirmatorisch zu „überprüfen".

Dies ist auch der Grund dafür, dass erst im Zuge der im Ergebnisteil stattfindenden Zusammenführung der für die einzelnen Untersuchungsabschnitte erarbeiteten Fallstrukturhypothesen umfangreichere diagnostische Aussagen vorgenommen werden, also *Fallstrukturgesetzlichkeiten (über die Persönlichkeits-, Erlebnis- und andere Strukturen)* postuliert werden.

An einigen, wenigen Stellen wird aus Gründen einer effizienteren Auslegung entgegen des allgemeinen Grundsatzes bereits zu Analysebeginn auch das Wissen um die eine oder andere Kontextinformation genutzt. Dass dies sinnvoll ist, wird der Leser bei den entsprechenden Items aus den dortigen Ausführungen erkennen können.

Was die auf den Untersuchungsabschnitt „Informationen über die äußeren Erscheinungsbilder der McCanns, ihre Lebenshintergründe und interpersonellen Attributionen" angewandte Sequenzanalyse anbetrifft, so folgt hier auf den Schritt der Lesartenbildungen für jede einzelne die Konfrontation mit dem äußeren Kontext und dann die daraus folgenden Schlussfolgerungen. Für ihre Erstellung wird, sofern ausschlaggebend, der innere Kontext mit einbezogen, z. T. auch in Form einer Aussage über die Stützung oder Relativierung der aktuellen Schlussfolgerung durch vorangegangene. Eine Exploration von Fortschreibungsmöglichkeiten entfällt, da für den Großteil der Informationen bereits der äußere Verlaufszusammenhang aufgrund der unbekannten Menge der nicht öffentlich verfügbaren weiteren Elemente nicht gesehen werden kann oder es sich, anders z. B. als bei der Tatortanalyse, mehr um singulär als um im Zusammenhang bedeutsame Daten handelt.

Bei der Analyse der Falldaten zum Tatort und seiner Spurenlage sowie dem Elternverhalten am Tatabend entfällt die Konfrontation mit dem äußeren Kontext, da er sich im Verlauf der konkreten Analyse inhaltlich als überflüssig erweist, die Herausstellung der Zusammenschau der Schlussfolgerungen mit dem inneren Kontext hingegen als umso bedeutsamer, sodass hierfür ein separater Dokumentationsabschnitt eingeführt wird. Aufgrund der großen Relevanz der Datenbetrachtung unter dem Aspekt der Verlaufsform wird auch die Exploration der Verknüpfungsoptionen unter dem

Punkt „Sequenzielle Fortschreibung bzw. Rückblende" vorgenommen.

Alle anderen Untersuchungsabschnitte, auf die die Sequenzanalyse im Rahmen gezielter Stichproben angewandt wird, beziehen sich direkt auf Äußerungen oder Handlungen der Eltern McCann (vgl. Tab. 1 in Kap. 11.1.1). Hier wird so vorgegangen wie für den erstgenannten Untersuchungsabschnitt dargelegt. Sind die Äußerungs- oder Handlungselemente etwas komplexer und erlauben in sich eine Sequenzierung, werden auch die Fortführungsoptionen und –realisierungen analysiert.

Vereinzelt vorkommende und durch konkrete Interpretationselemente bedingte Abweichungen sind aus den jeweiligen Stellen heraus verständlich.

11.2.2 Tiefenhermeneutik.

Die psychoanalytische Tiefenhermeneutik als eine auf die Versprachlichung explizit unbewusster, d. h. latenter, Gehalte im klinischen[64] oder auch künstlerischen[65] Kontext abzielende Auswertungs- und Interpretationsmethode wurde im Rahmen einer theoretischen Erweiterung der psychoanalytischen Metapsychologie[66] von Alfred Lorenzer in den 1970er Jahren[67] entwickelt. Für die Herleitung und Begründung seiner konzeptuellen Neuerungen griff Lorenzer auf die Sprachphilosophie Wittgensteins[68] sowie die Symboltheorien von Mead[69], Cassirer[70] und Langer[71] zurück.

Im Zentrum seiner Theorie „(...) steht das Konzept der Interaktionsform als des basalen Aufbauelements der menschlichen Erlebnisstruktur; in ihm sind der Biologismus der Triebtheorie und der Psychologismus der Objektbeziehungstheorie in geschichtsmaterialistischer Perspektive sozialisationstheoretisch zusammengeführt."[72]

„Interaktionsformen lassen sich genetisch auf reale Interaktionen zurückführen":[73] Lorenzer (1977a) definiert sie als „die aus der Interaktion resultierende Erlebnisform, d. h. also der [in Form einer Repräsentanz innerpsychisch abgebildete, D. P.] Niederschlag dieses Interagierens."[74] Die Interaktionsformen, die verschiedenen Erlebnisschichten von unterschiedlichem Bewusstseinsniveau angehören, konstituieren nach diesem Modell die Persönlichkeit mit ihren umweltbezogenen Erwartungen und Reaktionsweisen:[75]

Die *sensumotorischen Interaktionsformen* bilden die ontogenetisch erste Erlebnisschicht, die einer bewussten Reflektion an und für sich nicht zugänglich ist und die deshalb in aller Regel unbewusst ist. Sie umfasst insbesondere die leiblich-emotionalen Erlebnisanteile, Reiz-Reaktionsschemata, komplexere sensumotorische Handlungsmuster sowie unbewusste Verhaltensentwürfe und Verhaltensgebote.

Die *sinnlich-symbolischen Interaktionsformen* bestehen aus der assoziativen Verknüpfung sensumotorischer Praxiskomplexe und bilden insofern Symbole, als dass ein Element für ein anderes stehen kann. Da jedoch beide demselben Organsiationssystem angehören, kann ihr symbolischer Zusammenhang an und für sich nicht reflektiert werden und ist deshalb auch in aller Regel unbewusst. Er erlaubt jedoch eine „subjektive Selbstverfügung"[76], eine aktive und kreative Auseinandersetzung mit eingespeicherten Erfahrungen, wie sie sich neben der kindlichen Entwicklung von Übergangsphänomenen[77] auch in künstlerischen Produkten zeigt. Hier kommen sie vor als ästhetische, präsentative Symbole, über die Lorenzer (2006)[78] schreibt: „Es sind die Künste, von der Musik bis zum Tanz und Ritual, von der Raumerfahrung bis zur Bildhaftigkeit der Poesie, die ja ihrerseits den denotativen Rahmen des Sprachgebrauchs szenisch dramatisch aufsprengt. Es sind dies aber auch alle die Alltagserfahrungen, in denen sinnliches Erleben in Gesten tradiert wird, in Gebrauchsgegenständen geformt zum Ausdruck kommt und zum Eindruck wird."

Die *sprachsymbolischen Interaktionsformen* entstehen mit dem Spracherwerb durch die Verknüpfung von normgerechten sensumotorischen Praxiselementen und -komplexen mit sprachlichen Zeichen, womit eine weitestgehend allgemeingültige Beziehung zwischen Zeichen und Bezeichnetem etabliert wird, die eine elaborierte sprachliche Kommunikation ermöglicht.[79]

Sensumotorische Praxisfiguren, die im Zuge eines bestimmten Ereignisses mit den Praxisformen der Umwelt, d. h. mit den geltenden Normen, in einen erheblich konflikthaften Widerspruch geraten, bleiben laut Lorenzer aus dem Sprachgebrauch ausgeschlossen, können den Organisationsgrad von sprachsymbolischen Interaktionsformen also nicht erreichen. Ein vergleichbares Schicksal widerfährt, so dieser Autor, Interaktionsformen, die bereist sprachsymbolischer Natur sind, später jedoch aus Gründen der Konflikthaftigkeit aus dem Sprachgebrauch exkommuniziert und damit desymbolisiert werden.[80] In beiden Fällen bleiben die konflikthaften Beziehungs- und Erlebnisrepräsentanzen unbewusst als szenische Potenziale, als „Klischees", virulent: Auf spezifische situative Reize hin würden sie ohne Reflexionsvermögen aktiviert, nach dem Prinzip des Wiederholungszwanges immer wieder reproduziert und sie reinszenierten sich auch in der Übertragung, sodass bezüglich des so bedingten Verhaltens von einer Bedeutungsverwirrung gesprochen werden könne. Die abgespaltenen oder unverbunden gebliebenen sprachlichen Zeichen deckten beides Mal als verzerrte Rationalisierungen das unbewusste Agieren. „Damit wird eine Spaltung zwischen sprachlichem Handeln und unbewusstem Verhalten manifest (...). Die beiden Pole der ‚symbolischen Interaktionsformen' sind auseinandergefallen. Desymbolisierte Klischees, die ohne Verbindung zum sprachlichen Symbolsystem sind, stehen emotional-leeren (weil von den ‚wirklichen' Interaktionsformen abgetrennten) Zeichen gegenüber. Sind jene ‚Verhalten ohne Bewusstsein', so sind diese ‚Bewusstsein ohne Praxis'".[81]

Die Tiefenhermeneutik bedient sich nun, neben dem logischen und dem allgemeinen psychologischen Verstehen ihres Untersuchungsobjektes, verschiedener Interpretationswege, um aus der „Sprachzerstörung"[82] symbolische Interaktionsformen zu rekonstruieren:

Die konflikthaft bedingte Spaltung von Sprache und Praxisfiguren macht sich dem Analytiker in seiner Begegnung mit dem Untersuchungsobjekt in Form von Auffälligkeiten bemerkbar wie Widersprüchen, Lücken oder Brüchen, die ihn irritieren. Diese Irritationen gilt es, zunächst aufzunehmen.[83]

Die dabei als mutmaßlich rationalisierend und verschleiernd aufgefallenen Sprachformeln können dann insofern als eine Kompromissbildung genauer betrachtet werden, als dass sie nach Lorenzer privatistisch verzerrt einerseits auf die verborgenen Interaktionsformen verweisen, andererseits auch auf die abgespaltenen originären Bezeichnungen für diese.[84]

Zum anderen führt eine funktionelle Regression auf eine Erlebnisebene des vorsprachlichen Zusammenspiels mit seinem Gegenüber, ggf. auch einem Text, den Interpreten zu den Übertragungs- und Gegenübertragungsszenarien, die ihn durch die ihm zugeschriebenen Rollen und in ihm ausgelösten irritierenden Erlebniskonfigurationen auf die bei jenem unbewusst virulenten Interaktionsformen aufmerksam machen.[85] Diese Methodenkomponente wird von Lorenzer „szenisches Verstehen" genannt.[86]

Zeitgleich zu Lorenzer erarbeitete auch Argelander (1970) sein Konzept von „szenischen Daten", die es, neben objektiven Angaben und vom Patienten geschilderten, also subjektiven Informationen, in psychoanalytischen Begegnungen wie dem exemplarischen Fall eines Erstinterviews einzubeziehen gelte. Anders als Lorenzer nimmt Argelander jedoch eine fundamentale „szenische Funktion des Ich"[87] an, die allgemein unbewusste Elemente zur Darstellung bringt, explizit auch aktuelle Konflikte[88], und nicht stets, wie Lorenzer es annimmt, ausschließlich infantile Beziehungsstrukturen. Lorenzer kritisiert diese Verständnisvariante von Argelander.[89] Allerdings ist auch in der heutigen Psychoanalyse u. a. die Auffassung vertreten, dass sich in der Übertragungssituation neben den infantilen Erfahrungen auch explizit *aktuelle Konflikte* reinszenieren.[90]

Im Laufe des Verstehensprozesses kristallisieren sich die konfliktuösen Interaktionsformen durch eine wachsende Anzahl nahezu kongruenter, irritierender Szenen heraus. Mittels Hintergrundwissen zur Lebensgeschichte des Akteurs kann sich der Interpret dann in einem klassischen hermeneutischen Zirkel dem im Zusammenhang mit der Rekonstruktion der sprachsymbolischen Interaktionsformen stehenden Analyseziel nähern: „Das Ziel ist das originale Geschehen, die *Rekonstruktion des Originalvorfalls.*"[91] Lorenzer weist allerdings daraufhin, dass er damit *die psychische Repräsentation* einer originalen Erlebnisfigur meine, die also, im Vergleich zum objektiv vorgefallenen, mehr oder weniger verzerrt sein könne.[92] Auch könne es sich u. U. um rein phantastische (meist unbewusst „gewünschte") Interaktionsformen handeln, die konflikthaft würden, ohne real gelebt worden zu sein.[93]
In der Interpretation von literarischen Kunstwerken sei es nicht Ziel, das Unbewusste des Autors aufzuspüren, sondern seine lust- und unlustbetonte Leseerfahrung als sozialisiertes Subjekt daraufhin zu untersuchen, welche kulturell gewachsenen Interaktionsformen der Text in Frage stelle, welche ungelebten, verdrängten Formen er vorlebe und mit welchen neuartigen, inspirierenden Alternativen er spiele. Es geht in diesem Ansatz der tiefenhermeneutischen Kulturanalyse also eher um eine Reflexion und ggf. Veränderung *des Lesers* als ein aufgeklärtes Mitglied seiner kulturellen Gemeinschaft.[94]
Trotz unterschiedlicher Ziele ist die Haltung des Tiefenhermeneuten gegenüber seinem klinischen wie künstlerischen Untersuchungsobjekt prinzipiell die gleiche. Letztere beschreibt Haubl (1991) detailliert so: Wie in der psychotherapeutischen Praxis sei eine „gleichschwebende Aufmerksamkeit" und eine Vertiefung in die eigene vorbewusste Geistestätigkeit auch für dieses Gegenüber

angezeigt. „Dadurch kommt es zu einer Oszillation zwischen semantisch-syntaktischem und szenischem Verstehen, wobei die Umschaltung aufs szenische Verstehen eine Regression auf primärprozeßhaftes Denken mit der diesem eigenen Funktionsweise (vgl. Freud, GW XV, S. 80) ist. Inhaltlich bedeutet dies, sich Beschreibungen bildlich-anschaulich vorzustellen und sich von deren ‚Leerstellen' aus der spontanen Bewegung der eigenen Vorstellungen zu überlassen (...). Und formal ästhetisch: das metaphorische Potenzial in der Semantik der schriftsprachlichen Sprachhandlungen freizusetzen und diese somit szenisch zu verknüpfen. Ähnlich dem szenischen Wert der Textsemantik kommt der Syntax ein sensumotorischer Wert zu, der Empfindungen stimuliert, wenn sich der Leser dem Rhythmus überläßt, den die Partitur der Satzkonstruktionen und deren Sequenzierung angibt (vgl. Anzieu, 1982)."[95] Und Lorenzer selbst bringt die Besonderheit der tiefenhermeneutischen Textinterpretation noch einmal in dieser Form auf den Punkt: „Der Interpret *deutet nicht den Text, sondern seine Leseerfahrung.* (...) Nur so wird sichtbar, was der Test mit dem Leser *macht.*"[96]

Um uns das Konzept der „Szene", in der sich nach Lorenzer eine konflikthafte Interaktionsform spiegelt, nun noch einmal konkret zu veranschaulichen, hier noch zwei Beispiele aus Lorenzers Repertoire:

An Freuds Krankheitsgeschichte über die Pferdephobie des kleinen Hans[97] zeigt Lorenzer (2000) auf, wie die abgewehrten aggressiven Selbstanteile des Jungen gegen den in seiner ödipalen Situation als Rivalen empfundenen Vater (also die Interaktionsform der Aggression gegen den Vater, der „Stürzung" des Familienoberhauptes) sowie die diesem in der Phantasie aus Strafangst projektiv angedichteten aggressiven Züge (also eine klassische „Kastrationsangst") auf die Furcht vor Pferden verschoben werden: In der Angst, große und schwere, Krawall machende Pferde würden den Jungen beißen sowie in seiner Befürchtung, dass sie umfallen und sterben könnten, reinszeniert sich also diese abgewehrte Originalszene, wobei sie sich in das Klischee (die Aggression und die Angst) und das emotionsleer gewordene Zeichen (Vater) aufspaltet, und das Klischee die Bedeutung „Pferd" mit dem eigentlich dem Vater angehörenden Bedeutungsgehalt durchtränkt, sodass die Erzählungen über Pferde den Analytiker irritieren.[98]

An anderer Stelle gibt Lorenzer (1973) Auszüge aus einer Falldarstellung der Psychoanalytikerin Balkanyi (1968) wieder: Eines Tages habe ihr Patient Alan, der eifrig ein Lexikon studiert habe,

189

liebevoll zu ihr gesagt: „Sie sind eine Nenner". Ratlos, wie sie dies verstehen solle, habe Balkanyi einen Bruchstrich auf ein Blatt Papier gezeichnet und ihm so die Bereitschaft signalisiert, darauf einzugehen. Der Patient habe daraufhin scheinbar das Thema gewechselt und vorgeschlagen, er werde ihr seine neue Unterschrift zeigen. Er habe dann direkt über dem Bruchstrich seinen Namen geschrieben. Dieses Verhalten habe ihr, unter Heranziehung einer weiteren Szene, den Schlüssel für die Interpretation der Betitelung „Nenner" gegeben. So habe sie sich auch daran erinnert, dass der Mann ihr zu Beginn der Sitzung von einem beobachteten Begattungsakt zwischen einer Kuh und einem Bullen erzählt habe und aus diesem szenisch kongruenten Gesamtzusammenhang habe sie dann auf sein unbewusstes erotisches Verlangen ihr gegenüber geschlossen. Lorenzer legt dar, dass es sich bei diesem Verlangen um die aus der sprachlichen Organisation ausgeschlossene Interaktionsfigur handelt, dessen abgespaltenes Klischee sich einmal in der Erzählung von dem tierischen Begattungsakt, ein anderes Mal in der Setzung von sich selbst auf/über sie mit der Unterschrift und ebenso im liebevollen Ton bei der Betitelung der Therapeutin als „Nenner" in Szene gesetzt habe. Die sprachliche Betitelung für die Therapeutin sei hingegen zu einem emotionsleeren, auf den ersten Blick betrachtet, nichtssagenden Wort verblasst.[99]

Seit Freud[100] ist das Konzept von Übertragung und Gegenübertragung der Dreh- und Angelpunkt der Psychoanalyse. Mit den Arbeiten von Lorenzer und Argelander zum szenischen Verstehen bzw. der szenischen Funktion des Ich wurde es in seiner Bedeutung noch einmal zementiert und ist somit aus der psychoanalytisch ausgerichteten klinischen Psychologie und Psychotherapie[101] sowie der Kulturpsychologie[102] nicht mehr wegzudenken. Und neben der qualitativen Sozialforschung[103] hat die Tiefenhermeneutik auch in der modernen qualitativen klinisch-kulturpsychologischen Forschung einen Platz, wie eine Studie über psychodynamische Phänomene in Texten aus Internet-Suizidforen[104] zeigt.

In der vorliegenden Arbeit wird, unter Beibehaltung der Grundprinzipien der von Lorenzer ausgearbeiteten tiefenhermeneutischen Auswertungs- und Interpretationsmethode, mit Argelander[105] und Reinke[106] davon ausgegangen, dass sich nicht nur infantile, sondern auch *aktuelle* unbewusste Konfliktdynamiken und die damit assoziierten Wünsche, Ängste und

Phantasien in den gegenwärtigen Handlungsprodukten und Beziehungen reinszenieren.

Angenommen wird weiter, dass die von den Eltern McCann jeweils erlebte Version des Verschwindens ihrer Tochter ab einem gewissen Grad an Bindung an diese und unter der Prämisse von moralisch nicht unterentwickelten Persönlichkeiten ein so schwerwiegendes Erlebnis mit hohem traumatischen und konflikthaften Potenzial darstellt, dass entsprechende unbewusste Reinszenierungen mit einer sehr hohen Wahrscheinlichkeit zu erwarten sind[107] und zwar *prinzipiell unabhängig von einer vorliegenden oder aber nicht gegebenen Verwicklung.* Je nach Art der erlebten Version, was zugleich bedeutet: je nach gegebener oder nicht gegebener aktiver Beteiligung an Madeleines Verschwinden, sind jedoch andersartige Konflikte und traumatische Erlebniselemente anzunehmen, die die Reinszenierungen *inhaltlich* bestimmen. Somit wollen wir in dieser vorliegenden Arbeit versuchen, aus der tiefenhermeneutischen Analyse und Interpretation der von den Eltern dargebotenen Handlungsprodukte und Beziehungsangebote auf die Art des „Originalvorfalles" zu schließen. Wenngleich es sich bei dem analysierten Material z. T. um Texte handelt, wie v. a. dem Internet-Blog von Herrn McCann, werden diese mit Verweis auf die Fragestellung nicht kulturanalytisch gedeutet, sondern als Ausdruck des *persönlichen* Unbewussten der Elternpersönlichkeiten betrachtet, wie dies im klinischen Bereich üblich ist.

Zuerst werden in einer vertikalen Analyse die einzelnen Elemente der Materialstichproben analysiert und, wenn mit einiger Sicherheit möglich, auch ansatzweise und hypothetisch interpretiert (vgl. Anhänge D - M). Eine weitreichendere Interpretation wird dann in der horizontalen Zusammenschau unter den hinsichtlich der psychologischen Fragestellungen relevanten Aspekten vorgenommen und ist unter dem Kapitel 12, „Ergebnisse" dokumentiert.

11.2.3 Zur Begründung einer Kompatibilität von Tiefenhermeneutik und objektiver Hermeneutik im Rahmen einer Methodentriangulation.

In ihrer Untersuchung „Zum Problem der Perseveranz in Delikttyp und modus operandi" konzipieren Oevermann und Simm (1985) eine Straftat als eine *tiefenstrukturelle* Kongruenzen erzeugende Reproduktion der Fallstruktur „Persönlichkeit", insbesondere deren lebensgeschichtlich-konflikthafter Bereiche, während die Oberflächenmerkmale „Deliktwahl" und „allgemeine

Tatbegehensweise" variieren könnten. Beispielsweise erzählt eine von Simm (1985) angeführte Fallskizze[108] über einen jungen Mann, der mit 17 Jahren unmittelbar nach dem Besuch seiner schwangeren Mutter in der Kantine des Kadettenkorps, wo er zum Offizier ausgebildet werden sollte, im Beisein der Aufsichtsperson Süßigkeiten stiehlt. Während er dann einige Jahre später gerade beginnt, mit einem gefälschten Abschluss als Arzt in einer gynäkologischen Klinik zu arbeiten, entwendet er in einer Buchhandlung Bücher und verkauft diese, unter Angabe seines Namens, wieder in einer anderen, woraufhin beide Straftaten auffliegen. Darüber hinaus kann ihm aufgrund ähnlich auffallender Begehensweisen der Diebstahl kleiner, relativ wertloser Porzellanfigürchen nachgewiesen werden. Im Gefängnis scheint er schließlich erleichtert, erzählt auch recht vergnügt von seinen Taten. Aus der Lebensgeschichte ergibt sich dann Folgendes: Aufgrund einer Reihe von Erkrankungen hatte damals ein Arzt veranlasst, den adoleszenten Jungen aus dem Gymnasium zu nehmen, womit sein Wunsch, Medizin zu studieren, zerstört wurde. Zu dieser Zeit war es auch, dass seine Mutter, die leidenschaftlich Porzellanfigürchen sammelte, vom gleichen Arzt wegen dauernder Krankheit in ihrem Schlafzimmer aufgesucht wurde. Während seine Mutter ihm heimlich hinter dem Rücken des mit großer Strenge auf Sparsamkeit bedachten Vaters schon einmal ein Stückchen Zucker mehr für seinen Tee gestattete, prügelte jener ihn heftig, wenn er dies merkte. Simm[109] gibt die von Alexander und Staub vorgenommene psychoanalytische Aufschlüsselung so wieder: Der Arztberuf habe für den jungen Mann einen Freibrief für eine intime Nähe zur Mutter verkörpert. Für seine eigenen Wünsche nach dieser Nähe habe er sich vom Arzt hingegen mit der Herausnahme aus dem Gymnasium und der damit ausgeschlossenen Möglichkeit des Medizinstudiums bestraft gefühlt. Als ihn seine schwangere Mutter dann im Kadettenkorps besucht habe, habe der jungen Mann die unbewusste infantile Phantasie gehabt, der Urheber der Schwängerung zu sein, woraufhin er sich aus dem lebensgeschichtlich gewachsenen Schuldgefühl heraus erneut selbst habe bestrafen wollen, und so die Süßigkeiten gestohlen habe, die für ihn als Symbol für die heimliche Beziehung zur Mutter gegolten hätten. Ebenso sei auch der Diebstahl der Porzellanfigürchen, die im Sinne pars pro toto die Beziehung zur Mutter repräsentiert hätten, und wieder eine Strafanzeige nach sich gezogen hätten, motiviert gewesen und auch die Fälschung des Examens, die ihm eine berufliche Tätigkeit erlaubt habe, die in der Phantasie eine Intimität zur Mutter dargestellt habe, hätte aus

Schuldgefühl und entsprechendem Strafbedürfnis heraus dramatisch beendet werden müssen.

Man erkennt die Reinszenierung eines ödipalen Schuldkonfliktes. Auch Lorenzer hätte diese Kasuistik sehr gut im Rahmen seiner Darlegungen über die Tiefenhermeneutik anführen können, wie aus den Ähnlichkeiten zu seinen o. g. Fallbeispielen deutlich wird. Diese Tatsache verrät bereits, dass es zwischen beiden Konzepten der Reinszenierung (Lorenzer) bzw. strukturellen Reproduktion (Oevermann) gewisse Kongruenzen gibt. Diese kristallisieren sich noch klarer heraus, hören wir Oevermann einmal selbst dazu, wenn er die theoretische Untermauerung seines Konzeptes der tiefenstrukturellen Perseveranz zweigleisig vornimmt: Einerseits greift er auf die von ihm entwickelte objektive Hermeneutik zurück, zum anderen aber schreibt er auch, dass „(...) Freud mit seinem höchst spekulativen Modell vom Wiederholungszwang faktisch das heuristische Modell von Strukturierungsgesetzlichkeiten einführt, das für den Strukturbegriff der objektiven Hermeneutik zentral ist. Wie auch immer innerhalb der Psychoanalyse selbst das *theoretische* (Hervorhebung D. P.) Problem des Wiederholungszwanges gelöst werden mag: Für unseren Zusammenhang ist entscheidend, daß die psychoanalytische Erkenntnis sich auf ein reichhaltiges Erfahrungsmaterial über Wiederholungsphänomene berufen kann, die der bewußten Kontrolle des Subjekts systematisch entzogen sind und die sich (...) jenseits äußerer Ähnlichkeiten oder Verschiedenheiten von Handlungen als deren identische Sinnstruktur und sinnlogische Determiniertheit rekonstruktiv nachweisen lassen. Für die kriminalistische Praxis wie für die Kriminologie ist diese Erfahrungstatsache von allergrößter Bedeutung."[110]

Die Annahme von sich reproduzierenden, nicht bewussten Strukturen scheinen also sowohl von Oevermann als auch von der Psychoanalyse und der Lorenzerschen Tiefenhermeneutik geteilt zu werden. Dass Overmann mit seiner Methode sogar u. a. ebenso wie Lorenzer beansprucht, im klassischen Sinne *unbewusste* Strukturen aufzudecken, kann man seinen späteren Ausführungen ebenso entnehmen: „Für sie [die objektive Hermeneutik, D. P.] sind methodologisch gesehen die dynamisch unbewußten Gehalte nicht schwierig zu rekonstruieren, weil sie doch auf der Ebene der latenten Sinnstrukturen offen zutage liegen."[111] Oder: „Daß das verdrängte Unbewußte sich auf der Ebene der latenten Sinnstrukturen von Ausdrucksgestalten objektiviert und nur auf dieser Ebene methodisch faßbar wird, ist in der objektiven Hermeneutik von Anbeginn gesicherte Erkenntnis gewesen und betont worden. Aber es war auch immer klar, daß nicht im Umkehrschluß *jegliche* (Hervorhebung D. P.) Differenz zwischen der vom analysierenden Dritten rekonstruierbaren latenten Sinnstruktur eines Handelns einerseits und seiner subjektiv intentionalen Repräsentanz, also der manifesten, dem Subjekt bewußt verfügbaren Handlungsbedeutung andererseits, mit dem dynamisch Unbewußten der psychoanalytischen Theorie kategorial gleichgesetzt werden konnte. *Neben diesem Unbewußten* (Hervorhebung D. P.) kommen noch ganz andere Weisen der Ausschließung aus der bewußten Verfügbarkeit in Frage, z. B. der unbewußte (...) Status von abstrakten generativen Regeln, denen, wie z. B. den sprachlichen und epistemischen, das Subjekt gleichwohl konsequent folgt."[112]

Mit diesem zuletzt genannten Gesichtspunkt von Oevermanns Darlegungen wird deutlich, dass das dynamisch Unbewusste, auf das die Untersuchungen der Tiefenhermeneutik abzielen, innerhalb von Oevermanns Strukturtheorie als *eine* Unterkategorie innerhalb seines Latenzkonzeptes aufgefasst werden kann. Das bedeutet nun:

- Das dynamisch Unbewusste kann prinzipiell sowohl mittels objektiver Hermeneutik als auch mittels Tiefenhermeneutik untersucht werden, was eine Methodentriangulation rechtfertigt.
- Mittels Anwendung der objektiven Hermeneutik lässt sich u. U. ein Informationsgewinn gegenüber dem alleinigen Einsatz der Tiefenhermeneutik erzielen, da außer dem dynamisch Unbewussten noch andere latente Strukturelemente erkannt werden können.

Diese beiden Annahmen begründen den triangulär-prüfenden und - ergänzenden Einsatz der beiden hermeneutischen Methoden zur Erzielung einer möglichst hohen Ergebnisvalidität in der vorliegenden Arbeit.

Nicht übergangen werden darf allerdings, dass Oevermann zwar auf der konzeptuellen Ebene auf Schnittpunkte verweist, in methodologischer Hinsicht die Tiefenhermeneutik jedoch als „Pseudo-Methodologie"[113] kritisiert, indem er ihr vorwirft, sich nicht auf die explizierbaren generativen Regeln der Bedeutungserzeugung zu berufen, wie die objektive Hermeneutik dies tut, sondern auf eine objektive Schlüsse nicht gewährleistende, „abkürzende empathische Sinnerschließung"[114].

Mit Blick auf das Gesamtbild der hier von Lorenzer und Oevermann dargestellten Konzepte und Methoden gehe ich hingegen davon aus, dass beide Methoden prinzipiell in sich stimmig sind und plausible Analyseergebnisse erbringen, wobei ich die objektive Hermeneutik als ein rational-logisch operierendes Verfahren begreife, das dementsprechend auf eine jeweils möglichst vollständige Abbildung der Bedeutungsmöglichkeiten ausgerichtet ist, aus der die zutreffende im fortschreitendem Untersuchungsprozess quasi herausgefällt und in ihrer Form geschliffen wird. Die Tiefenhermeneutik als eine vorwiegend erlebnisorientierte Methode scheint für mich die Möglichkeit innezuhaben, die vollständige Exploration des potenziellen Bedeutungsraumes mit ihrer nachfolgenden Selektion durch so etwas wie ein Erleben von „emotionaler Signifikanz" bezüglich der tatsächlichen Bedeutungsoptionen abkürzend ersetzen zu können. Dass dies keine Schwäche sein muss, wie Oevermann annimmt, sondern eine zur objektiven Hermeneutik alternative Kompetenz, sehe ich durch die praktischen Erfolge der psychoanalytischen Hermeneutik bestätigt, die Oevermann selbst, wie oben zitiert, darlegt. Es sei hier noch einmal an diese Darlegung erinnert:

„Für unseren Zusammenhang ist entscheidend, daß die psychoanalytische Erkenntnis sich auf ein reihhaltiges Erfahrungsmaterial über Wiederholungsphänomene berufen kann, die der bewußten Kontrolle des Subjekts systematisch entzogen sind und die sich (...) jenseits äußerer Ähnlichkeiten oder Verschiedenheiten von Handlungen als deren identische Sinnstruktur und sinnlogische Determiniertheit rekonstruktiv nachweisen lassen."[115] Die Tatsache, dass die Psychoanalyse dieses Erfahrungsmaterial vor allem mit Hilfe *ihres Methodenbausteines der Übertragung und Gegenübertragung, also einer wesentlichen Methodenkomponente des szenischen Verstehens, erarbeitet hat und eben nicht mittels objektiver Hermeneutik,* wirkt im Zusammenhang mit Oevermanns Verweis auf die Psychoanalyse ausdünnend auf seine Kritik zurück.

So stellen sich Tiefenhermeneutik und objektive Hermeneutik für mich als zwei Wege dar, die, zumindest was die Kategorie des dynamisch Unbewussten anbetrifft, beide durch verschiedene Erfahrungswelten hindurch „nach Rom führen".

11.3 Theoretischer Interpretationsrahmen

Wie bereits aufgezeigt wurde, steht Lorenzers Tiefenhermeneutik sowohl theoretisch als auch methodologisch unter anderem auch auf einem psychoanalytischen Fundament. Für einen Nachvollzug der in dieser Arbeit erfolgenden Interpretationen mittels der tiefenhermeneutischen Methode ist damit die Kenntnis klassischer psychoanalytischer Konzepte essentiell. Denn auch die objektiv-hermeneutischen Analysen werden, wo dies sinnvoll erscheint, in der vorliegenden Untersuchung über die alltagstheoretischen Schlüsse hinaus vor einem psychoanalytischen Hintergrund interpretiert (vereinzelte Bezüge auf anderweitige Erklärungsmodelle werden an den entsprechenden Stellen angegeben). Im Folgenden sollen daher die für das Verständnis dieser Arbeit notwendigen Kernkonzepte der klassischen Psychoanalyse dargestellt werden. Für einen darüber hinausgehenden Überblick sei z. B. auf Laplanche und Pontalis (2004) verwiesen.

Für die z. T. recht erfahrungsferne Konstrukte umfassende theoretische Dimension der Psychoanalyse verwendet der Begründer, Sigmund Freud, den Begriff „Metapsychologie". Er beinhaltet drei verschiedenen Gesichtspunkte: *einen topischen Aspekt, einen dynamischen sowie einen ökonomischen.*[116]

In seinem 1900 erschienenen Werk „Die Traumdeutung" legt Freud *sein erstes topisches Konzept* vor, den „psychischen Apparat", in dem er drei Systeme unterscheidet: Unbewusstes, Vorbewusstes und Bewusstes. Zwischen dem Unbewussten und dem Vorbewussten einerseits sowie dem Vorbewussten und dem Bewussten andererseits nimmt er „Zensuren" an, die eine Passage von libidinösen und aggressiven Besetzungsenergien, die den in einem System gespeicherten Repräsentationen anhaften, hemmen und kontrollieren.[117]

Während im Unbewussten das Lustprinzip herrsche, das nach Triebentladung strebe, arbeiteten die Systeme Vorbewusstsein (hier seien die sprachlichen Zeichen gespeichert) und Bewusstsein mit ihrer Anpassung an die Anforderungen der Außenwelt nach dem Realitätsprinzip. Das Lustprinzip beeinflusse die Arbeitsweise des Unbewussten nach dem sogenannten Primärprozess, was zum einen eine große Mobilität der Besetzungsenergien bedeute. So könnten die Energien einer Repräsentation entlang von Assoziationsketten auf andere Repräsentationen verschoben werden, womit sich auch die verschobenen Besetzungen verschiedener Repräsentanzen auf einer anderen verdichten könnten. Darüber hinaus kenne der Primärprozess keine logischen Widersprüche und keine Gesetze von zeitlicher Ordnung und Zuordnung. Das Realitätsprinzip hingegen erkenne diese logischen Gesetze an, bilde stabilere Besetzungen und bewirke durch realitätsorientiertes Denken Aufschub, Hemmung, Differenzierung sowie Möglichkeits- und Mittelabschätzungen für die Triebbefriedigung.[118]

Die Besetzungsenergien könnten sich innerhalb des psychischen Apparates entweder progredient bewegen, d. h. von einer bewussten Wahrnehmung hin zur Einspeicherung in die Erinnerungsspuren des Unbewussten, wie dies im Wachleben psychisch nicht schwer beeinträchtigter Menschen in aller Regel der Fall sei, oder in regrediente Richtung, von einer unbewussten Besetzung ausgehend eine Wahrnehmung produzieren, wie dies im Traum oder in der Psychose geschehe.[119]

Ab 1920 arbeitete Freud *ein zweites, ergänzendes topisches Konzept* aus, das Instanzenmodell, das noch stärker potenziell konflikthafte Spannungen zwischen verschiedenen Persönlichkeitsaspekten herausstellt: Das Ich, das die Systeme Bewusstsein und Vorbewusstsein umfasst, und das zwischen den anderen Instanzen und der Außenwelt vermitteln muss, steht nach dieser Auffassung im Spannungsverhältnis zwischen dem Triebpol, d. h. dem unbewussten Es, sowie dem verschiedene Bewusstseinsstufen umfassenden Über-Ich, in dem internalisierte Forderungen, Gebote und Verbote der Umwelt, speziell der Eltern, repräsentiert sind sowie eine Unterinstanz, das Ich-Ideal, das sich aus dem narzisstisch-omnipotenten Ideal-Ich und den Identifikationen mit den Eltern, anderen wichtigen Personen und kollektiven Idealen konstituiert, an das sich das Ich stets anzugleichen vesucht.[120]

Der *Aspekt der Dynamik* bezieht sich nach Freud auf das prinzipielle Gegeneinanderwirken der psychischen Kräfte, die, so der Psychoanalytiker, zu so starken interpersonellen Konflikten führen können, dass das Ich einerseits auf Abwehrmechanismen zurückgreift, das Abgewehrte, also Unbewusste (das „dynamisch Unbewusste"), hingegen weiter seine Ansprüche geltend macht und zur Energieentfaltung wieder an die Oberfläche drängt, was es auf dem Wege von primärprozesshaften Umarbeitungen, die seine wahre Identität verkleiden und anschließend zwischen den gegnerischen Kräften kompromisshafte und überdeterminierte Symptombildungen erlauben, auch schaffen kann. Die abgewehrten Inhalte führten außerdem zu Gegenbesetzungen im Bewusstsein (vgl. den ökonomischen Aspekt) sowie zu unbewussten oder, in verkleideter Form, auch bewussten Phantasien, von denen vor allem erstere das Handeln der Person mitbestimmen könnten. Die unbewussten Phantasien haben nach Freud für die Entstehung von Neurosen das gleiche determinierende Potenzial wie verdrängte traumatische Realerlebnisse, weshalb er von ihnen auch als „psychische Realität" spricht.[121]

Von ihrer formalen Dynamik her lassen sich die klassischen Konfliktarten einteilen als

- neurotische Konflikte, die mit ihrer Spannung zwischen Es und Ich/Über-Ich einen verinnerlichten Konflikt zwischen Bedürfnissen des Individuums und den Interessen der Außenweltobjekte darstellen und mit Triebangst einhergehen
- als Gewissenskonflikte, die durch Internalisierung einer äußeren Konfliktsituation eine Spannung zwischen Ich und Über-Ich bedeuten und Gewissensangst nach sich ziehen
- als Ambivalenzkonflikte, die sich aus zwei gegensätzlichen Triebimpulsen bezüglich einer Repräsentanz ergeben
- sowie äußere, reale Konflikte, die in einem Konflikt zwischen dem Individuum und seiner Umwelt bestehen und mit Realangst einhergehen.[122]

Unter inhaltlichen Gesichtspunkten geben Rudolf und Henningsen (2005) die Hauptkonflikte in folgenden Kategorien wieder:

- „Abhängigkeit versus Autonomie: Konflikt zwischen dem Wunsch nach Beziehung mit ausgeprägter Abhängigkeit und dem Bedürfnis nach emotionaler Unabhängigkeit. Leitaffekt ist die durch Nähe oder Distanz ausgelöste Angst, die um den Grundaffekt der Selbständigkeit kreist.
- Unterwerfung versus Kontrolle: Gehorsam/Unterwerfung versus Kontrolle/Sich-Auflehnen bestimmen die interpersonellen Beziehungen und das innere Erleben.
- Versorgung versus Autarkie: Die Wünsche nach Versorgung und Geborgenheit führen zu starker Abhängigkeit oder werden als Selbstgenügsamkeit und Anspruchslosigkeit abgewehrt.
- Selbstwertkonflikt: Die Frage nach dem Selbstwert ist in jeder Situation von zentraler Bedeutung: Bin ich großartig oder gar nichts wert? Damit korrespondiert die überhöhte oder entwertende Sicht auf die Objekte.
- Schuldkonflikte: Schuld wird bereitwillig bis zur masochistischen Unterwerfung auf sich genommen oder es fehlen Schuldgefühle.
- Ödipal-Sexuelle Konflikte: Erotik und Sexualität sind im Erleben ausgeblendet oder bestimmen alle Lebensbereiche, ohne dass Befriedigung erfolgt.
- Identitätskonflikte: Es besteht Identitätsdissonanz (keine Identitätsdiffusion) bzgl. Zugehörigkeit zu Geschlecht, Generation, sozialen Rollen und kulturellen Gemeinschaften."[123]

Was die wesentlichen persönlichkeitsbedingten Konflikt-Verarbeitungsmuster anbetrifft, so nennen Rudolf und Henningsen (2005) die folgenden:

- schizoid: Distanzierung und Vermeidung von emotionalem Kontakt und emotionaler Bindung, Unterbrechung der Kommunikation
- altruistisch-fürsorglich: Sicherung wichtiger Bindung durch Übernahme von Verantwortung, Fürsorglichkeit, Unterordnung eigener Interessen im Dienste des anderen
- überkompensatorisch-aktiv: progressive Abwehr im Sinne von Aktivität, Leistungsbereitschaft, Produktivsein, Nicht-zur-Ruhe-Kommen
- regressiv: passiv-orale Haltung, der Betreffende verhält sich erwartungsvoll, hilflos, kränkbar und enttäuscht; Rückzugsneigung
- normativ: ,alles ist normal', nichts wird in Frage gestellt, wenig Fantasie über das Mögliche
- narzisstisch: Bemühungen, einem eigenen hohen Ideal gerecht zu werden (körperlich, geistig, leistungsmäßig) und dadurch Anerkennung und Bewunderung zu erlangen; Tendenz des Rivalisierens und der Objektentwertung
- manisch-philobatisch: traumhafte oder rauschhafte Befriedigung durch die Verwirklichung riskanter Ziele, die aus eigener Kraft und allein realisiert werden
- zwanghaft: Sicherheit und Ordnung, Prinzipien, Regeln, Pflichten, Festlegungen, Vermeidung von Spontanem, Emotionalem
- hysterisch: emotionalisierter, sexualisierter Umgang mit der Realität; Agiertendenz; Dramatisierung, Verwirrung, Faszination.[124]
- forcierte Autonomie: betonte Selbständigkeit und Eigenwilligkeit, kontraphobische Aktivität, aggressive Regungen, Lust an Risiko und Abenteuer.[125]

Die Liste könnte ergänzt werden durch die von Mentzos (2003) darüber hinaus zusammengestellten psychotischen, psychosomatischen und die in einem weiteren Sinne narzisstischen (z. B. hypochondrischen oder paranoiden) Bewältigungsmodi.

Die Entwicklung eines relativ stabilen persönlichkeitsassoziierten Konfliktverarbeitungsmusters kann für ein allgemeines Hintergrundverständnis wie folgt aus psychoanalytischer Sicht skizziert werden:

Die erlebte Qualität frühkindlicher Beziehungserfahrungen spiegelt sich in der Qualität der gebildeten innerpsychischen Organisationsstruktur wider, d. h. im Grad der Verfügbarkeit von selbst- und beziehungsregulativen Fähigkeiten. Triebbedingte sowie internalisierte familiäre Konflikte der Kindheit finden ihren Niederschlag in persönlichkeitsformenden unbewussten Konflikten. Das dadurch störbare psychische Gleichgewicht wird vom Individuum durch interpersonelle Bewältigungsversuche von v. a. möglicher struktureller Defizienz und durch intrapsychische Abwehr von Bedürfnissen und heftigen Affekten aufrechtzuerhalten versucht - angestrebt wird stets ausreichende Stabilität im Beziehungsbereich sowie der Selbstregulation. Das sich so im Lauf der Zeit herausbildende Verarbeitungsmuster markiert schließlich wesentliche Persönlichkeitszüge eines Menschen.[126]

Dieses Modell impliziert, dass in Situationen mit besonders hoher psychischer Beanspruchung der individuell herausgebildete Reaktionsmodus besonders deutlich sichtbar wird, was wir bezüglich der in dieser Arbeit anzustellenden Untersuchungen nutzen können.

Man geht in der Psychoanalyse davon aus, dass Personen mit einer reifen Persönlichkeitsentwicklung, also einer guten Organisationsstruktur, sich dadurch auszeichnen, dass sie eher als andere über reifere, weniger die Realität verstellende Abwehrmechanismen verfügen, von denen sie darüber hinaus weniger Gebrauch machen müssen.[127] Das macht sie freier von Selbsttäuschungen und verleiht ihnen ein gutes Gefühl für ihr eigenes Selbst sowie die Fähigkeit zu Vertrauen, Spiel und Entspannung.[128] Derartige Persönlichkeiten, so lässt sich ableiten, besitzen mehr Ressourcen, mit einer psychischen Belastung konstruktiv umzugehen, und können diese nicht abwehrende Reaktionsweise auch angesichts recht hoher Herausforderungen noch eher aufrechterhalten.

Andererseits ist aber auch, unter besonders hohem Belastungsdruck, abgesehen von dem individuell vorliegenden persönlichkeitstypischen Konfliktverarbeitungs-muster eine Regression auf genetisch frühere Bewältigungsmechanismen (z. B. dem Abwehrmechanismus der Spaltung) möglich. So kann man sich „(...) die verschiedenen Verarbeitungsmodi als Verteidigungslinien vorstellen, die entweder gehalten werden können oder unter Rückzug auf die nächste Verteidigungslinie aufgegeben werden müssen."[129] Eine bestimmte Konfliktverarbeitungsweise einer Person ist also generell als eine Funktion der psychischen

Ressourcen dieses Menschen und der an ihn gestellten konfliktbedingten Anforderungen zu verstehen.
Handelt es sich um ein die adaptiven Reaktionsmöglichkeiten noch extremer übersteigendes, d. h. fundamental traumatisches[130], Ereignis, so kann die psychische Organisationsstruktur selbst geschädigt oder sogar zerstört werden.[131] Solche akuten Auswirkungen von plötzlicher Strukturschädigung und damit einhergehenden Einschränkungen in den Regulations- und Steuerungsfunktionen werden z. B. in einigen typischen Symptomen der möglicherweise konsekutiv auftretenden „Posttraumatischen Belastungsstörung"[132] sichtbar.

Die bisherige Betrachtung der intrapsychischen Organisationsweisen von Belastung kann um die oben kurz erwähnte interpersonelle Verarbeitungsdimension noch erweitert werden:

Was sie betrifft, sind wiederholt Konzepte psychosozialer Arrangements entwickelt worden, die die Beziehung von Interaktionspartnern als einen komplementären Austausch von regressiver Ersatzbefriedigung in die eine Richtung und Bedürfnisabwehr mit narzisstischer Kompensation in die andere Richtung beschreiben. So v. a. das „Kollusionsprinzip" in Paarbeziehungen[133] sowie die „interpersonale Abwehr"[134]. Mentzos (2003)[135] bringt hierfür das Beispiel eines stets die „Helferrolle" suchenden Mannes, der mittels dieser seine eigene Hilfsbedürftigkeit abwehrt und stattdessen die regressiven Bedürfnisse seiner Partnerin befriedigt, was ihm zudem eine Selbstwerterhöhung einbringt.

Ein weiteres Konstrukt interpsychischer Kanalisierung von intrapsychischen Spannungen ist das der „Delegation"[136]. Es beschreibt, dass abgewehrte Selbstanteile im Zuge einer projektiven Identifikation auf einen Interaktionspartner, der sie auslebt, übertragen werden, und dann dort entweder stellvertretend wahrgenommen und so „gelebt" oder offen verurteilt werden, was innerpsychisch konfliktentlastend wirkt.[137] Die innere Konfliktlage wird also externalisierend im sozialen Nahraum in Szene gesetzt. Beispielhaft sei hier der Fall einer ihre Depression mit Betriebsamkeit und Kritik an anderen überdeckende Mutter genannt, deren eine Tochter den nicht gelebten Selbstanteil von Lebensfreude und Aufsässigkeit verkörperte, die andere hingegen mit ihrem Ernst, ihrer Beherrschtheit und Zuverlässigkeit den in der Depression wirksamen Über-Ich-Aspekt.[138]

Außerhalb von dyadischen Beziehungen finden sich auch in den Bildungsprozessen größerer, insbesondere radikaler Gruppen Strukturen, die eine interpersonale Kanalisierung psychischer (u. U. konfliktbedingter) Strebungen der Individuen ermöglichen, wie z. B. in Form einer Selbstwertsteigerung, eines Machtgewinnes oder gar, neben der Delegation der eigenen Über-Ich-Aspekte an das Gruppen-Über- Ich, die Auflösung des Ichs in einem über allem stehenden Gruppen-Ich.[139]

11.4 Maßnahmen zur Gewährleistung der Güte der Ergebnisse
Neben der o. g. Methodentriangulation wird in dieser Arbeit auf weitere Maßnahmen zur Erzielung einer möglichst hohen Ergebnisgüte zurückgegriffen:

- **Konsultation eines englischen Muttersprachlers bei Transkriptions-unsicherheiten:**
  Die Hilfe des Londoners Bernd D., Muttersprachler des britischen Englisch, nutze ich zur Beseitigung von stellenweisen Unsicherheiten in der Transkription der TV-Interviewausschnitte und Apelle der Eltern McCann, was insbesondere vor dem Hintergrund des schottischen Akzentes des Vaters sowie vereinzelt schlechten akustischen Gegebenheiten sinnvoll erscheint.

- **Psychoanalytische Supervision zur Prüfung der konsensuellen Übereinstimmung in der tiefenhermeneutischen Auswertung und ansatzweisen Interpretation sowie zur Perspektiverweiterung:**
  Motiviert durch das Bemühen um Auswertungs- und Interpretationsobjektivität und dadurch mit bedingte Validität der tiefenhermeneutisch-psychoanalytischen Ergebnisse werden ausgewählte Stellen im Analysematerial, die mir als besonders bedeutsam und/oder als interpretativ schwierig erscheinen, innerhalb einer sechs Stunden umfassenden Supervision auf intersubjektive Auslegungsübereinstimmung hin untersucht und in einer erweiterten Interpretationsperspektive betrachtet. Die Supervision findet statt bei der langjährig in eigener Praxis tätigen analytischen Kinder- und Jugendlichenpsychotherapeutin B. W., die auch über Erfahrungen im Supervisionsbereich verfügt.
  Eine weitere Reflektion einiger als besonders bedeutsam erscheinender Materialstichprobenelemente ergibt sich

darüber hinaus zusätzlich mit der ebenfalls langjährig praktizierenden Psychoanalytikerin Frau K.

Die Ergebnisse dieser Gespräche sind im Anhang unter den jeweiligen von mir allein vorgenommenen Auswertungen dokumentiert.

- **Beschäftigung anderer Interpreten zur Prüfung der intersubjektiven Übereinstimmung in der objektiv-hermeneutischen Auswertung und ansatzweisen Interpretation sowie zur Perspektiverweiterung:**
  Was die Analysen mittels objektiver Hermeneutik anbetrifft, so werden mir als besonders bedeutsam und/oder interpretativ schwierig erscheinende Textstellen zusätzlich und unabhängig von mir von jeweils einer anderen Person nach dem für Analyseanfänger sehr gut geeigneten Ansatz von Wernet (2006) ausgewertet **(Ergebnisse vgl. Anhang O)**,[140] um über intersubjektive Übereinstimmungen sowie eine Perspektiverweiterung eine möglichst gute Auswertungsobjektivität und dadurch mit bedingte Ergebnisvalidität zu erzielen. Bei den Interpreten handelt es sich um meine Freunde Gabi, Barbara und Andy, für die der genaue textuelle Zusammenhang der zu analysierenden Stellen unbekannt ist, was eine besonders validitätsfördernde Unvoreingenommenheit gegenüber dem Material bedeutet.

Auswertungs-/Interpretationsaspekte, die intersubjektive Übereinstimmung aufweisen, werden generell in der im Ergebnisteil dargelegten Gesamtinterpretation jeweils mit besonderem Gewicht berücksichtigt.

- **Persönliche Vorerfahrung in tiefenhermeneutischer Auswertung und psychoanalytischer Interpretation:**
  Mit zunehmender Erfahrung in psychoanalytischen Auswertungen und Interpretationen wächst bekanntlich in der Regel die Ergebnisgüte. Diesbezüglich ist es für den Rezipienten der vorliegenden Arbeit wissenswert, dass die Verfasserin sich nicht das erste Mal in diesem Bereich versucht, sondern bereits Interpretationserfahrungen sammelte im Rahmen ihres Schwerpunktstudiums „psychoanalytisch ausgerichtete klinischen Psychologie" (u. a. unter der Leitung der bei Argelander und Lorenzer gelernten Psychoanalytikerin Prof. Dr. Ellen Reinke), einem Vertiefungsstudium an einer stark analytisch geprägten

Universität in Paris, zahlreicher universitärer und außeruniversitärer Veranstaltungen, einem studentischen Forschungsprojekt zum Thema „Prekariat und Gesundheit", in dem szenische Interviews geführt wurden und unter Supervision tiefenhermeneutisch interpretiert wurden, sowie einer selbst erlebten Psychoanalyse.

Über diese Maßnahmen hinaus wird von mir viel Wert auf eine möglichst hohe Transparenz des Auswertungs- und Interpretationsprozesses gelegt. So wird dieser sehr weitreichend im Anhang dokumentiert, ist dort für jeden Leser nachvollziehbar und damit auch bewert- und kritisierbar.

11.5 Hinweis zu den Transkriptionsmethoden

Die Methoden der Transkription der TV-Appelle und Interviewauszüge werden dem jeweiligen Analysefokus und Materialumfang angepasst, was ihre Variation erklärt. Es finden sich insgesamt drei verschiedene Vertextungsweisen: zum einen die wortgetreue Transkription, die bei großem Materialumfang und einem auf den verbalen Daten liegenden Interpretationsfokus gewählt wird, zum anderen eine Partiturschreibweise, die das simultane Verlaufsprofil der (Sprach)Handlungen beider Elternteile wiedergibt und die bei kürzeren Stichprobenelementen und interessierenden nonverbalen und interaktionalen Informationen eingesetzt wird. In einem Fall wird auch eine zusammenfassend-beschreibende Wiedergabe des Interviewgeschehens vorgenommen, das an und für sich relevanter erscheint als die ohnehin in ihrer sprachlichen Genauigkeit recht schwierig zu verstehenden Sprechakte.

12 Ergebnisse

Im Folgenden werden nun die Ergebnisse der hermeneutischen Analysen zusammenfassend dargestellt, jeweils in Bezug auf die hinsichtlich der Untersuchungsfrage relevanten Aspekte, d. h. in Form der Beantwortung der psychologischen Fragestellungen (vgl. Kap. 10).

12.1 Beantwortung der Fragestellung zu Madeleines Person und Persönlichkeit

Bezüglich der Frage „Wie lässt sich Madeleine McCanns Person und Persönlichkeit aus dem vorliegenden Fallmaterial beschreiben, v. a. auch in den Aspekten
- äußeres Erscheinungsbild
- Gesundheit
- allgemeiner Entwicklungsstand
- Sozialverhalten
- Temperament?

Für welche Ereignisversionen stellen welche Merkmale ihrer Person und Persönlichkeit Risiko- bzw. Schutzfaktoren dar?" geht aus dem vorliegenden Fallmaterial Folgendes hervor:

Das gepflegt wirkende, zum Zeitpunkt seines Verschwindens knapp 4 Jahre alte Mädchen Madeleine Beth McCann hat mit seinem zarten Gesicht, dem hellen Typ mit den kontrastierend dunklen Wimpern, dem blonden, schulterlangen Haar und der mädchenhaften Kleidung eine angenehme und interessante Ausstrahlung (Kap. 3.11 und A^1 $H_{24PersM}$).
In Verbindung mit seinem extrovertiert-fröhlichen Naturell (Kap. 5 und A $H_{25PersM}$) sowie einem mit nur etwa 90 cm Körperlänge als retardiert einzustufendem Längenwachstum (A $H_{22PersM}$) ist Madeleines Erscheinungsbild wohl potenziell gut in der Lage, verschiedene Begehrlichkeiten zu wecken: zum einen mütterliche (A $H_{22PersM}$, M 3b,c,d), zum anderen im weitesten Sinne erotische und darüber hinaus auch durch narzisstische Identifikation motivierte (gemäß dem Wunsch, so (gewesen) sein zu wollen wie Madeleine, um dadurch z. B. in der unbewussten Phantasie an ihrer Lebensfreude teilhaben zu können) (M 3c,d).
Von diesen Faktoren her wäre zunächst einmal ein erhöhtes Opferrisiko bezüglich einer sexuell oder durch unerfüllten Kinderwunsch motivierten Entführung durch einen außerfamiliären Täter denkbar.

Was einen triebhaft motivierten Menschenraub anbelangt, sei es durch einen einzelnen oder einen im Bereich der Organisierten Kriminalität agierenden Täter, so ist jedoch das weit unterhalb der für Sexualstraftäter interessanten präpubertären Entwicklungsspanne liegende Alter der knapp vierjährigen Madeleine zu berücksichtigen, das eine derartige Version ihres Verschwindens sehr unwahrscheinlich macht (Kap. 9.2.1.1 und 9.2.1.2) und damit das Gewicht der vorgenannten Faktoren im Resümee deutlich reduziert.

Hinsichtlich einer Entführung vor dem Hintergrund eines unerfüllten Kinderwunsches ist Madeleines Alter wiederum als zu hoch für eine komplikationslose Realisierung einzustufen (Kap. 9.2.1.3), was das womöglich durch die o. g. Faktoren erhöhte Opferrisiko ebenfalls in der Zusammenschau wieder ausgleicht und so auch diese Version sehr unwahrscheinlich macht.

Für die Eltern-Kind-Ebene ist hingegen denkbar, dass Madeleines attraktives Erscheinungsbild einen gewissen Schutzfaktor in Bezug auf eine gute Bindung und Beziehung zu ihr darstellt, womit ein durch Unerwünschtheit bedingter Filizid (Kap. 9.2.2.1), der aufgrund der In-vitro-Fertilisation ohnehin nicht sehr plausibel ist, als weniger denkbar eingestuft werden kann.

Was Madeleines Gesundheit anbetrifft, so geben beide Elternteile an, dass keinerlei Krankheit oder Medikamenteneinnahme vorliege und auch die mitgereisten Freunde wissen ihren Aussagen nach von keinem Leiden (Kap. 5). Eine Kindstötung im Rahmen eines Münchhausen-by-proxy-Syndroms (Kap. 9.2.2.1), bei dem die Täterinnen vielfältige Krankheiten des Kindes in ihrem sozialen Nahraum propagieren, kann demnach mit an Sicherheit grenzende Wahrscheinlichkeit ausgeschlossen werden.

Beachtung verdient jedoch Madeleines Körperlänge von nur ca. 90cm, die sich für ihre Population als mindestens sehr klar unterdurchschnittlicher Wert im Bereich der Kategoriengrenze zwischen Unterdurchschnittlichkeit und Kleinwüchsigkeit bewegt, lediglich den Erwartungswert eines 2,5 Jahre alten britischen Mädchens abbildet und in diesem Sinne als retardiert bezeichnet werden kann (A $H_{22PersM}$).

Auch fällt ein Kolobom in ihrer rechten Iris auf, das die Blendeempfindlichkeit des Auges erhöhen und auch das Sehvermögen herabsetzen kann (Kap. 3.11.1). Zusammen betrachtet, auch mit Madeleines scheinbar vorhandener kleinen Gesichtsasymmetrie (Kap. 3.11), kann nicht ausgeschlossen werden, dass das Kind in Folge der künstlichen Befruchtung an einer Chromosomenanomalie leidet, die ein bestimmtes Aberrationssyndrom bewirkt. So sind mit der Retardation im Längenwachstum in Verbindung mit dem Iriskolobom z. B. zwei der sechs Hauptsymptome des CHARGE-Syndroms (Kap 3.11.1) erfüllt. Über ein – vielleicht ja auch schwach ausgeprägtes, ggf. auch medikamentös behandeltes - Vorliegen weiterer Merkmale lässt sich auf der Basis der öffentlich verfügbaren Fotos und Daten nicht mit Bestimmtheit urteilen.

Die bei Madeleine zu findende Merkmalskombination aus Iriskolobom, retardiertem Wachstum und (evtl.) Gesichtsasymmetrie treten darüber hinaus gemeinsam beim Deletion-1p36-Syndrom auf. Auch hier kann von den weiteren Symptomen dieses Krankheitsbildes lediglich die Muskelhypotonie mit sehr hoher Wahrscheinlichkeit ausgeschlossen werden (A Fallstrukturhypothese 11). Auch beim Deletion-2-q-Syndrom finden sich u. a. eine Wachstumsretardierung und Kolobome an den Augen und von den weiteren Merkmalen kann wiederum nur die Muskelhypotonie als mit sehr hoher Wahrscheinlichkeit nicht vorhanden eingestuft werden. Ebenfalls können die im Zusammenhang mit Iriskolobomen z. T. auftretenden Nierenanomalien mit Hilfe der vorliegenden Daten nicht sicher ausgeschlossen werden.

Wenngleich die meisten der bei Madeleine an dieser Stelle nicht zu bestimmenden, eventuell aber vorliegenden, weiteren Symptome in der Regel schwerwiegende Gesundheitsstörungen verursachen (z. B. Herz- und Nierenanomalien), ist ihr Vorhandensein in bislang schwacher Ausprägung nicht mit Gewissheit auszuschließen sowie die Hypothese eines *möglicherweise eben auch atypischen* Syndroms aufgrund einer chromosomalen Aberration vorerst mit im Blick zu behalten (A $H_{23PersM}$, Kap. 3.8.1 sowie 3.11.1).

Eine weitere Auffälligkeit im gesundheitlichen Bereich stellen die schweren Koliken dar, unter denen Madeleine nach Angaben der Mutter während des ersten halben Lebensjahres gelitten und unter denen sie bis zu 18 Stunden am Tag geschrien haben soll (Kap. 3.8). Auch sie könnten in Verbindung mit den vorgenannten Besonderheiten stehen, entweder als syndromales Erscheinungsbild oder als kausaler Faktor für die festgestellte Wachstumsretardierung.

In Verbindung mit der Tatsache, dass Madeleine McCann einige Tage vor ihrem vierten Geburtstag verschwunden ist, wäre im Falle des Bestehens einer ernsthaften und sich progressiv entwickelnden Krankheit auch plausibel, dass die Eltern durch den bevorstehenden

Geburtstag an das fortschreitende Alter und damit an das immer weitergehende Leid des Kindes deutlich erinnert wurden und es im Rahmen einer Euthanasie-Version des Filizides töteten. Dass es jedoch kein öffentlich auffallendes Leiden des Kindes gegeben hat, schmälert den Plausibilitätsgrad dieser Version wiederum, ebenso wie insbesondere das unwahrscheinliche Agieren der Eltern in einem fremden Land mit wenig bekannten Örtlichkeiten.

Letzteres Argument spricht auch gegen die theoretisch vorstellbare Möglichkeit, dass die fest im christlichen Glauben verwurzelte, katholisch getaufte Frau McCann aufgrund eines starken Konfliktes zwischen den konservativen Lebensprinzipien der katholischen Kirche, die künstliche Befruchtung ablehnt, und ihrer Entscheidung für die In-vitro-Fertilisationen (A $H_{82PersK}$, $H_{84PersK}$) das Kind, das ihr mit seinem Iriskolobom und seinen ggf. bestehenden Gesundheitsproblemen u. U. (unbewusst) auch wie ein entsprechendes Mahnmal vorkommen könnte, getötet haben könnte.

In einem Übergangsbereich von derartigen vegetativen Störungen und Verhaltensauffälligkeiten, die auch als psychische Folge des langen körperlichen Leidens im Säuglingsalter vorstellbar sind, können Madeleines Schlafprobleme gesehen werden, ihr häufiges Aufstehen in der Nacht (Kap. 6.2) sowie ihr u. a. auch motorisch hohes Aktivitätsniveau, das wohl seit dem Säuglingsalter besteht und von dem die Eltern sowie mehrere der mitgereisten Freunde übereinstimmend berichten (Kap. 3.10 sowie Kap. 5). Hier könnte es sich um die Entwicklung eines Hyperkinetischen Störungsbildes handeln (vgl. ICD-10, Kennziffer F90), das sich vor allem durch einen Mangel an Ausdauer bei kognitiv fordernden Beschäftigungen, Sprunghaftigkeit in der Tätigkeit, eine desorganisierte, überschießende Aktivität sowie häufig auch Impulsivität und relationale Distanzlosigkeit auszeichnet.

Madeleines Verhaltensbesonderheiten erhöhen prinzipiell sicherlich die Gefahr eines missbräuchlichen Beruhigungs- und Schlafmitteleinsatzes durch die Eltern. Die Tatsache, dass diese Ärzte sind, spricht zwar einerseits eher für einen besonnenen Umgang mit Arzneimitteln, andererseits jedoch auch für eine erleichterte Verfügbarkeit und herabgesetzte Kontrolle von außen, sodass dieser Version eine gewisse Plausibilität nicht abzusprechen ist.

Aus Madeleines Bewegungsdrang lässt sich, auch in Anbetracht einer möglicherweise beeinträchtigten Sehleistung und

Lichtsensibilität, eine erhöhte Unfallgefahr ableiten. Auch eine erhöhte Wahrscheinlichkeit von Affekthandlungen der Eltern ist als Folge von erzieherischer Überforderung im Bereich des Setzens von Grenzen denkbar (A Fallstrukturhypothese 11, vgl. auch ICD-10, F90: erhöhte Unfallneigung und vermehrte Bestrafung).

Hinweise auf eventuelle Auffälligkeiten in der allgemeinen kognitiven, sprachlichen oder motorischen Entwicklung liegen nicht vor; Madeleine wird von anderen eher als intelligent bezeichnet (Kap. 5). Im Sozialverhalten scheint das vom Wesen her als lebhaft, extrovertiert und zumeist fröhlich zu charakterisierende Mädchen ein gut gefördertes Kind zu sein (A $H_{10PersM}$, $H_{12PersM}$, $H_{20PersM}$, Kap. 5), das kommunikativ und gesellig ist, ein anständiges Benehmen hat und auf Erwachsene hört (Kap. 5, A $H_{19PersM}$).
Madeleines Eltern und deren mitgereiste Freunde sind sich darin einig, dass das Kind von sich aus mit niemand Fremden mitgehen würde und sich nur unter lautstarkem Protest mitnehmen lassen würde (Kap. 5). Auch während der regelmäßigen Unterbringung in der Kinderkrippe des Ferienclubs hat sich das Mädchen nach Angaben seiner Betreuerin nie aus der Gruppe fortbewegt (Kap. 6.1).

In dieses Bild einer für das Alter eher reiferen Persönlichkeit fügt sich auch ihre mit knapp 2 Jahren geleistete Verarbeitung des Familienzuwachses ein: Madeleine brachte sich hier durch eine partielle Identifikation mit der mütterlichen Rolle und einer damit verbundenen, alterstypischen Reaktionsbildung aggressiver Strebungen aktiv und konstruktiv in die familiären Beziehungen ein und wählte somit einen progressiven, Aktivität und verantwortungsvolle Unabhängigkeit forcierenden Verarbeitungsstil (A H_{5PersM}, H_{7PersM}, H_{8PersM}, H_{9PersM}).

Madeleines gutes Sozialverhalten ohne deutlich oppositionelle Färbungen sowie ihr eher progressiv verarbeitender und damit die Eltern in ihrer Umsorgung z. T. auch entlastender Persönlichkeitsstil relativiert das aus ihrem besonderen Aktivitätsdrang abgeleitete Risiko einer gegen sie gerichteten elterlichen Affekttat.
Auch ein kontinuierliches Misshandlungsgeschehen in einer Form, die äußere Spuren der Gewalteinwirkung hinterlässt, ist vor dem Hintergrund von Madeleines enger sozialer Einbettung unwahrscheinlich (Verletzungen durch massive Gewaltanwendung wären zuvor bereits jemandem auf der Portugalreise aufgefallen, vor allem den mitreisenden Freunden oder den

Krippenbetreuungskräften, zumal sie das Kind auch in Badebekleidung sahen). Regelmäßig stattfindende körperliche Übergriffe, die keine oder schwer einzuordnende Spuren hinterlassen, aber dennoch gefährlich sind (wie v. a. Schütteln des Kindes, das zu u. U. letalen Hirnschädigungen führen kann, vgl. Kap. 9.2.2.1), erscheinen aufgrund Madeleines fröhlicher und sozial zugewandter Persönlichkeitsaspekte zwar auf den ersten Blick eher weniger wahrscheinlich, für eine noch genauere Plausibilitätsbeurteilung muss jedoch das Eltern-Kind-Verhältnis eingehend betrachtet werden.

Madeleines kognitive und persönlichkeitsbezogene Reife, in Verbindung mit ihrem extrovertierten, lebhaften und aktiven Wesen sowie der Einschätzung ihrer Bezugspersonen, sie würde nicht mit Fremden mitgehen, lässt eine Entführung nur unter Verabreichung eines Betäubungs- oder Schlafmittels als möglich erscheinen. Lässt dieses Mittel nach, ist für einen sexuell motivierten Einzeltäter ein deutlicher Stress vorprogrammiert, auf den er vermutlich mit einer raschen Tötung des Kindes reagieren wird, auch angesichts der relativen Unmöglichkeit, ein noch so junges Kind langfristig z. B. in einem Keller zu verstecken: Eine knapp Vierjährige braucht in besonderem Maße körperliche Pflege und soziale Nähe und kann bei einem entsprechenden Entzug auch somatisch schwer krank werden.[2] Auch die relativ guten Adaptationsfähigkeiten, die Madeleine im Hinblick auf ihre Persönlichkeit wohl zugesprochen werden können, wiegen diesen Aspekt vermutlich nicht auf. Trotz ihrer wohl eher guten Anpassungsfähigkeit in Belastungssituationen würden auch die mutmaßlichen Erwartungen einer „Ersatzmutter", die Madeleine vor dem Hintergrund eines unerfüllten Kinderwunsches entführt haben (lassen) könnte, mit Madeleines Persönlichkeit und ihrem allgemeinen Entwicklungsstand wohl eher kollidieren: Mit einem anhänglichen, passiveren Kind mit eher regressivem und kognitiv zurückgebliebenen Verhalten würde eine derartige Beziehung viel eher glücken. Von daher ist davon auszugehen, dass in Madeleines Fall ein solches Unterfangen auch längerfristig eher scheitern würde, was bedeutet: Bei Vorliegen dieser Version ihres Verschwindens wäre es wahrscheinlich, dass das Kind mittlerweile wieder ausgesetzt worden wäre - was jedoch nicht geschah - oder aber getötet worden wäre.

12.2 Beantwortung der Fragestellung zu den Persönlichkeitsstrukturen der Elternteile

Im Bezug auf die Frage „Wie sind die aus dem verfügbaren Fallmaterial abzuleitenden Persönlichkeitsstrukturen der Elternteile jeweils zu charakterisieren, v. a. auch hinsichtlich

- der allgemeinen Normorientiertheit des Verhaltens
- der individuellen Konfliktverarbeitungsstrategien
- der vorherrschenden Kontrollüberzeugungen
- der Fähigkeit zu konstruktiver Empathie
- der Fähigkeit zur Affektregulation?

Für welche Ereignisversionen stellen auch hier welche Merkmale Risiko- bzw. Schutzfaktoren dar?" lassen sich aus dem vorliegenden Fallmaterial heraus folgende Aussagen treffen:

Die als attraktiv (A $H_{10PersK}$, $H_{15PersK}$) und mit hoher Wahrscheinlichkeit als überdurchschnittlich intelligent (IQ zwischen 115 und 130; vgl. A $H_{63PersK}$) einzustufende, im Mai 2007 39-jährige Allgemeinmedizinerin, Gynäkologin und Anästhesistin Kate McCann, die auch ihrer Intuition einen nennenswerten Wert beimisst (A $H_{122PersK}$, Kap. 6.2), ist deutlich auf soziale Einbettung ausgerichtet (A Fallstrukturhypothese 8, $H_{66PersK}$, $H_{72PersK}$, Kap. 5) und genießt wohl die Bindungen innerhalb ihrer Kleinfamilie (A $H_{106PersK}$, $H_{131PersK}$). Besonders in Belastungssituationen sind ihr Partnerschaft und Gruppenzugehörigkeit eine bedeutsame Ressource (A H_{29Bez}, $H_{131PersK}$, L g, K 1i). Sie hat die Fähigkeit, sich auch in konflikthaften Situationen für die Etablierung von Bindungen zu engagieren und Verbindungen zu ihr wichtigen Bezugspersonen langfristig aufrechtzuerhalten (A $H_{83PersK}$, $H_{125PersK}$ - $H_{128PersK}$, $H_{130PersK}$, L l). Darüber hinaus beschreiben die mitgereisten Freunde Frau McCann als freundlich und kommunikativ (Kap. 5).

Madeleines Mutter kann eine eher gute Introspektions- und Reflektionsfähigkeit zugesprochen werden, die auch das öffentliche Zugeben eigener Schwächen beinhaltet (A Fallstrukturhypothese 9). Sie besitzt die Fähigkeit zur Übernahme der kindlichen Perspektive und zu konstruktiver Empathie (A $H_{136PersK}$, $H_{130PersK}$, $H_{66PersK}$, $H_{72PersK}$) sowie eine gute Impulskontrolle (K 5e, L l). Auch ist sie in hohem Maße dazu fähig, eigene Bedürfnisse im Interesse ihres Kindes oder Partners zurückzustellen (K 1j, A $H_{125PersK}$), besitzt jedoch auch die innere Freiheit, Verletztheit und Verärgerung ausdrücken zu können (K 4e, La). Diese Kompetenzen bilden die Basis für gute Problembewältigungskompetenzen in alltäglichen Belastungssituationen (A $H_{126PersK}$, L l).

Die äußerlich gepflegt wirkende Medizinerin mit hervorragendem Examen, die lange Zeit stark im katholischen Glauben verhaftet war und mittlerweile die Gottesdienste anglikanischer Gemeinden aufsucht, die vor dem Ereignis neben der teilweisen Versorgung ihrer Kinder eineinhalb Tage pro Woche arbeitete, damit viel Verantwortung trug sowie auch nach dem Verlust der Tochter morgens um 6.30Uhr aufsteht (Kap. 3 sowie Blogeintrag vom 13.05.07), erscheint so deutlich mit bürgerlichen Werten identifiziert (A $H_{13PersK}$, $H_{14PersK}$, $H_{23PersK}$, $H_{82PersK}$), dass eine dissoziale Tendenz ihrer Persönlichkeit auszuschließen ist und stattdessen klar von einem allgemeinen Bemühen um normorientiertes Verhalten gesprochen werden kann. Was das Alleinlassen ihrer Kinder am Abend von Madeleines Verschwinden anbetrifft, so sind die regelmäßig stattgefundenen Kontrollgänge der Eltern und Freunde zu sehen (Kap. 4.3 sowie Kap. 5) sowie die plausible Lesart, die als unzureichend zu bewertende Aufsicht könne sehr gut durch ein subjektives Gefühl der Kontrolle aufgrund des Aufenthaltes in Sichtweise des Apartments bedingt gewesen sein statt durch eine verantwortungslose (erzieherische) Grundhaltung (C $H_{11Ereignis}$). Denkbar ist auch, dass die regressionsfördernden Wirkungen der vorübergehenden Lebensform „Urlaub" das Verhalten der Eltern egoistisch-bedürfnisorientiert ausgerichtet haben, wofür auch die regelmäßige und lange Unterbringung der Kinder in der Krippenbetreuung der Ferienanlage spricht, während der die Eltern McCann vor allem sportlichen Aktivitäten nachgingen (Kap. 5). Madeleines Mutter scheint sich jedenfalls im Zusammenhang mit dem Verschwinden ihres Kindes zu schämen und sehr betroffen zu sein (J 1.1).

Ein narzisstischer Persönlichkeitsaspekt auf eher gutem strukturellen Organisationsniveau wird bei Frau McCann in hohen, aber realistischen körperbezogenen und beruflichen Idealen deutlich, für deren Verfolgung sie eine strenge Selbstdisziplin (Zielstrebigkeit, Engagement, Durchhaltevermögen) aufbringen kann (A Fallstrukturhypothese 10, $H_{111PersK}$). Als Beispiel mag auch ihre Aussage gelten, sie sei in der Schwangerschaft jeden Tag geschwommen, um sich und das Kind gesund zu halten (Kap. 3.8).
Mit der Verfolgung ihrer Ideale erfüllt die aus der Arbeiterklasse stammende und als Einzelkind aufgewachsene Kate sicherlich die internalisierten Erwartungen ihrer Eltern, gewinnt dadurch jedoch auch Unabhängigkeit und kann über ihre soziale/ökonomische Herkunft hinauswachsen (A $H_{56PersK}$, $H_{47PersK}$, $H_{48PersK}$). Letzteres kann bei ihr, vor allem in Verbindung mit der für Eltern eines

einzelnen Kindes eher als schwieriger anzunehmenden Loslösung mit einhergehendem Ablösungswiderstand, einerseits zu einem nachdrücklichen Verlangen nach Autonomie vom Elternhaus, v. a. von der versorgenden Mutter, geführt haben, wofür Kate McCanns Wahl eines 300km entfernten Studienortes spricht, andererseits aber auch zu Schuldgefühlen bezüglich dieser Unabhängigkeitsentwicklung (A $H_{49PersK}$ $H_{54PersK}$ $H_{56PersK}$). Denn insbesondere Frau McCanns von Kindheit an bestandener *unbedingter* Kinderwunsch kann als Verlangen nach Ablösung mit gleichzeitig kompromisshafter, nämlich altruistischer, Befriedigung sowohl ihrer eigenen abgewehrten Verbundenheitswünsche als auch derjenigen ihrer Mutter/Eltern verstanden werden, denen sie mit dieser Entwicklung „zum Trost" ein Enkel schenkt (A $H_{106PersK}$, $H_{104PersK}$ vgl. auch die Ausführungen von Wiese zum Kinderwunsch im Rahmen eines Loslösungskonflikts in Kap. 9.2.2.1). Auch erfüllt die - von ihrer Figur her eher asketisch anmutende - Frau McCann ihre beruflichen Ideale insofern in altruistischer Form, als dass sie sich besonders intensiv um andere „kümmert" und dabei zugleich eigene Gefühle von Abhängigkeit (d. h. auch von intrusiver Nähe, Passivität und Kontrollerduldung) als abgewehrten Selbstanteil am Patienten erleben kann (A $H_{74PersK}$). Darüber hinaus birgt ebenso ihre vertrauensvolle Beziehung zu einem katholischen Pfarrer (eine potenzielle Vaterfigur, die auch von Schuld befreit), die sie in der Nacht des Verschwindens gegenüber einem längeren Gespräch mit ihrer Mutter präferiert, diese Ambitendenz (A $H_{83PersK}$). Die Gemeinsamkeit mit ihrem Vater, Everton-Fan zu sein, stellt auch eine Distanz von Frau McCann zu ihrer Mutter dar (A H_{35Bez}).

Bewahrt die prinzipiell gut zu Autonomie fähige (K 3f, K 4e), jedoch über eher weniger Selbstvertrauen verfügende (A $H_{97PersK}$, $H_{101PersK}$) Kate McCann in herausfordernden Situationen gern ihre Unabhängigkeit und Kontrolle, agiert dabei aber vorzugsweise im Radius der Verfügbarkeit von häuslicher und partnerschaftlicher Nähe (A $H_{113PersK}$, $H_{114PersK}$), so scheint mit zunehmendem Belastungsgrad ihre Suche nach sozialer Verbundenheit zu steigen (A $H_{138PersK}$, H_{54Bez}, L g, K 1i, A $H_{131PersK}$), ihr Konflikt zwischen ihrem letztlich dominanten regressiven Persönlichkeitsaspekt Abhängigkeit/Unterordnung und ihren progressiven Strebungen aber auch zuzunehmen (L e,f), was in Extremsituationen schließlich in eine depressive Dekompensation mit starker Delegation von Ich-Funktionen an ein Anlehnung bietendes Hilfs-Ich mündet (J 1b, A Fallstrukturhypothesen 1und 2). Frau McCanns Grundpersönlichkeit lässt sich damit durch eine weitgehend progressive Verarbeitung eines Abhängigkeits–Autonomie-Konfliktes mit sowohl anal (nicht oral) akzentuierten narzisstischen als auch altruistisch-fürsorglichen Mitteln charakterisieren, die mit wachsender Belastung zunehmend regressiv labilisiert wird (vgl. die integrative Erweiterung der Annahmen zum Persönlichkeitsaspekt von Kate McCann in Rahmen der Fallstrukturhypothesen 1 und 2 in A). Daraus lässt sich ableiten, dass Frau McCanns Kontrollüberzeugungen prinzipiell internaler Art sind, von ihr mit stärker werdender Belastung jedoch zunehmend external attribuiert werden.

Hinsichtlich Frau McCanns persönlichkeitsbezogener Risiko- und Schutzfaktoren für verschiedene Formen einer aktiven Verwicklung ergibt sich folgendes Bild:
Ihre guten Schlüsselfähigkeiten zur konstruktiven Problemlösung, insbesondere auch ihre gute Impulssteuerung, können als Schutzfaktoren für die Begehung einer Impulstat angesehen werden, womit diese Version als unwahrscheinlich einzuschätzen ist.
Allgemein legen ihre kognitiven, sozialen und emotionalen Grundkompetenzen eine gute Erziehungsfähigkeit nahe, aufgrund derer, auch angesichts ihrer starken sozialen Einbettung in ein gutbürgerliches Milieu, auch eine kontinuierliche Kindesmisshandlung mit Todesfolge als unwahrscheinlich angesehen werden kann. Noch genauer kann dies jedoch erst nach Beleuchtung der intrafamiliären Beziehungsebene, insbesondere der Eltern-Madeleine-Verhältnisse, beurteilt werden.
Eine mögliche Kindstötung im Rahmen einer psychotischen Erkrankung passt entschieden nicht in das Bild, das Frau McCanns Persönlichkeit und Lebenswandel sowie darüber hinaus die Informationen ihrer Freunde, die der eintreffenden Polizisten und der sie vernehmenden Kriminalbeamten zeichnen.

Als kritisch ist hingegen Kate McCanns Neigung zu depressiven Reaktionen sowie ihr Abhängigkeits- und Autonomie-Konflikt einzustufen:
Wenngleich ein erweiterter Suizidversuch schlecht in das uns bekannte Geschehen des Abends des 3. Mai 2007 passt und zudem wohl, zumindest, was Frau McCanns Stimmungslage anbetrifft, nicht unentdeckt geblieben wäre und damit ausgeschlossen werden kann, wäre eine Affekttat angesichts von Madeleines altersbedingter psychosozialer Entwicklung insofern plausibel, als dass ihr Autonomiestreben, ihre Hinwendung zum Vater sowie die damit verbundene Abwendung von der Mutter die Selbstdefinition dieser in

214

der Rolle als enge Bezugsperson in Frage stellt (vgl. auch die Ausführungen von Marneros in Kap. 9.2.2.1). Bei Vorliegen einer Aufschaukelung eines entsprechend konflikthaften Interaktionsgeschehens in der Vergangenheit und einem aktuellen Auslöser in der regressionsfördernden und damit auch potenziell triebenthemmenden Urlaubssituation, wie z. B. einem oppositionellen Verhalten des Kindes gegenüber seiner es zu Bett bringenden Mutter, das z. B. darauf besteht, erst noch seinen abwesenden Vater sehen zu wollen, wäre eine direkt oder indirekt (z. B. unglücklicher Sturz des Kindes nach einem Schlag) tödlich endende Affekttat durch die Mutter durchaus vorstellbar. Das Verhalten des Kindes würde nämlich einerseits die altruistische Verarbeitungsweise des Abhängigkeits-Autonomie-Konfliktes der Mutter destabilisieren, andererseits aber auch deren Autonomiestreben, die Kinder zu Bett zu bringen, um eigenen Interessen nachgehen zu können, behindern. Anders ausgedrückt: Das Kind signalisiert der Mutter in dieser Situation die Doppelbindungsbotschaft: „Ich will nicht, dass du dich um mich kümmerst, aber mich allein lassen und dich um dich kümmern, kannst du auch nicht." Dies könnte den persönlichen Grundkonflikt der Mutter aktiviert und unter den eben beschriebenen Umständen eine Affekttat ausgelöst haben. Aus den Betrachtungen von Madeleines Persönlichkeit ergeben sich zwar keine Hinweise auf ein oppositionelles Problemverhalten, jedoch auf eine starke Betriebsamkeit, Einschlafschwierigkeiten und nächtliches Aufstehen, sodass diese Version in dieser Hinsicht durchaus Plausibilität besitzt.

Auch eine Psychodynamik der Kindstötung, wie sie Wiese (1993; vgl. Kap. 9.2.2.1) für Mütter mit einer Ablösungsproblematik von der eigenen Mutter ausführt, ist für Frau McCanns vorbeschriebene Persönlichkeitsstruktur an und für sich denkbar, allerdings wohl nicht in Form einer geplanten Tat, da die Ortsfremdheit unnötige Realisierungsschwierigkeiten, vor allem in der Leichenbeseitigung, bedeutet, sondern als eine Affekttat, etwa so, wie sie oben geschildert wurde.

Eine andere Affekttatversion, die den kritischen Abhängigkeits- und Autonomiekonflikt zentral berührt, wäre vor dem Hintergrund einer deutlichen Distanzierung des Partners (in einem massiven Streit, z. B. wegen Fremdgehens), der zu einer Angst vor Objektverlust führen kann, vorstellbar. In diesem Fall könnte mit der Tötung des Kindes einmal eine Bestrafung des Partners beabsichtigt werden, was jedoch sicherlich ein eher geringeres Organisationsniveau der Persönlichkeit und/oder eine geringe Bindung zum Kind voraussetzen würde. Es könnte aber auch die (unbewusste) Phantasie virulent sein, sich mit der Tötung des Kindes dessen Verbundenheit zu sichern, wenn man den Partner schon zu verlieren droht. Aber auch dies bedarf wohl stärkerer struktureller Defizite, vor allem solche in der Trennung der Subjekt-/Objektrepräsentanzen. Die Betrachtungen zur Persönlichkeit von Frau McCann, abgesehen von ihrem mutmaßlichen Grundkonflikt, legen diese beiden Szenarien somit nicht nahe.

Aber auch außerhalb der Versionen von Affekttaten und vorsätzlichen Kindstötungen könnte Frau McCanns Abhängigkeits-/Autonomiekonflikt eine entscheidende Rolle gespielt haben:
Sie könnte der unter Ein- und Durchschlafstörungen leidenden Madeleine Beruhigungs- oder Schlafmittel verabreicht haben, um die Konzentration auf ihre eigenen Interessen sicherzustellen und das nachts „zu autonome" Kind gleichzeitig in die Abhängigkeit zurückzuholen. Unverträglichkeiten bei dem u. U. nicht ganz gesunden Mädchens könnten daraufhin zu dessen Tod geführt haben.
Im Falle eines nicht unmittelbar sondern erst relativ spät bemerkten tödlichen Unfalles ihres Kindes könnte die Mutter, deren lange und unbedingt ersehnter und damit, wie dargelegt, sicherlich psychodynamisch hoch bedeutsamer Kindersegen nun so plötzlich und brutal zerstört ist, diesen Verlust vermutlich schwer ertragen. Die altruistische Verarbeitung ihres Grundkonfliktes würde mit einem derartigen Tod ihrer Erstgeborenen deutlich labilisiert, sie würde sich unbewusst wieder ein Stück weit zurück in die Abhängigkeit ihrer Mutter geworfen fühlen, was sie mit einer Verleugnung des Todes ihres Kindes allerdings verhindern könnte. Je nach Stärke der Bindung zu Madeleine würde die Akzeptanz ihres Todes noch erschwert.
Was die Spuren- und Leichenbeseitigung anbetrifft, so könnten Frau McCann ihre wohl überdurchschnittliche Intelligenz, ihre Kenntnisse aus den medizinischen Ausbildungen sowie ihre Sportlichkeit dafür sehr nützlich sein.

Der ebenfalls als attraktiv (A H_{5Bez}, H_{6Bez}, H_{7Bez}) und mit hoher Wahrscheinlichkeit als überdurchschnittlich intelligent (IQ zwischen 115 und 130; vgl. A $H_{62PersG}$) einzustufende, im Mai 2007 39-jährige Kardiologe Gerald McCann ist ebenso wie seine Frau Kate sehr auf Gemeinschaft ausgerichtet (A Fallstrukturhypothese 8, Kap. 5) und wird von den mitgereisten Freunden gleichsam als freundlich und kommunikativ beschrieben (Kap. 5).

Der karriereorientierte Mann (A $H_{59PersG}$), der ein hohes Maß an Selbstvertrauen und damit eine internale Kontrollüberzeugung aufweist (D a, A $H_{13PersG}$, $H_{88PersG}$, $H_{73PersG}$, H 2c) und es beruflich gewohnt ist, auf Konferenzen zu sprechen (Kap. 3.7), verfügt über eine gute Kontaktfähigkeit (H 2c, A $H_{39PersG}$) sowie eine anerkennenswerte Rhetorik (M a). Er kann seine Energien – auch unter hohem Belastungsdruck - reflektiert, strukturiert und zielgerichtet in wohlorganisierte Handlungen kanalisieren (K 1c, A Fallstrukturhypothese1). Negative Affekte kann der beherrscht-kämpferische (A Fallstrukturhypothese1, I 19b,c) und optimistische (Kap. 3.7) Vater sehr gut selbständig herab- sowie positive Emotionen heraufregulieren (A $H_{88PersG}$, I H_{1PersG}). Auch ist er andererseits dazu fähig, starke selbstbezogene Gefühle (Verzweiflung, seelischen Schmerz) auch einmal nach außen hin auszudrücken (A H_{8PersG}), wobei er sie allerdings zumeist stark unter Kontrolle zu halten bemüht ist, was ihm auch sehr gut gelingt (K 1 Supervision a, K 4f). Auf Verärgerung kann er mit Entschlossenheit und Bestimmtheit reagieren und, ohne ausfallend zu werden, sein Gegenüber mit dessen Fehlverhalten konfrontieren. Er besitzt anscheinend auch die Eigenständigkeit und den Mut, konflikthafte Situationen unkonventionell zu beenden (K 5g). In diesem Sinne kann Gerald McCann eine gut entwickelte Fähigkeit zur Affektkontrolle zugeschrieben werden (A $H_{15PersG}$).

Madeleines Vater scheint darüber hinaus über die Fähigkeiten zu verfügen, sich liebevoll in die Perspektive seiner Kinder hincinzuversetzen (E 1q, J 1f) und an Madeleines mutmaßlichen Gefühlen Anteil zu nehmen (I 35a).

Seine Kompetenzen in der Selbststeuerung und Empathie stellen gute Grundkompetenzen sowohl in Belastungssituationen des erzieherischen als auch des allgemeinen sozialen Alltags dar.

Die Normorientiertheit von Herrn McCanns Verhalten stellt sich ähnlich dar wie bei seiner Frau: Wenngleich der Vater weniger in einem konservativen religiösen Weltbild verhaftet ist als sie (A $H_{74PersG}$, F 4 Supervision a) und auch, was sein Äußeres betrifft, weniger eitel ist (A H_{8PersG}, $H_{10PersG}$), erscheint der äußerlich gepflegt wirkende, katholisch getaufte Kardiologe, der in seiner Arbeit an einem bedeutenden europäischen Herzzentrum viel Verantwortung trägt (A $H_{63PersG}$), der sich stark für sein krankes Baby einsetzte (A $H_{92PersG}$), der auch nach dem Verlust der Tochter morgens um 6.30Uhr aufsteht (Blogeintrag vom 13.05.07) sowie sich nach dem

Verschwinden der Tochter wieder stärker dem christlichen Glauben zuwendet (Kap. 3.6), deutlich mit bürgerlichen Werten identifiziert (A H_{6PersG}, H_{7PersG}), was mit sehr hoher Wahrscheinlichkeit eine dissoziale Tendenz seiner Persönlichkeit ausschließt.

Der Migrationshintergrund der Herkunftsfamilie des Herrn McCann, die dort recht große Anzahl von Kindern, seine besondere Dyade als jüngstes Kind mit seiner Mutter sowie der relativ frühe Verlust des Vaters führten wohl zu einer besonders starken familiären Verbundenheit des Mannes sowie einer recht späten Ablösung vom Elternhaus (A Fallstrukturhypothese 4, $H_{55PersG}$). Auch heute noch ist ihm dieser Kontakt sehr wichtig (Kap. 3.2, I 2a, A $H_{54PersG}$, $H_{56PersG}$, H_{28Bez},); er sowie die Verbindung mit Kate McCanns Eltern stellen für ihn auch in Belastungssituationen eine bedeutende Ressource dar (Kap. 3.2, Kap. 7: Anruf bei Frau McCanns Mutter, A H_{29Bez}).

Der wie seine Frau Kate aus der Arbeiterschicht stammende Gerald McCann, dessen Mutter neben den Tischlerarbeiten des Vaters zusätzlich in einer Keksfabrik arbeitete, um die siebenköpfige Familie zu ernähren, wodurch er mit deren Abwesenheit umgehen musste, der sich gegenüber seinen vier Geschwistern lernen musste zu behaupten und der auch den relativ frühen Verlust des Vaters zu verarbeiten hatte, lernte durch die Konfrontation mit diesen Herausforderungen, dass man Entbehrungen ertragen kann und für die Überwindung von Widrigkeiten sowie für die Erfüllung seiner Wünsche viel Einsatz zeigen muss (A $H_{25PersG}$, $H_{30PersG}$, $H_{36PersG}$, $H_{38PersG}$, $H_{42PersG}$). Auch hat er durch den hinzukommenden Migrationshintergrund seiner Eltern früh an deren Modell gelernt, dass man sich seinen sozialen und beruflichen Lebensstandard sowie seine Zugehörigkeit zu einer größeren Gemeinschaft mit viel Eigeninitiative erarbeiten muss, statt dass dies selbstverständlich gegeben ist (A $H_{45PersG}$), sowie dass man sich seiner Traurigkeit aufgrund von Verlusten nicht allzu sehr hingeben darf, sondern man trotz Belastungen gut funktionieren und nach vorn blicken muss (A $H_{48PersG}$). Gerald McCanns anale Persönlichkeitsaspekte Selbständigkeit und Einsatzbereitschaft wurden also früh forciert und haben zu einem starken Selbsterleben (dem Erleben von sich Selbst als Akteur) geführt (A Fallstrukturhypothese1).

Diese Entwicklung fand jedoch wohl innerhalb einer recht guten familiären Umsorgung statt, die die Entwicklung eines gesunden Urvertrauens ermöglichte (A Fallstrukturhypothese1): Als Jüngster erlebte er sehr lange die besondere dyadische Beziehung zur Mutter

(A $H_{40PersG}$) und es wurde sich um ihn wohl auch von Seiten seiner älteren Schwestern zuweilen liebevoll gekümmert (A $H_{42PersG}$). Durch diese lange besondere Umsorgung, verbunden mit der Orientierung an den vier älteren Geschwistern und dem wohl relativ große Freiraum, den die nicht immer anwesende und deshalb weniger kontrollierend auftretende Mutter ihm bot, wurden Gerald McCanns anal getönte narzisstische Bestrebungen, „groß" zu sein und vieles zu können, wohl intensiviert (A $H_{33PersG}$, $H_{40PersG}$, $H_{43PersG}$). Zu vermuten ist außerdem, dass er die eher hohen beruflichen Erwartungen seiner migrierten Eltern aus der Arbeiterklasse an die Zukunft ihrer Kinder internalisiert hat (A $H_{46PersG}$).

Entstanden ist vor diesem Hintergrund eine Persönlichkeit, die sich selbst stark und gern als eigenständigen und unabhängigen Akteur erlebt und die mit Selbtsdisziplin, Ehrgeiz und Fleiß die eigenen Kräfte des antriebsstarken Wesens produktiv und verausgabend für die Sublimierung aggressiver Strebungen im Erreichen hoher Ziele und im Tragen von Verantwortung bereitstellen und kanalisieren kann (A Fallstrukturhypothese1, $H_{61PersG}$). Die Leidenschaft für sportliche Aktivitäten, insbesondere die Erfolge des jugendlichen Mittelstreckenläufers Gerald McCann, dienen hierfür als ein sehr gutes Beispiel (A $H_{67-70PersG}$).
Das lustvolle Erleben der eigenen Selbstwirksamkeit und Potenz (vgl. v. a. auch E 1g, K 1a) äußert sich auch in der Präferenz des dominanten Parts in Beziehungen und dem Ausüben von Kontrolle über andere (J 1a, K 1a, K 1f, M b).
Die starken Über-Ich/Ich-Ideal-Forderungen nach Gründlichkeit, Ordnung und Strukturiertheit, nach ausdauerndem Durchhalten, dem Bemühen um Bewältigung von Herausforderungen durch die eigene Leistungskraft, ohne sich „unterkriegen" zu lassen (D a, E 1e, E 2g, H 2d,e; I 1 H_{17G}, I 19a-c, I 32a, C $H_{11PersG}$) beschreiben einen zwanghaft-narzisstischen Persönlichkeitsaspekt, der auch eine masochistische Schuldverarbeitung mit entsprechender Ausblendung des eigenen Leides und der eigenen Bedürfnisse bahnt: Durch selbstlos und aufopferungsvoll erscheinende Überaktivität sollen die vom Über-Ich/Ideal-Ich ausgehenden Spannungen zwischen diesem und der Ich-Instanz gemildert werden (I 2b, E 1e,f, E 1Supervision a, F 3b, d, e).

Auf einer Metaebene über den vorangehend dargelegten Persönlichkeitsfacetten lässt sich Gerald McCanns dominierender Verarbeitungsstil als überkompensatorisch-aktiv bezeichnen (E 2a, F 3b, H 2c, N H_{7PersG}, N $H_{6ErlebenG}$, $H_{7ErlebenG}$), wobei vor allem auch narzisstische (E 1g, F 4c, F 4Supervisionb, K 1b, I 39d,) sowie zwanghafte (C $H_{11PersG}$, E 1e, E 3a) Strukturanteile zu erkennen sind. Der Mann besitzt eine so stabile Persönlichkeitsstruktur, dass er auch unter starken Belastungen nicht (z. B. depressiv) dekompensiert, sondern seine große Ichstärke in den Dienst von Bewältigungs- und Abwehrprozessen stellt, die seinen progressiven Verarbeitungsstil in den meisten Aspekten dann noch weiter forcieren (A $H_{12PersG}$, $H_{13PersG}$, $H_{44PersG}$, $H_{71PersG}$; K 1e, N H_{5PersG}, H_{6PersG}). Seine Freude am Selbsterleben, auch im sportlichen Bereich, ist ihm dabei eine gute Ressource (A $H_{72PersG}$).

Unter solch starken Belastungen wie dem Verschwinden seines Kindes erfährt Gerald McCanns Erleben aufgrund der vorherrschenden Verarbeitung allerdings eine starke Einengung auf Überaktivität und Leistung (E 1 Supervision a, A $H_{89PersG}$, I 8a, I 19a,b, I 32a, O4), auf deutliche Größenvorstellungen (E 2g, M d, I 12a, I 43a) sowie auf das Schaffen von Ordnung und Struktur (E 1Supervision a, E 1Supervision b), wodurch tieferes emotionales Erleben (A $H_{89PersG}$, E 1Supervision a), wie das der eigenen Bedürftigkeit (E 2g, K 1f), des eigenen Leides (E 1L, E 1Supervision a, E 2a, I 12a) und regenerierender Ruhe (E 1 Supervision a, E 2c), unmöglich wird, der eigene Initiatorstatus jedoch auch gar nicht mehr sicher erkannt (E 2d, I 33a) wird und die Selbst-Objektgrenzen unscharf werden (E 2g, F 3e, H 3g). Diese Bedingungen begrenzen dann auch die Beziehungstiefe des Vaters zu seinen Kindern, die erst allmählich wiedererlangt wird (E1 Supervision b, F 2 Supervision, F 3 Supervision).

Gerald McCanns persönlichkeitsdeterminierende(r) Grundkonflikt(e) lässt/lassen sich an dieser Stelle weniger leicht bestimmen als bei seiner Frau Kate. Es scheinen jedoch Selbstwertthemen eine Rolle zu spielen, vielleicht zusätzlich eine Unterwerfungs-/ Kontrollproblematik und/oder ferner ein Abhängigkeits-/ Autonomiekonflikt.

Jedenfalls möchte Madeleines Vater sich nicht auf Versorgung „ausruhen", sondern aus eigenen Kräften heraus „weiterkommen", was einen aktiven, progressiven Verarbeitungsstil kennzeichnet (H 1e, A $H_{44PersG}$). Seine Bedürfnisse nach und damit das Erleben von Versorgung, Hilfsbedürftigkeit (also Kontrollverlust), Nähe mit „Sich-Fallenlassen" und damit Abhängigkeit scheint Gerald McCann als Gefahr zu erleben, die er durch starke Eigenaktivität und Autonomiestreben zu meiden sucht (K 1f). Beziehungspartner haben sich ihm tendenziell eher unterzuordnen (K 1g,h).

Wenngleich die Genese von Gerald McCanns Persönlichkeit hier nicht völlig befriedigend erhellt werden kann, wären vor dem Hintergrund der vorliegenden Daten - zusätzlich zu den obigen Ausführungen zur Autonomieentwicklung und familiären Verbundenheit von Herrn McCann - starke phallisch-narzisstische Strebungen gegenüber der ihrem Jüngsten dyadisch lange verbunden gebliebenen Mutter plausibel, auch angesichts seiner Rivalität mit dem größeren Bruder, mit dem nach dem Verlust des Vaters unbewusst um dessen Platz konkurriert werden musste, was jedoch auch Zweifel an der eigenen Größe und Potenz sowie Spannungen zwischen Unterordnung und Auflehnung aufkommen lassen haben könnte. Auch Mitleid mit der schwer arbeitenden Mutter, die erst für die Zukunft ihrer Kinder ihr Heimatland zurückließ und dann ihren Mann verlor, könnte zu dem Wunsch geführt haben, für die Mutter an Vaters statt versorgend da zu sein, was einerseits bedeutete, die Rolle des Kindes mit eigener Bedürftigkeit aufzugeben, um „groß" zu sein, andererseits eine weitere Abhängigkeit von der Mutter geborgen haben könnte, die so wiederum die ersehnte „erwachsene" Autonomie begrenzte. Den Erwartungen der Mutter sowie den Idealen des in Ehren zu haltenden Vaters zu entsprechen, könnte den phallisch-narzisstischen Eifer sowie entsprechende Selbstzweifel außerdem noch angestachelt haben.

Was Gerald McCanns Berufswahl „Kardiologe" anbetrifft, so könnte diese durch eine Verschiebung seines Wunsches, den recht früh verlorenen Vater „zu retten", bedingt sein. Auch könnte er damit dem durch dieses Ereignis vielleicht angestoßenen Interesse an dem Phänomen „Leben und Tod" auf den Grund gehen sowie den Vater, der Tischler war, in der Übernahme dessen genauen Einsatzes von Auge und Instrument „weiterleben" lassen (A Fallstrukturhypothese 6).

Hinsichtlich Herrn McCanns persönlichkeitsbezogener Risiko- und Schutzfaktoren für verschiedene Formen einer aktiven Verwicklung in das Verschwinden seiner Tochter ergibt sich folgendes Bild:
Gerald McCanns sehr gute Selbststeuerung und seine konstruktive Empathie können als Schutzfaktoren für die Begehung einer Impulstat gelten, womit diese Version als unwahrscheinlich bewertet werden kann.
Wie auf seine Frau Kate trifft auch auf Madeleines Vater zu, dass seine kognitiven, sozialen und emotionalen Grundkompetenzen eine gute allgemeine Erziehungsfähigkeit nahelegen, aufgrund derer, auch angesichts seiner starken sozialen Einbettung in ein

gutbürgerliches Milieu, auch eine kontinuierliche Kindesmisshandlung mit Todesfolge als unwahrscheinlich eingestuft werden kann, obgleich dies noch genauer erst nach Betrachtung des spezifischen Vater-Tochter-Verhältnisses beurteilt werden kann. Ebenso fügt sich, wie bei Madeleines Mutter, eine mögliche Kindstötung im Rahmen einer psychotischen Erkrankung absolut nicht in das Bild, das seine Persönlichkeit sowie sein Lebenswandel, die Informationen der mitgereisten Freunde, die der eintreffenden Polizisten und der sie vernehmenden Kriminalbeamten zeichnen.

Darüber hinaus weist Gerald McCann im Gegensatz zu seiner Frau wohl auch keine depressiven Züge auf, womit ein erweiterter Suizidversuch, der ohnehin nicht in die offiziell bekannten Geschehnisse des Abends von Madeleines Verschwinden passt, auszuschließen ist.

Da eine möglicherweise destruktive Potenziale entfaltende Ablöseproblematik von der Mutter für Gerald McCann einmal aufgrund seiner Gegengeschlechtlichkeit weniger plausibel ist, zum anderen aber auch durch seine Biographie und sein Verhalten nicht in der Form nahegelegt wird wie für seine Frau, ist eine wie für diese denkbare Filizidversion nicht anzunehmen.

Als kritischer sind hingegen Gerald McCanns Bedürfnisse nach Kontrolle, Ordnung und narzisstischer Anerkennung anzusehen, die ein so aktives Kind wie Madeleine, das noch dazu im Alter von knapp vier Jahren zunehmend selbständiger und damit auch „eigenwilliger" wird, sicher nicht regelmäßig befriedigt. Dies kann zu Konflikten führen. Berücksichtigt werden muss allerdings, dass Herr McCann aufgrund seiner Persönlichkeit solchen Problemen wohl mit guten kommunikativen Kompetenzen, mit Einfühlung, spielerischer Manipulation, ruhigen, sehr klaren Grenzsetzungen sowie Ausdauer begegnen wird und dass sich die im Allgemeinen nicht oppositionelle Madeleine mit ihren knapp vier Jahren mehr in der ödipalen und damit dem Vater positiv zugewandten Entwicklungsphase befindet, also nicht mehr im kritischeren Trotzalter. Eine Affekttat durch einen sich über längere Zeit progredient entwickelt habenden Vater-Tochter-Konflikt ist vor diesem Hintergrund sehr unwahrscheinlich, kann jedoch mit noch größerer Genauigkeit erst nach Untersuchung der Beziehungsebene zwischen Herrn McCann und seiner Tochter beurteilt werden.

Plausibel wäre vor dem Hintergrund der Persönlichkeit des Vaters aber durchaus eine Beruhigungs- oder gar Schlafmittelgabe für das nachts immer wieder aufstehende Kind, das in diesem Verhalten schlecht mit anderen Mitteln kontrolliert werden kann. Aufgrund von

Unverträglichkeiten des u. U. nicht ganz gesunden Kindes könnte es daraufhin zu dessen Tod gekommen sein.

Zu überlegen ist, wie Madeleines Vater aufgrund eines nicht unmittelbar sondern erst später entdeckten tödlichen Unfalles seiner Tochter reagiert hätte. Einerseits wäre zu vermuten, dass der in seinen Bewältigungskompetenzen starke Mann, dessen Kinderwunsch scheinbar nicht so psychodynamisch hochbedeutsam ist wie bei seiner Frau und der sich keinesfalls „unterkriegen" lässt sondern kämpferisch, optimistisch, mit einer Prise Größenvorstellung alle Herausforderungen aus eigener Kraft heraus meistern möchte, vermutlich das Geschehene nicht verleugnen würde: So hätte er wohl entweder zwecks Rettung/Wiederbelebung „alle Hebel in Bewegung" gesetzt, selbst dann noch, wenn diese unrealistisch erschienen wäre, oder er hätte sich, wenn z. B. durch einen Genickbruch die Realitätsprüfung aufgrund des schlimmen Anblickes der Leiche auch entgegen jedes Wunschdenkens unmissverständlich signalisiert hätte, dass es keine Hoffnung mehr geben kann, in das Organisieren der dann notwendigen Schritte „gestürzt" sowie seine Familie und Freunde benachrichtigt.

Andererseits muss aber auch sein strenges Über-Ich, insbesondere Ich-Ideal, berücksichtigt werden, vor dem Herr McCann im Falle eines Unfalles der Tochter als nicht aufpassender Vater, der für sein Kind also nicht da ist, dramatisch versagt hätte. In Anbetracht seiner deutlichen narzisstischen Strukturanteilen könnte dies einen enormen Selbstwerteinbruch bedeuten, den er vielleicht doch mittels Verleugnung des Geschehenen verhindern will. Zusammen gesehen mit dem plötzlichen Wegbruch seiner wohl ödopalanhänglichen Tochter als u. U. auch eines Selbstwert stabilisierenden Faktors sowie des relativ frühen Verlust seines Vaters, über den nicht einsichtig genug ist, inwieweit er tatsächlich gut bewältigt und nicht nur progressiv abgewehrt ist, erscheint eine Verleugnung des Unfalles auch nicht außerhalb des durchaus Möglichen liegend. Im Vergleich mit dem skizzierten Szenario einer möglichen Verleugnung eines Unfalles von Seiten Frau McCanns ist letzteres jedoch so umfassend mit der für die Mutter herausgearbeiteten Persönlichkeitsstruktur sowie der Psychodynamik ihres unbedingten Kinderwunsches verbunden, dass ihrer möglichen Abwehr wohl eine deutlich höhere Plausibilität zukommt als einer kontrovers zu diskutierenden Verleugnung durch Madeleines Vater.

12.3 Beantwortung der Fragestellung zur Bindung und Beziehung der Eltern zu Madeleine

Hinsichtlich der Frage „Wie erscheint die jeweilige Bindung und Beziehung der Elternteile zu Madeleine, v. a. auch im Bezug auf

* die Konzeptualisierung des Kindes
* die Bindungsstärke
* die Bindungsqualität
* die Beziehungsqualität
* die Beziehungsstrukturen?

Welche Szenarien des Verschwindens des Kindes sind vor diesem Hintergrund plausibel, welche nicht?" geht aus dem vorliegenden Fallmaterial Folgendes hervor:

Die seit ihrer Kindheit von einem starken Babywunsch bewegte Frau McCann nahm nach ihrer ersten fehlgeschlagenen In-vitro-Fertilisation eine weitere auf sich, aus der dann das Wunschkind (Kap. 5.3 und 5.5) Madeleine hervorging, zu dem sie bereits während der unkomplizierten und damit einen positiven Beziehungsaufbau fördernden Schwangerschaft (A $H_{118PersK}$) ein deutliches Bindungsverhalten zeigte (A $H_{116PersK}$, $H_{117PersK}$). Vieles spricht dafür, dass sie mit Madeleine nach der Geburt eine gute Symbiose erlebte (A $H_{120PersK}$, $H_{121PersK}$, $H_{135PersK}$, H_{43Bez}, H_{44Bez}, H_{50Bez}). Die Belastung der schweren gesundheitlichen Probleme ihres Babys in seinen ersten Lebensmonaten bewältigten beide Elternteile mit einem besonderen Engagement für ihre Tochter (A $H_{126PersK}$, H_{46Bez}), wobei vor allem die sie hauptsächlich versorgende Mutter Kraft im Zusammenhalt ihrer Kleinfamilie fand, welchen sie durch diese Erfahrung noch als gestärkt erlebte (A $H_{131PersK}$).

Generell ist die Bindungsintensität der Eltern gegenüber Madeleine eher als stark einzuschätzen (A Fallstrukturhypothese 3, D Fallstrukturhypothese 3, D i, I 40a, I 54a, N $H_{2Erlebenk}$). Dies zeigt sich beispielsweise an dem Interesse an Madeleines Aktivitäten in der Kinderkrippe (Kap. 6.1), am gemeinsamen Spielen mit ihr (Kap. 6.1, C H_{5PersG}, H_{5PersK}, H_{7PersG}, H_{7PersK}), an der Wahrnehmung ihrer Wünsche (A H_{72Bez}), an einer guten gesundheitlichen Fürsorge (A H_{73Bez}) sowie an dem Leiden beider Eltern unter ihrem Verschwinden (I 34f, I 35a, J 1e, J 2h).

Während der Vater zu seiner etwa vierjährigen Tochter entwicklungsgemäß einen sublimierten ödipalen Beziehungsaspekt aufweist (I 41c, M j), hat die Mutter als Madeleines primäre Bezugsperson eine besonders enge Bindung an sie (A H_{63Bez},

Fallstrukturhypothese 3, K 8.9), die auch von selbstbezogenen Facetten getragen zu sein scheint: Wie ihr eigener Vater und ihre Tochter Madeleine ist auch Kate McCann Everton-Fan, was ihr eine zweifache narzisstische Spiegelung bietet (A $H_{79PersK}$, H_{35Bez}). Außerdem stellt das fröhliche Mädchen für die Mutter mit ihren depressiven Tendenzen vermutlich ein Stabilisierung bietendes Objekt dar (D $H_{10ErlebenK}$, A H_{70Bez}). Vor allem aber deutet Frau McCanns auffallend starker Kinderwunsch sowie ihre Phantasie, einen Jungen zu gebären, auf ein nachdrückliches Ablösungsbedürfnis von der eigenen Mutter sowie in diesem Zusammenhang auf starke Bindungsbestrebungen gegenüber dem eigenen Kind hin (A $H_{106PersK}$, $H_{123PersK}$). Und auch Kate McCanns Depression nach Madeleines Verschwinden spricht für eine deutlich vorhandene, aber eben narzisstisch getönte Mutter-Tochter-Bindung (vgl. zum prädisponierenden Faktor der narzisstischen Objektwahl für die Entwicklung einer Depression Kap. 9.1.3).

Dennoch kann Frau McCann, wie auch ihr Mann, prinzipiell gut von dem Kind „loslassen", z. B. um ganz eigenen Interessen nachzugehen (A H_{57Bez}, H_{58Bez}, H_{3PersK}, H_{3PersG}). Von einem aus Bedürftigkeit/Ängstlichkeit eines Elternteils heraus möglicherweise übersteigerten Bindungsverhalten kann somit nicht gesprochen werden.
Doch gibt es ein mutmaßliches Erlebniselement der Mutter, das dieser Einschätzung widerspricht: Nach Madeleines Verschwinden scheint sie unterschwellig eine dyadische Verbundenheit mit dem Kind unter Ausgrenzung ihres Mannes zu erleben oder anzustreben (K 2d, K 3d, K 5a, b). Einerseits wäre dieses Verhalten durchaus insofern mit ihrer eigenen Abhängigkeits-/Autonomieproblematik (vgl. Beantwortung der Frage 2) vereinbar, als dass die Mutter bemüht sein könnte, der ödipal bedingten Abwendung ihrer Tochter entgegenzuwirken, andererseits könnte es auch durch das sich zugetragene Szenarium des Verschwindens bedingt sein. (So könnte die Mutter das Kind vor dem in seinen Tod involvierten Vater nachträglich unbewusst schützen wollen oder, andersherum, ihre alleinige Verwicklung abbilden.) Für eine Begründung des Verhaltens der Mutter in den Verschwindensumständen spricht, dass sie Vater-Tochter-Kontakten ohne ihr Beisein im Alltag nicht im Wege stand (Kap. 6.1: Aussage von Catriona B.).

Was das innere Konzept der Eltern bezüglich ihrer ältesten Tochter anbetrifft, so ist dies, global betrachtet, als deutlich positiv konnotiert zu bezeichnen (A Fallstrukturhypothese 12): Beispielsweise sei

Madeleine ein schlaues Kind (Kap. 5.4), dessen Geplapper witzig und unterhaltsam sei (A $H_{149PersK}$, $H_{103PersG}$) und das seinen jüngeren Geschwistern stets eine wunderbar liebevolle und fürsorgliche Schwester sei (A $H_{143PersK}$, $H_{43PersG}$). Der nach dem Verschwinden der Tochter am häufigsten anklingende Aspekt ihres bei den Eltern hinterlassenen Bildes ist, Madeleine sei ein sehr wertvoller Mensch (D Fallstrukturhypothese3, I 41c, I 54a). Die tiefe Wertschätzung der Eltern wird besonders deutlich in den folgenden Formulierungen:

- Die Mutter sagt über ihre Tochter des Öfteren, sie sei „so special" (A H_{64Bez}).
- Die Eltern schreiben über Madeleine: „Despite her young age, it often felt like Madeleine had been on this earth before!" (A H_{68Bez})
- Außerdem beschreiben sie ihr Kind so: "Madeleine is a warm, life-enriching little person and will never fail we're sure, to bring joy into the life of anyone she may encounter." (A H_{69Bez})

Das an zweiter Stelle aufgeführte Zitat zeigt, dass die Eltern ihre Tochter nach ihrem Verschwinden auch in einem etwas zauberhaften Licht sehen. Dies gilt insbesondere für Herrn McCann (I 41c, I 43a), der angesichts seiner explizit ohne seine Frau verfassten Blogeinträge wohl überhaupt eher als Hauptverfasser der Internetbeiträge gelten kann. Die Mutter hingegen verfügt durchaus über eine gut integrierte und deutlich differenzierte Repräsentanz ihrer Tochter (A H_{52Bez}).

Aufgrund derartiger bei den Eltern vorherrschender Repräsentationen von Madeleine kann in Verbindung mit den Ausführungen zur Bindungsintensität trotz eventuell notwendiger Relativierungen hinsichtlich einer situationsbedingten Idealisierung des Kindes davon ausgegangen werden, dass Kate und Gerald McCann zu ihrer Tochter vor deren Verschwinden eine liebevolle Beziehung hatten (vgl. auch O3 sowie Kap. 5.3).

Auffallend ist allerdings, dass die Eltern, bzw. wieder vor allem wohl der Vater, Madeleine als eine sehr eigenständige, eher bereits wesentlich ältere, reifere Person konzeptualisieren bzw. konzeptualisiert, als dies für eine (knapp) Vierjährige zu erwarten wäre (A Fallstrukturhypothese13, H_{71Bez}, D H_{1Bez}, I 54a).
Dieses elterliche/väterliche Bild des Kindes legt in Verbindung mit den übrigen hier getätigten Feststellungen einen Erziehungsstil nahe, der die Individualität und Autonomie des Kindes fördert und gleichzeitig von liebevoller Zuwendung geprägt ist, womit ein autoritär-repressiver wie auch ein unbeteiligt-vernachlässigender Stil

auszuschließen sind und eine liebevoll-nachgiebige bis autoritative erzieherische Grundhaltung als wahrscheinlich gegeben zu betrachten ist (vgl. auch F 2). Insbesondere Herr McCann scheint mit seiner eher lebenslustigen Art den Kindern viel Raum für Ausgelassenheit zu geben und den alltäglichen Ungezogenheiten und Problemen mit Humor und Gelassenheit begegnen zu können (A H$_{62Bez}$, K 8 Textabsatz 6). Allerdings scheinen die Eltern unerwünschtes Verhalten ihrer Kinder auch ernst zu nehmen und Verhaltensänderungen einzufordern (Kap. 6.2: Token-Plan o. ä. an Kühlschrank), was mit Blick auf die Elternpersönlichkeiten, vor allem der von Gerald McCann, auch plausibel ist (vgl. Beantwortung der Frage 2). Vor dem Hintergrund von Kate McCanns Abhängigkeits-/Autonomie-Konflikt, ihren depressiven Tendenzen sowie ihrer wohl besonders starken und narzisstisch gefärbten Beziehung zu Madeleine ist denkbar, dass Frau McCann hingegen weniger autoritative und mehr nachgiebige Züge gegenüber Madeleine zeigte, wobei das hohe Maß an Disziplin, das sie sich selbst abfordern kann, durchaus auch hier und da in der Beziehung zur Tochter aufgetaucht sein kann.

Eine unproblematischere Beziehung von Madeleine zu ihrem lebenslustig-gelassenen, in seinen Forderungen wohl konstanteren und klareren, narzisstisch weniger verstrickten und aufgrund seiner Gegengeschlechtlichkeit sowie seiner wegen Berufstätigkeit weniger starken Verfügbarkeit besonders anziehenden Vater ist naheliegend.

Aus der Gesamtbetrachtung heraus ist jedoch für beide Elternteile auszuschließen, dass ihre Bindungsqualität zu Madeleine von Beziehungsvermeidung, Ambivalenzen, Desorganisation oder übersteigerter Enge/Überstimulation nennenswert geprägt und beeinträchtigt gewesen ist. Es kann demnach eine weitgehend sichere Bindung von Kate und Gerald McCann zu ihrer Tochter angenommen werden.

Durch solche Extrembelastungen der Eltern wie dem in Frage stehenden Ereignis wird die Beziehungstiefe und -kapazität zu ihren Kindern selbstverständlich vorübergehend eingeebnet (E 1p, E1 Supervision b, F 2 Supervision, F 3 Supervision).

Die herausgearbeiteten Bindungs- und Beziehungsmerkmale der Elternteile McCann zu Madeleine lassen als Risiko- oder Schutzfaktoren für verschiedene Verschwindensversionen einige mögliche Szenarien mehr bzw. weniger plausibel erscheinen:

Die Kindstötungsvariante „Euthanasie", die zuvor aufgrund einer möglichen genetischen Störung des Kindes in Betracht gezogen, aufgrund anderer Faktoren jedoch als wenig wahrscheinlich eingeordnet wurde (vgl. Beantwortung der Frage1), behält durch die starke Bindung der Eltern, insbesondere der Mutter, an Madeleine sowie ihrer tiefen Wertschätzung gegenüber ihrem Kind eine gewisse, wenn auch insgesamt als gering einzustufende, Vorstellbarkeit.

Die aufgrund der elterlichen Persönlichkeitsstrukturen und sozioökonomischen Lebensbedingungen bereits als unwahrscheinlich eingestufte Möglichkeit einer kontinuierlichen Kindesmisshandlung mit Todesfolge verliert durch das gute Bindungs- und Beziehungsgefüge zur Tochter ihren letzten Funken an Vorstellbarkeit. Die von tiefer Wertschätzung geprägten Beziehungen der Mutter und des Vaters zu Madeleine, die keine nennenswerten Ambivalenzen bergen und in Verbindung mit einer nachgiebig bis autoritativen Erziehungshaltung stehen, lassen auch eine vereinzelte sadistische Bestrafung außerhalb einer Affekttat, die zu dem Tod des Kindes geführt haben könnte, als höchst unwahrscheinlich erscheinen.

Auch eine Beruhigungs-/Schlafmittelüberdosierung ist mit diesem deutlichen Subjektstatus, den die Eltern Madeleine in der Familie einräumen, weniger wahrscheinlich als bei einem autoritär-repressiven Erziehungsklima, einer mangelnden Bindung oder einer sehr konflikthaften Eltern-Kind-Beziehung.

Die Version einer Tötung des Kindes aus Unerwünschtheit kann als absurd verworfen werden.

Eine Affekttat vor dem Hintergrund eines bereits länger schwelenden Vater-Tochter-Konfliktes ist aufgrund der guten Beziehung ebenfalls nicht plausibel, zumal Herrn McCanns gute Strukturgebung einerseits und seine Gelassenheit andererseits der Entstehung einer derartigen Interaktionsproblematik eher vorbeugend und dämpfend gegenüberstehen.

Für Madeleines Mutter ergibt sich, was eine mögliche Affekttat vor dem Hintergrund einer fortschreitenden Unabhängigkeitsentwicklung des Kindes anbetrifft, ein nicht ganz so klares Bild: Legt die besondere narzisstische Gebundenheit an die Tochter eine solche Version nahe, erscheint diese in Anbetracht der jedoch nicht übersteigerten Bindungsintensität, des Autonomie gewährenden Erziehungsstils sowie der guten Mutter-Kind-Beziehung hingegen als nicht plausibel. Die wohl im Vergleich zu ihrem Mann weniger konstante und/oder weniger klare Strukturgebung und erzieherische Gelassenheit Frau McCanns erhöhen jedoch die Wahrscheinlichkeit der Entstehung und Verschärfung von Erziehungsproblemen. Frau McCann verfügt jedoch mit ihren guten Basiskompetenzen zur Problembewältigung (vgl. Beantwortung von Frage 2) über gute Fähigkeiten, Mutter-Tochter-Konflikten konstruktiv zu begegnen. Zudem erscheint die Wahrscheinlichkeit von Erziehungsschwierigkeiten bei Frau McCann zwar relativ zu ihrem Mann erhöht, sie kann jedoch in ihrem ausschlaggebenden absoluten Ausprägungsgrad nicht als auffällig angesehen werden. Im Gesamtbild ergibt sich also für sie zwar ein relativ zu ihrem Mann wohl erhöhtes, jedoch kein für sich genommen deutliches Risiko für eine Affekttat. Diese ist somit wenig plausibel, wenngleich denkbarer als das oben angesprochene Misshandlungsszenarium.

Die im Rahmen seiner Persönlichkeit als vorstellbar, wenn auch als wenig wahrscheinlich bewertete Möglichkeit einer Verleugnung eines tödlichen Unfalles durch Herrn McCann verliert durch die nicht übermäßig intensiv erscheinende Bindung zu dem Kind, das ihm weniger als seine Frau als narzisstisches Selbstobjekt dient, an Plausibilität. Die im Vergleich zu ihrem Mann hingegen relativ enge Bindung von Kate McCann an Madeleine, die auch nennenswerte narzisstische Züge trägt, z. B. auch in der Form, dass das fröhliche Kind einen potenziellen Stabilisierungsfaktor für die zu depressiven Reaktionen tendierende Mutter darstellt, lässt eine Verleugnung eines plötzlichen tödlichen Unfalles der Tochter als gut denkbar erscheinen: Noch mehr als für andere Eltern würde es sich für sie wohl anfühlen, als breche ein Teil von ihr selbst weg. Damit wird die bezüglich ihres Abhängigkeits-/Autonomiekonfliktes getroffene Plausibilitätseinschätzung für diese Version (vgl. Beantwortung der Frage 2) weiter untermauert. Die elterliche Konzeptualisierung des Kindes als älter und reifer, als es für eine knapp Vierjährige passend erscheint, stellt außerdem einen Risikofaktor für eine Überforderung des Kindes dar und macht damit auch ein Alleinlassen von Madeleine mit ihren Geschwistern im Apartment, in dem sich dann ein Unfall ereignet haben könnte, sehr plausibel.

12.4 Beantwortung der Fragestellung bezüglich der elterlichen Paarbeziehung
Was die Frage anbetrifft: „Welche Beziehungsstrukturen, v. a. in Form von Kollusionsmustern, scheint es auf der Paarebene der Eltern McCann zu geben? Welche Konfliktpotenziale einerseits und welche interpersonellen Stabilisierungs-mechanismen andererseits sind daraus ersichtlich? Welche Ereignisversionen legen sie nahe,

welche eher nicht?", so lässt sich aufgrund der vorgenommenen Analysen das Folgende sagen:

Die gleichaltrigen Partner Kate und Gerald McCann, die mit ihrem in vielen Aspekten gleichartigen sozioökonomischen und wertebezogenem Lebenshintergrund (A $H_{28PersG}$, $H_{51PersK}$, $H_{3Freunde}$, $H_{61-67PersK}$, $H_{75PersK}$, $H_{82PersK}$, $H_{60-64PersG}$, $H_{75PersG}$), ihrer Geselligkeit (A Fallstrukturhypothese 8), ihrem gemeinsamen Interesse an sportlichen Aktivitäten (A $H_{65PersG}$, $H_{77PersK}$) sowie der Lust auf Herausforderungen (A $H_{56PersG}$, $H_{58PersK}$) viele Gemeinsamkeiten haben, spielen in ihren Persönlichkeitsstrukturen unter größeren Belastungen in einer kollusiven Paarbeziehung mit den Polen „starkes Selbsterleben und Abwehr eigener Schwäche" (Herr McCann) versus „Delegation von Ich-Funktionen, Suche nach einem Hilfs-Ich unter Abtretung von Autonomie" (die zu depressiver Dekompensation tendierende Frau McCann) zusammen (A Fallstrukturhypothese1, J 1a,b, J 2a,b, K 1h,i). Prägnant ist dieses Beziehungsmuster auch in einer Aussage von Frau McCann zu erkennen: *„Gerry's way of coping is to keep busy and focused. He needs to feel like he's doing something. He's a very optimistic, positive person. I'm not always. With a lot of the campaign stuff, he has done the talking. Sometimes I want to speak, but I just can't. It's not natural for me. Gerry's used to having to speak at conferences and it's harder for me."* (vgl. A H_{38Bez})

Während Kate McCann unter größeren Belastungen also regrediert und damit mehr eine kindliche Rolle einnimmt, in der sie ihre oralen (Versorgung) sowie passiv analen (Geführtwerden) Bedürfnisse agiert, weist ihr Mann Gerald dann eine Forcierung seines allgemein progressiven Verarbeitungsstils auf, der dazu als engagierte Erwachsenenrolle (v. a. als gemäßigter „Herrscher-Typ des analen Charakters", vgl. Willi 2004) komplementär hervortritt. Im Gegensatz zu seiner Frau kann Gerald McCann zudem besser seine negativen Emotionen herab- und positive Gefühle heraufregulieren (A $H_{88PersG}$, $H_{97PersK}$).

Im normalen Alltagsleben des Paares vor dem tragischen Ereignis haben die Bedürfnisse des für die Familie wenig verfügbaren, nach beruflicher Selbstverwirklichung strebenden Mannes (A H_{31Bez}, H_{55Bez}) eine recht lebensgestaltende Priorität (A H_{33Bez}): Die medizinisch ebenfalls sehr gut ausgebildete Kate versorgt größtenteils daheim die Kinder und zieht mit an die Orte, an denen Gerald McCann gerade tätig ist. In Verbindung mit dessen generell größerer Extraversion sowie seinem stärkeren Selbstbewusstsein – zwei Merkmale, auf die auch die oben zitierte Aussage von Frau McCann verweist – stellt sich die Paarbeziehung auch als eine komplementärnarzisstische dar: Frau McCann als introvertierterer Part mit jedoch ebenfalls hohem Ich-Ideal kann an der Selbstverwirklichung ihres Ehemannes identifikatorisch teilhaben und ihn dabei, altruistisch anmutend, unterstützen. Gerald McCann verschafft sein Entsprechen eines Idealbildes der Partnerin sowie sein Selbstverwirklichungsstreben ebenfalls Anerkennung.

Die Aspekte der Partner, die sich gleichen, stellen durch ihre narzisstische Spiegelung für beide, vor allem aber Kate McCann, die eine besondere Affinität zu derartigen Beziehungen hat (vgl. Beantwortung der Frage 3), einen persönlichen und damit auch relationalen Stabilisierungsfaktor dar. Vor allem für Frau McCann bestünde dann die Gefahr von Dekompensationen und Paarkonflikten, sollte ihr Ehemann durch Änderung seiner Verhaltensweisen aus dieser Spiegelung austreten. Ein subjektiv drohender Verlust ihres Partners, z. B. auch durch eine hohe Aufmerksamkeit von Gerald für eine andere Frau, könnte wohl gleichsam leicht zu einer Destabilisierung führen.

Daneben bietet die beschriebene Delegation von Ich-Funktionen in Belastungssituationen eine ganz erhebliche inter- wie intrapersonelle Stabilisierung. Der damit verbundene (komplementär)anale Kollusionsaspekt (Frau McCanns Kompensationsmechanismen sind neben der altruistischen auch von analer Natur, ihre Dekompensation ist passiv-anal und -oral) kann wohl als die zentrale Paarbeziehungsachse begriffen werden. Sie kann auseinanderbrechen durch Macht- und Selbstverwirklichungsansprüche von Frau McCann, z. B. aufgrund ihrer möglichen Überlastung in der Kindererziehung hinsichtlich ihres wenig verfügbaren Mannes oder aufflammenden Karrierewünschen ihrerseits, oder durch eine länger anhaltende bedürftige Abhängigkeit von Herrn McCann, z. B. wegen Arbeitslosigkeit, schwerer Krankheit oder Trauer.

Auch ist in der komplementärnarzisstischen Beziehungsfacette ein Festigungsaspekt für die Elternteile und deren Beziehung zu sehen, der bei dazu gegenläufigen Verhaltensweisen eines Partners Konflikte verursachen wird. Auch hier sind als konkrete Ursachen vor allem Arbeitslosigkeit oder schwere Krankheit von Herrn McCann denkbar sowie Karrierepläne von Frau McCann. Aber auch ein deutlicher Entzug von Anerkennung für Herrn McCann durch seine Frau, v. a. durch erhöhte Aufmerksamkeit für einen anderen Mann, kann bei diesem aufgrund einer narzisstischen Kränkung prinzipiell zur persönlichen und damit mittelbar partnerschaftlichen Destabilisierung führen. Es ist jedoch im Blick zu behalten, dass Herrn McCanns hohes Maß an Selbstvertrauen, seine guten affektregulatorischen Fähigkeiten, seine auch in der Berufstätigkeit liegende Anerkennung, sein allgemein progressiver Verarbeitungsstil sowie seine damit vorhandene größere Unabhängigkeit von seiner Frau als ein persönlicher Schutzfaktor vor derartigen Entwicklungen angesehen werden kann, sodass für Frau McCann das Risiko entsprechender Probleme als höher einzuschätzen ist.

Da Kate und Gerald McCann am Abend von Madeleines Verschwinden wie auch die Tage zuvor im Kreise ihrer guten Freunde gemeinsam zu Abend aßen und niemandem von ihnen eine schlechte Stimmung zwischen den McCanns aufgefallen ist (Kap. 5), ist nicht davon auszugehen, dass das Paar zu dieser Zeit einen massiven Streit miteinander hatte. Andererseits gibt es aber auch schwache Hinweise auf einen vorgefallenen Streit, der vielleicht gar zum Schlafen in getrennten Zimmern führte (C H_{1Bez}, $H_{46Ereignis}$, $H_{76Ereignis}$, L k). In diesem Zusammenhang könnte womöglich eine weitere Auffälligkeit stehen, von der Amaral berichtet: Am Abend des 3. Mai soll sich David Payne gegen 18.35Uhr/18.40Uhr zum Apartment der McCanns begeben haben, wo er Kate McCann angetroffen habe, die gerade zuvor ein Bad genommen habe. Laut ihrer Aussage habe sie sich ein Handtuch übergeworfen und sei ins Wohnzimmer gegangen, als Herr Payne an der Verandatür geklopft habe, und beide hätten für etwa 30 Sekunden miteinander gesprochen. David Payne hingegen gebe an, die Verandatür sei seines Glaubens nach offen gewesen und er sei in das Apartment hineingegangen, wo er sich für 3 bis 5 Minuten mit Frau McCann unterhalten habe. Gerald McCann sage allerdings, David Payne sei 30 Minuten geblieben. Laut Amaral habe sich dieser Freund des Paares in den Tagen nach Madeleines Verschwinden sehr dicht an der Seite von Frau McCann aufgehalten. (vgl. Kap. 6.2)

Die Zusammenschau dieser Informationen eröffnet die Möglichkeit, Kate McCann und David Payne unterhielten während der Urlaubstage eine Affäre, wodurch sich die McCanns entfremdeten oder stritten. Bestimmte szenische Verhaltensweisen von Frau McCann (K 5c), latente asexuelle Züge der Partner (K 2e) sowie v. a. ihr ständiges Händchenhalten nach dem Verschwinden ihres Kindes, das man auch als Gegenbesetzung und Gegenregulation zu den u. U. insgeheim bestehenden Beziehungsproblemen lesen kann (A H_{9Bez}, H_{11Bez}), passen gut in dieses Bild. Zudem ist nicht zu vergessen, dass vor dem Hintergrund der In-vitro-Fertilisationen Potenzprobleme von Gerald McCann durchaus möglich erscheinen, die außerehelichen Geschlechtsverkehr seiner Frau begünstigen könnten.

Kate McCanns starke Verwurzelung in religiösen, auch konservativ-religiösen, Lebensprinzipien (A $H_{82PersK}$) lässt die Wahrscheinlichkeit des Fremdgehens allerdings wohl etwas geringer ausfallen, als ohne sie.

Zudem könnte das Händchenhalten auch einfach einen durch das tragische Ereignis gestärkten Zusammenhalt des Paares abbilden. Allerdings gibt es auch hier wiederum Hinweise darauf, dass Frau McCann unterschwellig eine Abgrenzung von ihrem Mann (in Verbindung mit einer dyadischen Verbundenheit mit ihrer verschwundenen Tochter) erlebt (J 2d, K 2d, K 5b) und sich in der Paarbeziehung einsam fühlt (K 6c). Die Suche nach körperlicher Nähe, die vor allem von ihr ausgeht (J 1b, K 1f), könnte somit auch ihren Wunsch nach partnerschaftlicher Verbundenheit in einer Situation der Einsamkeit infolge ihrer alleinigen Verwicklung darstellen (A $H_{4Ereignis}$).

Aus diesen Darlegungen heraus können für einige Verschwindensszenarien Plausibilitätsgrade abgeleitet werden:

Es erscheint an und für sich durchaus möglich, dass Frau McCann im Rahmen ihrer urlaubsbedingten Regression auf eine mehr egoistische Bedürfnisbefriedigung die sonst lebensgestaltende Priorität der Wünsche ihres Mannes aufsprengen wollte und eine Affäre mit z. B. David Payne unterhielt. Da sie ihn in diesem Fall während der Abwesenheit ihres Mannes getroffen haben wird, könnte die Aufsicht der Kinder vernachlässigt worden sein und sich in der Folge ein tödlicher Unfall von Madeleine ereignet haben, den die Mutter zunächst vertuscht haben könnte. Ihren später im Apartment eintreffenden Ehemann könnte sie damit vor vollendete Tatsachen gestellt haben (z. B. bereits eingeleitete Leichenbeseitigung), sodass dieser sich gezwungen gesehen haben könnte, in die Vertuschung der Mutter einzusteigen, wenn er nicht den Verdacht der Tötung des Kindes durch Elternhand auf die McCanns ziehen wollte.

Da in diesem Fall die mitgereisten guten Freunde der Familie beim anschließenden Abendessen jedoch einerseits sicherlich bei zumindest einem von Madeleines Elternteilen eine emotionale/psychische Beeinträchtigung infolge des dramatischen Ereignisses wahrgenommen hätten und es andererseits sehr unwahrscheinlich ist, dass alle sieben Erwachsenen, einschließlich der nur entfernt befreundeten Diane Webster, bis zum heutigen Tag ihre mögliche Einweihung völlig geheim halten, ist diese Version wiederum nicht plausibel.

Aus den gleichen Gründen ist ein Unfall des Kindes in einer Situation der vernachlässigten Aufsichtspflicht/einer interparentalen Affekthandlung aufgrund eines starken Streits der Eltern, z. B. wegen Eifersucht oder wegen durch Gespräche im Kreis der Freunde aufgeflammte Karrierewünsche von Kate, ebenfalls nicht eingängig, obgleich er an und für sich denkbar wäre.

Eine theoretisch vorstellbare Tötung des Kindes zwecks Bestrafung des z. B. fremdgegangenen Ehemannes, der als narzisstisches Selbstobjekt vielleicht verloren zu gehen drohte und mit der Tat gehalten werden sollte, ist ebenfalls aus den vorgenannten Gründen nicht denkbar, außerdem auch nicht plausibel angesichts der starken und narzisstisch getönten Bindung von Frau McCann zu Madeleine sowie ihres hierfür wohl zu hohen psychischen Organisationsniveaus.

Vorstellbarer wäre hingegen die Möglichkeit, dass Madeleines Mutter nach dem Abendessen die Leiche ihrer Tochter entdeckte, die von einem Dritten getötet wurde, an einer versehentlichen Beruhigungs-/Schlafmittelüberdosierung oder durch einen Unfall verstarb, dies aufgrund der starken und deutlich narzisstisch gefärbten Bindung an die Tochter sowie der Unerwartetheit des Todes verleugnete und Madeleines Leiche ohne Wissen ihres Mannes versteckte. Dadurch könnte sie Einsamkeit verspüren, aus der sie mit ihrem körperlichen Nähebegehren an ihren Mann einen Ausweg sucht, aber doch unbewusst ihre innere Situation inszeniert. Vielleicht weiß Gerald McCann im Nachhinein doch auch von der Sachlage, aber Frau McCann fühlt sich mit ihrer Verantwortung für die Vertuschung und Inszenierung trotzdem allein, was sie einerseits unbewusst inszeniert und andererseits durch das Verlangen nach körperlicher Nähe, in der sie obendrein auch nach Außen hin „untertauchen" kann, auszugleichen versucht. Der unmittelbar zuvor genannten Version ist jedoch etwas mehr Stimmigkeit und damit Plausibilität zuzusprechen.

Der Frage, ob Frau McCann im Falle des Auffindens der Leiche ihrer Tochter um 22.00 Uhr diese tatsächlich allein beseitigt haben könnte oder aber sich in der Nacht, dem Folgetag oder zu einem späteren Zeitpunkt ihren Ehemann anvertraut hätte, kann man auch noch einmal vor dem Hintergrund der Paarbeziehungs- und damit zusammenhängenden Persönlichkeitsstrukturen nachgehen:

Kate McCanns Regressions- und Delegationsneigung in Belastungssituationen spricht prinzipiell dafür, dass sie beim Anblick ihres toten Kindes in ihrer eigenständigen Handlungskompetenz derart überfordert gewesen wäre, dass sie auf diejenige ihres Ehemannes hätte zurückgreifen wollen. Hält man sich allerdings vor Augen, dass die völlige Unerwartetheit des Todes ihrer Tochter, die ihr ein deutliches narzisstisches Selbstobjekt ist, die sie sehr wertschätzt und für deren Leben sie sowohl mit der Durchführung einer wiederholten In-vitro-Fertilisation als auch in der für das Kind gesundheitlich kritischen postnatalen Phase „gekämpft" hatte, auch zu einem Nicht-wahrhaben-Wollen dieser schmerzlich-dramatischen Realität geführt haben könnte, ist dieser Schluss nicht mehr plausibel, denn: Mit einem Hinzuholen ihres Mannes hätte sie diese Realität, den Tod ihres für sie so bedeutsamen Kindes, bereits grundlegend und in dieser Hinsicht unumkehrbar anerkannt.

Berücksichtigt man zudem, dass die mehr oder weniger unbewusste „Entscheidung" zwischen Verleugnung und Anerkennung der Fakten innerhalb weniger Augenblicke getroffen hätte werden müssen, da Ehemann und Freunde Frau McCanns Rückkehr im Restaurant erwarteten, wird noch eingängiger, dass Madeleines Mutter die Leiche zunächst auch durchaus ohne ihren Mann versteckt haben könnte. Dabei hätte sie ihre unbewussten Unabhängigkeitsstrebungen aktivieren können, die eine - in diesem singulären Aspekt – unbewusst sogar befriedigende Situation dargestellt hätten. Einmal in die Sphäre von Verleugnung, Vertuschung und Inszenierung eingetreten, wäre es mit zunehmender Zeit immer schwieriger geworden, den Gatten einzuweihen, ohne die für beide sehr wichtige Paar- und Familienbeziehung existenziell zu gefährden.

Vorstellbarer als ein Hilfegesuch von Seiten Frau McCanns an ihren Ehemann wäre vor diesen Hintergründen sowie angesichts der spezifischen kollusiven Paarbeziehungsmuster für die oben skizzierte Version, dass der intelligente und seine Frau nun seit vielen Jahren kennende Herr McCann früher oder später den Tod seiner Tochter in Abwesenheit der Eltern, ihr Auffinden durch ihre Mutter sowie deren (vorerst provisorische) Leichenbeseitigung erahnt und sich seiner Frau direkt oder aber ach unausgesprochen als Halt gebendes, sie tatkrätfig „errettendes" Exekutivorgan anbietet.

12.5 Beantwortung der Fragestellung zu den Ergebnissen der Tatortanalyse

Auf die Frage „Welche Szenarien von Madeleines Verschwinden werden von einer mit Hilfe von (Foto)material aus den Medien erstellten Tatortanalyse sowie der Spurenlage nahe gelegt, welche hingegen scheinen nicht überzeugend?" kann folgende Antwort gegeben werden:

Einige Tatortmerkmale verleihen der Entführungsversion Plausibilität (C Fallstrukturhypothese 4): Hinsichtlich der Orts- und Zeitfaktoren geht ein Entführer während der Tatbegehung in der Ferienanalage Ocean Club Anfang Mai ein relativ geringes Entdeckungsrisiko ein (C $H_{3Ereignis}$). Zum einen wären eine Entführung in der Hochsaison, in der mehr Menschen unterwegs sind, und das aufgrund der dann höheren Temperaturen auch noch später am Abend, sowie eine Tatbegehung an einem größeren Ort für einen solchen Täter deutlich riskanter. Zum anderen verfügt der Ocean Club weder über Videoüberwachung noch über Security und eignet sich aus diesem Grund für eine solche Tat (C $H_{8Ereignis}$) und auch das von den McCanns bewohnte Ferienapartment befindet sich am weniger betriebsamen Rande des Zentralbereiches (C $H_{12Ereignis}$), noch dazu im leicht zugänglichen Untergeschoss. Das Kinderzimmer, dessen Fenster hinter einer einem Entführer Schutz bietenden Mauer (C $H_{16Ereignis}$) sowie einem davor gelegenen Parkplatz recht weit abseits der Straße und damit weniger leicht einsehbar liegt, befindet sich sogar direkt erdgeschossig (C $H_{13Ereignis}$). Die gute Verkehrsanbindung ermöglicht eine rasche Entfernung mit dem PKW (C $H_{4Ereignis}$), der während der Tatausführung am ehesten an der Stelle zu parken gewesen wäre, zu der Jane Tanner am Abend einen Mann mit einem Kind auf dem Arm gehen gesehen haben will (C Fallstrukturhypothese5).

Im Rahmen dieser Version wäre aufgrund verschiedener Indikatoren eher von einem recht planvoll vorgegangenem Täterteam auszugehen als von einer Einzelperson (C $H_{40Ereignis}$, $H_{60Ereignis}$).

Allerdings existiert eine Reihe von Tatortmerkmalen, die auch, mehr oder weniger deutlich, eine Inszenierung und Vertuschung nahe legen:

- An keinem der Fenster oder Türen des Ferienapartments finden sich Einbruchspuren (C $H_{78Ereignis}$).
- Auf den Möbelstücken vor dem angeblich offen gestandenen Kinderzimmerfenster, einem Bett sowie einem Stuhl, gibt es keine Fußspuren (C $H_{59Ereignis}$).

- Der ordentliche Zustand von Madeleines Bett wirft die Frage auf, ob das Kind an diesem Abend überhaupt darin geschlafen hat (C $H_{67Ereignis}$).
- An dem Rahmen dieses Kinderzimmerfensters sind ausschließlich die Fingerabdrücke von Frau McCann zu finden. Diese deuten allerdings vielmehr auf einen Öffnungs- als auf einen Schließvorgang hin (C $H_{113Ereignis}$).
- Obwohl Frau McCann den eintreffenden Polizisten berichtet, das Kinderzimmerfenster habe offen gestanden und die Außenjalousie sei hochgezogen gewesen, ist das Fenster bei Ankunft der Beamten geschlossen, die Jalousie bis auf einen Spalt von etwa 10cm heruntergelassen und die Vorhänge bis etwa zur Hälfte zugezogen (C $H_{54Ereignis}$).
- Aus dem recht ordentlich gehaltenen Wohnraum des Apartments stechen zwei Objekte hervor: eine im Gegensatz zum Rollo des Esseckenfensters geschlossene Gardine des Fensters der Sofaecke, die darüber hinaus aufgrund ihrer enormen Ungleichmäßigkeit auffällt (C $H_{41Ereignis}$), sowie ein oder zwei wulstig über die Heizung platzierte Handtücher (C $H_{37Ereignis}$).
- Das Sofa im Wohnraum ist aus seiner üblichen Position verrückt (C $H_{44Ereignis}$).
- Frau McCann schildert den eintreffenden Beamten, sie hätte bereits vor dem Betreten des Zimmers einen Luftzug verspürt sowie beim Öffnen der Zimmertür die Bewegung der Fenstervorhänge gesehen (C $H_{92Ereignis}$).

Alle diese Merkmale könnten jedoch auch anders begründet sein: So wären die fehlenden Einbruchspuren eingängig, wenn der Täter durch die ohnehin nicht abgeschlossene und recht versteckt liegende Verandatür gekommen wäre, was sogar plausibler wäre als ein potenziell Aufsehen erregenderer Einstieg durch das Fenster (C $H_{77Ereignis}$). Die Fußspuren könnten vermieden worden sein durch die Zusammenarbeit eines Entführerteams, wobei einer dem anderen das Kind durch das Fenster gereicht und sich dann geschickt herausgeschwungen haben könnte (C $H_{60Ereignis}$). Auch die Ordentlichkeit von Madeleines Bett wäre noch vereinbar mit einer Überraschung, Betäubung und vorsichtigen Herausnahme des ruhig schlafenden und sich dadurch nicht widersetzenden Kindes durch einen Entführer (C $H_{68Ereignis}$).

Das Fehlen fremder Fingerabdrücke am Rahmen des Kinderzimmerfensters sowie das ausschließliche Vorhandensein von Frau McCanns Spuren, die auf einen Öffnungsvorgang hindeuten, sind hingegen schwieriger anderweitig zu erklären als durch eine Inszenierung. Zwar bestände theoretisch die Möglichkeit, dass ein Entführer die Spuren wegwischte und diejenigen früheren Öffnungsspuren von Madeleines Mutter dabei nicht mit beseitigte (Erläuterungen zu C $H_{113Ereignis}$). Hiergegen spricht jedoch, dass eine Säuberung des Fensterrahmens durch einen Entführer nach seinem dortigen Ausstieg zu zeitintensiv und auffällig gewesen wäre und leicht durch das Tragen von Handschuhen hätte ersetzt werden können (Erläuterungen zu C $H_{113Ereignis}$). Ebenso unwahrscheinlich ist, dass die Ermittler sich irrten, die Spuren falsch deuteten, die tatsächlich von einem früheren Öffnungs- und Schließvorgang von Frau McCann stammen (C $H_{114Ereignis}$).

Auch erscheint merkwürdig, weshalb Frau McCann das Fenster und vor allem die Jalousie und ein Stück weit evtl. auch die Vorhänge wieder geschlossen haben will, nachdem sie beides angeblich geöffnet vorgefunden hat. Abgesehen von der noch relativ vorstellbaren Möglichkeit der Fensterschließung aufgrund der Kälte und objektiv gegebenen Schutzlosigkeit der in dem Zimmer noch schlafenden Kleinkinder wäre bezüglich der Schließung der Jalousien die Begründetheit eines derartigen Handelns in einer subjektiven Schutzerrichtung gegen den draußen noch vermuteten Täter denkbar, allerdings doch wenig plausibel, auch angesichts des unvollständigen Herunterlassens (C $H_{51Ereignis}$). In einer Situation von psychischer Konfusion aufgrund von Schock, Angst und Eile ist eine solche Handlung aber vielleicht auch nicht mit Gewissheit auszuschließen.

Die auffallend unregelmäßig zugezogene Gardine des Wohnzimmerfensters könnte in dieser Position durchaus im Zuge der eiligen Suchaktion der Eltern und Freunde gelandet sein (C $H_{41bEreignis}$) oder sogar durch einen sich dahinter versteckt haltenden und z. B. die Straße beobachtenden Entführer (C $H_{40Ereignis}$). Sie könnte aber auch von den Eltern in einer Situation so zugezogen worden sein, in der sie sich auf dem Sofa entspannten und dort sitzend arbeitsteilig die Vorhanghälften schlossen, wobei einer der Partner sorgfältiger vorging als der andere (C $H_{38Ereignis}$). Und auch das Handtuch könnte von einer weniger sorgfältigeren Person auf der Heizung platziert worden sein oder einfach in der Eile nach dem Duschen, um rechtzeitig zu den Freunden ins Restaurant zu stoßen (C $H_{36Ereignis}$).

Auch das aus seiner üblichen Position etwas verrückte Sofa lässt sich noch anders als durch Inszenierungs- und Vertuschungsversuche einer Nicht-Entführungs-Version erklären: So könnte es der Entführer verschoben haben, um vom Fenster aus die Straße beobachten zu können (C $H_{43Ereignis}$), oder es geriet bei einem stürmischeren Austausch von Zärtlichkeiten etwas aus seiner Position (C $H_{42Ereignis}$).

Kontrovers zu diskutieren ist ebenfalls, ob Frau McCanns plastischer Verweis auf den angeblich verspürten Luftzug sowie die sich bewegenden Vorhänge als ein kleiner Indikator für die Glaubhaftigkeit ihrer Aussage gegenüber den eintreffenden Beamten zu sehen sind oder aber vor dem Hintergrund ihrer möglichen Kenntnisse als gebildete Medizinerin, insbesondere als Gynäkologin, nicht so zu werten oder gar als Anhaltspunkt für eine Inszenierung zu sehen sind (C $H_{91Ereignis}$, $H_{92Ereignis}$).

Die Hypothese einer Kindesentführung ist demnach soweit erst einmal nicht zu verwerfen.

Es gibt allerdings auch Spuren, die diese Version erheblich in Frage stellen:

Drei Monate nach Madeleines Verschwinden untersuchen die Ermittler mit gut ausgebildeten Leichen- und Blutspürhunden das von den Eltern im Ocean Club gemietete Ferienapartment, ihren drei Wochen nach dem in Frage stehenden Ereignis gemieteten Leihwagen, die von ihnen später in Praia da Luz bewohnte Villa sowie weitere Objekte. Dabei stoßen sie auf folgende Auffälligkeiten:

- Ein Leichenspürhund schlägt am Kuscheltier des Mädchens an (C $H_{115-117Ereignis}$).
- Auch an zwei Kleidungsstücken von Frau McCann, einer ärmellosen Bluse und einer sportlichen Hose, sowie einer zu Madeleine gehörenden Textilie signalisiert der Hund Loichongcruch (C $H_{118-123Ereignis}$).
- Auf dem Fußboden hinter dem verrückten Sofa im Ocean-Club-Apartment schlagen unabhängig von einander sowohl der Leichen- als auch der Blutspürhund an (C $H_{124-125Ereignis}$).
- In Einer Ecke neben dem Kleiderschrank des Elternschlafzimmers signalisiert darüber hinaus der Leichenspürhund einen entsprechenden Geruch (C $H_{124-125Ereignis}$).
- Ein schwaches Bellen, das Unsicherheit des Hundes andeutet, ertönt vom Leichenspürhund außerdem im Garten des Apartments, in einem Blumenbeet vor der Veranda (C $H_{126-128Ereignis}$).
- Beide Hunde schlagen darüber hinaus am Autoschlüssel des Leihwagens der McCanns an; der Blutspurhund weist zudem auf Blut im Kofferraum des PKW hin (C $H_{133Ereignis}$).

Sowohl in den Apartments der mitgereisten Freunde als auch in Praia da Luz selbst werden die Spürhunde allerdings nicht fündig. Durchsucht werden im Ort alle als Versteck für eine Leiche als sinnvoll erachteten Lokalitäten, darunter v. a. verlassene Gebäude und Ruinen, Gewässer, Zugänge zu Abwasserkanälen, der Strand und die Natur (C $H_{129\text{-}132\text{Ereignis}}$).

In Verbindung mit den Auffälligkeiten am Tatort, die im Verdacht einer Inszenierung der Entführungsversion und einer Vertuschung des eigentlichen Vorfalles stehen, ergibt sich daraus als Version mit dem höchsten Plausibilitätsgrad ein in Abwesenheit/längerer Abgelenktheit der Eltern McCann (C Fallstrukturhypothese 6, Fallstrukturhypothese 10, $H_{124\text{Ereignis}}$) im Ferienapartment vorgefallener Unfall, bei dem Madeleine hinter das Sofa stürzt, mehr oder weniger sichtbar blutet und dort einige Zeit unbemerkt tot liegen bleibt (C Fallstrukturhypothese 6, $H_{124\text{Ereignis}}$), bis ihre Mutter, die eine ärmellose Bluse sowie die besagte sportliche Hose trägt (C Fallstrukturhypothese 9, $H_{118\text{Ereignis}}$), sie auffindet und in ihr Schlafzimmer schafft, um sie dort in einer Ecke neben dem Kleiderschrank zu verstecken oder zur Wegschaffung in einer Tasche, einem Handtuch o. ä. zu verstauen (C $H_{124\text{Ereignis}}$).
Der Unfall könnte sich in den frühen Abendstunden ereignet haben, also vor dem Zubettgehen der Kinder und vor dem Restaurantbesuch von Kate und Gerald McCann, oder während ihrer diesbezüglichen späteren Abwesenheit von ihren Kindern.
Eine Affekttat durch die Mutter oder auch den Vater wird neben dem hierfür ungewöhnlichen Leichenlageplatz hinter dem Sofa und der für die Geruchsentwicklung notwenigen Liegedauer vor allem auch deshalb ausgeschlossen, weil es keine weiteren Stellen im Wohnraum gibt, z. B. auf dem Sofa oder auf dem weiter von der Wand entfernt gelegenen Fußboden, an denen der Blutspürhund anschlug (C Erläuterungen zu $H_{124\text{Ereignis}}$). Dies wäre in jenem Fall aber sehr wahrscheinlich gewesen, da durch ein Hochnehmen oder Vor-Sich-Legen des sterbenden oder unmittelbar verstorbenen Kindes von dem anwesenden und Reue/Bestürzung empfindenden Elternteil, das dem Kind helfen will, entsprechende Blutspuren entstanden wären. Auch bei einer vorsätzlichen Tötung des Kindes, z. B. im Rahmen der Euthanasie-Variante, wären andere Leichenlagespuren zu vermuten, v. a. wohl im Bett des Kindes oder nur an der Stelle des Verstauens in ein Behältnis, also z. B. im Schlafzimmer, wo oftmals die Reisetaschen stehen, aber auch im Kleiderschrank mitgebrachte Handtücher zu finden sind.

Nach der Säuberung des Bodens hinter dem Sofa, zu dessen Zweck die Mutter evtl. das später unordentlich auf die Heizung gepfropfte Handtuch verwendet (C $H_{37Ereignis}$), rückt sie das Sofa über diese Stelle, z. B. um die Spuren der Feuchtigkeit zwischen den Fliesen zu verdecken (C $H_{44Ereignis}$). Den Vorhang könnte sie bei Entdecken des Kindes zuziehen, damit niemand sie an dieser Stelle im Wohnzimmer von der Straße aus sehen kann; sie könnte aber auch ein Stück seines Stoffes ebenfalls von Blut- oder Urinspuren reinigen und ihn dann zur Vertuschung in die von den Polizisten vorgefundene Position bringen (C $H_{41Ereignis}$).

Nach einem ersten provisorischen Verstecken der Kinderleiche will die Mutter dann im Apartment einen Entführungsschauplatz inszenieren, wozu sie das Fenster sowie die Jalousie öffnen will. Beim Hochziehen letzterer fällt ihr jedoch der hierdurch verursachte, verräterische Krach auf, sodass sie rasch innehält und stattdessen ansetzt, das Fenster zu öffnen, was sie jedoch unmittelbar wieder verwirft, da ein geöffnetes Fenster bei herabgelassener Jalousie für die Inszenierung keinen Sinn ergibt (C $H_{54Ereignis}$, $H_{113Ereignis}$). Da sie die von ihr mental entworfene Entführungsinszenierung somit nicht realisieren kann, versucht sie dies mit ihren an die eintreffenden Polizisten gerichteten verbalen Informationen wieder auszugleichen, schildert also plastisch den verspürten Luftzug sowie die wahrgenommene Bewegung der Vorhänge. Ihr Wissen über Glaubhaftigkeitsmerkmale durch ihre medizinische, insbesondere gynäkologische Ausbildung nutzt die kenntnisreiche Ärztin hierzu (C $H_{92Ereignis}$).

Im Verlauf der Abendstunden des 3.Mai wird Madeleines Leiche dann in einer Tasche o. ä. durch die Verandatür hinausgebracht und einen Moment lang auf dem Blumenbeet abgestellt (C $H_{127Ereignis}$). Sie wird dann so zwischengelagert, dass Spuren nach mehreren Monaten durch die am Ort herrschenden Bedingungen (z. B. Meeresspülung und Hitze auf der oberen Sandschicht am Strand, ohnehin anderweitig vorhandener Leichengeruch bei Gräbern an und ggf. in der Kirche) und/oder durch eine besonders gute Verpackung und Verpackungstechnik der Leiche für die Spürhunde nicht mehr nachweisbar sind. Vielleicht wird sie aber auch an einer von den Hunden nicht untersuchten Stelle versteckt, vor allem in dem neu bezogenen Apartment der McCanns im Ocean Club (C $H_{130Ereignis}$). In ein Ferienapartment der Freunde wird sie hingegen nicht transportiert (C $H_{129Ereignis}$). Nicht völlig auszuschließen, aufgrund der Schwerfälligkeit wohl aber höchst unwahrscheinlich, ist auch ein kurzzeitiges Vergraben im wenig einsehbaren Blumenbeet, an dem der Hund später unsicher anschlägt (C $H_{126Ereignis}$).

Zwischen Ende Mai und Anfang August werden Madeleines Überreste dann mit dem Mietwagen der McCanns weiter weggeschafft (C $H_{133Ereignis}$). Bei dieser Gelegenheit trägt Frau McCann die gleiche Kleidung wie in der Auffindesituation ihrer Tochter und hat Madeleines Kuscheltier bei sich (C $H_{116Ereignis}$). Es könnte aber auch sein, dass Madeleine zuvor mit diesem Spielzeug neben sich verstorben ist und die Mutter es im Zuge ihrer Inszenierungsbemühungen zurück auf das Bett setzte (C $H_{115Ereignis}$) oder ferner, dass bei einer Zwischenkontrolle der Leiche die Spuren auf diesem Objekt entstanden (C $H_{116Ereignis}$). Der Leichengeruch an dem zu Madeleine gehörendem Kleidungsstück könnte durch das Versterben des Kindes in diesem bedingt sein, was allerdings auf einen Tod des Kindes vor dem Schlafengehen deuten würde (C $H_{120Ereignis}$), auf sein Einschlafen in dieser Kleidung oder darauf, dass die Eltern das möglicherweise nicht zu Bett gehen wollende Kind in seiner Tageskleidung im Apartment zurückließen und das Restaurant aufsuchten, in dem Glauben, es werde dann schon schlafen gehen. Es könnte aber auch nach dem Erstkontakt mit der Leiche, also während der Inszenierungsbemühungen am Tatort, von Frau McCann berührt worden sein (C $H_{123Ereignis}$).

Sicherheit über das Zutreffen dieser Unfall-Version mit anschließender Wegschaffung der Leiche durch die Mutter besteht allerdings nicht, da eine komplexe Analyse der von den verdächtigen Örtlichkeiten und Objekten gewonnenen DNA-Proben kein sicheres Ergebnis erbrachte. Da die von den sehr gut ausgebildeten Spürhunden indizierten Stellen jedoch, wie eben mit der Versionsdarlegung gezeigt wurde, in ihrer Zusammenschau eine enorme logische Kohärenz aufweisen und die zufällige Koinzidenz all dieser, und nur dieser Elemente statistisch gesehen enorm unwahrscheinlich ist (C $H_{135-136Ereignis}$), behält dieses Szenarium jedoch, was die Daten zum Tatort und zur Spurenlage anbetrifft, den höchsten Plausibilitätsgrad. Die Version einer Entführung ist mit den von den Hunden detektierten Spuren nicht mehr vereinbar.

Größere Unsicherheit besteht allerdings bezüglich der Frage der Verwicklung von Herrn McCann. Für den Fall, dass Madeleine bereits vor dem Zubettgehen verunglückte, was gut mit dem Leichengeruch an dem zu ihr gehörenden Kleidungsstück sowie der Unberührtheit nahe legenden Ordentlichkeit ihres Bettes vereinbar ist (C $H_{67Ereignis}$, $H_{120Ereignis}$), müsste Madeleines Vater zumindest in das Geschehen eingeweiht sein. Beides könnte jedoch auch sehr plausibel daraus resultieren, dass sich das noch angezogene Kind *unmittelbar nach Aufbruch der Eltern in die Bar* ans Fenster begab und dann verunglückte. Aber auch in dem Fall müsste ihm bei Entdeckung und provisorischer Wegschaffung der Kinderleiche gegen 22.00Uhr durch seine Frau eigentlich das Fehlen einer Tasche, eines Handtuches o. ä. aufgefallen sein, in dem der tote Körper transportiert worden sein müsste, sowie das aus seiner üblichen Position verrückte Sofa. Aber es wäre auch möglich, dass ihm für ein solches Bemerken keine Aufmerksamkeitskapazitäten zur Verfügung standen. Für seine zumindest vorerst gegebene Unwissenheit spricht die nach offizieller Entdeckung von Madeleines Verschwinden relativ unmittelbare Anfertigung zweier Listen, die eine Rekonstruktion der von den Eltern und Freunden unternommenen Kontrollgänge darstellt, welche zum einen so dicht aufeinanderfolgend dokumentiert sind, dass eine Entführung unwahrscheinlich ist, und die zum anderen in sich ein paar Widersprüche beinhalten, die im Falle einer Inszenierung eine kontraproduktive Unsicherheit bezüglich der Kontrollgangzeiten verbreiten würden (C $H_{110Ereignis}$). Auch die Versicherung des Vaters gegenüber den eintreffenden Polizeibeamten, einen durch die Verandatür in das Apartment eindringenden Entführer hätten die Eltern vom Restaurant aus doch bemerkt, weist neben anderen, weniger plausiblen Gründen für ihr Zustandekommen in diese Richtung (C $H_{102Ereignis}$).

Die zur Unfallversion hier noch nicht behandelten Alternativszenarien können aufgrund der Daten zum Tatort und der Spurenlage folgendermaßen eingeschätzt werden:

Ein Tod des Kindes aufgrund einer versehentlichen Überdosierung mit Beruhigungs-/Schlafmitteln ist deshalb nicht plausibel, da die Spürhunde in Madeleines Kinderbett oder auf einem anderen Schlafmöbel keine Leichen-/Blutspuren fanden. Selbst unter Einräumung der Möglichkeit der Spurenbeseitigung durch ein von den Hotelangestellten vorgenommenes Abziehen der Bettwäsche wäre aufgrund der Stoffdurchlässigkeit mit einiger Wahrscheinlichkeit von Restspuren auf der Matratze auszugehen. Vor allem aber wäre eine Zwischenlagerung der Leiche hinter dem Sofa nicht plausibel. Eine derartige Medikamentenverabreichung könnte allerdings durch eine Schwächung der Exekutivfunktionen wie Aufmerksamkeitszuweisung, Koordinationsplanung, Handlungsinitiierung, Zielüberwachung und Antizipation[3] einen Unfall des Kindes begünstigt haben.

Eine Tötung von Madeleine durch einen der mitgereisten Freunde aus Rachemotiven heraus wäre auf den ersten Blick auch nicht auszuschließen. Ein Versterben des Kindes hinter dem Sofa würde in dieser Version insofern Sinn machen, als dass der Täter an dieser

Stelle aus dem Fenster heraus zugleich hätte kontrollieren können, ob Madeleines Eltern oder eine andere Person aus ihrer Reisegruppe sich auf das Apartment zubewegen. Das Wegschaffen der Leiche durch die gegen 22.00Uhr eintreffende Mutter hätte dann nach dem gleichen Schema stattfinden können, wie für die Unfallversion beschrieben. Allerdings wäre eine solche elterliche Handlung im Falle einer für eine gut ausgebildete Medizinerin erkennbare Todesverursachung durch einen Dritten etwas weniger wahrscheinlich, da hier ein Aufklärungswunsch des Geschehens in Verbindung mit einer Aggressionsausrichtung gegen den unidentifizierten Täter eher zu vermuten wäre. Vor allem aber ist es als sehr unwahrscheinlich anzusehen, dass einer der intelligenten Freunde der McCanns, die über eine gute Allgemeinbildung verfügen und zudem größtenteils medizinisch ausgebildet sind, Madeleine im Apartment töten und dort liegen lassen würde, da ihm klar wäre, dass ihn hinterlassene DNA-Spuren, Finger- sowie Fußabdrücke bei Auffindung und Untersuchung der Leiche leicht überführen könnten.

Aus dem gleichen, aber hier noch als gewichtiger einzustufenden Grund würde auch ein den McCanns bekannter oder unbekannter Täter, der so planvoll vorgeht, dass er in Abwesenheit der Eltern in deren Unterkunft eindringt, das Kind missbraucht und dann tötet, die aufgrund der geringen Größe unauffällig transportierbare, mit verräterischen Spuren stark kontaminierte Leiche eher mit sich nehmen, als am Tatort liegenzulassen. Hätte er sie mit sich genommen, hätte zumindest der Leichenspürhund jedoch nicht in dem Apartment und an den anderen Objekten anschlagen dürfen und auch der vermutliche Versuch von Frau McCann, das Fenster zwecks Inszenierung einer Entführung zu öffnen, ergäbe keinen Sinn. Zudem hätte sich der Täter wohl nicht die Zeit genommen, die Spuren im Apartment so zu beseitigen, dass eine DNA-Analyse zu keinem Ergebnis mehr führt. Viel eher als ein Missbrauch des kleinen Kindes im Apartment, der, anatomisch gesehen, ohnehin für die wesentlichsten Sexualpraktiken äußert schwierig bis unmöglich erscheint, wäre seine Mitnahme, also eine Verlagerung des Tatortes nach der Opferüberwältigung, anzunehmen. Mit diesem Szenarium wären wir wieder bei der Entführungsversion angelangt, die mit den Indizien der Spürhundeuntersuchungen jedoch nicht vereinbar ist und auch den Hinweisen auf eine Inszenierung des Tatortes zuwiderläuft.

12.6 Beantwortung der Fragestellung bezüglich unbewusster Konfliktspannungen bei den Eltern McCann

Die Frage „Finden sich im jeweiligen Verhalten von Madeleines Mutter bzw. ihrem Vater Hinweise auf unbewusste intrapsychische Konfliktspannungen? Wenn ja, aus welchen Ereignisversionen können diese plausibel hervorgegangen sein, aus welchen hingegen nicht?" lässt sich im Hinblick auf das untersuchte Fallmaterial folgendermaßen beantworten:

Sowohl in dem Material von Frau McCann als auch in dem von Herrn McCann finden sich mehrere Hinweise auf Schuld- bzw. Scham-/Selbstwertkonflikte im Bezug auf ein Fürsorge und Aufsicht vernachlässigendes Elternverhalten. Während es sich bei Madeleines Vater um einen unbewussten, also abgewehrten, Scham-/Selbstwertkonflikt handelt sowie zusätzlich um einen unterschwelligen Schuldkonflikt, steht bei Madeleines Mutter ein teilweise recht bewusster Schuldkonflikt mit einer etwas konkreteren inhaltlichen Ausformung im Vordergrund und es existiert nachrangig eine unbewusste Scham-/Selbstwertproblematik.

Der *Scham-/Selbstwertkonflikt* von Madeleines Vater findet sich in den Untersuchungsergebnissen zu seinem Verhalten in der folgenden Weise:

- Dem Leser wird durch Gerald McCanns Befriedigungsdruck seines Ich-Ideals des Öfteren die Rolle zugewiesen, ihn als ein Elternteil mit betont guten Qualitäten zu spiegeln (E 1a,d, E Supervision a, E 2f, F 2e). Dem gegenüber stehen Hinweise auf ein real etwas weniger übermäßig ausgeprägtes Engagement der Eltern für ihre Kinder (E1b).
- In den betonten Ausführungen des Vaters zur guten Elternschaft weisen Gegenübertragungsgefühle von Scham (und ferner auch Schuld) auf einen Konflikt zwischen Ich und Ich-Ideal hin, also auf abgewehrte Scham-/Schuldgefühle von Herrn McCann hinsichtlich seiner von ihm erlebten Unzulänglichkeit gegenüber seinen Ich-Ideal-Forderungen (E 1c).
- Die konträre Einschätzung der beiden Supervidierenden, von denen die eine beim Schreiber mangelnde Empathie sowie eine Bindungsstörung vermutet und damit schlechte Elternqualitäten wahrnimmt, während die andere zwar auf einen konflikthaften Hintergrund der eben benannten Darlegungen der Vaters hinweist, jedoch in der Anfangsphase der Supervision besonders dessen gute Elternqualitäten

betont (E 1 Supervision a, E 1 Supervision b), deutet im Zusammenhang mit den beiden vorangehend aufgeführten Aspekten auf eine Spaltung im Selbstbild von Herrn McCann hin, d. h. auf eine Abspaltung der negativen Selbstbildanteile als versagendes Elternteil ins Unbewusste. Gleiches gilt für Frau W.s Wahrnehmung der guten väterlichen Kompetenzen im krassen Gegensatz zu meinen Gegenübertragungsgefühlen von Scham und ferner Schuld (E 1 Supervision a).

- Es gibt Hinweise auf die Existenz (unbewusster) Phantasien des Vaters über Szenen elterliche Fürsorge/Aufsicht für Madeleine. Mehr noch als durch eine bloße Wunschvorstellung einer Wiedervereinigung mit ihr lassen sie sich psychodynamisch wohl durch eine Verkehrung ins Gegenteil, ein phantasiertes Ungeschehenmachen einer diesbezüglichen Versagenssituation, erklären (E 1n, E 1 Supervision a, I 30a, J 2k).

Eine stärkere unbewusste Fokussierung von Madeleines Vater auf *Schuld/Reue* ist in folgenden Elementen zu erkennen:

- Der Vater vollbringt in seinem Blog einen Verschreiber, der sehr plausibel als klassische Freudsche Fehlleistung gedeutet werden kann. So schreibt er am 22.07.07: „(…) We have talked of the guilt we felt at now (statt „not", D. P.) being there at the moment Madeleine was taken." Dieser Fehler kann verstanden werden als eine Ersetzung im Sinne der Wunscherfüllung: Der Schreiber fühlt sich schuldig, „in dem Moment" nicht dagewesen zu sein, und erlebt sein derzeitiges „Dasein" für Madeleine wohl als eine nachträgliche Fürsorge, die ihm unbewusst, gemäß dem diesbezüglich geltenden Prinzip der Zeitlosigkeit, wie eine damals realisierte erscheint. Diese Interpretation erhellt auch die Frage nach dem unbewusst-motivationalen Hintergrund des so immensen väterlichen Aktionismus: Das vorangegangene Versäumnis bezüglich der Aufsicht von Madeleine soll nun wohl nachträglich wiedergutgemacht werden (I 20a).

- Madeleines Vater lenkt von seinem mangelhaften Verantwortungsbewusstsein hinsichtlich der abendlichen Beaufsichtigung der Kinder ab (K 8a), verteidigt sich auffallend vehement gegen Kritik am Elternverhalten (F 2e, O 5), auch die der *Über*behütung (! I 1a, I 1H_{16ErlebenG}), ist erleichtert über die ihm von anderen entgegengebrachte Versicherung seiner Unschuld (I 11a) und hat scheinbar Angst vor diesbezüglichen Zweifeln Außenstehender (E 2e). Diese interpersonelle Abwehr der Schuldvorwürfe legt nahe, dass sie der intrapsychischen entspricht und diese stabilisiert: Jedwede Kritik von außen bringt daher die Gefahr mit sich, dass sie intrapsychisch die Vorwürfe des Über-Ichs an das Ich verstärkt, die Gegenbesetzung der guten Elternqualitäten labilisiert und auf diese Weise dann die Abwehr der schwer zu ertragenden Schuldgefühle unterlaufen kann.

Die Dynamik der vehementen Verteidigung gegen eine Überbehütung der Zwillinge ist am plausibelsten wie folgt erklärbar: Aufgrund der abgewehrten Schuldgefühle und der damit verbundenen Gegenbesetzung bemüht sich Gerald McCann, beim Leser den Eindruck zu erwecken, er behüte seine Kinder sehr. Um dieses Bestreben jedoch gleichzeitig zu tarnen, übersteigert er diese Attribution und konnotiert sie negativ, indem er sie in den Vorwurf der *Über*behütung kleidet bzw. eine entsprechend vorhandene Kritik hervorhebt. Dadurch, dass er die Vorhaltungen dann mit Entrüstung von sich weist, distanziert er sich selbst als eigentlich Attribuierender wieder von dem beim Leser hinterlassenen Eindruck, wenn auch die Kritik der Überbehütung übertrieben sei, so hätte sie doch zumindest ihre reale Basis in einer *guten* Behütung der Kinder. (I 1a, I 1H$_{16ErlebenG}$)

- Der Vater gebraucht bei seinem Auftritt vor die Medien am 14.05.07 die Formulierung: „(...) that we will bring back Madeleine safely." Herr McCann will das Kind also sicher zurückbringen. Aber wieso *er*? Und: Wieso will er es nicht vielmehr „zurück*holen*" (fetch back)? Er scheint sich in einer „Bringschuld" gegenüber Außenstehenden, vielleicht auch gegenüber seiner Familie, bzw. gegenüber seinem eigenen Gewissen zu sehen. Das bedeutet also, er fühlt sich schuldig am „Wegsein" seiner Tochter. Besonders stark besteht die Verantwortung etwas wiederzubringen allerdings in dem Fall, wenn man es selbst auch wirklich aktiv weggenommen/weggebracht hat. Hier drängt sich also die Frage auf, ob Herr McCann Madeleine bzw. ihre Leiche wegtransportiert hat oder aber seine Frau und er davon weiß. (K 1.11)

- Auch assoziiert Madeleines Vater mit den vielen Spenden und Briefen von Anteil nehmenden Fremden irritierenderweise eine Last. Diese wäre vor allem plausibel im Falle eines Schuldgefühles, verbunden mit dem Empfinden, aus dieser Schuld heraus die Zuwendungen nicht zu verdienen (I 16a, K 1.13a,c).

- Einen zarten Hinweis gibt es außerdem auf eine Verbindung des Schuldgefühls des Vaters mit der Tätigkeit des Transportierens (K 1.11b, 13a), was eine entsprechende Verwicklung in das Verschwinden seiner Tochter nahe legen könnte.

Auf Frau McCanns recht bewusste Züge ihres Schuldgefühles verweisen ihre folgenden Aussagen und Verhaltensweisen:
- Kurz nach der offiziellen Entdeckung von Madeleines Verschwinden soll Frau McCann wiederholt die Selbstanklage ausgestoßen haben: „We've let her down" (deutsch: „Wir haben sie im Stich gelassen"). Neben der Ableitung von Schuldgefühlen erlaubt dieser Ausstoß auch deren Verknüpfung mit dem Alleingelassensein von Madeleine durch ihre Eltern, als ihr das in Frage stehende Unglück zustieß (N $H_{3ErlebenK}$). Von der konkreten bildlichen Bedeutung des Idioms „let someone down" geht außerdem die Implikation aus, Frau McCann (oder ferner ihr Mann) habe ihre von etwas heruntergestürzte Tochter auf dem Boden liegen sehen (N $H_{3Ereignis}$, $H_{4Ereignis}$). Aber auch ein Alleinlassen des Kindes in einer Situation, in der seine Mutter wusste, das Kind bräuchte ihre Hilfe, bzw. von der die Mutter im Nachhinein meint, sie hätte von der Bedürftigkeit ihres Kindes doch wissen müssen, wird nahegelegt (N $H_{1Ereignis}$, $H_{2Ereignis}$).
- Recht klare Selbstvorwürfe bekundet Madeleines Mutter auch in ihrem innerhalb eines Interviewausschnitts zweimal in ähnlicher Weise vorkommenden Ausspruch: „(Every hour now, I still question,) 'why did I think that/it was safe?'" In Form dieser direkten Wiedergabe ihres inneren Monologes und der Benutzung der adverbialen Bestimmung „every hour now" klingt der Ausspruch vom Gegenübertragungsgefühl her sehr eindringlich und schuldbewusst leidvoll (K 3.6) und wird allgemein dann benutzt, wenn man sich Selbstvorwürfe macht (O 7). Dass sie allerdings zweimal das Subjekt „that/it" verwendet statt „they" (i. S. v. „die Kinder"), legt eher nahe, dass ihr Schuldgefühl mit der Verkennung einer Gefahrenquelle in Form eines nicht sicher verwahrten oder platzierten Objektes verbunden ist oder mit einer Situation, der sie die Kinder bewusst aussetzte und deren *unmittelbar inhärente* Gefahr sie verkannte. Würde die Mutter hingegen beschäftigen, nicht bedacht zu haben, dass *ihre Kinder* vor einer *von Außen kommenden*, in ihrer Situation *nur mittelbar gegebenen* Gefahr zum Opfer fallen könnten, so wäre doch

die Fokussierung auf sie und damit die Verwendung von „they"
eher zu erwarten (K 3 8, O 7.1 Bsp. 1,2 versus 3,4).

- Wird Frau McCann mit Kritik am Alleinlassen der Kinder am
  Abend von Madeleines Verschwinden konfrontiert, so
  rekurriert sie nach einer kurzen Schuld- und Reuebekundung
  auf die Solidarität der vielen Anteil nehmenden Fremden,
  deren schuldentlastende Tröstungen sie dann zitiert (I 47b).
  Diese können als Ich-Entlastung gegenüber dem kritischen
  Über-Ich der Mutter verstanden werden, womit auch klar wird,
  weshalb Frau McCann bzw. Madeleines Eltern diese
  Solidarität der Öffentlichkeit so immens wichtig ist.
- Frau McCanns innerpsychische Abwehr eines Teils des
  Schuldgefühlpotenzials entspricht mutmaßlich ihrer äußeren
  Schutzhaltung gegen Vorwürfe des Elternversagens am
  Abend von Madeleines Verschwinden, die sich in der
  Verleugnung ihrer Position als Verantwortliche (K 8a) und
  einer Lenkung der Aufmerksamkeit der Öffentlichkeit auf die
  Schuld des angeblichen Entführers (K 8.17) äußert.

Eine z. T. auch bei Frau McCann vorhandene Akzentuierung ihrer
Schuldproblematik auf einem Selbstwertkonflikt (die Zweifel: „Bin ich
eine so gute Mutter, als die ich mich eigentlich immer sah/wie ich
doch sein will?") ist darin zu erkennen, dass sie sich beim
Aufkommen des Schuldthemas ihrer guten mütterlichen Qualitäten
(K 3e) sowie positiver Beziehungsaspekte zu ihrer Tochter (K 8a)
versichert. Dies kann verstanden werden als eine Restitution ihres
Selbsts vor ihrem Ich-Ideal.

Auch das übersteigerte In-die-Luft-Lassens von *50* Ballons durch die
Eltern am 50. Tag von Madeleines Verschwinden deutet auf deren
Schuldgefühle ihrer verschwundenen Tochter gegenüber hin (I 13b).

Im Zusammenhang mit Frau McCanns oben benannter
Selbstanklage „Why did I think that/it was safe?" ist auch
erwähnenswert, dass sich die Eltern recht oft (unbewusst) mit
diesem Thema der Sicherheit beschäftigen (D 12, D 24, D H[26Erleben-
28ErlebenG/K], I 46, K 3.8, K 8.5). Ein auffälliges Beispiel ist die
wiederholte Bitte an den angeblichen Entführer, Madeleine zur
Übergabe an einem sicheren Ort zu platzieren (I 34e, J 2.11). Ein
weiteres findet sich im Blogeintrag des Vaters vom 12.01.08: „We
will continue to campaign to effect change in Europe, in the hope
that it will become a safer place for our children (I 46)."

Diese Schuld- und Schamgefühle der Eltern McCann, die thematisch vor allem mit den Assoziationen „Sicherheit", „Fürsorge/Aufsicht" und „Nicht-da-Sein/Alleinlassen der Kinder" verknüpft sind, lassen alle Versionen über Madeleines Verschwinden unplausibel erscheinen, die eine vorsätzliche oder affektiv/impulsiv bedingte Kindstötung durch ein Elternteil McCann betreffen. Auch sprechen sie gegen einen Unfalltod des Kindes im Beisein der Eltern.

Worauf die hier dargestellten Ergebnisse hingegen hindeuten, ist ein Verschwinden oder ein Tod von Madeleine in Abwesenheit ihrer Eltern, also eine Kindesentführung, ein Unfall oder eine Tötung des Kindes durch einen außerfamiliären Täter, wie v. a. ein Racheakt durch einen der mitreisenden Freunde. Da letztere Version, wie im Zuge der Beantwortung der Fragestellung 5) erläutert, sehr unrealistisch erscheint, wollen wir uns hier nur auf die Betrachtung der möglichen Geschehen „Kindesentführung" und „Unfalltod des Kindes in Abwesenheit seiner Eltern" beschränken:

Was Madeleines Mutter anbetrifft, so erscheinen die beiden für sie oben zuerst aufgelisteten Äußerungen („We've let her down." „Why did I think that/it was safe?") deutlich besser mit der Unfallversion vereinbar als mit einer Kindesentführung, da sie eher einen Sturz von einem unsicheren Objekt nahelegen und ein Auffinden der Leiche durch die Mutter implizieren. Für ein solches Geschehen spricht auch Frau McCanns Kontaktersuchen zu einem ihr vertrauten Pfarrer noch in der Nacht des Verschwindens des Kindes (N $H_{7Ereignis}$) sowie ihre anfängliche besonders starke psychische Beeinträchtigung, die auf die Möglichkeit hindeutet, die Mutter habe bezüglich des Verschwindens ihrer Tochter schlimmere Eindrücke zu verarbeiten als ihr Ehemann (J 1b, A $H_{1Ereignis}$, Fallstrukturhypothese 2).

Bezogen auf das Verhalten von Madeleines Vater ergeben sich hingegen aus den obigen Darlegungen nicht solch relativ deutliche Hinweise, die eine Differenzierung zwischen den Versionen „Kindesentführung" und „Unfalltod in Abwesenheit der Eltern" ermöglichen würden. Die weniger aussagekräftigen und weniger zahlreichen Indizien, die für eine Verknüpfung von Schuldgefühlen und einem Wegschaffen/Transportieren der Leiche sprechen, lassen jedoch im Zweifel auch eher eine Unfallversion mit anschließender Leichenbeseitigung durch die Eltern vermuten. Diese Ableitung stellt jedoch nicht mehr dar, als einen vagen Fingerzeig.

12.7 Beantwortung der Fragestellung bezüglich der weiteren unbewussten Vorgänge bei Madeleines Mutter und Vater

Zu der Frage „Welche weiteren unbewussten psychischen Vorgänge (v. a. Wünsche, Ängste und Phantasien), die das Elternverhalten potenziell bedingen, scheinen bei der Mutter bzw. dem Vater nach dem in Frage stehenden Ereignis vorzuherrschen? Mit welchen Versionen können diese einleuchtend assoziiert sein, mit welchen wiederum nicht?" geht aus dem vorliegenden Fallmaterial Folgendes hervor:

Gerald McCann zeigt in der Anfangszeit nach dem in Frage stehenden Ereignis Beeinträchtigungen in der Ich-Organisationsstrukur, die auf eine besondere psychische Belastungssituation hindeuten (E 3a), nämlich vor allem Schwierigkeiten in der Regulation des Erregungs-/Antriebsniveaus (E 3b, I 55) sowie ein mangelndes Gespür für die Grenzen des Selbst (E 3c). Grenzverletzungen von Außen stellen so besonders leicht eine Bedrohung für die Stabilität von Herrn McCanns innerpsychische Abwehr dar, so dass er auch Interviewsituationen als ein Szenario erlebt, in dem es sehr stark um Verteidigung geht (E 3d). Seine defizitäre Grenzwahrnehmung bedingt wohl auch den mangelnden Schutz seiner Privatsphäre vor den Medien mit (E 3e). Letzterer hängt allerdings ebenso damit zusammen, dass er sich selbst und seine Kinder aus der Position des von der Öffentlichkeit Beobachteten zu einem aktiv diese Beobachtung Inszenierenden macht (E 1m, E 3e).

Was das Verhältnis der McCanns zu der Portugiesischen Kriminalpolizei anbetrifft, so ist dies unterschwellig recht angespannt (L a). Herr McCann findet im Sommer 2007 wohl, dass die Behörde nicht in die von den Eltern als wesentlich erachteten Richtungen ermittelt (E 3f), seine Frau fühlt sich Ende 2007 vor allem in ihrem Bedürfnis nach Teilhabe, d. h. Information und Kooperation, zu sehr auf Distanz gehalten (L b,c) und darüber hinaus nicht als „Mensch" gespiegelt, sondern vielmehr als „Unmensch" (L d). Die Verärgerung über die Kripo einerseits und ihre gewisse Angewiesenheit auf sie andererseits führt bei den Elternteilen zu einem Konflikt zwischen Unterwerfung und verstärkt ausgeübter Kontrolle bzw. Ausdruck der Verärgerung (L e,f, E 3g).

In diesem Zusammenhang ist auch erwähnenswert, dass die ermittlungstechnische Durchsuchung der Villa der McCanns sowie weiterer Objekte mit aus Großbritannien eingeflogenen Spürhunden Anfang August 2007 von Madeleines Vater als intrusiv und beengend empfunden wird (G 1c,e, I 22a,b,e, I 23b).

Mit großer Selbstaufopferung, zu der auch ein Verbot des bewussten Interesses an der eigenen Person und der Freude am eigenen Leben gehört (I 2b, E 1 Supervision a, F 3d), verfolgt der Vater die Suche nach seinem Kind „um jeden Preis". Dieses Verhalten ist vor dem Hintergrund einer masochistischen und narzisstischen Schuldverarbeitung zu verstehen: Im Bemühen um die nachträgliche Wiedergutmachung einer empfundenen Schuld (I 20a) ist Herr McCann unbewusst seinem Ich-Ideal-Prinzip „hörig", für seine Tochter (nun) *alles* zu tun (D h, D Supervision a, G 2f), wobei sich dieses Element auch mit einem aus den Schuldgefühlen hervorgehendem Strafbedürfnis verbindet (E 3h,i, F 3e). Der hinsichtlich seiner starken Beanspruchung aufopferungsvoll anmutende Aktionismus für seine verschwundene Tochter ist dem Vater damit einerseits narzisstische Befriedigung sowie andererseits masochistische Schulderleichterung, also Lust und Laster zugleich (E 1f).

Die immensen elterlichen Aktivitäten zur öffentlichen Verbreitung von Madeleines Verschwinden und ihrer Wiedererlangung haben zudem wohl für beide Elternteile die unbewusste Funktion, das Kind selbst „zu behalten", d. h. es nicht sterben - oder ferner vielleicht auch für immer weg sein - zu lassen und auch die eigene Rolle als schützenden Elternteil nicht aufgeben zu müssen (D e, I 8c, I 10a, K 4d, H 2g). Es herrscht somit wohl die unbewusste Phantasie in ihnen vor, mit den Aktivitäten diesen Objektverlust verhindern zu können (H 3e). Auch die Schließung der Ermittlungsakten hat für den Vater im Vorfeld die Bedeutung eines drohenden Verlusts seines Kindes (H 3d, h). Der direkte Appell an den Blogleser, Madeleine in seinem Gedächtnis zu behalten, drückt dieses Bedürfnis nach der Unvergänglichkeit des Kindes recht prägnant aus (I 21a).

Auch Frau McCann ist z. T. bestrebt, möglichst viele Menschen in der Öffentlichkeit in Aktivität zu versetzen (K I 6a). Diese gemeinsame Aktivität hat für sie wohl die unbewusste Bedeutung einer harmonischen und beruhigenden Einheitsbildung (K 6c, d). Sie scheint aber auch aus eigener, ggf. historischer Hilflosigkeit zu entstehen, bei gleichzeitigem Bedürfnis, etwas zu tun (K 6b).

Auffällig ist des weiteren Kate McCanns ständige Mitführung von Madeleines Kuscheltier in den ersten Monaten nach deren Verschwinden. In der Zusammenschau mit anderen Merkmalen einer Depression (vgl. Beantwortung der Fragen 2 und 4) wird deren psychodynamischer Hintergrund durch diese Verhaltensweise sehr gestützt: Die Mutter, die insgeheim nicht mehr an die sichere und baldige Wiedererlangung ihrer Tochter glaubt, sondern psychisch offensichtlich einen Objektverlust erlebt, kann andererseits auch keine Ablösung von ihrem Kind vollziehen. Statt dessen introjiziert sie dieses und identifiziert sich mit ihm, so dass sie u. a. selbst wirkt wie ein „verlorenes Kind", und schafft sich darüber hinaus mit der Kuscheltiermitführung ein beständiges Brückenobjekt (J 1.1, K 1i, K 2.1-3, K 4.12, K 5.a,h). Diese verkomplizierte Trauer ist an und für sich typisch für Angehörigenopfer von verschwundenen Personen (vgl. Kap 9.1.3). Auffällig ist jedoch, dass diese Entwicklung bei Frau McCann sehr rasch einsetzte, nämlich bereits innerhalb der ersten zwei Tage nach dem in Frage stehenden Ereignis (J 1). Dies wirft die Frage auf, ob diese Psychodynamik lediglich auf ihre persönliche Prädisposition, d. h. ihre depressive Neigung und die deutlich narzisstisch getönte Beziehung zur Tochter, zurückgeht (vgl. hierzu Beantwortung der Fragen 2 und 3) oder auf das Wissen um deren möglicherweise bereits am Abend des 3. Mai eingetretenen Tod. Allerdings stellt das dauernde Bei-sich-Haben des Plüschtieres auch das genaue Gegenteil eines Alleinlassens dar, was nahe legt, dass das Verhalten außerdem aus einer entsprechenden Gegenbesetzung in Verbindung mit einem unbewussten nachträglichen Wiedergutmachungsbestreben entspringen könnte (I 30, K 4d).

Die Möglichkeit, dass sowohl Madeleines Mutter als auch ihr Vater um den Tod des Mädchens wissen, wird durch einige Auffälligkeiten in dem von mir betrachteten Fallmaterial untermauert:
Bereits am 09.06.07, zu einem Zeitpunkt, an dem beide Eltern noch häufig betonen, sie würden weiterhin von der Lebendigkeit ihres Kindes ausgehen, lässt Gerald McCann in einem Blogeintrag unbewusst durchscheinen, er wolle Madeleine bei sich haben, um *trauern* zu können (I 4a, vgl. auch I 29b). Auch scheint er sich insgeheim mit einem heilig verzerrten, idealisierten Bild seiner Tochter zu beschäftigen, das Assoziationen an Tod bzw. außerweltliches Leben birgt (I 41c, I 43a, I 54a, D e), oder jedenfalls eine einfachen Repräsentanz von ihr als Tote abbildet (E 1o, D Fallstrukturhypothese1, O 3.I.b), ebenso wie in abgeschwächter Form auch Frau McCann (J 2h,K 3b). Andere Stellen im Analysematerial eröffnen ferner die Möglichkeit, ein inneres Bild der Eltern von einer Zerstörung des Kindes (M i, I 10a, I 31d, I 54a, J 1c), insbesondere einer Verletzung des Kopfes bzw. Gesichtes, in Betracht zu ziehen (I 10a, I 54a, K 1m, O 8.1). Hierzu passt auch sehr gut die zu einem möglichen Sturz-Unfall des Kindes strukturgleiche Szene bezüglich des vom Vater im Internet angesprochenen Unfalles eines LKW, der auf die Seite fiel und

damit wohl auch im figurativen Sinne zur „Ausweglosigkeit" nachfolgender Autofahrer führte (I 7a,b). Ferner könnte es sich auch bei der vom Vater in etwas irritierender Weise berichteten Szene eines „Geschnapptwerdens" der Eltern von Reportern um einen Verweis auf dessen psychisches Erleben nach dem in Frage stehenden Ereignis handeln (I 39c).

Zudem mutet das halbstündige Hinausblicken der Eltern auf das offene Meer am vierten Geburtstag ihrer Tochter entsprechend an (N Fallstrukturhypothese1) und auch das In-den-Himmel-Lassen von 50 Luftballons, bezüglich derer der Vater die Formulierung „spreading Madeleines image far and wide" verwendet, löst in der Gegenübertragung Traurigkeit aus und erweckt Vorstellungen von Abschied, z. B. auch die Assoziation „Asche ins Meer streuen" (I 13e).

Jedoch könnten diese Phänomene z. T. auch anders bedingt sein: Vielleicht befürchten die Eltern insgeheim den Tod ihrer Tochter, obwohl sie nach außen hin die Hoffnung aufrechterhalten (vgl. Kap. 9.1.2); vielleicht sehnen sie aus dem Wunsch nach Gewissheit und Beendigung des Bangens unbewusst den Tod ihrer tatsächlich entführten Tochter herbei (E 1o). Auffällig ist aber darüber hinaus das deutliche Moment der starken Konzentration von Madeleines Mutter auf eigenes Leid - mit dem vorstellbaren Leiden ihres angeblich entführten Kindes, das dann doch einer potenziellen Gefahr für Leib und Leben ausgesetzt wäre, beschäftigt sie sich nahezu überhaupt nicht (K 6e, K 8c, L h,i). Auch bei Gerald McCann, der allerdings weniger stark seinen eigenen Schmerz betont, ist eine derartige Ausrichtung seiner Gedanken nur höchst selten zu finden (I 41a, H 2b).

Abgesehen von einer auch in Erwägung zu ziehenden Bedingtheit der egozentrischen Perspektive durch Frau McCanns narzisstische Objektbeziehungsform zu ihrer Tochter Madeleine spielt hierfür sicherlich eine im Analysematerial sehr klar hervortretende massive Verleugnung jeglicher Bedrohung/Versehrtheit/Möglichkeit des eingetretenen Todes für das Kind durch beide Elternteile, v. a. aber durch Herrn McCann, eine sehr große Rolle (F 4e, H 2b, H 2 Supervision, I 13a, I 14a, I 41c, I 44a, K 2c, O 3 lb.4). In diesem Zusammenhang ist auch die oft wiederholte, mitunter auch recht demonstrative Bekundung von Madeleines Vater zu erwähnen, die Eltern hätten noch große Hoffnung auf ein Wiederfinden/eine sichere Rückkehr ihrer Tochter (I 23 $H_{30-35ErlebenG}$, I 28c, I 46, N $H_{19-20Ereignis}$). Ebenso betont er des Öfteren, er und seine Frau gingen davon aus, ihr Kind lebe noch, da es keine Beweise dafür gebe, dass es ernsthaft verletzt sei (I 51). Nach Bekanntwerden der von den Spürhunden erbrachten *Hinweise* auf den Tod des Kindes im Ferienapartment der Familie schreibt er so auch mehrfach in seinem Blog, er wisse von keinerlei *Beweisen* für eine ernsthafte Verletzung des Kindes (I 27, I 45 „zu c",).

Ob diese Verleugnungen nun das von den Eltern/einem Elternteil *real erlebte* Bild des Kindes als Versehrte und Tote betreffen und zum Tarnverhalten ihrer Verwicklung gehören oder aber das vom Realitätsprinzip her *zu befürchtende Szenario,* dafür existieren keine eine unmittelbare Differenzierung ermöglichenden Anhaltspunkte. Ihre psychologische Bedeutung besteht jedoch zumindest für Frau McCann wohl u. a. in einer Aufrechterhaltung ihrer Beziehung zu Madeleine (K 4d).

Auffällig ist allerdings die Redundanz mehr oder weniger direkter Unschuldsbeteuerungen, die, wie auch die eben aufgeführten Hoffnungsbekundungen, vom Vater formelhaft wiederholt werden, und zwar bereits vor den Verdächtigungen gegen die Eltern: „We do not know who has taken Madeleine or why" und „Someone somewhere knows where Madeleine is" (I 45 „zu c"). Während der erstgenannte Satz im Falle des Vorliegens einer Entführung als überflüssig erscheint, nur im Rahmen einer Tarnhandlung sinnvoll wäre und man sich darüber hinaus fragen kann, weshalb den angeblich von einer solchen Tat ausgehenden Herrn McCann nicht viel mehr beschäftigt, was genau mit seinem Kind passiert ist und wie es ihm geht (I 39a,b), suggeriert die zweite, trotz ihrer kunstvoll rhetorischen Gestaltung aussageleere Formulierung (I 53c) die Existenz eines Täters *fernab* der McCanns (I 53 $H_{53\text{-}54\text{ErlebenG}}$). Sie verleitet in einer Atmosphäre von mehr oder weniger spielerischer Spannung (I 53b) außerdem dazu, überall „Gespenster zu sehen" (I 53a).

Hält man sich dazu noch vor Augen, dass es einen einzigen Blogtext im Fallmaterial gibt, dessen Ende vorübergehend gelöscht/nicht abgedruckt war, und dass es sich bei diesem Eintrag genau um denjenigen handelt, der letztlich sämtliche redundante „Beschwörungsformeln" enthält (I 45 „zu c"), so kommt die Vermutung auf, sie würden zur Tarnung verwendet und der Schreiber habe nach seiner Textverfassung bemerkt, dass er damit einmal „über die Stränge geschlagen" hat (I 45 $H_{48\text{ErlebenG}}$). Gestützt wird sie auch durch das Gegenübertragungserleben des Rätselns und schließlichen Denkens, den eigentlichen Inhalt der Textstelle kenne doch ohnehin nur Gerald McCann allein (I 45b).

Für diese Theorie der Tarnung spricht auch die weitere Merkwürdigkeit, dass Madeleines Eltern in einem Interview auf die Frage nach einer sich möglicherweise irgendwann während des

Urlaubs zugetragenen, evtl. auch kleineren Verletzung ihrer Tochter so reagieren, als würden sie auf einen ernsthaften, tödlichen Unfall angesprochen, in dessen Folge die Eltern die Leiche verschwinden lassen haben sollen (K 4a-c). Relativierend muss allerdings auch die vorangegangene mediale Propaganda eines Verdachts gegen die McCanns in der Folge des Anschlagens der Spürhunde berücksichtigt werden, die allgemein zu einer besonderen Sensibilität der Eltern auf diesbezügliche Fragen geführt haben kann.

Deutlich erscheint davon abgesehen eine starke Fixierung der Eltern McCann auf „den Entführer" (D d, I 39a, I 53a, I 53, H 2a). Ihre Funktion liegt für sie wohl auch in einer Abwehr eigener Schuldgefühle, was sich darin bemerkbar macht, dass sie bei der Konfrontation mit Kritik am Alleinlassen der Kinder auf diesen angeblich noch flüchtigen fremden Täter hinweisen (K 8a,b).
Darüber hinaus ist die Solidarität der Öffentlichkeit beiden Elternteilen enorm wichtig. So wird an den Leser von Gerald McCanns Internetblog des Öfteren mehr oder weniger direkt appelliert, die Unterstützung der Eltern auch weiterhin aufrecht zu erhalten bzw. ihnen treu zu bleiben (D d, I 6d, I 43a, I 47a). Während diese Solidarität für Frau McCann recht offensichtlich die Funktion einer Spiegelung von ihr als „unschuldig" hat (I 47b, H i), bedeutet sie für Herrn McCann eine trostspendende, einheitsbildende Verbundenheit, die eine gewisse Einsamkeit nach dem Verschwinden seines Kindes kompensieren und einen Objektverlust unbewusst ungeschehen machen soll (H 2f, I 6d, I 43a). Neben dieser individuell begründeten Psychodynamik ist allerdings auch zu sehen, dass Anglikaner den Wert von Gemeinschaft als ganz besonders hoch einstufen und bestrebt sind, entsprechend zu leben (Kap. 3.6.1), was das Verhalten von Madeleines Eltern bis zu einem gewissen Grad mit bedingen könnte.
Für die Herstellung/Aufrechterhaltung dieser ihm so wichtigen Solidarität suggeriert Gerald McCann seinen Lesern, Madeleines Verschwinden mache alle Menschen betroffen, sie sei also quasi „das Kind aller" (I 50, H g). Zudem setzt Herr McCann Spaltungsmechanismen ein, die die Öffentlichkeit in die guten/glücklichen Unterstützer und in den schlechteren Rest der Welt einteilen (E 1j, I 48, I 49, M e); er „verlockt" mit Ideen von manischer Größe (I 12, M d, N H_{4PersK}, H_{4PersG}) und einer lustvolle Spannung verheißenden Gemeinschaft, die etwas Großartiges schafft (I 48). Eine entsprechende Identität als „Gruppenmitglied"

stiften den Unterstützern wohl auch die von den Eltern vertriebenen Find-Madeleine-Armbänder (A H$_{17PersG}$).

Herr McCann scheint die Zeit nach Madeleines Verschwinden vor allem auch als etwas zu erleben, das aktiv durchkämpft und ausgehalten werden muss, wobei er vor allem auf das weiterlaufende Leben sowie die *bereits hinter sich gelassenen* Belastungen konzentriert ist (I 29a, G 1g, H 1b, O 6). Seine noch verbleibenden zwei kleinen Kinder sind ihm eine Ressource bei der Bewältigung des Geschehenen (E 1 Supervision a, I 42).

Das Gesamtbild der hier vorgenommenen Betrachtungen deutet darauf hin, dass beide Elternteile eine starke Bindung an Madeleine haben sowie Schuldgefühle hinsichtlich eines am 3. Mai 2007 vorgefallenen Geschehens, von dem beide wissen, dass es zum Tod des Kindes führte. Eine länger geplante Tötung durch Elternhand ist somit nicht plausibel (höchstens für die Euthanasie-Version). Denkbar ist vor allem ein Unfall, insbesondere in Abwesenheit von Kate und Gerald McCann. Aber auch eine Affekt- bzw. Impulstat oder Beruhigungsmittelüberdosierung liegen im Bereich des Vorstellbaren.

12.8 Beantwortung der Fragestellung zum elterlichen Erleben des Papstbesuches

„Wie erleben die Eltern den Papstbesuch? Welche unbewusste Bedeutung scheint diese außergewöhnliche Handlung für die Eltern zu haben? Auf welche von den jeweiligen Elternteilen möglicherweise erlebten Geschehnisse des Abends des 3. Mai 2007 weist dies hin, auf welche nicht?" Auf diese Fragen hin können aufgrund der vorgenommenen Analysen folgende Aussagen gemacht werden:

Der Besuch beim Papst ist für Madeleines Vater ein ganz persönliches und besonderes Erlebnis, dem er sich emotional sehr stark hingibt und das ihn tief beeindruckt (F 4a F H$_{24ErlebenG}$, O 2). Bereits die Vorfreude auf diese Begegnung hat für ihn eine wohltuende und belebende Wirkung, lockert psychische Beklemmung auf und vermittelt ihm wieder ein deutliches Kontinuitätsgefühl sowie Zukunftsorientiertheit (F 1a, F 2a, F 2 Supervision, F 3 Supervision). Hat Herr McCann vor der Reise nach Rom trotzdem noch sehr stark den Publicity-Aspekt im Auge, wird dieser am Tage der Audienz für ihn völlig nebensächlich (F 1c, F 2b, F 4.23). Zentral wird für ihn das Gefühl von „Urlaub" von seinem überkompensatorisch-aktiven Verhalten und seiner in diesem

Zusammenhang stehenden masochistischen Verausgabung (F 3a, F 4.3, F 4.24, F 4 Supervision a, O 1L); der Papst wird von Gerald McCann unbewusst vor allem als eine Ruhe, Versorgung und positive Spiegelung spendende Mutter erlebt (F 4b,c; F Supervision b, F $H_{18ErlebenG}$, O 2: „Szenen, die ohne ein gesprochenes Wort auskommen" und „alle Hauptpersonen sind weiblich (Intuition?)"). Wenngleich der Besuch des Kirchenoberhaupts für ihn wohl keine explizit religiöse Bedeutung hat (F 4 Supervision), so zeichnet sich doch recht klar folgendes Bild:

Die Reise zum Papst stellt für Madeleines Vater unbewusst insofern eine weitere Aktivität im Rahmen masochistischer Schuldverarbeitung dar, als dass er sie insgeheim als Selbstaufopferung im Sinne einer pflichtbewussten, selbstdisziplinierten Leistung erlebt, auch aufgrund des Ertragens der durch diese Begegnung aufflammenden Schuldgefühle (F 3f, F $H_{2ErlebenG}$, $H_{6ErlebenG}$, O 1). Für diese zumindest subjektiv auf sich geladene Schuld fühlt sich Gerald McCann unbewusst von Bestrafung bedroht, erhofft sich aber auch Erlösung. Durch diese beiden Aspekte wird die Papstbegegnung für den Mann zu etwas sehr Ambivalenten (F $H_{4ErlebenG}$, $H_{11ErlebenG}$, $H_{20-21ErlebenG}$, $H_{25-26ErlebenG}$, Fallstrukturhypothese1, O 1: Ambiguität von Schirm sowie von Abkühlung, O 2), wobei jedoch letztlich das Erlösungserleben dominiert (F 3f, F $H_{39ErlebenG}$, O 1) und der Papst zum „Retter" (F $H_{14-15ErlebenG}$, O 1) aus den Schuldgefühlen wird, die Gerald McCann allein nicht bewältigen kann (F 4d, F 4 Supervision b, F Fallstrukturhypothese1, O 2: Wandelbetonung). Das Mittel der Errettung ist eine starke narzisstische und zugleich die Schuld sehende Spiegelung (F $H_{27-36ErlebenG}$, O 1). Vielleicht attribuiert er diese Erlösung dann aber letztlich nicht mehr als vom Papst ausgehend, sondern doch als durch sein eigenes Gewissen bzw. Gott bedingt (F Fallstrukturhypothese1).

Über Frau McCanns Erleben des Papstbesuches erfährt man wenig. Für sie scheint der persönliche Kontakt mit dem Pontifex sowie die Segnung ihrer Tochter allerdings noch bedeutsamer zu sein als für ihren Mann, da sie es diesmal ist, die ihm das Foto von Madeleine entgegenhält, während Madeleines Vater etwas abseits steht (F 5a). Dies könnte durch ihren stärkeren Bezug zum Glauben bedingt sein (F 5 H_{1PersK}), auf ihre noch engere Bindung an die Tochter zurückzuführen sein (F 5 H_{1Bez}) oder aus besserer öffentlicher Wirkung heraus geschehen (F 5 H_{3Bez}). Denkbar ist aber auch eine stärkere Verwicklung von Frau McCann in Madeleines Verschwinden: Vielleicht weiß sie, dass es tot ist, und darum ist ihr diese letzte Segnung sehr wichtig und ihre größere Nähe zum Papst bedeutet für sie zugleich die Möglichkeit einer Reinigung von ihrer Schuld (F 5 $H_{1\text{-}2Ereignis}$). Die Szene des relativen Ausschlusses des Vaters, die sich noch an anderen Stellen im Analysematerial findet (K 2d, K 3d, K 5a,b), stützt diese Möglichkeit durchaus – ebenso allerdings die der einfach besonders engen Bindung an die Tochter.

Die Interpretation der Bedeutung des Papstbesuches für Madeleines Vater als Errettung von zumindest subjektiv empfundener Schuld stützt sich u. a. auch auf eine prinzipiell kritisch zu diskutierende (F 4 Supervision a) Symboldeutung der folgenden von ihm in seinem Blog vom 30.05.07 geschilderten Szene:
„It was extremely sunny and I have to admit that Kate and I were struggling somewhat with the heat in our dark suits but Francis rescued us with an umbrella and some water and following that some heavy cloud rolled in, cooling us down." (F 4.9) Da jedoch sowohl die methodiale Triangulation (vgl. F: Tiefenhermeneutik versus objektive Hermeneutik) als auch die intersubjektive Übereinstimmung mit einer anderen, unabhängigen Interpretin (vgl. O 1-2) die gleichen Schlüsse nahelegen und darüber hinaus die hohe logische Kohärenz mit den Analyseergebnissen anderer Materialelemente zum Papstbesuch für das Zutreffen der Deutung spricht (s. o.), kann hier sehr wohl von ihrer Gültigkeit ausgegangen werden.

Die entscheidende Frage bleibt jedoch offen: Handelt es sich bei der von Herrn McCann empfundenen Schuld um eine mehr *subjektiv* (d. h. lediglich Alleinlassen der Kinder) oder deutlich *objektiv* (d. h. aktive Involviertheit) gegebene?
Aus dem Schuldgefühl ableitbar ist allerdings eine deutliche Bindung des Vaters an sein Kind sowie ein recht intaktes Über-Ich. Dies schließt eine vorsätzliche Tötung des Kindes zumindest aus „niederen" Motiven heraus aus und lässt unter den Varianten eines länger geplanten Filizids prinzipiell nur noch die Euthanasie-Version als plausibel erscheinen. Ein Wegschaffen der Kinderleiche nach einer Affekt- bzw. Impulstat, einem sich zugetragenen Unfall, einem Tod des Kindes durch versehentliche Beruhigungsmittel-überdosierung kommen ebenso in Betracht wie das Alleinlassen der Kinder, das zu Madeleines Entführung geführt haben könnte. Da davon ausgegangen werden kann, dass nach einem Euthanasie-Filizid, der ohnehin viel eher an einem den Eltern bekannten Ort durchgeführt worden wäre, die Schuldgefühle eher geringer wären, kann den vier anderen Versionen, von der Analyse des Fallmaterials

zum Papstbesuch her gesehen, die größte Plausibilität zugesprochen werden.

12.9 Beantwortung der auf traumatische Erlebniselemente bezogenen Fragestellung

Zu der Frage „Gibt es im Verhalten der Mutter bzw. des Vaters Hinweise auf traumatische Erlebniselemente? Falls ja, auf welche Ereignisversionen können sie überzeugend zurückzuführen sein und auf welche nicht?" lässt sich aus dem in der vorliegenden Arbeit betrachteten Fallmaterial heraus Folgendes sagen:

In einem Interview bei Sky News am 01.05.08 ereignet sich eine Szene, die für Frau McCann die dissoziative Abspaltung einer Erlebnisfigur aus der Version „Alleinlassen der Kinder" nahelegt (K 8e, O 9.2): Vom Interviewer auf das Weinen der alleingelassenen Madeleine am Vortag des in Frage stehenden Ereignisses angesprochen, berichtet Frau McCann über dieses eigentlich recht traurige und kritisch zu sehende Geschehen nach einem kurzen Moment des Unwillens in einer so lebendigen Weise, dass das dabei aufkommende Gegenübertragungsgefühl von Begeisterung irritiert (K 8.6). Insbesondere auch ihr Grimassieren lässt die Vermutung der Unterdrückung negativer Emotionen aufkommen (K 8.7). In starkem Kontrast hierzu stehen die Gegenübertragungsgefühle, die ihr an dieser Stelle gebrauchtes Zitat „Where were you, when I cried?" der Tochter auslöst: Diese Worte gehen mir als Analysierendem „tief unter die Haut", ich entwickle viel Mitleid für das in seinem Leid so einsame Kind (K 8.8). Kurz darauf ergibt sich dann eine noch viel schärfere Diskrepanz: Die Mutter bezeichnet das Geschehen des Vortages von Madeleines Verschwinden irritierenderweise als „ a wonderful thing" – ein Ausdruck mit dominierend positiver Konnotation, der mich aufgrund seiner Dissonanz zur Beschreibung des Szenariums nach mehrmaligem Lesen regelrecht schaudern lässt (K 8.15). Auch steht dieser Sprachäußerung der Mutter die unmittelbar auf sie folgende mimische Demonstration von plötzlicher - viel eher negativer - Überraschung oder gar von Erschrecken gegenüber (K 8.15). Wiederum irritiert diese aufgrund ihres unerwarteten, kurzen und exzentrisch erscheinenden Charakters, zumal sie auch im Gegensatz steht zu der auf der Sprachebene wahrnehmbaren Absicht der Mutter, den Zuschauer hinsichtlich der Beschwerde ihres Kindes zu beruhigen (K 8.15). Diese deutliche Inkongruenz zwischen Wortebene und Mimik deutet darauf hin, dass es sich bei der kurzen Gebärde von plötzlicher Überraschung/ Erschrecken um ein klassisches „Klischee" im Sinne Lorenzers handelt (K 8.15).

Die Gesamtszene kann dann so verstanden werden, dass Madeleines Mutter dieses Erschrecken selbst so erlebt hat, es aber in einem konflikthaften – oder hier eher „traumatischen" – Erlebniszusammenhang steht, den sie psychisch ausblendet. Vorstellbar wäre ein derartiges Erschrecken vor allem bei einem unerwarteten Auffinden von Madeleines Leiche, aber auch das plötzliche Antreffen eines leeren Kinderbettes sowie eines offenen Fensters kämen ferner noch in Betracht (O 9.3). Der Vorwurf der Tochter sowie der Ausdruck ihres Leides werden durch die Abspaltung des stark negativen Erlebnisgehaltes zu emotionsleeren Zeichen.

Auch in einem Interviewausschnitt aus der BBC-Sendung „Panorama" aus der zweiten Jahreshälfte 2007 finden sich gestische und phonetische Elemente, die andere Assoziationen aufsteigen lassen als die einer Veranschaulichung des von Frau McCann auf bewusst-sprachlicher Ebene Mitgeteilten (vgl. K 7): Im Zuge ihres Erzählens über den mutmaßlichen Tathergang einer Entführung lässt Madeleines Mutter zur Demonstration der Schnelligkeit des Eindringens der Entführer in das Apartment ihre rechte Hand in Kopfhöhe rasch nach vorn schnellen und schnalzt dabei irritierenderweise einmal laut mit der Zunge. Anschließend deutet sie zwischen Daumen und Zeigefinger einen wenige Zentimeter großen Abstand an, als sie erklärt, dass Zeitfenster sei nur sehr klein gewesen. Die schnelle Handbewegung mit ihrer pointierten phonetischen Untermalung erinnert an ein *sehr abruptes, folgenschweres Ereignis, wie* z. B. einen Schlag oder Sturz, bei dem etwas Abgetrennt wird, auch an ein Zerhacken, aber weniger an ein doch etwas länger dauerndes Entführungsszenario (K 7.4, K 7b, O 8.2). Die Aktivität könnte in einem Zusammenhang stehen mit Materie, die ein Flächen-, Längen-, oder Abstandsmaß von wenigen Zentimetern besitzt, oder aber ferner mit einen entsprechend geringen Zeitraum (K 7.5, O 8.3). Unter Rekurs auf die Ergebnisse der Tatortanalyse (vgl. Beantwortung der Frage 5) wäre sehr plausibel, dass Frau McCanns Maßdemonstration den Abstand zwischen Sofa und Wohnzimmerfenster angibt. Diese Vermutung wird durch folgende weitere Überlegung immens erhärtet:

Bezieht man die Bildlichkeit des Fensters aus dem Ausdruck „window opportunity" mit in die Verstehensbemühungen ein, so formiert sich vor dem geistigen Auge eine Szene eines Sturzes oder erlittenen Schlages an einem solchen Fenster (K 7.6), der vielleicht außerdem zu einer von außen nur sichtbaren kleinen Wunde/wenig

Blutspuren/einem Durchbruch von nur kleinen Halswirbeln o. ä. führt.

Unter Absehen von einem Einbezug des Fensters wird ferner auch die Möglichkeit des Zerteilens der Leiche aufgetan, die sich jedoch für die in Praia da Luz im Ocean Club wohnenden Eltern McCann sicherlich schwierig realisieren ließe, zudem zu zeitaufwendig wäre, unnötige Spuren produzieren würde und die für Eltern, die ihr Kind so sehr wertschätzen, wohl weniger in Frage kommt als andere Leichenbeseitigungsmethoden weniger brutaler Art.

Im Gegensatz zu dem in diesem Kapitel zuerst angeführten Beispiel wäre bei dem hier vorliegenden aber auch noch *gut* möglich, dass Frau McCann tatsächlich von einer Entführung ausgeht und die Schilderung ihrer Vorstellung darüber eben entsprechend körpersprachlich und phonetisch untermalt (K 7c). Eine Reinszenierung von Elementen der Unfallversion ist jedoch aufgrund ihrer hohen Kohärenz und Prägnanz deutlich plausibler.

Ein weiteres Handlungselement von Frau McCann, das in seiner Auffälligkeit weniger Prägnanz aufweist als das zuerst dargelegte Beispiel, aber dennoch irritiert, ist ihr zweimaliges Zur-Seite-Werfen ihres Kopfes während des Auftritts der Eltern vor den Medien am 14.05.07 (vgl. K 1). Wenn man auf der sprachlichen Ebene des Redners Gerald McCann unter den unmittelbar diesem Verhalten vorausgehenden Formulierungen nach passenden Auslösern sucht, so fallen einerseits die Ausdrucke „to keep Madeleine's profile so high" und „trauma" auf, andererseits die jeweilige Bekundung, Hilfe und Rat von Experten bekommen zu haben. Während die erstgenannten Ausdrücke die Möglichkeit einer für die Eltern, insbesondere die Mutter, erschreckenden Kopfverletzung des Kindes nahelegen (K 17c), deuten letztere darauf hin, dass Frau McCann die von ihrem Mann aufgeführten Hilfsangebote insgeheim verneint. Angesichts der Tatsachen, dass diese Wendung an die Medien an dem Tag stattfindet, als die McCanns den Kontakt mit ihren Angehörigenbetreuern beenden und der manifeste Inhalt der Rede auch die Ankündigung beinhaltet, von nun an solle die Kommunikation mit den Medien über einen Sprecher erfolgen (Kap. 7), ist die Lesart von Frau McCanns Ablehnung der Hilfsangebote plausibel. Eine mögliche Kopfverletzung ihres Kindes, an die die Mutter durch die Formulierungen „to keep Madeleine's profile so high" und „trauma" erinnert wird und die sie daraufhin reinszeniert, würde allerdings obendrein eine Begründung für dieses Rückzugsverhalten der McCanns liefern und stände zudem mit den anderen hier aufgeführten Beispielen in guter Kongruenz.

Für Herrn McCann finden sich im untersuchten Fallmaterial keinerlei derartige Auffälligkeiten.

In der Quintessenz der hier gemachten Darlegungen kommt dem Szenario eines tödlichen Verunfallens von Madeleine in Abwesenheit ihrer Mutter, die dann mit Erschrecken die Leiche ihrer an einer Verletzung des Kopfbereiches verstorbenen Tochter entdeckte, der höchste Plausibilitätsgrad zu.

12.10 Beantwortung der Fragestellung bezüglich eines möglichen Selbstverrates
Hinsichtlich des Erkenntnisinteresses „Fallen im öffentlichen Verhalten der Elternteile McCann Momente auf, die wie ein unbewusst determinierter Selbstverrat anmuten? Wenn ja, mit welchen Szenarien des in Frage stehenden Geschehens sind sie überzeugend vereinbar, mit welchen dagegen nicht?" liefern die getätigten Untersuchungen folgende Ergebnisse:

Eine Aussage von Kate McCann, die, auch innerhalb der kontextuellen Paarinteraktion, recht deutlich wie ein Selbstverrat anmutet, gibt es in einem Interviewausschnitt des Senders RTE vom Sommer 2007 (vgl. K 2): Auf die sehr freundlich gestellte Frage der Interviewerin, weshalb es Madeleines Eltern wichtig sei, weiterhin in Portugal zu bleiben, antwortet Kate McCann, sie würde sich hier näher bei ihrer Tochter fühlen. Nach einer daran anschließenden, kurzen Sprechpause beeilt sie sich dann betont einzuräumen, sie könne sich auch irren, das Kind könne sich auch in größerer Nähe zu Großbritannien befinden aber..., und macht erneut eine Pause, in der sie tief Luft holt. Anschließend wiederholt sie lediglich in etwas nachdrücklicherer Form, sie fühle sich in Portugal näher bei ihrer Tochter. Erst als letzten Punkt ihrer Ausführungen nennt sie als Grund auch die größere Nähe zu den Ermittlungen und dass sie es nicht fertig bringe, ohne Madeleine heimzureisen. Während Frau McCanns Satzabbruch, ihrer Pause und der nachfolgenden Wiederholung des zuvor Gesagten nickt ihr neben ihr sitzender Mann mit geschlossenen Augen, benetzt seine Lippen und presst diese dann zusammen. Dann dreht er seinen Kopf um 90° zu seiner Frau und verzieht den Mund. Als sie dann den Grund der größeren Nähe zu den Ermittlungen anführt, nickt er stark.
Frau McCanns rasche Einräumung von relativierender Unsicherheit irritiert: Ihre vorangegangene Darlegung des Gefühls, sich der Tochter in Portugal näher zu fühlen, führte ich als Zuschauer dieses

TV-Interviewausschnitts zunächst ganz selbstverständlich auf ihr Empfinden einer größeren Nähe zum Ort *des Verschwindens* des Kindes zurück. Mit dem relativierenden Einschub wird dann allerdings eine ganz andere Bedingungsmöglichkeit aufgezeigt, nämlich die eines Empfindens größerer Nähe zum Ort *des Verbleibes* der Tochter (K 2.6). Auch die Schnelligkeit dieser Einräumung lässt den Eindruck entstehen, Frau McCann beeile sich zu versichern, diese empfundene Nähe sei lediglich ein subjektives Gefühl und stehe somit in keinem Zusammenhang mit einem sicheren Wissen über den Ort des Verbleibes (K 2.6). Dieses Verhalten legt die Interpretationsmöglichkeit nahe, Madeleines Mutter verschweige ihr Wissen um den Verbleib der Tochter in/bei Portugal, habe mit dieser „Unterdrückung" jedoch insofern zu kämpfen, als dass sie sich verrät, anschließend aber davon ablenken will (K 2.6). Auch ihr inhaltliches Auf-der-Stelle-Treten mit der Wiederholung des zuvor Gesagten hat den Anschein als habe sie das Gefühl, irgendetwas sagen zu müssen, ohne eine inhaltliche Vorstellung darüber, *was* – nur um fortzufahren (K 2.7).

Die zahlreichen Körperregungen von Herrn McCann während ihres Auf-der-Stelle-Tretens, insbesondere sein Herüberschauen zu seiner Frau mit Verziehen der Mundwinkel nach Benetzen und Zusammenpressen seiner Lippen, wirkt in der Gegenübertragung nervös und ärgerlich, so als wolle er sie zum Schweigen auffordern bzw. dazu, etwas „Sinnvolles" zu sagen (K 2.8). Weiter irritiert, dass Frau McCann auf Geralds 90°-Drehung seines Kopfes, die sie aus den Augenwinkeln vermutlich wahrnehmen kann, mit keiner Blickkontaktaufnahme reagiert. Frau McCann könnte sich doch schließlich nach Geralds Anliegen fragen und ein solches an seinem Gesichtsausdruck ablesen wollen. Sie könnte so auch sehen, ob er z. B. dringend etwas sagen möchte, dem sie - besonders in ihrer vermutlichen Situation mangelnder inhaltlicher Mitteilungsabsicht - doch den Vorrang einräumen könnte. So erweckt auch dieses Ausbleiben den Eindruck, Madeleines Mutter könne das Anliegen ihres Mannes auch ohne diese Blickzuwendung verstehen, was wiederum die oben angestellte Vermutung einer Involviertheit beider Elternteile in den Kriminalfall stützt (K 2.10).

Des Weiteren fällt die Stärke von Gerald McCanns Nicken bei der Äußerung seiner Frau auf, die Eltern seien hier in Portugal auch näher an der polizeilichen Ermittlungsarbeit. Sie zieht meine Aufmerksamkeit als Analysierende sehr an und will mir bedeuten, der gerade von Frau McCann angesprochene Aspekt sei besonders wichtig. Aufgrund seines so langsamen Zur-Sprache-Kommens, seiner Positionierung am Ende ihrer Ausführungen, kann ich ihn aber nicht als so besonders bedeutsam einstufen, womit eine Dissonanz in meinem Empfinden hervorgerufen wird. Sie lässt mich zu dem Verdacht kommen, Herr McCann verschiebe mit seinem starken Nicken den Aufmerksamkeitsfokus von der eigentlich bedeutsameren, vorangehenden Äußerung seiner Frau hin zu etwas anderem, um von ihr abzulenken (K 2.11).

Dazu passt Kate McCanns abschließende Betonung, bezüglich des Themas „Nach- Hause-Fahren" ehrlich zu sein, denn auch sie eröffnet die Deutungsmöglichkeit, Frau McCann könne bei ihren vorangehenden Äußerungen zur Thematik „In-Portugal-Bleiben" hingegen nicht ganz ehrlich gewesen sein (K 2.13).

Zusammenfassend kann festgehalten werden, dass diese Interviewsequenz wie ein unbewusster Selbstverrat von Madeleines Mutter anmutet, aufgrund ihres Wissens um den dortigen Verbleib der Tochter in Portugal bleiben zu wollen, wobei sie sich anschließend um eine bewusste Gegensteuerung bemüht (K 2a, K 2 Fallstrukturhypothese1). Herrn McCann stimmt dieser anzunehmende Verrat wohl nervös und ärgerlich und auch er bemüht sich anscheinend um eine Gegensteuerung (K 2b).

Plausibilität gewinnt diese Interpretation auch im Hinblick auf die deutliche Freundlichkeit der Interviewerin, die dazu geschaffen ist, dass ihre Gesprächspartner ihre relationale und damit auch innerpsychische Abwehr zurückfahren. Auf diese Weise steigt die Wahrscheinlichkeit eines unbewussten Selbstverrates.

Kritisch eingewendet werden muss hingegen, dass Frau McCanns erste Begründung und ihr Auf-der-Stelle-Treten auch durchaus anders bedingt sein könnten: Sie könnte innerlich mit einer tiefen Schnsucht nach ihrer Tochter beschäftigt sein und in diesem Zusammenhang die wunschbedingte Phantasie haben, das Kind sei ihr noch nahe, d. h. in Portugal (K 2 $H_{1-3ErlebenK}$). Diese Lesart wäre sehr gut vereinbar mit ihrer relativ engen Bindung an Madeleine. Vielleicht ist Kate McCanns Verhalten auch durch die unbewusste Phantasie bestimmt, sie könne am Ort der Entführung ihres Kindes mehr für es ausrichten als in der Ferne oder gar, ihr freigelassenes Kind finde leichter wieder zu den Eltern zurück, wenn sie am Ort seines Verschwindens verweilten (K 2 $H_{6ErlebenK}$).

Andererseits muss aber auch gesehen werden, dass die eigene Relativierung der Mutter, die ein ganz neues, erst „verdächtiges" Thema eröffnet, sie in auffälliger Weise aus ihrem Erzählfluss reißt (K 2 $H_{4ErlebenK}$). Wäre sie lediglich in innere Phantasien abgeglitten, wäre dieses Verhalten weniger plausibel.

Ein weiteres nach unbewusstem Selbstverrat anmutendes Element findet sich in einem Interview von Kate McCann mit der britischen Tageszeitung „The Independent" von August 2007 (vgl. K 3): Im Zusammenhang mit der Beschreibung ihrer Entdeckung des Verschwundenseins ihrer ältesten Tochter, die von einem Moment der Ungläubigkeit und von dann einsetzender Panik und Angst geprägt gewesen sei, sagt sie bezüglich des letzteren Aspekts, dieses sei das erste, was sie getroffen habe. Diese Formulierung legt nahe, dass es nach der Angst noch etwas Zweites gegeben hat, das sie wie ein Schlag traf (K 3.2). Was aber sollte dies in der Entführungsversion sein? Zu überlegen wäre, ob sie vielleicht ein später einsetzendes Schuldgefühl meinen könnte. Doch hier ist der Ausdruck eines eher recht plötzlichen, wie von einem tatsächlichen Schlag Sich-Getroffen-Fühlens unpassend. Am besten passt er auf folgendes Szenarium: Frau McCann bemerkt zuerst das leere Kinderbett ihrer Tochter, was sie in große Angst versetzt, als sie nach ihr ruft und keine Antwort bekommt. – Dann jedoch bemerkte sie etwas Weiteres, das ihr noch einmal einen Schlag versetzt: die Leiche ihres Kindes.

Alternativ dazu könnte es einem auch als denkbar erscheinen, dass Madeleines Mutter ihrer Tochter einen von seiner Wuchtigkeit und/oder Platzierung her fehleingeschätzten Schlag versetzt haben könnte (vgl. auch die Formulierung, die dieses Bild transportiert), dessen unmittelbare Auswirkungen in Form eines Sturzes und benommen/verletzt liegen bleibendes Kindes sie zunächst in Panik gebracht, der unerwartete Tod der Tochter schließlich einen weiteren Schreckensmoment dargestellt haben könnte. Für diesen eher fließenden Übergang von der Verletzung zum Tod wäre die o. g. Formulierung, die stark auf *zwei* –und damit von einander verschiedene - Erlebnisse anspielt, jedoch wieder eigentlich nicht passend.

Darüber hinaus ist das Szenarium des Entdeckens des leeren Kinderbettes mit nachfolgendem Leichenauffinden sehr gut vereinbar mit dem Gegenübertragungsgefühl der Hast, das bei der Rezeption dieser Interviewstelle aufkommt (K 3.1) und das für ein schnelles Verstecken der Leiche spezifisch wäre. Vor allem aber weisen die vorangehend beschriebenen dissoziierten Aspekte „a wonderful thing" und „Erschrecken" (vgl. Beantwortung der Frage 9) sowie der mimische Ausdruck von Verwunderung mit nachfolgender Expression des Schreckens (vgl. K 8) in diese Richtung.

In Gerald McCanns Verhalten fallen keine solch prägnanten Momente eines potenziellen Selbstverrates auf. Es gibt lediglich ein paar Formulierungen, die in dieser Hinsicht in etwas sublimerer Weise irritieren: Zum einen findet sich die Bekundung von Madeleines Vater, die Eltern würden bezüglich der Unversehrtheit ihres Kindes „ewige Hoffnung" haben, bis sie von Beweisen für das Gegenteil wüssten (vgl. K 4). Sie besagt eigentlich, die Eltern wollten gar nicht wieder mit Hoffen aufhören, was impliziert, sie wüssten, das Kind werde nie gefunden und es werde nie Beweise geben, also es gebe in Wirklichkeit *keine Hoffnung* mehr für Madeleine (K 4.10).

Auf eine etwas weniger spitzfindige Auffälligkeit trifft man allerdings in Gerald McCanns Blogeintrag vom 14.03.08. Der Vater schreibt: „(...) I am reminded of Ernie Allen's (the president of NCMEC) words: 'until you know who has taken Madeleine and why, you cannot give up hope'. We do not know who has taken Madeleine or why, and there is certainly no *indication that Madeleine has been seriously harmed. Of course we will not give up hope* (Hervorhebung D. P: das kursiv Geschriebene war vorübergehend gelöscht; I 45)."

Madeleines Vater verwendet in seiner an das Zitat anschließenden Aussage die gleiche Formulierung wie der Zitierte (vgl. „know who has taken Madeleine or/and why") und wenngleich sich die Satzart der jeweils benutzen Anfangswendung unterscheidet (Finalsatz im Zitat versus einfacher Aussagesatz von Herrn McCann im Anschluss an das Zitat), so suggerieren der gleichartige Rhythmus und gleiche Satzmelodie beim Lesen die Illusion einer Kongruenz. Diese wohltuende Bekanntheit führt dazu, dass man sich als Rezipient von Herrn McCanns Aussagesatz über dessen Gehalt „hinweg tragen lässt" und sich   erst später über die fehlende *inhaltliche* Kongruenz wundert. Warum hat der Vater nicht geschrieben: „We *still* do not know..."? Dies wäre doch vielmehr die Entsprechung zu „*until* you know". Stattdessen trifft er eine Aussage, die sich gar nicht auf das Zitat bezieht: Er gibt an, *grundsätzlich* eben nichts über den Entführer zu wissen.

Das lässt einen auf die Idee kommen, den Vater beschäftige eben mehr diese Grundsatzfrage seines Wissens als die vielleicht nur vorübergehende Ungewissheit. Vor allem im Fall einer Verwicklung in das Verschwinden seiner Tochter (zumindest als Mitwissender) macht dieses Verhalten Sinn (I 45a).

Interessant ist dabei auch, dass es sich bei dem von mir kursiv Hervorgehobenem um die Textstelle handelt, die im gesamten Blog als einzige vorübergehend gelöscht/nicht abgedruckt war. Dies stützt die Hypothese eines unbewussten Verrates, den der Vater selbst bemerkt und gelöscht haben könnte (vgl. Beantwortung der Frage 7).

Besonders für Frau McCann, so können wir resümieren, finden sich im Analysematerial Verhaltenselemente, die auf einen unbewussten Selbstverrat einer aktiven Verwicklung in Madeleines Verschwinden hinweisen, namentlich auf das Auffinden ihrer Leiche sowie das Wissen über deren Verbleib in/nahe Portugal. Was Herrn McCann anbetrifft, so sind die vorliegenden Hinweise auf einen Verrat sublimer und beziehen sich auf weniger konkrete Kenntnisinhalte als vielmehr auf das Wissen um die nicht (mehr) vorhandene Lebendigkeit von Madeleine.

Die aufgrund ihrer größeren Prägnanz bezüglich eines Selbstverrates als gewichtiger einzustufenden Verhaltensweisen von Frau McCann legen nahe, dass Madeleine in Abwesenheit der Eltern im Ferienapartment der Familie bei einem Unfall ums Leben kam, von ihrer Mutter außerhalb ihres Bettes und vermutlich auch Schlafzimmers aufgefunden wurde und dann mit deren Kenntnis in/bei Portugal beseitigt wurde. Was Herrn McCann anbetrifft, so ist die Version seines Wissens um das Geschehen aufgrund des hier Dargelegten etwas plausibler als sein Nichtwissen. Auszuschließen wäre jedoch auch nicht, dass er den realen Sachverhalt in groben Zügen einfach nur „erahnt", z. B. durch die Verhaltensweisen seiner Frau, die diesen unterschwellig transportieren.

12.11 Beantwortung der Fragestellung bezüglich der inhaltlichen und formalen Charakteristika der vom Vater verfassten Blogeinträge
Die Frage „Deuten die inhaltlichen und formalen Charakteristika der vom Vater zu besonderen äußeren Geschehnissen verfassten Blogeinträge auf ein bestimmtes Ereignisverarbeitungs- und ggf. Tarnverhalten hin?" kann folgendermaßen beantwortet werden:

Aus der Gesamtübersicht der inhaltlichen und formalen Charakteristika der von Gerald McCann zu bedeutsamen äußeren Geschehnissen verfassten oder auch nicht verfassten Blogeinträge sind mehr oder weniger deutlich verschiedene Phasen seiner persönlichen Verfassung erkennbar:
Die drei Blogeinträge vor Eintreffen der Bestätigung eines stattfindenden Papstbesuches sind vorwiegend oder ausschließlich in Präsens- und Präteritumsformen verfasst, thematisch stark auf die Schilderung äußerer Aktivitäten ausgerichtet, inhaltlich und formal in zwei Fällen deutlich nach zeitlichen Struktureinheiten gegliedert sowie vom Stil her, zumindest, was die ersten beiden Einträge betrifft, wenig erzählerisch und erlebnisintensiv.

Im Gegensatz dazu finden sich in den mit dem Papstbesuch der McCanns assoziierten Einträgen komplexe Satzstrukturen, mehr das innere Erleben betreffende thematische Aspekte und ein sehr erzählerischer Stil, der am Tag der Papstaudienz sogar als ausgesprochen anschaulich und erlebnisstark bezeichnet werden kann. Zudem benutzt Gerald McCann in einem Fall häufig das Futur; in einem anderen Text überwiegt das Perfekt und das Ende steht in den Verlaufsformen von Präsens und Futur.

Diese Unterschiede deuten darauf hin, dass Madeleines Vater in den ersten drei, dreieinhalb Wochen nach ihrem Verschwinden einen besonderen Halt in zeitlichen Strukturen findet, sehr auf äußere Aktivitäten ausgerichtet ist, weniger Zugang zu innerem Erleben besitzt und sich sehr mit dem Gegenwärtigen und Vergangenen beschäftigt. Die Aussicht auf den unmittelbar bevorstehenden Papstbesuch sowie das Erleben von diesem selbst öffnen Herrn McCann dann wohl wieder den Blick für die Zukunft (vgl. auch die Thematisierung der Entwicklung der Zwillinge im Eintrag des 28.05.07) sowie einen besseren Zugang zu seinem inneren Erleben. Der Papstbesuch scheint bei dem Vater eine „(wieder)belebende" Wirkung zu entfalten.

Allerdings scheint Herr McCann bereits ein paar Tage vor Eintreffen der Bestätigung über das Stattfinden dieses Termins in einer solch guten psychischen Verfassung zu sein, da er zu diesem Zeitpunkt sein erstes Interview gibt und dieses den Beginn seiner täglichen Blogführung markiert. Der Eintrag zu diesem Tag ist auch bereits in einem recht erzählerischen Stil gehalten, jedoch noch stark nach zeitlichen Dimensionen gegliedert.

In der Zeit nach dem Besuch des Pontifex dominiert in den zumeist langen Berichten über die vielen Aktivitäten der McCanns eine erzählerische, oft auch recht persönlich gehaltene Form mit starker Variationsbreite und häufig auch –tiefe der geschilderten Erlebnisqualitäten. Jedoch lassen sich die während dieser Zeit wiederholten fälschlichen Datierungen der Blogtexte, das Vorkommen eines unübersichtlichen Satzbaus und eines absatzlos geschriebenen langen Eintrages sowie ggf. auch der häufige Gebrauch elliptischer Wendungen, also grammatisch unvollständiger Sätze, als Stresssymptome verstehen.

In der Zeit zwischen Ende Juni 2007 und der Heimreise der McCanns nach Großbritannien sind zwei parallel vorkommende Kategorien von Blogtexten erkennbar. Zum einen gibt es solche, die an Tagen bedeutender polizeilicher Maßnahmen, Stellungnahmen oder kritischer Besprechungen mit den McCanns, dem Einsetzen der Beschuldigungen der Eltern durch die Presse oder ähnlicher kritischer Ereignisse verfasst werden und die in aller Regel kurz gehalten sind, die das Geschehen oft informativ einordnen und mehrfach auch Kritik zurückwerfen. Diese Einträge enden in der Regel mit der Bekundung von Zuversicht oder beinhalten zumindest immer positiv gefärbte Aspekte (wie z. B. die Begrüßung der gründlichen Ermittlungen oder die gute Zusammenarbeit mit der Kriminalpolizei) und sprechen manchmal auch die Unterstützung durch die Anteil nehmende Öffentlichkeit an. Zum anderen finden sich Einträge zu elterlichen Aktivitäten bzw. deren Resultaten sowie solche zu besonderen Tagen, wie dem 50. Tag von Madeleines Verschwinden. Dies sind eher längere Texte mit allgemein höherer Erlebnisintensität. Auch hier thematisiert Herr McCann manchmal die große öffentliche Unterstützung und drückt seinen Optimismus über einen guten Ausgang aus.

Es ergibt sich das Bild, dass Gerald McCann sich beim Erleben von mehr oder weniger negativen Geschehnissen durch die Aktivierung positiv gefärbter Themen stabilisiert.

Ab dem 09.09.07, dem Tag des Rückflugs der Familie McCann nach Großbritannien, werden die Blogeinträge diskontinuierlich. Die ersten Texte nach diesem Datum stellen durch verschiedene Merkmale wie eine besondere Länge, der erstmals deutliche Ausdruck von Leid und die an den Leser gerichteten Entschuldigung für das nicht so häufige Updaten des Blogs eine besondere Nähe zum Rezipienten her. Zu Geschehnissen, die für die McCanns einen potenziellen Angriff bedeuten, wie   z. B. Amarals öffentliche Beschuldigung der Eltern, die Ermittlungen zu behindern, verfasst Herr McCann jedoch entweder keinen Blogeintrag oder aber er bezieht sich in dem an jenem Tag geschriebenen Text nicht auf das Ereignis, sondern auf positiv getönte Themen. Dieses Verhalten stützt den oben bereits erwähnen Eindruck einer psychischen Stabilisierung des Schreibers durch Fokussierung auf positive Erlebnisinhalte. Negative blendet er hingegen tendenziell aus. Dieser Bewältigungsstil äußert sich auch in dem Bericht des Vaters über einen in einem etwas entfernten Ort getätigten Einkauf am Tag der Mietwagenuntersuchung mittels Blut- und Leichenspürhunden am 06.08.07, was hingegen nicht von ihm erwähnt wird.

Aus mehreren Merkmalen des Blogtextes zur Absetzung von Amaral ist dann erkennbar, dass Madeleines Vater dieses Ereignis sehr begrüßt: Er skizziert in dem u. a. im Futur endenden Eintrag die nun „ruhiger" werdenden Wochen in seiner Heimatstadt Rothley und bekundet Freude hinsichtlich der künftigen Kooperation mit den portugiesischen Behörden. Die subjektive Bedeutsamkeit des Zukünftigen tritt mit der unter zeitlichem Aspekt (Vergangenes und

Gegenwärtiges versus Zukünftiges) vorgenommenen Absatzgestaltung des Blogs am Tag der Ernennung von Amarals Nachfolger, Paulo Rebelo, noch klarer hervor.

In Gerald McCanns Blogeinträgen zu besonderen Ereignissen im Zeitraum von Oktober 2007 bis Juli 2008 fällt die häufige Verwendung von direkten Appellen an den Leser auf, sachdienliche Hinweise einzureichen. Den auch mit der Absetzung von Amaral gegen die McCanns noch nicht aufgehoben Druck von Seiten der Ermittlungsbehörden scheint Gerald McCann also an seine Leser weiterzugeben.

Ab dem 19.03.08, dem Tag der Verurteilung britischer Tageszeitungen zu Schmerzensgeldzahlungen an die McCanns, verfasst Madeleines Vater generell nahezu ausschließlich noch Blogeinträge zu herausragenden Geschehnissen im unmittelbaren Zusammenhang mit dem Verschwinden seiner Tochter, wobei sich diese Tendenz bereits in den Monaten zuvor abzeichnet und sich z. B. darin äußert, dass er sich bezüglich seiner Wiederaufnahme der Erwerbstätigkeit nicht weiter äußert. Ab Ende März finden die Blogupdates dann in der Regel nur noch im Abstand von einigen Wochen statt. In dieser Zeit, zwischen Februar und April 2008, befassen sich die Texte recht stark mit einem europäischen Alarmsystem für Vermisstenfälle von Kindern, über das sie informieren und dessen Einführung sie propagieren.

Mit wachsendem Abstand zu Madeleines Verschwinden, aber auch zur Verdächtigungs-Welle gegen die McCanns scheint Gerald McCann also weniger den Kontakt zur Öffentlichkeit zu brauchen und verarbeitet das in Frage stehende Ereignis des Verschwindens seiner Tochter mehr durch Sublimierung.

Über Ereignisse mit belastendem/negativem Charakter, nämlich der erneuten Vernehmung der Freunde der McCanns im April 2008, die um dieselbe Zeit herum stattfindende Konfrontation des Paares mit dem Wunsch der Ermittler nach einer Rekonstruktion in Portugal sowie der Publikation von Amarals kritisch gegen die McCanns gerichteten Buch im Juli 2008, schreibt Madeleines Vater wieder nichts in seinem Blog, was die Vermutung einer tendenziellen Ausblendung derartiger Erlebnisqualitäten noch einmal erhärtet.

Hingegen sehr eindringlich und kämpferisch-appellativ gehalten ist sowohl der Blogbeitrag zur Aufhebung des Verdächtigenstatus der Eltern von Juli 2008 als auch der zur Veröffentlichung der Ermittlungsakten aus demselben Monat. Dieser Stil vermittelt einerseits den Eindruck, als entfalte sich im Vater ein neu gewonnenes Handlungspotenzial, andererseits aber auch, als stellten diese Entwicklungen in irgendeiner Weise etwas

Bedrohliches dar, gegen das man sich wehren müsse. Letztere Lesart ist sehr gut vereinbar mit der bereits im Zuge der Beantwortung der Fragestellung 7 herausgearbeiteten Bedeutung eines Objektverlusts der Tochter mit der Schließung der Akten durch die Behörden. Auffällig ist des Weiteren, dass Gerald McCann bei Veröffentlichungen von Material, auf dessen Produktion er keinerlei Einfluss hatte (Publikation des ersten Interviews von Frau McCann ohne Begleitung ihres Mannes im August 2007 sowie Veröffentlichung der Ermittlungsakten im Juli 2008), in den damit assoziierten Blogeinträgen „klarstellt", welche Botschaft ihm jeweils zu entnehmen ist. Dieses Verhalten spiegelt ein Kontrollbedürfnis wieder, das wiederum Herrn McCanns Befürchtung verrät, ohne sein Eingreifen könnte die Öffentlichkeit das Material vielleicht zum Nachteil der McCanns interpretieren.

Als Gerald McCanns psychischer Verarbeitungsstil zur Bewältigung des in Frage stehenden Ereignisses kristallisiert sich aus dem hier Dargelegten eine tendenzielle Ausblendung negativ getönter Erlebnisinhalte zu bedeutsamen Geschehnissen mit Fokussierung auf positive Elemente heraus, also ein optimistischer Modus, wobei ein Zurückwerfen von Kritik, die Weitergabe des auf ihm lastenden Ermittlungsdrucks sowie ein relationales Kontrollbedürfnis daneben vorhanden zu sein scheint. Aus besonderen Ereignissen wie dem Papstbesuch und feierlichen Gedenktagen an seine Tochter Madeleine kann Herr McCann gut neue Kraft schöpfen. Mit zunehmendem Abstand zu dem Ereignis und mit schwächer werdendem Druck durch die Ermittlungsbehörden und die Medien scheint er die Öffentlichkeit weniger „zu brauchen" und kann psychische Momente gut sublimieren.

Hinweise auf ein Tarnverhalten ergeben sich aus diesen Einordnungen nicht. Auch die als am kritischsten einzuschätzenden potenziellen Tarnverhaltenskomponenten, die ausblendende, optimistische Haltung sowie das relationale Kontrollbedürfnis, können hinreichend gut mit Gerald McCanns Grundpersönlichkeit erklärt werden und besitzen keinen solch hohen Grad an Auffälligkeit, dass ein Einsetzen dieser persönlichkeitsassoziierten Verarbeitung zu Tarnzwecken deutlich nahe liegen würde.

12.12 Tathergangsrekonstruktion

Aufgrund der unter 12.1 bis 12.11 zu lesenden Ausführungen sowie ferner auch des Wissenshintergrundes zum Fall (vgl. Kap. 3 – 9) lässt sich nun die folgende Tathergangsrekonstruktion zur Situation von Madeleines Verschwinden - mit Fokus auf der Rolle ihrer Eltern und deren psychischem Erleben - darlegen, die die mit Abstand höchste Plausibilität zukommt:

Am Abend des 3. Mai 2007 begeben sich Kate und Gerald McCann nach dem Zu-Bett-Bringen ihrer drei Kinder gegen 20.45Uhr in das nahegelegene Restaurant der Ferienanlage Ocean-Club, um dort im Kreise ihrer mitgereisten Freunde zu Abend zu essen. Gegen 21.25Uhr unternimmt Gerald McCann dann einen ersten Kontrollgang zu Madeleine, Sean und Amelie, wobei er vielleicht auch nur einen flüchtigen Blick durch die Tür wirft, sodass er Madeleines Bett gar nicht sehen kann. Jedenfalls sucht er bei der Gelegenheit des Aufenthaltes in seiner Unterkunft die Toilette in dem an Madeleines Kinderbett angrenzenden Bad des Apartments auf. Auf seinem Rückweg trifft er auf der vom Wohnzimmerfenster aus beobachtbaren Rua Dr. Francisco Gentil Martins einen Bekannten, mit dem er sich einen Moment lang unterhält. Durch eine dieser Aktivitäten von Herrn McCann, bzw. eine damit unmittelbar zusammenhängende, wie z. B. das Geräusche verursachende Schließen der Haustür, wacht seine ohnehin unter Ein- sowie Durchschlafstörungen leidende Tochter Madeleine auf. Sie hört die Stimme ihres Vaters durch das einen Spalt weit auf Kipp geöffnete Wohnzimmerfenster, zu dem sie sich daraufhin begibt, um ihren Vater zu sehen. Dazu klettert das aktive Kind auf die Rückenlehne des etwa gut einen viertel bis halben Meter vor diesem Fenster stehenden Sofas, wie es dies schon des Öfteren aus Neugier über die Ursache eines von der Straße vernehmbaren Geräuschs getan hat oder im Zuge des Wartens auf seinen Vater. Durch den Raum zwischen Sofa und Fenster muss es sich bei dem Versuch, seinen Vater zu sehen, nach vorn beugen. Bei dieser Bewegung stürzt es kopfüber in den Spalt hinein, der eine Drehung des Körpers kaum zulässt, jedoch auch nicht so eng ist, dass er die Sturzgeschwindigkeit deutlich abbremsen könnte. Der aufgrund der kleinen Körperlänge zum Verhältnis des Körpers noch recht große Kopf trägt dabei zusätzlich zu einem ungünstigen Fallverhalten bei. Auch eine mögliche Beruhigungsmittelverabreichung für die aktive, unter Schlafproblemen leidende Vierjährige könnte durch eine Schwächung der Exekutivfunktionen ihren Unfall begünstigen.

Alternativ dazu wäre ebenso gut eine zeitliche Vorverlagerung dieses Geschehnisses denkbar: Es trägt sich wie beschrieben zu, allerdings *unmittelbar nach dem Aufbruch der Eltern ins Restaurant* und bleibt dann von dem bei seinem Kontrollgang ungenau vorgehenden Vater zunächst unbemerkt. Ein solches Szenarium ist vor allem dann vorstellbar, wenn die Eltern das noch nicht eingeschlafene Kind (das sich vielleicht weigert, zu Bett zu gehen) im Apartment zurücklassen, vielleicht gar noch (z. T.) in seiner Tageskleidung, und dieses daraufhin die Nähe seines Kuscheltieres sucht, mit dem es dann in der Hand verstirbt.

Infolge ihres Aufpralles mit dem Kopf auf dem harten Fliesenboden erleidet Madeleine eine zum raschen Tode führende Hirnschädigung. Sie verliert eine mehr oder weniger für das bloße Auge deutlich sichtbare Menge Blut und bleibt hinter der Couch liegen. Matthew Oldfield, der sich gegen 21.30Uhr in die Unterkunft der McCanns begibt, um nach den drei Kindern zu schauen, bemerkt Madeleines zu diesem Zeitpunkt bereits leeres Bett nicht, da er (wie evtl. bereits zuvor Gerald McCann) nur durch den Türspalt hindurch die in ihren Betten schlafenden Zwillinge sieht und aus der Stille schließt, auch Madeleine würde schlafen.

Als Kate McCann, die unter einem Pullover oder einer Strickjacke eine ärmellose Bluse sowie außerdem eine sportliche Hose mit schwarz-weißem Schachbrettmuster trägt, gegen 22.00Uhr das Apartment durch den Vordereingang betritt, begibt sie sich in das Kinderzimmer und entdeckt, dass das Bett ihrer ältesten Tochter leer ist. Sie wundert sich. Für einen Moment horcht sie, ob sie irgendwo in der Unterkunft ein Geräusch vernehmen kann, das ihr einen Hinweis auf den Aufenthaltsort ihrer Tochter gibt, kann aber keines hören. Sie wird nervös, macht Licht im Kinderschlafzimmer und schaut sich dort um, wobei sie den Namen ihrer Tochter ruft, immer lauter werdend. Mit jedem wiederholten Ruf ohne Antwort macht sich mehr und mehr Angst in ihr breit. Die Mutter schaut im neben dem Kinderschlafraum gelegenen Badezimmer nach, da es sein könnte, das das Kind auf Toilette ist. Sie durchsucht den Raum dabei gleich, da sie sich auch ein Verstecken des Mädchens aus einem Streich heraus vorstellen kann. Dann begibt sie sich ins Elternschlafzimmer, da es möglicherweise auch das Bett seiner Eltern aufgesucht haben könnte. Auch diesen Raum durchsucht sie, während sie immer noch, nun allmählich panisch werdend, den Namen ihrer Tochter schreit. Nachdem sie dann einen Blick in die Küche geworfen hat, vielleicht auch von der Essecke aus durch die Durchreiche, weil es sein kann, dass das Kind sich etwas zu Trinken geholt hat, nimmt Frau McCann sich zuletzt den Wohnbereich vor, wo sie schließlich auf Madeleines mehr oder weniger hinter dem Sofa liegende Leiche stößt. Sie erschreckt sich enorm. Die gut ausgebildete und berufserfahrene Medizinerin beugt sich etwas zu ihrer Tochter hinunter, sieht jedoch sofort, dass diese wirklich tot ist. Sie, die persönlichkeitsbedingt eine besonders enge, narzisstisch getönte Bindung an ihr lang ersehntes, erstgeborenes Wunschkind hat, das sie sehr wertschätzt und für dessen Leben und Gesundheit sie sich bereits vor der Geburt, aufgrund schwererer gesundheitlicher Probleme des Kindes aber auch danach sehr eingesetzt hat, möchte diese dramatische Realität nicht wahrhaben. Falls sie als Mutter ihr noch nicht eingeschlafenes Kind in einer Situation der Auseinandersetzung zuvor im Apartment zurückgelassen hat, verschärft sich aus Schuldgefühlen heraus diese Unerträglichkeit noch. In diesem Zustand von Verleugnung und Schock, aber auch noch nicht wieder ganz abgeklungener Panik, verharrt sie einen Augenblick lang. Dann realisiert sie, dass sie die Vorhänge des Wohnzimmerfensters zuziehen muss, damit sie dort niemand so stehen sieht, was sie rasch tut. Auch steigt ein Gefühl der Hast in ihr auf, das sie an die Notwenigkeit einer schnellen „Entscheidung" (eher vorbewusst ablaufend) bezüglich ihrer grundlegenden Verhaltensorientierung erinnert, denn im nahe gelegenen Restaurant wartet eine Gruppe Menschen auf ihr Zurückkommen. Unter diesen Umständen schlägt sie den Weg der Verleugnung ein, der ihr ermöglicht, innerlich weiterhin von der Lebendigkeit ihrer Tochter ausgehen zu können (und ggf. ihre Schuld abwehren zu können). Alles, was sie dazu tun muss ist, den toten Körper verschwinden zu lassen und zu versuchen, eine Entführung zu inszenieren, die den anderen, aber auch ihr selbst, eine Erklärung für das Verschwinden des Kindes vorspiegelt, ihr zugleich aber eben ermöglicht, weiterhin an die Lebendigkeit ihrer Tochter zu glauben. In dieser Aussicht schafft sie es, in der Belastungssituation ihre kognitiven Ressourcen zu aktivieren und sie für die Realisierung ihres Zieles einzusetzen. So überlegt sie, in welchem im Apartment verfügbaren Behältnis sie die Leiche erst einmal provisorisch verstecken könnte, so dass sie auch von ihrem Ehemann sowie eintreffenden Polizeibeamten nicht zu finden ist: Möbelstücke scheiden aus, da sie zuerst durchsucht würden. Aber die mitgebrachten (Reise-)Taschen, die neben dem Kleiderschrank des eher weniger von fremden Leuten frequentierten Elternschlafzimmers stehen, verschließbar sind und zudem transportabel, bieten eine gute Möglichkeit.

So zieht sich Madeleines Mutter, um eine Kontamination ihrer Kleidung mit Leichenpartikeln zu vermeiden, das Oberteil über ihrer

weißen, ärmellosen Bluse aus und hebt dann ihr totes Kind auf. Falls es tatsächlich noch seine Tageskleidung trägt bzw. Teile davon, entkleidet sie es ebenfalls zur Vertuschung des Vorfalles. Dann trägt sie es in den Elternschlafraum. Dort legt sie die Leiche kurz neben dem Kleiderschrank ab, um das Behältnis zu öffnen, in welchem sie den nur etwa 90cm großen Körper verstaut. Beim Nachdenken über ein geeignetes Versteck kommt ihr der mit hohem Buschwerk bewachsene Grünstreifen in den Sinn, den sie durch das Fenster ihres Schlafraumes sehen kann. Mit dieser groben Idee begibt sie sich mit der Tasche durch die Verandatür in den kleinen Garten hinter dem Gebäude und stellt das Behältnis erst einmal im Blumenbeet ab. Prüfend berührt sie den harten Erdboden, besieht sich das doch nicht allzu dichte Buschwerk und bewertet diesen Platz als untauglich, zumal ihr einfällt, dass nach Bekanntgabe von Madeleines Verschwindens wohl auch dieser Bereich gründlich durchsucht würde. Der Mutter ist klar, dass sie sich mit der Tasche unter dem Arm zu diesem Zeitpunkt nicht außerhalb ihrer Unterkunft sehen lassen darf, wenn sie keinen Verdacht auf sich ziehen will, und dass sie ohnehin in der Ortschaft keinen nahe gelegenen Platz für ein provisorisches Leichenversteck kennt. Außerdem hat sie das Bedürfnis, über das nur vorübergehende Versteck des toten Körpers die größtmögliche Kontrolle zu haben und weiß, dass sie die Aktion schnell hinter sich bringen und dann ins Restaurant zurückkehren muss. So begibt sie sich mit der Tasche zurück ins Apartment, geht wieder in den Schlafraum und hievt sie in ein oberes Fach des Kleiderschrankes, wo sie sie hinter einem Wäscheberg versteckt. Dort würde niemand an diesem Abend nach dem Kind suchen. Auch ihrem Mann würde das Fehlen dieser Tasche zunächst nicht auffallen, da die fünfköpfige Familie eine ganze Reihe davon mit in den Urlaub genommen hat und die kleineren Taschen ohnehin der Ordnung halber in den größeren Koffern oder in einem der unteren Fächer des Schrankes aufbewahrt werden.
Den Fußboden hinter dem Sofa wischt Kate McCann dann vorsichtshalber rasch mit einem Reinigungsmittel o. ä. einmal über und verwendet zum Trockenwischen das in der nahe liegenden Essecke aufgehängte Handtuch, das sie zum schnellen Trocknen wieder auf die Heizung pfropft, im Anschluss an die in Vertuschungsabsicht vorgenommene Verschiebung des Sofas über die in den Fliesenzwischenräumen noch feuchte Stelle. Falls Madeleine in ihrem Schlafanzug verstarb und nicht in ihrer Tageskleidung, bringt sie vielleicht auch ein auf dem Sofa liegendes Kleidungsstück der Tochter noch weg, da nichts eine Assoziation zwischen „Kind" und „Couch" nahe legen soll.

Dann macht sich Frau McCann daran, noch einen Entführungsschauplatz zu inszenieren: Sie begibt sich in das Kinderschlafzimmer, wo sie das Fenster sowie dessen Jalousie öffnen will. Beim Hochziehen letzterer fällt ihr jedoch der hierdurch verursachte, verräterische Krach auf, sodass sie schnell wieder innehält, die Außenjalousie jetzt aber eine Handbreit offensteht. Sie setzt dann an, das Fenster zu öffnen, indem sie eine Hand am Rahmen platziert, verwirft dann aber auch dieses Vorhaben unmittelbar wieder, da ein geöffnetes Fenster bei herabgelassener Jalousie für die Inszenierung keinen Sinn ergibt. Zumindest aber das Halterungsband des Vorhanges löst sie von der Wand und wirft es auf die Erde, um den Eindruck zu erwecken, das Fenster habe offen gestanden und durch den Luftzug, der den Vorhang in Bewegung versetzte, sei die Schlaufe herabgefallen.

Nachdem Madeleines Mutter für das Auffinden ihrer Tochter, ihre Leichenbeseitigungs-, Vertuschungs- und Inszenierungsaktivitäten etwa gut 10 Minuten benötigt hat, läuft sie zu ihrem Ehemann und ihren Freunden ins Restaurant und benachrichtigt sie vom „Verschwinden" ihres Kindes. Die Gruppe eilt zur Unterkunft der McCanns, einige suchen drinnen, andere in der äußeren Umgebung. Frau McCann selbst hilft zur Tarnung kurz mit, draußen zu suchen, beeilt sich dann jedoch, auf ihrem Bett im Schlafzimmer Platz zu nehmen, um den Kleiderschrank mit der darin versteckten Leiche im Auge zu behalten und engagierte Sucher darauf hinzuweisen, dass sie in diesem Raum bereits mehrfach alles gründlich kontrolliert habe. Einige bittet sie vielleicht auch, sie allein zu lassen, da es ihr nicht gut gehe. Interessierte Nachbarn scheuen sich von selbst, sich das Schlafzimmer der Eltern bei ihrer Suche nach dem Kind gründlich vorzunehmen. Was ihren überkompensatorisch-aktiven Ehemann mit auch zwanghaften Strukturanteilen anbetrifft, so ist dieser nach einem Absuchen des Außenbereiches schnell damit beschäftigt, für die bald eintreffenden Polizisten eine Rekonstruktion der am Abend stattgefundenen Kontrollgänge vorzunehmen, um einzugrenzen, wann der Täter zugeschlagen haben wird. Vor allem, wenn er selbst bei seinem ersten Kontrollgang gar nicht wirklich nach Madeleine gesehen hat und sich für das sich zugetragene Ereignis deshalb ein noch größerer zeitlicher Spielraum ergibt, macht eine solche Liste Sinn.

Als die Polizeibeamten dann eintreffen, bemüht sich Frau McCann, die unzureichend geglückte Entführungsinszenierung durch ihre verbale Beschreibung wieder auszugleichen, schilderte also plastisch einen verspürten Luftzug sowie eine wahrgenommene Bewegung der Vorhänge unmittelbar vor Betreten des

Kinderzimmers. Ihr Wissen über Glaubhaftigkeitsmerkmale durch ihre medizinische, insbesondere gynäkologische Ausbildung nutzt die kenntnisreiche Ärztin hierzu.

Als das Hotel den McCanns im Verlauf der späten Abend- bzw. Nachtstunden dann anbietet, in ein anderes Apartment zu ziehen, worauf auch die Polizeibeamten im Hinblick auf eine später beabsichtigte Spurensicherung hinwirken, gelingt es Frau McCann, die Tasche mit Madeleines Leiche selbst dorthin zu tragen. Da auch die anderen Besitzgegenstände der Familie teilweise in den verfügbaren Taschen und Koffern in die neue Unterkunft transportiert werden, ohne dabei zwecks optimaler Füllung der Behältnisse Zeit mit ordentlicher Falttechnik der Kleidung zu verlieren, teilweise deshalb auch einfach unter den Arm geklemmt werden, fällt der Verwendungszweck der besagten Tasche nicht auf. Im neuen Ferienapartment stellt sie sie zu den anderen, die selbstverständlich erst zu einem späteren Zeitpunkt ausgepackt werden sollen, da man nun noch mit den Polizisten sowie der Suche nach dem Kind beschäftigt ist und auch die mitgereisten Freunde dies mehr interessiert als das Auspacken fremder Kleidung.

Für die unauffällige Organisation eines „Leichentuchs" ergibt sich dann eine gute Gelegenheit, als die Zwillinge in die neue Unterkunft gebracht werden: Frau McCann nimmt „aus Versehen" die Bettwäsche ihrer beiden Reisebettchen mit, obwohl das Personal bereits für frische Bezüge im neuen Apartment gesorgt hat. Ein Bettlaken der Kinderbettchen lässt sie jedoch gut sichtbar zurück, sodass es von den Polizeifotos noch dokumentiert wird. Erst danach schafft sie auch dieses in die neu bezogenen Räumlichkeiten, wo sie es erst einmal versteckt. Wird sie später jemand nach diesem zweiten aus dem früher bewohnten Apartment mitgenommenen Laken fragen, so kann sie darauf verweisen, dass es auf dem Tatortfoto doch noch zu sehen sei, während sie die restliche Wäsche schon längst mitgenommen habe, was bedeute, sie habe es dagelassen; in dem Chaos des Abends habe es sicherlich irgendjemand von dort weggenommen.

Der hochintelligente Gerald McCann, der seine Frau bereits etwa zehn Jahre kennt, bemerkt im Verlauf der späten Abend- und Nachtstunden, vielleicht auch erst im mentalen Rückblick am nächsten Tag, dass sich einige Merkmale des Tatortes nicht gut mit einer Entführung vereinbaren lassen. So fragt er sich, weshalb seine Frau das Fenster und auch die Außenjalousie wieder herabgelassen haben will, nachdem sie diese angeblich geöffnet angetroffen hat. Auch das aus seiner üblichen Position verrückte Sofa fällt ihm auf, ebenso die zugezogenen Vorhänge des Wohnzimmerfenster, die doch bei seinem Kontrollgang – bei dem er aber vielleicht gar nicht nach Madeleine *gesehen* hat - gegen 21.15Uhr noch aufgezogen waren. Ebenso addiert sich der Eindruck des Verhalten seiner im Schlafzimmer sitzenden Frau hinzu, die sich wenig an der Suche im Außengelände beteiligte und die auch unbewusst auf ihn wirkt, als sei sie innerlich mit einem noch schlimmeren Erlebnis beschäftigt als der eines leeren Kinderbettes und geöffneten Fensters. So ahnt Madeleines Vater, dass das Entführungsszenario erfunden ist und sich die Leiche seiner Tochter noch irgendwo in der Nähe befinden muss. Diese *allmählich* sich formierende Ahnung ermöglicht es ihm, schließlich zu erkennen, dass er das Geschehene nun nicht mehr ändern kann, dass nun aber seine Kräfte gefragt sind, das Beste daraus zu machen. Will er die ihm wichtige Familie nicht zerbrechen lassen, so muss er in das Tarnverhalten seiner Frau einsteigen und wieder einmal seinen Part als tatkräftiger Akteur und Helfer/Stützer seiner Frau spielen. Diese bekannte kollusive Rolle erscheint für ihn sogar etwas verlockend, verspricht sie ihm doch narzisstische Befriedigung und Wohlbehagen durch die Möglichkeit der Situationskontrolle sowie der Chance, seinen Stress in zweckdienliche Aktivitäten kanalisieren zu können. Falls er auf seinem Kontrollgang tatsächlich nicht nach Madeleine sah, hat er aus den daraus entspringenden Schuldgefühlen heraus zusätzlich noch ein entsprechendes Abwehrmotiv. Obwohl er auch wütend auf seine Frau ist, da diese mit ihrer Verleugnung des Geschehenen der Familie nun diese äußerst schwierige Situation „eingebrockt" hat, kann er sich aufgrund der Indizien den Tod des Kindes infolge eines Unfalls vorstellen und sich auch Kates „Nicht-wahrhaben-Wollen" vor dem Hintergrund ihrer Persönlichkeit und ihrer engen Bindung an die Tochter (und ggf. auch der elterlichen Schuld des Alleinlassens des nicht schlafenden Kindes) ausmalen, so dass er auch „Verständnis" empfinden kann. Er konfrontiert Kate mehr oder weniger direkt mit seiner Ahnung und preist sich als Unterstützer an, was diese dann in ihrem regressiven Verarbeitungsstil gern annimmt.

Gerald McCann übernimmt nun in den Überlegungen, was genau mit dem toten Körper zu tun ist, die Führung. Wahrscheinlich beschließt er, er solle vorerst im neuen Apartment bleiben, umwickelt in mehrere Schichten aus Plastiktüten, die leicht bei Einkäufen organisiert werden können. Eine Kühltüte, wie man sie beim Kauf von Tiefkühlkost verwendet, könnte sich ebenfalls gut gebrauchen lassen: Die sterblichen Überreste könnte des nachts, wenn ein Betreten des Apartments durch Außenstehende ausgeschlossen werden kann, in den Kühlschrank gelegt werden, um die Geschwindigkeit des Verwesungsprozesses zu hemmen. Tagsüber böte dann eine Kühltasche, mit der das kleine Leichenbündel im Kleiderschrank hinter Wäschebergen verstaut werden könnte, einen zumindest noch gewissen Schutz vor schneller Fäulnis. Vielleicht, obgleich weniger wahrscheinlich, vergräbt Herr McCann den Leichnam aber auch stattdessen in den frühen Morgenstunden am Strand, wo er in den gemeinsamen Joggingrunden mit seiner Frau Sichtkontrollen durchführen kann. Auch ein Versteck in der Kirche ist nicht auszuschließen.

Aufgrund des enormen Medienaufgebotes in Praia da Luz sowie des Auffallens einer eventuell zeitnahen Mietwagenanleihe müssen die Eltern die finale Entsorgung der Leiche aufschieben. Da diesbezüglich aber Zeit im Verzug ist, bitten die Eltern die Medienvertreter, von ihnen Abstand zu nehmen. Zu diesem Zweck nutzen sie auch den für sie von den britischen Behörden bestimmten Sprecher gern. Die Angehörigenbetreuer hingegen erleben sie in Anbetracht ihrer Situation als eine potenzielle Gefahr und beenden die Beziehung zu ihnen.

Zwischen Ende Mai und Anfang August werden Madeleines Überreste dann im Kofferraum des Mietwagens weiter weg geschafft. Vielleicht geschieht dies am 07.07.07, einem Samstag mit besonderem Datum, an dem der auch zwanghaft strukturierte Vater untypischerweise nur in seinem Blog notiert „Quite family day". Auch für seine dem Intuitiven viel Wert beimessende Frau könnte dieses Datum hierfür attraktiv sein. Vielleicht geschieht dies aber auch bei der offiziellen Fahrt nach Sagres am 09.06.07 oder, wenngleich aufgrund des späten Zeitpunktes weniger wahrscheinlich, auf der Reise nach Huelva in Spanien am 03.08.07, exakt drei Monate nach dem Verschwinden des Kindes. Vielleicht, wenngleich dies als unwahrscheinlicher eingestuft werden kann, wird die Kinderleiche aber auch irgendwann ab Ende Mai zu der von Straßenarbeiten aufgerissenen Erde nahe der Kirche transportiert und dort von den gläubigen Eltern „beerdigt". In jedem Fall werden Madeleines Überreste so entsorgt, dass deren Auffinden den Eltern mit an Sicherheit grenzende Wahrscheinlichkeit als ausgeschlossen erscheint, da der Einsatz von Privatdetektiven sonst ein sehr gefährliches Unterfangen wäre. Eine solche Beseitigungsart liegt v. a. bei Transformationsprozesse beinhaltenden Maßnahmen vor, also Verbrennung und Auflösung der Leiche durch Säure. Allerdings sind diese beiden Entsorgungsformen an einem fremden Ort ohne Hinzuziehung eines Helfers schwierig durchzuführen, eben im Gegensatz zu einer „Beerdigung" unter dem neuen Straßenpflaster (insbesondere nahe der Kirche), einem tieferen Vergraben in der weitläufigen Natur von Portugals Süden oder gar dem benachbarten Spanien, das aufgrund seiner herabgesetzten Ermittlungstätigkeit besonders gut dafür in Frage kommt.

Durch die Bewegungen des aus seiner üblichen Position umgelagerten Leichenbündels während der längeren Autofahrt sowie der eher hohen Temperaturen kommt es zu einem für die Eltern McCann unerwarteten, leichten Austritt von Fäulnisflüssigkeit, die auch letzte Blutpartikel enthält, wie sie vielleicht auch nur noch außen am toten „Körper" anhaften.

Bei der Beseitigung des nicht mehr absolut dichten Leichenbündels kommt bei beiden trotz der prinzipiellen Verleugnung ein Gefühl endgültigen Abschieds auf, sodass sowohl Kate, die an diesem Tag möglicherweise mehr oder weniger unbewusst dieselbe Kleidung trägt wie bei der Leichenentdeckung, als auch ihr Mann Gerald es noch einmal berühren. Ggf. wird für das kurze Zeremoniell nun auch das einst vom Hotel entwendete weiße Laken benutzt. Nach der Berührung greift der mit einer recht großen Ichstärke ausgestattete Vater nach dem Autoschlüssel und setzt sich ans Steuer, während Madeleines Mutter auf dem Beifahrersitz in ihrem wiederentflammten Schmerz ihre Finger in Madeleines Kuscheltier krallt.

So wie dies der Tochter ein Ersatz für die Nähe der Eltern war, so steht es für Kate McCann nun für das Nahesein zu ihrer verstorbenen Tochter und drückt zugleich ihre Identifikation mit deren erfahrenem Leid aus.

In den ersten Tagen, Wochen und Monaten nach Madeleines Verschwinden hilft die Weltöffentlichkeit unbeabsichtigt mit, die Abwehr der Eltern zu stabilisieren: Wie selbstverständlich berichtet die Presse über „den Entführungsfall Madeleine". Trauma-Berater, Vertreter von Hilfsorganisationen, tröstende Verwandte, Freunde und Fremde bestärken die Eltern McCann sehr darin, ihre Hoffnung weiterhin aufrechtzuerhalten. Der von der britischen Regierung gesandte Pressesprecher schützt sie vor allzu kritischen und damit die Abwehr labilisierenden Medienkontakten. Überhaupt stärkt die politische Dimension, die der Kriminalfall mehr und mehr bekommt, die Position von Madeleines Eltern, sowohl gegenüber den Ermittlern, als auch, was ihr Ansehen in der Bevölkerung betrifft.

In ihren ungeahnt der Verleugnung der Eltern dienenden Solidaritätsbekundungen werden die wohl auch immer aus eigenen unbewussten Motiven heraus Anteil nehmenden Menschen von Madeleines Eltern unterschwellig noch angetrieben und identifizieren sich gerne mit ihrer Rolle als stellvertretende hysterische Schuldverarbeiter: Sie tragen Armbänder mit Madeleines Namen, kleben auf dem ganzen Globus Plakate, lassen Luftballons des Gedenkens in den Himmel steigen und sichten immer wieder vermeintlich die noch lebende Madeleine, die für ihre Eltern einfach nicht tot sein „darf".

Zusammen genommen mit ihrem Besuch beim Papst sowie den erhaltenen Spendengeldern in Höhe von mehreren Millionen britischen Pfund haben sich Kate und Gerald McCann in ihrer Verleugnung des Todes ihrer kleinen Tochter eine neue Wirklichkeit geschaffen, aus der es nun kein Zurück mehr für sie gibt: Die immense Scham im Falle eines öffentlichen Eingeständnisses dieses unvergleichlichen Belügens der Weltöffentlichkeit wäre wohl noch größer als ihre jetzt empfundene Schuld, (in dem entscheidenden Augenblick) nicht für Madeleine dagewesen zu sein und schließlich unberechtigterweise finanzielle Hilfen in Anspruch genommen zu haben, die sie heute ohnehin selbst wieder öffentlich als Hilfsfond zur Verfügung stellen.

13 Beantwortung der übergeordneten Fragestellung

Die Frage, ob sich im öffentlichen Verhalten der Eltern McCann Hinweise auf eine Verwicklung in das Verschwinden ihrer Tochter oder auf einen Angehörigen-Opferstatus finden, kann zusammenfassend folgendermaßen beantwortet werden:

Was Frau McCann anbetrifft, so existieren deutliche Hinweise auf eine Verwicklung in Madeleines Verschwinden, die für einen sich in Abwesenheit der Eltern zugetragenen Unfall des Kindes mit Todesfolge, ein Auffinden der Leiche durch die Mutter sowie eine Beseitigung jener durch sie sprechen.

Bezogen auf eine Verwicklung von Gerald McCann liegen weniger Indikatoren vor, die zudem unauffälligerer Art sind. Sie deuten in der Gesamtschau der Analyseergebnisse darauf hin, dass Madeleines Vater erst im Nachhinein von dem tödlichen Unfall sowie der (provisorischen) Leichenbeseitigung von seiner Frau weiß bzw. dieses Szenario zumindest erahnt. Plausibel ist seine Mithilfe bei der Endlagerung, jedoch kann diese bei Weitem nicht mit der Sicherheit angenommen werden wie die für Frau McCann den Analyseergebnissen zufolge mit hoher Wahrscheinlichkeit anzunehmende Involviertheit.

Hinweise, die deutlich für einen Angehörigenopferstatus der Eltern sprechen, finden sich nicht. Diejenigen Verhaltensweisen, die in diese Richtung weisen könnten, fügen sich im vorliegenden Fall mit größerer (psycho)logischer Kohärenz in eine durch entsprechende Verwicklung bedingte Psychodynamik.

14 Diskussion und Ausblick

Wie aus der dargelegten Tathergangsrekonstruktion (Kapitel 12.12) hervorgeht, erscheinen zwei verschiedene Unfallszenarien von Madeleine plausibel, die mit unterschiedlichen Graden elterlicher Schuld verbunden sind:

Zum einen kommt in Betracht, dass Kate und Gerald McCann ihr Kind während einer Auseinandersetzung um das Zu-Bett-Gehen im Apartment zurückgelassen haben könnten, das sich dann evtl. an das Fenster begab, um seinen Eltern auf ihrem Weg zum Restaurant nachzusehen. Hierfür spricht der von dem Leichenspürhund an einem von Madeleines Kleidungsstück detektierten Geruch, das relativ unberührt scheinende Kinderbett, das Anschlagen des Spürhundes an dem Kuscheltier, mit dem sich die knapp Vierjährige insbesondere in einer solchen Situation zu trösten versucht haben könnte sowie auch der relativ früh stattfindende erste Kontrollgang von Herrn McCann.

Hat der Vater bei diesem nicht wirklich nach Madeleine gesehen, so ergibt auch die von ihm so rasch angefertigte Liste, die alle Kontrollen von Eltern und Freunden dokumentiert, einen noch über eine Erklärung durch seine Persönlichkeitsstruktur hinausreichenden Sinn: In der aufsteigenden Ahnung eines sich zugetragenen Unfalles würde ihn umso mehr die Frage beschäftigen, *wann* sich dieser genau abgespielt haben mag, d. h. ob er durch seine ausgebliebene visuelle Kontrolle seine bereits verstorbene oder sich im Sterbeprozess befindende Tochter ungewollt, unbemerkt hinter dem Sofa liegen ließ, als er die Unterkunft wieder verließ. Sein so besonders intensives Schuldgefühl würde die außergewöhnliche Intensität der Find-Madeleine-Kampagne sowie deren dann umso bezeichnenderen Logotitel „Look" (!) ganz besonders gut erklären.

Gegen diese Version und für die eines Aufwachens von Madeleine durch den ersten Kontrollgang des Vaters spricht hingegen, dass von dem Mädchen kein problematisches oppositionelles Verhalten bekannt ist und den Eltern, insbesondere Herrn McCann, ein wesentlich konstruktiveres Erziehungsverhalten zuzutrauen ist. Auch die für Frau McCann herausgearbeitete eher enge Bindung an ihre Tochter weist nicht auf ein Alleinlassen ihres Kindes hin. Berücksichtigt man neben den grundlegenden Persönlichkeitsvariablen jedoch auch die auschlaggebenden *situativen* Faktoren, so wäre hingegen durchaus denkbar, dass die bereits ein Glas Wein konsumiert habenden und sich allgemein in einer etwas regressiven, egoistische Bedürfnisbefriedigung bahnenden Urlaubssituation befundenen Eltern derart handelten. Hätten sie ihre Tochter allerdings in einer derartigen Situation der Auseinandersetzung zurückgelassen und wären dann, so wie Herr McCann es auch tat, relativ zeitnah wieder zu ihr zurückgekehrt, so wäre ein direktes Aufsuchen ihres Kinderbettes, also eine visuelle Kontrolle, absolut anzunehmen. Zudem könnte der Leichengeruch an Madeleines Kleidungsstück auch so bedingt sein, dass sie vor dem eigentlichen Zubettgehen in ihrer Tageskleidung einschlief, die Eltern sie vielleicht nur halb auszogen (v. a. Schuhe und Hose) und dann ins Bett legten, um sie nicht unnötig zu wecken.

Eine Einstufung eines dieser beiden Szenarien als in seiner Plausibilität dem anderen eindeutig überlegen kann hier also nicht erfolgen.

Wie wir an der qualitativ recht starken Unterschiedlichkeit der öffentlichen Handlungsprodukte der Eltern Kate und Gerald McCann nach dem Verschwinden ihrer Tochter Madeleine sehen können, besteht bezüglich des Grades der in solcherlei Material vorhandenen Augenfälligkeit von kriminalistisch relevanten latenten Gehalten ein breiter Spielraum: Obwohl für Frau McCann aufgrund ihrer größeren Zurückgezogenheit wesentlich weniger Analysematerial zur Verfügung stand, fanden sich in ihm offenkundigere und bedeutsamere Hinweise hinsichtlich ihres Verwicklungsstatus als dies bei ihrem Mann der Fall war. Dabei scheint diese negative Korrelation zwischen Quantität und qualitativen Besonderheiten neben ihrer Begründetheit im Maße der Involviertheit auch auf das individuelle Abwehrverhalten zurückzugehen: Während Gerald McCanns starkes öffentliches Agieren allem Anschein nach in dessen Dienste steht und dabei einerseits viel Untersuchungsmaterial produziert, sich in diesem jedoch andererseits auch besonders stark diese gute und für die Analysen in den entscheidenden Punkten eher unergiebigere Selbstkontrolle zeigt, offenbart das Verhalten seiner zunächst depressiv dekompensierten Frau im Zuge der hermeneutischen Untersuchung mehr von ihrem Innenleben. Damit können wir festhalten, dass sich das Verhalten von in ihrer Abwehr „schwächerer" (regressiverer) Akteure wohl ganz besonders gut für hermeneutische Betrachtungen eignet, selbst wenn es unter quantitativen Aspekten auf den ersten Blick vernachlässigbar erscheint.

Was den Stellenwert der in dieser Arbeit hervorgebrachten Untersuchungsergebnisse anbetrifft, so kann ihnen der Rang von

Indizien zugesprochen werden, vergleichbar mit denen der im vorliegenden Fall letztlich nicht im Labor absicherbaren, von den Spürhunden erbrachten Sub-Indizien, bezüglich derer der Grad an logischer Kohärenz, der ihrer Verknüpfungsdichte sowie der ihrer Plausibilität in der Gesamtschau aller Informationen jedoch für das Maß der ihnen zuzusprechenden Stärke sehr wichtig ist. Was diese Kriterien anbelangt, so können die für Madeleines Mutter gefundenen Hinweise auf eine Verwicklung in das Verschwinden ihrer Tochter als stark und damit als bedeutsam eingestuft werden, die für Madeleines Vater hierzu herausgearbeiteten Indizien hingegen als eher schwach. Betrachtet man die Ergebnisse vor dem Hintergrund der hier getroffenen Maßnahmen zur Gewährleistung einer möglichst hohen Ergebnisgüte, so lässt sich sagen, dass sich ihre Aussagekraft mit einer noch weiterreichenderen Prüfung auf intersubjektive Übereinstimmungen für die Tiefenhermeneutik sicherlich noch erhöhen ließe. Bezüglich der objektiven Hermeneutik fanden sich jedoch z. T. erstaunliche Kongruenzen. Zusammen genommen mit der supervisorischen Unterstützung sowie der analytischen Vorerfahrung kann somit wohl insgesamt von einer befriedigenden Ergebnisgüte gesprochen werden. Die schlussendliche Validierung der hier gefundenen Indizien kann jedoch nur über ihren Abgleich mit den möglicherweise in der Zukunft einmal vorliegenden Informationen zum offiziell aufgeklärten Kriminalfall von Madeleine McCanns Verschwinden erfolgen.

Aus den vorerst brauchbaren Hinweisen können allerdings ein paar Konsequenzen für die weitere Ermittlungstätigkeit abgeleitet werden:
Das in dieser Arbeit postulierte Verschwindensszenarium von Madeleine McCann lässt eine bislang allen Informationen nach nicht erfolgte Untersuchung des von den McCanns unmittelbar nach dem Ereignis bezogenen neuen Apartments im Ocean-Club mittels der bereits eingesetzten Blut- bzw. Leichenspürhunde als sinnvoll erscheinen. Finden sich auch an diesem Ort entsprechende Indizien (die jedoch selbstverständlich im Laufe der Zeit immer unwahrscheinlicher werden), so verliert die Entführungsversion auch ihren letzten Funken von Vorstellbarkeit.
Darüber hinaus mag die in dieser Untersuchung aufgefächerte Psychodynamik, die wahrscheinlich das Verhalten der Elternteile McCann nach dem Verschwinden ihrer Tochter bedingt, dazu verhelfen, sich als Vernehmungsbeamter sowie auch als psychosozialer Helfer tiefer als zuvor in ihre Erlebnissphären hineinversetzen zu können. Mit einem je nach Beziehungsphase

und vorherrschender Absicht verständnisvollen und schrittweisen, konfrontativen oder auch unterschwellig-subtilen Benennen von Erlebnismomenten aus ihrer jeweiligen Perspektive heraus könnte man ihnen wohl ein bedeutendes Stück weit „entgegen gehen".

Zu diesem tieferen Hineinversetzen in ihre Perspektive könnte auf der Vernehmungsebene auch eine von den in einigen Aspekten recht deutlich herausgearbeiteten elterlichen Persönlichkeitsstrukturen abzuleitende Gesprächsstrategie hinzutreten. Ethisch muss dabei jedoch unbedingt gesehen werden, dass eine Offenbarung der wahrscheinlich vorliegenden Verwicklung zumindest der Mutter und vermutlich auch des Vaters in das Verschwinden ihres Kindes nach ihrem Papstbesuch, ihren vielen erhaltenen Spendengeldern, ihren Besuchen von internationalen Regierungsvertretern und ihrer in unvergleichlichem Maße erfahrenen Anteilnahme von Seiten der Weltbevölkerung Madeleines Eltern in einen Schamkonflikt unvorstellbaren Ausmaßes stürzen würde, wenn diese nicht mit immenser Sorgsamkeit vorbereitet werden würde.

Zu diesen Vorbereitungen müsste zum einen wohl unbedingt eine Reflektion, eine öffentliche Aufklärung und eine damit bereits gebahnte Teilrehabilitation der McCanns gehören, was ihre anzunehmende Verleugnungskonsolidierung durch das gut gemeinte und dennoch in diesem Fall wohl stark kontraindizierte Verhalten einiger Medien, persönlicher Berater, Vertreter von Hilfsorganisationen und Regierungen sowie der vielen Anteil nehmenden Menschen aus der Allgemeinbevölkerung anbetrifft. Zugleich sollte den McCanns auf bestmögliche Weise eine behördliche Geheimhaltung von möglichen Offenbarungen zugesichert werden können. Es sollte stets gesehen werden, dass die wahrscheinlich vorliegende Verwicklungsart, das Verschwindenlassen einer aufgefundenen Leiche, an und für sich eine minderschwere Straftat darstellt und der Kriminalfall lediglich durch das so immense Tarn- und Verleugnungsverhalten an Dramatik gewonnen hat, dieses jedoch, nach Abzug der öffentlichen Hysteriebereitschaft sowie der deutlichen Hilfs-Ich-Funktionen von Gerald McCann, vor allem wohl die innere Not einer Mutter abbildet, die so sehr an ihrem Kind hängt, dass sie dessen Tod nicht ertragen kann.

Trotz des großen Umfanges der vorliegenden Arbeit, die sich schwerpunktmäßig jedoch der Untersuchung der Sprachebene zuwandte, wurden in ihr die hermeneutischen Analysemöglichkeiten des Vermisstenfalles „Madeleine" noch nicht annähernd erschöpft.

Neben der auf inhaltlicher Ebene noch recht offen gebliebenen Frage, auf welche Weise die wohl involvierten Eltern die Leiche ihres Kindes genau entsorgt haben, der man an anderer Stelle einmal ausführlich unter Berücksichtigung aller denkbaren Szenarien mit einem differenzierten hypothesenprüfenden, hermeneutischen Ansatz nachgehen könnte, könnten auf methodischer Ebene insbesondere auch Foto- und Filmmaterial noch viel eingehender auf die Körpersprache hin untersucht werden. Auch könnten die Vernehmungsprotokolle der Mitglieder der Reisegruppe hinsichtlich der Chronologie des Geschehens und unter Konzentration auf auftauchende Widersprüche objektiv-hermeneutisch gegeneinander abgeglichen werden. Vor allem wäre eine Untersuchung der kriminalpolizeilichen Originalprotokolle der Vernehmungen von Frau McCann interessant. Wo klassische Glaubhaftigkeitsdiagnostik aufgrund von hohen intellektuellen Kompetenzen eines zudem wohl in dieser Methode mehr oder weniger geschulten Aussagenden, der obendrein über einen von Natur aus annähernd kein Interaktionsgeschehen beinhaltenden Sachverhalt berichtet (im vorliegenden Fall die angebliche Situation des Vorfindens von leerem Kinderbett und offenem Fenster), nicht besonders sinnvoll erscheint, kann eine eingehende hermeneutische Analyse u. U. noch kriminalistisch relevante Hinweise liefern, aus der dann Konsequenzen für die weitere Vernehmungs- und Ermittlungsarbeit abgeleitet werden können.

Wenngleich in dieser Arbeit schwerpunktmäßig von den Eltern McCann unmittelbar oder mittelbar selbst produziertes Material betrachtet wurde (Blogtexte, Appelle und Interviewaufzeichnungen), wurde für eine Einbeziehung von Informationen aus den Ermittlungsakten aus zeitökonomischen Gründen sowie ansonsten zu vermutenden beschwerlichen bürokratischen Faktoren auf in den Medien publizierte Dokumente zurückgegriffen. Trotz des Bemühens um eine Eingrenzung dieser Quellen auf seriöse sowie eine zusätzliche eigenständige Qualitätsprüfung bleibt bei diesem Vorgehen sicherlich ein Restrisiko, das im Hinblick auf die davon wenig berührte Fokussetzung jedoch in Kauf genommen werden konnte.
Auch der einer sekundären Quelle entnommene Abschlussbericht der Portugiesischen Kriminalpolizei zu ihren Ermittlungen sowie das in Form einer englischen Zusammenfassung aus einer Fremdquelle verwendete Buch des ehemaligen Chefermittlers Amaral sind in dieser Hinsicht nicht ganz unproblematisch. Ebenso sind sie vor dem Hintergrund eines mutmaßlich bestehenden Rechtfertigungs-/

Rehabilitationsdruckes aufgrund der jeweiligen persönlichen bzw. institutionellen Anfechtungen inhaltlich kritisch zu sehen. Da sich jedoch die meisten der in dieser Arbeit verwendeten Informationen in ihnen gleichen, auch wenn in diesen Fällen jeweils nur auf den als etwas seriöser einzustufenden Polizeibericht verwiesen wurde, und insbesondere bezüglich der Spurendetektion mittels Spürhunden auch zahlreiches Fotomaterial existiert, wurde es dennoch relativ guten Gewissens in diese Arbeit mit einbezogen.

Eine durchgängig genaue Differenzierung des untersuchten Materials nach seiner zeitlichen Entstehung und damit dem jeweiligen persönlichen Verarbeitungsstadium der Elternteile McCann wäre sicherlich sinnvoll gewesen. Aus ökonomischen Gründen heraus musste hierauf jedoch verzichtet werden, was mit Blick auf die übergeordnete Fragestellung auch als gut möglich bewertet wurde. Der Frage, wie sich im Laufe der Zeit die psychische Verarbeitung eines derartigen Verlustes des eigenen Kindes verändert, kann an anderer Stelle nachgegangen werden und ist für das hier bestehende Erkenntnisinteresse nicht zentral.

Über die aus den vorliegenden Analyseergebnissen für den konkreten Vermisstenfall getätigten Aussagen hinaus mag die aufwendige Dokumentation der Untersuchungen dem Leser vor Augen führen, wie vielversprechend es sein kann, sich einer hermeneutischen „Rekonstruktion des Originalvorfalles" (vgl. Lorenzer in Kap. 11.2.2) zu widmen, und zwar z. T. auch *über den Umweg der Erkundigung der mit dem jeweils in Frage stehenden Ereignis einen Erlebniszusammenhang bildenden Psychodynamik der in irgendeiner Hinsicht Beteiligten.* Die für eine entsprechende Begutachtung eines ungeklärten Vermisstenfalles eines Kindes im Kindergartenalter wohl relevanten psychologischen Konstrukte wurden hier erstmals explizit herausgearbeitet. Es sind dies:

- die Person und Persönlichkeit des Kindes (insbesondere sein äußeres Erscheinungsbild, seine Gesundheit, sein allgemeiner Entwicklungsstand, sein Sozialverhalten und Temperament)
- die Persönlichkeitsstrukturen der Eltern (vor allem hinsichtlich der allgemeinen Normorientiertheit des Verhaltens, der individuellen Konfliktverarbeitungsstrategien, der vorherrschenden Kontrollüberzeugungen, der Fähigkeiten zu konstruktiver Empathie und Affektregulation)
- die Bindung und Beziehung der Elternteile zu diesem Kind (insbesondere bezüglich der Konzeptualisierung des Kindes, der Bindungsstärke, der Bindungsqualität, der Beziehungsqualität und der Beziehungsstrukturen)

- die Beziehungsstrukturen des Elternpaares (vor allem Kollusionsmuster mit ihren Konfliktpotenzialen einerseits und interpersonalen Stabilisierungsmechanismen andererseits)
- das von der Tatortanalyse und Spurenlage her als am plausibelsten erscheinende Verschwindensszenarium
- mögliche unbewusste intrapsychische Konfliktspannungen im Verhalten der Elternteile sowie anderweitige unbewusste Phänomene
- die unbewusste Bedeutung außergewöhnlicher Handlungen der Eltern
- mögliche traumatische Erlebniselemente im Verhalten der Mutter und des Vaters
- mögliche Momente eines unbewussten Selbstverrates
- formale und inhaltliche Charakteristika schriftlicher Erzeugnisse.

Die so gewonnenen Hinweise können für die weitere Erarbeitung von Vernehmungs- und Ermittlungsstrategien potenziell sehr wertvoll sein.

Dass sich wissenschaftliche Hermeneutik dabei fernab von spekulativen Symboldeutungen, unsystematisch gewonnenen Assoziationen und konfirmatorischer Hypothesenprüfung bewegt, stattdessen klar regelgeleitet sowohl rational den Raum gültiger Lesarten erkunden kann als zusätzlich auch ausgiebig, differenziert, reflektiert und mit immer wieder neuer Unvoreingenommenheit die Gegenübertragungsgefühle, dürfte aus der vorliegenden Arbeit auch einmal mehr hervorgehen.

Anmerkungen und Quellenverweise:

Kap. 2:

1: Bei den folgenden Falldarstellungen muss berücksichtigt werden, dass diese aus der Sachliteratur oder den Medien stammen und nicht direkt den Ermittlungsakten entnommen wurden, wodurch vereinzelte inhaltliche Verzerrungen nicht völlig ausgeschlossen werden können. Für die hier beabsichtigten Zwecke erscheinen seltene periphere Abweichungen jedoch als nicht ausschlaggebend.
Der Schwerpunkt der hier ausgewählten Fälle liegt trotz der Bemühungen um eine multinationale Variation vor dem Hintergrund der besseren Zugänglichkeit von Informationen auf Deutschland, dem Herkunftsland der Autorin.
Aus dem rhetorischen Grund der Etablierung einer möglichst großen Nähe/Unmittelbarkeit im Erleben zwischen dem Leser und den vorgestellten Szenarien wird sowohl in diesem Kapitel als auch an entsprechenden Stellen nachfolgender bewusst das Präsens verwendet.

2: vgl. Polícia Judiciária, Departamento de Investigação Criminal de Portimão, 2008: http://downloads.officeshare.pt/expressoonline/pdf/MaddieMcCann_PJ.pdf [24.09.2008]; in englischer Zusammenfassung: http://www.mccannfiles.com/id136.html [24.09.2008]

3: vgl. Interpol, 2007b: http://www.interpol.int/Public/News/2007/Yellownotice20070509.asp [15.12.2007];
sowie Interpol, 2007a: http://www.interpol.int/public/data/children/missing/notices/data/2007/03/2007_23403.asp [15.12.2007]

4: Bundeskriminalamt, 2003: http://www.bka.de/profil/faq/faq-vermisste.pdf [15.12.2007]

5: Die folgenden Fälle beinhalten nicht die Kategorie des erpresserischen Menschenraubes.

6: vgl. Wyre & Swift, 1990

7: vgl. Hunsicker, 2008

8: vgl. Hamburger Abendblatt, 1998: http://www.abendblatt.de/extra/service/944949.html?url=/ha/1998/xml/19980722xml/habxml980709_4089.xml [07.01.2009]

9: vgl. a. a. O.

10: vgl. Hoffmann, 2002

11: vgl. Hamburger Abendblatt, 1998: http://www.abendblatt.de/extra/service/944949.html?url=/ha/1998/xml/19980722xml/habxml980709_4089.xml [07.01.2009]

12: vgl. Lindemann, 1998: http://www.focus.de/politik/deutschland/kindermorde-verhaengnisvolles-schweigen_aid_173107.html [07.01.2009]

13: vgl. Hoffmann, 2002

14: vgl. Hunsicker, 2008

15: vgl. Lindemann, 1998: http://www.focus.de/politik/deutschland/kindermorde-verhaengnisvolles-schweigen_aid_173107.html [07.01.2009]

16: vgl. FAZ, 2005: http://www.faz.net/s/Rub77CAECAE94D7431F9EACD163751D4CFD/Doc~E064BF252C6874B86BE2A7203C6D939B5~ATpl~Ecommon~Scontent.html [07.01.2009]

17: vgl. Link, 2005: http://www.stern.de/panorama/:Sexualm%F6rder-Anja-Wille,-Mutter/540228.html [07.01.2009]

18: vgl. a. a. O.

19: vgl. a. a. O.

20: vgl. FAZ.NET, 2005: http://www.faz.net/s/Rub77CAECAE94D7431F9EACD163751D4CFD/Doc~E064BF252C6874B86BE2A7203C6D939B5~ATpl~Ecommon~Scontent.html [07.01.2009]

21: vgl. Link, 2005: http://www.stern.de/panorama/:Sexualm%F6rder-Anja-Wille,-Mutter/540228.html [07.01.2009]

22: vgl. a. a. O.

23: vgl. a. a. O.

24: vgl. Vogt, 2006; es gilt mit Verweis auf diese Quelle zu bedenken, dass es sich bei Sexualmörder mit Kindern als Opfer meistens nicht um primär pädophil veranlagte Männer handelt, sondern das Kind für sie lediglich ein mehr oder weniger temporäres Ersatzobjekt darstellt.

25: vgl. Hoffmann & Musolff, 2000; v. a. Kap. 5
26: vgl. Tozzer & Kalllinger, 2007
27: vgl. Friedrichsen, 2007: http://www.spiegel.de/panorama/justiz/0,1518,502472,00.html
    [07.01.2009]
28: vgl. Finkelhor & Browne, 1985; zit. n. Steinhage, 1992
29: vgl. Spiegel Online, 2001: http://www.spiegel.de/panorama/0,1518,142727,00.html
    [07.01.2009]
30: vgl. NDR, 2001: http://www1.ndr.de/nachrichten/niedersachsen/nds778.html [07.01.2009]
31: Polizei Niedersachsen: http://www.polizei.niedersachsen.de/dennis/ [07.01.2009]
32: a. a. O.
33: vgl. Tozzer & Kallinger, 2007
34: vgl. Neumann, 2005
35: vgl. Hunsicker, 2008
36: vgl. Jamin, 2007
37: vgl. a. a. O.
38: In seiner Revision der Tätertypologie „organized/disorganized" interpretieren Canter et. al.
    (2004) mittels multidimensionaler Skalierung gewonnene Daten als die Interaktionstypen
    „sexual control", „plunder", „execution" und „mutilation".
39: vgl. Jamin, 2007
40: vgl. Tozzer & Kallinger, 2007
41: vgl. a. a. O.
42: vgl. Jamin, 2007
43: vgl. a. a. O.
44: vgl. Tozzer & Kallinger, 2007
45: vgl. Vogt, 2006
46: vgl. a. a. O., S. 62
47: vgl. Freiburg, 2004: http://www.spiegel.de/sptv/magazin/0,1518,286636,00.html
    [07.01.2009]
48: vgl. Stern.de, 28. April 2008: http://www.stern.de/panorama/:Inzest-Fall-Amstetten-Vater-
    Missbrauch/618586.html [07.01.2007]
49: vgl. BBC, 04. Dezember 2008:
    http://news.bbc.co.uk/1/hi/england/west_yorkshire/7763260.stm
    [07.01.2009]
50: vgl. Bundeskriminalamt, 2003: http://www.bka.de/profil/faq/faq-vermisste.pdf [15.12.2007]
51: vgl. Hunsicker, 2008
52: vgl. Gerdts-Schiffler, 2008; zit. n. Beck, 2008:
    http://www.marieluisebeck.de/themen/bremen/artikel/browse/4/article/schlafendes-kind-aus-
    dem-bett-entfuehrt.html?tx_ttnews%5BbackPid%5D=19&cHash=3622fc754e [07.01.2009]
53: vgl. Herder, 2008: http://www.abendblatt.de/daten/2008/11/08/967891.html [08.01.2009]
54: vgl. Welt Online, 2005: welt/article165532/Kind_entfuehrt_und_missbraucht_
    Taeter_muss_in_Psychiatrie.html [07.01.2009]
55: vgl. Tozzer & Kallinger, 2007
56: vgl. a. a. O.
57: vgl. Jamin, 2007
58: vgl. a. a. O.
59: vgl. Hunsicker, 2008
60: vgl. Jamin, 2007
61: vgl. a. a. O.
62: vgl. Interpol: www.interpol.int/Public/Children/Missing/Search/Form.asp [10.01.09]
63: Sämtliche in diesem Kapitel genannte Bevölkerungszahlen sind entnommen: Bertelsmann
    Lexikon Institut (Hrsg.). (2002). Bertelsmann Universal Lexikon. München: Wissen Media
    Verlag.
64: vgl. Spranz, 2008: http://www.welt.de/vermischtes/article2645479/Foltervorwuerfe-gegen-
    Ex-Ermittler im-Maddie-Fall.html [08.01.2009]
65: vgl. Polícia Judiciária: www.policiajudiciaria.pt/PortalWeb/page/{AA001182-B622-459A-
    BF72-FD6EDD83C76F} [10.01.2009]
66: vgl. Polícia Judiciária: http://www.policiajudiciaria.pt/PortalWeb/page/{DCB4F439- D8FE-
    4D1A-A01D-310DF31837AA} [10.01.2009] sowie
    Polícia Judiciária: http://www.policiajudiciaria.pt/PortalWeb/page/{C71839DE-CCE9-44CB-
    9250-

42845232BAAF} [10.01.2009]
67: vgl. Missing Children Europe: http://missingchildreneurope.com/?q=node/23 [07.01.2009]
68: vgl. Missing Children Europe, 2007: //missingchildreneurope.com/?q=node/43 [07.01.2009]
69: vgl. Missing Children Europe: http://missingchildreneurope.com/?q=node/23 [07.01.2009]
70: vgl. Bundeskriminalamt, 2003: http://www.bka.de/profil/faq/faq-vermisste.pdf [15.12.2007]
71: a. a. O., S. 7
72: a. a. O., S. 65
73: vgl. Elterninitiative vermisste Kinder: http://www.vermisste-kinder.de [10.01.09]
74: Bundesministerium des Innern & Bundesministerium der Justiz, 2006:
    http://www.bka.de/lageberichte/ps/psb2_langfassung.pdf [23.09.2008], S. 101.
75: a. a. O., S. 97
76: vgl. Missing Children Europe: http://missingchildreneurope.com/?q=node/23 [07.01.2009]
77: vgl. National Center for Missing and Exploited Children:
    http://www.missingkids.com/missingkids/servlet/PublicHomeServlet?LanguageCountry=en_US
    [23.09.2009]
78: vgl. National Center for Missing and Exploited Children, 2007:
    http://www.amberalert.gov/pdfs/07_analysis_report.pdf [23.09.2008] Der Name „Amber
    Alert" geht auf die 1996 entführte und getötete neunjährige Amber Hagerman aus Texas
    zurück. In diesem Fall wurden erstmals großflächig Rundfunksender um Hilfe geboten, was
    sich in der Folge dann etablierte.
79: vgl. Finkelhor, Hammer & Sedlak, 2002:
    http://www.ncjrs.gov/html/ojjdp/nismart/03/index.html
    [23.09.2008]

Kap. 3:

1: vgl. z. B. BBC News, 05. Mai 2007:
   http://news.bbc.co.uk/player/nol/newsid_6620000/newsid_6627100/6627199.stm?
   bw=nb&mp=wm&news=1&nol_storyid=6627199&bbcws=1[07.03.2009] sowie
   vgl. RTÉ One, 19. Juni 2007:
   http://www.youtube.com/watch?v=uD1n-1hUvow [07.03.2009] sowie
   vgl. Telecinco, 29. August 2007:
   http://www.youtube.com/watch?v=PDKixdJ6i_o [07.03.2009] sowie
   vgl. BBC, 01. Mai 2008: http://news.bbc.co.uk/2/hi/uk_news/6983007.stm [12.05.2008]
2: vgl. The PJ's Final Report – Summary (Part 1). Ongoing summary of the 11,000-page PJ
   case file, issued to journalists on 04 August 2008, 2008; darin: Kate McCann's interview on
   04 May 2007:
   http://www.mccannflles.com/id155.html [23.09.2008]
3: vgl. Stern, 2008: http://www.stern.de/politik/panorama/:Die-Tragödie-McCanns-Der-Fall-
   Madeleine/597724.html?eid=598323 [13.09.2008]
4: vgl. a. a. O.
5: vgl. McCann, 2007/2008c, Website: http://www.findmadeleine.com/family/ [17.03.2008]
6: vgl. Stern, 2008: http://www.stern.de/politik/panorama/:Die-Tragödie-McCanns-Der-Fall-
   Madeleine/597724.html?eid=598323 [13.09.2008]
7: vgl. RTÉ One, 19. Juni 2007: http://www.youtube.com/watch?v=uD1n-1hUvow [07.03.2009]
8: vgl. z. B. McCann, 2007/2008c, Website: http://www.findmadeleine.com/family/ [17.03.2008]
9: vgl. a. a. O.
10: vgl. Herrn McCanns Blogeintrag vom 05.06.2007:
    http://www.findmadeleine.com/blog/?cmd=find#Blog [01.07.2007];
    archiviert auch unter Pamalam, 2007:
    http://www.gerrymccannsblogs.co.uk/DAYS_1_to_50.htm
    [20.04.2008]
11: vgl. RTÉ One, 19. Juni 2007:http://www.youtube.com/watch?v=uD1n-1hUvow [07.03.2009]
12: vgl. McCann, 2007/2008c, Website: http://www.findmadeleine.com/family/ [17.03.2008]
13: vgl. Britten, 07. Mai 2007: http://www.telegraph.co.uk/news/1550667/Police-identify-
    Madeleine-suspect.html [16.05.2008]
14: vgl. Stern, 2008: http://www.stern.de/politik/panorama/:Die-Tragödie-McCanns-Der-Fall-
    Madeleine/597724.html?eid=598323 [13.09.2008]
15: vgl. BBC, 01. Mai 2008: http://news.bbc.co.uk/2/hi/uk_news/6983007.stm [12.05.2008]

16: vgl. Britten, 07. Mai 2007: http://www.telegraph.co.uk/news/1550667/Police-identify-Madeleine-suspect.html [16.05.2008]

17: vgl. a. a. O.

18: vgl. a. a. O.

19: vgl. Kingstone, 2008: http://news.bbc.co.uk/2/hi/uk_news/7331034.stm [07.09.2008]

20: vgl. The PJ's Final Report – Summary (Part 1). Ongoing summary of the 11,000-page PJ casefile, issued to journalists on 04 August 2008, 2008; darin: Russell O'Brien's interview on 04 May 2007: http://www.mccannfiles.com/id155.html [23.09.2008]

21: vgl. a. a. O., Rachael Oldfield's interview on 04 May 2007

22: vgl. a. a. O., McCann's interview on 04 May 2007

23: vgl. Amaral, 2008; zit. n. 'A Verdade Da Mentira' - 'The Truth of the Lie': http://www.mccannfiles.com/id137.html [24.09.2008]

24: vgl. Allen, 2007: http://www.dailymail.co.uk/news/article-491638/Four-Tapas-Nine-named-suspects-Portuguese-police.html [07.10.2008]

25: vgl. a. a. O.

26: vgl. a. a. O.

27: vgl. Stern, 2008: http://www.stern.de/politik/panorama/:Die-Tragödie-McCanns-Der-Fall-Madeleine/597724.html?eid=598323 [13.09.2008]

28: Herr McCanns Blogeintrag vom 13.05.2007: http://www.findmadeleine.com/blog/ [01.07.2007]; archiviert auch unter Pamalam, 2007: http://www.gerrymccannsblogs.co.uk/DAYS_1_to_50.htm [20.04.2008]

29: vgl. z. B. Herrn McCanns Blogeinträge vom 02.09.2007, 05.09.2007 und 01.10.2007: http://www.findmadeleine.com/blog/ [23.09.2008]

30: a. a. O., Blogeintrag von Herrn McCann vom 19.08.2007

31: vgl. polizeiliche Erstvernehmung der McCanns und ihrer mitgereisten Freunde: The PJ's Final Report – Summary (Part 1). Ongoing summary of the 11,000-page PJ case file, issued to journalists on 04 August 2008: http://www.mccannfiles.com/id155.html [23.09.2008]

32: vgl. McCann, 2007/2008b, Website: http://www.findmadeleine.com/about/ [17.03.2008]

33: vgl. BBC, 01. Mai 2008: http://news.bbc.co.uk/2/hi/uk_news/6983007.stm [12.05.2008] sowie

34: vgl. BBC One, 2007a: http://news.bbc.co.uk/2/hi/programmes/panorama/7106086.stm [27.04.2008]

35: vgl. Brown, 2007: http://www.timesonline.co.uk/tol/news/uk/article1810407.ece [10.11.2007] und vgl. BBC, 01. Mai 2008: http://news.bbc.co.uk/2/hi/uk_news/6983007.stm [12.05.2008]

36: vgl. Britten, 07. Mai 2007: http://www.telegraph.co.uk/news/1550667/Police-identify-Madeleine-suspect.html [16.05.2008]

37: vgl. Herrn McCanns Blogeintrag vom 28.10.2007: http://www.findmadeleine.com/blog/ [23.09.2008] sowie vgl. Sawer & Chivers, 2008: http://www.telegraph.co.uk/news/newstopics/madeleinemccann/1924431/Kate-McCann-%27Pray-like-mad-for-Madeleine%27.html [05.05.2008] und vgl. Homepage von St Mary and St John, Rothley: http://www.rothleychurch.org.uk [10.11.2008]

38: vgl. Homepage von St Mary and St John, Rothley: http://www.rothleychurch.org.uk [10.11.2008]

39: vgl. Website, 2007: http://www.leicestershirevillages.com/rothley/17629.html [10.11.2008]

40: vgl. BBC One, 2007a: http://news.bbc.co.uk/2/hi/programmes/panorama/7106086.stm [27.04.2008] sowie vgl. Brown, 2007: http://www.timesonline.co.uk/tol/news/uk/article1810407.ece [10.11.2007]

41: vgl. Brown, 2007: http://www.timesonline.co.uk/tol/news/uk/article1810407.ece [10.11.2007]

42: vgl. a. a. O. sowie vgl. Blogeintrag des Vaters von 11.08.2007: http://www.findmadeleine.com/blog/ [23.09.2008]; bezüglich der Kirchen vgl. außerdem Anglikanische Vereinigung in Europa, 2007: http://www.europe.anglican.org/news/jobs/AlgarveProfile.htm [06.11.2008]

43: vgl. Wagner: http://www.bible-only.org/german/handbuch/Anglikanische_Kirche.html

[06.11.2008]
44: vgl. Bertelsmann Universal Lexikon, 2002, S. 47
45: vgl. Kielinger, 2008:
http://www.welt.de/politik/article2212900/Das_religioese_Spiegelbild_Englands.html
[06.1..2008]
46: vgl. Wagner: http://www.bible-only.org/german/handbuch/Anglikanische_Kirche.html
[06.11.2008]
47: vgl. Kielinger, 2008:
http://www.welt.de/politik/article2212900/Das_religioese_Spiegelbild_Englands.html
[06.1..2008]
48: vgl. a. a. O.
49: vgl. Wagner: http://www.bible-only.org/german/handbuch/Anglikanische_Kirche.html
[06.11.2008]
50: vgl. Kielinger, 2008:
http://www.welt.de/politik/article2212900/Das_religioese_Spiegelbild_Englands.html
[06.11.2008]
51: vgl. Anglicans Online, 2008b: http://www.anglicansonline.org/basics/thirty-nine_articles.html
[06.11.2008]
52: vgl. Kielinger, 2008:
http://www.welt.de/politik/article2212900/Das_religioese_Spiegelbild_Englands.html
[06.1..2008]
53: vgl. Anglicans Online, 2008b: http://www.anglicansonline.org/basics/thirty-nine_articles.html
[06.11.2008]
54: vgl. Kielinger, 2008:
http://www.welt.de/politik/article2212900/Das_religioese_Spiegelbild_Englands.html
[06.1..2008]
55: Anglicans Online, 2008a: http://stjohnsroslyn.org.nz/guide_to_the_anglican_church.html
[06.11.2008]
56: Oltermann, 2007: http://www.spiegel.de/panorama/0,1518,467548,00.html [06.11.2008]
57: vgl. Bertelsmann Universal Lexikon, 2002, S. 47
58: Anglicans Online, 2008a: http://stjohnsroslyn.org.nz/guide_to_the_anglican_church.html
[06.11.2008]
59: vgl. Wagner: http://www.bible-only.org/german/handbuch/Anglikanische_Kirche.html
[06.11.2008]
60: vgl. Gledhill, 2007: http://timescolumns.typepad.com/gledhill/2007/05/another_seedlin.html
[10.11.2008]
61: vgl. Our Lady of Compassion RC Church, Homepage:
http://www.oloc.pwp.blueyonder.co.uk/oloc-
web/church_guide.htm [10.11.2008]
62: vgl. Wikipedia, 2008: http://de.wikipedia.org/wiki/Papst [06.11.2008]
63: vgl. Bertelsmann Universal Lexikon, 2002, S. 802
64: vgl. Bertelsmann Universal Lexikon, 2002, S. 459
65: vgl. Bertelsmann Universal Lexikon, 2002, S. 566,
vgl. Bertelsmann Universal Lexikon, 2002, S. 1.023 und
vgl. Bertelsmann Universal Lexikon, 2002, S. 262
66: The Independent, 2008: http://www.independent.co.uk/news/uk/crime/kate-mccann-my-
story-460343.html [10.10. 2008]
67: BBC One, 2007a: http://news.bbc.co.uk/2/hi/programmes/panorama/7106086.stm
[27.04.2008]
68: The Independent, 2008: http://www.independent.co.uk/news/uk/crime/kate-mccann-my-
story- 460343.html [10.10. 2008]
69: vgl. Bertelsmann Universal Lexikon, 2002, S. 411.
70: a. a. O.
71: Spiegel Online, 2002: http://www.spiegel.de/wissenschaft/mensch/0,1518,179613,00html
[08.11.2008]
72: vgl. a. a. O.
73: vgl. a. a. O.
74: Vom Lehm, 2003:
http://www.welt.de/article280279/Mehr_Missbildungen_nach_kuenstlicher_Befruchtung.html
[08.11.2008]

75: vgl. a. a. O.
76: vgl. z. B. Hansen M, Kurinczuk J, Bower C &Webb, S, 2002; zit. n. GynAktuell, 2002:
http://www.gynaktuell.de/newsletter.php3?id=46 [08.11.2008]
77: vgl. Vom Lehm, 2003:
http://www.welt.de/article280279/Mehr_Missbildungen_nach_kuenstlicher_Befruchtung.html
[08.11.2008]
78: vgl. Ludwig & Diedrich, 2003; zit. n. Vom Lehm, 2003: a. a. O.
79: vgl. Vom Lehm, 2003: a. a. O.
80: vgl. GynAktuell, 2002: http://www.gynaktuell.de/newsletter.php3?id=46
[08.11.2008]
81: Breuer, 2002, S. 6: http://www.kath-theologie.uni-osnabrueck.de/kug/download/breuer.pdf
[10.11.2008]
82: vgl. Breuer, 2002: a. a. O.
83: vgl. Britten, 07. Mai 2007: http://www.telegraph.co.uk/news/1550667/Police-identify-
Madeleine-suspect.html [16.05.2008]
84: The Independent, 2008: http://www.independent.co.uk/news/uk/crime/kate-mccann-my-
story- 460343.html [10.10. 2008]
85: An dieser Stelle sei einmal angemerkt, dass Gerald McCann häufig Fehler in der
Apostrophierung bei der Genitivverwendung macht. Da inhaltliche Missverständnisse
jedoch auszuschließen sind, werden diese nicht von mir mit „(sic1)" markiert.
86: Herrn McCanns Blogeintrag vom 05.06.2007: http://www.findmadeleine.com/blog/
[01.07.2007];
archiviert auch unter Pamalam, 2007:
http://www.gerrymccannsblogs.co.uk/DAYS_1_to_50.htm
[20.04.2008]
87: vgl. Herr McCanns Blogeintrag vom 13.05.2007:
http://www.findmadeleine.com/blog/ [01.07.2007];
archiviert auch unter Pamalam, 2007:
http://www.gerrymccannsblogs.co.uk/DAYS_1_to_50.htm
[20.04.2008]
88: vgl. The PJ's Final Report – Summary (Part 1). Ongoing summary of the 11,000-page PJ
case file, issued to journalists on 04 August 2008, 2008; darin: Catriona Baker/Stacey Portz
informal interviews on 05 May 2007: http://www.mccannfiles.com/id155.html [23.09.2008]
89: McCann, 2007/2008b, Website: http://www.findmadeleine.com/about/ [17.03.2008]
90: vgl. RTÉ One, 19. Juni 2007:
http://www.youtube.com/watch?v=uD1n-1hUvow [07.03.2009]
91: McCann, 2007/2008b, Website: http://www.findmadeleine.com/about/ [17.03.2008]
92: The PJ's Final Report – Summary (Part 1). Ongoing summary of the 11,000-page PJ case
file, issued to journalists on 04 August 2008, 2008; darin: Gerry McCann's interview on 04
May 2007: http://www.mccannfiles.com/id155.html [23.09.2008]
93: vgl. McCann, 2007/2008b, Website: http://www.findmadeleine.com/about/ [17.03.2008]
94: vgl. The Independent, 2008: http://www.independent.co.uk/news/uk/crime/kate-mccann-my-
story-460343.html [10.10. 2008]
95: vgl. McCann, 2007/2008b, Website: http://www.findmadeleine.com/about/ [17.03.2008]
96: vgl. The PJ's Final Report – Summary (Part 1). Ongoing summary of the 11,000-page PJ
case file, issued to journalists on 04 August 2008, 2008; darin: Gerry McCann's interview on
04 May 2007: http://www.mccannfiles.com/id155.html [23.09.2008]
97: z. B. BBC, 07.Mai 2007: http://www.youtube.com/watch?v=cECrprLqWwQ [07.03.2009]
sowie Antena3, 24.Oktober 2007: http://www.youtube.com/watch?v=MYSaexBAg88
[07.03.2009]
98: Herrn McCanns Blogeinträge vom 28.08.2007 und vom 01.10.2007:
http://www.findmadeleine.com/blog/ [23.09.2008];
BBC One, 2007a: http://news.bbc.co.uk/2/hi/programmes/panorama/7106086.stm
[27.04.2008] sowie
BBC News, 05. Mai 2007:
http://news.bbc.co.uk/player/nol/newsid_6620000/newsid_6627100/6627199.stm?
bw=nb&mp=wm&news=1&nol_storyid=6627199&bbcws=1[07.03.2009]
99: McCann, 2007/2008b, Website: http://www.findmadeleine.com/about/ [17.03.2008]
100: vgl. Interpol, 2007a: http://www.interpol.int/public/data/children/
missing/notices/data/2007/03/2007_23403.asp [15.12.2007]

101: vgl. die Fotos von Pamalam, 2007:
http://www.gerrymccannsblogs.co.uk/DAYS_1_to_50.htm
[20.04.2008]
102: vgl. McCann, 2007/2008b, Website: http://www.findmadeleine.com/about/ [17.03.2008]
103: vgl. McCann, 2008: http://www.findmadeleine.com/ [17.03.2008]
104: vgl. die Fotos von Pamalam, 2007:
http://www.gerrymccannsblogs.co.uk/DAYS_1_to_50.htm
[20.04.2008]
105: vgl. Welt Online, 2007:
http://www.welt.de/vermischtes/article925010/Verzweifelter_Appell_von_Madeleines_Eltern.
html [16.05.2008]
106: vgl. Interpol, 2007a: http://www.interpol.int/public/data/children/
missing/notices/data/2007/03/2007_23403.asp [15.12.2007]
107: vgl. z. B. Fotos von: Welt Online, 2007:
http://www.welt.de/vermischtes/article925010/Verzweifelter_Appell_von_Madeleines_Eltern.
html[16.05.2008] sowie die Fotos von Pamalam, 2007:
http://www.gerrymccannsblogs.co.uk/DAYS_1_to_50.html [20.04.2008]
108: vgl. z. B. die Fotos von Pamalam, 2007:
http://www.gerrymccannsblogs.co.uk/DAYS_1_to_50.html [20.04.2008]
109: vgl. Leydhecker, 1990, S. 238
110: vgl. BBC News, 21. Februar 2008:
http://news.bbc.co.uk/2/hi/uk_news/magazine/7256513.stm
[07.09.2008]
111: vgl. Leydhecker, 1990, Kap. 26
112: vgl. Mattonet, 2007: http://www.freidok.uni-freiburg.de/volltexte/4491/pdf/dissertation_
christian_mattonet.pdf [10.11.2008]
113: vgl. Baraitser & Winter, 2001
114: vgl. Wimmer & Seidel, 2008:
http://www.springerlink.com/content/f241487n4n324g00/fulltext.pdf
[10.11.2008]
115: vgl. United States National library of Medicine, National Institutes of Health, Archives,
2006:
http://www.nlm.nih.gov/archive/20061212/mesh/jablonski/cgi/jablonski/syndrome_cgif8c8
html [10.11.2008]

Kap. 4:

1: vgl. BBC One, 2007a: http://news.bbc.co.uk/2/hi/programmes/panorama/7106086.stm
[27.04.2008] und
vgl. Polícia Judiciária, Departamento de Investigação Criminal de Portimão, 2008:
http://downloads.officeshare.pt/expressoonline/pdf/MaddieMcCann_PJ.pdf [24.09.2008];
in englischer Zusammenfassung: http://www.mccannfiles.com/id136.html [24.09.2008]
2: Den Anruf tätigte wohl Matthew Oldfield,
vgl. BBC One, 2007a: http://news.bbc.co.uk/2/hi/programmes/panorama/7106086.stm
[27.04.2008]
3: vgl. a. a. O.
4: vgl. Amaral, 2008; zit. n. 'A Verdade Da Mentira' - 'The Truth of the Lie':
http://www.mccannfiles.com/id137.html [24.09.2008]
5: vgl. Cáceres & Richter, 2008: http://www.sueddeutsche.de/panorama/348/308295/text/
[23.12.2008]
6: vgl. a. a. O.
7: vgl. Amaral, 2008; zit. n. 'A Verdade Da Mentira' - 'The Truth of the Lie':
http://www.mccannfiles.com/id137.html [24.09.2008] und
vgl. Polícia Judiciária, Departamento de Investigação Criminal de Portimão, 2008:
http://downloads.officeshare.pt/expressoonline/pdf/MaddieMcCann_PJ.pdf [24.09.2008];
in englischer Zusammenfassung: http://www.mccannfiles.com/id136.html [24.09.2008]
8: Die Schätzung der Anzahl der Privathäuser basiert auf den Angaben der von den Ermittlern
aufgesuchten Häuser im Abschlussbericht der Portugiesischen Kriminalpolizei entnommen:
Polícia Judiciária, Departamento de Investigação Criminal de Portimão, 2008:

http://downloads.officeshare.pt/expressoonline/pdf/MaddieMcCann_PJ.pdf [24.09.2008];
in englischer Zusammenfassung: http://www.mccannfiles.com/id136.html [24.09.2008]
9: Die in diesem Kapitel genannten ungefähren Entfernungsangaben und die Beschreibung
von Lokalitäten basieren, sofern nicht anders angegeben, auf Informationen von Google
Maps http://maps.google.de [13.11.2008]
10: vgl. Bertelsmann Universal Lexikon, 2002, S. 507
11: vgl. Diercke Weltatlas, 1996, S. 100-101(„Südwesteuropa –Wirtschaft")
12: vgl. Polícia Judiciária, Departamento de Investigação Criminal de Portimão, 2008:
http://downloads.officeshare.pt/expressoonline/pdf/MaddieMcCann_PJ.pdf [24.09.2008];
in englischer Zusammenfassung: http://www.mccannfiles.com/id136.html [24.09.2008]
13: vgl. Gammell, 2007: http://telegraph.co.uk/news/uknews/1562900/Madeleine-McCann-
Police-seize-mother%27s-diary.html [27.04.2008]
14: vgl. Amaral, 2008; zit. n. 'A Verdade Da Mentira' - 'The Truth of the Lie':
http://www.mccannfiles.com/id137.html [24.09.2008]
15: vgl. Website mit Foto von Praia da Luz: http://seekingmadeleine.com/3.html [07.10.2008]
16: vgl. Amaral, 2008; zit. n. 'A Verdade Da Mentira' - 'The Truth of the Lie':
http://www.mccannfiles.com/id137.html [24.09.2008]
17: vgl. Polícia Judiciária, Departamento de Investigação Criminal de Portimão, 2008:
http://downloads.officeshare.pt/expressoonline/pdf/MaddieMcCann_PJ.pdf [24.09.2008];
in englischer Zusammenfassung: http://www.mccannfiles.com/id136.html [24.09.2008]
18: Alle Informationen über die Ferienanlage „Ocean Club" sind ihrer Homepage entnommen:
http://luzoceanclub.com [15.11.2008], u. a. auch dem dort verfügbaren Lageplan der Anlage
19: vgl. Polícia Judiciária, Departamento de Investigação Criminal de Portimão, 2008:
http://downloads.officeshare.pt/expressoonline/pdf/MaddieMcCann_PJ.pdf [24.09.2008];
in englischer Zusammenfassung: http://www.mccannfiles.com/id136.html [24.09.2008]
20: Die genaue Lage des Apartments der McCanns erkennt man in Kombination der unter
http://www.mccannfiles.com verfügbaren Abbildungen des Appartments und der
Umgebung sowie unter Einbeziehung von http://maps.google.de [13.11.2008].
21: Falls nicht anders angegeben, basieren sämtliche Größenschätzungen in diesem Kapitel
auf den unter Punkt 20 genannten Abbildungen.
22: vgl. BBC One, 19. November 2007b: http://www.youtube.com/watch?v=1rQazjM-
bCo&feature=related [07.03.2009]
23: vgl. a. a. O.
24: vgl. a. a. O.
25: vgl. Gutsch, 2007: http://www.spiegel.de/jahreschronik/0,1518,521373,00.html [27.04.2008]
26: vgl. BBC One, 19. November 2007b: http://www.youtube.com/watch?v=1rQazjM-
bCo&feature=related [07.03.2009]
27: a. a. O.
28: vgl. Website Apartment 5A, 2008: http://www.mccannfiles.com/id21.html [17.11.2008]
29: vgl. Ocean Club, Unterseite
„Accomodation":http://www.luzoceanclub.com/accomodation.htm
[15.11.2008]
30: vgl. Amaral, 2008; zit. n. 'A Verdade Da Mentira' - 'The Truth of the Lie':
http://www.mccannfiles.com/id137.html [24.09.2008]
31: Die Höhe des Fensters soll 91cm betreffen, vgl. Amaral, 2008, a. a. O.
32: a. a. O.
33: a. a. O.
34: vgl. Polícia Judiciária, Departamento de Investigação Criminal de Portimão, 2008:
http://downloads.officeshare.pt/expressoonline/pdf/MaddieMcCann_PJ.pdf [24.09.2008];
in englischer Zusammenfassung: http://www.mccannfiles.com/id136.html [24.09.2008]
35: vgl. Amaral, 2008; zit. n. 'A Verdade Da Mentira' - 'The Truth of the Lie':
http://www.mccannfiles.com/id137.html [24.09.2008]
36: vgl. Website Apartment 5A, 2008: http://www.mccannfiles.com/id21.html [17.11.2008]
37: vgl. a. a. O.
38: vgl. Amaral, 2008; zit. n. 'A Verdade Da Mentira' - 'The Truth of the Lie':
http://www.mccannfiles.com/id137.html [24.09.2008]
39: a. a. O.
40: a. a. O.
41: vgl. Polícia Judiciária, Departamento de Investigação Criminal de Portimão, 2008:
http://downloads.officeshare.pt/expressoonline/pdf/MaddieMcCann_PJ.pdf [24.09.2008];

in englischer Zusammenfassung: http://www.mccannfiles.com/id136.html [24.09.2008]
42: vgl. Amaral, 2008; zit. n. 'A Verdade Da Mentira' - 'The Truth of the Lie':
http://www.mccannfiles.com/id137.html [24.09.2008]
43: vgl. Polícia Judiciária, Departamento de Investigação Criminal de Portimão, 2008:
http://downloads.officeshare.pt/expressoonline/pdf/MaddieMcCann_PJ.pdf [24.09.2008];
in englischer Zusammenfassung: http://www.mccannfiles.com/id136.html [24.09.2008]
44: vgl. Amaral, 2008; zit. n. 'A Verdade Da Mentira' - 'The Truth of the Lie':
http://www.mccannfiles.com/id137.html [24.09.2008]
45: a. a. O.
46: vgl. Polícia Judiciária, Departamento de Investigação Criminal de Portimão, 2008:
http://downloads.officeshare.pt/expressoonline/pdf/MaddieMcCann_PJ.pdf [24.09.2008];
in englischer Zusammenfassung: http://www.mccannfiles.com/id136.html [24.09.2008]
47: vgl. Amaral, 2008; zit. n. 'A Verdade Da Mentira' - 'The Truth of the Lie':
http://www.mccannfiles.com/id137.html [24.09.2008]
48: a. a. O.
49: a. a. O.
50: a. a. O.
51: vgl. Polícia Judiciária, Departamento de Investigação Criminal de Portimão, 2008:
http://downloads.officeshare.pt/expressoonline/pdf/MaddieMcCann_PJ.pdf [24.09.2008];
in englischer Zusammenfassung: http://www.mccannfiles.com/id136.html [24.09.2008]
52: vgl. Amaral, 2008; zit. n. 'A Verdade Da Mentira' - 'The Truth of the Lie':
http://www.mccannfiles.com/id137.html [24.09.2008]
53: vgl. The PJ's Final Report – Summary (Part 1). Ongoing summary of the 11,000-page PJ
case
file, issued to journalists on 04 August 2008: http://www.mccannfiles.com/id155.html
[23.09.2008]
54: vgl. Amaral, 2008; zit. n. 'A Verdade Da Mentira' - 'The Truth of the Lie':
http://www.mccannfiles.com/id137.html [24.09.2008]
55:vgl. Polícia Judiciária, Departamento de Investigação Criminal de Portimão, 2008:
http://downloads.officeshare.pt/expressoonline/pdf/MaddieMcCann_PJ.pdf [24.09.2008];
in englischer Zusammenfassung: http://www.mccannfiles.com/id136.html [24.09.2008]
56: vgl. Amaral, 2008; zit. n. 'A Verdade Da Mentira' - 'The Truth of the Lie':
http://www.mccannfiles.com/id137.html [24.09.2008]
57: a. a. O.
58: a. a. O.
59: vgl. Polícia Judiciária, Departamento de Investigação Criminal de Portimão, 2008:
http://downloads.officeshare.pt/expressoonline/pdf/MaddieMcCann_PJ.pdf [24.09.2008];
in englischer Zusammenfassung: http://www.mccannfiles.com/id136.html [24.09.2008]
60: vgl. Amaral, 2008; zit. n. 'A Verdade Da Mentira' - 'The Truth of the Lie':
http://www.mccannfiles.com/id137.html [24.09.2008]
61: a. a. O.
62: a. a. O.
63: a. a. O.
64: vgl. Polícia Judiciária, Departamento de Investigação Criminal de Portimão, 2008:
http://downloads.officeshare.pt/expressoonline/pdf/MaddieMcCann_PJ.pdf [24.09.2008];
in englischer Zusammenfassung: http://www.mccannfiles.com/id136.html [24.09.2008]
65: vgl. Amaral, 2008; zit. n. 'A Verdade Da Mentira' - 'The Truth of the Lie':
http://www.mccannfiles.com/id137.html [24.09.2008]
66: a. a. O.
67: a. a. O.
68: a. a. O.
69: vgl. Polícia Judiciária, Departamento de Investigação Criminal de Portimão, 2008:
http://downloads.officeshare.pt/expressoonline/pdf/MaddieMcCann_PJ.pdf [24.09.2008];
in englischer Zusammenfassung: http://www.mccannfiles.com/id136.html [24.09.2008]
70: vgl. Amaral, 2008; zit. n. 'A Verdade Da Mentira' - 'The Truth of the Lie':
http://www.mccannfiles.com/id137.html [24.09.2008]
71: a. a. O.
72: vgl. Polícia Judiciária, Departamento de Investigação Criminal de Portimão, 2008:
http://downloads.officeshare.pt/expressoonline/pdf/MaddieMcCann_PJ.pdf [24.09.2008];
in englischer Zusammenfassung: http://www.mccannfiles.com/id136.html [24.09.2008]

73: vgl. Amaral, 2008; zit. n. 'A Verdade Da Mentira' - 'The Truth of the Lie':
http://www.mccannfiles.com/id137.html [24.09.2008]
74: a. a. O.
75: vgl. Polícia Judiciária, Departamento de Investigação Criminal de Portimão, 2008:
http://downloads.officeshare.pt/expressoonline/pdf/MaddieMcCann_PJ.pdf [24.09.2008];
in englischer Zusammenfassung: http://www.mccannfiles.com/id136.html [24.09.2008]
76: a. a. O.
77: vgl. Amaral, 2008; zit. n. 'A Verdade Da Mentira' - 'The Truth of the Lie':
http://www.mccannfiles.com/id137.html [24.09.2008]
78: vgl. Polícia Judiciária, Departamento de Investigação Criminal de Portimão, 2008:
http://downloads.officeshare.pt/expressoonline/pdf/MaddieMcCann_PJ.pdf [24.09.2008];
in englischer Zusammenfassung: http://www.mccannfiles.com/id136.html [24.09.2008]
79: vgl. Amaral, 2008; zit. n. 'A Verdade Da Mentira' - 'The Truth of the Lie':
http://www.mccannfiles.com/id137.html [24.09.2008]
80: vgl. Polícia Judiciária, Departamento de Investigação Criminal de Portimão, 2008:
http://downloads.officeshare.pt/expressoonline/pdf/MaddieMcCann_PJ.pdf [24.09.2008];
in englischer Zusammenfassung: http://www.mccannfiles.com/id136.html [24.09.2008]
81: vgl. Amaral, 2008; zit. n. 'A Verdade Da Mentira' - 'The Truth of the Lie':
http://www.mccannfiles.com/id137.html [24.09.2008]
82: Polícia Judiciária, Departamento de Investigação Criminal de Portimão, 2008:
http://downloads.officeshare.pt/expressoonline/pdf/MaddieMcCann_PJ.pdf [24.09.2008];
in englischer Zusammenfassung: http://www.mccannfiles.com/id136.html [24.09.2008]
83: a. a. O.
84: vgl. Amaral, 2008; zit. n. 'A Verdade Da Mentira' - 'The Truth of the Lie':
http://www.mccannfiles.com/id137.html [24.09.2008]
85: vgl. Polícia Judiciária, Departamento de Investigação Criminal de Portimão, 2008:
http://downloads.officeshare.pt/expressoonline/pdf/MaddieMcCann_PJ.pdf [24.09.2008];
in englischer Zusammenfassung: http://www.mccannfiles.com/id136.html [24.09.2008]
86: Amaral gibt zusätzlich an, dass im Kofferraum Haare gefunden wurden sowie, dass der
Leichenspürhund auch an der Fahrertür angeschlagen habe.
87: vgl. Polícia Judiciária, Departamento de Investigação Criminal de Portimão, 2008:
http://downloads.officeshare.pt/expressoonline/pdf/MaddieMcCann_PJ.pdf [24.09.2008];
in englischer Zusammenfassung: http://www.mccannfiles.com/id136.html [24.09.2008]

Kap. 5:

1: Sämtliche Informationen sind folgender Quelle entnommen:
The PJ's Final Report – Summary (Part 1). Ongoing summary of the 11,000-page PJ case
file, issued to journalists on 04 August 2008: http://www.mccannfiles.com/id155.html
[23.09.2008]

Kap. 6:

1: Sämtliche Informationen dieses ersten Unterkapitels sind folgender Quelle entnommen:
The PJ's Final Report – Summary (Part 1). Ongoing summary of the 11,000-page PJ case
file, issued to journalists on 04 August 2008: http://www.mccannfiles.com/id155.html
[23.09.2008]
2: Bis anderweitig indexiert, sind die Angaben folgender Quelle entnommen:
Polícia Judiciária, Departamento de Investigação Criminal de Portimão, 2008:
http://downloads.officeshare.pt/expressoonline/pdf/MaddieMcCann_PJ.pdf [24.09.2008];
in englischer Zusammenfassung: http://www.mccannfiles.com/id136.html [24.09.2008]
3: vgl. Amaral, 2008; zit. n. 'A Verdade Da Mentira' - 'The Truth of the Lie':
http://www.mccannfiles.com/id137.html [24.09.2008]
4:
http://www.telegraph.co.uk/news/main.jhtml?xml=/news/exclusions/madeleine/nosplit/timeline1.
xml [20.04.2008]
5: vgl. BBC Leicester, 2008:
http://www.bbc.co.uk/leicester/content/articles/2007/05/10/madeleine_

mccann_round_up_feature.shtml [16.05.2008]
6: vgl. Amaral, 2008; zit. n. 'A Verdade Da Mentira' - 'The Truth of the Lie':
http://www.mccannfiles.com/id137.html [24.09.2008]
7: vgl. Polícia Judiciária, Departamento de Investigação Criminal de Portimão, 2008:
http://downloads.officeshare.pt/expressoonline/pdf/MaddieMcCann_PJ.pdf [24.09.2008];
in englischer Zusammenfassung: http://www.mccannfiles.com/id136.html [24.09.2008]

Kap 7:

1: BBC One, 2007a: http://news.bbc.co.uk/2/hi/programmes/panorama/7106086.stm
   [27.04.2008] und
   Allen, V. & Killalea, 2008: http://www.mailonsunday.co.uk/news/article-1041216/Pictured-
   The-bedroom-Madeleine-McCann-vanished-Portugal.html [24.09.2008] Darin.: The 48
   questions Kate didn't answer.
2: vgl. BBC One, 2007: http://news.bbc.co.uk/2/hi/programmes/panorama/7106086.stm
   [27.04.2008]
3: vgl. a.a. O.
4: vgl. Telegraph, 04. Mai 2007: http://telegraph.co.uk/news/uknews/1550571/Three-year-old-
   feard-abducted-in-Portugal.html [12.05.2008]
5: vgl. The PJ's Final Report – Summary (Part 1). Ongoing summary of the 11,000-page PJ
   case file, issued to journalists on 04 August 2008: http://www.mccannfiles.com/id155.html
   [23.09.2008]
6: Hoff, H., 2007: http://www.zeit.de/online/2007/37/madeleine-medien?page=1 [27.04.2008]
7: Edwards & Govan, 21. Mai 2007:
   http://www.telegraph.co.uk/news/worldnews/1552224/Madeleine%27s-
   father-plans-a-European-%27mission%27.html [27.04.2008]; Hervorhebung D. P. .
8: NTV, 29. Mai 2007: http://www.n-tv.de/808040.html [12.10.2008]; Hervorhebung D. P. .
9: FAZ, 29. Mai 2007:
   http://www.faz.net/s/Rub77CAECAE94D7431F9EACD163751D4CFD/Doc~E7A33D6CA7F064
   F459A0354630F482612~ATpl~Ecommon~Scontent.html [17.09.2008]; Hervorhebung D. P. .
10: vgl. Shriver, 2008:
    http://www.telegraph.co.uk/news/main.jhtml?xml=/news/2008/04/27/nmaddy127.xml
    [27.04.2008]
11: vgl. z. B. BBC News, 05. Mai 2007:
    http://news.bbc.co.uk/player/nol/newsid_6620000/newsid_6627100/6627199.stm?
    bw=nb&mp=wm&news=1&nol_storyid=6627199&bbcws=1[07.03.2009]
12: vgl. BBC News, 07. Mai 2007:
    http://www.youtube.com/watch?v=cECrprLqWwQ [07.03.2009]
13: vgl. Amaral, 2008; zit. n. 'A Verdade Da Mentira' - 'The Truth of the Lie':
    http://www.mccannfiles.com/id137.html [24.09.2008]
14: vgl. Pamalam, 2007: http://www.gerrymccannsblogs.co.uk/DAYS_1_to_50.htm
    [20.04.2008]
15: vgl. Griffith, 2007: http://uk.reuters.com/article/topNews/idUKL1820079420070518
    [30.04.2008]
16: vgl. FAZ, 29. Mai 2007:
    http://www.faz.net/s/Rub77CAECAE94D7431F9EACD163751D4CFD/Doc~E7A33D6CA7F064
    F459A0354630F482612~ATpl~Ecommon~Scontent.html [17.09.2008]
17: vgl. Herrn McCanns Blogeinträge:
    http://www.findmadeleine.com/blog/ [01.07.2007];
    archiviert auch unter Pamalam, 2007:
    http://www.gerrymccannsblogs.co.uk/DAYS_1_to_50.htm
    [20.04.2008]
18: vgl. NTV, 29. Mai 2007: http://www.n-tv.de/808040.html [12.10.2008]
19: vgl. Gutsch, 2007: http://www.spiegel.de/jahreschronik/0,1518,521373,00.html [27.04.2008]
20: vgl. Edwards, 31. Mai 2007:
    http://www.telegraph.co.uk/news/main.jhtml?xml=/news/2007/05/30/wmaddy330.xml
    [27.04.2008]
21: vgl. FAZ, 29. Mai 2007:
    http://www.faz.net/s/Rub77CAECAE94D7431F9EACD163751D4CFD/Doc~

E7A33D6CA7F064F459A0354630F482612~ATpl~Ecommon~Scontent.html [17.09.2008]
22: vgl. Britten, 12. Mai 2007:
   http://www.telegraph.co.uk/news/main.jhtml?xml=/news/2007/05/12/wmaddy312.xml
   [27.04.2008]
23: vgl. Telegraph, 2008:
   http://www.telegraph.co.uk/news/main.jhtml?xml=/news/exclusions/madeleine/nosplit/timeline1.
   xml [20.04.2008]
24: vgl. Homepage des Vaters: http://www.findmadeleine.com/ [15.12.2007]
25: vgl. BBC News, 12. Mai 2007: Verfügbar unter:
   http://news.bbc.co.uk/2/hi/uk_news/6648995.stm [30.04.2008]
26: vgl. Telegraph, 14. Mai 2007: http://www.telegraph.co.uk/news/worldnews/1551342/Family-
   puts-birthday-party-on-hold.html [30.04.2008]
27: vgl. das Foto a. a. O.
28: vgl. Telegraph, 2008:
   http://www.telegraph.co.uk/news/main.jhtml?xml=/news/exclusions/madeleine/nosplit/timeline1.
   xm [20.04.2008]
29: vgl. Edwards, R., Govan, F. & Peck, S., 14. Mai 2007:
   http://www.telegraph.co.uk/global/main.jhtml?xml=/global/2007/05/14/wmaddie114.xml
   [07.09.2008]
30: vgl. BBC News, 12. Mai 2007: Verfügbar unter:
   http://news.bbc.co.uk/2/hi/uk_news/6648995.stm [30.04.2008]
31: vgl. Edwards, Govan & Peck, 14. Mai 2007:
   http://www.telegraph.co.uk/global/main.jhtml?xml=/global/2007/05/14/wmaddie114.xml
   [07.09.2008]
32: vgl. Mark Warner Holidays, 2007; zit. n. Pamalam, 2007/2008:
   http://www.gerrymccannsblogs.co.uk/DAYS_1_to_50.htm [20.04.2008]
33: vgl. Edwards & Govan, 12. Mai 2007:
   http://www.telegraph.co.uk/news/main.jhtml?xml=/news/2007/05/12/wmaddy112.xml
   [27.04.2008]
34: vgl. Hughes, 18. Mai 2007:
   http://www.telegraph.co.uk/opinion/main.jhtml?xml=/opinion/2007/05/18/do1806.xml
   [27.04.2008]
35: vgl. Herrn McCanns Blogeintrag vom 13. 05.2007:
   http://www.findmadeleine.com/blog/ [01.07.2007];
   archiviert auch unter Pamalam, 2007:
   http://www.gerrymccannsblogs.co.uk/DAYS_1_to_50.htm
   [20.04.2008]
36: vgl. Amaral, 2008; zit. n. 'A Verdade Da Mentira' - 'The Truth of the Lie':
   http://www.mccannfiles.com/id137.html [24.09.2008]
37: vgl. BBC News, 14. Mai 2007:
   http://news.bbc.co.uk/player/nol/newsid_6650000/newsid_6652900/6652975.stm?
   bw=nb&mp=wm&news=1&nol_storyid=6652975&bbcws=1 [07.03.2009]
38: vgl. Edwards & Govan, 21. Mai 2007:
   http://www.telegraph.co.uk/news/worldnews/1552224/Madeleine%27s-
   father-plans-a-European-%27mission%27.html [27.04.2008]
39: vgl. (ggf. ältestes) Video über Madeleine auf dem You Tube Channel „Don't you forget
   about me":
   http://www.youtube.com/dontyouforgetaboutme [30.08.2007]
40: Edwards, Govan & Peck, 14. Mai 2007:
   http://www.telegraph.co.uk/global/main.jhtml?xml=/global/2007/05/14/wmaddie114.xml
   [07.09.2008]
41: BBC News, 12. Mai 2007: Verfügbar unter: http://news.bbc.co.uk/2/hi/uk_news/6648995.stm
   [30.04.2008]
42: vgl. McCann, 2007/2008e: http://store.findmadeleine.com/ [17.03.2008]
43: vgl. Smit, 21. Mai 2007:
   http://www.telegraph.co.uk/news/main.jhtml?xml=/news/2007/05/19/wmaddy319.xml
   [27.04.2008]
44: a. a. O.
45: vgl. McCann, 2007/2008d: http://www.findmadeleine.com/ [17.03.2008]
46: Gammell, 17. September 2007:

http://www.telegraph.co.uk/news/main.jhtml?xml=/news/2007/09/13/nmaddy413.xml
[27.04.2008]
47: BBC, 24. September 2007: Verfügbar unter: http://news.bbc.co.uk/1/hi/uk/7010286.stm
[16.05.2008]
48: Govan, 02. Juni 2007: http://www.telegraph.co.uk/news/worldnews/1553059/Top-team-behind-Madeleine-campaign.html [16.05.2008]
49: vgl. Blogeintrag vom 23.05.2007:
http://www.findmadeleine.com/blog/ [01.07.2007];
archiviert auch unter Pamalam, 2007:
http://www.gerrymccannsblogs.co.uk/DAYS_1_to_50.htm
[20.04.2008]
50: vgl. BBC One, 2007a: http://news.bbc.co.uk/2/hi/programmes/panorama/7106086.stm
[27.04.2008]
51: vgl. z. B. die Fotos in folgenden Quellen:
Telegraph, 17. September 2007:
http://www.telegraph.co.uk/news/main.jhtml?xml=/news/2007/09/13/nmaddy313.xml
[27.04.2008],
NTV, 29. Mai 2007: http://www.n-tv.de/808040.html [12.10.2008] sowie
NTV, 07. Juni 2007: http://www.n-tv.de/811703.html [27.04.2008]
52: vgl. z. B. Telegraph, 17. September 2007:
http://www.telegraph.co.uk/news/main.jhtml?xml=/news/2007/09/13/nmaddy313.xml
[27.04.2008],
53: vgl. Herrn McCanns Blogeintrag vom 24.05.2007:
http://www.findmadeleine.com/blog/ [01.07.2007];
archiviert auch unter Pamalam, 2007:
http://www.gerrymccannsblogs.co.uk/DAYS_1_to_50.htm
[20.04.2008]
54: Edwards, 24. Mai 2007: http://www.telegraph.co.uk/news/worldnews/1552516/Parents-seek-solace-at-shrine-of-Fatima.html [21.06.2008]
55: a. a. O.
56 :Telegraph, 2008:
http://www.telegraph.co.uk/news/main.jhtml?xml=/news/exclusions/madeleine/nosplit/timeline1.xml [20.04.2008]
57: vgl. Telegraph, 2008:
http://www.telegraph.co.uk/news/main.jhtml?xml=/news/exclusions/madeleine/nosplit/timeline1.xml [20.04.2008]
58: BBC, 25. Mai 2007; zit. n. Kate's Interviews, 2008: http://www.mccannfiles.com/id59.html
[24.09.2008]
59: vgl. Herrn McCanns Blogeintrag vom 26.05.2007:
http://www.findmadeleine.com/blog/ [01.07.2007];
archiviert auch unter Pamalam, 2007:
http://www.gerrymccannsblogs.co.uk/DAYS_1_to_50.htm
[20.04.2008]
Gerald McCann irrt sich mit dem Datum des Gedenktages, dieser findet am 25. des Monats statt, nicht am 26. (vgl. Jamin, 2007)
60: vgl. z. B. die Blogeinträge vom 23.05.2007, 05.06.2007 und 14.06.2007:
http://www.findmadeleine.com/blog/ [01.07.2007];
archiviert auch unter Pamalam, 2007:
http://www.gerrymccannsblogs.co.uk/DAYS_1_to_50.htm
[20.04.2008]
61: vgl. die Blogeinträge vom 29.5.2007 und vom 05.06. 2007:
http://www.findmadeleine.com/blog/ [01.07.2007];
archiviert auch unter Pamalam, 2007:
http://www.gerrymccannsblogs.co.uk/DAYS_1_to_50.htm
[20.04.2008]
62: vgl. z. B. die Blogeinträge vom 30.05.2007, 01.06.2007 und 10.06.2007:
http://www.findmadeleine.com/blog/ [01.07.2007];
archiviert auch unter Pamalam, 2007:
http://www.gerrymccannsblogs.co.uk/DAYS_1_to_50.htm [20.04.2008]
63: vgl. Britische Botschaft Berlin, 2007: http://www.britischebotschaft.de/de/news/news.asp

[20.04.2008]
64: vgl. NTV, 07. Juni 2007: http://www.n-tv.de/811703.html [27.04.2008]
65: vgl. den Blogeintrag vom 08.06.2007:
http://www.findmadeleine.com/blog/ [01.07.2007];
archiviert auch unter Pamalam, 2007:
http://www.gerrymccannsblogs.co.uk/DAYS_1_to_50.htm [20.04.2008]
66: vgl. BBC News, 07. September 2007: http:// news.bbc.co.uk/2/hi/uk_news/6983007.stm
[30.04.2008]
67: vgl. NTV, 13. Juni 2007: http://www.n-tv.de/814189.html [24.09.2008]
68: vgl. a. a. O.
69: vgl. 'De Telegraaf Letter', (2008): http://www.mccannfiles.com/id78.html [10.01.2009]
70: vgl. Telegraph, 2008:
http://www.telegraph.co.uk/news/main.jhtml?xml=/news/exclusions/madeleine/nosplit/timeline1.
xml [20.04.2008]
71: vgl. Cáceres & Richter, 2008, S. 2:
http://www.sueddeutsche.de/panorama/348/308295/text/article.htm [23.12.2008]; zum Alter
des Jungen vgl.: 20 Minuten, 18. August 2008
http://www.20min.ch/news/ausland/story/30539575/
[23.12.2008]
72: vgl. die Blogeinträge vom 17.06., 20.06., 21.06. und 22.06.2007:
http://www.findmadeleine.com/blog/ [01.07.2007];
archiviert auch unter Pamalam, 2007:
http://www.gerrymccannsblogs.co.uk/DAYS_1_to_50.htm
[20.04.2008]
73: vgl. Amaral, 2008; zit. n. 'A Verdade Da Mentira' - 'The Truth of the Lie':
http://www.mccannfiles.com/id137.html [24.09.2008]
74: vgl. den Blogeintrag vom 02.07.2007:
http://www.findmadeleine.com/blog/ [23.09.2008];
archiviert auch unter Pamalam, 2007: http://www.gerrymccannsblogs.co.uk
[20.04.2008]
75: vgl. Polícia Judiciária, Departamento de Investigação Criminal de Portimão, 2008:
http://downloads.officeshare.pt/expressoonline/pdf/MaddieMcCann_PJ.pdf [24.09.2008];
in englischer Zusammenfassung: http://www.mccannfiles.com/id136.html [24.09.2008]
76: vgl. The Independent, 2008: http://www.independent.co.uk/news/uk/crime/kate-mccann-my-
story-460343.html [10.10. 2008]
77: vgl. Telegraph, 2008:
http://www.telegraph.co.uk/news/main.jhtml?xml=/news/exclusions/madeleine/nosplit/timeline1.
xml [20.04.2008]
78: vgl. Blogeintrag vom 09.08.2007:
http://www.findmadeleine.com/blog/ [23.09.2008];
archiviert auch unter Pamalam, 2007: http://www.gerrymccannsblogs.co.uk
[20.04.2008]
79: vgl. Telegraph, 2008:
http://www.telegraph.co.uk/news/main.jhtml?xml=/news/exclusions/madeleine/nosplit/timeline1.
xml [20.04.2008]
80: vgl. a. a. O.
81: vgl. Hoff, 11. September 2007: http://www.zeit.de/online/2007/37/madeleine-
medien?page=1 [27.04.2008]
82: vgl. Telegraph, 2008:
http://www.telegraph.co.uk/news/main.jhtml?xml=/news/exclusions/madeleine/nosplit/timeline1.
xml [20.04.2008]
83: vgl. Telecinco, 29. August 2007:
http://www.youtube.com/watch?v=PDKixdJ6i_o [07.03.2009]
84: vgl. Telegraph, 2008:
http://www.telegraph.co.uk/news/main.jhtml?xml=/news/exclusions/madeleine/nosplit/timeline1.
xml [20.04.2008]
85: vgl. a. a. O.
86: vgl. Amaral, 2008; zit. n. 'A Verdade Da Mentira' - 'The Truth of the Lie':
http://www.mccannfiles.com/id137.html [24.09.2008]
87: vgl. Hoff, 11. September 2007: http://www.zeit.de/online/2007/37/madeleine-

medien?page=1
[27.04.2008]
88: vgl. Amaral, 2008; zit. n. 'A Verdade Da Mentira' - 'The Truth of the Lie':
http://www.mccannfiles.com/id137.html [24.09.2008]
89: vgl. Telegraph, 2008:
http://www.telegraph.co.uk/news/main.jhtml?xml=/news/exclusions/madeleine/nosplit/timeline1.
xml [20.04.2008]
90: vgl. Amaral, 2008; zit. n. 'A Verdade Da Mentira' - 'The Truth of the Lie':
http://www.mccannfiles.com/id137.html [24.09.2008]
91: vgl. Telegraph, 2008:
http://www.telegraph.co.uk/news/main.jhtml?xml=/news/exclusions/madeleine/nosplit/timeline1.
xml [20.04.2008]
92: vgl. Gammell, 17. September 2007:
http://www.telegraph.co.uk/news/main.jhtml?xml=/news/2007/09/13/nmaddy413.xml
[27.04.2008]
93: vgl. Telegraph, 2008:
http://www.telegraph.co.uk/news/main.jhtml?xml=/news/exclusions/madeleine/nosplit/timeline1.
xml [20.04.2008]
94: vgl. a. a. O.
95: vgl. a. a. O.
96: vgl. http://www.focus.de/panorama/welt/vermisste-madeleine_aid_132401.html [27.04.2008]
97: vgl. Telegraph, 2008:
    http://www.telegraph.co.uk/news/main.jhtml?xml=/news/exclusions/madeleine/
    nosplit/timeline1.xml
    [20.04.2008]
 98: vgl. a. a. O.
 99: vgl. Antena3, 24. Oktober 2007: http://www.youtube.com/watch?v=MYSaexBAg88
    [07.03.2009]
100: vgl. Telegraph, 2008:
    http://www.telegraph.co.uk/news/main.jhtml?xml=/news/exclusions/madeleine/
    nosplit/timeline1.xml [20.04.2008]
101: vgl. BBC Leicester, 2008:
    http://www.bbc.co.uk/leicester/content/articles/2007/05/10/madeleine_mccann_round
    _up_feature.shtml [16.05.2008]
102: vgl. Fricker, 07. August 2008: http://www.mirror.co.uk/news/top-
    stories/2008/08/07/desperate-
    kate-mccann-s-heartbreak-letter-to-police-please-end-my-torture-115875-20687157/
    [06.09.2008]
103: vgl. Telegraph, 2008:
    http://www.telegraph.co.uk/news/main.jhtml?xml=/news/exclusions/madeleine/
    nosplit/timeline1.xml
    [20.04.2008]
104: vgl. Telegraph, 2008:
    http://www.telegraph.co.uk/news/main.jhtml?xml=/news/exclusions/madeleine/
    nosplit/timeline1.xml
    [20.04.2008]
105: vgl. McCann, G. & McCann, K. (2007, 22. Dezember):
    http://www.youtube.com/watch?v=EkOFJcqH74A [07.03.2008]
106: vgl. Telegraph, 2008:
    http://www.telegraph.co.uk/news/main.jhtml?xml=/news/exclusions/madeleine/
    nosplit/timeline1.xml
    [20.04.2008]
107: vgl. a. a. O.
108: vgl. a. a. O.
109: vgl. Thiel, 18. Oktober 2008: http://www.saz-aktuell.com [24.10.2008]
110: vgl. Telegraph, 2008:
    http://www.telegraph.co.uk/news/main.jhtml?xml=/news/exclusions/madeleine/
    nosplit/timeline1.xml
    [20.04.2008]
111: vgl. a. a. O.

112: vgl. Blogeintrag vom 27.03.2008:
http://www.findmadeleine.com/blog/ [23.09.2008]
113: vgl. Telegraph, 2008:
http://www.telegraph.co.uk/news/main.jhtml?xml=/news/exclusions/madeleine/
nosplit/timeline1.xml
[20.04.2008]
114: vgl. Europäisches Parlament, 10. April 2008:
http://www.europarl.europa.eu/pdfs/news/public/story/20080407STO25859/
20080407STO25859_de.pdf [23.09.2008]
115: vgl. Telegraph, 28. April 2008:
http://www.telegraph.co.uk/news/newstopics/madeleinemccann/1559419/Code-Madeleine-
launched-to-keep-children-safe.html [30.04.2008]
116: vgl. z. B. Sky News, 01. Mai 2008: http://www.youtube.com/watch?v=OPwBl2hPQNw
[07.03.2009]
117: vgl. Blogeintrag vom 03.05.2008:
http://www.findmadeleine.com/blog/ [23.09.2008];
118: vgl. a. a. O.
119: vgl. z. B. die Durchsicht des Blogs, in dem von knapp hundert entsprechenden
Medienkontakten berichtet wird:
http://www.findmadeleine.com/blog/ [23.09.2008];
120: vgl. Polícia Judiciária, Departamento de Investigação Criminal de Portimão, 2008:
http://downloads.officeshare.pt/expressoonline/pdf/MaddieMcCann_PJ.pdf [24.09.2008];
in englischer Zusammenfassung: http://www.mccannfiles.com/id136.html [24.09.2008]
121: vgl. Blog vom 21.07.2008:
http://www.findmadeleine.com/blog/ [23.09.2008];
122: vgl. Amaral, 2008; zit. n. 'A Verdade Da Mentira' - 'The Truth of the Lie':
http://www.mccannfiles.com/id137.html [24.09.2008]
123: vgl. a. a. O.
124: vgl. Thiel, 18. Oktober 2008: http://www.saz-aktuell.com [24.10.2008]
125: vgl. McCann, 2007/2008d: http://www.findmadeleine.com/ [10.11.2008]

Kap. 8:

1: Die folgende Zusammenstellung von Informationen basiert zum einen auf Gerald McCanns
Blogeinträgen, vgl.: http://www.findmadeleine.com/blog/ [23.09.2008];
archiviert auch unter Pamalam, 2007/2008: http://www.gerrymccannsblogs.co.uk
[20.04.2008] Zum anderen wird auf die Daten zurückgegriffen, die im Kapitel „Die
Entwicklungen
des Verhaltens der McCanns (in der Öffentlichkeit) sowie die Entwicklung des Verhaltens der
Öffentlichkeit gegenüber den McCanns" dargelegt sind.

Kap. 9:

1: vgl. Link, 20. Mai 2005: http://www.stern.de/panorama/:Sexualm%F6rder-Anja-Wille,-
Mutter/540228.html [07.01.2009]
2: Leahy, 1992/1993, S. 208; zit. n. Preitler, 2006, S. 54
3: Preitler, 2006, S. 147
4: vgl. Kauffman, 1993; zit. n. Preitler, 2006, S. 40
5: vgl. Leahy,1992/1993; zit. n. Preitler, 2006, S. 54-55
6: vgl. Kordon, 1988; zit. n. Preitler, 2006, S. 126
7: vgl. Brenner, 1996 sowie Volkan, 1981
8: vgl. Volkan & Zintl, 2000
9: vgl. Brenner und Kestenberg, 1996; zit. n. Preitler, 2006, S. 77
10: vgl. Winnicott, 1971
11: vgl. bereits Abraham, 1911 sowie Freud, 1917
12: vgl. Deutsches Institut für Medizinische Information und Dokumentation, 2005:
„Internationale
statistische Klassifikation der Krankheiten und verwandter Gesundheitsprobleme, 10.

Revision" (kurz: ICD-10), Kennziffer F32, (WHO-Ausgabe): [12.06.2006]
13: vgl. Klußmann, 1993
14: Jacobson, 1977, S. 45
15: vgl. Mentzos, 2003, Kap. IX
16: vgl. a. a. O. sowie Klußmann, 1993
17: vgl. v. a. Kohut & Wolf 1980 sowie Mentzos, 1996
18: vgl. ebenfalls Kap. 2
19: vgl. Knight, Rosenberg & Schneider, 1985; zit. n. Vogt, 2006
20: vgl. Kap. 2, NISMART-Studie
21: vgl. Vogt, 2006
22: vgl. Berker & Große-Oetringhaus, 2003
23: vgl. Häßler, Schepker & Schläfke, 2008, Kap. 9
24: Neonatizid-Versionen werden hier nicht mit aufgeführt
25: Filizid bedeutet die Tötung des Kindes durch einen Elternteil in einer (weit) über den
    Geburtstermin hinausgehende Zeit und kann in diesem Sinne synonym zum Begriff
    „Infantizid" verwendet werden, welcher jedoch auch noch in anderen Zusammenhängen
    gebraucht wird; vgl. a. a. O., S. 189.
26: 2005; zit. n. Schläfke & Häßler, Kap. 9 in Häßler, Schepker & Schläfke, 2008
27: Zusammenfassung der von Wegener & Zack (2008) komprimierten und modifizierten
    Kataloge von
    Schneider (2001) sowie Franke, Seifert, Anders, Schroer & Heinemann (2004).
28: 2002; zit. n. Zamorski, Weirich und Häßler, Kap. 8 in Häßler, Schepker & Schläfke, 2008
29: vgl. a. a. O.
30: Marneros, 2007, S. 76
31: a. a. O., S. 77
32: vgl. Marneros, 2007
33: Wiese, 1993, S. 64
34: Mitscherlich-Nielsen 1978, S. 668; zit. n. Wiese, S. 71
35: Wiese, 1993, S. 74
36: a. a. O., S. 75
37: a. a. O., S. 87
38: a. a. O., S. 90
39: vgl. Unicef, 2001: http://www.uniceficdc.org/publications/pdf/repcard2e.pdf [30.03.2008] Die
    hohe Rate von 17,8 in Portugal verletzungsbedingt verstorbener Kinder pro 100.000 im
    Vergleich zur dazu nicht sonderlich hoch erscheinenden Rate von 40% der Todesfälle an
    allen Todesursachen bedeutet, so lässt sich ableiten, dass in Portugal auffallend viele Kinder
    auch auf andere Weise (also v. a. Krankheit) ums Leben kommen.
40: zit. n. Bundesarbeitsgemeinschaft Mehr Sicherheit für Kinder, 2004, S. 5
41: vgl. a. a. O.
42: vgl. Keseling, 2007: http://www.welt.de/vermischtes/article1166634/Psychologe_glaubt_an_
    Taterwissen_der_Eltern.html
    [13.09.2008]
43: vgl. a. a. O. sowie vgl. Isert, 10. September 2007:
    http://www.stern.de/politik/panorama/:Madeleines-Eltern-Es-Auffälligkeiten/597291.html
    [16.05.2008]
44: Isert, 10. September 2007: http://www.stern.de/politik/panorama/:Madeleines-Eltern-Es-
    Auffälligkeiten/597291.html [16.05.2008]
45: a. a. O.
46: Kramer & Hesselmann, 04. Juni 2007:
    http://www.tagesspiegel.de/weltspiegel/;art1117,2314874
    [16.05.2008]
47: vgl. Keseling, 2007: http://www.welt.de/vermischtes/article1166634/Psychologe_glaubt_an_
    Taterwissen_der_Eltern.html [13.09.2008]
48: vgl. Isert, 10. September 2007: http://www.stern.de/politik/panorama/:Madeleines-Eltern-Es-
    Auffälligkeiten/597291.html [16.05.2008]
49: vgl. Keseling, 2007: http://www.welt.de/vermischtes/article1166634/Psychologe_glaubt_an_
    Taterwissen_der_Eltern.html [13.09.2008]
50: vgl. Holmes & Rahes, 1967:
    http://www.sciencedirect.com/science?_ob=MiamiImageURL&_imagekey=B6T8V-
    45XSTNP-8N-

1&_cdi=5096&_user=963894&_check=y&_orig=search&_coverDate=
08/31/1967&view=c&wchp=dGLbVzW-zSkzV&md5=74c64fea8aacf7
f195dec3b309e7eea5&ie=/sdarticle.pdf [24.09.2008]
51: vgl. Amaral, 2008; zit. n. 'A Verdade Da Mentira' - 'The Truth of the Lie':
http://www.mccannfiles.com/id137.html [24.09.2008]
52: vgl. Spranz, 29. Oktober 2008:
http://www.welt.de/vermischtes/article2645479/Foltervorwuerfe-
gegen-Ex-Ermittler-im-Maddie-Fall.html [08.01.2009]

Kap. 10:

1: vgl. Kap. 9
2: Es werden jeweils die Versionen dargestellt, für die sich plausible Aussagen machen lassen.
Es sind aber prinzipiell stets alle in den vorigen Kapiteln aufgezeigten Möglichkeiten von
Madeleines Verschwinden im Auge zu behalten.
3: Mit Laplanche & Pontalis (2004) wird unter „Trauma" ein Erlebnis verstanden, das sich durch
seine Intensität und Erschütterung auszeichnet, durch die Unmöglichkeit einer adäquaten
Reaktion sowie durch pathogene Effekte, die es in der psychischen Organisation auslöst. Unter
ökonomischen Gesichtspunkten handelt es sich um einen Erregungsanstieg, der, relativ
gesehen zu den individuellen Möglichkeiten des Ertragens und der psychischen Verarbeitung,
exzessiv ist. Als ein bezüglich des von uns betrachteten Falles bedeutsamer
Verarbeitungsmechanismus eines Traumas ist Dissoziation zu nennen, d. h. ein Getrennthalten
von Gedanken, Gefühlen und/oder Handlungen (vgl. z. B. Peichl, 2007).
4: Zur Definition von „latente Strukturen" vgl. Kap. 11
5: Bezüglich einer Differenzierung unterschiedlicher Kontrollüberzeugungen, d. h. subjektiver
Annahmen über die das eigene Verhalten kontrollierenden Faktoren, ist vor allem das
Konzept von Rotter (1966, zit. n. Dettenborn & Walter, 2002) bedeutend, das zwischen
externaler und internaler Kontrollüberzeugung unterscheidet. Demnach meinen Personen mit
internaler Kontrollüberzeugung, selbst verändernd auf eine Situation Einfluss nehmen zu
können. Sie versuchen daher länger, aktiv auf diese einzuwirken. Misserfolge führen leicht zu
Selbstwerteinbußen. Hingegen glauben Menschen mit externaler Kontrollüberzeugung
schnell, keine Kontrolle mehr über die Situation zu besitzen und erwarten diese von anderen.
6: Da mittlerweile aus der Forschung bekannt ist, dass Empathie nicht mit der Performance von
„liebevollen" Verhaltensweisen signifikant höher korreliert als mit antisozialem Verhalten wie
Bulling unter Schülern, sondern sich sogar eher ein umgekehrtes Verhältnis abzeichnet (vgl.
z. B. Sutton, Smith & Swettenham, 1999), will ich an dieser Stelle den Begriff „konstruktive
Empathie" einführen, um explizit die Fähigkeit zu der Grundhaltung zu bezeichnen, Empathie
in einem *positiven* sozialen Sinne einsetzen zu können.
7: Während sich die Bindungsstärke auf die Dimension von Nähe/Enge versus
Ferne/Entfremdung bezieht, die etwas über die persönliche Wichtigkeit des Bindungsobjektes
aussagt, jedoch nichts über die Qualität dieser Verbindung (beispielsweise wäre bei einem
Münchhausen-by-proxy-Syndrom wohl oftmals ebenso von einer sehr engen Bindung des
Elternteils an das Kind auszugehen wie bei einer Mutter oder einem Vater, die bzw. der das
das Kind in „liebevoller" Weise aus eigenen Verlustängsten heraus an sich bindet), spricht die
Bindungsqualität das innere Arbeitsmodell einer Person bezüglich des Beziehungserlebens
an. Hier kann es sich, adaptiert man die klassischen Bindungsmuster (vgl. z. B. in Fonagy,
2003) auf das Elternverhalten, um eine sichere Bindung handeln, die bedeutet, dass der
Elternteil gut von dem Kind „loslassen" kann, sich auf sein Wiederkommen freut und mit ihm in
gleichbleibend wohlwollender Grundhaltung umgeht. Die Bindung kann jedoch auch eine
ambivalente Qualität besitzen, d. h., der Elternteil begegnet dem Kind in sehr wechselhafter
Weise. Bei vermeidender Bindungsqualität wird sich das Kind in seinen Nähewünschen immer
wieder mehr oder weniger offen zurückgewiesen fühlen. Eine
desorganisierte Bindung kann schließlich mit wiederkehrenden unkontrollierten
Gewaltausbrüchen (Fonagy, a. a. O.) ihm gegenüber einhergehen. Beziehungsstrukturen
wiederum sollen sich hier insbesondere auf die Dimension Partnerschaftlichkeit versus
Autorität beziehen. Die Beziehungsqualität meint liebevolle Zugewandtheit versus emotional
negativ gefärbte Verstrickung.
8: vgl. die Ausführungen zur objektiven Hermeneutik im Kap. 11

Kap. 11:

1: vgl. Patton, 1990, zit. n. Flick, 2006
2: vgl. a. a. O.
3: vgl. jeweilige Quellenangaben im Kap. 3; **Analysedokumentation in Anhang A**
4: vgl. jeweilige Quellenangaben im Kap. 4; **Analysedokumentation in Anhang C**
5: vgl. http://www.findmadeleine.com/ [20.08.2007]; **Analysedokumentation in Anhang D**
6: vgl. Herrn McCanns Blog:
    http://www.findmadeleine.com/blog/ [23.09.2008];
    archiviert auch unter Pamalam, 2007: http://www.gerrymccannsblogs.co.uk [20.04.2008];
    Analysedokumentation in Anhang E - H
7: vgl. Stern, 2008: http://www.stern.de/politik/panorama/:Die-Tragödie-McCanns-Der-Fall-
    Madeleine/597724.html?eid=598323 [13.09.2008]; **Analysedokumentation in Anhang F**
8: vgl. die Auswertungsmethode des Szenischen Verstehens in Kap. 11;
    Analysedokumentation in Anhang I
9: vgl. BBC News, 05. Mai 2007:
    http://news.bbc.co.uk/player/nol/newsid_6620000/newsid_6627100/6627199.stm?
    bw=nb&mp=wm&news=1&nol_storyid=6627199&bbcws=1 [07.03.2009];
    Analysedokumentation in Anhang J
10: vgl. BBC News, 07. Mai 2007: http://www.youtube.com/watch?v=cECrprLqWwQ (Ausschnitt
    ab 0:46 min.) [07.03.2009]; **Analysedokumentation in Anhang J**
11: vgl. BBC News, 14. Mai 2007:
    http://news.bbc.co.uk/player/nol/newsid_6650000/newsid_6652900/6652975.stm?
    bw=nb&mp=wm&news=1&nol_storyid=6652975&bbcws=1 [17.03.2009];
    Analysedokumentation in Anhang K
12: vgl. RTÉ One, 19. Juni 2007:
    http://www.youtube.com/watch?v=uD1n-1hUvow [07.03.2009]; **Analysedokumentation in
    Anhang K**
13: vgl. The Independent, 2008: http://www.independent.co.uk/news/uk/crime/kate-mccann-my-
    story-460343.html [10.10. 2008]; **Analysedokumentation in Anhang K**
14: vgl. RTP1, 02. November 2007: http://www.youtube.com/watch?v=5v3KKPYqz2A
    [07.03.2009]; **Analysedokumentation in Anhang K**
15: vgl. Telecinco, 29. August 2007:
    http://www.youtube.com/watch?v=PDKixdJ6i_o [07.03.2009]; **Analysedokumentation in
    Anhang K**
16: vgl. Antena3, 24.Oktober 2007: http://www.youtube.com/watch?v=MYSaexBAg88
    [07.03.2009];
    Analysedokumentation in Anhang K
17: vgl. BBC One, 19. November 2007b: http://www.youtube.com/watch?v=1rQazjM-
    bCu&feature=related [07.03.2009]; **Analysedokumentation in Anhang K**
18: vgl. Sky News, 01. Mai 2008: http://www.youtube.com/watch?v=OPwBl2hPQNw
    [07.03.2009]; **Analysedokumentation in Anhang K**
19: vgl. Fricker, 07. August 2008: http://www.mirror.co.uk/news/top-
    stories/2008/08/07/desperate-
    kate-mccann-s-heartbreak-letter-to-police-please-end-my-torture-115875-20687157/
    [06.09.2008]; **Analysedokumentation in Anhang L**
20: vgl. http://www.findmadeleine.com/ [23.09.2008]; **Analysedokumentation in Anhang M**
21: vgl. jeweilige Quellenangaben im Kap. 7; **Analysedokumentation in Anhang N**
22: vgl. Näheres hierzu in Popper, 1984
23: vgl. Näheres hierzu in Watzlawick, Beavin & Jackson, 1985
24: vgl. Näheres hierzu in Mead, 1975
25: vgl. Näheres hierzu in Searle, 1969
26: vgl. Reichertz, 1991
27: vgl. a. a. O.
28: vgl. Oevermann, 2003
29: a. a. O., S. 28-29
30: vgl. a. a. O.
31: vgl. Wernet, 2006
32: vgl. a. a. O., S. 13
33: Aufenanger & Lenssen, 1986, S. 9
34: vgl. Hoffmann, 2006, Kap. 3.4

311

35: vgl. Bortz & Döring, 2002, Kap. 5.1.2
36: vgl. Wernet, 2006
37: vgl. Oevermann, 2003
38: vgl. a. a. O.
39: a. a. O., S. 34
40: vgl. Wernet, 2006
41: vgl. Reichertz, 1991
42: vgl. Oevermann, 2003
43: vgl. Wernet, 2006
44: vgl. a. a. O.
45: vgl. Oevermann, 1981: http://publikationen.ub.uni-frankfurt.de/volltexte/2005/537/
    pdf/Fallrekonstruktion-1981.pdf [16.05.2008]
46: vgl. Schrenk, Berger, Schlutius & Heubrock, 2007
47: vgl. Wernet, 2006
48: vgl. a. a. O.
49: Oevermann, 2003, S. 30-31
50: Oevermann, 1981 (Zitat: S. 54): http://publikationen.ub.uni-frankfurt.de/volltexte/2005/537/
    pdf/Fallrekonstruktion-1981.pdf [16.05.2008]
51: vgl. Oevermann, 1981: http://publikationen.ub.uni-frankfurt.de/volltexte/2005/537/
    pdf/Fallrekonstruktion-1981.pdf [16.05.2008]
52: vgl. Aufenanger & Lenssen, 1986
53: vgl. Hoffmann & Musolff, 2000
54: vgl. Stewen, 2006
55: vgl. Musolff, 2006
56: vgl. Ley, 2004
57: vgl. Würstl, 2004
58: vgl. BKA, 1998:
    http://www.bka.de/kriminalwissenschaften/veroeff/inh/forschungsreihe_pdf/index2_38_1.html
    [23.09.2008]
59: vgl. Schrenk, Berger, Schlutius & Heubrock, 2007
60: vgl. Oevermann, 2003
61: vgl. Ackermann, 1994
62: vgl. Haupert, 1994
63: vgl. Aufenanger & Lenssen, 1986
64: vgl. Lorenzer, 2000
65: vgl. Lorenzer, 2006
66: vgl. Haubl, 1991
67: vgl. Köhler, 1994
68: vgl. hierzu Näheres in Lorenzer, 1977b
69: vgl. hierzu Näheres in Mead, 1975
70: vgl. hierzu Näheres in Busch, Leuzinger-Bohleber & Prokop, 2002
71: vgl. hierzu Näheres in: a. a. O.
72: Haubl. 1991, S. 221
73: Lorenzer, 1977a, S. 44
74: a. a. O., S. 62
75: vgl. Lorenzer, 1977a
76: Lorenzer, 2006, S. 214
77: Übergangsphänomene (vgl. auch Winnicott, 2002) sind nach Lorenzer
    entwicklungspsychologisch bedeutsame sinnlich-symbolische Interaktionsformen, bei denen
    eine Szene „quasisymbolisch" für eine andere stehen kann. (vgl. z. B. Lorenzer, 2006).
78: Lorenzer, 2006, S. 216
79: bezüglich dieser drei Absätze über die Arten von Interaktionsformen vgl. Lorenzer, 2006
80: vgl. Lorenzer, 2000
81: vgl. Lorenzer, 1977a; Zitat: S. 53
82: Titelelement des Werkes Lorenzer, 2000
83: vgl. Lorenzer, 1977a
84: vgl. Lorenzer, 1973b
85: vgl. Lorenzer, 1977a
86: vgl. z. B. Lorenzer, 1973b
87: Argelander, 1999, S. 61

312

88: a. a. O., S. 70
89: vgl. Lorenzer, 1973b
90: vgl. Reinke, 1999
91: Lorenzer, 2000, *S.* 169; Hervorhebung A. L.
92: vgl. Lorenzer, 1973b
93: vgl. Lorenzer, 2000
94: vgl. Köhler, 1994
95: Haubl, 1991, S. 222-223
96: Lorenzer, 2006, S. 199; Hervorhebungen A. L.
97: vgl. Freud, 1908
98: vgl. Lorenzer, 2000
99: vg. Lorenzer, 1973a
100: Der Begriff der Gegenübertragung taucht bei Freud erstmals 1911 auf.
101: vgl. Reinke, 1999; vgl. auch Rudolf & Henningsen, 2005 sowie vgl. Preitler, 2006
102: vgl. Köhler, 1994
103: vgl. Leithäuser & Volmerg, 1988
104: vgl. Pourshirazi, 2008
105: vgl. Argelander, 1999
106: vgl. Reinke, 1999
107: zur Reinszenierung von traumatischen Erlebnissen vgl. auch Krall, 2007
108: Alexander & Staub, 1974; zit. n. Simm, 1985
109: Simm, 1985
110: Oevermann, 1985, S. 193
111: Oevermann, 1993, S. 188
112: a. a. O., S. 148
113: a. a. O., S. 146
114: a. a. O.
115: Oevermann, 1985, S. 193
116: vgl. Vocabulaire de la psychanalyse, 2004, S. 238-239 zu „métapsychologie"
117: vgl. a. a. O
118: vgl. Bourdin, 2000
119: vgl. a. a. O.
120: vgl. Vocabulaire de la psychanalyse, 2004, S. 484-489 zu „topique"
121: vgl.Bourdin, 2000
122: vgl. Klußmann, 1993
123: Rudolf und Henningsen, 2005, S.102
124: vgl. a. a. O., S. 104
125: vgl. a. a. O., S. 170
126: vgl. a. a. O.
127: vgl. a. a. O.
128: vgl. Auchter, 1989; zit. n. Klußmann, 1993
129: Mentzos, 2003, S. 188-189
130: vgl. Vocabulaire de la psychanalyse, 2004, S. 499-503 zu „trauma ou traumatisme (psychique)"
131: vgl. Ehlert-Balzer, 1996
132: vgl. Deutsches Institut für Medizinische Information und Dokumentation, 2005: ICD-10, Kennziffer F43.1
133: vgl. Willy, 2004
134: vgl. Mentzos, 2003
135: vgl. a. a. O., S. 257
136: vgl. Stierlin, 1978
137: vgl. Mentzos, 2003
138: vgl. a. a. O., S. 262-263
139: vgl. Böllinger, 2006
140: zum Auswertungsprozedere vgl. die Anleitung im Anhang O

Kap. 12:

1: Die Großbuchstaben verweisen auf den jeweiligen Anhangsteil, in dem Belegstellen zu finden sind.
2: vgl. Birbaumer & Schmidt, 1996
3: vgl. Matthes – von Cramon & von Cramon, 2000

Anhang A:

1: Diese Auswertungen beziehen sich auf das Kapitel 3
2: Erikson, 1981; zit. n. Hoppe-Graff & Engel, 1999
3: vgl. hierzu Näheres in Mentzos, 2003
4: vgl. hierzu Näheres in Mahler, Pine & Bergman, 1984
5: Zur Definition von Perzentilen: Um die relative Lage einer metrisch skalierten Merkmalsausprägung genauer zu beschreiben, kann die Verteilungsfläche des Merkmals kann in annähernd gleich große Teilflächen aufgeteilt werden, beispielsweise in 100 Flächen, die durch 99 Perzentile von einander abgegrenzt werden. Dabei liegen unter dem 1. Perzentil bis zu höchstens 1% der Werte, unter dem 2. Perzentil bis u höchstens 2% von ihnen, etc. (Kähler, 2002). Das 50. Perzentil kennzeichnet also beispielsweise den Punkt in der Verteilungsfläche, unter dem bis zu höchstens 50 Prozent der Werte liegen. Das bedeutet, andersherum betrachtet, dass oberhalb des 50. Perzentils (eingeschlossen der Wert des 50. Perzentils selbst) *mindestens* 50% der Werte angesiedelt sind.
6: vgl. die Perzentilwerte für britische Mädchen in Anhang B
7: vgl. Der Arzneimittelbrief, 1999

Anhang C:

1: Diese Auswertungen beziehen sich auf Kap. 4. Es sei darauf hingewiesen, dass sehr vereinzelt Analyseergebnisse mit denen von Amaral übereinstimmen. Diese Übereinstimmungen (oder auch
Abweichungen) sind für den Leser durch einen Vergleich des nachfolgend Dargelegten mit den Informationen aus Kap. 9.3.2 erkennbar.
2: vgl. Dern, Frönd, Straub, Vick & Witt, 2004
3: vgl. Lewins Feldtheorie des Verhaltens: Lewin, 1951; zit. n. Fisseni, 2003
4: vgl. Greuel et. al., 1998

Anhang D:

1: vgl. McCann, 2007/2008d: http://www.findmadeleine.com/ [17.03.2008]

Anhang E:

1: vgl. die ersten Blogeinträge von Gerald McCann:
http://www.findmadeleine.com/blog/ [01.07.2007];
archiviert auch unter Pamalam, 2007:
http://www.gerrymccannsblogs.co.uk/DAYS_1_to_50.htm
[20.04.2008]

Anhang F:

1: vgl. Gerald McCanns Blogeinträge in der Zeit vom 27.05.2007 bis einschließlich 30.05.2007:
http://www.findmadeleine.com/blog/ [01.07.2007];
archiviert auch unter Pamalam, 2007:
http://www.gerrymccannsblogs.co.uk/DAYS_1_to_50.htm
[20.04.2008]

314

2: Ott, 1961, S. 571
3: vgl. Wikipedia, Eintrag zu "Holy Water": http://en.wikipedia.org/wiki/Holy_water [06.11.2008]
4: vgl. Rebecca, (o. J.): http://franciscan-anglican.com/holy_water.htm [06.11.2008]; Zitate aus der Bibel (verwendete Version unbekannt).
5: vgl. Die Bibel (Version 1982), Genesis, 06-07
6: Auf diese Tatsache machte mich Herr Prof. Dr. Heubrock bereits vor der Analyse des Fotos aufmerksam.
7: Wikipedia, Eintrag zu "Segen": http://de.wikipedia.org/wiki/Segen [06.11.2008]
8: Greiner, 1999, S. 98; zit. n. Evangelischer Oberkirchenrat Stuttgart, 2001, S. 7: http://www.elkw.de/assets/567.pdf [06.11.2008]
9: Evangelischer Oberkirchenrat Stuttgart, 2001, S. 12
10: Die Bibel (Version 1982), Markus 10, 13-16

Anhang G:

1: vgl. McCann, 2007/2008a: http://www.findmadeleine.com/blog/ [23.09.2008]

Anhang H:

1: vgl. McCann, 2007/2008a: http://www.findmadeleine.com/blog/ [23.09.2008]

Anhang I:

1: vgl. McCann, 2007/2008a: http://www.findmadeleine.com/blog/ [23.09.2008]; die von Gerald McCann mittlerweile gelöschten Blogeinträge von Mai und Juni 2007 sind auch archiviert unter Pamalam, 2007: http://www.gerrymccannsblogs.co.uk/DAYS_1_to_50.htm [20.04.2008]

Anhang J:

1: vgl. z. B. BBC News, 05. Mai 2007: http://news.bbc.co.uk/player/nol/newsid_6620000/newsid_6627100/6627199.stm? bw=nb&mp=wm&news=1&nol_storyid=6627199&bbcws=1[07.03.2009]
2: vgl. Rohde-Dachser, 2003
3: vgl. BBC News, 07. Mai 2007: http://www.youtube.com/watch?v=cECrprLqWwQ (Ausschnitt ab 0:46 min.) [07.03.2009]
4: zu den Recherchen des Englischen vgl. The Oxford English Dictionary, Bd.2, 1989, Eintrag zu „place", S. 960-961
5: zu dieser speziellen Verwendung von „place": Langenscheidts Enzyklopädisches Wörterbuch der englischen und deutschen Sprache. „Der Große Muret-Sanders", Teil i, Bd. 2, 2000, Eintrag zu „place", S. 1030

Anhang K:

1: vgl. BBC News, 14. Mai 2007: http://news.bbc.co.uk/player/nol/newsid_6650000/newsid_6652900/6652975.stm? bw=nb&mp=wm&news=1&nol_storyid=6652975&bbcws=1 [17.03.2009]
2: Sofern nicht anders ersichtlich, gilt für alle in diesem Kapitel aufgeführten Transkriptionen folgende Legende: Kursiv = Betonung des Sprechers; Pausen benannt ab rund 1,5 Sekunden.
3: vgl. RTÉ One, 19. Juni 2007: http://www.youtube.com/watch?v=uD1n-1hUvow [07.03.2009]

4: vgl. The Independent, 2008: http://www.independent.co.uk/news/uk/crime/kate-mccann-my-story-460343.html [10.10. 2008] Anmerkung: Es handelt sich wohl um eine sprachlich leicht geglättete Wiedergabe.
5: vgl. McCann, 2007/2008b: http://www.findmadeleine.com/about/ [17.03.2008]
6: vgl. RTP1, 02. November 2007: http://www.youtube.com/watch?v=5v3KKPYqz2A [07.03.2009]
7: vgl. Telecinco, 29. August 2007: http://www.youtube.com/watch?v=PDKixdJ6i_o [07.03.2009]
8: vgl. Newsc.om.au, 29. August 2007: http://www.news.com.au/story/0,23599,22326674-2,00.html [10.10.2008]
9: vgl. Fonagy, 2003
10: vgl. Newsc.om.au, 29. August 2007: http://www.news.com.au/story/0,23599,22326674-2,00.html [10.10.2008]
11: vgl. Antena3, 24.Oktober 2007: http://www.youtube.com/watch?v=MYSaexBAg88 [07.03.2009]
12: vgl. BBC One, 19. November 2007b: http://www.youtube.com/watch?v=1rQazjM-bCo&feature=related [07.03.2009]
13: vgl. Sky News, 01. Mai 2008: http://www.youtube.com/watch?v=OPwBl2hPQNw [07.03.2009]

Anhang L:

1: vgl. Fricker, 07. August 2008: http://www.mirror.co.uk/news/top-stories/2008/08/07/desperate-kate-mccann-s-heartbreak-letter-to-police-please-end-my-torture-115875-20687157/ [06.09.2008]

Anhang M:

1: vgl. McCann & McCann, 2008: http://www.findmadeleine.com/ [23.09.2008]

Anhang N:

1: bezüglich der Quellen vgl. Kap. 7

Anhang O:

1: vgl. Herrn McCanns Blogeintrag vom 30.05.2007:
http://www.findmadeleine.com/blog/ [01.07.2007];
archiviert auch unter Pamalam, 2007:
http://www.gerrymccannsblogs.co.uk/DAYS_1_to_50.htm [20.04.2008]
2: vgl. a. a. O.
3: vgl. McCann, 2007/2008d: http://www.findmadeleine.com/ [17.03.2008]
4: vgl. Herrn McCanns Blogeintrag vom 13.05.2007 :
http://www.findmadeleine.com/blog/ [01.07.2007];
archiviert auch unter Pamalam, 2007:
http://www.gerrymccannsblogs.co.uk/DAYS_1_to_50.htm [20.04.2008]
5: vgl. Herrn McCanns Blogeintrag vom 27.05.2007:
http://www.findmadeleine.com/blog/ [01.07.2007];
archiviert auch unter Pamalam, 2007:
http://www.gerrymccannsblogs.co.uk/DAYS_1_to_50.htm [20.04.2008]
6: vgl. McCann, 2007/2008a

7: vgl. The Independent, 2008: http://www.independent.co.uk/news/uk/crime/kate-mccann-my-story-460343.html [10.10. 2008]
8: vgl. BBC One, 19. November 2007b: http://www.youtube.com/watch?v=1rQazjM-bCo&feature=related [07.03.2009]
9: vgl. Sky News, 01. Mai 2008: http://www.youtube.com/watch?v=OPwBl2hPQNw [07.03.2009]

317

Literaturverzeichnis:

'A Verdade Da Mentira' - 'The Truth of the Lie'. (2008) [On-line, englische Zusammenfassung des Buches von G. Amaral]. Verfügbar unter: http://www.mccannfiles.com/id137.html [24.09.2008].

Abraham, K. (1911/1971). Giovanni Segantini. In Psychoanalytische Studien, Bd. 2 (S. 269-328) . Frankfurt: Fischer.

Ackermann, F. (1994). Die Modellierung des Grauens. Exemplarische Interpretation eines Werbeplakates zum Film „Schlafwandler" unter Anwendung der „Objektiven Hermeneutik" und Begründung einer kultursoziologischen Bildhermeneutik. In D. Garz & K. Kraimer (Hrsg.), Die Welt als Text. Theorie, Kritik und Praxis der objektiven Hermeneutik (S.195-225). Frankfurt a. M: Suhrkamp.

Alexander, F. & Staub, H. (1974). Der Verbrecher und seine Richter. Ein psychoanalytischer Einblick in die Welt der Paragraphen. In Moser, T. (Hrsg.), Psychoanalyse und Justiz. Frankfurt a. M.: Suhrkamp.

Allen, V. (2007, 04. November). Four of Tapas Nine 'to be named suspects' by Portuguese police. Dailymail [On-line]. Verfügbar unter: http://www.dailymail.co.uk/news/article-491638/Four-Tapas-Nine-named-suspects-Portuguese-police.html [07.10.2008].

Allen, V. & Killalea, D. (2008, 04. August). Pictured: The bedroom which Madeleine McCann vanished from in Portugal. Darin: The 48 questions Kate didn't answer. Dailymail [On-line]. Verfügbar unter: http://www.mailonsunday.co.uk/news/article-1041216/Pictured-The-bedroom-Madeleine-McCann-vanished-Portugal.html [24.09.2008].

Amaral, G. (2008). Maddie. A Verdade da Mentira. Lissabon: Guerra e Paz.

Anglicans Online. (2008a). A Beginner's Guide to the Anglican Church [On-line]. Verfügbar unter: http://stjohnsroslyn.org.nz/guide_to_the_anglican_church.html [06.11.2008].

Anglicans Online. (2008b). Articles of Religion [On-line]. Verfügbar unter: http://www.anglicansonline.org/basics/thirty-nine_articles.html [06.11.2008].

Anglikanische Kirche. (2002). In Bertelsmann Universal Lexikon (S. 47). München: Wissen Media Verlag.

Anglikanische Vereinigung in Europa. (2007). Profile. The Anglican Parish of St Vincent, The Algarve, Portugal [On-line, PDF-Dokument]. Verfügbar unter: http://www.europe.anglican.org/news/jobs/AlgarveProfile.htm [06.11.2008].

Antena3 (2007, 24. Oktober). Interview mit den McCanns (Sendungstitel unbekannt) [On-line, Video, Ausschnitt]. Verfügbar unter: http://www.youtube.com/watch?v=MYSaexBAg88 [07.03.2009].

Anzieu, D. (1982). Le corps de l'œuvre. Paris : Gallimard.

Apartment 5A. (2008). [On-line, Website mit Bildmaterial von der Hotelanlage Ocean Club und dem Ferienapartment der McCanns]. Verfügbar unter: http://www.mccannfiles.com/id21.html [17.11.2008].

Argelander, H. (1999). *Das Erstinterview in der Psychoanalyse* (6. Auflage). Darmstadt: Primus.

Auchter, T. (1989). Gesundsein und Kranksein. Ein fiktives Gespräch mit Donald W. Winnicott. *Forum der Psychoanalyse, 5,* 153-167.

Aufenanger, S. & Lenssen, M. (Hrsg). (1986). *Handlung und Sinnstruktur. Bedeutung und Anwendung der objektiven Hermeneutik.* München: Peter Kindt.

Baraitser, M & Winter, R. M. (2001). *Missbildungssyndrome.* Bern: Hans Huber.

BBC (2008, 01. Mai). Profile: Gerry and Kate McCann. *BBC* [On-line]. Verfügbar unter: http://news.bbc.co.uk/2/hi/uk_news/6983007.stm [12.05.2008].

BBC (2007, 25. Mai). McCanns give first interview. *BBC* [Online, Filmmaterial]. Verfügbar unter: http://news.bbc.co.uk/player/nol/newsid_6690000/newsid_6692900/6692935.stm? bw=bb&mp=wm [24.09.2008].

BBC (2007, 24. September). Profile: Clarence Mitchell. *BBC* [On-line]. Verfügbar unter: http://news.bbc.co.uk/1/hi/uk/7010286.stm [16.05.2008].

BBC (2008, 04. Dezember). Mother guilty over Shannon kidnap. *BBC* [On-line]. Verfügbar unter: http://news.bbc.co.uk/1/hi/england/west_yorkshire/7763260.stm [07.01.2009].

BBC Leicester (2008). Your Stories. Madeleine McCann: Timeline. *BBC Leicester* [On-line]. Verfügbar unter: http://www.bbc.co.uk/leicester/content/articles/2007/05/10/madeleine_mccann_round_ up_feature.shtml [16.05.2008].

BBC News (2007, 05. Mai). *Toddler's parents make appeal* [On-line, Video der wohl ersten Wendung der McCanns an die Medien]. Verfügbar unter: http://news.bbc.co.uk/player/nol/newsid_6620000/newsid_6627100/6627199.stm?bw= nb&mp=wm&news=1&nol_storyid=6627199&bbcws=1[07.03.2009].

BBC News (2007, 07.Mai). *Please don't hurt her* [On-line, Video des Appelles von Frau McCann an den angeblichen Entführer]. Ursprünglich verfügbar gewesen unter: http://news.co.uk/player/nol/newsid_6630000/newsid_6632600/6632649.stm?bw=nb& mp=wm&news=1&nol-storyid=6632649&bbcws=1 [30.04.2008]. Heute noch in einer anderen Version verfügbar unter: http://www.youtube.com/watch?v=cECrprLqWwQ (Ausschnitt ab 0:46 min.) [07.03.2009].

BBC News (2007, 12. Mai). New plea on Madeleine's birthday. *BBC News* [On-line]. Verfügbar unter: http://news.bbc.co.uk/2/hi/uk_news/6648995.stm [30.04.2008].

BBC News (2007, 14. Mai). *Madeleine (sic!) dad sure she is safe* [On-line, Video der Wendung der McCanns an die Medien]. Verfügbar unter: http://news.bbc.co.uk/player/nol/newsid_6650000/newsid_6652900/6652975.stm?bw= nb&mp=wm&news=1&nol_storyid=6652975&bbcws=1 [17.03.2009].

BBC News (2007, 07. September). Profile: Kate McCann. *BBC News* [On-line]. Verfügbar unter: http:// news.bbc.co.uk/2/hi/uk_news/6983007.stm [30.04.2008].

BBC News (2008, 21. Februar). How common is Madeleine's eye defect? *BBC News* [On-line]. Verfügbar unter: http://news.bbc.co.uk/2/hi/uk_news/magazine/7256513.stm [07.09.2008].

BBC One (2007a, 19. November). *Panorama. The Mystery of Madeleine McCann* [TV-Sendung]. Transkript verfügbar unter:
http://news.bbc.co.uk/2/hi/programmes/panorama/7106086.stm [27.04.2008].

BBC One (2007b, 19. November). *Panorama. The Mystery of Madeleine McCann* [TV-Sendung; Ausschnitt]. Verfügbar noch unter:
http://www.youtube.com/watch?v=1rQazjM-bCo&feature=related [07.03.2009].

Beck, M. (2008). *Schlafendes Kind aus dem Bett entführt* [On-line, Homepage der Bundestagsabgeordneten Marieluise Beck, Rubrik „Mein Wahlkreis"]. Verfügbar unter:
http://www.marieluisebeck.de/themen/bremen/artikel/browse/4/article/schlafendes-kind-aus-dem-bett-entfuehrt.html?tx_ttnews%5BbackPid%5D=19&cHash=3622fc754e [07.01.2009].

Berker, C. & Große-Oetringhaus, H.-M. (2003). *Getäuscht. Verkauft. Missbraucht. Reportagen und Hintergründe zum weltweiten Kinderhandel.* Zürich: Rotpunktverlag.

Bertelsmann Lexikon Institut (Hrsg.). (2002). *Bertelsmann Universal Lexikon.* München: Wissen Media Verlag.

Birbaumer, N. & Schmidt, R. F. (1996). Psychoneuroimmunologie. In *Biologische Psychologie* (Kap. 4; 3. Auflage).

Böllinger, L. (2006). Die Entwicklung zu terroristischem Handeln als psychosozialer Prozess. In K. Kemmesies, BKA (Hrsg.), *Terrorismus und Extremismus – der Zukunft auf der Spur. Polizei und Forschung, Bd. 33* (S. 59-70). München: Luchterhand.

Bortz, J. & Döring, N. (2002). Gegenüberstellung qualitativer und quantitativer Verfahren. In *Forschungsmethoden und Evaluation für Human- und Sozialwissenschaften* (Kap. 5.1.2, S. 298-301). Berlin: Springer.

Bourdin, D. (2000). *La psychanalyse de Freud à aujourd'hui. Histoire. Concepts. Pratiques.* Paris: Bréal.

Brenner, I. (1996). Multisensory Bridges in Response to Object Loss. In J. Kestenberg & I. Brenner, *The last Witness: the Child survivor oft he Holocaust.* Washington: American Psychiatric Press.

Breuer, C. (2002). *Die Moraltheologische Problematik der In-Vitro-Fertilisation* [On-line, PDF-Dokument]. Verfügbar unter: http://www.kath-theologie.uni-osnabrueck.de/kug/download/breuer.pdf [10.11.2008].

Britische Botschaft Berlin (2007). *Einladung zur Pressekonferenz der McCanns. Pressemitteilung der Britischen Botschaft Berlin, 5. Juni 2007* [On-line, Homepage]. Verfügbar unter: http://ukingermany.fco.gov.uk/de/newsroom/?view=News&id=4615471 [20.04.2008].

Britten, N. (2007, 07. Mai). Police identify Madeleine suspect. *Telegraph* [On-line]. Verfügbar unter: http://www.telegraph.co.uk/news/1550667/Police-identify-Madeleine-suspect.html [16.05.2008].

Britten, N. (2007, 12. Mai). 'Why I offered £1m reward for information'. *Telegraph* [On-line]. Verfügbar unter:
http://www.telegraph.co.uk/news/main.jhtml?xml=/news/2007/05/12/wmaddy312.xml [27.04.2008].

Brown, D. (2007, 18. Mai). Faith and love aiding Maddie hunt, says priest. *Times Online* [On-line]. Verfügbar unter: http://www.timesonline.co.uk/tol/news/uk/article1810407.ece [10.11.2008].

Bundesarbeitsgemeinschaft Mehr Sicherheit für Kinder e. V. (Hrsg). (2004). *Kinderunfälle gehen jeden an. Jeden Tag. Aktionsmappe 2004: Hilfen für die Planung und Organisation von Aktionen zur Unfallprävention.* Beziehbar über die Bundesarbeitsgemeinschaft, Heilsbachstraße 13 in 53123 Bonn.

Bundeskriminalamt Wiesbaden. (2003). *Die polizeiliche Bearbeitung von Vermisstenfällen in Deutschland* [On-line, PDF-Dokument]. Verfügbar unter: http://www.bka.de/profil/faq/faq-vermisste.pdf [15.12.2007].

Bundeskriminalamt Wiesbaden, Kriminalistisches Institut (Hrsg). (1998). *Methoden der Fallanalyse. Ein Internationales Symposium. BKA-Forschungsreihe (Bd. 38.1).* Wiesbaden: Bundeskriminalamt. Online als PDF verfügbar unter: http://www.bka.de/kriminalwissenschaften/veroeff/inh/forschungsreihe_pdf/index2_38_1.html [23.09.2008].

Bundesministerium des Innern & Bundesministerium der Justiz (Hrsg.). (2006). *Zweiter Periodischer Sicherheitsbericht* [On-line, PDF-Dokument]. Verfügbar unter: http://www.bka.de/lageberichte/ps/psb2_langfassung.pdf [23.09.2008].

Busch, H.-J., Leuzinger-Bohleber, M. & Prokop, U. (Hrsg.). (2002). Sprache, Sinn und Unbewußtes. Zum 80. Geburtstag von Alfred Lorenzer. In H. Bareuther, K. Brede, M. Ebert-Saleh, K. Grünberg & S. Hau (Hrsg.), *Psychoanalytische Beiträge aus dem Sigmund-Freud-Institut, Bd. 10.* Tübingen: Diskord.

Cáceres, J. & Richter, N. (2008, 30. August). Madeleine McCann. Das Kind, nach dem die ganze Welt suchte. Was geschah wirklich in jener Nacht, als Madeleine McCann verschwand? Die SZ hat die Ermittlungsakten ausgewertet. *Süddeutsche Zeitung* [On-line]. Verfügbar unter: http://www.sueddeutsche.de/panorama/348/308295/text/ [23.12.2008].

Canter, D. V. , Alison, L. J. , Alison, E. & Wentink, N. (2004). The Organized/Disorganized Typology of Serial Murder. Myth or Model? *Psychology, Public Policy and Law, 3*, 293-320.

Chromosome 2q deletion syndrome. (2006). *United States National library of Medicine, National Institutes of Health, Archives* [On-line-Enzyklopädie]. Verfügbar unter: http://www.nlm.nih.gov/archive/20061212/mesh/jablonski/cgi/jablonski/syndrome_cgif8c8.html [10.11.2008].

'De Telegraaf Letter' (2008). [On-line, Website]. Verfügbar unter: http://www.mccannfiles.com/id78.html [10.01.2009].

Der Arzneimittelbrief. (1999). Diagnostik und Therapie von Wachstumsstörungen im Kindesalter. *Der Arzneimittelbrief, 8*, 57. Verfügbar unter: http://www.der-arzneimittelbrief.net/Jahrgang1999/Ausgabe08Seite57.htm [10.11.2008].

Dern, H., Frönd, R., Straub, U., Vick, J. & Witt, R. (2004). Der Ansatz von David Canter. In *Geografisches Verhalten fremder Täter bei sexuellen Gewaltdelikten. Ein Projekt zur Optimierung der Einschätzung des geografischen Tatverhaltens im Rahmen der Erstellung eines Täterprofils bei operativen Fallanalysen* (Kap. 2.6). Wiesbaden: Bundeskriminalamt.

Dettenborn, H. & Walter, E. (2002). Stresserleben und Coping bei kritischen Familienereignissen. In *Familienrechtspsychologie* (Kap. 2.4). München: Reinhardt.

Deutsches Institut für Medizinische Information und Dokumentation. (2005). *ICD-10. Internationale statistische Klassifikation der Krankheiten und verwandter Gesundheitsprobleme. 10. Revision. WHO-Ausgabe.* Verfügbar unter: http://www.icd-10.de [12.06.2006].

Edwards, R. (2007, 24. Mai). Parents seek solace at shrine of Fatima. *Telegraph* [On-line]. Verfügbar unter: http://www.telegraph.co.uk/news/worldnews/1552516/Parents-seek-solace-at-shrine-of-Fatima.html [21.06.2008].

Edwards, R. (2007, 31. Mai). 'We want Maddy to be found... yesterday'. *Telegraph* [On-line]. Verfügbar unter: http://www.telegraph.co.uk/news/main.jhtml?xml=/news/2007/05/30/wmaddy330.xml [27.04.2008]

Edwards, R. & Govan, F. (2007, 12. Mai). Abductors could have spied on girl for days. *Telegraph* [On-line]. Verfügbar unter: http://www.telegraph.co.uk/news/main.jhtml?xml=/news/2007/05/12/wmaddy112.xml [27.04.2008].

Edwards, R. & Govan, F. (2007, 21. Mai). Madeleine's father plans a European 'mission'. *Telegraph* [On-line]. Verfügbar unter: http://www.telegraph.co.uk/news/worldnews/1552224/Madeleine%27s-father-plans-a-European-%27mission%27.html [27.04.2008].

Edwards, R., Govan, F. & Peck, S. (2007, 14. Mai). 'We believe Madeleine is alive'. *Telegraph* [On-line]. Verfügbar unter: http://www.telegraph.co.uk/global/main.jhtml?xml=/global/2007/05/14/wmaddie114.xml [07.09.2008].

Ehlert-Balzer, M. (1996). Das Trauma als Objektbeziehung. Veränderungen der inneren Objektwelt durch schwere Traumatisierung im Erwachsenenalter. *Forum der Psychoanalyse, 12,* 291 – 314.

Elterninitiative vermisster Kinder. *Homepage* [On-line]. Verfügbar unter: http://www.vermisste-kinder.de [10.01.09].

Erikson, E. H. (1981). *Jugend und Krise. Die Psychodynamik im sozialen Wandel.* Frankfurt: Ullstein. (Originalarbeit erschienen 1968)

Europäisches Parlament (2008, 10. April). *EU-Abgeordnete und Eltern der vermissten Madeleine fordern EU-weites Alarmsystem für vermisste Kinder* [On-line, PDF-Dokument]. Verfügbar unter: http://www.europarl.europa.eu/pdfs/news/public/story/20080407STO25859/20080407S TO25859_de.pdf [23.09.2008].

Evangelischer Oberkirchenrat Stuttgart (Hrsg.). (2001). *Segnen. Eine Arbeitshilfe* [On-line, PDF-Dokument]. Verfügbar unter: http://www.elkw.de/assets/567.pdf [06.11.2008].

FAZ (2005, 09. Mai). Mordprozeß Marc Hoffmann: Das Geständnis läßt er verlesen. *FAZ* [On-line]. Verfügbar unter: http://www.faz.net/s/Rub77CAECAE94D7431F9EACD163751D4CFD/Doc~E064BF25 2C6874B86BE2A7203C6D939B5~ATpl~Ecommon~Scontent.html [07.01.2009].

FAZ (2007, 29. Mai). „Geistliche Unterstützung". Papst empfängt Madeleines Eltern. *FAZ* [On-line]. Verfügbar unter: http://www.faz.net/s/Rub77CAECAE94D7431F9EACD163751D4CFD/Doc~E7A33D6C A7F064F459A0354630F482612~ATpl~Ecommon~Scontent.html [17.09.2008].

Fegefeuer. (2002). In *Bertelsmann Universal Lexikon* (S. 262). München: Wissen Media Verlag.

Finkelhor, D. & Browne, A. (1985): The traumatic impact of child sexual abuse. A conceptualization. *American Journal of Orthopsychiatry, 55,* 530-541.

Finkelhor, D., Hammer, H. & Sedlak, A. J. (2002). *NISMART. National Incidence Studies of Missing, Abducted, Runaway and Thrownaway Children. Nonfamily Abducted Children: National Estimates and Characteristics* [On-line]. Washington, DC: U.S. Department of Justice, Office of Juvenile Justice and Delinquency Prevention. Verfügbar unter: http://www.ncjrs.gov/html/ojjdp/nismart/03/index.html [23.09.2008].

Fisseni, H-J. (2003). *Persönlichkeitspsychologie. Ein Theorienüberblick* (5. Auflage). Göttingen: Hogrefe.

Flick, U. (2006). *Qualitative Sozialforschung. Eine Einführung* (4. Auflage). Reinbek bei Hamburg: Rowohlt.

Fokus Online (2007, 11. September). Vermisste Madeleine. Polizei geht von Unglück aus. *Fokus Online. Panorama* [On-line]. Verfügbar unter: http://www.focus.de/panorama/welt/vermisste-madeleine_aid_132401.html [27.04.2008].

Fonagy, P. (2003). *Bindungstheorie und Psychoanalyse* (M. Klostermann, Übers.). Stuttgart: Klett-Cotta. (Originalarbeit erschienen 2001 unter dem Titel „Attachment Theory and Psychoanalysis)

Freiburg, F. (2004). Der Fall Marc Dutroux. Bestellt, gezahlt, Ware erhalten. *Spiegel Online, Spiegel TV* [On-line]. Verfügbar unter: http://www.spiegel.de/sptv/magazin/0,1518,286636,00.html [07.01.2009].

Franke, B., Seifert, D., Anders, S., Schroer, J. & Heinemann, A. (2004). Gewaltforschung zum Thema „häusliche Gewalt" aus kriminologischer Sicht. *Rechtsmedizin, 14,* 193-198.

Freud, S. (1900/1999). *Die Traumdeutung. GW II.* Frankfurt a. M.: Fischer.

Freud, S. (1905/1999). *Der Witz und seine Beziehung zum Unbewußten. GW VI.* Frankfurt a. M.: Fischer.

Freud, S. (1908/1999). *Analyse der Phobie eines fünfjährigen Knaben.* In *GW VII,* S. 241-377. Frankfurt a. M.: Fischer.

Freud, S. (1911/1999). *Die zukünftigen Chancen der Psychoanalytischen Therapie.* In *GW VIII,* S. 104-115.

Freud, S. (1917/1999). *Trauer und Melancholie.* In *GW X,* S. 428-446. Frankfurt a. M.: Fischer.

Freud, S. (1932/1999). *GW XV.* Frankfurt a. M: Fischer.

Friedrichsen, G. (2007, 28. August). Mitjas Mörder gesteht – und schweigt. *Spiegel Online* [On-line]. Verfügbar unter:
http://www.spiegel.de/panorama/justiz/0,1518,502472,00.html [07.01.2009].

Fricker, M. (2008, 07. August). Desperate Kate McCann's heartbreak letter to police: 'Please end my torture'. *Mirror* [On-line]. Verfügbar unter:
http://www.mirror.co.uk/news/top-stories/2008/08/07/desperate-kate-mccann-s-heartbreak-letter-to-police-please-end-my-torture-115875-20687157/ [06.09.2008].

Gammell, C. (2007, 13. September). Madeleine McCann: Police seize mother's diary. *Telegraph* [On-line]. Verfügbar unter:
http://telegraph.co.uk/news/uknews/1562900/Madeleine-McCann-Police-seize-mother%27s-diary.html [27.04.2008].

Gammell, C. (2007, 17. September). Madeleine McCann: Tycoons withdraw support. *Telegraph* [On-line]. Verfügbar unter:
http://www.telegraph.co.uk/news/main.jhtml?xml=/news/2007/09/13/nmaddy413.xml [27.04.2008].

Gerdts-Schiffler, R. (2008, 11. Oktober). Schlafendes Kind aus dem Bett entführt. Findorfferin kämpft um ihren kleinen Sohn in Tunesien. *Weser-Kurier,* S. 6.

Gledhill, R. (2007, 17. Mai). Another seedling going over to Rome? *Times Online* [On-line]. Verfügbar unter:
http://timescolumns.typepad.com/gledhill/2007/05/another_seedlin.html [10.11.2008].

Google Maps *[On-line, Landkartendienst].* (2008). Verfügbar unter:
http://maps.google.de [13.11.2008].

Govan, F. (2007, 02. Juni). Top team behind Madeleine campaign. *Telegraph* [On-line]. Verfügbar unter: http://www.telegraph.co.uk/news/worldnews/1553059/Top-team-behind-Madeleine-campaign.html [16.05.2008].

Greiner, D. (1998). *Segen und Segnen. Eine systematisch-theologische Grundlegung.* Stuttgart: Kohlhammer.

Greuel, L., Offe, S., Fabian, A., Wetzels, P., Fabian, T., Offe, H. & Stadler, M. (1998). *Glaubhaftigkeit der Zeugenaussage.* Weinheim: Beltz.

Griffith, P. (2007, 18. Mai). Madeleine Web site gets 55 million hits. *Reuters* [On-line]. Verfügbar unter: http://uk.reuters.com/article/topNews/idUKL1820079420070518 [30.04.2008].

Guileyardo, J. M., Prahlow, J. A. & Barnard, J. J. (1999). Familial Filicide and Filicide Classification. *American Journal for Forensic Medicine and Pathology, 20,* 286-292.

Gutsch, J.-M. (2007). Ermittlungs-Drama in Portugal. „Maddie" und kein Ende. *Spiegel Online, Jahreschronik 2007, Mai* [On-line]. Verfügbar unter:
http://www.spiegel.de/jahreschronik/0,1518,521373,00.html [27.04.2008].

GynAktuell (2002, 18. März). *Newsletter Nr. 14* [On-line]. Darin: Kindliche Mißbildungen nach IVF und ICSI. Verfügbar unter: http://www.gynaktuell.de/newsletter.php3?id=46 [08.11.2008].

Hamburger Abendblatt. (1998, 22. Juli). Ulrikes Mörder gesteht. *Hamburger Abendblatt* [On-line], *168*, S. 30. Verfügbar unter: http://www.abendblatt.de/extra/service/944949.html?url=/ha/1998/xml/19980722xml/ha bxml980709_4089.xml [07.01.2009].

Hansen M., Kurinczuk J., Bower C. & Webb, S. (2002). The risk of major birth defects after intracytoplasmatic sperm injection and in vitro fertilization. *New England Journal of Medicine, 346*, 725-730.

Hatters Friedman, S., McCue Horwitz, S. & Resnick, P. J. (2005). Child Murder by Mothers: A Critical Analysis oft he Current State of Knowledge and a Research Agenda. *American Journal of Psychiatry, 162*, 1578-1587.

Haubl, R. (1991). Modelle psychoanalytischer Textinterpretation. In U. Flick, E. v. Kardorff, H. Keupp, L. v. Rosenstiel & S. Wolff (Hrsg.), *Handbuch Qualitative Sozialforschung* (S. 219-223). München: Psychologie Verlags Union.

Haupert, B. (1994). Objektiv-hermeneutische Fotoanalyse am Beispiel von Soldatenfotos aus dem Zweiten Weltkrieg. In D. Garz & K. Kraimer (Hrsg.), *Die Welt als Text. Theorie, Kritik und Praxis der objektiven Hermeneutik* (S. 281-314). Frankfurt a. M.: Suhrkamp.

Herder, D. (2008, 08. November). Nach Buxtehuder Babyentführung: Alarmsystem in der Windel. *Hamburger Abendblatt* [On-line]. Verfügbar unter: http://www.abendblatt.de/daten/2008/11/08/967891.html [08.01.2009].

Hoff, H. (2007, 11. September). Gnadenlose Hysterie. *Zeit online* [On-line]. Verfügbar unter: http://www.zeit.de/online/2007/37/madeleine-medien?page=1 [27.04.2008].

Hoffmann, J. (2002). Fallanalyse im Einsatz. In C. Musolff & J. Hoffmann (Hrsg.), *Täterprofile bei Gewaltverbrechen. Mythos, Theorie und Praxis des Profilings* (Kap. 11, S. 305-330). Berlin: Springer.

Hoffmann, J. (2006). Profiling als Mythode. In C. Musolff & J. Hoffmann (Hrsg.), *Täterprofile bei Gewaltverbrechen. Mythos, Theorie und Praxis des Profilings* (Kap. 3.4, S. 58-62; 2. Auflage). Berlin: Springer.

Hoffmann, J. & Musolff, C. (2000). Fallanalyse und Täterprofil. Geschichte, Methoden und Erkenntnisse einer jungen Disziplin. In Bundeskriminalamt, Kriminalistisches Institut (Hrsg.), *BKA-Forschungsreihe* (Bd. 52). Wiesbaden: Bundeskriminalamt.

Holmes, T. H. & Rahes, R. H.(1967). The Social Readjustment Rating Scale. In *Journal of Psychosomatic Research, 11*, 213-218. Online verfügbar unter: http://www.sciencedirect.com/science?_ob=MiamiImageURL&_imagekey=B6T8V-45XSTNP-8N-1&_cdi=5096&_user=963894&_check=y&_orig=search&_coverDate=08/31/1967&view=c&wchp=dGLbVzW-zSkzV&md5=74c64fea8aacf7 f195dec3b309e7eea5&ie=/sdarticle.pdf [24.09.2008].

Holy Water. In *Wikipedia* [On-line-Enzyklopädie]. Verfügbar unter: http://en.wikipedia.org/wiki/Holy_water [06.11.2008].

Hoppe-Graff, S. & Engel, I. (Hrsg.). (1999). P. G: Zimbardo & R. J. Gerrig. *Psychologie* (7. Auflage). Berlin: Springer. (Originalarbeit erschienen 1996 unter dem Titel "Psychology and Life")

Hughes, D. (2007, 18. Mai). Are we helping or harming the McCanns? *Telegraph* [On-line]. Verfügbar unter: http://www.telegraph.co.uk/opinion/main.jhtml?xml=/opinion/2007/05/18/do1806.xml [27.04.2008].

Hunsicker, E. (2008). Vermisste Kinder. Glücklich zurück – tot oder getötet – verschwunden auf (unbestimmte) Dauer. *Kriminalistik, 4,* 218-224.

In vitro. (2002). In *Bertelsmann Universal Lexikon* (S. 411). München: Wissen Media Verlag.

In-vitro-Fertilisation. (2002). In *Bertelsmann Universal Lexikon* (S. 411). München: Wissen Media Verlag.

Interpol. (2007a). *McCann, Madeleine Beth. F-131/5-2007* [On-line, Madeleines Eintrag in die Vermisstendatenbank]. Verfügbar unter: http://www.interpol.int/public/data/children/missing/notices/data/2007/03/2007_23403.asp [15.12.2007].

Interpol. (2007b). *Interpol issues global alert for missing British child* [On-line, Information über die internationale Suchmeldung bezüglich Madeleine McCann]. Verfügbar unter: http://www.interpol.int/Public/News/2007/Yellownotice20070509.asp [15.12.2007].

Interpol. *Missing children. Search Form* [On-line, Vermisstendatenbank Kinder und Jugendliche]. Verfügbar unter: www.interpol.int/Public/Children/Missing/Search/Form.asp [10.01.2009].

Isert, J. (2007, 10. September). Madeleines Eltern. „Es gibt Auffälligkeiten". *Stern* [On-line]. Verfügbar unter: http://www.stern.de/politik/panorama/:Madeleines-Eltern-Es-gibt-Auffälligkeiten/597291.html [16.05.2008]

Jacobson, E. (1971). Eine vergleichende Untersuchung normaler, neurotischer und psychotisch-depressiver Zustände. Frankfurt a. M.: Suhrkamp.

Jamin, P. (2007). *Vermisst – und manchmal Mord. Über Menschen, die verschwinden und jene, die sie suchen.* Hilden: Verlag Deutsche Polizeiliteratur.

Kähler, W.-M. (2002). Verteilungen. In *Statistische Datenanalyse. Verfahren verstehen und mit SPSS gekonnt einsetzen* (Kap. 2). Braunschweig: Vieweg.

Kate's Interviews (2008). Darin: Kate's displacement from the events of Madeleine's disappearance. The first interview with Jane Hill from the BBC - 25 May 2007 [On-line]. Verfügbar unter: http://www.mccannfiles.com/id59.html [24.09.2008].

Katholische Kirche. (2002). In *Bertelsmann Universal Lexikon* (S. 459). München: Wissen Media Verlag.

Kauffman, J. (1993/1994). Dissociative Functions in the Normal Mourning Process. *Omega, 28* (1), 31-38.

327

Keseling, U. (2007, 07. September). Fall Madeleine. Psychologe glaubt an Täterwissen der Eltern. *Weltonline* [On-line]. Verfügbar unter: http://www.welt.de/vermischtes/article1166634/Psychologe_glaubt_an_ Taeterwissen_der_Eltern.html [13.09.2008].

Kielinger, T. (2008, 14. Juli). Anglikaner. Das Religiöse Spiegelbild Englands. *Welt Online* [On-line]. Verfügbar unter: http://www.welt.de/politik/article2212900/Das_religioese_Spiegelbild_Englands.html [06.11.2008].

Kingstone, S. (2008, 07. April). Who are the McCann tapas seven? *BBC* [On-line]. Verfügbar unter: http://news.bbc.co.uk/2/hi/uk_news/7331034.stm [07.09.2008].

Klußmann, R. (1993). *Psychotherapie. Psychoanalytische Entwicklungspsychologie, Neurosenlehre, Behandlungsverfahren, Aus- und Weiterbildung* (2. Auflage). Berlin: Springer.

Knight, R. A., Rosenberg, R. & Schneider, B. A. (1985). Classification of Sexual Offenders: Perspectives, Methods and Validation. In A. Burgess (Hrsg.), *Rape and Sexual Assault. A Research Handbook.* New York: Garland.

Kohut, H., Wolf, E. (1980). Die Störungen des Selbst und ihre Behandlung. In *Psychologie des 20. Jahrhunderts, Bd. X.* München: Kindler.

Köhler, T. (1994). *Detektive im Dickicht. Studien zur literarischen Tiefenhermeneutik von M. Bonaparte, A. Schmidt, A. Lorenzer und W. Benjamin.* Bielefeld: Aisthesis.

Kordon, D. R. (1988). *Psychological Effects of Political Repression.* Buenos Aires: Sudamericana/Planeta.

Krall, H. (2007). *Trauma bei Kindern und Jugendlichen. Szenische Arbeit in Psychotherapie und Pädagogik.* Berlin: Lit.

Kramer, S. & Hesselmann, M. (2007, 04. Juni). Ins Rampenlicht. Die Eltern der kleinen Madeleine setzen bei der Suche nach ihrer Tochter auf die Öffentlichkeit. *Der Tagesspiegel* [On-line]. Verfügbar unter: http://www.tagesspiegel.de/weltspiegel/;art1117,2314874 [16.05.2008].

Lagos. (2002). In *Bertelsmann Universal Lexikon* (S. 507). München: Wissen Media Verlag.

Laplanche, J. & Pontalis, J.-B. (2004). *Vocabulaire de la psychanalyse* (4. Auflage). Paris: Presses Universitaires de France.

Leahy, J. M. (1992/1993). A Comparison of Depression. In Women Bereaved of a Spouse, Child or Parent. *Omega, 26* (3), 207-217.

Leithäuser, T. & Volmerg, B. (Hrsg.). (1988). *Psychoanalyse in der Sozialforschung.* Opladen: Leske.

Lewin, K. (1951). *Field theory in social sciences.* New York: Harper & Brothers.

Ley, T. (2004). *Objektive Hermeneutik in der Polizeiausbildung. Zur sozialwissenschaftlichen Grundlegung eines Curriculums.* Berlin: Duncker & Humblot.

Leydhecker, W. (1990). Entwicklungsgeschichte und Mißbildungen des Auges. In *Augenheilkunde* (Kap. 26, S. 237-240; 24. Auflage). Berlin: Springer.

Lindemann, P. (1998, 27. Juli). Kindermorde. Verhängnisvolles Schweigen. Verwandte wußten seit Jahren um die Gefährlichkeit des Sexualstraftäters Ronny Rieken. *Focus Online* [On-line], *31*. Verfügbar unter: http://www.focus.de/politik/deutschland/kindermorde-verhaengnisvolles-schweigen_aid_173107.html [07.01.2009].

Link, O. (2005, 20. Mai). Sexualmörder. Anja Wille, verwaiste Mutter. *Stern* [On-line], *20*. Verfügbar unter: http://www.stern.de/panorama/:Sexualm%F6rder-Anja-Wille,-Mutter/540228.html [07.01.2009].

Lorenzer, A. (1973a). Psychoanalyse als Sprachuntersuchung. Sprachfiguren und Interaktionsformen. In *Über den Gegenstand der Psychoanalyse oder: Sprache und Interaktion* (Kap. IV). Frankfurt a. M.: Suhrkamp.

Lorenzer, A. (1973b). *Über den Gegenstand der Psychoanalyse oder: Sprache und Interaktion.* Frankfurt a. M.: Suhrkamp.

Lorenzer, A. (1977a). *Sprachspiel und Interaktionsformen. Vorträge und Aufsätze zu Psychoanalyse, Sprache und Praxis.* Frankfurt a. M.: Suhrkamp.

Lorenzer, A. (1977b). Wittgensteins Sprachspielkonzept in der Psychoanalyse. In *Sprachspiel und Interaktionsformen. Vorträge und Aufsätze zu Psychoanalyse, Sprache und Praxis* (S. 15-37). Frankfurt a. M.: Suhrkamp.

Lorenzer, A. (2000). *Sprachzerstörung und Rekonstruktion. Vorarbeiten zu einer Metatheorie der Psychoanalyse* (5. Auflage). Frankfurt a. M.: Suhrkamp.

Lorenzer, A. (2006). Szenisches Verstehen. Zur Erkenntnis des Unbewußten. In U. Prokop & B. Görlich (Hrsg.), *Kulturanalysen, Bd. 1.* Marburg: Tectum.

Ludwig, M. & Diedrich, K. (2003). Zehn Jahre ICSI. Teil 1: Indikationen, Grenzen, Hintergründe männlicher Subfertilität. *Gynäkologische Endokrinologie, 1*, 35-41. Online verfügbar unter: http://www.springerlink.com/content/yyrcymx4h40xvv8n/fulltext.pdf [10.11.2008].

Mahler, M. S., Pine, F. & Bergman, A. (1984). *Die psychische Geburt des Menschen. Symbiose und Individuation* (H. Weller, Übers.). Frankfurt a. M.: Fischer. (Originalarbeit erschienen 1975 unter dem Titel „The Psychological Birth oft he Human Infant")

Maria. (2002). In *Bertelsmann Universal Lexikon* (S. 566). München: Wissen Media Verlag.

Mark Warner Holidays. (2007). Statement from Marc Warner Holidays issued on behalf of the McCann family *[On-line, Foto des Dokuments]*. In Pamalam (2007/2008), *Gerry McCann's Blogs* [On-line, Fremdarchivierung von Herrn McCanns Blogeinträgen]. Verfügbar unter: http://www.gerrymccannsblogs.co.uk/DAYS_1_to_50.htm [20.04.2008].

Marneros, A. (2007). *Affekttaten und Impulstaten. Forensische Beurteilung von Affektdelikten.* Stuttgart: Schattauer.

Matthes – von Cramon, G. & von Cramon, D. Y. (2000). Störungen exekutiver Funktionen. In W. Sturm, M. Herrmann & Wallesch, C. W. (Hrsg.), *Lehrbuch der Klinischen Neuropsychologie. Grundlagen. Methoden. Diagnostik. Therapie* (Kap. 4.4). Lisse: Swets & Zeitlinger.

Mattonet, C. (2007). *NPHP6 (Nephrocystin-6) – Nierenentwicklung und Zystogenese im Modellsystem Xenopus laevis.* Dissertation, Albert-Ludwigs-Universität Freiburg im Breisgau. Online als PDF-Dokument verfügbar unter: http://www.freidok.uni-freiburg.de/volltexte/4491/pdf/dissertation_christian_mattonet.pdf [10.11.2008].

McCann, G. & McCann, K. (2007, 22. Dezember). *Christmas Appeal* [On-line, Video]. Ausgestrahlt von verschiedenen Sendern. Heute noch verfügbar unter: http://www.youtube.com/watch?v=EkOFJcqH74A [07.03.2008].

McCann, G. (2007/2008a). *Blog* [On-line, Internet-Tagebuch]. Verfügbar unter: http://www.findmadeleine.com/blog/ [01.07.2007 bzw. 23.09.2008].

McCann, G. (2007/2008b). *Find Madeleine. About Madeleine* [On-line, Unterseite der Find-Madeleine-Homepage]. Verfügbar unter: http://www.findmadeleine.com/about/ [17.03.2008].

McCann, G. (2007/2008c). *Find Madeleine. Madeleine and her family* [On-line, Unterseite der Find-Madeleine-Homepage]. Verfügbar unter: http://www.findmadeleine.com/family/ [17.03.2008].

McCann, G. (2007/2008d). *Find Madeleine. Message from Gerry and Kate* [On-line, Homepage]. Verfügbar unter: http://www.findmadeleine.com/ [17.03.2008].

McCann, G. (2007/2008e). *Find Madeleine. Online Store* [On-line, Unterseite der Find-Madeleine-Homepage]. Verfügbar unter: http://store.findmadeleine.com/ [17.03.2008].

McCann, K. & McCann, G. (2008). *Written Declaration: Introduction of an EU Missing Child Alert* [On-line, Power-Point-Präsentation]. Verfügbar unter: http://www.findmadeleine.com/ [23.09.2008].

Mead, G. (1975). *Geist, Identität und Gesellschaft. Aus der Sicht des Sozialbehaviorismus.* Frankfurt a. M: Suhrkamp. (Originalarbeit erschienen 1934 unter dem Titel „Mind, Self and Society")

Mentzos, S. (1996). *Depression und Manie. Psychodynamik und Therapie affektiver Störungen.* Göttingen: Vandenhoeck und Ruprecht.

Mentzos, S. (2003). *Neurotische Konfliktverarbeitung. Einführung in die Psychoanalytische Neurosenlehre unter Berücksichtigung neuer Perspektiven* (18. Auflage). Frankfurt a. M.: Fischer.

Métapsychologie. (2004). In *Vocabulaire de la psychanalyse* (S. 238-239). Paris: Presses Universitaires de France.

Missing Children Europe. (2007). *Annual Report 2007* [On-line, PDF-Dokument]. Verfügbar unter: http://missingchildreneurope.com/?q=node/43 [07.01.2009].

Missing Children Europe. *Facts and Figures* [On-line]. Verfügbar unter: http://missingchildreneurope.com/?q=node/23 [07.01.2009].

Mitscherlich-Nielsen, M. (1978). Zur Psychoanalyse der Weiblichkeit. *Psyche, 32,* 668-694.

Musolff, C. (2006). Tausend Spuren und ihre Erzählung. Hermeneutische Verfahren in der Verbrechensbekämpfung. In C. Musolff & J. Hoffmann (Hrsg.), *Täterprofile bei Gewaltverbrechen. Mythos, Theorie und Praxis des Profilings* (Kap. 6, S. 107-126; 2. Auflage). Berlin: Springer.

National Center for Chronic Disease Prevention and Health Promotion. (2000). *Growthcharts* [On-line]. Verfügbar unter: http://www.cdc.gov/growthcharts [13.11.2008].

National Center for Missing and Exploited Children. (2007). *2006 Amber-Alert-Report. Analysis of AMBER-Alert Cases in 2006* [On-line, PDF-Dokument]. Verfügbar unter: http://www.amberalert.gov/pdfs/07_analysis_report.pdf [23.09.2008].

National Center for Missing and Exploited Children. *Homepage* [On-line]. Verfügbar unter: http://www.missingkids.com/missingkids/servlet/PublicHomeServlet?LanguageCountry =en_US [23.09.2009].

NDR (2001, 01. November). Mordfall Adelina: Marc H. streitet Beteiligung ab. *NDR* [On-line]. Verfügbar unter: http://www1.ndr.de/nachrichten/niedersachsen/nds778.html [07.01.2009].

Neumann, C. (2005, 26. März). Vermisste Peggy. Eine Stadt und ihr Mörder. *Spiegel Online, Jahreschronik 2005* [On-line]. Verfügbar unter: http://www.spiegel.de/jahreschronik/0,1518,389270,00.html [07.01.2009].

News.com.au (2007, 29. August). Madeleine McCann's dad storms out of TV-Interview. *News.com.au* [On-line]. Verfügbar unter: http://www.news.com.au/story/0,23599,22326674-2,00.html [10.10.2008].

Noeker, M. & Keller, K. M. (2002). Münchhausen-by-proxy-Syndrom als Kindesmisshandlung. *Monatsschrift Kinderheilkunde, 150,* 1357-1369.

NTV (2007, 29. Mai). Prinz und Papst. Maddies Eltern nutzen die Medien. *NTV* [On-line]. Verfügbar unter: http://www.n-tv.de/808040.html [12.10.2008].

NTV (2007, 07. Juni). Frage zum Fall Madeleine. Briten empört über Deutsche. *NTV* [On-line]. Verfügbar unter: http://www.n-tv.de/811703.html [27.04.2008].

NTV (2007, 13. Juni). Anonymer Brief an „Telegraaf". Todeshinweis im Fall Madeleine. *NTV* [On-line]. Verfügbar unter: http://www.n-tv.de/814189.html [24.09.2008].

Ocean Club Praia da Luz. *Accomodation.* [On-line, Unterseite der Homepage]. Verfügbar unter: http://www.luzoceanclub.com/accomodation.htm [15.11.2008].

Ocean Club Praia da Luz. *Homepage* [On-line]. Verfügbar unter: http://luzoceanclub.com [15.11.2008].

Ocean Club Praia da Luz. *Sitemap* [On-line, Unterseite der Homepage]. Verfügbar unter: http://luzoceanclub/sitemap.htm [15.11.2008].

Oevermann, U. (1981). *Fallrekonstruktionen und Strukturgeneralisierung als Beitrag der objektiven Hermeneutik zur soziologisch-strukturtheoretischen Analyse* [On-line, PDF-Dokument]. Verfügbar unter: http://publikationen.ub.uni-frankfurt.de/volltexte/2005/537/ pdf/Fallrekonstruktion-1981.pdf [16.05.2008].

Oevermann, U. (1985). Jenseits der Perseveranzhypothese: Straftaten und ihre Begehungsart als Reproduktion von Persönlichkeitsstrukturen und die Textförmigkeit von Straftaten. In U. Oevermann & A. Simm (1985). Zum Problem der Perseveranz in Delikttyp und modus operandi. Spurentext-Auslegung, Tätertyp-Rekonstruktion und die Strukturlogik kriminalistischer Ermittlungspraxis. Zugleich eine Umformung der Perseveranzhypothese aus soziologisch-strukturanalytischer Sicht (Kap 7). In Bundeskriminalamt Wiesbaden (Hrsg.), *BKA-Forschungsreihe, Bd. 17* (S. 129-437). Wiesbaden: Bundeskriminalamt.

Oevermann, U. (1993). Die objektive Hermeneutik als unverzichtbare methodologische Grundlage für die Analyse von Subjektivität. Zugleich eine Kritik der Tiefenhermeneutik. In T. Jung und S. Müller-Doohm (Hrsg.), *„Wirklichkeit" im Deutungsprozess. Verstehen und Methoden in den Kultur- und Sozialwissenschaften* (S. 106-189). Frankfurt: Suhrkamp.

Oevermann, U. (2003). *Strukturprobleme supervisorischer Praxis. Eine objektiv hermeneutische Sequenzanalyse zur Überprüfung der Professionalisierungstheorie.* Frankfurt a. M.: Humanities Online.

Oevermann, U. & Simm, A. (1985). Zum Problem der Perseveranz in Delikttyp und modus operandi. Spurentext-Auslegung, Tätertyp-Rekonstruktion und die Strukturlogik kriminalistischer Ermittlungspraxis. Zugleich eine Umformung der Perseveranzhypothese aus soziologisch-strukturanalytischer Sicht. In Bundeskriminalamt Wiesbaden (Hrsg.), *BKA-Forschungsreihe, Bd. 17* (S. 129-437). Wiesbaden: Bundeskriminalamt.

Oltermann, P. (2007, 21. Februar). "Bevor England auf den Papst hört, muss sich viel ändern." *Spiegel Online* [On-line]. Verfügbar unter: http://www.spiegel.de/panorama/0,1518,467548,00.html [06.11.2008].

Ott, L. (1961). *Grundriß der katholischen Dogmatik* (5. Auflage). Freiburg: Herder.

Our Lady of Compassion RC Church. *Homepage* [On-line]. Verfügbar unter: http://www.oloc.pwp.blueyonder.co.uk/oloc-web/church_guide.htm [10.11.2008].

Pamalam (2007/2008). *Gerry McCann's Blogs* [On-line, Fremdarchivierung von Herrn McCanns ersten Blogeinträgen]. Verfügbar Unter: http://www.gerrymccannsblogs.co.uk/ DAYS_1_to_50.htm [20.04.2008].

Papst. (2008). In *Wikipedia* [On-line-Enzyklopädie]. Verfügbar unter: http://de.wikipedia.org/wiki/Papst [06.11.2008].

Patton, M. Q. (1990). *Qualitative Evaluation and Research Methods.* London: Sage.

Peichl, J. (2007). *Die inneren Trauma-Landschaften. Borderline, Ego-State, Täter-Introjekt.* Stuttgart: Schauttauer.

Place. (2000). In *Langenscheidts Enzyklopädisches Wörterbuch der englischen und der deutschen Sprache. „Der Große Muret-Sanders". Teil I, Bd.2* (S. 1030). Berlin: Langenscheidt.

Place. (1989). In *The Oxford English Dictionary, Bd.2* (S. 960-961). Oxford: Clarendon Press.

Polícia Judiciária, Departamento de Investigação Criminal de Portimão. (2008). *Relatório Final* [On-line, PDF-Dokument: Abschlussbericht der Portugiesischen Kriminalpolizei zu den Ermittlungen im Vermisstenfall Madeleine McCann]. Carlos, J.: Autor. Verfügbar unter: http://downloads.officeshare.pt/expressoonline/pdf/MaddieMcCann_PJ.pdf [24.09.2008]. Verfügbar auch in Form einer englischen Zusammenfassung: *The PJ's Final Report – 57 page summary* [On-line]. Verfügbar unter: http://www.mccannfiles.com/id136.html [24.09.2008].

Polícia Judiciária. *Lista de Pessoas Desaparecidas* [On-line, Vermisstendatenbank des Portugiesischen Kriminalamtes]. Verfügbar unter: www.policiajudiciaria.pt/PortalWeb/page/{AA001182-B622-459A-BF72-FD6EDD83C76F} [10.01.2009].

Polícia Judiciária. *Sofia Catarina Andrade de Oliveira* [On-line, ein Eintrag aus der Vermisstendatenbank des Portugiesischen Kriminalamtes]. Verfügbar unter: http://www.policiajudiciaria.pt/PortalWeb/page/{DCB4F439-D8FE-4D1A-A01D-310DF31837AA} [10.01.2009].

Polícia Judiciária. *Tatiana Paula Mesquita Mendes ou Odete Araújo Freman ou ainda Odete Araújo Freman Frima* [On-line, ein Eintrag aus der Vermisstendatenbank des Portugiesischen Kriminalamtes]. Verfügbar unter: http://www.policiajudiciaria.pt/PortalWeb/page/{C71839DE-CCE9-44CB-9250-42845232BAAF} [10.01.2009].

Polizei Niedersachsen. *Soko „Dennis". Dennis – von unbekanntem Mörder ermordet* [On-line]. Verfügbar unter: http://www.polizei.niedersachsen.de/dennis/ [07.01.2009].

Popper, K. (1984). *Logik der Forschung* (8. Auflage). Tübingen: Mohr.

Pourshirazi, S. (2008). *Suizidalität und Beziehung. Eine theoretische und empirisch-hermeneutische Studie.* Gießen: Psychosozial.

Preitler, B. (2006). *Ohne jede Spur... .Psychotherapeutische Arbeit mit Angehörigen „verschwundener" Personen.* Gießen: Psychosozial.

Rebecca (o. J.). *The Use of Holy Water* [On-line, Website]. Verfügbar unter: http://franciscan-anglican.com/holy_water.htm [06.11.2008].

Reichertz, J. (1991). Objektive Hermeneutik. In U. Flick, E. v. Kardorff, H. Keupp, L. v. Rosenstiel & S. Wolff (Hrsg.), *Handbuch Qualitative Sozialforschung* (S. 223-228). München: Psychologie Verlags Union.

Reinke, E. (1999). *Das psychoanalytische Erstinterview. Grundbegriffe und Einführung.* (Unveröffentlichte Schrift, Universität Bremen; erhältlich gewesen bis zum Jahr 2007 beim Institut DIALOG)

RTÉ One (2007, 19. Juni). *Interview mit Kate und Gerald McCann (Sendungstitel unbekannt)* [On-line, Video]. Verfügbar unter: http://www.youtube.com/watch?v=uD1n-1hUvow [07.03.2009].

RTP1 (2007, 02. November). *Anatomia de um Mistério* [Dokumentation über Madeleines Verschwinden; On-line ein Ausschnitt eines in sie eingebetteten Interviews, geführt am 10. August 2007] .Verfügbar unter: http://www.youtube.com/watch?v=5v3KKPYqz2A [07.03.2009].

Rohde-Dachser, C. (2003). *Expedition in den dunklen Kontinent. Weiblichkeit im Diskurs der Psychoanalyse.* Gießen: Psychosozial.

Rosenberg, A. D. (2002). Das Münchhausen-by-proxy-Syndrom: Falsches Spiel mit der Krankheit. In M. E. Helfer, R. S. Kempe & R. D. Krugman (Hrsg), *Das misshandelte Kind* (S. 615-642). Frankfurt a. M.: Suhrkamp.

Rotter, J. B. (1966). Generalized expectancies for internal versus external control of reinforcement. *Psychological Monograph, 80,* 18-30.

Rudolf, G. & Henningsen, P. (2005). *Psychotherapeutische Medizin und Psychosomatik. Ein einführendes Lehrbuch auf psychodynamischer Grundlage* (5. Auflage). Stuttgart: Thieme.

Sacred Heart Roman Catholic Church. (2007). [On-line, Website mit Informationen zur katholischen Kirche in Rothley]. Verfügbar unter: http://www.leicestershirevillages.com/rothley/17629.html [10.11.2008].

Sakramente. (2002). In *Bertelsmann Universal Lexikon* (S. 802). München: Wissen Media Verlag.

Sawer, P. & Chivers, T. (2008, 03. Mai). Kate McCann: 'Pray like mad for Madeleine'. *Telegraph* [On-line]. Verfügbar unter: http://www.telegraph.co.uk/news/newstopics/madeleinemccann/1924431/Kate-McCann-%27Pray-like-mad-for-Madeleine%27.html [05.05.2008].

Schläfke, D. & Häßler, F. (2008). Infantizide – Erfahrungen aus gutachterlicher Sicht. In F. Häßler, R. Schepker & D. Schläfke (Hrsg). *Kindstod und Kindstötung* (Kap. 9). Berlin: Medizinisch Wissenschaftliche Verlagsgesellschaft.

Schneider, H. J. (2001). Misshandlungsdelikte in der Familie. In H. J. Schneider, *Kriminologie für das 21. Jahrhundert* (S. 203-231) Münster: Lit.

Schrenk, C.-U., Berger, J., Schlutius, J. & Heubrock, D. (2007). Suizid-Foren im Internet: Verstöße gegen das BtMG und Tötungsdelikte – Möglichkeiten zur Abschätzung des Bedrohungspotentials. Neue Herausforderungen (nicht nur) für den polizeilichen Jugendschutz – Teil 2. *Kriminalisitk, 10,* 595-600.

Searle, J. R. (1971). *Sprechakte. Ein sprachphilosophischer Essay* (R. & R. Wiggershaus, Übers.) Frankfurt a. M.: Suhrkamp. (Originalarbeit erschienen 1969 unter dem Titel "Speech acts")

Segen. In *Wikipedia* [On-line-Enzyklopädie]. Verfügbar unter: http://en.wikipedia.org/wiki/Segen [06.11.2008].

Shriver, L. (2008, 27. April). Madeleine McCann: The (almost) true story. *Telegraph* [On-line]. Verfügbar unter: http://www.telegraph.co.uk/news/main.jhtml?xml=/news/2008/04/27/nmaddy127.xml [27.04.2008].

Simm, A. (1985). Exemplarische psychoanalytische Fallbeschreibungen zu Typen von Perseveranz im Begehen von Straftaten. Evidenz für „tiefenstrukturelle Perseveranz". In U. Oevermann & A. Simm (1985). Zum Problem der Perseveranz in Delikttyp und modus operandi. Spurentext-Auslegung, Tätertyp-Rekonstruktion und die Strukturlogik kriminalistischer Ermittlungspraxis. Zugleich eine Umformung der Perseveranzhypothese aus soziologisch-strukturanalytischer Sicht (Kap. 6). In Bundeskriminalamt Wiesbaden (Hrsg.), *BKA-Forschungsreihe, Bd. 17* (S. 129-437). Wiesbaden: Bundeskriminalamt.

Sky News (2008, 01. Mai). *Interview mit den McCanns (Sendungstitel unbekannt)* [On-line, Video, Ausschnitt]. Verfügbar noch unter: http://www.youtube.com/watch?v=OPwBI2hPQNw [07.03.2009].

Smit, M. (2007, 21. Mai). Football fans silent at Madeleine film. *Telegraph* [On-line]. Verfügbar unter: http://www.telegraph.co.uk/news/main.jhtml?xml=/news/2007/05/19/wmaddy319.xml [27.04.2008].

Spiegel Online (2001, 29.Juni). Wo ist die zehnjährige Adelina? *Spiegel Online* [On-line]. Verfügbar unter: http://www.spiegel.de/panorama/0,1518,142727,00.html [07.01.2009].

Spiegel Online (2002, 29. Januar). Glossar. In-Vitro-Fertilisation. *Spiegel Online* [On-line]. Verfügbar unter: http://www.spiegel.de/wissenschaft/mensch/0,1518,179613,00.html [08.11.2008].

Spranz, N. M. (2008, 29. Oktober). Madeleine McCann. Foltervorwürfe gegen Ex-Ermittler im Maddie-Fall. *Welt-Online* [On-line]. Verfügbar unter: http://www.welt.de/vermischtes/article2645479/Foltervorwuerfe-gegen-Ex-Ermittler-im-Maddie-Fall.html [08.01.2009].

St Mary and St John Rothley Parish Church. *Homepage* [On-line]. Verfügbar unter: http://www.rothleychurch.org.uk [10.11.200].

Statistisches Bundesamt Wiesbaden (2004). *Todesursachenstatistik 2002*. Online (als Version mit wenig ausdifferenzierten Altersgruppen) verfügbar unter dem Suchwort „Todesursachen": https://www-genesis.destatis.de/genesis/online/online;jsessionid= 4C344DBBEF2FB5077EB1685A9EFE6416.tcggen1?operation=begriffsRecherche&su chanweisung=Todesursachen&x=0&y=0 [06.03.2008].

Steinhage, R. (1992). *Sexuelle Gewalt – Kinderzeichnungen als Signal*. Reinbek bei Hamburg: Rowohlt.

Stern (2008). Madeleine McCann. Eine Tragödie – so oder so. *Stern* [On-line], 38. Verfügbar unter: http://www.stern.de/politik/panorama/:Die-Tragödie-McCanns-Der-Fall-Madeleine/597724.html?eid=598323 [13.09.2008].

Stern (2008, 28. April). Inzest-Fall Amstetten. Vater gesteht jahrelangen Missbrauch. *Stern* [On-line]. Verfügbar unter: http://www.stern.de/panorama/:Inzest-Fall-Amstetten-Vater-Missbrauch/618586.html [07.01.2009].

Stewen, M. (2006). Die Kunst der Hypothesenbildung – Objektive Hermeneutik in der kriminalistischen Praxis. *Der Kriminalist, 05,* 1-4.

Stierlin, H. (1978). *Delegation und Familie*. Frankfurt a. M.: Suhrkamp.

Südwesteuropa –Wirtschaft. (1996). In *Diercke Weltatlas* (4. Auflage, S. 100-101). Braunschweig: Westermann.

Sutton, J., Smith, P. K. & Swettenham, J. (1999). Social cognition and bullying: Social inadequacy or skilled manipulation? *British Journal of Developmental Psychology, 17,* 435-450.

Telecinco. (2007, 29. August). *Interview mit Kate und Gerald McCann* [On-line, Ausschnitt]. Verfügbar unter: http://www.youtube.com/watch?v=PDKixdJ6i_o [07.03.2009].

Telegraph. (2007, 04. Mai). Three year-old feared abducted in Portugal. *Telegraph* [On-line]. Verfügbar unter: http://telegraph.co.uk/news/uknews/1550571/Three-year-old-feard-abducted-in-Portugal.html [12.05.2008].

Telegraph. (2007, 14. Mai). The burden of loss. *Telegraph* [On-line]. Verfügbar unter: http://www.telegraph.co.uk/news/worldnews/1551342/Family-puts-birthday-party-on-hold.html [30.04.2008].

Telegraph. (2007, 17. September). Madeleine McCann: what the police want. *Telegraph* [On-line]. Verfügbar unter: http://www.telegraph.co.uk/news/main.jhtml?xml=/news/2007/09/13/nmaddy313.xml [27.04.2008].

Telegraph. (2008). Madeleine McCann Timeline: The case so far. *Telegraph* [On-line]. Verfügbar unter: http://www.telegraph.co.uk/news/main.jhtml?xml=/news/exclusions/madeleine/nosplit/ti meline1.xml [20.04.2008].

Telegraph. (2008, 28. April). Code Madeleine launched to keep children safe. *Telegraph* [On-line]. Verfügbar unter: http://www.telegraph.co.uk/news/newstopics/madeleinemccann/1559419/Code-Madeleine-launched-to-keep-children-safe.html [30.04.2008].

The Independent. (2007, 05. August). Kate McCann: My Story. *The Independent* [On-line]. Verfügbar unter: http://www.independent.co.uk/news/uk/crime/kate-mccann-my-story-460343.html [10.10. 2008].

The PJ's Final Report – Summary (Part 1). Ongoing summary of the 11,000-page PJ case file, issued to journalists on 04 August 2008. (2008). Darin: Kate McCann's interview on 04 May 2007, Russell O'Brien's interview on 04 May 2007 sowie auch die Vernehmungen aller anderen Personen der Reisegruppe um die McCanns und der Hotelangestellten [On-line]. Verfügbar unter: http://www.mccannfiles.com/id155.html [23.09.2008].

Thiel, S. (2008, 18. Oktober). Maddie: „Tapas Seven" enthalten sechsstellige Entschädigung. *Spaniens Allgemeine Zeitung Online* [On-line]. Verfügbar unter: http://www.saz-aktuell.com/newsdetail~key~10505.htm [24.10.2008].

Topique. (2000). In *Vocabulaire de la psychanalyse* (S. 484-489). Paris: Presses Universitaires de France.

Tozzer, K. & Kallinger, G. (2007). *Spurlos. Die spektakulärsten Vermissten-Fälle der Interpol.* Erftstadt: area. (Originalausgabe erschienen 2003, Wien: Carl Ueberreuter)

Trauma ou traumatisme (psychique). (2000). In *Vocabulaire de la psychanalyse* (S. 499-503). Paris: Presses Universitaires de France.

Unicef, Innocenti Research Centre (2001). *Innocenti Report Card. A League Table of Child Deaths by Injury in Rich Nations* [On-line, PDF-Dokument]. Verfügbar unter: http://www.unicef-irc.org/publications/pdf/repcard2e.pdf [30.03.2008].

Vogt, H. (2006). *Pädophilie. Leipziger Studie zur gesellschaftlichen und psychischen Situation pädophiler Männer.* Lengerich: Pabst.

Volkan, V. D. (1981). *Linking Objects and Linking Phenomena.* New York: International Universities Press.

Volkan, V. & Zintl, D. (2000). *Wege der Trauer. Leben mit Tod und Verlust.* Gießen: Psychosozial.

Vom Lehn, B. (2003, 16. Dezember). Mehr Missbildungen nach künstlicher Befruchtung. *Welt Online* [On-line]. Verfügbar unter: http://www.welt.de/article280279/Mehr_Missbildungen_nach_kuenstlicher_Befruchtung .html [08.11.2008]

Wagner, R. (o. J.). *Anglikanische Kirche* [On-line]. Verfügbar unter: http://www.bible-only.org/german/handbuch/Anglikanische_Kirche.html [06.11.2008].

Watzlawick, P. , Beavin, J. H. & Jackson, D. D. (1985). *Menschliche Kommunikation. Formen, Störungen, Paradoxien* (7. Auflage). Bern: Huber. (Originalarbeit erschienen 1967)

Wegener, R. & Zack, F. (2008). Die tödliche Kindesmisshandlung: kriminologische und rechtsmedizinische Aspekte. In F. Häßler, R. Schepker & D. Schläfke (Hrsg). *Kindstod und Kindstötung* (Kap. 6). Berlin: Medizinisch Wissenschaftliche Verlagsgesellschaft.

Welt Online (2005, 17. September). Kind entführt und mißbraucht: Täter muß in Psychiatrie. *Welt Online* [On-line]. Verfügbar unter: welt/article165532/Kind_entfuehrt_und_missbraucht_Taeter_muss_in_Psychiatrie.html [07.01.2009].

Welt Online (2007, 6. Juni). Entführung. Verzweifelter Appell von Madeleines Eltern. *Welt Online* [On-line]. Verfügbar unter: http://www.welt.de/vermischtes/article925010/Verzweifelter_Appell_von_Madeleines_E ltern.html [16.05.2008].

Wernet, A. (2006). *Einführung in die Interpretationstechnik der Objektiven Hermeneutik* (2. Auflage). Wiesbaden: Verlag für Sozialwissenschaften.

Wiese, A. (1993). *Mütter, die töten. Psychoanalytische Erkenntnis und forensische Wahrheit.* München: Wilhelm Fink.

Willi, Jürg (2004). *Die Zweierbeziehung. Spannungsursachen, Störungsbilder, Klärungsprozesse, Lösungsmodelle* (10. Auflage). Reinbek bei Hamburg: Rowohlt.

Wimmer, R. & Seidel, H. (2008). Chromosomale Mikrodeletionen als Ursache pädiatrischer Krankheitsbilder. *Monatsschrift Kinderheilkunde, Zeitschrift für Kinder-*

und Jugendmedizin, 4, 348-356 [On-line, PDF-Dokument]. Verfügbar unter:
http://www.springerlink.com/content/f241487n4n324g00/fulltext.pdf [10.11.2008].

Winnicott, D. W. (2002). *Vom Spiel zur Kreativität* (10. Auflage; M. Ermann, Übers.).
Stuttgart: Klett-Cotta. (Originalarbeit erschienen 1971 unter dem Titel "Playing and
Reality")

Würstl, H. (2004). Analyse eines Erpresserschreibens. In T. Ley (Hrsg.), *Schriftenreihe
der Thüringer Fachhochschule für öffentliche Verwaltung, Fachbereich Polizei, Bd.1.*
Frankfurt a. M.: Verlag für Polizeiwissenschaft.

Wyre, R. & Swift, A. (1990). *Women, men & rape.* London: Headway, Hodder &
Stoughton.

You Tube Channel "Don't you forget about me" [On-line]. Verfügbar unter:
http://www.youtube.com/dontyouforgetaboutme [30.08.2007].

Zarmorski, H., Weirich, S. & Häßler, F. (2008). Münchhausen-Syndrom by proxy
(MSBP). In
F. Häßler, R. Schepker & D. Schläfke (Hrsg). *Kindstod und Kindstötung* (Kap. 8).
Berlin: Medizinisch Wissenschaftliche Verlagsgesellschaft.

Zeigarnik, B. (1927). Über das Behalten von erledigten und unerledigten Handlungen.
Psychologische Forschung, 9, 1-85.

Zölibat. (2002). In *Bertelsmann Universal Lexikon* (S. 1.023). München: Wissen Media
Verlag.

20 Minuten. (2008, 18. August). Verwechslung. Falsche Maddie: Bub wäre fast entführt
worden. *20 Minuten* [On-line, Nachrichtenmaganzin]. Verfügbar unter:
http://www.20min.ch/news/ausland/story/30539575/ [23.12.2008].

außerdem:

http://www.mccannfiles.com [30.01.2009].

http://seekingmadeleine.com/3.html [07.10.2008].

ANHANG

Anhangsverzeichnis

Anhang A: Objektiv-hermeneutische Analyse der Informationen zum äußeren Erscheinungsbild der McCanns, der Biographie, den Lebensumständen sowie den interpersonellen Attributionen[1]

- *Das Alter von Gerald wie auch von Kate McCann: 39 Jahre*

Lesarten (einschließlich evtl. kontrastierender Gedankenexperimente):
a) Die Persönlichkeit ist bereits „reifer", d. h. durch einige Lebens- und damit Selbsterfahrung besteht bereits ein recht gutes Repertoire an *altersbedingter* Handlungskompetenz, relativ zu einer Person von nur 25 Jahren.
b) Mit knapp 40 Jahren konzentriert man sich im Allgemeinen wohl nicht mehr so stark auf das Selbst sowie auf den Partner sondern wendet sich etwas mehr der künftigen Generation zu, d. h. der Familie, den Kindern oder auch entsprechenden Aufgaben im Bereich der Arbeit oder des gesellschaftlichen Engagements. Hat man vorangehende Entwicklungsaufgaben nicht bewältigt, kann nach Erikson (1981) eine Midlifecrisis ausbrechen, in der man sich Verpflichtungen entledigt und nach Freiheit strebt, auf Kosten von Sicherheit.[2]
Zu a):
Konfrontation mit dem äußeren Kontext:
Gerald McCann begegnet der besagten schwierigen Lebenssituation in den ersten Monaten wesentlich aktiver, handlungsorientierter, als seine Frau Kate. Er macht damit den Eindruck älter, d. h. erfahrener zu sein, was jedoch faktisch nicht so ist (beide sind gleich alt). Kate McCanns scheinbare anfängliche „Unreife" in Form von Passivität muss also anders bedingt sein.
Schlussfolgerungen (u. U. mit Berücksichtigung des inneren Kontextes):
H_{1PersK}: Kate McCann verhält sich zunächst persönlichkeitsbedingt in einer passiveren Weise als ihr Mann. Sie wächst jedoch im Zuge der besagten, so schwierigen Lebensphase in ihrer Handlungskompetenz.
H_{1Bez}: Offensives (Problemlöse)verhalten delegiert Frau McCann zu Beginn der aktuell so schwierigen Lebenssituation generell noch an ihren Ehemann, danach viel weniger.
H_{2PersK}: Frau McCanns ist von ihrer Persönlichkeitsstruktur her labiler als Gerald McCann und dekompensiert/regrediert unter starken Belastungen zu einem auffallend passiven Verhalten.
H_{2Bez}: Offensives Problemlöseverhalten delegiert Frau McCann unter starken Belastungen an ihren Ehemann.
$H_{1Ereignis}$: Kate McCann hat bezüglich des in Frage stehenden Ereignisses nicht die gleiche Erfahrung gemacht wie ihr Mann, sondern eine „schlimmere", die sie bedeutend mehr „aus der Bahn wirft".
Außerdem zu a):
$H_{2Ereignis}$: Im Falle einer aktiven Verwicklung in das Verschwinden des Kindes ist davon auszugehen, dass den Eltern ihre relativ große Lebenserfahrung für eine Leichenbeseitigung vorteilhaft ist, Frau McCanns Dekompensation jedoch u. U. hinderlich.
Zu b):
Konfrontation mit dem äußeren Kontext:
Die Kinder der McCanns haben während des Urlaubes viel Zeit in der Kinderbetreuung der Ferienanlage verbracht, was nicht konsistent ist zu dem von Erikson postulierten familienorientierten Verhalten in diesem Lebensabschnitt.
Schlussfolgerungen (u. U. mit Berücksichtigung des inneren Kontextes).
H_{1PersG}, H_{3PersK}: Im Zuge der im Urlaub aktivierten regressiven Strebungen konzentriert sich das Paar mehr auf die eigenen Vergnügungen und weniger auf die Kinder.
H_{2PersG}, H_{4PersK}: Die Eltern sind –bedingt durch eine Midlifecrisis – weniger auf die Versorgung der Kinder fokussiert.
H_{3PersG}, H_{5PersK}: Das Paar ist – bedingt durch die jeweiligen Grundpersönlichkeiten – wenig auf die Fürsorge für die Kinder ausgerichtet.

343

- *Figur des Mannes: 1,80-1,90m groß, sportlich-kräftige Statur mit breiten Schultern*

Lesarten (einschließlich evtl. kontrastierender Gedankenexperimente):
  a) Vom Äußeren her ist der Mann für seine - statistisch gesehen wahrscheinlich kleinere – Partnerin eher ein „Beschützer-Typ", hinter dem diese sich „verstecken kann", der also dominiert und mit seinen breiten Schultern Halt gibt. Eine Frau, die selbst gerne sehr dominant ist und/oder „beschützt", würde sich wohl meist eher von einem kleineren Mann mit einer hagereren Figur angezogen fühlen.
  b) Der Mann ist von seiner Statur her recht attraktiv, betrachtet man ihn z. B. im Vergleich zu einem kleineren und
  dickeren oder großen und hageren Herrn. Als Partnerin kann man sich also mit ihm „schmücken".
  Zu a):
Konfrontation mit dem äußeren Kontext:
  Tatsächlich „versteckt" sich Kate McCann während des ersten Appells der Eltern sprichwörtlich mit einem „Teil ihres Körpers hinter ihrem Mann. Später allerdings erscheint sie dem Rezipienten viel unabhängiger.
Schlussfolgerungen (u. U. mit Berücksichtigung des inneren Kontextes):
  H_{8PersK}, H_{3Bez}: *Kate McCann nutzt(e), vielleicht auch nur unter bestimmten Umständen, gerne die haltgebenden, dominanten Aspekte ihres Mannes. Das bedeutet, sie selbst lebt(e), evtl. nur unter bestimmten Bedingungen, gerne Abhängigkeit und Unterwürfigkeit. Die Frage ist, ob diese Neigung auf Frau McCann bis zur Verarbeitung des schweren Ereignisses generell zutraf (vgl. H_{1Bez}) oder ob sie nur unter dem unmittelbaren Eindruck starker Belastungen (H_{2Bez}) zutrifft bzw. zutraf.*
  H_{7PersK}: *Ein grundsätzliches Bestreben nach Macht und Dominanz über den Partner ist bei Frau McCann nicht vorhanden.*
  Zu b):
Konfrontation mit dem äußeren Kontext:
  Auch Kate McCann ist eine attraktive Erscheinung. Die Möglichkeit, sich mit dem Partner zu schmücken, besteht also wechselseitig. Sie wird bei dieser beidseitigen Attraktivität vielleicht weniger bedeutsam – es sei denn, man ist sich trotz eigener Anziehungskraft bezüglich dieser unsicher oder aber man möchte einen ebenso attraktiven Partner an seiner Seite haben, als den man sich selbst einstuft.
Schlussfolgerungen (u. U. mit Berücksichtigung des inneren Kontextes):
  H_{4Bez}: *Attraktivität spielt in der Paarbeziehung eine untergeordnete Rolle.*
  H_{5Bez}, H_{8PersK}: *Frau McCann ist sich ihrer äußeren Anziehungskraft unsicher und sucht Kompensation durch identifikatorische Teilhabe.*
  H_{6Bez}, H_{9PersK}: *Frau McCann ist, was ihre äußere Erscheinung anbetrifft, eitel und legt damit auch auf die Attraktivität ihres Partners viel Wert.*
  Außerdem zu a) sowie b):
  H_{7Bez}: *Die Paarbeziehung der McCanns steht des Öfteren vor der Herausforderung, Umwerbungen Geralds von Seiten anderer Frauen standzuhalten.*
  (Auf Gerald McCanns Persönlichkeit bezogene Hypothesen folgen weiter unten.)

- *dichtes, dunkelbraunes Haar sowie symmetrisches Gesicht des Mannes*

Lesarten (einschließlich evtl. kontrastierender Gedankenexperimente):
  a) Der Herr wirkt gesund und hierüber mittelbar attraktiv. Als Partnerin kann man sich also mit ihm schmücken.
  Zu a):
Konfrontation mit dem äußeren Kontext:
  Nennenswerte Krankheiten sind auch nicht bekannt. Außerdem: vgl. Punkt b) des vorangehenden Absatzes („Figur des Mannes").
Schlussfolgerungen (u. U. mit Berücksichtigung des inneren Kontextes):
  =H_{4Bez}: *Attraktivität spielt in der Paarbeziehung eine untergeordnete Rolle.*

344

$=H_{5Bez}$, H_{8PersK}: *Frau McCann ist sich ihrer äußeren Anziehungskraft unsicher und sucht Kompensation durch identifikatorische Teilhabe.*

$=H_{6Bez}$, H_{9PersK}: *Frau McCann ist, was ihre äußere Erscheinung anbetrifft, eitel und legt damit auch auf die Attraktivität ihres Partners viel Wert.*

Außerdem zu a) sowie b):

$=H_{7Bez}$: *Die Paarbeziehung der McCanns steht des Öfteren vor der Herausforderung, Umwerbungen Geralds von Seiten anderer Frauen standzuhalten.*

(Auf Gerald McCanns Persönlichkeit bezogene Hypothesen folgen weiter unten.)

- *Recht prominente Nase sowie leichte Stirnfalten des Mannes*

Lesarten (einschließlich evtl. kontrastierender Gedankenexperimente):
a) Der Herr ist nicht übermäßig eitel, hat keinen Schönheitswahn. Wäre dem so, hätte er ästhetische Chirurgie in Anspruch nehmen können, sofern das Geld vorhanden ist.
b) Er ist kein „perfekter, aalglatter Schönling", sondern besitzt markante Facetten.
Zu a):
Konfrontation mit dem äußeren Kontext:
Als Arzt hätte Gerald McCann vermutlich besonders leicht Zugang zu entsprechenden Ärzten und verfügt wohl eher als viele andere über die nötigen finanziellen Mittel.
Schlussfolgerungen (u. U. mit Berücksichtigung des inneren Kontextes):
H_{4PersG}: *Gerald McCann ist nicht übermäßig eitel, hat keinen Schönheitswahn.*
Zu b):
Schlussfolgerungen (u. U. mit Berücksichtigung des inneren Kontextes):
$H_{10PersK}$: *Kate McCann stellt an die Attraktivität ihres Partners keine perfektionistischen Ansprüche.*
(*Relativierung von* H_{5Bez}, H_{8PersK}, *und* H_{6Bez}, H_{9PersK})

- *Der Herr wirkt gut gepflegt: rasiertes Barthaar, reine Haut, gesunde Zähne; Kurzhaarschnitt*

Lesarten (einschließlich evtl. kontrastierender Gedankenexperimente):
a) Der Mann achtet auf sein Äußeres. Er vernachlässigt sich nicht, so wie man es bei starker Lethargie oder Depression oft findet.
b) Er identifiziert sich eher mit den Werten der geltenden gesellschaftlichen Ordnung, als dass er sich gegen sie auflehnt. Menschen mit einer stark linkspolitischen Einstellung demonstrieren dies oft auch durch ein entsprechendes anti-konservatives Äußeres (lange Haare, längeres Barthaar, z. T. auch Merkmale einer weniger starken Körperhygiene).
c) Mit dem Merkmal der Gepflegtheit wirkt er auf andere Menschen allgemein eher anziehend als abstoßend.
Zu a):
Schlussfolgerungen (u. U. mit Berücksichtigung des inneren Kontextes):
H_{5PersG}: *Gerald McCann ist jemand, der Energie für sich aufbringt, auch unter Belastungen. Er erleidet im Zuge der besagten schwierigen Lebenssituation keine manifeste Depression.*
Zu b):
Konfrontation mit dem äußeren Kontext:
Auch der Beruf des Mediziners zeugt von einer entsprechenden Einstellung.
Schlussfolgerungen (u. U. mit Berücksichtigung des inneren Kontextes):
H_{6PersG}: *Gerald McCann identifiziert sich eher mit den bürgerlichen Werten der geltenden gesellschaftlichen Ordnung und erzielt vielmehr auf diesem Wege Anerkennung, als dass er sich gegen sie auflehnen würde.*
Zu c):
Konfrontation mit dem äußeren Kontext:
Auch der Beruf des Mediziners wirkt auf andere eher attraktiv als abstoßend.

Schlussfolgerungen (u. U. mit Berücksichtigung des inneren Kontextes):
H_{7PersG}: Herr McCann ist gesellschaftlich eher anerkannt. Er inszeniert nicht die (u. U. kindliche) Erfahrung, ausgegrenzt zu sein.

- *Sportlich bis legere Kleidung des Mannes*

Lesarten (einschließlich evtl. kontrastierender Gedankenexperimente):
a) Der Mann ist nicht übertrieben eitel, was sein Äußeres betrifft. Es geht ihm mehr darum, sich in seiner Kleidung wohl zu fühlen, als „etwas herzumachen".
Zu a):
Konfrontation mit dem äußeren Kontext:
Man muss allerdings berücksichtigen, dass sich die McCanns zunächst noch viele Monate in dem portugiesischen Küstenort befinden, in dem sie Urlaub gemacht hatten, was z. T. wohl auch die legerere Kleidung erklärt. Dennoch erkennt man zwischen dem Stil des Mannes und dem seiner Frau einen Unterschied: Ihre Kleidung ist oft feiner.
Schlussfolgerungen (u. U. mit Berücksichtigung des inneren Kontextes):
H_{8PersG}: Gerald McCann ist weniger eitel als seine Frau. Es geht ihm mehr darum, sich in seiner Kleidung wohl zu fühlen, als „etwas herzumachen".
(Stützung der H_{4PersG})

- *Starke Brustbehaarung, oft unter der Kragenöffnung sichtbar*

Lesarten (einschließlich evtl. kontrastierender Gedankenexperimente):
a) Der Mann ist mit seiner Männlichkeit im Einklang, hat keine Probleme mit seiner Geschlechtsidentität.
b) Der Herr orientiert sich nicht an den gerade geltenden Schönheitsidealen (rasierte Brust).
Zu a):
Konfrontation mit dem äußeren Kontext:
Da Madeleine McCann mit Hilfe von künstlicher Befruchtung gezeugt worden ist, und damit entweder Herr McCann zeugungsunfähig oder Frau McCann unfruchtbar ist, hätten Unsicherheiten in der Geschlechtsidentität im weitesten Sinne bei Gerald McCann durchaus konsekutiv vorliegen können. Diese hätten sich dann wohl vor allem in einer Überbetonung oder einer tendenziellen Vermeidung männlicher Attribute äußern können.
Schlussfolgerungen (u. U. unter Berücksichtigung des inneren Kontextes):
H_{9PersG}: Herr McCann besitzt trotz Unfähigkeit von ihm selbst oder seiner Partnerin zur Zeugung von Kindern eine gesunde Geschlechtsidentität.
Zu b):
Schlussfolgerungen (u. U. unter Berücksichtigung des inneren Kontextes):
$H_{10PersG}$: Gerald McCann ist nicht übermäßig eitel, was sein Äußeres betrifft.
(Stützung der H_{8PersG} und auch $H_{4Per G}$)

- *Aufrechte Körperhaltung des Herrn*

Lesarten (einschließlich evtl. kontrastierender Gedankenexperimente):
a) Der Mann ist selbstbewusst.
b) Der Mann ist „wohlauf", nicht niedergeschlagen.
c) Das allgemeine Antriebsniveau des Herrn ist eher hoch als niedrig – er ist nicht so antriebsarm, dass ihm selbst der Aufbau von Körperspannung bereits zu viel ist.
Zu a):
Konfrontation mit dem äußeren Kontext:
Tatsächlich spricht Gerald McCann auch von Beginn an sicher und gekonnt vor der Kamera, was Selbstbewusstsein voraussetzt.

346

Schlussfolgerungen (u. U. mit Berücksichtigung des inneren Kontextes):
$H_{11PersG}$: *Herr McCann ist eine selbstbewusste Persönlichkeit.*
Zu b):
Konfrontation mit dem äußeren Kontext:
Es hätte nach dem Ereignis durchaus der Fall sein können, dass der Mann sichtlich niedergeschlagen ist, vielleicht sogar soweit, dass er handlungsunfähig wird – wie seine Frau.
Schlussfolgerungen (u. U. mit Berücksichtigung des inneren Kontextes):
$H_{12PersG}$: *Der Vater hat eine so stabile Persönlichkeit, dass er auch unter sehr starken Belastungen nicht dekompensiert/regrediert.*
H_{8Bez}: *Den Vater berührt das Ereignis weniger, weil er eine geringere Bindung zu dem Kind hatte als die Mutter.*
$H_{13PersG}$: *Herr McCann wehrt Gefühle der Niedergeschlagenheit ab. Er agiert zwar stets selbstbewusst (vgl. $H_{11PersG}$), seine Ichfunktionen und Ichstärke stehen aber eben im Dienste der Abwehr.*
Außerdem zu b)
$H_{3Ereignis}$: *Herr McCann ist in das Verschwinden seiner Tochter weniger aktiv involviert als seine Frau.*
Zu c):
Konfrontation mit dem äußeren Kontext:
Dass Herr McCanns allgemeiner Antrieb eher stark als schwach ist, zeigt auch seine Begeisterung für den Sport.
Schlussfolgerungen (u. U. mit Berücksichtigung des inneren Kontextes):
$H_{14PersG}$: *Gerald McCanns allgemeiner Antrieb ist eher stark als schwach.*

- *Grundsätzlich ruhiger, oft aber nachdrücklicher Tonfall des Mannes*

Lesarten (einschließlich evtl. kontrastierender Gedankenexperimente):
a) Der Mann verfügt über eine gute Selbststeuerung: einerseits bezüglich hemmender Fähigkeiten (Impulssteuerung und allgemein antizipierende Abstimmung mit der Umwelt), andererseits aber zugleich bezüglich des Erlebens von sich selbst als Akteur (Selbstbewusstsein, Durchsetzungsstärke).
Zu a):
Schlussfolgerungen (u. U. mit Berücksichtigung des inneren Kontextes):
$H_{15PersG}$: *Gerald McCann verfügt über eine gute Selbststeuerung, sowohl was hemmende Elemente als auch was das Erleben von sich selbst als Akteur anbetrifft.*

- *Der Mann trägt bunte Kunststoffarmbänder einer Kampagne um das Handgelenk.*

Lesarten (einschließlich evtl. kontrastierender Gedankenexperimente):
a) Es handelt sich um einen jungen Mann unter 30 Jahren, der attraktiv sein möchte bzw. sich mit seiner Jugendlichkeit gern von den älteren Erwachsenen abhebt.
b) Der Mann möchte damit Zugehörigkeit zu einer bestimmten kulturellen Szene ausdrücken/erleben (man denke z. B. an entsprechende Armbänder als Eintrittsnachweis bei Musikkonzerten). Diese demonstrativ gezeigte Zugehörigkeit stiftet bzw. versichert dem Träger zugleich seine Identität.
Zu a):
Konfrontation mit dem äußeren Kontext:
Es handelt sich bei Gerald McCann nicht mehr um einen Teenager oder einen Twen, sondern um einen 39/40- jährigen Familienvater.
Schlussfolgerungen (u. U. mit Berücksichtigung des inneren Kontextes):
$H_{16PersG}$: *Gerald McCann fühlt sich noch recht jugendlich oder ist bemüht, einen entsprechenden Eindruck zu erwecken.*

Zu b):

Konfrontation mit dem äußeren Kontext:

Es handelt sich bei den Armbändern nicht um Eintrittssouvenirs von Musikveranstaltungen, sondern um Mittel, die auf sein verschwundenes Kind aufmerksam machen sollen.

Schlussfolgerungen (u. U. mit Berücksichtigung des inneren Kontextes):

$H_{17PersG}$: *Gerald McCann möchte seine Zugehörigkeit zu den nach seiner Tochter suchenden Menschen ausdrücken. Dies könnte die Funktion haben, sich mit dem Leid nicht alleine zu fühlen, sondern in einer großen Gemeinschaft.*

$H_{18PersG}$: *Die Armbänder könnten auch mehr die Funktion einer Identitätsversicherung nach Innen haben: Ich suche nach meiner verschwundenen Tochter (und bin also ein guter Vater, z. B.).*

$H_{19PersG}$: *Gerald McCann möchte die emotionale Verbindung zu seiner Tochter erleben/demonstrieren.*

- *Meist Händchenhalten des Paares*

Lesarten (einschließlich evtl. kontrastierender Gedankenexperimente):

a) Das Paar demonstriert seine Zusammengehörigkeit und die Intaktheit der Beziehung.
b) Das Paar bzw. mindestens einer der Partner hat Angst, bezüglich der Beziehung „auseinandergebracht" zu werden.
c) Mindestens einer der Partner sucht Halt bei dem anderen.

Zu a):

Konfrontation mit dem äußeren Kontext:

Es gibt Hinweise auf einen stärkeren Streit der McCanns während ihres Urlaubes in Praia da Luz.

Schlussfolgerungen (u. U. mit Berücksichtigung des inneren Kontextes):

H_{9Bez}: *Das Paar demonstriert nach Außen hin eine Intaktheit seiner Beziehung, die real nicht gegeben ist.*

H_{10Bez}: *Das Paar ist durch das Ereignis in seinem (evtl. vorher deutlich schwachen) Zusammenhalt gestärkt worden.*

Zu b):

Schlussfolgerungen (u. U. mit Berücksichtigung des inneren Kontextes):

H_{11Bez}: *Die Beziehung des Paares ist bedroht - durch die Belastungen in der Folge des beschriebenen Ereignisses oder durch bereits vorher bestehende Beziehungsprobleme.*

Zu b) sowie c):

Schlussfolgerungen (u. U. mit Berücksichtigung des inneren Kontextes):

$H_{4Ereignis}$: *Ein Elternteil ist aktiv in das Verschwinden des Kindes involviert, das andere nicht. Der in das Geschehen verwickelte Partner versucht in der demonstrativen Zweiheit „unterzutauchen".*

Zu c):

Konfrontation mit dem äußeren Kontext:

Im ersten Appell der Eltern in den Medien ist ganz deutlich die Haltsuche von Frau McCann bei ihrem Mann zu sehen. Von Seiten Gerald McCanns ist ein entsprechendes Verhalten an keiner Stelle des vorliegenden Materials zu finden.

Schlussfolgerungen (u. U. Berücksichtigung des inneren Kontextes):

H_{12Bez} : *Frau McCann sucht(e) unter belastenden Ereignissen Halt bei ihrem Partner. (Stützung der Hypothesen H_{1Bez}, H_{2Bez}, H_{6PersK}, H_{3Bez})*

- *Die Partnerin ist etwa 15cm kleiner als ihr Mann und verfügt über einen zierlich-sportlichen Körperbau.*

Lesarten (einschließlich evtl. kontrastierender Gedankenexperimente):

a) Der Mann hat sich eine Partnerin gesucht, der gegenüber er - zumindest, was das Körperliche betrifft - das Gefühl von Dominanz erleben kann.

348

b) Die Frau ist von ihrer Statur her recht attraktiv. Der Mann kann sich also gut mit ihr „schmücken".
c) Die Frau ist recht selbstdiszipliniert, was die Aufrechterhaltung der Figur anbetrifft.

Zu a):

Konfrontation mit dem äußeren Kontext:
Eine deutliche Dominanz des Mannes ist jedoch nur bei den ersten Medienkontakten des Paares nach dem Verschwinden des Kindes zu bemerken.

Schlussfolgerungen (u. U. mit Berücksichtigung des inneren Kontextes):
H_{13Bez}, $H_{20PersG}$: Gerald McCanns Partnerwahl ist durch den unbewussten Reiz mitbedingt, dass er gegenüber seiner Partnerin (vor allem) in Phasen gemeinsamer Belastungen/besonders starker Belastungen von ihr ein Gefühl von Dominanz erleben kann.

Im Rahmen der <u>Fallstrukturhypothese 1 (Persönlichkeit Kate, Persönlichkeit Gerald, Beziehung) über eine kollusive Paarbeziehung mit den Polen „starkes Selbsterleben" (Herr McCann) versus „Delegation von Ich-Funktionen, Suche nach einem Hilfs-Ich" (Frau McCann) bei psychischer Belastung</u> werden mit den Hypothesen H_{13Bez} und $H_{20PersG}$ folgende Hypothesen gestützt:

H_{1PersK}, H_{1Bez}, H_{2PersK}, H_{2Bez}, H_{6PersK}, H_{3Bez}, H_{5PersG}, $H_{11PersG}$, $H_{12PersG}$, $H_{13PersG}$, $H_{14PersG}$, H_{12Bez}.

Zu b):

Verweis auf den inneren Kontext:
Auch Gerald McCann hat ein attraktives Äußeres (vgl. H5$_{Bez}$, H6$_{Bez}$, H7$_{Bez}$). Die Möglichkeit, sich mit dem Partner zu schmücken, besteht also wechselseitig. Sie wird bei dieser beidseitigen Attraktivität vielleicht weniger bedeutsam – es sei denn, man ist sich trotz eigener Anziehungskraft bezüglich dieser unsicher oder aber man möchte einen ebenso attraktiven Partner an seiner Seite haben, als den man sich selbst einstuft.

Schlussfolgerungen (u. U. mit Berücksichtigung des inneren Kontextes):
= H_{4Bez}: Attraktivität spielt in der Paarbeziehung eine untergeordnete Rolle.
H_{14Bez}, $H_{21PersG}$: Herr McCann ist sich seiner äußeren Anziehungskraft unsicher und sucht Kompensation durch identifikatorische Teilhabe.
(wird geschwächt durch die Hypothese $H_{11Per\ G}$)
~~H_{15Bez}, $H_{22PersG}$: Herr McCann ist, was seine äußere Erscheinung anbetrifft, eitel und legt damit auch auf die Attraktivität seiner Partnerin viel Wert.~~
(wird falsifiziert durch die Hypothesen H_{4PersG}, H_{8PersG}, $H_{10PersG}$)
Außerdem zu a) sowie b):
H_{16Bez}: Die Paarbeziehung der McCanns steht des Öfteren vor der Herausforderung, Umwerbungen Kates von Seiten anderer Männer standzuhalten.

Zu c):

Schlussfolgerungen (u. U. mit Berücksichtigung des inneren Kontextes):
$H_{10PersK}$: Frau McCann ist recht selbstdiszipliniert, was die Aufrechterhaltung der Figur anbelangt. Sie ist darum bemüht, attraktiv zu sein.

- *Sehr zarte, ebenmäßige Physiognomie der Dame mit flacher Nase und blau-grauen Augen bei blondem Haar*

Lesarten (einschließlich evtl. kontrastierender Gedankenexperimente):
a) Die Frau wirkt von ihrem Gesicht her attraktiv.
b) Die Dame wirkt eher zart und damit jugendlich.
c) Die Dame wirkt eher zart und damit beschützenswert.
d) Die Frau wirkt wie ein „Unschuldsengel".

Zu a):

Verweis auf den inneren Kontext:
Auch Gerald McCann hat ein attraktives Äußeres (vgl. H5$_{Bez}$, H6$_{Bez}$, H7$_{Bez}$). Die Möglichkeit, sich mit dem Partner zu schmücken, besteht also wechselseitig. Sie wird bei dieser beidseitigen Attraktivität vielleicht weniger bedeutsam – es sei denn, man ist sich trotz eigener Anziehungskraft bezüglich dieser unsicher

oder aber man möchte einen ebenso attraktiven Partner an seiner Seite haben, als den man sich selbst einstuft.

Schlussfolgerungen (u. U. mit Berücksichtigung des inneren Kontextes):

= H_{4Bez}: *Attraktivität spielt in der Paarbeziehung eine untergeordnete Rolle.*

=H_{14Bez}, $H_{21PersG}$: *Herr McCann ist sich seiner äußeren Anziehungskraft unsicher und sucht Kompensation durch identifikatorische Teilhabe.*

(wird geschwächt durch die Hypothese $H_{11Per\,G}$)

=~~H_{15Bez}, $H_{22PersG}$: Herr McCann ist, was seine äußere Erscheinung anbetrifft, eitel und legt damit auch auf die Attraktivität seiner Partnerin viel Wert.~~

(wird deutlich entkräftet durch die Hypothesen H_{4PersG}, H_{8PersG}, $H_{10PersG}$)

Außerdem zu a) sowie b):

=H_{16Bez}: *Die Paarbeziehung der McCanns steht des Öfteren vor der Herausforderung, Umwerbungen Kates von Seiten anderer Männer standzuhalten.*

Zu b):

Schlussfolgerungen (u. U. mit Berücksichtigung des inneren Kontextes):

$H_{11PersK}$: *Da Frau McCann, was ihr Äußeres anbetrifft, von ihrer Umwelt eher als jugendlich/jung gespiegelt wird, fühlt sie sich auch eher noch so.*

(verstärkt die Hypothesen H_{4PersK} und H_{5PersK})

Zu c):

Konfrontation mit dem äußeren Kontext:

In der ersten Zeit nach dem Verschwinden des Kindes wirkt Frau McCann auch von ihrer Körpersprache und ihrem Verhalten her fragil und beschützenswert, später jedoch nicht mehr.

Schlussfolgerungen (u. U. mit Berücksichtigung des inneren Kontextes):

=H_{13Bez}, $H_{20PersG}$: *Gerald McCanns Partnerwahl ist durch den unbewussten Reiz mitbedingt, dass er gegenüber seiner Frau (vor allem) in Phasen gemeinsamer Belastungen/besonders starker Belastungen von ihr ein Gefühl von Dominanz erleben kann.*

(Explizite Erweiterung dieser Hypothesen: Diese Dominanz ist in Richtung „Beschützen" ausgerichtet.)

Zu d):

Konfrontation mit dem äußeren Kontext:

In dem Vermisstenfall kommt tatsächlich die Frage der Verwicklung der Eltern auf. Von Seiten der Medien wurde diese Möglichkeit erst einige Monate nach dem Ereignis thematisiert und in jüngerer Zeit wieder fallen gelassen, auch aufgrund von Gerichtsurteilen zu Schmerzensgeldzahlungen der Presse an das Paar.

Schlussfolgerungen (u. U. Berücksichtigung des inneren Kontextes):

$H_{5Ereignis}$: *Das äußere Erscheinungsbild von Frau McCann, das tendenziell an einen „Unschuldsengel" erinnert, beeinflusst die öffentliche Meinung über ihre Rolle in dem Verschwinden ihres Kindes.*

- *Die Frau ist stets dezent geschminkt und trägt Make-up. Ihre Zähne sind gepflegt.*

a) Die Frau achtet auf ihr Äußeres. Sie vernachlässigt sich nicht, so wie man es bei starker Lethargie oder Depression oft findet.

b) Sie identifiziert sich eher mit den bürgerlichen Werten der geltenden gesellschaftlichen Ordnung, als dass sie sich gegen sie auflehnt. Menschen mit einer stark linkspolitischen Einstellung demonstrieren dies oft auch durch ein entsprechendes anti-konservatives Äußeres (Bei Frauen: lange Haare (z. B. auch Rastazöpfe) oder ganz kurze, meist kein Makeup).

c) Mit dem Merkmal der Gepflegtheit wirkt sie auf andere Menschen allgemein eher anziehend als abstoßend.

Zu a):
Schlussfolgerungen (u. U. mit Berücksichtigung des inneren Kontextes):
~~H~12PersK~: Kate McCann ist jemand, die Energie für sich aufbringt, auch unter Belastungen. Sie erleidet im Zuge der besagten schwierigen Lebenssituation keine manifeste Depression.~~
Zu b):
Konfrontation mit dem äußeren Kontext:
Auch der Beruf des Mediziners zeugt von einer entsprechenden Einstellung.
Schlussfolgerungen (u. U. mit Berücksichtigung des inneren Kontextes):
$H_{13PersK}$: *Kate McCann identifiziert sich eher mit den bürgerlichen Werten der geltenden gesellschaftlichen Ordnung und erzielt vielmehr auf diesem Wege Anerkennung, als dass sie sich gegen sie auflehnt.*
Zu c):
Konfrontation mit dem äußeren Kontext:
Auch der Beruf des Mediziners wirkt auf andere eher attraktiv als abstoßend.
Schlussfolgerungen (u. U. mit Berücksichtigung des inneren Kontextes):
$H_{14PersK}$: *Frau McCann ist gesellschaftlich eher anerkannt. Sie inszeniert nicht die (u. U. kindliche) Erfahrung, ausgegrenzt zu sein.*

- *Leicht gestuftes, schulterlanges Haar der Frau*

Lesarten (einschließlich evtl. kontrastierender Gedankenexperimente):
a) Die Frau ist modebewusst, was heißt, dass sie um Attraktivität bemüht ist.
Zu a):
Schlussfolgerungen (u. U. mit Berücksichtigung des inneren Kontextes):
$H_{15PersK}$: *Frau McCann ist modebewusst, was bedeutet, dass sie sich um Attraktivität bemüht.*

- *Die Dame: oftmals Tragen eines hohen Zopfes mit breitem, dunkelgrünem Band*

Lesarten (einschließlich evtl. kontrastierender Gedankenexperimente):
a) Die Dame drückt ihre Heiterkeit aus. Ein hoher Zopf schwingt bei Bewegungen hin und her und das Band weht im Wind, was einen beschwingteren Eindruck vermittelt als ein tiefer, vielleicht gar geflochtener Zopf ohne langes Bändchen.
b) Die Frau schmückt sich zu einer feierlichen Gelegenheit, etwa einem traditionellen Fest.
c) Die Frau ist noch recht jung und eher ein sportlicher, aber auch weiblicher Typ (hoher Zopf).
Zu a):
Konfrontation mit dem äußeren Kontext:
Mit grünen und gelben Bändern schmückten die Menschen in Praia da Luz und in der englischen Heimatstadt der McCanns, Rothley, Bäume und Zäune als Zeichen der Solidarität (vgl. die hierfür stehende Farbe Gelb) und der Hoffnung (vgl. deren symbolische Farbe Grün).
Schlussfolgerungen (u. U. mit Berücksichtigung des inneren Kontextes):
$H_{16PersK}$, $H_{6Ereignis}$: *Kate McCann bemüht sich um die Aufrechterhaltung von Hoffnung und eigener Lebensbejahung. Dies gelingt ihr durch das Eintauchen in die Solidarität der vielen Anteil nehmenden Menschen, deren Symbole sie gerne aufgreift und damit auch Verbundenheit zu ihnen zeigt. Dieses Verhalten bestärkt wiederum diese Menschen in ihrer Zuwendung.*
Zu b):
Konfrontation mit dem äußeren Kontext:
Die naheliegendsten „feierlichen" Gelegenheiten in dem vorliegenden Fall sind zum einen der Geburtstag des Kindes am 12. Mai, den die Eltern nicht mit dem Kind feiern konnten, zum anderen eine Beerdigungsfeier im Falle seines Todes.
Schlussfolgerungen (u. U. mit Berücksichtigung des inneren Kontextes):

$H_{17PersK}$, H_{17Bez}: *Die Mutter hat eine enge Bindung zu ihrem Kind. Sie haftet innerlich sehr an dessen nicht mehr zusammen gefeierten Geburtstag und damit an der weiteren Entwicklung der Tochter.*
$H_{18PersK}$, H_{18Bez}: *Die Mutter hat eine enge Bindung zu ihrer Tochter. Sie beschäftigt sich innerlich mit dem Wunsch nach einer Beerdigung, die (noch) nicht realisierbar ist.*
Zu c):
Schlussfolgerungen (u. U. mit Berücksichtigung des inneren Kontextes):
   $H_{18PersK}$: *Kate McCann erlebt sich selbst als noch recht junge Frau. Sie ist eher ein sportlicher, dabei aber weiblicher Typ.*

- Vorübergehende Vernachlässigung der Haarpflege durch die Frau

Lesarten (einschließlich evtl. kontrastierender Gedankenexperimente):
a) Die Dame zieht sich für eine Zeit fast völlig von der Außenwelt zurück, sodass ihr eine regelmäßige Haarpflege nicht so erforderlich erscheint, als würde sie jeden Tag unter die Leute gehen. Die Frau schmückt sich zu einer feierlichen Gelegenheit, etwa einem traditionellen Fest.
b) Die Frau ist so sehr mit etwas anderweitig Bedeutsamen beschäftigt, dass ihr die Haarpflege völlig unwesentlich erscheint und sie dieser keine Aufmerksamkeit mehr zuteilen kann.
c) Die Frau ist krank und daher zu kraftlos für die Haarpflege.
Zu a):
Konfrontation mit dem äußeren Kontext:
   Frau McCann tritt nach dem Verschwinden ihres Kindes grundsätzlich mit ihrem Mann gemeinsam vor die Öffentlichkeit, zieht sich also physisch nicht völlig zurück.
Schlussfolgerungen (u. U. mit Berücksichtigung des inneren Kontextes):
   $H_{19PersK}$: *Kate McCann zieht sich nach dem Verschwinden des Kindes zunächst psychisch von der Außenwelt zurück.*
Zu b):
Konfrontation mit dem äußeren Kontext:
   Dieses „anderweitig Bedeutsame", mit dem Frau McCann mutmaßlich beschäftigt ist, ist wohl das Verschwinden ihres Kindes.
Schlussfolgerungen (u. U. mit Berücksichtigung des inneren Kontextes):
   $H_{20PersK}$, H_{19Bez}: *Frau McCann ist innerlich mit dem vorbeschriebenen Ereignis sehr stark beschäftigt. D. h., sie hat eine enge Bindung zu dem verschwundenen Kind.*
Zu c):
Konfrontation mit dem äußeren Kontext:
   Es ist nicht bekannt und gibt auch keine Anzeichen dafür, dass Frau McCann *körperlich* krank ist.
Schlussfolgerungen (u. U. mit Berücksichtigung des inneren Kontextes):
   $H_{21PersK}$: *Kate McCann leidet psychisch deutlich unter dem Ereignis und ist dadurch kraftlos.*

Alle diese Annahmen lassen sich, zusammen mit den Hypothesen H_{2PersK} und H_{2Bez}, zu folgender übergeordneten <u>Fallstrukturhypothese 2$_{PersK}$ integrieren: Frau McCann erleidet vor dem Hintergrund des besagten Ereignisses vorübergehend eine Depression.</u>
Die Hypothese $H_{12PersK}$ wird hierdurch deutlich entkräftet.
Die Fallstrukturhypothese 2 ist gut vereinbar mit der 1. Fallstrukturhypothese.

- Die Dame: Tragen von Oberteilen aus eher feinem Stoff

Lesarten (einschließlich evtl. kontrastierender Gedankenexperimente):
a) Die Dame bemüht sich um Attraktivität.
b) Die Frau fühlt sich zur „feinen Gesellschaftsschicht" zugehörig.

352

c) Sie kleidet sich gern weiblich (das Tragen von z. B. Poloshirts, die Männer ebenso anziehen können, betont die Weiblichkeit weniger.)
d) Sie sieht sich selbst eher als „zart" an und/oder möchte so wahrgenommen werden. (Grobschlächtige „Bauerntrampel" tragen eher gröbere Stoffe.)
Zu a):
Schlussfolgerungen (u. U. mit Berücksichtigung des inneren Kontextes):
$H_{22PersK}$: Kate McCann ist um ein attraktives Erscheinungsbild bemüht.
Zu b):
Konfrontation mit dem äußeren Kontext:
Frau McCann ist, wie ihr Mann auch, Mediziner und gehört somit durchaus zur gehobenen Gesellschaft.
Schlussfolgerungen (u. U. mit Berücksichtigung des inneren Kontextes):
$H_{23PersK}$: Ihrer Zugehörigkeit zur gehobenen Gesellschaft ist sich Frau McCann bewusst und kleidet sich gerne auch entsprechend.
Zu c):
Konfrontation mit dem äußeren Kontext:
Da Frau McCann evtl. unfruchtbar ist, bestände durchaus die Möglichkeit von Problemen rund um ihre Geschlechtlichkeit, was sich in einer Überbetonung oder aber eben Vermeidung weiblicher Attribute äußern könnte.
Schlussfolgerungen (u. U. mit Berücksichtigung des inneren Kontextes):
$H_{24PersK}$: Kate McCann fühlt sich in ihrer Geschlechtlichkeit trotz der Sterilität bei ihr oder ihrem Partner wohl.
Zu d):
Schlussfolgerungen (u. U. mit Berücksichtigung des inneren Kontextes):
$H_{25PersK}$: Frau McCann unterstreicht aktiv ihr eher zartes Äußeres. Das bedeutet, sie mag diesen Aspekt, der vielleicht auch mit ihrer Persönlichkeit korrespondiert, an sich.

- *Relativ tiefes, mit Silberketten geschmücktes Dekolleté*

Lesarten (einschließlich evtl. kontrastierender Gedankenexperimente):
a) Die Dame fühlt sich mit ihren weiblichen Attributen wohl und zeigt diese gern.
b) Die Frau bemüht sich um ein attraktives Äußeres.
Zu a):
Konfrontation mit dem äußeren Kontext:
Da Frau McCann evtl. unfruchtbar ist, bestände durchaus die Möglichkeit von Problemen rund um ihre Geschlechtlichkeit, was sich in einer Überbetonung oder aber eben Vermeidung weiblicher Attribute äußern könnte.
Schlussfolgerungen (u. U. mit Berücksichtigung des inneren Kontextes):
=$H_{24PersK}$: Kate McCann fühlt sich in ihrer Geschlechtlichkeit trotz der Sterilität bei ihr oder ihrem Partner wohl.
H_{20Bez}: Die Paarbeziehung ist des Öfteren vor Herausforderungen bezüglich Umwerbungen Kates von Seiten anderer Männer gestellt.
Zu b):
Schlussfolgerungen (u. U. mit Berücksichtigung des inneren Kontextes):
= $H_{22PersK}$: Kate McCann ist um ein attraktives Erscheinungsbild bemüht.
(Stützung der Hypothesen $H_{10PersK}$ und $H_{15PersK}$)

- *Die Frau: des Öfteren Tragen von Wäsche in rosa oder pink sowie solches mit Blumenmotiven*

Lesarten (einschließlich evtl. kontrastierender Gedankenexperimente):
a) Die Dame drückt ihre Heiterkeit aus. (Dunkle Farben hingegen würden eher Traurigkeit ausdrücken.)
b) Die Frau ist recht kindlich-verspielt.

353

Zu a):

Konfrontation mit dem äußeren Kontext:

„Heiterkeit" kann im Zusammenhang mit dem Verschwinden des eigenen Kindes im Sinne einer Verleugnung der Gefahren für das Kind oder sogar einer Verleugnung des Wissens um dessen bereits eingetretenen Tod verstanden werden.

Schlussfolgerungen (u. U. mit Berücksichtigung des inneren Kontextes):

$H_{26PersK}$: Kate McCann verleugnet die Gefahren für ihr verschwundenes Kind oder sogar ihr Wissen um dessen bereits eingetretenen Tod. Der Aspekt der Zuversicht wird von ihr regelrecht demonstriert.

(Stützung der Hypothese $H_{16PersK}$)

Zu b):

Konfrontation mit dem äußeren Kontext:

Beachtenswert ist, dass die Lieblingsfarbe der verschwundenen Tochter rosa ist (s. u.).

Schlussfolgerungen (u. U. mit Berücksichtigung des inneren Kontextes):

H_{27Pers}: Die Mutter hat generell ein kindliches Naturell.

$H_{28PersK}$: Im Zuge der psychischen Verarbeitung des Verlustes identifiziert sich die Mutter nach dem Verschwinden ihres Kindes mit bestimmten Aspekten von diesem.

- *Die Frau: In einem begrenzten Zeitraum nach dem Verschwinden des Kindes z. T. Tragen von Ohrringen mit zartrosa Herzen oder silbernen Schmetterlingen*

Lesarten (einschließlich evtl. kontrastierender Gedankenexperimente):

a) Die Dame drückt ihre Heiterkeit aus.

b) Eine noch sehr junge Frau schmückt sich, um ihrem ersten - noch weitgehend „präsexuellen" - Schwarm zu gefallen.

c) Die Frau hat ein kindlich-verspieltes Naturell.

d) Die Frau hat ein Selbstbild voller Zartheit, das sie gern nach Außen trägt, damit sie auch von anderen so gespiegelt wird.

Zu a):

Konfrontation mit dem äußeren Kontext:

„Heiterkeit" kann im Zusammenhang mit dem Verschwinden des eigenen Kindes im Sinne einer Verleugnung der Gefahren für das Kind oder sogar einer Verleugnung des Wissens um dessen bereits eingetretenen Tod verstanden werden.

Schlussfolgerungen (u. U. mit Berücksichtigung des inneren Kontextes):

=$H_{26PersK}$: Kate McCann verleugnet die Gefahren für ihr verschwundenes Kind oder sogar ihr Wissen um dessen bereits eingetretenen Tod. Der Aspekt der Zuversicht wird von ihr regelrecht demonstriert.

(Stützung der Hypothese $H_{16PersK}$)

Zu b):

Schlussfolgerungen (u. U. mit Berücksichtigung des inneren Kontextes):

$H_{29PersK}$: Kate McCann verleugnet ihr sexuelles Begehren.

H_{21Bez}:Kate McCann ist in der Paarbeziehung von einer „erwachsenen" Partnerin mit erotischem Verlangen zu jemandem mit mehr kindlichen Bedürfnissen regrediert.

Zu c):

Konfrontation mit dem äußeren Kontext:

Beachtenswert ist, dass die Lieblingsfarbe der verschwundenen Tochter rosa ist (s. u.).

Schlussfolgerungen (u. U. mit Berücksichtigung des inneren Kontextes):

=H_{27Pers}: Die Mutter hat generell ein kindliches Naturell.

=$H_{28PersK}$: Im Zuge der psychischen Verarbeitung des Verlustes identifiziert sich die Mutter nach dem Verschwinden ihres Kindes mit bestimmten Aspekten von diesem.

Zu d):

Schlussfolgerungen (u. U. mit Berücksichtigung des inneren Kontextes):

=$H_{25PersK}$: Frau McCann unterstreicht aktiv ihr eher zartes Äußeres. Das bedeutet, sie mag diesen Aspekt, der vielleicht auch mit ihrer Persönlichkeit korrespondiert, an sich.

$H_{30PersK}$: *Frau McCann möchte nach Außen in zart wirken.*

- Mitführen eines Kuscheltieres; Kuscheltier beim Sitzen auf dem Schoß der Frau

Lesarten (einschließlich evtl. kontrastierender Gedankenexperimente):
a) Es handelt sich um ein Kind, dem das Kuscheltier einen Ersatz für die ferne Mutter bietet.
b) Es handelt sich um einen Glücksbringer, der für ein erfolgreiches Bewältigen einer Herausforderung mitgeführt wird.
c) Es handelt sich um ein Erinnerungsstück an einen nahestehenden Menschen.
Zu a):
Konfrontation mit dem äußeren Kontext:
Es ist kein Kind, sondern die 39-/40-jährige Mutter, die das Kuscheltier ihrer verschwundenen Tochter mitführt.
Schlussfolgerungen (u. U. mit Berücksichtigung des inneren Kontextes):
$H_{31PersK}$: *Kate McCann ist mit ihrem verschwundenen Kind, das seine Mutter verloren hat, identifiziert.*
$H_{32PersK}$: *Frau McCann leidet unter dem Verlust ihrer Tochter wie ein Kind, das seine Mutter verloren hat. Das Kuscheltier des Kindes, quasi als Teil von diesem, ist der Mutter ein Übergangsobjekt.*
Zu b):
Konfrontation mit dem äußeren Kontext:
Herausforderungen gibt es in der Phase nach dem Verschwinden der Tochter zahlreich zu bewältigen. Dabei handelt es sich, je nach der Rolle der Mutter bei dem Ereignis, um verschiedene Anforderungen.
Schlussfolgerungen (u. U. mit Berücksichtigung des inneren Kontextes):
$H_{33PersK}$: *Das Kuscheltier gibt der Mutter Kraft.*
H_{22Bez}: *In der Beziehung zu ihrem Ehemann findet Kate McCann nicht genügend Beistand nach dem Ereignis.*
Zu c):
Schlussfolgerungen (u. U. mit Berücksichtigung des inneren Kontextes):
H_{23Bez}: *Die Mutter hat eine enge Bindung zu ihrem Kind.*
(Stützung der Hypothesen $H_{17PersK}$, H_{17Bez}, $H_{18PersK}$, H_{18Bez} und $H_{20PersK}$, H_{19Bez}; somit kann als <u>*Fallstrukturhypothese $3_{Beziehung}$ postuliert werden: Die Mutter hat eine enge Bindung an das Kind.)*</u>

- Die Frau trägt ein oder mehrere bunte(s) Kunststoffarmband bzw. -bänder einer Kampagne um das Handgelenk.

Lesarten (einschließlich evtl. kontrastierender Gedankenexperimente):
a) Es handelt sich um eine junge Frau unter 30 Jahren, die attraktiv sein möchte bzw. sich mit ihrer Jugendlichkeit gern von den älteren Erwachsenen abhebt.
b) Die Frau möchte damit Zugehörigkeit zu einer bestimmten kulturellen Szene ausdrücken/erleben (man denke z. B. an entsprechende Armbänder als Eintrittsnachweis bei Musikkonzerten). Diese demonstrativ gezeigte Zugehörigkeit stiftet bzw. versichert dem Träger zugleich seine Identität.
Zu a):
Konfrontation mit dem äußeren Kontext:
Es handelt sich bei Kate McCann nicht mehr um einen Teenager oder eine Twen, sondern um eine 39/40- jährige Mutter.
Schlussfolgerungen (u. U. mit Berücksichtigung des inneren Kontextes):
$H_{34PersK}$: *Kate McCann fühlt sich noch recht jugendlich bzw. ist bemüht, einen entsprechenden Eindruck zu erwecken.*

Zu b):
Konfrontation mit dem äußeren Kontext:
Es handelt sich bei den Armbändern nicht um Eintrittssouvenirs von Musikveranstaltungen sondern um Mittel, die auf ihr verschwundenes Kind aufmerksam machen sollen.
Schlussfolgerungen (u. U. mit Berücksichtigung des inneren Kontextes):
$H_{35PersK}$: *Frau McCann möchte ihre Zugehörigkeit zu den nach ihrer Tochter suchenden Menschen ausdrücken. Dies könnte die Funktion haben, sich mit dem Leid nicht alleine zu fühlen, sondern in einer großen Gemeinschaft.*
$H_{36PersK}$: *Die Armbänder könnten die Funktion einer Identitätsversicherung nach Innen haben: Ich suche nach meiner verschwundenen Tochter (und bin also eine gute Mutter, z. B.).*
$H_{37PersK}$: *Kate McCann möchte die emotionale Verbindung zu ihrer Tochter erleben/demonstrieren.*

- *Die Dame: große psychische Anstrengung während der ersten öffentlichen Auftritte nach dem Ereignis, einige Monate später dann sichereres Auftreten mit Ergreifen der Initiative*

Lesarten (einschließlich evtl. kontrastierender Gedankenexperimente):
a) Die Dame ist persönlichkeitsbedingt damit überfordert, so im Scheinwerferlicht zu stehen, wächst aber mit der Zeit in ihren Kompetenzen.
b) Das Ereignis hat die Frau völlig „aus der Bahn geworfen". Sie erholt sich jedoch nach und nach von der Erschütterung.
Zu a):
Schlussfolgerungen (u. U. mit Berücksichtigung des inneren Kontextes):
$H_{38PersK}$: *Frau McCann steht generell nicht gern im Mittelpunkt, arrangiert sich aber mit der Zeit mit dieser Rolle.*
$H_{39PersK}$: *Kate McCann hat beim Sprechen vor größeren Menschenmengen eine sehr große Nervosität und dadurch bedingt Angst. So meidet sie derartige Situationen lieber, wächst aber mit den nun gegebenen Anforderungen in ihren Kompetenzen.*
Zu b):
Schlussfolgerungen (u. U. mit Berücksichtigung des inneren Kontextes):
$H_{40PersK}$: *Kate McCann dekompensiert persönlichkeitsbedingt unter der starken psychischen Belastung.*
$H_{41PersK}$: *Kate McCann dekompensiert normalerweise auch unter starken Belastungen nicht, war aber einer so schrecklichen Situation ausgesetzt, dass sie unter Schock steht und auch danach noch Symptome einer Belastungsstörung zeigt.*

- *Tendenzielle Vermeidung eines direkten Blickkontaktes mit den Reportern bei Fotoaufnahmen*

Lesarten (einschließlich evtl. kontrastierender Gedankenexperimente):
a) Es handelt sich um einen generell sehr selbstunsicheren Menschen.
b) Der Mensch mag es nicht, im Mittelpunkt zu stehen.
c) Es handelt sich um jemand, dem der Wirbel um seine Person peinlich ist, z. B. weil es sich um Image-schädigende Schlagzeilen handelt. Ihm wäre es lieber, die Presse interessiere sich nicht für ihn. Er kann den Reportern vielleicht sogar nicht gut in die Augen sehen, da er sich für eine Handlung schämt (vgl. das Verstecken des Gesichtes von Straftätern, über die in den Medien berichtet wird).
Zu a):
Konfrontation mit dem äußeren Kontext:
Die Arbeit von Frau McCann als Medizinerin mit viel Patientenkontakt ist nicht vereinbar mit einer generell sehr selbstunsicheren Persönlichkeit.
Schlussfolgerungen (u. U. mit Berücksichtigung des inneren Kontextes):
$H_{42PersK}$: *Kate McCanns „Selbstunsicherheit" ist nicht strukturell, sondern situativ bedingt.*

Zu b):
Schlussfolgerungen (u. U. mit Berücksichtigung des inneren Kontextes):
$H_{43PersK}$: *Frau McCann steht nicht gerne im Mittelpunkt.*
Zu c):
Schlussfolgerungen (u. U. mit Berücksichtigung des inneren Kontextes):
$H_{44PersK}$: *Frau McCann schämt sich, dass sie die Kinder allein gelassen hat und ihre Tochter somit entführt werden konnte. Das bedeutet, sie erlebt generell starke Ich-Ideal-Forderungen, eine gute Mutter zu sein.*
$H_{45PersK}$: *Frau McCann schämt sich eines anderen Verhaltens im Zusammenhang mit dem Verschwinden des Kindes.*

- *Seit 1998 verheiratetes Paar*

Lesarten (einschließlich evtl. kontrastierender Gedankenexperimente):
a) Die von den Partnern erlebte gegenseitige körperliche Anziehung ist bereits etwas abgeklungen. (In der Phase der „Verliebtheit" ist diese bekanntlich in der Regel stärker.)
b) Die Partnerschaft ist bereits konflikterprobt.
c) Die Partner kennen sich - zeitbedingt - relativ gut und haben bestimmte Beziehungsstrukturen entwickelt, sind also in gewisser Hinsicht ein „eingespieltes Team".
Zu a):
Schlussfolgerungen (u. U. mit Berücksichtigung des inneren Kontextes):
H_{24Bez}: *Das Paar McCann fühlt sich gegenseitig körperlich weniger anziehend als früher. (Verstärkung der Hypothesen H_{7Bez}, H_{16Bez} und H_{20Bez})*
Zu b):
Schlussfolgerungen (u. U. mit Berücksichtigung des inneren Kontextes):
H_{25Bez}: *Die Partnerschaft der McCanns ist bereits konflikterprobt. Sie lässt sich durch Belastungen eher weniger erschüttern.*
Zu c):
Schlussfolgerungen (u. U. mit Berücksichtigung des inneren Kontextes):
H_{26Bez}: *Kate und Gerald McCann kennen sich relativ gut und haben bestimmte Beziehungsstrukturen entwickelt, sind also in gewisser Hinsicht ein „eingespieltes Team". War einer der beiden mehr in das Verschwinden des Kindes involviert als der andere, so ist es eher für ihn möglich, sich dem Partner anzuvertrauen und kann dort auf Unterstützung hoffen.*

- *Beide Partner entstammen aus Herkunftsfamilien aus dem Arbeitermilieu (Handwerk: Schreinerei)*

Lesarten (einschließlich evtl. kontrastierender Gedankenexperimente):
a) Beide haben einen Bezug zur manuellen Verarbeitung von (Holz)material mittels Werkzeugen (z. B. Sägearbeiten).
b) Akademiker stell(t)en für beide „die höhere Gesellschaftsschicht" dar.
c) Die Partner erkennen sich in gewisser Weise im anderen wieder, fühlen sich aufgrund des gleichen beruflichen Hintergrundes ihrer Väter etwas „seelenverwandt".
d) Beide haben einen Bezug zum schöpferischen Aspekt von Arbeit/eigener Leistung.
Zu a):
Konfrontation mit dem äußeren Kontext:
Die handwerklichen Kompetenzen sind auch im Zusammenhanf mit dem Verschwinden des Kindes zu sehen.
Sowohl Kate als auch Gerald McCann sind Ärzte.

Schlussfolgerungen (u. U. mit Berücksichtigung des inneren Kontextes):

$H_{23PersG}$, $H_{46PersK}$: *Das Manipulieren mit Werkzeugen hat beide in ihrer Kindheit so beeindruckt, dass es sich heute in ihrem Beruf wiederfindet.*

Beide haben also deutliche anale Persönlichkeitszüge (Vertrauen in die eigene Produktivität und Freude an den (motorischen) Fähigkeiten, Genauigkeit).

$H_{8Ereignis}$: *Die Kompetenzen im Umgang mit Werkzeugen zur Holzverarbeitung sind für die Beseitigung der Kinderleiche genutzt worden.*

Zu b):

Konfrontation mit dem äußeren Kontext:

Beide sind nun Akademiker (Ärzte).

Schlussfolgerungen (u. U. mit Berücksichtigung des inneren Kontextes):

$H_{24PersG}$, $H_{47PersK}$: *Kate und Gerald McCanns Eltern sind stolz auf sie, was beiden Anerkennung gibt.*

$H_{25PersG}$, $H_{48PersK}$: *Beide haben die Erfahrung gemacht, durch Leistung „aufsteigen" zu können.*

$H_{26PersG}$, $H_{49PersK}$: *Die beiden haben (unbewusst) Schuldgefühle, ihre Eltern „übertroffen" zu haben, „potenter" als diese zu sein oder sich in gewisser Weise mit ihrer Berufswahl von diesen abzugrenzen.*

Zu c):

Konfrontation mit dem äußeren Kontext:

Auch in ihrer beruflichen Grundausbildung (Medizinstudium) gleichen sich beide.

Schlussfolgerungen (u. U. mit Berücksichtigung des inneren Kontextes):

$H_{27PersG}$, $H_{50PersK}$: *Beide haben einen Partner gewählt, der ihnen in wesentlichen Dingen gleicht (narzisstische Objektwahl gemäß einer Alter-Ego-/Zwillingsbeziehung).[3] Beide haben deutliche narzisstische Züge in ihrer Persönlichkeit.*

$H_{28PersG}$, $H_{51PersK}$: *Die Partner haben das Gefühl, den anderen sehr gut zu kennen, da sich so vieles von ihnen selbst in diesem wiederfindet.*

Zu d):

Konfrontation mit dem äußeren Kontext:

Einer der beiden Partner ist steril, sodass ihnen das selbständige Zeugen eines Kindes misslang.

Schlussfolgerungen (u. U. mit Berücksichtigung des inneren Kontextes):

$H_{29PersG}$, $H_{52PersK}$: *Beide Partner, besonders jedoch derjenige mit Sterilität, wurde(n) in ihrer bzw. seiner eigenen, unabhängigen schöpferischen Potenz enttäuscht.*

- *Die Mutter des Mannes arbeitete zusätzlich in einer Keksfabrik.*

Lesarten (einschließlich evtl. kontrastierender Gedankenexperimente):

a) Die Familie musste mit ihren finanziellen Mitteln sehr haushalten, konnte sich wenig leisten.

b) Die Mutter hatte wenig Zeit für ihr(e) Kind(er). Diese waren sich oft selbst überlassen oder wurden von anderen Bezugspersonen betreut.

c) Der Mann erlebte seine Eltern als sehr tatkräftig und einsatzbereit oder gar aufopferungsvoll in der Sicherung der Existenz.

d) Die Mutter hatte aufgrund der recht harten Fabrikarbeit des Öfteren körperliche Beschwerden oder war erschöpft.

Zu a):

Konfrontation mit dem äußeren Kontext:

Gerald McCann hat vier ältere Geschwister, sodass die Familie wohl tatsächlich sehr sparsam sein musste.

Schlussfolgerungen (u. U. mit Berücksichtigung des inneren Kontextes):

$H_{30PersG}$: *Gerald McCann war kein materiell verwöhntes Kind, sondern war einigen Entbehrungen ausgesetzt. Er wurde recht stark mit der Tatsache konfrontiert, dass man für die Erfüllung von Wünschen viel Einsatz zeigen muss (Arbeit der Eltern, vielleicht früh eigene kleine Jobs), mit materiellen Gütern sorgfältig umgehen muss, teilen muss und gegenüber anderen Kindern des Öfteren das Nachsehen hat.*

Zu b):
Konfrontation mit dem äußeren Kontext:
Gerald McCann hat die Hochschulreife erworben, was zumindest eine gewisse Betreuung schulischer Aufgaben von Seiten der Eltern oder anderer engerer Bezugspersonen nahelegt. Herr McCann hat vier ältere Geschwister, drei davon Schwestern.
Schlussfolgerungen (u. U. mit Berücksichtigung des inneren Kontextes):
$H_{31PersG}$: *Gerald McCann hat trotz der materiellen Entbehrungen in seiner Kindheit eine gute Betreuung durch nahestehende Bezugspersonen genossen.*
$H_{32PersG}$: *Der Mann hatte wenig Betreuung durch nahestehende Erwachsene in seiner Kindheit, aber eine starke intrinsische Motivation bezüglich des Lernens sowie eine recht hohe Intelligenz.*
Außerdem:
$H_{33PersG}$: *Herr McCann hatte weniger enge Grenzen und eher recht viel Freiraum im Vergleich zu anderen Kindern, die stärker von ihrer anwesenden Mutter/ihren Eltern kontrolliert wurden.*
$H_{34PersG}$: *Gerald McCann musste früh relativ selbständig sein.*
$H_{35PersG}$: *Herr McCann wurde z. T. durch seine älteren Geschwister betreut, wodurch eine besonders enge Geschwisterbindung entstand.*
Zu c):
Schlussfolgerungen (u. U. mit Berücksichtigung des inneren Kontextes):
$H_{36PersG}$: *Gerald McCann hat früh die Erfahrung gemacht, dass man hart für seine Existenzsicherung arbeite muss.*
Zu d):
Schlussfolgerungen (u. U. mit Berücksichtigung des inneren Kontextes):
$H_{37PersG}$: *Herrn McCann tat seine so hart arbeitende Mutter leid. Er hatte diesbezüglich (unbewusst) Schuldgefühle.*
$H_{38PersG}$: *Herr McCanns Mutter war nicht immer emotional ausgeglichen und somit nicht immer emotional verfügbar und besonders einfühlsam, sondern frustrierte ihren Sohn in dieser Hinsicht auch.*

Die Fallstrukturhypothese 1 (u. a. Persönlichkeit Gerald) kann um eine genetische Perspektive erweitert werden: Die analen Persönlichkeitsaspekte Selbständigkeit und Einsatzbereitschaft von Gerald McCann wurden früh forciert und haben zu einem starken Selbsterleben (Selbst als Akteur) geführt.

- *Die Frau: Einzelkind*

Lesarten (einschließlich evtl. kontrastierender Gedankenexperimente):
a) Die Eltern lassen dem Kind die ungeteilte Aufmerksamkeit zukommen. (Diese muss nicht mit Geschwistern geteilt werden.)
b) Es fällt den Eltern besonders schwer, wenn ihr einziges Kind schließlich auszieht.
c) Die Eltern erfüllen ihrem einzigen Kind recht viele Wünsche und bedenken es auch recht stark mit materiellen Dingen. (Eine Familie mit mehr Kindern hat weniger Geld zur Verfügung und kann nicht jedem Kind jeden Wunsch erfüllen. Zudem werden Kleidung und Spielzeug eher in der Geschwisterreihe „vererbt", nicht alles wird neu gekauft.)
d) Alle Erwartungen der Eltern treffen ungeteilt auf dieses eine Kind.
Zu a):
Schlussfolgerungen (u. U. mit Berücksichtigung des inneren Kontextes):
$H_{53PersK}$, H_{27Bez}: *Kate McCann ist gewohnt, im Mittelpunkt zu stehen. Diese Erfahrung führte einerseits zu einem gesunden Urvertrauen, schlug sich andererseits aber auch in einem entsprechenden Skript bezüglich des sozialen Verhaltens mit anderen Menschen nieder: Auch heute erwartet Frau McCann noch eher viel Aufmerksamkeit, so auch von ihrem Partner.*

359

Zu b):

Konfrontation mit dem äußeren Kontext:

Frau McCann ist jedoch zum Studieren mehr als 300km weit von zu Hause weg gezogen. (Sie hätte wohl auch eine näher am Wohnort gelegene Ausbildung machen können.)

Schlussfolgerungen (u. U. mit Berücksichtigung des inneren Kontextes):

$H_{54PersK}$: Frau McCann hat eine gute Unabhängigkeit von ihren Eltern entwickelt. Vielleicht hat sie aber unbewusst Schuldgefühle bezüglich dieser Unabhängigkeit (Schuldgefühle, die Eltern „allein zu lassen").

Zu c):

Schlussfolgerungen (u. U. mit Berücksichtigung des inneren Kontextes):

$H_{55PersK}$: Kate McCann wurde in der Reifung bestimmter Ich-Funktionen (Bedürfnisaufschub, Umgang mit Versagungen von Wünschen und damit Bewältigung von Frustration, Entwicklung von Eigeninitiative für die Befriedigung von Bedürfnissen) in ihrer Kindheit eher wenig gefördert.

<u>Zusammen betrachtet mit der Hypothese $H_{54PersK}$ kann die Fallstrukturhypothese $1_{Persönlichkeit}$ Kate hier um folgenden genetischen Aspekt bezüglich der Persönlichkeitsentwicklung der Frau ergänzt werden: Kate McCann wurde – im Vergleich zu ihrem Mann – als Kind weniger in ihrem Erleben von sich selbst als unabhängige Akteurin und in ihren Frustrationsbewältigungskompetenzen gefördert.</u>

Zu d):

Konfrontation mit dem äußeren Kontext:

Frau McCann machte ein ausgezeichnetes Examen und ist heute Medizinerin.

Schlussfolgerungen (u. U. mit Berücksichtigung des inneren Kontextes):

$H_{56PersK}$: Frau McCann internalisierte die hohen Erwartungen ihrer Eltern und hat einen deutlichen Druck sich selbst gegenüber entwickelt (hohes Ich-Ideal).

- *Der Mann hat vier ältere Geschwister, davon drei Schwestern und einen Bruder.*

Lesarten (einschließlich evtl. kontrastierender Gedankenexperimente):

a) Die Eltern können dem Kind keine ungeteilte Aufmerksamkeit zukommen lassen. Alle Kinder müssen sowohl emotionale als auch materielle Aufmerksamkeiten mehr oder weniger teilen und bilden insofern eine Gemeinschaft.

b) Als „Kleinster" jedoch genoss der Mann eine besondere Position (weniger Pflichten als die Älteren, keine rasche Auflösung der mütterlichen Dyade durch ein nachfolgendes Geschwisterkind, In-Schutz-Nehmen durch die Eltern bei Streitigkeiten, kein Erkämpfen-Müssen wachsender Freiheiten).

c) Innerhalb der Geschwistergemeinschaft besteht eine gewisse Rivalität: Der Kleinste muss sich oft „durchboxen", wird von den Älteren auch des Öfteren zurückgewiesen. Allerdings wäre dieses Phänomen noch stärker, wenn es sich um vier ältere Brüder handeln würde. Die älteren Schwestern hingegen umsorgen den „niedlichen kleinen Bruder" z. T. wohl auch ganz gerne.

d) Der Kleine ist sehr an den Älteren orientiert, will auch alles schon machen können/dürfen, wie die großen Geschwister.

Zu a):

Schlussfolgerungen (u. U. mit Berücksichtigung des inneren Kontextes):

$H_{39PersG}$: Gerald McCann ist die Einordnung in eine Gemeinschaft als „einer unter Gleichen" gewöhnt: Er hat ein besonderes Gefühl für Gerechtigkeit, Rücksichtnahme und ein „Miteinander".

Zu b):

Schlussfolgerungen (u. U. mit Berücksichtigung des inneren Kontextes):

$H_{40PersG}$: Herr McCann hat eine besondere Beziehung zu seiner Mutter, hat von ihr viel narzisstische Befriedigung erfahren. Dies hat zum einen die Entwicklung eines sicheren Urvertrauens gefördert, zum andern aber vielleicht auch die Entwicklung narzisstischer Persönlichkeitszüge.

(Diese Hypothese muss vor dem Hintergrund der Hypothesen $H_{34PersG}$, $H_{35PersG}$ und $H_{38PersG}$ relativiert werden.)
$H_{41PersG}$: *Gerald McCann hat in seiner Kindheit die Erfahrung gemacht, dass wenig Anforderungen an ihn gestellt werden, er wenig „kämpfen" muss.*
(Diese Hypothese muss vor dem Hintergrund der Hypothesen $H_{30PersG}$, $H_{34PersG}$ und $H_{36PersG}$ relativiert werden.)
Zu c):
Schlussfolgerungen (u. U. mit Berücksichtigung des inneren Kontextes):
$H_{42PersG}$: *Gerald McCann hat in dem Geschwisterverbund sowohl die Erfahrung gemacht, stark für sich selbst einzutreten, sich durchsetzen zu müssen und auch mit Zurückweisung umgehen zu müssen, als auch diejenige, von den älteren Schwestern liebevoll „umsorgt" zu werden.*
In der Zusammenschau mit den Hypothesen und Relativierungen unter dem vorangehend dargestellten Punkt b) und den Hypothesen $H_{31PersG}$ und $H_{33PersG}$ <u>kann der auf Gerald McCann bezogene genetische Aspekt der Fallstruktur 1 nun wie folgt ausgeweitet werden: Die analen Persönlichkeitsaspekte Selbständigkeit und Einsatzbereitschaft von Gerald McCann wurden früh forciert und haben zu einem starken Selbsterleben (Selbst als Akteur) geführt. Diese Erfahrung fand jedoch in einem Rahmen einer recht guten familiären Umsorgung statt, die die Entwicklung eines gesunden Urvertrauens ermöglichte.</u>
Zu d):
Schlussfolgerungen (u. U. mit Berücksichtigung des inneren Kontextes):
$H_{43PersG}$:*Durch die Orientierung an den vier älteren Geschwistern wurde Gerald McCanns Bestreben nach Selbständigkeit und Unabhängigkeit, danach, „groß" zu sein und vieles können/dürfen, forciert (anal getönte narzisstische Bestrebungen).*
(Stützung der Fallstrukturhypothese 1)

• *Die Schwester des Mannes ist allem Anschein nach adipös*

Lesarten (einschließlich evtl. kontrastierender Gedankenexperimente):
a) Die Schwester des Mannes reagierte aufgrund einer mangelhaften Ausbildung eines stabilen, guten inneren Objektes auf einen nachfolgenden äußeren Objektverlustes regressiv mit einem Rückgriff auf orale Triebbefriedigung.
Zu a):
Konfrontation mit dem äußeren Kontext:
Der Vater der Kinder verstarb wohl relativ früh oder trennte sich von der Familie, war jedenfalls als Bezugsperson irgendwann nicht mehr verfügbar. Auch verloren einige von Geralds Geschwistern mit der Migration ihre alte Heimat.
Gerald McCann verkörpert das Gegenteil eines adipösen Menschen: Er ist betont sportlich.
Schlussfolgerungen (u. U. mit Berücksichtigung des inneren Kontextes):
$H_{44PersG}$: *Gerald McCann verarbeitete den Objektverlust des Vaters anders als seine Schwester: Er hat wohl eher ein stabiles, gutes inneres Objekt etablieren können und er konzentriert sich statt eines regressiven Verhaltens progressiv auf seine Kräfte, mit denen er sich Herausforderungen stellt.*
(Stützung der Fallstrukturhypothese 1)

• *Migration der Herkunftsfamilie des Mannes von Irland nach Schottland (einige Jahre vor dessen Geburt)*

Lesarten (einschließlich evtl. kontrastierender Gedankenexperimente):
a) Die Eltern sind in Großbritannien nicht „verwurzelt", d. h. sie müssen sich kulturell neu orientieren, sich einen neuen Arbeitsplatz suchen/errichten und sich einen neuen Freundeskreis aufbauen – sich also in ihrer neuen Heimat besonders engagieren, um „dazuzugehören".

b) Die Eltern haben große Erwartungen und Pläne in ihrer neuen Heimat, auch was die Zukunft der Kinder betrifft.
c) Die Familie rückt in dieser Zeit der Herausforderungen nach Außen hin nach Innen dichter zusammen.
d) Die Eltern und älteren Geschwister haben ihre alte Heimat verloren, was sie zuweilen traurig stimmen kann.

Zu a):

Schlussfolgerungen (u. U. mit Berücksichtigung des inneren Kontextes):

$H_{45PersG}$: Herr McCann hat früh am Modell seiner Eltern gelernt, dass man sich seinen sozialen und beruflichen Lebensstandard, seine Zugehörigkeit zu einer größeren Gemeinschaft, mit viel Eigeninitiative erarbeiten muss, statt das dies selbstverständlich gegeben ist.

(Stützung der Fallstrukturhypothese 1)

Zu b):

Konfrontation mit dem äußeren Kontext:

Gerald McCann ist heute Herzspezialist in einer bedeutenden Klinik.

Schlussfolgerungen (u. U. mit Berücksichtigung des inneren Kontextes):

$H_{46PersG}$: Auf Gerald McCann lasteten große Erwartungen seiner Eltern, vor allem an seine berufliche Zukunft, die er internalisiert hat.

Zu c):

Schlussfolgerungen (u. U. mit Berücksichtigung des inneren Kontextes):

$H_{47PersG}$: Gerald McCann erlebte in seiner Kindheit ein recht starkes Familienleben. Die Familie ist ihm auch heute noch besonders wichtig.

Zu d):

Konfrontation mit dem äußeren Kontext:

Seine Mutter arbeitete in einer Keksfabrik, anstatt sich von der Außenwelt in Traurigkeit und Lethargie zurückzuziehen.

Schlussfolgerungen (u. U. mit Berücksichtigung des inneren Kontextes):

$H_{48PersG}$: Gerald McCann hat das Gebot seiner Mutter internalisiert, dass man sich seiner Traurigkeit nicht allzu sehr hingeben darf, sondern man trotz Belastungen gut funktionieren muss.

(Stützung der Fallstrukturhypothese 1)

$H_{49PersG}$: Gerald McCann spürte aber die unterschwellige Traurigkeit um den Verlust der alten Heimat bei seiner Mutter/seinen Eltern. Dies löste den Wunsch in ihm aus, der Mutter/den Eltern irgendwie helfen zu können, was die Bindung zu ihr/ihnen intensivierte und eine besondere Fürsorge für sie und eine verstärkte Orientierung an ihren Erwartungen nach sich zog.

- *Der Mann: relativ früher Verlust des Vaters als Bezugsperson*

Lesarten (einschließlich evtl. kontrastierender Gedankenexperimente):

a) Der Verlust des Vaters war für den Mann wie für die ganze Familie ein schwerer Schicksalsschlag. Man trauert, verlassen worden zu sein und empfindet auch Wut gegenüber dem Vater, der einem diesen Verlust „antut". Letzteres erzeugt einen schweren Schuld- und Ambivalenzkonflikt, da man den zu betrauernden Menschen ja auch geliebt hat.
b) Der unbewusste ödipale Wunsch danach, der Vater möge aus dem Weg geräumt werden, um dessen Stelle an die Seite der Mutter einnehmen zu können, erfüllte sich tatsächlich. Diese Wunscherfüllung ging jedoch einher mit der zwangsläufigen Entwicklung starker Schuldgefühle und eines Strafbedürfnisses für das Vorhandensein dieser Wünsche, die in der psychischen Realität des Mannes den Verlust des Vaters herbeigeführt hatten.
c) Die Familie rückt in ihrem Leid dichter zusammen.
d) Der Mann identifiziert sich mit bestimmten Facetten der Persönlichkeit oder des äußeren Lebens des Vaters und wandelt dies zu etwas eigenem um, um das verlorene Objekt so „zu bewahren".

Zu a):
Schlussfolgerungen (u. U. mit Berücksichtigung des inneren Kontextes):
H50PersG: Herr McCann musste Trauer und auch Wut über den Verlust seines Vaters verarbeiten und bezüglich letzterem mit einem Schuld- und Ambivalenzkonflikt umgehen.
Zu b):
Konfrontation mit dem äußeren Kontext:
Gerald McCann hat noch einen älteren Bruder.
Schlussfolgerungen (u. U. mit Berücksichtigung des inneren Kontextes):
H51PersG: Gerald McCann entwickelte beim Verlust seines Vaters starke Schuldgefühle und ein Strafbedürfnis bezüglich seiner ödipalen Strebungen.
H52PersG: Nach dem Tod des Vaters verstärkte sich die (bis dahin vielleicht latente) Rivalität mit dem Bruder.
Zu c):
Schlussfolgerungen (u. U. mit Berücksichtigung des inneren Kontextes):
H53PersG: Gerald McCanns Familie rückte in ihrer Trauer um den Verlust des Vaters dicht zusammen. Noch heute ist dem Mann die Familie sehr wichtig.
Zu d):
Konfrontation mit dem äußeren Kontext:
Gerald McCann arbeitet als Kardiologe was u. a. auch ein sehr sorgfältiges Arbeiten mit den Augen und mittels medizinischer Instrumente bedeutet.
Schlussfolgerungen (u. U. mit Berücksichtigung des inneren Kontextes):
H54PersG: Gerald McCann hat sich mit der handwerklichen Arbeit des Vaters identifiziert und sie im Beruf des Kardiologen zu etwas eigenem gemacht.

- Das Paar schreibt: „Famlily has always been incredibly important to us."

Lesarten (einschließlich evtl. kontrastierender Gedankenexperimente):
a) Das Paar ist auch mit den Herkunftsfamilien stark verbunden und alle verstehen sich recht gut miteinander.
b) Die Familie ist dem Paar nicht nur *sehr* wichtig, sondern *immer überaus* wichtig (vgl. „always (...) incredibly important"). Sie muss dem Paar in schweren Lebenssituationen schon sehr beigestanden haben.
c) Das Paar beteuert der Familie, die sich wegen eines bestimmten Verhaltens des Paares zurückgesetzt fühlt, wie wichtig sie ihm immer gewesen sei.
Zu a):
Konfrontation mit dem äußeren Kontext:
Gerald McCann soll seine Schwiegermutter in der Nacht des Verschwindens des Kindes angerufen haben.
Schlussfolgerungen (u. U. mit Berücksichtigung des inneren Kontextes):
H28Bez: Die beiden Herkunftsfamilien der Partner verstehen sich gut mit einander und die McCanns fühlen sich mit ihren Verwandten eng verbunden.
Zu b):
Schlussfolgerungen (u. U. mit Berücksichtigung des inneren Kontextes):
H29Bez: Die Familie hat dem Paar in schwierigen Lebenssituationen schon sehr beigestanden. Sie ist für Kate und Gerald McCann also eine Ressource zur Bewältigung psychischer Belastungen.
Zu c):
Schlussfolgerungen (u. U. mit Berücksichtigung des inneren Kontextes):
H30Bez: Einige Verwandte fühlen sich in der Zeit nach dem Verschwinden von Madeleine zu wenig von dem Paar beachtet bzw. Kate und Gerald McCann haben die Befürchtung, dass sie sich zu wenig beachtet fühlen.

- *Der Mann studiert in seiner Heimatstadt, die Frau über 300km von ihrem Heimatort entfernt.*

Lesarten (einschließlich evtl. kontrastierender Gedankenexperimente):
a) Die Frau zieht es mehr in die Welt hinaus als den Mann, der lieber in der Nähe seiner Familie bleibt.
Zu a):
Schlussfolgerungen (u. U. mit Berücksichtigung des inneren Kontextes):
$H_{55PersG}$, $H_{57PersK}$: *Frau McCann hat im jungen Erwachsenenalter das Bedürfnis nach Ablösung von den Eltern, Gerald McCann hingegen mehr das Bedürfnis nach Verbundenheit.*
(steht nicht im Einklang mit den Hypothesen H_{1PersK} und H_{1Bez})

Es kann eine Erweiterung des Aspekts von Frau McCanns Persönlichkeitsgenese, bezogen auf Fallstrukturhypothese 1 (u. a. Persönlichkeit Kate), vorgenommen werden: Die in ihrer Kindheit in Selbständigkeit und Unabhängigkeit wenig geförderte Kate McCann verspürte im jungen Erwachsenenalter ein besonders deutliches Bedürfnis nach Ablösung vom Elternhaus.

Als Fallstrukturhypothese 4 (Persönlichkeit Gerald)kann vermutet werden: Der Migrationshintergrund der Herkunftsfamilie des Herrn McCann, die dort recht große Anzahl von Kindern, die besondere Dyade mit der Mutter sowie der relativ frühe Verlust des Vaters führten zu einer besonders starken familiären Verbundenheit und einer verspäteten Loslösung vom Elternhaus (vgl. Hypothesen $H_{37PersG}$, $H_{39\ PersG}$, $H_{40\ PersG}$, $H_{42\ PersG}$, $H_{47PersG}$, $H_{49PersG}$, $H_{53PersG}$, H_{28Bez}, H_{29Bez}.)

- *Beginn der Beziehung auf einer Reise nach Neuseeland*

Lesarten (einschließlich evtl. kontrastierender Gedankenexperimente):
a) Beide Partner sind von ihren Grundpersönlichkeiten her nicht zu ängstlich oder selbstunsicher, eine sehr weite Reise in ein fernes Land zu unternehmen.
b) Beide Partner konnten genug Energie und Interesse für die Reise kanalisieren, sind also in dieser Hinsicht von ihren Grundpersönlichkeiten her wenig gehemmt, d. h. wenig interesselos oder antriebsarm.
c) Beide Partner sind von ihren Grundpersönlichkeiten her eher gesellige Menschen, da es sich wohl um eine Gruppenreise gehandelt haben wird.
Zu a):
Schlussfolgerungen (u. U. mit Berücksichtigung des inneren Kontextes):
$H_{56PersG}$, $H_{58PersK}$: *Sowohl Kate als auch Gerald McCann sind von ihrer Grundpersönlichkeit her keine allgemein ängstlichen oder selbstunsicheren Menschen, die neue, herausfordernde Erfahrungen scheuen. Sie besitzen also genug Mut und Selbstsicherheit für neue Herausforderungen.*
Zu b):
Schlussfolgerungen (u. U. mit Berücksichtigung des inneren Kontextes):
$H_{57PersG}$, $H_{59PersK}$: *Sowohl Kate als auch Gerald McCann sind von ihrer Grundpersönlichkeit her wenig in ihrer für das Leben aufzubringenden psychischen Energie gehemmt, d. h. sie sind eher antriebsstark und eher sehr an der Umwelt interessiert.*
Zu c):
Schlussfolgerungen (u. U. mit Berücksichtigung des inneren Kontextes):
$H_{58PersG}$, $H_{60PersK}$: *Beide Partner sind von ihren Grundpersönlichkeiten her eher gesellige als zurückgezogene Menschen.*

Lesarten (einschließlich evtl. kontrastierender Gedankenexperimente):
a) Die Frau ist sehr ehrgeizig und bringt zur Erreichung ihrer Ziele eher viel Fleiß auf.
b) Die Frau ist in ihrem Fachgebiet sehr interessiert und kenntnisreich.
c) Die Frau ist recht intelligent.
Zu a):
Schlussfolgerungen (u. U. mit Berücksichtigung des inneren Kontextes):
$H_{61PersK}$: *Kate McCann ist sehr ehrgeizig und kann zur Erreichung ihrer Ziele besonders viel Fleiß aufbringen. Daten auswendig zu lernen, fällt ihr recht leicht.*
Zu b):
Schlussfolgerungen (u. U. mit Berücksichtigung des inneren Kontextes):
$H_{62PersK}$: *Kate McCann kennt sich im Fachgebiet Medizin sehr gut aus. Das bedeutet, sie verfügt wohl über sehr gute Kenntnisse im Bereich Anatomie, DNA, das Phänomen des Todes etc. .*
$H_{9Ereignis}$: *Für die Beseitigung einer Leiche und deren Spuren könnten Frau McCann diese Kenntnisse hilfreich gewesen sein.*
Zu c):
Schlussfolgerungen (u. U. mit Berücksichtigung des inneren Kontextes):
$H_{63PersK}$: *Frau McCann ist recht intelligent.*
Vor dem Hintergrund des Medizinstudiums mit ausgezeichnetem Examen ist ein IQ anzunehmen, der mindestens eine Standardabweichung oberhalb des Durchschnittswertes von 100 liegt (also ein IQ von 115), wahrscheinlich im Bereich zwischen einer und zwei Standardabweichungen oberhalb des Durschnitts (also ein IQ zwischen 115 und 130). Frau McCann kann nach diesen Vermutungen als überdurchschnittlich intelligent bezeichnet werden.
$H_{10Ereignis}$: *Diese hohe Intelligenz könnte Frau McCann bei der Beseitigung einer Leiche und deren Spuren hilfreich gewesen sein.*

Lesarten (einschließlich evtl. kontrastierender Gedankenexperimente):
a) Es handelt sich um eine beruflich ehrgeizige, also karriereorientierte Frau. Sie würde wohl nicht ausnahmslos gern nach einer Schwangerschaft zu Hause die Kinder versorgen.
b) Die Frau hat viel Wissen über Gynäkologie und Anästhesie.
c) Die Frau hat sich einen Beruf gewählt, in dem sie viel mit Menschen umgehen muss. Sie wendet sich also gern anderen zu, ist in diesem Sinne eher extrovertiert und muss relativ einfühlsam sein können.
d) Die Dame hat Berufe gewählt, in denen sie sehr viel Verantwortung trägt.
e) Die Frau lebt in ihrem Beruf unbewusst eine Macht-/Kontrollrolle aus: Ihre Patienten sind ihr besonders „hilflos" unterworfen – anders als beispielsweise die Patienten eines Orthopäden oder Augenarztes.
f) Die Dame beschäftigt sich in ihren Berufen unbewusst mit ganz existenziellen Themen: Fortpflanzung (Leben) und Betäubung (in gewisser Weise ein Zustand zwischen Leben und Tod).
Zu a):
Schlussfolgerungen (u. U. mit Berücksichtigung des inneren Kontextes):
$H_{64PersK}$: *Kate McCann ist beruflich recht ehrgeizig, also karriereorientiert. Das bedeutet u. a., sie ist fähig, recht viel Energie für die Erreichung ihrer Ziele aufzubringen. Sie würde wohl nicht ausnahmslos gern nach einer Schwangerschaft zu Hause die Kinder versorgen.*
Zu b):
Schlussfolgerungen (u. U. mit Berücksichtigung des inneren Kontextes):
$H_{65PersK}$: *Frau McCann hat viel Wissen über Gynäkologie und Anästhesie.*

H_{11Ereignis}: Das Wissen über Anästhesie könnte Frau McCann im Zusammenhang mit dem Verschwinden ihrer Tochter genutzt haben (Ruhigstellung des Kindes oder vorsätzliche Tötung durch entsprechende Medikamente).

Zu c):

Schlussfolgerungen (u. U. mit Berücksichtigung des inneren Kontextes):

H_{66PersK}: Frau McCann wendet sich gern anderen Menschen zu und ist in diesem Sinne recht extrovertiert. Auch muss sie recht einfühlsam sein können.

Zu d):

Schlussfolgerungen (u. U. mit Berücksichtigung des inneren Kontextes):

H_{67PersK}: Frau McCann trägt gerne viel Verantwortung und ist dazu fähig.

Zu e):

Schlussfolgerungen (u. U. mit Berücksichtigung des inneren Kontextes):

H_{68PersK}: Frau McCann wehrt eigene Gefühle von Hilflosigkeit (Machtlosigkeit und Kontrolle durch andere) ab, in dem sie in ihrem Beruf deren progressive Gegenbesetzungen über andere Menschen auslebt (Macht und Kontrolle).

Zu f):

Schlussfolgerungen (u. U. mit Berücksichtigung des inneren Kontextes):

H_{69PersK}: Kate McCann hat unbewusst eine besondere Affinität zu den existenziellen Themen Leben und Tod.

- *zuletzt Arbeit der Frau als Allgemeinmedizinerin eineinhalb Tage die Woche (ansonsten Versorgung der Kinder)*

Lesarten (einschließlich evtl. kontrastierender Gedankenexperimente):
a) Es handelt sich um seine sehr familienorientierte Frau, der ihre Karriere relativ wenig bedeutet.

Zu a):

Konfrontation mit dem äußeren Kontext:
Gerald McCann arbeitet unterdessen ganztags.

Schlussfolgerungen (u. U. mit Berücksichtigung des inneren Kontextes):

H_{70PersK}: Kate McCann ist recht familienorientiert, während ihr Mann das Hauptaugenmerk auf seine Karriere legt.

(Diese Hypothese steht im Kontrast zur Hypothese H_{64PersK}. Das deutet auf einen möglichen Konflikt der Frau zwischen ihren beruflichen und familiären Interessen hin, sowie damit auf einen eventuellen Rivalitätskonflikt in der Beziehung zu ihrem so stark im Berufsleben stehenden Mann. Im Zusammenhang mit den Hypothesen H_{60PersK}, H_{61PersK}, H_{67PersK} kann diese Situation als Fallstrukturhypothese 5_{Per K, Bez} herausgestellt werden.)

Zu b):

Schlussfolgerungen (u. U. mit Berücksichtigung des inneren Kontextes):

H_{71PersK}: Frau McCann hat viel Wissen über Gynäkologie und Anästhesie.

H_{11Ereignis}: Das Wissen über Anästhesie könnte Frau McCann im Zusammenhang mit dem Verschwinden ihrer Tochter genutzt haben (Ruhigstellung des Kindes oder vorsätzliche Tötung durch entsprechende Medikamente).

Zu c):

Schlussfolgerungen (u. U. mit Berücksichtigung des inneren Kontextes):

H_{72PersK}: Frau McCann wendet sich gern anderen Menschen zu und ist in diesem Sinne recht extrovertiert. Auch muss sie recht einfühlsam sein können.

Zu d):

Schlussfolgerungen (u. U. mit Berücksichtigung des inneren Kontextes):

H_{73PersK}: Frau McCann trägt gerne viel Verantwortung und ist dazu fähig.

Zu e):

Schlussfolgerungen (u. U. mit Berücksichtigung des inneren Kontextes):

H_{74PersK}: Frau McCann wehrt eigene Gefühle von Hilflosigkeit (Machtlosigkeit und Kontrolle durch andere) ab, in dem sie in ihrem Beruf deren progressive Gegenbesetzungen über andere Menschen auslebt (Macht und Kontrolle). Sie verarbeitet einen Abhängigkeits-

Autonomie-Konflikt oder einen Konflikt zwischen Kontrolle und Unterwerfung auf diese Weise altruistisch.
Zu f):
Schlussfolgerungen (u. U. mit Berücksichtigung des inneren Kontextes):
$H_{75PersK}$: *Kate McCann hat unbewusste eine besondere Affinität zu den existenziellen Themen Leben und Tod.*

- *Der Mann startete im Jahr 2000 seine Karriere als Kardiologe an dem bedeutenden Herzzentrum des Glenfield-Hospitals, in dessen Nähe das Paar dann umzog.*

Lesarten (einschließlich evtl. kontrastierender Gedankenexperimente):
a)   Es handelt sich um einen sehr karriereorientierten Mann.
b)   Der Herr hat ein sehr gutes Fachwissen, ist fleißig und intelligent.
c)   Der Mann hat relativ wenig Zeit für die Familie.
d)   Der Wohnort der Familie ist nach den Bedürfnissen des Mannes ausgerichtet.
e)   Der Mann hat sich einen Beruf gewählt, in dem er viel Verantwortung trägt.
f)   Der Mann hat sich eine Arbeit ausgesucht, bei der sich mit der Antriebsbasis des Lebens beschäftigt, relativ direkt mit Leben und Tod.
Zu a):
Schlussfolgerungen (u. U. mit Berücksichtigung des inneren Kontextes):
$H_{59PersG}$: *Gerald McCann ist sehr karriereorientiert.*
(Stützung der Fallstrukturhypothese 5)
Zu b):
Schlussfolgerungen (u. U. mit Berücksichtigung des inneren Kontextes):
$H_{60PersG}$: *Herr McCann hat viel Fachwissen im Bereich der Medizin, insbesondere der Kardiologie. Seine Kenntnisse könnten im Zusammenhang mit dem Verschwinden des Kindes eine Rolle gespielt haben.*
$H_{61PersG}$, $H_{12Ereignis}$: *Herr McCann ist ein fleißiger Mensch, was u. a. bedeutet, er kann viele Kräfte für die Erreichung seiner Ziele aufbringen.*
(Stützung der Fallstrukturhypothese 1)
$H_{62PersG}$: *Herr McCann ist recht intelligent.*
Vor dem Hintergrund des Medizinstudiums und seiner Arbeit als Kardiologe an einem bedeutenden Herzzentrum ist ein IQ anzunehmen, der mindestens eine Standardabweichung oberhalb des Durchschnittswertes von 100 liegt (also ein IQ von 115), wahrscheinlich im Bereich zwischen einer und zwei Standardabweichungen oberhalb des Durschnitts (also ein IQ zwischen 115 und 130). Herr McCann kann nach diesen Vermutungen als überdurchschnittlich intelligent bezeichnet werden.
$H_{13Ereignis}$: *Diese hohe Intelligenz könnte Herrn McCann bei der Beseitigung einer Leiche und deren Spuren hilfreich gewesen sein.*
Zu c):
Schlussfolgerungen (u. U. mit Berücksichtigung des inneren Kontextes):
H_{31Bez}, $H_{76PersK}$: *Frau McCann fühlt sich mit der Erziehung dreier kleiner Kinder angesichts der so geringen Verfügbarkeit des Mannes im Familienleben überfordert. In diesem Zusammenhang gibt es Spannungen in der Paarbeziehung.*
(gut vereinbar mit Fallstrukturhypothese 5)
H_{32Bez}: *Die primäre Bezugsperson der Kinder ist die Mutter. Ihr Einfluss auf die Erziehung der Kinder ist stärker als der ihres Mannes.*
Zu d):
Schlussfolgerungen (u. U. mit Berücksichtigung des inneren Kontextes):
H_{33Bez}: *In der Paarbeziehung haben die Bedürfnisse des Mannes eine recht lebensgestaltende Priorität. Frau McCann muss sich in vielerlei Hinsicht den beruflichen Erfordernissen des Mannes unterordnen. Entweder kann sie mit dieser Unterordnung gut umgehen oder es können Konflikte entstehen.*
(relativierende Stützung der Fallstrukturhypothese 5)

Zu e):
Schlussfolgerungen (u. U. mit Berücksichtigung des inneren Kontextes):
$H_{63PersG}$: *Gerald McCann trägt gerne viel Verantwortung.*
Zu f):
Schlussfolgerungen (u. U. mit Berücksichtigung des inneren Kontextes):
$H_{64PersG}$: *Gerald McCann hat unbewusst eine Affinität zum Themenkreis „Leben(santrieb) und Tod".*
In der Zusammenschau mit der Hypothese $H_{54PersG}$ kann folgende <u>Fallstrukturhypothese 6_{PersG}</u> aufgestellt werden:
<u>Gerald McCanns Berufswahl des Kardiologen ist u. a. durch eine Verschiebung seines Wunsches, seinen recht früh verlorenen Vater „zu retten", bedingt, durch die Verfolgung des durch dieses Ereignis angestoßenen Interesses, dem Phänomen „Leben und Tod" auf den Grund gehen zu wollen sowie dem Bestreben, den Vater in der Übernahme dessen genauen Einsatzes von Auge und Instrument „weiterleben" zu lassen.</u>

- *Vier der sieben mitgereisten Freunde hatten bereits in den frühen 1990er Jahren zusammen Medizin studiert.*

Lesarten (einschließlich evtl. kontrastierender Gedankenexperimente):
a) Diese vier Freunde haben ein besonders enges Vertrauensverhältnis zu einander.
b) Wenn sie sich über ihre „alten Zeiten" unterhalten, sind andere etwas außen vor.
c) Diese vier Freunde haben medizinisches Fachwissen und sind recht intelligent.
Zu a):
Schlussfolgerungen (u. U. mit Berücksichtigung des inneren Kontextes):
$H_{1Freunde}$: *Die vier Freunde haben ein besonders enges Vertrauensverhältnis zu einander.*
$H_{14Ereignis}$:*Falls jemand von ihnen etwas über das Verschwinden des Kindes weiß oder gar aktiv involviert ist, kann er sich den Freunden eher sicher anvertrauen und von ihrer Seite auf Unterstützung hoffen.*
Zu b):
Schlussfolgerungen (u. U. mit Berücksichtigung des inneren Kontextes):
$H_{2\ Freunde}$: *Wenn sich die vier Freunde über „alte Zeiten" unterhalten, sind Gerald und Kate McCann etwas außen vor.*
Zu c):
Schlussfolgerungen (u. U. mit Berücksichtigung des inneren Kontextes):
$H_{15Ereignis}$: *Sowohl das medizinische Fachwissen der vier Freunde als auch ihre vermutlich hohe Intelligenz könnte eine Rolle bei der möglichen Tötung des Kindes, der Beseitigung seiner Leiche sowie der Vertuschung der Spuren gespielt haben.*

- *Kennenlernen zwischen dem Paar und der Gruppe im Jahr 2000 durch Eintritt in den Kreis der örtlichen Mediziner nach dem Umzug*

Lesarten (einschließlich evtl. kontrastierender Gedankenexperimente):
a) Das Paar und die Gruppe kennen sich schon relativ gut, sie haben bereits ein gewisses Vertrauensverhältnis zu einander.
Zu a):
Schlussfolgerungen (u. U. mit Berücksichtigung des inneren Kontextes):
$H_{3Freunde}$: *Die Gruppe und die McCanns kennen sich schon relativ gut; sie haben bereits ein gewisses Vertrauensverhältnis zu einander.*
$H_{16Ereignis}$: *Falls Gerald oder Kate McCann in das Verschwinden ihres Kindes verwickelt sind, so ist es einerseits verführerisch, andererseits aber auch recht risikobehaftet, die Gruppe einzuweihen.*

- *Einer aus der Gruppe arbeitete ein halbes Jahr mit dem Mann zusammen, dann wurden beide relativ zeitgleich Vater.*

Lesarten (einschließlich evtl. kontrastierender Gedankenexperimente):
a) Die beiden Männer haben eine besondere Verbindung zu einander: Der eine erkennt sich in einigen wesentlichen Punkten im anderen wieder und beide können sich über die gleichen sie bewegenden Themen austauschen. Das macht sie zu sich gegenseitig nahestehenden Menschen.

Zu a):

Konfrontation mit dem äußeren Kontext:
Während Gerald McCanns Kind durch künstliche Befruchtung gezeugt wurde, wurde der Freund auf natürlichem Wege Vater.

Schlussfolgerungen (u. U. mit Berücksichtigung des inneren Kontextes):
$H_{4Freunde}$: *Die beiden Männer haben eine besondere Verbindung zu einander: Der eine erkennt sich in einigen wesentlichen Punkten im anderen wieder und beide können sich über die gleichen sie bewegenden Themen austauschen. Das macht sie zu sich gegenseitig nahestehenden Menschen. Allerdings könnte das Verhältnis durch unterschwellige Unterlegenheitsgefühle von Seiten Herrn McCanns oder Überlegenheit/Abwertung von Seiten des anderen Mannes belastet sein, also im weitesten Sinne durch einen Rivalitätskonflikt.*

- *Das Paar hatte bereits im Sommer 2005 mit einem Paar aus der Gruppe und anderen Leuten einen Urlaub auf Mallorca verbracht.*

Lesarten (einschließlich evtl. kontrastierender Gedankenexperimente):
a) Die beiden Paare verstehen sich wirklich gut, da sie erneut gemeinsamen ihren Urlaub verbringen.
b) Diese beiden Paare kennen sich durch die schon einmal so eng miteinander verbrachte Zeit sehr gut.

Zu a):

Schlussfolgerungen (u. U. mit Berücksichtigung des inneren Kontextes):
$H_{5Freunde}$: *Mit diesem Paar verstehen sich die McCanns besonders gut.*

Zu b):

Schlussfolgerungen (u. U. mit Berücksichtigung des inneren Kontextes):
$H_{6Freunde}$: *Die beiden Paare kennen sich besonders gut.*

Zusammen betrachtet mit den Hypothesen $H_{2Freunde}$, $H_{4Freunde}$ und $H_{16Ereignis}$ kann die folgende Fallstrukturhypothese $7_{Freunde}$ postuliert werden: Es gibt in der Gruppe zwei Bezugspunkte der McCanns, die im Falle einer Verwicklung der Eltern besonders als Vertraute in Frage kommen: Das Paar Payne sowie, besonders hinsichtlich der Beziehungsebene zu Herrn McCann, Herr O' Brien.

- *Laufsport als gemeinsame Vorliebe des Paares*

Lesarten (einschließlich evtl. kontrastierender Gedankenexperimente):
a) Beide Partner sind eher antriebsstark als antriebsarm.
b) Beide Partner haben etwas, das sie gern zusammen unternehmen. Das verbindet sie mit Freude und Entspannung mit einander, was der Beziehung gut tut.

369

Zu a):

Schlussfolgerungen (u. U. mit Berücksichtigung des inneren Kontextes):

$H_{65PersG}$, $H_{77PersK}$: *Sowohl Gerald als auch Kate McCann sind beide relativ antriebsstarke Menschen. Sie weisen beide eine Betonung des analen Aspekts der Freude am motorischen Selbsterleben in ihren Persönlichkeiten auf.*

$H_{66PersG}$, $H_{78PersK}$: *Einer der beiden Partner ist deutlich antriebsstärker als der andere, den er jedoch in seiner Tatkraft beeinflusst. Der Antriebsstärkere weist eine Betonung des analen Aspekts der Freude am motorischen Selbsterleben in seiner Persönlichkeit auf.*

(Gemäß der Fallstrukturhypothese $1_{PersK,PersG,Bez}$ wäre diese Rolle eher für Gerald McCann zu vermuten.)

Zu b):

Schlussfolgerungen (u. U. mit Berücksichtigung des inneren Kontextes):

H_{34Bez}: *Gerald McCann haben ein Hobby, das sie gern zusammen unternehmen. Das verbindet sie in Freude und Entspannung mit einander, was der Beziehung gut tut.*

(Stützung der Hypothese Hypothesen $H_{27PersG}$ und $H_{50PersK}$)

• *Der Mann war als Jugendlicher schottischer Champion im 1500m-Lauf.*

Lesarten (einschließlich evtl. kontrastierender Gedankenexperimente):

a) Der Mann hat(te) viel Freude am motorischen Selbsterleben, dabei auch am „Alles-aus-sich-herausholen".

b) Er ist eher antriebsstark als antriebsarm.

c) Der Mann suchte sich einen Sport aus, bei dem es mehr um das Ausleben von Konkurrenz als von Teamgeist einerseits oder von starker Selbstdarstellung andererseits geht.

d) Es handelt sich um jemand, der ehrgeizig und selbstdiszipliniert ist.

Zu a):

Schlussfolgerungen (u. U. mit Berücksichtigung des inneren Kontextes):

$H_{67PersG}$: *Gerald McCann hat(te) viel Freude am motorischen Selbsterleben, dabei auch am „Alles-aus-sich-herausholen".*

(Stützung der Hypothese $H_{65PersG}$)

Zu b):

Schlussfolgerungen (u. U. mit Berücksichtigung des inneren Kontextes):

$H_{68PersG}$: *Gerald McCann ist eher antriebsstark als antriebsarm.*

(Stützung der Hypothese $H_{65PersG}$)

Zu c):

Schlussfolgerungen (u. U. mit Berücksichtigung des inneren Kontextes):

$H_{69PersG}$: *In Gerald McCanns psychischer Realität ist Konkurrenz und damit auch Aggressivität sehr bedeutsam. Diese sublimiert(e) er im Laufsport.*

(Stützung der Hypothesen $H_{42PersG}$)

Zu d):

Schlussfolgerungen (u. U. mit Berücksichtigung des inneren Kontextes):

$H_{70PersG}$: *Gerald McCann ist ehrgeizig und selbstdiszipliniert.*

(In Verbindung mit den Hypothesen $H_{59PersG}$, $H_{61PersG}$, $H_{63\,PersG}$, $H_{65\,PersG}$, $H_{67\,PersG}$, $H_{68\,PersG}$ und $H_{69\,PersG}$ kann die Fallstrukturhypothese $1_{PersK,\,PersG,\,Bez}$ was den Persönlichkeitsaspekt des Mannes betrifft, folgendermaßen erweitert werden:
Gerald McCanns - auch motorisch - starkes Erleben von sich selbst als eigenständigen und unabhängigen Akteur ist nicht impulsiv gefärbt, sondern geht einher mit Selbstdisziplin, Ehrgeiz, Fleiß und damit der Bereitstellung und Kanalisierung der eigenen Kräfte seiner antriebsstarken Persönlichkeit für seine Ziele, der Sublimierung aggressiver Strebungen, der Freude an Verantwortung sowie an der eigenen Verausgabung und Produktivität. Er hat eine beherrscht-kämpferischen Persönlichkeit.

Lesarten (einschließlich evtl. kontrastierender Gedankenexperimente):

a) Der Mann bemüht sich, inmitten der Vereinnahmung durch andere Beschäftigungen für sein körperliches und psychisches Wohlergehen zu sorgen.

b) Dem Herrn hilft subjektiv beim Umgang mit Belastungen, denen er auch aktuell ausgesetzt ist und die ihm sowohl körperliche als auch physische Beschwerden verursachen, körperliche Aktivität.

c) Er vertraut auf sein Gedächtnis und damit auf seine eigenen kognitiven Fähigkeiten. (Er hätte sich ja auch einen Notizzettel an die Kühlschranktür heften können oder jemand bitten können, ihn an sein Vorhaben zu erinnern.)

Zu a):

Konfrontation mit dem äußeren Kontext:

Es handelt sich bei dem schweren Ereignis um das Verschwinden seiner Tochter und eventuell weitere damit verbundene Geschehnisse (Tötung, Sehen der Leiche, deren Beseitigung etc.). Gerald McCann hatte mit Behörden, den Medien und der Suchkampagne sehr viel zu tun.

Schlussfolgerungen (u. U. mit Berücksichtigung des inneren Kontextes):

$H_{71PersG}$: Gerald McCann kann sich auch in der außerordentlichen Vereinnahmung durch Beschäftigungen im Zuge starker Belastungen noch bemühen, aktiv für sein körperliches und psychisches Wohlergehen zu sorgen. Er dekompensiert also psychisch unter starken Belastungen nicht in hilflos-depressiver Weise, sondern behält ein gutes Vermögen zur Selbstwahrnehmung und –steuerung bei.
(Stützung der Fallstrukturhypothese 1)

Zu b):

Schlussfolgerungen (u. U. mit Berücksichtigung des inneren Kontextes):

$H_{72PersG}$: Gerald McCanns Freude am motorischen Selbsterleben ist ihm eine – auch durch ihn so empfundene - gute Ressource bei der Bewältigung von Belastungen.
(Stützung der Fallstrukturhypothese 1)

Zu c):

Schlussfolgerungen (u. U. mit Berücksichtigung des inneren Kontextes):

$H_{73PersG}$: Gerald McCann vertraut auf sein Gedächtnis und damit auf seine eigenen kognitiven Fähigkeit. (Stützung der Fallstrukturhypothese 1)

Lesarten (einschließlich evtl. kontrastierender Gedankenexperimente):

a) Es handelt sich um eher antriebsstarke als antriebsschwache Menschen, die Freude am motorischen Selbsterleben haben.

Zu a):

Schlussfolgerungen (u. U. mit Berücksichtigung des inneren Kontextes):

= $H_{65PersG}$, $H_{77PersK}$: Sowohl Gerald als auch Kate McCann sind beide relativ antriebsstarke Menschen. Sie weisen beide eine Betonung des analen Aspekts der Freude am motorischen Selbsterleben in ihren Persönlichkeiten auf.
= $H_{66PersG}$, $H_{78PersK}$: Einer der beiden Partner ist deutlich antriebsstärker als der andere, den er jedoch in seiner Tatkraft beeinflusst. Der Antriebsstärkere weist eine Betonung des analen Aspekts der Freude am motorischen Selbsterleben in seiner Persönlichkeit auf. Gemäß der Fallstrukturhypothese 1 und – in eingeschränkterer Weise - auch 2 wäre diese Rolle eher bei Gerald McCann zu vermuten. Die Hypothesen $H_{59PersK}$, $H_{61PersK}$ und $H_{64PersK}$ sprechen jedoch eher für ein Zutreffen von $H_{65PersG}$ und $H_{77PersK}$. Diese Diskrepanz führt zu folgender integrativen Erweiterung des Persönlichkeitsaspektes von Kate McCann im Rahmen der Fallstrukturhypothese 1 sowie der damit verbundenen Fallstrukturhypothese 2: Kate McCanns Grundpersönlichkeit lässt sich durch eine progressive Verarbeitung

eines Abhängigkeits – Autonimie-Konfliktes mit anal getönten narzisstischen Mitteln beschreiben, die unter starker Belastung, wie der des vorbeschriebenen Ereignisses, regressiv labilisiert wird.

- Die Frau ist, wie ihr Vater und ihre Tochter, ein Everton-Fan.

Lesarten (einschließlich evtl. kontrastierender Gedankenexperimente):
a) Die Frau genießt Beziehungen, in denen sie sich in bestimmten Merkmalen im anderen wiederfinden kann (narzisstische Objektwahl von der Art der Alter-Ego-/Zwillingsbeziehung).
b) Die Dame ist ein geselliger Mensch. (Fußball ist eine Sportart mit einer besonders starken Gemeinschaftsbildung unter den Fans, anders als beispielsweise in den Sportarten Tanzen oder Schach.)
Zu a):

Schlussfolgerungen (u. U. mit Berücksichtigung des inneren Kontextes):
$H_{79PersK}$: Kate McCann genießt in besonderem Maße narzisstische Objektbeziehungen nach Art der Alter-Ego-/Zwillingsbeziehung. Dies könnte auf eine narzisstische Kompensation eines strukturellen Mangels verweisen.
(Stützung der Hypothesen $H_{50PersK}$, H_{34Bez})
$H_{80PersK}$, H_{35Bez}: Die Tochter hat eine enge Bindung zu der Mutter. Eventuell stellt die Tochter für die Mutter in besonderer Weise ein narzisstisches Selbstobjekt dar. Gleiches gilt für die Beziehung zwischen Frau McCann und ihrem Vater.
(Stützung der Hypothesen $H_{28PersK}$, $H_{31PersK}$, H_{23Bez})
Zu b):

Schlussfolgerungen (u. U. mit Berücksichtigung des inneren Kontextes):
$H_{81PersK}$: Frau McCann genießt Gemeinschaft mit anderen Menschen. Sie weist also kein bindungsvermeidendes Beziehungsmuster auf, wie es sich vor allem im schizoiden Verarbeitungsstil findet.
(Stützung der Hypothesen $H_{60PersK}$, $H_{66PersK}$, $H_{5Freunde}$)

- Die Dame ist römisch-katholisch getauft und im christlichen Glauben stark verhaftet. Sie steht einem katholischen Pfarrer sehr nahe, der das Paar verheiratet und sein Kind getauft hatte.

Lesarten (einschließlich evtl. kontrastierender Gedankenexperimente):
a) Die Frau ist in einem sehr konservativen, strengen religiösen Weltbild und entsprechenden Lebensprinzipien verhaftet.
b) Die Dame kann bedeutsame Bindungen über die Zeit hinweg aufrecht erhalten. Eine Vaterfigur spielt in ihrem Leben eine besonders wichtige Rolle.
Zu a):

Schlussfolgerungen (u. U. mit Berücksichtigung des inneren Kontextes):
$H_{82PersK}$: Kate McCann ist in einem sehr konservativen, strengen religiösen Weltbild und entsprechenden Lebensprinzipien verhaftet.
Zu b):

Schlussfolgerungen (u. U. mit Berücksichtigung des inneren Kontextes):
$H_{83PersK}$: Frau McCann kann bedeutsame Bindungen über die Zeit hinweg aufrecht erhalten. Eine Vaterfigur spielt in ihrem Leben eine besonders wichtige Rolle.
(Stützung insbesondere der Hypothese $H_{57PersK}$, was die Ablösung von der Mutter anbetrifft, aber auch der Hypothesen $H_{81PersK}$, $H_{60PersK}$, $H_{66PersK}$, $H_{5Freunde}$ sowie der Fallstrukturhypothese 3)

- *Der Mann ist ebenfalls katholisch getauft, entwickelte aber erst nach dem schweren Ereignis wieder einen stärkeren Bezug zum Glauben.*

Lesarten (einschließlich evtl. kontrastierender Gedankenexperimente):
a) Der Mann ist weniger in einem konservativen, strengen religiösen Weltbild und entsprechenden Lebensprinzipien verhaftet.
b) Etwas an der Glaubenspraxis hilft ihm bei der Bewältigung des vorbezeichneten belastenden Ereignisses.
Zu a):
Schlussfolgerungen (u. U. mit Berücksichtigung des inneren Kontextes):
$H_{74PersG}$: *Gerald McCann ist weniger in einem konservativen, strengen religiösen Weltbild und entsprechenden Lebensprinzipien verhaftet.*
Zu b):
Schlussfolgerungen (u. U. mit Berücksichtigung des inneren Kontextes):
$H_{75PersG}$: *Etwas an der Glaubenspraxis hilft Gerald McCann bei der Bewältigung des vorbezeichneten belastenden Ereignisses.*

- *In seinem Heimatort besuchen die beiden eine anglikanische Kirche, obwohl dem katholisch getauften Paar dort auch ein katholisches Gotteshaus zur Verfügung steht.*

Lesarten (einschließlich evtl. kontrastierender Gedankenexperimente):
a) Das Paar ist mittlerweile dem Konservatismus der katholischen Kirche ganz allgemein oder spezifischen Einstellungen dieser Institution gegenüber abgeneigt (ideologische Bedingtheit).
b) Die Abwendung von der katholischen Gemeinde liegt in einer personellen Antipathie begründet (z. B. gegen den dortigen Pastor).
c) Die katholische Kirche ist für das Paar schlechter erreichbar als die anglikanische.
d) Die Zuneigung zur anglikanischen Kirche lässt sich durch die Zugehörigkeit von Freunden zu dieser Gemeinde erklären.
Zu a):
Konfrontation mit dem äußeren Kontext:
Die katholische Kirche ist Gegnerin der künstlichen Befruchtung, der sich das Paar für die Zeugung der Kinder unterzogen hat.
Schlussfolgerungen (u. U. mit Berücksichtigung des inneren Kontextes):
$H_{70PersG}$, $H_{04PersK}$: *Kate und Gerald McCann haben von der katholischen Gemeinde in ihrem Heimatort aufgrund der künstlichen Befruchtung Ablehnung erfahren.*
Zu b):
Schlussfolgerungen (u. U. mit Berücksichtigung des inneren Kontextes):
$H_{77PersG}$, $H_{85PersK}$: *Kate McCann, vielleicht auch ihre Mann Gerald, hegt bzw. hegen eine personelle Antipathie in der katholischen Gemeinde ihres Heimatortes (z. B. gegen den dortigen Pastor).*
Zu c):
Konfrontation mit dem äußeren Kontext:
Auch in dem Urlaubsort Praia da Luz besuchen die McCanns die anglikanischen Gottesdienste, die in der dortigen katholischen Kirche stattfinden.
Schlussfolgerungen (u. U. mit Berücksichtigung des inneren Kontextes):
$H_{78PersG}$, $H_{86PersK}$: ~~Der Besuch der anglikanischen Kirche in ihrem Heimatort war ursprünglich durch die größere räumliche Nähe bedingt. Mittlerweile sagt den McCanns jedoch diese Glaubensrichtung so sehr zu, dass sie auch in ihrem Urlaubsort deren Gottesdienste besuchen.~~
(Diese Hypothese ist, was ihren ersten Satz betrifft, schlecht vereinbar mit den Hypothesen über die Persönlichkeiten der Partner (vgl. Fallstrukturhypothese 1).)

373

Zu d):

Schlussfolgerungen (u. U. mit Berücksichtigung des inneren Kontextes):

$H_{79PersG}$, $H_{87PersK}$: *Die Zuwendung der McCanns zur anglikanischen Kirche lässt sich durch die Zugehörigkeit von Freunden zu dieser Gemeinde erklären.*

(Diese Hypothese ist gut vereinbar mit den Annahmen $H_{16PersK}$, $H_{17PersG}$, H_{28Bez}, $H_{35PersK}$, $H_{60PersK}$, $H_{58PersG}$, $H_{66PersK}$, $H_{81PersK}$, $H_{83PersK}$.)

Letztere Hypothesen lassen sich, zusammen mit der Fallstrukturhypothese 4 und dem Aspekt der gemeinschaftlichen Gesinnung innerhalb der Fallstrukturhypothese 7, zur <u>*Fallstrukturhypothese $8_{PersG, PersK}$*</u> *zusammenfassen:* <u>*Das Paar McCann ist deutlich auf Gemeinschaft ausgerichtet.*</u>

- *Wenige Stunden nach dem schweren Ereignis kontaktiert die Frau von ihrem Urlaubsort aus den ihr nahe stehenden katholischen Pfarrer in ihrer Heimat.*

Lesarten (einschließlich evtl. kontrastierender Gedankenexperimente):

a) Der Pfarrer ist für die Frau ein Quell seelischen Beistands und Unterstützung, die sie aufsucht, weil es ihr sehr schlecht geht.

b) Die Frau ist einsam, sie hat sonst keine eng vertraute Person an ihrer Seite.

c) Das Ereignis berührt ein religiöse gefärbte Thematik (z. B. Tod, Sünde).

Zu a):

Schlussfolgerungen (u. U. mit Berücksichtigung des inneren Kontextes):

$H_{88PersK}$: *Der Pfarrer ist für Frau McCann ein Quell seelischen Beistands und Unterstützung, die sie aufsucht, weil es ihr vor dem Hintergrund des Ereignisses sehr schlecht geht. Das bedeutet, sie hat eine enge Bindung an ihre Tochter und/oder ist, abgesehen davon, von bestimmten Eindrücken geschockt.*

Zu b):

Schlussfolgerungen (u. U. mit Berücksichtigung des inneren Kontextes):

$H_{89PersK}$, H_{36Bez}, $H_{80PersG}$: *Frau McCann fühlt sich auch mit ihrem Mann an der Seite einsam, was Beistand bezüglich des Ereignisses anbetrifft. Sie findet bei ihm entweder aufgrund des persönlichen Verarbeitungsstils des Mannes wenig Unterstützung oder aufgrund einer wenig intakten Beziehung zu ihm (emotionale Distanz der Partner zu einander).*

$H_{17Ereignis}$, H_{37Bez}: *Frau McCann verheimlicht ihrem Mann etwas von ihrem Wissen zu dem besagten Ereignis, was eine eingeschränkte Vertrautheit mit sich bringt, unter der sie aber auch leidet.*

Zu c):

Schlussfolgerungen (u. U. mit Berücksichtigung des inneren Kontextes):

$H_{18Ereignis}$: *Das in Frage stehende Ereignis berührt eine religiös gefärbte Thematik (z. B. Tod, Sünde).*

- *In ihrem Urlaubsort geht das Paar nach dem einschneidenden Ereignis häufig in die Kirche.*

Lesarten (einschließlich evtl. kontrastierender Gedankenexperimente):

a) Das Paar sucht in seinem Leid die Kraft Gottes, d. h. Trost oder Rat.

b) Das Paar sucht in seinem Leid die Kraft von Gemeinschaft.

c) Mindestens einer der Partner fühlt Schuld oder gar Sünde auf sich geladen und sucht nun die Nähe Gottes, um davon Befreiung zu erfahren.

d) Das Paar oder einer von beiden trauert um (eine) verstorbene Person(en).

e) Das Paar möchte seinen durch das Ereignis angeschlagenen Ruf durch demonstrative Frömmigkeit wiederherstellen.

Zu a):
Schlussfolgerungen (u. U. mit Berücksichtigung des inneren Kontextes):

$H_{81PersG}$, $H_{90PersK}$, $H_{19Ereignis}$: *Herr und/oder Frau McCann sucht/suchen in ihrem Leid wegen des für die Eltern plötzlichen Verschwindens ihrer Tochter die Kraft Gottes.*

$H_{82PersG}$, $H_{91PersK}$, $H_{20Ereignis}$: *Herr und/oder Frau McCann sucht/suchen in ihrer Trauer um das verstorbene Kind die Kraft Gottes.*

$H_{83PersG}$, $H_{92PersK}$, $H_{21Ereignis}$: *Herr und/oder Frau McCann sucht/suchen in ihrem leidvollen Gefühl, Schuld oder gar Sünde auf sich geladen zu haben, die befreiende Kraft Gottes.*
(Alle diese Annahmen werden gestützt von der Hypothese $H_{82PersK}$.)
Zu b):
Schlussfolgerungen (u. U. mit Berücksichtigung des inneren Kontextes):

$H_{84PersG}$, $H_{93PersK}$, $=H_{19Ereignis}$: *Herr und/oder Frau McCann sucht/suchen in ihrem Leid wegen des für die Eltern plötzlichen Verschwindens ihrer Tochter die Kraft von Gemeinschaft.*

$H_{85PersG}$, $H_{94PersK}$, $=H_{20Ereignis}$: *Herr und/oder Frau McCann sucht/suchen in ihrer Trauer um das verstorbene Kind die Kraft von Gemeinschaft.*

$H_{86PersG}$, $H_{95PersK}$, $=H_{21Ereignis}$: *Herr und/oder Frau McCann sucht/suchen in ihrem leidvollen Gefühl, Schuld oder gar Sünde auf sich geladen zu haben, die Kraft gebende Zugehörigkeit zu einer Gemeinschaft.*
(Alle diese Annahmen werden gestützt von der Fallstrukturhypothese 8.)
Zu c):
Schlussfolgerungen (u. U. mit Berücksichtigung des inneren Kontextes):

vgl. $H_{83PersG}$, $H_{86PersG}$, $H_{92PersK}$, $H_{95PersK}$, $H_{21Ereignis}$
(Alle diese Annahmen werden gestützt von den Hypothesen $H_{17Ereignis}$, $H_{18Ereignis}$, $H_{45PersK}$, $H_{90PersK}$.)
Zu d):
Schlussfolgerungen (u. U. mit Berücksichtigung des inneren Kontextes):

vgl. $H_{82PersG}$, $H_{85PersG}$, $H_{91PersK}$, $H_{94PersK}$, $H_{20Ereignis}$
(Alle diese Annahmen werden gestützt von den Hypothesen $H_{17Ereignis}$, $H_{18Ereignis}$, $H_{26PersK}$, $H_{88PersK}$.)
Zu e):
Schlussfolgerungen (u. U. mit Berücksichtigung des inneren Kontextes):

$H_{87PersG}$, $H_{96PersK}$: *Das Paar möchte seinen durch das Ereignis angeschlagenen Ruf durch demonstrative Frömmigkeit wiederherstellen.*

- *Die Frau sagt über ihren Mann: „Gerry's way of coping is to keep busy and focused. He needs to feel like he's doing something. He's a very optimistic, positive person. I'm not always. With a lot of the campaign stuff, he has done the talking. Sometimes I want to speak, but I just can't. It's not natural for me. Gerry's used to having to speak at conferences and it's harder for me. But I'm equally involved. Every decision is mutual."*

Lesarten (einschließlich evtl. kontrastierender Gedankenexperimente):
a) Der Mann kann seine negativen Affekte sehr gut selbstständig herab regulieren und/oder positive Affekte herbeiführen. Dies tut er durch das Aufsuchen von Aktivität. Er besitzt viel Selbstvertrauen.
b) Der Frau gelingt die selbständige affektive Regulation nicht so gut. Sie ist hat eher wenig Selbstvertrauen.
c) Die Dame kann sowohl die Kompetenzen ihres Mannes als auch eigene Inkompetenzen offen zugeben.
d) Die Dame „versteckt" sich in herausfordernden Situationen hinter der Handlungsexekutive ihres Mannes.
e) Die Frau ist fähig zu differenzierteren Reflektionen.
f) Fundamental besteht eine Gleichberechtigung der Partner in Entscheidungsfindungen.

Zu a):

Schlussfolgerungen (u. U. mit Berücksichtigung des inneren Kontextes):

$H_{88PersG}$: *Gerald McCann kann seine negativen Affekte sehr gut selbstständig* *herabregulieren und/oder positive Affekte herbeiführen. Dies tut er durch das Aufsuchen* *von Aktivität. Er besitzt viel Selbstvertrauen.*
(Dieses Element passt sehr gut zu dem im Rahmen der Fallstrukturhypothese 1 beschriebenen Persönlichkeitsaspekt von Gerald McCann. Dieser kann nun um die in der Hypothese $H_{88PersG}$ genannten Fähigkeiten ergänzt werden.)
Zu b):
Schlussfolgerungen (u. U. mit Berücksichtigung des inneren Kontextes):

$H_{97PersK}$: *Frau McCann gelingt die selbständige affektive Regulation nicht so gut. Sie hat eher wenig Selbstvertrauen.*
(Diese Annahme ist sehr gut vereinbar mit den Fallstrukturhypothesen 1 und 2.)
Zu c):
Schlussfolgerungen (u. U. mit Berücksichtigung des inneren Kontextes):

$H_{98PersK}$: *Frau McCann kann sowohl die Kompetenzen ihres Mannes als auch eigene Inkompetenzen offen zugeben.*
Zu d):
Schlussfolgerungen (u. U. mit Berücksichtigung des inneren Kontextes):

$H_{99PersK}$, H_{38Bez}: *Frau McCann delegiert in herausfordernden Situationen exekutive Ichfunktionen auf ihren Mann.*
Zu e):
Schlussfolgerungen (u. U. mit Berücksichtigung des inneren Kontextes):

$H_{100PersK}$: *Die Frau ist zu differenzierteren Reflektionen fähig.*
Zu f):
Schlussfolgerungen (u. U. mit Berücksichtigung des inneren Kontextes):

H_{39Bez}: *Fundamental besteht eine Gleichberechtigung der Partner in* Entscheidungsfindungen.
(Relativierung der Hypothesen H_{13Bez} und $H_{20PersG}$)

- *Die Frau beschreibt ihren Mann in einem Interview folgendermaßen:*
"Interviewer: Is he big brother or little brother?
KATE: Little brother. Yeah, Gerry's the youngest, yeah.
Interviewer: He's the youngest isn't he? Because the media see Gerry as this kind of emotionless warrior and he's not really, is he?
KATE: No he's not. I mean it's really harsh to say that because I mean... Gerry, he's always been a very focused person, he's enthusiastic, he's focused and he's incredibly positive which is great for me to be honest, and he's obviously he's speaking in public, not dealing with media but speaking in public, so he's able to go on and do that, and throw himself into it, and I think that's what people see (...). You know, he has his lows as well, you know, for sure, and in fact probably Gerry's lowest points were often on a Saturday because we had like a family day, we'd just say right we'll try and put the work on hold as much as you can, and we'll do something with it, with the twins and then he often found that the hardest because we were on family time without Madeleine, you know, it just didn't seem right (BBC-Interview_transkribiert)".

Lesarten (einschließlich evtl. kontrastierender Gedankenexperimente):
a) Der Mann kann seine negativen Affekte sehr gut selbstständig herab regulieren und/oder positive Affekte herbeiführen. Dies tut er durch das Aufsuchen von Aktivität. Der Frau gelingt die eigenständige affektive Steuerung nicht so gut; ihre Emotionen werden in recht starkem Maße von ihrem Partner fremdreguliert.
b) Der Herr hat einen aktiv-überkompensatorischen Verarbeitungsstil. Ist er nicht auf Beschäftigung fokussiert, brechen seine negativen Emotionen durch.
c) Der Mann hat eine enge Bindung zu Madeleine, er leidet unter ihrem Fehlen.
d) Die Frau ist fähig zu differenzierteren Reflektionen.

e) Die Frau kann die Stärken und Schwächen ihres Mannes offen zugeben und auch ihre eigenen Schwächen.
f) Die Frau hat Schuldgefühle, ohne Madeleine das Familienleben zu genießen (vgl. letzter Satz: unpersönliche Formulierung „it just didn't seem right" statt eine Konstruktion mit Gerald als Subjekt).
Zu a):
Schlussfolgerungen (u. U. mit Berücksichtigung des inneren Kontextes):
= $H_{88PersG}$, =$H_{97PersK}$, =$H_{99PersK}$, H_{38Bez}
(= Fallstrukturhypothese 1)
Zu b):
Konfrontation mit dem äußeren Kontext:
Gerald McCann inszeniert mit Verwandten und Freunden eine riesige Kampagne nach dem Verschwinden seiner Tochter.
Schlussfolgerungen (u. U. mit Berücksichtigung des inneren Kontextes):
$H_{89PersG}$*: Herr McCann hat einen aktiv-überkompensatorischen Verarbeitungsstil. Ist er nicht auf Beschäftigung fokussiert, brechen seine negativen Emotionen durch. Sein Anteil an der immensen Kampagne ist vor allem auf diesen Bewältigungsmodus zurückzuführen. (Diese Annahme ist sehr gut vereinbar mit der Fallstrukturhypothese 1.)*
Zu c):
Schlussfolgerungen (u. U. mit Berücksichtigung des inneren Kontextes):
$H_{90PersG}$*, H_{40Bez}: Herr McCann hat eine enge Bindung an seine Tochter; er leidet unter ihrem Fehlen.*
Zu d):
Schlussfolgerungen (u. U. mit Berücksichtigung des inneren Kontextes):
=$H_{100PersK}$*: Frau McCann ist zu differenzierteren Reflexionen fähig.*
Zu e):
Schlussfolgerungen (u. U. mit Berücksichtigung des inneren Kontextes):
$H_{101PersK}$*: Frau McCann kann die Stärken und Schwächen ihres Mannes offen zugeben und auch ihre eigenen Schwächen. Das heißt, sie idealisiert ihren Mann nicht und wertet ihn auch nicht ab. Sie hat tendenziell eher wenig Selbstvertrauen. (Stützung der Hypothese $H_{98PersK}$, sowie bezüglich letzterem Fallstrukturhypothese 1)*
Zu f):
Schlussfolgerungen (u. U. mit Berücksichtigung des inneren Kontextes):
$H_{102PersK}$*, H_{41Bez}: Frau McCann hat Schuldgefühle, ohne Madeleine das Familienleben zu genießen. Sie hat als eine starke Bindung an die verschwundene Tochter. (Stützung der Fallstrukturhypothese 3)*
Ergänzend oder Alternativ dazu:
$H_{103PersK}$*: Frau McCann verspürt das unbewusste Bestreben, sich selbst zu betrafen (gemäß „da sie leidet(e), darf ich nun nicht glücklich sein"), da sie sich schuldig am Verschwinden der Tochter fühlt.*

- *Die Mutter sagt, die frühere Zeit der Kinderlosigkeit, in der sie vergeblich versucht habe, schwanger zu werden, habe sie geschmerzt.*

Lesarten (einschließlich evtl. kontrastierender Gedankenexperimente):
a) Der Kinderwunsch der Mutter war sehr groß.
b) Die Frau hat einen guten Zugang zu schmerzlichen Gefühlen und die Offenheit, sie zu erzählen.
Zu a):
Schlussfolgerungen (u. U. mit Berücksichtigung des inneren Kontextes):
$H_{104PersK}$*: Der Kinderwunsch von Frau McCann war sehr groß.*

Zu b):

Schlussfolgerungen (u. U. mit Berücksichtigung des inneren Kontextes):

$H_{105PersK}$: *Frau McCann hat einen guten Zugang zu schmerzlichen Gefühlen und die Offenheit, sie zu erzählen.*

In der Zusammenschau mit den Hypothesen $H_{98PersK}$, $H_{100PersK}$ und $H_{101PersK}$ kann an dieser Stelle die <u>Fallstrukturhypothese 9$_{PersK}$</u> aufgestellt werden: <u>Frau McCann besitzt eine eher gute Fähigkeit zur Introspektion und Reflektion.</u>

- *Die Mutter sagt: „The one thing I have always been definite about is that I wanted to be a mother".*

Lesarten (einschließlich evtl. kontrastierender Gedankenexperimente):

a) Der Kinderwunsch der Mutter war sehr groß und seit der Kindheit oder Jugend bestehend, wodurch er mit starkem unbewussten Bedeutungsgehalt unterfüttert zu sein scheint (z. B. Ablösung vom Elternhaus durch die Gründung einer eigenen Familie; starker Penisneid, der sich in einen Schwangerschaftswunsch umgewandelt hat; narzisstischer Wunsch, z. B. i. S. von „Leben erschaffen und nach seinem Willen formen können", altruistischer Wunsch i. S. des Gebrauchtwerden-Wollens zur Verarbeitung eigener Versorgungswünsche).

b) Die Frau ist wenig Karriere- und stärker familienorientiert.

Zu a):

Schlussfolgerungen (u. U. mit Berücksichtigung des inneren Kontextes):

$H_{106PersK}$: *Der Kinderwunsch von Frau McCann war sehr groß und seit der Kindheit oder Jugend bestehend, wodurch er mit starkem unbewussten Bedeutungsgehalt unterfüttert zu sein scheint (z. B. Ablösung vom Elternhaus durch die Gründung einer eigenen Familie; starker Penisneid, der sich in einen Schwangerschaftswunsch umgewandelt hat; narzisstischer Wunsch, z. B. i. S. von „Leben erschaffen und nach seinem Willen formen können", altruistischer Wunsch i. S. des Gebrauchtwerden-Wollens zur Verarbeitung eigener Versorgungswünsche).*

<u>(Für die unbewusste Bedeutung des Kinderwunsches i. S. des erstgenannten Beispiels (Ablösung) sprechen die im Rahmen der Fallstrukturhypothese 1 getroffenen Annahmen zur Persönlichkeitsgenese, v. a. auch die Hypothesen $H_{57PersK}$ und $H_{83PersK}$).</u>

<u>(Für den unbewussten Bedeutungsgehalt im Sinne des zweiten Beispiels (Penisneid) sprechen die Hypothesen $H_{61PersK}$ und die Fallstrukturhypothese 5.)</u>

<u>(Für einen narzisstischen Schwangerschaftswunsch gibt es keine deutlichen Anhaltspunkte.)</u>

<u>(Für einen altruistischen Schwangerschaftswunsch sprechen die Fallstrukturhypothesen 1 und 2.)</u>

Zu b):

Schlussfolgerungen (u. U. mit Berücksichtigung des inneren Kontextes):

$H_{107PersK}$: *Frau McCann ist weniger karriere- und stärker familienorientiert.*

- *Die erste In-Vitro-Fertilisation habe fehlgeschlagen, was sehr belastend gewesen sei, erklärt die Frau.*

Lesarten (einschließlich evtl. kontrastierender Gedankenexperimente):

a) Die Frau hat einen guten Zugang zu auch schmerzlichen Erinnerungen und kann über ihre Gefühle offen berichten.

b) Trotz des belastenden Fehlschlages hat sich die Frau nicht von ihrem Kinderwunsch abbringen lassen und sich der Methode noch einmal unterzogen.

Zu a):

Schlussfolgerungen (u. U. mit Berücksichtigung des inneren Kontextes):

$H_{108PersK}$: *Frau McCann hat einen guten Zugang zu auch schmerzlichen Erinnerungen und kann über ihre Gefühle offen berichten.*

(Stützung der Fallstrukturhypothese 9)

378

Zu b):

Schlussfolgerungen (u. U. mit Berücksichtigung des inneren Kontextes):

$H_{109PersK}$: *Frau McCanns Kinderwunsch war sehr stark.*
(Stützung der Hypothesen $H_{104PersK}$ und $H_{106PersK}$)
$H_{110PersK}$: *Frau McCann zeigt Zielstrebigkeit und Durchhaltevermögen bei der Verwirklichung ihrer Wünsche auch nach belastenden Misserfolgen.*
(Stützung der Hypothesen $H_{61PersK}$ und $H_{64PersK}$)

- *Ihr Kind sei dann durch In-vitro-Fertilisation gezeugt worden, so die Mutter.*

Lesarten (einschließlich evtl. kontrastierender Gedankenexperimente):
a) Die Frau ist bereit, psychisches und physisches Leiden zu ertragen, um sich ihren Kinderwunsch zu erfüllen. Sie ist nicht allzu wehleidig-ängstlich.
b) Die Sterilität betrifft eher die Mutter als den Vater.
Zu a):
Schlussfolgerungen (u. U. mit Berücksichtigung des inneren Kontextes):

$H_{111PersK}$: *Die Frau ist bereit, psychisches und physisches Leiden zu ertragen, um sich ihren Kinderwunsch zu erfüllen. Sie ist nicht allzu wehleidig-ängstlich.*
(Gute Vereinbarkeit mit der Hypothese $H_{10PersK}$)
Zu b):
Schlussfolgerungen (u. U. mit Berücksichtigung des inneren Kontextes):

$H_{112PersK}$: *Die Sterilität betrifft eher Frau McCann als ihren Ehemann.*

- *Über die dann geglückte Schwangerschaft habe sich die Mutters sehr gefreut, wie sie sagt.*

Lesarten (einschließlich evtl. kontrastierender Gedankenexperimente):
a) Die Mutter freut sich sehr über ihr ersehntes, auf die Welt gebrachtes Kind.
Zu a):
Schlussfolgerungen (u. U. mit Berücksichtigung des inneren Kontextes):

H_{42Bez} *(unter Einbeziehung der Annahme $H_{104PersK}$, $H_{106PersK}$ und $H_{109PersK}$): Das endlich zur Welt gebrachte Kind hat für die Mutter einen besonders hohen Wert.*

- *Bezüglich des Schwangerschaftstests erzählt sie: "I did a test at home so I could handle the result if it wasn't good".*

Lesarten (einschließlich evtl. kontrastierender Gedankenexperimente):
a) Die Mutter bewältigt belastende Herausforderungen mit Unabhängigkeit und Bewahrung von Kontrolle.
b) Die Frau begegnet belastenden Herausforderungen mit dem Aufsuchen der Nähe ihres Mannes.
Zu a):
Schlussfolgerungen (u. U. mit Berücksichtigung des inneren Kontextes):

$H_{113PersK}$: *Frau McCann bewältigt belastende Herausforderungen mit Unabhängigkeit und Bewahrung von Kontrolle.*
Zu b):
Schlussfolgerungen (u. U. mit Berücksichtigung des inneren Kontextes):

$H_{114PersK}$: *Frau McCann begegnet belastenden Herausforderungen mit dem Aufsuchen der Nähe zu ihrem Mann.*

(Beide Annahmen lassen sich gut, auch in Koinzidenz, vor dem Hintergrund der Fallstrukturhypothese 1 verstehen, nämlich als progressive und regressive Persönlichkeitsaspekte.)

379

Lesarten (einschließlich evtl. kontrastierender Gedankenexperimente):
- a) Die Mutter bringt sehr viel Selbstdisziplin und Engagement auf, um ihre Ziele zu erreichen.
- b) Die Mutter geht sehr sorgsam mit der eigenen Gesundheit und der ihres Kindes um.
- c) Die Mutter fürchtet, das Kind könne nicht gesund zur Welt kommen.

Zu a):

Schlussfolgerungen (u. U. mit Berücksichtigung des inneren Kontextes):

$H_{115PersK}$: *Frau McCann bringt sehr viel Selbstdisziplin und Engagement auf, um ihre Ziele zu erreichen.*

In Verbindung mit $H_{10PersK}$, $H_{61PersK}$, $H_{64PersK}$ und $H_{110PersK}$ kann folgende <u>Fallstrukturhypothese 10</u> zur Persönlichkeit der Frau aufgestellt werden:
<u>*Frau McCann kann eine strenge Selbstdisziplin (Zielstrebigkeit, Engagement und Durchhaltevermögen) für die Verfolgung ihrer Ziele/Ideale aufbringen.*</u>

Zu b):

Schlussfolgerungen (u. U. mit Berücksichtigung des inneren Kontextes):

$H_{116PersK}$: *Frau McCann geht sehr sorgsam mit der eigenen Gesundheit und der ihres Kindes um.*
(Stützung der Fallstrukturhypothese $H_{10PersK}$)

Zu c):

Schlussfolgerungen (u. U. mit Berücksichtigung des inneren Kontextes):

$H_{117PersK}$: *Frau McCann fürchtet, das Kind könne nicht gesund zur Welt kommen.*
(Stützung der Hypothesen $H_{108PersK}$, $H_{109PersK}$ (was die schmerzlichen Erinnerungen betrifft) und H_{42Bez})

Lesarten (einschließlich evtl. kontrastierender Gedankenexperimente):
- a) Die Mutter hat wenig Möglichkeit, sich auch mit Unlust erregenden Beziehungsfacetten zu dem Kind auseinanderzusetzen und diese in ihrem Bild von dem Kind und ihren Gefühlen zu ihm zu integrieren. Sie hat jedoch gut die Gelegenheit eines positiven Beziehungsaufbaus zu ihrem Kind.
- b) Die Mutter ist in der postnatalen Phase durch die Schwangerschaft nervlich nicht besonders belastet.

Zu a):

Schlussfolgerungen (u. U. mit Berücksichtigung des inneren Kontextes):

$H_{118PersK}$: *Frau McCann hat wenig Möglichkeit, sich auch mit Unlust erregenden Beziehungsfacetten zu dem Kind auseinanderzusetzen und diese in ihrem Bild von dem Kind und ihren Gefühlen zu ihm zu integrieren. Sie hat jedoch gut die Gelegenheit eines positiven Beziehungsaufbaus zu ihrem Kind.*

Zu b):

Schlussfolgerungen (u. U. mit Berücksichtigung des inneren Kontextes):

$H_{119PersK}$: *Frau McCann ist in der postnatalen Phase durch die Schwangerschaft nervlich nicht besonders belastet.*

Lesarten (einschließlich evtl. kontrastierender Gedankenexperimente):
- a) Die Mutter hat nach der Geburt eine positive Beziehung zu ihrem Kind und kann es daher gut positiv spiegeln.

380

b) Die Mutter findet ihr Kind nicht nur „perfect", sondern sie zieht implizit einen Vergleich (vgl. die Komparativ-Konstruktion „the most beautiful face").
Zu a):
Schlussfolgerungen (u. U. mit Berücksichtigung des inneren Kontextes):
$H_{120PersK}$: *Frau McCann hat nach der Geburt eine positive Beziehung zu ihrem Kind und kann es daher gut positiv spiegeln.*
(Stützung der Hypothese $H_{119PersK}$)
Zu b):
Schlussfolgerungen (u. U. mit Berücksichtigung des inneren Kontextes):
$H_{121PersK}$: *Frau McCann idealisierte ihr Baby.*

- *Die Mutter erzählt, sie habe von ihrer Intuition her gedacht, sie würde einen Jungen gebären. Die Geburt eines Mädchens sei überraschend gewesen.*

Lesarten (einschließlich evtl. kontrastierender Gedankenexperimente):
a) Die Mutter misst ihrer Intuition eine nennenswerte Bedeutung bei.
b) Die Mutter wünschte sich unbewusst, einen Jungen zu gebären.
c) Die Mutter wünschte sich sehr stark ein Mädchen, wehrte diesen Wunsch jedoch wegen seines Verstoßes gegen ein moralisches Gebot ab oder meinte, es nicht wert zu sein, diesen Wunsch erfüllt zu bekommen.
Zu a):
Schlussfolgerungen (u. U. mit Berücksichtigung des inneren Kontextes):
$H_{122PersK}$: *Frau McCann misst ihrer Intuition eine nennenswerte Bedeutung bei.*
Zu b):
Schlussfolgerungen (u. U. mit Berücksichtigung des inneren Kontextes):
$H_{123PersK}$: *Frau McCann wünschte sich unbewusst, einen Jungen zu gebären. Dies könnte auf einen besonders engen Bindungswunsch hinweisen, da sich ein Mädchen im Laufe der Entwicklung stärker dem Vater zuwendet, ein Junge hingegen auch ödipal stark an seine Mutter gebunden bleibt.*
(Stützung der Hypothese $H_{106PersK}$)
Zu c):
Schlussfolgerungen (u. U. mit Berücksichtigung des inneren Kontextes):
$H_{124PersK}$: *Frau McCann wünschte sich besonders stark ein Mädchen, wehrte diesen Wunsch jedoch wegen seines Verstoßes gegen ein moralisches Gebot oder einfach seiner immensen affektiven Stärke ab oder weil sie meinte, es nicht wert zu sein, diesen Wunsch erfüllt zu bekommen.*
(Stützung des letzteren Aspektes durch die Hypothesen $H_{97PersK}$, $H_{101PersK}$)

- *Über die Zeit nach der Geburt berichtet die Mutter folgendes: "The first five or six months were really difficult. She had very bad colic and cried about 18 hours a day. She had to be picked up all the time. So I spent many a day dancing round the living room holding Madeleine. I remember trying to butter my toast with one hand and holding her in the other. We would watch the clock and Gerry would come home and there would be three of us. Sometimes she just looked so sad with colic, and the three of us would be cuddled together trying to get her through it. Like a lot of things, you go through that difficult, bad stage and it tightens that bond. We've both got an incredible bond with Madeleine."*

Lesarten (einschließlich evtl. kontrastierender Gedankenexperimente):
a) Das Kind ist durch sein langes körperliches Leiden zu Beginn seines Lebens psychisch in Mitleidenschaft genommen worden.
b) Die Dame war in den ersten Monaten nach der Geburt des Kindes psychisch stark belastet. Sie war in der Befriedigung ihrer eigenen Bedürfnisse stark eingeschränkt (vgl. „trying to butter my toast with one hand...").

381

c) Die Mutter versuchte, das beste aus der Situation zu machen: sich für ihr Kind zu engagieren und dennoch recht gute Laune zu behalten („vgl. „dancing round the living room").

d) Die Frau erlebt eine Symbiose mit dem Kind (vgl. „We would watch...").

e) Die Frau lässt ihre eigenen Bedürfnisse in der Subjekt-Objektgrenze zu ihrem Baby verschwimmen (vgl. „we would watch the clock").

f) Das Kind hat eine gute Bindung an seinen Vater und „freut sich" über dessen Heimkehr (vgl. „we would watch the clock").

g) Beide Eltern haben sich sehr stark für ihr Baby eingesetzt und ihm körperliche Nähe zukommen lassen.

h) Die Mutter kennt andere Erfahrungen der Bindungsstärkung durch schlimme Ereignisse/Lebensphasen.

Zu a):

Schlussfolgerungen (u. U. mit Berücksichtigung des inneren Kontextes):

H_{1PersM}: *Madeleine McCann ist durch ihr recht langes körperliches Leiden zu Beginn ihres Lebens psychisch in Mitleidenschaft genommen worden.*

Zu b):

Schlussfolgerungen (u. U. mit Berücksichtigung des inneren Kontextes):

$H_{125PersK}$: *Kate McCann war in den ersten Monaten nach der Geburt des Kindes psychisch stark belastet, auch da sie in der Befriedigung ihrer eigenen Bedürfnisse stark eingeschränkt war (vgl. „trying to butter my toast with one hand...").*

Zu c):

Schlussfolgerungen (u. U. mit Berücksichtigung des inneren Kontextes):

$H_{126PersK}$: *Frau McCann versuchte, das Beste aus der Situation zu machen: sich für ihr Kind zu engagieren und dennoch recht gute Laune zu behalten („vgl. „dancing round the living room"). Das spricht für gute Problembewältigungskompetenzen.*

~~$H_{127PersK}$: Kate McCann spielt die problematische Situation im Nachhinein hinunter.~~

(Gegen die Hypothese spricht deutlich die plausible Hypothese $H_{125PersK}$ sowie die Fallstrukturhypothese 9)

Zu d):

Schlussfolgerungen (u. U. mit Berücksichtigung des inneren Kontextes):

$H_{128PersK}$, H_{2PersM}, H_{43Bez}: *Die Mutter erlebte eine gesunde Symbiose mit ihrem Kind.*

(Stützung der Fallstrukturhypothese 3)

Zu e):

Schlussfolgerungen (u. U. mit Berücksichtigung des inneren Kontextes):

$H_{129PersK}$ H_{44Bez}: *Die Frau lässt ihre eigenen Bedürfnisse in der Subjekt-Objektgrenze zu ihrem Kind verschwimmen (vgl. „we would watch the clock").*

(Stützung der Hypothesen $H_{28PersK}$, $H_{31\ PersK}$, $H_{80\ PersK}$ und $H_{35Bez\ PersK}$)

Zu f):

Schlussfolgerungen (u. U. mit Berücksichtigung des inneren Kontextes):

$H_{91PersG}$, H_{3PersM}, H_{45Bez}: *Das Kind hat eine gute Bindung an seinen Vater und freut sich über dessen Heimkehr.*

Zu g):

Schlussfolgerungen (u. U. mit Berücksichtigung des inneren Kontextes):

$H_{92PersG}$, $H_{130PersK}$, H_{46Bez}: *Beide Eltern haben sich sehr stark für ihr Baby eingesetzt und ihm körperliche Nähe zukommen lassen.*

(Stützung der Hypothese $H_{130PersK}$ durch die Fallstrukturhypothese 3)

Zu h):

Schlussfolgerungen (u. U. mit Berücksichtigung des inneren Kontextes):

$H_{131PersK}$: *Die Mutter macht vor dem Hintergrund des vorbeschriebenen Ereignisses die wohltuende Erfahrung der Stärkung des familiären Zusammenhalts, wie sie sie auch bereits zuvor gemacht hat.*

$H_{22\ Ereignis}$: *Die Mutter ist aktiv in das Verschwinden ihrer Tochter involviert, motiviert von dem Bedürfnis, einen stärkeren Zusammenhalt in der Paarbeziehung/der Familie herbeizuführen.*

- *zweijähriger Aufenthalt der jungen Familie in Holland, bedingt durch die Arbeit des Mannes*

Lesarten (einschließlich evtl. kontrastierender Gedankenexperimente):
a) Der Wohnort der Familie ist von den Bedürfnissen des Mannes bestimmt.
b) Die Familie hat einen Ortswechsel hinter sich, d. h. einen Verlust von Bindungen in größerer Dimension.
Zu a):
Schlussfolgerungen (u. U. mit Berücksichtigung des inneren Kontextes):
=H_{33Bez}: *In der Paarbeziehung haben die Bedürfnisse des Mannes eine recht lebensgestaltende Priorität. Frau McCann muss sich in vielerlei Hinsicht den beruflichen Erfordernissen des Mannes unterordnen. Entweder kann sie mit dieser Unterordnung gut umgehen oder es können Konflikte entstehen.*
(Relativierende Stützung der Fallstrukturhypothese 5)
Zu b):
Konfrontation mit dem äußeren Kontext:
Madeleine war während des Aufenthaltes im ersten und zweiten Lebensjahr.
Die Mutter war bereits zum Studieren von Liverpool nach Glasgow und dann wegen der Arbeit des Mannes von Glasgow nach Leicester umgezogen.
Schlussfolgerungen (u. U. mit Berücksichtigung des inneren Kontextes):
$H_{132PersK}$: *Frau McCann hatte ab Beginn ihres Studiums relativ häufig Bindungsauflösungen größerer Dimension erlebt.*
H_{4PersM}: *Madeleine McCann erlebte in ihrem zweiten Lebensjahr einen Verlust der örtlichen Bindung und der Bindung an sekundäre Bezugspersonen.*

- *Geburt von Zwillingen, als das erste Kind 20 Monate alt war*

Lesarten (einschließlich evtl. kontrastierender Gedankenexperimente):
a) Im Alter von 20 Monaten hatte das erste Kind die psychischen Herausforderungen eines erheblichen Familienzuwachses zu bewältigen (v. a. Entzug elterlicher Aufmerksamkeit und vermehrte Spiegelung des Kindes als „die Ältere", Umgang mit der daraus resultierenden Aggression).
Zu a):
Entwicklungspsychologische Anmerkungen:
Mit 20 Monaten befindet sich das Kind nach Freud in der analen Phase, in der das Kind vor allem die Erfahrung des Eigenwillens, der Selbstbehauptung und allgemein der eigenen aggressiven Impulse macht. Es befindet sich in der Regel in der Sauberkeitserziehung und steht am Beginn der „Trotzphase".
Auf der Ebene der Objektbeziehungen nach Mahler, Pine und Bergman hat das Kind im Alter zwischen 18 und 24 Monaten die „Wiederannäherungskrise" zu bewältigen, während der das Kind nach seinen ersten betonten Unabhängigkeitsversuchen nun parallel zu diesen weiterhin bestehenden auch wieder ein Stück weit die Nähe der Mutter sucht, sodass diesbezüglich eine Ambitendenz besteht. Dieser Zustand geht einher mit einer Ambivalenten Haltung der primären Bezugsperson(en) gegenüber, die Folge der nun deutlich erlebten Spaltung der Repräsentanzen in „gut" (angenehm, Lust erregend)und „böse" (Unlust erregend) ist. Auf Trennungen reagiert das Kind nun typischerweise mit gesteigerter Aktivität und Übergangsphänomenen (z. B. Kuscheltiere als Objekte, die die primäre Bezugsperson symbolisieren).[4]
Schlussfolgerungen (u. U. mit Berücksichtigung des inneren Kontextes):
H_{5PersM}: *Die psychischen Herausforderungen der Bewältigung der Strukturveränderung innerhalb der Familie im Alter von 20 Monaten treiben die Unabhängigkeits- und Aktivitätsentwicklung des Kindes voran, steigern jedoch vielleicht auch seine Aggressionsproblematik und bieten ihm u. U. zu eingeschränkt eine sichere Basis, also Geborgenheit der Bezugspersonen.*

H_{6_PersM}: ~~Die psychischen Herausforderungen der Bewältigung der Strukturveränderung innerhalb der Familie im Alter von 20 Monaten bewegt das Kind zu einer Regression von Ich, Libido und Objektbeziehungen mit dem Resultat eines übermäßig anhänglichen und an orale Versorgungen appellierenden Verhaltens des Kindes.~~

- *Die größere Schwester habe gleich eine liebevolle Haltung gegenüber den neugeborenen Zwillingen eingenommen, erinnert sich die Mutter.*

Lesarten (einschließlich evtl. kontrastierender Gedankenexperimente):
   a) Die ältere Schwester ist schon relativ groß, sodass sie die verminderte Aufmerksamkeit der Eltern für sie gut ertragen kann und sich selbst gern etwas mit der Mutterrolle identifiziert.
   b) Die größere Schwester verarbeitet ihre Aggression gegen die neugeborenen Zwillingen mittels Reaktionsbildung.
   c) Die Mutter hat ein liebevolles Bild ihrer größeren Tochter, sodass sie deren positive Haltung gut wahrnehmen und berichten kann.
       Zu a):
Konfrontation mit dem äußeren Kontext:
       Madeleine ist bei der Geburt der Zwillinge 20 Monate alt.
Schlussfolgerungen (u. U. mit Berücksichtigung des inneren Kontextes):
       H_{7PersM}, H_{47Bez}: Madeleine bewältigt die Situation in recht reifer Weise, indem sie sich selbst etwas mit der Mutterrolle identifiziert.
       Zu b):
Schlussfolgerungen (u. U. mit Berücsichtigung des inneren Kontextes):
       H_{8PersM}, H_{48Bez}: Madeleine verarbeitet ihre Aggression gegen die neugeborenen Zwillinge mittels der für die anale Entwicklungsphase typischen Reaktionsbildung.
       (Da es sich bei beiden Lösungsaspekten um für das Alter reife Bewältigungsweisen handelt, die Madeleine gewählt hat, kann die Hypothese H_{6PersM} als falsifiziert eingestuft werden.)
       Zu c):
Schlussfolgerungen (u. U. mit Berücksichtigung des inneren Kontextes):
       $H_{133PersK}$, H_{49Bez}: Die Mutter hat ein liebevolles Bild ihrer größeren Tochter, sodass sie deren positive Haltung gut wahrnehmen und berichten kann.

- *Die Mutter beschreibt das Verhalten des größeren Kindes nach der Geburt der Zwillinge so: We had the odd moment of course, such as when I was breast-feeding the twins. There was a tired Madeleine walking about the room wanting attention. But she was remarkable the way she coped with it all. She would look at me and say 'hold it, hold it,' meaning she wanted to hold one of the babies."*

Lesarten (einschließlich evtl. kontrastierender Gedankenexperimente):
   a) Die Mutter kann körperliche Nähe zu den Babies gut aushalten.
   b) Die Mutter geht bewusst mit der Versorgung der Babies um (Stillen aufgrund einer gesünderen Ernährungsweise und/oder einer Bindungsförderung).
   c) Die Mutter ist gut in die Lage, sich in die Beweggründe der Tochter bei problematischem Verhalten einzufühlen (vgl. „tired", „wanting attetion").
   d) Die Mutter empfindet Anerkennung für die reifen Problembewältigungsstrategien ihrer Tochter (vg. „remarkable"), sieht aber gleichzeitig schwierige Aspekte ihrer Tochter.
   e) Das Kind identifiziert sich etwas mit der Mutterrolle und bringt sich so konstruktiv mit in die Beziehung der Mutter zu den Zwillingen ein.
       Zu a):
Schlussfolgerungen (u. U. mit Berücksichtigung des inneren Kontextes):
       $H_{134PersK}$, H_{50Bez}: Frau McCann kann körperliche Nähe zu den Babies gut aushalten.

384

(Stützung der Hypothesen $H_{130PersK}$, H_{46Bez} und übergeordnet der Fallstrukturhypothese 3)
Zu b):
Schlussfolgerungen (u. U. mit Berücksichtigung des inneren Kontextes):
$H_{135PersK}$: *Die Mutter geht bewusst mit der Versorgung der Babies um (Stillen aufgrund einer gesünderen Ernährungsweise und/oder einer Bindungsförderung).*
(Stützung der Fallstrukturhypothese 3)
Zu c):
Schlussfolgerungen (u. U. mit Berücksichtigung des inneren Kontextes):
$H_{136PersK}$, H_{51Bez}: *Die Mutter ist gut in der Lage, sich in die Beweggründe der Tochter bei problematischem Verhalten einzufühlen (vgl. „tired", „wanting attention").*
(Stützung der Fallstrukturhypothese 9)
Zu d):
Schlussfolgerungen (u. U. mit Berücksichtigung des inneren Kontextes):
$H_{137PersK}$, H_{52Bez}: *Die Mutter empfindet Anerkennung für die reifen Problembewältigungsstrategien ihrer Tochter, sieht aber gleichzeitig schwierige Aspekte ihrer Tochter. Sie hat also eine gut integrierte Repräsentanz von ihr, idealisiert sie also nicht und wertet sie auch nicht ab.*
Zu e):
Schlussfolgerungen (u. U. mit Berücksichtigung des inneren Kontextes):
H_{9PersM}, H_{53Bez}: *Madeleine identifiziert sich etwas mit der Mutterrolle und bringt sich so konstruktiv mit in die Beziehung der Mutter zu den Zwillingen ein.*
(Stützung der Hypothesen H_{7PersM} und H_{47Bez})

- *Der Mann schreibt über die Zeit nach der Geburt des zweiten und dirtten Kindes, der Zwillinge, folgendes: " Kates parents have been a huge help to us, especially since the twins were born, often driving down to Leicestershire for the weekend to help with the kids. This has been really important when I have been on-call at weekends and Kate would have been left looking after the three of them on her own. Trisha would often fly down to help when she had a few days off or when her and Sandy were en route to Cambridge."*

Lesarten (einschließlich evtl. kontrastierender Gedankenexperimente):
a) Die Mutter fühlte sich mit der alleinigen Versorgung dreier kleiner Kinder sehr beansprucht und der Hilfe bedürftig.
b) Die Beziehung zwischen der Familie und Kates Eltern war nach der Geburt der Zwillinge recht gut.
c) Der Vater war arbeitsbedingt wenig für seine Familie verfügbar, auch an den Wochenenden.
d) Auch die Beziehung zu Trisha und Sandy war nach der Geburt der Zwillinge recht gut.
Zu a):
Schlussfolgerungen (u. U. mit Berücksichtigung des inneren Kontextes):
$H_{138PersK}$: *Kate McCann fühlte sich mit der alleinigen Versorgung dreier kleiner Kinder sehr beansprucht und der Hilfe bedürftig.*
Zu b):
Schlussfolgerungen (u. U. mit Berücksichtigung des inneren Kontextes):
H_{54Bez}: *Die Beziehung zwischen der Familie und Kates Eltern war nach der Geburt der Zwillinge recht gut.*
Zu c):
Schlussfolgerungen (u. U. mit Berücksichtigung des inneren Kontextes):
$H_{93PersG}$, H_{55Bez}: *Gerald McCann war arbeitsbedingt wenig für seine Familie verfügbar, auch an den Wochenenden.*
(Stützung der Hypothesen H_{31Bez}, H_{32Bez} sowie $H_{76PersK}$)
Zu d):
Schlussfolgerungen (u. U. mit Berücksichtigung des inneren Kontextes):
H_{56Bez}: *Auch die Beziehung zu Gerald McCanns Schwestern Trisha und Sandy war zumindest nach der Geburt der Zwillinge recht gut.*

- *Die Kinder sind, zumindest z. T., im Alltag in einer Krippe untergebracht.*

Lesarten (einschließlich evtl. kontrastierender Gedankenexperimente):
a) Die Eltern können von den Kindern auch gut „loslassen".
b) Die Eltern möchten neben der Kinderbetreuung auch eigenen Interessen nachgehen (Arbeit, Zeit für sich selbst) oder müssen aus finanziellen Gründen sogar teilweise beide arbeiten.
c) Die Kinder werden in ihrem Sozialerhalten gefördert.
Zu a):
Schlussfolgerungen (u. U. mit Berücksichtigung des inneren Kontextes):
$H_{139PersK}$, $H_{94PersG}$, H_{57Bez}: *Die Eltern können von den Kindern auch gut „loslassen", d. h. sie sind in der Lage, die Unabhängigkeitsentwicklung der Kinder zu fördern.*
Zu b):
Konfrontation mit dem äußeren Kontext:
Da Herr McCann als Kardiologe in einem bedeutenden Herzzentrum arbeitet und somit wohl relativ gut verdient, kann von der Möglichkeit einer Vollversorgung der Kinder durch die Mutter ausgegangen werden, falls dieser Wunsch über materiellen Interessen (z. B. Einfamilienhaus) dominiert.
Schlussfolgerungen (u. U. mit Berücksichtigung des inneren Kontextes):
$H_{140PersK}$, H_{58Bez}: *Die Mutter möchte neben der Kinderbetreuung auch eigenen Interessen nachgehen.*
(Stützung der Hypothese $H_{64PersK}$ sowie Fallstrukturhypothese 5)
$H_{141PersK}$, $H_{95PersG}$: *Das Ehepaar McCann legt auf materiellen Wohlstand sehr viel Wert.*
(Stützung der Hypothesen H_{6PersG}, $H_{13PersK}$ und $H_{23PersK}$)
Zu c):

Schlussfolgerungen (u. U. mit Berücksichtigung des inneren Kontextes):
$H_{10PersM}$: *Madeleine ist ein in ihrem Sozialverhalten gefördertes Kind.*

- *Die Eltern charakterisieren ihre älteste Tochter so: „Madeleine has always been a wonderfully loving and caring big sister to Sean and Amelie."*

Lesarten (einschließlich evtl. kontrastierender Gedankenexperimente):
a) Madeleine ist ein schon recht großes Mädchen, das sich des Öfteren um die jüngeren Geschwister kümmert.
b) Die Elternhaben ein sehr positives Bild ihrer Tochter.
Zu a):
Konfrontation mit dem äußeren Kontext:
Madeleine war zum Zeitpunkt ihres Verschwindens knapp vier Jahre alt.
Schlussfolgerungen (u. U. mit Berücksichtigung des inneren Kontextes):
$H_{142PersK}$, $H_{96PersG}$, H_{59Bez}: *Die Eltern haben die Tendenz, Madeleine als ein größeres Kind anzusehen und zu spiegeln, als sie es tatsächlich ist.*
Zu b):
Schlussfolgerungen (u. U. mit Berücksichtigung des inneren Kontextes):
$H_{143PersK}$, $H_{97PersG}$, H_{60Bez} : *Die Eltern haben ein sehr positives Bild ihrer Tochter , was ihre Beziehung zu den Geschwistern anbetrifft.*

- *Die knapp Vierjährige sei lebhaft, extrovertiert und besitze eine immense Energie. Sie habe eine „outgoing personality". Selbst als Baby hätte sie scheinbar wenig Ruhe gebraucht.*

Lesarten (einschließlich evtl. kontrastierender Gedankenexperimente):
a) Das Kind scheint sehr aktiv zu sein, vielleicht gar hyperaktiv.

386

b) Das Mädchen ist im Kontakt mit Fremden nicht schüchtern, eher aufgeschlossen.
c) Das Kind hat eine erhöhte Verletzungsgefahr (z. B. Tobeunfälle).
d) Die Erziehung des Kindes ist für die Eltern z. T. anstrengender und schwieriger (v. a. Grenzsetzungen) als mit einem weniger temperamentvollen Kind.

Zu a):

Schlussfolgerungen (u. U. mit Berücksichtigung des inneren Kontextes):

$H_{11PersM}$: *Madeleine scheint sehr aktiv zu sein, vielleicht gar hyperaktiv. (Eine sich entwickelnde hyperkinetische Störung zeichnet sich oft bereits im Säuglings- und Kleinkindalter durch ein sehr hohes Aktivitätsniveau und Schlafschwierigkeiten ab.)*

$H_{23Ereignis}$: *Madeleine ist am Abend ihres Verschwindens aus dem Bett aufgestanden und entweder in der Wohnung herumgelaufen oder hat sich sogar nach draußen begeben.*

Zu b):

Schlussfolgerungen (u. U. mit Berücksichtigung des inneren Kontextes):

$H_{12PersM}$: *Das Kind ist im Kontakt mit Fremden nicht schüchtern, eher aufgeschlossen.*

$H_{24Ereignis}$: *Madeleine hat ein Kontaktangebot eines Entführers aufgeschlossen angenommen.*

Zu c):

Schlussfolgerungen (u. U. mit Berücksichtigung des inneren Kontextes):

$H_{13PersM}$: *Das Mädchen hat eine erhöhte Verletzungsgefahr (z. B. Tobeunfälle).*

$H_{25Ereignis}$: *Madeleines Verschwinden steht im Zusammenhang mit einem Unfall, der auf ihre große motorische Aktivität zurückzuführen ist. ein Kontaktangebot eines Entführers aufgeschlossen angenommen.*

Zu d):

Schlussfolgerungen (u. U. mit Berücksichtigung des inneren Kontextes):

$H_{14PersM}$, H_{61Bez}: *Die Erziehung des Kindes ist für die Eltern z. T. anstrengender und schwieriger (v. a. Grenzsetzungen) als mit einem weniger temperamentvollen Kind.*

$H_{26Ereignis}$: *Madeleines Verschwinden steht im Zusammenhang mit einem Unfall des Kindes vor dem Hintergrund einer unkontrollierten Züchtigung (wie es v. a. bei einer Affekttat vorkommt) von Seiten eines Elternteils.*

- *Die Eltern schreiben über ihr zu Hause mit den Kindern: "It was certainly not the quietest house on the planet with lots of giggling, singing and the inevitable odd bit of mischief!"*

Lesarten (einschließlich evtl. kontrastierender Gedankenexperimente):

a) Die Eltern sind von ihren Grundhaltungen her selbst eher lebenslustig und gewähren ihren Kindern recht viel Raum für Ausgelassenheit. Auch können sie den „Ungezogenheiten" ihrer Kinder mit Humor begegnen.
b) Es handelte sich um recht fröhliche Kinder.

Zu a):

Konfrontation mit dem äußeren Kontext:

Es ist anzunehmen, dass der Homepagetext der Eltern vor allem vom Vater stammt, da dieser auch den Blog allein führt.

Schlussfolgerungen (u. U. mit Berücksichtigung des inneren Kontextes):

$H_{144PersK}$, $H_{98PersG}$, H_{62Bez}: *Die Eltern sind bzw. vor allem der Vater ist von ihrer/seiner Grundhaltung eher lebenslustig und gewähren/gewährt den Kindern recht viel Raum für Ausgelassenheit. Auch können sie bzw. kann er den „Ungezogenheiten" der Kinder mit Humor begegnen.*

(spricht eher gegen die Hypothese $H_{26Ereignis}$, vor allem, was den Vater betrifft)

Zu b):

Schlussfolgerungen (u. U. mit Berücksichtigung des inneren Kontextes):

$H_{15PersM}$: *Madeleine und ihre Geschwister waren recht fröhliche Kinder.*

387

- *Über die Interessen des vierjährigen Mädchens schreiben die Eltern: "Like most girls her age, she likes dolls and dresses (and anything pink and sparkly) but with a definite taste for action-adventure too!*

Lesarten (einschließlich evtl. kontrastierender Gedankenexperimente):
a) Die Eltern beschreiben Madeleine z. T. als ein so „normales" kleines Mädchen, dass mit diesem Klischee wiederum nichts über sie verraten wird. Die Eltern wollen also nichts Persönliches über die Tochter preisgeben.
b) Die Eltern beschreiben Madeleine z. T. so, wie man sich ein typisches, anziehendes kleines Mädchen vorstellt. Sie wollen mit dieser Darstellung Sympathie für die Tochter wecken.
c) Die Eltern betonen die „Normalität" des Kindes, um von irgendwelchen nicht ganz normal anmutenden Phänomenen an ihm abzulenken.
d) Das Kind verkörpert sowohl typische Aspekte eines kleinen Mädchens als auch eines kleinen Jungens. Die Eltern betonen dies, da sie oder da zumindest ein Elternteil sich einen Jungen wünschte(n).

Zu a):
Schlussfolgerungen (u. U. mit Berücksichtigung des inneren Kontextes):
$H_{145PersK}$, $H_{99PersG}$: Herr und Frau McCann wollen eigentlich nichts Persönliches über die Tochter preisgeben.

Zu b):
Schlussfolgerungen (u. U. mit Berücksichtigung des inneren Kontextes):
$H_{146PersK}$, $H_{100PersG}$: Die Eltern wollen in der Öffentlichkeit Sympathie für ihre Tochter wecken.

Zu c):
Schlussfolgerungen (u. U. mit Berücksichtigung des inneren Kontextes):
$H_{147PersK}$, $H_{101PersG}$: Die McCanns betonen die „Normalität" des Kindes, um von irgendwelchen nicht ganz normal anmutenden Phänomenen an ihm abzulenken.

Zu d):
Schlussfolgerungen (u. U. mit Berücksichtigung des inneren Kontextes):
$H_{148PersK}$, $H_{102PersG}$: Das Kind verkörpert sowohl typische Aspekte eines kleinen Mädchens als auch eines kleinen Jungens. Die Eltern betonen dies, da sie oder da zumindest ein Elternteil sich einen Jungen wünschte(n).
(Stützung der Hypothese $_{123PersK}$)

- *Die Vierjährige würde gerne Rennen und Schwimmen, so ihre Eltern.*

Lesarten (einschließlich evtl. kontrastierender Gedankenexperimente):
a) Das Mädchen ist grobmotorisch eher gut entwickelt.
b) Das Kind mag motorisches Selbsterleben sehr gern.
c) Das Kind hat ein recht aktives Naturell.

Zu a):
Schlussfolgerungen (u. U. mit Berücksichtigung des inneren Kontextes):
$H_{16PersM}$: Madeleine ist grobmotorisch eher gut entwickelt.

Zu b):
Schlussfolgerungen (u. U. mit Berücksichtigung des inneren Kontextes):
$H_{17PersM}$: Madeleine mag motorisches Selbsterleben sehr gern.
(Stützung der Hypothesen $H_{11PersM}$, $H_{13PersM}$, $H_{23Ereignis}$ $H_{25Ereignis}$)

Zu c):
Schlussfolgerungen (u. U. mit Berücksichtigung des inneren Kontextes):
$H_{18PersM}$: Madeleine hat ein recht aktives Naturell.
*Im Zusammenhang mit den Hypothesen $H_{17PersM}$, $H_{11PersM}$, $H_{13PersM}$, $H_{14PersM}$ $H_{22Ereignis}$ und $H_{24Ereignis}$ $H_{25Ereignis}$ kann die folgende **Fallstrukturhypothese 11 (Persönlichkeit Madeleine)** aufgestellt werden: **Madeleine McCann ist ein motorisch eher gut entwickeltes Kind, das einen starken Bewegungsdrang und demzufolge eine erhöhte Verletzungsgefahr aufweist.***

388

Es könnte sogar Hyperaktivität vorliegen, was die Erziehung des Kindes vor allem auch im Aspekt der Setzung von Grenzen erschwert und Affekthandlungen der Eltern begünstigen kann.

- *Das Kind sei mit seinem „funny and engaging chatter" bei Kindern wie Erwachsenen sehr beliebt, so die Eltern.*

Lesarten (einschließlich evtl. kontrastierender Gedankenexperimente):
a) Das Kind ist sehr kommunikativ.
b) Das Kind hat eher viele soziale Bezüge.
c) Die Eltern und ihnen zufolge wohl auch andere Leute haben ein positives Bild ihres Kindes.
Zu a):
Schlussfolgerungen (u. U. mit Berücksichtigung des inneren Kontextes):
$H_{19PersM}$: *Das Kind ist sehr kommunikativ.*
(Stützung der Hypothesen $H_{12PersM}$ und $H_{24Ereignis}$)
Zu b):
Schlussfolgerungen (u. U. mit Berücksichtigung des inneren Kontextes):
$H_{20PersM}$: *Madeleine hat eher viele soziale Bezüge.*
(Stützung der Hypothesen $H_{10PersM}$, $H_{139PersK}$, $H_{94PersG}$, H_{57Bez})
Zu c):
Schlussfolgerungen (u. U. mit Berücksichtigung des inneren Kontextes):
$H_{149PersK}$, $H_{103PersG}$: *Die Eltern und ihnen zufolge wohl auch andere Leute haben ein positives Bild ihres Kindes.*
(Stützung der Hypothesen H_{49Bez}, H_{52Bez}, H_{60Bez}, $H_{97PersG}$, $H_{133PersK}$, $H_{137PersK}$ und $H_{143PersK}$)

Es kann somit die <u>*Fallstrukturhypothese 12 (Beziehung)*</u> *formuliert werden:* <u>*Die Eltern haben, bzw. vor allem die Muttern hat, ein positives Bild der Tochter.*</u>

- *Besonders die Mutter betont, ihre Tochter sei „so special".*

Lesarten (einschließlich evtl. kontrastierender Gedankenexperimente):
a) Die Mutter hat eine enge Beziehung zu ihrem Kind.
b) Dio Muttor cchätzt ihro Tochtor cohr wort.
Zu a):
Schlussfolgerungen (u. U. mit Berücksichtigung des inneren Kontextes):
$H_{150PersK}$, H_{63Bez}: *Die Mutter hat eine enge Beziehung zu ihrem Kind.*
(Stützung der Fallstrukturhypothese 3)
Schlussfolgerungen (u. U. mit Berücksichtigung des inneren Kontextes):
$H_{151PersK}$, H_{64Bez}: *Frau McCann schätzt ihre Tochter sehr wert.*
(Stützung der Fallstrukturhypothese 12)

- *Beide Eltern bezeichnen ihre Tochter häufig als „beautiful".*

Lesarten (einschließlich evtl. kontrastierender Gedankenexperimente):
a) Die Eltern haben eine positive Beziehung zu ihrem Kind.
b) Es handelt sich bereits um eine werdende junge Frau (mindestens 12 Jahre alt, eher älter). Bei kleinen Kindern würde man wohl eher „sweet", „cute" oder „nice" sagen.
c) Die Eltern haften sehr an Äußerlichkeiten.
d) Die Eltern sind sich der Verletzlichkeit des Kindes sehr bewusst und befürchten die Zerstörung des Kindes und seiner Schönheit.
Zu a):

Schlussfolgerungen (u. U. mit Berücksichtigung des inneren Kontextes):
$H_{152PersK}$, $H_{104PersG}$: *Die McCanns haben eine positive Beziehung zu ihrem Kind.*
(Stützung der Fallstrukturhypothese 12 und der Fallstrukturhypothese 3)
Zu b):
Konfrontation mit dem äußeren Kontext:
Es handelt sich um ein knapp vierjähriges Mädchen.
Schlussfolgerungen (u. U. mit Berücksichtigung des inneren Kontextes):
$H_{153PersK}$, $H_{105PersG}$, H_{65Bez}: *Die Eltern sehen Madeleine als älter an, als sie ist.*
(Stützung der Hypothesen $H_{142PersK}$, $H_{96PersG}$, H_{59Bez})
Zu c):
Schlussfolgerungen (u. U. mit Berücksichtigung des inneren Kontextes):
$H_{154PersK}$, $H_{106PersG}$: *Die Eltern haften sehr an Äußerlichkeiten.*
Zu d):
Konfrontation mit dem äußeren Kontext:
Eine Verwicklung der Eltern in das Verschwinden des Kindes ist möglich.
Schlussfolgerungen (u. U. mit Berücksichtigung des inneren Kontextes):
$H_{155PersK}$, $H_{107PersG}$: *Die Eltern sind sich der Verletzlichkeit des Kindes sehr bewusst und befürchten die Zerstörung des Kindes (und seiner Schönheit).*
$H_{27Ereignis}$: *Die Eltern wissen um die bereits eingetretene Verletzung des Kindes, vor allem des Gesichtes/Kopfes (als Hauptträger von „Schönheit" bei einem Kind).*

- *Die Eltern sagen über ihre Tochter: "Despite her young age, it often felt like Madeleine had been on this earth before!"*

Lesarten (einschließlich evtl. kontrastierender Gedankenexperimente):
a) Die Eltern glauben an Wiedergeburt.
b) Madeleine erschien ihren Eltern reifer, als sie von ihrem Alter her sein war.
c) Die Eltern schätzen ihre Tochter sehr wert, finden sie in gewisser Weise „zauberhaft".
Zu a):
Konfrontation mit dem äußeren Kontext:
Der Tod der verschwundenen Tochter ist möglich oder sogar wahrscheinlich.
Schlussfolgerungen (u. U. mit Berücksichtigung des inneren Kontextes):
$H1_{56PersK}$, $H_{108PersG}$, H_{66Bez}: *Die Eltern wüschen sich (unbewusst), ihr schmerzlich vermisstes Kind solle wiedergeboren werden.*
Zu b):
Schlussfolgerungen (u. U. mit Berücksichtigung des inneren Kontextes):
$H_{157PersK}$, $H_{109PersG}$, H_{67Bez}: *Madeleine erschien ihren Eltern reifer, als sie es von ihrem Alter her war.*
Unter Rekurs auf die Hypothesen $H_{142PersK}$, $H_{153PersK}$, $H_{96PersG}$, $H_{105PersG}$, H_{59Bez} und H_{65Bez} kann folgende <u>Fallstrukturhypothese 13 (Beziehung)</u> *aufgestellt werden:* <u>Die Eltern betrachten Madeleine als älter oder reifer, als sie ist.</u>
Zu c):
Schlussfolgerungen (u. U. mit Berücksichtigung des inneren Kontextes):
$H_{158PersK}$, $H_{110PersG}$, H_{68Bez}: *Die Eltern schätzen ihre Tochter sehr wert, finden sie in gewisser Weise „zauberhaft".*
(Stützung der Fallstrukturhypothese 12)

- *"Madeleine is a warm, life-enriching little person and will never fail we're sure, to bring joy into the life of anyone she may encounter", schreiben die Eltern.*

Lesarten (einschließlich evtl. kontrastierender Gedankenexperimente):
a) Die Eltern schätzen die Persönlichkeit von Madeleine sehr wert.

b) Madeleine ist eine Kraft und Freude spendende Wohltäterin (vielleicht eine gütige alte Dame oder eine liebevolle, junge und zarte Altenpflegerin (vgl. „little person")). Würde es sich um ein kleines Kind handeln, würde man die Eigenständigkeit der Person, die im Ausdruck „little person" liegt, nicht so betonen.

c) Die Eltern „werben" für ihre Tochter: Sie wecken im Leser den Wunsch, das Kind kennenzulernen.

d) Die Eltern gehen davon aus, dass Madeleine nun selbständig ihren Lebensweg geht, d. h.(so schnell) nicht wieder heimkehrt.

Zu a):

Schlussfolgerungen (u. U. mit Berücksichtigung des inneren Kontextes):

$H_{159PersK}$, $H_{111PersG}$, H_{69Bez}: *Die Eltern schätzen ihre Tochter sehr wert.*
(Stützung der Fallstrukturhypothese 12)

$H_{28Ereignis}$: *Die Eltern appellieren an die mögliche(n) neue(n) Bezugsperson(en) ihrer Tochter, mit ihr wertschätzend und liebevoll umzugehen.*

Zu b):

Konfrontation mit dem äußeren Kontext:
Madeleine ist ein vierjähriges Mädchen.

Schlussfolgerungen (u. U. mit Berücksichtigung des inneren Kontextes):

$H_{21PersM}$, H_{70Bez}: *Madeleine ist den Eltern ein Quell von Kraft und Freude.*

$H_{160PersK}$, $H_{112PersG}$, H_{71Bez}: *Die Eltern sehen das kleine Mädchen bereits als eine sehr eigenständige, eher ältere Person an.*
(Stützung der Fallstrukturhypothese 13)

Zu c):

Schlussfolgerungen (u. U. mit Berücksichtigung des inneren Kontextes):

$H_{29Ereignis}$: *Eltern „werben" für ihre Tochter: Sie wecken im Leser den Wunsch, das Kind kennenzulernen.*
(Stützung der Hypothesen $H_{146PersK}$, $H_{100PersG}$)

Zu d):

Konfrontation mit dem äußeren Kontext:
Madeleine ist noch zu jung, um selbständig ihren Lebensweg zu gehen.

Schlussfolgerungen (u. U. mit Berücksichtigung des inneren Kontextes):

$H_{30Ereignis}$: *Die Eltern gehen nicht davon aus, das Madeleine in Kürze gefunden wird. Sie haben also entweder die Vorstellung, das Kind werde lange Zeit fern von den Eltern sein oder sie werden ihre Tochter nie wieder sehen, was vor allem die Vorstellung vom Tod des Kindes bedeutet.*

- *Verschwinden des Kindes neun Tage vor seinem vierten Geburtstag*

Lesarten (einschließlich evtl. kontrastierender Gedankenexperimente):

a) Der Zeitpunkt hat eine Bedeutung für das Verschwinden des Kindes. Die Eltern könnten es getötet haben, um ihm im Falle seines Krankseins weitere Leiden zu ersparen. Durch den bevorstehenden Geburtstag sind sie an das fortschreitende Alter und damit an das immer weitergehende Leid des Kindes deutlich erinnert worden und wollen dies nun beenden.

Zu a):

Schlussfolgerungen (u. U. mit Berücksichtigung des inneren Kontextes):

$H_{31Ereignis}$: *Die Eltern sind, oder zumindest ein Elternteil ist, in das Verschwinden des Kindes aktiv involviert. Sie haben, oder zumindest ein Elternteil hat, das Kind getötet, um ihm das fortschreitende Leid seiner Krankheit zu ersparen.*

- *Das Mädchen ist kurz vor ihrem vierten Geburtstag 90cm groß.*

Lesarten (einschließlich evtl. kontrastierender Gedankenexperimente):

a) Das Kind ist recht klein für sein Alter.

Zu a):

Anmerkungen zu den britischen Normwerten im Längenwachstum von Kindern:
Bei britischen Mädchen im Alter von vier Jahren (d. h. 48 Monaten) liegt das 50. Perzentil[5] der Körperlängenwerte bei 101 cm.[6] Das bedeutet, dass mindestens 50% der vierjährigen britischen Mädchen diesen oder einen höheren Längenwert aufweisen. Das 5. Perzentil liegt in der vorbezeichneten Population bei 94cm, wonach mindestens 95% der britischen Mädchen im Alter von 48 Monaten eine Körperlänge von 94cm oder mehr besitzen. Mit einem Längenwert von 90cm liegt Madeleine zum Zeitpunkt ihres Verschwindens also vier Zentimeter unterhalb dieses 5. Perzentils, was als auffällig eingestuft werden kann.

Selbst wenn man davon ausgehen möchte, dass die Körpergröße des Kindes vor dem Hintergrund der Geschehnisse nicht als ganz aktueller Wert vorliegt, ist das Ergebnis noch als auffällig zu bewerten:
Eine Körpergröße von 90cm ist bei britischen Mädchen *im Alter von 2,5 Jahren* zu erwarten, d. h. bei diesem Wert liegt das 50.Perzentil für diese Altersgruppe.

Die fast vierjährige Madeleine hat demnach lediglich die zu erwartende Körpergröße eines 2,5 Jahre alten britischen Mädchens, womit von einer mindestens sehr klar unterdurchschnittlichen Körperlänge und in diesem Sinne von einer Retardierung des Längenwachstums auszugehen ist. Nicht auszuschließen ist, dass Madeleine sogar als weit unterdurchschnittlich groß/"kleinwüchsig" zu bezeichnen ist (dies wäre der Fall, wenn ihr Längenmaß unterhalb des 3. Perzentils liegen würde.[7]

Schlussfolgerungen (u. U. mit Berücksichtigung des inneren Kontextes):
$H_{22PersM}$: *Madeleine ist im Längenwachstum retardiert. Das könnte seine Umwelt dazu bewegen, es wie ein noch kleineres Kind zu behandeln.*
$H_{32Ereignis}$: *Madeleine bzw. auch ihre Leiche sind gut transportierbar, z. B. auch in einer größeren Sporttasche. Die Leiche vereinfacht eine Entsorgung.*

- *Die Vierjährige hat mittelblondes, etwa schulterlanges Haar.*

Lesarten (einschließlich evtl. kontrastierender Gedankenexperimente):
a) Das Kind ist durch das mädchenhaft längere Haar und zudem noch dessen allgemein als anziehend geltenden blonden Farbe eher attraktiv (ein Mädchen mit hellbraunem Stoppelputz erscheint, was das Merkmal der Haare anbetrifft, eher weniger anziehend).
Zu a):
Schlussfolgerungen (u. U. mit Berücksichtigung des inneren Kontextes):
$H_{33Ereignis}$: *Madeleine McCann ist, was die Haare anbetrifft, ein wohl auch für z. B. pädophil motivierte Täter anziehendes kleines Mädchen.*

- *Die Farbe Rosa überwiegt in der generell saubereren und ordentlichen Kleidung des vierjährigen Mädchens. Auf einem Foto ist ein kleines geflochtenes Zöpfchen zu sehen.*

Lesarten (einschließlich evtl. kontrastierender Gedankenexperimente):
a) Die Eltern sorgen liebevoll für ein ansprechendes und mädchenhaftes Erscheinungsbild ihrer Tochter.
b) Die Eltern gehen auf die Wünsche ihres Kindes ein (die Lieblingsfarbe von Mädchen dieses Alters ist typischerweise Rosa).
Zu a):
Schlussfolgerungen (u. U. mit Berücksichtigung des inneren Kontextes):
$H_{161PersK}$, $H_{113PersG}$: *Die Eltern sorgen liebevoll für ein ansprechendes Erscheinungsbild ihrer Tochter.*
(Widerspruch zu den Hypothesen $H_{123PersK}$ und $H_{148PersK}$)
Zu b):
Schlussfolgerungen (u. U. mit Berücksichtigung des inneren Kontextes):
$H_{162PersK}$, $H_{114PersG}$, H_{72Bez}: *Die Eltern gehen auf die Wünsche ihres Kindes ein (die Lieblingsfarbe von Mädchen dieses Alters ist typischerweise Rosa).*

Lesarten (einschließlich evtl. kontrastierender Gedankenexperimente):

    a)   Die Eltern kümmern sich gut um die Gesundheit ihrer Tochter.

        Zu a):

Schlussfolgerungen (u. U. mit Berücksichtigung des inneren Kontextes):

    $H_{163PersK}$, $H_{115PersG}$, H_{73Bez}: *Kate und Gerald McCann kümmern sich gut um Madeleines Gesundheit.*

Lesarten (einschließlich evtl. kontrastierender Gedankenexperimente):

    a)   Das Kind leidet an einer Chromosomenanomalie, die ein bestimmtes organisches Fehlbildungssyndrom nach sich zieht.

        Zu a):

Konfrontation mit dem äußeren Kontext:

    Madeleine McCann ist mittels In-Vitro-Fertilisation gezeugt worden – eine Methode, hinsichtlich der Chromosomenveränderungen diskutiert werden.

Schlussfolgerungen (u. U. mit Berücksichtigung des inneren Kontextes):

    $H_{23PersM}$: *Madeleine McCann leidet, wahrscheinlich in Folge der künstlichen Befruchtung, unter einer Chromosomenanomalie, die ein bestimmtes Aberrationssyndrom nach sich zieht.*

Unter Berücksichtigung des hier festgestellten retardierten Längenwachstums (vgl. Hypothese $H_{22PersM}$) (sowie der u. U. bestehenden Hyperaktivität (vgl. Fallstrukturhypothese 11)) können folgende Überlegungen angestellt werden:

Eine Retardation im Längenwachstum in Verbindung mit dem Iriskolobom würde das sichere Vorhandensein von zwei der sechs Hauptsymptome des CHARGE-Syndroms bedeuten. Über ein – vielleicht ja auch schwach ausgeprägtes und medikamentös behandeltes - Vorliegen weiterer Merkmale lässt sich auf der Basis der öffentlich verfügbaren Fotos und Daten nicht urteilen.

Die bei Madeleine zu findende Merkmalskombination aus Iriskolobom, retardiertem Wachstum und (evtl.) Gesichtsasymmetrie treten gemeinsam beim Deletion-1p36-Syndrom auf. Auch hier kann von den weiteren Symptomen dieses Krankheitsbildes lediglich die Muskelhypotonie mit sehr hoher Wahrscheinlichkeit ausgeschlossen werden (vgl. Fallstrukturhypothese 11).

Auch beim Deletion-2-q-Syndrom finden sich u. a. eine Wachstumsretardierung und Kolobome an den Augen und von den weiteren Merkmalen kann wiederum lediglich die Muskelhypotonie mit sehr hoher Wahrscheinlichkeit ausgeschlossen werden.

Ebenfalls können die im Zusammenhang mit Iriskolobomen z. T. auftretenden Nierenanomalien mit Hilfe der vorliegenden Daten nicht sicher ausgeschlossen werden.

Wenngleich die meisten der bei Madeleine an dieser Stelle nicht zu bestimmenden, eventuell aber vorliegenden, weiteren Symptome in der Regel schwerwiegende Gesundheitsstörungen verursachen (z. B. Herz- und Nierenanomalien), ist ihr Vorliegen in bislang schwacher Ausprägung auch nicht auszuschließen und die Hypothese eines möglichen, vielleicht auch atypischen, Syndroms aufgrund einer chromosomalen Aberration vorerst beizubehalten.

- *Die dunklen Wimpern bilden zum sonst so hellen Typ des Mädchens mit dem zarten Gesicht einen gewissen Kontrast.*

Lesarten (einschließlich evtl. kontrastierender Gedankenexperimente):
a) Das Mädchen hat eine angenehm interessante Ausstrahlung.
   Zu a):
Schlussfolgerungen (u. U. mit Berücksichtigung des inneren Kontextes):
   $H_{24PersM}$: *Madeleine hat eine angenehm interessante Ausstrahlung.*
   (Stützung der Hypothese $H_{33Ereignis}$)

- *Meist Lächeln oder freudiges Lachen des Kindes auf Fotos*

Lesarten (einschließlich evtl. kontrastierender Gedankenexperimente):
a) Es handelt sich um ein fröhliches Kind, dass seine Freude extrovertiert zeigt.
   Zu a):
Schlussfolgerungen (u. U. mit Berücksichtigung des inneren Kontextes):
   $H_{25PersM}$: *Madeleine ist ein fröhliches kleines Mädchen, das seine Freude extrovertiert zum Ausdruck bringt.*
   (Stützung der Hypothese $H_{15PersM}$)

394

Anhang B: Körperlängen-Perzentilwerte

Perzentilwerte für Körperlänge und Gewicht von britischen Mädchen zwischen der Geburt und dem 36. Lebensmonat und Perzentilwerte für Körpergröße und Gewicht von britischen Mädchen zwischen 2 und 20 Jahren verfügbar unter:

National Center for Chronic Disease Prevention and Health Promotion, 2000: http://www.cdc.gov/growthcharts [13.11.2008]

Anhang C: Objektiv-hermeneutische Analyse der Falldaten zum Tatort, zu seiner Spurenlage sowie zum Elternverhalten am Tatabend[1]

- Para da Luz ist ein Ort mit etwa 500 Privathäusern und zahlreichen Urlaubsresidenzen. Es ist Anfang Mai und damit noch keine Hochsaison. Ein Kind verschwindet abends aus einem Ferienapartment.

Lesarten (einschließlich der Berücksichtigung evtl. Eigentümlichkeiten und Bildung evtl. kontrastierender Gedankenexperimente):
Den Touristen im Ort würde ein Fremder eher nicht auffallen, da die Gruppe der ihnen Unbekannten vor Ort sehr groß ist (Einheimische und Touristen). Den Einheimischen jedoch, besonders den Gastronomen, würde ein Fremder viel eher auffallen (da die Gruppe der ihnen Unbekannten viel kleiner ist: Sie kennen bereits viele Einheimische, auch einige regelmäßig wiederkehrende Urlauber und auch bereits einige Gäste, die sie seit ihrer einige Tage oder gar Wochen zurückliegende Ankunft bereits gesehen haben. Außerdem ist die Anzahl der Touristen zu dieser Jahreszeit noch recht übersichtlich.) Daneben ist zu berücksichtigen, dass Täter laut Canter[2] in der Regel an ihnen bekannten Orten agieren. Auch muss bedacht werden, dass eine Entführung eine gewisse Planung, d. h. vorherige Anwesenheit am Ort des Geschehens, voraussetzt, was die Wahrscheinlichkeit wahrgenommen zu werden, erhöht – es sei denn, der Täter wechselt sich in seinen Beobachtungen ab. D. h.:
$H_{1Ereignis}$: *Wenn es e i n e n Entführer hinter der Tat gibt, so kennt er den Ort und es besteht eine hohe Wahrscheinlichkeit, dass er Einheimischen mehr oder weniger bekannt ist.*
$H_{2Ereignis}$: *Wenn es sich um eine Entführung handelt, hinter der ein Täterteam steht, haben sie sich in ihren Beobachtungen während der Planungsphase miteinander abgewechselt, um so das Entdeckungsrisiko zu senken.*
Das Entdeckungsrisiko während der Ausführung der Tat wäre allerdings in der Hochsaison höher, da dort dann mehr Menschen unterwegs sind und dies, aufgrund der dann höheren Temperaturen, auch noch später am Tag. Aus ersterem Grund wäre es auch im Falle des Agierens in einem größeren Ort höher.
$H_{3Ereignis}$: *Bezüglich Ort- und Zeitfaktor geht ein möglicher Entführer ein relativ geringes Entdeckungsrisiko während der Tatbegehung ein, was die Tat in dieser Hinsicht plausibel macht.*
Zusammenschau mit dem Inneren Kontext:
-

Sequenzielle Fortschreibung bzw. Rückblende:
- Ein möglicher Entführer plante die Tat durch vorherige Beobachtungen. Es könnte gewisse Hinweise darauf geben (Zeugenaussagen, Spuren).
- Steckt hinter der möglichen Entführung ein Team, so könnten sich mehrere Personen zur Tarnung der vorher anzustellenden Beobachtungen abgewechselt haben. Trotz der hierdurch erzielten Senkung des persönlichen Entdeckungsrisikos könnten entsprechende Hinweise vorliegen (Zeugenaussagen über verschiedene Beobachter zu verschiedenen Zeitpunkten).

- Bis zur Spanischen Grenze fährt man ca. 120 km, der Flughafen Faro liegt auf halber Strecke dorthin. Knapp 2 km nördlich des Ortskernes von Praia da Luz erreicht man die Fernstraße EN 125, die West-Ost-Verbindung des Landes. Von hier bis zur Auffahrt der A22, der „Via infante de Sagres", sind es nur 4.5 km.

Lesarten (einschließlich der Berücksichtigung evtl. Eigentümlichkeiten und Bildung evtl. kontrastierender Gedankenexperimente):
Ein Kindesentführer aus dem Menschenhändler-Milieu hat das Bedürfnis, das Kind schnell und relativ unversehrt an einen Zielort zu bringen.
Ein sexuell motivierter Einzeltäter strebt einerseits zur eigenen Sicherheit die Wegbewegung vom Tatort an, andererseits zur sexuellen Befriedigung eine rasche Vollendung der Tat (Missbrauch, danach u. U. Tötung). Diese Vollendung wird er also früher oder aber erst später realisieren, je nachdem, ob sein sexueller Drang oder sein Sicherheitsbestreben überwiegen:

Kann er seinen sexuellen Drang nicht aufschieben, so kommt für ihn zu dessen Stillung das Auto in Frage, was jedoch eine recht deutliche Kontamination und damit ein gewisses Entdeckungsrisiko mit sich bringt, außerdem eine stressreiche ständige Gegenwärtigkeit der Tat auch lange Zeit nach ihrer Beendigung. Dies könnte in einer Entsorgung des Fahrzeugs münden.

Die weitläufige Natur hingegen bietet an bestimmten Stellen ein geringeres Entdeckungsrisiko und zugleich einen Ablageort für die Leiche im Bedarfsfall.

Die eigene Unterkunft müsste für eine dortige rasche Realisierung der sexuellen Phantasien in relativer Nähe zum Tatort gelegen sein, was eine evtl. spätere Entsorgung der Leiche schwieriger und zeitintensiver gestaltet. D. h.:

$H_{4Ereignis}$: *Ein eventuell gegebener Entführer kann mit dem PKW in knapp 60 Minuten in Spanien sein, was ihn vor einer polizeilichen Verfolgung (vorerst) in Sicherheit bringt. Im anderen Land kann er das Kind oder dessen Leiche unterbringen bzw., im Falle von Menschenhandel, jemandem übergeben. Bei einer hohen Fähigkeit zu Befriedigungsaufschub und umsichtig-vorausschauendem Handeln begeht ein sexuell motivierter Einzeltäter seine Tat vielleicht auch erst in Spanien.*

Bei einer gering ausgeprägten Fähigkeit dazu kann er das Kind in seinem Auto missbrauchen, was zu deutlichen Spuren und dadurch wiederum zu einer Entsorgung des Fahrzeugs führen kann.

Er kann seine Tat an einem abgelegenen Ort in der Natur vollenden, was vor allem bei einer beabsichtigten anschließenden Tötung zweckmäßig erscheint.

Er kann seine Tat in seiner Unterkunft vollenden, was bedeutet, dass diese sich in relativer Nähe zum Tatort befinden muss und sich die Leichenbeseitigung schwieriger, auch zeitintensiver, gestaltet.

Ein möglicher Kindesentführer kann, gerechnet inklusive Eincheckprozeduren, theoretisch eine Stunde nach der Tat ein Flugzeug besteigen. Diese Variante bringt allerdings zusätzliche Herausforderungen mit sich, die sie insbesondere für einen (sexuell motivierten) Einzeltäter sehr unwahrscheinlich werden lässt:

1. Er ist sehr stark der Öffentlichkeit ausgesetzt, d. h. Überwachungskameras am Airport, Personal und anderen Reisenden, ebenso der Flughafenpolizei. Das bedeutet ein erhöhtes Entdeckungsrisiko. Im eigenen PKW bestehen diese Gefahren hingegen nicht.

2. Das Kind ist schlechter zu kontrollieren als im eigenen Fahrzeug: Es könnte durch seine mangelnde Kooperation Aufsehen erregen. Schläft es die ganze Zeit über durch die Gabe entsprechender Mittel, so kann auch dies die Blicke anderer auf sich ziehen und u. U. auch das Risiko eines Erbrechens beinhalten.

3. Der Täter benötigt für das Kind einen Pass oder muss es u. U. in seinem Pass eingetragen haben. Madeleines Pass hat er aus dem Hotel nicht mitgenommen. Also müsste er wohl einen gefälschten Pass verwenden, dessen hoher Herstellungsaufwand und- qualität deutlich eher von Straftätern aus der Organisierten Kriminalität erwartet werden kann.

4. Er muss den Abflug planen: Es darf sich um keinen allzu langen Flug handeln, da sich in diesem Fall die anderen Passagiere sowie das Personal später recht gut an das Kind erinnern können. Er muss außerdem unter den angebotenen Flugzielen ein zweckmäßiges auswählen oder gar ein ganz konkretes anvisieren (z. B. kennt er sich an dem gewählten Ort gut aus, besitzt da z. B. ein Ferienhaus, wo er sich mit dem Kind verstecken kann; z. B. fliegt er direkt zu seinem Team von Menschenhändlern o. ä.). Diese Bedingungen schränken die Abflugmöglichkeiten und damit – zeiten derart ein, dass der Täter sich mit der Wahl dieser Fortbewegungsweise einen zusätzlichen Stress verursachenden Zeitdruck für die Tatbegehung, die er nicht absolut minutiös zuvor planen kann, auferlegen würde. Höchstens routinierte Täter würde dieser Stress wohl relativ wenig beeinträchtigen.

Fazit daraus: Alle vier Punkte würden einen (sexuell motivierten) Einzeltäter von der Fortbewegungsvariante „Fliegen" abbringen. Täter aus der Organisierten Kriminalität ließen sich eher weniger durch die beiden letztgenannten Aspekte vom Besteigen eines Flugzeuges abbringen, würden aber ein umso größeres Augenmerk auf ein geringes Entdeckungsrisiko legen (wird eine Tat bemerkt, besteht Gefahr für ihr ganzes System), womit die Items 1 und 2 auch für sie gegen die Wahl des Fliegens sprächen.

$H_{5Ereignis}$: *Gibt es (einen) Entführer, so hat er sich mit dem Kind nicht per Flugzeug fortbewegt.*

Zusammenschau mit dem Inneren Kontext:

Die fünfte Hypothese zum Ereignis wird durch alle anderen Hypothesen gestützt. Man kann also ableiten:

Fallstrukturhypothese1_{Ereignis}: Handelt es sich um einen Kindesentführer bzw. eine entsprechende Gruppe von Tätern, so haben sie sich ausschließlich mit einem Fahrzeug fortbewegt oder, im Falle eines sehr nahe wohnenden Einzeltäters (z. B. anderer Hotelgast), zu Fuß.

Sequenzielle Fortschreibung bzw. Rückblende:
- Das Fahrzeug des/der möglichen Kindesentführer(s) muss in nächstmöglicher Nähe zum Tatort geparkt werden, darf andererseits jedoch nicht auffallen (darf z. B. nicht auf einem Platz stehen, auf dem gewöhnlich jemand anderes parkt, z. B. auf einem kleinen Hotelparkplatz; darf von keinem aus einem großen Gebäude hinausreichenden Fenstern gut einsehbar sein; darf nicht im Halteverbot stehen). Ein an den verbleibenden möglichen Plätzen in nächstmöglicher Tatortnähe könnten entsprechende Beobachtungen gemacht worden sein.

- In/um Praia da Luz finden sich (im Mai 2007) folgende lokale Besonderheiten:
  - ein etwa 1 200m langer Sandstrand
  - viel Gastronomie
  - eine kleine katholische Kirche
  - in den Randgebieten einige Bauernhöfe
  - ein Yachthafen
  - ein Tierkrematorium
  - im Mai 2007 viele Straßenbauarbeiten im Ort (Verlegung von Rohren)
  - nördlich des Ortes eine sehr dünne Besiedlung, weite Regionen mit Steppe, Ackerbau und Hartlaubgehölzen

Lesarten (einschließlich der Berücksichtigung evtl. Eigentümlichkeiten und Bildung evtl. kontrastierender Gedankenexperimente):
Die bekannten lokalen Besonderheiten bieten einige Möglichkeiten zur vorübergehenden Unterbringung einer Leiche bzw. ihrer endgültigen Entsorgung:

H_{6Ereignis}: Die Leiche des Kindes könnte in Praia da Luz bzw. in seiner Nähe zwischengelagert worden sein und zwar in folgender Weise:
- *Sie könnte spät nachts an einer abgelegenen Stelle am Strand vergraben worden sein. Dabei bedeutet für das erneute Ausgraben jedoch ein nicht unerhebliches Entdeckungsrisiko. Es müsste sich also am ehesten um einen recht schmalen und nur von einer Seite aus betretbaren und einsehbaren Strandabschnitt entlang des Berges/der Felsen gehandelt haben, der zumindest im Südosten gegeben ist, vielleicht auch im Südwesten. Ist der Körper sauerstoffundurchlässig verpackt, z. B. mittels Plastiktuten, wird er in dem auch durch seine Feuchtigkeit relativ kühlen Sandboden zumindest für eine Zeitlang relativ gut konserviert. Die Gefahr, dass Spaziergänger, z. B. mit Hunden, die Leiche finden, existiert jedoch.*
- *Die in der Gastronomie vorhandenen Kühltruhen und –räume böten die Möglichkeit einer Leichenlagerung. Allerdings stellt hier das Personal ein Entdeckungsrisiko dar. Es müsste sich als um einen Betrieb handeln, bei dem (fast) nur die Täter bzw. eingeweihte(n) Person(en) Zutritt zu den Kühlstätten haben. Hatte der Täter eine Bindung zu dem Kind (v. a. Eltern(teil)), ist für ihn hier die Konservierung des Körpers recht attraktiv, aber aufgrund der wohl mangelnden Vertrautheit mit einem dort Beschäftigten mit Wahrscheinlichkeit nicht durchführbar.*
- *In einer katholischen Dorfkirche, in der es relativ kühl ist und geringe Spuren von für Spezialhunde entdeckbaren Leichengeruch nicht unbedingt auffällig sein müssen, lässt sich ein toter Körper ebenfalls für einige Tage lagern, z. B. in u. U. vorhandenen steinernen Einfassungen in Gemäuer oder Boden oder dem Turmaufstieg. Ein solch „heiliges“ Versteck wählen wohl bevorzugt Menschen mit einer gewissen Affinität zum katholischen Glauben oder zu mit Kirche assoziierten Aspekten, eher auch Bezugspersonen des Kindes als Fremde. Eine Einweihung Dritter wäre nicht erforderlich.*
- *Landwirtschaftliche Betriebe bieten z. T. vielerlei Behältnisse (z. B. für Futtermittel, Gülle, Milch), andere Lagerstätten (z. B. Heuböden, Misthaufen) sowie überhaupt unübersichtliche*

Stall-, Werkstatt- und Garagengebäude, die sich zu einer kurzzeitigen Unterbringung einer Leiche gut eignen. In diesem Fall müsste der primäre Bewirtschafter des Hofes der Täter sein bzw. mit eingeweiht sein. Letzteres ist im Falle einer Verwicklung der Eltern unwahrscheinlich. Anderes Personal stellt zudem ein Entdeckungsrisiko dar. Da der Bereich weniger öffentlich ist, wäre der Stressfaktor und damit das Entdeckungsrisiko für den Täter allerdings geringer als z. B. am Strand. Allerdings stellt ein Helfer immer eine Gefahr dar.

- *Hat der Täter eine eigene Yacht o. ä. oder hat einen guten Kontakt zu einem Yachtinhaber, so könnte er die Leiche dort auch kurzzeitig untergebracht haben. Sie von dort jedoch erneut wegzutransportieren, stellt zusätzlichen Stress sowie ein größeres Entdeckungsrisiko dar.*

- *In der weitläufigen Natur nördlich von Praia da Luz könnte man ebenfalls eine Leiche vergraben. Sie jedoch wieder auszugraben, um sie noch weiter wegzubringen, macht viel Mühe, kostet Zeit und steigert das Entdeckungsrisiko. Damit ist diese Variante der Zwischenlagerung weniger wahrscheinlich. Man könnte doch viel eher die Leiche gleich weiter wegschaffen, wenn man sich schon bis hierher begibt.*

$H_{7Ereignis}$: *Der tote Körper des Kindes könnte in Praia da Luz bzw. in der Nähe entsorgt worden sein, und zwar in folgender Weise:*

- *Er könnte am Strand vergraben worden sein, wozu der Täter kein Fahrzeug benötigt hätte. Allerdings ist der Strand von Praia da Luz mit seinen ca. 1.200m Länge nicht allzu weitläufig, was die Gefahr birgt, dass Sonnenbadende oder Spaziergänger, z. B. mit Hunden, die Leiche finden. Auch könnten, auf längere Sicht gesehen, an dem recht schmalen Strand Sandabtragungen durch das Meer die Leiche zu Tage befördern. Als Endlagerungsstätte eignet sich ein solch schmaler und touristisch recht stark genutzter Strandabschnitt wie in Praia da Luz also nicht.*

- *Eine Tiefkühltruhe im Gastronomiebereich könnte der andauernden Aufbewahrung der Leiche dienen. Auch hier bräuchte der Täter kein Fahrzeug. Es dürfte jedoch ausschließlich der Täter bzw. eingeweihte Helfer Zugang zu der Kühlstätte haben, was recht große Betriebe ausschließt. Im Falle des Zuganges anderer Personen zur Kühlstätte besteht für den Täter jedoch ein erhebliches Risiko. Im Falle der Verwicklung der Eltern in das Verschwinden ihrer Tochter ist eine derartige Endlagerung wohl auszuschließen.*

- *Für einen Täter/Leichenbeseitiger, die eine Beziehung zu dem Kind hatte und eine Affinität zum katholischen Glauben, eignet sich eine Grünanlage, vielleicht gar ein Friedhofsgelände vor der Kirche gut als letzte Ruhestätte für den toten Körper. Insbesondere dann, wenn nahe der Kirche gerade Straßenbauarbeiten stattfinden, die durch das geöffnete Pflaster eine recht tiefe Einlagerung in die Erde ermöglichen und diese dann abdichten und damit unzugänglich machen. Ein Fahrzeug für den Transport der Leiche wäre nicht erforderlich, ebenso wenig die Einweihung Dritter.*

- *Im Zusammenhang mit landwirtschaftlichen Betrieben gibt es gute Möglichkeiten einer Leichenentsorgung, z. B. eine Verfütterung des Körpers an (ausgehungerte) Schweine oder ein Zermahlen zwischen Mühlsteinen. Ein Fahrzeug wäre nicht erforderlich. Der primäre Bewirtschafter muss in diesen Fällen zumindest eingeweiht sein. Das Personal stellt ein Entdeckungsrisiko dar. Eine nahestehende Bezugsperson des Kindes würde eine derartige Zerstückelung wohl einzig im Falle einer (fast) fehlenden Bindung oder deutlich aggressiv gefärbten Beziehung wählen. Davon abgesehen fehlt sicherlich die Vertrautheit zu einem Landwirt. Beides lässt einen Ausschluss dieser letzteren Variante zu.*

- *Ein Boot könnte zum Hinausbringen der Leiche auf das Meer genutzt worden sein. Allerdings gestaltet sich die Mitnahme von Gegenständen zur Beschwerung schwierig, sofern kein eigenes Boot genutzt werden kann, sondern ein gemietetes oder geliehenes. Außerdem besteht bei einer Entsorgung im Meer immer die Gefahr, dass die Leiche an der Küste angespült wird oder sich vom Sinkgewicht löst und dann aufsteigt. Eine solche Variante würde also eher eine Person mit höchstens durchschnittlicher, eher unterdurchschnittlicher Intelligenz wählen.*

- *Eine Verbrennung im Tierkrematorium bedingt eine Täterschaft oder zumindest Einweihung eines dort Arbeitenden. Im letzteren Fall stellt er ein Risiko für die Täter dar.*

- *Die Straßenbauarbeiten bieten durch das aufgerissene Pflaster gut die Möglichkeit einer Einlagerung des Körpers, für die kein Fahrzeug nötig ist. Allerdings besteht die Gefahr der Entdeckung durch die Arbeiter, besonders in der ersten Zeit nach Verschwinden des Kindes, in der sie wohl alarmiert sind, auf entsprechende Auffälligkeiten zu achten. Zu einem späteren Zeitpunkt aber, an einer Stelle mit bereits verlegtem Rohr, jedoch noch nicht getätigter Pflasterung, ist dies durchaus möglich. Allerdings würde der Täter das Risiko eingehen, dass die Straße mittelfristig zwecks eventuell notwendiger Reparaturen einmal aufgerissen wird. Eine Einlassung an einer Stelle, die nicht unmittelbar bei einem Rohr liegt, wäre deshalb wahrscheinlicher.*
- *Ein tieferes Vergraben in der Natur oder eine dortige Platzierung unter schwereren Steinen stellt eine Endlagerungsmöglichkeit dar, die keine Einweihung Dritter erforderlich macht, jedoch ein Transportfahrzeug.*

Generell kann man wohl davon ausgehen, dass eine Zwischenlagerung eher von Seiten der nichtortskundigen Bezugspersonen im Falle ihrer Verwicklung vorgenommen wird, ein anderer Täter jedoch im Falle einer Tötung des Kindes viel eher eine sofortige Endlagerung anstreben würde, denn abgesehen von der eher vorhandenen Ortskunde will er mit seiner Tat abschließen können und hat aufgrund der fehlenden Bindung zu dem Kind keinen Grund, nach einer würdevollen Ruhestätte zu suchen. Auch muss er nicht zwingend dafür sorgen, dass die Leiche möglichst für alle Zeit unauffindbar bleibt, da er als Fremder auch bei ihrem Auffinden nicht automatisch im Verdacht steht, wie dies hingegen beim Entdecken z. B. einer Schädelfraktur und fehlenden Anzeichen einer sexuell motivierten Tat für die Eltern der Fall wäre.

Zusammenschau mit dem Inneren Kontext:
Die Zusammenschau der Hypothesen H$_4$ und H$_6$ zum Ereignis macht folgendes deutlich:
Fallstrukturhypothese2$_{Ereignis}$: Gibt es einen sexuell motivierten Einzeltäter, so hat er die Leiche unmittelbar nach der Tat in seiner Unterkunft/seinem kleinen Betrieb endgelagert oder die Endlagerung unverzüglich nach der Tat anderswo vorgenommen; er hat den Körper nicht außerhalb seiner Unterkunft kurzweilig untergebracht und auch niemand Drittes eingeweiht.
Die Zusammenschau der Hypothesen H$_6$ und H$_7$ zum Ereignis verdeutlicht:
Fallstrukturhypothese3$_{Ereignis}$: Steht hinter dem Verschwinden des Kindes eine Person mit einer Bindung und nicht deutlich gefärbten aggressiven Beziehung zu diesem, so wird sie eine Endlagerung des Körpers in möglichst unversehrter Form sowie an einem eher würdevollen Ort anstreben, was eine mögliche Zwischenlagerung an kühlen Orten wie v. a. schlecht einsehbarer Strandabschnitt oder Kirche sinnvoll erscheinen lässt sowie eine Endlagerung nahe der Kirche (z. B. Friedhof oder neu gepflastertes Gebiet ohne direkte Rohrführung) oder in Form von Vergraben in der Natur. Zumindest was die letzte Ruhestätte anbetrifft, so ist sicher kein recht fremder Dritter eingeweiht.

Sequenzielle Fortschreibung bzw. Rückblende:
- Im Falle einer zwischenzeitlichen oder finalen Lagerung der Leiche in bzw. bei der Kirche durch Bezugspersonen würden diese den Ort wohl des Öfteren aufsuchen.

- 4km von Praia da Luz liegt der sich an einem Stausee befindende Ort Lagos.

Lesarten (einschließlich der Berücksichtigung evtl. Eigentümlichkeiten und Bildung evtl. kontrastierender Gedankenexperimente):
Der Stausee könnte theoretisch für die Endlagerung der Leiche genutzt worden sein. Er wurde jedoch, unter Veranlassung der Detektei der McCanns, gründlich durchsucht, womit diese Hypothese bereits falsifiziert wurde und sie hier nicht mehr aufgestellt werden muss.
Der Täter könnte sich auch von Lagos aus mit dem dort abfahrenden Zug fortbewegt haben, was jedoch durch dieselben Gründe wie den unter der Erläuterung zu H$_5$ genannten als sehr unwahrscheinlich anzusehen ist, damit auch der Fallstrukturhypothese 1 widerspricht und somit hier ebenfalls nicht postuliert wird.
Eine Entsorgung der Leiche von einem in Lagos vorhandenen Boot aus ist als ebenso unwahrscheinlich zu bewerten (vgl. diesbezügliche Erläuterungen unter H$_7$), zumal bislang keine Leichenteile angespült worden sind oder im Wasser treibend gefunden wurden.
-

Zusammenschau mit dem Inneren Kontext:

-

Sequenzielle Fortschreibung bzw. Rückblende:

-

- Der Ocean Club ist ein sehr ausgedehntes Ferienresort ohne Videoüberwachungssysteme und Security.

Lesarten (einschließlich der Berücksichtigung evtl. Eigentümlichkeiten und Bildung evtl. kontrastierender Gedankenexperimente):
$H_{8Ereignis}$: *Ein möglicher Entführer würde bei seiner Tat ein relativ geringes Entdeckungsrisiko eingehen, was der Tat Plausibilität verleiht, aber auch entsprechendes Wissen voraussetzt, durch Ortskunde und Planung.*
Zusammenschau mit dem Inneren Kontext:
Diese Hypothese stützt H_1 sowie H_3. Es kann somit postuliert werden:
Fallstrukturhypothese4$_{Ereignis}$: Handelt es sich um (einen) Kindesentführer, so verfügt er bzw. verfügen sie über Kenntnisse über die Örtlichkeit und ging(en) durch gute Planung, in deren Zusammenhang er oder mögliche andere aus seinem evtl. Team sich zwecks Beobachtungen vor Ort aufgehalten haben, ein recht geringes Entdeckungsrisiko ein. Die Entführungsversion besitzt aufgrund der gegebenen Orts- bzw. Zeitfaktoren Plausibilität.
Sequenzielle Fortschreibung bzw. Rückblende:

-

- Von der Unterkunft der McCanns bis zum Sandstrand sind es gut 500m Fußweg.

Lesarten (einschließlich der Berücksichtigung evtl. Eigentümlichkeiten und Bildung evtl. kontrastierender Gedankenexperimente):
Ein nichtmotorisierter Entführer könnte das Kind theoretisch im Apartment betäubt haben und es (mit einer Tasche, einem Handtuch oder einer Decke getarnt) in fünf bis knapp zehn Minuten zum Strand transportiert haben, um es dort zu missbrauchen. Allerdings würde er damit an dem recht kurzen Strand ein hohes Entdeckungsrisiko eingehen sowie das Problem des Wegtransports (bislang wurde dort keine Leiche gefunden) bewältigen müssen. Damit wird, vor allem vor dem Hintergrund des dort nicht gefundenen Körpers bei einem relativ hohen Risiko des Gefundenwerdens, diese Variante als unwahrscheinlich postuliert:
$H_{9Ereignis}$: *Ein nichtmotorisierter, sexuell motivierter Einzeltäter hat das Kind nicht am Strand missbraucht sondern wenn in seiner Unterkunft/seinem Betrieb und es dort wohl auch endgelagert.*
$H_{10Ereignis}$: *Die McCanns haben im Falle ihrer Verwicklung evtl. den Strand zur kurzfristigen Zwischenlagerung des toten Körpers genutzt.*
Zusammenschau mit dem Inneren Kontext:
$H_{9Ereignis}$ ist gut vereinbar mit Fallstrukturhypothese2$_{Ereignis}$.
$H_{10Ereignis}$ ist gut vereinbar mit Fallstrukturhypothese3$_{Ereignis}$.
Sequenzielle Fortschreibung bzw. Rückblende:
Für eine Zwischenlagerung im Sand würden Materialien nötig sein, vielleicht Plastiktüten, Textilien (v. a. Handtücher oder Bettwäsche), eine Tasche, ein Karton.

- Das Apartment der McCanns liegt gut 50m schräg gegenüber der Tapasbar. Die Eltern haben dort mit den Freunden gegessen und ihre Kinder in der Unterkunft allein gelassen.

Lesarten (einschließlich der Berücksichtigung evtl. Eigentümlichkeiten und Bildung evtl. kontrastierender Gedankenexperimente):
Da man zumindest einen Teil der Außenfassade des Apartments von der Tapasbar aus sehen kann, gehört dieses Apartment für die sich in der Bar befindenden Eltern viel eher noch zu dieser „Region"[3], als

wenn man es durch eine die Sicht gänzlich verdeckende Mauer nicht sehen könnte. Dadurch, dass das Apartment keine eigene Zielregion darstellt, entsteht keine Spannung zwischen den Regionen und damit auch kein Bedürfnis, das Apartment häufig aufzusuchen. Es entsteht vielmehr ein subjektives Gefühl von Kontrolle über die Unterkunft. Somit könnten auch Eltern, die ihre Kinder nicht situationsübergreifend vernachlässigen, in dieser Situation leicht so handeln, wie es die McCanns taten.

$H_{11Ereignis}$: *Die McCanns ließen ihre Kinder allein im Apartment zurück, da sie aufgrund der subjektiv empfundenen Nähe ein Gefühl von Kontrolle hatten, obgleich diese objektiv nicht bestand. Sie vernachlässigen ihre Kinder nicht prinzipiell.*

Zusammenschau mit dem Inneren Kontext:
-

Sequenzielle Fortschreibung bzw. Rückblende:
- Zur Bestätigung der H_9 müssten sich Belege für eine gute Aufmerksamkeit und Fürsorge für die Kinder von Seiten der Eltern McCann im Alltag finden lassen.

- Das Apartment G5A befindet sich am Rande des Zentralbereichs der Ferienanlage.

Lesarten (einschließlich der Berücksichtigung evtl. Eigentümlichkeiten und Bildung evtl. kontrastierender Gedankenexperimente):

$H_{12Ereignis}$: *Die Lage des Apartments G5A stellt für einen möglichen Entführer ein relativ geringes Entdeckungsrisiko dar, was dieser Variante von Madeleines Verschwinden Plausibilität verleiht.*

Zusammenschau mit dem Inneren Kontext:
Stützung der Fallstrukturhypothese4.

Sequenzielle Fortschreibung bzw. Rückblende:
- Es gibt keine oder wenig Zeugen (aus der Ferienanlage).

- Das Kinderzimmer der Unterkunft der McCanns liegt erdgeschossig.

Lesarten (einschließlich der Berücksichtigung evtl. Eigentümlichkeiten und Bildung evtl. kontrastierender Gedankenexperimente):

$H_{13Ereignis}$: *Ein eventuelle gegebener Kindesentführer kann ohne viel Mühe, mit wenig Zeitaufwand und einem dadurch geringen Entdeckungsrisiko in das Apartment einsteigen.*

Zusammenschau mit dem Inneren Kontext:
Stützung der Fallstrukturhypothese4.

Sequenzielle Fortschreibung bzw. Rückblende:
- Entweder existieren Einbruchspuren an der Tür oder einem Fenster oder der mögliche Entführer nutzte eine unabgeschlossene Tür.

- Der Gebäudekomplex, in dem sich das Apartment der McCanns befindet, ist ca. 30m lang, weiß und vierstöckig.

Lesarten (einschließlich der Berücksichtigung evtl. Eigentümlichkeiten und Bildung evtl. kontrastierender Gedankenexperimente):
In dem recht großen Gebäude besteht das Risiko, dass jemand den möglichen Entführer vom Fenster oder Balkon aus beobachtet, sodass er sich zur Vorsicht eher nahe am Gebäude halten müsste. Da dieses jedoch weiß ist, würde es ihm nur in heller Kleidung guten Schutz vor Beobachtern von der Straße oder gegenüberliegenden Straßenseite bieten. Helle Kleidung ist aber im Dunkeln wiederum zu gut erkennbar. D, h.:

$H_{14Ereignis}$: *Gibt es einen Entführer, so kann er an der Hotelanlage gut jemand aufgefallen sein.*

Zusammenschau mit dem Inneren Kontext:
Relativierung der Fallstrukturhypothese4.

Sequenzielle Fortschreibung bzw. Rückblende:
- Sowohl bei der Annäherung an das Haus als auch beim Sich-Wegbewegen von diesem könnte der mögliche Entführer beobachtet worden sein.
- Zur Minderung des Entdeckungsrisikos könnte er sich auf einem anderen Weg aus dem Apartment heraus und von diesem weg bewegt haben als zu ihm hin.

- Das Gebäude liegt an einer Straßenkreuzung, ist von der Straße aber durch einen Parkplatz etwa 8 bis 10 m getrennt.

Lesarten (einschließlich der Berücksichtigung evtl. Eigentümlichkeiten und Bildung evtl. kontrastierender Gedankenexperimente):
$H_{15Ereignis}$: Gibt es einen motorisierten Entführer, wird er das Auto nicht auf dem Hotelparkplatz abgestellt haben (vgl. Sequentielle Fortschreibung und Rückblende nach H_5) und auch nicht auf der zur Gebäudelängsseite und damit zum Parkplatz gegenüberliegenden Straßenseite. Er wird um die Ecke oder an einer Stelle hinter der Kreuzung geparkt haben.
Zusammenschau mit dem Inneren Kontext:
Wenn man davon ausgeht, der mögliche Entführer hat die McCanns zuvor beobachtet (vgl. Fallstrukturhypothese4), dann scheidet als Abstellmöglichkeit für das Auto auch die Straße aus, auf der sich die Eltern zu ihrer Unterkunft bewegen. Es verbleibt also einzig ein Parken des Autos hinter der Kreuzung in der Rua Prof. Agostinho da Silva.
Zusammenschau mit dem Äußeren Kontext:
Dieses Versionselement ist gut vereinbar mit der Aussage von Jane Tanner, sie habe einen Mann mit einem Kind auf dem Arm vom Hotelkomplex in diese Richtung gehen sehen.
Fallstrukturhypothese5$_{Ereignis}$: Es gibt einen motorisierten Entführer, der sein Auto hinter der Kreuzung in der Rua Prof. Agostinho da Silva geparkt hat.
Sequenzielle Fortschreibung bzw. Rückblende:
- Es könnte weitere Zeugen geben, die den möglicherweise gegebenen Entführer in diese Richtung gehen sehen haben.

- Vor dem Kinderzimmerfenster befindet in einem Abstand von nicht viel mehr als einem Meter eine an dieser Stelle etwa 1.20m -1.30m hohe und ca. 20cm schmale Mauer.

Lesarten (einschließlich der Berücksichtigung evtl. Eigentümlichkeiten und Bildung evtl. kontrastierender Gedankenexperimente):
$H_{16ereignis}$: Die Mauer kann dem möglichen Entführer im Falle eines Ein- oder Ausstieges aus dem Kinderzimmerfenster Schutz geboten haben.
Zusammenschau mit dem Inneren Kontext:
Stützung der Fallstrukturhypothese4.
Sequenzielle Fortschreibung bzw. Rückblende:
-

- Links neben dem Kinderzimmerfenster liegt die Eingangstür des Apartments etwa 1.50m zurückgesetzt. Sie ist nur von der äußersten linken Parkplatzseite aus einsehbar.

Lesarten (einschließlich der Berücksichtigung evtl. Eigentümlichkeiten und Bildung evtl. kontrastierender Gedankenexperimente):
$H_{17Ereignis}$: Die Gebäudenische vor der Eingangstür könnte einem eventuellen Entführer Schutz geboten haben. So könnte er z. B. von einer Stelle kurz vor der Nische zunächst den Parkplatz beobachtet haben und hätte, wenn die Umstände es erfordern, in sie zurückweichen können. Er hätte das Apartment auch durch die Eingangstür verlassen können, wenn er sich mit dem Öffnen recht einfacher Schlösser gut ausgekannt hätte. Dies scheint also nicht der Fall zu sein.

404

Zusammenschau mit dem Inneren Kontext:
Stützung der Fallstrukturhypothese4.
Sequenzielle Fortschreibung bzw. Rückblende:
-

• Das Fenster des Kinderschlafzimmers besitzt eine metallene Außenjalousie.

Lesarten (einschließlich der Berücksichtigung evtl. Eigentümlichkeiten und Bildung evtl. kontrastierender Gedankenexperimente):
Ein möglicher Entführer, der durch das Kinderzimmerfenster in das Gebäude eingestiegen wäre, hätte für Ohrenzeugen wahrnehmbare Geräusche verursacht und darüber hinaus die Jalousie u. U. beschädigt, vorausgesetzt, sie wäre herunter gelassen. Auch fänden sich wohl Fingerabdrücke oder Faserspuren von Handschuhen. Der Lärm hätte das Risiko beinhaltet, dass die Kinder davon wachwerden und zu weinen oder schreien beginnen, was eine erhöhte Entdeckungsgefahr bedeutet. Ein Betreten des Apartments durch eine unverschlossene Tür würde viel weniger Aufsehen erregen und weniger Spuren verursachen. Von daher wird postuliert:
$H_{18Ereignis}$: *Falls die Jalousie unten war, ist der mögliche Entführer durch die offene Verandatür in das Apartment eingedrungen.*
Zusammenschau mit dem Inneren Kontext:
-
Sequenzielle Fortschreibung bzw. Rückblende:
- Bedeutsam sind Zeugenaussagen über die Position der Jalousie vor 22 Uhr.

• Rechts neben der Tür sind zwei in einander gestellte, ungefähr 20cm hohe Blumentöpfe platziert; in ihnen liegt ein ebenso kleines Werkzeug mit stabförmigem Griff.

Lesarten (einschließlich der Berücksichtigung evtl. Eigentümlichkeiten und Bildung evtl. kontrastierender Gedankenexperimente):
Die Blumentöpfe oder das Werkzeug (wohl eine kleine Schaufel, Hacke oder ein Schneidewerkzeug) könnten im Zusammenhang mit dem Verschwinden des Kindes stehen. Sie können von Bezugspersonen für das Graben eines Erd- oder Sandloches verwendet worden sein, in das die Leiche des Kindes gelassen wurde. Das würde eine Zwischenlagerung auf dem Hotelgelände möglich machen oder auch am Strand. Dieser Vorgang beträgt wohl, je nach Erdbeschaffenheit und Helferanzahl, allermindestens 10 Minuten und bedeutet damit ein erhebliches Entdeckungsrisiko - es sein denn, man könnte eine sehr uneinsehbare Stelle nutzen. D. h.:
$H_{19Ereignis}$: *Die Blumentöpfe oder das Werkzeug wurden zum Vergraben der Kinderleiche an einer wenig einsehbaren Stelle auf dem Hotelgelände oder am Strand benutzt.*
Zusammenschau mit dem Inneren Kontext:
Die H_{19} steht im Einklang mit der Fallstrukturhypothese3.
Sequenzielle Fortschreibung bzw. Rückblende:
- Durch die Tätigkeit des Vergrabens müsste sich die Person beschmutzt haben, vor allen wohl an der Hose, vielleicht auch an den Ärmeln und unter den Fingernägeln.
- Den Blumentöpfen könnten spezifische Erdpartikel anhaften.

• An der Rückseite des Gebäudes verläuft zwischen einer zu ihm gehörenden Begrünung und dem Freizeitbereich des Hotels mit der Tapasbar ein schmaler Fußweg.

Lesarten (einschließlich der Berücksichtigung evtl. Eigentümlichkeiten und Bildung evtl. kontrastierender Gedankenexperimente):
$H_{20Ereignis}$: *Von diesem Fußweg aus könnte ein möglicher Entführer die Tapasbar beobachtet haben und so einen günstigen Zeitpunkt für das Eindringen ins Apartment ausgespäht haben. Auch könnte ein Helfer von ihm dort die Beobachtungen vorgenommen haben und den Eindringling genaue Anweisungen gegeben haben, z. B. per Handy (Headset).*

Zusammenschau mit dem Inneren Kontext:
Stützung der Fallstrukturhypothese4.
Sequenzielle Fortschreibung bzw. Rückblende:
- Vielleicht gibt es entsprechende Zeugen oder Spuren.

- Die Veranda befindet sich zur Poolseite, zu der sie von einer ca. 1.20m hohen Mauer umgrenzt ist, über die hinaus noch mindestens 10cm Buschwerk ragt.

Lesarten (einschließlich der Berücksichtigung evtl. Eigentümlichkeiten und Bildung evtl. kontrastierender Gedankenexperimente):
$H_{21Ereignis}$: *Aufgrund des Sichtwinkels vom Erdboden der Tapasbar aus kann man, wenn man dort sitzt, nur noch höchstens den Kopf eines auf der Veranda und nahe des Gebäudes stehenden Menschen sehen. Ein Einstieg von der Verandatür aus oder einem auf der Veranda gelegenen Fenster bietet also ein relativ geringes Entdeckungsrisiko für einen möglichen Kindesentführer.*
Zusammenschau mit dem Inneren Kontext:
Stützung der Fallstrukturhypothese4.
Sequenzielle Fortschreibung bzw. Rückblende:
- Vielleicht gibt es an der Verandatür entsprechende Fingerabdrücke oder Faserspuren.

- Zur Veranda führt eine nur etwa 60-80cm breite Treppe von etwa 8 bis 10 Stufen hinauf.

Lesarten (einschließlich der Berücksichtigung evtl. Eigentümlichkeiten und Bildung evtl. kontrastierender Gedankenexperimente):
$H_{22Ereignis}$: *Das Kind könnte die Treppe hinuntergefallen sein und in Folge des Unfalles gestorben sein (z. B. Genickbruch oder gravierende Schädelfraktur).*
Zusammenschau mit dem *Äußeren* Kontext:
Dass Madeleine von zahlreichen Zeugen als sehr energievolles Mädchen beschrieben wird, stützt diese Unfallhypothese.
Sequenzielle Fortschreibung bzw. Rückblende:
- Vielleicht gibt es entsprechende Ohrenzeugen oder Spuren.

- An der hinteren Gebäudeseite befinden sich zahlreiche weitere Balkone und Fenster.

Lesarten (einschließlich der Berücksichtigung evtl. Eigentümlichkeiten und Bildung evtl. kontrastierender Gedankenexperimente):
$H_{23Ereignis}$: *Eine Person, die auf dem Fußweg zwischen Freizeitbereich und Apartment die Tapasbar beobachtet, geht ein gewisses Entdeckungsrisiko ein.*
Zusammenschau mit dem Inneren Kontext:
Relativierung von H_{18} sowie von Fallstrukturhypothese4.
Sequenzielle Fortschreibung bzw. Rückblende:
- Vielleicht gibt es entsprechende Zeugen.

- Auf der gepflasterten Veranda steht ein etwa 70cm hohes Gartentischchen auf einem wohl mittig angebrachten Fuß.

Lesarten (einschließlich der Berücksichtigung evtl. Eigentümlichkeiten und Bildung evtl. kontrastierender Gedankenexperimente):
$H_{24Ereignis}$: *Das Kind könnte auf den Tisch geklettert und unglücklich gestürzt sein, sodass es an den Verletzungen (z. B. Genickbruch oder Schädelfraktur) gestorben ist.*
Zusammenschau mit dem *Äußeren* und Inneren Kontext:
Da das Mädchen überaus aktiv gewesen sein soll, ist diese Unfallvariante plausibel.
In Zusammenschau mit $H_{22Ereignis}$ kann folgende *Fallstrukturhypothese6* aufgestellt werden:

406

Das Kind ist an einem Unfall in bzw. am Apartment gestorben, der in Zusammenhang mit seiner Hyperaktivität stehen könnte.
Sequenzielle Fortschreibung bzw. Rückblende:
- Vielleicht gibt es entsprechende Spuren.

- Im Flur befindet sich ein Kleiderhaken, auf dem ein dunkelrosafarbenes Kleidungsstück hängt, vermutlich ein Kinderjäckchen. Auf dem Fußboden steht eine Reihe von Schuhen nebeneinander an der Wand.

Lesarten (einschließlich der Berücksichtigung evtl. Eigentümlichkeiten und Bildung evtl. kontrastierender Gedankenexperimente):
H_{1PersK}, H_{1PersG}: *Mindestens eines der beiden Elternteile ist mindestens durchschnittlich ordnungsbewusst. Das bedeutet, dass von dem Verhalten der Eltern allgemein keine nennenswert erhöhte Unfallgefahr für die Kinder ausgeht: Sie lassen wohl z. B. keine Messer oder Medikamente an dafür nicht vorgesehenen Orten liegen, schließen die Fenster richtig etc. .*
Zusammenschau mit dem Inneren Kontext:
-
Sequenzielle Fortschreibung bzw. Rückblende:
-

- Die Küche der Unterkunft verfügt über einen Kühlschrank.

Lesarten (einschließlich der Berücksichtigung evtl. Eigentümlichkeiten und Bildung evtl. kontrastierender Gedankenexperimente):
Rein theoretisch eignet sich der Kühlschrank als Zwischenlagerungsstätte für eine Leiche im Falle der Verwicklung der Eltern. Da die McCanns jedoch bekanntlich noch in derselben Nacht, in der sich das Verschwinden des Kindes ereignete, in ein anderes Apartment umgezogen sind, wird diese Hypothese hier nicht aufgestellt.
Im neuen Apartment, das sicher auch über einen Kühlschrank verfügt, wäre eine entsprechende Lagerung zumindest dauerhaft sehr unsicher (vor Polizisten, Raumpflegern, Freunden oder den kleinen Kindern) und könnte höchstens während der Nächte erfolgen.
Ein Wegschaffen des toten Körpers aus dem Haus würde sich auch anbieten – vorausgesetzt, man kennt eine geeignete Stelle am fremden Ort zur vorübergehenden oder endgültigen Unterbringung oder kann sich zumindest einen in Frage kommenden Platz vorstellen. Im Falle der McCanns wäre dies wohl in/bei der Kirche oder auch ein wenig einsehbarer Strand- oder Gartenabschnitt. Allerdings geht bei einer Zwischenlagerung der Leiche an einem Ort außerhalb der Unterkunft die Kontrolle über sie verloren, was die Eltern zu einem gehäuften Aufsuchen dieses Ortes veranlassen könnte.
Was die Apartments der Freunde betrifft, so sind auch sie mit einem Kühlschrank ausgestattet. Für die Bereitschaft, als Helfer eine „fremde" Leiche bei sich unterzubringen, noch dazu an einer so riskanten Stelle, müsste die Beziehung allerdings ganz besonders vertraut sein. Da alle mitreisenden Freunde in Paaren oder sogar zu Dritt (Familie Payne) ein Apartment bewohnen, müsste sich diese besondere Vertrautheit gleich auf ein Paar oder gar drei Leute erstrecken, was die Angelegenheit noch unwahrscheinlicher macht.
Diese Überlegungen führen zu folgenden Hypothesen:
$H_{25Ereignis}$: *Als eine relativ gut Kontrolle ermöglichende zwischenzeitliche Unterbringungsart der Leiche käme der Kühlschrank des neuen Apartments der McCanns in Frage, der zumindest während der Nächte dazu verwendet werden hätte können. Aber auch eine Zwischenlagerung an einem bekannten, hierfür geeigneten, kühlen, wenig einsehbaren Ort (z. B. in/bei der Kirche, am Strand, an einer Stelle im Garten) wäre im Falle ihrer Verwicklung denkbar.*
$H_{26Ereignis}$: *Im Falle der Verwicklung der McCanns in das Verschwinden ihrer Tochter ist die Leiche nicht im Kühlschrank der Freunde zwischengelagert worden.*
Zusammenschau mit dem Inneren Kontext:
-

Sequenzielle Fortschreibung bzw. Rückblende:
- Sind die Eltern involviert und haben die Tochter außerhalb des Apartments zwischengelagert, so ist ein durch einen Kontrollwunsch heraus bedingtes mehrfaches Aufsuchen dieses Ortes wahrscheinlich.

- Zwischen der Küche und dem Wohnzimmer befindet sich eine große Durchreiche.

Lesarten (einschließlich der Berücksichtigung evtl. Eigentümlichkeiten und Bildung evtl. kontrastierender Gedankenexperimente):
Da das Apartment sicherlich über einen Raumpflegeservice verfügt, der zumindest für die Sauberkeit im Badezimmer sorgt, blieb den Eltern wohl als anfallende Hausarbeit vor allem Arbeit in der neben dem Wohnzimmer gelegenen Küche.

$H_{27Ereignis}$: *Es ist unwahrscheinlich, dass das Kind im Wohnzimmer während der Hausarbeit der damit abgelenkten Eltern/eines Elternteils tödlich verunglückt ist, da von diesen ein entsprechender Unfall wohl sofort bemerkt worden wäre und zu Hilfsmaßnahmen geführt hätte, zumal die Eltern Ärzte sind.*

Zusammenschau mit dem Inneren Kontext:
Die Fallstrukturhypothese6 kann demnach um diesen Baustein erweitert werden zu:
Das Kind ist an einem Unfall in bzw. am Apartment gestorben, der in Zusammenhang mit seiner Hyperaktivität stehen könnte. Der Unfall ereignete sich jedoch nicht im Wohnzimmer während der Hausarbeit der Eltern/eines Elternteils.

Sequenzielle Fortschreibung bzw. Rückblende:
- Im Falle eines tödlichen Unfalles war das Kind für längere Zeit allein im Apartment oder auf der Veranda.

- Am Holztisch befinden sich 5 Stühle mit leicht zurückgebogener Rückenlehne aus Sprossen.

Lesarten (einschließlich der Berücksichtigung evtl. Eigentümlichkeiten und Bildung evtl. kontrastierender Gedankenexperimente):
Die leicht zurückgebogene Sprossenlehne verhindert beim Umkippen eines mit dem Rücken zur Lehne sitzenden kleinen Kindes mit dem Stuhl, dass es nicht ganz so hart mit dem Hinterkopf aufschlägt. Von daher wird ein tödlicher Unfall mit diesem Möbelstück hier nicht postuliert.

Zusammenschau mit dem Inneren Kontext:
-

Sequenzielle Fortschreibung bzw. Rückblende:
-

- Auf einem der Stühle hängt ein großes, buntes Badetuch. Auf dem Tisch liegen eine Sonnenbrille und eine Digitalkamera, auf dem Boden neben der Stehlampe steht eine Sporttasche.

Lesarten (einschließlich der Berücksichtigung evtl. Eigentümlichkeiten und Bildung evtl. kontrastierender Gedankenexperimente):
$H_{28Ereignis}$: *Vor dem Ereignis, das zum Verschwinden des Kindes führte, hängten die Eltern noch das Badetuch zum Trocknen auf.*

H_{2PerK}, H_{2PersG}: *Die Eltern sind nicht so extrem ordentlich, dass sie Sonnenbrille, Kamera und Sporttasche beim Heimkommen unverzüglich wegräumen.*

Warum hat man das Badetuch nicht im Bad aufgehängt? Ist seine Aufhängungsmöglichkeit bereits von anderen Handtüchern/Badesachen belegt? Verfügt es über keinen so geeigneten Heizkörper? Steht dahinter Bequemlichkeit? Bei einer 5-köpfigen Familie, die wohl Handtücher und Badetücher für das Duschen im Apartment sowie auch privat mitgebrachte Strandtücher in Gebrauch hat, ist ein Ausweichen der Trocknungsgelegenheit auf die Essecke hierdurch erklärbar.

Zusammenschau mit dem Inneren Kontext:
H_{2PersK}, H_{2PersG} bietet eine Begrenzung des Ausprägungsspektrums nach oben hin, was H_{1PersK} und H_{1PersG} anbetrifft.

408

Sequenzielle Fortschreibung bzw. Rückblende:

-

- Auf dem um etwa 45° vom Tisch weggedrehten Stuhl an der zum Fenster gegenüberliegenden Querseite befindet sich ein rosa Kinderjäckchen mit Kapuze ordentlich über den linken Lehnengriff gehängt. Ein weiteres, bräunliches Kleidungsstück liegt über der Mitte der Lehne und ist durch deren erste Sprosse hindurch geschlungen. Unter der rosafarbenen Jacke oder innerhalb von ihr scheint sich ein weiteres Kinderoberteil zu befinden.

Lesarten (einschließlich der Berücksichtigung evtl. Eigentümlichkeiten und Bildung evtl. kontrastierender Gedankenexperimente):
Da man nicht genau sagen kann, ob sich das letztgenannte Kleidungsstück unterhalb oder innerhalb der Jacke befindet, weiß man nicht, ob es sich um die Oberteile dreier oder zweier Kinder handelt, weshalb dieses Element für Schlussfolgerungen hier ungenutzt bleiben soll.
Was die Weise des Aufhängens sowie die Stuhlstellung anbetrifft, lässt sich feststellen bzw. vermuten:
H_{3PersK}, H_{3PersG}: *Die Kleidung wurde relativ ordentlich über die Lehne gehängt. (Sie hätte ja auch mehr oder weniger „zusammengeknüllt" irgendwo liegen können.) Das bedeutet, das Ordnungsverhalten der Eltern befindet sich wohl im Durchschnitt.*
$H_{29Ereignis}$: *Es entsteht das Bild, dass die Familie den Esseckenbereich wirklich zum „Leben" verwendet (vgl. auch vorangehend untersuchter Punkt), ihn nicht überordentlich, „steril" hält. (Es hätte die Kleidung ja auch in pedantischerer Weise auf einen Bügel an den Kleiderschrank gehängt werden können.)*
$H_{30Ereignis}$: *Das zwischen der Sprosse hindurch geschlungene Oberteil und der vom Tisch abgerückte Stuhl erwecken den Eindruck, dass jemand kürzlich auf diesem Stuhl gesessen hat.*
Zusammenschau mit dem Inneren Kontext:
H_{3PersK}, H_{3PersG} stehen im Einklang mit der unter dem vorangehend untersuchten Punkt gemachten Anmerkung über H_{1PersK}, H_{1PersG} und H_{2PersK}, H_{2PersG}.
Sequenzielle Fortschreibung bzw. Rückblende:
- Bezogen auf die hier zuerst aufgestellten Hypothesen: Auch die anderen Gegenstände im Apartment werden von den Beamten in etwa durchschnittlicher Ordnung angetroffen.

- Auf dem Platz links vor der Durchreiche liegen mehrere Blätter Din-A-4-Papier auf einer kartonähnlichen Unterlage, vielleicht einem Klemmbrett oder einfach dem Blockrücken. Auf dem Stapel liegt, In der Mitte der rechten Längsseite, im etwa 45°-Winkel zur linken oberen Blattkante weisend, ein Stift.

Lesarten (einschließlich der Berücksichtigung evtl. Eigentümlichkeiten und Bildung evtl. kontrastierender Gedankenexperimente):
$H_{31Ereignis}$: *Auf dem Platz links vor der Durchreiche saß kürzlich jemand und schrieb – vielleicht einer der Polizisten, vielleicht Gerald oder Kate McCann.*
Zusammenschau mit dem Inneren Kontext:
In Verbindung mit $H_{30Ereignis}$ kann man entweder davon ausgehen, dass kürzlich an diesen beiden Plätzen zwei Leute saßen, sich unterhielten und einer von ihnen dabei geschrieben hat, oder aber der Stuhl an der kurzen Tischseite weggedreht wurde, damit der an dem Platz links vor der Durchreiche Schreibende genug Beinfreiheit hat.
Im Falle eines stattgefundenen Gespräch kann es sich um eines zwischen einem Elternteil und einem protokollierenden Polizisten gehandelt haben, vielleicht aber auch um eine Unterredung eines Elternteils mit jemand anderem (dem Partner oder mindestens einem der mitgereisten Freunde). Wahrscheinlich ist, dass das Gespräch auf der Zeitleiste erst nach dem offiziellen Bemerken des Verschwindens des Kindes zu verorten ist.
Bezogen auf das dann gegebene Elternverhalten kann hier also vermutet werden:
$H_{32Ereignis}$: *Nach dem offiziellen Bemerken des Verschwindens des Kindes saß evtl. ein Elternteil auf dem Platz links vor der Durchreiche und schrieb etwas auf, womöglich während einer Unterhaltung mit jemandem, der rechts von ihm saß.*

409

$H_{30Ereignis}$ muss relativiert werden zu:

Vielleicht saß jemand auf dem Stuhl mit der übergehängten Kleidung, vielleicht wurde dieser Stuhl aber auch nur abgerückt, um dem links von ihm Sitzenden genügend Raum zu geben.

Sequenzielle Fortschreibung bzw. Rückblende:

- Das Elternteil, das nach dem Verschwinden des Kindes am Schreiben war, konnte die Zeit nicht für eine Suche nutzen.

• Die Digitalkamera bildet mit dem Papier etwa einen 45°-Winkel. Zwischen rechter Geräteseite und rechter oberer Blattecke liegt senkrecht ein weiterer Stift. Links des Fotoapparates ist, parallel zu diesem, ein weiteres etwa Din-A-4-großes Papier zu sehen, vielleicht auch ein Prospekt o. ä. . Auf dem Tisch liegt außerdem eine aufgeklappte Sonnenbrille, deren Gläser genau zu der zum Fenster entgegengesetzten Seite weisen.

Lesarten (einschließlich der Berücksichtigung evtl. Eigentümlichkeiten und Bildung evtl. kontrastierender Gedankenexperimente): H_{4PersG}, H_{4PersK}: *Derjenige, der auf dem Platz links vor der Durchreiche saß, hat die um ihn herum liegenden Gegenstände in fast zwanghaft anmutender Weise angeordnet, so als hätte er das dringende Bedürfnis, die Dinge zu ordnen (wohl auch innerlich).*

Zusammenschau mit dem Inneren Kontext:
Falls dort ein Polizist saß (vgl. vorangehend untersuchtes Item), wird allerdings lediglich dessen Arbeitshaltung wiedergespiegelt.
Die pedantische Anordnung steht nicht im Einklang mit H_{2PersK}, H_{2PersG} und H_{3PersK}, H_{3PersG}. Das bedeutet, einer der beiden Ausprägungsgrade von Ordnung ist mehr situativ bedingt (im Sinne der H_{4PersG}, H_{4PersK}) oder einer Inszenierung) oder aber durch eine andere Person hervorgebracht worden als der gegenteilige Ausprägungsgrad.

Sequenzielle Fortschreibung bzw. Rückblende:

- Für den Fall, dass Kate oder Gerald McCann dort saßen und nicht die Polizisten, könnte ein Ergebnis (Liste o. ä.) des sich vor Eintreffen der Beamten um Ordnung bemühenden Schreibers vorliegen.

• Auf dem Tisch stehen zwei noch 2/3gefüllte Gläser Wasser. Das eine am Platz mit den Schreibutensilien, allerdings links von diesen, das andere zwischen den beiden am Fenster gelegenen Plätzen.

Lesarten (einschließlich der Berücksichtigung evtl. Eigentümlichkeiten und Bildung evtl. kontrastierender Gedankenexperimente):
Es saß also jemand an einem der Fensterplätze, wahrscheinlich dem ohne übergelegtes Badetuch. Derjenige hat scheinbar mit dem an dem Platz mit den Schreibutensilien Sitzenden eine Unterhaltung geführt. Allerdings sitzt man für gewöhnlich nicht so weit auseinander am Tisch, sondern sich gegenüber. Das lässt vermuten, dass gegenüber des Platzes mit den Schreibunterlagen eine Dritte Person saß.
$H_{33Ereignis}$: *Am Tisch saßen mindestens drei Personen und haben sich unterhalten, während einer schrieb.*
$H_{34Ereignis}$: *Die zu 2/3 gefüllten Gläser deuten auf ein nicht zu Ende geführtes Gespräch hin, was die Vermutung erhärtet, es handle sich um das gerade beginnende Gespräch zwischen den McCanns und den Polizisten.*
$H_{35Ereignis}$: *Allerdings könnten auch zwei oder mehr sich unterhaltende Personen von den eintreffenden Polizisten unterbrochen worden sein.*

Zusammenschau mit dem Inneren Kontext:
-

Sequenzielle Fortschreibung bzw. Rückblende:
-

- Auf der Heizung in der Essecke befinden sich ein bis zwei weiße Handtücher, die recht wulstig platziert sind.

Lesarten (einschließlich der Berücksichtigung evtl. Eigentümlichkeiten und Bildung evtl. kontrastierender Gedankenexperimente):

$H_{36Ereignis}$: *Das Handtuch bzw. die Handtücher wurden kürzlich benutzt und in Eile dort platziert oder von einer eher wenig sorgfältigen Person dort hingehängt.*

Es taucht auch die Frage auf, weshalb sich von den für die vielen Personen in der Unterkunft existierenden Handtüchern dieses eine oder die zwei nicht bei den übrigen befinden. Ist das Bad zu klein für die Trocknung aller? Sind die anderen weniger feucht? - Bei einer 5-köpfigen Familie, die wohl Handtücher und Badetücher für das Duschen im Apartment sowie auch privat mitgebrachte Strandtücher in Gebrach hat, wäre ein Ausweichen der Trocknungsgelegenheit auf die Essecke hierdurch durchaus erklärbar. Dennoch könnte es sein, dass dieses Handtuch erst vor sehr kurzer Zeit benutzt wurde, z. B. auch für das Trockenwischen von etwas.

$H_{37Ereignis}$: *Das Handtuch wurde vor sehr kurzer Zeit benutzt, z. B. für ein Trockenwischen.*

Zusammenschau mit dem Inneren Kontext:

Das Handtuch bzw. die Handtücher sind im Vergleich zu der über den Stuhl hängenden Kleidung sowie dem über den anderen Stuhl gehängten Badetuch auffallend unordentlich platziert, womit auch der Trocknungsvorgang in seiner Effizienz deutlich herabgesetzt wird.

Dementsprechend kann die $H_{36Ereignis}$ wie folgt erweitert werden:

Das auf der Heizung liegende Handtuch/die Handtücher wurde(n) von einer anderen Person dort platziert, als das Badetuch auf dem Stuhl sowie die über der Stuhllehne hängende Kinderkleidung oder aber der Platzierungsvorgang fand in großer Eile statt.

$H_{36Ereignis}$ und $H_{37Ereignis}$ sind gut miteinander vereinbar:

Es könnte mit dem weißen Handtuch/den Handtüchern etwas in großer Eile trocken gewischt worden sein.

Sequenzielle Fortschreibung bzw. Rückblende:

- Im Falle des Trockenwischens muss es etwas Nasses gegeben haben, entweder durch ein Malheur bedingt (z. B. Vergießen von Wasser aus einer Blumenvase) oder durch absichtliches Säubern.
- Was die Eile anbetrifft, so kann sie mit dem Trockenwischen in Verbindung stehen oder aber mit Zeitdruck nach dem Duschen, was vor allem bei einem außerplanmäßigen Geschehen vorher und einer Vermeidung des Sich-Verspätens zu nachfolgenden Terminen vorkommt.

- Das Rollo in der Essecke ist bis auf einen Handbreit ganz hinaufgezogen. Die Gardine des doppelflügeligen Wohnzimmerfensters ist hingegen fast geschlossen. Während die rechte Gardinenhälfte mit recht gleichmäßigen Stoffwindungen bis zur Mitte des Fensters zugezogen ist, reicht die andere Seite nicht ganz bis dorthin, sondern lässt mittig einen etwa 10cm bis 15cm breiten Spalt frei, sodass die Chiffongardine sichtbar wird. Außerdem ist diese Hälfte nicht gleichförmig zugezogen: Der Stoff ihres linken Randes ist unterhalb von etwa 1.50m Höhe unebenmäßig hinter den anderen geschlagen. Zudem fällt der Stoff nicht senkrecht hinunter, sondern ist vom unteren Teil her leicht nach Links verzogen. Durch das mit seinem Rücken dicht vor dem Fenster stehende Sofa wird die blaue Gardine so in einer Schräge gehalten.

Lesarten (einschließlich der Berücksichtigung evtl. Eigentümlichkeiten und Bildung evtl. kontrastierender Gedankenexperimente):

Warum zieht man den einen Vorhang im Raum zu, den anderen (bzw. das andere Rollo in der Essecke) jedoch nicht? Lediglich, weil das zugezogene Wohnzimmerfenster breiter ist und man sich deshalb von Außen eher abschirmen möchte, vor allem, wenn man als Paar zusammen auf dem Sofa sitzt? Oder weil von der Straße aus niemand am Lichteinfall sehen soll, dass die Gardine der Verandatür geöffnet ist, durch die die Eltern und Freunde ins Apartment gelangen können? Letztere Möglichkeit ist aufgrund der abendlichen Uhrzeit, in denen es dunkel wird, sowie der Tatsache, dass aufgrund des Verandavorbaus sowie seiner Lage zur Süd- bis Südostseite ohnehin der Lichteinfall reduziert ist, unwahrscheinlich.

Die Absicht, sich abschirmen zu wollen, könnte eben vor allem dann bestanden haben, wenn auf dem Sofa entspannt wurde und ggf. intensivere Zärtlichkeiten ausgetauscht wurden. Das ungleichmäßige Zuziehen könnte dann dadurch entstanden sein, dass jeweils einer der Partner die sich zu seiner Sofaseite, auf der er Platz genommen hat, befindende Vorhanghälfte geschlossen hat. Der zur Essecke sitzende Partner hat wohl aus Versehen den ganz linken Rand der linken Vorhanghälfte mit gefasst, als er nach dem rechten Rand dieser Vorhanghälfte griff, sodass der linke Rand unter den rechten gezogen wurde. Durch das – zumindest an dieser Seite - so dicht an der Wand stehende Sofa blieb der Vorhang dann an seinem unteren Rand noch nach dem Zuziehen etwas zur Seite der Essecke hängen. Zwar könnte es theoretisch auch sein, dass die linke Vorhanghälfte unten gegriffen und leicht *aufgezogen* wurde – allerdings bleibt dadurch der nach rechts verzogene linke untere Rand unerklärt, weshalb diese Vermutung verworfen werden kann. D. h.:

$H_{38Ereignis}$: *Das Paar hatte sich am Abend auf dem Sofa vor dem Fenster entspannt und ggf. intensivere Zärtlichkeiten ausgetauscht, wozu es „arbeitsteilig" die Vorhänge zuzog. Der zur Essecke sitzende Partner ging dabei unsorgfältiger vor, erwischte beim Zuziehen den linken Vorhangrand mit und besserte auch den unteren Rand nicht noch einmal nach, der durch das – zumindest an dieser Seite - dicht stehende Sofa in einer Linksneigung festgehalten wurde.*

Die Auffälligkeit der ungleich zugezogenen Vorhanghälften könnte man jedoch auch noch anders zu erklären versuchen:

$H_{39Ereignis}$: *Der Vorhang wurde von einem Elternteil in Eile zugezogen, was an seiner linken Hälfte die Ungenauigkeit produzierte.*

$H_{40Ereignis}$: *Die Vorhänge waren am Abend zugezogen. Der mögliche Entführer oder ein Komplize versteckte sich hinter der linken Vorhanghälfte, um von dort aus die Straße daraufhin zu beobachten, ob die Eltern zurückkommen. Bei seinem Verschwinden rückte er das Sofa, das er an dieser Stelle leicht vom Fenster abgerückt hatte, wieder in Position, ohne jedoch zusätzlich noch auf eine Glättung des Vorhanges zu achten.*

Vielleicht steckt hinter der Ungleichmäßigkeit aber auch eine ganz bestimmte Intention:

$H_{41Ereignis}$: *An der linken Gardinenhälfte befinden sich unten links bestimmte Spuren (z. B. (ausgewaschenes) Blut), die mit dem Verschwinden des Kindes in Zusammenhang stehen. Die involvierten Eltern bzw. das involvierte Elternteil bemühten/bemühte sich um entsprechende Vertuschung. Oder sie wollten bzw. dasjenige Elternteil wollte den Verdacht darauf lenken, dass der Entführer sich am Vorhang zu schaffen gemacht hat, um die Straße von dort aus zu beobachten.*

Natürlich könnte es aber auch sein, dass im Zuge der Suchaktionen auch hinter dem großen Vorhang nachgesehen wurde, was nahe liegt und eine entsprechende Verziehung durch eine sich links des Sofas befindende Person bewirkt haben kann:

$H_{41bEreignis}$: *Die verzogene Vorhanghälfte kommt durch die Suchaktion nach dem Verschwinden des Kindes zustande.*

Zusammenschau mit dem Inneren Kontext:

$H_{38Ereignis}$ wird gestützt von $H_{36Ereignis}$ und den Erläuterungen im Zusammenhang mit H_{4PersG}, H_{4PersK},
$H_{39Ereignis}$ wird gestützt durch $H_{36Ereignis}$.
$H_{40Ereignis}$ ist gut vereinbar mit Fallstrukturhypothese$4_{Ereignis}$.
$H_{41Ereignis}$ steht im Einklang mit Fallstrukturhypothese$6_{Ereignis}$ sowie $H_{37Ereignis}$.

Sequenzielle Fortschreibung bzw. Rückblende:

- Was die beiden letzten Hypothesen anbetrifft, so könnten sich im Zuge der kriminaltechnischen Untersuchung entsprechende Spuren finden.

- Das etwa 1 Meter hohe Sofa ist aus seiner üblichen Position verrückt.

Lesarten (einschließlich der Berücksichtigung evtl. Eigentümlichkeiten und Bildung evtl. kontrastierender Gedankenexperimente):

$H_{42Ereignis}$: *Die Verrückung entstand beim stürmischen Austausch von Zärtlichkeiten.*

$H_{43Ereignis}$: *Der mögliche Entführer oder sein Komplize verrückte es, um vom Fenster aus die Straße zu beobachten.*

$H_{44Ereignis}$: *Ein Elternteil oder beide verrückten es, um im Falle ihrer Verwicklung entsprechende Spuren zu vertuschen.*

Zusammenschau mit dem Inneren Kontext:

$H_{42Ereignis}$ steht im Einklang mit $H_{38Ereignis}$.

$H_{43Ereignis}$ ist gut vereinbar mit $H_{40Ereignis}$ sowie Fallstrukturhypothese$4_{Ereignis}$.

$H_{44Ereignis}$ steht im Einklang mit Fallstrukturhypothese$6_{Ereignis}$ sowie $H_{37Ereignis}$ und $H_{41Ereignis}$.

Bezüglich der Verdichtung von Unfallvermutung und Spurenvertuschung durch die Eltern bzw. ein Elternteil, kann die _Fallstrukturhypothese6$_{Ereignis}$_ wie folgt erweitert werden:

Das Kind ist an einem Unfall in bzw. am Apartment gestorben, der in Zusammenhang mit seiner Hyperaktivität stehen könnte. Der Unfall ereignete sich im Wohnzimmer, jedoch nicht während der Hausarbeit der Eltern/eines Elternteils. Nach Entdeckung des Unfalles haben die Eltern bzw. hat ein Elternteil die Leiche versteckt und sich um die Vertuschung der Spuren bemüht.

Sequenzielle Fortschreibung bzw. Rückblende:

- Im Falle des Unfalltodes mit anschließendem Verstecken der Leiche durch die Eltern bzw. ein Elternteil müsste Leichengeruch von Spürhunden entdeckt werden können.

- Schräg gegenüber der Sofaecke steht ein Fernseher.

Lesarten (einschließlich der Berücksichtigung evtl. Eigentümlichkeiten und Bildung evtl. kontrastierender Gedankenexperimente):

$H_{45Ereignis}$: _Eine abendliche Entspannung kann gut auf dem Sofa stattfinden, von dem man aus nochmal kurz den Wetterbericht oder die Nachrichten sehen kann. Vielleicht schauen auch die Kinder des Abends einmal eine Sendung, vor allem wenn heimische Kanäle empfangen werden können._

Zusammenschau mit dem Inneren Kontext:

$H_{45Ereignis}$ ist gut vereinbar mit $H_{38Ereinis}$, auch wenn man bedenkt, dass beim Fernsehen der Lichteinfall aus dem Fenster stören könnte, weshalb man die Vorhänge zuziehen könnte.

Sequenzielle Fortschreibung bzw. Rückblende:

-

- Die Gardinen und Jalousien der Verandatür sind ganz aufgezogen.

Lesarten (einschließlich der Berücksichtigung evtl. Eigentümlichkeiten und Bildung evtl. kontrastierender Gedankenexperimente):

Da die Freunde der McCanns sowie andere Menschen nach Bekanntwerden des Verschwindens des Kindes sehr wahrscheinlich das Apartment durch diesen näher zur Tapasbar gelegenen Eingang betreten haben, was den Zustand der Gardinen sehr wahrscheinlich veränderte, soll dieses Item hier in der Analyse unberücksichtigt bleiben.

- Auf der rechten oberen Ecke des Möbelstückes liegen zwei Spiele oder Bücher, das kleinere über dem größeren. Links daneben befindet sich ein Stapel mit zwei oder drei Bilderbüchern, daneben scheinbar ein auf der Körperseite liegendes, zwei Faust großes rosa Kuscheltier.

Lesarten (einschließlich der Berücksichtigung evtl. Eigentümlichkeiten und Bildung evtl. kontrastierender Gedankenexperimente):

H_{5PersG}, H_{5PersK}: _Die Eltern haben für die Kinder Spielzeug mit in den Urlaub genommen und die Kinder haben im Wohnzimmer gespielt. Da es sich um Bücher und ein Spiel handelt und die Kinder noch nicht selbst lesen können, liegt sehr nahe, dass die Eltern gemeinsam mit ihren Kindern gespielt haben. Das spricht für Eltern, die ihren Kindern eine recht gute emotionale Fürsorge zukommen lassen und die sich (gerne) mit ihnen beschäftigen. (Zumindest auf ein Elternteil wird dies zutreffen.)_

Die Spielsachen sind ziemlich ordentlich auf den Schrank geräumt, an den wohl vor allem die Eltern heranreichen. Das spricht für folgendes:

H_{6PersG}, H_{6PersK}: _Die Eltern oder zumindest ein Elternteil sind bzw. ist recht ordnungsbewusst._

Zusammenschau mit dem Inneren Kontext:

H_{6PersG} und H_{6PersK} widersprechen dem Bild des unordentlich auf der Heizung platzierten Handtuches sowie v. a. des auffällig verzogenen Vorhanges, was _eine situative (z. B. Eile, Vertuschung/Inszenierung)_

413

oder für ein Elternteil persönlichkeitsspezifische Komponente von Unordentlichkeit nahelegt, währen das andere Elternteil bzw. beide Eltern eigentlich ordentlich ist/sind. Diese Feststellung soll als Fallstrukturhypothese7$_{Ereignis(?)}$ bezeichnet werden. Sie wird gestützt durch die Persönlichkeitshypothesen$_{1-4}$ der Eltern sowie den Ereignishypothesen$_{36, 37, 38, 39, 41}$.

Sequenzielle Fortschreibung bzw. Rückblende:
- Ist ein Elternteil deutlich unordentlicher als das andere, müssten sich dafür noch weitere Belege finden lassen.

- Das kleine weiße Kopfkissen auf dem am Fenster stehenden Bett des Kinderzimmers scheint um 90° gedreht an dem zur Außenwand zeigenden Bettrand zu liegen. Die linke Längsseite der grau-weiß karierten Überdecke und auch der Bettdecke ist, bis auf ein paar Zentimeter am Fußende, ungleichmäßig zur Bettmitte hin verschoben, sodass sie große Falten bildet.

Lesarten (einschließlich der Berücksichtigung evtl. Eigentümlichkeiten und Bildung evtl. kontrastierender Gedankenexperimente):
H$_{46Ereignis}$: *In dem Bett hat im Tagesverlauf ein Erwachsener, mit an Sicherheit grenzende Wahrscheinlichkeit also Gerald oder Kate McCann, geschlafen – geht man davon aus, dass die Zimmermädchen, wie allgemein üblich, täglich die Betten machen. Geht man von letzterem nicht aus, so hat ein Elternteil dort in den Tagen oder Nächten zuvor geschlafen.*
Alternativ wäre möglich, dass die Kinder in dem Bett gespielt haben. Gegen diese Annahme spricht jedoch die Position der Bettdecke, die für ein Aussteigen eines Erwachsenen aus dem Bett nach dem Schlafen so typisch ist. Aus diesem Grund wird die Alternativvermutung hier bereits wieder fallengelassen.
Warum haben Gerald oder Kate McCann nicht in ihrem eigenen Bett im Elternschlafzimmer geschlafen? Haben sie sich gestritten und darum des Nachts getrennt geschlafen? Oder hielt ein Elternteil mit den Kindern im Zimmer Mittagsschlaf? Oder benötigt eines der Kinder nachts eine besondere Betreuung, sodass sich die Eltern abwechseln, bei ihm zu schlafen? Letzteres ist unwahrscheinlich, da die Eltern die Kinder ja auch während des Abendessens allein schlafen ließen und zudem bei entsprechenden Problemen (z. B. häufiges Aufwachen eines von Alpträumen geplagten Kindes) auch eine nicht ganz verschlossene Tür des nebenan liegenden Elternschlafzimmers Abhilfe schaffen würde.
Darüber hinaus könnte man zwar auch denken, dass die Zerwühlung des Bettes ein Produkt der Suchaktionen ist, aber zum einen ist Madeleines Bett auch nicht zerwühlt und zum anderen ist die Position der Bettdecke für eine Aufstehsituation einfach zu typisch.
Von daher werden die folgenden Hypothesen aufgestellt:
H$_{1Bez}$: *Die Eltern stritten sich während der Urlaubstage und schliefen in getrennten Zimmern.*
H$_{47Ereignis}$: *Ein Elternteil hielt mit den Kindern Mittagsschlaf – wahrscheinlich am 3.Mai.*
Zusammenschau mit dem Inneren Kontext:
-
Sequenzielle Fortschreibung bzw. Rückblende:
- Ob ein entsprechender Mittagsschlaf stattgefunden haben könnte, ließe sich durch den Nachvollzug des Tagesablaufes herausfinden.

- Am dem Bettende steht ein Korbstuhl mit nahe an der rechten Wand sich befindender Rückenlehne, dessen vermutlich höchstens 45cm hohe Sitzfläche sich somit in einem Winkel von rund 45° zum Fenster gewandt befindet.
- Das sich in einem gequem Meter Höhe befindende Fenster scheint nicht breiter als höchstens 80cm zu sein. Seine ungefliesste Fensterbank misst nur zwischen 5 und 10cm.

Lesarten (einschließlich der Berücksichtigung evtl. Eigentümlichkeiten und Bildung evtl. kontrastierender Gedankenexperimente):
Hat e i n Entführer das Fenster als Ein- und/oder Ausstieg in das Apartment benutzt, so ist ein Betreten des Bettes oder im Wege stehenden Stuhles nahezu unvermeidbar. Es müsste entsprechende Spuren geben. Lediglich im Falle eines Täterpaares/gruppe (letzteres wäre jedoch zu auffällig) könnte der eine

414

dem anderen das Kind durch das Fenster gereicht haben und hätte dann vielleicht noch das Apartment ohne ein Betreten der Möbel verlassen können (durch die Tür, was wenig sinnvoll ist, oder in agilerer Weise eben durch das Fenster). Zumindest Faserspuren am unteren Fenstersims sowie Fingerabdrücke am Rahmen wären jedoch auch in diesem Fall wahrscheinlich. Von daher kann postuliert werden:

$H_{48Ereignis}$: *Im Falle einer Entführung sind bei Nutzung des Fensters als Ein-/und oder Ausstieg Spuren zu erwarten. Handelt es sich um mehrere Täter, so sind dies Finger- oder Handschuhabdrücke am Fensterrahmen durch das Öffnen und Faserspuren am Fenstersims oder Fußabdrücke/Erdpartikel auf Bett oder Stuhl. Im Fall eines einzelnen Entführers sind ebenfalls Finger- oder Handschuhabdrücke und sehr wahrscheinlich Fußabdrücke bzw. entsprechende Erdpartikel auf Stuhl oder Bett zu erwarten.*

Zusammenschau mit dem Inneren Kontext:
-.
Sequenzielle Fortschreibung bzw. Rückblende:
-

- Das Fenster besitzt zwei Flügel, die sich durch einen kleinen silbernen Knauf im Zentrum des Mittelrahmens öffnen lassen. Der Rahmen ist überall gleich breit, etwa 5cm.

Lesarten (einschließlich der Berücksichtigung evtl. Eigentümlichkeiten und Bildung evtl. kontrastierender Gedankenexperimente):
Derartige zweiflügelige Fenster mit recht dünnem Rahmen und ein durch einen Drehknauf mittig zu schließenden Haken lassen sich von Außen erfahrungsgemäß ohne große Gewalteinwirkung aufdrücken. D. h.:

$H_{49Ereignis}$: *Ein möglicher Entführer kann das Fenster von Außen geöffnet haben und so in das Apartment eingestiegen sein.*

$H_{50Ereignis}$: *Hat der Entführer das Fenster von Innen geöffnet, um mit dem Kind aus dem Apartment auszusteigen, so könnten sich Finger- oder Handschuhabdrücke am Knauf befinden sowie am knauflosen Fensterflügel*

Zusammenschau mit dem Inneren Kontext:
-
Sequenzielle Fortschreibung bzw. Rückblende:
-

- Die Außenjalousie des Fensters ist nicht ganz heruntergezogen: Unten bleibt ein Spalt von ca. 10cm frei und auch zwischen den einzelnen Metallstreifen ist jeweils noch Raum. Frau McCann erklärt den eintreffenden Polizisten, als sie um 22.00Uhr den Raum betreten habe, habe sie die Fensterläden geöffnet und die Jalousie hochgezogen angetroffen, obwohl die Eltern beides zuvor geschlossen hätten. Auch hätten sie die Vorhänge zugezogen. Der bis mindestens fast bis auf den Erdboden reichende zweigeteilte Vorhang aus festem Stoff, der das gleiche Muster trägt wie die Überdecken der Betten, ist nun nur bis jeweils etwa zur Hälfte zugezogen, an der rechten Seite einen Handbreit weniger. Während der Stoff der rechten Hälfte gleichmäßig senkrecht fällt, wirkt der rechte Rand der linken Seite ungleichmäßig: Er ist kurz unter dem Fensterbrett etwas nach links gerückt, genau über dem Bettrand liegt er aber einen Handbreit nach rechts. Das rechte Halterungsband für den Vorhang liegt auf der Erde, zwischen Bettende und Stuhl.

Lesarten (einschließlich der Berücksichtigung evtl. Eigentümlichkeiten und Bildung evtl. kontrastierender Gedankenexperimente):
Wenn die Jalousie bei Betreten des Raumes durch Frau McCann geöffnet war, weshalb schloss sie sie dann wieder bis auf einen kleinen Spalt? Um das Zimmer vor neugierigen Blicken zu schützen, hätte doch auch der recht dicke Stoffvorhang genügt.

$H_{51Ereignis}$: *Frau McCann schloss die vom möglichen Entführer geöffnete Jalousie nach Entdecken des Verschwindens des Kindes, weil diese Schutz vor dem Täter bieten sollte. In ihrer Eile zog sie sie aber nicht ganz hinunter.*

$H_{52Ereignis}$: *Ein Elternteil schloss nach Entdecken eines tödlichen Unfalles des Kindes, der sich während des auswärtigen Abendessens ereignet hatte, die bis dahin offengestandene Jalousie, um nicht den Verdacht zu erwecken, die Kinder seien aufgrund des Lichteinfalls von draußen vom Schlafen abgehalten worden und aufgestanden.* In diesem Fall müsste der andere Partner jedoch auch über das tatsächliche Geschehen Bescheid wissen.

$H_{53Ereignis}$: *Die Außenjalousie war den ganzen Abend über unverändert in der nun vorzufindenden Position geblieben. Die Eltern hatten sie nicht ganz geschlossen, weil eines der Kinder beim Schlafen im völlig verdunkelten Zimmer Angst hat. Die Aussage, die Jalousie sei geöffnet gewesen, ist bewusst falsch getätigt worden, um nach dem einem Elternteil bekannten Tod des Kindes eine Entführung vorzutäuschen.* In diesem Fall müsste der andere Partner nichts von dem tatsächlichen Geschehen wissen.

$H_{54Ereignis}$: *Ein Elternteil hat die zuvor verschlossen gewesene Jalousie spät am Abend geöffnet, um es nach dem ihm bekannten Tod des Kindes so aussehen zu lassen, als sei sie ganz offen gewesen - ein vollständiges Öffnen musste aufgrund möglicher Augen- oder Ohrenzeugen vermieden werden.* In diesem Fall müsste der Partner nichts vom tatsächlichen Tod des Kindes wissen.

Was den geöffneten Vorhang anbetrifft, so weist das hinter dem Bett klemmende untere Ende der linken Hälfte, die an dieser Stelle relativ weit nach rechts reicht, auf eine Öffnung des Vorhanges hin. Frau McCann wird die Vorhänge also nicht wieder mehr geschlossen haben, als sie der mögliche Entführer zurückließ bzw. sie selbst oder ihr Mann haben den Vorhang geöffnet.

$H_{55Ereignis}$: *Der eventuell gegebene Entführer hatte den linken Vorhang in die Position aufgezogen, in der er nun auch vorgefunden wird. Frau McCann schloss ihn, im Gegensatz zur Jalousie, nicht wieder.*

$H_{56Ereignis}$: *Die Vorhänge waren geschlossen, aber ein Elternteil öffnete sie, um eine Entführung aus dem Fenster vorzutäuschen, nachdem ihm der Tod des Kindes bekannt war. Der andere Partner muss dabei nichts von dem Tod wissen. Oder die Vorhänge waren offen, aber ein Elternteil schloss sie im Zuge der Inszenierung der Entführung halb, um es so aussehen zu lassen, als hätte der Entführer sie etwas aufgezogen. Hierbei würde der andere Partner wohl von der Inszenierung wissen.*

Was das auf der Erde liegende rechte Halterungsband des Vorhanges anbetrifft, so kann dies gut durch eine aus Richtung außerhalb des Fensters kommende Kraft abgefallen sein, also durch einen Windstoß oder auch einen Eindringling. Auch durch ein eiliges, ruckartiges Aufziehen des Vorhanges ist dies möglich, durch ein Schließen wohl deutlich weniger. Entsprechend wird vermutet:

$H_{57Ereignis}$: *Ein Kindesentführer hat das Fenster als Ein- und/oder Ausstieg genutzt. Dabei ist das Halterungsband abgefallen.*

$H_{58Ereignis}$: *Ein Elternteil hat nach dem ihm bekannten Tod des Kindes rasch die Vorhänge auf- oder halb zugezogen, um es so aussehen zu lassen, als sei ein Entführer am Werk gewesen. Durch das Aufziehen oder durch ein sogar absichtliches Lösen der Halterung aus demselben Grund liegt das Band auf dem Boden. Im Falle des Aufziehens muss der andere Partner nichts vom tatsächlichen Geschehen wissen.*

Zusammenschau mit dem Inneren Kontext:

Alle hier genannten Hypothesen lassen sich entweder der Entführungstheorie (Fallstrukturhypothese4$_{Ereignuis}$) oder der Unfalltheorie (Fallstrukturhypothese6$_{Ereignis}$) zuordnen. Es wird deutlich, dass in vielen Fällen von Inszenierung nur ein Partner, in manchen aber beide von dem möglichen Tod des Kindes wissen müssten.

Sequenzielle Fortschreibung bzw. Rückblende:
-   Entscheidend sind Zeugenaussagen, in welcher Position sich die Jalousie vor Bekanntwerden des Verschwindens des Kindes befunden hat.

• Fußspuren sind weder auf dem Bett noch auf dem Stuhl zu finden.

Lesarten (einschließlich der Berücksichtigung evtl. Eigentümlichkeiten und Bildung evtl. kontrastierender Gedankenexperimente):

Es ist nicht davon auszugehen, dass ein möglicher Kindesentführer Sandalen oder Pantoffeln getragen hat, aus denen er zum Einstieg in das Fenster schnell hätte schlüpfen können, da dies ein Sprinten im Falle von Entdeckung deutlich erschwert hätte. Auch andere Vorsichtsmaßnahmen wie Plastiktüten über den Schuhen sind zu zeitaufwendig und steigern das Entdeckungsrisiko. Sinnvoller wäre demnach, im Falle des Bemerkens hinterlassener Spuren die Schuhe später zu entsorgen. Das heißt:

$H_{59Ereignis}$: *Es ist kein möglicher Entführer durch das Fenster gestiegen, d. h. das geöffnete Fenster war eine Inszenierung*

$H_{60Ereignis}$: *Es hat ein Entführerpaar gegeben: Einer reichte dem anderen das Kind durch das Fenster und schwang sich dann geschickt heraus, ohne ein Betreten der Möbel (vgl. $H_{48Ereignis}$).*

Zusammenschau mit dem Inneren Kontext:
Die beiden Hypothesen schwächen alle vorangehend genannten Vermutungen, die sich auf *einen einzelnen* Kindesentführer beziehen.

$H_{59Ereignis}$ ist gut vereinbar mit den Fallstrukturhypothesen Nr. $6_{Ereignis}$ und Nr. $7_{Ereignis(?)}$.

$H_{60Ereignis}$ steht im Einklang mit Fallstruktuzrhypothese$4_{Eeignis}$.

Sequenzielle Fortschreibung bzw. Rückblende:
- Hat es sich um eine Inszenierung einer Entführung durch die Eltern nach Kenntnis des Todes des Kindes gehandelt, müssten sich entsprechende Spuren finden, die auf diesen Tod hinweisen.
- Handelt es sich um mehrere Entführer, so ist ein persönliches sexuelles Interesse von ihnen an dem Kind unwahrscheinlich und Menschenhandel wahrscheinlicher. Das würde bedeuten, dass die Leiche des Kindes nicht in Praia da Luz (zwischen)gelagert wurde, sondern das Kind wohl weiter weg transportiert wurde, was eine Überfahrt der spanischen Grenze mit ihm wahrscheinlich macht.

- Auf dem Schrank liegen am linken Rand zwei mit der Bindung nach links zeigende Kinderbücher, daneben ein etwa faustgroßes rosa Stoffteil, vermutlich ein Kuscheltier, ferner vielleicht ein Tuch.

Lesarten (einschließlich der Berücksichtigung evtl. Eigentümlichkeiten und Bildung evtl. kontrastierender Gedankenexperimente):
H_{7PersG}, H_{7PersK}: *Die Eltern haben für die Kinder Spielzeug mit in den Urlaub genommen und die Kinder haben in ihrem Schlafraum gespielt. Da es sich u. a. um Bücher handelt und die Kinder noch nicht selbst lesen können, liegt sehr nahe, dass die Eltern gemeinsam mit ihren Kindern die Bücher im Schlafraum angeschaut haben, v. a. wohl vor dem abendlichen Einschlafen. Das spricht für Eltern, die ihren Kindern emotionale Fürsorge zukommen lassen und die sich (gerne) mit ihnen beschäftigen. Auch für das Bedürfnis der Kinder nach einem Kuscheltier (und auch das eventuelle „Schnuffeltuch"), das Geborgenheit bietet, haben die Eltern Sinn. (Zumindest zu ein Elternteil wird dies zutreffen.)*
Außerdem sind die Spielsachen recht ordentlich auf den Schrank geräumt.
= H_{6PersG}, H_{6PersK}: *Die Eltern oder zumindest ein Elternteil sind bzw. ist ordnungsbewusst.*
Zusammenschau mit dem Inneren Kontext:
H_{7PersG} und H_{7PersK} sind nahezu deckungsgleich mit H_{5PersG} und H_{5PersK}. Somit kann hier die
Fallstrukturhypothese8_{Bez} aufgestellt werden:
Mindestens ein Elternteil lässt den Kindern eine recht gute emotionale Fürsorge zukommen.
Sequenzielle Fortschreibung bzw. Rückblende:
-

- In der Mitte des Zimmers stehen zwei Kinderreisebetten in einem Abstand von nur etwa 50cm auseinander, ohne sämtliche Bettwäsche. Nur über den Rand des einen Bettchens hängt ein gefaltetes Betttuch oder ggf. auch Handtuch, das durch den Fall seines Stoffes jedoch benutzt aussieht.

Lesarten (einschließlich der Berücksichtigung evtl. Eigentümlichkeiten und Bildung evtl. kontrastierender Gedankenexperimente):
$H_{61Ereignis}$: *Ein Entführer kann sich in dem Zimmer nur langsam bewegt haben, um nicht an die Betten zu stoßen und die darin schlafenden Kinder aufzuwecken. Dadurch benötigte er einen Moment länger, um das Kind herauszubringen.*

$H_{62Ereignis}$: *Die Eltern haben die Kinder samt Bettwäsche in das neue Apartment gebracht, da die dort vom Personal kurzfristig bereitgestellten Kinderreisebettchen noch keine Bezüge hatten. Bei der Textilie handelt es sich um ein Handtuch.*

417

*$H_{63Ereignis}$: Ein Elternteil hat die Kinder ohne Bettlaken, aber mit der übrigen Bettwäsche in das neue Apartment gebracht, so dass es, wenn man sich dort befindet, auf den ersten Blick so aussieht, als wäre alles Bettzeug der Zwillinge mitgenommen worden. Die **beiden** Laken wurden aber im alten Apartment gelassen, um sie später im Zusammenhang mit dem Wegschaffen der Kinderleiche zu verwenden. Damit ihr Dalassen weniger auffällt, wurden sie nicht in den Betten belassen; damit sie aber, falls jemand nach ihnen fragt, nicht erst kompliziert aus einem Versteck geholt werden müssen oder durch ihr Verschwundensein Misstrauen erregen, wurden sie für den Besuch der Polizisten dort platziert. In den Folgetagen könnte man dann bei entsprechenden Fragen behaupten, die Laken seien beim Umzug irgendwie abhanden gekommen und auf ihr Noch-Vorhandensein beim Besuch der Polizisten verweisen. Die Benutzung eines Bettlakens für die Umwicklung der Leiche kann natürlich auch bei Eintreffen der Polizisten bereits geschehen sein. Die übrige Bettwäsche wurde dann, wie eben geschildert, in das neue Apartment gebracht, damit das Fehlen nicht auffällt.*

Zusammenschau mit dem Inneren Kontext:

-

Sequenzielle Fortschreibung bzw. Rückblende:
- Zur weiteren Annäherung an die Frage, ob $H_{62Ereignis}$ oder $H_{63Ereignis}$ zutreffen, wären die Aussagen der Zimmermädchen bzw. des Hotelpersonals bezüglich des Vorhandenseins alter und neuer Laken für die Kinderreisebetten entscheidend.

- **Im Kinderzimmer befindet sich ein hoher Kleiderschrank mit mindestens zwei Türen.**

Lesarten (einschließlich der Berücksichtigung evtl. Eigentümlichkeiten und Bildung evtl. kontrastierender Gedankenexperimente):

$H_{64Ereignis}$: Ein möglicher Entführer könnte sich in dem Schrank versteckt haben, nachdem er in das Apartment eingedrungen war, um den Kontrollgang der Eltern abzuwarten, um das Kind erst danach sicher herauszubringen und/oder um abzuwarten, bis ein ihm verabreichtes Schlaf-/Betäubungsmittel wirkt.

$H_{65Ereignis}$: In dem Kleiderschrank ließe sich in einer Tasche oder einem Koffer kurzzeitig eine Leiche verstecken.

Zusammenschau mit dem Inneren Kontext:
Diese Hypothese steht im Einklang mit der Fallstrukturhypothese4$_{Ereignis}$.

Sequenzielle Fortschreibung bzw. Rückblende:
- Es müssten sich im Kleiderschrank entsprechende Spuren finden (bei Seite geschobene oder heruntergefallene Kleidung, Fingerabdrücke, Fußspuren). Außerdem müsste der möglicherweise gegebene Entführer wohl auch das nahestehende Kinderreisebett angefasst haben und es beim Einstieg in den Schrank verrückt haben, was einer hereinkommenden Person auffallen könnte. Schließlich müsste er das Bett wieder zurück gerückt haben, was aufwendig ist, evtl. Spuren hinterlässt und das darin schlafende Kind aufwecken könnte. Nach diesen Überlegungen wird die Hypothese64$_{Ereignis}$ als sehr unwahrscheinlich angesehen.

- **Die Bettwäsche ist ebenso hell wie die des anderen Bettes in diesem Zimmer.**

Lesarten (einschließlich der Berücksichtigung evtl. Eigentümlichkeiten und Bildung evtl. kontrastierender Gedankenexperimente):

$H_{66Ereignis}$: Das Kind ist nicht im Bett sexuell missbraucht worden (es müssten sich entsprechende Spuren finden).

Zusammenschau mit dem äußeren Kontext:
Da in dem Raum noch zwei weitere kleine Kinder schliefen und die Eltern jederzeit zurückkommen könnten, wäre dies für jeden Täter, egal ob Fremder oder Bekannter der Eltern, auch extrem riskant.

Sequenzielle Fortschreibung bzw. Rückblende:
-

418

- Das ca. 40cm x 25cm große Kopfkissen liegt gerade platziert und die Überdecke ist beinahe glatt. Direkt rechts neben dem Kopfkissen liegt ein kleines rosa Kuscheltier (Cuddle Cat). Vor diesem - betrachtet man das Bett vom Fußende aus - befindet sich ein ca. 25cm langes, leicht gefaltetes Stofftuch. Der Vater erklärt den eintreffenden Polizisten, diese Gegenstände hätten sich bereits bei seinem Kontrollgang gegen 21Uhr in dieser Position befunden.
  Der obere Rand der Bettdecke ist von ganz rechts bis etwa zur Mitte ca. 35cm in Richtung Bettunterseite zurückgeschlagen. Somit liegt das Laken unterhalb des Kopfkissens ab etwa halber Länge davon frei, also für etwa 15cm bis 20cm.

Lesarten (einschließlich der Berücksichtigung evtl. Eigentümlichkeiten und Bildung evtl. kontrastierender Gedankenexperimente):

$H_{67Ereignis}$: *Madeleine hat an diesem Abend gar nicht in dem Bett geschlafen, d. h. sie ist noch vor der Bettgehzeit gestorben. Der Vater weiß dies. Die Entführung ist von beiden Eltern inszeniert.*

$H_{68Ereignis}$: *Das Kind hat sich einem möglichen Entführer nicht körperlich widersetzt (sonst wäre das Bettzeug mehr in Unordnung und Kuscheltier und Stofftuch auch). Er muss das Kind also im Schlaf überrascht und betäubt haben.*

$H_{69Ereignis}$: *Das Kind hat eine kurze Zeit, jedoch bis mindestens 21Uhr, in dem Bett geschlafen und ist dann aufgestanden – allerdings nicht, indem es sich zur Bettlängsseite dreht, aufsetzte und hinausstieg (dann wäre das Kuscheltuch wahrscheinlich verrutscht worden, wenn nicht gar hinausgefallen), sondern indem es ein Stück in Richtung Bettende krabbelte und dann von der Bettseite rutschte.*

Zusammenschau mit dem Inneren Kontext:

$H_{67Ereignis}$ sowie $H_{69Ereignis}$ sind gut vereinbar mit Fallstrukturhypothese6$_{Ereignis}$.

$H_{68Ereignis}$ ist gut vereinbar mit Fallstrukturhypothese4$_{Ereignis}$.

Sequenzielle Fortschreibung bzw. Rückblende:

- Wenn Madeleine noch vor der Bettgehzeit gestorben ist ($H_{67Ereignis}$), ist es wahrscheinlich, dass die Geschwister dies mitbekommen haben. Wenngleich sie den Tod noch nicht begreifen, könnten sie sich erschrocken haben, dementsprechend geweint haben (was Zeugen gehört haben könnten) und vielleicht später noch auf das erschreckende, folgenreiche, und unverstandene Ereignis verbal oder durch ein Nachspielen hinweisen.
- Hatte der Entführer ein Betäubungsmittel dabei ($H_{68Ereignis}$), verwahrte er dies sicher nicht in einer Hosentasche, da dies beim Ein-/Ausstieg aus dem Fenster herausfallen könnte oder beschädigt werden könnte. Er wird also ein Oberteil mit entsprechendem Fach angehabt haben, vermutlich eine Jacke, da auch ein Hemdfach wenig geeignet ist (Abzeichnung des Inhaltes, Möglichkeit des Herausfallens, u. U. zu wenig Platz darin).
  Wenn das Kind aufgestanden ist ($H_{69Ereignis}$), könnte es die Unterkunft durch die Verandatür verlassen haben und dabei die Treppe heruntergestürzt sein oder sich im Apartment beschäftigt haben und dabei ebenfalls einen tödlichen Unfall erlitten haben.

- An der Wand rechts neben dem Bett hängt etwa mittig über diesem ein 30cm breiter, tafelflacher Gegenstand in einem Holzrahmen mit verstärkter Unterseite, bei dem es sich um einen Spiegel handeln wird, ferner vielleicht auch um einen Bilderrahmen. Er ist in Höhe von ca. 1.20m bis 1.30m angebracht, reicht also 70cm bis 80cm über die Betthöhe von etwa 50cm.

Lesarten (einschließlich der Berücksichtigung evtl. Eigentümlichkeiten und Bildung evtl. kontrastierender Gedankenexperimente):

$H_{70Ereignis}$: *Das Kind könnte die Unterseite des Spiegels Richtung Fenster gezogen haben, sodass der Gegenstand auf den Kopf des Kindes und mit dem Kind schließlich auf das Bett fiel. Das Kind könnte dabei tödlich verunglückt sein.*

Zusammenschau mit dem *äußeren* Kontext:

Diese Vermutung steht im Widerspruch zu der recht glatt vorgefundenen Überdecke des Bettes. Auch reicht das Eigengewicht des Spiegels, in Verbindung mit seiner Fallhöhe, wohl eher nicht aus, um einen *tödlichen* Unfall zu produzieren. Der Wert dieser Hypothese wird demnach eher als schwach bewertet.

Sequenzlelle Fortschreibung bzw. Rückblende:
-

- Das wohl recht kleine Badezimmer grenzt an die Wand links von Madeleines Bett.

Lesarten (einschließlich der Berücksichtigung evtl. Eigentümlichkeiten und Bildung evtl. kontrastierender Gedankenexperimente):
$H_{71Ereignis}$: *Das Kind könnte aufgewacht sein, als der Vater nach seinem Kontrollgang um 21Uhr die Toilette des Apartments aufsuchte. Es könnte daraufhin aufgestanden sein und einen Unfall erlitten haben* ~~oder nach dem Verlassen der Unterkunft draußen von jemandem mitgenommen worden sein.~~

Zusammenschau mit dem Äußeren und Inneren Kontext:
Diese Hypothese steht im Einklang mit $H_{69Ereignis}$ sowie der Fallstrukturhypothese6$_{Ereignis}$, was seinen ersteren Aspekt betrifft.
Das geöffnete Fenster widerspricht jedoch dem letzteren Aspekt der Hypothese, sodass er als falsifiziert angesehen werden kann. Denn auch eine Fensteröffnung im Rahmen einer Inszenierung würde vor dem Hintergrund dieses Ereignisses keinen Sinn machen. Außerdem ist die Gefahr einer Entführung beim kurzzeitigen Hinauslaufen des Kindes relativ unwahrscheinlich und bei einem erlittenen Autounfall mit Fahrerflucht und Mitnahme des Kindes gäbe es sicherlich Blutspuren oder Zeugenaussagen, nach denen z. B. das Quietschen von Bremsen gehört worden wären.

Sequenzielle Fortschreibung bzw. Rückblende:
- Gibt es kaputte Gegenstände im Apartment, die umgestürzt oder heruntergerissen sein könnten und dementsprechend auf einen Unfall hindeuten?

- Im Elternschlafraum steht ein hoher, weißer Kleiderschrank. Er besteht aus zwei sich nebeneinander befindenden, etwa 80cm langen Teilen, die jeweils eine Doppeltür haben. Der linke Teil besitzt innen im Abstand von ca. 25cm Ablagebretter, der rechte eine oben angebrachte Kleiderstange.

Lesarten (einschließlich der Berücksichtigung evtl. Eigentümlichkeiten und Bildung evtl. kontrastierender Gedankenexperimente):
$H_{72Ereignis}$: *Ein Entführer könnte sich im Kleiderschrank der Eltern versteckt haben um abzuwarten, bis sie ihren Kontrollgang erledigt haben oder zu warten, bis Schlaf-/Betäubungsmittel gewirkt haben.*
$H_{73Ereignis}$: *In einem oberen Ablagefach könnten die Eltern bzw. ein Elternteil, recht fern auch von einer Hundenase, die Leiche des Kindes versteckt haben.*

Zusammenschau mit dem Inneren Kontext:
Diese Vermutung ist gut vereinbar mit $H_{68Ereignis}$.

Sequenzielle Fortschreibung bzw. Rückblende:
- Bezüglich $H_{72Ereignis}$ würde der Täter mit diesem Verhalten das Risiko eingehen, von den Eltern, die auf ihrem Kontrollgang doch vielleicht noch einen dickeren Pullover aus ihrem Schrank holen wollen, entdeckt zu werden. Bezüglich der Betäubungsmittel wäre doch viel sinnvoller, sofort wirkende Substanzen zu verabreichen. Der Wert der o. g. Hypothese ist demnach als schwach zu bewerten.
- Was $H_{73Ereignis}$ angeht, so müssten die Eltern/das Elternteil durch entsprechende Kontrollmaßnahmen sicherstellen, dass die Freunde und Polizisten im Zuge der Suchaktionen nicht auf die Leiche stoßen.

- Parallel zu diesem Schrank stehen in der Mitte der an seine linke Seite grenzenden Zimmerwand zwei aneinandergerückte Einzelbetten. Zwischen ihnen und dem Kleiderschrank gibt es eine recht große leere Fläche.

Lesarten (einschließlich der Berücksichtigung evtl. Eigentümlichkeiten und Bildung evtl. kontrastierender Gedankenexperimente):

420

$H_{74Ereignis}$: *Die Reisebetten der Kinder oder zumindest eines davon könnte(n) hier gestanden haben. Das könnte vor dem Hintergrund Sinn machen, dass eines der Kinder nachts häufig wach wird und die anderen Kinder weckt bzw. die elterliche Nähe benötigt, so dass es sinnvoll ist, sie zu trennen und dem bedürftigen Kind die nötige Nähe zu gewähren. Es könnte auch ein Streit der Eltern dahinter stehen, der in ein getrenntes Schlafen mündete und mit einem Hereinholen der Betten der Zwillinge ins Elternschlafzimmer durch den „allein gelassenen" Elternteil einherging.*

Zusammenschau mit dem Inneren Kontext:
Diesen Möglichkeiten wird durch $H_{46Ereignis}$ und H_{1Bez} eine gewisse Plausibilität verliehen.

Sequenzielle Fortschreibung bzw. Rückblende:
- Wenn die Eltern sich so stark stritten, dass sie sich am Vortag oder noch davor zum Schlafen trennten, so müsste die gestörte Harmonie auch den mitgereisten Freunden aufgefallen sein.

- Während über dem linken eine glattgestrichene Überdecke liegt, ist jene des rechten Bettes ungleichmäßig zurückgeschlagen, die Bettdecke ebenfalls wulstig an die Seite geschoben und auch das Kopfkissen nicht glatt.

Lesarten (einschließlich der Berücksichtigung evtl. Eigentümlichkeiten und Bildung evtl. kontrastierender Gedankenexperimente):
$H_{75Ereignis}$: *Einer der Partner hat im Tagesverlauf in seinem Bett geschlafen, also wohl einen Mittagsschlaf gehalten.*
$H_{76Ereignis}$: *In dem Fall, dass die Zimmermädchen nicht jeden Tag die Betten machen, kann man davon ausgehen, dass die Eltern auch in mindestens der letzten Nacht in getrennten Zimmern schliefen.*

Zusammenschau mit dem Inneren Kontext:
$H_{76Ereignis}$ ist gut vereinbar mit H_{1Bez}, $H_{46Ereignis}$ und $H_{74Ereignis}$.

Sequenzielle Fortschreibung bzw. Rückblende:
- (vgl. vorangehend untersuchter Analyseblock)

- Einbruchspuren sind an keinem der Fenster oder Türen zu finden.

Lesarten (einschließlich der Berücksichtigung evtl. Eigentümlichkeiten und Bildung evtl. kontrastierender Gedankenexperimente):
$H_{77Ereignis}$: *Der mögliche Entführer ist durch die geöffnete Verandatür hereingekommen. Hierbei hatte er auch die Tapasbar gut im Blick und konnte sich vergewissern, dass die McCanns am Abendessen waren, als er in die Unterkunft eindrang.*
$H_{78Ereignis}$: *Es gibt keinen Kindesentführer; d. h., diese Version ist inszeniert.*
$H_{79Ereignis}$: *Da sich zumindest das nicht abgeschlossene Fenster von außen ohne viel Gewalteinwirkung öffnen lässt, konnte der Entführer es von Außen öffnen, ohne Einbruchspuren zu produzieren.*

Zusammenschau mit dem Inneren Kontext:
$H_{77Ereignis}$ und $H_{78Ereignis}$ sind beide gut vereinbar mit Fallstrukturhypothese4$_{Ereignis}$.
$H_{79Ereignis}$ kann nur für den Fall zutreffen, dass die Außenjalousie von den Eltern nicht zuvor zugezogen worden war (vgl. $H_{18Ereignis}$). Die Hypothese wird gestützt durch $H_{49Ereignis}$.
$H_{78Ereignis}$ ist gut vereinbar mit Fallstrukturhypothese6$_{Ereignis}$.

Sequenzielle Fortschreibung bzw. Rückblende:
- Wenn ein Entführer eingedrungen ist, so ist es klug, wenn er nicht die Verandatür beim Verlassen der Unterkunft benutzt, da er den Eltern, die auch eher diese Tür nehmen, sonst ggf. direkt „in die Arme läuft" und im Falle eines Eindringens durch das Fenster dieses ohnehin offen steht. Den Weg über die Veranda könnte er nur nehmen, wenn er einen Komplizen hätte, der die Bar beobachtet und ihn über das Verhalten der Eltern und deren Freunde informiert. Sicherer ist jedoch wohl allemal ein Ausstieg zur Apartmentvorderseite. Da die Vordertür verschlossen ist, wird er das Fenster nehmen, auch wenn er hierbei ggf. Lärm verursacht durch das Heraufziehen der Jalousie. Dieses bringt jedoch die Gefahr mit sich – wie auch bei einem Einstieg hierdurch - dass die Zwillinge aufwachen. Er müsste also

421

auch diese Kinder vorsichtshalber mit einem entsprechenden Mittel ruhig gestellt haben. Das hätte ihn allerdings Zeit gekostet.

- Medikamente werden nicht entdeckt.

Lesarten (einschließlich der Berücksichtigung evtl. Eigentümlichkeiten und Bildung evtl. kontrastierender Gedankenexperimente):

$H_{80Ereignis}$: *Das Verschwinden des Kindes steht nicht mit der Einnahme von Medikamenten in Zusammenhang (Verzehr herumliegender Mittel durch das aufgestandene Kind oder Schlafmittelüberdosierung).*

$H_{81Ereignis}$: *Das Verschwinden, in dem Fall der Tod des Kindes steht mit der Einnahme von Medikamenten in Zusammenhang und die wissenden Eltern versteckten nach Bemerken des Todes des Kindes die Medikamente, um das Geschehen zu vertuschen.*

$H_{82Ereignis}$: *Medikamente haben insofern mit dem Verschwinden des Kindes zu tun, als dass durch eine Schlafmittelgabe der Eltern das Mädchen von einem Entführern umso leichter mitgenommen werden konnte. Das macht den Eltern solche Schuldgefühle, dass sie die Medikamente versteckten.*

$H_{83Ereignis}$: *Medikamente haben insofern zum Tod des Kindes geführt, als dass die Eltern ihm bereits ein Schlafmittel verabreicht hatten, welches dann eine tödliche Wirkung zusammen mit dem Betäubungsmittel des Entführers entfaltete. Als der Entführer dies bemerkte, ließ er das tote Kind zurück. Ein Elternteil fand es, konnte den Anblick nicht ertragen und/oder sah sich einer Mitschuld verantwortlich, was zur Beseitigung der Leiche und dem Verstecken der Schlafmittel führte. In diesem Fall müssten eher beide Eltern in das tatsächliche Geschehen eingeweiht sein, da dem anderen sonst das Fehlen der Schlafmittel auffallen würde. Es könnte aber auch ein Partner dem anderen dieses Fehlen mit dem Vorwand erklären, er habe die Mittel entsorgt, um keinen unnötigen Verdacht aus sich zu lenken.*

Zusammenschau mit dem Inneren Kontext:

$H_{81Ereignis}$ ist gut vereinbar mit $H_{46Ereignis}$, $H_{74Ereignis}$ und $H_{76Ereignis}$.

$H_{83Ereignis}$ ist gut vereinbar mit $H_{36Ereignis}$, $H_{37Ereignis}$ und dem Inszenierungsaspekt von Fallstrukturhypothesen Nr. 6 und Nr. 7.

Sequenzielle Fortschreibung bzw. Rückblende:

- Falls $H_{83Ereignis}$ zutrifft, so müsste sich im Kinderzimmer, aus dem der Entführer wohl ausgestiegen ist, an der Stelle, an der er die Leiche platzierte (am wahrscheinlichsten wohl das Bett), entsprechend Spuren vorhanden sein (Urin der sich oft entleerenden Blase, Leichengeruch). Diese ließen sich auf dem Stoff besonders schlecht beseitigen.
- Falls irgendeine der hier letztgenannten drei Hypothesen zutrifft, so wäre das Auffinden der Medikamentenverpackung an einem nahegelegenen Ort außerhalb des Apartments 5GA gut möglich.

- Die mitgereisten Freunde der McCanns wohnen in Apartments des gleichen Gebäudes wie Kate und Geralds Familie.

Lesarten (einschließlich der Berücksichtigung evtl. Eigentümlichkeiten und Bildung evtl. kontrastierender Gedankenexperimente):

$H_{84Ereignis}$: *Einer der mitgereisten Freunde könnte der Täter sein; er hat die Tat begangen, als er offiziell nach seinen Kindern schauen ging, wozu er sich schließlich in die gleiche Richtung begeben muss.*

$H_{85Ereignis}$: *Ein möglicher fremder Kindesentführer ging in dieser Situation ein besonders hohes Entdeckungsrisiko ein, da es viele Leute gab, die Auffälligkeiten am Apartment der McCanns auf ihrem Weg zu den Kindern bemerkt hätten. Er musste die Tat also besonders rasch ausführen und/oder hatte einen Komplizen.*

Zusammenschau mit dem äußeren Kontext:

$H_{85Ereignis}$ steht auch im Einklang mit Fallstrukturhypothese4$_{Ereignis}$.

Sequenzielle Fortschreibung bzw. Rückblende:

- Bei Zutreffen von $H_{83Ereignis}$ müsste es aus der Gruppe jemanden geben, der während des Abendessens recht lange fernblieb.

- Als die Polizei eintrifft, fällt Gerald McCann vor ihnen auf die Knie, schlägt mit den Händen auf den Boden und schreit.

Lesarten (einschließlich der Berücksichtigung evtl. Eigentümlichkeiten und Bildung evtl. kontrastierender Gedankenexperimente):

$H_{86Ereignis}$: Gerald McCann tut dies, um den Polizisten eine Erklärung für seine u. U. durch eine Vergrabung der Leiche beschmutzte Hose zu liefern.

H_{8PersG}: Gerald McCann drückt seine Gefühle in stark belastenden Situationen eher nach Außen hin aus, als dass er sich in sich zurückzieht.

H_{9PersG}: Der Vater ist nach dem Verschwinden des Kindes verzweifelt.

$H_{10PersG}$: Der Vater ist durch den Tod des Kindes, um den er weiß, in tiefem Schmerz.

Zusammenschau mit dem Inneren Kontext:

Fallstrukturhypothese8_{Bez} deutet daraufhin, dass die beiden letztgenannten Annahmen gut möglich sind.

Sequenzielle Fortschreibung bzw. Rückblende:

- Hat der Vater die Leiche bei Eintreffen der Polizisten bereits weggeschafft, so muss dies mit sehr hoher Wahrscheinlichkeit bereits vor dem offiziellen Bemerken des Fehlens des Kindes durch die Mutter um 22.00 Uhr geschehen sein. Schmutz an der Hose hätten jedoch bei seiner Rückkehr die Freunde in der Tapasbar bemerken können und auch Schmutz an den Händen, z. B. unter den Fingernägeln. Die erste der o. g. Vermutungen wird demnach von mir in ihrer Wertigkeit als schwach eingestuft.
- Um zwischen den beiden letzten der o. g. Vermutungen entscheiden zu können, muss die Persönlichkeit des Vater sehr genau beleuchtet werden.

- Kate McCann hingegen sitzt angeblich in der Ferienwohnung auf dem Ehebett.

Lesarten (einschließlich der Berücksichtigung evtl. Eigentümlichkeiten und Bildung evtl. kontrastierender Gedankenexperimente):

H_{8PersK}: Kate McCann zieht sich in sehr belastenden Situationen eher gern zurück.

$H_{87Ereignis}$: Frau McCann sitzt nicht in der – schließlich mit ihrer Weichheit und Ecklage auch Geborgenheit spendende – Sofaecke und wartet dort auf die Polizisten, weil diese Ecke mit dem Tod des Kindes in Zusammenhang steht.

$H_{88Ereignis}$: Frau McCann sitzt im Schlafzimmer, da sie weiß, dass hier die Leiche des Kindes versteckt ist und sie aufpassen muss, dass niemand sie im Zuge der Suchaktion findet.

Zusammenschau mit dem Inneren Kontext:

$H_{87Ereignis}$ steht im Einklang mit Falltrukturhypothese6.

$H_{88Ereignis}$ steht in Verbindung mit $H_{87Ereignis}$ und im Einklang mit $H_{73Ereignis}$.

Sequenzielle Fortschreibung bzw. Rückblende:

- Wenn sich die Leiche in einer Tasche im Schlafzimmerschrank befindet (vgl. $H_{73Ereignis}$), dann wird sie in dieser Tasche auch mit in das neue Apartment umgezogen sein. Vielleicht fiel jemandem auf, dass es Herrn oder Frau McCann wichtig war, eine bestimmte Tasche selbst zu tragen, während man ihm/ihr Hilfe anbot. Vielleicht findet sich entsprechend Leichengeruch, sowohl im Kleiderschrank der McCanns als auch in ihrem neuen Apartment.

- Das Apartment ist voller Menschen, die die Räumlichkeiten bereits gründlich durchsucht haben.

Lesarten (einschließlich der Berücksichtigung evtl. Eigentümlichkeiten und Bildung evtl. kontrastierender Gedankenexperimente):

$H_{89Ereignis}$: Die Eltern sind nach der Entführung des Kindes so geschockt und verwirrt, dass sie nicht daran denken, dass durch die vielen Menschen wichtige Spuren zerstört werden könnten.

$H_{90Ereignis}$: Die vielen Menschen werden mit der Absicht hereingelassen, für fehlende Spuren nach dem Entführer (z. B. Fuß- und Fingerabdrücke) die Erklärung ihrer versehentlichen Zerstörung zu haben.

Zusammenschau mit dem Inneren Kontext:

$H_{90Ereignis}$ steht im Einklang mit Fallstrukturhypothese$6_{Ereignis}$.
Sequenzielle Fortschreibung bzw. Rückblende:
- Bei Zutreffen von $H_{89Ereignis}$ müssten die Eltern weitere Anzeichen von Verwirrung und fehlender Organisiertheit zeigen.

- Die Mutter schildert den eintreffenden Polizisten, sie habe bereits vor dem Betreten des Kinderschlafraumes einen Luftzug verspürt sowie beim Öffnen der Zimmertür die Bewegung der Fenstervorhänge gesehen.

Lesarten (einschließlich der Berücksichtigung evtl. Eigentümlichkeiten und Bildung evtl. kontrastierender Gedankenexperimente):
$H_{91Ereignis}$: *Diese multimodalen Wahrnehmungen[4] können als Stützung der Glaubhaftigkeit der Aussage von Kate McCann bezüglich der Entführungsversion gelten. (Aber nur bei Verquickung mit noch mehr Glaubhaftigkeitsmerkmalen ist ihr Gewicht beizumessen.*

$H_{92Ereignis}$: *Da Frau McCann als Medizinerin, insbesondere als Gynäkologin, diese Glaubhaftigkeitskriterien bekannt sind, können sie im vorliegenden Fall nicht als solche gelten. Frau McCann hat dieses Wissen angewendet, um das von ihr (mit)inszenierte Entführungsszenario stimmiger zu gestalten.*
Zusammenschau mit dem Äußeren und Inneren Kontext:
Die Angabe, die Tür sei geschlossen gewesen, ist aufgrund des geöffneten Fensters und der damit in Zusammenhang stehenden $H_{57Ereignis}$. logisch, ebenso hier in Verbindung mit dem verspürten Luftzug.
Sequenzielle Fortschreibung bzw. Rückblende:
- Bedeutsam für eine Entscheidung zwischen den beiden Hypothesen ist, wie stark die Vernehmungen von Frau McCann ebenfalls von solch hervorstechenden Glaubhaftigkeitskriterien durchzogen sind, ob ihre Aussage über die Zeit konstant bleibt und welches Wissen sie über diese Methode hat.

- Die Kleidung des Kindes zum Zeitpunkt seines Verschwindens wurde von den Eltern mit einem rosafarbenen Schlafanzug angegeben.

Lesarten (einschließlich der Berücksichtigung evtl. Eigentümlichkeiten und Bildung evtl. kontrastierender Gedankenexperimente):
$H_{93Ereignis}$: *Ist das Kind in diesem Schlafanzug tatsächlich entführt worden oder aber verstorben und dann von Seiten der Eltern versteckt worden, so müsste dieser Schlafanzug fehlen.*
$H_{94Ereignis}$: *Ist das Kind vor dem Zubettgehen verstorben und anschließend von Seiten der Eltern versteckt worden, so ist es wahrscheinlich, dass von der Kleidung des Kindes zusätzlich zum Schlafanzug auch die am Tag getragene Kleidung, zumindest teilweise, fehlt, da ein Ausziehen der Leiche psychisch wohl sehr belastend und außerdem zeitaufwendig ist. Eine andere Möglichkeit wäre, dass die Kleidung doch vorhanden, aber durch die häufig vorkommende Entleerung der Blase bei Todeseintritt entsprechende Spuren oder Leichengeruch aufweist.*
Zusammenschau mit dem äußeren Kontext:
Dass auf dem Stuhl in der Essecke nur die Oberbekleidung der Kinder, wie es eher scheint, auch nur von zwei Kindern, hängt, könnte auf das Zutreffen von $H_{94Ereignis}$ hindeuten.
Sequenzielle Fortschreibung bzw. Rückblende:
- Bedeutsam sind Zeugenaussagen darüber, was das Mädchen an dem Tag getragen hat.

- Unter der Gruppe besteht Einigkeit, dass die Verandatür am Abend zu, aber nicht verschlossen war. Die Vordertür sei jedoch abgeschlossen gewesen. Die Mutter erklärt, durch sie um 22.00Uhr das Apartment betreten zu haben.

Lesarten (einschließlich der Berücksichtigung evtl. Eigentümlichkeiten und Bildung evtl. kontrastierender Gedankenexperimente):

$H_{95Ereignis}$: *Der mögliche Kindesentführer konnte sehr einfach in das Apartment gelangen.* Warum aber begibt sich Frau McCann auf ihrem Kontrollgang nicht durch die viel näher gelegene Hintertür in das Apartment?

$H_{96Ereignis}$: *Sie will die unverschlossene Verandatür nicht unnötig oft für ihre Kontrollgänge nutzen, um für Fremde keine Aufmerksamkeit auf diese zu lenken.*

$H_{97Ereignis}$: *Da einer der Freunde bei der vorausgehenden Kontrolle die Verandatür zum Betreten der Unterkunft genutzt hatte, möchte Frau McCann nun einmal zur Vordertür hineingehen, um an dieser Hausseite nach dem Rechten zu sehen (z. B. zu sehen, ob die Außenjalousien an dieser Seite richtig unten sind und es auf dem Parkplatz keine Auffälligkeiten gibt).*

$H_{98Ereignis}$: *Frau McCann mag es einfach, sich nach dem Essen etwas die Beine zu vertreten und nimmt daher einen längeren Weg auf sich.*

$H_{99Ereignis}$: *Da auch die anderen Apartments der Gruppe in diesem Gebäude liegen, kann sie durch den Weg entlang der Vorderseite des Hauses auch prüfen, ob in dem einen oder anderen Apartment vielleicht ein Kind weint.*

$H_{100Ereignis}$: *Kate McCann hat tatsächlich den Weg durch die Verandatür genommen. Sie traf dabei auf ihre tote Tochter, die die Treppe hinuntergestürzt war und dessen Leiche sie dann aus der Unerträglichkeit der Realität heraus versteckte. Um von dem Geschehnis abzulenken, erzählte sie dann, sie habe die Unterkunft durch den Vordereingang betreten.*

Zusammenschau mit dem Inneren Kontext:
-

Sequenzielle Fortschreibung bzw. Rückblende:
- Interessant wären Zeugenaussagen darüber, welchen Eingang Frau McCann benutze.

- Eine andere Person habe das Apartment am Abend nicht durch diesen Eingang betreten, so der Vater. Er habe die Veranda von der Tapasbar, in der die Gruppe gegessen habe, sehen können. (Später wird ermittelt, dass eine solche Beobachtung sowohl aufgrund der Sitzposition der Eltern mit dem Rücken zum Apartment als auch durch die recht hohe Bewachsung nicht möglich ist.)

Lesarten (einschließlich der Berücksichtigung evtl. Eigentümlichkeiten und Bildung evtl. kontrastierender Gedankenexperimente):

$H_{101Ereignis}$: *Durch die subjektiv empfundene Nähe zum Apartment empfindet der Vater eine Kontrolle, die objektiv nicht gegeben ist. Der Entführer ist tatsächlich in die Unterkunft gelangt und hat das Kind mitgenommen. Dadurch wiederum verspürt der Vater zusätzlich Schuld, die er aber aufgrund ihrer Belastung leugnen will.*

$H_{102Ereignis}$: *Es gibt keinen Entführer, das Kind ist zu Tode gekommen, die Mutter bemerkte dies und versteckte die Leiche. Ihrem Mann hat sie (zunächst) nichts davon erzählt, sodass er seine Äußerungen subjektiv unter den Bedingungen von $H_{101Ereignis}$ macht und damit, ohne dass er es weiß, gegen eine Inszenierung der Mutter „anarbeitet."*

$H_{103Ereignis}$: *Es gibt keinen außerfamiliären Täter, beide Eltern wissen über den Tod des Kindes Bescheid, haben die Leiche versteckt und täuschen nun die Kindesentführung vor. Zur Tarnung dieses Tarnverhaltens wiederum tätigt der Vater nun die o. g. Aussage, deren Nicht-Zutreffen die Polizisten aber ja leicht feststellen können, sodass die Entführungsversion letztendlich naheliegt, gleichzeitig den Eltern aber nicht nachgesagt werden kann, sie würden sich um diese Nahelegung bemühen.*

Zusammenschau mit dem Inneren Kontext:
Der erste Teil von $H_{101Ereignis}$ wird gestützt durch $H_{11Ereignis}$.

$H_{102Ereignis}$ steht im Einklang mit $H_{54Ereignis}$, $H_{56Ereignis}$ sowie $H_{58Ereignis}$ und auch den Fallstrukturhypothesen Nr. 6 und Nr. 7.

$H_{103Ereignis}$ steht ebenfalls im Einklang mit den Fallstrukturhypothesen Nr. 6 und Nr. 7.

Sequenzielle Fortschreibung bzw. Rückblende:
- Trifft $H_{102Ereignis}$ zu, so müssten sich noch mehr Widersprüche in den Aussagen der Eltern finden lassen.

- Als der Vater gegen 21.00 Uhr im Apartment gewesen sei, sei das Kinderzimmerfenster noch ungeöffnet gewesen. Allerdings schiene ihm die Tür zu diesem Raum etwas weiter offen gestanden zu haben, als von ihm zurückgelassen.

Lesarten (einschließlich der Berücksichtigung evtl. Eigentümlichkeiten und Bildung evtl. kontrastierender Gedankenexperimente):

$H_{104Ereignis}$: *Das Ereignis, das zu dem Verschwinden des Kindes führte, trat erst nach 21.00Uhr ein.*

$H_{105Ereiegnis}$: *Um 21.00 Uhr war der Entführer bereits im Apartment, um den Kontrollgang der Eltern abzuwarten und/oder die Wirkung von nicht sofort wirkenden Betäubungsmitteln.*

$H_{106Ereignis}$: *Durch die Suche nach Hinweisen auf einen Entführer nach Bekanntwerden des Verschwindens des Kindes produzierte der Vater versehentlich unzutreffende Erinnerungen.*

$H_{107Ereignis}$: *Der Vater weiß von dem Tod des Kindes, dessen Leiche die Eltern versteckten, und will nun mit seiner Aussage absichtlich eine falsche Fährte legen.*

Zusammenschau mit dem Inneren Kontext:

$H_{105Ereignis}$ wird, was den Aspekt der Betäubungsmittelgabe anbetrifft, durch $H_{64Ereignis}$ und $H_{72Ereignis}$ in ihrer Wertigkeit geschwächt. Daraus folgt, dass ein Entführer, wenn überhaupt, sehr wahrscheinlich nur zu dem Zweck im Apartment war, um den Kontrollgang der Eltern abzuwarten.

Was den Aspekt des Abwartens der Kontrollgänge jedoch anbetrifft, so wird $H_{105Ereignis}$ jedoch insbesondere von $H_{40Ereignis}$ und $H_{43Ereignis}$ gestützt, daneben auch von Fallstrukturhypothese4.

$H_{107Ereignis}$ steht im Einklang mit Fallstrukturhypothese6.

Sequenzielle Fortschreibung bzw. Rückblende:
- Trifft $H_{105Ereignis}$ zu, so dürfte sich außerhalb der Unterkunft eher keine gut geeignete Beobachtungsmöglichkeit befinden.
- Wenn der Vater von dem Tod des Kindes weiß und die Leiche (mit) versteckte, so böte ihm sein Kontrollgang um 21.00Uhr für letzteres eine Möglichkeit. Daher ist von Bedeutung, wie lange Herr McCann von der Essensrunde fernblieb.

- Russel O`Brien überreicht den Polizisten in dieser Nacht zwei von Gerald McCann bereits vor deren Eintreffen handgeschriebene Listen, die stichwortartig eine zeitliche Rekonstruktion der Kontrollgänge und besondere Beobachtungen, auch von Seiten der Freunde, darstellen. Die Listen sind auf der Heftdeckelinnenseite eines Stickeralbums für Kinder über drei Jahren geschrieben und dann herausgetrennt worden.

Lesarten (einschließlich der Berücksichtigung evtl. Eigentümlichkeiten und Bildung evtl. kontrastierender Gedankenexperimente):

$H_{108Ereignis}$, $H_{11PersG}$: *Herr McCann schreibt diese Listen vor dem Eintreffen der Polizisten, weil er nach erfolgloser Suche nach der Tochter das Bedürfnis hat, etwas aktives und Ordnung Bringendes zu tun, um nicht das Gefühl von Hilflosigkeit aufkommen zu lassen und bei den Ermittlungen zu helfen. Er findet im Apartment keine anderen Zettel und bemisst den Wert von Madeleines ohnehin günstig zu erwerbenden Albumcovers in der dramatischen Situation als sehr gering.*

$H_{109Ereignis}$: *Die Schreibung der Liste gehört zum Tarnverhalten von Herrn McCann, der über den Tod der Tochter Bescheid weiß und die Leiche (mit) versteckte. Zugleich bietet sie ihm vielleicht die Möglichkeit, sich von dem tatsächlichen Geschehnis abzulenken. Er benutzt das Albumcover von Madeleine, da er weiß, dass das tote Kind es nicht mehr brauchen wird.*

Zusammenschau mit dem Inneren Kontext:

$H_{108Ereignis}$ steht mehr im Einklang mit H_{4PersG} als $H_{109Ereignis}$.

$H_{108Ereignis}$ geht einher mit $H_{102Ereignis}$, während $H_{109Ereignis}$ mit $H_{103Ereignis}$ einhergeht.

Sequenzielle Fortschreibung bzw. Rückblende:
- Die zeitliche Rekonstruktion wird im Falle des Zutreffens von $H_{109Ereignis}$ dem Entführer genügend Zeit für die Tatbegehung einräumen.

• Die Listen lauten wie folgt:

3) „8:45 pm all assembled at poolside for food
9:00 pm Matt Oldfield listens at all three windows 5A, B, D,
   ALL shutters down
9:15 pm Gerry McCann looks at room A ? Door open to bedroom.
9:20 pm Jane Tanner checks 5D – sees stranger walking carrying a child
9:30 pm Russel O'Brien in 5D. (...) poorly daughter

9:55 pm
22:00 pm Alarm raised after Kate
GERALD"

4) „8:45 pool
Matt returns 9:00 – 9:05 -listened at all?
                          -all shutters down.
(...) 9:10 – 9:15 in the room + all well
            ? Did he check
9:20/5 - Evie Jane checked 5D. Sees stranger & child
9:30 – Russel Ell . Matt checks all 3
9:35 – Matt check (...) Sees twins

            (...) returns
            9:55 - Kate realized Madeleines (...)
            10:00 pm alarm raised"

Lesarten (einschließlich der Berücksichtigung evtl. Eigentümlichkeiten und Bildung evtl. kontrastierender Gedankenexperimente):
$H_{110Ereignis}$: Gerald McCann geht von einer Entführung aus. Er schreibt erst eine Liste und notiert in einer zweiten dann noch Unsicherheitsfaktoren und Präzisierungen. Dabei treten Widersprüche auf über den Zeitraum, in dem die mögliche Entführung stattgefunden hat (vgl. 9.20Uhr in der ersten Liste versus 9.35Uhr in der zweiten). Diese Widersprüche sind im Falle einer Entführungsinszenierung kontraproduktiv.
$H_{111Ereignis}$: Wenn es einen Entführer gegeben hat, der gegen 9.20Uhr zugeschlagen hat, so muss dieser sich bereits während des Kontrollganges von Gerald McCann im Apartment befunden haben oder aber unmittelbar danach durch das Fenster eingestiegen sein und das Kind herausgeholt haben.
Denn hätte er den Hintereingang genommen, wäre er dem Vater begegnet und hätte er sich bereits zuvor auf der Veranda aufgehalten, dann wäre er eben diese Gefahr eingegangen.
$H_{112Ereignis}$: Es hat einen Täter gegeben, der erst später, jedoch vor 22.00Uhr, das Kind entführte.
Denn um 9.15Uhr will Gerald McCann das Kind noch gesehen haben und außerdem waren die Abstände der zeitlichen Kontrollen zuvor so eng, dass eine Entführung schwer möglich war.
Zusammenschau mit dem Äußeren und dem Inneren Kontext:
$H_{110Ereignis}$ steht mehr im Einklang mit $H_{102Ereignis}$ als mit $H_{103Ereignis}$.
Was den ersten Aspekt von $H_{111Ereignis}$ anbelangt, so wird dieser gestützt von $H_{40Ereignis}$, $H_{43Ereignis}$ sowie $H_{105Ereignis}$.
Was den letzten Aspekt von $H_{111Ereignis}$ anbetrifft, so ist er im Falle einer heruntergelassenen Außenjalousie als unwahrscheinlich zu bewerten, da ihr Hochschieben Lärm verursacht, der von Herrn McCann auf seinem Rückweg hätte wahrgenommen werden können.

Sequenzielle Fortschreibung bzw. Rückblende:
- Wenn der Entführer vor 21.20Uhr in der Unterkunft der McCanns war, so wird er sich nicht im Bad versteckt haben, da dieses von den Eltern aufgesucht werden könnte. Er wird sich auch eher nicht in den Schränken versteckt haben (vgl. Bewertung des Wertes der H_{64} sowie der H_{72} als schwach). Je nach Art der Möbel bliebe nur ein Versteck unter den Betten des Elternschlafzimmers, falls dessen Tür von den Eltern aufgelassen wurde, was weniger wahrscheinlich ist, oder im Falle einer hageren Statur das Verstecken hinter den Vorhängen des Wohnzimmer (vgl. $H_{41Ereignis}$) oder des Kindezimmers.

- Bei der Untersuchung des Fensterrahmens des Kinderschlafzimmers werden dann lediglich die Fingerabdrücke von Kate McCann gefunden. Sie sind so platziert, dass man ihre Entstehung durch ein Öffnen des Fensters annehmen kann. Auch Handschuhabdrücke finden sich davon abgesehen keine.

Lesarten (einschließlich der Berücksichtigung evtl. Eigentümlichkeiten und Bildung evtl. kontrastierender Gedankenexperimente):
$H_{113Ereignis}$: *Es gab nie ein vom Entführer geöffnetes Fenster, das die Mutter danach geschlossen hätte. Die Fingerabdrücke stammen von dem Versuch einer Inszenierung dieses Schließens bei jedoch geschlossenem Fenster, was ihre unpassende Lage erklärt.* Von einer früheren Fensteröffnung können sie nicht stammen, da es dann auch entsprechende Spuren des Schließens hätte geben müssen. Zwar könnte es theoretisch sein, dass der Entführer die Spuren wegwischte und die o. g. dabei nicht mit beseitigte, hiergegen spricht jedoch, dass eine Säuberung des Fensterrahmens durch den Entführer nach seinem dortigen Ausstieg zu zeitintensiv und auffällig gewesen wäre und leicht durch das Tragen von Handschuhen ersetzt werden hätte können.

$H_{114Ereignis}$: *Der Entführer ging so geschickt vor, dass er bei seinem Ausstieg durch das Fenster keine Spuren hinterließ. Er berührte zum Beispiel, abgesehen vom Fensterknauf, mit seiner in den Handschuh gewickelten Handkante nur die Scheiben, um die Fensterflügel aufzustoßen. Die von Frau McCann gefundenen Abdrücke sind durch einen früheren Öffnungs- und Schließvorgang zustande gekommen und wurden von den Ermittlern versehentlich falsch gedeutet (höchst unwahrscheinlich).*

Zusammenschau mit dem Inneren Kontext:
$H_{113Ereignis}$ steht in sehr gutem Einklang mit $H_{54Ereignis}$ und Fallstrukturhypothese6$_{Ereignis}$.
$H_{114Ereignis}$ ist gut vereinbar mit Fallstrukturhxpothese4$_{Ereignis}$.
Sequenzielle Fortschreibung bzw. Rückblende:
- Wesentlich ist die Information, ob das Fenster in den vergangenen Tagen bereits von Frau McCann betätigt wurde.

- Eddie signalisiert drei Monate später an dem Kuscheltier von Madeleine Leichengeruch. Der Blutspürhund schlägt hier nicht an.

Lesarten (einschließlich der Berücksichtigung evtl. Eigentümlichkeiten und Bildung evtl. kontrastierender Gedankenexperimente):
$H_{115Ereignis}$: *Madeleine ist mit dem Kuscheltier in der Hand bzw. an ihrem Körper gestorben.*
$H_{116Ereignis}$: *Jemand, der die Leiche angefasst hatte, fasste unmittelbar danach das Kuscheltier an, ohne sich vorher die Hände zu waschen. Er berührte wohl auch kurz anderes, aber an dem Plüschstoff hafteten die Leichenpartikel besser. Die Berührung kann entweder nach dem Erstkontakt mit dem toten Körper erfolgt sein, nach einer Kontrolle der Zwischenlagerung oder nach der Endlagerung.* Letzteres ist wohl als recht wahrscheinlich anzusehen, die mittlere Annahme eher unwahrscheinlich (zur *vielleicht gegebenen* Kontrolle muss man die Leiche nicht unbedingt berühren, die zudem wohl wahrscheinlich verpackt ist, sodass ein Kontakt mit den Leichenpartikeln ohnehin nicht gegeben sein muss; außerdem liegt der Zeitraum wohl länger zurück als der der Endlagerung, bei dem intensiverer Kontakt mit dem Leichengeruch viel eher vorkommen könnte).

$H_{117Ereignis}$: *Madeleine ist ohne das Spielzeug in ihrer Nähe gestorben, aber jemand brachte die Leiche danach mit ihm in Berührung.*
Die Möglichkeit, dass das Kuscheltier nach dem Tod des Kindes längere Zeit an die Stelle gelegt wurde, an dem dieses verstorben war, ist aufgrund der hierfür zu kurzen Zeitfenster im Verlauf des Abends auszuschließen.
Zusammenschau mit dem Inneren Kontext:
$H_{115Ereignis}$ steht in sehr gutem Einklang mit $H_{81Ereignis}$.
$H_{116Ereignis}$ ist gut vereinbar mit der Inszenierungsannahme einer Entführung, wie sie die Fallstrukturhypothesen Nr. 6 und Nr. 7 beinhalten.
Sequenzielle Fortschreibung bzw. Rückblende:
- Ein wie mittels $H_{117Ereignis}$ postuliertes Verhalten ist eher von den häufig emotionaleren Müttern als von eher rational handelnden Vätern zu erwarten.
- Falls der Kontakt mit dem Plüschtier unmittelbar nach Endlagerung der Leiche oder nach Kontrolle des Zwischenlagerungsplatzes zustande kam, wäre es wahrscheinlich, dass das Spielzeug an diesem Ort außerhalb des Hotelgebäudes mitgenommen worden ist.

- Eddie signalisiert auf zwei Teilen von Frau McCann sowie auf einer zu Madeleine gehörenden Textilie Leichengeruch. Bei den Kleidungsstücken der Mutter handelt es sich um eine sportliche Hose in schwarz-weißem Schachbrettmuster und eine ärmellose weiße Bluse.

Lesarten (einschließlich der Berücksichtigung evtl. Eigentümlichkeiten und Bildung evtl. kontrastierender Gedankenexperimente):
Wenn man die theoretische Möglichkeit, dass eine andere Person die Kleidungsstücke von Frau McCann zur Beseitigung der Leiche getragen hat, für den vorliegenden Fall ausschließt (im engen Kontakt zwischen den zusammen gereisten Freunden, dem engen Zeitfenster am Ereignisabend und rasch auch der starken Aufmerksamkeit von Polizei und Öffentlichkeit wäre dies zu auffällig bzw. umständlich und käme darüber hinaus nur für die Frauen in Frage) und wenn man auch die keinen Sinn ergebende Möglichkeit ausschließt, Herr McCann hätte die Leiche mit diesen Kleidungsstücken seiner Frau absichtlich berührt oder sie darin eingewickelt, so kommt für die oben zuerst genannte Information nur eine Lesart in Frage:
$H_{118Ereignis}$: *Als Frau McCann die sportliche Hose in schwarz-weißem Schachbrettmuster und die ärmellose weiße Bluse getragen hat, hatte sie Kontakt mit der Leiche (beim erstmaligen Verstecken, Zwischenlagerung (unwahrscheinlicher) und/oder der Endlagerung). Sie hat den toten Körper wahrscheinlich auf den Arm genommen und/oder vor dem Körper getragen, vielleicht auch körperferner, dann aber mit den Händen beide Kleidungsstücke stärker berührt (letzteres unwahrscheinlicher als ersteres). Eine ärmellose Bluse bietet sich für einen Kontakt mit der Leiche besonders gut an. Von daher ist davon auszugehen, dass Kate McCann sich entweder ein darüber getragenes Oberteil beim Auffinden des toten Körpers auszog, bevor sie ihn berührte, oder dass sie sich extra entsprechend anzog für die Zwischen- oder Endlagerung.*
$H_{119Ereignis}$: *Frau McCann hat die Kleidung in England bei einem professionellen Kontakt mit einer Verstorbenen getragen. Die zu Madeleine gehörende Textilie kam dann wiederum mit dieser in Berührung (unwahrscheinlich).*
$H_{120Ereignis}$: *Frau McCann hat bzw. die Eltern haben nach dem Bemerken des Todes dem Kind ein Kleidungsstück ausgezogen, um nach einer Leichenbeseitigung keinen Verdacht wegen der fehlenden Textilie auf sich zu ziehen. In diesem Fall ist davon auszugehen, dass Madeleine bereits vor dem Zubettgehen verstarb.*
$H_{121Ereignis}$: *Das Kleidungsstück des Kindes diente als Unterlage/Umwicklung für den Transport oder die Lagerung der Leiche.*
$H_{122Ereignis}$: *Madeleine ist auf dem Kleidungsstück liegend verstorben (unwahrscheinlich).*
$H_{123Ereignis}$: *Das Kleidungsstück des Mädchens wurde von einer Person, die mit der Leiche Kontakt hatte (beim Auffinden, zwischen- oder endlagern) nach diesem angefasst. Dies könnte z. B. im Zuge einer Inszenierung des Tatortes geschehen sein.*

Zusammenschau mit dem Inneren Kontext:

H$_{118Ereignis}$ stützt Fallstrukturhypothese6$_{Ereignis}$ und schließt alle Hypothesen aus, die eine vollendete Entführung postulieren, besonders eben die hierzu übergeordnete Fallstrukturhypothese4$_{Ereignis}$. Somit kann hier die *Fallstrukturhypothese9$_{Ereignis}$* aufgestellt werden: *Frau McCann hat die Leiche der Tochter aufgefunden und/oder sie versteckt, was bedeutet, sie hat sie zwischen- und/oder endgelagert.* Diese Fallstrukturhypothese steht in sehr gutem Einklang mit den Hypothesen H$_{102Ereignis}$, H$_{108Ereignis}$ und H$_{110Ereignis}$, also der Unwissenheit des Vaters über den Tod des Kindes.

H$_{120Ereignis}$ steht im Einklang mit H$_{94Ereignis}$.

H$_{123Ereignis}$ ist gut vereinbar mit Fallstrukturhypothese6$_{Ereignis}$ und Fallstrukturhypothese7$_{Ereignis}$.

Sequenzielle Fortschreibung bzw. Rückblende:

- Von entscheidender Bedeutung ist, ob die mit Leichenpartikeln kontaminierten Kleidungsstücke von Frau McCann von ihr an dem Abend des Verschwindens des Kindes getragen wurden und wenn, wann genau, sowie wann Frau McCann die Bluse und die Hose zu einem späteren Zeitpunkt getragen hat.

- Am Nachmittag des 3. August überprüft Martin Grimes mit den Hunden das Ocean-Club-Apartment G5A, das die McCanns Ende April/Anfang Mai bewohnt hatten. An der Eingangstür ignoriert Eddie das Kommando des Hundeführers, sich zu setzten, damit ihm das Halsband abgenommen werden kann. Er läuft stattdessen sofort in das Apartment hinein, und dort in recht wilder Weise vom Wohnzimmer in das Elternschlafzimmer. Leichengeruch zeigt er in diesen beiden Räumen an: In einer Ecke neben dem Kleiderschrank des Schlafzimmers sowie im Wohnzimmer hinter dem Sofa, in der Nähe des Seitenfensters des Apartments. Auch die Blutspürhündin Keela schlägt, nachdem Eddie die Arbeit beendet hat, hinter dem Sofa an. Sie weist mit ihrer Nase auf die Bodenfliesen.

Lesarten (einschließlich der Berücksichtigung evtl. Eigentümlichkeiten und Bildung evtl. kontrastierender Gedankenexperimente):

H$_{124Ereignis}$: *Madeleine ist beim Spielen oder dem Versuch, aus dem Fenster zu sehen, hinter das Sofa gestürzt und vermutlich an einem Genickbruch oder einer Schädelverletzung gestorben. Sie lag dort längere Zeit während der Abwesenheit der Eltern, sodass sich bereits ein für die Hunde wahrnehmbarer Leichengeruch entwickelte. Ein Elternteil, das diese Realität nicht akzeptieren konnte und die Leiche fand, hat sie dann ins Schlafzimmer zum Kleiderschrank geschafft, um sie dort zu verstecken (in einem oberen Kleidungsfach hinter Klamottenberg oder in einer Tasche, die in ein oberes Fach gestellt wurde oder in einer Tasche bzw. einem Koffer auf dem Fußboden). Wahrscheinlich legte er zum Vorbereiten des Versteckes/Behältnisses das Kind kurzzeitig auf der von den Hunden indizierten Stelle ab, vielleicht stand dort jedoch auch nur eine für die Leichenpartikel noch etwas durchlässige Tasche.*

Wäre das Kind in Anwesenheit der Eltern gestorben, wie es v. a. bei einer Affekttat vorkommt oder bei vorsätzlicher Tötung, so wäre die Spurenlage sehr wahrscheinlich eine andere: Beim Tod durch eine Affekttat tut es dem Elternteil, das einen Tod nicht wirklich beabsichtigt, danach sicherlich leid und es versucht, dem sterbenden Kind noch zu helfen. Dieses würde dann also wohl nicht hinter dem Sofa sterben und dort so lange liegen bleiben, bis sich ein für die Hunde wahrnehmbarer Leichengeruch entwickelt. Selbst wenn es dem Elternteil nicht leid tut und es das Kind sterben lässt, würde es die Leiche doch eher schnell verstecken und nicht noch lange hinter dem Sofa im recht öffentlichen Raum liegen lassen. Das gerade verstorbene Kind hinter dem Sofa liegen zu lassen oder es sogar dort absichtlich hinzulegen, würde nur noch in einer bestimmten Situation Sinn machen, die jedoch höchst unwahrscheinlich ist:

H$_{125Ereignis}$: *Ein Elternteil hat das Kind im Affekt getötet (im Vorsatz sucht man sich sicherlich nicht das Wohnzimmer als Tatort aus), wobei es hinter, neben oder vor das Sofa fiel. Der Elternteil war geschockt und reagierte nicht sofort, um das sich dann auch schon nicht mehr bewegende Kind aufzuheben. In diesem Moment kam jemand an die Verandatür oder klingelte am Apartment. Aus Angst vor Entdeckung der Tat wurde das Kind dann erst einmal hinter dem Sofa belassen oder sogar dahinter gelegt und sich um den Besucher mehr oder weniger gekümmert. Allerdings wäre es sehr wahrscheinlich, dass diesem*

430

etwas an der besonderen psychischen Verfassung des Elternteils auffällt – zumindest, sofern er ihn (gut) kennt.

Die theoretisch ebenso gegebene Möglichkeit, dass ein anderer Mensch im Apartment umkam, vor der Einmietung der McCanns, wird hier nicht mit aufgelistet, da sie von den Ermittlern nach gründlichen Recherchen ausgeschlossen wird.

Zusammenschau mit dem Inneren Kontext:

$H_{124Ereignis}$ steht in sehr gutem Einklang mit den Fallstrukturhypothesen$6_{Ereignis}$, $7_{Ereignis}$ sowie $9_{Ereignis}$.

$H_{125Ereignis}$ steht auch mit diesen Fallstrukturhypothesen im Einklang, wenngleich weniger mit Nr.6.

Sequenzielle Fortschreibung bzw. Rückblende:

- Trifft $H_{123Ereignis}$ zu, so ist wahrscheinlich, dass ein Elternteil allein im Apartment war, als der Unfall passierte bzw. niemand da war, als er passierte und ein Elternteil allein das Kind auffand. (Wäre der Unfall passiert, als beide Eltern im Apartment gewesen wären, wäre die Wahrscheinlichkeit größer, dass sie ihn frühzeitig bemerkt hätten oder dass zumindest einer von ihnen realitätsorientiert und relativ handlungsfähig geblieben wäre und anders gehandelt hätte, als die Leiche zu verstecken.)
- Wenn $H_{124Ereignis}$ zutrifft, müsste ein entsprechender Besuch stattgefunden haben. Außerdem müsste der Elternteil mit dem Kind eher alleine gewesen sein, da der andere sonst an verschiedenen Punkten hätte eingreifen können (vor der Affekttat, je nach Dauer vielleicht auch während der Tat, sofort nach der Tat oder aber recht rasch nach ihr).

Hieraus kann *Fallstrukturhypothese10$_{Ereignis}$* herauskristallisiert werden: *Als ein Unfall oder eine Affekttat passierte, war niemand da bzw. nur ein Elternteil mit dem Kind allein im Apartment.* Sie steht in Einklang mit $H_{102Ereignis}$, $H_{108Ereignis}$ und $H_{110Ereignis}$, also der Unwissenheit des Vaters über den Tod des Kindes.

- Im Garten des Apartments schlägt Eddie ebenfalls an, in einem Blumenbeet vor der Veranda. Das Bellen ist jedoch leiser, was der Hundeführer als eine nur sehr schwache Geruchsspur interpretiert, die auch als ein „Vielleicht" verstanden werden kann.

Lesarten (einschließlich der Berücksichtigung evtl. Eigentümlichkeiten und Bildung evtl. kontrastierender Gedankenexperimente):

$H_{126Ereignis}$: *Madeleine war hier zwischenzeitlich vergraben.*
Die Möglichkeit, dass sie im August noch an dieser Stelle vergraben ist, wird ausgeschlossen, da der Leichengeruch wohl noch intensiver wäre und das Risiko, dass die Leiche bei Gartenarbeiten o. ä. gefunden wird, langfristig viel zu hoch ist.

$H_{127Ereignis}$: *Ein dünnes, recht durchlässiges Behältnis oder eine entsprechende Umwicklung mit Madeleines Leiche wurde kurzzeitig an dieser Stelle abgesetzt, als die Leiche aus dem Apartment gebracht wurde.*

$H_{128Ereignis}$: *Etwas, das mit der Leiche kurz Berührung hatte, wurde aus dem Apartment gebracht, kurz an der Stelle platziert und entsorgt (z. B. eine Textilie oder eine Plastiktüte mit dieser).*

Zusammenschau mit dem Inneren Kontext:

$H_{126Ereignis}$ ist gut vereinbar mit $H_{19Ereignis}$ sowie Fallstrukturhypothesen Nr. 6, 7 und 9.

$H_{127Ereignis}$ ist ebenfalls gut vereinbar den Fallstrukturhypothesen Nr. 6, 7 und 9; gleiches trifft auf $H_{128Ereignis}$ zu.

Sequenzielle Fortschreibung bzw. Rückblende:

- Außerhalb von Apartment und Garten wird entweder die Leiche oder sogar sowohl die Leiche als auch an einer anderen Stelle Material entsorgt worden sein, dass mit dem toten Körper Kontakt hatte.

- Sowohl in den Apartments der mitgereisten Freunde als auch in Praia da Luz selbst wurden die Spürhunde nicht fündig. Durchsucht wurden im Ort alle als Versteck für eine Leiche als sinnvoll erachteten Lokalitäten, darunter v. a. verlassene Gebäude und Ruinen, Gewässer, Zugänge zu Abwasserkanälen, der Strand und die Natur.

Lesarten (einschließlich der Berücksichtigung evtl. Eigentümlichkeiten und Bildung evtl. kontrastierender Gedankenexperimente):

$H_{129Ereignis}$: *Die Leiche des Kindes wurde nicht in den Apartments der mitgereisten Freunde versteckt.* Dass keiner von ihnen das Kind getötet haben könnte, wird hier nicht postuliert, da sich Leichengeruch allein im Zuge des Tötungsvorganges nicht unbedingt an die Kleidung heften müsste. Auch lässt sich der Ausschluss einer Komplizenschaft im Zusammenhang mit einer Zwischen- oder Endlagerung des Körpers nicht ableiten.

$H_{130Ereignis}$: *Die Leiche ist so versteckt worden, dass Spuren nach mehreren Monaten durch die am Ort herrschenden Bedingungen (z. B. Meeresspülung und Hitze auf der oberen Sandschicht am Strand, ohnehin anderweitig vorhandener Leichengeruch bei Gräbern an und ggf. in der Kirche) und/oder durch eine besonders gute Verpackung und Verpackungstechnik der Leiche für die Hunde nicht mehr nachweisbar sind. Sie könnte auch an einer von den Hunden nicht untersuchten Stelle versteckt worden sein, vor allem im neuen Apartment der McCanns im Ocean Club.*

$H_{131Ereignis}$: *Madeleine lebt noch, d. h. sie ist entführt worden.*

$H_{132Ereignis}$: *Die Leiche des Kindes wurde rasch nach dem Tod außerhalb von Praia da Luz deponiert.*

Zusammenschau mit dem Inneren Kontext:

$H_{129Ereignis}$ steht im Einklang mit $H_{26Ereignis}$.

$H_{130Ereignis}$ ist gut vereinbar mit $H_{10Ereignis}$, $H_{19Ereignis}$, $H_{25Ereignis}$ und Fallstrukturhypothese3$_{Ereignis}$.

$H_{131Ereignis}$ steht im Einklang mit Fallstrukturhypothese4$_{Ereignis}$.

Sequenzielle Fortschreibung bzw. Rückblende:
- Wenn der Körper rasch nach dem Tod außerhalb von Praia da Luz versteckt wurde (vgl. H_{132}), ist die Nutzung eines Verkehrsmittels wahrscheinlich.

- Eddie signalisiert am Autoschlüssel des von den McCanns ab dem 27. Mai gemieteten Renaults Leichengeruch. Danach schlägt auch die Blutspürhündin an dem Schlüssel an, ebenso weist sie auf Blut im Kofferraum des Autos hin.

Lesarten (einschließlich der Berücksichtigung evtl. Eigentümlichkeiten und Bildung evtl. kontrastierender Gedankenexperimente):

$H_{133Ereignis}$: *Madeleines Leiche wurde nach dem 27.Mai, wahrscheinlich zu einem Zeitpunkt, der näher an Anfang August liegt, mit dem Auto transportiert. Dabei wurde sie wohl von einem Zwischenlager in eine letzte Ruhestätte gebracht. Die Blutspuren deuten dabei auf einen unmittelbaren Kontakt mit dem nicht verpackten toten Körper hin, an dem Blutreste vorhanden sind, auf eine flüssigkeitsdurchlässige oder mit Blutspuren kontaminierte Verpackung, auf ein Zerteilen der Leiche, ihr Auftauen nach dem Einfrieren oder auf eine Verletzung des Akteurs.* (Die wahrscheinlich größere zeitliche Nähe zum Datum des Spürhundeinsatzes wird hier deshalb angenommen, da sich an einem Autoschlüssel im Laufe der Zeit durch den immer erneuten Hautkontakt die Spuren sicherlich zunehmend abtragen.)

$H_{134Ereignis}$: *Was das Blut anbetrifft, so könnte es theoretisch auch von einer Verletzung einer Person stammen, die in keinerlei Zusammenhang mit dem Verschwinden des Kindes steht.*

Die Möglichkeit, dass eine andere Leiche zuvor mit diesem Auto transportiert wurde, ist von den Ermittlern nach ihren Recherchen ausgeschlossen worden und wird deshalb hier nicht benannt.

Zusammenschau mit dem Inneren Kontext:

$H_{133Ereignis}$ steht im Einklang mit den Fallstrukturhypothesen Nr. 3, 6 und 9.

$H_{134Ereignis}$ ist vereinbar mit den Fallstrukturhypothesen Nr. 2 und 4.

Sequenzielle Fortschreibung bzw. Rückblende:
- Bezüglich $H_{133Ereignis}$ wäre eine Kontamination der Kleidung des Akteurs nach der Umlagerung der Leiche wahrscheinlich, da auch der Autoschlüssel Spuren aufweist.

- Das von den Hunden indizierte Material wird nach Großbritannien gebracht und dort z. T. in dem Labor „Forensic Science Service" (FSS), z. T. im „National Institute of Forensics Medicine" untersucht. Eine erste Schnellprüfung durch FSS ergibt eine mögliche Übereinstimmung des gefundenen genetischen Materials mit dem von Madeleine McCann, v. a., was die im Auto sichergestellten Spuren anbetrifft. Dieses Ergebnis kann jedoch durch die anschließenden komplexen forensischen Analysen nicht bestätigt werden. Es kann letztendlich nicht einmal bestimmt werden, ob es sich bei den Spuren um Blut oder eine andere Körperflüssigkeit handelt, geschweige denn, welcher Person die DNA zuzuordnen ist .

Lesarten (einschließlich der Berücksichtigung evtl. Eigentümlichkeiten und Bildung evtl. kontrastierender Gedankenexperimente):

$H_{135Ereignis}$: *Die von den Hunden gefundenen Spuren gehen auf von einander unabhängige Quellen zurück, die allesamt nicht mit dem Verschwinden des Kindes in Zusammenhang stehen.*
Diese Hypothese wird als sehr unwahrscheinlich eingestuft: Die Hunde haben aus einer Auswahl an Apartments und Autos ausschließlich an den zu den McCanns gehörenden angeschlagen und bei diesen Stellen handelt es sich wiederum um sehr plausible. Die Wahrscheinlichkeit, dass *diese Kombination* auf ein zufälliges Zusammentreffen mehrerer, von einander unabhängiger und für den Fall irrelevanter Quellen zurückgeht, ist statistisch gesehen extrem unwahrscheinlich.

$H_{136Ereignis}$: *Die ohnehin geringen Spuren (z. B. kein Ausfluss von für das Auge gut sichtbaren Mengen von Blut aus dem kleinen Körper, keine lange Liegezeit der Leiche an den verschiedenen Orten, gute Maßnahmen zur Vermeidung von Kontamination, z. B. durch recht gute Verpackung der Leiche für den Transport) wurden durch Reinigung für mikroskopische Analysen absichtlich weitgehend unbrauchbar gemacht.*

Zusammenschau mit dem Inneren Kontext:
$H_{135Ereignis}$ ist vereinbar mit den Fallstrukturhypothesen 2 und 4.
$H_{136Ereignis}$ ist ebenfalls gut vereinbar mit den Fallstrukturhypothesen Nr. 3, 6 und 9.
Sequenzielle Fortschreibung bzw. Rückblende:
- Bei Zutreffen von $H_{136Ereignis}$ müssten sich Rückstände eines zur Reinigung benutzten Mittels finden lassen, das für die McCanns verfügbar gewesen ist.

"(...) Our daughter Madeleine was abducted on 3rd May 2007 in Praia da Luz, Portugal, 9 days before her 4th birthday. She was taken from our holiday apartment where she was sleeping with her younger brother and sister whilst we were dining 50 yards away. Despite a massive investigation led by the Portuguese police and supported by the British police, we still do not know who has taken her, why she was taken or where she is. In addition, private investigators based in Spain are now following up any leads regarding Madeleine's disappearance."

- Irritationen, Gegenübertragungen:

1) „Whilst we were dining *just* 50 yards away" hätte ich hier eher erwartet. Die Vermeidung einer solchen Attribution bedeutet das Absehen von einer Bewertung der Entfernung, wodurch man als Leser nicht zu einer Positionsbeziehung für oder gegen die Eltern („Wie konnte ihnen das nur passieren, sie waren doch so nah." Bzw.: „Sie sind ja auch selbst schuld, sie waren ja so weit weg") angehalten wird. Damit vermeiden die Schreiber eine Rechtfertigung für die mutmaßlich ungenügende elterliche Aufsicht, vermeiden also die Frage nach ihrer „Schuld".

2) "Massive" klingt kämpferisch, wie „einen ganz großen Stein ins Rollen bringen" (mein mentales Bild dazu). Dies steht in Kontrast zur Kleinheit und Zartheit des Kindes, das wohlbehalten wiederkehren soll. Warum wählt der Vater nicht z. B. das Wort „thorough"(gründlich)?

3) „9 days before her 4 th birthday": Diese Formulierung weckt in mir Traurigkeit und Anteilnahme, dass das Kind seinen vierten Geburtstag *nicht mehr erlebt hat/haben könnte*, es so jung ein solch schweres Schicksal ereilte bzw. auch, dass statt etwas so Schönem ihm etwas so Schreckliches passiert ist. Die Etablierung der Relation zwischen Verschwinden und Geburtstag lässt also den leidvollen Aspekt sehr hervortreten. Sie zeigt allerdings auch die Bindung der Eltern an ihre Tochter an, die die Tage bis zu ihrem Geburtstag gezählt haben/ zählen und bewirkt durch diese Identifikation des Schreibers mit der kindlichen Perspektive (Freude auf den Geburtstag, bis zu dem die Tage/Nächte gezählt werden) auch eine Identifikation des Lesers mit einer solchen.

4) "She was taken" /"who has taken her"(3x): Diese Wiederholung klingt für mich sehr „einhämmernd", betont das Unrecht der Handlung und ruft somit Wut auf den Täter hervor, was mich als Leser zum Vorgehen *gegen den Gesuchten* (nicht zur Suche nach *der Gesuchten!*) motiviert.

5) 2 x "police": Diese Repetition hebt das Aufgebot an Ermittlern hervor.

6) "Who", "why","where". diese Reihenfolge zeigt mehr eine Fokussierung auf den Täter (wer war es, warum), als eine auf das Kind (wo es ist und v. a.: lebt es noch?). *Was* genau geschah (z. B., ob das Kind das Appartement verließ oder aus dem Bett gehoben wurde), danach wird nicht gefragt, womit implizit ausgesagt wird: „*Das wissen wir genau.*" Die Konstruktion hat darüber hinaus eine hohe Einprägsamkeit, Eindringlichkeit und erlaubt ein angenehmes Lesen durch die Gleichförmigkeit in der Satzstruktur, des Polysyndetons. Die Stelle ab „where" kann man auch ohne den Autor ergänzen. In diesem Zusammenhang entsteht in mir das Gefühl des schwerelosen Schwebens in Rhythmus und Rhetorik weit über dem Inhalt - das Gesagte bekommt damit für mein Empfinden paradoxerweise nicht mehr Bedeutung sondern von ihm wird abgelenkt. Bei genauerer Betrachtung fällt außerdem ein versteckter Klimax auf: „She" ist im ersten Teil Objekt in einer Passivkonstruktion, im zweiten Teil ist „she" Subjekt im Passivsatz, im dritten Subjekt im Aktiv. Dies stellt eine Steigerung der kindlichen Position von einem „hilflosen" Passivstatus hin zum „aktiv Seienden" und könnte als Wunscherfüllung von Befreiung oder auch Wiederauferstehung verstanden werden.

7) „In addition" wirkt als Übergang sehr holprig, da durch diese Konjunktion die Konsistenz der Argumentationsstruktur des Textes nicht mehr aufrechterhalten bleibt: Es wird vermieden, mittels eines eher zu erwartenden Bindewortes wie „thus" oder „therefore" die privaten Ermittlungen als Resultat der ergebnislosen Polizeiarbeit zu erklären (und damit die Polizei anzugreifen bzw. sich selbst für das private Engagement zu rechtfertigen). Statt dessen knüpft der Satz an den Anfang des vorangehenden an, also an die Betonung des großen Aufgebots an Ermittlungsmaßnahmen.

8) Drei Länder werden genannt: Portugal, Großbritannien und Spanien. Dies erweckt den Eindruck von einer Einstufung der persönlichen Angelegenheit der McCanns als eine nationsübergreifende.

"Since Madeleine's abduction, we have learned a lot about missing children and child exploitation. The scale of the problem is massive and worldwide. Although finding Madeleine will always remain our priority, we feel it is our duty to highlight these problems as well as areas where legislation can be improved, in order to make the world a little safer for all children. To achieve these aims we are working closely with the International Center for Missing and Exploited Children, the Centre for Child Exploitation and Online Protection and other non-governmental agencies throughout Europe (...). The Find Madeleine Campaign launched a new YouTube channel for missing children in August 2007 called 'Don't You Forget About Me' in conjunction with ICMEC and Google."

- Irritationen, Gegenübertragungen:

9) Wiederholung des Wortes "massive": Ein so deklariertes Problem mutet sehr bedrohlich an. Es scheint "nicht klein zu kriegen" zu sein, "man beißt sich die Zähne daran aus", so meine Assoziationen. Derart eingestuft impliziert es die Notwendigkeit einer ebenso massiven Bekämpfung.

10) Ich muss schmunzeln über "worldwide": Hier wird eine selbstverständliche Tatsache als bedeutsamer Informationsgehalt ausgegeben, so als seien die Schreiber bislang davon ausgegangen, es gäbe auf diesem Planeten doch Orte, wo "nichts böses" geschieht und als seien sie erst jetzt diesbezüglich desillusioniert worden. Darüber hinaus wird das Verschwinden von Madeleine hier globalisiert und suggeriert, es gehe jeden an.

11) Wieso empfinden die Eltern es als ihre Pflicht, sich den Problemen in einem solchen Ausmaß, bis hin zur Gesetzgebung, anzunehmen? Das irritiert mich. Von Außen wird ihnen keine solche Pflicht auferlegt. Es erinnert eher an die *primär selbst gewählte* "Pflicht" (verbunden mit "Ehrgefühl") von Soldaten gegenüber ihrem Vaterland, die oft als solche im Schatten tugendhafter Loyalität ungesagt bleibt. Andererseits erinnert es auch an Glaubenskrieger, die meist schicksalhaft in eine Religion hineingeboren wurden, aber ihren irrational hohen Kampfeinsatz als eine eigene Entscheidung erleben. *Fasst man beide Aspekte zusammen, handelt sich bei der "Pflicht" der McCanns wohl um ein intrinsisch motiviertes Verpflichtungsgefühl gegenüber dem eigenen Ich-Ideal, das unbewusst determiniert ist, unreflektiert bleibt und als solches als zwingend handlungsbestimmend erlebt wird.*

12) "Make the world a little safer for all children": Diese Formulierung klingt pathetisch, wie aus einem Pop-Song (ähnlich M. Jacksons "Heal the world") oder einer Werbung, z. B. für sichere Kindersitze: Es klingt also ein elterlich-schützender oder gar göttlich-schützender Aspekt an, eine Befreiung/ Erlösung von Schmerz und Leid, ein aufgehen im "Nur-Guten", das allumfassend sein soll.

13) "We are working closely with ... (multiple Insitutionen, europaweit)" hört sich an, als würde sich eine recht mächtige, eindrucksvolle Institution auf ihrer Website selbst vorstellen. Als Leser komme ich mir da in meinem Lebens- und Wirkungsbereich sehr klein vor gegenüber dieser Autorität.

14) Als Einleitung des letzten Satzes hätte ich eine Konjunktion erwartet, die eine Konsistenz des Textes herstellt, z. B. "in addition" oder "also" – also z. B. die Konunktion, die oben unpassend eingesetzt wurde. Vielleicht erschien den Schreibern eine zusätzlich zur inhaltlichen noch konjunktionale Markierung des "Noch dazu" selbst zu stark, was aber dennoch nichts daran ändert: Es *ist* eine sehr starke Anhäufung von Maßnahmen im Kampf von Madeleines Verschwinden.

"The support we have had from around the world has been amazing. We have no doubt that without all the good wishes, prayers and efforts of so many people, our ordeal would have been so much harder. It has helped maintain our strength and hope, and this together with support for the campaign, has helped the search for our precious Madeleine. We would like to take this opportunity to thank everyone for their unconditional support and solidarity."

- Irritationen, Gegenübertragungen:

15) Die Unterstützung hat geholfen, die Kraft und Hoffnung der Eltern *aufrechtzuerhalten*, ihnen nicht Kraft und Hoffnung *gegeben*: So dringend nötig erscheinen die Hilfen der Öffentlichkeit den Eltern wohl also gar nicht, sie selbst besitzen ihrer Ansicht nach viele Kräfte.

16) Ohne die Unterstützung sei das Martyrium der Eltern um so vieles härter gewesen: Ich habe den Eindruck, die Eltern bedanken sich hier mehr für den Beistand bezüglich ihres Leides als bei der Unterstützung der Suchkampagne.

17) Warum nicht: "It has helped maintain our strength and hope and has supported us in the campaign?" Dieses wäre angenehmerweise eine weniger komplizierte Formulierung. Aber sie würde die beiden Hilfeleistungen gleichwertig machen, was die von den Eltern gewählte Satzstruktur anscheinend nicht beabsichtigt: In ihr liegt der Fokus auf der Aufrechterhaltung der eigenen Kräfte, durch diese werde bei der Suche geholfen - die Kampagne wirkt da irritierenderweise nebensächlich.

18) "Precious" erregt Mitleid *für die Eltern*, dass sie etwas so wertvolles verloren haben. Die Tochter wird hier als Objekt gesehen, nicht als leidendes Subjekt benannt.

19) "Solidarity": Es geht den Eltern wohl nicht nur um die parktische/ finanzielle Unterstützung bei der Suche nach Madeleine, sondern auch um ein Zusammengehörigkeitsgefühl mit/Beistand aus der Öffentlichkeit.

"Madeleine is a beautiful little person. She was a very happy and much loved little girl. We believe there is a very good chance that Madeleine is still alive. She deserves the love and security of her family. She needs to be back home with her mummy and daddy, brother and sister."

- Irritationen, Gegenübertragung:

20) Das Attribut "beautiful" schafft ein zauberhaftes Charisma um das verlorene Kind, es wirkt beinahe "vergötternd". Einerseits mag ich mich davon anziehen lassen, andererseits bekomme ich ein Gefühl der Abneigung gegen die Eltern, die diese Eigenschaft des Kindes so hervorheben (obwohl ich ihnen auch zustimmen kann, dass das Kind „schön" ist). Meine Abneigung erwächst da einerseits aus einem moralischen Zweifel an dieser besonderen Hervorhebung dieses Kindes in seiner "Schönheit", zum anderen aus einer Irritation hinsichtlich der Zuordnung des Wortes "schön" zur Objektklasse "kleine Kinder", für die eher "niedlich" (cute, sweet) ein geeignetes Attribut wäre. "Schön" weckt hier eher Assoziationen zu Pädophilie oder zum Tod geliebter Menschen (nach dem gesellschaftlichen Klischee werden tote Frauen/Mädchen nicht selten realitätsverzerrt als "schlafende Schönheit" wahrgenommen).

21) Im Vergleich vom ersten und zweiten Satz erkennt man einen unverständlichen Zeitenwechsel: Madeleine war viel/allseits geliebt, hört sich an wie eine Grabrede, in der nochmal allen positiven Eigenschaften der Betrauerten gedacht wird.

22) Der Glaube der Eltern, das Kind sei noch am Leben, wirkt mangels Erläuterung der Gründe dieses Glaubens nicht rational fundiert. Er wirkt vor allem auf der emotionalen Ebene (motiviert), indem er mich als Leser von der Last der Ausweglosigkeit und des Leides, das mir für das Kind vorstelle, befreit, diese in Hoffnung umkehrt. Diese Hoffnung impliziert aber auch, dass es dringenden Handlungsbedarf gibt, bevor es doch zu spät sein kann (Botschaft: „Noch ist es sicher nicht zu spät für Madeleine"). Außerdem überwuchert eine solch starke Hoffnung den Realitätssinn für einen doch auch möglichen Tod des Kindes.

23) Statt "she deserves"(sie verdient) fände Ich hler "she needs" oder "she is in urgent need of" passender, denn: Liebe und Sicherheit in der Familie sind selbstverständlich und nichts, was sich ein Kind "verdienen" soll. Warum "verdient" Madeleine dies aus der Sicht der Eltern? Weil sie so "beautiful" ist oder weil sie irgendeine andere "Gegenleistung" dafür erbracht hat? Oder dient dieses Wort eher rhetorisch als implizite Handlungsaufforderung, dass man Madeleine zu ihrem "Recht" verhelfen soll, wieder bei ihrer Familie sein zu können? – Für mich wirkt "she deserves" gemäß letzt genannter Bedeutung: Der Leser soll sich auf das unrechte Vorenthalten des Kindes vor seiner Familie durch den Täter konzentrieren und helfen, Gerechtigkeit herbeizuführen.

24) Hinsichtlich der "security" versagten die Eltern mutmaßlich am Abend des angeblichen Verschwindens ihrer Tochter, wodurch es paradox erscheint, hier genau diese Qualität der Familie zu benennen.

25) "Mummy and daddy": Diese Wortwahl hört an, wie formuliert aus der Sicht des Kindes, das seine Eltern so nennen würde. Sie wirkt damit dringend, wie ein weinerlicher Hilferuf: "Mummy! Daddy!" des Kindes selbst, der das Potenzial hat, zum Handeln zu bewegen. Er lässt auch daran denken, dass die Eltern durch ihre Abwesenheit am Abend von Madeleines Verschwinden einen solchen (Hilfe)ruf ihrer kleinen Tochter nicht gehört hätten.

„Please keep Madeleine in your thoughts and prayers. And please – remain vigilant.

We will NEVER give up looking for Madeleine.

Thank you again for your ongoing support and kindness."

- Irritationen, Gegenübertragung:

26) Die Bitte, Madeleine in Gedanken zu behalten ist merkwürdig. Ich muss ironisch denken: Als ob dies deutlich dazu beitragen könnte, sie wiederzufinden! Zwar führt das In-Gedanken-Haben des Kindes u. U. zu seinem Wiedererkennen und damit zum Auffinden. Aber es scheint mir, dass noch etwas ganz anderes mit dem Satz gemeint ist: Das Bestreben eines Nicht-Vergessens von Madeleine als sie, wie sie war, quasi ihr zu Liebe, weil sie es wert ist/so wertvoll war, und vielleicht auch, um sich nicht schlussendlich von ihr (als Tote oder auf ewig Vermisste) trennen zu müssen. Die Phantasie dahinter könnte sein: Wenn sie in den Gedanken ganz, ganz vieler Menschen ganz, ganz doll behalten wird, "ging/geht" sie nicht wirklich von uns.

27) "Remain vigilant": Wird der Leser hierzu aufgefordert, damit ihm als Elternteil nicht das gleiche geschieht und er ebenso andere Fälle zu verhindern sucht, oder soll die Bitte dazu verhelfen, Madeleine zu finden? Die bedrohliche Atmosphäre des Satzes (Alarmbereitschaft wird gefordert) deutet viel eher auf ersteres hin. Also richtet sich die Bitte hier mehr auf ein Achtgeben vor dem "Bösen" als auf ein konkretes Ausschau-Halten nach Madeleine. Außerdem wird auch hier das Problem der Eltern fast unmerklich zu einem von potenziell jedem.

28) Beim zweiten Satz wird sich einem Prinzip verschrieben („niemals aufgeben"), das nicht rational begründet ist (sonst würde man sagen, solange man nicht aufgeben, bis wir alle Möglichkeiten der Suche ausgeschöpft haben, o. ä.), sondern das aus einer immensen emotionalen Wichtigkeit, auch aus einer kraftvollen, "trotzigen" Weigerung heraus, den Verlust von Madeleine zu akzeptieren, "immer" verfolgt werden soll (vgl. „never"). Es klingt, wie ein Versprechen für Madeleine (der man das schuldig ist bzw. die einem so wichtig ist) und eine Drohung gegen den Täter zugleich. Die Gültigkeit des Prinzips gleich auf den maximal möglichen Zeitraum auszudehnen (die Ewigkeit), lässt außerdem den Gedanken entstehen, die Eltern wüssten/gingen davon aus, dass die Suche endlos gehen werde, dass sie ohne baldigen Erfolg enden werde. (Letzteres wäre der Fall, wenn sie wüssten, sie wäre tot).

29) Der letzte Satz wirkt manipulativ: Explizit gesagt wird nur, dass die Eltern selbst mit der Suche weitermachen, implizit wird diese Haltung von den Lesern auch erwartet, denn es wird sich für ihre weiter laufende Unterstützung und Freundlichkeit im Voraus bedankt.

30) "Keep", "remain", "NEVER give up", "ongoing": Alle diese Elemente denotieren ein "Weitermachen", ein "Beibehalten" eines bestimmten Zustandes - es scheint den Eltern zentral hierum zu gehen. Mir kommt dazu ein Marathonläufer in den Sinn, der aus der Puste ist und sich zwingt, doch weiterzumachen (selbstdisziplinierter Kampf gegen Herausforderungen).

- Quintessenz der Irritationen und Gegenübertragungen:

    a) Diese Wendung der Eltern an die Öffentlichkeit vermittelt eher den Eindruck eines Selbstbildes voller guter Selbsthilfefähigkeiten, Kraft, Kampfgeist, Hoffnung und Durchhaltevermögen, als dass Bedürftigkeit spürbar wird (2, 5, 7, 8, 13, 14, 15, 17, 28, 30).

    b) Das Problem der Eltern verschwimmt zu einer Angelegenheit eines jeden Lesers, die Herstellung einer harmonischen Einheit mit den Rezipienten/der Öffentlichkeit ohne klare Subjekt-Objektgrenzen scheint von den Schreibern gewünscht zu sein (1, (3), 6, 8, 10, 12, 19, 20, 25, 26, 27).

    c) In Verbindung mit b) scheint auch ein die Öffentlichkeit mit den Eltern einender Kampf des Guten gegen das Böse von den McCanns angestrebt zu werden (v. a. 10, 12, 13, 14, 27).

    d) Die Rezipienten werden zu einem "Sich-Einschießen" auf den Täter angehalten (4, 6, 23, 27), auch zu Beistand für die Eltern (vgl. vorangehender Punkt und zusätzlich 16, 18), und werden damit zum Aktivwerden *gegen* den Täter und *für* die Eltern bewegt (9, 25, 29, 30). Die Suche nach dem Kind wirkt dabei nebensächlich (16, 17, 27).

    e) Obwohl die Eltern auf der manifesten Ebene ihren Glauben an die fortbestehende Lebendigkeit ihrer Tochter betonen (22), entsteht unterschwellig das Bild einer – z. T. etwas glorifizierten - Toten ((3), 6, 20, 21, 28). Es macht außerdem den Eindruck, das Kind solle (in Gedanken) lebendig *gehalten,* konserviert werden (26, 28, 30).

    f) Um die Frage jeglicher (Mit)schuld am Verschwinden der Tochter sowie um Begründungen/Rechtfertigungen ihrer immensen Aktivitäten machen die Eltern einen Bogen (1, 7, 14).

    g) Die eigenen Unzulänglichkeiten in der elterlichen Qualität "Dem-Kind-Sicherheit-Geben" scheinen verleugnet zu werden (24, 25) und im angestrebten hohen Ideal eines grenzenlosen altruitischen Engagements (Wiedergutmachung) in etwas theatralisierter Weise wieder aufzutreten (12).

    h) Die immensen Aktivitäten der Eltern bei der Suche nach Madeleine scheinen getragen von "Prinzipien"/Verpflichtungsgefühlen", die wohl eine unbewusste Befriedigung gegenüber den eigenen Ich-Ideal-Anforderungen darstellen (11, 12, 28).

    i) Die Eltern schreiben zum Teil aus der Perspektive des Kindes, das etwas existentiell Bedeutsames herbeisehnt (Geburtstag, Wiederkehr zu "mummy and daddy"), also in Identifikation mit ihm (3, 25). Dies weist auf eine eher gute Fähigkeit zur Empathie hin sowie auf eine eher starke Bindung an die Tochter.

Ergänzung aus der Supervision mit Frau W.:
- Zu 28): Die Supervisorin nimmt die Textstelle nicht als prinzipienhaft wahr. Sie sieht vielmehr, dass es normal ist, so zu denken, nachdem man einen geliebten Menschen verloren hat. Es kommt aufgrund dieser Differenz die Frage auf, ob das Prinzipienhafte unbewusst ist und im Zusammenhang mit einer Abwehr steht und sich diese Splittung von Abwehr und unbewusst vorhandenem abgewehrten Element in der Supervision so inszeniert.

Analyse eines Textausschnittes mittels objektiver Hermeneutik:

"Madeleine is a beautiful little person. She was a very happy and much loved girl. We believe there is a very good chance that Madeleine is still alive. She deserves the love and security of her family. She needs to be back home with her mummy and daddy, brother and sister."

Erster Satz:
Lesarten (einschließlich evtl. kontrastierender Gedankenexperimente):
  a) Madeleine ist ein vom Schreiber subjektiv in seiner Eigenständigkeit als Person und in seinem Wesen sehr wertgeschätztes, nicht mehr ganz kleines Kind oder eine (ältere) Dame mit einer für den Verfasser subjektiv liebreizenden äußeren und auch inneren Ausstrahlung. (Bei einem noch recht kleinen Kind würde man aufgrund der noch mangelnden Eigenständigkeit noch unwahrscheinlicher den Ausdruck „beautiful" verwenden; man würde doch eher „niedlich, also „sweet", „cute"(amerikanisch) oder „nice" sagen, auch, wenn man eine besondere Wertschätzung ausdrücken möchte.)
  b) Diese Subjektivität erhöht der Schreibende zu einem allgemeinen Faktum, um damit seine zweifelsfreie Überzeugung auszudrücken, Madeleine sei wertvoll.
  c) Madeleine ist in den Augen des Verfassers in gewisser Weise schutzbedürftig, da besonders verletzlich („little").
Zu a):
Konfrontation mit dem äußeren Kontext:
Diese Lesart ist im vorliegenden Fall gut möglich. Allerdings handelt es sich bei Madeleine um ein mit knapp vier Jahren noch relativ kleines Kind, sodass für die Lesart, das beschriebene Kind sei nicht mehr ganz klein, strittig bleibt, ob die für den Text verantwortlichen Eltern ihre Tochter vielleicht nur subjektiv als „schon recht groß" ansehen. Da Madeleine noch zwei jüngere Geschwister hat, denen gegenüber sie *relativ* groß ist, wäre es gut denkbar, dass die Eltern diese Relativität als Absolutheit wahrnehmen.
Schlussfolgerungen (u. U. mit Berücksichtigung des inneren Kontextes):
H_{1Bez}: Mindestens ein Elternteil schätzt Madeleine in ihrer Eigenständigkeit als Person und in ihrem Wesen sehr. Vielleicht nimmt er das Kind darüber hinaus schon als „größer", d. h. eigenständiger wahr, als es objektiv ist.
Zu b):
Konfrontation mit dem äußeren Kontext:
Diese Lesart ist im vorbeschriebenen Fall möglich.
Schlussfolgerungen (u. U. mit Berücksichtigung des inneren Kontextes):
$H_{1ErlebenG}$, $H_{1ErlebenK}$: Mindestens ein Elternteil möchte seine zweifelsfreie Überzeugung von dem Wert des Kindes ausdrücken.
Zu c):
Konfrontation mit dem äußeren Kontext:
Diese Lesart ist im vorbeschriebenen Fall möglich: Sie kann, zu dem möglichen Entführer gewandt, als Appell verstanden werden, das Kind nicht zu verletzen. Gegenüber der Öffentlichkeit kann sie verstanden werden als Versuch, Madeleine dem Leser attraktiv und sympathisch zu machen, damit er Mitleid entwickelt, bei der Suche nach ihr hilft und seine Aggression gegen den möglichen Entführer, der das Kind verletzen könnte, ausrichtet. Gegenüber der mütterlichen und/oder väterlichen Repräsentanz ihrer Tochter kann man sie als eine Liebesbeteuerung verstehen. Als Selbstoffenbarung des kann sie Trauer um den Verlust des Kindes ausdrücken und/oder Angst vor bzw. Trauer um seine(r) Verletzung (der Zerstörung des „Schönen").
Schlussfolgerungen (u. U. mit Berücksichtigung des inneren Kontextes):
$H_{2ErlebenG}$, $H_{2ErlebenK}$: Mindestens ein Elternteil möchte an den möglichen Entführer appellieren, Madeleine nicht zu verletzen.

$H_{3ErlebenG}$, $H_{3ErlebenK}$: Zumindest ein – verwickeltes oder nicht verwickeltes - Elternteil möchte Madeleine dem Leser attraktiv und sympathisch machen, damit er Mitleid entwickelt, bei der Suche nach dem Kind hilft und seine Aggression gegen den möglichen Entführer, der das Kind verletzen könnte, ausrichtet.

$H_{4ErlebenG}$, $H_{4ErlebenK}$: Zumindest ein Elternteil beteuert seiner inneren Repräsentanz von der Tochter seine Liebe.

440

$H_{5ErlebenG}$, $H_{5ErlebenK}$: *Mindestens ein Elternteil empfindet Trauer um den Verlust seines Kindes und/oder Angst vor seiner Verletzung (der Zerstörung des „Schönen") bzw. Trauer darüber.*
Erwartete Formen der Fortschreibung:
Der Schreiber könnte im Folgenden seine Liebe zu seinem Kind noch expliziter machen oder seinen Appell an den Täter bzw. die Öffentlichkeit.

Zweiter Satz:
Realisierte Fortschreibungsform:
Der Verfasser drückt aus, was durch das Ereignis verloren wurde (die Fröhlichkeit des Kindes sowie die Liebe vieler Menschen zu dem Kind – dass letzteres in der Vergangenheit steht, irritiert allerdings.)
Abgleich mit Erwartungen, Schlussfolgerungen:
Der Schreiber wählt nicht die von mir erwartete Fortsetzung in Form von einer Konzentration auf das, was noch da ist (die Liebe der Eltern zu dem Kind, die Hoffnung, den Täter und/oder die Öffentlichkeit in der Suche nach dem Kind positiv beeinflussen zu können), sondern fokussiert das Verlorene (die Fröhlichkeit des Kindes, die Liebe vieler Menschen zu dem Kind). Das kann bedeuten, dass der Verfasser sehr das Verlorene betrauert und wenig Hoffnung für das Kind sieht (entweder weil er zu traurig dazu ist oder weil er zudem weiß, dass Madeleine tot ist und dass es, objektiv gesehen, keine Hoffnung mehr für sie gibt.) Es kann aber auch als eine Verstärkung der im ersten Satz potenziell vorkommenden Druckausübung gegenüber dem möglichen Täter und/oder der Öffentlichkeit verstanden werden.
$H_{6ErlebenG}$, $H_{6ErlebenK}$: *Zumindest ein Elternteil betrauert sehr das Verlorene und sieht in dieser depressiv getönten Stimmung wenig Hoffnung für sein Kind.*
(Diese Hypothese wird gestützt von H_{1Bez}, $H_{1ErlebenG}$, $H_{1ErlebenK}$, $H_{4ErlebenG}$, $H_{4ErlebenK}$ sowie $H_{5ErlebenG}$, $H_{5ErlebenK}$.)
$H_{7ErlebenG}$, $H_{7ErlebenK}$: *Mindestens ein Elternteil weiß, dass Madeleine tot ist und dass es objektiv keine Hoffnung mehr für Madeleine gibt.*
(Diese Hypothese wird gestützt von $H_{3ErlebenG}$, $H_{3ErlebenK}$ und $H_{5ErlebenG}$, $H_{5ErlebenK}$.)
$H_{8ErlebenG}$, $H_{8ErlebenK}$: *Mindestens ein Elternteil übt auf den mutmaßlichen oder vorgegebenen Täter/ und oder die Öffentlichkeit einen deutlichen Druck aus.*
(Diese Hypothese ist gut vereinbar mit $H_{2ErlebenG}$, $H_{2ErlebenK}$ und $H_{3ErlebenG}$, $H_{3ErlebenK}$.)
Lesarten (einschließlich evtl. kontrastierender Gedankenexperimente) des zweiten Satzes:
  a) Die beschriebene Person ist tot und der Schreiber, der sie sehr wertgeschätzt hat, trauert um sie.
  b) Die Fröhlichkeit der beschriebenen Person sowie ihre Beliebtheit hat auch dem Verfasser viel gegeben, sodass er auch den Verlust dieser Quelle der Freude für sich betrauert.
Zu a):
Konfrontation mit dem äußeren Kontext:
Im vorliegenden Fall könnte „tot" theoretisch auch nur bedeuten „vorübergehend verloren" – allerdings macht dann die Formulierung keinen Sinn, das Kind sei viel geliebt gewesen. Von daher wird diese Auslegung der Lesart hier verworfen.
Schlussfolgerungen (u. U. mit Berücksichtigung des inneren Kontextes):
$H_{9ErlebenG}$, $H_{9ErlebenK}$: *Mindestens ein Elternteil weiß, dass die von ihm wertgeschätzte Madeleine tot ist und er ist darüber traurig.*
(Diese Hypothese wird insbesondere gestützt von $H_{3ErlebenG}$, $H_{3ErlebenK}$, $H_{5ErlebenG}$, $H_{5ErlebenK}$ sowie $H_{7ErlebenG}$, $H_{7ErlebenK}$.)
Zu b):
Konfrontation mit dem äußeren Kontext:
Diese Lesart ist im vorliegenden Fall gut möglich.
Schlussfolgerungen (u. U. mit Berücksichtigung des inneren Kontextes):
$H_{10ErlebenG}$, $H_{10ErlebenK}$: *Madeleines Fröhlichkeit und Beliebtheit hat auch mindestens einem Elternteil viel gegeben. Dieser ist nun auch über den Verlust dieser Quelle der Freude für sich selbst sehr traurig.*
(Diese Hypothese wird insbesondere gestützt durch H_{1Bez}, $H_{1ErlebenG}$, $H_{1ErlebenK}$, $H_{4ErlebenG}$, $H_{4ErlebenK}$ sowie $H_{6ErlebenG}$, $H_{6ErlebenK}$.)
Erwartete Formen der Fortschreibung:
Der Schreibende könnte nun noch tiefer in seine Trauer einsteigen oder die Trauer anderer Menschen benennen.

Dritter Satz:

Realisierte Fortschreibungsform:
Der Verfasser drückt nun seine Hoffnung auf eine „sehr gute Chance" aus, dass Madeleine noch am Leben ist.

Abgleich mit Erwartungen, Schlussfolgerungen:
Der Schreiber macht genau das Gegenteil von dem, was ich erwartet habe, und begeht so einen gewissen Bruch im latenten Textverlauf: Statt dass er seine Trauer und Hoffnungslosigkeit weiter ausführt, spricht er nun plötzlich von seiner Hoffnung.

$H_{11ErlebenG}$, $H_{11ErlebenK}$: Ein Elternteil hat noch deutlich mehr Hoffnung als der andere. Dass beide den Text gemeinsam entworfen haben, erklärt den Bruch.

$H_{12ErlebenG}$, $H_{12ErlebenK}$: Mindestens ein Elternteil hat aufgrund der depressiv getönten Stimmung zum Zeitpunkt des Schreibens eigentlich keine Hoffnung für sein Kind. Er schafft es aber, diese in ihm aufsteigende Tatsache wieder abzuwehren.

$H_{13ErlebenG}$, $H_{13ErlebenK}$: Zumindest ein Elternteil befindet sich in einer Ambivalenz zwischen Hoffnung und Hoffnungslosigkeit.

$H_{14ErlebenG}$, $H_{14ErlebenK}$: Mindestens ein Elternteil weiß, dass das Kind tot ist und es keine Hoffnung mehr gibt. Es versucht jedoch, diese Tatsache zu verheimlichen, was ihm nicht durchgängig gut genug gelingt.

(Diese Hypothese wird insbesondere gestützt durch $H_{3ErlebenG}$, $H_{3ErlebenK}$, $H_{5ErlebenG}$, $H_{5ErlebenK}$, $H_{7ErlebenG}$, $H_{7ErlebenK}$, $H_{8ErlebenG}$, $H_{8ErlebenK}$ sowie $H_{9ErlebenG}$, $H_{9ErlebenK}$.)

Es kann als <u>Fallstrukturhypothese1</u>$_{ErlebenG, ErlebenK}$ postuliert werden:
<u>Mindestens ein Elternteil weiß, dass das von ihm sehr wertgeschätzte Kind tot ist. Es versucht, diese Tatsache zu verheimlichen.</u>

Lesarten (einschließlich evtl. kontrastierender Gedankenexperimente) des dritten Satzes:
  a) Es ist für den Schreiber nicht selbstverständlich, dass Madeleine noch am Leben ist. Er möchte jedoch die Chancen für das Kind hervorheben und das Risiko, dass es tot sein könnte, in den Hintergrund treten lassen.

Zu a):

Konfrontation mit dem äußeren Kontext:
Im vorliegenden Fall kann diese Sinn ergebende Lesart verschiedenes bedeuten:

Schlussfolgerungen (u. U. mit Berücksichtigung des inneren Kontextes):
$H_{15ErlebenG}$, $H_{15ErlebenK}$: Zumindest ein um den Tod seines Kindes wissendes Elternteil möchte die Öffentlichkeit dazu motivieren, weiter nach dem Kind zu suchen, da es die Realität des Verlusts nicht erträgt und so die Illusion aufrecht erhalten kann, das Kind lebe noch. Auch sich selbst kann er mit dem Satz diese Realität vorspiegeln.
(Diese Hypothese ist gut vereinbar mit Fallstrukturhypothese1.)

$H_{16Erleben}$G, $H_{16ErlebenK}$: Mindestens ein von einer Entführung ausgehendes Elternteil möchte die Öffentlichkeit dazu motivieren, weiter nach dem Kind zu suchen.
(Diese Vermutung ist gut vereinbar mit $H_{2ErlebenG}$, $H_{2ErlebenK}$, $H_{3ErlebenG}$, $H_{3ErlebenK}$ und $H_{8ErlebenG}$, $H_{8ErlebenK}$.)

$H_{17ErlebenG}$, $H_{17ErlebenK}$: Mindestens ein von einer Entführung ausgehendes Elternteil hat selbst eigentlich noch wenig Hoffnung, aber er schafft es, dies abzuwehren und sich Hoffnungen „zu machen".
(Diese Annahm ist insbesondere gut vereinbar mit $H_{12ErlebenG}$, $H_{12ErlebenK}$, aber auch mit $H_{2ErlebenG}$, $H_{2ErlebenK}$, $H_{3ErlebenG}$, $H_{3ErlebenK}$, $H_{8ErlebenG}$, $H_{8ErlebenK}$ sowie $H_{16ErlebenG}$, $H_{16ErlebenK}$.)

Es kann folgende <u>Fallstrukturhypothese2</u>$_{ErlebenG, ErlebenK}$ aufgestellt werden:
<u>Mindestens ein von einer Entführung ausgehendes Elternteil sieht eigentlich wenig Hoffnung für sein verschwundenes, von ihm wertgeschätztes Kind, schafft es aber, diesen Aspekt abzuwehren und sich Hoffnung „zu machen".</u>

$H_{18ErlebenG}$, $H_{18ErlebenK}$: Zumindest ein Elternteil weiß, dass seine Tochter tot ist und es keine Hoffnung mehr für sie gibt. Er versucht jedoch, von dieser Tatsache zur Tarnung mit einer Gegenbesetzung, nämlich der Betonung der „sehr guten Chance" abzulenken.
(Diese Hypothese steht in guter Vereinbarkeit mit der Fallstrukturhypothese1.)

442

Weitere Anmerkung: Der Schreiber hätte auch die Formulierung wählen können: „We believe there is a very good chance that Madeleine can be found (alive)." Dass er dies nicht tut (wie ich aber erwartet habe, wie meine Verschreibung beim Abtippen des Textes mir verriet), kann folgendes bedeuten:

$H_{19ErlebenG}$, $H_{19ErlebenK}$: *Zumindest einen Elternteil beschäftigt mehr der Aspekt des Lebens bzw. des Todes seiner Tochter als die Frage, ob man das Kind finden kann (, weil er selbst um den Tod weiß oder weil er sehr darum bangt).*

(Diese Hypothese ist sowohl gut vereinbar mit der Fallstrukturhypothese1 als auch mit den Annahmen $H_{2ErlebenG}$, $H_{2ErlebenK}$, $H_{5ErlebenG}$, $H_{5ErlebenK}$ sowie $H_{13ErlebenG}$, $H_{13ErlebenK}$.)

$H_{20ErlebenG}$, $H_{20ErlebenK}$: *Mindestens ein von einer Entführung ausgehendes Elternteil möchte die Öffentlichkeit deutlich unter Druck setzen zu helfen. (Dies ist eher zu erzielen mit einem Rekurs auf den Aspekt Leben/Tod als mit einem Verweis auf die bestehende Möglichkeit, gefunden zu werden.)*

Die Fallstrukturhypothese2 kann zu folgender erweiterter Annahme ausgebaut werden: Mindestens ein von einer Entführung ausgehendes Elternteil sieht eigentlich wenig Hoffnung für sein verschwundenes, von ihm wertgeschätztes Kind, schafft es aber, diesen Aspekt abzuwehren und sich Hoffnung „zu machen". Er setzt auch die Öffentlichkeit unter Druck, nach dem Kind und dem Täter zu suchen. (Diese Erweiterung wird ebenfalls gestützt durch $H_{16ErlebenG}$, $H_{16ErlebenK}$.)

$H_{21ErlebenG}$, $H_{21ErlebenK}$: *Zumindest ein um den Tod des Kindes wissendes Elternteil möchte die Öffentlichkeit deutlich unter Druck setzen (dies ist eher zu erzielen mit einem Rekurs auf den Aspekt Leben/Tod als mit einem Verweis auf die bestehende Möglichkeit, gefunden zu werden.) Dies ist Teil seiner Tarnhandlung und/oder Teil seiner Schaffung der Illusion, das Kind lebe noch.*

(Diese Hypothese ist sowohl gut vereinbar mit der Fallstrukturhypothese1 als auch mit $H_{2ErlebenG}$, $H_{2ErlebenK}$, $H_{5ErlebenG}$, $H_{5ErlebenK}$, $H_{13ErlebenG}$, $H_{13ErlebenK}$.) Es kann folgende **erweiterte Fallstrukturhypothese1**$_{ErlebenG, ErlebenK}$ aufgestellt werden: Mindestens ein Elternteil weiß, dass das von ihm sehr wertgeschätzte Kind tot ist. Es versucht, diese Tatsache zu verheimlichen. Auf die Öffentlichkeit übt er zur Ablenkung Druck aus, das Kind zu suchen. Vielleicht tut er dies zusätzlich, um sich damit, aus der Unerträglichkeit des Verlusts heraus, selbst die Illusion zu schaffen, das Kind lebe noch.

Erwartete Formen der Fortschreibung:
Der Schreibende könnte nun die seiner Meinung nach bestehende Hoffnung benennen, das Kind zu finden oder beteuern, dass er es unbedingt wiederhaben möchte bzw. dass das Kind seine Familie braucht.

Vierter Satz:
Realisierte Fortschreibungsform:
Der Verfasser drückt aus, das Kind „verdiene" die Liebe und Sicherheit seiner Familie.
Abgleich mit Erwartungen, Schlussfolgerungen:
Der Schreiber wählt zwar die von mir erwartete Form des Hinweisens auf die Bedürftigkeit des Kindes, sagt jedoch nicht, dass es die Liebe und Sicherheit seiner Familie „braucht", sondern dass es sie „verdient". Das kann folgendes bedeuten:

$H_{22ErlebenG}$, $H_{22ErlebenK}$: *Mindestens ein Elternteil will den Täter dazu anhalten, dem Kind das zukommen zu lassen, was ihm zusteht.*

(Diese Hypothese steht in guter Vereinbarkeit mit der Fallstrukturhypothese2.)

$H_{23ErlebenG}$, $H_{23ErlebenK}$: *Zumindest ein von einer Entführung ausgehendes Elternteil will die Öffentlichkeit dazu bewegen, Empörung über das dem Kind geschehene Unrecht und das Ersehenen von Gerechtigkeit zu entwickeln, das dann zu einer Suche nach dem Kind und einer Aggressionsausrichtung gegen den Täter führt.*

(Diese Hypothese steht in guter Vereinbarkeit mit der Fallstrukturhypothese2.)

$H_{24ErlebenG}$, $H_{24ErlebenK}$: *Mindestens ein um den Tod des Kindes wissendes Elternteil will die Öffentlichkeit dazu bewegen, Empörung über das dem Kind geschehene Unrecht und das Ersehenen von Gerechtigkeit zu entwickeln, das dann zu einer Suche nach dem Kind und einer Aggressionsausrichtung gegen den Täter führt. Dies strebt er im Zuge der aus einer Unerträglichkeit der Realität heraus entsprungenen Schaffung der Illusion an, das Kind lebe noch, und/oder als Tarnverhalten seines Wissens.*

(Diese Hypothese steht in guter Vereinbarkeit mit der Fallstrukturhypothese1.)

443

Lesarten (einschließlich evtl. kontrastierender Gedankenexperimente) des vierten Satzes:
a) Die vom Schreiber wertgeschätzte Madeleine wird in seinen Augen im Moment schlecht (lieblos, ohne Gewährung von Geborgenheit/Sicherheit) behandelt. Er möchte darauf hinwirken, dass sich dies ändert.
b) Der Verfasser möchte an das Gerechtigkeitsempfinden des für die schlechte Behandlung Verantwortlichen oder der potenziellen Helfer bei der Änderung dieser Behandlung appellieren. (Hätte er „she needs" statt „she deserves" gewählt, wäre es hingegen das induzierte Mitleid für das Kind gewesen, das Druck auf die Verantwortlichen bzw. die Helfer ausgeübt hätte. Die Aggressionsausrichtung gegen den für die schlechte Behandlung Verantwortlichen würde dadurch wohl weniger erzielt werden als durch die vom Schreiber gewählte Formulierung, s. o.)
c) Der Schreibende sieht Madeleines Familie als Liebe und Geborgenheit/Sicherheit spendend an.
Zu a):
Konfrontation mit dem äußeren Kontext:
Diese Lesart ist im vorbeschriebenen Fall möglich.
Schlussfolgerungen (u. U. mit Berücksichtigung des inneren Kontextes):
$H_{25ErlebenG}$, $H_{25ErlebenK}$: Zumindest ein von einer Entführung ausgehendes Elternteil schätzt Madeleine wert. Er möchte darauf hinwirken, dass sie aus der mutmaßlich lieblosen, geborgenheitslosen und unsicheren Situation des Entführers befreit wird. (Diese Hypothese steht in guter Vereinbarkeit mit der Fallstrukturhypothese2.)
Zu b):
Konfrontation mit dem äußeren Kontext:
Diese Lesart ist im vorliegenden Fall gut möglich.
Schlussfolgerungen (u. U. mit Berücksichtigung des inneren Kontextes):
= $H_{22ErlebenG}$, $H_{22ErlebenK}$ bis $H_{24ErlebenG}$, $H_{24ErlebenK}$.
Zu c):
Konfrontation mit dem äußeren Kontext:
Diese Lesart ist im vorliegenden Fall gut möglich. Sie kann jedoch, je nach Verwicklung der Eltern in das Verschwinden des Kindes, nennenswert Verschiedenes bedeuten:
Schlussfolgerungen (u. U. mit Berücksichtigung des inneren Kontextes):
$H_{26ErlebenG}$, $H_{26ErlebenK}$: Zumindest ein nicht in das Verschwinden verwickeltes Elternteil sieht seine Familie als Liebe und Geborgenheit/Sicherheit spendend an, hat das Bedürfnis, Madeleine diese Versorgung zukommen zu lassen und die Angst, Madeleine werde vom Entführer in diesen Aspekten unterversorgt.
(Diese Hypothese steht in guter Vereinbarkeit mit der Fallstrukturhypothese2.)
$H_{27ErlebenG}$, $H_{27ErlebenK}$: Zumindest ein nicht in das Verschwinden verwickeltes Elternteil sieht seine Familie als Liebe und Geborgenheit/Sicherheit spendend an und hat das Bedürfnis, Madeleine diese Versorgung zukommen zu lassen, insbesondere deshalb, weil seine mangelnde Zuwendung in letzterem Aspekt die Entführung erst möglich machte. Auch hat er die Angst, das Kind könnte sich durch die Folgen des Alleinlassens durch die Eltern von diesen nicht geliebt fühlen und möchte diese Auswirkung seines Fehlers wieder gutmachen.
(Diese Hypothese steht in guter Vereinbarkeit mit der Fallstrukturhypothese2.)
$H_{28ErlebenG}$, $H_{28ErlebenK}$: Mindestens ein in das Verschwinden involviertes Elternteil bedauert, dem Kind nicht ausreichend Sicherheit zukommen lassen zu haben (so konnte sich z. B. ein Unfalltod ereignen) oder nicht ausreichend Liebe (so führte vielleicht eine Affekttat oder ein Alleinlassen des kranken Kindes, das dann zum Beispiel an seinem Erbrochenen erstickte, zu seinem Tod). Es wünscht sich, es könnte durch entsprechende nachträgliche Fürsorge den Fehler wieder gutmachen.
(Diese Hypothese steht in guter Vereinbarkeit mit der Fallstrukturhypothese1.)
Erwartete Formen der Fortschreibung:
Der Schreibende könnte nun direkt an den Täter appellieren, das Kind freizulassen, oder an die Öffentlichkeit, nach ihm zu suchen. Er könnte auch noch tiefer auf die Bedürftigkeit des Kindes eingehen.

Fünfter Satz:
Realisierte Fortschreibungsform:
Der Verfasser geht noch stärker auf die Bedürftigkeit des Kindes ein, wobei er allerdings beinahe aus dessen Perspektive spricht.
Abgleich mit Erwartungen, Schlussfolgerungen:
Die Wahl des Schreibenden ist erwartungskonform. Lediglich der auf die Perspektive des Kindes ausgerichtete Stil überrascht (Analyse dazu weiter unten).
Lesarten (einschließlich evtl. kontrastierender Gedankenexperimente) des fünften Satzes:

   a) Der Schreibende versetzt sich sehr in die mutmaßliche Perspektive des von zu Hause entfernten Kindes, das sich nach seinen es liebenden Eltern sehnt (vgl. „mummy", „daddy") sowie nach seinen Geschwistern. Er hat Mitleid mit dem Kind.

   b) Zu Hause hat das Kind in den Augen des Schreibers alles, was es braucht, eine „heile" Familie: Mutter und Vater, Bruder und Schwester. (Würde der Verfasser von „siblings" („Geschwistern") sprechen, würde dieser Aspekt nicht so sehr deutlich werden.)

   c) Es gibt zu Hause viele Menschen, die das Kind vermissen.

Zu a):
Konfrontation mit dem äußeren Kontext:
Diese Lesart macht im vorliegenden Fall in mehrfacher Hinsicht Sinn.
Schlussfolgerungen (u. U. mit Berücksichtigung des inneren Kontextes):
$H_{29ErlebenG}$, $H_{29ErlebenK}$: Mindestens ein nicht in das Verschwinden des Kindes involviertes Elternteil hat starkes Mitleid mit der seines Wissens nach entführten Madeleine. Es kann sich sehr gut in seine sich nach den Eltern sehnende Tochter hineinversetzen.
(Diese Hypothese steht in guter Vereinbarkeit mit der Fallstrukturhypothese2.)
$H_{30ErlebenG}$, $H_{30ErlebenK}$: Zumindest ein um den Tod seines Kindes wissendes Elternteil sehnt sich sehr nach der Tochter und wünscht sich, es möge doch wiederkehren können. Diese Sehnsucht projiziert er in den vorliegenden Text in das Kind hinein.
(Diese Hypothese steht in guter Vereinbarkeit mit der Fallstrukturhypothese1.)
$H_{31ErlebenG}$, $H_{31ErlebenK}$: Mindestens ein nicht in das Verschwinden involviertes Elternteil möchte den Täter dazu bewegen, sich in das sich nach seiner Familie sehnende Kind hineinzuversetzen. Durch das dann in ihm aufkommende Mitleid, so hofft der Elternteil, wird der Täter vielleicht zur Freilassung des Kindes veranlasst.
(Diese Hypothese steht in guter Vereinbarkeit mit der Fallstrukturhypothese2.)
$H_{32ErlebenG}$, $H_{32ErlebenK}$: Zumindest ein nicht in das Verschwinden verwickeltes Elternteil möchte die Öffentlichkeit dazu veranlassen, sich in das sich nach seiner Familie sehnende Kind hineinzuversetzen. Durch das dadurch entstehende Mitleid, so hofft er, werden die Menschen zur Suche nach dem Kind und dem Täter veranlasst.
(Diese Hypothese steht in guter Vereinbarkeit mit der Fallstrukturhypothese2.)
$H_{33ErlebenG}$, $H_{33ErlebenK}$: Mindestens ein in das Verschwinden involviertes Elternteil möchte im Zuge der Tarnung seines Verhaltens für sein angeblich entführtes Kind in der Öffentlichkeit Mitleid erzeugen und ihre Aufmerksamkeit somit weg von den Eltern und gegen den unbekannten Täter ausrichten.
(Diese Hypothese steht in guter Vereinbarkeit mit der Fallstrukturhypothese1.)
Zu b):
Konfrontation mit dem äußeren Kontext:
Diese Lesart ist im vorliegenden Fall gut möglich.
Schlussfolgerungen (u. U. mit Berücksichtigung des inneren Kontextes):
$H_{34ErlebenG}$, $H_{34ErlebenK}$: Aus der Sicht des Schreibers hat das Kind zu Hause alles, was es braucht, eine heile Familie.
$H_{35ErlebenG}$, $H_{35ErlebenK}$: Aus der Sicht des Schreibers ist die Familie nicht wirklich „heile" und dies war ein Faktor, der zu Madeleines Verschwinden beitrug bzw. führte (z. B. Streit der Eltern oder zwischen Madeleine und einem Elternteil, in dessen Zusammenhang sich ein Unfall oder Affekttat ereignete). Da den Schreibenden diese Tatsache beschäftigt, er dies jedoch verheimlichen will, betont er das zur Wirklichkeit gegenteilige Bild.
Zu c):
Konfrontation mit dem äußeren Kontext:

445

Diese Lesart ist im vorliegenden Fall gut möglich

Schlussfolgerungen (u. U. mit Berücksichtigung des inneren Kontextes):

$H_{36ErlebenG}$, $H_{36ErlebenK}$: *In der Wahrnehmung des Schreiber vermisst die ganze Familie Madeleine sehr.*

(Diese Hypothese steht in guter Vereinbarkeit mit zahlreichen Hypothesen, die die starke Wertschätzung des Schreibers für das Kind ausdrücken: H_{1Bez}, $H_{1ErlebenG}$, $H_{1ErlebenK}$, $H_{4ErlebenG}$, $H_{4ErlebenK}$, $H_{5ErlebenG}$, $H_{5ErlebenK}$, $H_{10ErlebenG}$, $H_{10ErlebenK}$, $H_{19ErlebenG}$, $H_{19ErlebenK}$, $H_{25ErlebenG}$, $H_{25ErlebenK}$, $H_{26ErlebenG}$, $H_{26ErlebenK}$, $H_{27ErlebenG}$, $H_{27ErlebenK}$, $H_{28ErlebenG}$, $H_{28ErlebenK}$, $H_{29ErlebenG}$, $H_{29ErlebenK}$, $H_{30ErlebenG}$, $H_{30ErlebenK}$ *sowie* $H_{34ErlebenG}$, $H_{34ErlebenK}$.) Somit kann dieser Aspekt noch einmal, als eigene <u>Fallstrukturhypothese3$_{Bez,}$ $_{ErlebenG, ErlebenK}$</u> formuliert werden:

<u>Mindestens ein Elternteil liebt Madeleine sehr. Diese Liebe wird von ihm u. U. vor dem Hintergrund von Schuldgefühlen im Zusammenhang mit dem Verschwinden auch noch einmal überhöht.</u>

Anhang E: Tiefenhermeneutische Analyse der ersten Einträge aus Herrn Mccanns Internetblog[1]

1) Analyse des ersten Blogeintrages vom 13.05.2007

"A Day to day life for the McCann's
Our day starts around 6.30am with us all waking up around the same time. We have breakfast with Sean and Amelie and our close family/friends who are here with us. Then its clean nappies and clothes for Sean and Amelie followed by showers etc for the rest of us."

- Irritationen, Gegenübertragungen, formale Auffälligkeiten:
1) In der Überschrift spricht der Schreiber von sich und seiner Familie aus der Beobachter-Perspektive, wodurch er sich einer direkten Wendung an den Leser entbindet und stattdessen zu einem vom diesem Beobachten *macht*. Auf diese Weise gewinnt der Verfasser auch zu sich selbst beobachtende Distanz.
   Außerdem lässt das „for *the* McCanns", den Eindruck entstehen, es handele sich bei dem Namen um Berühmtheiten, die man kennen müsse und für deren Tagesablauf man sich interessieren würde. Bei mir kommt da das Gefühl der Abneigung dagegen auf, diesen Narzissmus zu bedienen.
2) Our day starts ... with us ...": a) Es ist der Tag, der startet, nicht die McCanns. Das hört sich an, als hätten die McCanns keine Selbstbestimmung über den Zeitpunkt ihres Tagesbeginns, sondern wären dem Tag als Autorität hörig, würden von ihm mitgerissen. So auch die Vermeidung eines personalen Subjekts im letzten der o. g. Sätze.
3) Der Anfang des Satzes, „Our day starts around 6.30 with us all" hört sich „witzig" an, da es auf eine unmögliche Alternative anspielt: Der Tag, der beim Starten jemanden aus der Familie, also jemanden von ihnen „allen", vergessen könnte, mitzunehmen/aufwachen zu lassen.
4) Das Erzählelement des gemeinsamen Aufwachens zur ungefähr gleichen Uhrzeit erscheint überflüssig, da 6.30 dieses zeitliche Moment schon ausreichend benannt hat. Es muss also eher psychologisch, als kollektives Erleben, für den Schreiber eine besondere Bedeutung haben. Zur Bedeutung von Kollektiven fallen mir v. a. folgende Assoziationen ein: Vermeidung von Hierarchie, Rivalität und Aggression untereinander, damit Gleichwertigkeit, Mündigkeit, aller; „Gemeinsam ist man stärker"; Solidarität für einander; Gleichverteilung von Gütern.
5) Nachdem sich im ersten Satz „us" auf alle Familienmitglieder bezog (dies trifft auch auf den letzten zu), erwartet man im zweiten eine entsprechende Bezogenheit von „we". Hier wird dann aber doch, ökonomisch gesehen, ganz unnötigerweise, dieses „we" aufgesplittet und konjunktional wiederverbunden in „we ... with Sean and Amelie". Würde der Schreiber die Kinder Sean und Amelie tatsächlich ganz selbstverständlich zur Einheit des „we" mitzählen, bedürfe es dieser hier gewählten unnötigen Verkomplizierung in der Formulierung wohl nicht.
6) Die Erwähnung von sauberen Windeln für die Kinder erscheint überflüssig, da eine selbstverständliche Nebensächlichkeit. Der Schreiber scheint die elterliche Fürsorge für die Kinder besonders betonen zu wollen. Diese Auslegung kongruiert mit der Schlusslicht-Position der elterlichen Dusche in der Aufzählung der Körperpflege- und Ankleideaktivitäten sowie der in diesem Zusammenhang gebrauchten aufopferungsvollen Bezeichnung „the rest of us".
7) Dass der Leser gleich zu Beginn der ersten Tagebuchaufzeichnung szenisch zur intimen Teilhabe, zur Distanzlosigkeit, eingeladen wird, nämlich, sich die McCanns (beim Windeln ihrer Kinder und) unter der Dusche vorzustellen, steht in scharfem Gegensatz zur Beschreibung des Frühstückens im Kreise *enger* Freunde und Familie. Das man morgens duscht, ist eigentlich nicht erwähnungsbedürftig.
8) Dreimal findet sich das Wort „us", davon zweimal in der Verbindung „with us". Das lässt die Idee aufkommen, mit/bei Ihnen zu sein, habe für die McCanns eine besondere Wichtigkeit.
9) Inhaltlich mutet der Absatz aufgrund der Aufzählung eher nebensächlicher Details alltäglicher Aufstehprozeduren einer Familie recht langweilig an. Ich denke auch: „So genau wollte ich es gar nicht wissen!"

447

Es scheint dem Schreiber mehr um die Wiedergabe der Organisiertheit, des Strukturhaften, der Disziplinierheit und Fürsorge der Eltern (siehe auch den für Urlaubsbedingungen frühen Aufstehzeitpunkt um 6.30 Uhr) zu gehen, die für ihn eine hohe Bedeutung zu haben scheint.

10) Vor dem Windelwechseln und Duschen mit Freunden und Familie zu frühstücken, finde ich merkwürdig, würde dies immer in der umgekehrten Reihenfolge machen: Vor allem mit vollen Windeln schmeckt das Essen sicherlich weniger. Hier scheinen die McCanns der Fürsorge für die Kinder *keine* Priorität vor den eigenen Bedürfnissen einzuräumen.

"Usually there's some free time then for a few stories or games with the twins before heading out."

- Irritationen, Gegenübertragungen:
11) Morgens im Urlaub schon regelmäßig mit den Kindern zu spielen anstatt lieber noch eine halbe Stunde länger im Bett zu bleiben oder gemütlicher zu frühstücken, erscheint mir von der Fürsorge her so vorbildlich und damit so wenig auf eigene Bedürfnisse bedacht, dass ich es merkwürdig oder gar unrealistisch finde. Hier kommt mir der Gedanke, dass ich es vielleicht dann bin, die mit dieser Einstellung eine „schlechte Mutter" wäre, weil sie zu sehr auf ihre eigenen Bedürfnisse achten würde. Diese Vorstellung löst etwas Scham bei mir aus, der mein Selbstwertgefühl beschwert. Das Thema, das hier wachgerufen wird, ist also eine Wertediskussion hinsichtlich „Gute Mutter – schlechte Mutter" und damit die Frage des Genügens vor den Prinzipien seines Ich-Ideals.

"9.00-9.15 We take Sean and Amelie to Kids' Club. They really enjoy it and run in. They know the staff well and the staff are all excellent. Both love the domestic corner and Amelie particularly likes to look after 'babies'. We use the kids club a bit like nursery at home but we think Sean and Amelie still think they are on holiday!"

- Irritationen, Gegenübertragungen:
12) Der zweite, dritte und fünfte Satz klingen wie eine Rechtfertigung für die Unterbringung der Kinder im Kids' Club (bei schlechtem Gewissen aus Versagen gegenüber den eigenen Idealen oder Scham vor dem Versagen vor von Außen erwarteten Idealen).
13) Die Erwähnungen der Leidenschaft der Kinder für die Haushaltsecke sowie die von Amelie für die Puppen („Babys") sind recht ausschweifend. Diese Details würden nur einen Leser interessieren, der den beiden Kindern sehr nahe steht und/oder an ihrer Entwicklung Anteil nimmt. Sie bringen einem die Persönlichkeit der Kinder zwar lebendig näher, so dass man eine Beziehung zu ihnen gewinnt und gleich mit „mitten drin ist", selbst wenn man sie eigentlich gar nicht kennt (einseitige Beziehung, so wie man Prominente aus dem Fernsehen „kennt" und sich, wenn man ihnen begegnet, „wundert", dass sie einen gar nicht grüßen), aber, wieder einmal denke ich „So genau wollte ich es eigentlich gar nicht wissen." Ich empfinde eine Abneigung gegen den narzisstischen Anspruch des Schreibers, mich für die „ach so interessanten" Kinder begeistern zu sollen, deren Spielvorlieben auf einmal für die Weltöffentlichkeit als so wissenswert suggeriert werden, nur weil sie die Geschwister eines verschwundenen Kindes sind.
14) Haushaltsecke und „Babys" lassen Assoziationen zum typisch Mütterlichen entstehen (praktische Versorgung der Familie, Geborgenheit zu Hause spenden, Fürsorge für die Kinder). Aufgrund der Extensivität der Elemente scheinen diese auf thematisch entsprechende, bedeutsame Phantasien des Schreibers zu verweisen. Vor allem „to look after ‚babies'" (aufpassen, sich kümmern) lässt unweigerlich an das angebliche elterliche Versagen im Aufpassen auf Madeleine am Abend ihres Verschwindens denken, das hier, ins Gegenteil verkehrt, dargestellt scheint (im Sinne der Wunscherfüllung: „Möge es doch anders gewesen sein" bzw. „Hätten wir doch durch die Wiedergeburt von Madeleine als Baby noch einmal die Chance, auf sie ausreichend gut aufzupassen" bzw. auch „Hätte Amelie doch auf Madeleine so gut aufpassen können."
15) Die Personifikation „babies" für Puppen, die durch die Übernahme der kindlichen Perspektive durch den Schreiber entsteht, durch seine Identifikation mit Amelie, will auch mich als Leser zum „Mitspielen" einladen: Ich soll über die Wortersetzung liebevoll schmunzeln und als Beobachter

des Kindes dessen Spiel begeistert niedlich finden, so fühle ich mich: Wie eine Großmutter, die mit in den Kinderclub geschleppt wird und alles Spiel des Kindes idealisiert bzw. zu idealisieren hat, weil dies von zuschauenden Großmüttern so erwartet wird. Der Unmut, den dies in mir hervorruft, ist bereits unter 2) beschrieben.

"9.30~12.15. We return to the apartments, usually for a series of meetings with our press officer, Mark Warner Reps, occasionally Consulate staff, lawyers and British Liaison officers. During this time we catch up with family and close friends, usually by telephone and discuss ideas how to keep Madeleine's profile high especially throughout continental Europe."

- Irritationen, Gegenübertragungen:
16) Ich habe den Eindruck, viele, viele Leute stehen hinter den McCanns. Das verleiht ihnen Schutz, Stärke und Beistand. - Es kann somit, an den Entführer gewandt, bedeuten: Du hast gegen uns keine Chance, gib auf. An die Öffentlichkeit kann es als die Botschaft gelten: Seht her, wie viele Leute uns unterstützen, uns vertrauen – wir sind also vertrauenswürdig.
17) In Identifikation mit dem Schreiber steigt beim Lesen des Textes ein Stressgefühl in mir auf: Die McCanns sind vielbeschäftigte (Geschäfts)leute.
18) Merkwürdig erscheint mir das Telefonieren mit Freunden während wichtiger offizieller Treffen. Die McCanns scheinen eine enorme Verbundenheit mit den Freunden zu haben und somit letztere eine enorme Eingebundenheit in den Lebensbereich der McCanns.
19) Mir fallen die vielen Temporal- und Modaladverben auf: „Usually" (2x), „ocassionally", „during this time", „especially". Durch ihre Funktion der näheren, reflektierenden Einordnung des Geschehens hebt sich der Schreiber leicht aus diesem heraus in eine etwas distanziertere Erzählposition, die allerdings das Blickfeld erweitert.

"12.30 Time to pick up Sean and Amelie from Kids' club then head back to apartment for lunch, which has usually been prepared by one of our family/friends group who have been tremendously supportive."

- Irritationen, Gegenübertragungen:
20) Wieder einmal das Wort „usually": Vielleicht ist es auch die Betonung des Gewöhnlichen, die für die McCanns wichtig ist, z. B. im Sinne eines Appells „Wir sind nicht ungewöhnlich, sondern ganz gewöhnliche Menschen, behandelt uns nicht wie Außergewöhnliche." Vielleicht auch in diesem Sinne: „Wir sind so gewöhnlich wie ihr auch, sind also vertrauenswürdig, an uns ist nichts Merkwürdiges." Vielleicht ist es aber auch lediglich die Struktur des Gewohnten, von Prinzipien, die den McCanns in ihrer schwierigen Lebenssituation Halt gibt.
21) Der Schreiber selbst taucht hier nicht als handelndes Subjekt auf, es gibt gar kein handelndes Subjekt: Entweder wird hier eine Handlungsnotwendigkeit formuliert (erster Teil) oder es handelt sich um eine Passivkonstruktion. Zusammen gesehen mit dem Inhalt und der Betonung der Unterstützung liest sich der Absatz u. a. als Erholungs- und Unterstützungsbedürftigkeit der Eltern McCann, als regressive Szene, aber auch als Mangel eines Selbsterlebens als Initiator.
22) „tremendously supportive" kreiert das Bild einer großen Last, eines großen Gewichtes (to support = auch: „Gewicht tragen", stützen), das die Eltern McCann zu (er)tragen haben, also denke ich an „die Eltern als Leidende".

"13.30 –14.30 This is time to spend time playing with the twins either in the apartment or in the play area next to kids club."

- Irritationen, Gegenübertragungen:
23) Wiederholung des Wortes „time" sowie Vergessen des Apostrophs in „kids' club": Der Schreiber scheint hier „müde zu werden", den Text genau und sprachlich abwechslungsreich zu verfassen.

449

Der Inhalt dieses Absatzes scheint hier zudem nicht hoch besetzt zu sein, da man sich hochbesetzten Inhalten mit mehr „Liebe zum Detail" widmet.

24) Wiederholung des Wortes „time": „Zeit haben" scheint in dieser Stunde etwas sehr Bedeutsames für den Schreiber zu sein, der am Vormittag stark beschäftigt war.

25) Die Nennung der genauen Lage des Spielbereiches (neben dem Kids' Club) ist rein informatorisch ein überflüssiges Element. Es bewirkt bei mir als Leser eine genauere Phantasie über den Ort des Spielbereiches, die aber ja nicht mit den realen Gegebenheiten übereinstimmen wird. Ich bin dadurch also paradoxerweise näher am Geschehen, ohne es tatsächlich zu sein: Die Nähe ist eine Illusion.

26) Es erscheint mir als eine Demonstration übertriebener Vorbildlichkeit, Mittags regelmäßig mit den Kindern zu spielen, statt selbst nach dem frühen Erwachen und dem anstrengenden Vormittag einen kleinen Mittagsschlaf zu halten. An dieser Stelle frage ich mich, ob ich nicht zu egoistisch denke, verspüre Schuldgefühle, keine solchen Ideale von Elternschaft im Repertoire zu haben, habe Angst, als eine potenziell „schlechte Mutter" zu gelten, wenn ich so denke.

"14.30-15.00 Usually we take the twins back to Kids' Club although Sean has had the odd afternoon in the apartment as it's a bit cooler and he's not much of a sun worshipper! They have been taking part in many different activities including painting, singing, stories, swimming, trips to the beach and they have lots of toys to play with."

- Irritationen, Gegenübertragungen:
27) Erneute, überflüssige Verwendung von „usually" (dass hier der in der Regel durchlebte Tagesablauf dargestellt wird, ist klar, auch ohne dieses Adverb und vor allem ohne die ständige Wiederholung von ihm): Die Betonung des Gewöhnlichen zieht die Aufmerksamkeit für die „Ausnahmen" ab, die in der Formulierung aber mit anklingen. Vielleicht gibt es viele Ausnahmen, oder eine besonders bedeutsame Ausnahmesituation, von denen bzw. von der der Blick abgewendet werden soll.

28) Ich verspüre Abneigung gegen diese auch hier wieder untergebrachte Unterstreichung elterlicher Fürsorge (Schutz des Kindes vor der Sonne), die ich aber geschickt im Hintergrund platziert sehe durch meine von der witzigen Feststellung bzgl. des fehlenden Sonnenanbetertums des Kindes vereinnahmten Aufmerksamkeit.

29) Zur witzigen Feststellung, der Junge sei kein „sun worshipper" (Sonnenanbeter): Die Tatsache der Vermeidung eines *sinnlichen Genusses* der Sonne aus *konstitutionellen* Gründen wird hier durch die Begründung des Fehlens mittels eines *tiefgeistigen, religiösen Bekenntnisses* zu diesem Himmelskörper ersetzt. In der Verknüpfung dieses neuen weltanschaulichen Gedankenfeldes mit der „platten" körperlich-sinnlichen Ebene werden beide latent lächerlich gemacht: Sonnengenuss wird in der Gegenüberstellung mit dem Hochgeistigen als etwas Triviales verspottet, indem es in ironischer Weise zu etwas Tiefsinnigen aufgewertet wird. Damit distanziert sich der Schreiber vom Oberflächlich-Geistlosen.

Das Tiefsinnige, Religiöse, wird wiederum durch die Kontextualisierung mit dem Körperlich-sinnlichen verspottet, wobei diese hergestellte Konnotation auch durch die Bedeutung der konstitutionellen Unverträglichkeit, vor der man in die vier Wände fliehen muss, getragen wird. Durch die Verwendung eines Bildes einer sehr spezifischen Religionsausübung (Sonnenanbeter) schwingt hier auch der Apsekt von Befremdlichkeit mit. Somit kann man hier zusammenfassen: Es scheint hier um die Zurückweisung der religiösen Kontrolle des Körperlich-Sinnlichen zu gehen. Um letzteres zu wahren, gilt es, sich von der Religion distanzieren. Darüber hinaus scheint der Schreiber aversiv getönte Regungen der Religion gegenüber zu haben, zu der er wohl wenig ernsthaften Zugang hat, die ihm Befremdlich erscheint, und von der er sich lieber zurückziehen mag.

Die Gesamtbetrachtung legt für den Verfasser außerdem einen Konflikt zwischen Trieb und Moral nahe.

Darüber hinaus ist zu bedenken, dass Witzeln auch als eine exhibitionistische Schaustellung geistiger Kompetenzen anzusehen ist und als eine soziale Leistung, die das Gegenüber als Teilhaber am Witz, der diesen anerkennt, braucht.

450

(Freud über Witze (in: „Der Witz und seine Beziehung zum Unbwussten" (1905)): Witz = angestrebter Lustgewinn durch die Befriedigung eines Triebes (feindselig oder lüstern) unter Umgehung eines moralischen Gebotes, was Erleichterung verschafft; dies wird wie folgt erreicht: Zitat (S. 179) „Ein vorbewusster Gedanke wird für einen Moment der unbewussten Bearbeitung überlasen und deren Ergebnis alsbald von der bewussten Wahrnehmung erfasst." Im Unbewussten wird Gedanke primärprozesshaft (v. a. Verschiebung, Verdichtung und indirekte Darstellung), analog zur Traumarbeit, bearbeitet und damit vor der Moral verschleiert, allerdings im Unterschied zum Traum nur so weit, dass er noch, wenn auch meist weniger unmittelbar, verstanden werden kann.

Der psychische Aufwand, der mit dem Wegfall der Hemmung aufgehoben wird, erfährt im Lachen Abfuhr (je größer die Ersparnis, desto größer die Witzeslust). Triebfeder harmloserer Witze: Drang, seinen Geist zu zeigen. Der Witz ist sozial, er verlangt nach einer Peron, welcher er mitgeteilt werden kann.)

30) Diese witzige Stelle, hinter der ein Ausrufungszeichen steht, wirkt dynamisierend und lenkt damit vom eher „langweilig" anmutenden inhaltlichen Aspekt des Verweilens des Kindes im Apartment ab.

Allerdings verspüre ich keine Lust, über die witzige Stelle zu schmunzeln, denn zu sehr empfinde ich es als „aufgesetzte" Ablenkung von der eigentlich sehr ernsten Thematik des Verschwindens von Madeleine.

31) Die Aufzählung der vielen Aktivitäten der Kinder im Kid`s Club fällt auf. Als Leser habe ich das Gefühl, man will mich davon überzeugen und ich soll Begeisterung dafür entwickeln, wie wunderschön es doch in der Kinderbetreuung ist, so als hätte ich arge Kritik daran geübt, die nun außer Gefecht gesetzt werden soll. Bei der Formulierung „and they have lots of toys to play with" bekomme ich aber eher Mitleid, da sie sich für mich wie ein Trost anhört, so wie man z. B. kleine Kinder beim Babysitten mit Spielzeug von ihrer Traurigkeit über das Ausgehen der Eltern ablenkt.

"15.00~17.00 We try to get some time together alone, going for a walk to talk things over or getting some exercise. This is often the time for quiet trips to the church for prayers."

• Irritationen, Gegenübertragungen:
- keine

"17.00-17.30 Meet kids for high tea with other mums and dads. They love pasta and have been doing really well with their vegetables although a few chips have been squeezed in."

• Irritationen, Gegenübertragung:
32) Unwille kommt in mir auf, da ich das Gefühl habe, dass mir schon wieder die vorbildliche Fürsorge der Eltern „untergejubelt" wird, die sich hier um die gesunde Ernährung der Kinder bemühen.
33) Dass Kinder Nudeln mögen und zum Gemüseessen eher angehalten werden müssen, wie auch hier herausklingt, sind Alltäglichkeiten und verraten im Grunde nichts Persönliches über die Kinder.

"17.30-18.30. Games with kids at play area. Amelie loves trying to get in the baby pool!"

• Irritationen, Gegenübertragungen:
34) Wieder einmal verspüre ich die Abneigung dagegen, das Paar in seinen immer wieder unterschwellig eingeflochtenen Elternqualitäten bestärken zu sollen: Auf ein Kind, das während des Spieles am Abend (also vermutlich angezogen) ständig ins Babyschwimmbecken steigen will, muss man ja besonders gut aufpassen.
35) Die Begeisterung, zu der das Ausrufungszeichen des zweiten Satzes auffordert, irritiert mich: Was ist an der Aussage des Satzes so begeisterungswürdig?

451

a) Es könnte einmal das Schwärmen einer Großmutter o ä. sein, die den Kindern sehr nahe steht, aber aufgrund des Mangels an geteilter Alltagserfahrung mit ihnen jede ihrer Aktivitäten übermäßig süß findet. Zu dieser distanzlosen „Vergötterung" der Kinder soll dann wohl auch der Leser aufgefordert werden.

b) Zum anderen muss beachtet werden, dass die Aufmerksamkeit, die der zweite Satz durch das Fragezeichen auf sich zieht, auf der manifesten Ebene auf die Begeisterung für die Kinder abfällt, diese aber eine Verschiebung der eigentlich angestrebten, aber der Zensur wohl anheim gefallenen Aufmerksamkeit für die unterschwellige Botschaft der guten Elternqualität (hier das „Aufpassen")   darstellen   kann.

"18.30-19.30 Bath and story time with the twins.
 20.00 We put the kids to bed."

- Irritationen, Gegenübertragung:
36) Einerseits ist 20.00 Uhr eine klassische Bettgehzeit für kleine Kinder, deren hier angegebene punktuelle Realisierung allerdings an betont auf Ordnung und Struktur bedachte Eltern denken lässt. Andererseits stellt sich mir die Frage, ob solch 13,5-Stunden-Tage mit viel Programm und ohne Mittagsschlaf für 1,5-jährige Kinder nicht zu strapaziös sind. Aber das mag auch vom Temperament des Kindes abhängen...

"20.30-23.00 We try to sit down for a family meal, again usually cooked by one of the small family group out here with us. Chat about the day's events and plan the next day.
23.30 bed and prayer for Madeleine that she will be returned to us safely ASAP.

In addition to above we try to attend various church services during the week, and make multiple phone calls to family and friends. We try to watch the main news early morning and late evening but have had almost no time to read the newspapers or even look at the pictures!

Kate is a keen runner and in the last few days has tried to include a run in the daily routine. Yesterday (Sat) at 7am we ran to the monument at the top of the steep cliff overlooking Praia de Luz. We reached it in 19 minutes."

- Irritationen, Gegenübertragungen:
37) „Bed and prayer for Madeleine" hört sich an, als beziehe sich neben dem Gebet auch das Bett auf die wie auch immer verschwundene Tochter (i. S. v. ins Bett bringen, ihr Bett herrichten). Vielleicht gibt es, zumindest in der Vorstellung, ein derartiges Ritual. Madeleine scheint den Eltern am Abend auf jeden Fall besonders präsent zu sein, was in doppelter Hinsicht verständlich ist: Zum einen ist Kind abends „verschwunden", zum anderen kann jedes Schlafengehen auch als eine vorübergehende Trennung von den Objekten der Außenwelt (durch Entziehung der psychischen Besetzung) gesehen werden, die im Falle eines sehnenden „Festhaltens" am dort Verlorenen nicht ohne weiteres vollzogen werden kann.
Darüber hinaus kann das mit dem Wortlaut entstehende Bild des Zu-Bett-Bringens der Tochter als die phantasierte Wunscherfüllung gesehen werden, sie wäre noch bei ihnen. Aber auch das gegenteilige Bild eines eindeutigen Todes wird mit beinhaltet, indem „bed and prayer", so formuliert, stark anklingt an eine Beerdigungsszene. Sie kann potenziell sowohl verstanden werden als Wunscherfüllung des Todes im Sinne einer Entlastung von den Qualen der Ungewissheit über den Verbleib der Tochter im Falle einer Nicht-Involviertheit des Schreibers in ihr Verschwinden als auch als ein tatsächliches Wissen über ihren Tod und der Schmerz über die Unmöglichkeit einer Beerdigung im Fall von aktiver Involviertheit i. S. eines Wegschaffens der Leiche. Ersteres wird wohl mit zunehmender Dauer des Verschwundenseins des Kindes plausibler, da die Belastung der Ungewissheit durch das Schmelzen der Hoffnung wächst.

38) „ASAP": die bekanntlich in SMS und Internetchats, aber zuweilen auch in E-Mails aus der Geschäftswelt zu findende Abkürzung für „as soon as possible" weist neben dem ernsthaften Dringlichkeitsaspekt auch eine jugendlich-dynamische Konnotation auf.

39) „In addition to above", gefolgt von einer Aufzählung elterlicher Aktivitäten, erklärt auch alle vorangehenden Textpassagen nachträglich zu einer gewichtigen Aktivitätsauflistung, um die es dem Schreiber eigentlich zu gehen scheint. Eine Fokussetzung auf Verzweiflung, Trauer, Ausweglosigkeit und in diesem Zusammenhang eine depressive Lethargie kommt für den Verfasser nicht in Frage. D. h. auch, er bemitleidet sich nicht selbst und möchte auch kein Mitleid vom Leser – dazu ist der Text nicht geeignet. Er löst eher Anerkennung aus für das so souveräne, gut organisierte und nachdrückliche Engagement der aufopferungsvollen Eltern und hält – zumindest in vorliegenden Absatz – mich als Leser mit atemlos auf Trab: Die o. g. einleitende Formulierung, die Aktivitätenaufzählung, das wiederholte „try", das anzeigt, dass die Eltern vor lauter Beschäftigungen doch nicht zu etwas Bestimmten kommen, das Ausrufungszeichen am Ende – all dies lässt meinen Blutdruck eher steigen und ich habe das Bedürfnis, einmal tief Luft holen zu können. Es ist, als ginge es dem Schreiber mit seinem Handlungsprinzip „addition" besonders auch um die Präsentation (vor sich selbst und/oder dem Leser) seiner „condition" (als Durchhaltevermögen und Potenz).

40) Interessanterweise ist meine unter 3) genannte Ausführung genau übereinstimmend mit dem nun sogar manifesten Bild des Joggens in der letzten Textpassage von Gerry, was als eine gute Bestätigung meiner dortigen Bedeutungserkundung gelten kann. Die McCanns „joggen" atemlos eine enorme Steigung hinauf und der Leser joggt mit, Innehalten wird vermieden.

41) Das Bild, Praia da Luz oben vom Gipfel der Klippen zu überblicken, erinnert sinnbildhaft an den Bewältigungsstil der Eltern, die ein „Untergehen" im (Gefühls-) Chaos der Situation mittels Lenkung der Kräfte in Aktivitäten und Organisiertheit zur Wahrung des Überblicks zu vermeiden suchen.
Es findet so aber auch eine Distanzierung vom Ereignis statt, ein befreiend anmutendes „Hinauslaufen" aus seiner unmittelbaren Erlebensebene zu einem Punkt, an dem diese ganz klein scheint.

42) Die Zeitangabe „19 Minuten" im Kontext des Erreichens des Gipfels erscheint mir unter den bekannten situativen Umständen der Eltern merkwürdig. Es wird sich wohl tatsächlich um eine mittels Uhr genau gemessene und dann leicht gerundete Angabe handeln (bei etwas gröberen Schätzungen würde man hier eher „20 Minuten" angeben), wobei die aus ihr sprechende Leistung dem Schreiber von starker Bedeutung sein muss. Als Leser frage ich mich hier, warum das Joggen, das als psychophysischer Ausgleich in einer derartigen Belastungssituation verständlich wäre, mit diesem Leistungsanspruch, auf die die (so genau) Zeitangabe verweist, gekoppelt ist. Es scheint dem Verfasser also um die Befriedigung zu gehen, seine eigenen Potenziale zu erleben und sie dem Leser zu demonstrieren. Angesichts der Situation der Eltern, könnte dies als Abwehr von Ohnmachtsgefühlen und/oder Kompensation einer narzisstischen Kränkung (z. B. i. S. d. Erlebnisses, in der in Frage stehenden Schlüsselsituation nichts haben tun zu können) aufgefasst werden, vielleicht auch als eine Demonstration der eigenen Kräfte gegenüber dem möglichen Täter. Auch wenn ich als Rezipient nicht weiß, ob 19 Minuten für die Strecke als viel oder wenig anzusehen sind, habe ich aufgrund der Betonung der vielen Aktivitäten im vorangegangenen Absatz den Eindruck, dass ich hier ganz bestimmt die Einstufung der Laufleistung als *schnell/gut* vornehmen soll, also quasi bestätigend „hey, toll!" sagen soll, wie zu einem Jungen, der z. B. gerade, im Zuge zunehmender Selbständigkeit, das Fahrradfahren erlernt.

43) Kate wird, im Gegensatz zu Sean and Amelie, erst im letzten Absatz genannt, der, zusammen mit dem vorletzten, aus der Haupttextstruktur herausfällt. Von der Zeitangabe des Joggens (7 am) gehört der Absatz zudem eigentlich mit in den ersten Absatz. Dass das Textelement aber dort nicht steht, legt eine für Gerry McCann evtl. subjektiv vorhandene Nachrangigkeit/"Hintenanstellung" seiner Frau Kate in der Paar-/Familienbeziehung nahe.

- Weitere Irritationen und Gegenübertragungen aus der Betrachtung des Gesamttextes:

44) Es fällt die Inkongruenz in der formalen Gestaltung der Passagen auf, die in einem Wechsel zwischen vollständig ausformulierten Sätzen einerseits und Stichworten/Satzfragmenten/leichten Elipsen andererseits besteht. Letztere Form wurde an folgenden Stellen gewählt:
    - "12.30 Time to pick up Sean and Amelie from Kids' club then head back to apartment for lunch, which has usually been prepared by one of our family/friends group who have been tremendously supportive."
    - "17.00-17.30 Meet kids for high tea with other mums and dads."
    - "17.30-18.30. Games with kids at play area."
    - "18.30-19.30 Bath and story time with the twins."
    - "23.30 bed and prayer for Madeleine that she will be returned to us safely ASAP."

Durch die Vermeidung eines handelnden Subjektes in den Satzkonstruktionen wird für den Leser unklar, ob die beide Elternteile gemeinsam oder nur eines die Tätigkeiten in der Regel verrichten. Das legt die Hypothese nahe, dass letzteres der Fall ist. Da Gerry McCann sowohl im Tagebuchschreiben als auch im Sprechen vor den Medien der aktive Part ist, scheint die Annahme über *seine* die Tätigkeiten ausführende Rolle plausibler. Das würde heißen, aus Solidarität zu seiner Frau Kate benennt er nicht deren Rückzugsverhalten bzw. auch nicht sein größeres Engagement.

45) Der lückenlos dargebotene Zeitplan erinnert stark an die Rekonstruktionen des Abends des „Verschwindens", die später in den Medien auftauchen werden, u. a. um mögliche Zeitfenster für eine Beseitigung der Leiche durch die Eltern aufzuzeigen. Eine Rechtfertigung über die konkrete Ausfüllung ihrer Zeit am Abend des Verschwindens wäre hierzu als interaktives Gegenstück von Seiten der McCanns zu erwarten (z. B. auch in entsprechenden polizeilichen Ermittlungen). In diesem Sinne erscheint der Zeitplan hier wie solch eine - vorweggenommene – Rechtfertigung, allerdings nun nicht für ihre Aktivitäten am Abend des Verschwindens, sondern über ihre generelle Fürsorge für die Kinder sowie ihren geschäftigen Einsatz für die Wiedervereinigung mit Madeleine: Diese Rechtfertigung bzgl. der beiden letzteren Aspekte könnte als Antwort der Eltern auf die zu diesem Zeitpunkt noch implizit vorhandenen, später aber manifest werdenden Vorwürfe gegen sie (evtl. Mangelndes Sich-Kümmern um die Kinder, evtl. Verursachung des Todes der Tochter, evtl. Beseitigung der Leiche) verstanden werden. Mit anderen Worten, der Text klingt wie die Botschaft: „Wir können es nicht gewesen sein, denn seht doch her, wie aufopferungsvoll wir uns um unsere Kinder kümmern und jetzt nach Madeleine suchen."

46) Außerdem erinnern die sämtlichen Zeitangaben bei der Schilderung des Tagesablaufes an eine Struktur, wie sie strenge Verhaltenstrainer (wie z. B. die „Super-Nanny" aus dem TV) einfordern. In diesem Sinne sind die McCanns hier streng gegen sich selbst, fordern sich viel Selbstdisziplin ab in dieser schwierigen Situation.

47) Allerdings wird dieses nahezu zwanghaft anmutende Programm durch die mehrfach wiederholte Verwendung des Verbes „try" etwas aufgelockert. Die Regelmäßigkeiten gelten also nicht absolut, sondern als ein gesetztes Ziel/Ideal, um das sich die Eltern bemühen.

48) Mein nachdrücklicher Leseeindruck, dass es im Haupttext fast ausschließlich um die Kinder Sean und Amelie geht, steht im Kontrast zu der sich aus dem Geschilderten auch ergebenden Tatsache, dass die beiden täglich 5-6 Stunden in der Kinderbetreuung sind.
Trotz des Verständnisses für die Eltern, dass ihnen die Inanspruchnahme der Kinderbetreuung wohl wertvolle Zeit für wichtige Gespräche und Unternehmungen bezüglich Madeleines „Verschwinden" bietet, ist mir doch unverständlich, wie man kurz nach einem solchen Ereignis die Kinder so lange am Tag „aus der Hand gibt" (und sie womöglich, wie oben geschildert, noch mit den Betreuern das Hotel verlassen lässt z. B. für Strandausflüge). Man müsste doch subjektiv Angst haben, dass – einmal im Visier des Entführer der einen Tochter – bei nächster Gelegenheit auch noch die beiden übrigen Kinder dessen Ziel sein könnten. Vielleicht, so würde ich an Stelle der McCanns sicher denken, hat er ja gar seine Tatabsicht, alle *drei* Kinder (oder zumindest die *beiden* Mädchen) mitzunehmen, an dem Abend nur nicht vollenden können, da er durch die Wiederkehr von uns ins Appartement gestört wurde?

49) Was mir sauer aufstößt, ist das Dynamische, Beschwingte, das durch die Ausrufungszeichen, den Witz, die Abkürzung ASP und die begeisterungsvoll geschilderten Details kindlicher

Aktivitäten transportiert wird. Wo ist das Leidvolle, Traurigkeit, Verzweiflung und diesbezügliche Beschwerlichkeit? Sie scheinen, vom Schreiber verdrängt zu sein.

Quintessenz der Irritationen und Gegenübertragungen:

a) Dem Leser wird durch den Schreiber die Rolle zugewiesen, das Paar in seinen betont guten Elternqualitäten zu bestätigen (6, 11, (12), 26, 28, (31), 32, 34, 35b, 45).

b) Dem gegenüber stehen Hinweise auf ein real weniger übermäßig ausgeprägtes Engagement der Eltern bzgl. der Kinder ((5), 10, 27, (36), 44, 48).

c) Die Betonung der elterlichen Fürsorge scheint Ich-Ideal-Forderungen befriedigen zu wollen, und deutet hierbei – wie v. a. auch im Gegenübertragungsgefühl von Scham und Schuldgefühlen (11, 26) – auf einen **Konflikt zwischen Ich und Ich-Ideal hin, also auf Scham-/ Schuldgefühle des Schreibers hinsichtlich seiner von ihm erlebten Unzulänglichkeit gegenüber seinen Ich-Ideal-Forderungen** (vgl. auch: 12, 31).

d) Im Zusammenhang mit diesem Konflikt werden nun auch die rechtfertigenden Beteuerungen guter Elternschaft gegenüber dem Leser als eigentliche Adressierung an die Prinzipien des eigenen Ich-Ideals verständlich (12, 20, 27, 30, 31, 45, (47)).

e) Ein hohes Maß an Selbstdisziplin und Strukturiertheit des Tagesablaufes deuten darüber hinaus ein strenges Über-Ich des Verfassers an i. S. v. zwanghaften Strukturanteilen und können dabei auch als Elemente der Haltgebung in dieser schwierigen Lebenssituation verstanden werden (9, 20, 36, (39), 46, 47). Dies ist ein Halt, der aus eigenen Kräften heraus aktiv geschaffen wird.

f) Das hohe Ich-Ideal und auch das strenge Über-Ich im Allgemeinen, das durch die Handlungen des Ichs befriedigt werden kann, scheinen diesem Schreiber besonders stark Quelle narzisstischer Befriedigung und Laster, von dem er sich Befreiung wünscht, zugleich zu sein (20, 27, v. a. 29, 38, 47).

g) Eine narzisstische Bestätigung möchte der Verfasser auch für sein Kräfte- und Kompetenzpotential vom Leser haben bzw. auch ihm selbst geht es wohl darum, seine eigene Potenz zu erleben ((16), 29, 39, 40, 41, 42).

h) Dem gegenüber steht ein latent durchscheinender Mangel an gefühlter Selbstbestimmtheit und Initiatorerleben (2, 21).

i) Der Verfasser des Textes sucht auch aktiv Distanz zu seinem eigenen Erleben (1, 19, 41), indem er seine Situation von Außen bzw. von einer mentalen Metaebene aus betrachtet.

j) Das Erleben von Gemeinschaft und damit die Vermeidung von Rivalität und Aggression sowie der Herstellung gemeinsamer Ideale und damit der Identifikation untereinander scheinen dem Schreiber, auch auf der Beziehungsebene mit dem Rezipienten, den er z. T. etwas distanzlos in seinen Lebensbereich hineinschauen lässt, sehr wichtig zu sein (4, 7, 8, (16), 18, 25, 29). Dies kann den Wunsch nach Distanzierung auslösen (siehe meine Gegenübertragung, vgl. 9, 13, 30), aber auch das Gegenteil, wie die „Maddy-Hysterie" und die vielen Zusprüche an die Eltern aus der Öffentlichkeit belegen. Es wird also tendenziell eine Spaltung bewirkt: Entweder man ist als Leser mit dem Verfasser in der In-Group, oder aber in der Out-Group.

k) Wirkliche Anteilnahme an tieferen persönliche Gefühlen oder Sorgen wird durch den doch eher oberflächlichen Inhalt des Tagebuchs nicht ermöglicht (9, 13, 25, 30, 33, 44, 49). Das öffentliche Tagebuch zeigt hier sein Paradoxon: Der Schreiber ist demonstrativ „offen", ohne es wirklich zu sein.

l) Gefühle von bzw. der Eindruck von emotionaler Beschwertheit, Traurigkeit, Verzweiflung und Rückzugsbedürfnis (21, 22, 23, 24) werden/wird vom Verfasser vermieden, mit Aktivität überkompensiert (39, 40, 41, 42) und mit dynamischem Witz und Anstiftung des Lesers zu Begeisterung überdeckt (30, 31, 38, 49).

m) Mit dem öffentlichen Tagebuchschreiben an sich, der Wahl der Überschrift sowie der überflüssigen Nennung intimer Verrichtungen macht der Schreiber sich selbst aktiv zum Beobachteten (1, 7). Es scheint, neben einer gewissen narzisstischen Befriedigung, die Begründung einer Wendung aus der passiven Rolle eines von den Medien beobachteten Objektes in einen aktiven Initiatorstatus plausibel.

n) Es gibt Hinweise auf die Existenz (unbewusster) Phantasien des Verfassers über elterliche Fürsorge für Madeleine (14, 37). Mehr noch als durch eine bloße Wunschvorstellung einer

Wiedervereinigung mit ihr lassen sie sich z. T. (vgl. 14) durch eine Verkehrung ins Gegenteil, ein phantasiertes Ungeschehenmachen einer diesbezüglichen Versagenssituation, erklären.

o) Auch gibt es einen – allerdings schwachen - Hinweis auf das Bild einer toten Madeleine im Unbewussten des Autors. Dies kann entweder als eine phantasierte „Wunscherfüllung des Todes" im Sinne einer Entlastung des Ichs von den Qualen der Ungewissheit über den Verbleib der Tochter im Falle einer Nicht-Involviertheit des Schreibers in das Verschwinden aufgefasst werden, oder aber als ein tatsächliches Wissen über ihren Tod sowie Schmerz über die Unmöglichkeit einer Beerdigung im Fall von aktiver Involviertheit i. S. eines Wegschaffens der Leiche. Ersteres wird wohl mit zunehmender Dauer des Verschwundenseins des Kindes plausibler, da die Belastung der Ungewissheit durch das Schmelzen der Hoffnung wächst (37).

p) Der Autor und seine Frau scheinen sich nach dem Verschwinden der Tochter nicht immer gemeinsam bzw. gleich stark um die Kinder zu kümmern, was aber nach Außen hin nicht benannt wird, sondern solidarisch verschwiegen (44).

q) Der Schreiber ist dazu fähig, sich spielerisch-liebevoll mit seiner Tochter Amelie zu identifizieren (15). Auch der Leser wird dazu angehalten, eine Nähe zu und eine Begeisterung für die Kinder zu entwickeln, die allerdings auch wiederum schon eine deutliche Tendenz zur Idealisierung aufweist (13, 15, 35a).

Ergänzungen aus den supervisorischen Gesprächen mit a) Frau W., ferner auch b) Frau K. :

Zu a): -
- „Gute-Eltern-Sein" ist für den Schreiber ein wichtiges Thema, das sicherlich vor einem konflikthaften Hintergrund derart ausgebreitet wird, aber neben meinen Interpretationen ist wohl auch in Erwägung zu ziehen, dass tatsächliche Kompetenzen vorhanden sein können.
- Das ERLEBEN des Schreibers wird durch das Pedantische, Zwanghafte tendenziell verunmöglicht.
- Ein Zur-Ruhe-Kommen wird durch die Aktivität des Schreibers verhindert.
- Zu 42): Obwohl ich zuvor das Joggen auf den Gipfel der Klippen auch als merkwürdig empfand, erlebte ich es im Gespräch mit meiner Supervisorin als „ganz normal" in einer derartigen Situation, in der sich die Eltern befinden, die schließlich ihre innere Unruhe loswerden wollen. Frau W. hingegen nimmt es als recht irritierend wahr. Diese Gegensätzlichkeit, verbunden mit dem Kontrast zwischen meinem vorherigen Empfinden und dem im supervisorischen Gespräch, deutet auf einen Abwehrprozess hin: Mit der Aktivität will sich der Schreiber also wohl von seinem inneren Leid ablenken.
- Die Szene „look after babies" der Zwillinge im Kinderhort könnte ausdrücken wollen: „Wie die Kinder, so wir Eltern (so fürsorglich)." Indirekt soll also wohl auf die Fürsorglichkeit der Eltern verwiesen werden und diese scheint den Schreiber innerlich zu beschäftigen.
- Einen Schamkonflikt spürt die Supervisorin nicht so wie ich, sie hat eher (mehr als ich) das Gefühl, dass es sich um wahrlich sehr kompetente Eltern handelt, die sich viele Gedanken darüber machen, was die Kinder brauchen (spielen etc.). Wir verstehen dies, so, dass jeder von uns wohl in einem anderen psychischen Aspekt des Schreibers mitschwingt (Abwehr, aber auch tatsächliche Kompetenzen versus Abgewehrtes). Des Öfteren machen wir im weiteren Supervisionsverlauf noch die Erfahrung, dass wir genau gegenteilige Eindrücke haben. Dies könnte auf eine Spaltung (hier v. a. im Selbstbild) des Schreibers hinweisen, was mit meinem Scham in der Gegenübertragung, dem herausgearbeiteten narzisstischen Aspekt sowie meiner Abneigung gegen diesen und den in der Realität gefundenen Mängeln an so idealer Fürsorge gut vereinbar wäre.
- Mittagsschlaf würde sie nicht mit den Kindern halten, sich aber mit ihnen auch zusammen zur Entspannung an den Mittagstisch setzen.

- Die Supervisorin öffnete mir den Blick dafür, dass der Schreiber im Spiel mit / in der Beobachtung seiner Kinder auch ein gesundes „unbelastete Gefühl" von Normalität sucht und erleben kann, was als Ressource angesehen werden kann.
- Dass die Eltern nicht in die Zeitung gucken, irritiert sie. (In einem späteren Interpretationszusammenhang wird mir deutlich werden, dass dieses Verhalten bedeuten kann, dass der Schreiber sich unbewusst „völlig selbstvergessen aufopfern" zu müssen glaubt für Madeleine, als „Strafe" für unterlassene Fürsorge).

Zu b):

- Mangelnde Empathie des so zwanghaften Schreibers wird hier thematisiert, eine Bindungsstörung vermutet. Dazu passt, wie Frau K. sagt, meine Phantasie, lieber noch etwas länger (mit den Kindern) im Bett zu bleiben, da dies die „Wärme" ausdrücke, die im so von Ordnung und Organisiertheit durchtränkten Tagebuchtext nicht vorkomme. Dies bringt mich auf die Idee, dass meine Morgens-Länger-Schlafen-Phantasie und Mittagsschlaf-Phantasie einen depressiven Aspekt anklingen lassen, der vom Tagebuchschreiber abgewehrt wird.

2) Analyse des zweiten Blogeintrages vom 23.05.07

"Today Kate and I went to the Shrine at Fatima to pray for Madeleine´s safe return. It was another early start leaving at 6.30am. MarkWarner, who have looked after us so well, laid on a car and driver. We managed to continue the campaign with telephone conversations and e-mails. The actual visit was very encouraging with the rector and thousands of pilgrims praying for Madeleine as well Kate and I. We lit candles for Madeleine and also 3 for Madeleine's grandparents. The trip received a lot of publicity which should help maintain the profile of her abduction. We are planning a relatively quiet day tomoorow although the British Ambaasador is coming to visit and we need to start finalising our plans for interviews in areas of Europe where the coverage of Madeleine's disappaerance has been limited.".

- Irritationen, Gegenübertragungen:
1) „Leaving at 6.30am" soll sich wohl inhaltlich eigentlich auf „Kate and I" beziehen, streng grammatikalisch gesehen bezieht es sich aber tatsächlich auf „another early start". Es sind somit nicht die Eltern, die früh abfahren, sondern der frühmorgendliche Start selbst. Dies deutet darauf hin, dass sich der Schreiber eher von den Geschehnissen mitgerissen fühlt, als dass er sich als selbstbestimmt handelndes Subjekt begreift.
2) (Die Zusammenschreibung von „Mark Warner" lässt sich wohl einfach dadurch erklären, dass hiermit wohl nicht die Person, sondern die Hotelmarke gemeint ist, bei der eine derartige Schreibweise gewöhnlicher ist.)
3) Die Darlegung der Organisation, insbesondere der Fortführung der Suchkampagne auf der Pilgerfahrt, lässt in mir die Frage aufkommen, ob die Eltern denn nicht wenigstens einmal bei einer derartigen Gelegenheit zur Besinnlichkeit ihre engagierten Aktivitäten (weitestgehend) ruhen lassen können, was mir im Sinne der Konzentration auf die Pilgertour doch passende erscheinen würde. Die aber hier vom Schreiber vorgestellte Szene deutet eher darauf hin, dass – mindestens er selbst, vielleicht auch das Paar – einen Drang zur Geschäftigkeit hat und Ruhe vielleicht auch zu vermeiden sucht.
4) Im Zusammenhang mit dem eben Genannten fällt auch auf, dass im Text vielmals einem auf Ruhe oder Passivität gerichteten Fokus eine Darstellung der eigenen Anstrengungen der Eltern folgt: Nach der Benennung des Betens (Ruhe) erfolgt die Betonung des frühen Aufstehens (Anstrengung), nach der Darlegung, MarkWarner habe Auto und Fahrer gestellt (Passivität der Eltern) wird das geschäftige Managen der Kampagne beschrieben, nach der Erzählung über das Beten in Fatima und das Bekommen von Mut (Passivität) das Anzünden der Kerzen (Aktivität). Auch der Erwähnung einer am nächsten Tag geplanten Ruhe wird mit einem „Obwohl" wieder einschränkend aufgehoben. - Einerseits muss zum Verständnis dieses Alternierens der Faktor

der Erfordernisse der real gegebenen Situation der Eltern berücksichtig werden, der dle Eltern sicherlich nicht leicht zur Ruhe kommen lässt. Zum anderen ist es ja aber der Schreiber selbst, der hier in der Textproduktion jedem auf Ruhe bezogenen Satz wieder eine Betonung der eigenen Aktivität folgen lässt, was somit durchaus auch als ein Handlungsmerkmal dieser Person betrachtet werden kann.

5) Es fällt auf, dass für die drei *noch lebenden* Großelternteile, d. h. für die Eltern von Kate und die Mutter von Gerry, Kerzen angezündet wurde, als auch für Madeleine eine entzündet wurde. Das reiht Madeleine unter die Lebenden, nicht unter die Toten. Von daher kann davon ausgegangen werden, dass die Eltern tatsächlich die Hoffnung in sich tragen, Madeleine sei noch am Leben.

6) Die einzig vorgenommene Bezeichnung „encouraging" für die Tausenden Pilger, die nach Fatima gereist sind, um mit den Eltern für das verschwundene Kind zu beten (vgl. Telegraph_Fatima), hört sich untertreibend an, so als sei eine solch anteilnehmende Menschenmasse nicht allzu weit vom völlig Selbstverständlichen entfernt. Dies deutet, auf der Ebene der Außenfaktoren, auf eine bereits eingetretene Gewöhnung an eine Anteilnahme derartigen Ausmaßes hin, auf der Ebene der persönlichkeitstypischen Wahrnehmungsweise auf einen narzisstischen Zug sowie auf eine mangelnde Trennung zwischen (den Interessen von) Selbst und Objekten, aber auch auf eine Bagatellisierung, d. h. tendenzielle Verleugnung des Brauchens anderer.

7) Die Aussage, die Publicity des Pilgertrips würde wohl helfen, das Profil (hier: die Bedeutsamkeit bzw. das Eigenschaftsprofil) von Madeleines Entführung weiter aufrechterhalten, lässt bei mir die Frage aufkommen, was dem Schreiber daran so wichtig erscheint. Außer der manifesten Tatsache, dass eine Verbreitung des Verschwindens des Kindes dessen Auffinden erhöhen könnte, wovon die Eltern wohl ausgehen, schwingen noch andere Aspekte mit:

a) Wenn es darum gehen soll, die Bedeutsamkeit der Entführung aufrechtzuerhalten, so wird damit der Bedeutungsgehalt, den die Eltern diesem Verschwinden beimessen, zu einem *allgemein* gültigen und damit zu einer alle Menschen zu interessierenden Angelegenheit erhoben.

b) Mich irritiert das Wort „maintain" in diesem Zusammenhang, da damit zugleich das Einstürzen der Bedeutsamkeit/des Eigenschaftsprofils der Entführung assoziiert ist: Es geht dem Schreiber wohl nicht um die bloße Verbreitung des Verschwindens oder um die Ausweitung dessen Bekanntheit, sondern um die *Aufrechterhaltung* der Bedeutung bzw. der Entführungsversion, und damit um die Vermeidung eines (Angst besetzten) Einstürzens hiervon. Was ist dem Schreiber aber an dieser Aufrechterhaltung und Einsturzvermeidung so wichtig? Dazu kommt mir folgendes in den Sinn:

.1) Wenn die öffentliche Bedeutsamkeit des Verschwindens nachlässt, schwindet damit auch die allgemeine Bedeutung des Kindes selbst, was für die Eltern die Bedeutung eines „Sterbenlassens" haben könnte. Dieses soll vielleicht vermieden werden.

.2) Wenn die Entführungsversion einstürzt, wird der Verdacht sich wohl auch gegen die Eltern selbst wenden. Die Furcht hiervor wird besonders stark sein, sollten die Eltern tatsächlich aktiv in das Verschwinden ihres Kindes verwickelt sein. In diesem Fall könnte es die Befürchtung des Schreibers geben, sein „Lügengebäude" („building" auch im Englischen) könnte einstürzen und es gelte dann, alles daran zu setzen, um es aufrechtzuerhalten.

.3) Die Furcht vor dem Einstürzen der Entführungsversion und damit der Angst, Objekt des Angriffes der Öffentlichkeit zu werden, ist jedoch auch umso größer, je größer das Schuldgefühl des Schreibers ist, das er abzuwehren versucht, dessen Einsturz der Abwehr aber durch ein von Außen an ihn herangetragenes Schuldgefühl verursacht werden könnte.

8) Die Beschreibung des eigentlichen Geschehens am heiligen Ort Fatima, nämlich des gemeinsamen Betens und Kerzenanzündens, ist umrahmt von der Darlegung der elterlichen Aktivitäten bezüglich der öffentlichen Suchkampagne und der durch die Pilgerfahrt erreichte Publicity. Die Betonung letzterer erregt in mir Unmut, der bei genauerer Reflexion auf meinen starken Eindruck zurückgeführt werden kann, dass es dem Tagebuchschreiber vielmehr um die Publicity und die Kampagne geht als um den spirituellen Aspekt der Pilgerfahrt, die von ihm hier auf der manifesten Ebene doch in den Vordergrund gestellt wird.

9) Die Berichterstattung in den diesbezüglich „rückständigen" Gebieten von Europa durch Interviews vorantreiben zu wollen, klingt wie ein gewichtiges Liberalisierungs- (Pressefreiheit),

458

Entwicklungshilfe- oder Businessprojekt – also wie etwas „ganz Großes", das (den Menschen dort) ideelles oder materielles Wohl bringt.

a) Hieran lässt mich erstens aufmerken, dass sich die Eltern in einem so weitreichenden Rahmen zu einer Einflussnahme berufen/dafür verantwortlich fühlen. Dies setzt ein hohes Ich-Ideal voraus, was auf einen starken narzisstischen Aspekt des Schreibers/ beider Elternteile hindeutet bzw. auf ein starkes „Pflichtgefühl" der Ich-Instanz vor einem in Folge der Ereignisse reaktiv erhöhten Ideals verweisen kann, was auf ein Versagensgefühl verweisen würde, das nun in narzisstischer Weise überkompensiert wird. Der dabei auch anklingende altruistisch anmutende Gesichtspunkt geht wohl auf die Projektion der eigenen Bedürftigkeit zurück.

b) Zweitens irritiert mich, dass sie die europäische Bevölkerung so sehr mit ihrer Angelegenheit beschäftigen wollen, wirklich „alle einbeziehen" wollen. Hier erscheint die Trennung von Subjekt (Verfasser) und Objekt (Europäische Bevölkerung) für ersteres unscharf geworden zu sein, wodurch es seine eigene Angelegenheit nachdrücklich als eine der gesamten europäischen Bevölkerung betrachtet.

In Verbindung mit a) kann man auch von einem gewissen Omnipotenzgefühl des Schreibers/ des Paares sprechen: Die mäßige Auflösung der Subjekt-Objekt-Grenze in Verbindung mit dem Bestreben der Befriedigung des hohen Ich-Ideals führt zu einer gewissen Grenzenlosigkeit in der Inanspruchnahme des eigenen Handlungsspielraums.

10) Der Schreibfehler in den Worten „tomoorow" und „Ambaasador" weisen mit ihrer Verdopplung des Vokals statt des Konsonanten Strukturgleichheit auf, was eine Interpretation auf dieser Ebene am sinnvollsten erscheinen lässt: Die Kürze und damit originär einhergehende Unbetontheit eines Vokals wird mit der Verdopplung in sein Gegenteil verkehrt. Betrachtet man den inhaltlichen Kontext, in dem diese Fehler aufgetreten sind, so ergeben sich folgende Auslegungsmöglichkeiten:

a) Statt grundlegend geplanter Ruhe, die durch Aktivitäten um das Verschwinden von Madeleine eingeschränkt wird, könnte der Schreiber unbewusst die Aktivitäten fokussieren, die Ruhe hingegen nachrangig sehen.

b) Dass diese beiden Schreibfehler sowie auch der nachfolgend beschriebene allesamt im letzten Satz des Tagebucheintrages auftauchen, lässt auf Ermüdungserscheinungen schließen. Im inhaltlichen Kontext der für den nächsten Tag geplanten Ruhe, der jedoch durch Erledigungen wiederum Einschränkung drohen, kann dies also auf einen Wunsch nach Ausweitung der Ruhephasen hindeuten.

11) Die Fehlleistung beim Versuch, „disappearance" zu schreiben und statt dessen „disappaerance" zu produzieren, kann wie folgt mit Sinn versehen werden:

a) Das produzierte Wort würde phonetisch weitgehend die semantische Einheit „parents" beinhalten (paerance). Dies könnte bedeuten, dass durch das Schlüsselwort „Verschwinden" unbewusst das damit in einer Verbindung stehende Moment „Eltern" im Schreiber aktiviert wird, was durch ein Schuldgefühl wegen mangelhafter Erfüllung der Aufsichtspflicht, aber auch durch eine aktive Verstrickung in das Verschwinden des Kindes bedingt sein kann.

b) „...where the coverage of Madeleine's disappaerance has been limited" könnte - im besonderen Hinblick auf *disappearance* - soviel heißen wie „wo die Berichterstattung über die disqualifizierten Eltern begrenzt ist", was das Empfinden, als Eltern versagt zu haben, nahe legt, sowie das Motiv nun als „gute Eltern", die sich so sehr kümmern, gespiegelt zu werden (Überkompensation, Wiedergutmachung).

c) Die o. g. vom Schreiber produzierte semantische Einheit „parents" in Verbindung mit dem dadurch *vermiedenen* Wort deutet auch einfach den Wunsch an, das Kind möge bei den Eltern sein *statt* „verschwunden" und die Überzeugung, es sei Aufgabe der Eltern, sich für die Aufhebung (also „rückwirkende Vermeidung") des Verschwunden-Seins einzusetzen.

- Quintessenz der Irritationen und Gegenübertragungen – Latenter Inhalt und Interpretationshypothesen:

a) Der persönliche Verarbeitungsstil des Schreibers kann als überkompensatorisch-aktiv beschrieben werden: Er konzentriert sich sehr auf die eigenen Anstrengungen und versucht mittels Geschäftigkeit „Ruhe" zu vermeiden (3, 4, 8, 10a). Dahinter kann außerdem die Phantasie des Schreibers stehen, wenn er nicht alles tue, um die Bedeutsamkeit des Kindes aufrechtzuerhalten, ließe er es sterben, Aktivität könne dies also verhindern – und damit das eigene Leid (Verzweiflung, Trauer) der Eltern (7b.1).

b) Vor dem Hintergrund dieser überkompensatorischen Aktivität und deren vermutlicher psychologischen Bedeutung für den Verfasser ist auch ersichtlich, weshalb es ihm wohl vielmehr um die initiierte Kampagne und die erreichte Publicity geht als um den religiösen Aspekt der Pilgerfahrt (8).

c) Als Gegenstück zur Abwehr der eigenen Erholungsbedürftigkeit wird aber auch das Abgewehrte, nämlich Erschöpfung und Ruhebedürftigkeit, deutlich (4, 10b).

d) So fühlt er sich trotz des Initiatorstatus eher als Getriebener, von den Geschehnissen mitgerissen (1).

e) Der Schreiber empfindet sich und seine Frau wohl als in das Verschwinden des Kindes involviert (11a), was auf ein Versagen in der Aufsicht, aber auch auf eine aktivere Rolle im Verschwinden des Kindes zurückgeführt werden könnte. Aus diesem unerträglichen Gefühl der eigenen Verwicklung heraus hat er wohl Angst, von außen mit Anschuldigungen konfrontiert zu werden, da das die Abwehr des eigenen starken Schuldgefühls unterlaufen würde (7b.3). Über dieses innerpsychisch determinierte Phänomen hinaus kann auch eine tatsächlich vorhandene aktive Verwicklung der Eltern in das Verschwinden ihrer Tochter erwogen werden, da diese die Angst vor einem Angegriffen-Werden ebenfalls gut erklären würde („Einsturz des Lügengebäudes", 7b.2).

f) Dass zumindest jedoch Gefühle des Versagens beim Vaters vorhanden sind, dafür spricht der überhöhte Befriedigungsdruck des Ich-Ideals (9a) sowie der Wunsch, mit seiner Frau auch von der Außenwelt als „gute Eltern" gespiegelt zu werden, was durch eine entsprechende Überkompensation des eigenen Versagens, eine gewissen Wiedergutmachungsabsicht, versucht wir herbeizuführen (11b). Daher rührt wohl auch das starke Verantwortungsgefühl des Schreibers für die Aufhebung des Verschwindens-Status seiner Tochter (11c).

g) Im Zusammenhang mit dem immensen Befriedigungsdruck des erhöhten Ich-Ideals ist eine starke narzisstische Ausrichtung des eigenen Handelns des Vaters/des Paares zu verzeichnen (9a), im Zuge der das Brauchen anderer bagatellisiert (6) und der eigene Handlungsspielraum etwas omnipotent ausgeweitet wird (9b). Letzteres ist verbunden mit einem Unscharf-Werden der Trennung von Subjekt und Objekt (7a, 9b), was auch mit einer sublimen Projektion der eigenen Bedürftigkeit und anschließender altruistisch anmutender Befriedigung einhergeht (9a).

h) Davon abgesehen, scheint der Schreiber tatsächlich die Hoffnung zu haben, seine Tochter sei noch am Leben (5).

3) Analyse des dritten Blogeintrages vom 26.05.07

"Yesterday was relatively quiet although we did meet the British ambassador and the senior British Police Officer who has been working here in Portugal on the case. This was a productive meeting. There was a flurry of activity amongst the media here stating the family was openly critical of the Portuguese policed which was not true. We did our best to dampen this down but a couple of papers carried stories with our 'frustration' with the investigation rather than what we said it was frustrating that 3 weeks down the line we still have not got Madeleine back. This would be the case which ever country we were in. Some of you may have noticed that Sean and Amelie did manage to squeeze in a hair cut!

Today was extremely busy and tiring. We met with our press officer Clarence Mitchell, to discuss strategy for the fortcoming interviews. Kate attended a luncheon in aid of International Missing Child day and John,

my brother, attended a similar event in London. After this John and Brian Kennedy, Kate's uncle, who are both directors of Madeleine's fund appointed an interim fund manager. We are now actively looking for a campaign manager who will be needed once our government press officer disappears. The interviews were our first for TV and we were happy how they went. We did 10 min interviews for Sky, BBC, ITV, Portuguese TV/radio and one for the press association. A shorter interview with GM TV will be shown on Monday morning along with stuff from our fabulous web team. The interviewers were very kind but did not shirk from asking us some extremely difficult questions. We answered them all and although painful will allow us to move on in our search for Madeleine. Importantly, shortly after our interviews finished the Portuguese Police held a press conference and gave details of man they would like to interview who was seen carrying a child on the night of Madeleine's disappearance. We have not had a transcript of what was said but this is an encouraging development and hopefully will result in further calls to the police with information from people who were in Praia da Luz around the time of Madeleine's abduction. We remain very optimistic
that the criminal investigation will lead to Madeleine's safe return but we need everyone to be alert and vigilant to any suspicious activity.

Tomorrow will be a family day. We are doing a photo-shoot with the twins for the Sunday newspapers in the morning but will involve stuff that we want to do with them anyway. We also need to recharge our batteries after what has been a very busy week."

- Irritationen, Gegenübertragungen:
1) Es klingt wie eine Nebensächlichkeit, dass der britische Botschafter und der britische Polizeichef dagewesen seien, da diese Ereignisse im Nebensatz untergebracht sind. Dies deutet auf einen Gewöhnungseffekt derartiger Kontaktsituationen hin oder aber auch auf eine künstliche Bagatellisierung im Rahmen einer gewissen Arroganz (i. S. v. „Derartige Kontakte sind für uns doch völlig alltäglich" oder auch „Das ist für uns doch eine Kleinigkeit"). Stress scheint hier keinen Platz zu haben.
2) Die Bezeichnung „relatively quiet" für den vorangegangenen Tag steht in einem Gegensatz zur recht viel Raum einnehmenden Erzählung über die Aufregung unter den Reportern, die Gerry McCann von meinem Leseeindruck her ärgerten (lange Passage darüber mit Zitat aus den Artikeln, sehr langer vierter Satz, der aufschaukelnd wirkt, wiederholtes Dementieren, Gegenübertragungsgefühl: Gefühl, hier werde (künstlich) Aufregung produziert). Sinn macht dieses Phänomen in folgender Hinsicht:
   a) Es scheint also eigentlich ein Tag mit einigem an Aufregung und Ärger gewesen zu sein. Der Schreiber möchte dies wohl ausdrücken, ohne aber offen den Eindruck zu erwecken, die Ereignisse hätten ihn besonders tangiert, sodass er sie auf der manifesten Ebene mit der Einleitung „relatively quiet" herunterspielt. Dieses Verhalten könnte einer (unbewussten) Motivation zur Wahrung einer souveränen Position entspringen.
   b) Nachdem ich mit „relatively quiet" auf den Tagebucheintrag eingestimmt worden bin, spüre ich einen Widerwillen, die beschriebene Aufregung in den nächsten Zeilen aufzunehmen, dafür „meine Energie zu verschwenden". So könnte es auch dem Schreiber gegangen sein, der mit seiner dargelegten Art der Textgestaltung diese unwillkommene Aufregung darstellt, die an einem für Erholung eingeplanten Tag an ihn herangetragen wird.
   c) Es könnte sich auch um eine an dieser Stelle künstliche Aufregung handeln, die vom Schreiber produziert wird, um von etwas anderem abzulenken. Was könnte dies sein, bzw. was gilt diese Aufregung dann eigentlich? Hierzu bietet der Text zwei Hinweise, die beide in dieselbe Richtung weisen:
   .1) Der Schreibfehler „critical of the Portuguese policed which was not true" lässt sich auch so verstehen: "critical of the Portuguese, who policed which was not true". Das würde also eine Unzufriedenheit mit der portugiesischen Polizei ausdrücken, die mit ihrer Überwachung Dingen nachgehe, die eine falsche Spur seien oder gar Verdächtigungen hege, die nicht zuträfen. Die Aufregung des Vaters könnte also eigentlich auf eventuelle derartige Operationen der portugiesischen Polizei bezogen sein.
   .2) Es gibt eine weitere Textstelle, die sich auf versteckten Ärger beziehen könnte, nämlich die zur erwähnten Freundlichkeit der Interviewer adversative Benennung ihrer extrem

schwierigen Fragen. Mit „schwierigen Fragen" werden Themen gemeint sein, die die Eltern als grenzverletzend oder überfordernd erlebt haben, weil sie sie nicht beantworten dürfen, wollen oder können. Vielleicht ist der hierzu gehörige Ärger auch von dieser Textstelle weg auf die o. g. verschoben worden.

Beide Interpretationsvaianten beziehen sich auf Ärger aufgrund des Druckes ermittelnder/recherchierender Einrichtungen.

3) „We did our best to dampen this down" klingt wie eine Entschuldigung gegenüber der portugiesischen Polizei, die man nicht verärgern wolle und nun wieder besänftigen müsse, um sie auf seiner Seite zu haben. Dies kann einerseits wohl als realitätsgerechte Bestrebung eingeschätzt werden, da eine gute Zusammenarbeit mit und Beziehung zu der Polizei für das Finden des Täters, wenn es ihn gibt, sowie für das Finden der Tochter, sollte sie entführt sein, von den Eltern eher als zuträglich empfunden wird. Andererseits kann überlegt werden, ob die doch recht starke Bedeutung der „Gut-Stellung" mit der portugiesischen Polizei auch eine tiefere psychologische Funktion haben könnte, nämlich die Vermeidung eines Zusammenbruchs der Abwehr von Schuldgefühlen durch eine konfrontative Positionierung der Ermittlungsbehörde. Die Schuldgefühle können dabei einem Versagen in der Aufsicht entspringen, aber auch einer aktiveren Form des Involviert-Seins in das Verschwinden des Kindes.

4) Der letzte Satz des ersten Absatzes kommt thematisch und atmosphärisch völlig unvermittelt: Man ist als Leser gerade noch mittendrin in Ärgerausdruck und Rechtfertigung des Autors, als es nun plötzlich um etwas völlig Banales zu gehen scheint, für das man sich aber – so der nun flottere Sprachstil und das Ausrufungszeichen – begeistern soll.

    a) Dies stellt einen extremen Bruch dar. Es scheint, als wolle der Schreiber den Leser nun doch wieder schnell vom Ärgerthema ablenken, ihn bei guter Laune halten, ihm Zuwendung geben. Es scheint dem Vater also viel daran zu liegen, mit ihm (d. h. mit der Öffentlichkeit) nicht auch noch „Ärger zu haben" (z. B. falsch verstanden zu werden, angegriffen zu werden).

    b) Mein Gegenübertragungsgefühl: Hatte ich zuvor einen Widerwillen, mich aus der angekündigten Ruhe in Aufregung und Ärger zu begeben, so verspüre ich nun einen heftigen Unmut, aus diesem Zustand urplötzlich in sein Gegenteil gerissen zu werden. Beidemal wird in mir statt dessen der Wunsch erzeugt, mich von diesem Tagebuchtext ganz zurückzuziehen, auf Abstand zu „diesem Theater" zu gehen.

    c) Es bleibt noch die Frage offen, was der Ärger über die Medien oder die Polizei thematisch mit dem Haarschnitt der Zwillinge zu tun haben könnte. Hierzu drängen sich folgende Möglichkeiten auf:

    .1) Der Schreiber möchte vor dem Ärger „da draußen" in die Beschaulichkeit von Heim und Familie fliehen, wo man sich zur Entspannung ganz trivialen Dingen widmen kann.

    .2) „To squeeze in" könnte andeuten, dass auch die Prozedur des Haareschneidens der beiden kleinen Kinder für den Schreiber mit Anstrengungen verbunden war, die ihn ebenfalls ärgerten.

    .3) Der Haarschnitt scheint im Zusammenhang mit dem angekündigten Foto-Shooting der Zwillinge für die Sonntagszeitung zu stehen. Ärger über die Medien könnte also die Erinnerung an die Bemühungen für diese wachrufen, etwa in folgendem Sinne: Wir strengen uns für Euch so an und ihr enttäuscht uns so!

    .4) Die Haare könnten auch in Verbindung stehen mit Ärger mit der portugiesischen Polizei. Vielleicht gab es zu diesem Zeitpunkt bereits Beschuldigungen, die Eltern hätten den Kindern am Abend des Verschwindens ein Beruhigungsmittel verabreicht, das in den Haaren noch nachweisbar sein könnte o. ä. .

5) Der Schreibfehler „fortcoming" statt („forthcoming") spielt mit seiner semantischen Einheit „fort" (dt. = „Festung") auf das Thema Kamp und Verteidigung (ferner womöglich auch Angriff) an. Durch den Zusammenhang mit dem drei Worte zuvor stehenden „strategy" wird dieser Eindruck noch erhärtet. Dies lässt die Lesart zu, die bevorstehenden Interviews hätten für den Schreiber eine entsprechend Bedeutung.

6) In der Passage, die den arbeitsreichen, ermüdenden Tag *der Eltern* behandelt, werden auch die Aktivitäten von Verwandten in England berichtet. Dies hört sich an, als würden die Eltern auch durch diese Aktivitäten ermüdet. Mir kommt hier das Bild verschiedener Seelen in den Sinn, die

sich gemeinsam ein und denselben Organismus teilen. Dies spricht für einen bis zur Lockerung der Subjektgrenzen führenden „Zusammenhalt" in der weiteren Familie.

7) Ohne eine Einleitung, in der die Tatsache vorgestellt wird, dass das Paar *an diesem Tag* eine Reihe von Interviews gegeben habe, steigt der Schreiber mit „the interviews were" recht unvermittelt in sie ein. Das setzt beim Leser, was diesen Satz betrifft, ein Wissen über sie voraus, so als würde der Leser doch den Alltag des Schreibers miterleben. Im nächsten Satz jedoch wird der Rezipient als Ahnungsloser in das Thema eingeführt.

8) Die Formulierung „the interviewers ... did not shirk from (= sich vor etwas drücken) asking us some extremely difficult questions" hört sich witzig an. Dies kann dahingehend aufgelöst werden, als dass es sich hier wohl um eine Projektion handelt: Es sind sicherlich eher die Eltern gewesen, die sich um manche unangenehme Antwort „drücken" wollten (vgl. auch Punkt 2c.2 dieser Eintragsanalyse).

9) „We answered them all" hört sich wie eine Darstellung einer wahrlichen Leistung an. Es scheint den Eltern schwer gefallen zu sein, es zu schaffen. Außerdem scheint der Verfasser dem Leser die Tatsache des Beantwortet-Habens „unter die Nase reiben" zu wollen, wie ein Kind, das zu den Eltern sagt „Guckt doch, ich habe auch wirklich alles aufgegessen" und ein Lob für dieses brave Verhalten erwartet.

10) Mich irritiert: Was hilft die Beantwortung schmerzvoller Fragen bei dem Vorankommen in der Suche nach Madeleine?

   a) Es scheint hier um Publicity um jeden Preis zu gehen, also eine Lockerung des eigenen psychischen Schutzes und damit der persönlichen Grenzen, das über das angenehme Maß hinaus tolerierte Vordringen-Lassen der Medien, um in den Medien präsent zu sein und dadurch für das Verschwinden ihres Kindes Aufmerksamkeit zu gewinnen.

   b) Es hört sich an, als sei der Schreiber davon überzeugt, er müsse ein Opfer erbringen oder gar konkret Schmerzen erleiden, um in der Suche nach Madeleine voranzukommen. Das klingt nach der Bereitschaft, sich für seine hohen Ideale selbstvergessen aufzuopfern wie ein Märtyrer. Hier wird wieder die Stärke des Prinzips und Ideals des Schreibers deutlich und die Hörigkeit des Ichs dieser Instanz gegenüber.

   c) Es wird auch der Eindruck eines masochistischen Zuges, einer Selbstbestrafung, erweckt. Dieses hat im vorliegenden Fall wohl die typische Bedeutung einer Entlastung des Ichs vom mit dem Verschwinden der Tochter assoziierten Schuldgefühl.

11) Die mit „importantly, shortly after our interviews finished" eingeleitete Erwähnung der Pressekonferenz der portugiesischen Polizei, dass das Profil eines Verdächtigen vorgestellt worden sei, klingt so, als fände der Vater dieses Verhalten der Polizei im strategischen Sinne bezeichnend und führe diese Strategie auf die an diesem Tag getätigten Interviews zurück. Was meint er mit dieser Anspielung genau? Es klingt für mich so, als würde er sagen wollen: „Und kaum wächst mit unseren Interviews wieder die Erwartungshaltung der Öffentlichkeit an die Polizei, kann sie auf einmal schneller arbeiten/ sich dem zuwenden, was wir als wesentlich betrachten."

12) Mit der Information, die ich jetzt ein Jahr später darüber habe, dass eine der mitgereisten britischen Freundinnen des Paares es (wohl als einzige) war, die den Verdächtigen ein Kind wegtragen gesehen haben will, kommt mir die anonyme Darstellung, dieser Mann sei „gesehen worden", als eine absichtlich den Anschein völliger Unabhängigkeit verkörpernde Nachricht vor. Der Information kommt so mehr Gewicht zu, als sie wohl mit ihrem wahren Quellenzusatz hätte. So scheint es, dass der Schreiber diesen aus genau dieser Befürchtung heraus zurückhält sowie eben aus dem Bestreben, der Information viel Gewicht zukommen zu lassen.

13) Die Aussage, die Eltern hätten keine Abschrift dessen, was die Polizei genau gesagt habe, hört sich an, als hätten sie gern die Kontrolle darüber, hätten es gerne ein Stück weit „in der Hand" (wie das erwähnte Transkript).

14) Der zweite Absatz endet mit einer Aufforderung an den Leser, der diesen wieder in Alarmbereitschaft versetzt, dessen Erregungsniveau also schon wieder steigert (vgl. Punkt...). Er soll wohl „auf Trab gehalten werden".

15) Zudem wirkt diese Aufforderung, jede verdächtige Aktivität wachsam zu registrieren, wie ein diffuse „Paranoidisierung" eines jeden, der helfen will, da man beim Suchen nach Anzeichen für eine Überzeugung bekanntlich mit hoher Wahrscheinlichkeit auch fündig wird.

463

16) Die Ankündigung eines Foto-Shootings mit den kleinen Kindern für den nächsten Tag mutet an wie das Leben wirklich Prominenter. Diese allerdings schirmen ihre kleinen Kinder viel eher von den Medien ab, als dass sie sie ihnen so vorführen.

    a) Dieses merkwürdige Verhalten der Eltern deutet somit auf eine mangelnde Wahrung ihres Schutzraumes, ihrer persönlichen Grenzen hin.

    b) Dieses scheint aber von den Eltern strategisch bewusst so gestaltet zu sein, was eine Instrumentalisierung der kleinen Kinder für die Erregung öffentlicher Aufmerksamkeit für das Verschwinden von Madeleine bzw. die Befriedigung von Medieninteressen bedeutet.

    c) Auch ein narzisstischer Aspekt des Schreibers/ des Paares ist hier zu diskutieren.

17) Die Formulierung „recharge our batteries" lässt das Bild von Robotern entstehen, die auf Funktionstüchtigkeit hin programmiert sind und kein Gefühlsleben besitzen.

18) Es fällt auf, dass Gerry McCann die Tage und Wochen vorwiegend in den polarisierten Kategorien „ruhig" und „arbeitsintensiv/geschäftig" einordnet. Die Geschehnisse scheinen ihn vorwiegend in diesen beiden Extremen leben zu lassen.

19) In der Betrachtung des Gesamteintrages verdeutlicht sich noch einmal der Eindruck der „Absatzlosigkeit": Die vorhandene Gliederung folgt den zeitlichen Einheiten „gestern, heute, morgen", nimmt aber keinerlei Rücksicht auf thematische Zusammengehörigkeit. So fühlt man sich als Leser zwar in den zeitlichen Kategorien gut orientiert, wird aber dauernd von inhaltlich Unvorhergesehenem überrascht (z. B.: Im ersten Absatz geht das Treffen mit den Behörden über in die Aufruhr unter den Reportern und dann wieder in das Haareschneiden der Kinder). Die auf der Hand liegende Interpretation geht davon aus, dass hier die Erlebnisweise des durch das schlimme Ereignis überforderten bis gar strukturell beeinträchtigten Schreibers abgebildet wird.

- Quintessenz der Irritationen und Gegenübertragungen:

a) Gerry McCanns Ich-Organisation ist mit den über ihn hereinbrechenden Umweltanforderungen nach dem Verschwinden seiner Tochter überfordert (7, 19). Die durch die Zeit gegebene Ordnung scheint für ihn eine wichtige Orientierungsfunktion zu haben (19).

b) Im Zusammenhang mit der psychischen Überforderung ist es sehr schwer für den Vater, sein Aktivitäts-/Erregungsniveau zu regulieren, sodass er zwischen extremen Gefühlszuständen, die er aufgrund seines Ruhebedürfnisses wiederum zu dämpfen versucht, hin und hergeworfen ist (1, 2a, 2b, 4a, 4b, 4c.1, 14, 18). Die Anforderungen von außen fordern ihm zudem wohl eine roboterartige Funktionstüchtigkeit ab.

c) Auch die Wahrung der persönlichen Grenzen und damit seines psychischen Schutzraumes gelingt dem Vater/dem Paar nicht mehr gut (10a, 16a).

d) Grenzverletzungen und ein Unterlaufen der psychischen Abwehr stellen für den Schreiber vor diesem Hintergrund eine besonders starke Bedrohung dar, so dass er auch Interviewsituationen als ein Szenario erlebt, in dem es um Verteidigung, um Kampf, geht (2c.1, 2c.2, 3, 4a, 5, 8, 9). Dies löst in ihm Ärger aus (2c.1, 2c.2, 4c.4).

e) Das mangelnde Gespür für die persönlichen Grenzen führt zu einer „Publicity um jeden Preis", in der auch die Kinder zum Zwecke der Erregung von Aufmerksamkeit instrumentalisiert werden (10a, 16b).

f) Einiges deutet daraufhin, dass die Eltern doch mit der portugiesischen Polizei im Argen liegen, mit deren Arbeit nicht zufrieden sind, weil sie dem von dem Paar erachteten Wesentlichkeiten nicht ausreichend nachgehen und es vielleicht sogar bereits verdächtigen (2c.1, 4c.4, 11, (13)).

g) Der Vater/das Paar ist jedoch mit seinem Ärger auf die Portugiesische Polizei in einem Konflikt: Es muss diesen aus strategischen Gründen (gute Zusammenarbeit zur Berücksichtigung eigener Interessen, aber auch Aufrechterhaltung der inter- und intrapsychischen Abwehr von Schuldgefühlen) leugnen (3, 4a).

h) Es besteht im Schreiber eine auffällige „Hörigkeit" des Ichs gegenüber seinem Ich-Ideal/Über-Ich, die Suche nach Madeleine „um jeden Preis" - auch um den einer Selbstaufopferung – voranzutreiben (9, 10b).

i) Das mit der Selbstaufopferung verbundene Leiden scheint für den Vater die Bedeutung einer masochistischen Entlastung von Schuldgefühlen zu haben (3, 10c).

j) In diesem Eifer wird auch der Leser „auf Trab gehalten" und in einen diffusen Aktionismus versetzt, der mit seinen paranoiden Zügen als Projektion des eigenen Schuldig-geworden-Seins (im Hinblick auf das Versagen der Aufsicht oder gar hinsichtlich einer aktiveren Form der Verwicklung) in die Umwelt verstanden werden kann ((12), 14, 15).

k) Der Zusammenhalt mit der weiteren Familie, z. T. auch mit dem Leser, wird vom Schreiber als so stark empfunden, dass die Trennung von Selbst- und Objektrepräsentanzen leicht verwischt (6, 7).

l) Eine narzisstische Befriedigung des Schreibers durch die exklusiven Kontakte (vgl. auch die Nennung des von der Regierung gestellten Pressesprechers im Tagebucheintrag) und das mediale Interesse an den Zwillingen ist nahe liegend (1, 16c).

Anhang F: Hermeneutische Analyse der Blogeinträge[1] zum Papstbesuch der McCanns sowie eines Fotos

1) Analyse des Eintrages vom 27.05.07 (Vorbereitungen zum Papstbesuch):

"(...) It looks like our planned trips to other European cities will start off in Rome after we learned today that the Pope has been following Madeleine's abduction closely. There is a reasonable chance we may get a chance to meet the Pontiff and that he will pray for Madeleine. Such a visit would generate huge publicity regarding the family campaign to find Madeleine and will also give Kate and I a great spiritual lift. It will also raise the awareness of missing and abused children generally. We continue to pray that someone will provide the key information that leads us to Madeleine."

- Irritationen, Gegenübertragungen:
1) Bei der Formulierung "to other European cities" frage ich mich, ob sie denn schon eine oder mehrere Städte im Zuge ihrer Kampagne bereist haben, da sonst doch „to European cities" ausgereicht hätte. Meinen Recherchen zufolge ist dies nicht der Fall. So muss es also psychische Ursachen im Schreiber für das Zustandekommen des Satzes geben:
   a) Eine könnte sein, dass der Papstbesuch in Rom als von den nachfolgenden Städtereisen abgehoben betrachtet wird, da dieses Ereignis für den Autor etwas ganz besonderes darstellt.
   b) Es ist auch möglich, dass der Schreiber alle Städtereisen für die Kampagne zu den bisher in Urlaub getätigten Städtetouren „addiert", was auf eine entsprechende Kategorisierung hindeuten würde und damit den so leidvollen Hintergrund der Reise verleugnen würde.
2) Der Papst würde Madeleines Entführung stark verfolgen (to follow auch: „nachgehen"), hört sich so an, als beobachte er den Prozess des Entführt-Werdens und Verschleppt-Werdens, wie man ein Fußballspiel im Fernsehen verfolgt oder folge den hinterlassenen Spuren wie ein Ermittler und rekonstruiere so den Prozess. Anders, nämlich als ein häufiges, aber punktuelles Rezipieren der Nachrichten im Vermisstenfall würde man sich die Situation vorstellen, spräche Gerry McCann vom Verfolgen *des Falles* der Entführung/des Verschwindens von Madeleine. Dies ist wahrscheinlich das, was er bewusst ausdrücken will. Unbewusst vermittelt er jedoch andere potenzielle Bilder, nämlich
   a) einerseits das eines Papstes, der tatenlos, aber mit starkem Interesse dem Entführt-Werden des Kindes zusieht, was ihm sadistische Freuden zuschreibt,
   b) andererseits aber auch dasjenige eines Papstes, der den Täter persönlich ausfindig machen will.
3) Der erste Satz vermittelt mir ein Gefühl von „Aufbruchsstimmung", mit der vielversprechenden Eröffnung „it looks like" und dem in Zukunftsform stehenden Verb „starten".
4) Die zur Darlegung des Interesse des Papstes benutzte Zeitform „has been following" hat auf mich eine beruhigende Wirkung: Man erfährt als Eltern also plötzlich, dass der Papst *schon seit längerem dabei ist,* an seiner persönlichen Angelegenheit Anteil zu nehmen. Das ist doch eine positive Überraschung, dass man schon länger einen so hochkarätigen „heimlichen Interessierten" hat.
5) Als Leser des ersten Satzes wird man durch die drei verschiedenen Tempi (Präsens, Präteritum, Präsensperfekt) sowie den mehrfachen Ortsbezügen in ein weites Zeit-Raum-Gefüge eingeführt. Hier steigt in mir ein angenehmes „Wohlfühl-Bild" des Mich-Ausbreitens und Tief Ein- und Ausatmens in mir auf, das Gefühl, eine Enge, Beklemmung, abstreifen zu können und mich im Fluss der Kontinuität wohl zu fühlen.
6) Es fällt auf, dass dies der erste Tagebucheintrag des Vaters ist, der fast fortlaufend im Futur geschrieben ist, sich inhaltlich mit dem Kommenden beschäftigt, statt mit dem Gewesenen oder dem Gewohnheitsmäßigen. Diese Ausrichtung wirkt auf mich beim Rezipieren vitalisierend.
7) Diese Vitalisierung wird aber in meinem Empfinden wieder relativ gestoppt, als meine Erwartung auf weitere Ausmalungen der Papstreise mit Einsetzen des dritten Satzes nicht mehr erfüllt

werden, sondern eine Passage folgt, in der es um Publicity geht, und schließlich um das Wiederfinden des Kindes.

8) Die Wiederholung des Wortes „chance" betont das Aussichtsreiche.

9) Die Betonung der durch den Papstbesuch voraussichtlich erzielten Publicity löst in mir deutliche Abneigung aus, da mir der spirituelle Aspekt dabei zu einem unter mehreren degradiert erscheint und die heilige Angelegenheit in den Verdacht gerät, instrumentalisiert zu werden. Ich denke: Wenn jemandem der Papstbesuch ganz besonders aus spirituellen Gründen wichtig ist, würde er sich diesen Raum doch eher vor den Medien schützen wollen. Von daher steht für mich die religiöse Bedeutung des Besuches für den Vater doch in Frage.

10) Auch die nachrangige Nennung des spirituellen Aspektes spricht für die eben genannte Position.

11) Mit der Benennung der weiteren Auswirkung des Papstbesuches, einer Bewusstmachung des Themas „vermisste und missbrauchte Kinder", kommt abschließend ein altruistisches Flair auf.

12) Der letzte Satz scheint vom Gedankenfluss vielmehr an den drittletzten anzuschließen (Schnittstelle wäre hier „spiritual lift – pray") als an den vorletzten, altruistischen, durch der den Text einen Bruch bekommt; damit erscheint er eher nachträglich eingefügt zu sein, um dem Leser zu gefallen.

13) Das Bild der Schlüsselinformation, die zum Opfer führt (vgl. letzter Satz des Eintrages), erinnert an

    a) Krimi-Unterhaltung, bis auf den Unterschied, dass es dort vor allem immer um die Spur geht, die zum *Täter* führt. Das Wort löst einen gewissen „Nervenkitzel" in mir aus. Das könnte bedeuten, dass der Schreiber eine gewisse „Angstlust" im Bezug auf das Verschwinden seiner Tochter empfindet, was Sinn macht im Falle der Herausforderung, den eigens gewählten Leichenablageplatz unentdeckt zu lassen. Es kann aber auch ein verstecktes Mittel sein, um das Interesse, also „den Unterhaltungswert" der Geschichte, für den Leser aufrechtzuerhalten.

    b) Es lässt auch an einen konkreten Schlüssel denken, mit dem man etwas Geheimnisvolles, zu Findendes, z. B. eine Schatztruhe, öffnet. Das würde für den hohen Wert von Madeleine für den Vater und seine Unwissenheit über den Aufenthaltsort des Kindes sprechen.

    c) Auch kommt einem leicht das Bild einer Tür vor Augen, hinter der sich, eingesperrt in einem Raum, das Opfer befindet, an das man jedoch ohne Schlüssel nicht herankommt und es nicht hinaus. Das könnte darauf hinweisen, dass der Schreiber von solch einer Vorstellung über den Aufenthaltsort von Madeleine ausgeht und sie mit mittels Schlüssel(information) „befreien" möchte.

- Zusammenfassung der Irritationen und Gegenübertragungen:

    a) Der Papstbesuch scheint für den Vater eine belebende Wirkung zu haben, psychische Beklemmung aufzulockern, ein Kontinuitäts- und Wohlgefühl wieder zu vermitteln und ihm auch wieder mehr Zukunftsgerichtetheit zu ermöglichen. Leidvolles Erleben steht nicht im Vordergrund, sondern eher „Urlaub" davon. Die schon bestehende Anteilnahme des Papstes am Schicksal der Eltern und ihrer verschwundenen Tochter wird ihnen wohl ebenfalls Auftrieb geben (1a, b; 3, 4, 5, 6, 8).

    b) Der Papstbesuch könnte für den Schreiber auch die Bedeutung einer stellvertretenden Wiedergutmachung haben: Wenn Gott schon tatenlos zugesehen hat, wie mein Kind entführt wird, dann kann der Papst mit gerne helfen, es auch wiederzuholen (2a, b).

    c) Davon abgesehen, scheint ein im engeren Sinne religiöser Bedeutungsgehalt des Papstbesuches für den Vater, wenn überhaupt, nur peripher mitzuschwingen. Er wird aber wohl als wesentlicher vorgespiegelt, um die mutmaßlichen Erwartungen des Lesers zu erfüllen. Die Publicity ist dem Schreiber aber wohl wichtiger (7, 9, 10).

    d) Ebenso entsteht aus einer solchen Orientierung wohl eine altruistische Motivation, (die jedoch nicht zwangsläufig nur „vorgespiegelt", sondern auch tatsächlich beabsichtigt werden kann) (11, 12).

    e) Zu dieser Ausrichtung des Handelns an den antizipierten Lesererwartungen passt auch das Bestreben, dem Rezipient einen gewissen Unterhaltungswert zu suggerieren (13a).

f) Der Vater scheint seine Tochter wirklich wiederfinden zu wollen (13b, c). Womöglich geht er von der Vorstellung aus, sie werde in einem Raum gefangen gehalten und müsse befreit werden (13c).

2) Analyse des Eintrages vom 28.05.07 (Vorbereitungen zum Papstbesuch):

„Confirmation arrived this evening that we are to attend the Vatican and a service with The Pope. It is likely we will be seated in the front row and may have an opportunity to speak with the Holy Father and ask for prayers for Madeleine. This is a hugely important visit both personally, for Kate and I, but also for the wider campaign to publicise Madeleine's disappearance. The trip has been facilitated through Cardinal Cormac Murphy-O'Connor and we will be receiving assistance from the British Embassy whilst in Rome. On this occasion because of the short notice and the relatively early time of the service we have accepted the kind offer of the use of Sir Philip Green's personal jet, which will help get us home quickly after our Papal visit to see the twins before their bedtime. We will be accompanied by a small group of media who are still with us in Praia da Luz and, as usual all the material will be available to all the British press and broadcasters equally. For all trips we are assessing whether commercial flights can get us to our destination and back to Portugal quickly. This will NOT be a Tour- it is a series of very brief visits with the specific aim of raising awareness and we aim to get back here as quickly as possible.

We have decided that for the majority of trips it will not be practicable, or fair, to take Sean and Amelie with us. They have an established routine which we do not want to disrupt and will be looked after by very close family. Tonight for the first time they have gone to sleep in their own single beds, rather than cots, now that another two of our family have gone home. We were planning to turn their cots at home into beds after our 1 week holiday but obviously this has been delayed with Madeleine's abduction. We have been in Praia da Luz for over 4 weeks and Sean and Amelie's development from toddlers to little boy and girl continues. Madeleine will really notice the difference when she sees them! (…)"

- Irritationen, Gegenübertragungen:
1) Statt der Wendung "that we are to attend", die vielmehr *ein Angeordnet- oder Gewolltsein durch Dritte* ausdrückt, hätte ich hier eher eine Formulierung erwartet, die die Bestätigung als eine Reaktion auf *die Gesuche der McCanns* darstellt, also z. B. "that we may/might/are allowed to/are permitted to". Durch die von Gerry McCann gewählte Form wird also das eigene Wollen des Paares verschleiert und projiziert. Vielleicht ist der Wunsch so stark und seine in Aussicht stehende Erfüllung so Freude verheißend, dass der Schreiber sich vor diesem Erregungspotenzial zu schützen sucht.
   Es klingt, als hätte der Papst die McCanns von sich aus ohne ihr Zutun eingeladen, was sie „außerwählt" machen würde, aber auch autoritätshörig, „folgsam".
2) Der zweite Satz liest sich wie der eines Kindes, das voller Vorfreude auf den persönlichen Kontakt mit dem von ihm als ehrenvoll angesehenen Papst ist (vgl. das Benennen des Vornesitzens, die ausgedrückte Wertschätzung des Besuches in den Worten „may have the opportunity", die hochachtungsvolle Formulierung „Holy Father").
3) Die an ein Familienmitglied anklingende Bezeichnung „Father" lässt den Papst zu einer persönlichen Bezugsperson des Schreibers werden, zu der er aufsieht.
4) „Hugely important" ist eine sehr extreme Attribuierung. Was ist dem Schreiber denn so *extrem* wichtig an dem Papstbesuch? Er benennt zwei Aspekte: 1. den persönlichen und 2., nachgestellt, den medialen. Der erstgenannte bleibt jedoch sehr unspezifisch, während der mediale stärker ausformuliert wird. Dies erweckt bei mir den Eindruck, dass die gewichtige Bedeutung des Papstbesuches in den Augen des Schreibers eher hier liegt als in dem manifest erstgenannten Persönlichen.
5) Ich stolpere über die Aneinanderreihung von Namen und Institutionen, die den Eltern den Papstbesuch erleichtert hätten, sowie den sie begleitenden Medien. Abgesehen von einer eventuell gegenüber ersteren verspürten Verpflichtung einer Nennung hört sich die Passage

etwas „hochtrabend" an, so als sei der Verfasser stolz, dass sich so viele wichtige Personen seiner annehmen.

6) „On this occasion because of the short notice and the relatively early time of the service" verwirrt durch seine doppelte adverbiale Bestimmung am Satzanfang, die durch die unübliche Verkomplizierung den Lesefluss stört: "On this occasion" begründet die Annahme des Flugangebotes mit der Bezugnahme auf den vorangegangenen Satz (v. a. der Hilfe von der Botschaft), während „because of the short notice and the relatively early time oft the service" sie hingegen auf organisatorischer Ebene begründet (Problem, kurzfristig Reise zu organisieren; Problematik des rechtzeitigen Eintreffens). Die hierdurch entstehenden entgegengesetzten Lesarten sind: „Wenn wir von der Botschaft in Rom schon Hilfe bekommen, nutzen wir diese Gelegenheit, um einmal mit dem Privat-Jet des Sir Green fliegen zu können." Und: „Aus organisatorischen Gründen nutzen wir gern das Hilfsangebot des Sir Green." Die erstere scheint unter der unmittelbarer zugänglichen zweiten zu liegen.

7) Der eben betrachtete Satz enthält außer den beiden Begründungen noch eine dritte: „which will help get us home quickly after our Papal visit to see the twins before their bedtime". Dieses Argument führt nun die Fürsorge für die Kinder an, die der Schreiber für sie aufbringt und/oder von seinem Ideal/dem des Lesers her glaubt aufbringen zu sollen.

8) Die Tatsache, dass die Nutzung des Privatjets gleich mit drei Argumenten begründet wird, lässt auf ein Rechtfertigungsbedürfnis des Schreibers schließen, das wohl seinem schlechten Gewissen bezüglich der besonderen Vorteilsnahme entspringt.

9) Warum sagt Gerry McCann extra, *alles* Material würde natürlich auch der *ganzen britischen Presse* zur Verfügung stehen und *ebenso Rundfunkt und Fernsehen*? Dies irritiert mich.

   a) Es hört sich für mich, durch die aufgrund der Wiederholung des Wortes „all" hervorgerufene Assoziation des Gegenteiles, an, als hätte jemand die Idee geäußert, die McCanns könnten wichtige Informationen über ihren Rombesuch zurückhalten, etwas daran (z. B. was sie da machen) verheimlichen. Das könne man so interpretieren, dass sie dies tatsächlich tun und diese betonte Ankündigung eine Gegenreaktion darauf darstellt.

   b) Es ist aber auch ein Versprechen an den Leser: Dieser würde auch etwas von dem Papstbesuch „haben können". Es klingt wie ein „Mitbringsel" an die Daheimgebliebenen, die sich eine solche Reise nicht leisten können. Fürsorge (geben wollen) und Schuldgefühl klingen hier an.

   c) Es klingt auch verlockend und damit appellativ: Der Leser solle doch das Material verfolgen und somit die McCanns „begleiten". Die Treue seiner „Anhängerschaft" ist dann als sein Wunsch zu verstehen.

10) Die Aussage, für alle Trips würden die Eltern prüfen, ob Businessflüge sie schnell nach Portugal zurückbringen könnten, impliziert ihre Fürsorge gegenüber den Kindern Sean und Amlie. Dies bedeutet, dass sie so sind und/oder vor dem Leser so gelten möchten.

11) Der letzte Satz des ersten Absatzes klingt wie die eindringliche Klarstellung: „Dass ihr mich auf keinen Fall falsch versteht...!" Gerry McCann versichert dem Leser, die Eltern hätten bei all den Reisen das Ziel, schnellstmöglich wieder in Portugal (bei den Kindern) zu sein. Diese Beteuerung findet sich hier nun schon das dritte Mal in diesem Text. Das lässt sehr auf ein schlechtes Gewissen des Schreibers schließen, die Kinder bei den Reisen zurückzulassen, und/oder auf ein Gespür für die diesbezüglichen, antizipierten, aber verfehlten Erwartungen des Lesers, den es zum Zwecke des Sympathieerhalts mittels der Zusicherungen zu besänftigen gilt.

12) Das genannte „spezifische Ziel, Aufmerksamkeit zu erregen" lässt mich stutzen. Mich lässt die gewählte Formulierung „Aufsehen erregen" aufmerken.

   a) Ich denke zuerst: Menschen, die dieses Ziel aus narzisstischen, anderen defizitären psychischen oder kriminell-strategischen Gründen haben, verheimlichen ihre Intention immer, um es auch erreichen zu können. Wenn jemand seine Intention also offenlegt, so passt dazu nur die Lesart, dass er sein Ziel tatsächlich aus gutwilligen, zum Beispiel gemeinnützigen, Motiven verfolgt. Aber wenige Menschen würden diese Formulierung für sehr persönliche Zielsetzungen gebrauchen, weil sie einen so narzisstischen Beigeschmack hat und damit eher Ablehnung beim Publikum erzeugt werden kann.

Von daher lässt sich auch Gerry McCanns Aktion/der der Eltern ein solcher Aspekt zusprechen, zugleich aber auch ein gemeinnütziger Flair.

b) „Aufmerksamkeit erregen" ist auch – im Deutschen sogar im Wortlaut sehr prägnant – das Gegenteil von Ruhe, es ist ein „In-Aufruhr-Versetzen". Dies spricht für eine Problembewältigungsstrategie des Tagebuchschreibers/des Paares, die von Aktivität im Sinne einer Externalisierung geprägt ist.

c) Erregte Aufmerksamkeit kann immer auch Ablenkung von einem anderen, eigentlich auch wichtigen Aspekt bedeuten (man denke an die Tricks von Zauberkünstlern, die stark auf diesem Prinzip beruhen). In Verbindung mit dem unter b) Genannten lässt sich so auf eine Aktivität des Schreibers/Paares schließen, die von den eigenen schwierigen inneren Gefühlen und Gedanken in der Folge des Ereignisses ablenken soll.

d) Zum ersten Mal fällt mir auf, dass die verbalisierten Ziele, für die das Paar so vehement eintritt, gehäuft mit einer Handlungsverbalisierung zu tun haben, die figurativ eine Gerichtetheit gen „Oben" anspricht: „raising awareness" (im hier betrachteten Text), „to keep Madeleine's profile high" (erster Tagebucheintrag), „we ran to the monument at the top oft he steep cliff overlooking Praia da Luz" (erster Tagebucheintrag), „to keep the publicity high" (Auftritt der Eltern vor den Medien am 14.05.07), „raise the awareness" (Tagebucheintrag vom 27.05.07), „give Kate and I a great spiritual lift" (Tagebucheintrag vom 27.05.07). Das „Oben" scheint mir in einer Lesart ein sehr gutes Sinnbild für Gerry McCanns Selbstaspekte Überaktivität und Narzissmus zu sein (beide streben nach oben). Es könnte aber auch in seiner Konkretheit mit Madeleines Verschwinden zusammenhängen (man denke z. B. an ein Herunterfallen des Kindes).

13) Die Formulierung, es sei nicht „fair" (gerecht, anständig), die Zwillinge auf die Reisen mitzunehmen, lässt mich schmunzeln.

a) Hier werden höhere soziale Werte als Begründung für das Zurücklassen angeführt. Eigentlich ist aber ja deren *Nicht*zurückzulassen, also genau das Gegenteil, mit solch einem höheren sozialen Wert belegt. Unter Bezugnahme auf die Version der Eltern vom Tatabend kommt – neben der Implikation einer wohl tatsächlich kompetenten Elternschaft - auch die Interpretationsidee auf, der Schreiber sei hier um eine Reaktionsbildung in seiner Selbstbildformation bemüht.

b) „Fair" (i. S. v. „fair (spielen)") verweist auf ein (vorgegebenes) Eltern-Kind-Verhältnis, das eher durch Gleichheit als durch ein betont autoritäres Machtgefälle geprägt ist.

14) Der feste Tagesablauf für die Kinder in Portugal, vor allem aber der Darlegung, diese würden von *sehr* nahen Verwandten umsorgt, betreut dem Leser: „Den Kindern geht es in Portugal ochr gut, auch ohnc uns sind sic gut vcrsorgt, dafür haben wir gcsorgt. Ihr könnt ganz bcruhigt sein." Diese Botschaft könnte dem eigenen Gewissen gelten, aber auch potenziellen Vorwürfen von Seiten der Leserschaft/Öffentlichkeit zuvorkommen sollen.

15) Der Assoziationsstrang „Kinder zurücklassen/sie gut umsorgen – (leere) Betten" fällt auf. In der Version der Eltern vom Abend des Verschwindens gibt es auch das Element „leeres Bett". Hier besteht Strukturgleichheit mit den von den Zwillingen vorher benutzten Kinderbetten, die nun auch leer sind. Die sich reproduzierende Struktur spricht dafür, dass sie ein für den Schreiber bedeutsames Element darstellt, er also seine Darlegung der Geschehnisse des besagten Abends tatsächlich so erlebt haben könnte.

16) Das Erzählen des Vaters über den sich vollziehenden Wechsel der Kinderbetten drückt auch Interesse und Anteilnahme an den Zwillingen aus.

17) Gerry McCanns Erwähnung, sie hätten vor ihrer Abreise nach Portugal geplant, die Betten nach ihrer Wiederkehr auszutauschen, zeigt dem Leser die elterliche Sorge für die Kinder. Ich bin geneigt, vor der vorausschauenden Fürsorge der Eltern Achtung zu gewinnen und zu denken: „So schlechte Eltern können sie ja nicht sein."

18) Im Zusammenhang mit dem Eintrag einen Tag zuvor, in dem die Vorwürfe der Presse bezüglich der Überbehütung der angeblich noch bei den Eltern im Bett schlafenden Kindern beschrieben wird, entsteht der Eindruck, der Wechsel der Betten sei eine Reaktion hierauf, im Sinne einer Demonstration der guten Förderung der noch lebenden Kinder durch die Eltern auch in der so schwierigen Situation.

19) Die Bettenszene zeigt auch allegorisch an, wie die Kontinuität des alltäglichen Lebens durch das Ereignis beschädigt wurde und nun, wohl auch im Zuge des bevorstehenden Papstbesuches, wieder neuen Schwung bekommt.

20) Das Ansprechen der Entwicklung der Kinder Sean und Amelie lässt sich
    a)   als Selbstaussage des Schreibers verstehen: „Wir haben trotz unserer so schwierigen jetzigen Situation noch Kapazitäten für das Sehen ihres Wachstums und ihrer Entwicklungsförderung",
    b)   im inhaltlichen Kontext mit dem bevorstehenden Papstbesuch auch als bedeutendes Gefühl des Schreibers verstehen, dass es nun endlich wieder fühlbar „voran geht", sich für ihn und für seine Bemühungen/die des Paares eine gute Entwicklung abzeichnet.

21) Der Satz „Madeleine will really notice the difference when she sees them! " klingt für die reale Gegebenheit der völligen Unklarheit darüber, ob das Kind nun – mehrere Wochen nach ihrem Verschwinden - überhaupt noch lebt, etwas unangemessen euphorisch; in dieser Situation eher erwarten würde ich den mehr die Wunschform ausdrückenden Konjunktiv, z. B. „If Madeleine could see them...!". Dass die Wunschvorstellung des Schreibers mehr zum Faktischen hin verschoben ist, zeigt eine Perspektiveinschränkung auf Kosten der Erwägung der leidvollen Möglichkeit des Todes des Kindes, die aber, andersherum formuliert, auch als ein Erstarken der Hoffnung, wohl vor dem Hintergrund des Papstbesuches, gesehen werden kann.

- Quintessenz der Irritationen und Gegenübertragungen:
    a)   Der Papstbesuch hat für den Schreiber wohl eine enorme Bedeutung, er ist glücklich darüber. Der Termin mit dem bzw. schon die Vorfreude auf die ehrwürdige und doch fast familiäre Autorität, zu der er aufsieht, scheint Hoffnung mit sich zu bringen - Hoffnung darauf, dass es wieder „vorwärts/voran geht", damit verbunden auch eine Wiedergewinnung eines Kontinuitätsgefühls, und auch Hoffnung, dass Madeleine zur Familie zurückkehren wird (1, 2, 3, 19, 20b, 21).
    b)   Neben diesen Aspekten ist dem Schreiber die mit dem Papstbesuch verbundene enorme Publicity ganz besonders wichtig (4, 9c). Die Erregung der Aufmerksamkeit scheint sich psychodynamisch aufschlüsseln zu lassen als eine Externalisierung innerer Aufregung des Schreibers, die sich in äußerer Überaktivität und Erregung von Aufmerksamkeit (Publicity) zeigt und so auch seine narzisstischen Bedürfnisse erfüllt (9c;   12a-d).
    c)   Auch der Genuss hochrangiger Kontakte und Bevorteilungen befriedigt – selbstverständlich – seine narzisstischen Bedürfnisse, die in der schweren Zeit umso mehr zur Stabilisierung des Selbstwertes beitragen (5, 6).
    d)   Aber es besteht wohl auch ein schlechtes Gewissen bezüglich der Vorteilsnahme gegenüber der Öffentlichkeit/dem Leser, so dass er diesen auch etwas „geben" will und ihn mit den Medieninhalten tröstet (8, 9b).
    e)   Der Vater hat wohl ein schlechtes Gewissen, seine kleinen Kinder bei der Reise zum Papst und weiteren derartigen Trips in Portugal zurückzulassen und ist sehr darum bemüht, vor sich selbst und auch dem Leser ein Selbstbild zu sichern, das von Fürsorge und guter Elternschaft geprägt ist. Auf betreffende Vorwürfe von Seiten der Medien wird von ihm auch umgehend reagiert, vermutlich innerpsychisch gesehen, um Schuldgefühle zu vermeiden. Psychodynamisch erklärt sich das Phänomen am prägnantesten durch eine Gegenbesetzung/Reaktionsbildung auf ein Gefühl des Versagens in diesem Punkt (7, 10, 11, 13a, 14, 16, 17, 18, 20a).
    f)   Sowohl im Aspekt der Selbstbildproblematik als auch in der offenen Frage von Madeleines Wiederkehr ist eine gewisse Spaltung wahrnehmbar (vgl. vorangehender Punkt sowie 21).
    g)   In der Beschreibung des Eltern-Kind-Verhältnisses wird vom Vater ein Autoritäts-/ Machtgefälle betont vermieden (13b). Vielleicht fußen seine erzieherischen Werte tatsächlich auf kameradschaftlichen, vielleicht passt ein derartiges Gefälle auch nur nicht in das aktuell so wichtige Selbstbild als „guter Vater", vielleicht steht das Autoritäts-/Machtelement aber auch im Zusammenhang mit dem Verschwinden der Tochter und ist deshalb verpönt.
    h)   Die Szene „Kind zurücklassen – leeres Bett", die wir aus der Version der Eltern vom Abend des Verschwindens ihrer Tochter kennen, findet sich in dieser Assoziationsform hier wieder, was ein Indiz für ein entsprechendes Realerlebnis sein kann (15).

472

Ergänzungen aus der Supervision mit Frau W.:
- Zum zweiten Absatz des o. g. Blogauszuges: Der Schreiber nimmt die Kinder nun wohl wieder stärker um ihrer Selbst willen wahr, im Gegensatz zu dem ersten Eintrag. Er kann wohl wieder mehr Aufmerksamkeit für sie bereit stellen, ist innerlich also weniger stark vom Ereignis des Verschwindens eingenommen als zuvor.

3) Analyse des Eintrages vom 29.05.07 (Vortag der Papstreise)

"We have been preoccupied with preparation for our audience with the Pope tomoorow morning. This morning was spent acquiring some appropriate dress for the meeting since we had only holiday clothes with us in Portugal. Clarence has been inundated with calls regarding the visit to Rome and done most of the organisation behind the scenes.

It has been very difficult to leave Sean and Amelie but it is only for one nght and we will be back to see them before bedtime tomorrow. Trish and Sandy (Madeleine's Godparents) who have been with us in Portugal since Day 2 are looking after them and we were surprised to hear they were tucked up in bed by 7.30pm- they must like their new beds!

The flight to Rome passed extremely quickly and some footage was taken for TV. We did a couple of short interviews for the British and Portuguesae press about our feelings regarding the trip. Under normal circumstances we would be extremely excited about meeting the Pope, but as we are here as a result of Madeleine's abduction the circumstances are very different. We expect to receive a great spiritual lift, especially if we get to speak to the Pontiff personally. After the audience we will be holding a short press conference in the British Embassy to the Vatican to talk about our campaign to publicise Madeleine's disappearance and of course, our audience with the Pope.

Frncis Campbell, the British ambassador to the Holy See, and his staff picked us at the airport and brought us directly to the Embassy residences near the city centre. We have been made to feel completely at ease and almost as if we are part of a small family here, which has helped ease our tangible nerves, not unsurprising given the importance of tomorrow's meeting. We are now retiring and will be saying our usual prayers for Madeleine's safe return"

- Irritationen, Gegenübertragungen:

1) Steht im ersten Satz im Zusammenhang mit den Vorbereitungen auf den Papstbesuch noch "audience", ist es im zweiten, in dem konkret auf das Einkaufen der Kleidung eingegangen wird, durch das profanere Wort „meeting" ersetzt. Das hebt den Besuch bei der Heiligkeit herunter zu einem gleichberechtigteren, geschäftlicheren Termin, zu etwas viel Alltäglicherem.

2) "Tomoorow morning": Statt des eigentlich zu verdoppelnden Konsonanten auf das kurze "o" verdoppelt Gerald McCann hier das "o" und macht es dadurch phonetisch länger.
   a) Es stellt sich also die Frage, was hier vielleicht unbewusst inhaltlich verlängert werden soll. Als Idee kommt mir: Das Leben von Madeleine.
   b) Das produzierte Wort weist durch den nun langen Vokal weniger phonetische Spannkraft auf als „tomorrow", was in mir die Assoziation „Müdigkeit" aufkommen lässt.
   c) Durch die Falschschreibung birgt das produzierte Wort nun das Lexem „moor" (dt. = 1. Das (Hoch)moor, 2. vertäuen, festmachen (Schifffahrt). Da es ersteres in Portugal nicht gibt, wäre zu überlegen, ob 2. in der Vorstellung des Schreibers enthalten ist, was auf eine entsprechende Phantasie oder aber Erinnerung im Zusammenhang mit dem Verschwinden des Kindes deuten könnte.

3) Das Kaufen der Anziehsachen wirkt auf mich in all dem Trubel der Vorbereitungen angenehm „bodenständig", eigentlich ist damit etwas - im wahrsten Sinne des Wortes -

„Oberflächliches" beschrieben. Andererseits ist es doch aber auch eine sehr aufregende Sache, sich für einen Papstbesuch herzurichten.

4) Es ist nur der Vorname des Sprechers Clarence Mitchell genannt. So spricht aber nur das Paar ihn an, nicht der Leser, der durch diese Benennung mit dem Herrn nun aber genauso familiarisiert wird wie die Eltern.

5) Die Formulierung, Clarence sei überschwemmt worden mit Anrufen, kreiert
   a) eine gewisse Action-Atmosphäre (Dynamik und Dramatik/Bedrohlichkeit) sowie
   b) damit eine besondere Gewichtigkeit des Papstbesuches.

6) Das Verb „has" im Ausdruck „has been inundated" bezieht sich wohl auch noch auf das spätere Partizip „done" (has done), statt dass der Schreiber hierfür noch einmal das Hilfsverb setzt. Dieser im Englischen eher ungewöhnliche Satzbau, auch in Anbetracht der relativen Komplexität, erspart dem Schreiber, aber auch dem Leser, Aufwand. Dies steht im Gegensatz zu den auf der manifesten Ebene geschilderten aufwendigen Vorbereitungen des Paares für den Papstbesuch, aber in Kongruenz zur Unterstützung Clarence Mitchells. Die nahegelegte Interpretation lautet also: Gerald McCann empfindet die Vorbereitungen als anstrengend und ist froh über die Hilfe seines Sprechers.

7) „Behind the scenes" ist, konkret genommen, eine Formulierung aus der Theater- und Filmbranche. Dies könnte darauf hindeuten, dass der Verfasser seine momentane Situation etwas ich-entfremdet wie ein Schauspiel erlebt, sie in der völligen Neuheit der spektakulären Erlebnisse, in die er seit dem Verschwinden geworfen ist, als Schauspiel empfindet, oder sie selbst als ein Schauspiel für die Öffentlichkeit inszeniert. Hinter letzterem könnte ein Tarnverhalten stehen, auch käme das Bestreben, dem Leser Unterhaltung zu bieten (um ihn so „bei der Stange" zu halten) in Frage.

8) Ich kann mir nicht präzise genug vorstellen, was die Aussage, es sei sehr schwer gewesen, die Kinder zu verlassen, meint: Bedeutet sie, dass der Vater aufgrund des Verschwindens seiner Tochter Angst um das Leben seiner beiden noch verbliebenen Kinder hat, wenn er sich nun von ihnen trennt und die Verantwortung für sie abgeben muss? Oder will der Vater sagen, dass die kleinen Kinder Trennungsangst hatten und sich nur schwer von den Eltern trennen konnten, weshalb ihnen auch wiederum die Abreise schwerfiel? Oder bedeutet es, der Vater ist sich bewusst, es ist für die Kinder nach dem Verlust ihrer Schwester, psychologisch gesehen, einfach besser, sie können durch die Konstanz der elterlichen Betreuung Stabilität erfahren? Hierüber verrät der Verfasser uns nichts, teilt also mit uns nicht die Gefühle, die ihn wirklich tief beschäftigen, wie man sie einem „Tagebuch" eigentlich anvertrauen würde. So enthält er uns auch wichtige Schlüsselinformationen vor, die wir für eine Folgerung bezüglich der Frage seiner möglichen Verwicklung bräuchten. (Beispielsweise wäre es auffällig, wenn er gar keine Angst hätte, seine Kinder allein zulassen, da eine solche Einstellung vor allem Sinn machen würde, wenn der Vater wüsste, dass aufgrund einer gar nicht gegebenen Entführung auch keine besondere Gefahr bestünde).

9) Die Einschränkung, es sei doch nur für eine Nacht und man wäre am nächsten Abend vor der Bettgehzeit der Zwillinge zurück, klingt wie ein Trost den Kindern gegenüber oder wie eine Entschuldigung/Beruhigung dem Leser und dem eigenen Gewissen gegenüber. Dies deutet auf ein einfühlsames Gespür für die Bedürfnisse der Kinder und/oder auf ein entsprechend schlechtes Gewissen ihnen gegenüber hin, vielleicht aber auch nur auf eine Antizipation potenzieller Vorwürfe aus der Öffentlichkeit/Leserschaft, denen er den Wind aus den Segeln nehmen will.

10) Mit „Trish and Sandy" wird der Leser konkret personell und durch die Verwendung der Vornamen auch eng vertraut gemacht mit Madeleines Paten. So gehört er schon ein wenig mit zur Familie.

11) „Since day 2" ist eine besondere Form zeitlicher Bestimmung, sie zählt *die Tage des Verschwunden-Seins*, statt dass sie einen Zeitpunkt durch seine zeitliche Lage zum Tag des Verschwindens (also z. B. „two days after her disappearance") bestimmt. Die gewählte Form
    a) vermittelt durch ihre Allgemeinheit, die von jeglichem Bezug absieht, den Eindruck, es gehe um ein für ein großes Kollektiv sehr bedeutsames Ereignis (z. B. Kriegsführung

einer Nation, Andauern einer Naturkatastrophe, Zeitraum wichtiger Sportwettkämpfe), dessen Identität jedem auch unausgesprochen umgehend klar ist;

b) vermittelt durch ihre Bezugslosigkeit und Knappheit auch eine gewisse spektakuläre, dramatische Atmosphäre;

c) fokussiert durch das Zählen der Tage die Größe des Leidens und die Leistung des Durchhaltens.

12) Die Information, die Kinder seien bereits um 19.30 Uhr (statt wie gewohnt um 20.00 Uhr) „ins Bett gesteckt" worden, zeigt dem Leser, dass sie auch unter der Betreuung ihrer Paten Struktur erfahren und nicht zu sehr verwöhnt werden.

13) „Ins Bett gesteckt werden" steht allerdings in einem gewissen Gegensatz zu der Folgerung, die Zwillinge müssten ihre neuen Betten mögen. Logischer erschiene unter der Folgerung, die Kinder seien um 19.30 Uhr freiwillig/gerne zu Bett gegangen/ins Bett gehüpft o. ä.. Die gewählte Formulierung kann bedeuten:

a) Die Idee, die Kinder würden ihre Betten mögen, soll den Leser davon ablenken, dass sie etwas anderes nicht mögen, nämlich das Wegsein ihrer Eltern, das sie nicht so einfach „wegstecken" („to tuck away"). Dies, zumal man als Leser über ihre diesbezügliche Reaktion gar nichts erfährt, obwohl das doch interessant wäre und auch die Eltern interessieren müsste.

b) Der Schreiber selbst stellt in der Szene dar, wie er mit den schönen neuen Betten die Zwillinge und auch den Leser von der Belastung durch den Weggang der Eltern (Kind zu den Pateneltern „stecken") ablenkt.

14) Der Absatz, in dem der Flug nach Rom sowie die geistige Vorwegnahme des dortigen Geschehens zu lesen sind, ist neben der Darlegung des spirituellen Aspektes durchzogen von Publicity-Anliegen. Das löst in mir ein unbehagliches, von Zweifeln bezüglich der Vereinbarkeit der beiden Aspekte getragenes Gefühl aus. Wäre dem Vater der Papstbesuch aus spirituellen Gründen heraus zentral bedeutsam, so mein Empfinden, würde er diesen Erfahrungsraum, der doch von Besinnlichkeit erfüllt ist, davor schützen, zu einem profanen Medienspektakel werden zu lassen. Von daher sehe ich den Schwerpunkt der Romreise auf einem Publicity-Anliegen des Vaters/des Paares, den geistlichen Aspekt hingegen, zumindest für den Schreiber, als nachrangig.

15) Über die Gefühle des Vaters in Bezug auf den Papstbesuch erfahren wir aus seiner Aussage im dritten Absatz implizit, er sei nicht nervös. (Er legt dar, die Umstände seien andere als normal, nicht, die Gefühle seien es.) Diese Auskunft widerspricht jedoch der im letzten Absatz, die Nerven lägen blank (tangible nervs), was in Anbetracht des Papstbesuches normal sei. Dieser Widerspruch kann folgendermaßen verstanden werden:

a) Der Vater ist nervös, möchte dies aber zunächst nicht zugeben, um die Öffentlichkeit/Leserschaft nicht auf den Gedanken kommen zu lassen, die persönliche Bedeutung des Vatikans stehe über seiner Fokussierung auf Madeleines Verschwinden. Dies lässt auf eine starke Orientierung an den antizipierten Erwartungen des Lesers schließen und/oder darauf, dass Gerald McCann tatsächlich eine solche Priorisierung vornimmt, diese jedoch verdecken möchte.

b) Gerry McCann hat das Gefühl, er dürfe keine persönlichen Interessen mehr haben, sondern müsse nur noch für den Kampf um seine Tochter leben. Dies deutet auf eine entsprechende Prinzipienbildung der Aufopferung hin, die eine Reaktion auf das subjektive Empfinden von Schuld an ihrem Verschwinden darstellen könnte.

c) Der Vater ist nicht besonders nervös, gibt dies aber an, weil er meint, es entspreche dem Klischee und damit den Erwartungen des Lesers, denen er gefallen möchte. Vielleicht steht hinter seiner mangelnden Nervosität auch eine mangelnde Bedeutung des Papstes und/oder seiner Tochter.

16) Der „große spirituelle Auftrieb", den der Vater beim Papst erwartet, steht sehr abstrakt da.

a) Was er genau bedeutet (Mut zum Durchhalten, Hoffnungssteigerung, Krafterwerb, Sinngebung, Segnung, ...?), darüber verrät Herr McCann nichts, lässt uns an derartigen Erwartungen und Gefühlen, die den Papstbesuch betreffen, also nicht wirklich teilhaben.

b) Durch die mangelnde Konkretisierung entsteht in mir das Gefühl mangelnder Bedeutsamkeit dieses Elements für den Schreiber.

17) Dass der *persönliche* Kontakt mit dem Papst extra hervorgehoben wird, vermittelt mir das Empfinden, dieser Moment habe wirklich hohe Bedeutung für den Vater.

18) Dass über die Audienz beim Papst ebenfalls auf der Pressekonferenz gesprochen werden soll, wird erst nach der Nennung der Kampagne als vorgesehenes Thema aufgeführt. Dies lässt auf Nachrangigkeit des ersteren schließen.

19) Der dritte Absatz ist in einer Weise durch einen Adjektivgebrauch gekennzeichnet, die sich durch eine annähernde Abwechslung von als extrem und als geringfügig attribuierte Elemente zeigt (1. extremely quickly – 2. short – 3. normal – 4.extremely excited – 5. very different – 6. great – 7. short). Während sich alle Extremismen (1., 4., 5., 6.) auf den Papst- oder Rombesuch beziehen, gehört das Wort „short" beidesmal zu den medialen Aktionen. Das sieht danach aus, als würde der Schreiber letztere vor dem Leser/dem eigenen Gewissen bagatellisieren wollen, und die eigentlich nicht so große Bedeutung des Papstbesuches betonen. Wäre der Pressekontakt wirklich nur so geringfügig, könnte man ihn ja auch ganz sein lassen.

20) "Our campaign to publicise Madeleine's disappearance" irritiert mich. Warum soll das Verschwinden der Tochter publik gemacht werden?

    a) Das hört sich an wie eine Reaktionsbildung des Täters auf den eigentlichen Impuls, die Tat zu vertuschen. Es könnte somit eine Täterschaft des Vaters vorliegen, die er entsprechend vor der Öffentlichkeit (und vielleicht letztlich auch vor sich selbst) tarnt, oder aber auch ein subjektives Schuldgefühl ohne so weitreichende Begründetheit in der Realität, das mittels Reaktionsbildung im Selbstbildnis und entsprechendem Handeln überkompensiert werden soll.

    b) Es impliziert auch, dass das Verschwinden der Tochter potenziell jeden anzugehen habe, dass sich alle mit der persönlichen Angelegenheit des Schreibers beschäftigen sollen. Hierbei handelt es sich um eine narzisstische Facette, bei der auch eine gewisse Grenzenlosigkeit, Maßlosigkeit in der Bemessung des eigenen angemessenen Handlungsspielraumes sichtbar wird (Omnipotenz) und damit einhergehend eine relative Einheitsbildung/ein Verschwimmen der Subjekt-Objektgrenzen.

    c) Dass der Schreiber nicht nur vom Publikmachen, sondern gleich von einer ganzen Kampagne spricht, zeigt, wie viel Energie er für diese Aktionen aufbringt. Diese enorme external ausgerichtete Kanalisierungsleistung spricht eindeutig für einen aktiven Modus der Konfliktverarbeitung, der in der Regel vor dem Hintergrund starker analer Aspekte (Autonomie, Selbstwirksamkeit, Kontrolle) zustande kommt.

21) "We have been made to feel completely at ease and almost as if we are part of a small family here, which has helped ease our tangible nerves" erweckt in mir das Bild und die Atmosphäre eines nun endlich gut versorgten Babies, dem sich jemand liebevoll annimmt. Die mütterliche Versorgung und der Erregungsabfall lassen psychoanalytisch an das Nirwana-Prinzip denken, das – metaphorisch gesprochen - alles Leben an seinen Ursprung zurückzuführen bestrebt ist. Diese Vorstellung macht mich ganz traurig. Wenn ich über den Grund nachsinne, kommt mir einmal der Tod in den Sinn, in dem nun vielleicht auch das kleine Mädchen ist und den vielleicht, von seinem Ruheaspekt her, auch der Vater in seiner Situation ersehnt. Zum anderen rührt mich vor allem die Vorstellung des sich so für seine Tochter verausgabenden Mannes, der nun endlich einmal, da er „angekommen ist", Ruhe erfahren kann.

- Quintessenz der Irritationen und Gegenübertragungen:

    a) Deutlich wird das oft latent gehaltene, überkompensierte Bedürfnis des Schreibers nach Ruhe, Versorgung, Sich-Fallen-lassen-Können. Der Besuch im Vatikan scheint ihm diese Befriedigung nun einmal zu ermöglichen und der Vater kann sie wohl auch gut annehmen (2b, 6, 21). (Interpretationsidee unter Einbezug des nachfolgend genannten Punktes: Da er nun Buße tut, darf er sich auch ausruhen und muss sich nicht nur masochistisch verausgaben)

    b) Der persönlichkeitstypische Verarbeitungsstil des Schreibers lässt sich jedoch durch einen betont aktiven Modus beschreiben, der von starken analen Komponenten getragen wird (Autonomie, Selbstwirksamkeit, Kontrolle, Durchhaltevermögen). Die

Betonung der Größe des Leidens und des Durchhaltevermögens scheinen dabei auch eine masochistische Funktion zu haben: aus Schuldgefühlen (am Verschwinden der Tochter) heraus sich für die Tochter aufzuopfern und damit die Spannungen zwischen Ich und Über-Ich zu mildern (11c, 15b, 20a, 20c).

c) Im Zusammenhang mit dem unter dem vorigen Punkt Genanntem wird auch verständlich, warum die eigene Kampagne und die Erregung von Aufmerksamkeit hierfür für den Schreiber latent bedeutungsvoller sind als der spirituelle Aspekt des Papstbesuches (14, 15c, 16b, 18, 19).

d) Auch leuchtet so ein, dass ein narzisstisches Anliegen des persönlichen Kontaktes mit dem Papst aus masochistischen Motiven heraus eher bagatellisiert werden muss (1, 3, 15a, 17).

e) Indem der Papstbesuch in eine Action-Atmosphäre getaucht wird, wird seine Gewichtigkeit für den Schreiber deutlich, die sich vor allem auch aus der aufopferungsvoll-masochistischen – märtyrischen - Leistung speist. Aber auch eine Einheitsbildung mit der Öffentlichkeit soll mit den omnipotent anmutenden Aktionen (v. a. auch Publicity-Vorhaben) wohl erreicht werden, die die Grenzen zwischen dem Schreiber und der doch eigentlich fremden Weltbevölkerung unscharf werden lassen (5a, b; (7), 11a, b; 20b).

f) Der Leser wird am Ende des Textes von diesem in einer Nirwana-Atmosphäre „erlöst", nachdem zuvor viel von Aktivitäten und Aufregung die Rede war. In Verbindung mit meinen Gedanken aus dem vorangegangenen Punkt kommt hier einmal die Idee auf, Gerry McCann habe die Phantasie/unbewusste Bereitschaft, für seine Tochter einen Märtyrer-Tod zu sterben, also bis zur völligen Verausgabung und Selbstauflösung zu kämpfen. Zum anderen aber entsteht auch das Bild von „Erlösung" nach all dem Kampf, was eine derartige Bedeutung, d. h. unbewusste Erwartung des Papstbesuches nahe legt (15b, 20, 21).

g) Der Leser wird durch Vertrautmachung mit den Vornamen von Pateneltern und Sprecher als mit zur Familie zugehörig gemacht (4, 10).

h) Wirklich tiefe Nähe wird jedoch durch die wenig konkrete Ausbreitung von Gefühlen vermieden (8, 16a). Dadurch ist auch eine Gegenpositionierung des Lesers, z. B. in Form von Folgerungen über die Verwicklung des Vaters in das Verschwinden, schlecht möglich.

i) Es ist Gerald McCann aber wohl sehr wichtig, dem Leser durch Erfüllung dessen mutmaßlicher Erwartungen zu gefallen und sich so dessen Zuneigung zu erhalten. Vielleicht kann man dies auch verstehen als eine Sicherung der Zuneigung seiner Tochter durch die Erfüllung ihrer vermutlichen Erwartungen an ein Tätigwerden der Eltern (7, 9, 15a, c).

j) Herr McCann scheint ein schlechtes Gewissen im Bezug auf das Zurücklassen der beiden Kleinkinder zu haben, dem er jedoch mittels Ablenkung davon unter Fokussierung positiver Aspekte auszuweichen versucht (9, 13a, b).

Ergänzungen aus der Supervision bei Frau W.:

- Im zweiten Absatz wird wohl deutlich, dass die Kinder nun wieder mehr in den Blick des Verfassers rücken, das Ereignis innerlich nicht mehr den enormen Raum einnimmt wie anfangs.
- Die Beruhigung und das Wohltuende zu Textende nimmt die Supervisorin ebenso wahr wie ich.

4) Analyse des Eintrages vom 30.05.07 (Papstbesuch)

"Today has gone as well as we could possibly imagine. We woke around 7.15am and got ourselves ready. There was a lovely continental breakfast prepared but both Kate and I ate very little due to nerves. We left the Embassy just after 9.00am and stopped en route to the Vatican, at Piazza Pia for a photo opportunity with St Peters in the distance. I made a very short statement regarding our forthcoming visit and expressed my gratitude to Francis Campbell, the British Ambassador to the Vatican, and his staff for making us feel as if we were part of their family.

We arrived in plenty of time for the Papal audience and were delighted to find we were seated in the 'Prima Fila'- the first row. Clarence, Francis and Monsingneur Charlie Burns, a colourful Glaswegian who teaches at the seminary and looks after the Ambassador's spiritual well being were seated immediately behind us.
It was extremely sunny and I have to admit that Kate and I were struggling somewhat with the heat in our dark suits but Francis rescued us with an umbrella and some water and following that some heavy cloud rolled in, cooling us down.

The atmosphere in St Peter's square was almost carnival like with up to 35,000 people there to see the Pope. He did not disappoint, driving slowly around the crowd in his open jeep, waving cheerfully. We were sombre in contrast given that we were there to ask Benedict to pray for Madeleine, although I am sure others were also there to get blessings for their loved ones. After this the Pontiff took his seat in front of approximately 30 cardinals, bishops and priests.
One of the priests, Father Daniel Gallagher from the US, came up to us before the service and said some very kind words; that he was praying and everyone was praying for Madeleine daily.

The service started with a series of addresses from priests representing the various French, German, Italian, English, Spanish and Polish speaking congregations present. Each parish represented was mentioned and various bands, mainly German, played short pieces and a few choirs sang a verse and the large Polish contingent priests seated behind us wearing large yellow scarves tied like ribbons around theirs necks sang 3 or 4! At the end of this preamble the priest stated that the Pope was happy to tell us he was praying for the congregation, our families, our children and those who were suffering. These words seemed so poignant in the light of Madeleine's abduction and naturally both Kate and I were, naturally, very emotional.
The Pope's actual address seemed to pass in a blur and I am looking forward to reading the actual transcript as I can remember very little of the actual words.

Following the completion of the Papal address in the different languages, Benedict individually greeted the other clergy on the dias. During this period Father Gallagher presented us with a small gift to remind us that he would pray daily for Madeleine and a cardinal also expressed similar sentiments. The Pope took approximately 20 minutes to meet other people in the Prima Fila before reaching us. It felt as if time stood still for a moment when the Pope looked into our faces and there was almost instant recognition and a change in his expression. He said he would pray for us, our family and Madeleine.
Kate passed him a photograph of Madeleine and he blessed this and would pray for her safe returning.
The meeting was more personal than we could have imagined given the number of people there and will help us sustain our hope and determination to find Madeleine.

The press conference followed shortly afterwards and was very well attended. We will give more details tomorrow as we are very tired following our visit and hope to get an early night before planning our next trip."
- Irritationen, Gegenübertragungen:
  1) Der erste Satz lässt eine traumhafte Atmosphäre von Glücklichkeit entstehen. Man erwartet als Leser, dass nun ein Text voller Unbeschwertheit und Unkompliziertheit folgt, also von wunschloser Zufriedenheit, da alle Wünsche erfüllt sind.
  2) Die Nennung konkreter Uhrzeiten holt einen mit ihren irdischen Maßen aber wieder mehr in die von äußeren Verpflichtungen begrenzte Realität zurück.
  3) Der erste Absatz liest sich in vielerlei Hinsicht wie die Beschreibung eines Urlaubstages: Nennung der etwas späteren Aufstehzeit als gewöhnlich (6.30am ist die gewöhnliche Aufstehzeit der McCanns, vgl. erster Tagebucheintrag), „a lovely continental breakfast", Anhalten zum Fotografieren, Einflechtung einer Fremdsprache (hier Französisch) mit dem Ausdruck „en route". Lediglich der mangelnde Appetit aufgrund der Nervosität lässt eher an Krankheit denken. Es sieht also danach aus, als hätte der Rombesuch für den

Tagebuchschreiber, psychologisch gesehen, die Bedeutung eines Urlaubes, der allerdings aufgrund der Belastungen doch nicht völlig genossen werden kann.

4) „For making us feel as if we were part of their family" klingt nach überraschend viel Nähe zu den Staatsbediensteten und zeigt die Bedeutung von Zugehörigkeit zu einer schützenden Gemeinschaft für Gerald McCann.

5) Wann hat man schon einmal „plenty of time" vor wichtigen Ereignissen? Dies bedeutet eine angenehm stressfreie Situation. Auch wird ein Reichtum impliziert.

6) Der Ausdruck der Freude über den Platz in der ersten Reihe mit der Wiedergabe der italienischen Bezeichnung „Prima Fila" klingt bedeutend und in der Freude befreiend. Hier empfinde ich schmerzliche Rührung darüber, dass sich der Tagebuchschreiber endlich wieder einmal richtig freuen kann wie ein Kind, dass stolz berichtet, in einer ihm wichtigen Situation zu den „Auserwählten" in der ersten Reihe gezählt zu haben. Meine Rührung, die vor dem Hintergrund des aber wohl so schmerzlichen Verlustes der Tochter entsteht, bedeutet mir, dass dieser wohl in dem Moment aus dem Bewusstsein des Schreibers verschwunden ist.

7) Im zweiten Absatz überrascht mich die Bezeichnung des Botschafters mit Vornamen. Die Eltern McCann und der Staatsbedienstete nennen sich doch wahrscheinlich nicht beim Vornamen! Und selbst wenn, ist der Leser doch nicht auch gleich so kameradschaftlich mit diesem Herrn vertraut zu machen. Hier empfinde ich das Nähe-Distanz-Verhältnis zu der hochrangigen Amtsperson in unangemessener Weise zum Nähe-Pol hin verschoben.

8) Die Erwähnung, der Botschafter und sein „Seelsorger" hätten direkt hinter ihnen gesessen, lässt in mir
   a) einerseits das Bild von „Halt im Rücken" entstehen,
   b) andererseits klingt die unnötige Darlegung für mich auch stolz.

9) Der letzte Satz des zweiten Absatzes kreiert eine Szene von Bedrohung, Kampf, menschlicher, dann himmlischer Rettung und letztendlicher Beruhigung („to cool down" auch = dt. „beruhigen"). Diese Struktur finde ich zum einen im anzunehmenden Erleben der Eltern wieder, die nach dem Verschwinden der Tochter viel zu „kämpfen" haben, dabei zwischenmenschliche Hilfe bekommen und nun mit dem Papstbesuch auch „himmlische" Hilfe anrufen, durch die sie sich wohl vor allem psychische Beruhigung erhoffen.
   Die Dramatik der Szene (vgl. v. a. die Formulierungen „Kate and I were struggling"; „Francis rescued us with (...) water") weist für mein Empfinden aber deutlich über diese Verständnismöglichkeit hinaus; sie vermittelt mir das Gefühl, es gehe um eine absolut existentielle Angelegenheit der Eltern, um deren Überleben schlechthin.
   Diese existentielle Thematik kongruiert mit den religiösen Assoziationen, die von den dramatischen Bildern nahe gelegt werden: Die von oben kommende Hitze, mit der man in schwarzer Kleidung zu kämpfen hat und von der man „errettet" werden muss, erinnert an das Fegefeuer, das den sündigen, unreinen Seelen nach katholischem Glauben als ewige Strafe prophezeit ist: „Die Seelen derer, die im Zustand der persönlichen schweren Sünde sterben, gehen in die Hölle ein. (...) Die Hölle ist ein Ort und Zustand ewiger Unseligkeit, in dem sich die von Gott Verworfenen befinden".[2] Wenngleich angemerkt werden muss, dass sich die anglikanische Kirche heute von der Vorstellung einer Hölle als Ort distanziert und sie höchstens noch als „ein Zustand des Nichts" begreift, (a. a. O.) so kann wohl doch von einer großen Bekanntheit, einem beeindruckenden Charakter und damit von einer allgemeinen tiefen Verankerung des Bildes der Höllenstrafe ausgegangen werden – zumal die McCanns originär katholisch sind.
   Wie Gerald McCann von einer Rettung durch *Wasser* schreibt, so vollzieht sich nach allgemein christlicher - auch anglikanischer - Auffassung die Errettung der „schwarzen" Seele vor allem durch ihre Reinigung mittels *heiligem Wasser* - beim Sakrament der Taufe oder auch durch spätere Segnungen, die der Mahnung an dieses Bündnis mit Gott dienen.[3]
   Die christliche Symbolik des heiligen Wassers lässt sich wie folgt explizieren: "We trace the use of blessed water to Psalm 51, 'You shall purge me, O Lord, with hyssop, and I shall be clean.' A common chant during Eastertide is Vidi aquam – 'I saw water' from Ezekiel 47 that reminds us that we must be cleansed before God's presence. (...) the humble physical element of water is seen as a sign of God's healing, cleansing grace. 'Purify me with hyssop,

and I shall be clean: Wash me, and I shall be whiter than snow' (Psalm 51:7)."[4] Über diese Ausführungen hinaus irritiert mich, dass das in der von Gerry McCann geschilderten Szene Wasser in seinem Doppelcharakter „Bedrohung und Errettung" vorkommt: Der erste Aspekt wird durch den Regenschirm angedeutet (vgl. aber auch die übertragene Bedeutung „Schutz" des Wortes „umbrella"), letzterer in Form von „some water" sowie der Wasser tragenden Wolke.

Diese Doppelbedeutung von Wasser lässt mich an die biblische Geschichte von der Arche Noah denken: Gott straft die ungläubigen Zerstörer der Umwelt mit der Sintflut und errettet nur die Paare aus Noahs Familie, einige Gläubige sowie von jeder Tierart ein Paar.[5]

Die einschlägigen Assoziationen legen nahe, der Papstbesuch habe für den sich mit einer quälenden Sünde beladen fühlenden Tagebuchschreiber vor allem die Bedeutung einer Versöhnung mit Gott in Form einer Reinigung und Errettung seiner Seele und damit eine Abgrenzung von den Gottlosen.

10) Die Atmosphäre als karnevalartig zu bezeichnen, irritiert mich:

   a) Karneval ist etwas betont Ausgelassenes, Lustiges. Der Anlass der Eltern für den Papstbesuch ist jedoch todernst. Dieser Aspekt scheint aber an dieser Stelle abgewehrt und nicht wahrgenommen zu werden.

   b) Karneval ist eine Maskerade, bei der man nicht sein „wahres Gesicht" zeigt, sondern in eine bestimmte Rolle schlüpft. Schlüpfen die Eltern/schlüpft der Schreiber auch in eine Rolle, verstellt er sich/verstellen sie sich beim Papstbesuch?

   c) Etwas so heiliges wie den Papstbesuch mit etwas so Profanem wie Karneval zu vergleichen, degradiert ersteres.

11) Bei den ersten zwei Sätze des dritten Absatzes, die den Papst bei seinem Eintreffen auf dem Petersplatz beschreiben, habe ich das Gefühl, mitten drin zu sein im positiv-beschwingten Geschehen, so anschaulich und heiter ist es beschrieben. So empfinde ich die Gegensatzbildung in der Beschreibung der düsteren/trübsinnigen Eltern als unerwarteten Bruch. Zu dem angeblich trübsinnigen Aspekt habe ich gerade gar keinen Zugang, nehme dem Schreiber diese Gefühle nicht ab – obwohl sie mir eben (vgl. vorangegangener Punkt) noch gefehlt haben.

12) Die Beschreibung, wie der Papst vor den etwa 30 Priestern, Bischöfen und Kardinälen Platz nimmt, führt dem Leser das Geschehen wie eben so gut vor Augen, als wäre er selbst „mitten drin". Für das zuvor von den Eltern betonte ernste Anliegen ihres Besuches ist diese Information überflüssig. Neben der Einbeziehung des Lesers in das Geschehen zeigt die Stelle auch das Interesse des Schreibers und seine noch vorhandenen Kapazitäten für das ganze „Drum-Herum" während des Papstbesuches.

13) Die von Gerry McCann wiedergegebene Aussage des Priesters aus den USA lässt mich stutzen: Das Bild, dass jeder der vatikanischen Priester täglich für Madeleine betet, finde ich übersteigert. Ich denke: Als gebe es auf der Welt nicht immens viele schwere Schicksale – für sie alle kann auch nicht eine ganze Priesterschaar täglich beten! Es ist eine Maßlosigkeit, die hier von der Umwelt der McCanns (mit)gelebt wird.

14) Die detaillierte Aufzählung der ganzen Nationalitäten der anwesenden Gemeinden sowie die Darlegung der musikalischen Gestaltung langweilt mich und macht mich ungeduldig: Ich möchte nicht mit einer allgemeinen Beschreibung über das allgemeine und eher oberflächliche Prozedere hingehalten werden, wenn mich doch interessiert, wie die persönliche Begegnung der Eltern mit dem Papst war! Warum lässt mich der Schreiber so lange „zappeln"?

15) Die Beschreibung der polnischen Priester, die gelbe Schals um den Hals getragen hätten, die wie Bänder gebunden gewesen seien und die 3 oder 4 Verse gesungen hätten, macht den Eindruck einer unbewussten Herstellung eines Bezuges auf die McCanns in ihrer Suche nach der zuvor 3 und dann 4 Jahre alten Madeleine, bei der sie gelbe und grüne Bänder als Zeichen der Hoffnung benutzen. Für mich als Leser bleibt unklar, ob es sich um einen vom Schreiber vorgenommenen bewussten, spielerischen Bezug auf die persönliche Angelegenheit handelt oder um die Andeutung einer tatsächlichen freundlichen Geste der Priester für die McCanns.

16) Die Benennung des Zustandes als „emotional" oder „gefühlsbetont" irritiert mich aufgrund seiner relativ nüchternen Abstraktheit. Warum nicht „touched"/"moved" (also „bewegt"/ „ergriffen") oder „flooded by emotions" („von Emotionen überschwemmt")?

17) Die Wiederholung des Wortes „naturally" in der Auskunft über ihre Emotionalität irritiert:
   a) Will die Betonung davon ablenken, dass die Eltern/der Schreiber *nicht* natürlich waren in ihrem emotionalen Ausdruck, dass sie sich verstellt haben?
   b) Will der Vater sich für seine Emotionen entschuldigen?
   c) Will der Schreiber dem Leser gegenüber betonen, dass er dessen klischeehaften Erwartungen entsprochen hat, um sich seine Sympathie zu sichern?

18) Die Erwähnung, die eigentliche Ansprache des Papstes sei verschwommen, lässt mich mir den emotionalen Zustand des Schreibers insofern sehr anschaulich vorstellen, als dass ich begreife: Die Ansprache des Papstes ist wohl ein so besonderer Augenblick, dass großer Stress besteht.

19) Das Geschenk des Priesters bleibt ein persönliches Element, der Leser ist hier durch die fehlende Konkretisierung ausgeschlossen.

20) „It felt as if time stood still for a moment when the Pope looked into our faces and there was almost instant recognition and a change in his expression": Dieser Satz entwirft vor meinen Augen das Bild eines eintretenden Todes und des Empfanges der Seele von Gott im Himmel, der sein Geschöpf wiedererkennt. Es scheint, als habe die Begegnung mit dem Papst eine derartige unbewusste Bedeutung für den Schreiber.

21) Im Unterschied zu der sonst von Herrn McCann gebrauchten Formulierung „safe return" wird hier nun davon gesprochen, der Papst bete für ihr „safe returning", was den Prozess des *Wiederkommens* betont statt sein Resultat.

22) Die Formulierung, die persönliche Begegnung mit dem Papst werde helfen, die Hoffnung und Entschlossenheit der Eltern aufrechtzuerhalten, weist zugleich auf die bereits vorhandene eigene Kraft von ihnen hin und damit ihrer relativen Unabhängigkeit, Unbedürftigkeit bezüglich der spirituellen Versorgung.

23) Die Pressekonferenz erhält eine nachrangige Bedeutung, gegeben die Tatsache des Verzichtes auf ihre sofortige Beschreibung. Die Bedeutung des Papstbesuches scheint den Schreiber voll und ganz einzunehmen.

24) Beim Lesen des letzten Satzes empfinde ich aufgeregt-erwartungsvolle Vorfreude, die in der Ankündigung des nächsten Besuches mitschwingt, auch durch den Ausdruck „trip", der eher an Urlaubsvergnügen denken lässt als an eine Kampagne mit sehr ernstem Hintergrund.

• Quintessenz der Irritationen und Gegenübertragungen:
   a) Die Papstaudienz scheint für Gerald McCann ein sehr beeindruckendes Erlebnis zu sein; die Begegnung mit dem Papst ist für ihn wohl aber so persönlich, dass er den Leser diesbezüglich auf Distanz hält (12, 14, 16, 18, 19, 23).
   b) Der Papstbesuch scheint für den Tagebuchschreiber die unbewusste Bedeutung einer regressiven Rückkehr in den „Mutterschoß" zu besitzen: große, beschützende Nähe; geborgenheitsspendender Halt; narzisstische Bestätigung; wunschlose Zufriedenheit; vollständige psychische Harmonie; Freude und Lust. Der Besuch mutet damit an wie Urlaub von dem Stress des individuierten Zustandes (1, 3, 4, 5, 6, 7, 8, 10, 11, 19, 24).
   c) Herr McCann scheint bei diesem Ereignis noch weitere narzisstische Aspekte zu erleben, nämlich Stolz sowie einen übersteigerten Anspruch, den die Umwelt erfüllt (6, 8, 13).
   d) Der Papstbesuch könnte für den sich wohl mit einer quälenden Sünde beladen fühlenden Tagebuchschreiber auch die unbewusste Bedeutung einer Versöhnung mit Gott haben, in Form einer Reinigung und Errettung seiner Seele, also einer „Wiederaufnahme" bei Gott (3, 6, 9, 10b, 17a, 17c, 20, 21).
   e) Schmerzvolle Gefühle/Gedanken bezüglich des Verlustes der Tochter und ihrer Gefährdung werden entweder vom Vater verleugnet oder sind per se nicht vorhanden (6, 10, 11, 24).

Ergänzungen aus den supervisorischen Gesprächen mit a) Frau W., ferner auch b) Frau K.:

Zu a):

- Der Eintrag klingt in den Ohren der Supervisorin nun endlich einmal tatsächlich „wie ein privater Tagebucheintrag".
- Es sollte ihrer Meinung nach Abstand genommen werden von einer „tiefensymbolischen Ausschlachtung" der Passage über die Errettung aus der Hitze mittels Wasser. Sie könne auch einfach eine Aufregung des Tagebuchschreibers vor dem Papstbesuch widerspiegeln sowie den Wunsch nach „Erlösung" davon.
- Mit dem Lamentieren über das Wetter macht sich Gerald McCann hier einmal verletzlich – schließlich kann man ihm als frommer Mensch den Vorwurf machen, dass er nun einmal im Leben beim Papst sei und sich dann über das dortige Wetter beschwere.
- Die Assoziation des Vaters vom Karneval weist darauf hin, dass er wahrscheinlich nicht sehr ernsthaft religiös ist.
- Dieses Lamentieren über das Wetter ist typisch für Urlaubsberichte. Eine der ersten Fragen von Bekannten ist doch meist, wie denn das Wetter gewesen sei und auch auf Ansichtskarten wird diesem Thema oft ein vorrangiger Platz eingeräumt.
- Der Fokus liegt in der Passage auf dem körperlichen Erleben (Hitze, Wasser, Kühlung, Beruhigung).

Zu b):

- Zum Satz „It felt as if time stod still...": Es handelt sich hier wohl um die Erfahrung des "Gespiegelt-Werdens" durch eine elterliche Bezugsperson (den „heiligen Vater"), die eine immense narzisstische Befriedigung bietet. Dadurch wird verständlich, weshalb der Aspekt der Publicity (Pressekonferenz) für den Schreiber wider unserer Erwartung so unbedeutend ist.
- Die Ruhe, der Stillstand, der mit dem Satz ausgedrückt wird, erinnert nach Einschätzung von Frau K. an die Todesphantasien von Spannungs- und Konfliktlosigkeit, die manche Selbstmörder hätten.

Analyse ausgewählter Textstellen mittels objektiver Hermeneutik:

"It was extremely sunny and I have to admit that Kate and I were struggling somewhat with the heat in our dark suits..."

Lesarten (einschließlich evtl. kontrastierender Gedankenexperimente):

a) Entgegen dessen, was man erwarten könnte (vgl. „I have to admit"), war für den Verfasser und Kate die Angelegenheit körperlich beschwerlich.
b) Der vollen Konzentration auf das äußere Geschehen stand ein vegetatives (also nicht durch willentliche Kontrolle deutlich beeinflussbares) Missbehagen im Weg.
c) Der Schreibende und Kate litten nur wegen des Sich-Haltens an die Kleidungsvorschrift. Hätten sie die Freiheit gehabt, sich so zu kleiden, wie sie es möchten und wie es die Wetterbedingungen nahelegen, hätten sie sich besser gefühlt.
d) Der Verfasser und seine Frau leiden aufgrund ihrer dunklen Kleidung, die die Hitze anzieht.
e) Der Schreiber und Kate ließen sich von der Belastung nicht unterkriegen sondern kämpften dagegen an.

Zu a):

Konfrontation mit dem äußeren Kontext:

Vor dem Hintergrund der Besonderheiten des vorliegenden Falles sind die körperlichen Beschwerden u. U. auch als *psychische* Belastung zu verstehen.

482

Schlussfolgerungen (u. U. mit Berücksichtigung des inneren Kontextes):

$H_{1ErlebenG}$, $H_{1ErlebenK}$: *Entgegen dem, was man (aufgrund ihres relativ jungen Alters oder aufgrund der doch so besonderen und daher von Außenstehenden als im positiven Sinne „eindrucksvoll" antizipierten Angelegenheit) erwarten könnte, war für Kate und/oder Gerald McCann der Papstbesuch aufgrund der Hitze körperlich beschwerlich.*

$H_{2ErlebenG}$, $H_{2ErlebenK}$: *Im Gegensatz zu dem, was der Leser vielleicht erwarten möge oder auch der Schreiber selbst erwartet hatte, war der Papstbesuch für mindestens einen der McCanns psychisch beschwerlich (weil sie an das Verschwinden ihrer Tochter dachten, oder, im Falle der Verwicklung, an ihren Tod, sowie ggf. in beiden Fällen an ihre subjektiv empfundene Schuld).*

Zu b):

Konfrontation mit dem äußeren Kontext:

Diese Lesart ist im vorliegenden Fall gut möglich, wobei das vegetative Missbehagen wieder auch als psychisches Unwohlsein verstanden werden kann.

Schlussfolgerungen (u. U. mit Berücksichtigung des inneren Kontextes):

$H_{3ErlebenG}$, $H_{3ErlebenK}$: *Während der Papstaudienz stand Kate und/oder Gerald McCanns voller Konzentration auf das äußere Geschehen ein vegetatives Missbehagen aufgrund der Hitze entgegen.* Diese Hypothese ist unwahrscheinlich, da man sich in einer besonders eindrucksvollen Situation nur von <u>extremem</u> körperlichem Unwohlsein (v. a. wohl schwere Krankheit) nennenswert ablenken lassen würde, zudem ein Schwitzen aufgrund des Wetters wohl nicht zu rechnen ist.

$H_{4ErlebenG}$, $H_{4ErlebenK}$: *Während der Papstaudienz stand Kate und/oder Gerald McCanns voller Konzentration auf das äußere Geschehen das Empfinden einer psychischen Belastung im Weg (weil sie an das Verschwinden ihrer Tochter dachten, oder, im Falle der Verwicklung, an ihren Tod, sowie ggf. in beiden Fällen an ihre subjektiv empfundene Schuld).*

(Diese Hypothese ist gut vereinbar mit $H_{2ErlebenG}$, $H_{2ErlebenK}$.)

Zu c):

Konfrontation mit dem äußeren Kontext:

Wieder kann im vorliegenden Fall die Einhaltung der Vorschrift auch einen anderen Bezug haben:

Schlussfolgerungen (u. U. mit Berücksichtigung des inneren Kontextes):

$H_{5ErlebenG}$, $H_{5ErlebenK}$: *Frau und/oder Herr McCann litt(en) nur wegen des Sich-Haltens an die Kleidungsvorschrift. Hätte(n) er/sie die Freiheit gehabt, sich so zu kleiden, wie er/sie möchte(n) und wie es die Wetterbedingungen nahelegen, hätte(n) er/sie sich besser gefühlt.*

(Diese Hypothese ist gut vereinbar mit $H_{1ErlebenG}$, $H_{1ErlebenK}$ und $H_{3ErlebenG}$, $H_{3ErlebenK}$.)

$H_{6ErlebenG}$, $H_{6ErlebenK}$: *Das Leiden mindestens von einem der McCann, das durch die subjektiv empfundene Pflichterfüllung entstand, für das Wohl der Tochter (v. a. Segen, Publicity) zum Papst zu gehen, stellt eine masochistisch Art der Schuldverarbeitung dar. In diesem Zusammenhang ist dem Schreibenden die Betonung dieses Leides vor sich selbst und dem Leser wichtig.*

(Diese Hypothese ist gut vereinbar mit $H_{2ErlebenG}$, $H_{2ErlebenK}$ sowie $H_{4ErlebenG}$, $H_{4ErlebenK}$.)

$H_{7ErlebenG}$, $H_{7ErlebenK}$: *Der Schreibenden möchte hervorheben, dass sich die McCanns wenig Freiheiten für ihre eigenen Interessen nehmen, sondern dass sie pflicht- und gesetzestreue Menschen sind, selbst wenn dies für sie auch mal Drangsal bedeutet. Vor dem Hintergrund des in Frage stehenden Ereignisses heißt das, er möchte auf die (tatsächliche oder vorgespiegelte) Unschuld der Eltern hinweisen.*

(Diese Hypothese ist gut vereinbar mit $H_{2ErlebenG}$, $H_{2ErlebenK}$, $H_{4ErlebenG}$, $H_{4ErlebenK}$ und $H_{6ErlebenG}$, $H_{6ErlebenK}$.)

Zu d):

Konfrontation mit dem äußeren Kontext:

Im vorbeschriebenen Fall kann die dunkle Kleidung, die die Hitze anzieht, wieder auch als eine Metapher für das betrachtet werden, was den Schreiber innerlich beschäftigt.

Schlussfolgerungen (u. U. mit Berücksichtigung des inneren Kontextes):

$H_{8ErlebenG}$, $H_{8ErlebenK}$: *Mindestens einer der McCanns leidet unter der dunklen Kleidung, die die Hitze anzieht.*

(Diese Hypothese ist gut vereinbar mit $H_{1ErlebenG}$, $H_{1ErlebenK}$, $H_{3ErlebenG}$, $H_{3ErlebenK}$ sowie $H_{5ErlebenG}$, $H_{5ErlebenK}$.)

$H_{9ErlebenG}$, $H_{9ErlebenK}$: *Mindestens einer der beiden leidet während des Papstbesuches unter der Schuld, die er seines Erlebens nach auf sich geladen hat (vgl. dunkler Anzug) und die nun die Strafe Gottes (vgl. Bild des Fegefeuers) anzieht. Diese empfundene Schuld kann eine Verwicklung in das Verschwinden bedeuten, kann aber auch lediglich darauf verweisen, dass die McCanns an dem Abend des Verschwindens ihre Kinder allein ließen, was dann zu dem Unglück (v. a. Entführung oder Unfall) führte.*

(Diese Hypothese ist gut vereinbar mit $H_{2ErlebenG}$, $H_{2ErlebenK}$, $H_{4ErlebenG}$, $H_{4ErlebenK}$, $H_{6ErlebenG}$, $H_{6ErlebenK}$ sowie $H_{7ErlebenG}$, $H_{7ErlebenK}$.)

Es kann folgende <u>Fallstrukurhypothese1$_{ErlebenG, ErlebenK}$</u> postuliert werden:

<u>Mindestens einer der McCanns (vermutlich der schreibende Vater) leidet in der Folge des in Frage stehenden Ereignisses unter Schuldgefühlen, die beim Besuch des Papstes virulent sind. (Diese empfundene Schuld kann eine Verwicklung in das Verschwinden bedeuten, kann aber auch lediglich darauf verweisen, dass die McCanns an dem Abend des Verschwindens ihre Kinder allein ließen, was dann zu dem Unglück (v. a. Entführung oder Unfall) führte.</u>

Zu e):   -

Konfrontation mit dem äußeren Kontext:
Im vorliegenden Fall kann diese Belastung wieder auch für etwas anderes stehen:
Schlussfolgerungen (u. U. mit Berücksichtigung des inneren Kontextes):

$H_{10ErlebenG}$, $H_{10ErlebenK}$: *Die McCanns ließen sich von den Wetterbedingungen nicht unterkriegen, sondern kämpften dagegen an.*

(Diese Hypothese ist gut vereinbar mit $H_{1ErlebenG}$, $H_{1ErlebenK}$, $H_{3ErlebenG}$, $H_{3ErlebenK}$, $H_{5ErlebenG}$, $H_{5ErlebenK}$ und $H_{8ErlebenG}$, $H_{8ErlebenK}$.)

$H_{11ErlebenG}$, $H_{11ErlebenK}$: *Zumindest einem der McCanns ist es wichtig, gegen seine eigene Schwäche, also sein eigenes Leid und Wehklagen aufgrund innerer und/oder äußerer Belastungen anzukämpfen (Selbstdisziplin und Selbstüberwindung) und sich „nicht unterkriegen" zu lassen.*

(Diese Vermutung ist insbesondere sehr gut vereinbar mit $H_{6ErlebenG}$, $H_{6ErlebenK}$ und $H_{7ErlebenG}$, $H_{7ErlebenK}$.)

$H_{12ErlebenG}$, $H_{12ErlebenK}$: *Mindestens Herrn oder Frau McCann ist es wichtig, gegen das Verschwinden ihrer Tochter (und ggf. ihre damit verbundenen Schuldgefühle) anzukämpfen, und sich „nicht unterkriegen" zu lassen.*

(Diese Hypothese ist insbesondere gut vereinbar mit $H_{2ErlebenG}$, $H_{2ErlebenK}$, $H_{4ErlebenG}$, $H_{4ErlebenK}$, $H_{7ErlebenG}$, $H_{7ErlebenK}$ sowie mit Fallstrukturhypothese1.)

$H_{13ErlebenG}$, $H_{13ErlebenK}$: *Mindestens einer der Partner strebt an, gegen die Realität des bereits eingetretenen Todes des Kindes anzukämpfen (sowie ggf. gegen seine damit verbundenen Schuldgefühle).*

(Diese Hypothese ist insbesondere gut vereinbar mit $H_{2ErlebenG}$, $H_{2ErlebenK}$, $H_{4ErlebenG}$, $H_{4ErlebenK}$, $H_{6ErlebenG}$, $H_{6ErlebenG}$, $H_{7ErlebenG}$, $H_{7ErlebenK}$, $H_{9ErlebenG}$, $H_{9ErlebenK}$ sowie mit Fallstrukturhypothese1.)

Erwartete Formen der Fortschreibung:
Der Schreiber könnte nun darauf hinweisen, dass es den Eltern dann aber doch ganz gut gelungen ist, sich zu akklimatisieren und die Papstaudienz an sich dann sehr schön gewesen sei. Er könnte aber auch von noch mehr Widrigkeiten berichten.

„but Francis rescued us with an umbrella and some water…"

Realisierte Fortschreibungsform:
Der Schreiber benennt in recht dramatisch erscheinender Weise eine „Rettung" durch eine andere Person.

Abgleich mit Erwartungen, Schlussfolgerungen:
Im Gegensatz zu meiner Erwartung, der Schreiber würde von der Überwindung der Widrigkeiten mittels eigener Kräfte erzählen, kommt die Hilfe, unerwartet sowohl prinzipiell als auch von der suggerierten Dramatik her (vgl. „rescue") von Außen.

$H_{14ErlebenG}$, $H_{14ErlebenK}$: *Gerald McCann ist in der (unbewussten) Phantasie mit einer plötzlichen, dramatischen Rettungsaktion beschäftigt, die er aus eigenen Kräften heraus nicht leisten kann: Dem Wunsch, der Papst möge ihm sein verschwundenes oder gar, wie der Verfasser weiß, totes Kind, „retten", d. h. heil wiederbringen oder zumindest seine Seele durch Segnung vor Gott „erretten".*

(Diese Hypothese ist insbesondere gut vereinbar mit $H_{4ErlebenG}$, $H_{4ErlebenK}$, $H_{12ErlebenG}$, $H_{12ErlebenK}$, $H_{13ErlebenG}$, $H_{13ErlebenK}$ sowie mit Fallstrukturhypothese1.)

484

$H_{15ErlebenG}$, $H_{15ErlebenK}$: Herr McCann ist in der (unbewussten) Phantasie mit einer plötzlichen, dramatischen Rettungsaktion beschäftigt, die er aus eigenen Kräften heraus nicht leisten kann: Dem Wunsch, seine eigene Seele (und ggf. die seiner Frau) möge vom Papst „errettet" werden, und die subjektiv auf sich geladene Schuld (durch aktive Verwicklung in das Verschwinden seiner Tochter bedingt oder durch ein Alleinlassen der Kinder am Abend des tragischen Ereignisses) möge ihm vergeben werden.
(Diese Hypothese ist insbesondere sehr gut vereinbar mit Fallstrukturhypothese1.)

Weitere Lesarten (einschließlich evtl. kontrastierender Gedankenexperimente) des zweiten Satzteiles:

a) Francis sorgt recht „mütterlich" für den Verfasser und seine Begleitung: Er schützt und versorgt sie. Der Schreibende ist glücklich, Francis zu haben und empfindet Dankbarkeit.

Zu a):
Konfrontation mit dem äußeren Kontext:
Diese Lesart ist im vorliegenden Fall plausibel. Auf der Subjektstufe verweist sie jedoch auch auf ein entsprechend aktiviertes inneres Bild einer „guten Mutter". Unter dem Aspekt der Verschiebung betrachtet, verweist sie u. U. auf einen vom Schreiber am Papst wahrgenommenen oder erwarteten Aspekt.
Schlussfolgerungen (u. U. mit Berücksichtigung des inneren Kontextes):
$H_{16ErlebenG}$, $H_{16ErlebenK}$: Francis sorgt recht „mütterlich" für die McCanns: Er schützt und versorgt sie. Herr McCann ist glücklich, Francis zu haben und empfindet Dankbarkeit.
$H_{17ErlebenG}$, $H_{17ErlebenK}$: Herr McCann aktiviert in seiner seelischen Not das innere Bild einer „guten Mutter".
(Diese Hypothese ist gut vereinbar mit Fallstrukturhypothese1.)
$H_{18ErlebenG}$, $H_{18ErlebenK}$: Herr McCann nimmt den Papst als „gute Mutter" wahr bzw. erwartet eine entsprechende Behandlung, zu der er in seiner Not kommen kann und die ihn dann versorgt und schützt.
(Diese Hypothese ist insbesondere sehr gut vereinbar mit Fallstrukturhypothese 1 sowie $H_{15ErlebenG}$, $H_{15ErlebenK}$.)

Die erweiterte Fallstrukturhypothese1 kann nun deshalb lauten:
Mindestens einer der McCanns (vermutlich der schreibende Vater) leidet in der Folge des in Frage stehenden Ereignisses unter Schuldgefühlen, die beim Besuch des Papstes virulent sind. (Diese empfundene Schuld kann eine Verwicklung in das Verschwinden bedeuten, kann aber auch lediglich darauf verweisen, dass die McCanns an dem Abend des Verschwindens ihre Kinder allein ließen, was dann zu dem Unglück (v. a. Entführung oder Unfall) führte. Der Papst stellt für Herrn McCann eine „gute Mutter" dar, die ihn von seiner psychischen Pein befreit und ihn (vor der Strafe Gottes, vgl. $H_{\text{9ErlebenG}}$) beschützt.
Erwartete Formen der Fortschreibung:
Der Schreiber könnte nun erklären, dass es ihm durch die gute Umsorgung besser gegangen sei oder explizit seinen Dank an Francis aussprechen.

„and following that some heavy cloud rolled in, ..."

Realisierte Fortschreibungsform:
Der Verfasser berichtet nun von einer bedrohlichen (vgl. die Wortwahlen „heavy" und „roll in") Wolke.
Abgleich mit Erwartungen, Schlussfolgerungen:
Im Gegensatz zu meiner Erwartung, der Schreiber würde sich nun weiter mit positiv attribuierten Aspekten befassen, produziert er eine unerwartete Wendung ins Bedrohliche.
Inhaltlich verspricht diese Wolke bei der beschriebenen Hitze zwar eher etwas Gutes; die Formulierungen erwecken jedoch den Eindruck, dieses Positive habe für den Schreiber subjektiv doch eine negative Bedeutung.
Im Zusammenhang mit der erweiterten Fallstrukturhypothese1 kann folgende Hypothese angenommen werden:
$H_{19ErlebenG}$, $H_{19ErlebenK}$: Die mütterliche Funktion des Papstes kann den Schreiber (und vielleicht auch seine Frau) entgegen seiner Erwartungen dann aber doch nicht von den Schuldgefühlen befreien, die ihn/sie weiterhin bedrohen.

485

Weitere Lesarten (einschließlich evtl. kontrastierender Gedankenexperimente) des dritten Satzteiles:
a) Die Bedrohung kommt „von Oben".
Zu a):
Konfrontation mit dem äußeren Kontext:
„Von Oben" kann im vorliegenden Fall vor allem eine religiöse Bedeutung haben, also heißen „von Gott". Auf der Subjektstufe kann sie auf die mahnende und strafende Funktion des eigenen Über-Ichs verweisen.
Schlussfolgerungen (u. U. mit Berücksichtigung des inneren Kontextes):
$H_{20ErlebenG}$, $H_{20ErlebenK}$: *Gerald McCann (und vielleicht auch seine Frau) fürchtet bzw. fürchten eine Strafe durch Gott. Das bedeutet, sie haben in der Folge des in Frage stehenden Ereignisses Schuldgefühle.*
$H_{21ErlebenG}$, $H_{21ErlebenK}$: *Gerald McCann (und vielleicht auch seine Frau) wird bzw. werden vom eigenen Gewissen, also ihren eigenen „erdrückenden" Schuldgefühlen geplagt, die sie in der Folge des in Frage stehenden Ereignisses haben.*
(Beide Hypothese werden insbesondere gestützt durch den in der Fallstrukturhypothese1 genannten Schuldaspekt.)
Erwartete Formen der Fortschreibung:
Die Wolke ergießt sich dramatisch über die McCanns (Eintreten der göttlichen Strafe und damit einhergehende „Reinigung ihrer Seelen").

„cooling us down."

Realisierte Fortschreibungsform:
Der Verfasser spricht von dem (endlichen!) Eintreten einer Abkühlung.
Abgleich mit Erwartungen, Schlussfolgerungen:
Im Gegensatz zu meiner Erwartung eines negativen Ausganges benennt der Schreibende nun eine „milde" (es wird nicht von einem Platzregen berichtet), wohl wohltuende „Erlösung" von der Hitze.
Im Zusammenhang mit der erweiterten Fallstrukturhypothese1, $H_{19ErlebenG}$, $H_{19ErlebenK}$, $H_{20ErlebenG}$, $H_{20ErlebenK}$ *sowie* $H_{21ErlebenG}$, $H_{21ErlebenK}$ *kann folgende Vermutung geäußert werden, die* **die erste** **_Fallstrukturhypothese abermals erweitert:_**
Mindestens einer der McCanns (vermutlich der schreibende Vater) leidet in der Folge des in Frage stehenden Ereignisses unter Schuldgefühlen, die beim Besuch des Papstes virulent sind. (Diese empfundene Schuld kann eine Verwicklung in das Verschwinden bedeuten, kann aber auch lediglich darauf verweisen, dass die McCanns an dem Abend des Verschwindens ihre Kinder allein ließen, was dann zu dem Unglück (v. a. Entführung oder Unfall) führte.) Der Papst stellt für (mindestens) Herrn McCann eine „gute Mutter" dar, die ihn von seiner psychischen Pein befreit und ihn (vor der Strafe Gottes, vgl. $H_{9ErlebenG}$) beschützt. Der Schreiber sieht den Papst jedoch nicht als „allmächtig" an und erlebt die letztendliche „Erlösung" von seinem Schuldgefühl als durch das eigene Gewissen/Gott bedingt. In Folge des Einflusses der „guten Mutter" (innere Repräsentanz und/oder äußere Erfahrung beim Papstbesuch) findet diese Erlösung in Form einer milden Güte statt und nicht in Form einer drakonischen Strafaktion.
Weitere Lesarten (einschließlich evtl. kontrastierender Gedankenexperimente) des letzten Satzteiles:
a) Der Schreiber ist innerlich beruhigt (vgl. das Verb „cool down").
Zu a):
Konfrontation mit dem äußeren Kontext:
Diese Lesart macht im vorbeschriebenen Fall viel Sinn.
Schlussfolgerungen (u. U. mit Berücksichtigung des inneren Kontextes):
$H_{22ErlebenG}$, $H_{22ErlebenK}$: *Mindestens Gerald McCann (vielleicht auch seine Frau) ist durch den Papstbesuch innerlich beruhigt worden: Sein Schuldkonflikt ist ausgeräumt oder stark gemindert.*

(Diese Annahme ist sehr gut vereinbar mit der voll erweiterten Fallstrukturhypothese1.)

$H_{23ErlebenG}$, $H_{23ErlebenK}$: *Mindestens Gerald McCann (vielleicht auch seine Frau) ist durch den Papstbesuch innerlich beruhigt worden: Der Papst hat im die Angst um seine Tochter genommen oder stark gemindert (d. h. die Angst vor einer Verletzung/Tötung des Kindes im Falle seiner Unbeteiligtheit am Verschwinden des Kindes oder die Angst vor einem unwürdigen Abschied von der Tochter (z. B. ohne letzte Segnung) im Falle seines Wissens um Madeleines bereits eingetretenen Tod.*
(Diese Hypothese ist insbesondere gut vereinbar mit $H_{14ErlebenG}$, $H_{14ErlebenK}$.)

"(...) It felt as if time stood still for a moment when... "

Lesarten (einschließlich evtl. kontrastierender Gedankenexperimente):
a)   Der Schreib ist in positiver Weise tief beeindruckt. Er erzählt von einem für ihn ganz besonderen Moment
b)   Der Schreiber berichtet von einem Moment, in dem er quasi nur noch mit offenem Mund regungslos dastehen konnte, so erschrocken war er.
Zu a):
Konfrontation mit dem äußeren Kontext:
Diese Lesart ist im vorliegenden Fall plausibel.
Schlussfolgerungen (u. U. mit Berücksichtigung des inneren Kontextes):
$H_{24ErlebenG}$: *Herr McCann macht während der Papstaudienz eine für ihn ganz besondere, positive Erfahrung, die ihn tief beeindruckte.*
Zu b):
Konfrontation mit dem äußeren Kontext:
Diese Lesart ist im vorliegenden Fall möglich, wobei es sich sowohl um einen äußeren als auch um einen inneren, psychischen Grund für das Erschrecken handeln kann.
Schlussfolgerungen (u. U. mit Berücksichtigung des inneren Kontextes):
$H_{25ErlebenG}$: *Gerald McCann erlebt während des Papstbesuches einen Moment, in dem er sich so sehr erschrak, dass er quasi regungslos wurde. Dieses Erschrecken ist durch ein äußeres Geschehen bedingt.*
$H_{26ErlebenG}$: *Gerald McCann erlebt während des Papstbesuches einen Moment, in dem er sich so sehr erschrak, dass er quasi regungslos wurde. Sein Erschrecken geht auf ein innerpsychisches Geschehen zurück.*
Erwartete Formen der Fortschreibung:
Der Schreiber muss jetzt den Grund für seine positive Beeindruckung oder sein Erschrecken nennen.

"the Pope looked into our faces..."

Realisierte Fortschreibungsform:
Der Schreiber benennt als Grund für sein starkes Gefühl den Blick des Papstes in die Gesichter des Schreibers und seiner Begleitung.
Abgleich mit Erwartungen, Schlussfolgerungen:
Erwartungskonform erfährt man vom Verfasser den Grund für sein starkes Gefühl.
Falls es sich um ein Erschrecken handelt, so ist dies wohl mehr innerpsychisch bedingt als durch ein Merkmal des Papstes.
$H_{27ErlebenG}$: *Herr McCann ist aufgrund des Blickes des Papstes in sein Gesicht stark positiv beeindruckt. Es ist für ihn ein ganz besonderer Moment.*
$H_{28ErlebenG}$: *Herr McCann ist aufgrund des Blickes des Papstes in sein Gesicht sehr erschrocken: Er hat die (unbewusste) Überzeugung, dass er sich Blick nicht wert ist (Selbstwertkonflikt), und erschreckt sich deshalb über die nun seiner Überzeugung entgegenstehende Realität.*
$H_{29ErlebenG}$: *Gerald McCann ist aufgrund des Blickes des Papstes in sein Gesicht sehr erschrocken: Er hat sich diese Begegnung aus narzisstischen Bedürfnissen heraus so sehr gewünscht, dass er*

nun bei der Realisierung dieses Wunsches von diesem überwältigt wird, sich vor dessen Wucht erschreckt.

$H_{30ErlebenG}$: Herr McCann ist aufgrund des Blickes des Papstes in sein Gesicht sehr erschrocken: Er hat in Folge des in Frage stehenden Ereignisses ein schlechtes Gewissen und fühlt sich in diesem Moment „ertappt" bzw. ist in großer Angst davor, „ertappt" zu werden, weshalb er sich in diesem Augenblick erschreckt.

(Diese Hypothese ist insbesondere sehr gut vereinbar mit der voll erweiterten Fallstrukturhypothese1.)

Weitere Lesarten (einschließlich evtl. kontrastierender Gedankenexperimente) des zweiten Satzteiles:

    a)   Den Schreiber beschäftigt mehr der Blick des Papstes in sein Gesicht als umgekehrt der Anblick des Papstes (sonst hätte er geschrieben: „when I/we looked into the Pope's face".)

Zu a):

Konfrontation mit dem äußeren Kontext:

Diese Lesart ist im vorliegenden Fall möglich. Eher würde man jedoch erwarten, dass es ein besonderer Moment ist, den Papst zu sehen bzw. eine Begegnung mit ihm zu haben. **Schlussfolgerungen (u. U. mit Berücksichtigung des inneren Kontextes):**

$H_{31ErlebenG}$: Herr McCann beeindruckt weniger die Tatsache der Begegnung mit dem Papst sowie der Anblick des Papstes, sondern der Blick des Papstes auf ihn. D. h., dieser Blick bietet ihm eine starke narzisstische Befriedigung.

(Diese Hypothese ist insbesondere gut vereinbar mit $H_{24ErlebenG}$.)

$H_{32ErlebenG}$: Herr McCann beeindruckt weniger die Tatsache der Begegnung mit dem Papst sowie der Anblick des Papstes, sondern der Blick des Papstes auf ihn. D. h., er fürchtet diesen Blick aus einem schlechten Gewissen vor dem Hintergrund des in Frage stehenden Ereignisses heraus, aus einem Selbstwertkonflikt heraus oder aus Angst vor seinen eigenen starken narzisstischen Wünschen.

(Diese Hypothese ist sowohl gut vereinbar mit $H_{26ErlebenG}$ und Fallstrukturhypothese1 als auch mit $H_{24ErlebenG}$ und $H_{31ErlebenG}$.)

Erwartete Formen der Fortschreibung:

Der Schreiber könnte nun noch eine andere beeindruckende Tätigkeit des Papstes benennen (z. B. Händeschütteln, Segnen, Sprechen), berichten, was er selbst getan hat oder welche Gefühle er noch erlebt hat.

"…and there was almost instant recognition and…"

Realisierte Fortschreibungsform:

Die Fortführung des Verfassers passt zu den Erwartungen.

Abgleich mit Erwartungen, Schlussfolgerungen:

-

Weitere Lesarten (einschließlich evtl. kontrastierender Gedankenexperimente) des dritten Satzteiles:

    a)   Der Schreiber benennt ein sofortiges Erkennen.
    b)   Der Verfasser spricht von einem unmittelbaren Wiedererkennen.
    c)   Der Schreibende gibt eine umgehende Anerkennung an.

Zu a):

Konfrontation mit dem äußeren Kontext:

Diese Lesart ist im vorliegenden Fall möglich und kann sich v. a. auf Aspekte wie Leid, Schuld/Sünde oder Gläubigkeit beziehen. Da Subjekt und Objekt nicht benannt werden, können beide der Erkennende bzw. der Erkannte sein.

Schlussfolgerungen (u. U. mit Berücksichtigung des inneren Kontextes):

$H_{33ErlebenG}$: Herr McCann fühlt sein Leid aufgrund des Verschwindens seiner Tochter von dem Papst sofort erkannt.

$H_{34ErlebenG}$: Gerald McCann fühlt sich in seiner wiedererstarkten, aber zuvor eben länger nicht nachgegangenen Gläubigkeit vom Papst unmittelbar erkannt.

$H_{35ErlebenG}$: *Herr McCann fühlt sich in seinen Schuldgefühlen aufgrund des Allein-Gelassen-Habens der Tochter sofort erkannt.*
(Diese Hypothese ist insbesondere gut vereinbar mit der voll erweiterten Fallstrukturhypothese1.)
$H_{36ErlebenG}$: *Herr McCann fühlt sich in seiner Schuld/Sünde der aktiven Verwicklung in das Verschwinden seines Kindes vom Papst unmittelbar erkannt.*
(Diese Hypothese ist insbesondere gut vereinbar mit der voll erweiterten Fallstrukturhypothese1.)
$H_{37ErlebenG}$: *Gerald McCann erkennt das Gesicht des Papstes sofort.*
Zu b):
Konfrontation mit dem äußeren Kontext:
Da Subjekt und Objekt nicht benannt werden, können beide der Erkennende bzw. der Erkannte sein.
Für Herrn McCann als Erkannten ist diese Lesart so in ihrer Konkretheit im vorliegenden Fall nicht möglich. Es müsste sich dann um eine entsprechende *Phantasie* des Schreibers handeln.
Schlussfolgerungen (u. U. mit Berücksichtigung des inneren Kontextes):
$H_{38ErlebenG}$: *Herr McCann erkennt den Papst, den er aus den Medien kennt, sofort wieder. Er kommt ihm also vertraut vor.*
$H_{39ErlebenG}$: *Gerald McCann hat die (unbewusste) Phantasie, vom Papst sofort wiedererkannt zu werden. Es ist für ihn ein bisschen wie eine Rückkehr in den „Schoß" Gottes, der ihm einst das Leben gegeben hat.*
(Diese Hypothese ist gut vereinbar mit $H_{24ErlebenG}$, $H_{31ErlebenG}$ sowie dem in Fallstrukturhypothese1 benannten Aspekt der Mütterlichkeit des Papstes.)
Zu c):
Konfrontation mit dem äußeren Kontext:
Da Subjekt und Objekt nicht benannt werden, können beide der Erkennende bzw. der Erkannte sein. Auch diese Lesart macht, zumindest was Herrn McCann als Anerkannten betrifft, so in ihrer Konkretheit keinen Sinn, sodass wieder von einem entsprechenden inneren Erleben des Schreibers ausgegangen werden müsste.
Schlussfolgerungen (u. U. mit Berücksichtigung des inneren Kontextes):
$H_{40ErlebenG}$: *Herr McCann erkennt den Papst umgehend als bedeutende Persönlichkeit, als weisen Mann, als Mittler zu Gott o. ö. an.*
$H_{41ErlebenG}$: *Gerald McCann fühlt sich vom Papst unmittelbar anerkannt (in seiner Mühe, die Reise auf sich genommen zu haben, um das Kirchenoberhaupt zu sehen, als Gläubiger, oder einfach nur als Mensch.)*
(Letzteres Element wird gestützt durch den Mütterlichkeits-Aspekt in Fallstrukturhypothese1 sowie durch $H_{24ErlebenG}$, $H_{31ErlebenG}$ und $H_{39ErlebenG}$.)
Erwartete Formen der Fortschreibung:
Der Verfasser könnte den Satz mit dem Eintauchen in weitere Gefühle weiterführen oder mit der Benennung weiterer Handlungen des Papstes (z. B. Sprechen, Händeschütteln, Segnen).

„…a change in his expression."

Realisierte Fortschreibungsform:
Der Schreiber geht auf die Gesichtszüge des Papstes ein.
Abgleich mit Erwartungen, Schlussfolgerungen:
Die Wahl des Verfassers liegt im Bereich der Erwartungen.
Weitere Lesarten (einschließlich evtl. kontrastierender Gedankenexperimente) des letzten Satzteiles:
  a) Der (Gesichts)ausdruck der benannten Person wechselt vom Neutralen oder Positiven ins Negative.
  b) Der (Gesichts)ausdruck der Person wechselt vom Neutralen oder Negativen ins Positive.
Zu a):
Konfrontation mit dem äußeren Kontext:
Diese Lesart ist im vorliegenden Fall sehr unwahrscheinlich, weshalb eher von einer entsprechenden Phantasie des Schreibers auszugehen wäre.
Schlussfolgerungen (u. U. mit Berücksichtigung des inneren Kontextes):

$H_{42ErlebenG}$: Herr McCann hat die (unbewusste) Phantasie, der (Gesichts)ausdruck des Papstes verdunkle sich beim Blick in sein Gesicht, weil er die Vernachlässigung seiner Glaubenspraxis erkennt.

$H_{43ErlebenG}$: Gerald McCann hat die (unbewusste) Phantasie, der (Gesichts)ausdruck des Papstes verdunkle sich beim Blick in sein Gesicht, weil er die Schuld des Vaters erkennt, seine Tochter allein gelassen zu haben.

(Diese Hypothese ist insbesondere gut vereinbar mit der voll erweiterten Fallstrukturhypothese1.)

$H_{44ErlebenG}$: Herr McCann hat die (unbewusste) Phantasie, der (Gesichts)ausdruck des Papstes verdunkle sich beim Blick in sein Gesicht, weil er seine Schuld bezüglich der aktiven Verwicklung in das Verschwinden deiner Tochter erkennt.

(Auch diese Hypothese ist insbesondere gut vereinbar mit der voll erweiterten Fallstrukturhypothese1.)

$H_{45ErlebenG}$: Gerald McCann hat die (unbewusste) Phantasie, der (Gesichts)ausdruck des Papstes verdunkle sich beim Blick in sein Gesicht, weil er dem Papst „zu gering" ist (Projektion eines Minderwertigkeitsgefühls).

(Diese Hypothese ist gut vereinbar mit $H_{28ErlebenG}$.)

Zu b):

Konfrontation mit dem äußeren Kontext:

Diese Lesart ist im vorliegenden Fall gut möglich.

Schlussfolgerungen (u. U. mit Berücksichtigung des inneren Kontextes):

$H_{46ErlebenG}$: Der (Gesichts)ausdruck des Papstes wechselt beim Anblick von Herr McCann ins Positive. $H_{47ErlebenG}$: Gerald McCann hat aus starken narzisstischen Ansprüchen heraus die (unbewusste) Phantasie, der (Gesichts)ausdruck des Papstes wechsele bei seinem Anblick ins Positive.

(Diese Hypothese ist gut vereinbar mit $H_{24ErlebenG}$, $H_{31ErlebenG}$, $H_{39ErlebenG}$ sowie dem in Fallstrukturhypothese1 benannten Aspekt der Mütterlichkeit des Papstes.)

An mehreren Stellen wird eine deutlich ambivalente Gefühlseinstellung von Herrn McCann zum Papstbesuch deutlich ($H_{24ErlebenG}$ versus $H_{25ErlebenG}$ und $H_{26ErlebenG}$; $H_{33ErlebenG}$, $H_{34ErlebenG}$ versus $H_{35ErlebenG}$ und $H_{36ErlebenG}$; $H_{42ErlebenG}$ bis $H_{45ErlebenG}$ versus $H_{46ErlebenG}$ und $H_{47ErlebenG}$.)Aufgrund dieser Tatsache kann die __Fallstrukturhypothese1__ folgendermaßen __verändert__ werden:

__Herr McCann leidet in der Folge des in Frage stehenden Ereignisses unter Schuldgefühlen, die beim Besuch des Papstes virulent sind. (Diese empfundene Schuld kann eine Verwicklung in das Verschwinden bedeuten, kann aber auch lediglich darauf verweisen, dass die McCanns an dem Abend des Verschwindens ihre Kinder allein ließen, was dann zu dem Unglück (v. a. Entführung oder Unfall) führte.) Der Papst stellt für Herrn McCann einerseits eine „gute Mutter" dar, die ihm narzisstische Befriedigung schenkt und die ihn (vor der Strafe Gottes bzw. vor dem Druck des eigenen Gewissens) beschützt. Andererseits werden Herrn McCann seine Schuld- und vielleicht auch Selbstwertprobleme im Angesicht des Papstes auch sehr deutlich. So erlebt er die Begegnung mit dem Kirchenoberhaupt als stark ambivalent.__

__Als „allmächtig" sieht Herr McCann den Papst nicht an; die zwischenzeitliche Milderung von seinem Schuldgefühl erlebt er als durch das eigene Gewissen/Gott bedingt. In Folge des Einflusses der „guten Mutter" (innere Repräsentanz und/oder äußere Erfahrung beim Papstbesuch) findet diese durch eine nachsichtige Güte statt und nicht in Form einer drakonischen Strafaktion. Völlig ausgeräumt können die inneren Konflikte von Herrn McCann jedoch durch die Erfahrung des Papstbesuches nicht werden. So bleiben die durch sie hervorgerufenen Gefühle ambivalent.__

5) Tiefenhermeneutische und objektiv-hermeneutische Analyse eines Fotos von den McCanns beim Papst

Foto von den McCanns beim Papst aus der Quelle:
Stern (2008). Madeleine McCann. Eine Tragödie – so oder so. *Stern* [On-line], *38*. Verfügbar unter: http://www.stern.de/politik/panorama/:Die-Tragödie-McCanns-Der-Fall-Madeleine/597724.html?eid=598323 [13.09.2008].

Analyse mittels Tiefenhermeneutik:

- Irritationen und Gegenübertragungen:
1) Die größere Nähe des Papstes zu Frau McCann fällt auf: Im Gegensatz zu Herrn McCann steht sie ihm vis-à-vis gegenüber und beide scheinen sich in die Augen zu blicken; direkt vor ihrem Körper segnet der Pontifex das Foto von Madeleine, während Kates rechte Hand seine linke umfasst. Laut Blogeintrag zum 30.05.07 ihres Ehemannes war sie es auch, die dem Papst das Bild der Tochter gereicht hat.
   Gerry McCann wirkt hingegen etwas abseits stehend, nur seine linke Hand scheint peripheren Kontakt mit der des heiligen Vaters zu haben. Dies irritiert mich insofern, als dass Herr McCann bis dahin im öffentlichen Auftreten des Paares stets im Vordergrund stand, mit Ausnahme des Appells der Mutter am 7. Mai.[6] Die Szene vermittelt mir also eine große Innigkeit zwischen der Mutter, ihrem Kind (bzw. das Foto von ihm) und dem Papst einerseits sowie eine relative Ausgeschlossenheit von Gerry McCann andererseits.
2) Abgesehen von der Segnung des Fotos scheint Kate McCann auch mehr als ihrem Mann an einem innigen *persönlichen* Kontakt mit dem Papst zu liegen (vgl. Körper- sowie Blickkontakt).
3) Beide Eltern wirken von ihren leicht angespannten Gesichtszügen her ernst.
4) Für die Erkundung der Bedeutung, die die Segenspendung des Papstes für die Eltern haben könnte, lässt sich der Begriff „Segen" wie folgt explizieren:
   „Der Begriff **Segen** (v. althochdt.: *segan*, Rückbildung aus segnen, lat. *signare* für ‚mit dem Zeichen [des Kreuzes] versehen') bezeichnet in Religionen eine wohlmeinende (Gebets-) Formel, die Personen oder Sachen Anteil an göttlicher Kraft oder Gnade geben möchte."[7] „In der Bibel ist der Segen eine Kraft, die von Gott kommt und das Leben wachsen und gedeihen lässt, aber auch behütet und bewahrt, die Zugehörigkeit zu Gottes Reich, Rettung, Heil, Frieden, Gerechtigkeit und ewiges Leben als Gaben des Heiligen Geistes bewirkt und mit dem Glauben und der Gottesbeziehung zugleich auch die Gemeinde stärkt und wachsen lässt. (...) Segen ist (...) ‚gerade kein Begriff, der dazu taugt, zu differenzieren zwischen dem Handeln Gottes, mit dem er sich dem Menschen in seiner kreatürlichen Bedürftigkeit zuwendet, und einem Handeln Gottes, das den Mensch rettet aus Schuld und Gottesferne. Dagegen ist gerade dies Proprium des Segens, dass in ihm beides nicht auseinander gerissen wird, gerade weil sich im Segen die Ganzheit der Zuwendung Gottes ausdrückt und die Ganzheit des empfangenden Menschen erzielt werden will.'"[8] „Segensrituale sind in allen Religionen zuhause und vermitteln helfende und heilende Kräfte einer „höheren Macht", des Numinosen. Sie eröffnen und beschließen Tage, Zeitabschnitte und Lebensphasen und bekommen eine besondere Bedeutung in Schwellensituationen."[9]
5) Was speziell die Segnung von Kindern anbetrifft, so kommt mir noch folgende Assoziation einer biblischen Geschichte[10] in den Sinn:
   „Und sie brachten Kinder zu ihm, damit er sie anrühre. Die Jünger aber fuhren sie an. Als es aber Jesus sah, wurde er unwillig und sprach zu ihnen: Lasst die Kinder zu mir kommen und wehret ihnen nicht; denn solchen gehört das Reich Gottes. Wahrlich, ich sage euch: Wer das Reich Gottes nicht empfängt wie ein Kind, der wird nicht hineinkommen. Und er herzte sie und legte die Hände auf sie und segnete sie."

491

- Quintessenz der Irritationen und Gegenübertragungen:
  a) Für die Mutter scheint der persönliche Kontakt mit dem Papst sowie die Segnung ihres Kindes bedeutsamer zu sein als für den Vater (1, 2).
  b) Für beide Eltern ist der Kontakt mit dem Papst eine eher ernste Angelegenheit (3)

Analyse der größeren Nähe der Mutter zum Papst (v. a. auch ihr Halten des Fotos ihrer verschwundenen Tochter bei der Segnung) mittels objektiver Hermeneutik:

Lesarten (einschließlich evtl. kontrastierender Gedankenexperimente):
  a) Die Mutter hat eine stärkere Bindung an ihre Tochter als ihr Ehemann.
  b) Mindestens ein Elternteil findet, dass derartig gefühlsbetonte Dinge aus Gründen der besseren Wirkung in der Presse eher die Mutter übernehmen sollte.
  c) Die Mutter hat einen stärkeren Bezug zum Glauben. So ist ihr die Segnung des Kindes wichtiger als ihrem Mann.
  d) Die Frau ist (stärker als ihr Ehemann) in das Verschwinden ihres Kindes involviert. Sie weiß, dass ihr Kind tot ist, und darum ist ihr eine letzte Segnung des Kindes wichtig. Wenn sie selbst das Foto hält und eine große Nähe zum Papst hat, so vielleicht außerdem ihre Phantasie, ist auch sie selbst von ihrer Schuld „gereinigt".

Zu a):
Konfrontation mit dem äußeren Kontext:
Diese Lesart ist im vorliegenden Fall nicht auszuschließen.
Schlussfolgerungen (u. U. mit Berücksichtigung des inneren Kontextes):
H_{1Bez}: Frau McCann hat eine stärkere Bindung an Madeleine als ihr Ehemann.
Zu b):
Konfrontation mit dem äußeren Kontext:
Auch diese Lesart ist im vorliegenden Fall nicht auszuschließen.
Schlussfolgerungen (u. U. mit Berücksichtigung des inneren Kontextes):
H_{2Bez}: Mindestens ein Elternteil findet, dass derartig gefühlsbetonte Dinge aus Gründen der besseren Wirkung in der Presse eher die Mutter übernehmen sollte.
Zu c):
Konfrontation mit dem äußeren Kontext:
In dem vorbeschriebenen Fall liegt die Information vor, dass die Mutter tatsächlich einen stärkeren Bezug zur Religion besitzt, als ihr Ehemann. So ist Lesart c) sehr plausibel.
Schlussfolgerungen (u. U. mit Berücksichtigung des inneren Kontextes):
H_{1PersK}, $H_{1ErlebenK}$: Frau McCann hat einen stärkeren Bezug zum Glauben/zur Religion. So ist ihr die Segnung des Kindes wichtiger als ihrem Mann.
Zu d):
Konfrontation mit dem äußeren Kontext:
In dem vorliegenden Fall ist auch diese Lesart möglich.
Schlussfolgerungen (u. U. mit Berücksichtigung des inneren Kontextes):
$H_{1Ereignis}$, $H_{2ErlebenK}$: Die Mutter ist stärker als ihr Ehemann in das Verschwinden ihre Kindes involviert. (Sie hat z. B. versehentlich oder vorsätzlich, direkt oder indirekt den Tod des Kindes herbeigeführt und/oder das Kind tot aufgefunden und es zunächst verheimlicht.) In ihrem Wissen um den eingetretenen Tod ihrer Tochter ist ihr eine letzte Segnung für diese wichtig. Wenn sie selbst das Foto hält und eine große Nähe zum Papst hat, so vielleicht außerdem ihre Phantasie, ist auch sie selbst von ihrer Schuld „gereinigt".
$H_{2Ereignis}$, $H_{3ErlebenK}$: Frau McCann ist, im Gegensatz zu ihrem von einer Entführung ausgehenden Ehemann, in das Verschwinden ihre Kindes involviert. (Sie führte also dessen Tod versehentlich oder vorsätzlich herbei, direkt oder indirekt und/oder fand das Kind tot auf und schaffte den Leichnam weg.)
Sie weiß, dass ihr Kind tot ist, und darum ist ihr eine letzte Segnung des Kindes wichtig. Wenn sie selbst das Foto hält und eine große Nähe zum Papst hat, so ihre Phantasie, ist auch sie selbst von ihrer Schuld „gereinigt".

Anhang G: Tiefenhermeneutische Analysen zu ausgewählten Blogeinträgen von August und September 2007[1]

1) Analyse des Blogeintrages vom 02.08.07 (Untersuchung der Villa der McCanns mit Leichenspürhunden):

"Today was a bit of a write off for me as I was laid low with a probable viral illness which meant I could not stray too far from the house! I did manage to get through some e-mails, telephone calls and some paperwork.
Feeling a bit better tonight so hopefully be back to normal tomorrow.

Kate did manage to put up some of the new Madeleine posters in shops around Praia da Luz.. It is noticably busier, now that we are in August, with lots of tourists many of whom are from Portugal. The figures from the National Center for Missing and Exploited Children show that one in six kids are recovered after being recognised from a poster. Such statistics do encourage us that relatively simple measures may be effective in helping us find Madeleine."

- Irritationen, Gegenübertragungen:
1) Mir fällt auf, dass der erste Satz mit zwei Passivkonstruktionen beginnt und mit dem einschränkenden Verb „could not" endet. Das korrespondiert mit dem Inhalt dieses Satzes, dem Sich-fügen-Müssen äußerer, stärkerer Mächte (vgl. „write off", „was laid low", „viral illness").
2) „Viral illness" lässt sich psychoanalytisch als Metapher fassen für einen Angriff auf das Selbst, der die psychologische Abwehr herausfordert.
3) Der Ausruf „I could not stray too far from the house" irritiert mich. Nur herrenlose oder verirrte Tiere (z. B. Hunde) und heimatlose Menschen oder Gauner "streunen herum", auf der Suche nach Beute. Ihnen gegenüber muss man tendenziell misstrauisch sein. Das Bild eines die Umgebung „far from the house" durchstreunenden Mannes lässt im vorliegenden Fall auch an jemanden denken, der einen passenden Ablageort für eine Leiche auskundschaftet.
Hier legt Gerald McCann die Lesart einer offensiv-selbstironischen Bemerkung über sich nahe, so als würde ihn jemand eines entsprechenden Verhaltens verdächtigen, welches er dann dynamisch zurückweist (vgl. auch das Ausrufungszeichen). Diese latente Dynamik divergiert mit der o. g. Passivität des Sprechers, die dieser Satz impliziert.
4) Auf der inhaltlichen Ebene fällt die - überflüssig scheinende - Erklärung auf, die Krankheit bedeute, man könne sich nicht weit vom Haus entfernen. Der Satz wirkt also wie eine Beteuerung, man sei auch wirklich zu Hause gewesen an dem Tag.
5) Die Freiheit, die auch in dem Bild des Umherstreunens liegt, legt eine dazu gegenläufige Affinität nahe. Mitleidig stimmt mich in diesem Zusammenhang die niedliche Identifikation des Sprechers mit dem Hund: So äußert er aus dessen Perspektive implizit den Wunsch, draußen, „far from the house" zu sein. Zugleich identifiziert er sich aber „brav" mit der Verantwortung/Pflicht, beim Haus zu bleiben.
6) Weshalb wird überhaupt die Entfernung zum Haus als Bemessung für die Krankheit verwendet? Es wäre doch typischer, die geringere Leistungsfähigkeit und damit das geringere Arbeitspensum/Anstrengungsvermögen als Messlatte zur Demonstration der Krankheit zu nehmen oder die maximale Dauer, für die man das Haus gerade noch zu verlassen schafft. Eine Entfernung ist doch relativ, als Beifahrer im Auto ist eine gewisse Strecke auch im Krankheitsfall ein geringes Problem. Diese ganzen Aspekte werden von der Fokussierung auf die Entfernung verdeckt.
Das Ansprechen der Entfernung macht natürlich Sinn als Erklärung der Verschiebung des Trips nach Huelva auf den Folgetag – dies erfährt der Leser aber merkwürdigerweise erst dann.
7) Auch bekommt die Benennung des Entfernungsaspektes ihren Sinn, liest man den zweiten Absatz, der von Kates außerhäuslichen Aktivitäten berichtet. Aber warum stellt der Verfasser Kates Tätigkeit nicht in einen unmittelbaren Zusammenhang mit dieser Erklärung seiner Verhinderung? Es scheint, beachtet man die formale Gliederung des Textes in die zwei Absätze,

493

dass zwischen der Tätigkeit von Gerald und der von Kate McCann an diesem Tag für den Leser klar getrennt werden soll.

8) Meine Recherchen über die Dauer der Krankheit lassen mich verwundern: Sowohl am Tag zuvor als auch am Folgetag ist Herr McCann sehr beschäftigt und spricht nicht davon, dass es ihm nicht gut gehe – für eine Grippe doch sehr ungewöhnlich. Die Idee kommt auf, dass die Krankheit etwas mit den Geschehnissen des aktuellen Tages zu tun haben könnte (psychologische Bedingtheit oder aber Vortäuschung).

9) Die ersten zwei Zeilen sind in einem betont „lockeren" Stil gehalten. Als Leser fasse ich so besonders schnell Vertrauen, zu diesem „Kumpel", der da so gelassen berichtet, und die Wachheit meines Geistes sinkt etwas. Erst das Ausrufezeichen lässt mich wieder etwas „hochfahren". Den engen Kontakt verliere ich dann, als am Ende des ersten Absatzes ein fragmentarischer Satz ohne personales Subjekt steht und ich das Gefühle habe, der Schreiber will nun nicht mehr viele Worte über sich/über seine Krankheit verlieren.

10) Was ist das für eine virale Erkrankung, bei der man sich am Abend des Erkrankungstages bereits wieder besser fühlt? Das hört sich für mich nicht glaubhaft an.

11) Mir fällt auf, dass der Schreiber zweimal den betonten Ausdruck „did manage" verwendet. Beim zweiten Mal, im Zusammenhang mit Frau McCann, wundere ich mich: Was ist an der Arbeit des Posteraufhängens denn so herausfordernd oder anstrengend, dass man mit Betonung von geschafft haben/bewältigt haben/zu Stande gebracht haben sprechen muss? Sie ist doch schließlich nicht diejenige gewesen, die krank war. Oder habe ich hier gerade einfach keinen Zugang zu der seelischen Herausforderung, die diese Tätigkeit für eine Mutter bedeutet? Doch auch, wenn ich diesen Gedanken weiter verfolge, passt für mich nicht diese Betonung des Geschafft-Habens, denn mit dem Posteraufhängen hat man ja noch nichts fundamental Bedeutsames im Wiederfinden des Kindes „geschafft".

12) Meine Kenntnis der Abfolge der polizeilichen Ermittlungen lässt mich wundern, dass der Schreiber im Eintrag dieses Tages nicht erwähnt, dass die Polizei mit den Leichenspürhunden im Beisein der McCanns ihre aktuell bewohnte Villa durchforscht hat. Dies ist doch schließlich ein sehr aufregendes Ereignis, von dem man doch, zumindest grob, erzählen kann. Auch ergibt sich hier ein weiterer möglicher Begründungszusammenhang für das Unvermögen, sich an diesem Tag allzu weit vom Haus zu entfernen.

13) Beide Absätze enden jeweils mit einer Atmosphäre der Zuversicht, nachdem von etwas „Geschafftem" erzählt wurde.

14) Auffällig ist die mehrmalige Verwendung der betonenden Umschreibung mit „do" („did manage" 2x, „do encourage"). Das wirkt auf mich kämpferisch-kraftvoll, sich Widerständen widersetzend.

15) Nachdem im gesamten Text immer individuell von Kate oder Gerald berichtet wird, sind beide im letzten Satz in der wiederholten Verwendung von „us" wieder vereint.

Quintessenz der Irritationen und Gegenübertragungen:

a) Gerald McCanns virale Erkrankung scheint vorgeschoben zu sein, um die Verlegung des Trips nach Huelva an für Tag im Nachhinein zu erklären (6, 8, 9, 10).

b) Dass der Schreiber weder die kriminaltechnische Untersuchung der Villa noch die Verschiebung des Trips nach Huelva anspricht, irritiert (6, 12). Er scheint zumindest ersteres vor dem Leser verheimlichen zu wollen.

c) Es mutet so an, als werde die Untersuchung der Villa mit den Spürhunden vom Tagebuchschreiber als ein Angriff auf das Selbst erlebt, der die psychische Abwehr herausfordert und als ein Sich-Fügen-Müssen unter eine stärkere Macht (1, 2, 12). (Vom Text wird darüber hinaus die Lesart *ermöglicht*, der Verfasser habe die Spürhunde in seiner Villa misstrauisch als „streunend" wahrgenommen (3), aber auch diejenige, er habe die Aktion einfach aus Pflicht-/ Verantwortungsgefühl verfolgt (5)).

d) Sehr gerne wäre er wohl aber an diesem Tag weg gewesen (hätte also wohl gern seinen Huelva-Trip wahrgenommen), (5).

e) Er scheint sich selbst Misstrauen entgegengebracht zu sehen, die Leiche des Kindes draußen versteckt zu haben/verstecken zu wollen und weist dieses von sich. Insbesondere am gegebenen

Tag zu Hause, also nicht weiter auswärts, gewesen zu sein, scheint ihm wichtig zu betonen (3, 4, 6).

f) Eine Abgrenzung von seiner Partnerin ist dem Schreiber hier, so scheint es, sehr bedeutsam. Vermieden wird von ihm das Erwähnen von gemeinsam Bewältigtem (d. h. der polizeilichen Untersuchung der Villa). Latent hingegen findet sich allerdings dieser in ihm auch repräsentierte Aspekt der gemeinsamen psychischen Betroffenheit (7, 11, 15).

g) Die Eltern scheinen aus Sicht des Schreibers an diesem Tag durch kämpferische Tatkraft etwas geschafft/bewältigt/zu Stande gebracht zu haben, wodurch im Verfasser Zuversicht entsteht bzw. er sich Mut macht (11, 13, 14).

2) Analyse des Blogeintrages vom 06.09.07 (Tag von Kate McCanns 12 Stunden dauernden Vernehmung):

Anhang L: Tiefenhermeneutische Analyse des Blogeintrages vom 06.09.07 (Tag von Kate McCanns 12 Stunden dauernden Vernehmung):

„Everyone will know that Kate attended for interview as a witness with the Portuguese police today. This is only the second time Kate has been interviewed and although it was a long day, going on past midnight, this was shorter than my second interview which lasted 13 hours! The suggestion that Kate is involved in Madeleines disappearance is ludicrous. Anyone who knows anything about the 3rd May knows that Kate is completely innocent. We will fight this all the way and we will not stop looking for Madeleine."

- Irritationen, Gegenübertragungen:

1) Der Beginn "everyone will know" erweckt in mir den Eindruck, der Schreiber ziehe einen offensiven Umgang mit der Gegebenheit der polizeilichen Befragung seiner Frau vor, da die Öffentlichkeit ja ohnehin durch die Medien davon erfahren wird/vielleicht z. T. auch schon erfahren hat. Mit dieser „Offenheit" fühle ich mich allerdings gleich zu einer harmloseren Einstufung dieses Sachverhaltes bewogen.

2) Die Anfangswendung versetzt mich als Leser außerdem gleich in eine größere „Gemeinde": Jedem („everyone") aus der Gruppe der Leserschaft geht es (angeblich) gleich, jeder verfolgt den Fall mit Interesse und weiß Bescheid.

3) Die mir überflüssig erscheinende ausdrückliche Benennung „as a witness" irritiert mich. Immerhin wurde Kate McCann nach der Vernehmung zur Verdächtigen erklärt, doch diese Tatsache findet sich nicht in diesem Tagebuchtext wieder. Stattdessen wird ihr vergangener allgemeiner Status, den sie hatte, benannt, was für das Verständnis des Sachverhaltes zudem unnötig ist.

4) Vor dem Hintergrund der Tatsache, dass Frau McCann nach Presseinformationen 12 Stunden lang verhört wurde, erscheint mir der Ausdruck „attended for interview" auffallend schwach. „Was interrogated/ questioned" hätte ich für angemessener gehalten, auch aufgrund der Objektposition, die Frau McCann damit einnehmen würde, und die durch den hier vom Schreiber gewählten Subjektstatus ausgeblendet wird.

5) Der nächste Satz will mich als Rezipient wohl beruhigen: Die Vernehmung wird gleich zweimal bagatellisiert, einmal mit „only the second time", zum anderen mittel Vergleich mit dem noch länger andauernden Interview des Schreibers selbst.

6) Dass der Schreiber einerseits erwähnt, andererseits aber ja auch so offen zugibt, selbst 13 (!) Stunden lang von der Polizei vernommen worden zu sein, lässt mich erst sehr wachsam werden und ruft in mir Phantasien über ernsthafte Vorwürfe gegen ihn von Seiten der Polizei hervor. Diese werden dann aber ganz rasch gestoppt, da ich den Sachverhalt aufgrund der sympathischen Ehrlichkeit des Schreibers, seines offensiven Umganges mit dieser Tatsache, schnell als „harmlos" einzustufen bereit bin und statt dessen denke: Solch lange Befragungen sind in Portugal wohl Standard. Was machen die Behörden denn da bloß mit den armen Eltern?!

7) Beruhigt fühle ich mich und erleichtert von der lockeren, „sportlichen" und leicht spottenden Art, mit der der Verfasser von den langen polizeilichen Befragungen erzählt (vgl. auch das Ausrufungszeichen an dieser Textstelle), da sie mir zeigt, dass er sich davon nicht unterkriegen lässt. – Ich bin also sehr um sein Wohlergehen bedacht, wie ich merke, bin also sehr „auf seiner Seite".

8) „Anyone who knows anything about the 3rd May knows that Kate is completely innocent" lässt mich in zweierlei Hinsicht stutzen: Zum einen reicht es doch natürlich nicht aus, "(irgend)etwas" über den 3. Mai zu wissen, um sich bezüglich Kates Unschuld sicher zu sein. Wäre es so, dann wäre sich tatsächlich jeder aus der Öffentlichkeit dessen sicher, da mittlerweile alle „(irgend)etwas" über den Tag wissen. *Von meinem Empfinden als Leser her wird aber genau das suggeriert: Ihr Leser wisst doch, wie alle, etwas über den 3. Mai und wisst doch damit um Kates Unschuld. Ich fühle mich hier einem manipulativen Sog ausgesetzt.*
Tatsächlich muss man aber ein maximales Wissen über den Tag haben, um diese Schuldfrage entscheiden zu können. Wer aber hat schon so viel Wissen? Das maximale Wissen haben nur die Eltern selbst (oder möglicherweise der außerfamiliäre Täter), einiges an Wissen wohl auch noch die mitgereisten Freunde der McCanns. Mittlerweile haben sekundär auch die Polizeibehörden einige Kenntnis, aber diese stammt zu großen Teilen lediglich aus zweiter Hand. *Es sind also nur diese Personengruppen, die sich, wenn überhaupt, tatsächlich ein vages Bild über die Schuldfrage von Frau McCann machen können. Sowohl vom Leser als auch von der sie dennoch verdächtigenden Polizei grenzt sich der Schreiber damit als „den Unwissenden" ab.*
Insgesamt gesehen suggeriert die Botschaft hier an die Leser also wie folgt aus: *Euer Wissen reicht nicht aus, um Euch wirklich ein fundiertes Urteil <u>gegen</u> Kate zu erlauben. Aber das bisschen, das ihr wisst, darf euch gerne als Argument zur Parteiergreifung <u>für</u> Kate dienen – so machen es alle, also tu auch du, Leser X, es so.*

9) Während der erste Teil dieses Eintrages eine beruhigende Wirkung auf mich als Leser hat, klingt für mich in den drei letzten Sätzen, insbesondere im Abschlusssatz, vielmehr eine Verteidigungshaltung des Schreibers an mit der Selbstaussage: „Wir trotzen den Schwierigkeiten, wir lassen uns nicht unterkriegen!" Mich irritiert dieser Umschwung. Wenn man ohnehin ganz beruhigt ist, weshalb dann „we will fight this all the way"?

10) Es fällt auf, dass der kurze Text vier Mal den Namen „Kate" enthält, aber nicht einmal spricht der Schreiber von sich selbst in der ersten Person, lediglich „my interview" verweist auf ihn persönlich. (Das kann natürlich auch durch das auf Kate ausgerichtete Tagesgeschehen bedingt sein.)

11) Mich irritiert, weshalb im Zusammenhang des Ankämpfens gegen die Verdächtigungen auch gesagt wird, man werde weiterhin nach Madeleine suchen. Das klingt, als müsse man auch hier gegen einen Widerstand der Behörden ankämpfen, als wollten diese die Eltern davon abhalten.

12) Das an der exponierten Position am Textende genannte Ziel, nicht aufzuhören, nach Madeleine zu suchen, hört sich für mich an wie ein Versprechen des Schreibers sich selbst (und dem Leser) gegenüber, wie ein Verhaltensprinzip, dem man sich verschrieben hat und das einem sehr wichtig ist.

- Quintessenz der Irritationen und Gegenübertragungen:

    a) Allem Anschein nach soll der Leser hinsichtlich der langen polizeilichen Vernehmung von Kate McCann und ihrer Einstufung als Verdächtige beruhigt werden und so zu der Bewertung „relativ harmlos" gelangen (1, 3, 4, 5, 6).

    b) An den Leser wird der Appell gerichtet: *Dein Wissen reicht nicht aus, um dir wirklich ein fundiertes Urteil <u>gegen</u> Kate zu erlauben. Aber das bisschen, das du weißt, darf dir gerne als Argument zur Parteiergreifung <u>für</u> Kate dienen (8).* Der Leser wird dazu bewegt, sich für das Wohlergehen des Schreibers zu interessieren und sich dabei eher gegen die Behörden zu positionieren (6, 7).

    c) Die Bekanntheit des Vermisstenfalles mit dem Paradoxon, den Fall zu kennen und doch nichts wissen, sowie v. a. die vom Schreiber suggerierte Gruppenbildung als Leserschaft/Öffentlichkeit allgemein, haben manipulatives Potenzial in Richtung der beiden vorangehend genannten Punkte (2, 8).

d) Für den Schreiber scheint die aktuelle Entwicklung aber tatsächlich nicht (nur) „beruhigend" und „harmlos" zu sein: Er will die Sache auf ganzer Strecke be-/durchkämpfen/dagegen ankämpfen (9).

e) Die Polizei wird vom Schreiber implizit als unverständig charakterisiert. Zudem scheint er sich von der Behörde einen Widerstand gegen seine Suchaktionen entgegen gebracht zu sehen. Dieser könnte in der tatsächlichen Bitte um Unterlassung bestehen, könnte aber auch in indirekter Weise dem Verfasser vermittelt erscheinen, z. B. durch die Zeit und Kraft kostenden Termine auf dem Revier, bei denen es nicht um die Suche nach dem Kind geht (8, 11)

f) Bei dem Nicht-Aufhören des Suchens nach der Tochter scheint es sich um ein fest ins Ich-Ideal des Schreibers eingeschriebenes Prinzip zu handeln, dem er subjektiv treu bleiben „muss" (12).

g) Die Fokussierung liegt in diesem Text eindeutig auf Kate (10). Am wahrscheinlichsten ist dies durch das an diesem Tag auf die Frau gerichtete Tagesgeschehen des Paares zu erklären. Nicht auszuschließen ist jedoch auch die Möglichkeit, dass der Schreiber sich, was die Verdächtigungen betrifft, hinter seiner Frau „verstecken" möchte – immerhin war von *seinem* hier angegebenen 13-stündigen Interview auch in keinem der bisherigen Einträge etwas zu lesen.

Anhang H: Tiefenhermeneutische Analyse ausgewählter Blogeinträge[1] aus dem Jahr 2008

1) Analyse des Eintrages vom 19.03.08 (Tag der Verurteilung britischer Tageszeitungen zu Schmerzensgeldzahlungen an die McCanns)

"I think everyone must have heard the news today that Express Newspapers have published front page apologies to Kate and me and agreed damages of £550,000 which will be paid in to Madeleines Fund. It gives us no joy that we had to take such action- we would rather have not had to put up with such distasteful, grotesque and blatantly untruthful coverage. Nevertheless we hope todays events will act as a springboard in advancing the search for Madeleine.
The money will be used to aid the investigation.

To read our full statement, please see the News and Press Releases in the News and Support section."

- Irritationen und Gegenübertragungen:
1) Die Kürze des Eintrages sowie der Verweis auf das offizielle Statement der McCanns vermitteln mir das Gefühl, dass der Schreiber „keine Lust" hat, sich den Lesern gegenüber ausführlicher und persönlicher zu diesem Thema auszulassen.
2) Die Anfangswendung des ersten Satzes zeigt, dass der Schreiber seine „Leserschaft" als eine sehr interessierte „Gemeinde" ansieht.
3) In meiner Erwartung, dass der Richterspruch die Eltern erleichtere, sie sich über eine mit ihm verbundene, empfundene Gerechtigkeit freuen würden, werde ich enttäuscht. Es wird sogar explizit gesagt: „It gives us no joy."
4) Die scharfe Bewertung der Medienberichte als „distasteful, grotesque an balantly untruthful" birgt eine deutliche Aggression, eine Verachtung, gegen die verantwortlichen Journalisten. Ich merke, wie ich als Leser meine Einstellung durch diese lange und ausdrucksstarke Attributkette gleichermaßen ausrichte.
5) Zweimal wird in dem kurzen Text mitgeteilt, dass das den Eltern zugesprochene Geld Madeleine bzw. der Suche nach ihr zugute kommt. Dem Schreiber scheint sehr wichtig zu sein, dass niemand denkt, die Eltern würden sich an dem Vermisstenfall ihrer Tochter persönlich bereichern.
6) Die Metapher des Sprungbretts erweckt in mir die folgenden Assoziationen:
   a) Thematisch angeschnitten wird damit der Bereich des Sports, der sich dadurch auszeichnet, dass man in (wett)kämpferischer Weise durch eigene Kräfte und Anstrengungen Leistungen erzielt und Ziele erreicht.
   b) Von einem Sprungbrett, das es vor allem beim Schwimmen und Turmspringen sowie beim Bodenturnen gibt, bewegt man sich in die Höhe, bevor es in die Tiefe geht (Schwimmen und Turmspringen), in die Höhe, um Hindernisse zu überwinden oder in die Höhe und Weite einer bestimmten Richtung (Bodenturnen).

- Quintessenz der Irritationen und Gegenübertragungen:
   a) Der Rechtsstreit mit den Zeitungen ist dem Schreiber prinzipiell eine leidige Angelegenheit (1, 3, 4).
   b) Der Schreiber ist hinsichtlich dieses Themas an keiner persönlicheren Mitteilung an den Leser interessiert; er ist sich jedoch subjektiv dem Interesse seiner „Lesergemeinde" sicher. Das bedeutet eine gewisse Einseitigkeit der Zuwendung von Seiten des Lesers (1, 2).
   c) Der Leser soll die entsprechenden Medien(berichte) ebenso verurteilen wie der Richter und die McCanns (4).
   d) Dem Schreiber ist es wichtig, vom Leser als moralisch unanfechtbar wahrgenommen zu werden (3, 5).
   e) Gerald McCann will aus seinen eigenen Kräften heraus „weiterkommen", anstatt sich auf einer Versorgung „auszuruhen". Das spricht für einen eher progressiven als regressiven persönlichkeitsassoziierten Verarbeitungsstil (6a, b).

499

2) Analyse des Eintrages vom 03.05.08 (erster Jahrestag des Verschwindens der Tochter)

"It is a year to the day since Madeleine was abducted. A heinous crime that had the potential to destroy the strongest of families. Without doubt it has been the longest year of our lives, yet it does not seem like a year since we last saw Madeleine. She is still a large part of Sean and Amelie's life and this gives some comfort to Kate and me."

- Irritationen, Gegenübertragungen:

1) Mir als Leser wird zunächst die Abscheulichkeit des Verbrechens der Entführung vor Augen gehalten, für das ich Verachtung entwickeln soll („heinous crime") aufgrund seiner Zerstörungskraft. In den ersten beiden Sätzen steht dieser Aspekt mehr als ein aus der persönlichen Erfahrung des Schreibers herausgelöstes, allgemeines „Faktum" da, sodass ich direkten Bezug bekomme zur Schrecklichkeit der Tat, nicht aber zum Leid des Autors. Dies wäre viel eher der Fall, würde dort stehen „It is a year to the day since we lost Madeleine. Without doubt ...." Statt direkt Mitleid und Anteilnahme in mir auszulösen, versucht diese vom Verfasser gewählte Fokussetzung, meine Aggressionsausrichtung gegen den unbekannten, bösen Täter zu bewirken und hierüber erst sekundär eine mitleidvolle Parteinahme für die Familie McCann.

2) Bei der Rezeption des zweiten Satzes merke ich, dass ich mich wiederholt am Verlesen bin: Immer lese ich „A heinous crime, that has/has had the potential ...." Mit der Benutzung des Präteritums/Past Tense im zweiten Satz wird das Verbrechen in seinen leidvollen Auswirkungen eher als abgeschlossen dargelegt und offensichtlich läuft das meinen Erwartungen zuwider: Wie mir aus vielen Fällen aus Literatur und Gesprächen mit Experten bekannt ist, ist es doch gerade diese Unabgeschlossenheit bei Vermisstenfällen, die für die Angehörigen eine Qual ist. Eine derartig abgeschlossene Qual scheint den Schreiber aber weniger zu beschäftigen als ein punktuell schrecklicher Vorfall mit zerstörerischen Auswirkungen für die Familie. Beim Lesen des Satzes rückt für mich dann das furchtbare Ereignis in relative Ferne und verliert eben dadurch etwas seiner Schrecklichkeit.

3) Der zweite Satz suggeriert mir als Leser, dass die Familie des Schreibers eine der stärksten ist/war. Wie sonst sollte er so über den Belastungsgrad einer sehr starken Familie bei einer Entführung Auskunft geben können? Auch hat sie sich nicht eindeutig von dem Unglück „unterkriegen" lassen: Das Verbrechen habe das Potential gehabt, zu zerstören – ob es tatsächlich zerstörerische Wirkungen hatte, darüber wird damit noch nichts ausgesagt. Die Botschaft beinhaltet hier also eigentlich eher die Stärke der Familie McCann, als deren Zermürbung.

4) Im dritten Satz („Without doubt...") bekomme ich dann tieferen Zugang zur Innenwelt des Schreibers, seinem Erleben. Ich verspüre Lust, mehr in diesem Stil lesen zu können, auch weil ich, trotz des nicht positiven Inhaltes, eine gewisse Entspannung in mir wahrnehme: Ich soll mich nun nicht mehr über das Verbrechen an sich und als solches erregen und mich damit für und gegen etwas innerlich „engagieren", sondern darf einfach auf dem Gedankenfluss des sich mir öffnenden Schreibers „mitschwimmen". Auch ist das eine beschwerliche Jahr, das die Eltern so viel Kraft gekostet hat und das so viele Folgen nach sich zog (vgl. die Verwendung „has been", die hier diesen Folgenreichtum ausdrückt), ja nun vorüber: Die Eltern blicken darauf zurück, das schlimme Ereignis rückt mir beim Lesen des Satzes dann auch „erleichternd" in relative Ferne.

5) Ich frage mich, warum ich den Teilsatz „without doubt..." nicht vielmehr als starke Belastung der Eltern wahrnehme, so vielleicht verhindernde Umstände in mir dafür geben könnte. Die ganze Entspannung/Erleichterung ist doch merkwürdig – ist sie vielleicht zu einseitig von mir wahrgenommen? Wenn ich dann aber einmal mit Nachdruck versuche, in mir diese gegenteilige Stimmung heraufzubeschwören, gelingt mir das jedoch, wie ich merke, allein schon deswegen nicht, weil der darauf folgende Inhalt dieses Absatzes auch vielmehr das Positive hervorhebt und meinen Versuch damit „davon reißt".

6) Die Eltern finden Trost in der Gegenwärtigkeit ihrer Tochter, wie „it does not seem like a year..." sowie der letzte Satz ausdrücken. Auch hier wundere ich mich: Wo ist das Leid der quälenden Ungewissheit, ob die Tochter noch lebt und wenn sie lebt, ob sie Qualen leiden muss? Was nutzt

einem der Trost der Gegenwärtigkeit des Kindes im Falle seines andauernden Leidens? Gegenwärtigkeit tröstet doch nur im Falle der einfachen Abwesenheit von jemandem oder im Falle seines Todes. Wo ist eine Gedankenausrichtung auf den Zustand des Kindes? Warum diese alleinige Konzentration auf die eigene Befindlichkeit, den eigenen Trost?

7) Aber beim Lesen dieser beiden letzten Sätze dieses Abschnittes entsteht in mir auch das Bild einer von den Eltern/dem Schreiber *liebevoll* gepflegten Rolle, die das Mädchen weiter in deren Leben spielt.

8) Der Schreiber spricht, was die Eltern betrifft, von „our lives", was die Kinder anbelangt aber von „Sean and Amelie's life". Das Leben der beiden Kinder scheint mehr eines, ein „zusammengehöriges" zu sein, als das der Eltern. Das könnte einerseits daran liegen, dass es sich noch um Kleinkinder handelt, die noch kein so stark individualisiertes Leben führen wie die Erwachsenen, könnte aber auch ein Hinweis darauf sein, dass sich die Eltern im Thema bzw. generell über das Thema ihrer verschwundenen Tochter nicht besonders stark vereint fühlen. Es steht aber, andersherum betrachtet, auch für eine gute Selbst-Objektgrenze des Verfassers.

"The research we have done this year has encouraged us to believe that there is a very good chance Madeleine is alive. Ernie Allen, president of NCMEC for the last 25 years, has reiterated that and the fact there are a number of scenarios in which Madeleine could be alive and well. We just need to find her."

- Irritationen, Gegenübertragungen:

9) Diese (fast) *vollständige* Ausblendung der Möglichkeit des Todes oder des andauernden Leidens des Kindes in diesem gesamten Absatz verwundert mich ebenso wie bei Punkt 6). Sie lässt mich ungläubig werden: Ich kann dem Verfasser eine so unerschütterliche Hoffnung in ihrer Einseitigkeit einfach nicht abnehmen, auch da ich an das Zitieren der hohen Todesrate, vor allem mit der Zunahme der Zeit nach einer Entführung, durch die Eltern in ihrer Power-Point-Präsentation vor dem EU-Parlament denke (40-50% der Kinder in den USA, aber vermutlich *nach* Einführung des AMBER-Alert-Systems).

10) Den Satz „We just need to find her" finde ich lächerlich: Wenn es eine so einfache Aufgabe ist, das Kind zu finden, wieso ist es denn dann noch nicht gefunden?! Ich empfinde Ärger über diese „Verblendung", kann gar nicht glauben, dass der Schreiber das wirklich insgeheim so denkt. Denn: So sehr kann man die Gefahren doch nach einer so langen Zeit des Vermisstseins gar nicht derealisieren!
Auch empfinde ich Verärgerung, weil ich das Gefühl habe, man will auch mich als Leser mit aller Macht (nämlich dem Schwergewicht der Autorität des 25 Jahre erfahrenen Präsidenten der Organisation) von dieser einseitigen Haltung überzeugen und das unbestimmte „we" des letzten Satzes schließe auch mich mit ein: Auch ich solle bei dieser „einfachen" Aufgabe helfen, das Kind zu finden. Ich habe das Bedürfnis, mich gegen diese mir vom Verfasser entgegen gebrachten Überzeugungsbemühungen zu entschieden abzugrenzen.

11) Der Schreiber hat Beziehungen zu hochrangigen Vertretern bedeutender Organisationen geknüpft. Außerdem machen ihm seine eigens unternommenen Nachforschungen Mut. Dies zeugt von einem aktiven Verarbeitungsmodus, einer auch vorhandenen internalen Kontrollüberzeugung sowie guter Kontaktfähigkeit.

12) Merkwürdigerweise kann ich mich nun, ein paar Minuten nach dem Niederschreiben von 10) doch gut in den Verfasser hineinversetzen und denke: Ja, es gibt ja solche Fälle, in denen das Kind lebend nach vielen Jahren wiedergefunden wird, wie man am spektakulären Fall der Natascha Kampusch sehen konnte. Dieser ist in den Köpfen der Eltern vielleicht noch so präsent, dass sie sich an eine solche (im Einzelfall ja tatsächlich realistische) Möglichkeit klammern. Und da es tatsächlich noch keine Spur gibt, die auf eine Tötung oder auch nur Gewalteinwirkung hindeutet, denken sie so. „Ist doch verständlich", sind jetzt meine Gedanken und zu dem Ärger von eben habe ich keinen einfachen Zugang mehr. Ihn als Empfindung richtig zu reaktivieren, fällt mir schwer.

"The documentary we made on an EU wide Amber alert and the last year was screened in the UK on Wednesday night, in Spain on Thursday and last night in Portugal. We have spent most of the last 3 days promoting our new hotline number +44 845 838 4699 (calls are charged at local rate) and our e-mail addresses for information: anonymous@findmadeleine.com and investigation@findmadeleine.com."

13) Der Absatz hört sich an wie ein Auszug aus dem Leben eines international einflussreichen Geschäftsmannes, der mit Wohlgefallen seine Erfolge aufzählt (die Sendungen in den verschiedenen Ländern) und sein großes Engagement betont (zweiter Satz). Als Rezipient bekomme ich die Rolle zugeteilt, über diese Fähigkeiten, die engagierten Aktivitäten, die zurückliegenden, geschafften Leistungen (vgl. zweimal „last") und die Erfolge nur zu staunen. Ich fühle mich etwas getrieben von diesem Wust von Aktivität.

"We have always said we will leave no stone unturned in the search for Madeleine. To do that we need to know what has and has not been done- unfortunately we know very little about the investigation to date. This is why we are appealing to everyone who may have come forward previously to do so again. Every piece of information is important to us. We are also appealing to people who may not have come forward for whatever reason to do so. We are only interested in finding Madeleine and will guarantee confidentiality and anonymity if requested. We are also families asking with children to think if something similar may have happened to them. It is unlikely this is the first time that the abductor has struck."

- Irritationen und Gegenübertragungen:

14) "We have always said we will…" ist die typische Einleitung zur Benennung einer für einen idealistischen Sprecher festen und bedeutenden Handlungsmaxime, deren Selbstauferlegung er noch einmal kundtut. Ein fester Wille, Durchhaltevermögen und Kampfgeist werden in diesem ersten Satz greifbar, ganz so wie in den Worten eines Politikers, der nun sein Wahlversprechen einlöst (gemäß dem Motto „Ich habe immer gesagt, ich mache das, und seht her, ich mache das jetzt auch"), so muss ich denken.

15) Die Redewendung „leave no stone unturned" weckt verschiedene Assoziationen: das Bild, man wolle etwas finden, das irgendwo unter einem Stein/unter Steinen liege (im konkreten Fall: Leiche des Kindes); ausdauernde Gründlichkeit (v. a. bei der Suche); lange Dauer der Handlung (es dauert lange, bis jeder Stein umgedreht ist); alles von den zwei Seiten der Medaille betrachten; Memory-Spiel: alle Pärchen finden, man braucht ein gutes Erinnerungsvermögen; man kann Steine auf zweierlei Weise drehen: die Vorder- auf die Rückseite oder umgekehrt sowie die Ober- zur Unterseite oder umkehrt, in jedem Fall bildet man damit den Gegensatz des Ausgangszustandes; Steine, die man umdrehen kann: Pflastersteine (Bild aus dem Straßenbau); Backsteine, Ziegelsteine (Hausbau); Grabstein (Drehen der Ober- zur Unterseite: dann könnte man den Namen des Begrabenen nicht mehr lesen; Drehen von vorne nach hinten: Dann könnte man ihn schon von Weitem lesen, aber nicht mehr der vor dem Grab stehende Gedenkende; Kieselsteine (Sisyphusarbeit); große Steine in der freien Natur kann man nicht alleine umdrehen (erfordert Teamwork oder schweres Gerät).

16) Der zweite Satz klingt eindringlich, der Schreiber präsentiert sich als Bedürftiger („we need") und Unglücklicher („unfortunately"). Als Leser gewinne ich den Eindruck, er werde sehr allein gelassen von den Behörden, was ihn relativ hilflos (weil relativ handlungsunfähig) und verbittert macht. Seine Not dieser so eingeschränkten Handlungsorientierung, des Nichtwissens, was man konkret machen soll, das Verdammt-Sein zu z. T. diffusen statt systematisch abgestimmten Handlungsansätzen, ist für mich greifbar.
Allerdings irritiert mich nun doch sehr stark, dass die Eltern doch eine so unvergleichbare Serie von sehr gut geplanten, sehr umfassenden und z. T. sehr gigantischen Aktionen hinlegten nach dem Verschwinden ihrer Tochter, dass dieses tatsächliche Verhalten also in krassem Gegensatz dazu steht.

17) Im Kern geht es in diesem Absatz sehr betont ums „Tun" (vgl. "we will leave no stone unturned", "to do that", "what has and has not been done", "we are appealing", "we are also appealing", "we

are also families asking"), einerseits des Schreibers selbst, andererseits der Öffentlichkeit, die ihn mit Informationen unterstützen soll.

18) Den dritten Satz verstehe ich erst „falsch" und entdecke so seine zwei möglichen Auslegungen: 1. Deshalb appellieren wir *nochmal* an alle, die sich zuvor schon *hätten melden können*, dies zu tun (dies ist wohl vom Verfasser gemeint); 2. Deshalb appellieren wir an jeden, der sich zuvor schon gemeldet haben dürfte/*vielleicht schon gemeldet hat*, dies *noch einmal* zu tun (Alternativlesart). Diese Alternativauslegung birgt wiederum zwei Bedeutungen: Entweder sollen sich alle, die sich schon einmal gemeldet haben, noch einmal melden – das wäre unökonomisch, würde aber auch für weitere Aufruhr sorgen, die Bevölkerung so „in Atem halten" und wohl für eine weitere Inflation von vermeintlichen Sichtungen des Kindes etc. führen, was den Eltern – wären sie Täter – zu Gute kommen würde. Oder es soll sich derjenige, der wichtige Hinweise hat und der sich bislang mit vielleicht zu wenig Resonanz an die Polizei gewandt hat (vgl. Punkt 16), lieber noch einmal melden und zwar jetzt bei den Eltern, die ja außerdem Anonymität gewähren.

19) Man gewinnt in diesem Absatz den Eindruck, fast *ein jeder* solle sich bei den Eltern melden: Diejenigen, die sich vielleicht bereits gemeldet haben (hatten melden können)/hätten melden können; diejenigen, die sich noch nicht hatten melden können; Familien mit Kindern, die nachdenken sollen, ob ihnen ähnliches zugestoßen sei. Dadurch, dass in den beiden erstgenannten Sätzen nicht gesagt wird, welche Art von Informationen der Verfasser von den Lesern haben möchte, scheint es, als sei dies weniger relevant als das Sich-Melden an sich (Solidarität des Lesers; „ihn in Atem halten"). Durch die dreimalige Wiederholung von „we are appealing to" klingt diese Bitte um ein Sich-Melden sehr eindringlich.

20) Mich irritiert die Formulierung, andere Eltern sollten nachdenken, ob ihnen ähnliches zugestoßen sei: Wer muss, hat er ein solches Verbrechen der Kindesentführung o. ä. erlebt, schon „nachdenken", um es sich ins Gedächtnis zu rufen? Diese merkwürdige Ausdrucksweise könnte bedeuten, dass dem Schreiber selbst das Ereignis schon als lange zurückliegend vorkommt, oder dass der Leser hier „auf Trab" gehalten werden soll, denn wenn man intensiv nachdenkt, deutet man ja bekanntlich oft Dinge plötzlich in der gesuchten Weise, was leicht zu einer Inflation von Hinweisen führen kann und den Eltern McCann zu Gute kommen könnten (z. B. Abhaltung der Polizei von verstärkten Ermittlungen gegen die sie, Gewinn von Solidarität in der Bevölkerung und den Medien und so auch bei einflussreichen Persönlichkeiten). Die Ausdrucksweise könnte auch bedeuten, dass das erlebte tragische Ereignis vom Verfasser unbewusst verharmlost wird (Vorfälle, die man sich erst durch Nachdenken in Erinnerung rufen muss, sind in der Regel deutlich harmloser als eine Kindesentführung).

21) Ich muss daran denken, dass man andere Eltern fragt, ob ihnen ähnliches geschehen sei, wenn man im Teilen des gemeinsamen Schicksals Trost von ihnen haben will anstatt allein dazustehen.

22) Das Wort „forward" aus „come forward", das hier zweimal verwendet wird, sticht mir ins Auge. Der Schreiber hätte auch ein Synonym wählen können. Der gewählte Ausdruck hingegen hat stark die Konnotation von „vorwärts kommen". Es scheint dem Schreiber hierum zu gehen.

23) Auf der manifesten Ebene geht es dem Schreiber seinen Worten zufolge nur darum, *das Kind* wiederzufinden; gegen einen Täter oder Mitwisser wird die Aggression sehr zurückgenommen, es wird – potenziell auch ihm – auf Wunsch Vertraulichkeit und Anonymität gewährt! Soviel „Service" für Verbrecher? Dazu gegenläufig ist die Ausrichtung der Aufmerksamkeit auf *den Entführer* in den letzten beiden Sätzen, vor allem im letzten, wodurch er doch eine prominente Position einnimmt. Diese beiden Sätze lese ich mit Grusel: Nicht nur besteht also die Gefahr, dass der Täter ein weiteres Mal zuschlagen könnte, sondern auch die Möglichkeit, dass er bereits vor der Entführung Madeleines zugeschlagen hat. Die von dem Täter ausgehende Bedrohung wird hier also fokussiert, Angst des Lesers vor ihm wachgerufen.

"Today we will be attending one of the many services to pray for Madeleine and other missing children. We would like to thank everyone, of all faiths, who has prayed for Madeleine over the last year. The Helping to find Madeleine group have also organised a 'lighting the way home for Madeleine' event where, they will release lanterns in Rothley around the time she went missing. Others will light a candle and we greatly appreciate the support and symbolic gestures."

503

- Irritationen und Gegenübertragungen:

24) In diesem Absatz wird noch einmal die enorme Bedeutung der öffentlichen Anteilnahme, der Solidarität, für den Schreiber deutlich. Bei diesem weitreichendem Engagement der Menschen kommt mir die Phantasie, ich müsse mich auch daran beteiligen, bin ja glatt ein Außenseiter, wenn ich das nicht tue – wüssten die McCanns davon, wären sie mir sicher nicht wohlgesonnen; außerdem ist es immer ein so „ozeanisches" Gefühl der Einheit (vgl. auch „of all faiths"), mit so vielen anderen gemeinsam solche Zelebrationen zu machen. Ich bekomme also richtig Lust, da „mitzumischen".

25) Da der Absatz fast ausschließlich im Futur geschrieben ist, kann man davon ausgehen, dass – anders als meistens – der Verfasser sich schon recht früh am Tag, wohl morgens (vor der Messe jedenfalls), seinen Lesern zuwendet. Auf diese Weise kann er viel eher den Tag „mit ihnen" verbringen (sie wissen, was er machen wird, welches Verhalten er heute von ihnen begrüßen wird). Das zeugt von einer großen Verbundenheit zu ihnen, ihrer großen Bedeutung für ihn.

26) Das Element „over the last year" im zweiten Satz im Zusammenhang mit der Danksagung signalisiert, dass der Jahrestag für den Schreiber so etwas wie eine Zäsur bedeutet, er auf das Jahr zurückblickt (ohne es wäre mehr ein fortlaufender Charakter konnotiert).

27) Der Schreiber ist hier sehr auf der Ebene des feierlichen Erlebens verhaftet. Solch anschauliche Bilder von Handlungen des besinnlichen Innehaltens „serviert" zu bekommen, empfinde ich nach dem vorangegangenen Absatz als entspannend - hier kann ich eintauchen in diese Schilderung von rührend-schönen Gesten und Harmonie.
Starke Traurigkeit, Bangen oder Verzweiflung nehme ich hier nicht wahr, erwarte es aber eigentlich. Nur im Bild der angezündeten Kerze schwingt leicht so etwas wie Traurigkeit (wie im Gedenken an einen Verstorbenen oder im leisen Hoffen für jemand) mit: Nach der Benennung des Laternen-„Events" schließt der Eintrag mit dem Bild *einer* Kerze, die meinem Gefühl nach Einsamkeit, Rückzug, Stille transportiert. Ich frage mich: Wie halten es die McCanns? Gehören sie eher zu den „others"? Im Zweifelsfall eher ja, so denke ich (und Medienberichte sagen nichts Gegenteiliges). Dann sind sie also in diesem so bedeutenden Moment allein (gegenläufiger Aspekt zum Hauptthema dieses Absatzes, der Verbundenheit mit der Öffentlichkeit).
Was stärkere negative Gefühle anbelangt, so scheint mir der Schreiber so auf das Licht konzentriert, dass für tiefere Dunkelheit kein Platz ist...

- Quintessenz der Irritationen und Gegenübertragungen:

a) Unterschwellig wird der Leser vom Verfasser mehr zur Aggressionsausrichtung gegen „den Entführer" veranlasst sowie zur Furcht vor diesem angehalten, als dass er in ein Leid eingeweiht wird, das die Eltern in Folge des schlimmen Ereignisses haben (1, 23).

b) Ein derartiges Leid (je nach Vorfall Bangen, Verzweiflung, Resignation und Traurigkeit oder aber Trauer) scheint der Schreiber nicht (mehr) zu erleben. An dessen Platz scheint zu stehen:
- die Betonung der Stärke der Familie (3)
- Erleichterung und Entspannung, dass das Ereignis nun lange zurückliegt, damit an
 Schrecklichkeit verliert und
 an diesem Jahrestag einen gewissen Abschluss findet (2, 4, 5, 20, 22, 26, 27)
- Trost durch eine liebevoll gepflegte psychologische Gegenwärtigkeit der Tochter (5, 6, 7)
- ein absolutes Nicht-Vorhandensein bewusster sowie unbewusster Phantasien oder Ängste
 bezüglich eines
 andauernden Leidens des Kindes oder seines vielleicht in der Zwischenzeit eingetretenen Todes
 (5, 9, 10, 27).

c) Der Schreiber scheint einen aktiven Verarbeitungsmodus aufzuweisen, eine internale Kontrollüberzeugung, eine gute Kontaktfähigkeit sowie außerdem einen überkompensatorisch-aktiven Verarbeitungsstil (11, 13, 17, 22). Mittels letzterem begegnet er seiner auch vorhandenen Hilflosigkeit und diffusen Handlungsorientierung (16, 17).

d) Außerdem besitzt der Verfasser, wie es scheint, ein starkes Ich-Ideal. Eine Facette dieses Ideals ist wohl das ausdauernde, gründliche „Tun" - Hindernisse, die seiner Realisierung im Wege stehen, müssen seiner Auffassung nach also unbedingt auszuräumen versucht werden (14, 15, 16, 17,18). Das verleiht dem Schreiber wohl, u. a. im Zusammenhang mit den vorangehend genannten Eigenschaften, einen starken Willen, Durchhaltevermögen und Kampfgeist.

e) Ausdauernde Gründlichkeit ist ebenso als ein Persönlichkeitszug des Schreibers zu erwägen (15).

f) Die für den Urheber des Textes so wichtige, Trost gebende Solidarität der Öffentlichkeit, die einheitsbildende Verbundenheit mit ihr, scheint eine eigentlich empfundene Einsamkeit im Zusammenhang mit dem Verlust von Madeleine zu kompensieren (19, 21, 24, 25, v. a. 27).

g) Es scheint, als solle der Leser/die Bevölkerung unterschwellig regelrecht „auf Trab", „in Atem" gehalten werden, sich bei den McCanns zu melden, und zwar nicht in erster Linie wegen der Wertigkeit der zu übermittelnden Information, sondern um dieses Meldens willen selbst (18, 19, 20). Welche Motivation genau dahinter steht, wird hier noch nicht klar.

h) Es ist in Erwägung zu ziehen, dass der Schreiber unbewusst oder insgeheim bewusst die Vorstellung hat, das Kind sei tot (15, 27).

Ergänzungen aus der Supervision mit Frau W,:

• Während der erste Absatz signalisiert, der Schreiber habe sich mit dem Verschwundensein seiner Tochter innerlich weitestgehend „abgefunden", dies also akzeptiert, irritiere der dazu im Widerspruch stehende zweite Absatz auch nach unabhängiger Meinung der Supervisorin stark. Er hört sich für sie an, als müsse man nur eben vor die Tür gehen, dort würde man das Kind dann schon finden. Dies deutet ihrer Ansicht nach auf eine Verleugnung der Möglichkeit hin, das Kind sei tot bzw. könne tot sein.
Auch meine gespaltene Wahrnehmung (vgl. die Punkte 10 und 12) deutet in genau diese Richtung, wie nun klar wird.

3) Analyse des Blogeintrages vom 21.07.08 (Tag der Aufhebung des Verdächtigenstatus der Eltern):

"Today we learned that our arguido status and that of the other arguido, Robert Murat, has been lifted. The case will be filed unless other important new evidence is uncovered. Kate delivered the statement below to the media earlier this evening. Our search for Madeleine, which has never ceased, continues.

'We welcome the announcement from the Portuguese Attorney General today, although it is no cause for celebration. It is hard to describe how utterly despairing it was to be named 'arguidos' and subsequently portrayed in the media as suspects in our own daughter's abduction- and worse.
It has been equally devastating to witness the detrimental effect this status has had on the search for Madeleine.

We look forward to scrutinising the police files to see what has ACTUALLY been done and, more importantly, what can still be done, as we leave no stone unturned in the search for Madeleine. We would once again urge anyone with relevant information to come forward and call our helpline on +44 845 838 4699 or send information to investigation@findmadeleine.com

Finally we would like to thank everyone who has supported us and stayed with us during this particularly difficult period. We assure you we will NEVER give up on Madeleine."

• Irritationen, Gegenübertragungen:

1) Die Verwendung des Ausdrucks "we learnded" zu Textbeginn kündigt mir an, dass es sich um etwas sehr Gewichtiges handelt, das der Schreiber erfahren, ja sogar regelrecht verinnerlicht hat. Dadurch fühle auch ich als Leser mich implizit zu der Voreinstellung angewiesen: Das nachfolgend Geschilderte ist etwas sehr Bedeutsames, das es sich einzuprägen gilt.

2) Durch den Verweis auf das gleiche Schicksal des anderen bislang im Verdacht stehenden Mannes wird die nun zurückliegende Verdächtigung der Eltern eher nivelliert als herausgehoben.

3) Beim Rezipieren der Adjektivkette „other important new" verspüre ich einen vom Schreiber ausgehenden Drang, unbedingt neues Beweismaterial erhalten zu wollen und fühle auch mich zur Mithilfe bei der Suche nach ihnen gedrängt. Ich denke: „Ja, zusammen müssen wir die Schließung des Falles verhindern!"

4) Gerald McCanns Information über die bevorstehende Schließung „des Falles" unmittelbar nach der Mitteilung über die Aufhebung der Verdächtigungen lässt mich kurz verwirrt fragen, ob er noch von den Ermittlungen gegen sie als Eltern spricht oder von dem Vermisstenfall seiner Tochter an sich. Erst einen Moment später wird mir klar, dass letzteres zutrifft.

5) Im unmittelbaren Zusammenhang mit der Information über die Aufhebung des Verdächtigenstatus der Eltern habe ich den Ausdruck positiver Gefühle von Seiten des Schreibers erwartet, in direkter Verbindung mit der bevorstehenden Schließung des Vermisstenfalles der Verbalisierung negativer. Statt entsprechender emotionaler Offenlegung nimmt Gerald McCann jedoch selbst Distanz zum Leser ein, indem er auf das *für die Medien* verfasste Statement *seiner Frau* verweist. Ich fühle mich von ihm „allein gelassen", den persönlichen Kontakt verloren habend. Zudem bleibe ich unbefriedigt in meinem Interesse, wie es dem Vater psychisch mit diesen neuen Entwicklungen geht. Dabei würde ich innerlich gern Anteil nehmen – schließlich „kenne" ich ihn doch jetzt schon so gut, habe doch auch während „schlimmer Zeiten" seine persönlichen Gedanken und Gefühle erfahren. Ich bin also aufgrund dieser jetzigen Distanz auch beleidigt, auch weil ich mich als „sein" Blogleser gegenüber den Rezipienten von Presse und TV plötzlich nicht mehr privilegiert fühle, was die Informationsversorgung anbetrifft: Ich werde nun nur noch „abgespeist" mit genau der gleichen offiziellen Mitteilung, wie sie schon den von den McCanns kritisierten Medien übermittelt wurde?! Das geht doch nicht.

6) Der Verweis auf das Statement seiner Frau lässt mich an den allerersten Auftritt der Eltern vor den Medien denken, während dem Frau McCanns Körper etwas hinter dem ihres sprechenden Gatten zurückwich. Nun scheint es mir genau andersherum zu sein: Herr McCann „versteckt" sich hinter seiner Frau.

7) Das „Hereinholen" der Frau in die Beziehung zwischen Blogschreiber und Leser spiegelt aber auch eine Zusammengehörigkeit der Eltern wieder. Und es ist ja eigentlich auch nett, dass Herr McCann seine Frau so einbezieht, denke ich. Mich wundert allerdings, dass dies so deutlich einzig in diesem Blogeintrag geschieht.

8) „Our search for Madeleine, which has never ceased, continues": Der Schreiber drückt hiermit Widerstand gegen ein Ende der behördlichen Suche nach der Tochter aus, außerdem Durchhaltevermögen und Hartnäckigkeit. Er lässt sich also auf seinem Weg durch nichts beirren, so mein Eindruck.

9) Was das Statement von Kate McCann betrifft, so erwartete ich nun dort den Ausdruck der unter 5) genannten Gefühle. Tatsächlich erfahre ich von ihr tiefe persönliche Gedanken und Emotionen, allerdings nicht zu der aktuellen Entwicklung, sondern hinsichtlich des bestandenen Verdächtigenstatuses und seiner Auswirkungen.

10) Beim Lesen des ersten Absatzes von Frau McCanns Mitteilung höre ich eine noch anhaltende, deutliche Bitterkeit über die einstige Einstufung als Verdächtige und die verabscheuenswürdige Behandlung von Seiten der Medien heraus, die die Eltern nach dem Empfinden der Mutter regelrecht geschändet haben. Die Nachempfindung dieser Schande ist mir unerträglich. Wäre ich Journalist, würde ich mich wohl sehr schämen.
In diesem Zusammenhang zeigt die Anspielung „- and worse", die wohl auf die von einigen Zeitungen verbreiteten Gerüchte, die Eltern hätten ihr Kind getötet, hinweisen will, dass die Mutter derartige Ideen als unaussprechlich schmerzvoll und/oder beschämend empfindet.

11) Der Ausdruck „we look forward" ist wohl eher förmlich zu verstehen anstatt als Verbalisierung empfundener Freude, die mir in diesem Zusammenhang als nicht angebracht erscheinen würde. Mit dieser Förmlichkeit wird jedoch wieder Distanz zu mir als Leser etabliert.

12) Die Formulierung „what has ACTUALLY been done" legt mir in Verbindung mit der entsprechenden Textstelle nahe, dass es viele Spekulationen, unzuverlässige Behauptungen oder gar falsche Vorspiegelungen hinsichtlich der polizeilichen Ermittlungsmaßnahmen gibt,

denen man nicht trauen darf, sondern die man selbst überprüfen muss. Interessanterweise wird dem Rezipienten damit in gewisser Hinsicht mindestens ein „Verdächtigenstatus" der Ermittler suggeriert, wohingegen die McCanns selbst zu den Untersuchern werden. Der Spieß ist damit also im sprichwörtlichen Sinne umgedreht.

13) Die Wendung „to see what has ACTUALLY been done and, more importantly, what can still be done" weckt darüber hinaus folgende Assoziationen:
   a) Der erste Teil des Satzes erinnert mich daran, dass die Frage immer noch offen ist, welche *Straftat tatsächlich begangen wurde*, d. h. was an dem Abend des Verschwindens des Kindes eigentlich vorgefallen ist.
   b) Die Formulierung macht eine scharfe Trennung zwischen vergangenem und zukünftigem Handeln, an dessen Scheidepunkt sich die Schreiberin gerade sieht.
   c) In den Hintergrund rückt bei b) der Aspekt des so bedeutenden und durch die aktuellen Entwicklungen möglich werdenden Wechsels der Hauptakteure (vgl. auch die Aussparung des Subjekts im o. g. Satz durch die Passivkonstruktion).

14) Zur Formulierung „to leave no stone unturned": vgl. die Analyse unter dem Analysetext 2) dieses Kapitels.

15) Der – schon wieder zu lesende - dringliche Appell (vgl. den Ausdruck „urge", der erstmals am 26.10. im Blog auftritt, seitdem mehrfach benutzt wird, so auch in den beiden diesem Eintrag vorangehenden Blogtexten), sachdienliche Informationen weiterzuleiten, regt mich mittlerweile auf. Genervt bin ich von dieser ständigen Wiederholung, die Druck auf die Leserschaft ausübt, da möglicherweise zumindest einer von ihr doch noch etwas (an Informationen) hat, das er noch nicht hergab. Jeder Blogleser hat diese Aufforderung zur Weiterleitung nun wirklich mehr als genug mitbekommen – welchen inhaltlichen Wert hat es also, es immer und immer zu wiederholen? Und nun werde ich schon im dritten Eintrag in Folge zu etwas ganz explizit „gedrängt" – das finde ich eine Frechheit.

16) Im dritten Absatz des Eintrages findet sich zweimal das Wort „forward", in Verbindung mit „look" bzw. „come". Abgesehen von dem gebräuchlichen Wortsinn der zusammengesetzten Ausdrücke muss ich auch an die wörtliche Bedeutung der einzelnen Begriffe denken: „nach vorne gucken" bzw. „vorwärts kommen".

17) Ich stolpere über die Formulierung „stayed with us" in der letzten Passage. Warum ist es der Schreiberin oder dem Schreiber so wichtig, dass die Leute sie nicht nur unterstützen, sondern auch „bei ihnen bleiben", also nicht vor/von ihnen „weglaufen"? Die Spiegelung durch die Öffentlichkeit als „unschuldig", als „gute Menschen" bzw. „gute Eltern", scheint ihr/ihm sehr wichtig zu sein, ebenso die Vermeidung von Verlust.

18) Der letzte Satz irritiert mich: Weshalb glaubt der Schreiber/die Schreiberin, *dem Leser* versichern zu müssen, dass Madeleine nicht aufgegeben werde? Damit setzt er/sie voraus, dass der Rezipient eine starke Bindung zu Madeleine hat, sie ihm ebenso am Herzen liegt wie den Eltern. Die Versicherung ist wohl auch als eine zu verstehen, die der Schreiber/die Schreiberin sich selbst, also seinen Ich-Ideal-Forderungen gegenüber, macht, sowie gegenüber seiner inneren Repräsentanz der Tochter. Er/sie selbst bemüht sich also sehr, in seiner helfenden, beschützenden Elternrolle für das Kind weiterhin da zu sein.

19) Das großgeschriebene „NEVER" signalisiert mir eine zähe, Widerständen trotzende Kampfbereitschaft, hinter der eine große Angst zu stehen scheint, die subjektiv bezwungen werden muss. Das Festhalten an der Tochter (nicht hingegen an *der Suche* nach ihr!) scheint dem Schreiber/der Schreiberin also *selbst* ganz immens wichtig zu sein – er/sie könnte ein „Aufgeben" des Kindes, das innerpsychisch vor allem eine Lösung der Bindung bedeuten würde, wohl nicht ertragen. Die Angst kann sich also einmal auf diesen Bindungsverlust beziehen, den der Schreiber/die Schreiberin nicht wagen will.
Sie kann sich aber eben auch (zusätzlich) auf ein mehr oder weniger moralisches Prinzip beziehen (vgl. die Tatsache der Großschreibung im auch sprichwörtlichen Sinne), für das Kind „da zu sein", also seine helfende und beschützende Elternrolle ihm gegenüber zu behalten (vgl. 18).
Beide Angstinhalte bedingen sich wohl in der Regel gegenseitig.

20) Da das Zitatende nicht mit entsprechender Zeichensetzung markiert ist, bleibt sein Schluss unklar. Einerseits würden die letzten drei Absätze des Blogtextes ein sinnvolles Statement

ergeben, sodass ein Reichen des Zitates bis Eintragsende anzunehmen wäre. Andererseits würde ich eher erwarten, dass der Vater nach Einbettung des Zitates noch einmal persönlich in Erscheinung tritt und auch ist die Wortwahl im dritten Absatz des Blogs eher typisch für ihn. Ich weiß also als Leser der zweiten Texthälfte nicht, mit welchem Schreiber ich es zu tun habe. Ich frage mich, wo Herr McCann ist, der mich eben zu dem Statement seiner Frau führte, und mich dort nun nicht wieder „hinausbringt". Es ist, als hätte er sich in seinem Präsenzaspekt „verflüssigt" und verschwimme nun in gespenstischer Weise mit seiner Frau. Der Kontakt zu ihm ist mir verloren und das macht mir Angst.

- Quintessenz der Irritationen und Gegenübertragungen:
a) Die Aufhebung der Einstufung der McCanns als Verdächtige bedeutet zumindest für das Elternteil, das die zweite Hälfte dieses Eintrages verfasst hat, eine Zäsur, die ihm ein Hinter-sich-Lassen von Vergangenem und eine Vorwärtsgerichtetheit ermöglicht (13b, 16).
b) Madeleines Mutter, vielleicht zusätzlich auch ihr Vater (je nach Verfasser der zweiten Bolghälfte), nimmt ihre neue Rolle als Hauptakteurin im Fall in einer Identifikation mit den Ermittlern wahr. Sie wendet/wenden so ihre vorherige passive Position als Verdächtige und Gedemütigte in Aktivität und „drehen" dabei „den Spieß um" (2, 9, 10, 12, 13a, 13c).
c) Frau McCanns Freude über die Aufhebung des Verdächtigenstatus ist überdeckt von ihrer anhaltenden Bitterkeit über die öffentlichen Vorverurteilungen, durch die sie sich sehr beschämt oder sogar geschändet fühlt. (10, 11).
d) Für Herrn McCann und vielleicht auch für seine Frau scheint die bevorstehende Schließung des Falles jedoch mit der Angst vor einem Objektverlust der Tochter, der Bindung zu ihr und der eigenen Rolle als helfende/schützende Eltern einherzugehen, weshalb er/beide die Aufgabe der Ermittlungen von Seiten der Behörden am liebsten verhindern wollte(n) (3, 5, 8, 17, 18, 19, 20).
e) Dieser Wunsch nach Verhinderung der „Aufgabe" des Kindes bewegt den Vater, vielleicht auch die Mutter, zu einem widerständigen, ausdauerndem Kämpfen für die Tochter, das wohl u. a. auch durch eine hohe Ich-Ideal-Forderung, die Elternrolle gut zu erfüllen, mit bedingt wird (8, 14, 18, 19).
f) Er erhöht zudem den ohnehin schon starken Druck des Vaters und/oder der Mutter, das „weggenommene" Kind wiederhaben zu wollen, was sich auch in einem Drängen auf das „Herausrücken" von Informationen bei der Leserschaft zeigt (15).
g) Der Vater und/oder die Mutter geht bzw. gehen in recht größenphantastischer Weise davon aus, dass die Leserschaft eine (fast) ebenso starke Bindung an Madeleine hat, wie die Eltern selbst, dass das Kind den Lesern also regelrecht „am Herzen liegt". Dies könnte eine auf Ebene der Persönlichkeitsstruktur des Schreibers/der Schreiberin beachtenswerte Information sein (narzisstische Strukturanteile, Mängel im Erleben der Selbst-Objektgrenze), könnte hingegen aber auch größtenteils durch ein ein systemisches Zusammenspiel initiiert habendes, entsprechendes Agieren der Leser verstanden werden (3, 18).
h) Die Aufhebung des Verdächtigenstatus der Eltern und/oder das Bevorstehen der Schließung des Falles scheint Herrn McCann zu einer Auflösung seiner bislang recht engen dyadischen Beziehung zum Leser zu bewegen und zu einer Demonstration der Zusammengehörigkeit mit seiner Frau, was einer Erschütterung dyadischer/intimer Bestrebungen des Lesers gleichkommt (5, 6, 7, (11), 13b, 20).
i) Mindestens eines der Elternteile „braucht" den Beistand der Öffentlichkeit allerdings ganz besonders stark für eine positive Spiegelung, was auf der Subjektstufe (also intrapsychisch) für eine Schuld-/und oder Selbstwertproblematik spricht, auf der Objektstufe (also interpersonell) auch für ein massives Leid durch die „Schändung" in bestimmten Medien (17).

Anhang I: Kursorische Durchsicht des Blogs[1] auf irritierende Textstellen, die dann mittels Tiefenhermeneutik bzw. objektiver Hermeneutik analysiert werden

1) Auszug aus dem Eintrag vom 27.05.2007

"(...) The couple of Sunday articles we read did not cover much of what we talked about and seemed to get some of the other stuff wrong! We stated that Sean and Amelie are sleeping in our room (in separate cots) because of other family staying with us and that we were trying to treat them as normal and not be overprotective. This came out that we were so protective we have to have them sleeping in our bed! These inaccuracies are not important in our search for Madeleine and the next phase is being planned currently. (...)"

- Irritationen, Gegenübertragungen:
a) Mich irritiert, dass sich der Schreiber mit einer Intensität (vgl. Absatzlänge und Zeichensetzung mit zwei Ausrufungszeichen) über den Vorwurf der Überbehütung - also der übermäßigen Fürsorge - aufregt, die ich viel eher als angemessen empfinden würde in Bezug auf einen Vorwurf *mangelnder* Fürsorge oder Gewalt gegenüber den Kindern.
Interessanterweise steht gegen die Eltern ja hinsichtlich des Verschwindens ihrer Tochter Madeleine genau dieser Vorwurf der mangelnden Fürsorge, nämlich der Verletzung der Aufsichtspflicht, im Raum, ebenso die Möglichkeit der Beseitigung der Leiche nach einem Unfall. Auch werden sie zwischenzeitlich mit Gerüchten konfrontiert, denen zufolge sie ihren Kindern Beruhigungsmittel verabreicht haben sollen.
Erstaunlicherweise wird keiner dieser letzteren Beschuldigungen – die im Verhältnis zum Vorwurf der Überbehütung doch ganz offenkundig wesentlich dramatischer sind – vom Vater in dem Blog mit einer solchen Intensität entgegnet wie der hier vorliegenden.
Ich gewinne also den Eindruck, der Schreiber nehme hier als Abwehroperation eine Verschiebung der Aufmerksamkeit vor, von den Vorwürfen mangelnder Fürsorge für Madeleine auf die Fokussierung des gegenteiligen (also gegenbesetzten) Themas der Überbehütung. Dem Leser suggeriert er damit, er müsse sich höchstens mit der Beschuldigung hinsichtlich übermäßiger Fürsorge auseinandersetzen, aber eben keinesfalls mit der gegenteiligen schlimmeren.

Analyse mittels Objektiver Hermeneutik:

Erster Satz:
Lesarten (einschließlich evtl. kontrastierender Gedankenexperimente):
a) Ein Interviewter ärgert sich über die verzerrte und z. T. sogar falsche Wiedergabe. Es ist ihm wichtig, richtig zitiert zu werden,
- um seinen Ruf nicht zu gefährden (persönliches Interesse sowie Interesse seiner nahestehenden Mitmenschen),
-um Informationen, die er für sehr wichtig hält und die er verbreiten möchte, richtig wiedergegeben zu wissen (die richtige Wiedergabe steht im Interesse des Allgemeinwohls)
- oder einfach aus Eitelkeit heraus (betont persönliches Interesse).
b) Jemand ärgert sich darüber, dass die Zeitung ohne vorherige Absprache mit ihm gegenüber anderen gemachte Aussagen publiziert und diese noch dazu ungenau (erlebte Intrusion und Kontrollverlust des Geschädigten).
c) Jemand, der aufgrund eindeutiger Absprachen mit Vertretern der Zeitungen (Vertrauensaspekt innerhalb einer Beziehung) oder aber auch nur aufgrund eines übersteigerten Narzissmus heraus eine ausführliche Berichterstattung über seine Aussagen und die eines Partners/mehrerer Partner erwartet hat, ist enttäuscht und fühlt sich „übergangen" durch den letztendlich auf ganz andere Personen/Aspekte ausgerichteten Report (Verfehlung seines Interesses, Kontrollverlust). Was die sogar falsch berichteten Sachverhalte anbetrifft, so denkt sich vielleicht auch: „Hätten die Journalisten sich doch lieber völlig auf *uns* verlassen, *wir* kennen die Fakten schließlich am besten (mangelnde Würdigung seines Expertenstatus)!"

Zur Kontrastierung: Ohne Ausrufezeichen, die deutliche Benennung „wrong" sowie das eher abwertende Wort „stuff" würde der Text viel weniger erregt „klingen".

Zu a):
Konfrontation mit dem äußeren Kontext:
Wie Gerald McCanns Blogeintrag des 26.05.07 zu entnehmen ist, ist tatsächlich ein Termin mit der Presse für Artikel in der Sonntagsausgabe geplant. Die Lesart a) ist also angemessen, wobei das o. g. Interesse des Allgemeinwohls vor dem Hintergrund des Vermisstseins des Kindes im Sinne eines Interesses gegenüber diesem verstanden werden kann. Das Bestreben, sich nicht in Verruf zu bringen, kann im vorliegenden Kontext vor allem in Form eines Bemühens bestehen, in allgemeiner oder irgendeiner spezifischen Weise als gute Eltern zu gelten.
Schlussfolgerungen (u. U. mit Berücksichtigung des inneren Kontextes):
$H_{1ErlebenG}$: Gerald McCann befürchtet, der gute Ruf der Eltern könnte durch die Medien gefährdet werden, weshalb ihn eine verzerrte oder gar verfälschte Wiedergabe der elterlichen Aussagen ärgert.

$H_{2ErlebenG}$: Der Vater befürchtet, die elterlichen Aussagen verzerrende oder gar verfälschende Presseberichte könnten gegenläufig zu einem Interesse der Eltern gegenüber ihrem Kind sein. Deshalb ärgern sie ihn.

$H_{3ErlebenG}$: Den Vater ärgert einfach aus persönlicher Eitelkeit heraus die ungenaue und unrichtige Zitation. (Vor dem Hintergrund der Geschehnisse – zumindest als zentrale Bedingung - als unwahrscheinlich zu bewerten.)
Zu b):
Konfrontation mit dem äußeren Kontext:
Wie der Blogeintrag des Vortages verrät, kann diese Lesart hier ausgeschlossen werden.
Zu c):
Konfrontation mit dem äußeren Kontext:
Da Gerald McCanns Blog verrät, dass ein es einen Pressetermin geben würde, ist Lesart c) vor allem in ihrem Aspekt des enttäuschten Vertrauens durch nicht eingehaltene Absprachen gut möglich.
Schlussfolgerungen (u. U. mit Berücksichtigung des Inneren Kontextes):
$H_{4ErlebenG}$: Der Vater ist auf der Beziehungsebene von den Reportern sehr enttäuscht und er ärgert sich über das verletzte Vertrauen.

$H_{5ErlebenG}$: Herr McCann fühlt sich in seinem Expertenstatus zu wenig gewürdigt. Deshalb ärgert er sich.

$H_{6ErlebenG}$: Durch das Verhalten der Journalisten wurde Herr McCanns Interesse verfehlt und er ärgert sich darüber.

$H_{7ErlebenG}$: Herr McCann ärgert sich vor allem über den Aspekt des Kontrollverlusts über die Berichterstattung.
Erwartete Formen der Fortschreibung:
Der nächste Satz müsste den zentralen Gegenstand des Ärgers noch weiter erläutern und somit auf die zutreffende(n) Lesart(en) hinweisen.

Zweiter Satz:
Realisierte Fortschreibungsform:
Der Vater legt dar, die Eltern hätten versucht, den Medien zu vermitteln, dass sie die Zwillinge nicht überbehüteten.
Abgleich mit Erwartungen, Schlussfolgerungen:
Herrn McCanns Verhalten ist erwartungskonform.
Sein Ärger bezieht sich wohl auf die mediale Darstellung des Elternverhaltens, was die Hypothese $H_{1ErlebenG}$, evtl. auch $H_{2ErlebenG}$ stützen würde.
Lesarten (einschließlich evtl. kontrastierender Gedankenexperimente):
a) Die Eltern (o. ä.) rechtfertigen sich vor misstrauischen Außenstehenden für ihren Umgang mit den Kindern, weil diese ihnen spiegeln, sie hegten den Verdacht mangelnder erzieherischer Kompetenz (insbesondere Überbehütung).
b) Die Eltern suchen tatsächlich übermäßig die Nähe ihrer Kinder und lassen diese deshalb auch im Schlafzimmer des Paares nächtigen. Um sich gegen die Kritik Außenstehender zu wehren, thematisieren sie von sich aus den Vorwurf der Überbehütung gleich in Form einer Verneinung.

510

Beide Lesarten haben gemeinsam, dass die Eltern sich gegen eine Kritik von Außenstehenden am Umgang mit ihren Kindern rechtfertigen.

Zu a):

Konfrontation mit dem äußeren Kontext:

Vor dem Hintergrund des beschriebenen Vermisstenfalles kommen mehrere Quellen von Kritik in Frage, mit denen sich die Eltern McCann potenziell auseinandersetzen müssen:

-   Außenstehende und Familienmitglieder, die den McCanns vorhalten, ihre Kinder allein gelassen zu haben
-   Außenstehende, die befürchten, die McCanns könnten in Folge des beschriebenen Ereignisses die noch verbleibenden Zwillinge überbehüten
-   Außenstehende, die den McCanns misstrauen, ob sie ihre Tochter nicht vielleicht töteten und die Leiche versteckten
-   Auf der Subjektstufe das eigene Gewissen, das den Eltern oder zumindest dem Blogschreiber vorhält, die Kinder allein gelassen zu haben
-   Im Falle einer aktiven Verwicklung in das Verschwinden des Kindes ebenfalls entsprechend das eigene Gewissen der Eltern oder zumindest des Schreibers

Schlussfolgerungen (u. U. mit Berücksichtigung des inneren Kontextes):

$H_{8ErlebenG}$: Gerald McCann hat das Bedürfnis, sich gegen die Kritik Außenstehender zu wehren, die vor dem Hintergrund des Verschwindens der Tochter seinen erzieherische Kompetenzen, insbesondere der Aufsicht/Behütung der Kinder, misstrauen.

$H_{9ErlebenG}$: Der Vater hat das Bedürfnis, sich gegen den nicht zutreffenden Verdacht Außenstehender zu wehren, die Eltern würden nach dem Verschwinden ihrer ältesten Tochter die kleineren Kinder überbehüten. (Dieser Vorwurf besitzt allerdings deutlich weniger kränkendes Potenzial als die anderen hier aufgeführten.)

$H_{10ErlebnisG}$: Herr McCann hat das Bedürfnis, sich gegen das in der Öffentlichkeit schwelende Misstrauen zu wehren, die Eltern könnten aktiv in das Verschwinden des Kindes involviert sein. (In der Zeit der Blogverfassung ist diese öffentliche Kritik allerdings bei Weitem noch nicht so stark gegeben wie ab August/September 2007.)

$H_{11ErlebenG}$: Der Vater hat einen Schuldkonflikt, seine Kinder am Abend des Verschwindens seiner ältesten Tochter allein gelassen zu haben und versucht sich, gegen entsprechende gewissensbedingte Selbstvorwürfe zur Wehr zu setzen.

$H_{12ErlebenH}$: Herr McCann ist in aktiverer Weise in Madeleines Verschwinden involviert, leidet jedoch unter Schuldgefühlen, die er abzuwehren sucht.

(Alle diese Hypothesen stützen $H_{1ErlebenG}$, entweder auf der Objekt- oder der Subjektstufe.)

Zu b):

Konfrontation mit dem äußeren Kontext:

Die Tatsache, dass die Kinder auch weiterhin fast den ganzen Tag über in der Kinderkrippe untergebracht sind, spricht prinzipiell gegen die Berechtigung dieser Lesart. Da aber das nächtliche Verhalten der Eltern - insbesondere in Anbetracht der mutmaßlichen Uhrzeit des in Frage stehenden Vorfalles – von dem Umgang mit den Kindern am Tag abweichen kann, ist ihre Einbeziehung hier berechtigt.

Schlussfolgerungen (u. U. mit Berücksichtigung des Inneren Kontextes):

$H_{13ErlebenG}$: Der Vater sucht des Nachts die Nähe seiner Zwillinge, weil er seit dem in Frage stehenden Ereignis dann Angst um seine Kinder hat. Er versucht jedoch, sich gegen Vorwürfe der Überbehütung zu schützen, um dies ihm so wichtige Praxis weiterführen zu können.

(Da die Eltern jedoch bereits einige Wochen nach dem Verschwinden ihrer Tochter die Kinder in der Obhut von Verwandten und guten Freunden in Praia da Luz zurücklassen, um auf Reisen im Zusammenhang mit ihrer Kampagne zu gehen, kann diese Angst nicht sehr stark sein.)

Erwartete Formen der Fortschreibung:

Der nächste Satz müsste nun das Fehlverhalten der Presse konkretisieren oder aber weiter die Aussagen der Eltern ausführen.

Dritter Satz:

Realisierte Fortschreibungsform:

Herr McCann benennt die verzerrte Wiedergabe seiner Äußerung von Seiten der Presse.

Abgleich mit Erwartungen, Schlussfolgerungen:
Die vom Schreiber gewählte Fortführung des Textes ist erwartungskonform.
Lesarten (einschließlich evtl. kontrastierender Gedankenexperimente):
a) Der Schreiber regt sich darüber auf, dass die Presse die Eltern als überbehütend darstellt.
b) Den Verfasser erregt die Tatsache an sich, dass die Presse seine Aussagen falsch wiedergibt, unabhängig von ihrem konkreten Inhalt.
c) Der Schreiber bemüht sich, beim Leser den Eindruck zu erwecken, er behüte seine Kinder sehr. Um dieses Bestreben jedoch gleichzeitig zu tarnen, übersteigert er diese Attribution und konnotiert sie negativ, indem er sie in den Vorwurf der Überbehütung kleidet bzw. eine entsprechend vorhandene Kritik hervorhebt. Dadurch, dass er die Vorhaltungen dann mit gespielter Entrüstung von sich weist, distanziert er sich selbst als eigentlich Attribuierender wieder von dem beim Leser hinterlassenen Eindruck, wenn auch die Kritik der *Über*behütung übertrieben sei, so hätte sie doch zumindest ihre reale Basis in einer *guten* Behütung der Kinder.

Zu a):
Konfrontation mit dem äußeren Kontext:
Die McCanns müssen sich, zumindest gegenüber den Medien, vielmehr für die *mangelnde* Behütung ihrer Kinder am Abend des Verschwindens von Madeleine rechtfertigen, als für eine *zu starke* Behütung.
Dennoch ist es möglich, dass sie auch unter dem unter a) genannten Vorwurf leiden. So könnten sie ihre erzieherische Kompetenz für die ihnen verbleibenden Zwillinge in Folge des tragischen Ereignisses öffentlich in Frage gestellt sehen, obwohl sie sich vielleicht genau um diese bewusst bemühen.
Schlussfolgerungen (u. U. mit Berücksichtigung des Inneren Kontextes):
$H_{14ErlebenG}$: *Gerald McCann regt sich darüber auf, dass die Presse die Eltern als überbehütend darstellt und sie so in ihren erzieherischen Fähigkeiten gegenüber den Zwillingen in Frage stellt (, um dessen Aufrechterhaltung sie sich doch so bemühen).*
(Diese Vermutung wird gestützt durch $H_{1ErlebenG}$ sowie $H_{9ErlebenG}$.)
Zu b):
Konfrontation mit dem äußeren Kontext:
Da Herr McCann bis zu diesem Blogeintrag noch nie zuvor von einem derartigen Fehlverhalten der Medien geschrieben hat, kann es gut sein, dass er über diese erstmalige negative Erfahrung entrüstet ist.
Schlussfolgerungen (u. U. mit Berücksichtigung des Inneren Kontextes):
$H_{15ErlebenG}$: *Der Vater regt sich über die Tatsache an sich auf, dass die Presse seine Aussagen falsch wiedergibt, unabhängig vom konkreten Inhalt.*
(Diese Hypothese wird gestützt durch $H_{4ErlebenG}$, ferner auch durch $H_{5ErlebenG}$ und $H_{7ErlebenG}$.)
Zu c):
Konfrontation mit dem äußeren Kontext:
Da die McCanns sich zumindest gegenüber Journalisten immer wieder für das Alleinlassen der Kinder am Abend des in Frage stehenden Geschehens rechtfertigen müssen, ist Lesart c) sehr plausibel.
Schlussfolgerungen (u. U. mit Berücksichtigung des Inneren Kontextes):
$H_{16ErlebenG}$: *Herr McCann bemüht sich, beim Leser den Eindruck zu erwecken, er behüte seine Kinder sehr. Um dieses Bestreben jedoch gleichzeitig zu tarnen, übersteigert er diese Attribution und konnotiert sie negativ, indem er sie in den Vorwurf der Überbehütung kleidet bzw. eine entsprechend vorhandene Kritik hervorhebt. Dadurch, dass er die Vorhaltungen dann mit gespielter Entrüstung von sich weist, distanziert er sich selbst als eigentlich Attribuierender wieder von dem beim Leser hinterlassenen Eindruck, wenn auch die Kritik der Überbehütung übertrieben sei, so hätte sie doch zumindest ihre reale Basis in einer guten Behütung der Kinder. Insbesondere vor dem Hintergrund innerer Konflikte, wie sie $H_{11ErlebenG}$ und $H_{12ErlebenG}$ postulieren, aber auch beim Vorliegen äußerer Kritik (vgl. $H_{8ErlebenG}$).*
(Die Hypothese wird durch $H_{1, 8, 11, 12ErlebenG}$ gestützt.)
Erwartete Formen der Fortschreibung:
Der nächste Satz könnte die verletzten Gefühle der Eltern behandeln, eine Belehrung der Presse zum Inhalt haben oder den Lesern, vielleicht eher etwas versteckt, den guten, aber nicht überbehütenden Umgang der McCanns mit ihren kleinen Kindern vor Augen führen.

Vierter Satz:
Realisierte Fortschreibungsform:

512

Herr McCann stuft die Fehler der Journalisten als unbedeutend für die Suche nach der Tochter ein.
Abgleich mit Erwartungen, Schlussfolgerungen:
Die vom Schreiber gewählte Fortführung des Textes läuft den Erwartungen zuwider. Sie stellt sogar einen gewissen Bruch dar: Nach dem zuvor ausgedrückten Ärger wird dieser nun, wenn auch lediglich hinsichtlich eines bestimmten Aspekts, als „unwichtig" abgetan, der Gegenstand des Ärgers schrumpft auf die Bestimmung „Ungenauigkeiten" zusammen.
Lesarten (einschließlich evtl. kontrastierender Gedankenexperimente):
   a)   Dem Schreiber ist es wichtig darzustellen, dass er sich nicht „unterkriegen" lässt, dass er in seinem festen Vorhaben Widerständen trotzt.
   b)   Die Suche nach Madeleine ist dem Verfasser so wichtig, dass ihm bei der Planung dieser die vorangehend geschilderten Ärgernisse als völlig unwesentlich werden.
   c)   Er hat die Fähigkeit, negative Emotionen aktiv herab- und positive Gefühle aktiv heraufzuregulieren.
Zu a):
Konfrontation mit dem äußeren Kontext:
Die Darstellung der Eltern in den Medien als „überbehütend" sieht Herr McCann bei Zutreffen der Lesart a) also durchaus als *potenziell* schädlich an für die Suche nach der Tochter oder sein anderweitiges Vorwärtskommen im Fall.
Schlussfolgerungen (u. U. mit Berücksichtigung des inneren Kontextes):
$H_{17ErlebenG}$: Gerald McCann betrachtet die Darstellung der Eltern in den Medien durchaus als potenziell schädlich für die Suche nach der Tochter oder sein anderweitiges Vorwärtskommen im Fall. Er arbeitet aber gegen diese Bedrohung an. Ihm ist wichtig darzustellen, dass er sich nicht „unterkriegen" lässt und dass er in seinem festen Vorhaben Widerständen trotzt.
Zu b):
Konfrontation mit dem äußeren Kontext:
Das in seiner Kampagne so engagierte Verhalten des Vaters ist mit dieser Lesart gut vereinbar.
Schlussfolgerungen (u. U. mit Berücksichtigung des Inneren Kontextes):
$H_{18ErlebenG}$: Die Suche nach Madeleine ist dem Vater so wichtig, dass ihm bei der Planung dieser die vorangehend geschilderten Ärgernisse als völlig unwesentlich werden.
Zu c):
Konfrontation mit dem äußeren Kontext:
Diese Lesart scheint plausibel, betrachtet man das optimistische und engagierte Vorgehen in der Vermisstenangelegenheit.
Schlussfolgerungen (u. U. mit Berücksichtigung des Inneren Kontextes):
H_{1PersU}: Herr McCann hat eine gute Fähigkeit, aktiv negative Emotionen herab- und positive Gefühle heraufzuregulieren.
(Die Hypothese wird durch $H_{17ErlebenG}$ und $H_{18ErlebenG}$ gestützt.)

   2)   Auszug aus dem Eintrag vom 05.06.2007

„Met with the Portuguese Police today. It is good to talk face to face especially with so much speculation in the media. Kates parents arrived today to see the kids and us. We managed to spend a couple of hours with them before heading off for Berlin. I had completely forgotten that it is my birthday today, it is anything but a happy one. However Sean and Amelie made me a birthday card on behalf of them and Madeleine and Trisha made a fruit flan. We sang happy birthday and blew the candles out together which Sean and Amelie really enjoyed. They were really happy to see Grandma and Grandad, whom they are used to seeing every few weeks in England. Kates parents have been a huge help to us, especially since the twins were born, often driving down to Leicestershire for the weekend to help with the kids. This has been really important when I have been on-call at weekends and Kate would have been left looking after the three of them on her own. Trisha would often fly down to help when she had a few days off or when her and Sandy were en route to Cambridge. It makes us feel better knowing that we are leaving Sean and Amelie with very close loved ones whilst we are away on this short trip to appeal for further information and raise awareness of Madeleine's disappearance. (...)"

Irritationen, Gegenübertragungen:

a) War mir bislang Herr McCann vielmehr als ein sehr auf seine außerfamiliäre Geschäftigkeit konzentrierter Mann vertraut, lerne ich ihn hier noch einmal von einer ganz anderen Seite kennen: Jemand, der das Erleben von zwischenmenschliche Nähe allgemein (vgl. „to talk face to face") sowie insbesondere von Berührung, Verbundenheit und Zusammenhalt in der Familie (vgl. gesamter weiterer Ausschnitt) sehr wertschätzt.

b) Obwohl der Text in mir ein Wohlgefühl hervorruft, ich das Gefühl habe, der Schreiber erlebt an diesem Tag die entlastende, entspannende und berührende Wirkung familiärer Verbundenheit, notiert dieser auch:" I had completely forgotten that it is my birthday today, it is anything but a happy one."
Diese Diskrepanz lässt in mir den Eindruck entstehen, der Schreiber sei der Überzeugung (vielleicht auch unbewusst), er dürfe sich selbst nicht freuen, er dürfe nicht einmal an sich selbst (resp. Seinen Geburtstag) denken.

3) Auszug aus dem Eintrag vom 08.06.2007

„(…) Tommorrow will largely be a family day although I am not sure what we will be doing yet."

• Irritationen, Gegenübertragungen:

a) Die Aussage "I am not sure what we will be doing yet" ist insofern im Tagebuch einmalig, als dass sich der Schreiber sonst immer sehr sicher ist hinsichtlich seiner Aktionen, irgendeine Unsicherheit während der Kampagne nie äußert.

b) Lediglich bezüglich des Verbleibes seiner Tochter äußert er wiederholt, die Eltern wüssten nicht, wo sie sei (Homepagestartseite 28.8.07, 1.10.7, 14.3.07), ebenso geben sie an, nichts von Beweisen zu wissen, die eine ernsthafte Verletzung von Madeleine belegen (9.8.07, 27.3.08).

4) Auszug aus dem Eintrag vom 09.06.2007

„(…) We talked about our pain of not having having Madeleine for such a long time and for our need to grieve, which occurs mainly in private. (…)"

• Irritationen, Gegenübertragungen:

a) Abgesehen vom Fehler der Dopplung des Wortes "having" irritiert mich die Präposition „for" im Zusammenhang mit „our need to grieve". Bewusst will der Verfasser hier sicherlich „about" benutzen, so dass sich die Aussage wie folgt liest: „We talked about (…) our need to grieve."
Was er aber mit dieser – wohl irrtümlichen Präpositionswahl – wirklich schreibt, ist: „We talked about our pain of not having Madeleine (…) for our need to grieve." Das allerdings würde bedeuten, der Schreiber gehe davon aus, das Kind sei tot, er wolle es aber zum Trauern bei sich haben – nicht zum gemeinsamen Leben.

5) Auszug aus dem Eintrag vom 10.06.2007

"(…) Kate's and my role will be different after Morocco compared to the last 3 weeks. As I said earlier we will reflect on the investigation, what the campaign has achieved and where we will be best directed. We will be less evident in the media, at least for a few days, unless there is a breakthrough in the investigation. (…)"

• Irritationen, Gegenübertragungen:

a) Die recht gewichtig formulierte Ankündigung einer bevorstehenden Zäsur (andere Rolle, weniger Medienpräsenz) divergiert mit der Relativierung „at least for a few days".
So frage ich mich, ob diese Zäsur vielleicht subjektiv für den Schreiber eine viel größere Bedeutung hat, als es nach Außen hin der relativierende Einschub signalisiert.

514

6) Auszug aus dem Eintrag vom 11.06.2007

„(...) We did a couple of interviews for ITV and Sky and followed up our Newspaper interviews focussing on a change in the phase of the campaign. We confirmed that there will be a period of reflection before we decide on what is the best role for Kate and I. The campaign and the search for Madeleine will continue and with everyone's help we will find her. So please stay with us."

- Irritationen, Gegenübertragungen:
a) Auch hier wird noch einmal die von den Eltern beabsichtigte Reflektion ihrer Rolle beschrieben. Der Fokus, der bei dieser Formulierung nicht auf der Art ihrer weiteren Handlungsweise liegt, sondern auf ihrer Rolle, rückt mir die Eltern auffallend in den Vordergrund.
c) Beim Bemerken der potenziellen Überdeterminierung des – hier wiederholt verwendeten – Begriffs der „Rolle" muss ich daran denken, dass es für das Paar ja in ihrem Familienverbund ja auch ganz fundamental um die Annahme einer neuen Rolle geht – sei es einer Rolle als räumlich von der kleinen Tochter getrennte Eltern, die nun nicht mehr direkt und materiell, sondern nur noch im Geiste sowie indirekt, durch Suchmaßnahmen, für ihr Kind sorgen können oder einer Rolle als endgültig „verwaiste Eltern" mit nur noch zwei Kindern. Das wirft die Frage auf, ob in dem Eintrag (sowie dem vorangegangenen) auch diese existentiellere Form von – einschneidender - Rollenänderung anklingt.
d) Der so direkte Appell der Eltern an mich als Leser, „bei ihnen zu bleiben" und der motivierenden Versicherung „mit jedermanns Hilfe werden wir sie finden" wirkt auf mich eindringlich bittend, als wolle der Schreiber mich als „seinen Anhänger" nicht verlieren. Hierin wird mir der für den Schreiber so gewichtige Eigenwert des Beistandes der Öffentlichkeit deutlich und seine Angst, diesen zu verlieren. Es scheint ihm somit weniger um die Fortsetzung der aktiven Suche/Aufmerksamkeit von Seiten der Bevölkerung zu gehen als eben um Gruppenbildung und Solidarität.

7) Auszug aus dem Eintrag vom 12.06.2007

„(...) En route to the airport a lorry had overturned blocking the exit from the motorway. The Moroccan people dealt with this in a very calm and relaxed manner, which we have found is a very engaging aspect of their character. (...)"

- Irritationen, Gegenübertragungen:
a) Die Schilderung lässt mich sofort sorgenvoll nach der hier ausgesparten Information fragen, nämlich nach der Unversehrtheit des Fahrers.
b) Es wird die Szene eines Unfalles dargestellt, der zur „Ausweglosigkeit" führt und bezüglich dessen der Schreiber von einer ruhigen und entspannten Umgangsweise positiv beeindruckt ist. Die Möglichkeit einer allegorischen Verknüpfung mit dem Geschehen im Zusammenhang mit dem Verschwinden von Madeleine ist hier im Auge zu behalten, auch vor dem Hintergrund des vorgenannten Gegenübertragungsgefühls, das u. U. als ein unbewusster Aspekt des Schreibers angesehen werden kann.

8) Auszug aus dem Eintrag vom 14.06.2007

"(...) Kate and I picked up a friend from Faro airport who has been instrumental in helping with the campaign. He has been fantastic, producing the DVD of Madeleine to 'Don't you forget about me' which has been shown at many sporting events and concerts as well as producing the look for maddie logo and various posters. We spent most of the day updating each other and discussing future campaign ideas. We are getting closer to appointing a campaign manager who will handle media liaison and coordinating events to keep Madeleine's disappearance highly visible"

- Irritationen, Gegenübertragungen:
a) Der Eintrag wirkt auf mich recht hypomanisch und verbreitet somit eine gegenteilige Stimmung als das angekündigte Innehalten vom 10. und 11.6.2007.
b) Der letzte Satz klingt wie der eines erfolgsfiebrigen Künstlers aus der Unterhaltungsbranche, der, mit seinem Projekt auf der Karriereleiter steil nach oben steigend, nun seine Veranstaltungen in einer neuen Größenordnung plant. Der o. g. Freund der McCanns ist sicherlich – unter anderen Freunden und Familienmitgliedern – eine treibende Kraft in diesem übersteigert wirkenden Aktionismus, der folglich als das Produkt eines Systems von sich gegenseitig bis in Größenphantasien „pushenden" Gruppenmitgliedern erscheint.
c) Der Ausdruck „to keep Madeleine's disappearance highly visible" zieht meine Aufmerksamkeit auf sich: Hinsichtlich des prozesshaften Aspektes von „disappearance" handelt es sich hier eigentlich um ein Paradoxon, denn der Prozess des Verschwindens ist ja gerade durch eine Nicht-Verfolgbarkeit des weichenden Objektes charakterisiert – solange dieses „hoch sichtbar" (vgl. „high visible") ist, kann man nicht von seinem Verschwinden sprechen. Das Verschwinden sichtbar zu halten, bedeutet also eigentlich, es gar nicht geschehen zu lassen.
d) Mit Blick auf den weiteren, aber schwächeren Aspekt des Ausdrucks „disappearance", der Zustandskonstatierung „verschwunden sein"/„weg sein", irritiert mich ebenfalls die vom Schreiber so nachdrücklich intendierte Sichtbar-Haltung: Wäre es nicht angemessener, davon zu sprechen, der Bekanntheitsgrad des Verschwindens/des Vermissten-/Entführungsfalles (letztere Formulierung aus Sicht der Eltern) solle gesteigert oder das Foto des Kindes solle verbreitet werden? Die vom Schreiber formulierte nachdrückliche Intention schürt bei mir den Verdacht einer im Falle aktiven Involviertseins in das Verschwinden des Kindes reaktiven Gegenbesetzung zur eigentlich angestrebten Geheimhaltung.

Analyse mittels Objektiver Hermeneutik von:

„to keep Madeleine's disappearance highly visible":

Lesarten (einschließlich evtl. kontrastierender Gedankenexperimente):
a) Es geht darum, demonstrativ darauf hinzuweisen, Madeleine sei *nicht* mehr da, damit ja niemand dahinter kommt, dass sie in Wirklichkeit noch da ist (wie bei einem Zauberkunststück).
b) Es geht darum, denjenigen, der für das Verschwinden verantwortlich ist, mit dem öffentlichen Beklagen des Geschehenen unter Druck zu setzen, Madeleine wieder herzugeben.
c) Es geht um das Bemühen um ein Gedenken an die verschwundene Madeleine, die nicht vergessen werden, sondern immer „im Blick behalten" werden soll.
d) Es geht um das Setzen eines Mahnmales: Man soll sich stets vor Augen führen, dass Madeleine aus Grund XY verschwunden ist.
(Die Lesart, dass die Öffentlichkeit lediglich über das Verschwinden von Madeleine noch lange informiert bleiben soll, wird hier nicht postuliert, da der auch durch seine prominente Stellung im Text stark Aufmerksamkeit erzielende Ausdruck „highly visible" für ein solches Bestreben allein nicht spezifisch ist.)
Zu a):
Konfrontation mit dem äußeren Kontext:
Im vorliegenden Fall könnte das bedeuten, die Eltern oder zumindest der Schreiber hätte(n) die Leiche versteckt.
(Vom Verstecken des lebenden Kindes ist nach einer solch langen Zeit des Vermisstseins und die Tatsache des Verschwindens des Kindes außerhalb des Heimatlandes der Familie nicht auszugehen.)
Schlussfolgerungen (u. U. mit Berücksichtigung des inneren Kontextes):
$H_{1Ereignis}$: *Die Eltern haben oder zumindest Gerald McCann hat die Leiche des Kindes versteckt.*
$H_{20ErlebenG}$: *Mit dem demonstrativen Hinweisen auf das Verschwundensein der Tochter will der Vater davon ablenken, dass er über den Verbleib ihres Leichnams genau Bescheid weiß.*
(Diese Hypothesen sind gut vereinbar mit $H_{12ErlebenG}$.)
Zu b):
Konfrontation mit dem äußeren Kontext:
Im Vermisstenfall von Madeleine McCann würde Lesart b) bedeuten, der Schreiber gehe von einem Entführer aus.

516

Schlussfolgerungen (u. U. mit Berücksichtigung des Inneren Kontextes):

$H_{21ErlebenG}$: *Herr McCann geht von einer Entführung der Tochter aus und möchte den Täter durch das öffentliche Beklagen des Geschehenen unter Druck setzen, den Eltern die Tochter wiederzugeben.*
(Diese Hypothese ist gut vereinbar mit $H_{2, 6, 17, 18ErlebenG}$.)
Zu c):
Konfrontation mit dem äußeren Kontext:
Diese Lesart scheint sowohl plausibel für den Fall einer aktiven Verwicklung der Eltern in das Verschwinden ihrer Tochter als auch für den Fall ihrer Nicht-Verwicklung.
Das Bestreben, Madeleines Verschwinden und damit auch das Kind selbst nun „im Blick zu behalten", erinnert sehr an das Alleinlassen der Kinder am Abend des in Frage stehenden Ereignisses durch die Eltern.
Schlussfolgerungen (u. U. mit Berücksichtigung des Inneren Kontextes):

$H_{22ErlebenG}$: *Der Vater bemüht sich um ein Gedenken an seine verschwundene Tochter Madeleine, die nicht vergessen werden, sondern immer „im Blick behalten" werden soll. (Dieses Bestreben bedeutet ihm unbewusst eine nachträgliche Wunscherfüllung/Wiedergutmachung bezüglich des Allein-gelassen-Habens seiner Kinder am Abend des vom ihm als tragisch erlebten Geschehens.)*
(Diese Hypothese ist sehr gut vereinbar mit $H_{11ErlebenG}$ und $H_{16ErlebenG}$.)
Zu d):
Konfrontation mit dem äußeren Kontext:
Im vorliegenden Fall macht Lesart d) vor allem im Zusammenhang mit Lesart c) Sinn.
Schlussfolgerungen (u. U. mit Berücksichtigung des Inneren Kontextes):

$H_{23ErlebenG}$: *Es geht dem Vater um das Setzen eines Mahnmales: Man soll sich stets vor Augen führen, dass das tragische Ereignis auch deshalb geschah, weil die Eltern ihre Tochter allein ließen.*
(Diese Hypothese ist sehr gut vereinbar mit $H_{11, 16, 22ErlebenG}$.)

9) Ausdruck aus dem Eintrag vom 16.06.2007:

"... events to keep Madeleines disappearnace high profile."
(Dieselbe Formulierung von "keep Madeleine's disappearance high profile" findet sich auch in den Einträgen vom 28.05.07, 26.06.07, 28.06.07, 04.07.07, 05.07.07 sowie 26.07.07.)

- Irritationen, Gegenübertragungen:
a) Ebenso wie an der vorangehenden Textstelle irritiert mich auch hier die vom Schreiber intendierte Aufmerksamkeitsfokussierung auf das Verschwinden. Es klingt wie eine reaktive Gegenbesetzung zur eigentlich angestrebten Geheimhaltung im Falle einer aktiven Verwicklung.

10) An vielen Stellen im Tagebuch kann man außerdem – innerhalb desselben eingegrenzten Zeitabschnittes – lesen, es gehe bei der Kampagne um „to keep Madeleines profile high", „to maintain Madeleines profile" u. ä. (13.05.07, 25.06.07, 04.07.07, 13.07.07, 20.07.07, 23.07.07, 25.07.07).

- Irritationen, Gegenübertragungen:
a) Da „profil" auch die Bedeutung eines Bildes vom Gesicht zukommt, betrachtet aus der Seitenperspektive („Profil"), und die Verben „keep" sowie „maintain" beide auch die Aufrechterhaltung eines Zustandes ausdrücken, wird damit neben dem explizit Gemeintem die Verständnismöglichkeit nahe gelegt, es gehe dem Schreiber um eine Erhaltung von Madeleines (Gesichts-) Bild.

11) Auszug aus dem Eintrag vom 18.06.2007

"Kate and I got the respone we wanted after speaking to the Portuguese ploice today.
 We are assured that no criticism of our actions on the night Madeline disappeared was intended. (...)"

- Irritationen, Gegenübertragungen:
a) Beim Lesen des ersten Absatzes habe ich das Gefühl, den Schreiber bedrücken die potenziellen Vorwürfe, die man ihm und seiner Frau hinsichtlich ihres Verhaltens am Abend des Verschwindens machen könnte und er ist erleichtert, sich von ihnen geschützt zu wissen (vgl. auch „the respone (sic!) we wanted"; „we are assured", was bedeutet, sie waren verunsichert). Als psychodynamische Grundlage hierfür lassen sich entweder Schuldgefühle annehmen, aufgrund einer mangelnden Aufsicht oder einer aktiveren Form der Verwicklung in das Verschwinden des Kindes und möglicherweise seinen Tod, oder aber (zusätzlich) Unsicherheit und Angst vor der Aufdeckung einer derartigen Verwicklung.

12) Auszug aus dem Eintrag vom 21.06.2007

"(...) The response to the balloon launch to mark 50 days that Madeleine has been missing has been incredible. There are close to 300 centres, and countries all over the world, participating. There has been a lot of local media interest but remember to take digital photographs and videos if possible which will be able to be uploaded to the website so we can display them. The message of Madeleines disappearance will reach many more people tomorrow. (...)"

- Irritationen, Gegenübertragungen:
a) Dieser Auszug wirkt auf mich nahezu manisch übersteigert: beinahe wahnhaft anmutende Elemente von Größe (vgl. auch die Attribution „incredible"), Gemeinschaft und Visionärem, dazu die Aufforderung zur Mitwirkung an die Leser - das alles will mich propagandistisch „mitreißen", mich auch teilhaben lassen an dem Großereignis, das eine völlige Emotionstrunkenheit verspricht, ein berauschendes Schweben im Bad der Masse. Sorgen scheinen da wie „weggeblasen".

13) Auszug aus dem Eintrag vom 22.06.2007

"(...) Sean and Amelie released their balloons shortly after kate and I let go our 50 (...) We were not planning to say anything at the launch but there was such a large turnout from Portuguese TV who we have not spoken to for some time that we decided to answer their questions.The beauty of the launch was the local and international dimension with media coverage spreading Madeleines image far and wide. (...)"

- Irritationen, Gegenübertragungen:
a) Am ersten Satz irritiert mich, dass die Anzahl der von den Eltern in die Luft gelassenen Ballons der Anzahl der Tage der Abwesenheit des Kindes entspricht: Wenn die gelben und grünen (vgl. Eintrag vom 17.6.2007), also hoffnungsfarbenen, Ballons eben auch diese Hoffnung repräsentieren, wieso wird sie dann „mehr", je länger das Kind vermisst ist? Was größer wird, müsste doch eher die Sehnsucht, die Ungewissheit und die Angst um das Kind sein. Wird hingegen die Hoffnung der Eltern größer, z. B. in der Interpretation „Je länger wir keine negativen Nachrichten bekommen, umso geringer ist die Wahrscheinlichkeit einer Tötung oder eines ernsthaften Leides", ist dies als Verleugnung der Möglichkeit von Tod und Gefährdung der Tochter anzusehen.
b) Neben diesem Aspekt lässt mich die Masse von 50 Ballons an sich aufmerken: Warum so viele? Ich bekomme den Gedanken, dass dies den Versuch darstellen könnte, Schuldgefühle gegenüber dem Kind zu kompensieren. Vielleicht ist es aber auch nur ihre große Sehnsucht, die die Eltern mit diesem Zeichen ausdrücken.
c) Was den zweiten Satz betrifft, so erlebe ich den Schreiber als nachgiebig gegen die Masse der Medienvertreter. Insbesondere höre ich hier sein Gefühl einer Verpflichtung diesen „Bekannten" gegenüber hinaus.
d) Bezogen auf den letzten Satz lässt sich einmal die vom Verfasser erlebte Anziehungskraft der medialen Größe des Ereignisses feststellen.
e) Zum anderen merke ich, wie ich von dem Ausdruck „spreading Madeleines (sic!) image far and wide" angerührt werde, er mich traurig stimmt. Mein Nachspüren dieses Gefühls führt mich zu Vorstellungen

von ins Meer gestreuter Asche bei einer Seebestattung oder von in die Luft geworfenen und vom Winde weggeblasenen Papierfetzen der Liebesbriefe bei Beziehungsende. Beide in mir hervorgerufenen Bilder behandeln das „Sterben" eines nahestehenden Menschen, das Abschiednehmen von ihm. Auch der Ausdruck „far and wide" birgt dieses In-die-Ferne-, In-die-Weite-Rücken.

Im Gegensatz dazu steckt in der auf der manifesten Textebene enthaltenen Vorstellung des sich durch die Medien weit verbreitenden Bildes der Tochter der Aspekt des *Nicht*-Sterben-Lassens, des Omnipräsent-Machens von Madeleine. In diesem Zusammenhang ist auch die Richtung der aufsteigenden Luftballons interessant: Sie ist entgegengesetzt zum In-die-Erde-Lassen einer Leiche.

14) Auszug aus dem Eintrag vom 24.06.2007

"(…) We have managed to look at a few properties to rent in the last couple of days and I think we have found somewhere suitable to live until we return back to the UK with Madeleine."

- Irritationen, Gegenübertragungen:
a) Die hier ausgedrückte absolute Überzeugung des Vaters, er werde mit seiner lebenden Tochter (bald) nach Hause zurückkehren, ist für mich so unglaublich, dass ich, mich zunächst verlesend, die letzten beiden Worte ganz „übersehe". Als ich sie dann wahrnehme, entrüste ich mich: Das kann der Schreiber doch wohl selbst nicht glauben!
Entweder verleugnet Herr McCann hier völlig die gegebene Wahrscheinlichkeit der Lebensgefahr oder des sogar bereits eingetretenen Todes seines Kindes, oder aber er spiegelt diese Hoffnung im Falle seiner Involviertheit in solch überzogenem Maße vor, um sein Wissen über den Tod nach Außen zu verbergen.

15) Eintrag vom 27.06.07

„Kate and I would like to emphasise that if anyone who thinks they have information relevant to Madeleine's abduction, then please pass this on to your local police. It does not help us to receive such information directly- we will only pass it on to the police for it to be considered in context of the overall investigation. If people are unhappy to speak to the police directly information can be given to the international crimestoppers anonymously."

- Irritationen, Gegenübertragungen:
a) Ich muss beim Lesen dieses Eintrages denken, dass es für die Eltern doch von großem Interesse sein müsste, über sachdienliche Hinweise direkt informiert zu sein und so Transparenz und Kontrolle empfinden zu können.
Vielleicht wollen sie sich also mit diesem Appell vor „schlechten" Nachrichten schützen oder sie sind mit der Masse an Hinweisen einfach organisatorisch oder psychisch überfordert. Im Falle ihrer Verwicklung macht dieses Verhalten wiederum Sinn als Schutzmaßnahme vor unnötigen, psychisch belastenden Vorstellungen von besseren sowie noch tragischeren Alternativszenarien als dem selbst erlebten. Unter Berücksichtigung der vielen Hoffnungsbekundungen der Eltern und ihrer oft geäußerten Überzeugung, Madeleine lebe, kann letzterer Gedanke allerdings bereits dementsprechend revidiert werden.

16) Auszug aus dem Eintrag vom 02.07.07

„We completed our move to the new accommodation today. It took longer than expected as we moved the thousands of letters of suuport we have recieved and all the new toys. (…)"

- Irritationen, Gegenübertragungen:
a) Ich muss über das etwas dramatisierte Szenarium schmunzeln, der Umzug könne sich aufgrund der nicht leicht bewältigbaren Masse an Briefen und Spielzeugen nennenswert verlängern. Wenngleich es

vielleicht tatsächlich eine PKW-Ladung mehr zu transportieren gilt, so steht die implizite Zuschreibung der Geschenke und Aufmerksamkeiten als „Last" doch konträr zu den Absichten der Schenkenden. Es wird damit die Frage aufgeworfen, was an den Geschenken denn für den Schreiber so belastend sein könnte. Der Schreibfehler „suuport" liefert dazu einen möglichen Hinweis: Die Vorsilbe „suu", ausgesprochen wie „sue" (=jmd. verklagen, klagen) könnte für ein schlechtes Gewissen des Schreibers stehen (Selbstanklage), die Präsente anzunehmen; sie könnte aber auch für Vorwürfe stehen, die ihnen doch sicherlich manche Briefeschreiber machen und deren Nennung hier auf der manifesten Textebene ausgespart bleibt (Fremdanklage).

b) Der andere Grund meines Amüsements besteht in der Einsicht in das tatsächlich vorhandene immense Ausmaß an Anteilnahme aus der Öffentlichkeit. Ich habe zwar das Gefühl, der Schreiber möchte mit der etwas dramatischen Schilderung dieses Ausmaß auch betonen, aber man kann aus seiner Aufzählung der Präsente auch dessen Realitätsbasiertheit erkennen.

c) Auffallend ist, dass negative Briefe etc. niemals von den Eltern erwähnt werden.

17) Eintrag vom 07.07.07

„Quiet family day".

(Anmerkung, D. P.: Dies ist der kürzeste Eintrag des ganzen Blogs und er ist damit in dieser Form einmalig.)

Analyse mittels Objektiver Hermeneutik:
Lesarten (einschließlich evtl. kontrastierender Gedankenexperimente):
a) Der Schreiber hat das Bedürfnis, sich an diesem Tag ganz mit seiner Familie zurückzuziehen. Dies ist ihm sehr wichtig und er ist deshalb einfach nicht in der Stimmung, mehr an seine Leser zu schreiben.
b) Es gäbe durchaus viel zu berichten, gerade auch über bestimmte Gedanken und Gefühle, die einem an einem ruhigen Tag in einem aufsteigen können, und er hätte an einem solchen Tag durchaus Zeit für einen längeren Eintrag. Aber er möchte das, was ihn heute beschäftigt hat, lieber für sich behalten.
Beide Lesarten haben gemeinsam, dass der Schreiber eine klare Trennlinie zwischen seinem persönlichen Raum und dem Leser zieht.
Zu a):
Konfrontation mit dem äußeren Kontext:
Da es sich um einen Samstag handelt und die McCanns stets sehr beschäftigt sind, ist diese Lesart berechtigt.
Schlussfolgerungen (u. U. mit Berücksichtigung des Inneren Kontextes):
$H_{24ErlebenG}$: Gerald McCann hat das Bedürfnis, sich an diesem Tag ganz mit seiner Familie zurückzuziehen. Dies ist ihm sehr wichtig und er ist deshalb einfach nicht in der Stimmung, mehr an seine Leser zu schreiben, empfindet die klare Grenze seines persönlichen Raumes sogar als sehr wohltuend.
Zu b):
Konfrontation mit dem äußeren Kontext:
Es wäre nicht verwunderlich, wenn auch der so aktive Herr McCann einmal einen Tag erlebt, an dem er vor dem Hintergrund des vorbeschriebenen Ereignisses psychisch sehr leidet.
Schlussfolgerungen (u. U. mit Berücksichtigung des Inneren Kontextes):
$H_{25ErlebenG}$: Herr McCann leidet an diesem Tag psychisch recht stark unter dem Eindruck des Ereignisses, möchte dieses Leiden aber nicht öffentlich zur Schau stellen.
(Diese Hypothese wird gestützt durch $H_{17ErlebenG}$.)
Die gemeinsame Betrachtung der Lesarten a) und b) legt darüber hinaus noch folgende Lesarten nahe:
$H_{2Ereignis}$: Am 7. 7. 2007, einem besonderen Datum, bringen die Eltern gemeinsam die Leiche ihrer Tochter zu einer letzten Ruhestätte.
(Diese Vermutung ist gut vereinbar mit $H_{1Ereignis}$ sowie $H_{12, 20ErlebenG}$.)

18) Auszug aus dem Eintrag vom 12.07.07

"It is ten weeks since Madeleine was abducted and every day has been incredibly hard for our family. No child should be separated from their family in such circumstances. (...)"

- Irritationen, Gegenübertragungen:
a) Wieder einmal errege ich mich über den mangelnden Realitätssinn des Verfassers, der, wie der zweite Satz verrät, noch ohne jeglichen Zweifel von der Lebendigkeit seines Kindes überzeugt ist.

19) Auszug aus dem Eintrag vom 20.07.07

„(...) We also managed an early morning run together, thanks to my mum supervising the kids breakfast. We made it to the top of the cliffs overlooking Praia da Luz in 16 minutes although we did have to walk at the steepest part. (...)"

- Irritationen, Gegenübertragungen:
a) Ich verspüre eine Abneigung gegen die Aufmerksamkeit, die der Vater hier für sich selbst sowie für seine Leistungsstärke aufbringt und mir ist nicht unmittelbar verständlich, weshalb letzterer Aspekt für ihn in seiner Situation so bedeutsam zu sein scheint (vgl. auch ähnlichen Inhalt des ersten Tagebucheintrag).
b) Neben dem Stolz auf die eigene Leistung nehme ich in dem Auszug Kampfeswille wahr.
c) Die Szene des Joggens lässt sich abstrahieren zu einer des selbstdisziplinierten Durchhaltens, des Kämpfens sowie des Schnellseins.

20) Auszug aus dem Eintrag vom 22.07.07

"(...) We were essentially performing our own baby listening service although we have talked of the guilt we felt at now being there at the moment Madeleine was taken.
We have been advised that legally our behaviour was well within the bounds of responsible parenting and subsequently been assured that no action will be taken. These types of criticism [neglect, D.P.], particularly at this stage, as well as being hurtful are extremely unhelpful in the search for Madeleine. From the moment we discovered Madeleine missing Kate and I have done everything in our power to try and help get her back. (...)
The real issue is that we should not have a constant fear of abduction of our children from their bedrooms, gardens or streets for that matter. What Kate and I did was at worst naïve and no one should forget that the real criminal is the predator who has taken a completely innocent child in such a premeditated fashion. It is this act that has wreaked havoc on our family and affected millions of other people"

- Irritationen, Gegenübertragungen:
a) Das Verschreiben beim eigentlich wohl gemeinten Wort "not" (der Vater schreibt stattdessen "now") kann nach klassischem Freudschen Verständnis der Fehlleistungen aufgefasst werden als eine Ersetzung im Sinne der Wunscherfüllung: Der Schreiber fühlt sich schuldig, „in dem Moment" nicht dagewesen zu sein, und erlebt sein derzeitiges „Dasein" für Madeleine wohl als eine nachträgliche Fürsorge, die ihm aber – im Sinne der Wunscherfüllung - wie eine damals realisierte erscheint.
Diese Interpretation erhellt auch die Frage nach dem unbewusst-motivationalen Hintergrund des so immensen elterlichen Aktionismus: Das vorangegangene Versäumnis bezüglich der Aufsicht von Madeleine soll nun nachträglich wiedergutgemacht werden.
b) In nächsten Absatz irritiert mich die Überleitung von den Vorwürfen der Vernachlässigung gegen die Eltern zu der Versicherung der Schreibers, sie hätten doch auch alles versucht, um das Kind wiederzubekommen. Dieser Gedankengang hört sich nach der Vorstellung an, man könne mit der aktuellen Suche nach dem Kind die in Frage stehende folgenschwere mangelnde Aufsicht „aufwiegen" und müsste so doch der Kritik entgehen können.

521

Diese Überlegung passt sehr gut zu der im vorangehenden Punkt dargelegten und zeigt noch einmal das für die vorgeschlagene Psychodynamik so bedeutsame Element der Über-Ich-Kritik an der Abwesenheit auf, die zum Schuldgefühl führt und so den Versuch der nachträglichen Wiedergutmachung bewirkt.

c) Beim Lesen des letzten Abschnittes habe ich das Gefühl, der Schreiber möchte sich meiner potenzielle Kritik an seiner mangelhaften Aufsicht erwehren und bagatellisiert deshalb sein Versäumnis; ich soll mich „einschießen" auf den Täter, wobei mir als emotional wirksames Argument das Verhalten der Massen vor Augen gehalten wird, denen ich mich anschließen soll, so scheint es mir. Ich entwickle dagegen das Bedürfnis, mich abzugrenzen gegen diese Vereinnahmung.

Es scheint also, als achte der Verfasser an dieser Stelle die Grenzen zwischen ihm und dem Leser als Objekt nicht, sondern nehme auf letzteren starken manipulativen Einfluss zur Befriedigung seiner Bedürfnisse. Das Argument der homogen agierenden Masse scheint hierfür eine exemplarische Funktion zu haben: Es beinhaltet die Grenzverschwimmung zwischen den einzelnen autonomen Individuen und damit zugleich die Aufhebung der sich dem Selbst entgegenstellenden Kräfte – eine regressive Tendenz also, hin zu einer harmonischen Verschmelzung zwischen dem Selbst und dem Objekt.

21) Auszug aus dem Eintrag vom 27.07.07
„Quite a lot of e-mails and telephone calls today planning future events, which might be helpful to keep Madeleine in peoples minds. (…)"

- Irritationen, Gegenübertragungen:
a) Der Ausdruck "to keep Madeleine in peoples (sic!) minds" lässt mich aufmerken, da es sich für mich anhört, als spräche der Vater von einer toten oder anderweitig für immer abwesenden Madeleine, für die er sich wünscht, man möge sie im Gedächtnis behalten, sie nicht vergessen.

22) Eintrag vom 28.07.07

"Quiet family day, as is often the case of a Saturday. It has become blisteringly hot here over the last few days and we decided to take the kids down to the beach early morning. Even then it was hot and there was almost no breeze although the water is still very cold. Met a very nice Portuguese couple who offered us good wishes in trying to find Madeleine."

- Irritationen, Gegenübertragungen:
a) In diesem Eintrag werden in mir starke Empfindungen nachgebildet: körperlicher Widerwille („blisteringly hot", „very cold"), Schmerzhaftigkeit („blisteringly"), Schaudern („very cold"), physische Belastung bis hin zur Unaushaltbarkeit („blisteringly hot", „almost no breeze", „very cold").
b) Es wird eine Umwelt beschrieben, in der man sich weder in der Materie der Luft noch in der des Wassers mehr bewegen kann, also eigentlich gar nicht weiß, wohin. Jemandem in dieser Lage bleibt eigentlich nur die Rückzugsmöglichkeit ins Haus, so muss ich denken.
c) Feuer, Wasser und Luft – also drei der vier Elemente – werden hier als bedrohlich dargestellt. In dieser Reihe fehlt einzig das Element der Erde, das man doch auch leicht als brennend heißen Sand unter den Füßen hätte mit aufnehmen können. Auf jeden Fall aber lässt sich die in der Passage aufgetane existenzielle Ebene feststellen.
d) Interessant ist auch der Gegensatz zwischen den beiden Extremen von Hitze und Kälte, zwischen denen es hier kein für das Leben angenehmes Mittelmaß gibt.
e) Vor dem Hintergrund, dass dieser Eintrag fünf Tage vor der Untersuchung der portugiesischen Villa der McCanns mit den britischen Blut- und Leichenspürhunden geschrieben wurde und zwei Tage vor Eintreffen der Hunde in Portugal ist die Betrachtung der hier produzierten Überlegungen auch unter der Interpretationsmöglichkeit sinnvoll, dass es sich um eine entsprechende Abbildung der psychischen Situation des von der Untersuchung vorinformierten Schreibers handelt.

522

23) Auszug aus dem Eintrag vom 03.08.07

"It is exactly 3 months since Madeleine was abducted. Kate and I had an early start as we drove to Huelva, 50Km over the border from Portugal in Southern Spain. We were meant to go yesterday but had to cancel because I was ill.
Unfortunately it was a public holiday in Huelva and the large shopping centre we planned to visit was closed. (...) When we arrived back in Praia da Luz we did a couple of media interviews to building up to August 11th, which will mark 100 days if Madeleine is still missing. There will be a lot of media activity next week reviewing Madeleine's abduction, the investigation and of course the campaign to help find her. It is an opportunity to highlight that we have not given up hope and are still optimistic of being reunited with Madeleine. (...)"

- Irritationen, Gegenübertragungen:
  a) Da mittlerweile bekannt ist, dass am Tag zuvor die Untersuchung der Villa der McCanns mittels Spürhunden stattgefunden hat, liegt es nahe, davon auszugehen, dass Herr McCann mit dieser Angabe seiner Krankheit seine Leser „belügt" (zumal das im gesamten Tagebuch das einzige Mal ist, dass er von Krankheit berichtet). Statt das Geschehen zumindest abstrakt zu benennen (z. B. als „police's affaire" oder „inverstigations by the police") oder aber die Verschiebung des Huelva-Trips gar nicht zu erwähnen, trifft er also diese Wahl.
  b) Eine Virusinfektion ist für Menschen mit gutem Immunsystem eine bedrohliche und leidend machende Intrusion, die jedoch durch die eigenen Kräfte wieder überwundern werden kann. Dass Herr McCann diese Art „Ausrede" gewählt hat, könnte darauf hindeuten, dass er die ermittlungstechnische Untersuchung seiner Villa mittels Spürhunden wie eine Virusinfektion erlebt.
  c) Verblüffend ist, dass die ansonsten so gut organisierten McCanns „aus Versehen" an einem spanischen Feiertag nach Huelva fahren. Diese Fahrt scheint den Eltern sehr wichtig zu sein, sodass sie sie ohne weitere Planung sofort am Folgetag realisieren. Ist es den Eltern einfach wichtig, sich durch die Widerstände der Ermittler nicht von ihrer so wichtigen Kampagne abhalten zu lassen oder diente die Fahrt nach Spanien dem Wegschaffen der Leiche über die Grenze?
  d) Warum ist es für den Schreiber wichtig, die von ihm und seiner Frau so gepflegte Hoffnung *hervorheben* zu wollen?

Analyse mittels Objektiver Hermeneutik:

Angabe, der Schreiber sei krank gewesen statt Benennung der Durchsuchung der Villa mittels Spürhunden:
Lesarten (einschließlich evtl. kontrastierender Gedankenexperimente):
  a) Der Schreiber schämt sich einfach, so verdächtigt zu werden, obwohl er in keinster Weise etwas Unrechtmäßiges getan hat.
  b) Der Schreiber hat etwas Unrechtmäßiges getan, möchte dies vor seinen Lesern verheimlichen und ihnen daher entsprechende Verdächtigungen auch gar nicht erst nahelegen.
  c) Der Verfasser möchte, dass die Aufmerksamkeit für die Suche nach dem (wirklichen) Täter nicht verloren geht und sieht deshalb von einer Mitteilung des wohl Aufsehen erregenden Geschehens ab.
Zu a):
Konfrontation mit dem äußeren Kontext:
Diese Lesart ist möglich.
Schlussfolgerungen (u. U. mit Berücksichtigung des inneren Kontextes):
$H_{26ErlebenG}$: *Gerald McCann schämt sich einfach, so verdächtigt zu werden, obwohl er in keinster Weise in das Verschwinden seiner Tochter involviert ist.*
Zu b):
Konfrontation mit dem äußeren Kontext:
„Etwas Unrechtmäßiges" bedeutet im vorliegenden Fall, dass der Vater mindestens in Aspekte des in Frage stehenden Ereignisses eingeweiht ist und diese verschweigt. Vielleicht ist er sogar am Wegschaffen der Leiche aktiv beteiligt gewesen oder hat das Kind sogar getötet.
Schlussfolgerungen (u. U. mit Berücksichtigung des Inneren Kontextes):
$H_{27ErlebenG}$: *Der Vater ist in das Verschwinden seiner Tochter involviert. Er möchte dies vor seinen Lesern*

verheimlichen und ihnen daher entsprechende Verdächtigungen auch gar nicht erst nahelegen.
(Diese Annahme wird gestützt durch $H_{1,2Ereignis}$ sowie $H_{10, 12, 20ErlebenG}$.)
Zu c):
Konfrontation mit dem äußeren Kontext:
Diese Lesart ist in zweierlei Version möglich: Einmal im Falle einer tatsächlich vorliegenden Entführung bzw. dem Glauben des Vaters an diese und außerdem im Falle der vom Vater vorgenommenen Ablenkung vom tatsächlich vorgefallenen Geschehen durch eine Fokussierung auf einen zu findenden fremden Täter.
Schlussfolgerungen (u. U, mit Berücksichtigung des Inneren Kontextes):
$H_{28ErlebenG}$: *Herr McCann möchte, dass die Aufmerksamkeit für die Suche nach dem seines Glaubens nach gegebenen, fremdem Täter nicht verloren geht und sieht deshalb von einer Mitteilung der seiner Meinung nach wohl nur unnötig Aufsehen erregenden Hausuntersuchung ab.*
(Diese Vermutung wird gestützt durch $H_{17, 18, 21ErlebenG}$.)
$H_{29ErlebenG}$: *Herr McCann möchte, dass die von ihm forcierte Suche nach einem seines Wissens nach gar nicht gegebenen fremden Täter keine Aufmerksamkeitseinbußen erfährt und teilt den Lesern deshalb die spektakuläre Tatsache der Hausuntersuchung nicht mit.*
(Diese Vermutung wird gestützt durch $H_{1,2Ereignis}$ sowie $H_{10, 12, 20, 27ErlebenG}$).

"It is an opportunity to highlight that we have not given up hope and are still optimistic of being reunited with Madeleine":

Lesarten (einschließlich evtl. kontrastierender Gedankenexperimente):
  a) Der eigentlich von Zweifeln geplagte Verfasser will sich mit der Aussage selbst zur Aufrechterhaltung der Hoffnung motivieren, indem er sich einredet, er sei optimistisch.
  b) Der Verfasser betont seine nach Außen vorgespiegelte Hoffnung und seinen Optimismus demonstrativ, um vor den anderen zu verstecken, dass er über ein sicheres Fortbleiben von Madeleine weiß, mit dem er selbst in Zusammenhang steht.
  c) Der Schreiber weiß, dass Madeleine nicht wiederkehrt, redet sich jedoch „tröstend" das Gegenteil ein, weil er die Realität des Verlusts nicht ertragen kann.
  d) Der Verfasser meint, Mitglieder seiner Familie damit trösten zu müssen, Madeleine kehre wieder.
  e) Der Schreiber will Außenstehenden Hoffnung machen, damit sie Madeleine nicht "vergessen" und sich anderen Dingen zuwenden.
Zu a):
Konfrontation mit dem äußeren Kontext:
Diese Lesart ist im vorbeschriebenen Fall möglich.
Schlussfolgerungen (u. U. mit Berücksichtigung des inneren Kontextes):
$H_{30ErlebenG}$: *Der eigentlich von Zweifeln geplagte Gerald McCann will sich mit der Aussage selbst zur Aufrechterhaltung der Hoffnung motivieren, indem er sich einredet, er sei optimistisch.*
(Diese Vermutung wird vor allem gestützt durch H_{1PersG}.)
Zu b):
Konfrontation mit dem äußeren Kontext:
Im vorliegenden Fall würde das bedeuten, Herr McCann ist - mindestens als Mitwisser - in das Verschwinden seiner Tochter involviert.
Schlussfolgerungen (u. U. mit Berücksichtigung des Inneren Kontextes):
$H_{31ErlebenG}$: *Der Vater ist in das Verschwinden seiner Tochter involviert. Um diese Tatsache nach Außen hin zu verstecken, spiegelt er demonstrativ Hoffnung und Optimismus vor.*
(Diese Hypothese wird gestützt durch $H_{1,2Ereignis}$, $H_{10, 12, 20, 27, 29ErlebenG}$.)
Zu c):
Konfrontation mit dem äußeren Kontext:
Diese Lesart stellt die mögliche Psychodynamik der unter b) aufgezeigten Lesart auf Subjektstufe dar.
Schlussfolgerungen (u. U. mit Berücksichtigung des Inneren Kontextes):
$H_{32ErlebenG}$: *Der Vater ist in das Verschwinden seines Kindes involviert. Da er die Realität des unwiederbringlichen Verlusts jedoch nicht ertragen kann, redet er sich tröstend ein, das Kind werde bestimmt bald wieder mit der Familie vereint sein.*
(Diese Hypothese wird insbesondere von H_{12} gestützt, aber auch von $H_{31ErlebenG}$ und den damit assoziierten

524

Annahmen.)
Die hier unter b) und c) aufgeführten, mit einander in Verbindung stehenden Hypothesen und ihre Stützungen können zu folgender ***Fallstrukturhypothese1***$_{Ereignis, ErlebenG}$ komprimiert werden:
Gerald McCann ist, mindestens als Mitwisser, vielleicht sogar als Handelnder, in das Verschwinden seiner toten Tochter involviert. Die für ihn unerträgliche Realität dieses Verlusts verleugnet er sowohl vor sich selbst als auch vor anderen, indem er starke Gegenbesetzungen vornimmt und diese auch nach Außen hin agiert.
Zu d):
Konfrontation mit dem äußeren Kontext:
Im vorbeschriebenen Fall würde es sich wohl in erster Linie um Frau McCann handeln.
Schlussfolgerungen (u. U. mit Berücksichtigung des Inneren Kontextes):
$H_{33ErlebenG}$: *Gerald McCann meint, seine Frau mit der Betonung von Hoffnung und Optimismus trösten zu müssen.*
(Diese Annahme ist gut vereinbar mit H_{1PersG} sowie ferner auch $H_{17, 19ErlebenG}$.)
Zu e):
Konfrontation mit dem äußeren Kontext:
Bei Zugrundeliegen eines Entführungsfalles würde der Versuch von Herrn McCann, die Öffentlichkeit durch das Propagieren großer Hoffnung zur Aufrechterhaltung ihrer aktiven Mithilfe bei der Suche nach dem Kind und dem Täter zu bewegen, durchaus Sinn machen.
Aber auch durch einem ihm bekannten Todesfall seiner Tochter wäre der Wunsch des Vaters verständlich, man möge Madeleine nicht vergessen – vor allem dann, wenn der Vater den Tod verleugnet und ein „Vergessen" für ihn somit einem „Sterben lassen" gleichkäme, das er verleugnet.
Schlussfolgerungen (u. U. mit Berücksichtigung des Inneren Kontextes):
$H_{34ErlebenG}$: *Der von einer Entführung ausgehende Vater macht Außenstehenden Hoffnung auf ein Wiederfinden des Kindes, damit sie weiterhin motiviert nach Madeleine suchen.*
(Diese Hypothese wird vor allem gestützt durch $H_{21, 28ErlebenG}$, ferner auch durch $H_{2, 18ErlebenG}$).
Fallstrukurhypothese2$_{Ereignis, ErlebenG}$: *Gerald McCann geht tatsächlich von einer Entführung seines Kindes aus und will einfach „alle Hebel in Bewegung setzen", um seine Tochter wiederzubekommen. Dazu gehört auch die Mithilfe der Öffentlichkeit.*
$H_{35ErlebenG}$: *Der um den Tod seines Kindes wissende, diesen aber verleugnende Vater suggeriert Außenstehenden Hoffnung auf ein Wiederfinden der Tochter, weil er die Menschen weiterhin mit Madeleine beschäftigt wissen will: Ein „Vergessen" seines Kindes in der Öffentlichkeit käme für ihn einem „Sterbenlassen" gleich, gegen das er sich wehrt. Solange sich aber die Menschen noch mit Madeleine beschäftigen und auf ihre Rückkehr hoffen, ist es für ihn, als sei sie nur kurz weggegangen, käme jedoch bald wieder.*
(Diese Vermutung ist gut vereinbar mit Fallstrukurhypothese1 sowie vor allem auch $H_{22ErlebenG}$.)

24) Auszug aus dem Eintrag vom 04.08.07

"(…) We were all glad it clouded over in the afternoon to give us some respite from the intense heat. (…)"

- Irritationen, Gegenübertragungen:
a) Nachdem der Schreiber im Eintrag des 28.07. das Wetter als quälend beschrieben hatte, spricht er nun von seiner diesbezüglichen Erleichterung.
   In dem Zusammenhang betrachtet, dass an diesem Tag die Spürhunde zur Untersuchung des Anwesens von Robert Murat eingesetzt werden, ergibt sich die Auslegungsmöglichkeit, das Wetter sei hier wieder eine Metapher für die damit verbundene psychische Verfassung des Herrn McCann.

25) Auszug aus dem Eintrag vom 05.08.07

"(…) I note there was a lot of coverage of Kates interview in the Sunday newspapers today. I managed to read one of them and certainly seemd to sum up very well how we are feeling and coping without Madeleine. The key message is that we are doing everything we can to help find Madeleine. (...)"

- Irritationen, Gegenübertragungen:
a) Mich irritiert, dass es dem Vater anscheinend so wichtig ist, der Öffentlichkeit die Botschaft zu senden, die Eltern würden alles tun um zu helfen, das Kind wiederzufinden. Dass die Eltern alles versuchen, erachte ich als (selbst)verständlich. Warum es ihnen aber wohl so wichtig ist, dass die Umwelt davon weiß und sie als in der Suche so aktiv und kooperativ ansieht, ist mir weniger verständlich.
Vor dem Hintergrund der zu diesem Zeitpunkt gegebenen Fokussierung der polizeilichen Untersuchungen auf u. a. auch die Eltern liest sich dies wie die demonstrative Botschaft „Wir haben nichts zu verbergen".

26) Auszug aus dem Eintrag vom 08.08.07

"Kates parents left early this morning. We did a short interview on how our faith has helped us during the last 3 months since Madeleines abduction. Given the events of the last few days we need to draw even greater strength from our faith and everyone who has supported us. (...)"

- Irritationen, Gegenübertragungen:
a) Der letzte Satz bezieht sich wieder auf die Untersuchung der Villa der McCanns, des zum Zeitpunkt des Verschwindens des Kindes bewohnten Apartments in der Ferienanlage Ocean Club, des Mietwagens der Familie sowie des Anwesens von Robert Murat. Ich fühle mich durch die Selbstdarstellung des Schreibers als Bedürftigen aufgefordert, ihn auch (weiterhin) zu unterstützen.
Man kann den letzten Satz somit auch als impliziten Appell zur (Aufrechterhaltung der) Unterstützung auffassen.

27) Auszug aus dem Eintrag vom 09.08.07

"(...) The rest of the interviews focussed on the events of the last week. We again emphasised that we do not know of any evidence that Madeleine has been seriously harmed (...)."

- Irritationen, Gegenübertragungen:
a) Mich irritiert, dass der Fokus des Vaters auf möglichen *Beweisen* liegt und nicht entweder auf seinem Wissen als Elternteil (i. S. v. „Wir wissen, dass das Kind während unseres Urlaubes bis zu seiner Entführung keinerlei ernsthafte Verletzungen hatte") oder hingegen auf der Anerkennung der tatsächlich in den letzten Tagen aufgekommenen *Hinweise* auf eine ernsthafte Verletzung des Kindes (die ja theoretisch auch durch den fremden Täter zustande gekommen sein könnte) in Form des Anschlagens der Spürhunde.
Die vom Schreiber gewählte Fokussetzung vermittelt mir den Eindruck, er weist die Anerkennung der Hinweise solange von sich, wie ihn keine definitiven Beweise zu einer Akzeptanz zwingen. Dieses Verhalten könnte durch Verleugnung der Gefahr für das Kind bzw. der Möglichkeit seines sogar bereits durch den fremden Täter eingetretenen Todes bedingt sein, aber im Falle der Verwicklung auch durch die Selbstberuhigung, solange keine definitiven Beweise vorlägen, müsste man das Wissen um den Tod auch nicht zugeben.
b) Warum spricht der Vater (wie auch sonst stets, vgl. z. B. die Einträge vom 7.8.2007, 10.8.2007 und 16.10.2007) nur von „seriously harmed"? Das Anschlagen des Blutspürhundes für sich genommen deutet doch nicht zwangsläufig auf eine ernsthafte Verletzung hin (Kinder scheuern sich z. B. oft die Knie auf beim Toben). Die Frage einer geringen Verletzung lässt der Schreiber aber mit der Zentrierung auf die Frage einer ernsthaften Verletzung gar nicht erst aufkommen.
Als Gründe hierfür könnte man sich zum einen vorstellen, den Vater beschäftige innerlich das Wissen um oder die bange Vorstellung von einer *ernsthaften* Verletzung, weshalb auch seine Wortwahl darauf fixiert ist. Zum anderen kommt die Möglichkeit in Betracht, Madeleine habe des Öfteren – wie viele temperamentvolle, aber auch unbeaufsichtigte Kinder - kleinere Verletzungen, sodass dies eher ihren

Normalzustand beschreiben würde, der für den Scheiber vielleicht noch einmal scharf von der Tragik des hier betrachteten Ereignisses abzugrenzen ist.

28) Auszug aus dem Eintrag vom 10.08.07

"(…) Everything we have done in the last 99 days in the campaign to help find Madeleine has been driven by fact that all our family and friends feel that there is a reasonable chance Madeleine is still alive. Kate and I, like all parents of missing children will always have that hope unless we see concrete evidence to the contrary. It is this hope that has sustained us along with the overwhelming support we have received from family, friends and well-wishers. (…)"

- Irritationen, Gegenübertragungen:

a) Der Zusatz im zweiten Satz „like all parents of missing children" wirkt wie ein Hinweisen darauf, dass die Eltern sich schließlich so verhalten, wie man sich in einer derartigen Situation eben verhält.

b) Mich irritiert die Inkonsistenz, dass der Schreiber hier eine so bemerkenswerte Reflexion über die psychische
Funktion seiner Hoffnung geben kann, an vielen anderen Stellen im Tagebuch aber seine Hoffnung zur absoluten Überzeugung wird und er keinerlei Zugang mehr zu der Möglichkeit einer Bedrohungslage für das Kind oder gar seines bereits eingetretenen Todes hat (vgl. z. B. die Einträge vom 24.06.07, 12.07.07, 09.08.07, 03.05.08). Er ist also dazu fähig, seine Hoffnung bewusst einzusetzen.

c) Die Explikation, man habe so sehr versucht, das Kind zu finden, da man eine ganz gute Chance für dessen Lebendigkeit sehe, wundert mich. Ich empfinde sie als unnötig. Auch frage ich mich: Weshalb betont der Vater die Hoffnung so sehr?

Analyse dieses letzteren Aspekts mittels Objektiver Hermeneutik:

Vgl. alle zur Analyse der im Eintrag vom 03.08.07 thematisierten Hoffnung aufgestellte Hypothesen:

= $H_{30ErlebenG}$: *Der eigentlich von Zweifeln geplagte Gerald McCann will sich mit der Aussage selbst zur Aufrechterhaltung der Hoffnung motivieren, indem er sich einredet, er sei optimistisch.*
(Diese Vermutung wird vor allem gestützt durch H_{1PersG}.)
= $H_{31ErlebenG}$: *Der Vater ist in das Verschwinden seiner Tochter involviert. Um diese Tatsache nach Außen hin zu verstecken, spiegelt er demonstrativ Hoffnung und Optimismus vor.*
(Diese Hypothese wird gestützt durch $H_{1,2Ereignis}$, $H_{10, 12, 20, 27, 29ErlebenG}$.)
Schlussfolgerungen (u. U. mit Berücksichtigung des Inneren Kontextes):
= $H_{32ErlebenG}$: *Der Vater ist in das Verschwinden seines Kindes involviert. Da er die Realität des unwiederbringlichen Verlusts jedoch nicht ertragen kann, redet er sich tröstend ein, das Kind werde bestimmt bald wieder mit der Familie vereint sein.*
Schlussfolgerungen (u. U. mit Berücksichtigung des Inneren Kontextes):
= $H_{33ErlebenG}$: *Gerald McCann meint, seine Frau mit der Betonung von Hoffnung und Optimismus trösten zu müssen.*
(Diese Annahme ist gut vereinbar mit H_{1PersG} sowie ferner auch $H_{17, 19ErlebenG}$.)
= $H_{34ErlebenG}$: *Der von einer Entführung ausgehende Vater macht Außenstehenden Hoffnung auf ein Wiederfinden des Kindes, damit sie weiterhin motiviert nach Madeleine suchen.*
(Diese Hypothese wird vor allem gestützt durch $H_{21, 28ErlebenG}$, ferner auch durch $H_{2, 18ErlebenG}$).
= $H_{35ErlebenG}$: *Der um den Tod seines Kindes wissende, diesen aber verleugnende Vater suggeriert Außenstehenden Hoffnung auf ein Wiederfinden der Tochter, weil er die Menschen weiterhin mit Madeleine beschäftigt wissen will: Ein „Vergessen" seines Kindes in der Öffentlichkeit käme für ihn einem „Sterbenlassen" gleich, gegen das er sich wehrt. Solange sich aber die Menschen noch mit Madeleine beschäftigen und auf ihre Rückkehr hoffen, ist es für ihn, als sei sie nur kurz weggegangen, käme jedoch bald wieder.*
(Diese Vermutung ist gut vereinbar mit Fallstruktuhypothese1 sowie vor allem auch $H_{22ErlebenG}$.)

29) Auszug aus dem Eintrag vom 11.08.07

„Day 100. Just another day but a significant milestone that we prayed we would never have to face without Madeleine. (…)"

- Irritationen, Gegenübertragungen:
a) Weshalb nennt der Vater diesen Tag einen Meilenstein? Mit dieser Metapher wird doch normalerweise die Erreichung eines Zwischenzieles ausgedrückt. Warum sind 100 Tage ohne die Tochter ein Zwischenziel? Von Tag zu Tag sinkt doch die Wahrscheinlichkeit, dass die Eltern das Kind noch relativ unversehrt wieder zurück bekommen.
Mich erinnert der Ausdruck „Meilenstein" daran, dass Gerald McCann in seiner Jugend ein erfolgreicher Mittelstreckenläufer gewesen sein soll. Für einen Läufer, der sich einem Ziel entgegen kämpft, bedeutet jeder Markierungspfahl ein Weiter-gekommen-Sein auf seiner Strecke, die er ablaufen muss. Er steht sowohl für das bereits Bewältigte (Rückblick) als auch für das noch zu Bewältigende (Vorausschau).
b) Warum wollen die Eltern diesen 100. Tag nicht *ohne* Madeleine begehen – wollen sie ihn denn *mit* ihr begehen? Das ginge doch gar nicht! Denn es wäre paradox, ein 100tägiges Verschwinden mit dem Verschwundenen zu verbringen. Dieser Widerspruch legt nahe, dass der Schreiber sich sehr wünscht, sein Kind wiederzubekommen, also eine relativ enge Bindung zu ihm hat.

Analyse des Ausdrucks „a significant milestone" mittels Objektiver Hermeneutik:

"Day 100. Just another day but a significant milestone (…)."

Lesarten (einschließlich evtl. kontrastierender Gedankenexperimente):
a) Die verstrichenen 100 Tage als Meilenstein zu bezeichnen, lässt an die *Bewährungsprobe* von neuen Regierungen denken, die nach dieser Zeit Rückschau auf ihre Erfolge halten und sich der ersten kritischen Bilanz anderer unterziehen müssen. Der Verfasser empfindet den Tag entsprechend dieser Analogie.
b) Der Schreiber verfolgt ein Ziel, dem er mit Fortschreiten der Zeit automatisch näher rückt.
c) Der Schreiber möchte, zeitlich gesehen, möglichst weit von einem Ereignis *weg*kommen.
Zu a):
Konfrontation mit dem äußeren Kontext:
Die Rückschau auf die Erfolge und die kritische Bilanz können sich in der Situation der McCanns, je nachdem, ob sie aktiv in das Verschwinden ihrer Tochter involviert sind oder nicht, auf verschiedenes beziehen:
a) Auf die Adaptationsleistungen der McCanns nach dem Ereignis
b) Auf die Bemühungen und Erfolge im Zusammenhang mit der Kampagne für das Wiedererlangen des Kindes
c) Auf das Durchhaltevermögen beim Verschweigen ihrer Verwicklung und des damit verbundenen Inszenierungs- und Tarnverhaltens
d) Auf die Nichtentdeckung der Leiche bzw. entsprechender Spuren im Falle ihrer Beseitigung durch die Eltern/ein Elternteil oder einen damit beauftragten anderen
Schlussfolgerungen (u. U. mit Berücksichtigung des inneren Kontextes):
$H_{36ErlebenG}$: Gerald McCann veranlasst die markante Zahl von 100 Tagen des Verschwindens seiner Tochter zu einem zufriedenstellenden Rückblick auf die Anpassungsfähigkeiten der Eltern nach dem tragischen Ereignis.
$H_{37ErlebenG}$: Den Vater bewegt das besondere Datum zu einer befriedigenden Bilanzierung der Aktivitäten und Erfolge im Zusammenhang mit der Kampagne zur Wiedererlangung seines Kindes.
(Diese Hypothese wird gestützt von Fallstrukturhypothese2.)
$H_{38ErlebenG}$: Herr McCann betrachtet die Tatsache des Verstrichenseins von 100 Tagen nach dem Tod seines Kindes insofern als einen Erfolg, als dass er erleichtert auf das gute Durchhaltevermögen von ihm und ggf. auch seiner Frau im Verschweigen der Verwicklung und dem damit verbundenen Inszenierungs- und Tarnverhalten zurückblicken kann.
(Diese Annahme wird gestützt durch Fallstrukturhypothese1, sofern Herr McCann die Verleugnung des

Geschehens relativ bewusst einsetzt und somit ein Teil seines Ichs, zumindest zeitweise, noch um diese Realitätsflucht „weiß" und so ein wie hier dargelegtes Erleben überhaupt haben kann.)

$H_{39ErlebenG}$: *Gerald McCann veranlasst das besondere Datum zu einem befriedigenden Blick auf die Tatsache, dass die von ihm/den Eltern/einer anderen von beauftragten Person weggeschaffte Leiche des Kindes noch nicht entdeckt wurde, die Beseitigungsart sich also bewährt hat.*

(Auch diese Annahme wird gestützt durch Fallstrukturhypothese1, sofern Herr McCann die Verleugnung des Geschehens relativ bewusst einsetzt und somit ein Teil seines Ichs, zumindest zeitweise, noch um diese Realitätsflucht „weiß" und so ein wie hier dargelegtes Erleben überhaupt haben kann.)

Zu b):

Konfrontation mit dem äußeren Kontext:

Ein Ziel, dem Herr McCann im Zusammenhang mit dem in Frage stehenden Ereignis mit fortschreitender Zeit automatisch näher rückt, kann je nach Vorliegen oder Nicht-Vorliegen seiner Verwicklung, für ihn folgendes darstellen:

- e) Die Verarbeitung des Verschwindens der Tochter gemäß dem Motto: „Die Zeit heilt die Wunden".
- f) Die entsprechende Verarbeitung des unwiederbringlichen Verlusts der Tochter im Falle des Wissens um deren Tod.
- g) Das Ausbleiben einer offiziellen Benachrichtigung, sein Kind sei tot aufgefunden worden.(Je länger der Vater keine derartigen Nachrichten erfährt, umso mehr wird er in seiner womöglich bestehenden Hoffnung oder gar dem festen Glauben bestärkt, das Mädchen lebe noch.)
- h) Die zunehmenden Unauffindbarkeit des Leichnams im Falle eines aktiven Involviertseins in das Verschwinden des Kindes (z. B. durch Verwesung und Überwachsen der Grabstelle bei Einlassung in die Erde)

Schlussfolgerungen (u. U. mit Berücksichtigung des Inneren Kontextes):

$H_{40ErlebenG}$: *Der Vater glaubt daran, mit fortschreitender Zeit immer besser mit dem Verschwinden seines Kindes zurechtzukommen, gemäß dem Motto: „Die Zeit heilt die Wunden."*

(Diese Hypothese ist vor allem gut vereinbar mit H_{1PersG}, $H_{17, 30ErlebenG}$).

$H_{41ErlebenG}$: *Der um den Tod seines Kindes wissende Vater glaubt daran, im Verlauf der Zeit das für ihn tragische Geschehen immer besser bewältigen zu können.*

(Diese Annahme ist vor allem gut vereinbar mit H_{1PersG}, $H_{17, 30, 40ErlebenG}$).

$H_{42ErlebenG}$: *Je länger Herr McCann keine offizielle Benachrichtigung erreicht, man habe seine Tochter tot aufgefunden, desto mehr wird er in seiner Hoffnung bestärkt, sie lebe noch. Mit zunehmender Zeit hält der Vater eine derartige Nachricht für immer unwahrscheinlicher, weshalb er froh ist über die bereits hinter ihm liegenden 100 Tage.*

(Diese Hypothese steht in guter Vereinbarkeit mit $H_{22, 30, 35}$ sowie Fallstrukturhypothese1.)

$H_{43ErlebenG}$: *Der aktiv in das Verschwinden des Kindes involvierte Vater ist mit zunehmendem Verstreichen der Zeit immer entspannter, was seine Angst anbetrifft, die Leiche oder entsprechende Spuren könnten doch noch entdeckt werden, da beides verschwindet (sofern der Körper nicht eingefroren, in Beton gegossen wurde oder dergleichen konservierende Techniken angewendet wurden).*

(Diese Vermutung ist vor allem gut vereinbar mit Fallstrukturhypothese1, sofern von einem relativ bewussten und flexiblen Einsatz der Verleugnung ausgegangen werden kann.)

Zu c):

Konfrontation mit dem äußeren Kontext:

Im vorliegenden Fall kann sich dies vor allem darauf beziehen, das von ihm hinsichtlich des Verschwindens seines Kindes Erlebte hinter sich zu lassen.

Schlussfolgerungen (u. U. mit Berücksichtigung des Inneren Kontextes):

Vgl. $H_{40, 41, 43ErlebenG}$.

30) Auszug aus dem Eintrag vom 12.08.07

"(...) We had a fairly quiet afternoon, spent with the kids who remain very happy. They speak about their big sister frequently and seem to want to look after cuddle cat as much as mummy!"

- Irritationen, Gegenübertragungen:
a) Der letzte Nebensatz mit seinem Ausrufungszeichen am Ende ruft in mir starke Abneigung gegen die mir hysterisch übersteigert erscheinende positive Haltung hervor. Zudem finde ich den kindlichen Inhalt der Vorstellung bizarr, Frau McCann kümmere sich um das Kuscheltier/sorge für es/passe auf es auf. Diese Szene des Sich-Kümmerns legt die Idee sehr nahe, es handele sich um eine auf ein mit dem Kind verbundenes Objekt verschobene und nachträgliche Erfüllung von Fürsorge und Aufpassen, das die Mutter ihrer Tochter am Abend des in Frage stehenden Geschehens mutmaßlich nicht zukommen ließ.
b) In gewisser Weise wird die Mutter mit diesem Verhalten jedoch selbst zu einem kleinen Kind (Identifizierung mit ihrer Tochter).

31) Auszug aus dem Eintrag vom 17.08.07

"(…) Late afternoon we took the twins to the beach for a couple of hours. The weather has become warmer again but the kids are still reluctant to get into the sea, which is pretty cold. They love playing in the sand and like most kids, building sandcastles but especially knocking them down. (…)"

- Irritationen, Gegenübertragungen:
a) Die Lebensfreude der Kinder zu erfahren, die auch aggressive Strebungen spielerisch ausdrücken dürfen, nicht ins Wasser müssen, wenn sie nicht wollen, es aber dürften, obwohl es so kalt ist, bereitet mir Vergnügen. Am liebsten wäre ich auch mit dabei. Das Wasser hingegen erweckt in mir nach der Schilderung als „pretty cold" und dem erfahrenen Widerwillen der Kinder auch eine Abneigung. Ich identifiziere mich also einerseits sehr mit der Lebensfreude der Kinder.
b) Andererseits denke ich: „Bei diesen Eltern würde ich mich auch wohlfühlen." Demnach bewerte ich das Elternverhalten emotional als „gut".
c) Darüber hinaus fühle ich mich vom Wasser abgestoßen und vom Sand angezogen.
d) Die Szene des Sandburgenbaus und des anschließenden Einschlagens lässt sich als spielerische Umsetzung des Themas „Werden und Vergehen" auffassen. Sie ließe sich aber auch zu einer Szene des Niederschlagens und Auflösens eines Objektes abstrahieren.

32) Auszug aus dem Eintrag vom 21.08.07

„We did manage our early morning run today although not quite to the top of the hill due to time limitation. After dropping the twins off at the kids club we did interviews for the 3 biggest selling Spanish newspapers. The message was that we still believe there is a reasonable chance Madeleine is still alive and we are still looking for her. (…)"

- Irritationen, Gegenübertragungen:
a) Mich irritiert die für mein Empfinden unnötige einschränkende Erwähnung, man habe es aufgrund von Zeitknappheit nicht bis ganz zur Spitze der Anhöhe geschafft. Ginge es dem Schreiber nur um die Erwähnung des Zeitdruckes/der Geschäftigkeit, hätte es ausgereicht, die besondere Kürze des Laufes hervorzuheben. Für ihn scheint das Erreichen der Bergspitze aber eine eigene psychologische Bedeutsamkeit zu haben. Assoziiert man hierzu, fallen einem die folgenden potenziellen Bedeutungen ein: Ganz oben sein = eine Herausforderung wirklich besiegen, siegen; wirklich nennenswert kämpfen; „obenauf sein", sich nicht unterkriegen lassen (ersteres im Englischen: „to be on top of the world"); den Höhepunkt erreichen können (Potenz und Orgasmusfähigkeit).
b) Ich frage mich, weshalb es Herrn McCann ein Anliegen ist, der Öffentlichkeit mitzuteilen, dass er und seine Frau noch immer an die Lebendigkeit ihrer Tochter glauben und weiterhin nach ihr suchen. Für mich hat dies einen auffallend demonstrativen Charakter.

Analyse des letztgenannten Aspekts mittels Objektiver Hermeneutik:

Vgl. alle zur Analyse der im Eintrag vom 03.08.07 thematisierten Hoffnung aufgestellte Hypothesen:

= $H_{30ErlebenG}$: *Der eigentlich von Zweifeln geplagte Gerald McCann will sich mit der Aussage selbst zur Aufrechterhaltung der Hoffnung motivieren, indem er sich einredet, er sei optimistisch.*
(Diese Vermutung wird vor allem gestützt durch H_{1PersG}.)
= $H_{31ErlebenG}$: *Der Vater ist in das Verschwinden seiner Tochter involviert. Um diese Tatsache nach Außen hin zu verstecken, spiegelt er demonstrativ Hoffnung und Optimismus vor.*
(Diese Hypothese wird vor allem gestützt durch Fallstrukturhypothese1.)
Schlussfolgerungen (u. U. mit Berücksichtigung des Inneren Kontextes):
= $H_{32ErlebenG}$: *Der Vater ist in das Verschwinden seines Kindes involviert. Da er die Realität des unwiederbringlichen Verlusts jedoch nicht ertragen kann, redet er sich tröstend ein, das Kind werde bestimmt bald wieder mit der Familie vereint sein.*
(Diese Annahme wird vor allem gestützt durch Fallstrukturhypothese1.)
Schlussfolgerungen (u. U. mit Berücksichtigung des Inneren Kontextes):
= $H_{33ErlebenG}$: *Gerald McCann meint, seine Frau mit der Betonung von Hoffnung und Optimismus trösten zu müssen.*
(Diese Annahme ist gut vereinbar mit H_{1PersG} sowie ferner auch $H_{17, 19ErlebenG}$.)
= $H_{34ErlebenG}$: *Der von einer Entführung ausgehende Vater macht Außenstehenden Hoffnung auf ein Wiederfinden des Kindes, damit sie weiterhin motiviert nach Madeleine suchen.*
(Diese Hypothese wird vor allem gestützt durch Fallstrukturhypothese2.)

33) Auszug aus dem Eintrag vom 25.08.07

"(...) It is difficult to explain why Madeleines disappearance has generated so much media coverage and why it has been so sustained. I am certain that the coverage would not have been nearly as great if this had happened 10 years ago. The use of mobile phones, the internet, low-cost airlines and 24 hour news channels have changed the world we live in- making it seem smaller. No doubt Madeleines physical appearance also captured the publics imagination as well as the highly unusual circumstances of a foreign child being abducted on holiday.

Our family decided to try and make as many people as possible aware that Madeleine was missing quickly. Family members did frequent TV interviews and friends distributed images of Madeline to news outlets. My sister started the electronic campaign proper by sending a chain e-mail with a poster of Madeleine, which was quickly advertised by Sky and downloaded by thousands of people. Celebrities, sporting stars and ordinary people wanted to help, almost certainly because they felt the same feeling of helplessness that we did.
After the first few weeks we fully expected the media attention to die down but this has just not happened. (...)"

- Irritationen, Gegenübertragungen:
a) Ich stolpere über den Widerspruch zwischen dem Inhalt des ersten und des zweiten Absatzes: Rätselt der Schreiber zunächst über die Gründe für das mediale Aufsehen, das das Verschwinden seiner Tochter erzeugt hat und benennt dann rationalisierend äußere Faktoren, so zählt er im nächsten Abschnitt reihenweise die Unternehmungen von ihm und seiner Familie auf, die zu diesem Aufsehen geführt haben. Wenngleich er auch reflektierend seine nicht eingetroffene Erwartung wiedergibt, das Medieninteresse hätte doch bald nachlassen können, scheint er sich der Initiatorrolle, die er und seine Familie spielt, nicht vollends bewusst zu sein oder sich nicht so gespiegelt haben zu wollen.
b) Die Annahme, die helfenden Prominenten hätten sich genauso hilflos wie sie als Eltern gefühlt, zeigt eine verschwommene Grenzziehung zwischen dem Selbst des Verfassers zu diesen Objekten hin an. Schließlich könnte er ja auch davon ausgehen, die Helfer verspürten „lediglich" Mitleid mit dem Kind und der Familie.

34) Eintrag vom 28.08.07

"We, like everyone else, await the results of the forensics from the recent searches. We do not know who has taken Madeleine or why. Sometimes people do things for reasons that even they cannot understand. An act of madness, an accident or sudden impulse can lead to consequences that people may never have imagined or intended. Faced with such a situation we believe any human soul will ultimately suffer torment and feelings of guilt and fear.

If you have done something you regret, if you find yourself in a situation you never intended, it is not too late to do the right thing. Please come forward, return Madeleine, leave her in a place of safety. At the very least, help us by letting us know what has happened to our beautiful little girl."

- Irritationen, Gegenübertragungen:
- a) Die Wendung "we, like everyone else" im ersten Satz erhebt die Angelegenheit des Blogverfassers in den Rang des jeden interessierenden Weltgeschehens. Zwar besteht auch tatsächlich von Seiten der Öffentlichkeit großes Interesse, der vom Schreiber verwendete Ausdruck betont dieses aber noch zusätzlich und übersteigert es noch (vgl. „everyone").
- b) Im ersten Abschnitt nimmt der Schreiber dann gegenüber dem möglichen Täter eine verständnisvolle, die Handlung entschuldigende Haltung ein. Wäre ich ein Täter, der hier und da schon einmal an die Freilassung des Kindes gedacht hätte, würde ich mir diesen Weg nun leichter gemacht fühlen, auch weil mir Gründe angeboten werden, die meine Schuldfähigkeit vor Gericht vermindert könnten („an act of madness", „an accident or a sudden impulse").
  Was mich allerdings bei näherer Betrachtung doch irritiert, sind die beiden letzteren der eben genannten Gründe. Sei passen doch vielmehr zu einer Schädigung des Kindes durch Gewalteinwirkung (Unfall oder Affekttat), also nicht zur Entführungsversion. Zudem widerspricht die Möglichkeit des Unfalles auch weitestgehend der im vorangehenden Satz angesprochenen eigenen Handlung, für die einem die Gründe unverständlich sind.
- c) Die von Herrn McCann angenommene verständnisvolle Haltung kommt durch die Identifikation mit jemandem zustande, der etwas tat, das er nun bereut, der nicht begreifen kann, wie er so handeln konnte, der die Konsequenzen nicht beabsichtigt hat und der nun Qual empfindet, sich schuldig fühlt und fürchtet. Diese Identifikation gelingt dem Schreiber in diesen Aspekten so, dass ich das Gefühl habe, er kennt diese Gefühle sehr gut und er möchte diese Tatsache mitteilen.
- d) Der erste Satz des zweiten Abschnittes klingt wie aus einer Predigt, in der die Möglichkeit der Errettung der Seele durch Bekehrung angepriesen wird. Als Täter, der bereits einmal an die Freilassung des Kindes gedacht hat, würde ich mich davon wohl angesprochen und berührt fühlen.
- e) Die ungewöhnliche Aufforderung „leave her in a place of safety" (die sich auch in dem Appell der Mutter vom 07.05.07 findet) erregt mein Interesse. Der Vater hätte ja auch einfach allgemein um die Herausgabe des Kindes bitten können. Einerseits erleichtert dieses direkte Lösungsangebot dem Täter zwar die Freilassung des Kindes in dieser erschwerten Situation so immenser öffentlicher Aufmerksamkeit. Andererseits aber ist die szenische Korrespondenz mit der elterlichen Ereignisversion des Zurückgelassen-Habens der Tochter an einem nicht sicheren Ort mit ihrer Überzeugung der vorhandenen Sicherheit augenfällig.
- f) Die bescheidene Bitte des Schreibers am Ende des Eintrages, zusammen genommen mit der liebevollen Bezeichnung „our beautiful little girl", lässt mich ganz traurig werden. Mir tut der Vater sehr leid, dessen Schmerz ich hier wahrzunehmen glaube.

35) Auszug aus dem Eintrag vom 30.08.07

"(...) Madeleine was due to start school today. It has been hard not to imagine how excited she would have been and how she would have looked in her school uniform. (...)"

- Irritationen, Gegenübertragungen:
- a) Ich nehme beim Lesen dieses Abschnittes Schmerz („how exited she would have been") und

Begeisterung des Vaters für seine Tochter („how she would have looked") wahr. Er scheint gerne Anteil zu nehmen an ihren Gefühlen und sie gerne anzuschauen, sie also niedlich zu finden. Eine nennenswerte Bindung zu ihr wird also deutlich.

b) „Ist has been hard not to imagine" heißt, dass die Vorstellungen für den Vater nicht nur schmerzvoll sind, sondern dass es ihm ebenfalls schwer fällt, sie und damit die Pein zu vermeiden. Wie er es auch hält, es gibt für ihn also subjektiv keine Befreiung von der Wehmut.

36) Auszug aus dem Eintrag vom 10.09.07

"(...) On Friday Kate and I were made 'arguido'- official suspects in Madeleines disappearance. We cannot comment on any details of the investigation, interviews or any evidence that has been presented to us. We could never possibly have imagined being put in this unbearable situation.
No specific charges have been presented at this point and there has been no restriction on our movements imposed.

Despite the anguish and extreme distress this has caused all of our family, long term no one will be able to doubt how intensely Kate and I have been scrutinised. We have absolute confidence that, when all of the facts are presented together, we will be able to demonstrate that we played absolutely no part in Madeleines abduction. Our primary concern has always been the search for Madeleine and this aspect, that our daughter is still missing, must remain a priority for the investigation. (...)"

- Irritationen, Gegenübertragungen:
a) Da die ersten drei Sätze von der negative Nachricht der Einstufung der Eltern als Verdächtige handeln, der dann folgende („No specific charges...") jedoch mich als Leser wieder beruhigt, hätte ich als Überleitung hier eine entsprechend adversative Konjunktion (z. B. „but" oder „however") erwartet. Ohne sie wirkt der letzte Satz des ersten Abschnittes für mich nicht wie ein *auch stattfindendes Aufzeigen* der weniger schlimmen Aspekte der Angelegenheit, sondern wie ein *„Abhängen"* der zuvor geschilderten negativen Seite. Als Leser soll ich mich letztlich doch ganz auf die relative Entspanntheit der Lage für die McCanns konzentrieren und ihren „Arguido"-Status in den Hintergrund rücken lassen. (Was die Darlegung der negativen Gefühle anbelangt, die der Verdächtigenstatus auslöst, so muss allerdings gesehen werden, dass dies zu Beginn des nächsten Absatzes doch auch wieder aufgegriffen wird.)
b) Ebenso irritiert mich der nicht konjunktional oder mittels Absatz markierte Gedankensprung vom vorletzten zum letzten Satz des Auszuges: Es hört sich somit an, als bestehe eine logische Verbindung zwischen der Unschuld der Eltern einerseits (vorletzter Satz) und ihrer Fokussierung auf die Suche nach dem Kind sowie die Tatsache des anhaltenden Verschwundenseins andererseits (letzter Satz), nach der Devise: Durch unsere Suchaktionen nach Madeleine und die Tatsache ihres anhaltenden Verschwundenseins ist unsere Unschuld doch ersichtlich.
c) Mit dem letzten Satz restrukturiert der Schreiber die Sicht auf den Sachverhalt: Es müsse doch vornehmlich um die Suche nach der Tochter gehen (und somit nicht um die Schuldfrage der Eltern). Der Verfasser wird hier sehr nachdrücklich (vgl. auch die Ausdrücke „primary", „always", „must", „priority" sowie die betonende Konstruktion „and this aspect, that ...",).

37) Auszug aus dem Eintrag vom 16.09.07

„Sorry for not updating the blog for such a long time but obviously we have been incredibly busy during this last tumultuous week. The entries will probably be every few days or if there is a major development in the future.
Thank you for all the cards, letters, flowers, gifts and messages of support. It means so much to us to know that so many people have not been deceived by rumour, innuendo and wild speculation. (...)"

- Irritationen, Gegenübertragungen:
a) Dass sich Herr McCann bei „seinen Lesern" für das Ausbleiben der Updates entschuldigt, zeugt von einer nennenswerten „Beziehung" zu ihnen - es geht bei der Blogführung also nicht nur um eine recht

unverbindliche Wendung an die Öffentlichkeit, der Schreiber nimmt in ihr *Erwartungen* an und verspürt ihr gegenüber eine gewisse *Verpflichtung.*

b) Interessant ist der ab diesem Zeitpunkt sich verändernde Rhythmus der Einträge, der nun unregelmäßig wird und längere Pausen beinhaltet.

c) Mich irritiert, dass es dem Schreiber „so much" bedeutet, dass man als Außenstehender auf seiner Seite ist. Ich habe das Gefühl, dass es ihm auffallend viel bedeutet, dass man allgemein „gut" über ihn denkt, ihn positiv spiegelt, „bei ihm bleibt" und sich nicht gegen ihn positioniert.

38) Auszug aus dem Eintrag vom 24.09.07

"(…) Our family and friends have rallied round again as they have throughout this entire nightmare and they have also helped keep on top of the huge amount of mail from well wishers. At times our kitchen has looked like a sorting office! We would like to thank everyone for their support. It helps us keep sight of the fact that the great majority of people in this world are good. (…)"

- Irritationen, Gegenübertragungen:
a) Das Bild "sorting office" lässt mich fragen, was hier aus welchem Grund sortiert werden soll. Da der Schreiber von den Mails der „well wishers" spricht, nicht aber auch das Ärgernis der sicherlich auch eintreffenden kritischen oder gar bösartigen Mails benennt (und es im gesamten Tagebuch nie tut), mutet es nach einer Sortierung gemäß „pro McCann" versus „contra McCann" an. Dafür spricht auch die Implikation des letzten Satzes: Wer den McCanns eine nette E-Mail schreibt, ist damit Teil der guten „great majority".
b) Ich empfinde den Inhalt des letzten Satzes sehr pathetisch und in seiner Bezugnahme auf eine weltliche Dimension übersteigert.

39) Auszug aus dem Eintrag vom 01.10.07

„(…) The questions we ask are pretty much the same as those we asked in the first few days. Who took her, why did they take her and where is she? (…)
On Saturday we decided to go for a run but drove nearby and parked the car but we were 'snapped' at the end, when I was certainly looking wearier than Kate!"

- Irritationen, Gegenübertragungen:
a) An den Fragen irritiert mich die Fixierung auf den Täter und seine Motive ("who", "why") statt einer auf die Tochter (z. B. Wie ergeht es ihr? Lebt sie noch?).
b) Die Fragen, wann genau der Täter das Kind entführt hat und wie er es bei dem straffen Turnus an Kontrollgängen der Eltern und Bekannten schaffen konnte, seine Tat begehen, oder auch die Frage, ob er das Kind zuvor ausgespäht, die Familie also beobachtet hat, tauchen im Tagebuch gar nicht auf. Zwar sind sie zum Wiederfinden des Kindes irrelevant. Aber um das doch auch wohl auch vorhandene Bedürfnis nach dem Wissen zu stillen, was genau passiert ist in „den eigenen vier Wänden", wären diese Aspekte doch ausschlaggebend.
c) Der zweite Abschnitt stellt eine Szene des „Geschnapptwerdens" dar. Ich frage mich: Weshalb sollte Kate denn diejenige sein, die erschöpfter aussieht? Der Text hört sich so an, als wäre dieser Fall der zu erwartende. Ist dies eine unbewusste Anspielung auf Kates Involviertheit?
d) Ich verspüre eine starke Abneigung dagegen, mir diese oberflächliche Beschäftigung des Schreibers mit seinem eigenen Äußeren anzuhören. Es klingt, als sorge er sich darum, auf den Fotos der Paparazzi möglichst gut auszusehen und möchte sich entschuldigen, wenn das einmal nicht so ist. Ich muss denken: Es geht doch nicht um ihn persönlich, es geht um das Kind!
Allerdings muss man auch sehen, dass diese Belagerung seitens der Medien dem Vater natürlich wiederum auch das Gefühl geben kann, es gehe um ihn. Und ja, viele Beiträge in den Medien handeln

auch von den Eltern persönlich – allerdings, und das scheint der Schreiber hier zu vergessen, dann in aller Regel von ihren Alibis, den Verdächtigungen und Vorwürfen gegen sie o. ä..

40) Auszug aus dem Eintrag vom 28.10.07

"The last couple of days have been hard for Kate and I. We have had a lot of 'family time' and despite the pleasure of seeing Sean and Amelie having fun, Madeleine's absence was very much tangible. (…)
Today we all attended mass in the local church. Next Saturday will mark six months since Madeleine was abducted. We will be marking this milestone very quietly with an ecumenical prayer service for Madeleine and other missing children in the local Anglican church. (…)"

- Irritationen, Gegenübertragungen:

a) Im Kontext der ausgiebigen "family time" und des freudigen Spielens der Zwillinge kann ich mir besonders gut die deutliche Wahrnehmung des Fehlens des Kindes vorstellen.
b) Die Verwendung des Wortes „milestone" wundert mich, da damit normalerweise die Erreichung eines Zwischenzieles ausgedrückt wird. Warum aber sind 60 Tage ohne die Tochter ein Zwischenziel?

41) Auszug aus dem Eintrag vom 3.11.07

"Today marks six months since Madeleine was taken from us. It is an incredibly long time for us but must be even longer for Madeleine. It is so painful for us simply being separated, but all the more distressing when we have to speculate about the situation Madeleine finds herself. We have no idea whether she is suffering but we have to hope and pray that she is being treated like a princess, as she deserves. (…)"

- Irritationen, Gegenübertragungen:
a) Erstmals und einmalig in all dem von mir gesichteten Material beschäftigt sich der Schreiber etwas mit der psychischen Situation seines Kindes nach seinem Verschwinden.
Allerdings bleibt diese Beschäftigung bei genauerer Betrachtung doch relativ an der Oberfläche (Zeit wird für Madeleine lang; sehr abstrakte Bezeichnung „the situation Madeleine finds herself"; „Vermeidung eines tieferen Einstieges in das erwogene Szenario des Leidens des Kindes: "no idea wether she is suffering").
b) Beim Lesen des letzten Satzes rege ich mich auf, da mir diese unrealistisch übersteigerte Hoffnung („like a
princess") unbegreiflich erscheint. Entweder verleugnet Herr McCann hier völlig die gegebene Wahrscheinlichkeit der Lebensgefahr oder des sogar bereits eingetretenen Todes seines Kindes, oder aber er spiegelt diese Hoffnung im Falle seiner Involviertheit in solch überzogenem Maße vor, um sein Wissen über den Tod nach Außen zu verbergen.
c) Die Formulierung „being treated like a princess, as she deserves" löst in mir die folgenden Eindrücke und Assoziationen aus:
  - Der Vater scheint hier, seine Tochter zu „vergöttern". Dies könnte man zum einen als einen Beziehungsaspekt mit seiner zum Zeitpunkt des Verschwindens sich innerhalb der ödipalen Entwicklungsphase befindenden Tochter verstehen (seine hübsche „kleine Prinzessin"), zum anderen auch als Reaktion auf ihren Verlust, der ihm noch einmal all das so Wertvolle, Verlorene vor Augen führt.
  - Der Vater attribuiert seine Tochter als wertvoll und/oder moralisch/menschlich „gut" (vgl. „as she deserves").
  - Der Vergleich „like a princess" lässt an die Achtung und den besonderen Schutz denken, die dem Hochadel zuteil wird: Eine Vergewaltigung und Ermordung einer Prinzessin ist somit undenkbar.
  - Das Bild einer Prinzessin hat darüber hinaus deutliche Ähnlichkeiten mit dem eines Engels (Kleidung, Schmuck, Gemütsklischee; man denke auch an die beiden geläufigen Koseworte

von Vätern für ihre Töchter: „meine Prinzessin" und „mein Engel"). Der bildliche Anklang des Engels lässt wieder an moralische/menschliche Güte denken, aber auch an ein nicht-weltliches, sondern „himmlisches" Leben – ein Aspekt, den, figurativ, auch die Prinzessin innehat (vgl. auch den o. g. Ausdruck „vergöttern"). Ein nicht-weltliches Dasein zu führen, kann damit heißen, nicht mehr unter den Lebenden zu weilen, heilig zu sein oder aristokratisch.

42) Auszug aus dem Eintrag vom 05.12.07

„Yesterday evening Kate, Sean, Amelie and myself attended a mass for Madeleine. It was organised by ex-colleagues of Kate's aunt who work in the East Midlands and took place in a small intimate chapel and was attended by 20 people including two local priests. Sean and Amelie were very vocal, demonstrating how much they know about Christmas and 'baby Jesus' which brought a smile to everyone's face! The little presents and chocolates they were given certainly made them very happy! (...)"

- Irritationen, Gegenübertragungen:
a) Mich stört das Fehlen schwermütiger Aspekte bei einer privaten Messe in einer Kapelle für die seit über einem halben Jahr verschwundene Tochter. Ich verspüre den Drang, ihnen diese positive Fokussierung auf die beiden noch verbleibenden Kinder zu verbieten, ihnen also „absolute" Trauer auferlegen zu wollen. Das zeigt jedoch eher, dass die McCanns es scheinbar schaffen, sich dieses gesellschaftliche Klischee nicht so sehr aufoktroyieren zu lassen und stattdessen Anteilnahme an und Freude über die übrigen Kinder aufbringen zu können, was für deren Entwicklung als sehr wichtig einzustufen ist. Dass sie diesbezüglich manchmal solch moralische Zweifel hegen, wie sie bei mir auftauchten, ist darüber hinaus auch möglich.
Dass sie diese Haltung nur vorspiegeln kann aufgrund der detaillierten Beobachtung der Kinder, wie sie der Eintrag verrät, als unwahrscheinlich betrachtet werden.
Was das gänzliche Fehlen der schwermütigen Aspekte hingegen anbetrifft, so könnte es durch Verleugnung begründet sein und/oder durch ein bewusstes Vorspiegeln der Hoffnung im Falle einer Verwicklung des Schreibers in das Verschwinden seines Kindes und/oder durch eine Konzentration auf die große Ressource der Freude an den noch verbleibenden Kindern. Vielleicht hat die Messe auch eine solche tröstende und damit den Schwermut für eine gewisse Zeit aufhebende Wirkung auf den Schreiber.
b) Die letzten beiden Sätze beinhalten eine Verdichtung von Assoziationen des Schreibers:
1. Kinder (Sean und Amelie) bringen Freude;
2. Das Jesuskind (= Kind, = Geschenk (Gottes)) bringt Freude;
3. Geschenke bringen Freude
4. Die Kinder Sean und Amelie sind gedanklich mit „Geschenk" verknüpft (sie erzählen vom Jesuskind, sie bekommen Geschenke)
5. Die Kinder Sean und Amelie sind gedanklich mit „Jesuskind" verknüpft (sie erhalten Geschenke wie Jesus von den heiligen drei Königen, sie erzählen von ihm)
Diese Gedankenverbindungen lassen sich zusammenfassen zu zwei hypothetischen Bedeutungen für den Schreiber:
1. Relativ deutlich: Er erlebt die verbleibenden Kinder Sean und Amelie als ein „Geschenk Gottes" und kann sich sehr über sie freuen.
2. Ferner: Er hat die unbewusste Phantasie, das Jesuskind könne ihm Freude bringen – dies wohl, so kann angenommen werden, indem es Madeleine wiederbringt.

43) Auszug aus dem Eintrag vom 07.12.07

"(...) Madeleine's return would obviously be the ultimate present for all of us and would bring tremendous joy to people all over the world. As the end of the year approaches we would like to thank everyone who has offered support over the last seven months and we ask you to stay with us as the search for our daughter continues. (...)"

536

- Irritationen, Gegenübertragungen:
a) Der erste Satz hört sich an, als spreche der Vater von einem ganz herausragend bedeutenden Kind, wie es höchstens das Jesuskind eines ist: Nur von ihm sagt man, es bringe „joy to people all over the world". Das weist auf eine Vergötterung des Mädchens durch den Schreiber hin, auf Größenvorstellungen sowie auf die fast wahnhaft anmutende, übersteigerte Annahme der starken Betroffenheit der Menschen auf der ganzen Welt. (Wobei bei letzterem auch die tatsächliche Anteilnahme vieler Menschen aus vielen Ländern beachtet werden muss, die allerdings z. T. auch durch die Kampagne der McCanns aktiv hervorgerufen wurde.)
b) Die explizite Bitte des Vaters, bei ihnen zu bleiben, irritiert mich. Die Solidarität der Öffentlichkeit ist ihm also sehr wichtig und er hat Angst, diese Zuneigung zu verlieren. Für die Aufrechterhaltung der Suche nach dem Kind an sich ist eine Wendung an die Leser in dieser Form nicht nötig. Man hätte auch lediglich die Bitte äußern können, weiterhin aufmerksam zu bleiben für Hinweise auf den Verbleib des Kindes.

44) Auszug aus dem Eintrag vom 23.12.07

"As most of you will know by now Kate and I did an appeal for broadcast on TV yesterday. This was a desperate attempt to get someone who knows what happened to Madeleine to come forward and end our misery and the dreadful situation for everyone. Madeleine should not be spending Christmas away from her loving family. (…)
Kate and I would like to thank everyone who has taken the time at this busy time of year to write to us and let us know Madeleine and our family are still in their thoughts and prayers. (…)"

- Irritationen, Gegenübertragungen:
a) "Madeleine should not be spending Christmas away from her loving family" blendet völlig die Möglichkeiten der Bedrohungslage für das Kind und des bereits eingetretenen Todes aus, und erregt daher mein Gemüt.
Entweder verleugnet Herr McCann hier völlig die gegebene Wahrscheinlichkeit der Lebensgefahr oder des sogar bereits eingetretenen Todes seines Kindes, oder aber er spiegelt diese Hoffnung im Falle seiner Involviertheit in solch überzogenem Maße vor, um sein Wissen über den Tod nach Außen zu verbergen.
b) Die geistige Verbundenheit der Menschen mit den McCanns ist für den Schreiber anscheinend auffallend bedeutsam.

45) Auszug aus dem Eintrag vom 14.03.08

"(…) I am reminded of Ernie Allen's (the president of NCMEC) words: 'until you know who has taken Madeleine and why, you cannot give up hope'. We do not know who has taken Madeleine or why, and there is certainly no indication that Madeleine has been seriously harmed. Of course we will not give up hope. Someone somewhere knows where Madeleine is."
(Anmerkung D.P.: Das kursiv Geschriebene war zunächst nicht eingetragen oder wurde zwischenzeitlich vorübergehend gelöscht: Im Gegensatz zu meinem Lesen des Blogs am 17.03.08 war es erst bei meinem wiederholten Aufruf am 07.09.08 vorhanden.)

- Irritationen und Gegenübertragungen:
a) Gerald McCann verwendet in seiner an das Zitat anschließenden Aussage die gleiche Formulierung wie der Zitierte (vgl. „know who has taken Madeleine or/and why") und wenngleich sich die Satzart der jeweils benutzen Anfangswendung unterscheidet (Finalsatz im Zitat versus Aussagesatz von Herrn McCann im Anschluss an das Zitat), so suggerieren mir gleichartiger Rhythmus und gleiche Satzmelodie beim Lesen die Illusion einer Kongruenz. Diese wohltuende Bekanntheit führt dazu, dass ich mich beim Rezipieren von Herrn McCanns Aussagesatz über dessen Gehalt „hinweg tragen lasse", sodass ich mich erst später über die fehlende *inhaltliche* Kongruenz wundere. Warum hat der Vater

nicht geschrieben: „ We *still* do not know...“? Dies wäre doch vielmehr die Entsprechung zu „*until* you know". Stattdessen trifft er eine Aussage, die sich gar nicht auf das Zitat bezieht: Er gibt an, *grundsätzlich* eben nichts über den Entführer zu wissen.
Das lässt einen auf die Idee kommen, den Vater beschäftige mehr diese Grundsatzfrage als die Ungewissheit. Dies würde vor allem im Fall einer Verwicklung in das Verschwinden der Tochter (zumindest als Mitwissender) Sinn machen.

b) Beim Lesen des Blogeintrages im März ließ seine Unvollständigkeit in mir ein Gefühl der Spannung zurück: Ich begann, zu rätseln, wie Herr McCann den Satz beenden wollte, bis ich irgendwann enttäuscht dachte: „Das weiß ohnehin nur er". Ich beschloss dann, "dranzubleiben" um zu sehen, ob der Verfasser den Fehler bemerken und ausbessern würde und empfand schließlich Befriedigung, als ich die „Lösung" endlich wusste.

c) Nach dieser im ersten Moment empfundenen Zufriedenheit ärgerte ich mich jedoch, dass ich für eine solch nichtssagende Textstelle, der gegenüber ich heute mal völlige Gleichgültigkeit fühle, ein anderes Mal Genervtheit, soviel Energie verschwendet hatte: In sehr redundanter Weise komprimiert sie nahezu alle von Herrn McCann in seinem gesamten Blog verwendeten „Formeln" der Bekräftigung eigener Unwissenheit und Aufrechterhaltung der Hoffnung, der Versicherung, es gebe keine Hinweise auf eine ernsthafte Verletzung des Kindes sowie des Verweises auf einen Unbekannten, der wisse, wo Madeleine sei.

Analyse des anfänglichen Fehlens des Textabschlusses mittels Objektiver Hermeneutik:

Lesarten (einschließlich evtl. kontrastierender Gedankenexperimente):
a) Der Verfasser hat den Bloginhalt in einem Textverarbeitungsprogramm vorgeschrieben und dann auf die Website bzw. in ihren Quelltext kopiert. Bei diesem Vorgang ist aufgrund mangelnder Aufmerksamkeit (z. B. Schnelligkeit, Müdigkeit, Abgelenktheit) der Fehler entstanden, den der Schreiber nicht bemerkte, da er den Text nach der Veröffentlichung nicht noch einmal kontrollierte.
b) Es handelt sich um eine Freudsche Fehlleistung: Der Schreiber denkt daran, dass es in Wahrheit gar niemanden gibt, der Madeleine mitgenommen hat oder er wünscht es sich („and there is certainly no (one)"). Da „no" von Wortlänge und Buchstabenzusammensetzung „one" sehr ähnlich ist und letzteres zugleich genau das ausdrückt, was nach Wissen/Wunsch des Schreibers fehlen soll, spiegelt ihm der Satz auch in seiner unvollständigen Form genau den Inhalt wieder, der ihn insgeheim oder unbewusst bewegt.
c) Der Verfasser hatte den Text ursprünglich vollständig abgeschlossen veröffentlicht, wenig später jedoch bemerkt, dass er zu dem Textende nicht mehr stehen kann. An ihm wollte er dann einerseits eine Änderung vornehmen, sich andererseits aber in seiner Unzufriedenheit mit der Ursprungsform nicht verraten müssen. Er kam zu der Lösung, das Ende zu löschen und den Textabbruch wie versehentlich aussehen zu lassen. Einige Zeit später fand er dies wiederum zu auffällig und stellte das Original wieder her.
d) Hinter der Auffälligkeit steckt psychologisches Kalkül: Der Schreiber möchte, dass der Leser sich noch längere Zeit mit der nicht abgeschlossenen Textstelle beschäftigt (letzteres Verhalten kann als ein Beispiel für diese psychologische Auswirkung von unerledigten Handlungen verstanden werden, was als „Zeigarnik-Effekt" bezeichnet wird (Zeigarnik, 1927; zit. n. Fisseni, 2003).
Zu a):
Konfrontation mit dem äußeren Kontext:
Diese Lesart ist gut möglich, vor allem da Herr McCann einmal in seinem Blog schreibt, er habe den Eintrag während eines Fluges angefertigt (vgl. Blog vom 25.8.07).
Schlussfolgerungen (u. U. mit Berücksichtigung des inneren Kontextes):
H$_{44ErlebenG}$: Gerald McCann hat den Bloginhalt in einem Textverarbeitungsprogramm vorgeschrieben und dann auf die Website bzw. in ihren Quelltext kopiert. Bei diesem Vorgang ist aufgrund mangelnder Aufmerksamkeit (z. B. Schnelligkeit, Müdigkeit, Ablenkung) der Fehler entstanden, den der Schreiber nicht bemerkte, da er den Text nach der Veröffentlichung nicht noch einmal kontrollierte.
(Diese Hypothese ist bedingungsunspezifisch.)
Zu b):

538

Konfrontation mit dem äußeren Kontext:
Für den Fall, dass der Vater von einer tatsächlichen Entführung ausgeht, würde sein Wunsch Sinn ergeben, es möge keinen Täter geben.
Sein Wissen darum, dass es keinen Entführer gibt, würde hingegen bedeuten, dass der Vater – zumindest als Mitwisser – in das Verschwinden des Kindes involviert ist.
Schlussfolgerungen (u. U. mit Berücksichtigung des Inneren Kontextes):
$H_{45ErlebenG}$: *Herr McCann nimmt eine Entführung an und wünscht sich (unbewusst), es möge keinen Täter geben.*
(Diese Annahme wird gestützt durch Fallstrukturhypothese2.)
$H_{46ErlebenG}$: *Herr McCann ist – zumindest als Mitwisser – in das Verschwinden seiner Tochter involviert.*
(Diese Hypothese wird gestützt durch Fallstrukturhypothese1.)
Zu c):
Konfrontation mit dem äußeren Kontext:
Es scheint gut möglich, dass Gerald McCann kurz nach Veröffentlichung des Eintrages die so deutliche Redundanz seines Textes bemerkt:

- „We do not know who has taken Madeleine or why" findet sich fast wortgetreu ebenso in einem anderen Blogeintrag (vgl. Blog vom 28.08.07), in ähnlicher Form in einem weiteren (vgl. 01.10.07) sowie noch einmal auf einer Hauptseite der Homepage (Message from Gerry and Kate).
- Den Verweis darauf, es gebe keine Hinweise, Madeleine sei „seriously harmed", findet man im öffentlichen Tagebuch des Vaters an sechs weiteren Stellen (07.08.07, 09.08.07, 10.08.07, 16.10.07, 27.03.08, 14.08.08). Interviewausschnitt spanische Dokumentation
- Die Beteuerung, die Eltern würden die Hoffnung nicht aufgeben, findet sich ebenfalls an zahlreichen weiteren Stellen des Blogs (17.07.07, 18.07.07, 03.08.07, 06.08.07, 11.08.07, 13.08.07, 27.08.07, 16.09.06, 24.9.07, 28.09.07, 01.10.07). Interviewausschnitt aus der spanischen Dokumentation
- Die Formulierung „Someone somewhere knows where Madeleine is" findet sich so oder leicht variiert (13.07.07, 01.10.07, 06.12.07) Interviewausschnitt Spanischer Sender Antena3.

Das Bemerken der Redundanz sowie der Wunsch der Textänderung können auf verschiedene Motivationen zurückgehen:
Schlussfolgerungen (u. U. mit Berücksichtigung des Inneren Kontextes):
$H_{47ErlebenG}$: *Der nicht in das Verschwinden involvierte Gerald McCann findet die Redundanz im Blogeintrag kurze Zeit nach Veröffentlichung zu nichtssagend und den Eintrag damit zu schlecht geschrieben. Er möchte ihn ändern, befürchtet aber, dass dies zu unnötigen Spekulationen/Verdächtigungen führen könnte, und entschließt sich deshalb zu einer von ihm zunächst als unauffälliger eingestuften Löschung des Textendes. Als er jedoch merkt, dass auch die von ihm gewählte Variante Aufsehen erregt (evtl. hat er entsprechende Mailanfragen von Bloglesern bekommen), macht er die Änderung lieber wieder rückgängig.*
(Diese Hypothese ist als unwahrscheinlich zu bewerten, da Herr McCann statt einer Löschung eine unproblematischere Texterweiterung hätte vornehmen können.)
$H_{48ErlebenG}$: *Der in das Verschwinden seines Kindes verwickelte Herr McCann empfindet die ihm kurz nach Veröffentlichung des Beitrages bewusst werdende Redundanz als verräterisch und möchte sie ändern, jedoch ohne viel Aufsehen zu erregen. So entschließt er sich zum Löschen des Textabschlusses, was leicht als Versehen angesehen werden könnte. Nachdem ihm dies später wiederum auch verräterisch erscheint (vielleicht hat er entsprechende Mai-Anfragen seiner Leser erhalten), stellt er lieber das Original wieder her.*
(Diese Vermutung ist gut vereinbar mit Fallstrukturhypothese1.)
$H_{49ErlebenG}$: *Der Vater ist nicht in das Verschwinden involviert, befürchtet aber kurz nach der Freigabe des Blogeintrages im Internet, dass dieser redundante Text nur unnötig Verdacht schüren könnte und möchte ihn deshalb unauffällig ändern. Er löscht ihn. Als er jedoch merkt, dass auch dies Aufsehen erregt (evtl. erreichten ihn entsprechende Anfragen), macht er seine Änderung lieber wieder rückgängig.*
(Diese Hypothese ist gut vereinbar mit Fallstrukturhypothese2.)
Zu d):
Konfrontation mit dem äußeren Kontext:
Falls Herr McCann in das Verschwinden seiner Tochter verwickelt ist, kann diese Lesart prinzipiell zutreffen.
Schlussfolgerungen (u. U. mit Berücksichtigung des Inneren Kontextes):

H₅₀ErlebenG: *Hinter der Auffälligkeit steckt psychologisches Kalkül: Der in das Vermisstsein seines Kindes Herr McCann möchte, dass der Leser sich noch längere Zeit mit der nicht abgeschlossenen Textstelle beschäftigt.*
(Da dieses Phänomen im Blog nur das eine Mal vorkommt, ist das Zutreffen dieser Vermutung als wohl recht unwahrscheinlich einzustufen.)

46) Weiter fällt im Blog der häufige Ausdruck der Hoffnung der Eltern auf „a safe return" ihrer Tochter auf sowie ähnliche Formulierungen:

- „We are now retiring and will be saying our usual prayers for Madeleine's safe return" (29.05.07)
- "On the back of the latest poster launch with Harry Potter and The Deathly Hallows, the extensive media coverage and the millions of people who are desperate to find Madeleine, we are still very hopeful that Madeleine will be safely returned."(17.07.07)
- "Everyone at the center remain very positive about the chances of recovering Madeleine safely." (23.07.07)
- "Please come forward, return Madeleine, leave her in a place of safety. At the very least, help us by letting us know what has happened to our beautiful little girl." (28.08.07)
- "It was touching to hear about our friends there, who continue to hold weekly vigils praying for Madeleine and her safe return." (16.10.07)
- "We constantly hope that one of the other lines of investigation leads to Madeleine being found safe and well." (22.10.07)
- "(…) all of our family are still praying and hoping for her safe return." (05.12.07)
- "We will continue to campaign to effect change in Europe, in the hope that it will become a safer place for our children." (12.01.08)
- "During our Washington visit we were also very encouraged to hear that, in NCMEC's experience, the younger the child at the time of abduction the less likely that child will be seriously harmed. Such information makes us believe even more fervently, in the absence of evidence to the contrary, that Madeleine can be found safe and well." (27.03.08)

- Irritationen, Gegenübertragungen:
a) Dass der Vater diese Formulierung nie nennenswert variiert, er z. B. nie schreibt, er hoffe, Madeleine werde „unversehrt" (engl. „unharmed") wiedergefunden oder dass sie die Situation gut überstehe oder das alles überlebe, fällt auf. Er scheint sehr auf „safe" fixiert zu sein. Die szenische Korrespondenz mit der elterlichen Ereignisversion des Zurückgelassen-Habens der Tochter an einem nicht sicheren Ort bei ihrer Überzeugung von vorhandener Sicherheit ist augenfällig.

47) Außerdem bedankt sich der Schreiber oft für die "Solidarität" sowie die Unterstützung der Menschen, wie die folgenden Beispiele zeigen:

- "We never thought it would happen: 50 days without Madeleine. Solidarity the world over has been expressed today with the launch of balloons in every continent to remember Madeleine and other missing children." (22.06.07)
- "We would like to thank everyone who continues to send us messages of support, encouragement and of hope. All of our family have been traumatised by Madeleine's abduction and continued absence and the tremendous support we have received has undoubtedly helped us enormously over the last 10 months. Tomorrow there is a march in London starting opposite Western Marble Arch synagogue at 10am to petition for more support for the families of missing people who are left behind. The march has been organised by two mothers whose sons are missing and will be attended by representatives of the charity Missing People and families of those who have relatives missing." (11.03.08)
- "The Helping to find Madeleine group have also organised a 'lighting the way home for Madeleine' event where, they will release lanterns in Rothley around the time she went missing. Others will light a candle and we greatly appreciate the support and symbolic gestures." (03.05.08)
- "The support we have had from around the world has been amazing. We have no doubt that without all

540

the good wishes, prayers and efforts of so many people, our ordeal would have been so much harder. It has helped maintain our strength and hope, and this together with support for the campaign, has helped the search for our precious Madeleine. We would like to take this opportunity to thank everyone for their unconditional support and solidarity." (Text der Homepagestartseite)

- Irritationen, Gegenübertragungen:
a) Die Solidarität der Menschen scheint für den Schreiber sehr bedeutsam zu sein. Folgende Aspekte fallen dabei besonders auf: 1. Der Wunsch, die Verbundenheit sollte in einer möglichst großen Dimension stattfinden (vgl. „solidarity the world over", „petition for more support"); 2. Dem Schreiber genügen auch "symbolic gestures" (vgl. auch Ballon-Aktion); 3. Der Beistand der Öffentlichkeit stärkt angeblich die Hoffnung der Eltern; 4. Die Solidarität hat scheinbar auch die Funktion des unmittelbaren oder mittelbaren (über die Unterstützung der Hinterbliebenen) Sich-Erinnerns an Madeleine.
b) Recherchiert man den Aspekt der Solidaritätsbetonung auch in dem Interviewmaterial, so trifft man dort auf das Phänomen, dass Frau McCann bei Kritik am Verhalten der Eltern (am Tatabend oder bezüglich der enormen Nutzung der Medien in der Folgezeit) in ihrer Antwort auf diese Hervorhebung der öffentlichen Solidarität ausweicht oder aber nach eigener Reuebekundung auf diesen Beistand der Bevölkerung rekurriert, z. B.:
- "(...) I feel desperately sorry to her that we weren't there. This has touched so many people. I've had so many letters from mothers, really kind words. People have said 'Kate, we've done this a hundred times over ourselves. Why would you for one minute think something like that would happen?' It's not like we went down town or anything." (Interviewausschnitt aus The Independent vom 05. August 2007)
- **"Interviewerin:** 'And how will you deal with the guilt that will probably stay with you forever of having left Madeleine alone?'
Kate: 'Well, I have actually come to terms a little bit with... with that, Jenny, I mean, you know... I know the, errm, I know the situation that we were in that night and uh, I've said all along, I didn't feel I was taking a risk. Errm, yeah, I... I do feel desperately sorry I wasn't with Madeleine *at that minute* when she was taken. Errm, I'd also like to mention I've had so much support from so many people. I've had so many letters and comments sent me.. sent to me from other families, and particularly other mums saying, you know, we have done what you have done a hundred times over, do not blame yourself.'"
(Interview mit Women's hour; vgl. unter *Kate's Interviews* (2008).)

48) In den meisten Einträgen finden sich direkte oder indirektere Appelle an die Leser/Öffentlichkeit, die Eltern weiterhin zu unterstützen. Nicht selten werden dabei Anreize offeriert, die gruppen-/massenpsychologisch wirken, z. B. :
- Gemeinsames Eifern/Fiebern um einen immer mehr anwachsenden Hilfsfond:
"Donations to Madeleines fund have topped £1million pounds. We would like to thank everyone who has donated to the fund and we will ensure that no stone is left unturned in the search for Madeleine. I will also ensure that the donations figure on the website is officially updated!" (19.08.07)
- Die Unterstützer werden verlockend als glückliche, Menschlichkeit lebende Team-Player dargestellt:
"We spoke to our family about the events in Glasgow and Liverpool. There was warm response at both venues and clearly many people are very happy to show support. Unfortunately we did not see any of the coverage on television. We did see highlights of the English premier league last night and note many of the clubs chose to wear Madeleine t-shirts and wristbands as well as playing the Don't You Forget About Me video. There was also events at the rugby internationals and Ascot racecourse with 12 international jockeys wearing Madeleine t-shirts. The fact that so many people are prepared to show solidarity with us in our search for our daughter does help restore our faith in humanity." (11.08.07)

- Irritationen, Gegenübertragungen:
a) Zum ersten Beispiel: Ich bekomme Lust, mit zu spenden und zu erleben, Teil einer großen Gemeinschaft zu sein, die etwas Großartiges zusammen schafft. Zudem erinnert mich die Szene an das Um-die-Wette-Bieten auf der „kultigen" Internet-Auktionsplattform „Ebay", bei der man gespannt fiebert, ob man das Objekt der Begierde später auch bekommt.
b) Zum zweiten Beispiel: Der letzte Satz geht mir richtig „unter die Haut", ich möchte auch mit beitragen zu

der Verwirklichung des Lebens echter Menschlichkeit. Ich gerate ins Schwelgen über Ideen von einer Welt, in der alles gut ist. Dann werde ich auch traurig, verspüre Schmerz, dass diese Ausmalungen leider nicht Realität sind – „noch nicht", möchte ich mich verbessern.

49) Zudem nimmt der Schreiber eine Spaltung der Leser/Öffentlichkeit vor, durch die Attribution der Anteil nehmenden Briefeschreiber als „gut":
- „Our family and friends have rallied round again as they have throughout this entire nightmare and they have also helped keep on top of the huge amount of mail from well wishers. At times our kitchen has looked like a sorting office! We would like to thank everyone for their support. It helps us keep sight of the fact that the great majority of people in this world are good." (24.09.07)

- Irritationen, Gegenübertragungen:
a) Ich merke, wie ich mich beim Lesen auch automatisch zu der "guten Mehrheit" zähle und es gut tut zu wissen, dass ich von „der bösen Minderheit" abgegrenzt bin, für die ich beginne, Verachtung zu entwickeln.

50) Im Blogmaterial findet man auch die selbstverständliche Voraussetzung des Verfassers, Madeleines Verschwinden mache „alle" betroffen und gehe alle an. Damit wird suggeriert, die Angelegenheit habe - statt lediglich familiärer - weltumspannende Bedeutung, so als sei Madeleine „das Kind aller":
- "There is still a large media presence particularly of print journalists who are waiting, like everyone else, for the next development in the police investigation. (…) There cannot be many people who do not know these facts after the events of this last week." (13.8.07)
- "We, like everyone else, await the results of the forensics from the recent searches." (28.08.07)
- "Kate and I have opened all of the Christmas cards and many mass cards which have been for Madeleine. We would like to thank everyone who has helped and supported us over the last eight months. We could not have got through this ordeal on our own and without doubt, Madeleine needs all our help." (08.01.08)

- Irritationen, Gegenübertragungen:
a) Ich bekomme das Gefühl, dieser Fall sei auch *meine* Angelegenheit. Wenn ich über diese Einträge einfach so hinweggehen will, bekomme ich ein schlechtes Gewissen, fühle mich so, wie beim Sehen von (z. B. Hunger) leidenden Menschen im Werbespot für eine Hilfsorganisation.

51) Der Schreiber betonet außerdem des Öfteren, sie als Eltern gingen davon aus, ihr Kind lebe noch, da es keine Beweise dafür gebe, dass es ernsthaft verletzt sei (23.07.07, 07.08.07., 09.08.07, 10.08.07, 16.10.07, 14.03.08). Ebenso sagt er, sie gingen solange davon aus, das Kind lebe noch, bis es Beweise für das Gegenteil gebe (08.08.07, 10.08.07) oder einfach, sie gehen davon aus, es lebe noch (14.06.07, 15.06.07, 21.08.07, 24.09.07).

- Irritationen, Gegenübertragungen:
a) Was die ersten beiden Fälle angeht, so muss ich denken: Die Eltern klammern sich aber auch mit aller Macht an die Hoffnung und ignorieren alle mit ihr unvereinbar erscheinenden Hinweise solange, bis dies vielleicht irgendwann absolut nicht mehr möglich ist (wenn tatsächliche „Beweise" für das Gegenteil vorliegen).
Entweder verleugnet Herr McCann hier völlig die gegebene Wahrscheinlichkeit der Lebensgefahr oder des sogar bereits eingetretenen Todes seines Kindes oder aber er spiegelt diese Hoffnung im Falle seiner Involviertheit in solch überzogenem Maße vor, um sein Wissen über den Tod nach Außen hin zu verbergen.

52) Die Redewendung „to leave no stone unturned" findet sich dreimal im Blog:

- "(...) we will ensure that no stone is left unturned in the search for Madeleine" (19.08.07).
- "We have always said we will leave no stone unturned in the search for Madeleine" (03.05.08).
- "(...) as we leave no stone unturned in the search for Madeleine" (21.07.08.)
  Darüber hinaus kommt sie in zahlreichen Interviews und Appellen der Eltern vor und wird auch von den Reportern gern aufgegriffen (vgl. z. B. Interview Sky News, Third Performance with the press).

- Irritationen, Gegenübertragungen:
a) Nimmt man die Redewendung in ihrer Bildhaftigkeit konkret, so werden verschiedene Assoziationen geweckt (vgl. auch Analyse des Eintrages vom 03.05.2008):
  - Es geht darum, etwas zu finden, das irgendwo unter einem Stein/unter Steinen versteckt liegt oder verloren wurde (im konkreten Fall wäre dies also die Leiche des Kindes; für einen Lebenden passt das Bild nicht, auch vom Gefühl her: Wenn ich mir vorstelle, ich würde von meinem verschwundenen und hoffentlich noch lebenden Kind sprechen, das jedoch möglicherweise auch tot sein könnte, verspüre ich eine deutliche Abneigung, bereits ein Bild zu benutzen, in welchem es bereits unter der Erde (unter Steinen) liegt. Ich würde wohl eher sagen: „I' ll move heaven and earth", also: „Ich werde alle Hebel in Bewegung setzen." Dieses Idiom passt doch sehr gut zu dem Verhalten der McCanns. Warum verwenden sie nicht dieses ein einziges Mal? - Man muss natürlich berücksichtigen, dass die McCanns hierbei nicht sich selbst so sehr als Handelnde deklarieren könnten wie in dem von ihnen gewählten Idiom und vielleicht ist es gerade das, was dem Schreiber besonders bedeutsam ist.
  - Der Sprecher kündigt ausdauernde Gründlichkeit (Sisyphusarbeit) und ein schrittweises, systematisches Vorgehen bei seiner Suche an, von der man deshalb eine eher längere Dauer erwartet.
  - Es geht darum, alles von den zwei Seiten zu betrachten (neben der offen sichtbaren vor allem auch der *verdeckten* Seite des Steines) bzw. von jedem Item das Gegenteil seines Ausgangszustandes zu bilden.
  - Das Ende eines Memory-Spiels, bei dem es gilt, alle Paare zu aufzudecken und möglichst viele davon zu besitzen, besteht im Umgedreht-Haben aller Karten.
  - Die Konzentration auf den Aspekt des Umdrehens von der Vorder- auf die Rückseite verdeckt den Aspekt des Umdrehens von der Ober- zur Unterseite
  - Die Redewendung lässt automatisch an kleine Steine denken und verdeckt damit die durchaus auch von ihr abgedeckte Möglichkeit, es gelte, große Steine umzudrehen, für die man schwere Gerät oder ein großes Team bräuchte.
  - Die Redewendung lässt automatisch an „Natur" denken und verdeckt damit den von ihr ebenso eingeschlossenen Bezug zu Fliesen, Kacheln und Platten im Haus.
b) Ich nehme eine große Entschlossenheit beim Schreiber wahr, eine Unnachgiebigkeit und in diesem Sinne eine „Härte".

53) Am 13.07.07 schreibt der Vater: "Kate and I believe that someone, somewhere knows something about Madeleines abduction." Ähnliche Formulierungen finden sich des Öfteren im Material, z. B. in den Einträgen des 01.10.07, 06.12.07 sowie 14.03.08 und im Interviewausschnitt des Spanischen Senders Antena 3.

- Irritationen, Gegenübertragungen:
a) Der Satz hört sich für mich eindringlich und geheimnisvoll an, er verbreitet eine diffuse Bedrohung. Er verleitet dazu, „überall Gespenster zu sehen".
b) Aber er macht mich auch unheimlich gespannt, wer denn nun „someone" ist. Zu gerne wüsste ich es! Ich merke, wie ich diese Spannung als lustvoll erlebe, wie in einem Spiel, und ganz den Ernst des Falles vergesse.
c) Diese rhetorisch wie dadurch auch rhythmisch kunstvolle Konstruktion sagt, genauer betrachtet, inhaltlich aber eigentlich nichts aus, denn das, was ausgesagt wird, ist eine höchst allgemeine und zudem nur Selbstverständliches ausdrückende Information - eine tatsächliche Entführung vorausgesetzt.

Analyse mittels Objektiver Hermeneutik:

Lesarten (einschließlich evtl. kontrastierender Gedankenexperimente):
a) Der Verfasser ist selbst unwissend über den näheren Sachverhalt der Entführung: Er weiß nicht, wer der Täter ist, wo sich dieser befindet und welche Details er berichten kann. Dass es sich bei dem Geschehenen allerdings um eine Entführung handelt, dessen ist sich der Schreiber jedoch sicher.
b) Der Schreiber geht davon aus, dass er den Täter eher nicht kennt und er sich eher nicht in seinem Umkreis befindet („someone", „somewhere" benutzt man eher nicht, wenn man von einem Täter in seinem Freundeskreis, seiner Nachbarschaft oder auch seinem Wohnort ausgeht; die Ausdrücke suggerieren eine gewisse Distanz zum Sprecher).
c) Der Verfasser möchte in diesem Satz keine wichtige Information über einen Sachverhalt mitteilen, sondern eher an das Bewusstsein appellieren, dass es jemand anderen gibt, der über wichtige Informationen verfügt. Er möchte in erster Linie zur Wachsamkeit aufrufen, in zweiter Linie vielleicht auch zur Weiterleitung von Hinweisen. (Ginge es ihm vorrangig um die Bitte um Weiterleitung von Hinweisen des mit der Tat in Verbindung Stehenden oder von Menschen, die wiederum mit ihm Kontakt haben, so würde er eine direkte Ansprache und/oder eine direkte Bitte vorziehen.)

Zu a):
Konfrontation mit dem äußeren Kontext:
Diese Lesart ist gut möglich, kann im vorliegenden Fall jedoch zweierlei bedeuten, je nachdem, ob Gerald McCann in das Verschwinden seines Kindes verwickelt ist.

Schlussfolgerungen (u. U. mit Berücksichtigung des inneren Kontextes):
H51ErlebenG: Herr McCann ist selbst unwissend über den näheren Sachverhalt der Entführung: Er weiß nicht, wer der Täter ist, wo sich dieser befindet und welche Details er berichten kann. Dass es sich bei dem Geschehenen allerdings um eine Entführung handelt, dessen ist sich der Schreiber jedoch sicher.
(Diese Hypothese ist vor allem gut vereinbar mit Fallstrukturhypothese2.)
H52ErlebenG: Gerald McCann ist in das Verschwinden seines Kindes involviert. Um davon abzulenken, gibt er vor, selbst unwissend über den Täter, seinen Aufenthalt sowie Details der Tat zu sein. Dass er allerdings wisse, es sei eine Entführung, die sich zugetragen habe, erwähnt er zum Zwecke seiner Tarnung ebenfalls.
(Diese Vermutung ist insbesondere gut vereinbar mit Fallstrukturhypothese1.)

Zu b):
Konfrontation mit dem äußeren Kontext:
Die Lesart macht im vorliegenden Fall wieder in zweierlei Hinsicht Sinn, je nach Verwicklung des Schreibers.

Schlussfolgerungen (u. U. mit Berücksichtigung des Inneren Kontextes):
H53ErlebenG: Der Vater geht davon aus, dass er den Täter eher nicht kennt und er sich eher nicht in seinem Umkreis befindet.
(Diese Vermutung ist insbesondere gut vereinbar mit Fallstrukturhypothese2.)
H54ErlebenG: Herr McCann ist in das Verschwinden seiner Tochter involviert. Zur Tarnung lenkt er mit dem Suggerieren einer persönlichen Distanz zum Täter davon ab.
(Diese Vermutung ist vor allem gut vereinbar mit Fallstrukturhypothese1.)

Zu c):
Konfrontation mit dem äußeren Kontext:
Die Lesart ist im vorbeschriebenen Fall gut möglich, je nach Verwicklung des Verfassers wieder auf zweierlei Weise.

Schlussfolgerungen (u. U. mit Berücksichtigung des Inneren Kontextes):
Der Verfasser möchte in diesem Satz keine wichtige Information über einen Sachverhalt mitteilen, sondern eher an das Bewusstsein appellieren, dass es jemand anderen gibt, der über wichtige Informationen verfügt. Er möchte in erster Linie zur Wachsamkeit aufrufen, in zweiter Linie vielleicht auch zur Weiterleitung von Hinweisen.
H55ErlebenG: Der nicht mit dem Verschwinden seiner Tochter in Zusammenhang stehende Vater möchte an das Bewusstsein appellieren, dass es jemand gibt, der über wichtige Informationen verfügt. Er will in erster Linie zur Wachsamkeit aufrufen, in zweiter Linie vielleicht auch zur Weiterleitung von Hinweisen.
(Diese Vermutung ist in erster Linie gut vereinbar mit Fallstrukturhypothese2.)
H56ErlebenG: Der mit dem Verschwinden seiner Tochter in Zusammenhang stehende Herr McCann versucht im Zuge seines Tarnverhaltens, die Aufmerksamkeit der Bevölkerung auf einen fremden Täter zu richten

und die Menschen mit der Suche nach diesem vermeintlichen Täter zu beschäftigen.
(Diese Vermutung ist insbesondere gut vereinbar mit Fallstrukturhypothese1.)

54) Die Eltern betonen oft, Madeleine sei „beautiful" (27.05.07, 28.08.07, 01.10.07, vgl. auch den Text der Homepage-Startseite, den ersten Appell der Eltern vom 04. oder 05. Mai 2007 sowie den Appell der Mutter vom 07. Mai `07).

- Irritationen, Gegenübertragungen:
a) Mich wundert diese Fokussierung auf das Äußere. Man könnte von der Tochter doch eher als „wertvoll" (engl. „precious"), „lieb/teuer" (engl. „dear"), „so geliebt" („so much loved") oder „liebenswert" (engl. „lovable") sprechen.
Zu diesem Verhalten des Schreibers kommen mir folgende Assoziationen:
  - Derartige Sätze der Eltern lösen in mir Rührung aus, da ich den Eindruck habe, die Eltern schreiben von jemandem, der ihnen sehr wertvoll ist. Die Wiederholung dieses Begriffs hat allerdings auch ein Flair von Vergötterung.
  - Der Ausdruck, zusammen genommen mit dem eben beschriebenen Gefühl, lässt an eine „schlafende Schönheit" denken, wie sie im Märchen von Dornröschen (vgl. im Englischen „Sleeping Beauty") beschrieben wird: Ein Mädchen, das nicht tot ist, sondern nur in einen tiefen Schlaf gefallen ist, aus dem sie nach vielen Jahren durch die Liebe wiedererweckt wird.
  - Dass sich die Eltern so mit dem Phänomen der Schönheit ihrer Tochter, also einem in erster Linie doch körperlichen Merkmal beschäftigen, erweckt den Anschein, sie bewege innerlich eine Angst vor oder gar ein schlimmer Eindruck von Zerstörung dieses Körpers, der für die Person steht. Denn gerade das, was verloren ist oder dessen Verlust droht, steht im Mittelpunkt der Aufmerksamkeit.
  - Insbesondere bei Kindern ist das Gesicht der Hauptindikator für die Einschätzung der „Schönheit" (bei Kindern würde man eher „Niedlichkeit" sagen). In Verbindung mit dem vorangehend Gesagten scheint es daher so zu sein, dass den Schreiber bzw. die Eltern innerlich eine Angst vor oder gar ein schlimmer Eindruck von Zerstörung dieses Gesichts beschäftigt.
  - Die Eltern scheinen Madeleine als „erwachsener (d. h. wohl als eigenständiger) anzusehen, als sie wirklich ist; denn bei einem kleinen Kind würde man viel eher von Niedlichkeit oder Süße sprechen als von dem Attribut „schön", das in erster Linie für Erwachsene gebraucht wird.

55) Bezüglich der Anfangswendung vieler Blogeinträge lässt sich eine Übereinstimmung feststellen: Häufig besteht sie in einer Charakterisierung des Tages als „quiet" oder „busy" (Bsp.: 24.07.07, 31.07.07, 20.08.07, 29.08.07, 01.09.07).

- Irritationen, Gegenübertragungen:
a) Die Tage scheinen nach dem für ihre jeweilige Bewältigung notwendigen psychischen oder physischen Erregungsniveau klassifiziert zu sein.

56) Das Verb „to manage" findet im gesamten Blog mit einer Häufigkeit von 36x sehr oft Verwendung. Interessanterweise tritt es aber nach dem 16.10.07 gar nicht mehr auf.
An diesem Tag schreibt Herr McCann u. a.: „Life in Rothley is definitely quietening down although daily photographs of us leaving the house still seem 'newsworthy' which I find incredible. We are slowly trying to return to normal. (...)The media frenzy is gradually subsiding with just occasional unsubstantiated reports of 'evidence' appearing."
Außerdem hatte am 09.10.07 Paulo Rebelo, der neue Polizeichef die Arbeit aufgenommen. Seine Haltung den Eltern gegenüber ist weniger kritisch als die seines Vorgängers Amaral. Für die McCanns scheint sich die Lage also in vielerlei Hinsicht zu entspannen.

- Irritationen, Gegenübertragungen:
a) Es scheint für Herrn McCann (und aus seiner Sicht auch für seine Frau) viel zu bewältigen gegeben zu haben, mit dem sie Mitte Oktober ´07 weitgehend abgeschlossen zu haben scheinen.

Anhang J: Tiefenhermeneutische Analyse der wohl ersten Appelle der Eltern an den mutmaßlichen Entführer

1) Analyse des wohl ersten Appelles vom 05.05.07[1]

(Die Eltern stehen nebeneinander. Kate McCann hält ihren Blick meist gesenkt, ihr Kuscheltier befindet sich in der linken Hand vor ihrem Körper. Zu Beginn der Ansprache hält sie ihren rechten Arm hinter ihrem Mann, vermutlich an seinem Rücken. Herr McCann hält in seiner Hand eine Taschenlampe und einen Notizblock.)

Gerry McCann: "Words cannot describe the anguish and despair that we are feeling, as the

Kate McCann: *---------* Zurückweichen ihrer Schulter hinter die ihres Mannes, dann dort Verweilen

Gerry McCann: * Legen des Armes um

                                                          seine Frau, so Verweilen

Gerry McCann: parents of our beautiful daughter Madeleine. We decre- request that

Gerry McCann: anyone, who may have any information related to Madeleine`s disappearance,

Gerry McCann: * Lösen seines Armes von seiner Frau

Kate McCann: * Zurückweichen ihrer Schulter hinter

                                       die ihres Mannes, so Verweilen bis

                                       zum Abgang

Gerry McCann: no matter how trivial, contact the Portuguese police and help us get her back

Gerry McCann: safely. (Pause von ca. 2,5 Sekunden.) Please, if you have Madeleine, let her

Gerry McCann: come home to her mummy, daddy, brother and sister. *(Pause von ca. 2 Se-*

Gerry McCann: *kunden.)* And everyone can understand how distressing the current situation

Gerry McCann: is; we ask that our privacy is respected, to allow us to continue assisting the

547

Gerry McCann: police in their investigation. Thank you."

Gerry McCann: * unmittelbar daran anschließendes Ergreifen der

                                                 Hand seiner Frau und Abgang der beiden

- Irritationen, Gegenübertragungen:
1) Kate McCann wirkt wie ein junges, schüchternes Mädchen, die Nähe zu ihrem Vater (ihrem Mann) neben sich suchend und ihr Kuscheltier (das ihrer Tochter) in der Hand haltend. Wüsste man es nicht besser, so könnte sie, so passiv dastehend und den Blick meist nach unten gerichtet, selbst gut das hilflose Opfer sein oder aber auch ein für ein eigenes Vergehen sich schämendes Mädchen. In ihrer Schutzbedürftigkeit, die sie ausstrahlt, möchte ich als Betrachter am liebsten in die Szene laufen und ihr Halt geben, damit sie mir nicht umfällt. Am liebsten würde ich ihr aber einen großen Mantel überwerfen, der ihr Gesicht schützt, und sie wegführen, weil ich das starke Gefühl habe, dass sie nicht aus einem eigenem Bedürfnis vor die Öffentlichkeit tritt, sondern dies vielmehr fremdbestimmt tut und am liebsten gar nicht hier wäre. Daher würde ich sie auch gerne Kraft und Ruhe spendend in den Arm nehmen, so wie man es mit einem in einer sozialen Situation überforderten kleinen Kind tut.
2) Schon zu Beginn hält die Frau ihren rechten Arm hinter ihrem Mann, vermutlich legt sie ihre Hand um seinen Rücken (wie man bei seinem Ansetzen zur Erwiderung der Umarmung dann auch tatsächlich kurz sieht); Gerry McCann hingegen erwidert diese Geste nicht von Beginn an, erscheint viel eigenständiger, sie nicht brauchend. Kate McCann hingegen scheint Halt zu suchen. Allerdings gibt sie mit ihrer Geste der Hand am Rücken ihres Mannes auch ihm Halt. Das deutet eine altruistische Verarbeitung der eigenen Bedürftigkeit an.
3) Mich wundert die Attribution „beautiful": Das Kind als „lieb/ teuer" (= „dear") und in diesem Sinne als wertvoll zu bezeichnen oder auch als „besonders" (="special"), fände ich noch angemessen. Sich hingegen mit „beautiful" auf die reine Äußerlichkeit zu beziehen, erscheint mir für das kleine Kind unangemessen, es oberflächlich idealisierend.
   a) Eine solche Äußerlichkeit wie „beautiful" aber singulär als genauere Bestimmung zu verwenden, lässt die Idee aufkommen, dass die Eltern sich eigentlich mit dem Bild eines Verlustes/Zerstörtseins/von etwas hässlich Machendem des Körpers bzw. der Fähigkeiten der Tochter herumtragen, dies aber zu überdecken versuchen mit der Betonung der Erinnerung an ihren unversehrten, hübschen Körper bzw. beeindruckenden Fähigkeiten.
   b) Vielleicht soll „beautiful" aber auch nur ein Substitut für „wertvoll" sein (schönes Dinge sind meist wertvoll), das vom Sprecher gemieden wird, um die materielle Konnotation zu vermeiden, die mit der Vorstellung der Tochter als nun etwaiges Handelsobjekt im kriminellen Milieu assoziiert ist.
4) In Ergänzung zu dem unter 3) Dargelegten kann ich, auf der Ebene der Gegenübertragung, noch sagen, dass ich an der Stelle „of our beautiful daughter Madeleine" sehr traurig werde. Es klingt so betrauernd, vermittelt im Wortlaut und der emphatischen Intonation die hohe libibinöse Besetzung der Tochter durch den Sprecher. Es geht mir ein bisschen so, als handle es sich wirklich um „our beautiful daughter", so stark spüre ich hier meine Identifizierung mit den trauernden Eltern im Sinne von „Mit-Leid".
5) Der Versprecher hätte wohl am wahrscheinlichsten „decree" (verfügen) , „decrease" (vermindern, verringern, herabsetzten (auch: Wert) oder „decry" (schlechtmachen, heruntermachen, herabsetzen) heißen sollen. Die Differenz zur eigentlich beabsichtigten Wortwahl „request" und dem in ihrem inhaltlichen Kontext nachfolgend genannten Gedanken, es gebe keine zu trivialen Informationen im Zusammenhang mit dem Verschwinden des Kindes, die einer Weiterleitung an die Polizei unwürdig wären, besteht in Folgendem:
   a) „decree" würde aus der Bitte, dem Ersuchen, das mit „request" ausgedrückt wird, eine autoritäre Anweisung machen, der jeder nachkommen müsse. Dadurch wäre mehr Kontrolle darüber gesichert, dass die Bitte auch eingehalten werde.
   b) Die beiden anderen Möglichkeiten, „decrease" und „decry", codieren das Gegenteil der Repräsentanz vom Kindes sowie der Attribution der Informationen als „so wertvoll" („beautiful"   bzw. „no matter how trivial") - nämlich Wertlosigkeit. Im gegebenen

Verbalisierungskontext könnte man dies interpretativ also auf Vorstellungen bezüglich der Tochter oder der Informationen/Informationslieferanten beziehen. Im gestischen Kontext seiner Lösung der Umarmung von Kate könnte es sich auch auf die Qualität der Paarbeziehung beziehen.

   c) Statt der Vorsilbe „re", die ein „Wieder-Tun"/"Nochmal-Tun" codiert, will der Sprecher nun „de" benutzen, das häufig Wörter einleitet, die mit Loslösung oder gar Zerstörung von etwas zu tun haben und so das Gegenteil einer (konstruktiven) Entstehung bedeuten.

6) Kate McCann weicht wiederholt leicht hinter die Schulter ihres Mannes zurück. Das macht einen rückzugsbedürftigen Eindruck. Außerdem sieht es so aus, als wolle sie „sich hinter ihm verstecken", suche Schutz hinter ihm wie bei einem erwarteten Angriff.

7) Gerry McCann legt beim Sprechen von ihnen als Eltern den Arm um seine Frau. Dies vermittelt Zusammengehörigkeit und damit Stärke: Gemeinsam bilden sie nun eine Front „gegen" die vor ihnen stehenden Reporter und teilen, so die passgenaue Deutung der Untermalung der Verbalisierung, ihr Leid im Bezug auf ihr verlorenes Kind.

8) Der Mann löst den Arm wieder von ihr, als er „jedermann" um Informationen ersucht; E r scheint dafür tatsächlich Aufnahmebereitschaft zu haben, da aus der auch gegnerisch aufzufassenden „Front" nun ein Abzug der Aufmerksamkeit von seiner Frau und damit eine verstärkte Zuwendung zu den Reportern wird. Darüber hinaus zeigt es, dass er in der Beziehung zur Frau mehr Eigenständigkeit besitzt, ihr entgegen gebrachte Zuwendung auch wieder entziehen kann und nicht unbedingt aufrechterhalten muss, wenn sich sein Interesse verlagert.

9) In der Formulierung „to her mummy, daddy, brother and sister" nimmt der Sprecher eine kindliche Perspektive ein, ist also mit seiner kleinen Tochter identifiziert. Er erregt bei mir deutliches Mitleid, allerdings mehr noch für ihn selbst als für das Kind, da ich in seiner Wortwahl vor allem auch *sein* Leiden an dem Verlust des Kindes, für das die Wortwahl so viel Fürsorge birgt, spüre.

10) Der Satz "And everyone can understand (...)" irritiert mich durch seine Uneindeutigkeit:

   a) Einmal kann er bedeuten, dass jeder *Außenstehende* doch wohl die *Lage der Eltern* verstehen könne, woraus sich dann die Bitte der Achtung ihrer Privatsphäre als eine *konsequente Handlung* der Reporter ableiten lässt.

   b) Zum anderen kann damit ausgesagt werden, dass *die Eltern* durchaus Verständnis für *das (sorgenvoll-anteilnehmende) Interesse der Medien* haben, die Reporter aber bitte *trotz* dieser Bedürfnisse Respekt vor der Privatsphäre der Familie haben sollen.

   Die Unterschiede der beiden Verstehensmöglichkeiten liegen in der Rollenverteilung von Verständnis Aufbringendem und Verständnis Bekommendem sowie in der Frage der Priorität der medialen versus der elterlichen Bedürfnisse.

11) Gerrys Ergreifen der Hand seiner Frau zum Weggehen erinnert mehr an den Umgang eines autoritären Vaters mit seinem Kind als an ein gleichberechtigtes Paar. Eine eigenständige Identität von Kate McCann ist hier nicht merkbar. Gerry scheint der „Anführer" der beiden zu sein, Kate die „Mitläuferin".

12) Es fällt der unmittelbare Abgang des Paares nach der Ansprache auf: Es handelt sich also um eine Kontaktaufnahme mit der Öffentlichkeit, die doch sehr beschränkt ist von der Autonomie und Dominanz, und zwar vom autoritären Kontrolle, von Gerry McCann.

13) Das Bild des Mannes als Sprecher, dessen Frau schweigend und eher nach unten blickend neben ihm steht, erinnert auch sehr an patriarchalische Strukturen: Gut könnte es um ein Paar aus einer entsprechenden Kultur (z. B. der muslimisch geprägten) oder einer früheren, voremanzipatorischen Epoche der unsrigen handeln. Christa Rohde-Dachser hat ein derartiges Verhältnis zwischen Mann und Frau in „Expedition in den dunklen Kontinent"[2] psychoanalytisch aufgeschlüsselt als eine vom Mann ausgehenden Projektion seiner triebhaften und selbstwertmindernden Selbstanteilen in die Frau mit dann anschließender dortiger Fremdkontrolle. Die Frage, die durch diesen Gedanken angeregt wird, ist: Möchte Gerry McCann mit seinem autoritär-kontrollierendem Stil eigene Angst machende Anteile (z. B. Angst vor Selbstverrat im Falle einer aktiven Involviertheit in das Verschwinden des Kindes) unter Kontrolle halten oder die seiner Frau? Oder identifiziert sich Kate McCann mit den abgewehrten und auf sie projizierten Anteilen (Scham, Angst vor Selbstverrat, Rückzugsbedürfnis) des Mannes, die auf ihre persönliche Verarbeitungsdisposition treffen? Diese Überlegungen öffnen den Blick dafür,

dass Scham und Angst sich u. U. auch von ihrem eigentlichen Träger auf eine mit diesem in Beziehung stehende Person verlagern und dann dort erlebt und beobachtet werden können.

- Quintessenz der Irritationen und Gegenübertragungen:
a) Gerald McCann weist einen von Kontrolle und Autonomiebetonung, also von Dominanz, geprägten Konfliktverarbeitungsstil auf (2, 5a, 8, 11, 12, 13). Es gibt leichte Hinweise, dass er seine Frau oder zumindest die Beziehung zu ihr insgeheim eher abwertet (5b, 11, 13), sie ihr gemeinsames Leid aber „zusammenschweißt" (7).
Die Frage ist, ob Herr McCann eigene Angst machende Anteile (z. B. Angst vor Selbstverrat im Falle einer aktiven Involviertheit in das Verschwinden des Kindes) unter Kontrolle halten möchte oder die seiner Frau. Auch kann es sein, dass sich Kate McCann mit den abgewehrten und auf sie projizierten Anteilen (Scham, Angst vor Selbstverrat, Rückzugsbedürfnis) des Mannes, die auf ihre persönliche Verarbeitungsdisposition treffen, identifiziert (13).
b) Kate McCann zeigt eher gegenteilige Mechanismen als ihr Mann: Die Bedürfnisse nach Nähe zu ihrem Mann, Passivität und Rückzug von der Öffentlichkeit sowie eine manifeste Minderung des Selbstwertgefühles und Anzeichen für Scham (1, 2, 6, 11, 13). Es gibt des Weiteren einen leichten Hinweis auf einen altruistischen, also projektiven Umgang mit der eigenen Bedürftigkeit (2).
c) Gerald McCann trägt sich wohl mit der Vorstellung herum, Madeleine sei, werde oder würde „zerstört" in ihrem So-Wertvoll-Sein oder werde nun auch ausgebeutet und er versucht, diese abzuwehren (3a, b; 5b, c).
Dies könnte einmal bedeuten, dass er sich auseinandersetzt mit ihrer unzureichend wertschätzenden Behandlung durch die Eltern im Sinne eines Alleinlassens am Abend des Verschwindens. Es könnte auch qualvolle Vorstellungen des Sprechers hinsichtlich einer Verletzung oder gar Tötung der Tochter durch den Entführer ausdrücken. Ebenso könnte es sein, dass der Sprecher sich mit Erinnerungen an das tatsächlich von ihm gesehene, versehrte und dann tote Mädchen auseinandersetzt.
d) Vielleicht möchte er in Wirklichkeit auch gar keine Informationen von der Öffentlichkeit bekommen – was auf eine (Mit)täterschaft zumindest beim Wegschaffen der Leiche – hindeuten würde (5b, 12; dagegen spricht 8).
e) Gerald McCann hat wohl eine starke Bindung an Madeleine und leidet unter ihrem Verlust (4, 9).
f) Herr McCann zeigt gute Fähigkeiten zur Übernahme der kindlichen Perspektive zu besitzen, was als bedeutende emotionale Elternqualität anzusehen ist (9).
g) Das Verhältnis zu den Medien ist zum Zeitpunkt dieses ersten Appells von einem gewissen Ressentiment geprägt und zeichnet sich eher durch eine Gegnerschaft von Seiten Gerald McCanns aus (7, 12; siehe auch Bitte des Respektes ihrer Privatsphäre auf der manifesten Ebene).

2) Analyse des Appells der Mutter vom 07.05.07 (ab 0:46)[3]

(Gerald McCann schaut in der Regel auch mit in die Kamera. Zu Beginn der Ansprache der Mutter kann man seinen festen Griff um seine Frau bemerken. Kate McCann atmet tief ein und beginnt dann zu sprechen.)

[- Pause ab 1, 5 Sek. notiert, - nur Linien für aktuelle Akteure, Sterne= Beginn und Ende der Aktion]

Kate McCann: "We would like to say a few words   to the person, who
Kate McCann: * Blicksenkung*
Gerry McCann: * leichtes öffnen des Mundes-------

Kate McCann: is with Madeleine
Gerry McCann: -------------------- * *abrupte, unwillkürlich erscheinende, kurze Wendung zu
                                        seiner Frau mit geschlossenen Augen*
Gerry McCann: * Andeutung eines Streichelns der Schulter seiner Frau--------------------

Kate McCann: or has been with
Gerry McCann: * schnellerer Lidschlag als zuvor*
Gerry McCann: -----*
Gerry McCann: *-----*: Kurze Lockerung seines Griffs an Kates Arm

Kate McCann: Madeleine. *Pause von ca. 1,5 Sekunden.*
Gerry McCann: *Senken des Blickes*

Kate McCann: Madeleine is a beautyfull, bright, funny and caring
Gerry McCann: * Schwererer Lidschlag mit leichter
                                     Blicksenkung *
Kameraführung:*Langsames Heranzoomen von Kate McCann --------------------------

Kate McCann: little girl. She is so special. *Pause von ca. 2,5 Sekunden.*
Kate McCann: *kurze Blicksenkung*
Gerry McCann: * seitlicher Blick aus dem Augenwinkel zu seiner Frau*
Kameraführung:---

Kate McCann: Please, please, do not hurt her, please don`t scare her. *Pause von 1,5 Sekunden.*
Kate McCann: *kurze Blicksenkung*
Kameraführung:---

Kate McCann: Please tell us, where to find her. *Pause von ca. 1,5 Sekunden.* Or pla-
Kate McCann: * Versprecher*
Kate McCann: *kurze Blicksenkung*
Kameraführung:---*

Kate McCann: put her in a place of safety and let somebody know where she is.

Kate McCann: *Pause von ca. 2, 5 Sekunden.*
Kate McCann: *Kurze Blicksenkung*

Kate McCann: We beg you to let Madeleine come home. *Pause von ca. 3 Sekunden.*
Kate McCann: *kurze Blicksenkung*

Kate McCann: We need our Madeleine. Sean and Amelie need Madeleine. And Madeleine

Kate McCann:	*Blicksenkung*

Kate McCann: needs us. *Pause von ca. 6 Sekunden.*
Kate McCann: *Streichen mit der Zunge über die Oberlippe"

Kate McCann: Please give our little girl back. Por favour, devolve a nossa menina."
Kate McCann: **Blick nach oben   *Blick nach oben*

Kate McCann: Blick in die Kamera-----------* *Blick an der Kamera vorbei und Erwiderung
Gerry McCann: *Schmiegen des leicht gesenkten Kopfes an seine Frau mit

Kate McCann: der Geste des Kopf –aneinander-Schmiegens*
Gerry McCann: geschlossenen Augen.

- Irritationen, Gegenübertragungen:
1) Gerry McCann öffnet den Mund, nachdem seine Frau angekündigt hat, sie würden gern ein paar Worte zum Entführer sagen: Es ist also, als ob auch er mit zum Sprechen ansetzen wollte. In diesem Fall würden sie beide im Duett sprechen, also eine – von Gerry McCann wohl angestrebte - Einheit bilden. Man könnte es allerdings auch als ein *für*, d. h. ein *anstelle* seiner Frau sprechen wollen, verstehen, was auf ein Kontrollbedürfnis hindeuten würde, das äußere oder innerpsychische Gründe haben kann.
2) Ich erschrecke mich über die plötzliche, rückartige Bewegung von Gerry McCann zu seiner Frau, als diese – recht ruhig - den noch aktuellen oder vergangenen Gewahrsam des Kindes beim Entführer benennt. Ich fühle mich aus der Ruhe also „hochgerissen" und wundere mich darüber, dass Kate McCann hingegen völlig ruhig bleibt, als habe sie nichts bemerkt. Gerry McCann, der, wie ich durch ihn, aufgeschreckt zu sein scheint, streichelt dann bemerkenswerterweise leicht seine Frau, als sei *diese* erschrocken und müsse beruhigt werden. Die Situation erinnert in wesentlichen strukturellen Zügen an die Version der Eltern vom Abend des Verschwindens: Nach Angabe der Eltern ist Madeleine vom Täter aus ihrem Bett und damit aus ihrer Ruhe geholt worden, während das Paar nichtsahnend im Restaurant gesessen hat und dann plötzlich durch Kate McCanns Bemerken des Verschwindens aus ihrer abendlichen Gemütlichkeit hochgerissen wurde. Unter Gültigkeit dieser Variante ist anzunehmen, dass sich die Eltern u. a. auch mit der schmerzlichen Vorstellung auseinandersetzen, ihr Kind sei nun bei einer ihm völlig unbekannten Person, dessen Fremdheit und u. U. „bösen" Absichten es erschreckt – wie gerne wären sie dann bei ihm und würden es trösten. In ihrem Appell „don't scare her" wird dieses Anliegen ausgedrückt.
Wie interessanterweise offiziell bekannt wurde, soll Madeleine in der Nacht vor ihrem Verschwinden ängstlich aufgewacht sein, als die Eltern auch in der Bar waren. Sie soll sie am nächsten Morgen gefragt haben, warum sie nicht dagewesen seien, als sie geweint habe. Auch dies begründet die – bange und mit Schuldgefühlen assoziierte - Vorstellung von einer im Schlaf hochschreckenden Tochter, die man – im Nachhinein – doch so gerne beruhigt hätte und sie doch besser nicht wieder allein gelassen hätte, „als sei nichts gewesen", so dass sich ihr Schrecken einen Tag später nicht noch derart steigern musste.
3) Gerry McCanns fest scheinender Griff am Oberarm seiner Frau macht auf mich im Zusammenhang mit seiner o. g. anfänglichen Körpersprache, die auf Nervosität schließen lässt, den Eindruck, als hielte er sich aus Unsicherheit an seiner Frau fest – obwohl es auf den ersten Blick so aussieht, als *gebe* er *ihr* Halt. Noch dominanter ist in mir allerdings der Anschein der Kontrolle, des „Im-Griff-Habens" bzw. Im-Griff-Haben-Wollens seiner Frau.
4) Gerrys Lockerung des Griffs im Zuge von Kates Worten „has been" ist szenisch kongruent mit der an dieser Stelle implizierten Vorstellung des Verlustes der Tochter. Sie scheint für den Vater ein Halt-Verlieren zu bedeuten (=„to lose one's grip"), welches er darstellt.
5) Sein Kind überhaupt, aber gerade in dieser Situation, als „schön" zu charakterisieren, missfällt mir. Obwohl ich den Eltern in ihrer Einschätzung zustimmen muss, denke ich: „So etwas sagt

man doch nicht!" Erstens hebt man sein Kind nicht derart hervor, weil es die Kategorie „hässlich" mit eröffnet, die dann für einige andere Kinder gelten müsste; kleine Kinder gelten außerdem generell als „süß", womit wir beim zweiten Punkt wären: Die Nachkommen sind in diesem Alter, wenn überhaupt von den Eltern extra benannt, als „sweet" oder „cute" zu bezeichnen - „beautiful" ist vielmehr eine Bezeichnung für Erwachsene.

6) Ich stolpere über das Wort „caring", das ich als Charakterisierung für ein knapp 4-jähriges Kind ungewöhnlich finde. Selbst wenn das Mädchen z. B. liebevoll zu seinen Geschwistern war, ist das fürsorgliche Kümmern und die Besorgtheit für den anderen doch vielmehr eine *elterliche* Qualität. Sie erinnert an das diesbezügliche Versagen der McCanns in ihrer Variante des besagten Abends.

7) „She is so special" berührt mich tief in der so emphatischen Intonation. Ich werde hier traurig, gleich so, als spreche jemand im Präteritum auf einer Beerdigung von einem für uns so wertvollen Verstorbenen, dessen unmögliche Wiederkehr ich nun erstmals wirklich begreife. So habe ich hier den Eindruck, die Mutter habe etwas für sie ungemein Wertvolles verloren (am ehesten sogar endgültig) und ist sich darüber bewusst.

8) Gerry McCanns seitlicher Blick aus dem Augenwinkel zu seiner Frau nach ihrer Betonung, Madeleine sei „so special", wirkt auf mich unsicher bis etwas misstrauisch in Bezug auf die Partnerin, als könne sie etwas falsch machen und als hätte er darum die Situation am liebsten selbst in der Hand.

9) Die Bitte an den Entführer, der Tochter nicht weh zu tun und ihr keine Angst zu machen, klingt weniger gefühlvoll und eindringlich, als die vorangehende Passage und die nachfolgende – obwohl diese direkte Wendung an den Täter doch als der emotionalste Moment der Botschaft, als ihr Kern, angenommen werden könnte.

10) Der Versprecher sollte aller Wahrscheinlichkeit nach „place her" anstelle von „put her" heißen. Beide Verben sind oft Synonyme.[4] Eine unterschiedliche Konnotation und Gebrauchsweise besteht jedoch in den folgenden Aspekten:

- „To place" betont eher eine besonnene, bedächtige Art und Weise des Stellens/Setzens/Legens.
- Es steht auch in dem festen Ausdruck „to place a child", also ein Kind fremdplatzieren im Heim oder einer Familie
- Es betont noch mehr die Autorität des Handelnden und die Passivität des Objekts; „ to put" hat hingegen auch die Bedeutung von „jmd. bzw. etwas an einen Ort bringen".
- Man verwendet „to place" auch in dem Ausdruck „to place a coffin", also „einen Sarg aufbahren"[5].
- „To put someone in" findet sich auch in der Redewendung „to put someone in a hole", also „jemandem eine Grube graben" – wobei diese Redewendung bildlich auch an das lieblose Verscharren einer Leiche denken lässt.
- „To place" bedeutet auch „platziert sein" in einem sportlichen Wettkamp.

Diese Unterschiede zwischen den beiden Verben legen im Wesentlichen die Ideen nahe, dass mit dem Versprecher

  a) die Vorstellung eines lieblosen Verscharrens der Leiche ausgeblendet und durch ein achtsames Aufbahren des Sarges ersetzt werden soll oder/und

  b) die Vorstellung eines lieblosen Verscharrens der Leiche oder einer achtlosen Unterbringung an einem bestimmten Ort ausgeblendet und durch die Phantasie einer besonnenen Übernahme elterlicher Verantwortung für das Kind substituiert wird.

11) Es irritiert auch, dass Frau McCann den angeblichen Entführer so speziell anweist, das Kind an einen *sicheren Ort* zu bringen. Die Bitte, es freizulassen/wiederzubringen hätte doch auch ausgereicht. Die Mutter scheint sich also innerlich sehr mit der „Sicherheit eines Ortes" zu beschäftigen.

12) Besonders betont erscheint die letzte Passage von „We need our Madeleine" an. Die Worte der Mutter gehen mir hier unter die Haut, ich empfinde die Frau als Leidende und sich nach Madeleine Sehnende. Es klingt aber auch, man denke auch an die Blicke nach Oben an dieser Stelle, wie eine Bitte an Gott, das Kind, das er genommen hat, doch zurückzugeben und lässt dabei auch an ein verstorbenes Kind denken, mit dessen Tod man sich nicht arrangieren möchte.

13) Der letzte, ins Portugiesische übersetzte, Satz löst in mir als Zuhörer zunächst Überraschung aus, da er für mich unvorhergesehen ist. Bis hierhin ist der Text recht einfach gehalten, vom Satzrhythmus und auch von der Wortwahl her sehr gleichförmig und äußerst einprägsam durch entsprechenden Gebrauch rhetorischer Elemente:

   a) Epanalepsen, also der Wiederholung eines Wortes oder Satzteiles, jedoch nicht unmittelbar hintereinander bei „with Madeleine" und „need"

   b) Der mehrfachen Anapher „Please", also der Wiederholung der Anfangswendung in aufeinanderfolgenden Sätzen

   c) Parallelismen, d. h. einem gleichartigen Satzbau, zum einen an der Stelle der Bitte, Madeleine nicht weh zu tun und sie nicht zu ängstigen, zum anderen bei der Aussage, die Eltern und auch die Geschwister würden Madeleine vermissen

   d) Dem Chiasmus, also der Überkreuzstellung, in der Formulierung "We need our Madeleine. Sean and Amelie need Madeleine. And Madeleine needs us."

   e) Der häufigen Wiederholung des Namens des verschwundenen Kindes (7x)

   Nun aber horche ich auf, „werde wieder wach" und fühle mich den Eltern, die ich nicht unmittelbar verstehe, fremd, nachdem ich mich zuvor von der Gleichförmigkeit wohlig eingeschläfert vorgefunden hatte.

14) Durch die Wiederholung des Satzes auf Portugiesisch erhält der Appell noch mehr Tragik und Rührung: Die Eltern, die die Opferrolle einnehmen, hat das Unglück in der Fremde getroffen, so wird an dem Wechsel von der eigenen in die Landessprache deutlich; nun bemühen sie sich in ihrer schwierigen Situation auch noch, in der Sprache des Entführers zu sprechen und damit, *auf ihn* zuzugehen, Nähe zu ihm aufzubauen. Besonders stark wirkt der Aufbau von Nähe allerdings, so kann angenommen werden, wohl auch auf die portugiesischen Rezipienten allgemein, die von „den fremden Urlaubern" nun ihre eigene Landessprache hören, womit man als Sprecher bekanntlich in aller Regel viel Sympathie erntet. Man denke z. B. an Politiker oder Prominente aus Sport und Kultur, die die Mengen mit dieser Technik zum Jubeln bringen.

   Latent scheint dieser Näheaufbau, ob zum Entführer oder zur Öffentlichkeit, hier angestrebt zu werden - rein funktional betrachtet wäre die Wiederholung nur dieses einen, letzten Satzes in der vermutlichen Landessprache des angenommenen Entführers nicht notwendig gewesen.

15) Gerry McCanns zärtliches Schmiegen des Kopfes an denen seiner Frau mit geschlossenen Augen wirkt erleichtert und darüber hinaus, was ihn betrifft, intim, verführend, eng mit Kate verbunden. Hingegen Kates steter in Richtung Kamera gehaltener Blick misst diesem eine für sie höhere Bedeutung zu als der Erwiderung der Geste ihres Mannes. So scheint es, sie wolle Stärke demonstrieren statt „schwach zu werden".

16) Mich irritiert, dass Kate McCann sowohl vom Bildschirm abzulesen scheint (siehe Augenbewegungen von links nach rechts) als auch von einem vor sich liegenden Blatt. Sie hat damit „doppelte Sicherheit", dass sie die Botschaft wortgetreu zur vorherigen Erarbeitung verliest, was auf eine Angst schließen lassen könnte, hierbei Fehler zu machen.

   Zum anderen bieten die Blicke nach unten auch die Möglichkeit zu einem flüchtigen Ins-Sich-Kehren, zur Selbstregulation, also einem kurzweiligen Heraustreten aus der Beziehung zu den Rezipienten.

- Quintessenz der Irritationen und Gegenübertragungen:

a) Gerry McCann scheint ein Kontrollbedürfnis gegenüber seiner Frau zu haben, das aus seiner Befürchtung erwächst, sie könne etwas falsch machen. Am liebsten würde er für seine Frau sprechen, hätte die Dinge selbst in der Hand (1, 3, 8, 15).

b) Eigene Schwächen scheint er auf seine Frau zu projizieren und ihnen dort fürsorglich zu begegnen (2).

c) Kate ihrerseits scheint auch um das Behalten von Kontrolle bemüht, aus Angst vor Schwäche (15, 16).

d) In ein „Verführtwerden" von ihrem Mann scheint sie sich nicht fallen lassen zu wollen (15).

e) Unbewusst wird in dieser Ansprache die Szene eines Aufschreckens aus der Ruhe bzw. einer Befremdlichkeit beim Aufwachen kreiert, die Madeleine McCann, legt man die Angaben der Eltern zugrunde, in der Nacht vor ihrem Verschwinden sowie vor allem im Zuge der Entführung so erlebt haben muss bzw. die, was das Aufschrecken aus der Ruhe betrifft, so auch die Eltern erlebt haben müssen beim Bemerken der Tat (2, (3),13).

f) Es macht den Anschein, als würde Madeleine von ihren Eltern unbewusst eher als kleine Erwachsene gesehen denn als ein kleines Mädchen (5, 6).

g) Die Vorstellungen, man/ (der Entführer) tue ihrer Tochter weh, ängstige sie oder verscharre lieblose ihre Leiche scheint für die Mutter so unaushaltbar zu sein, dass es hier zur Abspaltung des emotionalen Aspektes und zu einem verharmlosenden Versprecher kommt (9, 10).

h) Kate McCann trauert wohl wirklich leidvoll um ihre verschwundene Tochter, wobei allerdings die Möglichkeit aufgetan wird, dass sie um deren Tod weiß bzw. mit diesem rechnet (7, 12).

i) Es soll durch den Appell wohl auch Nähe und Sympathie zur portugiesischen Öffentlichkeit hergestellt werden (14), nicht nur zum angeblichen Entführer. Bei Kate McCann liegt aber auch ein Hinweis auf eine gegenteilige Strebung vor (16).

j) Madeleine McCann scheint hier etwas idealisiert zu werden (5, 7).

k) Es scheint unbewusste Phantasien bei den Eltern/einem Elternteil zu geben, die sich um das Sich-Kümmern, das Besorgt sein um jemand, um Fürsorge, drehen (6), ebenso um „Sicherheit" (11). Dieser Themenkomplex lässt unweigerlich an das Versagen des Paares McCann in dem von ihnen angegebenen Geschehen des besagten Abends denken.

Anhang K: Hermeneutische Analyse ausgewählter Interviews der McCanns

1) Analyse des Auftrittes vor den Medien am 14.05.07[1,2]

(Das Paar steht Hand in Hand vor den Reportern, Gerald spricht, diesmal ohne abzulesen, Kates schweres Atmen fällt auf.)

"Good morning. Kate and I would like to make a short statement regarding three main issues. We would like to talk about the offers of support we have had over the last few days (Pause von ca. 1,5 Sekunden), the role of the International Family Law Group, who were here over the week-end, and we would like to talk about how we would like to communicate with the media. (Pause von ca. 1,5 Sekunden)

We will take two or three very short questions at the end of the statement, but as you will all understand, we cannot talk about investigation and I hope you understand that there are certain things that we are just not ready to talk about at this time. (Pause von ca. 2 Sekunden)

First of all, you know that we have taken tremendous strength from the warmth and, and the, eh, spiritual outpouring which we received here and from all, all around the world and that has given us great encouragement and hope that we will bring back Madeleine safely. (Pause von ca. 1,5 Sekunden)

More recently there had been multiple offers of different forms of help, including many financial pledges of people wishing to help Madeleine. We, s, warmly welcome these offers, but that creates a problem for us in that how we were going to deal with it.

We have brought in, eh, lawyers to help us decide how to best use these offers of support to help us find Madeleine. (Pause von ca. 2,5 Sekunden)

Since the lawyers have come here, we have visibly felt a burden being lifted from our shoulders, because this is one less thing we do not have to immediately think about and how to coordinate them. (Pause von ca. 1,5Sekunden)

This has allowed us to concentrate more in our, on our own physical and mental well-being. We do need to spend more time at this point, considering ourselves, our family, to Sean and Amelie, and concentrating about the situation that we were in. (Pause von ca. 2 Sekunden)

We do, of course, wish to keep communicating with the media and we would like to thank you all, publicly, for the excellent job you have done, to keep Madeleine`s profile so high.

We believe and have been advised that this is essential (Kate McCann wirft den Kopf zur Seite und schließt dabei die Augen) in the search for her. (Pause von ca. 2,5 Sekunden)

We would like all communications to continue through Alex, the press officer appointed by Mark Warner, who, we believe, has done an excellent job for us and the Mark Warner staff have looked after our every need and making sure that that is the first priority. Thank you."

Frage: "The question that I wanted to ask you both - this is Jeremy Thompson from Sky News. We would like to thank you for coming out and talking to us this morning. You have talked about your physical and mental well-being. Can I ask you both about how you are feeling and how you are coping?"

Kate McCann ist dabei, zum Sprechen anzusetzen. Gerald McCann bemerkt dies nicht und antwortet: "It is obviously extremely difficult. We have had excellent help from travel trauma, eh, eh, consultants (parallel zu diesem Wort wirft Kate ihren Kopf erneut zur Seite), who really have enabled us to utilise tools to help us look forward and direct (Pause von ca. 2 Sekunden, schweres Einatmen) the emotions, that we fe-, that are negative and to try to put the speculations out of our head, and channel everything into looking forward. And as far as we are concerned, until there is concrete evidence to the contrary, we believe that Madeleine is safe and being looked after. And that is how we can continue in our effort."

Frage: "When will you consider returning home?"
Gerald McCann: "Kate!"
Kate McCann: (mit gebrochener Stimme): "Oh, no, we can't even consider returning home at the moment, I absolutely can't even let it enter my head."
Gerald McCann: "Okay, one more question!"
Frage: "We are live on the BBC. You have spoken about 'not leaving any stone unturned'. What are your concrete plans over the next few days and weeks?"

Gerald McCann: "Obviously you know, the crux of the search for Madeleine is the investigation, which we are fully supporting. We have brought in the lawyers really to advise us, what else can be done. I don`t know what that is at the minute. You have seen that the family and close friends back home in contact with us are doing everything that we feel in our power to keep the publicity high. And that has been our thrust and main action at this time. We will have to consider that, with the experts` advise and taking advise from all the many different agencies that are involved, and really, that`s, why we can`t do that on our own."
Frage: "What can people back home in the UK do to help you?"
Gerald McCann: "Well, I think that, I hope that - they have taken despair, which we were feeling, and partly from (Pause von ca. 1,5 Sekunden) the strength, that they have also received from us when we have spoken to them, and they have really taken on what we have said: 'You must look forward and turn thoughts into action'. And you can see from the many different things, all the appeals, all the, ehm, posters initiatives etc., people distributing posters at international airports, that is 'thought being turned into action'. And really it is about publicising the disappearance, the experts, who tell us any specifics."
Gerald McCann: "That is all the questions we could take, that is it, sorry. That is all we can take."
Eilig erscheinender Abgang Hand in Hand, Gerald McCann geht zuerst voran.

- Irritationen, Gegenübertragungen
1) Gerald McCann wirkt auf mich in seinem Statement, in dem er z. B. auch einleitend auf der Metaebene die Themenstruktur ankündigt, sehr professionell – reflektiert, redegewandt und souverän; dabei schafft er es, die Aufmerksamkeit für sich zu gewinnen und sich dabei sichtlich nicht besonders unwohl zu fühlen. Man könnte denken, er ist ein geübter Sprecher einer Institution, als so „stark" empfinde ich sein Auftreten.
   Als Reporter käme ich mir bei diesem so bestimmt die Spielregeln vorgebenden Menschen zu einem vorsichtigen, mich unterordnenden Umgang gedrängt vor. So würde ich beispielsweise besonders das Gefühl haben, mich erst einmal um eine gute persönliche Ebene bemühen zu müsse, um seine „Gunst" erwerben zu können, dass er auf meine Frage eingeht, die ich dann auch besonders wohlüberlegt vorsichtig stellen würde, also jegliche konfrontativen Elemente vermeiden oder sehr „weichspülen" würde.
2) So kommt für mich die Frage auf, warum Herr McCann unter diesen Bedingungen die Kommunikation mit den Medien nicht in der Regel selbst in die Hand nimmt, was doch viel besser zu seiner Art passen würde. Es wird also wahrscheinlich – neben der Vielbeschäftigung bei der Suche nach Madeleine und einem vielleicht auch nervigen Bedrängtwerden von den Reportern – noch ausschlaggebende psychische oder strategische Gründe geben, die den souveränen Mann davon abhalten. Handelt es sich hierbei um eine von ihm als zu hoch empfundene psychische Belastung, ist er sehr gut in der Lage, trotzdem gut handlungsfähig zu bleiben und mit seinem „starken" Auftreten diese Schwäche nach Außen hin weitgehend zu verbergen. Handelt es sich um eine Strategie, z. B. im Falle einer aktiven Involviertheit in das Verschwinden seiner Tochter um die Meidung öffentlicher Auftritte aus Angst vor einem unwillkürlichen Selbstverrat, so kann er auch diese Angst in diesem Statement gut überdecken. Wie dem also auch sei – Herr McCanns Meidung eines weitreichenderen, unmittelbaren Medienkontaktes scheint mit einer Schwäche (psychische Belastung, Angst oder dergleichen) in Zusammenhang zu stehen, die er jedoch mit einer bestimmenden, souveränen Art überkompensieren kann.
3) Der Zusatz „very" in der Formulierung „ two or three very short questions" erscheint mir – unabhängig von der möglichen äußeren Bedingtheit dieser Wortwahl - unverhältnismäßig stark einschränkend, streng. „Two or three short questions" hätte doch auch zur Erzielung der inhaltlichen Aussage ausgereicht. Es ist also klar, dass Gerald McCann eher zu den Medien und damit zur allgemeinen Öffentlichkeit spricht als dass er mit ihnen sprechen will. Die Kontaktbereitschaft ist nahezu auf den ersteren Aspekt hin eingeschränkt. Der Spielraum der Reporter wird dadurch sehr begrenzt, sehr kontrolliert.
4) Diese eingeschränkte Gesprächsbereitschaft zeigt sich auch durch die im gleichen o. g. Satz angeführten zwei Begrenzungen des Nicht-sprechen-Könnens bzw. -Dürfens. Als implizite Argumente werden damit einmal das autoritäre der polizeilichen Anweisungen, zum anderen das ethische der Vermeidung psychischer Verletzung des Paares eingebracht. Da mangels einer

Definition der Dinge, über die das Paar noch nicht zu sprechen bereits ist, die Verantwortung zur behutsamen Vornahme einer solchen in der Hand der Reporter liegt, steht mit dieser die Antizipation von Schuld der Journalisten im Raum. Ein Bemühen des Paares um Schuldvermeidung klingt dagegen hinter dem implizit geäußerten polizeilichen Verbot hervor. Es geht also im Kontakt mit den Medien darum, gemeinsam Schuld zu vermeiden, indem man eine gewisse Distanz zu einander hält. Oder, anders herum formuliert: Zuviel Nähe, Offenheit ist „gefährlich", da sie einen Schuldkonflikt auslösen kann.

5) Der im vorangehenden Absatz beschriebene Eindruck steht im Widerspruch zu dem, den ich habe, konzentriere ich mich auf Intonation, Körperhaltung und Blick des Sprechers an dieser Stelle. Hier spüre ich eher viel Zuwendung zu den Reportern im Zuge seiner Bitte um Verständnis. Auch wird mit der Formulierung „as you will all understand" eine Einladung zu einer Einheitsbildung ausgesprochen.

6) Ich verspüre allerdings auch Achtung vor der guten psychischen Organisiertheit von Gerald McCann, vorausschauend im Vorhinein zu verbalisieren, über einiges einfach noch nicht zu sprechen bereit zu sein. Wobei – während ich dies hier gerade schreibe, muss ich eher denken: Es ist aber auch ein Klischee, dass man nach einem schweren Ereignis wie diesem über einiges noch nicht sprechen kann – diese Haltung könnte also auch eine Schutzbehauptung sein, um unangenehme Konfrontationen zu vermeiden. Zusammen betrachtet, schließen sich die beiden Möglichkeiten nicht aus: Es ginge dann einfach um eine Schutzbedürftigkeit, wie auch immer diese motiviert sein mag, bezüglich der Gerald McCann gut für sich sorgen kann.

7) Das einleitende „You know" im dritten Absatz scheint auch auf Nähe anzuspielen, i. S. v. „ihr kennt Euch ja in unserem (Er)leben aus".

8) Das metaphorisch verwendete Wort „outpouring" kreiert gemäß seiner Bedeutung v. a. folgende Bilder:

    a) Etwas wird *aus*geschüttet, weil es etwas Unbrauchbares ist, z. B. ein derartiger Rest von etwas Konsumierten oder etwas „Schlechtgewordenes", das zu lange Zeit unaufgezehrt dasteht – also etwas, das „ungenießbar" ist.

    b) Etwas wird *ein*geschüttet, vor allem ein Getränk.

    c) Etwas Strömendes, Flutartiges und damit Gewaltiges, Mitreißendes.

Interessant ist die in a) versus b) ausgedrückte Divergenz. Wo a) den Blick - betrachtet man die in den Bedeutungen markierte Richtung - auf das „Weg", das Geben lenkt, fokussiert b) das „Hin(ein), das Aufnehmen. Daneben besteht die Ambivalenz „gut" versus „böse" im Gegensatz zwischen Genießbarem und Ungenießbarem. Das „Weg", das Geben, erscheint mit „böse" assoziiert das „Hin(ein)", das Nehmen, mit „gut".

9) Vor der Aussprache von „spiritual outpouring" zögert Gerald McCann kurz. Das Wort scheint somit eine aufgrund moralischer Zensur vorgenommene Substituierung für ein eigentlich psychologisch treffenderes anderes zu sein. Als Substitut müsste es nun aber, im Sinne der Durchsetzungskraft abgewehrter Elemente, auch diese noch durchscheinen lassen. Einen Hinweis auf das hier abgewehrte Element gibt wohl der unter 8) entdeckte Widerspruch, der so interpretiert werden kann:

    a) Eigentlich wird Versorgtwerden ersehnt. Allerdings möchte man sich nur „das Gute" einverleiben und hat Angst, in der Abhängigkeit auch die Erfahrung mit „dem Unlustvollen" zu machen. Gerald McCanns persönlichkeitstypische Lösung hieraus scheint zu sein, dann lieber generell ein passives Versorgtwerden und die zugehörige Abhängigkeit zu vermeiden.

    b) Es könnte beim Sprecher auch, nimmt man das Wort „Outpouring" mit seiner Ambitendenz auf der Ebene bildlicher Konkretheit Ernst, ein Konflikt zwischen Verabreichen und Ausschütten/Wieder-Ausschleusen einer Flüssigkeit (z. B. Betäubungsmittelverabreichung für Madeleine) bestehen.

10) An der Stelle „and that has given us great encouragement and hope" wundere ich mich über den geringen Redeschwung und das eher schnelle Redetempo. So bekomme ich den Eindruck, die erhaltene Ermutigung und die Hoffnung würden dem Sprecher nicht besonders viel bedeuten und der er wolle über diese Stelle schnell hinwegkommen. So kommt die Idee auf, er könne nicht gut „nehmen", sei vielleicht nicht gerne hilfsbedürftig und damit von anderen abhängig.

11) Merkwürdig erscheint mir die Formulierung „that we would bring back Madeleine safely". *Die Eltern* wollen das Kind also sicher zurück*bringen*. Wieso *Sie*? Und: Wieso wollen sie es nicht vielmehr „zurück*holen*" (fetch back/ call back)?

    a) Die Eltern scheinen sich in einer „Bringschuld" gegenüber Außenstehenden, vielleicht auch gegenüber ihren Familien, bzw. gegenüber ihrem eigenen Gewissen zu sehen. Sie fühlen sich also schuldig am „Wegsein" des Kindes. So wird es noch wichtiger, das Kind zu denen, denen gegenüber man sich schuldig fühlt, zurückzubringen als es nur aus emotionalen Motiven für sich zurückzuholen. Die Eltern bzw. Herr McCann wollen/will also aktiv werden und so mit den eigenen Kräften die Wiederkehr bewirken.

    b) Um einen unter a) genannten Aspekt noch einmal schärfer auszulegen: Die Verantwortung, etwas zurückzubringen, besteht vor allem in dem Fall, wenn man es selbst auch objektiv wirklich weggenommen/weggebracht hat. Hier drängt sich also die Frage auf, ob die Eltern McCann Madeleine bzw. ihre Leiche weggebracht haben.

12) Unmittelbar im Zusammenhang mit dem Dank für die Spenden (der mir auch nicht betont genug erscheint) zu sagen, dass daraus ein Problem erwächst, statt einfach zu versichern, sich unter Hinzuziehung von Anwälten um einen verantwortungsbewussten Umgang bestmöglich zu bemühen, irritiert mich.

    a) Nehmen wir die Wortwahl von Herrn McCann ernst, scheint das Paar tatsächlich ein Problem mit diesen Spenden zu haben – wohl jedoch eher ein innerpsychisch determiniertes. Zuerst ist hier an ein aus Schuldgefühlen entstehendes Gefühl des Nicht-verdient-Habens dieser Spenden zu denken, also an ein schlechtes Gewissen.

    b) Vielleicht haben die Eltern aber auch tatsächlich nur Angst davor, mit diesem Geld falsch umzugehen, da eine große Summe Geld potenziell zu der Versuchung verführt, sich auch weniger sachdienliche Wünsche zu erfüllen. Hier klingt also eher die Angst vor Kontrollverlust gegenüber Triebansprüchen an.

    c) Vielleicht besteht ein generelles Problem mit der Annahme von Hilfe, weil sie einen z. B. in eine unterlegene Position bringt, in eine vielleicht als gefährlich empfundene Abhängigkeit.

13) „A burden being lifted from our shoulders" erscheint mir im Bezug auf die Spenden und die Frage nach dem verantwortungsvollen Umgang mit diesen, die dem die Anwälte nun hilfreich beraten, nicht unmittelbar eingängig: Die Spenden oder die damit verbundene Verantwortung ist doch nicht treffend etwas, was man mit sich herumtragen muss und unter dessen Gewicht man leidet. Es wird wohl eher noch etwas Ungenanntes anderes geben, zu dem dieses Bild passgenauer ist:

    a) Es träfe besser auf ein Schuldgefühl zu, auf subjektiv *auf sich geladene* Schuld („to burden o.s. with guilt"). Diese Schuld könnte lediglich in der mangelhaft erfüllten Aufsichtspflicht, aber auch im Falle einer Tötung, unterlassener Hilfeleistung oder Beseitigung der Leiche (die man vielleicht auch auf dem Arm und damit an, über oder auf der Schulter trug) bestehen. Die Erleichterung durch den Kontakt mit den Anwälten besteht also wohl eigentlich, so verrät hier die latente Ebene, in Form eines Bewältigungsversuches der subjektiv so schwer lastenden Schuld.

    b) Das Bild träfe auch besser auf ein von Schuldfragen unabhängiges, emotionales Leid zu, das schwer auf das Gemüt drückt, und von dem man sich erleichtern möchte. So mag das Verschwinden der Tochter die Eltern in einen derartigen Zustand versetzt haben, wobei der Kontakt mit den Anwälten auf der latenten Ebene dann auch einfach für Beistand und damit Erleichterung in diesem Leid steht.

    c) Als ein Symbol, das *beide* Aspekte – Schuldthematik und Leid – des von den religiösen Eltern verwendeten sprachlichen Bildes vereint, drängt sich mir das Kreuz Jesu auf. Es verkörpert die Elemente sowohl als Bürde als auch als Erlösung auf religiöser Ebene. Die Religion könnte also von den Eltern in Zusammenhang mit ihrer subjektiv empfundenen Schuld, mit ihrem Leid und mit Erlösung gebracht werden. Das würde die Religion also auf der latenten Ebene zur eigentlichen Hilfe machen, nicht die an dieser Stelle genannten Anwälte an sich – es würde somit vielmehr eine *spirituelle* Lösung für Schuld und Leid gesucht als eine rein juristische. Der Beistand durch die Anwälte könnte für die Eltern also unbewusst vielleicht auch diese Bedeutung haben.

d) Sich von der „Last" und dem „Leiden", die von den Spenden ausgehen, befreien zu wollen, kann auch einfach dafür stehen, sich aus der Position des passiv Versorgten und damit des Abhängigen befreien zu wollen.

14) In Gerald McCann scheint die Vorstellung zu dominieren, in einer bestimmten Situation zu sein oder gewesen zu sein, die ihn *relativ gefangen* gehalten hat – so jedenfalls die Lesart zur, rein inhaltlich gesehen, unnötigen Verkomplizierung „concentrating about the situation *that we were in*": „Concentrating on our situation" hätte genügt. Mit der getroffenen Wahl handelt es sich hier also um eine exzessive Formulierung, die zudem das Bild eines physikalischen Eingeschlossen-Seins aufkommen lässt.

Dies scheint eine Ausweglosigkeit zu bedeuten - im konkret-physikalischen Sinne oder aber im übertragenen -, die als Schicksal über die Eltern hereinbrach, nun aber überwunden ist.

15) Es scheint dem Mann darum zu gehen, mehr von einer bestimmten Sache *in* dieser Situation zu konzentrieren, also zusammenzuballen (wie man also Objekte an einem Ort konzentriert) – so lässt sich der Versprecher „to concentrate more in, on..." in Verbindung mit „and concentrating about the situation that we were in" verstehen. Zuerst mögen einem dazu psychische Kraftressourcen einfallen, die es zur Bewältigung der Situation zu konzentrieren gilt, oder auch äußere Hilfskräfte.

16) Als Konkretum liest sich das von Gerald McCann im so betonten Satz: „We do *need* to spend more time *at this point*..." enthaltene Lokaladverb „at this point" als ein räumlich bestimmbarer Ort. Demnach würde der Sprecher latent das eigentliche Bedürfnis ausdrücken, an diesem bestimmten Ort zu sein. Beim Nachgehen der Frage, um welchen Ort es sich handeln mag, erscheint die Einbeziehung des inhaltlichen und handlungsbezogenen Kontextes sinnvoll:

   a) Auf der inhaltlichen Ebene wird durch die implizite religiöse Anspielung in dem diesen Satz vorangehenden Zusammenhang ein Ort mit Nähe zu Gott/Jesus nahegelegt, also wohl vor allem eine Kirche.

   b) Im direkten Kontext des betrachteten Satzes scheint mit dem Fokus auf die Familie auch das „Zuhause", also die eigenen vier Wände" gemeint sein zu können, also das Hotel in Portugal oder das tatsächliche Zuhause in England.

   c) Weitet man die Betrachtung auf die Lokalität des Statements aus, könnte es auch bedeuten, das Paar wolle an genau diesem Ort, an dem es gerade steht (wohl vor dem Hotelgelände), mehr Zeit verbringen. Diese Möglichkeit macht jedoch am wenigsten Sinn.

17) Der Dank an die Medien im achten o. g. Textabsatz wirkt sehr emphatisch. Ich verspüre Traurigkeit beim Rezipieren dieser Videosequenz, was auf ein entsprechendes Gefühl von Gerald McCann schließen lässt.

18) 4 bis 5 Sekunden, nachdem Herr McCann gesagt hat „to keep Madeleine`s profile so high" und unmittelbar nach einem im weiteren Satzverlauf noch beibehaltenen Bezug darauf, wirft Kate McCann ihren Kopf zur Seite, so dass man *ihr Profil* sieht.

   a) Das könnte auf eine unbewusste Identifizierung mit der gesuchten Madeleine hindeuten.

   b) Es könnte auch bedeuten, dass die Fokussierung der Medien auf Madeleine von der Mutter Kate McCann als die in das Verschwinden Involvierte ablenkt, wobei sich dieses verdeckte Element durch „Wiederkehr des Verdrängten" verrät.

   c) Die Stelle könnte auch verstanden werden als unbewusste Kommentierung von „Madeleines Profil" durch einen Vorstellungsinhalt, der Kate McCann insgeheim beschäftigt: Ein plötzliches Zur-Seite-Rucken von Madeleines Kopf, wie dies wohl v. a. bei einer erhaltenen Ohrfeige, beim unvorbereiteten In-den-Schlaf-Fallen (angelehnt im Sitzen) oder beim Sterben in Rückenlage vorkommt. Es könnte sich hierbei um ein von Kate McCann tatsächlich erlebtes Szenario handeln oder um die Befürchtung, jemand tue dem Kind weh oder lasse es gar sterben.

19) Der Berichterstatter, der die erste Frage stellt, bricht diese zunächst wieder ab, um erst einmal auf die Beziehungsebene zu wechseln, sich vorzustellen und dem Paar zu danken. Er scheint also das Gefühl zu haben, für die Sicherstellung einer Antwort erst einmal durch besondere Behutsamkeit und eine gewisse Unterordnung Gerald McCann für sich gewinnen zu müssen.

20) Kate McCann setzt zur Beantwortung der ersten Frage eines Reporters an, die an sie beide gerichtet ist. Dies nicht bemerkend, antwortet ihr Mann. Kate McCann nimmt sich anstandslos zurück. Diese Szene deutet auf eine sehr starke Fokussierung des Mannes auf seine eigene Person hin, auf wenig Aufmerksamkeit für seine Frau. Man sieht einen Mann, der *ist,* und eine Frau, die hingegen nicht wirklich, höchstens als Schatten oder Geist, existiert.
Kate McCann tut mir leid, als sie sich so kraftlos umgehend ihrem Mann unterordnet. Hier bekomme ich die Phantasie: Sie kennt diese Rolle sehr gut, es ist die ihre, seit langem. Vielleicht musste sie sich bereits in ihrem Elternhaus, z. B. ihrer Mutter gegenüber, schon so in ihren Bedürfnissen und damit auch in ihrem Identitätsgefühl unterordnen.

21) Geralds Stocken bei „travel trauma, eh, eh consultants" mit der Vermeidung des Wortes "psychologist" deutet darauf hin, dass dem Sprecher die Benennung der in Anspruch genommenen Hilfe als psychologische unangenehm ist, zumindest nach Außen hin.

22) Kates Zur-Seite-Rucken des Kopfes etwa 2 Sekunden nach dem Wort „Trauma" könnte auf eine Assoziation zwischen diesen beiden Elementen hindeuten und in diesem Sinne eine Szene darstellen, die eher tatsächlich erlebt und unverarbeitet im Unbewussten vorhanden ist, vielleicht aber auch nur mehr oder weniger unbewusst vorgestellt, da z. B. befürchtet wird (vgl. Punkt 18).

23) Die Stelle „direct *(Pause von ca. 2 Sekunden, schweres Einatmen)* the emotions, that we fe-, that are negative..." weist mit ihren Brüchen auf eine ereignisbedingte, schwer zu handelnde emotionale Belastung des Sprechers hin, der um ein Ausweichen vor ihnen bemüht scheint, aber noch *relativ* guten Zugang zu seinen Gefühlen besitzt.

24) Die Passage, in der der Vater über „channel everything into looking forward" erzählt und sagt, sie als Eltern gingen solange von der Unversehrtheit ihres Kindes aus, bis das Gegenteil bewiesen sei, klingt für mich psychisch sehr, sehr stark, viel eher Mut *machend* als selbst Zuspruch brauchend.

25) Gerald McCanns Aufforderung zu antworten an seine Frau bei der nächsten Frage geschieht in einem relativen Befehlston und ohne jedwede gegenseitige mimische Abstimmung. Es ist somit eine Anweisung, der Kate McCann unmittelbar nachkommt. Die Szene sieht aus nach „Befehl und Gehorsam".

26) Kates Stimme hört sich auffallend „gebrochen" an - so wirkt sie auf mich als eine gebrochene Frau.

27) Unmittelbar nach Kate Antwort – es ist nicht ganz sicher, ob sie auch wirklich schon fertig ist, denn eine mimische Abstimmung gibt es auch hier nicht zwischen den Partnern – nimmt Gerald wieder das Zepter in die Hand und bestimmt den nächsten Fragesteller. Es wirkt, als meine er über Kate bestimmen zu müssen, wie man für ein kleines Kind in einer solchen Kontaktsituation mit den Medien sorgen würde, um es zu schützen und/oder zu kontrollieren, damit es nichts vom Elternteil Unerwünschtes sagt. Und Kate nimmt diese Rolle an. Gerald McCann hat hier eine sehr rigorose Art an sich. Ich habe das Gefühl, dass er es nicht gut aushalten kann, die Kontrolle abzugeben und dies nur in einem von ihm initiierten und von ihm auch wieder beendeten Rahmen tun kann, also wiederum in einer kontrollierten Weise.

28) Die Stelle „...what else can be done" klingt für mich ungewohnt mild statt kämpferisch, und somit ein bisschen ratlos. Gerald McCann scheint also in diesem Punkt tatsächlich einmal ratlos zu sein statt überlegen.

29) An der Antwort auf die vierte Frage amüsiert, dass nach Ansicht von Herrn McCann die heimische Bevölkerung zwar Verzweiflung von den Eltern genommen habe, dies aber teilweise nur durch die Kräfte, die sie wiederum von den McCanns selbst erhalten habe, möglich gewesen sei. Das hört sich an, als habe er die Öffentlichkeit im Grunde genommen nur nötig als Objekte, die die eigene Stärke wieder wie ein Reflektor zurückwerfen auf die ursprüngliche Kraftquelle, die von Gerald doch in ihm selbst lokalisiert wird.

30) Dass das Paar den Leuten in Großbritannien gesagt haben will, sie sollten „vorwärts schauen", hört sich in der Selbstverständlichkeit der Teilung der Gefühle (im engeren Sinne des „Bangens" um das Kind) an, als gehörten sie alle mit zur Familie.

31) Die Formulierung „turn thoughts into action" zeigt, dass es Gerald McCann eine Persönlichkeit ist, die 1. durch eine internale Kontrollüberzeugung (also eine starke Autonomiebetonung)

geprägt ist und die 2. Probleme eher umweltgerichtet, externalisierend, verarbeitet. Diese Einstellungskombination verleiht ihm ein hohes Maß an Tatkraft.

32) Recht resolut beendet Gerald McCann den Auftritt vor den Medien, ohne mimische Abstimmung mit seiner Frau Kate, und führt sie mit sich weg, indem er, sie an der Hand voranschreitet. Auch diese Szene erinnert vielmehr an einen autoritären Vater, der sein kleines Kind mit sich „schleppt". Wobei „das Kind" sich auch „ohne Mucks" fügt.

- Quintessenz der Irritationen und Gegenübertragungen:
  - a) Gerald McCann weist einen umfangreichen Komplex an typisch analen Persönlichkeitszügen auf: betontes Autonomiestreben, lustvolles Selbstwirksamkeitserleben, Durchsetzungskraft, Dominanz-/Achtstreben sowie ein starkes Kontrollbedürfnis (1, 3, 12c, 25, 27, 29, 31, 32).
  - b) Besonders in der Beziehung zu seiner Frau Kate, aber auch allgemein, ist außerdem eine deutliche Fokussierung auf die eigene Person, in diesem Sinne ein narzisstischer Aspekt, sichtbar (20, 27, 29, 32).
  - c) Der Mann schafft es gut, seine Energien – auch unter hohem Belastungsdruck - reflektiert, strukturiert und zielgerichtet in wohlorganisierte Handlungen umzusetzen und auch negative Emotionen nicht weitestgehend ausblenden zu müssen (1, 6, 15, 24, 23).
  - d) Traurigkeit und Leid sind bei beiden Elternteilen erkennbar (13, 14, 17, 23, 26, (28).
  - e) Seine beschriebene Persönlichkeit bietet ihm eine Möglichkeit, Schwächen mit Souveränität überzukompensieren und Schuld durch aktive Wiedergutmachungsbemühungen zu tilgen. Diese Form gegenbesetzter Aktivitäten scheint sein persönlichkeitstypisches Verarbeitungsmuster zu sein (2, 11a, 15, 24, 27).
  - f) Seine Bedürfnisse nach und damit das Erleben von Versorgung, Hilfsbedürftigkeit (also Kontrollverlust), Nähe mit „Sich-Fallenlassen" und damit Abhängigkeit scheint Gerald McCann als Gefahr zu erleben, die er durch starke Eigenaktivität und Autonomiestreben zu meiden sucht (8a, b; 9a, 10, 12c, 13d, 21, 24, 27).
  - g) Ein weiteres, bisher gesagten passendes Element, das sich herauskristallisiert, ist ein Nähe-Distanz-Konflikt von Gerald McCann: Einerseits Nähe suchend (5, 7, 30), schafft er durch seine Art doch oft Distanz zu seinem Gegenüber (1, 3, 4) und bewegt so bei diesem eine Initiative zur persönlicheren Beziehungsaufnahme, die allerdings von Vorsicht und damit wiederum Distanz geprägt ist (1, 4, 19).
  - h) Geralds Persönlichkeit lässt Beziehungen entstehen, in denen das Gegenüber leicht in die Rolle eines vorsichtigen, aber unterordnenden Interaktionspartners versetzt wird, dessen Handlungsspielraum durch die Kontrolle Geralds begrenzt wird (1, 3, (4), 19). Aber Geralds Eigenschaften bieten für andere auch die Möglichkeit zur Delegation von Ich-Funktionen, was bis hin zur relativen Aufgabe einer gelebten eigenen Identität gehen kann, wie man in Geralds relationalen Zusammenspiel mit seiner Frau Kate sieht (20, 25, 27, 32). Zusammengefasst lässt sich sagen: Gerald McCanns abgewehrte und damit ungelebte Selbstanteile tauchen bei seinen Interaktionspartnern im Sinne des Kollisionsprinzips wieder auf.
  - i) Kate McCann scheint von ihrer Persönlichkeit und damit assoziierten typischen Verarbeitungsweise her jemand zu sein, der auf starke psychische Belastungen mit depressiven Zügen (hier v. a. : Passivität, Teilnahmslosigkeit) reagiert und im Rahmen dieses Modus auch mit der Delegation von Ich-Funktionen sowie einer wiederum damit verbundenen symbiotischen Beziehungsgestaltung mit tendenziellem Identitätsverlust, d. h. einer weitgehenden Unterordnung bis Aufgabe der eigenen Bedürfnisse (20, 32; vgl. darüber hinaus die Tatsache, dass Kate McCann bis auf eine wenige Sekunden dauernde Sequenz stillschweigend und fast unbeweglich neben ihrem Mann steht).

    Es gibt auch ein, zwei, wenn auch schwache, Hinweise für das Vorliegen einer Identifizierung der Mutter mit ihrer verschwundenen Tochter (18a, c).
  - j) Neben diesem depressiven Aspekt schwingt mit der Unterordnung und dem bereitwilligen, unmittelbaren Gehorsam (20, 25, 32) aber auch noch eine Abwehr eigener analer Strebungen zu Gunsten einer Entfaltung des Partners mit.

k) Was Herr McCann als Sprecher in Statements und Interview betrifft, tritt das Thema „Schuld" mehrfach auf. Manchmal ist es direkt bezogen auf das Verschwinden von Madeleine (11a, 13a, c), zum anderen ist es jedoch auch mit Nähe zu den Reportern und dem Erhalt der Spendengelder potenziell assoziiert (4, 12a). Letzterer Aspekt ist gut mit dem ersten vereinbar, denn Schuldgefühle können auch das Gefühl eines Unwürdigseins für Spenden bewirken sowie ein Bemühen um Vermeidung der Schuldthematik in Gesprächen. Darüber hinaus passt die Verbindung von Schuld mit Nähe und Versorgung/Abhängigkeit aber auch ein persönlichkeitsspezifischer Aspekt des Mannes zu sein (s. o. zur Abwehr dieser Aspekte).

l) Dass das subjektiv vom Vater empfundene Schuldgefühl doch einer aktiven Verwicklung von ihm in das Verschwinden seiner Tochter entspringen könnte, dafür liegen ein paar wenige, aber eher schwache, da auch durch andere Interpretationen gut aufklärbare, potenzielle Belegstellen vor ((2), 9b, 11b, 13a). Interessant ist allerdings, dass zwei der gewichtigeren Textstellen (11b, 13a) beide ein „Transportieren" behandeln. Eine andere (9b) birgt hingegen potenziell das Thema „ambivalent besetzte Betäubungsmittelverabreichung" in sich.

m) Dass Kate McCann direkt in das Verschwinden ihrer Tochter involviert ist, dafür liefert der Text zwei potenzielle Belegstellen (18b, c; 22) *die weitgehend auch als Phantasieinhalt, wie er Befürchtungen entstammt, verstanden werden können.* Allerdings ist die Auffälligkeit festzuhalten, dass beide - strukturgleiche – Belegstellen das Bild eines Zur-Seite-Fallens des Kopfes, wie es auch im Falle des Einschlafens, einer Kopfverletzung oder im Sterbemoment produziert wird, beinhalten.

n) Aus den beiden letztgenannten Punkten lässt sich die - ich betone - *schwache* Hypothese ableiten, das Kind habe unter Wissen beider Elternteile Betäubungsmittel erhalten, Kate McCann habe dann mit ihrer Tochter im Moment ihres so bedingten Verunglückens Kontakt gehabt, Gerald McCann hingegen die Leiche später wegtransportiert.

o) Religion wird von Gerald McCann/oder beiden in ihrer aktuellen Situation wohl als Erlösungssuche von Schuldgefühlen und Leid genutzt. Auch die Anwaltskontakte scheinen für Gerald/oder beide nicht eine rein juristische Beratung zu bedeuten, sondern in erster Linie eine spirituelle im Sinne einer Bewältigung von subjektiver Schuld und Leid (13c, 16).

Ergänzungen aus der Supervision mit Frau W.:

- Vom Leseeindruck und meiner Imitation von Gerald McCanns Intonation her hat Frau W. den Eindruck, dass der Vater sich sehr zusammenreißt, sich innerlich aufrecht zu halten, seine Tränen und Verzweiflung mit aller Kraft so gut es möglich ist zu verbergen versucht. Sie stimmt mir zu, dass dies eine große Ich-Leistung sei.
- Die abgebrochene Silbe „fe" könnte gut „fear" bedeuten. Der Schreiber sei darum bemüht, seinen Ängsten auszuweichen.
- Die Fokussierung des Vorwärts-Guckens und Vorwärts-Kommens durch Herrn McCann sei für den Fall, Madeleine sie entführt worden, eine funktional sehr sinnvolle Abwehr der Ängste und realistischen Gefahren, da er sonst keine Kraft mehr zum Weiterkämpfen aufbringen könnte. Diesem kann ich sehr zustimmen.

564

2) **Analyse des Interviewausschnitts vom irischen Sender RTÉ vom 19.06.07 (01:05 bis 01:17 sowie 03:12 bis 03:42)[3]**

Gerald und Kate McCann sitzen Hand in Hand nebeneinander, die Frau an der linken Seite ihres Mannes. Sie trägt ein pinkes Oberteil mit weißen Pünktchen, ein grünes Band in ihrem zu einem Zopf gebundenen Haar und drückt das auf ihrem Schoß liegende Kuscheltier Cuddle Cat, dessen Kopf in Richtung des Mannes zeigt, an ihren Bauch. Herr McCann trägt an der rechten Seite seines grau-grünen T-Shirt ein kleines grünes Schleifchen. Beide tragen um ihr rechtes Handgelenk ein gelbes Find-Madeleine-Armband, Frau McCann auch um ihr linkes. (01:05 bis 01:17)

Zu der Passage von 03:12 bis 03:42:

Frage der Interviewerin: "And why do you think it is important to stay here, in Portugal?"

Kate McCann: "I mean, I feel closer to Madeleine here, which *(Sprechpause von ca.*

Kate: *1 Sekunde mit Andeutung eines Achselzuckens, dann rasches und Hinzufügen der*

Kate: *nächsten, betonten Worte)* – I mean, it might be wrong, she might be closer to the

Kate: UK than, than here, but *(Pause von ca. 1 Sekunde mit tiefem Luftholen) I do feel*
Gerry: * nickt mit geschlossenen Augen, benetzt seine Lippen, presst

Kate: close to Madeleine here;
Gerry: sie zusammen, dreht seinen Kopf um 90° zu seiner Frau und verzieht den Mund*

Kate: we are also close to the investigation here. And, eh, to be honest, I can't really
Gerry: *starkes Nicken*

Kate: think about going home (Pause von ca. 1,5 Sekunden). To our home, without

Kate: Madeleine."

- Irritationen und Gegenübertragungen:
1) Mit ihrem pinken Oberteil, dem an ihren Bauch gedrückten Kuscheltier und ihrem langen Schleifenband im Haar wirkt Frau McCann wie ein kleines Mädchen, so wie Madeleine eines ist, voll kindlicher „Unschuld" – ein Kind, das man einfach nur „annehmen" mag. Den Eindruck einer erwachsenen Frau mittleren Alters macht sie nicht auf mich.
2) „Die drei" dort auf dem Sofa (die Eltern und das Kuscheltier) muten andererseits an wie eine kleine Familie, in der sich *die Mutter* liebevoll um das gemeinsame Kind (oder z. B. auch einen gemeinsamen Hund) kümmert.
3) Die vielen Hoffnungssymbole (grünes Haarband, grünes Schleifchen, Armbänder) beider Eltern strahlen auf mich „etwas Schönes" aus, etwas Feierliches, auf keinen Fall Verzweiflung oder Trauer, die man als Eindruck von den Eltern doch viel eher erwarten könnte. Lediglich Herr McCanns T-Shirt bringt mit einer blasseren, dunkleren Farbe einen etwas gegenteiligen Aspekt mit hinein.

4) Die direkte Blickrichtung der Kuscheltierkatze zu Gerald McCann stellt einerseits Nähe zwischen beiden her; andererseits hat sie aber auch etwas sehr wachsames und damit aggressives an sich, das eher Distanz schafft. Dieser letztere Aspekt wäre nicht gegeben, würde der Kopf des Tieres ein ganz klein wenig mehr nach schräg vorne gewandt.

5) Herr McCann wirkt auf mich durch sein zartgrünes Schleifchen an der Brust etwas „verweiblicht". Ich merke meine Versuchung, ihn so nicht ernst nehmen zu wollen, muss an Karneval denken. Dann tut mir diese Abwertung leid. Ich fühle mich ein bisschen schuldig und weise mich zurecht: Er kann doch trotzdem „ein ganzer Mann" sein, man darf so eine Kleinigkeit nicht überbewerten. Sicherlich merkt er selbst ja auch gar nicht, wie er mit dem Schleifchen wirken kann. Ich schweife noch mehr ab in Phantasien darüber, dass ich es gemein finden würde, wenn sich jemand über meine Schwächen lustig machen würde.

6) Frau McCanns rasche Einräumung von relativierender Unsicherheit mit den Worten „I mean, I might be wrong, she might be closer to the UK than, than here" irritiert mich: Ihre vorangegangene Darlegung des Gefühls, sich der Tochter in Portugal näher zu fühlen, führte ich als Zuschauer ganz selbstverständlich auf ihr Empfinden einer größeren Nähe zum Ort *des Verschwindens* des Kindes zurück. Mit dem relativierenden Einschub wird dann allerdings eine ganz andere Bedingungsmöglichkeit aufgezeigt, nämlich die eines Empfindens größerer Nähe zum Ort *des Verbleibes* der Tochter.

Durch die Schnelligkeit dieser Einräumung entsteht in mir allerdings der Eindruck, Frau McCann beeile sich zu versichern, diese empfundene Nähe sei lediglich ein subjektives Gefühl und stehe somit in keinem Kausalzusammenhang mit einem sicheren Wissen über den Ort des Verbleibes. Dieses Aufzeigen des alternativen Bedingungsgefüges mit seiner wiederum gleichzeitigen Relativierung lässt die Vermutung aufkommen, die Mutter verschweige ihr Wissen um den Verbleib der Tochter in Portugal, habe mit dieser „Unterdrückung" jedoch insofern zu kämpfen, als dass sie sich verrät, anschließend aber davon ablenken will.

7) Nach dem Einschub entsteht eine Pause im Redefluss der Mutter, anschließend wiederholt sie fast wörtlich ihre ersten Worte dieser Interviewpassage: „but I do feel close to Madeleine here". Ich habe hier den Eindruck, dass Kate McCann „auf der Stelle tritt", dass sie das Gefühl hat, irgendetwas sagen zu müssen, ohne eine inhaltliche Vorstellung darüber, *was* – nur um fortzufahren. So habe ich das Empfinden, sie ist bemüht, mich als Zuschauer weiterzuführen, also „wegzuführen" von ihrem vorangegangenen, oben diskutierten Einschub.

8) Während Kate McCann „auf der Stelle tritt", zeigt ihr Mann Gerald zahlreiche Körperregungen. Insbesondere das Herüberschauen zu Kate mit Verziehen der Mundwinkel wirkt auf mich nervös und ärgerlich, als wolle er sie zum Schweigen auffordern.

9) Herr McCanns auffallendes Lippenspiel (Benetzung, Zusammenpressen, Breitziehen) zieht meine Aufmerksamkeit stark an. So kommt die Frage auf, ob sich vielleicht auch Gerald McCann innerlich gerade sehr mit „dem Mund" beschäftigt – vielleicht im Sinne von „Mund (geschlossen) halten", also einem Wunsch an seine Frau, sie möge doch nun besser schweigen.

Das Zusammenpressen seiner Lippen könnte dann als paraverbal ausgeführter Appell an Kate interpretiert werden, aber auch als eine durch Identifikation mit ihr an sich selbst stellvertretend verkörperte Erfüllung seines Wunsches.

10) Es irritiert mich auch, dass Frau McCann auf Geralds 90°-Drehung seines Kopfes, die sie aus den Augenwinkeln vermutlich wahrnehmen kann, mit keiner Blickkontaktaufnahme reagiert. Ich hatte eine solche Blickorientierung erwartet. Frau McCann könnte sich doch nach Geralds Anliegen fragen und ein solches an seinem Gesichtsausdruck ablesen wollen. Sie könnte so auch sehen, ob er z. B. dringend etwas sagen möchte, dem sie - besonders in ihrer vermutlichen Situation mangelnder inhaltlicher Mitteilungsabsicht - doch den Vorrang einräumen könnte.

Das Ausbleiben von Kate McCanns Blickorientierung erweckt in mir den Eindruck, sie könne das Anliegen ihres Mannes auch ohne diese verstehen. Es liegt somit nahe, dass sie es in dem Sinne versteht, wie es hier unter dem vorangehenden Punkt entwickelt wurde.

Darüber hinaus wird eine gewisse Distanz von Frau McCann zu ihrem Mann deutlich.

11) Die Stärke von Gerald McCanns Nicken bei der Äußerung seiner Frau, die Eltern seien hier in Portugal auch näher an der polizeilichen Ermittlungsarbeit, verwundert mich. Sie zieht meine Aufmerksamkeit sehr an und bedeutet mir, der gerade von Frau McCann angesprochene Aspekt sei besonders wichtig. Aufgrund seines so langsamen Zur-Sprache-Kommens kann ich ihn aber

nicht als so besonders bedeutsam einstufen, womit eine Dissonanz in meinem Empfinden hervorgerufen wird. Sie lässt mich zu dem Verdacht kommen, Herr McCann lenke mit dem „Eye-catcher" seines starken Nickens von dem eigentlich bedeutsameren vorangehenden Geschehen dieser Interviewsequenz ab.

12) Das Element „to be honest" erzeugt meines Empfindens nach eine besondere Vertrautheit und stellt damit wohl mehr Nähe zu der Interviewerin, aber auch zu mir als Zuschauer her.

Man könnte sich hier fragen, weshalb der „Brückenschlag" an dieser Interviewstelle so wichtig ist: Hat Frau McCann das Gefühl, durch die vorige Interviewpassage Distanz geschaffen zu haben, die sie wieder ausräumen möchte?

Betrachtet man diese Vertrauen stiftenden Worte im Zusammenhang mit ihrer Aussage über ihr Unvermögen der Heimreise in der ersten Person Singular, offenbart sich eine gewisse Abgrenzung von ihrem Mann Gerald.

13) Die besondere Betonung, bezüglich des Themas „Nachhause-Fahren" nun ehrlich zu sein, eröffnet die Deutungsmöglichkeit, Frau McCann könne bei ihren vorangehenden Äußerungen zur Thematik „In-Portugal-Bleiben" nicht ehrlich gewesen sein.

- Quintessenz der Irritationen und Gegenübertragungen:

  a) Die Interviewsequenz mutet an wie ein unbewusst motivierter Selbstverrat der Mutter Kate McCann, aufgrund ihres Wissens um den dortigen Verbleib der Tochter bleiben zu wollen. Bewusst scheint sich sich hingegen um eine Gegensteuerung zu bemühen (1, 6, 7, 10, 12, 13).

  b) Herr McCann stimmt dieser anzunehmende Verrat wohl nervös und ärgerlich und auch er bemüht sich anscheinend um eine Gegensteuerung (8, 9, 11).

  c) Insbesondere Frau McCann, aber auch ihr Mann scheinen eine Bedrohungslage für das Kind und/oder eine gewisse Unwahrscheinlichkeit, es noch lebend wiederbekommen zu können, zu verleugnen (2, 3).

  d) Für Frau McCann scheint eine besondere Nähe zu Madeleine (= Kuschelkatze nach dem Prinzip „pars-pro-toto") und eine gewisse Abgrenzung sowohl ihrer Person als auch des Kindes von Gerald McCann bedeutsam zu sein (als Erinnerung dieser Szene oder als Wunsch nach einer solchen; 2, 4, 10, 12).

  e) Beide Partner scheinen ihre sexuellen Kräfte, ihre Identität als Mann und als Frau, zu verleugnen (1, 5).

  f) Es sollte die Möglichkeit im Auge behalten werden, dass Herr McCann sich einer mangelnden Potenz schämt und/oder Frau McCann ihn deshalb insgeheim geringschätzt (4).

Analyse des Aspekts der Wiederholung des zuvor Gesagten mit vorheriger kurzer Pause und tiefem Luftholen („I do feel close to Madeleine here") mittels objektiver Hermeneutik:

Lesarten (einschließlich evtl. kontrastierender Gedankenexperimente):

a) Die Sprecherin hängt mit ihren Gedanken an einer Assoziation zu einem Eindruck fest, der dazu führt, dass ihre Aufmerksamkeit von der äußeren Gesprächsführung abgelenkt ist und sie diesbezüglich „auf der Stelle tritt".

b) Die Sprecherin ist mit dem zuvor Gesagten innerlich noch so beschäftigt, dass sie im Gespräch „auf der Stelle tritt".

c) Die Interviewte wurde durch irgendetwas aus dem Gesprächsfluss gerissen und versucht nun, den Faden wieder aufzunehmen, wofür sie eine gewisse Zeit benötigt.

d) Die Sprecherin weiß auf die gerade gestellte Frage keine Antwort und deshalb „tritt sie auf der Stelle".

e) Die Interviewte möchte das davor Gesagte noch einmal anderes weiterführen als zuvor gewählt, weshalb sie es wiederholt und nach den passenden Worten sucht.

Zu a):

Konfrontation mit dem äußeren Kontext:

Diese Lesart ist im vorliegenden Fall plausibel. Da Frau McCann ihren Erzählfluss nach der Angabe, sie fühle sich ihrer Tochter in Praia da Luz näher, abreißen lässt, scheint ihre sie innerlich beschäftigende Assoziation von diesem Element aus auszugehen.

Schlussfolgerungen (u. U. mit Berücksichtigung des inneren Kontextes):

H1ErlebenK: Frau McCann hängt mit ihren Gedanken wohl an einer Assoziation zu dem Aspekt, sie fühle sich ihrer Tochter in Praia da Luz näher. Vielleicht ist sie innerlich mit ihrer Sehnsucht nach ihrem Kind beschäftigt. Vielleicht glaubt sie, die Tochter sei noch in Portugal. Vielleicht weiß sie auch, aufgrund ihrer Verwicklung in ihr Verschwinden, dass sich die Leiche des Kindes dort befindet.

Zu b):

Konfrontation mit dem äußeren Kontext:

Diese Lesart ist im vorliegenden Fall gut möglich: Da das United Kingdom die Heimat der McCanns ist, kann es gut sein, dass Frau McCann innerlich mit der Phantasie beschäftigt ist, wie es wäre, wenn Madeleine nahe ihres Zuhauses wäre. Vielleicht denkt sie aber auch an etwas, das mit ihrem *abgebrochenen* Gedanken in Zusammenhang steht, nämlich mit der von ihr in Portugal gefühlten Nähe zu ihrem Kind.

Schlussfolgerungen (u. U. mit Berücksichtigung des inneren Kontextes):

H2ErlebenK: Kate McCann ist mit dem zuvor Gesagten innerlich noch so beschäftigt, dass sie „auf der Stelle tritt": Sie malt sich aus, wie es wäre, wenn Madeleine nahe ihres Zuhauses wäre.

H3ErlebenK: Kate McCann ist mit dem zuvor Gesagten innerlich noch so beschäftigt, dass sie „auf der Stelle tritt": Sie hängt einer Assoziation zu der von ihr in Portugal gefühlten Nähe zu ihrem Kind nach (ihrer Sehnsucht nach dem Kind, ihrem Glauben, es sei in Portugal bzw. ihrem Wissen darüber im Falle ihrer Verwicklung.

Zu c):

Konfrontation mit dem äußeren Kontext:

Da Frau McCann durch ihre Relativierung, das Kind könne natürlich auch näher bei Großbritannien sein, aus dem Erzählfluss gerissen wird, kann man sagen, dass sie hierdruch „den Faden verliert".

Schlussfolgerungen (u. U. mit Berücksichtigung des inneren Kontextes):

H4ErlebenK: Frau McCann wurde durch ihre Relativierung, das Kind könne natürlich auch näher bei Großbritannien sein, aus dem Erzählfluss gerissen. Diese Relativierung war für sie sehr bedeutsam: Sie versuchte damit davon abzulenken, dass sie weiß, das Madeleine noch in (der Nähe von) Portugal ist.

*Es kann folgende **Fallstrukturhypothese1Ereignis** angenommen werden:*

Frau McCann weiß, dass die Leiche ihrer Tochter in (der Nähe von) Portugal ist und sie bemüht sich um die Verheimlichung dieses Wissens.

Zu d):

Konfrontation mit dem äußeren Kontext:

Da Frau McCann zuvor zwar eine Antwort gegeben hat, sich jedoch beeilte, diese wieder zu relativieren, liegt in diesem Fall nahe, dass sie keine ihr geeignet erscheinende Antwort weiß bzw. dass ihr der Grund für ihren weiteren Aufenthalt in Portugal gerade nicht bewusst ist.

Schlussfolgerungen (u. U. mit Berücksichtigung des inneren Kontextes):

H5ErlebenK: Frau McCann weiß keine ihr geeignet erscheinende Antwort auf die Frage nach dem Grund für ihren weiteren Aufenthalt in Praia da Luz, da sie ihr Wissen darüber verheimlichen möchte, dass in (der Nähe von) Portugal Madeleines Überreste liegen, die die Eltern bzw. ein (beauftragter) Dritter dort versteckt haben.

(Diese Hypothese wird gestützt von Fallstrukturhypothese1).

H6ErlebenK: Kate McCann ist der Grund für ihren weiteren Aufenthalt in Portugal gerade nicht bewusst. (Vielleicht möchte sie aus der Phantasie heraus bleiben, ihre Tochter finde die Eltern im Falle einer Freilassung durch den tatsächlich gegebenen Entführer nicht wieder und/oder aus der Phantasie heraus, am Ort des Verschwindens der Tochter mehr für ihre Wiederkehr ausrichten zu können als so weit weg davon, in Großbritannien.)

Zu e):

Konfrontation mit dem äußeren Kontext:

Diese Lesart ist im vorliegenden fall gut möglich.

Schlussfolgerung (u. U. unter Berücksichtigung des inneren Kontextes):

H7ErlebenK: *Die Mutter möchte „I feel closer to Madeleine here" noch einmal anders fortsetzen, um den Zuhörer von der eben vorgenommenen Ablenkung wegzuführen, damit sie ihm nicht so sehr auffällt, wie dies am Erzählende der Fall sein könnte.*
(Diese Hypothese stützt Fallstrutkurhypothese1.)

3) **Analyse eines Ausschnittes eines Interviews von Kate McCann aus der Zeitung "The Independent" vom 05.08.07 (erstes Interview ohne ihren Mann)[4]**

"That night

The night she went missing there was about 20 seconds of disbelief where I thought 'that can't be right'. I was checking for her. Then there was panic and fear. That was the first thing that hit. I was screaming her name. I ran to the group. Everyone was the same. It was just total fear. I never thought for one second that she'd walked out. I knew someone had been in the apartment because of the way it had been left.
But I knew she wouldn't do that anyway. There wasn't a shadow of a doubt in my mind she'd been taken. That's why the fear set in. Then you go through the guilt phase. Straight away, because we didn't know what had happened. We were just so desperately sorry. Every hour now, I still question, 'why did I think that was safe?'
I can't describe how much I love Madeleine. If I'd had to think for one second, 'should we have dinner and leave them?' I wouldn't have done it. It didn't happen like that. I didn't have to think for a second, that's how safe I felt.
Maybe it was because it was family-friendly, because it felt so safe. That week we had left them alone while we had dinner. There is no way on this planet I would take a risk, no matter how small, with my children. I do say to myself 'why did I think it was safe?' But it did feel safe and so right. I love her and I'm a totally responsible parent and that's the only thing that keeps me going. I have no doubt about that.
You don't expect a predator to break in and take your daughter out the bed. It could have happened under other circumstances and there would still be the regret. It wasn't like a decision we made. It was a matter of 'let's get the kids to sleep, then we'll have dinner.' It wasn't a 'shall I, shan't I?' thing. I feel desperately sorry to her that we weren't there.
This has touched so many people. I've had so many letters from mothers, really kind words. People have said 'Kate, we've done this a hundred times over ourselves. Why would you for one minute think something like that would happen?' It's not like we went down town or anything."

- Irritationen, Gegenübertragungen:

    1) Die vielen kurzen Sätze mit den dramatischen Emotions- und Handlungsschilderungen aus dem ersten Absatz wirken auf mich gefühlsmäßig „aufscheuchend", mich stressend und sogar ansatzweise alarmierend. Vor meinen Augen taucht das Bild eines aufgeregten Menschen auf, dem vor Schrecken der Atem stockt, der aber zugleich in enormer Hast ist. Ich würde ihn gerne beruhigen, damit er sich entspannen kann, sein Atem und seine Gedanken wieder fließender werden.

    2) „That was the first thing that hit": Diese Formulierung erregt meine Aufmerksamkeit, da sie nahelegt, dass es noch eine zweite Sache gegeben hat, die Frau McCann wie ein Schlag getroffen hat. Was aber sollte dies – in ihrer Version der Geschehnisse – sein? Oder meint sie das Schuldgefühl, das ihr nach der Panik zusetzte? Dies bleibt unklar.

    3) Die Mutter sagt, sie habe gewusst, Madeleine würde von sich aus „sowieso" nicht das Apartment verlassen; sie habe keinen Moment daran gezweifelt, dass die Tochter herausgeholt worden sei, und das sei der Grund für das Einsetzen ihrer Angst gewesen:

Mich irritiert die Sicherheit der Mutter, das – immerhin als lebhaft geschilderte Kind, das eine „outgoing personality" habe[5] – würde dies prinzipiell nicht machen. Wie kann sie sich so sicher sein? Das Kind wird schließlich von Tag zu Tag älter und damit immer selbständiger. Zudem ist sein Verhalten zu Hause nicht auf das in dieser neuen Umgebung zu übertragen, in der die Eltern abends nicht im Wohnzimmer sitzen oder auf der Terrasse, sondern 50 m weit weg in einer Bar und somit sein Weinen nicht hören, wie der Vorfall am Vorabend des Verschwindens gezeigt hat.

Außerdem irritiert mich, dass die Mutter die Angst so ausschließlich mit der angeblichen Entführung verbindet. Man müsste doch auch eine gewisse Angst haben im Falle des Herauslaufens des Kindes aus dem Apartment, wo es einen Unfall erleiden könnte (z. B. in den Pool fallen und ertrinken oder von einem Auto angefahren werden) oder ebenfalls von einem Fremden mitgenommen werden könnte.

Unter Einbeziehung beider Gedanken ist folgende Möglichkeit zu erwägen: Die Mutter wehrt ihre Angst vor der zu großen Selbständigkeit der Tochter ab, die bedeuten würde, dass diese sich von ihr entfernen könnte. Sie verleugnet diese Angst und verschiebt sie auf ein externes Geschehen.

4) "Then you go through the guilt phase": Auffällig ist, dass Frau McCann hier die zweite Person Singular in Form von „man" verwendet, die aus dem übrigen Text herausfällt. Damit distanziert sie sich vom unmittelbaren Erleben des Schuldgefühls und „taucht unter" in der Allgemeinheit des Subjektes „man": "You go trough ..." heißt auch soviel wie „*Ich gehe nicht dadurch*".

5) Am Ende des ersten und zu Beginn des zweiten Absatzes erfährt man von Kate McCanns sofortigem „Wissen", das Kind sei aus dem Apartment entführt worden. Zwei Sätze weiter liest man jedoch „we didn't know what had happened". Dieser Widerspruch irritiert.

6) "We were just so desperately sorry. Every hour now, I still question, 'why did I think that was safe?'" Dieses Bedauern und der Selbstvorwurf wirken auf mich sehr eindringlich (v. a. durch das Adverb „desperately", die adverbiale Bestimmung „every hour" sowie die direkte Wiedergabe des inneren Monologes). Dadurch nehme ich ein deutliches Leid bei der Sprecherin wahr.

7) Frau McCanns Selbstvorwürfe in Form der Frage "why did I think that was safe?" kommen in diesem Interviewausschnitt zweimal vor.
Ihre Suche nach einer Antwort ruft dann den Gegenpol zum Denken, das Fühlen, auf den Plan ("I didn't have to think for a second, that's how safe I felt"; "But it did feel safe and so right"). Dieser Widerspruch fällt auf.

8) In Verbindung mit dem vorangehenden Punkt ist zu nennen, dass die fünffache Verwendung des Wortes "safe" auffällt. Diese Thematik scheint Frau McCann also zentral zu beschäftigen.
Der Satz „why did I think that/it was safe?" trägt eine für mich intuitiv spürbare Mehrdeutigkeit. Gehe ich diesem Eindruck nach, gelange ich zu folgenden Überlegungen:
Das Element „that" bzw. „it" legt nahe, die Sicherheitsfrage der Mutter habe eigentlich nicht *die Kinder* zum Kern (i. S. v. „why did I think *they* were safe?"), sondern eine „Sache" (Objekt oder Situation). Abgesehen davon, dass es sich hierbei um die laut Version der Mutter zentrale *Situation* „Abends alleingelassene Kinder" handeln könnte, wären auch noch andere Möglichkeiten denkbar:

   a) Die Gedanken der Mutter drehen sich um ihre Verkennung einer Gefahr für die Kinder, die von einem nicht sicher verwahrten oder platzierten *Objekt* ausgegangen ist, was zu einem „Haushaltsunfall" führte (z. B. Intoxikation durch Arzneimittel, Verletzung durch spitze Werkzeuge, Sturz von einem Möbelstück, Herunterziehen eines schweren Gegenstandes von einer höheren Ablage, Elektrizitätsunfall). Es ist zu bedenken, dass ein solcher Unfall nur in Abwesenheit oder zumindest in einem Zustand enormer Ablenkung der Eltern geschehen kann.

   b) Die Mutter beschäftigt sich mit der Erinnerung an eine *Situation*, der sie die Kinder bewusst (vgl. „think") ausgesetzt hat und deren inhärente Gefahr sie verkannte (z. B. unbeaufsichtigt spielen lassen in der Badewanne, wo ein Kind unglücklich stürzen und dann ertrinken kann; mangelnde Beaufsichtigung der Kinder am offenen Fenster, das die Kinder zum Klettern auf die Fensterbank/Hinauslehnen reizen und so zu einem Sturz führen kann; Bestrafung des u. U. emotional sehr erregten Kindes durch Platzierung in einen abgetrennten Raum, unter Verkennung einer Gefahrenquelle).

9) Viermal spricht Frau McCann von „second(s)". Dadurch entsteht in mir die Vorstellung von etwas sich ganz schnell Ereignendem – etwas, das schneller geschieht, als das umsichtige Eindringen eines Entführers in ein Apartment und das Herausholen des – evtl. zuvor noch betäubten – Kindes.

10) „Maybe it was because it was family-friendly, because it felt so safe. That week we had left them alone while we had dinner." Der Gegensatz des zweiten Satzes zum ersten bringt mich zum Schmunzeln. Ich denke: Die Kinder allein zu lassen ist von den Eltern McCann aber ja nicht gerade „family-friendly"!
Die Verbindung beider Sätze hört sich an, als sei das Hotel in der Hinsicht familienfreundlich, dass es Paaren, die Familie haben, die Zweisamkeit ermöglicht. Diese Auslegung kongruiert damit, dass ich merke, wie ich an dieser Textstelle in lustbesetzte Phantasien über die Freiheiten kinderloser Paare abgleite und der Sehnsucht nachspüre, die man in einer familiären Gebundenheit danach wohl manchmal hat.

11) „There is no way on this planet I would take a risk, no matter how small, with my children. (…) I love her and I'm a totally responsible parent and that's the only thing that keeps me going." Frau McCann führt sich hier ihre positiven mütterlichen Eigenschaften (Verantwortungsgefühl und Liebe für ihre Tochter) vor Augen, als wolle sie sich dies selbst noch einmal tröstend vergewissern, so mein Gefühl. Das impliziert vermutlich Selbstvorwürfe der Mutter, im Zusammenhang mit dem Verschwinden von Madeleine entgegen ihrer Bindung zu dem Kind gehandelt zu haben.

12) Die Selbsteinschätzung „I'm a totally responsible parent" entspricht nicht ganz der Realität der mangelnden Beaufsichtigung der Kinder, muss ich hier denken. Frau McCann scheint dies jedoch zu verleugnen, wie ihre Verabsolutierung zeigt (vgl. „totally"; ferner auch im gleichen Absatz „no way on this planet").

13) „You don't expect a predator to break in and take your daughter out the bed. It could have happened under other circumstances and there would still be the regret." *Ihre* Verantwortung weist die hier von sich, richtet die Aufmerksamkeit auf den räuberischen Eindringling.

14) Im letzten Absatz kann man lesen, wie Kate McCann die Solidarität betont, die viele Menschen ihnen zukommen lassen. Es wirkt tröstend, beruhigend. Was hier allem Anschein nach beruhigt werden soll, ist Frau McCanns Gewissen.

15) Es fällt auf, dass die Frau, die doch in der ersten Zeit nach dem Verschwinden der Tochter meist so passiv an der Seite ihres Mannes stand, hier ganz überwiegend in der ersten Person Singular spricht, selten aus der Perspektive des Elternpaares in Form von „we". Auf der Persönlichkeitsebene der Mutter sowie ihres Parts in der Paarbeziehung weist dies auf Autonomiefähigkeit hin. Auf der Ebene des situativen Verhaltens unmittelbar vor Verschwinden des Kindes legt es eine höhere Wahrscheinlichkeit für eine Verwicklung der Mutter nahe als für den Vater.

(Zusatzbemerkung: Im ersten Absatz fallen außerdem inhaltliche Lücken auf. So beschreibt Frau McCann z. B. nicht ihre Wahrnehmung – leeres Bett, offenes Fenster, etc. – die zu ihrer Panik und Furcht führten. Dies wird von mir aufgrund der anzunehmenden Bedingtheit durch die den McCanns von den Behörden auferlegte Schweigepflicht allerdings nicht interpretiert.)

- Quintessenz der Irritationen und Gegenübertragungen:
  a) Frau McCann scheint sich schwer zu ertragende Vorwürfe zu machen und sehr belastende Schuldgefühle zu haben. Diese sind ihr wohl z. T. bewusst, z. T. scheint sie sie abzuwehren, z. B., in dem sie ihre Aufmerksamkeit auf den angeblichen Täter richtet oder sich ihrer guten mütterlichen Qualitäten versichert (4, 6, 11, 12, 13, 14).
  b) Die Analyseergebnisse zu diesem Interviewausschnitt eröffnen den Raum für eine Hypothese über ein zur Entführungsversion alternatives Szenario:

Madeleine könnte – in einem Moment *mangelnder mütterlicher Beaufsichtigung* – im Apartment einen *Unfall* erlitten haben (*vielleicht mit Verwicklung eines Gegenstandes*). Wie es Unfälle so an sich haben, würde auch dieser wohl *innerhalb von Sekunden* geschehen sein, vielleicht auch *innerhalb von Sekunden* zum Tod des Kindes geführt haben.

Bei ihrer Wiederkehr könnte die Mutter zunächst etwas gesehen haben, dass sie wie ein Schlag getroffen hat, aus dem sie aber zunächst nicht hat schließen können, was passiert ist (2, 5, 8, 9, 15 sowie ferner auch die unter dem vorgenannten Punkt aufgeführten Items).

c)   Frau McCann wird sich vermutlich nach Entdecken der – wie auch immer gearteten - schlimmen Gegebenheit erschrocken und (innerpsychisch oder handlungsbezogener) „in Hast" gefühlt haben (1).

d)   Vielleicht wehrt die Mutter ihre Angst vor der zu großen Selbständigkeit der Tochter ab, die bedeuten würde, dass diese sich von ihr entfernen könnte (3).

e)   Es könnte sein, dass Frau McCann sich inmitten ihrer familiären Eingebundenheit mit den Kindern sehr nach Zweisamkeit sehnt(e) (10).

f)   Kate McCann scheint eine gute Autonomiefähigkeit aufzuweisen (15).

4)   Analyse eines Interviewausschnitts aus der portugiesischen Dokumentation „Anatomia de un Mistério" (Interview geführt am 10.08.07) (bis 0:52 min)[6]

(Kate McCann sitzt rechts von ihrem Mann auf einem Sofa, das Kuscheltier von Madeleine befindet sich auf ihrem Schoß.)

Interviewerin: "Concerning this blood trace that was found inside the apartment, there is any possibility of that belonging to Madeleine? Did her, eh, did *any* time she had any accident inside the apartment, that can, eh, *(letztes Wort unverständlich)*?"

Gerald McCann will zweimal ansetzen zu antworten, einmal auch schon während des Sprechens der Interviewerin, wobei er beim Abbrechen des Versuches kurz die Augen schließt. Ansonsten blinzelt er während ihrer Frage häufig.

Kate McCann *(mit demonstrativer, herausfordernder Naivität, die etwas sarkastisch wirkt, rasch zur Antwort ansetzend)*: "First of all, we don't actually know there is blood inside the apartment. You know. *(Nun abwehrend, in schnellen Fluss sprechend, dabei aber doch jeden einzelnen Satz betonend mittels deutlicher, rhythmisch wirkender Variation der Stimmhöhe an den Satzenden und kurzer Pausen.)* And I think, in the minute, there is a lot of speculation going on. And I mean, I think, speculation is quite damaging. We realized that early on. And I think until somebody comes up to us and says, there is definite evidence that Madeleine has been seriously harmed, you know, we are just going to ignore the speculation. We just (nun von der Intonation her eindringlich werdend, als suche sie nach Verständnis) hold on to that hope. That's all we can do."

Interviewerin: "But nothing happened to Madeleine during those days you were in Ocean Club?" (Das Ende der Frage überschneidet sich mit dem Einsetzen der Antwort von Herrn McCann.)

Gerald McCann *(mit ruhigem Nachdruck)*: "As parents, as parents, if there is evidence, that Madeleine has seriously been harmed, *we* need to know about it. Because we as ...., you know, we have got eternal hope, until we know evidence to the contrary." (Bei den Worten "we know" blickt Kate McCann auf das Kuscheltier hinunter.)

- Irritationen, Gegenübertragungen:
1) Die Interviewerin wirkt auf mich mit ihren Aufdeckungsambitionen zunächst recht überheblich und provokant. Erst nach mehrmaligem Hören entdecke ich, dass man sie auch „harmloser" wahrnehmen kann: Schließlich fragt sie nur, ob Madeleine *irgendwann* während der Ferienwoche vielleicht einmal einen (möglicherweise eben auch kleinen) Unfall hatte, von dem das Blut herrühren könnte.
   Ich bemerke, dass ich während meines vorigen Hörens der Interviewstelle bei dem Schlüsselwort „blood trace" sofort „abschaltete", inhaltlich weiter genau zuzuhören, und stattdessen sofort eine Verdächtigung hinsichtlich des *Verschwindens* des Kindes heraushörte. Den McCanns scheint es genau so zu ergehen: Beide Partner scheinen sich über die Frage der Interviewerin aufzuregen (vgl. ihre non- und paraverbalen Reaktionen in der entsprechenden Interviewsequenz) und Frau McCann wehrt sich dann gegen die Vorwürfe so, als gehe es eben um auf das Verschwinden bezogene Blut (also Unfall oder Tötung).
2) Man merkt, wie Herr McCann dabei ist, seine Aufregung zu kontrollieren (erstes Ansetzen zur Antwort, dann doch Abbrechen, Augen schließen, Blinzeln).
3) Frau McCann hat hier eine zu den ersten Auftritten der Eltern im Mai 2007 völlig entgegengesetzte Rolle inne: *Sie* beginnt zu sprechen, obwohl Herr McCann bereits dazu angesetzt hat. Außerdem wirkt sie offensiver, sich aktiver verteidigend, als in jedem anderen von mir gesichteten medialen Material, am deutlichsten aber im Gegensatz zu den ersten Medienkontakten.
4) Ihre schnell fließenden Sätze mit dem abwehrenden Inhalt haben etwas „Überrennendes"/"Überschwemmendes" bezüglich der kritischen Frage der Interviewerin. Ich nehme deswegen mehr dieses „Davonspülen" wahr, dass ich merkwürdigerweise als angenehm empfinde (die „Wellen" in der Stimmgebung haben etwas Einlullendes), als dass ich mich auf den Inhalt konzentrieren kann.
5) Konzentriere ich mich hingegen auf den Inhalt von Frau McCanns Aussage, dann empfinde ich den ersten Satz mit dem leicht sarkastischen Unterton einerseits als implizit beschuldigend (wie: „Wie können sie so etwas ansprechen, das gar nicht bewiesen ist?"), andererseits freiheitsfordernd, wie „Auf diesen Gesprächsgegenstand müssen wir uns hier gar nicht festlegen lassen."
6) „And I think, in the minute, there is a lot of speculation going on. And I mean, I think, speculation is quite damaging": Diese Sätze verurteilen das Verhalten der Medien (Verbreitung von Spekulationen) und auch die Frage der Interviewerin, die an diese Spekulationen anknüpft. In der Identifikation mit der Position der Reporterin fühle ich mich der Zufügung von Schaden beschuldigt und denke, Frau McCann möchte von mir, dass ich Mitleid entwickle oder ein schlechtes Gewissen bekomme – auf jeden Fall eine „sanftere" Umgangsweise einschlage. Interessant ist, dass Frau McCann mit diesem impliziten Vorwurf der Schadenszufügung eben diese von ihr aus der Frage der Interviewerin herausgehörte Beschuldigung „zurückgibt".
7) Frau McCann wehrt die Vorstellung von einer Verletzung der Tochter durch regelrechte Verleugnung ab (vgl. „we don't actually know"; „until (...) there is definite evidence (...) we are just going to ignore the speculation"; "We just hold on to that hope.").
8) In ihren letzten beiden Sätzen stellt sich Kate McCann als verletzlich und hilflos dar und appelliert damit implizit an die Interviewerin, ihr nicht die Hoffnung zu zerstören, da diese für sie bedeutet, etwas tun zu können.
9) Trotz der Tatsache, dass die Interviewerin die Frage nach einem *während der Ferienwoche geschehenen* Unfall wiederholt, missversteht auch Herr McCann diese eigentliche Fragestellung und antwortet, wie zuvor bereits seine Frau, so als erkundige man sich nach einem möglichen Unfall des Kindes am Abend seines Verschwindens (dies wird bereits an der Zeitform „has seriously been harmed" deutlich; noch viel augenfälliger ist es aber im letzten Satz).
10) Die Bezeichnung „eternal hope" irritiert mich, da sie eigentlich besagt, dass der Vater nicht davon ausgeht, überhaupt noch einmal mit Hoffen aufzuhören – was impliziert, dass er davon ausgeht, das Kind werde nie gefunden und es werde nie Beweise geben, also *keine Hoffnung* mehr für Madeleine geben.
11) Auch Herr McCann ist sehr auf den Aspekt von „evidence" fixiert. Warum genügen ihm denn nicht „distinct indications", um Angst um seine Tochter zu haben oder ernsthaft über alle

Möglichkeiten eines Blutverlustes von ihr während der Ferienzeit im Ocean Club nachzudenken (Bsp.: Nasenbluten oder ein aufgeschlagenes Knie)?

12) Während Gerald McCanns letzten Satzes blickt seine Frau auf Madeleines Kuscheltier hinunter. Da dieses Objekt (vielleicht neben anderen Bedeutungen) als Symbol für Madeleine aufgefasst werden kann, scheint Kate McCann an dieser Stelle an sie zu denken. Es ist somit auch eine Szene des „Nach-Madeleine-Schauens" / „Auf-Madeleine-Schauens".

Auch von meinem gefühlsmäßigen Eindruck wirkt diese Szene auf mich, wie ein Nachsehen, ob noch alles in Ordnung ist mit dem *lebenden* Objekt da unten, z. B. ein kurzes Sich-Versichern, dass das Kind auf dem Schoß noch schläft.

Vor dem Hintergrund der begleitenden Aussage, „ewige Hoffnung zu haben bis zum Beweis des Gegenteils" liegt die wohl für Frau McCann vorhandene Bedeutung nahe, die Aufrechterhaltung der Hoffnung ermögliche, nach Madeleine zu schauen (manifest i. S. des Suchens, unbewusst i. S. des beaufsichtigenden „Nach-Ihr-Sehens") und somit (wohl unbewusst): Das Beibehalten der Hoffnung halte/mache Madeleine (wieder) lebendig.

- Quintessenz der Irritationen und Gegenübertragungen:
  a) Beide Elternteile missverstehen die Erkundigung nach einem eventuellen Unfall des Kindes *irgendwann während der Ferienwoche* und antworten stattdessen wie auf eine Frage danach, ob ein Unfall zu einer ernsthaften Verletzung von Madeleine geführt habe und mit ihrem Verschwinden verbunden sei. Dies zeigt, dass die Eltern sich „vorschnell" verdächtigt fühlen und eine Verteidigungshaltung einnehmen. (1, 9)
  Relativierend zu berücksichtigen ist allerdings, dass die Medien nach Bekanntwerden der im Apartment gefundenen Blutspuren seit dem 8. August den Verdacht einer Verwicklung der Eltern verbreiten.
  b) Frau McCann benutzt verschiedene Techniken, sich der Vorwürfe zu erwehren: „Davonspülen" der kritischen Frage mittels einlullenden Redeflusses (4), Zurückwerfen von Beschuldigungen auf die Fragende (5, 6), Appellieren an das Gewissen, das Mitgefühl und damit den Sanftmut der Gesprächspartnerin (6), Verleugnung des Bedeutungsgehaltes von Hinweisen auf eine Verletzung des Kindes (5).
  c) Was Letzteres betrifft, so verleugnen beide Elternteile die Möglichkeit einer Verletzung des Kindes gänzlich, auch die von kleineren Wunden während der Ferienwoche. Die Fixierung auf „(definite) evidence" fällt auf. (7,11)
  d) Obwohl es so scheint, dass der Vater (unbewusst) keine Hoffnung (mehr) besitzt, sein Kind unversehrt wiederzufinden (10), scheint den Eltern die Aufrechterhaltung dieser Hoffnung sehr wichtig zu sein.
  Für die Mutter scheint die Aufrechterhaltung der Hoffnung zu ermöglichen, „nach Madeleine zu schauen" (manifest im Sinne des Suchens, unbewusst wohl im Sinne des beaufsichtigenden „Nach-Ihr-Sehens"), was das Kind in der mütterlichen Phantasie lebendig halten/ wieder lebendig machen kann. Letzteres kann als ein Ungeschehen-Machen in Form einer kompensatorischen *nachträglichen* Fürsorge für den Moment des diesbezüglichen historischen Versagens verstanden werden. (12) Da die Aufrechterhaltung der Zuversicht und damit das Suchen nach dem Kind für Frau McCann also bedeutet „etwas (nachträglich) tun zu können" (8), wehrt sie sich wohl so sehr gegen deren Zerstörung.
  e) Kate McCann ist von ihrer Persönlichkeitsstruktur her durchaus zu Eigenständigkeit, Dominanz sowie dem Ausdruck von Ärger und aggressiven Strebungen fähig (3, 5, 6).
  f) Gerald McCann ist eine gute Fähigkeit zur Affektkontrolle zuzuschreiben (2).

5) Analyse eines Ausschnitts von einem Interview der McCanns beim spanischen TV-Sender Telecinco am 29.08.07[7]

Frau McCann trägt links an ihrem Oberteil ein Foto von Madeleine sowie an der rechten Seite ein kleines grünes Schleifchen. Sie sitzt links neben ihrem Mann. Ihr linkes Bein hat sie über das rechte geschlagen, quer über ihrem Schoß liegt CuddleCat, Madeleines Kuscheltier, mit dem Gesicht zu Gerald gewandt. Kate McCanns rechte Hand liegt im Schoß ihres Mannes, ihr Arm, um den sie am Handgelenk zwei Find-Madeleine-Armbänder trägt, ist unter seinem hindurchgeführt. Auch Gerald McCann hat zwei solche Bänder um sein rechtes Gelenk.

Der Interviewer, Jordi Gonzalez, spricht kritisch das Alleinlassen der Kinder am Abend von Madeleines Verschwinden an. Während zuerst Frau McCann und dann ihr Mann dieses Verhalten entproblematisieren, liegt Kates Hand intim ins seinem Schoß.

Danach fragt der Interviewer, ob die Eltern denn tatsächlich die letzten gewesen seien, die ihre Tochter gesehen hätten. Gerald McCann antwortet, dies sei Teil der Ermittlungen und daher würden sie sich als Eltern nicht dazu äußern können. Seine Frau Kate hakt dabei nun die Finger ihrer rechten Hand leicht um Geralds linken Daumen und streichelt dabei mit ihrem rechten über seinen Handrücken. (Ob Herr McCann diesen Kontakt von sich aus gesucht hat, ist dem Ausschnitt nicht zu entnehmen.) Ihre andere Hand, die bei der vorigen Frage noch am grünen „Hoffnungsbändchen" des Kuscheltieres gespielt hat, liegt nun flach ausgestreckt halb vor, halb auf dem Spielzeug.

Die nächste kritische Frage des Interviewers bezieht sich auf die winzigen Spuren gefundenen Blutes in ihrem Ferienapartment, die der ganzen Angelegenheit eine Wendung geben würden. Er möchte wissen, wie sie reagiert hätten, als sie von diesem Fund hörten. Beim Stellen der Frage unterbricht er für ein bis zwei Sekunden den Blickkontakt und schaut ganz nach rechts. Er hat eine mistrauisch-prüfende, „investigative" Art (immer wieder zusammengekniffene Augen, viel in Höhe seines Gesichtes ausgeführtes Gestikulieren). Gerald McCann löst seine Hand aus der seiner Frau, knöpft sein Hemd auf, nimmt sich das Mikrophon ab und sagt während seiner Handlungen in ruhigem Tonfall: „Do you know what? This is all investigation." Dann steht er auf und rät dabei Jordi Gonzalez, diese Fragen der Polizei zu stellen. Noch einmal beschwert er sich, nun in einem etwas konfrontativeren Ton: „All your questions are about the investigation." Dann nimmt er seine neben dem Stuhl stehende Wasserflasche (und geht angeblich - vielleicht sofort, vielleicht auch erst nach einem weiteren Wortwechsel – hinaus).[8]

Als Gerald McCann seine Hand aus der ihren löst, gleitet Kate McCanns Linke auf ihren Schoß und legt sich für eine knappe Sekunde mit gespreizten Fingern über das Kuscheltier. Dann sieht sie zu ihrem Mann hinüber und bemerkt, wie dieser sich das Hemd aufknöpft, um sich das Mikrofon abzunehmen. Daraufhin fährt sie sich mit ihrer linken Hand an den Kopfbereich und manipuliert dort ein paar Sekunden. Als Gerald sich erhobt, legt sie ihre Hand mit gestrecktem Arm vor dem Kuscheltier auf die andere und flechtet die Finger in diese hinein. In dieser Haltung bleibt sie. Sie blickt den Interviewer an, dann verfolgt sie mit einer sich distanzierenden, aber dennoch gespannten Aufmerksamkeit und einem Hauch von Argwohn die Handlungen ihres aufgestandenen Mannes. Durch ihren leicht schräg zurückgeworfenen Kopf kommt ihr ein Anflug von Überlegenheit zu. Kurz bevor sich Gerald McCann nach seinem Wasser bückt, scheinen beide ein Wort zu wechseln. Frau McCanns Blick geht dann wieder schräg herüber zu den Interviewern, ihr Körper verharrt während des Schauens weitestgehend regungslos.

- Irritationen und Gegenübertragungen:
  1) Kate McCanns Aufmachung wirkt, was Madeleine-Symbole und Hoffnungszeichen anbetrifft, auf mich überladen: Mit dem Foto des Kindes an der einen Seite ihres Oberteils, dem grünlichen, also hoffnungsfarbenen, Schleifchen an der anderen, der Bluse mit auch hier u. a. grünen Blumen sowie großen blauen, dazu die grünen und gelben Find-Madeleine-Armbänder um das Handgelenk und obendrein noch Madeleines Kuscheltier auf dem Schoß, das ebenfalls ein grünes Halsband trägt: So wirkt die Frau auf mich wie eine Trägerin kriegerischer oder sportlicher Abzeichen, anderer Verdienstorden, wie eine ideologisch Kämpfende oder eine anderweitig fanatische Anhängerin (z. B. innerhalb der Musikszene). Derartige Assoziationen verweisen auf Identität stiftende Zugehörigkeit und demonstratives/appellierendes Bekenntnis, auf Einsatz-/Kampfesfreude und Pflichtbewusstsein.

2) Es fällt auf, dass das Kuscheltier auf dem Schoß von Frau McCann platziert ist wie ein echtes Tier: Es sitzt dort auf seinen Vieren, das Gesicht zu Herrn McCann gewandt, und wird zunächst an seinem Halsband gehalten.
Es ist also das Bild einer „kleinen Familie": Ein Mann, eine Frau und ihr Schoßhund. Gestaltet man diese szenische Phantasie weiter aus, kann man denken: Hunde sind doch oftmals ein Ersatz für Kinder. Das Paar könnte ihren Hund also auch haben, weil es vielleicht keine eigenen Kinder bekommen kann, aber gerne für jemanden Dritten sorgen möchte. Allerdings muss man in dieser Dreierkonstellation auch beachten, dass der Hund auf dem Schoß der Frau mehr zu dieser zu gehören scheint, als zu ihrem Mann, und damit auch in einer gewissen Konkurrenz zu ihm steht: Während die eine Hand der Frau – zunächst recht intim – im Schoß ihres Gatten liegt, widmet sich die andere ihrem Schoßhund.
3) Kate McCann wirkt hinter ihrem Mann etwas „versteckt", durch die Führung ihres rechten Armes unter dem linken ihres dadurch dominant scheinenden Mannes hindurch.
4) Bei der Frage des Interviewers, ob sie beide tatsächlich die letzten gewesen seien, die Madeleine gesehen haben, fällt auf, dass die Hände des Paares im Schoß von Gerald McCann Kontakt mit einander haben. Wenngleich man nicht weiß, ob dieser die Berührung gesucht hat, ist es seine Frau, die über seinen Handrücken, bzw. genauer gesagt, Daumenrücken, streichelt.
Zunächst sieht es für mich aus, als solle die Berührung auf ihren Mann beruhigend wirken, aber bei genauerem Hinsehen fallen die eher schnellen und damit nervös wirkenden Bewegungen auf. So scheint es vielmehr so zu sein, dass Frau McCann es (auch) ist, die in ihrer Aufgeregtheit Beruhigung durch Körperkontakt benötigt.
Augenfällig ist daneben auch die Beendigung des Spiels am Halsband des Kuscheltieres bei Aufnahme des Körperkontaktes mit ihrem Mann. Das legt die Hypothese nahe, es könne sich bei dem gerade mit dem Interviewer Besprochenen um ein bindungsgefährdendes Thema handeln (wie aus der Bindungsforschung bekannt, wird bei Bindungsunsicherheit das Explorationsverhalten stark eingeschränkt/beendet).[9]
5) Gerald McCanns Abbruch des Interviews wirkt auf mich zwar sehr bestimmt und auch verärgert, es ist jedoch alles andere als ein „Affektausbruch", wie er z. T. in den Medien wiedergegeben wurde.[10] Seine sachbezogene und recht ruhige Kommunikationsweise, seine wenig energischen Bewegungen, dies zeugt eher von einer guten Affektkontrolle, wenn man die – auf mich auch etwas anmaßend wirkende -„investigative" Art des Interviewers bedenkt.
6) Kate McCanns kurzes Platzieren ihrer gespreizten Hand auf dem Kuscheltier, als ihr Mann die Seine von ihr löst, hat etwas von einem reflexhaften „(Be)schützen" oder „Verbergen". – Verfolgt man diese Assoziation weiter, stellt sich die Frage: Aus welchem Beweggrund könnte sie das beabsichtigen? Fürchtet sie, man bzw. ihr Gatte wolle ihr das Tier wegnehmen oder es „wolle" ihm aus eigenem Entschluss folgen? Möchte sie das Tier durch die Hand vor dessen Gesicht „beruhigen"? Gibt es an dem Spielzeug etwas, das es im Zusammenhang mit der gestellten Frage nach den Blutspuren zu verdecken gilt? (Vor dem Hintergrund des einschlägigen Anschlagens des Blutspürhundes an ihm erhärtet sich diese Vermutung.)
7) Kate McCanns Körperhaltung nach dem Aufstehen ihres Mannes (durchgestreckte Arme mit vor dem Kuscheltier übereinandergelegten Hände, die Finger der einen Hand in die andere geflochten) wirkt angespannt. Sie verengt den von ihr eingenommenen Raum und verharrt, von ihrer Kopfpartie abgesehen, fast reglos. Damit stellt sie den genauen Gegensatz zu Gerald McCann dar, der mit seinen Bewegungen sehr raumgreifend ist.
8) Von diesem spontanen und unkonventionellen Verhalten ihres Ehemannes grenzt sich Kate McCann außer durch ihre sich auf sich selbst zurückziehende Körperhaltung auch mit ihrem aufmerksamen, distanziert-überlegenen und leicht argwöhnischen Verfolgen seiner Handlungen ab. Sie wirkt dadurch leicht maßregelnd, auch als wolle sie sagen: „So ein Mangel an Selbstbeherrschung passiert mir nicht!" Doch auch eine gewisse Unsicherheit, was nun zu tun ist, kann man darin sehen.
9) Die Pose der über dem Schoß mit gestreckten Armen in einander geflochtenen Hände strahlt daneben auch etwas „Frommes" aus, etwas Mädchenhaft-Schüchternes, Sittsames.

Dieser Eindruck steht in einem Kontrast zu der anfangs intimen Platzierung der Hand in Geralds Schoß.

10) Darüber hinaus „schützt" oder „verbirgt" sie in dieser Haltung das auf dem Schoß liegende Kuscheltier, bildet über ihm eine Art Dach und vor ihm einen Wall.

11) Es ist somit auch ein Bild der Zweisamkeit, abgegrenzt von Gerald McCann.

12) In der anschließenden Betrachtung meiner Analysen merke ich, dass ich die Kuschelkatze hier mehrfach „verkannt" und als Schoßhund ausgegeben habe. Mein Grund dafür waren meine persönlichen Erfahrungen mit der größeren Eigenwilligkeit von Katzen, die sich doch irgendwann vom Schoß wegbegeben würden, im Gegensatz zu wirklichen Schoßhündchen, die bleiben.

Wertet man meine Reaktion als Gegenübertragung, kommt die Idee auf, es könnte auch Frau McCann so gehen oder gegangen sein: Vielleicht „verkennt" sie mithilfe der Mitführung des Kuscheltieres das Fortsein der Tochter? Vielleicht sträubte sie sich aber auch in der Vergangenheit gegen die Eigenwilligkeit der Tochter, die aus der Dyade mit der Mutter ausbrechen will?

- Quintessenz der Irritationen und Gegenübertragungen:
  a) Unter der Annahme, dass Madeleines Kuscheltier nach dem Prinzip „pars pro toto" für die Mutter/Eltern das Mädchen selbst repräsentiert, inszeniert Frau McCann mit ihm hier eine enge dyadische Beziehung zu ihrer Tochter (1, 2, 6, 10, 11, 12).
  b) Diese Beziehung scheint sie durch Gerald McCanns Agieren (vielleicht durch sein Weichen von ihrer Seite, also sein Heraustreten aus der Paarbeziehung, vielleicht durch sein spontanes, unkonventionelles Handeln) gefährdet zu sehen (2, 6, 10). Vielleicht ist es für sie aber auch (oder zusätzlich) die Affinität der Tochter zu ihrem Vater und ihre damit verbundene Loslösung aus der Dyade, die die Mutter unterbinden möchte (2, 6, 12).
  c) Unter der weiteren Deutungsmöglichkeit, die Kuscheltierkatze symbolisiere den Ersatz für die mangelnde Potenz ihres Mannes (2) lässt sich die Dreierkonstellation (Frau McCann, ihr Mann, ihr „Schoßhund") auch als szenische Abbildung einer außerehelichen Affäre von Frau McCann verstehen (2, 4, 9, 11).
  d) Es ergibt sich darüber hinaus die Frage, ob Madeleines Kuscheltier - diesmal konkret genommen – in einer Verbindung zu dem Verschwinden des Kindes steht, um die die Mutter weiß und die sie verbergen möchte – vielleicht sogar vor ihrem Mann (3, 6, 7, 10).
  e) Kate McCann scheint ein hohes Maß an Selbstbeherrschung zu besitzen (8).
  f) Überlegenswert erscheint mir, ob sie Aspekte von Spontaneität, raumgreifendem und unkonventionellem Verhalten in ihrer Persönlichkeit grundlegend abwehrt (vgl. das Sich-Distanzieren und tendenzielle Missbilligen eines solchen Verhaltens bei ihrem Mann), oder ob ihre auch etwas demonstrativ anmutende Kontrolliertheit vielleicht vor allem eine Reaktionsbildung gegen eine affektbesetzte Handlung im Zusammenhang mit dem Verschwinden des Kindes darstellt (7, 8).
  g) Gerald McCann kann wohl eine gut entwickelte Fähigkeit zur Affektkontrolle zugeschrieben werden. Auf Verärgerung scheint er mit Entschlossenheit und Bestimmtheit reagieren zu können und ohne ausfallend zu werden sein Gegenüber mit dessen Verhalten zu konfrontieren. Er besitzt anscheinend auch die Eigenständigkeit und den Mut, konflikthafte Situationen unkonventionell zu beenden (5).
  h) Das Mitführen von Madeleines Kuscheltier könnte in der (unbewussten) Phantasie der Mutter das Zusammensein mit Madeleine bedeuten (2, 12).

6) Analyse eines Ausschnittes eines Interviews der McCanns beim spanischen Sender Antena3 vom 24. Oktober 2007 (ab 04:59)[11]

Kate McCann sitzt an Geralds rechter Seite, die linke Schulter vor seiner. Mit verweinten Augen sagt sie: „I mean, I think, you know, *(nun zunächst Blick nach oben gerichtet)* the public can help so much, I think (Pause von ca. 1 Sekunde), if people know something, if they can, em *(Sprechpause von ca. 1,5 Sekunden; wischt sich mit der rechten Hand über die Wange, wendet dabei den Blick nach unten und streicht dann eine Haarsträhne hinter das Ohr),* just *(tiefes Luftholen für etwa 1 Sekunde),* I guess, (Lenkung des Blickes nach vorne; ab nun liegt Emphase in jedem Satz, obgleich das Sprechtempo zunimmt; die Sätze bilden außerdem einen angenehmen rhythmischen Singsang, auch durch die wellenmusterförmige Variation der Stimmhöhe)* search their heart really *(Pause von ca. 1 Sekunde).* Somebody knows something. And they might not realize, though they might just suspect something *(Pause von ca. 1,5 Sekunden).* But every-everybody can make a difference to this. It is not about us, we miss her like crazy. But this is Madeleine; this is a four year old girl. We have not even seen her since she has been four *(Pause von ca. 1,5 Sekunden).* You know *(nun deutlich weinerlich-gebrochene Stimme),* Madeleine, is, ehhh, she needs our help (Pause von ca. 1 Sekunde). She needs to be with the family. You know."

- Irritationen und Gegenübertragungen:
1) Fast durchgängig habe ich durch die Füllsel, die Pausen sowie die auch damit in Zusammenhang stehende inhaltliche Leere den Eindruck, Frau McCann spricht bzw. fährt fort zu sprechen ohne eine vorhandene inhaltliche Intention sondern lediglich aus dem Gefühl heraus, etwas sagen zu müssen bzw. „weitermachen" zu müssen.
2) Die einzige Ausnahme hierzu bildet für mich die Passage: „But every-everybody can make a difference to this. It is not about us, we miss her like crazy. But this is Madeleine; this is a four year old girl." Hier fühle ich mich eindringlich angesprochen, an mein Mitleid appelliert und so zum Aktivsein „angefleht".
3) In dem Interviewauszug ist eine deutliche Steigerung der Eindringlichkeit sowie eine Ausweitung des zum Handeln aufgeforderten Personenkreises erkennbar: Mutmaßt Frau McCann zunächst noch allgemein „if people know something", trifft sie bald darauf die Aussage „Somebody knows something". Bezieht sie sich hier noch auf *eine* Person, sind es im nächsten Satz mehrere: „And they might not realize, though they might just suspect something." Im darauffolgenden wird dann sogar „every-everybody" angesprochen und die Mutmaßung „they might..." wird wieder zu einem Faktum gesteigert: Wirklich jedermann könne etwas ändern. Dies mutet an, als sei das, was Frau McCann wichtig ist, das Versetzen so vieler Menschen wie möglich in einen Zustand innerer Bewegtheit und äußerer Aktivität.
4) Irritiert frage ich mich, auf welche Weise „every-everybody" etwas daran ändern können soll, dass jemand etwas weiß und einige andere etwas lediglich vermuten. Als jemand, der mit dieser Formulierung ebenfalls angesprochen ist, kann ich doch gar nichts tun. Auch wenn ich mich von der Sprecherin so dringend zum Handeln aufgefordert fühle, kann nichts als ratlos fragen: „Ja, was soll ich denn bitte tun?"
5) Im Anfangsteil des Auszuges (bis zu den Worten „search their heart really") nehme ich viel nervliche Belastung bei Frau McCann wahr (vgl. tiefes Luftholen, Körperregungen, Sprechpausen, Füllsel). Ich habe das Bedürfnis, sie zu beruhigen, ihr z. B. über den Rücken zu streicheln, und ich wundere mich darüber, dass Gerald McCann dies nicht zu tun scheint. Er schaut in der kurzen Einblendung seiner Person sehr ernst vor sich hin, scheint dadurch distanziert, abgegrenzt von seiner Frau, obwohl er ihr doch – für den Zuschauer wenig sichtbar - die Hand hält.
6) Die wellenmusterförmige Variation der Stimmhöhe der Mutter im Mittelteil des Auszuges, als sie jedermann zum Handeln auffordert, nehme ich als angenehmen Singsang wahr. War zuvor die Sprache eher „abgehackt", durch die Pausen und Füllsel quasi in Einzelteile zerlegt, empfinde ich den Fluss der Worte daraufhin als beruhigend und erlösend.
7) „But this is Madeleine; this is a four year old girl." – Der Nachsatz wirkt auf mich dramatisch, an mein Mitleid, meine Entrüstung und somit auch an meine Initiative appellierend.

8) Zwar sagt Kate McCann, es gehe nicht um sie, sondern um Madeleine, aber im übernächsten Satz lenkt sie die Aufmerksamkeit doch auf das elterliche Leid: „We have not even seen her since she has been four." Ich habe das Gefühl, ich soll bei diesen Worten Mitleid mit Herrn und Frau McCann entwickeln, aber ich weigere mich gegen diese Fokussierung auf das Leid der Eltern, frage mich: Wann entfalten diese denn mal Gedanken zum konkreten Leid ihrer Tochter?

9) Nach diesem Satz setzt Frau McCann interessanterweise nach einer kurzen Pause mit weinerlich-gebrochener Stimme tatsächlich zu einer kurzen Thematisierung von Madeleines Hilfsbedürftigkeit an; allerdings geht der Sprachfluss wieder merklich verloren. Durch die Verbalisierungsweise habe ich den Eindruck, Frau McCann erkenne nun das Bedürfnis des Zuschauers nach einer Zentrierung auf das Leid des Kindes (vgl. vorangehender Punkt) und bemühe sich um dessen Erfüllung, ohne jedoch zu wissen, was sie konkret sagen soll.

10) „She needs our help": Das unbestimmte „our" (sind nur die Eltern gemeint oder auch alle Zuschauer?) wirkt auf mich „vereinend". Ich kenne die McCanns ja eigentlich gar nicht persönlich, aber es scheint mir, als gehöre ich plötzlich mit ihnen zu einer gemeinsamen, großen Familie, stehe ihnen ganz nahe. Madeleine wäre somit keine Fremde mehr für mich, sondern eine Verwandte – sie wäre also „unser" Kind. Dadurch fühle ich mich sehr zum Handeln aufgefordert.

11) Bei den Worten „She needs to be with the family" ärgere ich mich: Das ist doch wohl nicht das, worum es im Kern geht! Es geht doch darum, dass *das Kind* nicht (weiter) leiden muss, dass es keiner (weiteren Lebens)Gefahr ausgesetzt ist. Der Satz der Mutter richtet sich hingegen doch sehr auf das Leid *der Familie*, die das Kind wiederhaben will.

12) Der häufige Gebrauch des Füllsels „you know" fällt auf. Er wirkt auf mich zum einen wie ein „Brückenschlag" zum Interviewer und auch zu mir als Zuschauer, wie die Herstellung eines intensiveren und harmonischen/vereinenden Kontaktes.

Zum anderen ist der Gegensatz zu den Verben der Mutmaßung (= nicht wissen) augenfällig, die sich in Verbindung mit der ersten Person Singular finden („I mean", „I think", „I guess") sowie die Kongruenz mit Konstruktionen der dritten Person Singular oder Plural („People know", „Somebody knows").

• Quintessenz der Irritationen und Gegenübertragungen:

   a) Frau McCann ist anscheinend bestrebt, möglichst viele Menschen über eine erzielte innere Bewegtheit in äußere Aktivität zu versetzten (2, 3, 7, 10).

   b) Dahinter könnte das fortwährende (unbewusste) Gefühl oder die verdrängte historische Erfahrung der Mutter stehen, selbst hilflos zu sein, andererseits jedoch etwas tun zu müssen/weitermachen zu müssen. Aktivität von sich und anderen könnte für sie eine beruhigende Wirkung haben (1, 4, 6, 12).

   c) Frau McCann scheint sich in ihrer nervlichen Belastung recht allein zu fühlen und auch von ihrem Ehemann wenig Beruhigung zu erfahren (5).

   d) Die Aktivität vieler einzelner Menschen scheint für Kate McCann auch die (unbewusste) Bedeutung einer beruhigenden/harmonischen Einheitsbildung zu haben (6, 10, 12). Vielleicht bezieht sich diese Vereinigung lediglich darauf, alle Menschen mögen ihre Handlungspotenz wie eine große Familie für die Suche nach dem Kind vereinigen und könnten so zur Wiederherstellung der familiären Ganzheit der McCanns beitragen. Vielleicht bezieht sich die Vorstellung eines „Wieder-ganz-Machens" jedoch auch auf etwas anderes (z. B. die im Falle einer Verwicklung der Mutter mögliche Phantasie, die personale Einheitsbildung stehe für eine Wiederherstellung körperlicher Unversehrtheit/Ganzheit des Kindes).

   e) Frau McCann scheint sich mehr auf das elterliche Leid als auf das denkbare Leid ihrer verschwundenen Tochter zu konzentrieren (8, 11).

   f) Frau McCann scheint ihre Äußerungen z. T. ohne originär eigene inhaltsbezogene Motivierung zu tätigen (1,9). Dies deutet auf die Möglichkeit hin, dass das Gesagte teilweise ein Tarnverhalten darstellt.

7) Analyse eines Interviewausschnitts aus der BBC-Sendung „Panorama" vom 19.11.07 (bis 0:20)[12]

Kate McCann: „**They had been watching us, over the last view days, I'm sure.** (*Pause von ca. 1 Sekunde*) **Ehm** (*Pause von ca. 1 Sekunde*) **you know, they know** (*bei diesen beiden Worten lächelt Frau McCann mit geschlossenen Augen und Kopfschütteln vor sich hin während einer Sprechpause von ca. 1, 5 Sekunden*), **ehm, you know, they must have known, you know, that Gerry had just been in the apartment.** **And then** (*lässt ihre rechte Hand in Kopfhöhe zur Demonstration rasch nach vorne schnellen und schnalzt dabei einmal laut mit der Zunge, dann ca. 1 Sekunde Pause*). **Em** (*Pause von einer knappen Sekunde*), **you're right** (*Andeutung eines kleinen Abstandes zwischen Daumen und Zeigefinger*), **there was only a small** (*Wiederholung der vorigen Geste*) **window of opportunity, but** (*Pause von ca. 1,5 Sekunden*), **you know** (*Achselzucken*)".

- Irritationen und Gegenübertragungen:
  1) Mich irritiert die sechsmalige Verwendung einer Form von „to know", v. a. die viermal vorkommende Phrase „you know". Insbesondere Kate McCanns Darlegung ihrer Vermutung, die Entführer hätten gewusst, dass ihr Mann gerade im Apartment gewesen sei, wird dadurch völlig gesprengt. So nehme ich von diesem Satz eigentlich nur noch das Wort „know" wahr. Diese Wahrnehmungseinschränkung bewirkt in mir die Unfähigkeit, Frau McCanns Ausführungen weiterhin mit einer gewissen Distanz zu verfolgen. Ich habe das Gefühl von ihr „angesogen" und „vereinnahmt" zu werden, sodass ich nicht mehr gut eigenständig denken kann. Es kommt mir vor, als werde mir einerseits eingeredet, ich wüsste doch selbst genau, wie sich das Geschehen zugetragen habe, andererseits aber wird mir der konkrete Inhalt dieses Wissens erst „eingespeist" – eine Manipulation.
  2) Das Alternieren der You- und They-Formen von „to know" im zweiten Satz fällt auf. Ich frage mich, ob dadurch eine Gegenüberstellung oder aber eine Verwischung von beiden angesprochenen Bezugspunkten ausgedrückt werden soll. Denke ich bei Frau McCanns „You" an ihren Ehemann Gerald, so erweckt das „They" die Assoziation der Gruppe mitgereister Freunde.
  3) Die Korrektur der Präsensform „they know" zu „they must have known" lässt den Eindruck entstehen, Frau McCann verdächtige konkrete, ihr bekannte Personen, die über selbstverständlich generell über Gerry McCanns Kontrollgänge Bescheid wissen, verrät dies und lenkt anschließend wieder davon ab. Diese Idee ernsthaft weitergedacht, wird klar, dass nur Angestellte oder andere Urlauber der Ferienanlage gemeint sein könnten, insbesondere die mitgereisten Freunde der McCanns.
     Fokussiert man den Aspekt des Tempuswechsels, so besteht eine andere Auslegung der Korrektur in der enormen Präsenz der vergangenen Geschehnisse, vor allem des letzten Kontrollganges des Mannes, für Frau McCann.
  4) Das rasche Nach-vorn-Schnellen der Hand mit dem begleitenden Schnalzen der Zunge lässt in mir Assoziationen aufsteigen als die von der Mutter beabsichtigte Demonstration der flinken Zielannäherung eines Täters. Die Geste mit ihrer phonetischen Untermalung wirkt auf mich wie die Andeutung eines *sehr abrupten*, folgenreichen Geschehnisses (z. B. Auffahrunfall, Sturz aus dem Fester, Zerhacken eines Stück Holzes).
     Auch lässt mich die Handbewegung an ein entschlossenes Abschneiden/Abhacken/ Abtrennen oder Teilen von etwas denken.
  5) Das wiederholte Anzeigen eines kleinen Raumes zwischen den Fingern erinnert ebenfalls an das Hinweisen auf einen sehr kurzen Zeitraum oder auf Materie mit einer Größe (Flächenausdehnung oder Länge, Breite, Höhe, Durchmesser, Fülle) zwischen 2 und max. 5 cm.
  6) Der bildliche Ausdruck „window of opportunity" lässt auch wörtlich an ein „Fenster" denken.

- Quintessenz der Irritationen und Gegenübertragungen:
  a) Es scheint, als verdächtige Frau McCann (vielleicht unbewusst) entweder die mitgereisten Freunde der Tat (2, 3) oder als wolle sie die Zuschauer und den Interviewer dazu bewegen,

Personen aus dem Hotel (Angestellte, Urlauber, Freunde der McCanns) zu beargwöhnen (1, 2, 3).

b) Es mutet an, als gehe Frau McCann bezüglich des zum Verschwinden der Tochter geführten Schlüsselereignisses insgeheim von einem betont abrupten Geschehen aus anstatt von einer zumindest einige Minuten dauernden Entführung (4, 5).

c) Was dieses Geschehen anbetrifft, so könnte Materie mit einer bestimmten Maßeinheit von 2 bis max. 5 cm eine besonders wichtige Rolle spielen (5), ebenso eine Tätigkeit aus dem Handlungsspektrum Abschneiden/Abhacken/Abtrennen/Zerteilen (4) sowie ein Fenster (6). Als Alternativauslegung bzw. zusätzliche Verständnismöglichkeit kommt in Betracht, dass Frau McCann den Verlust der Tochter als einen radikalen Einschnitt empfindet, als ein „Abschneiden" des Kindes von der Mutter bzw. von seiner Familie (4).

8) Analyse Interviewausschnitt aus Sky News, 01.05.08 (03:38 -07:12)[13]

Interviewer: "I talked earlier in the introduction about the, the what-might-have-beens, the what-if-I-had-done-this, the what-if-I-had-not-done-that. And that, I guess, it's probably the most asked question we have had from Sky News viewers today. F. C. (Name) sums it up and he says: 'Why did the McCanns think it was okay to leave their child on her own?' - I know you have been asked this, many times, you asked this yourselves. 'They knew the hotel did not have a child monitoring service. And the hotels made various, eh, statements, too. That affects. So, why do they think it was acceptable to behave in this way?'"

Kate McCann: "I mean you are right. We have answered this so many times, and, ehm, I feel like I am going over old ground. Obviously I felt it was incredibly safe. I mean: I cannot *(zieht bei "cannot" den rechten Mundwinkel hoch)* love Madeleine more than I love her, you know. I would never have taken a risk. It was something that was not, it was not even a decision. That is how safe it felt, you know. And it does not help."

Gerry:"What information did we have to suggest it was not going to be safe? We were dining 50 yards away. We were making regular checks; we were going into the apartment – all was quiet, every night. And we, if we had thought it is unsafe, for a minute, if there was any conscious element that somebody was going to get into that apartment and steal your child – then, of course, we would not have done that."

Interviewer: "But it was not just a matter of being unsafe, was it? I mean, is it the case? You can clear it up right here and now. Was Madeleine upset the night before about being left alone? Had she, had she had a moment: got out of bed, started crying, started looking for you?"

Kate McCann *(zunächst mit unwilligem Unterton)*: "I do not want to dwell on it to much. I do not know if you saw the documentary last night, so I have talked about it, ehm *(Pause von ca. 2 Sekunden, dann tiefes Einatmen und Annahme einer auffallend bereitwilligen Erzählhaltung; sie fährt fort mit Emphase)*. Madeleine made a comment, ehm, in passing, that, ehm: 'Where were you when I cried?' - Not just to mummy, by the way, just generally *(lacht; im Folgenden ein expressives Spiel der Gesichtsmuskeln)*! Ehm, it just seemed a bit odd; it was a very kind of passing remark. And we just thought: 'She does not usually wake up and *(Gesichtsausdruck der Verwunderung)* she woke up'. That means, you know, she must have fallen back to sleep very quickly *(Hochziehen der Augenbrauen)*. And then she moved on *(Hochziehen des linken Mundwinkels bei "moved on")*. Yes, she moved on."

Gerry McCann (demonstrativ gelassen von der Intonation her, jedoch mit der linken Hand nachdrücklich gestikulierend): "Anybody with young children will understand that children cry. They wake up at night. During that week, there was one night and – we cannot give too much detail because it is part of the investigation - but there was one night, when Madeleine had come through. And one of the other twins was crying. So, you know, and when she did mention to, it to us, and we asked her about and she just talked, she was completely fine. And we thought - was it when they were bathing, getting them - you know, first putting them down, in that period when they are really tired. Of course, with hindsight in the context of what happened, of Madeleine being abducted, it is put in a very different light, and it is put in a very different light to us, and of course, we emphasized that to the police."

Kate McCann: "If Madeleine had not been abducted, if Madeleine had not been abducted, we would never have thought of that comment again. You know, it is only in hindsight that *(bei den Worten "it is only in hindsight" kratzt sich Gerald McCann am Kopf)*, you know, which is a wonderful thing. You think *(demonstrative Blick des plötzlichen Überraschtsein oder gar des Sich-Erschreckens)*, I wonder if that was relevant and hence the reason why we told the authorities, you know."

Gerry McCann: "The worst thing about being over this, over and over and over and over and over again *(rhythmische Begleitung dieser Kaskade mit Auf- und Abbwegeungen der linken Hand)*, is that we cannot change it. You know, we made a decision, we expressed our deep regret, we have to live with that and what Madeleine is going through, but we cannot change it. So we are focusing very much on what can still be done and we are appealing to people, whether they would have come forward before, if they had not come forward for whatever reason: Please call on our hotline number."

Kate McCann:"But you cannot loose sight, you know, a crime has been committed, you know. And that person is still out there. This is a crime against, you know, a three, four year old child. And that person is still out there. And Madeleine is still missing."

- Irritationen, Gegenübertragungen:
  1) "I feel like I am going over old ground": Diese Redewendung, wörtlich genommen, lässt daran denken, dass "neuer Boden" durch die Zersetzung organischer Materie entsteht (Assoziationen: Herbst (Laubfall)→ Vergänglichkeit; (Tier-)Leichen → Tod); er enthält mehr Nährstoffe für das Wachstum von Pflanzen. In dieser Hinsicht steht er für Zuversicht nach dem Vergehen stehen, für Zukunft nach dem Vergangenen, und damit für Entwicklung. Im vorliegenden Fall lässt das Bild vom „neuen Boden" auch an die vielen zur Zeit des Aufenthaltes der McCanns in Praia da Luz neu gepflasterten Straßen denken.
     Anders der „alte Boden": Er deutet eher die Bewahrung des Alten an und die Verhinderung der Neuwerdung, also Stagnation.
     Allerdings ist einem „alter Boden" vertraut.
  2) Auf die Frage des Interviewers nach der mangelnden Beaufsichtigung der Kinder (elterliche Verantwortung) gibt Frau McCann ihr damaliges Sicherheitsgefühl an und beteuert dann, sie könne Madeleine nicht noch mehr lieben, als sie es tue.
     Mich irritiert, dass sie so reagiert, als hätte man generell ihre Mutterliebe angezweifelt. Damit lenkt sie vom Thema „Verantwortung" ab. Des Weiteren wird die Frage aufgeworfen, ob Madeleines Verschwinden – in der subjektiven Sicht der Mutter oder gar objektiv - in einem Zusammenhang mit einer Handlung steht, die einem Liebesbeweis widersprechen würde und darum zu Schuldgefühlen führt. Oder basiert ihre Reaktion lediglich auf den Schuldgefühlen gegenüber ihrer alleingelassenen und entführten Tochter?
  3) Insgesamt zieht die Mutter zur Entgegnung der Frage nach der elterlichen Verantwortung auffällig stark die Gefühlsebene heran (vgl. 3x den Ausdruck „feel"/"felt", 2x „love" sowie die Aussage „it was not even a decision"). Das Bild einer „kopflosen" Handlung bezüglich des Alleinlassens der Kinder oder bezüglich einer anderen Handlung im Zusammenhang mit dem Verschwinden, eines Verhaltens „aus dem Bauch heraus", entsteht.
  4) Gerald McCann führt die Fragestellung nach der mangelnden elterlichen Aufsicht ad absurdum, macht sie zu einer Frage der Möglichkeit, die Entführung voraussehen zu können. Er lenkt damit vom Vorwurf des wenig verantwortlichen elterlichen Handelns ab und konzentriert die Aufmerksamkeit des Zuhörers auf den Entführer.
  5) Die absolute Ausrichtung der Eltern auf den Aspekt der Sicherheit der Unterbringung der Kinder (vgl. den viermal verwendeten Ausdruck „safe"/"unsafe") bedeutet völlige Konzentration auf die angebliche Entführung/den Entführer und Abwendung vom Aspekt der

Gefühle der allein gelassenen Kinder (die z. B. Angst haben, wenn sie aufwachen, und die Eltern nicht da sind). Auch dem Interviewer fällt dies auf und er spricht es an.

6) Obwohl Frau McCann explizit angibt, sie möchte an dem Punkt, Madeleine habe die Nacht zuvor geweint und nach den Eltern gerufen, nicht lange verweilen und sie sich zunächst mit Widerwillen des Themas annimmt, habe ich, was die Passage nach diesem Moment ihres Zögerns anbetrifft, ein dazu deutlich konträres Gegenübertragungsgefühl : Ich bin von ihrem Erzählen begeistert, denn ich nehme bei ihr Begeisterung für das Thema war (sehr lebendiges Spiel ihrer Mimik, Wechsel von eindringlichem Blickkontakt mit dem Interviewer und Ausrichtung des Blickes auf einen Punkt vor sich selbst, als sehe sie förmlich das berichtete Geschehen vor sich).

Durch die rege Untermalung ihrer Worte mittels Körpersprache wirkt diese Sequenz für mich außerdem wie eine selbstdarstellerische „Performance" von Kate McCann, in der sie sich gerade sehr wohl zu fühlen scheint.

Ich frage mich, was für die Mutter an diesem Thema so sehr Begeisterung auslöst: Benutzt sie die Tatsache des Alleingelassen-Habens der Kinder in der Nacht zuvor als Ablenkung von einem mit dem Verschwinden in Zusammenhang stehenden Geschehen, das über ein bloßes Alleinlassen hinausgeht? Bereitet ihr die Erinnerung an das Gebrauchtwerden als Mutter Freude („Where were you when I cried?"), weil sie gerne an ihre Beziehung zu Madeleine zurückdenkt und die Interaktion gerade „wiederbelebt" oder weil sie selbst in dieser Rolle „wichtig" ist? Hat die Mutter beim Berichten der Erinnerung einfach die Lebendigkeit (lebendige Art oder das Noch-am-Leben-Sein) der Tochter vor Augen und freut sich darüber? Zumindest spricht sie hier nicht so von ihr, als sei diese sehr in Gefahr oder müsse gar für tot gehalten werden.

7) Das expressive Spiel der Mimik, das man schon als übersteigert, also tendenziell in Richtung eines „Grimmassierens" einordnen kann, lässt den Verdacht auf eine Unterdrückung negativer Gefühle aufkommen.

8) „Where were you, when I cried? " – Dies Worte gehen mir „tief unter die Haut", ich finde sie "herzzerreißend". Ich entwickle viel Mitleid für das in seinem Leid so einsame Kind. Gar nicht verstehen kann ich daher das beschwingte Erzählen der Mutter sowie ihre betonte Einstufung des Satzes als „beiläufig".

9) Mich irritiert der Satz „Not just to mummy, by the way, just generally". Weshalb hebt die Mutter sich selbst hier noch einmal gesondert hervor – obwohl sie dies inhaltlich doch nivelliert durch „just generally"? Sie verleugnet damit einerseits eine (auch) an sie Gerichtetheit der Klage des Kindes und damit ihre Verantwortlichkeit, stellt sich aber zugleich als besonders „wichtig" und außerdem als in enger Beziehung mit der Tochter stehende Mutter dar – durch die kindliche Bezeichnung „mummy".

10) Mit dem Gedankengang „She does not usually wake up and she woke up. That means, you know, she must have fallen back to sleep very quickly" betont Frau McCann das Wiedereinschlafen und lenkt die Aufmerksamkeit ab von der Tatsache des einsamen Aufwachens der Tochter.

11) Durch die fehlende eindeutige Herstellung des Bezuges von „And then she moved on. Yes, she moved on" hört es sich für mich beim ersten Lesen so an, als würde das Kind nach dem raschen Wiedereinschlafen einfach „weitergegangen sein" – eine Bedeutung als „Weiterleben" ist hier naheliegend.

12) Allerdings weisen die mehrfachen Verwendungen von Ausdrücken aus dem Wortfeld „gehen" („in passing", „passing", zweimal „move on") - neben ihrer offensichtlichen Bedeutung von Beiläufigkeit – auch auf das Moment „Fortbewegung" hin.

Im Rahmen des Alleinlassens der Tochter und/oder des Verschwindens könnte diese Art „Fortbewegung" in verschiedener Hinsicht eine bedeutende Rolle spielen:

Das Mädchen könnte aber auch nach einem unbeaufsichtigten Aufstehen aus ihrem Bett einen Unfall erlitten haben oder beim „Laufen" (z. B. Toben, Treppensteigen), von dem Frau McCann weiß.

Aber auch eine mögliche Phantasie der Mutter, das Kind sei eigenständig weggegangen (statt dass es einen Unfall, Gewalt oder Entführung erlitten habe), kommt hier in Betracht.

Sie würde den Opferstatus des Kindes in die Position eines aktiv und selbstbestimmt handelnden Menschen verkehren, wodurch auch die Gefährdung weniger gegeben wäre.

13) Gerald McCann will mich hinsichtlich der Problematik der Abwesenheit von ihnen als Eltern beruhigen (vgl. sechster Absatz), so empfinde ich es.
Über seine Aussage „and when she did mention to, it to us, and we asked her about and she just talked, she was completely fine" entrüste ich mich: Der Vater scheint mir ja wenig Zugang zu dem in dem Satz "Where were you when I cried" ausgedrückten Leid und der Bedürftigkeit seiner Tochter zu haben! Außerdem hätte er sonst aus ihrem Vorwurf die Konsequenz einer besseren Beaufsichtigung gezogen (z. B. Engagieren eines Kindermädchens).

14) Die Einordnung beider Eltern, vor allem aber der Mutter (vgl. auch 16), die Frage der Tochter bekomme erst in der Rückschau, vor dem Hintergrund der Entführung, Gewicht, bewegt mich zu zweierlei Reaktionen:
Zum einen hätte der Vorwurf der Tochter, der ihre Bedürftigkeit sowie deren mangelnde Befriedigung ausdrückt, doch bereits längst *vor* dieser nun getätigten Rückschau für die Eltern Bedeutung haben müssen und sie zu einer besseren Fürsorge anhalten müssen.
Zum anderen kann angesichts der angeblichen und ja dramatischen Entführung des Kindes dessen Weinen aufgrund des Alleinseins am Tag zuvor doch vor allem in einer Hinsicht als wesentlich betrachtet werden: Hätten die Eltern daraufhin die Tochter abends besser beaufsichtigt, hätte es keine Entführung geben können.
Genau diesen Gedanken, den den Vorwurf an sie als Eltern noch schürt, lösen die McCanns doch aber bei mir als Zuschauer aus, wenn sie sich (und damit den mitdenkenden Rezipienten) nach der Relevanz der Klage der Tochter für die Entführung fragen und betonen, dieser Vorfall sei nun für sie als Eltern auch in ein anderes Licht gerückt.
Sie lenken also unterschwellig die Aufmerksamkeit auf ihre Schuld am Alleinlassen ihres Kindes, obgleich sie ihr Verhalten auf der expliziten Ebene bagatellisieren.
Beim wiederholten betrachten der Sequenz merke ich, dass ich auch auf der expliziten Ebene „mitschwingen" kann und denke: Dass die McCanns einen für ihr Bild bei der Polizei/in der Öffentlichkeit so unvorteilhaften Vorfall darlegen, da er für die Aufklärung des Verbrechens wichtig sein könnte, ist aber aufopferungsvoll! Das zeigt ja ihre „weiße Weste"!
– Allerdings werde ich in der Aufrechterhaltung dieses Empfindens davon gestört, dass Frau McCann selbst mir diese Lesart noch einmal so eindringlich nahe legt (vgl.: "If Madeleine had not been abducted, if Madeleine had not been abducted, we would never have thought of that comment again. You know, it is only in hindsight that...").
Aus diesem Gefüge an Gegenübertragungsphänomenen ergeben sich die beiden folgenden Möglichkeiten, die durchaus gemeinsam zutreffen könnten:

a) Die Eltern haben unbewusst große Schuldgefühle, ihr Kind allein gelassen zu haben (oder anderweitig an dessen Verschwinden beteiligt zu sein) und lenken im Sinne eines „Strafbedürfnisses" die Aufmerksamkeit des Rezipienten auf ihr Versagen. Bewusst hingegen wehren sie mit der Bagatellisierung ihrer Versäumnisse diese Schuldgefühle ab.

b) Die in das Verschwinden ihrer Tochter involvierten Eltern (insbesondere aber die Mutter) bemühen sich darum, in einer „weißen Weste" wahrgenommen zu werden, indem sie demonstrativ eine „sympathische" Selbstbelastung (eigentlich ein Glaubhaftigkeitsmerkmal) ins Spiel bringen, die ihnen zwar eine Verletzung der Aufsichtspflicht bescheinigt, aber wiederum implizit das dadurch erhöhte Entführungsrisiko herausstellt.

15) Frau McCanns Bezeichnung „wonderful thing" finde ich merkwürdig – mir läuft nach mehrmaligem Hören sogar ein Schauder über den Rücken - da bezüglich des Attributs „wonderful" doch die Bedeutung „wundervoll" im Sprachgebrauch vorherrscht und das Wort damit eindeutig eine positive Konnotation besitzt. Um auszudrücken, dass das Verhalten der Tochter seltsam/wundersam war, wäre doch, auch unter Berücksichtigung der dramatischen Gesamtsituation, „strange", „odd" oder „extraordinary" angemessener, so denke ich.
Dieser also eher positiven Konnotation des Begriffes steht die mimische Demonstration von plötzlicher - viel eher negativer - Überraschung oder gar von Erschrecken gegenüber, die

auch aufgrund ihres kurzen, plötzlichen und übersteigerten Charakters irritiert, zumal sie im Gegensatz steht zur auf der Sprachebene wahrnehmbaren Absicht der Beruhigung des Zuschauers.

Diese Inkongruenz zwischen Wortebene und Mimik legt die Möglichkeit nahe, es könne sich bei der kurzen Gebärde von plötzlicher Überraschung/ Erschrecken um ein „Klischee" i. S. Lorenzers handeln.

16) Frau McCanns Satz "If Madeleine had not been abducted, if Madeleine had not been abducted, we would never have thought of that comment again" soll mich zwar wohl hinsichtlich der Bedeutsamkeit der Klage des Kindes beruhigen, aber ich muss denken: Zu wenig Bedeutung haben sie ihr beigemessen! Sie hätten nie wieder an diese Bemerkung gedacht?! Das hätten sie aber doch sollen! Statt dass ich beruhigt bin, bin ich also aufgebracht. Hier kommt die Idee auf, meine moralische Entrüstung könnte die die Eltern innerpsychisch belastende Anklage von Seiten ihrer Über-Ich-Instanzen wiederspiegeln, die dieser Satz abspaltet. Vielleicht besitzen die Eltern aber auch einfach wenig Feinfühligkeit für ihre Tochter Madeleine und meine Reaktion bildet somit diejenige des Kindes ab.

17) Die Mutter wiederholt ihren Hinweis darauf, dass der Täter noch nicht gefunden sei, woraus auf die für sie bestehende subjektive Wichtigkeit der Mitteilung geschlossen werden kann. Dass Madeleine noch fehlt, erwähnt sie hingegen nur einmal, und zwar nachrangig.

Ich bekomme dadurch den Eindruck, das Finden des Täters ist für Frau McCann wichtiger als das Finden ihrer Tochter.

- Quintessenz der Irritationen und Gegenübertragungen:
a) Beide Elternteile lenken manifest von ihrem mangelhaften Verantwortungsbewusstsein hinsichtlich der abendlichen Beaufsichtigung ihrer Kinder ab (2, 3, 4, 5, 9, 10, 13, 17): Während Kate McCann dies stärker tut, durch die Hervorhebung basaler, positiv-emotionaler Aspekte der Beziehung zu ihrer Tochter tut (3), mittels Aufmerksamkeitsverschiebung auf periphere positive Elemente (10) sowie durch Verleugnung ihrer Position als Verantwortliche (9), realisiert ihr Mann dies auf dem Wege der Beruhigung durch Betonung des Normalitätscharakters des vorabendlichen Vorfalles (13).
b) Beide Partner bahnen das Interesse des Rezipienten in Richtung des angeblichen Entführers (4, 5, 17).
c) Eine Einfühlung in die emotionale Bedürftigkeit ihrer allein gelassenen kleinen Tochter scheint den Eltern kaum möglich zu sein (5, 8, 13, 14, 16). Dies könnte in der zuvor genannten Abwehr des Verantwortungsaspektes begründet sein. Da die McCanns jedoch damals aus dem vorabendlichen Vorfall keine Konsequenzen für ihr Verhalten gezogen haben, scheint die Auffassung einer allgemein eher geringen Feinfühligkeit bezüglich der Bedürfnisse von Madeleine und eine stärkere Konzentration auf eigene Interessen berechtigter.
d) Es scheint sich überhaupt ein narzisstischer Persönlichkeitsaspekt der Mutter in diesem Interviewmaterial zu zeigen (6,9).
e) Der Verdacht einer dissoziativen Abspaltung negativer emotionaler Elemente aus dem Erlebnis-/Assoziationskomplex „Alleinlassen des Kindes" und einer entsprechenden szenischen Wiederkehr des Dissoziierten in Form eines Klischees liegt nahe (6, 7, 8, 15).
Insbesondere entsteht durch das dissoziativ erscheinende „Erschrecken" (15) die Hypothese, Frau McCann habe eine entsprechende Situation erlebt (z. B. vom Anblick eines plötzlichen Entdeckens des schwerverletzten/toten Kindes ausgelöster Schrecken oder des im Entführungsfall leer vorgefundenen Kinderbettes).
f) In die unter dem ersten sowie dem unmittelbar vorangehenden Punkt aufgezeigten Bausteine zur Psychodynamik reiht sich ein weiterer logisch gut ein: Die Mutter scheint die (unbewusste) Überzeugung zu besitzen, Madeleine sei noch lebendig und befinde sich in keiner Bedrohungslage (6, 11, 12).
g) Obgleich die Eltern auf der manifesten Ebene das Alleinlassen der Kinder bagatellisieren, lenken sie – bzw. lenkt insbesondere die Mutter - unterschwellig doch das Interesse des Rezipienten auf ihr schuldhaftes Handeln (14, 16). Dies deutet auf verdrängte, unbewusste Schuldgefühle hin (2, 14, 16), derer sich die Ich-Instanz mit ihrem „Strafbedürfnis" zu entledigen sucht.

Am naheliegendsten ist eine bloße Verknüpfung dieses Schuldkonfliktes mit dem Alleinlassen von Madeleine; da dieser Erlebniskomplex jedoch auch auf jeder Versionsebene über die Verschwindensumstände Assoziationen zu diesen aufweist, könnten die Schuldgefühle auch in einer anderen Form der Involviertheit begründet sein.

h) Es wird durch die Analyse dieses Interviewausschnittes aber auch die Möglichkeit aufgezeigt, es handele sich bei der unterschwelligen Fokussierung der elterlichen Schuld insofern um eine Tarnhandlung/ein diffiziles Ablenkungsmanöver, als dass sie eine sympathische Selbstbelastung (eigentlich ein Glaubhaftigkeitsmerkmal) darstellt, die den Eltern zwar eine mangelnde Beaufsichtigung ihrer Kinder bescheinigt, dadurch aber wiederum ihr erhöhtes Entführungsrisiko herausstellt (6, 14). Damit wäre nämlich letztendlich doch vor allem der angebliche Entführer mit Interesse behaftet.

Das aufgezeigte Bedingungsgefüge kann durch eine aktive Verwicklung in das Verschwinden zustande kommen. Es kann aber auch lediglich durch eine Abwehr des Schuldgefühls, die Entführung mit dem eigenen Beaufsichtigungsversäumnis begünstigt zu haben, hervorgerufen sein. In diesem Fall könnte man sich eine Psychodynamik vorstellen, in der auch der unter dem vorangehenden Punkt aufgezeigte Prozess integriert ist: Während das Ich einerseits versucht, die Schulgefühle abzuwehren, indem es eine gute Selbstdarstellung anstrebt und die Schuld vollständig auf den Entführer lenken will, wirken andere Kräfte dieser Instanz diesem Ziel entgegen. Sie stehen mehr unter dem Einfluss des Über-Ichs, dass Strafe für die aufgeladene Schuld fordert, und somit auf Selbstverrat drängt. Dass Ergebnis ist ein kompromisshafter Umgang mit der Schuld, der zugleich das Widerstreiten der Kräfte abbildet.

Anhang L: Tiefenhermeneutische Analyse des Briefes von Kate McCann an die Polizei in Portimao, Portugal, von Dezember 2007[1]

- Irritationen, Gegenübertragungen:

1) Es fällt auf, dass der erste Satz mit einer sehr vorsichtigen, unterwürfigen Zurückhaltung beginnt, aber selbstbewusster, mit einer impliziten Forderung, endet.

2) Die Schreiberin baut schnell viel persönliche Nähe auf (vgl. zweiter Satz), auch dadurch, dass sie den privaten Lebensraum des Adressaten betritt („I am not sure if you are a parent or not,..."). Allerdings wird hier zugleich die faktische Distanz thematisiert, im Zugeben der mangelnden Kenntnis dieses Lebensraumes.

3) Angesichts der Aufzählung „for my husband and myself, and the whole of our family" fühle ich mich als Leser dieses Briefes, der sich mit dem Adressaten identifiziert, nach der vorangegangenen Etablierung einer dyadischen Ebene nun plötzlich einer Großgruppe von Menschen gegenübergestellt, was in mir das Bedürfnis auslöst, mich zu schützen und zurückzuweichen. Denn ich denke: „Was die denn jetzt hier wohl gleich alle zusammen von mir wollen?! Das ist mir aber nicht ganz geheuer!"

4) Auch die fast unmittelbar darauf folgende Aufzählung der Leidensdruck-Elemente, „the most difficult, sad and unbearable time" sowie die Superlativ-Verbindung „the most precious thing in our life", beinhalten einen so gewichtigen Nachdruck, dass ich als „Adressat" einen enormen Druck verspüre, ich solle die Verantwortung übernehmen und handeln.

5) Die Einreihung der Schreiberin in die Mitte einer exzessiven Aufzählung der anderen Teile ihrer Familie wirkt auf mich wie ein Ausweichen vor ihrer persönlichen Verantwortung für die eigenen Gefühle, wie ein Eintauchen in den Schutz der Gruppe (z. B. auch gegenüber Rechtfertigungsdruck von Außen).

6) Im dritten Absatz tritt die Verfasserin hingegen wieder betont eigenständig („As her mother", „I feel") gegenüber dem Adressaten auf. In Identifikation mit diesem spüre ich die anfangs kurz etablierte vertrauensvoll nahe Beziehung (vgl. Punkt 2) aber nun nicht mehr; durch den gewichtigen Nachdruck im zweiten Absatz ist für mich dieser Interaktionsmodus zerstört.

7) Über die Reihenfolge „pain and anxiety" wundere ich mich: Hat man nicht *in erster Linie* Angst *um das Kind*, dem jederzeit der Tod droht und es vielleicht schon getroffen hat (Objektorientiertheit), als dass man *Schmerzen* (mehr Eigenorientiertheit) bekundet?

8) Dennoch löst bei mir der dritte Absatz viel Mitleid für die Schreiberin aus, das Gewicht ihres Leides wird für mich förmlich greifbar, was vor allem an der Fokussierung der Gefühlsebene durch die Schreiberin liegt („I feel", „the feeling") sowie an den Schlüsselwortern „indescribable", „helplessness" und „overwhelming".

9) Mich irritiert die Konjunktion „although" (obwohl, obgleich) im dritten Absatz: Diese Konjunktion drückt prinzipiell einen Gegensatz aus. Inhaltlich scheint im Text der Verfasserin an dieser Stelle eine derartige Gegenüberstellung offensichtlich nicht beabsichtigt, wird jedoch aufgrund der Verwendung dieser Konjunktion suggeriert. Nimmt man sie Ernst, kommt man zu der Lesart: Zum einen sind die Anschuldigungen und Verleumdungen kränkend, verletzend, ärgerlich machend, zum anderen sind sie in den Augen der Schreiberin „very much". Dieser Aspekt ist also kein emotional beschwerlicher (wie der erste), sondern er muss in anderer Weise „very much" sein, also hinsichtlich moralischer Maßstäbe oder organisatorischer Kräfte. Ist hier ersteres gemeint, wird damit auch eine implizite Schuldzuweisung an den Empfänger gerichtet (denn dessen Behörde hat die Anschuldigungen ja schließlich u. a. auch erhoben). Unter diesen Ausführungen wird aber noch nicht der durch die Konjunktion „although" etablierte Gegensatz verständlich. Er würde hier die Auslegung schaffen, dass man trotz Kränkung und Verletzung noch der moralisch Aburteilende sein darf, was die mögliche unterschwellige Überzeugung der Schreiberin andeutet, es gäbe eigentlich nur eigenes Leid (Schwäche) oder das Engagement für seine Rechte (Stärke).

10) „I am appealing to you as a fellow human being" kreiert wieder eine vertrauensvoll nahe, persönliche Ebene. Menschlichkeit wird angeboten und impliziert damit, dass diese noch nicht fest gegeben ist. Es klingt wie eine Handreichung der Schreiberin, die dem Adressaten eine neue Chance bietet.

11) Dieser eben genannte Satz birgt eine Uneindeutigkeit: Wer ist gemeint mit „a fellow human being"? Betitelt sich die Schreiberin selbst so? Dies würde eine Zurückweisung alles gegenläufigen, „unmenschlichen" Verhaltens für ihre eigene Person bedeuten, ferner auch ein Absprechen des Elements „fellow" oder gar auch des „human beings" für ihr Gegenüber. Betitelt die Schreiberin hingegen den Empfänger des Briefes so, so unterstellt sie deutlich sein gerade zu dieser Charakterisierung gegenläufiges Verhalten (Unkameradschaft, ferner Unmenschlichkeit) und es wird ihre Abhängigkeit von und Bedürftigkeit nach seinen menschlich-kameradschaftlichen Seiten spürbar.

12) Beim Lesen der Bitte, man möge doch *mit* ihnen als Eltern arbeiten, ergänze ich im Geist „and not against us, as up to now". Mir tun die Eltern leid, ich stelle sie mir hinter einer Absperrung vor, mittels der die Polizei sie fern von sich halten will, wobei die Eltern doch so sehr einen Dialog wollen, aber eben nicht erhört werden. „Die böse Polizei", denke ich.

13) Die Steigerung dieser Bitte, nämlich die, die Eltern mit einzuschließen, verursacht bei mir aber einen Stimmungsumschwung zu ihren Ungunsten. So empfinde ich leichte Empörung über diese etwas maßlose Forderung, die neben der inhaltlichen Steigerung auch noch als Aufforderung formuliert ist („include us"). Ich finde es zu sehr als Anweisung formuliert, finde, sie müssten „unterwürfiger" sein. Hier bin ich wohl automatisch sehr mit dem Empfänger identifiziert, der wohl potenziell so empfindet.

14) Das Wort „work" stellt einen gewissen Gegensatz zur durch den Satzanfang geschaffenen Ebene des *Vertrauensvoll-Kameradschaftlichen* dar, der mich aufmerken lässt. Ich hätte nach diesem Satzanfang eine andere Weiterführung erwartet, die einen persönlicheren und konkreteren Aspekt als die Arbeit nennt (z. B. „to let us know if you still have got some incidents as to Madeleine's whereabouts"). Das Vertrauensvoll-Kameradschaftliche scheint also von der Schreiberin mehr für eine gute Zusammenarbeit instrumentell gewünscht zu sein.

15) Der Baustein „to remember that we are Madeleine`s parents and have needs" löst in mir, in der Identifikation mit dem Adressaten, das Gefühl eines Vorwurfes gegen mich aus, da die Verfasserin ja meint, sie müsse „mich" belehren, woran „ich" denken soll (woran ich also angeblich vergessen habe, zu denken). Ich fühle mich einem Druck ausgesetzt. Andererseits, wenn ich in die Identifikation mit der Schreiberin gehe, scheint für mich durch diesen Satz einfach eine starke Bedürftigkeit hindurch und eine wenig aggressive, vielmehr an Verständnis appellierende Art, die mir doch sehr angemessen, sogar „gut" scheint.

16) Der Satzteil „we are Madeleine's parents" spielt, in den Zusammenhang mit dem vorangegangenen „human being" gestellt, auf die Alternative an, man könne die Eltern als Eltern und gar als Menschen verkennen, könne in ihnen „gefährliche wilde Tiere" oder leblose Objekte sehen, oder habe sie schon so gesehen und die Eltern fühlen sich nun so. Das macht mich traurig.

17) „With regard to this latter point, I would be grateful" hört sich wieder sehr förmlich und damit in der Beziehung zurückgenommen an. Bedürftigkeit und Abhängigkeit schwingen hier nicht mehr mit, eher Selbstbewusstsein mit einer Prise Ironie (letzteres bezogen auf „grateful").

18) Mich irritiert, dass die vorangehende Forderung der Eltern, möglichst eingeschlossen zu werden in die Arbeit der Polizei (vgl. Punkt 13), nun auf eine Bitte, bis zu einem gewissen Grad über die Ermittlungen informiert zu werden, schrumpft. So hört sich die Bitte für mich auch überhaupt nicht mehr maßlos an, sondern sehr angemessen, verständlich.

19) Der Nebensatz „what work is being done to help find our daughter, ect." zeigt jedoch, dass die Verfasserin kontrollierend in die Arbeit der Polizei eingreifen möchte. Als Adressat würde ich hier einen Schritt zurückweichen wollen, mich dieser Kontrolle entziehen wollen.

20) „I' m sure you will agree" greift suggestiv in die persönliche Integrität des Angesprochenen ein und wirkt dominant, belehrend.

21) Bei der Attribution der eigenen Bitte als „not unreasonable" und „humane" in Verbindung mit Punkt 21) habe ich stark das Gefühl, der Briefschreiberin ist es sehr wichtig, dass der Empfänger sie als „menschlich" und „vernünftig" bewertet und als fürchte sie das Gegenteil oder habe mit ihm sogar bereits entsprechend negative Erfahrungen gemacht.

22) Dass die Schreiberin im nächsten Satz ihre Vertrautheit mit der gerichtlichen Geheimhaltung benennt, signalisiert für mich Selbstbewusstsein sowie ein Eingedrungen-Sein in den

Kenntnisbereich der Polizeibehörde. Als angesprochener Polizeichef würde ich mir wohl „sehr nah gekommen" fühlen, hätte wohl das Bedürfnis, die Dame auf Distanz zu halten.

23) Noch einmal wird dann die Bitte nach Kooperation von der Verfasserin heruntergestuft, diesmal bittet sie lediglich noch um „ein klein wenig Information im weitesten Sinne". Sie nimmt also etwas von dem zuerst aufgebauten Druck zurück, nimmt sich zurück. Mir kommt das Bild einer Bettlerin in den Sinn, die am Straßenrand hockt und mit ausgestreckter flehender Hand nach „zumindest einem Cent" bittet.

24) Der Satzbaustein „Lack of communication and a void of information" lässt in mir das Bild eines Menschen im Raumanzug außerhalb eines Raumschiffes denken, der so sehr auf die Kommandos seines Teams angewiesen ist, dass er sich ohne sie in der Einsamkeit des Weltalles völlig verloren vorkommt und Panik bekommt. Diese Vorstellung erinnert auch an ein Kind, das Abseits seiner Familie „aufgeschmissen" ist, nicht weiß, was es machen soll.

Das andere Bild, das mir vor Augen schwebt, ist das eines reizdeprivierten Menschen, der, ist er in schalldichtem Raum nur auf sich ganz allein gestellt, sterben wird. Das Bild zeigt die Qual der Einsamkeit, das Bedürfnis des Menschen nach Gemeinschaft. Auch erinnert es an eine „stille" Form der Folter, die zu keinen körperlichen Schmerzen und damit zu keinen derart bedingten Schreien führt, und die beispielsweise in dem Gefängnis von Abu Graibh angewendet wurde. Was hierin transportiert wird, ist Menschenverachtung/Unmenschlichkeit (Bestialität) und seelische Qual enormen Ausmaßes.

25) „Lack of" und „a void of" erinnern mich mit an das Fehlen des Kindes.

26) „As the parent of a missing child" ist nun die fünfte Stelle, an der die Schreiberin auf ihre Identität als Mutter oder Elternteil aufmerksam macht (vgl. im ersten Absatz „I am Madeleine McCann's mother"; zweimal der Rekurs auf „parent" im zweiten Absatz; „as her mother" in der dritten Passage; zweimal „parents/parent" hier in der vierten). Interessanterweise wird mit einer Einschränkung an diesen Stellen immer die Bedürftigkeit und das Leid *der Mutter/Eltern* beschrieben, nur einmal wird ein direkterer Bezug aufgebaut zum eventuellen Leiden des Kindes (vgl. „as her mother, the pain and anxiety I feel for her"); ansonsten aber gebraucht die Schreiberin das Argument der Mutter-/Elternschaft nie zu einer vielleicht expliziten Darlegung ihrer Fragen, Sorgen und Ängste, ihres Fürsorgeanspruches oder Verantwortlichkeitsgefühls im Zusammenhang mit dem Verschwinden des Kindes (z. B. „Als Mutter quält mich die Frage, ob meinem kleinen Mädchen Leid angetan wird und als ihre Eltern wollen wir doch so gerne alles tun, dies verhindern oder beenden zu helfen, wollen wissen, wie viel Hoffnung noch für sie besteht..."). Die Schreiberin scheint stattdessen sehr auf die Selbstaspekte ihres Leides konzentriert, so dass es in dem Brief mehr darum geht, *ihr* zu helfen, statt dem Kind.

27) Das Bild „torture", das ich oben bereits selbst vor Augen hatte, wird nun wörtlich verwendet. Wenn man daran denkt, dass Folter vor allem zur Erzwingung von Geständnissen verwendet wurde/wird, so entsteht die Idee, die Absenderin werfe der Polizei dieses Motiv für ihren zurückgehaltenen Informationsfluss vor.

28) Der letzte Satz des langen Absatzes wirft die Unklarheit auf, ob die McCanns von ihrer Seite aus gerade bzw. gerade nicht mit der Portugiesischen Polizei zusammenarbeiten: Einerseits wird ausgesagt, man habe es von Beginn an getan und nennt keine Unterbrechung; andererseits wiederum seien die Eltern ganz verrückt danach, die Zusammenarbeit so schnell wie möglich fortzusetzen.

29) Die Bemerkung in Klammern, „and are keen to do so as soon as possible!" hat in seiner Unkonventionalität in der Form eine affektive Sprengkraft, die ich als ironisch-kraftvollen Appell an die Polizeibehörde wahrnehme, doch endlich die Handreichung anzunehmen.

30) Dass hier noch einmal in voller Länge geschrieben wird, dass die Mutter die Entführung des Kindes entdeckt habe, irritiert mich. Es hört sich an wie ein Argument, das den Anspruch der Schreiberin erklären soll, in die Entwicklungen auch weiterhin einbezogen zu werden (da sie diese doch erst ins Rollen gebracht habe...).

31) Im Ausdruck „finger-pointing-blame" liegt etwas Kindisch-Aggressives. Es überrascht mich daher, dass die Schreiberin ihn benutzt. Dass sie es tut, erweckt in mir den Eindruck, es habe zwischen der Portugiesischen Polizei und den McCanns soviel an (verdeckter) Aggression gegeben, dass die Schreiberin ein solches Niveau des gegenseitigen Umganges mit dieser Formulierung in Erwägung ziehen kann.

32) Die „differences in culture" benennen eine ähnlich verfeindete Haltung (es klingt rassistische Abwertung an), aber in „erwachsenerem" Modus.

33) Das verschwundene Kind ausgerechnet als „beautiful" zu bezeichnen (statt als „precious" oder „lovable" oder „sweet"), verwundert mich. Wieso ist der äußere Wert des Kindes so wichtig? Warum nicht einfach die Bindung zu ihm, die gemeinsame Vergangenheit, die Liebe zwischen den Eltern und dem Kind? Vielleicht sorgt sich die Schreiberin um die Unversehrtheit des Körpers des Kindes oder weiß gar um dessen Versehrtheit. Vielleicht hat das Kind das Leben der Eltern auch so „schön" gemacht, dass diese Eigenschaft nun mit ihm assoziiert wird. Vielleicht steckt auch die Phantasie der „Sleeping Beauty" dahinter, eines Dornröschen, das nach vielen Jahren einfach unversehrt „aufwacht" und wiederkehrt, statt tot zu sein. Soviel fällt mir an dieser Stelle spontan zu dem häufig von den Eltern verwendeten Ausdruck ein.

34) Am Ende des vorletzten Absatzes findet eine Fokussierung auf das Kind statt, die ich bislang vermisst hatte.

35) „She is the victim in all of this" hört sich an, als sei Madeleine gar nicht Opfer eines Verbrechens geworden, sondern sei der mangelnden Kooperation zum Opfer gefallen, wie ein Kind, das davonläuft, weil die Eltern sich streiten und es das nicht mehr aushält.

36) Das Element „in all of this" transportiert von meinem Gefühl her Verärgerung der Schreiberin über ein lange anhaltendes Zerwürfnis.

37) „It would be good for Madeleine…" hört sich belehrend an.

38) "The person(s)" irritiert mich in dieser Überkorrektheit. Es sieht für mich aus, als wolle die Schreiberin ja nichts Falsches sagen bzw. etwas, das ihr vom Empfänger zum Nachteil ausgelegt werden könnte und bemüht deswegen hier die logisch korrekte, vollständige Form, anstatt einfach der Abkürzung halber, auch für alle verständlich zu schreiben „the person".

39) Die Endung der Briefes mit „I can only ask" wirkt emphatisch und in der Kürze des Satzes und der sich-zurücknehmenden Unterordnung etwas traurig bittend und macht es dem Empfänger, so mein Gefühl in der Identifikation mit ihm, leicht, darauf positiv zu reagieren und die Handreichung in diesem Schreiben anzunehmen.

- Quintessenz der Irritationen und Gegenübertragungen:

a) Das Verhältnis zwischen der Portugiesischen Polizeibehörde und den McCanns scheint prinzipiell recht aggressiv getönt zu sein. Auf Frau McCanns Seite ist viel Verärgerung und affektive Sprengkraft wahrnehmbar (29, 31, 32, 36).

b) Frau McCann weist eine große Bedürftigkeit auf nach Teilhabe (Information und Kooperation) und empfindet es als ihr Recht, in die Ermittlungen eingeschlossen zu werden. Das kann bei der Behörde leicht als Eingriff in die eigene Integrität und Souveränität empfunden werden: als Belehrungen, maßlose Forderungen, Vorwürfe, Kontrolliertwerden, Manipulation, Zu-nahe-Treten. Dies kann auf der Seite der Behörde den Wunsch nach Distanzierung auslösen. Es liegt nahe, dass diese Dynamik Teil der Bedingungen ist, die das schlechte Verhältnis begründen (13, 15, 19, 20, 22, 30, 37).

c) Den Empfänger empfindet Frau McCann in seiner Distanzhaltung und seinem Nicht-Kooperieren allem Anschein nach als unkameradschaftlich und unmenschlich (11, 12, 14, 24).

d) Der Schreiberin ist es ein großes Bedürfnis, vom Empfänger „als Mensch" und als Elternteil gesehen zu werden – also z. B. nicht als gefährlich und barbarisch oder als lebloses, gefühlloses Ding. Sie leidet wohl sehr darunter, sich in konträrer Weise dazu gespiegelt zu fühlen. Auch hat sie scheinbar Angst, die Polizeibehörde könne ihr ihre Worte zum Nachteil auslegen, weshalb sie ihren Text z. T. übervorsichtig gestaltet. Es scheint bei ihr auch die Idee vorhanden zu sein, die Polizei wolle sie mit ihrem Verhalten zu einem Geständnis bewegen. Das impliziert auch, dass die Schreiberin annimmt, die Behörde gehe von ihrer Verwicklung in das Verschwinden des Kindes aus. (11, 16, 21, 27, 38)

e) Bei der Verfasserin ist eine ambivalente Haltung gegenüber dem Adressaten zu merken: Einerseits eine vorsichtige, unterwürfige Zurückhaltung im Bewusstsein der eigenen bedürftigen Abhängigkeit, andererseits selbstbewusste Forderungen und Druck an die Behörde als subjektives Eintreten für die eigenen Rechte (1, 4, 17, 20, 22). Ob man als Leidender selbstbewusst für seine Rechte eintreten darf, scheint für Frau McCann mit Zweifeln belegt (9).

Diese Aspekte deuten sehr klar einen – lebensgeschichtlich gewachsenen oder für das Verhältnis zur Polizeibehörde aktuell spezifischen – Konflikt „Unterwerfung versus Kontrolle" an.

f) Der letztlich dominantere Bewältigungsstil scheint aber Unterordnung zu sein (18, 23, 39).

g) Eine weitere Ambivalenz im Verhältnis zum Adressaten scheint in der Etablierung dyadischer Nähe einer eigenständig auftretenden Mutter zu liegen versus ihres Verweisens auf die Stärke ihrer Gruppe, ihr schutzsuchendes Eintauchen in diese zur Entgegnung äußerlichen Druckes, der somit wieder zurückgeworfen wird (2, 3, 5, 6, 10, 29, 39).

h) Hinsichtlich des gewichtigen Leides der Mutter besteht viel mehr Selbstzentriertheit als Fokussierung auf das Leiden des Kindes (7, 8, 26, 34).

i) Aber es gibt auch einen Hinweis auf eine sich einfühlende Identifizierung mit einem Kind, das fernab von der Familie ist (24). Das Kind scheint der Mutter zu fehlen (25).

j) Die Schreiberin scheint sich mit Vorstellungen (Phantasien oder Erinnerungen) von Unversehrtheit/Versehrtheit ihrer Tochter zu beschäftigen (33).

k) Es könnte sein, dass sie in der psychischen Realität die Überzeugung besitzt, ein schlechtes Verhältnis zwischen den Eltern sei der Grund für das Verschwinden (davonlaufen) des Kindes (35). Dies könnte auf Schuldgefühle aufgrund einer tatsächlich mehr oder weniger nicht intakten Paarbeziehung zurückzuführen sein, vielleicht aber auch bloß auf eine entsprechende Phantasie, z. B. gewoben aus dem Stoff von Erfahrungen aus der eigenen Kindheit.

l) Die Schreiberin scheint, schaut man sich den Stil ihres Briefes insgesamt an, gute Kompetenzen in der Selbststeuerung und Kommunikation aufzuweisen. Sie kann auf den anderen auch in höchst konflikthafter Beziehung zugehen und einen ausgewogenen Brief schreiben, der weder übersteuert versachlicht noch affektiv destruktiv überladen ist.

Anhang M: Tiefenhermeneutische Analyse der Power-Point-Folien des Paares McCann zum Vortrag vor dem EU-Parlament am 10.04.08[1]

- Irritationen, Gegenübertragungen:
1) Die Nennung der Sponsoren auf der Deckfolie der Power-Point-Präsentation verleiht ihr sehr den Charakter des Offiziellen, von Professionalität, und damit weniger einen der persönlichen Betroffenheit einfacher Eltern, die als solche ihre Bitte vor dem EU-Parlament vorbringen und mit denen man auch Mitleid haben kann und an deren Schicksal man Anteil nehmen kann. Ich merke, dass ich eher eine Gestaltung erwartet habe, die auch letzteres anklingen lässt, und mich folglich die gewählte Form des Deckblattes irritiert.
2) Auf der Folie Nr. 2 folgt aber dann doch genau diese Etablierung eines persönlichen Bezuges der Eltern zu diesem Thema, wodurch auch eine nahe Beziehung zum Rezipienten ermöglicht wird: So fühle ich mich gleich viel stärker angesprochen und fühle das Mitleid, das ich beim Betrachten der Deckfolie schon fühlen wollte, aber aufgrund der Form nicht konnte.
3) a) Das lebensfrohe Lachen des Kindes auf dem Foto rührt mich schmerzlich, da mir hierdurch der Gegensatz, sein mutmaßliches Leiden im Zusammenhang mit dem Verschwinden, umso drastischer ins Bewusstsein tritt. Es ist also die drohende *Zerstörung* dieser Lebensfreude, dieses „Schönen", die durch diesen implizit anklingenden Gegensatz (unbewusst) deutlich wird.
b) Das Kind sitzt mir als Betrachter da so direkt gegenüber, dass ich das Bedürfnis verspüre, es zu ergreifen, zu umarmen, schützend an mich zu drücken.
c) Es ist das Foto eines äußerlich „perfekten" kleinen süßen Mädchens, eigentlich eines Idealtypus: eher zart, aber nicht zu zerbrechlich wirkend; rosanes Blümchenkleid mit weißem Unterrock; im Haar liebevoll mit zeitlicher Widmung von den Eltern geflochtenes, verspielt wirkendes Zöpfchen; schöne, gepflegte Zähne; quietschvergnügtes Lachen; mit der leicht zum Kinn angezogen wirkenden Schulter und dem Blick zur Seite „verführerisch" wirkend; ein paar Haare hat der Wind mit seiner Dynamik dem Kind vor das Gesicht geweht; ein schützendes Sonnenmützchen trägt es auf dem Kopf; im Hintergrund sieht man eine begrenzende Mauer; das Foto ist am Pool in Praia da Luz entstanden, vor dem Kind also das verlockende Wasser. Das Foto verkörpert also Lebensfreude, Dynamik, Verführung und elterliche Fürsorge.
d) Ich muss daran denken, dass es für pädophil veranlagte Menschen sicherlich „das" Foto schlechthin wäre, sich viele von ihnen sicherlich sehr davon angesprochen fühlen würden, das Kind so also gut ein Objekt ihrer sexuellen Begierde sein könnte. Aber auch bei vielen Menschen mit Kinderwunsch träfe das Bild sicherlich auf ihre idealtypische Vorstellung – so auch bei mir. Auch muss ich an ein Bild aus der Werbung denken (z. B. für Kinderkleidung). Dem Betrachter wird also etwas Begehrenswertes dargeboten, in ihm ein Begehren ausgelöst.
Während ich dies schreibe, verspüre ich einen Drang zur Vorsicht, sogar zur Zensur, weil mich die Angst vor einer antizipierten, mir entgegengebrachten Kritik einnimmt. Denn kleinen Mädchen gegenüber ganz offenkundig eine wirkliche „Begierde" zu entwickeln, das divergiert doch mit der gesellschaftlichen manifesten Idealnorm. Die unter dieser Oberfläche wohl liegende tatsächliche Verteilung von Phantasien des Begehrens (sexuell, mütterlich, durch Identifikation oder sonstwie motiviert) deckt sich damit aber wohl überhaupt nicht, ersteres ist doch oft nur eine Verschleierung des Begehrens, so muss ich denken.
4) Zur Folie 3: Dass 40-50% der entführten Kinder getötet werden, lässt mich denken: Hm, dann müssten die Eltern McCann, die diese Information verbreiten, doch auch relativ stark den Tod ihres verschwundenen Kindes fürchten. Sie betonen ja sonst stets so sehr die Hoffnung, dass Madeleine noch lebt. Mit dieser Information nun, in der Art der Formulierung und ihrem Kontext ja aber das Risiko der Tötung betont (und nicht die Überlebenswahrscheinlichkeit), weisen die Eltern auf den zu ihrer Hoffnung entgegengesetzten Sachverhalt hin.
5) In der Erwartung einer nachdrücklichen Problematisierung des Sachverhalts „child abduction" (Folie 3) werde ich beim ersten aufgelisteten Punkt „scale oft the Problem is uncertain – especially in Europe" enttäuscht: Statt einer rhetorisch doch geeigneteren drastischen Problematisierung wird der Sachverhalt hier eher entproblematisiert. Würde der Schreiber hingegen die eindringlichen Beispiele aus Amerika voranstellen, wäre dies nicht der Fall. Zwar schwingt auch im Ausdruck „uncertain" der Charakter des Bedrohlichen mit, aber ein wirklicher Eye-catcher-Effekt wird für den Rezipienten mangels „Dramatik" eben so nicht erzielt.

593

6) Ich stolpere über die Formulierung "safely recovering the child" auf Folie 3: Da "recovering" (wiedererlangen, wiederbekommen, wiederfinden) vor allem auch verwendet wird, wenn es um die Verbesserung des konstitutionellen Zustandes geht (zu sich kommen/das Bewusstsein wiedererlangen; sich erholen/genesen) sowie in der Bedeutung „bergen von Verunglückten", transportiert dieser Ausdruck die Vorstellung, es sei bereits Leid geschehen, werde nun aber bewältigt. Die Verwendung von „rescuing" hätte ich an dieser Stelle eher erwartet, da sie die Betonung auf die *Verhinderung* eines Unglückes legt, in dramatischeren Kontexten verwendet wird und genau diese beiden Aspekte ja im Zusammenhang mit der Forderung nach einem EU-weiten Alarmsystems, um Leben zu retten (vgl. Folie 15), die wesentlichen sind. Außerdem fokussiert „recovering" den Wunsch *der Eltern*, das Kind wiederzubekommen, wohingegen „rescuing" die Not *des Kindes* selbst in den Blickpunkt nähme.

7) „Galvanise the public as quickly as possible" (Folie 4) zieht meine Aufmerksamkeit aufgrund der selten vorkommenden und damit ungewöhnlichen Formulierung auf sich. Die Öffentlichkeit soll also unter Strom gesetzt werden, wobei dieser, wie durch die Elektrolyse, mittels zweier Pole, eines positiven und eines negativen, erzeugt wird. Dieses Bild verrät damit sehr gut die hinter der Mobilisierung der Massen vorhandene Psychodynamik: Es besteht eine negative Kraft, das „Böse", dem „das Gute" entgegenzusetzen ist (jeder, der hilft, kann somit diese Attribution „gut" für sich beanspruchen). Es gilt, sich offensiv auf dieses „Böse" zuzubewegen, auf diese Weise Energie zu entfalten und in Erregung zu geraten (vgl. die Redewendung „unter Strom stehen").

8) Zum ersten Punkt auf Folie 5, über dessen Wortlaut ich stolpere: Für mich wird hiermit suggeriert, dass mit zunehmendem Bestehen des Alarmsystems die Prozentzahl automatisch zunehme, auf über 90%, denn: Es seien ja *seit Oktober 2002* (bereits) 90%. (Hier schwingt mit: Und wenn wir es noch längere Zeit betrieben (hätten), dann wären wir schon (bald) automatisch bei 100%.) Diese Logik ist aber so natürlich nicht richtig. Um die Erfolgsquote zu steigern, müsste man den Einsatz des Alarmsystems aktiv verbessern. Um sie so auch nicht zu suggerieren, hätte ich deshalb geschrieben: „393 children recovered since the inception in (October) 2002 – Over 90%."

9) Die Überschrift für den dritten Punkt auf der Folie, „Use of the alert decreasing" ist mir nicht eingängig. Die darunter aufgelisteten Zahlen drücken *nicht, wie in dieser Überschrift suggeriert*, aus, dass der Gebrauch des Alarms in Relation zur Anzahl der vermisst gemeldeten Kinder sinkt (dieser bleibt vielmehr prozentual mit 81,36 bzw. 82,59 bzw. 81,65% sehr stabil). Was hingegen sinkt, ist die Anzahl der vermisst gemeldeten Kinder selbst in Staaten mit etabliertem Alarmsystem. Für diesen sehr nennenswerten Sachverhalt empfiehlt sich doch aber, nicht nur aus logischen, sondern obendrein auch aus rhetorischen Gründen bei einer solchen Deklaration, viel eher die Überschrift „Number of missing children/Child abductions decreasing". Mit der vom Schreiber gewählten Betitelung wird der *präventive* Erfolg des Alarm-Systems also verschleiert, aber zugleich suggeriert, es werde zu wenig Gebrauch von ihm gemacht.

10) Folie Nr. 6 trägt den Titel "AMBER Alert: Examples 2007. Aufgelistet sind darunter aber nicht beliebige Beispiele der Anwendung dieses Systems, sondern durchweg erfolgreiche, weshalb der Internet-Link, unter dem sie zu finden sind, auch das Element „success stories" trägt. Warum verwendet der Verfasser der Power-Point-Präsentation dann hier nicht auch, sowohl aus logischen als auch aus rhetorischen Gründen, diese oder eine ähnliche Wortwahl? Mit der von ihm gewählten wird der Erfolg des Systems doch deutlich weniger betont, als es möglich und zweckdienlich wäre.

11) Beim Betrachten der Folie Nr. 8 wundere ich mich über die im Vergleich zu den USA um so viel geringere Häufigkeit des Gebrauchs des Systems. Ich muss zuerst denken: *So selten? Lohnt sich das dann überhaupt?* Dann aber denke ich: *Besser selten anwenden, nur in wirklich sehr ernsten/eindeutigen Fällen, und dafür mit noch einer solchen Aufmerksamkeitserregung und damit wohl Effektivität, als zu häufig falschen Alarm zu senden und dann Gewöhnungserscheinungen in der Bevölkerung in Kauf zu nehmen.* Ich muss an die legendäre Geschichte vom Schaf/ Zicklein denken, das so oft ruft, der Wolf komme, dass ihm dann im tatsächlich eintreffenden Notfall niemand mehr glaubt. Es wird hier also latent auf das Positive an seltenen Einsätzen und auf die Gefahr von zu häufigen hingewiesen.

12) Zum letzten Punkt auf Folie Nr. 8: vgl. hier Punkt 6).

13) Die Folien 10 und 11 sind hinsichtlich der Satzstruktur so verschachtelt, dass ich etwas Zeit benötige, um zu verstehen, dass der mit „The European Parliament" beginnende Hauptsatz auf

der zweiten Seite mit „Calls on member states..." fortgeführt wird. Statt diesen Sinn zuerst zu entschlüsseln, wird mein Augenmerk sehr von der A-D-Liste angezogen, sodass ich mich dann frage, weshalb der Schreiber sie nicht, wenn er sie ohnehin so betonen will, voranstellt und dadurch auch zu einem einfacheren Verständnis beiträgt. Seine Wahl aber führt so zu einem Bruch zwischen dem Subjekt des Satzes („The European Parliament...) und der ihm zugeschriebenen Handlung („calls on..."), diese Handlung wird zeitlich verschoben, durch die langen Einschübe quasi „aufgehalten". Die A-D-Liste lenkt mit einer dramatischen Zustandsbeschreibung von dieser Handlung ab.

Beim Lesen dieser Liste fühle ich mich das erste Mal auf der Power-Point wirklich durch eine Dramatik angesprochen, die ich auf früheren Folien bereits vergebens erwartete: So ist hier nun z. B. unter Punkt B zu lesen, Kindesentführungen nähmen in Europa zu und u. U. sei auch mit dem Verlassen der Landesgrenze zu rechnen – war doch vorher (vgl. Folie 3) noch harmloser die Rede gewesen von einem ungewissen Ausmaß.

14) Ein weiteres Element, durch das der auf der zehnten Folie zunächst begonnene Hauptsatz durchbrochen wird, ist der Hinweis auf die Regel Nr. 116 des EU-Parlaments. In der Erwartung, diese sei von besonderer Wichtigkeit im Zusammenhang mit der vorliegenden Forderung, recherchierte ich sie voll Spannung, stellte aber enttäuschend fest, dass sie lediglich besagt, wie und wo geschriebene Forderungen, die dem Parlament vorgelegt werden, archiviert werden und somit öffentlich zugänglich sind. Sie hielt mich also unnötig vom Weiterlesen ab.

15) Für die Abgeordneten des Parlaments ist dieser Hinweis auf die Regel 116 überflüssig, da sie über ihre eigenen Prozeduren wohl nicht belehrt werden müssen, die ja bei jeder Deklaration wieder die gleichen sind. Die Funktion dieses Verweises ist also mehr in einem „Brillieren-Wollen" mit diesem Wissen zu suchen, so nehme ich an, oder in einer starken Identifikation mit den Arbeitsweisen des Parlamentes/der Abgeordneten, was eine Kompetenzbetonung und damit wohl eine eindringlichere Wirkung der Forderung bedeuten würde.

16) Durch das rhetorische Mittel der Anapher „whereas" wird mir als Rezipient besonders eingehämmert, wie wichtig die Handlung des EU-Parlamentes *während* der dramatischen Situation ist.

17) Auch die Wiederholung des zudem in Großbuchstaben geschriebenen „CALLS" zieht dann meine Aufmerksamkeit auf sich. Mir fällt auf, dass dieses Wort in bezeichnender Kongruenz hierzu ja auch selbst im Ausdruck „to call attention to", also „die Aufmerksamkeit lenken auf, aufmerksam machen auf", verwendet findet.

18) Auch denke ich bei dieser Betonung von „to call" an die Dringlichkeit, die vorliegt, bei „to call for somebody/help", also dem Herbeirufen von jemandem/Hilfe.

19) Der vierte Punkt auf Folie 12 hat etwas Belehrendes: Sicherlich weiß das EU-Parlament selbst gut genug über seine Prozeduren Bescheid, so denke ich. Andererseits stellt der Verfasser dieser Präsentation mit dem expliziten Auflisten dieses Schrittes eher sicher, dass es auch geschieht. Es zeugt insofern von einer guten Planung/Organisation, aber auch von einem gewissen Kontrollbedürfnis.

20) Der Kern der Deklaration, der die Folien Nr. 10-12 umfasst, ist, wie mir auffällt, nicht im typischen, performativen Stil (z. B. „wir fordern, dass") und auch nicht als direkte Aufforderung gestaltet, sondern als Aussagesatz („The European Parliament ... calls on member states"). Eine derartige Form findet man im Dialog von Eltern mit ihrem kleinen Kind. (Bsp.: „Und dann gehst Du Zähneputzen und ziehst Dir deinen Schlafanzug an".) Sie suggeriert, dass das Geforderte (automatisch) eintreffen wird, statt dass sie das Bestreben thematisiert, es möge doch bitte eintreffen. Dem Dialogpartner wird somit in seiner Entscheidung, ob er der Bitte nachkommt, in autoritärer Weise suggestiv vorangeeilt, ihm diese abgenommen.

21) Auf Folie 12 erweckt der Punkt Nr. 2 in mir das Bild, als ginge es dem Verfasser um imperialistische Strebungen: Es wird von Inhalt und Wortwahl sehr deutlich, dass er hier auf hoher politischer Ebene agiert. Insbesondere der Ausdruck „across any relevant territories" („territories" hat auch die Bedeutung von „Revier" in der Zoologie) lässt dieses Bild der Ausweitung der eigenen Macht/des eigenen Einflusses aufsteigen.

Wenn ich mir vergegenwärtige, dass der Verfasser ja „nur" ein Vater ist, der sein Kind verloren hat, empfinde ich ein so hochpolitisches Agieren als maßlos und damit übertrieben. Ich bekomme das Bedürfnis, ihn „von da oben" mal herunterzuholen, ihm Grenzen aufzuzeigen.

22) Die Folie Nr. 16, insbesondere mit ihrer Europa-Karte, könnte so oder zumindest in sehr ähnlicher Weise auch bei einer militärischen Strategiebesprechung/Instruktion vom Generalstab verwendet werden oder zumindest von Interpol im Rahmen der Planung großer polizeilicher Maßnahmen. Was Ersteres betrifft, so passt auch der erste Punkt dieser Folie, „Perpetrator crossed border", gut in diesen Eindruck, ist doch das Eindringen des Aggressors ins eigene Territorium ein typisches Kriterien für einen militärischen Gegenschlag/für Verteidigung. In diesem Sinne ließe sich auch der vierte Punkt, „Perpetrator is foreign national" verstehen.

23) In dem unter 22) genannten Zusammenhang wird auf der Folie Nr. 16 die „Grenzüberschreitung" eines Feindes thematisch fokussiert. Bei dieser Grenzüberschreitung handelt es sich *manifest* nicht, wie in politisch-militärischen Krisenlagen, um ein Eindringen des Aggressors ins eigene Territorium, sondern durch ein *Entweichen* von ihm aus dem eigenen Territorium heraus. Wie unter 22) dargelegt, scheint es aber noch eine unterschwellige, inhaltlich dazu genau gegenläufige Ebene zu geben: Die Thematisierung dieses *Eindringens* eines Aggressors ins eigene Territorium.

24) Eine weitere gegenläufige Bedeutung der „Grenzüberschreitung" liegt in seinen Aspekten „Miteinander" versus „Gegeneinander": *Manifest* wird die Zusammenarbeit mit anderen Staaten gegen „das Böse" gefordert, unterschwellig, gemäß der unter 21) und 22) dargelegten Überlegungen, läuft aber auch die Bedeutung eines „Gegeneinanders" mit diesen Staaten bzw. ihrer aggressiven Einverleibung mit.

25) Die beiden letzten Punkte auf der letzten Folie nehmen eine Gegenüberstellung vor: Der Wert von Menschen(leben) versus materielle Wertlosigkeit.

- Quintessenz der Irritationen und Gegenübertragungen:
  a) Der Urheber der Power-Point-Präsentation lässt gute kenntnisbezogene, pragmatische und rhetorische Kompetenzen erkennen, vor dem EU-Parlament sein Anliegen professionell vorzutragen (1, 4, 8, 15, 16, 19, 20).
  b) Bei dem Schreiber zeigt sich der anal-progressive Persönlichkeitsaspekt „Dominanz" in Form von autoritärer Anleitung und Belehrung, was auch auf ein Kontrollbedürfnis hinweist (15, 19, 20, 21).
  c) Die vom Schreiber so nachdrücklich getätigte Forderung nach einem grenzüberschreitenden Alarmsystem, das einem Entweichen des Täters entgegenwirkt, kann gut verstanden werden als reaktive aggressive (Revier)verteidigung auf ein in der psychischen Realität repräsentiertes grenzverletzendes *Eindringen* eines Objektes hin (21, 22, 23).
  d) Diese Verteidigung ist wohl sehr von narzisstischen Größenansprüchen getragen und erscheint deshalb als maßlos (21).
  e) Der vom Schreiber beabsichtigte Mobilisierung der Massen (Öffentlichkeit, andere Staaten) liegt wohl ein Spaltungsmechanismus zugrunde: Das „Böse" soll mit allen vereinten Kräften bekämpft werden (jeder, der hilft, kann dann die schmeichelnde Attribution „gut" für sich beanspruchen). Das Bestreben nach weitreichender Einflussnahme/Kontrolle gegen das „Böse" ist so groß, dass sich bei mangelnder Erfüllung dieser Bedürfnisse eine Grenzverwischung von dem Schreiber als Subjekt hinein in die Integrität der anderen Objekte (Staaten) abzeichnet, auch wenn dieses auf hochsublimierte Weise erfolgt (7, 21, 24). Dies ist ein Anzeichen für ein in diesem Aspekt (leichtes) strukturelles Defizit der Schreiberpersönlichkeit.
  f) Der Sachverhalt „Kindesentführung" wird in der Power-Point-Präsentation bei genauerer Betrachtung eher entproblematisiert, als dass er problematisiert würde; auch die Einführung des Alarmsystems bzw. seine Effizienz wird unterschwellig weniger angepriesen, als man das erwarten könnte (5, 6, 8, 9, 10, 11, 12).
  g) Mit dem letztgenannten Punkt kongruiert das untergründige Phänomen, dass die Handlung des EU-Parlaments im Textfluss und in der Rezeption des Lesers „aufgehalten" wird (13, 14). Gemeinsam mit dem vorangehenden Punkt betrachtet, entsteht der Eindruck, der Verfasser wolle auf der latenten Ebene gar kein Handeln des EU-Parlamentes, also keine Einführung des Alarmsystems.

h) Auf der manifesten Ebene wird jedoch sehr darauf hingewiesen, wie wichtig die Handlung *während* der in der EU vorliegenden dramatischen Situation für entführte Kinder ist (13, 16). Aufmerksamkeit haben und Hilfe anrufen scheinen für den Schreiber wichtige Elemente einer solchen Handlung zu sein (17, 18).

i) Den Schreiber scheinen schmerzliche Vorstellungen im Zusammenhang mit dem Wert des Menschenlebens der Tochter, mit ihrer Zerstörung zu beschäftigen (3a, b; 25). Weniger um eine Rettung des Kindes, als vielmehr um das Wiederbekommen-Können seiner, sein „Wieder-zu-sich-Kommen", drehen sich wohl, so die Hinweise, vorrangig diese Vorstellungsinhalte (3d, 6, 12). Es beschäftigt den Autor somit wohl weniger ein noch abzuwendendes Leid an seinem Kind als ein bereits eingetroffenes.

j) Der Urheber der Power-Point-Präsentation hat ein Foto seiner Tochter gewählt, das sowohl elterliche Fürsorge als auch sein (allgemein-elterliches, ödipal-sublimiert väterliches) Begehren ausdrückt (3c, d). Eine vorhandene Bindung von ihm zum Kind liegt damit nahe.

Anhang N: Objektiv-hermeneutische Analyse ausgewählter Verhaltenselemente der McCanns in der Folge des Verschwindens ihrer Tochter[1]

- Die Mutter macht sich kurz nach der offiziellen Entdeckung des Verschwindens ihrer Tochter die Selbstanklage: „We've let her down." (deutsch: „Wir haben sie im Stich gelassen.")

Lesarten (einschließlich evtl. kontrastierender Gedankenexperimente):
a) Die Mutter hat gemeinsam mit jemand anderem ihre Tochter in einer Situation allein gelassen, von der sie wusste, dass ihr Kind Hilfe gebraucht hätte.
b) Die Mutter hat eine relativ enge Bindung an ihr Kind.
c) Die Frau plagen Schuldgefühle nicht dagewesen zu sein, als das Unglück geschah.
d) Die Mutter beschäftigt die Vorstellung oder Erinnerung an eine auf dem Boden liegende Tochter (vgl. die konkrete bildliche Bedeutung des Idioms), die die Mutter und jemand anderes nicht gleich aufgehoben haben.
e) Die Frau bewegt die Vorstellung oder Erinnerung an eine in die Erde „hinabgelassene" Tochter (vgl. die wörtliche Bedeutung des Verbes „let down").

Zu a):

Konfrontation mit dem äußeren Kontext:
In dem vorliegenden Fall kann dies einmal bedeuten, Frau McCann habe gewusst, dass ihr Kind Hilfe brauchen würde. Zum anderen kann es heißen, sie *bewertet* die Situation im Nachhinein so, dass sie denkt, sie *hätte wissen können bzw. müssen*, dass ihre Tochter ihre Hilfe braucht.

Schlussfolgerungen (u. U. mit Berücksichtigung des inneren Kontextes):
$H_{1Ereignis}$: Frau McCann ließ gemeinsam mit ihrem Mann (oder jemand anderem) ihre Tochter bewusst in einer Situation allein, von der ihr klar war, dass das Kind ihre Hilfe gebraucht hätte (v. a. Zurücklassen des kranken Kindes, das dadurch stirbt, oder Alleinlassen eines Kindes in ausgeprägt schlechter psychischer Verfassung, sodass sich dadurch ein tödlicher Unfall ereignete). Das Beispiel der Duldung von sexuellem Missbrauch wird hier nicht erwähnt, da das bis heute unaufgeklärte Verschwinden des Kindes hierdurch nicht erklärt werden kann.

$H_{2Ereignis}$, $H_{1ErlebenK}$: Frau McCann ließ gemeinsam mit ihrem Mann (oder jemand anderem) ihr Kind unbedacht in einer Situation zurück, über die sie nach dem tragischen Geschehen denkt, sie hätte doch wissen können bzw. müssen, dass ihre Tochter ihre Hilfe braucht (v. a. Entführung des Kindes in Abwesenheit der Eltern oder Unfalltod).

Zu b):

Konfrontation mit dem äußeren Kontext:
Diese Lesart ist im vorbeschriebenen Fall gut möglich.

Schlussfolgerungen (u. U. mit Berücksichtigung des inneren Kontextes):
$H_{2ErlebenK}$: Kate McCann hat zum Zeitpunkt des in Frage stehenden Ereignisses eine relativ enge Bindung an Madeleine.

Zu c):

Konfrontation mit dem äußeren Kontext:
Diese Lesart ist im vorliegenden Fall gut möglich.

Schlussfolgerungen (u. U. mit Berücksichtigung des inneren Kontextes):
$H_{3ErlebenK}$: Frau McCann plagen Schuldgefühle nicht da gewesen zu sein, als das Unglück passierte.

Zu d):

Konfrontation mit dem äußeren Kontext:
Diese Lesart hat im vorliegenden Fall zweierlei sinnvolle Bedeutungen: Entweder hat die Mutter das tot auf dem Boden liegende Kind aufgefunden oder jemand anderes, wahrscheinlich ihr Mann, traf seine Tochter derart an und erzählte seiner Frau anschließend davon.

Schlussfolgerungen (u. U. mit Berücksichtigung des inneren Kontextes):
$H_{3Ereignis}$, $H_{4ErlebenK}$: Frau McCann hat ihre Tochter tot auf dem Boden liegend aufgefunden. Dieser Eindruck, zusammen mit dem Schuldgefühl, nicht dagewesen zu sein um das Kind (z. B. nach einem Sturz) aufzuheben, bewegen sie psychisch stark.

599

$H_{4Ereignis}$, $H_{5ErlebenK}$: *Frau McCann weiß von ihrem Mann (oder jemand anderem), dass dieser Madeleine tot auf dem Boden liegend vorgefunden hat. Diese Vorstellung, zusammen mit dem Schuldgefühl, nicht dagewesen zu sein um das Kind (z. B. nach einem Sturz) aufzuheben, bewegen sie psychisch stark.*

Zu e):

Konfrontation mit dem äußeren Kontext:
Diese Lesart hat im vorliegenden Fall zwei sinnvolle Bedeutungen: Entweder war es die Mutter, ggf. mit ihrem Mann oder jemand anderem, die die Kinderleiche vergraben hat oder jemand anderes hat die Leiche in die Erde gelassen und die davon wissende Mutter plagt die Vorstellung darüber.

Schlussfolgerungen (u. U. mit Berücksichtigung des inneren Kontextes):
$H_{5Ereignis}$, $H_{6ErlebenK}$: *Frau McCann hat, ggf. mit ihrem Mann oder jemand anderem, den Leichnam ihrer Tochter vergraben. Die Erinnerung daran bewegt sie noch sehr.*

$H_{6Ereignis}$, $H_{7ErlebenK}$: *Frau McCann weiß, dass ihr Mann (oder jemand anderes) die Leiche vergraben hat. Die Vorstellung dieser Handlung plagt sie.*

- Die Frau bittet ihre Mutter in der Nacht nach dem fraglichen Verschwinden ihres Kindes um die Telefonnummer des ihr nahe stehenden Pastors, der die Eltern verheiratete und die offiziell vermisste Tochter taufte.

Lesarten (einschließlich evtl. kontrastierender Gedankenexperimente):
a) Die um das Leben ihres Kindes bangende Mutter sucht in ihrer Not den religiösen Beistand eines Vertrauten.
b) Die Mutter weiß, dass ihr Kind verstorben ist (durch Unfall, Affekttat oder vorsätzliche Tötung) und sie sucht vor diesem Hintergrund den religiösen Beistand eines Vertrauten.

Zu a):

Konfrontation mit dem äußeren Kontext:
Diese Lesart macht in dem vorbeschriebenen Fall Sinn.

Schlussfolgerungen (u. U. mit Berücksichtigung des inneren Kontextes):
$H_{8ErlebenK}$: *Frau McCann bangt um das Leben ihrer verschwundenen Tochter und sucht in dieser Not den religiösen Beistand eines Vertrauten.*
(Diese Hypothesen ist gut vereinbar mit $H_{2Ereignis}$, $H_{1ErlebenK}$, $H_{2ErlebenK}$ und $H_{3ErlebenK}$).

Zu b):

Konfrontation mit dem äußeren Kontext:
Auch diese Lesart ist im vorbeschriebenen Fall gut möglich.

Schlussfolgerungen (u. U. mit Berücksichtigung des inneren Kontextes):
$H_{7Ereignis}$, $H_{9ErlebenK}$: *Kate McCann weiß, dass das Kind an dem berüchtigten Abend verstorben ist (durch Unfall, Affekttat oder vorsätzliche Tötung, wobei nur die erstere Version vereinbar ist mit $H_{1Ereignis}$, $H_{2Ereignis}$, $H_{1ErlebenK}$, $H_{3ErlebenK}$, $H_{4Ereignis}$, $H_{5ErlebenK}$ sowie $H_{3Ereignis}$, $H_{4ErlebenK}$) und sie sucht in diesem Zusammenhang den religiösen Beistand eines Vertrauten.*
(Diese Hypothesen ist gut vereinbar mit $H_{1Ereignis}$, $H_{2Ereignis}$, $H_{1ErlebenK}$, $H_{2ErlebenK}$, $H_{3ErlebenK}$, $H_{3Ereignis}$, $H_{4ErlebenK}$, $H_{4Ereignis}$, $H_{5ErlebenK}$, $H_{5Ereignis}$, $H_{6ErlebenK}$ und $H_{6Ereignis}$, $H_{7ErlebenK}$.)

- Am vierten Geburtstag des verschwundenen Kindes lassen sich die Eltern am Strand nieder und schauen etwa eine halbe Stunde hinaus auf das Meer.

Lesarten (einschließlich evtl. kontrastierender Gedankenexperimente):
a) Das Meer oder die Stelle am Strand, an der sich die Eltern niederlassen, steht insofern in Verbindung mit dem Verschwinden des Kindes, als dass seine Leiche dort entsorgt bzw. zwischengelagert wurde.

600

b) Die Stelle am Strand mit Ausblick auf das Meer bietet mindestens einem Elternteil einfach eine Möglichkeit des besinnlichen Gedenkens an die *verschwundene* Tochter. Die Wellen verkörpern für ihn dabei vielleicht das Nehmen und Geben, das Gehen und Wiederkommen.

c) Der Ausblick auf das Meer bietet mindestens einem Elternteil die Möglichkeit des Gedenkens an die *verstorbene* Tochter. Die Wellen verkörpern für ihn dabei vielleicht das Geben und Nehmen, das Kommen und Gehen.

Zu a):

Konfrontation mit dem äußeren Kontext:
Diese Lesart ist in dem vorbeschriebenen Fall möglich, vor allem, was die Stelle am Strand anbetrifft.

Schlussfolgerungen (u. U. mit Berücksichtigung des inneren Kontextes):
$H_{8Ereignis}$, $H_{10ErlebenK}$, $H_{1ErlebenG}$: Das Meer oder noch eher die Stelle am Strand, an der sich die McCanns niederlassen, steht insofern in Verbindung mit dem Verschwinden des Kindes, als dass seine Leiche dort entsorgt bzw. zwischengelagert wurde, wovon mindestens ein Elternteil Kenntnis besitzt.
(Diese Hypothese ist gut vereinbar mit $H_{1Ereignis}$, $H_{2Ereignis}$, $H_{1ErlebenK}$, $H_{2ErlebenK}$, $H_{3ErlebenK}$, $H_{3Ereignis}$, $H_{4ErlebenK}$, $H_{4Ereignis}$, $H_{5ErlebenK}$, $H_{5Ereignis}$, $H_{6ErlebenK}$, $H_{6Ereignis}$, $H_{7ErlebenK}$ sowie $H_{7Ereignis}$, $H_{9ErlebenK}$.)

Zu b):

Konfrontation mit dem äußeren Kontext:
Auch diese Lesart macht im vorbeschriebenen Fall Sinn.

Schlussfolgerungen (u. U. mit Berücksichtigung des inneren Kontextes):
$H_{9Ereignis}$, $H_{11ErlebenK}$, $H_{2ErlebenG}$: Die Stelle am Strand mit Ausblick auf das Meer bietet mindestens einem Elternteil einfach die Möglichkeit des besinnlichen Gedenkens an die verschwundene Tochter. Die Wellen verkörpern für ihn bzw. für beide dabei vielleicht das Nehmen und Geben, das Gehen und Wiederkommen.
(Diese Hypothese ist gut vereinbar mit $H_{2Ereignis}$, $H_{1ErlebenK}$, $H_{2ErlebenK}$, $H_{3ErlebenK}$ und $H_{8ErlebenK}$.)

Zu c):

Konfrontation mit dem äußeren Kontext:
Auch diese Lesart ist im vorliegenden Fall möglich.

Schlussfolgerungen (u. U. mit Berücksichtigung des inneren Kontextes):
$H_{10Ereignis}$, $H_{12ErlebenK}$, $H_{3ErlebenG}$: Der Ausblick auf das Meer bietet mindestens einem Elternteil die Möglichkeit des Gedenkens an die verstorbene Tochter. Die Wellen verkörpern dabei für ihn bzw. beide vielleicht das Geben und Nehmen, das Kommen und Gehen.
(Diese Hypothese ist gut vereinbar mit $H_{1Ereignis}$, $H_{2Ereignis}$, $H_{1ErlebenK}$, $H_{2ErlebenK}$, $H_{3ErlebenK}$, $H_{3Ereignis}$, $H_{4ErlebenK}$, $II_{4Ereignis}$, $II_{5ErlebenK}$, $II_{5Ereignis}$, $H_{6ErlebenK}$, $H_{6Ereignis}$, $H_{7ErlebenK}$, $H_{7Ereignis}$, $H_{9ErlebenK}$ sowie $H_{8Ereignis}$, $H_{10ErlebenK}$, $H_{1ErlebenG}$.)

Es kann folgende <u>*Fallstrukturhypothese1*$_{Ereignis, ErlebenK, ErlebenG}$</u> *aufgestellt werden:*
<u>**Mindestens die Mutter ist in das Verschwinden des Kindes involviert, in der Weise, dass das im Apartment allein gelassene Kind einen tödlichen Unfall erlitt und sie seine Leiche wegschaffte. Unter diesem Ereignis leidet sie.**</u>

- Die Eltern beginnen eine knappe Woche nach dem Verschwinden ihres Kindes mit regelmäßigen gemeinsamen Joggingrunden.

Lesarten (einschließlich evtl. kontrastierender Gedankenexperimente):

a) Mindestens ein Elternteil leidet in Folge des Ereignisses an innerer Unruhe/Übererregung oder dergleichen und das Joggen dient dem Versuch der zumindest vorübergehenden Wiederherstellung einer Homöostase.

b) Mindestens ein Elternteil versucht, sich mit dem Joggen von den mit dem Verschwinden des Kindes zusammenhängenden plagenden Gedanken abzulenken.

c) Die Joggingrunden dienen der ungestörten Unterhaltung.

d) Beim gemeinsamen Laufen halten die Eltern Ausschau nach ihrer Tochter.

e) Das Joggen dient der unauffälligen Kontrolle des Zwischen- /Endlagerungsortes der von mindestens einem Elternteil versteckten Leiche.

Zu a):

Konfrontation mit dem äußeren Kontext:

Diese Lesart macht in dem vorbeschriebenen Fall in verschiedenen Hinsichten Sinn: Im Falle einer posttraumatischen oder akuten Belastungsreaktion bei einer aktiven Verwicklung mindestens eines Elternteils, aber auch im Falle einer derartigen Reaktion im Falle eines ausschließlichen Angehörigen-Opferstatus der Eltern.

Schlussfolgerungen (u. U. mit Berücksichtigung des inneren Kontextes):

$H_{11Ereignis}$, $H_{13ErlebenK}$, $H_{4ErlebenG}$: *Mindestens ein Elternteil leidet an einer posttraumatischen oder akuten Belastungsreaktion, nachdem es aktiv in das Verschwinden seines Kindes verwickelt gewesen ist. Das Joggen mit dem Partner stellt für ihn den Versuch der Wiederherstellung der durch innere Unruhe/Übererregung gestörten psychophysiologischen Homöostase dar.*

(Diese Hypothese ist gut vereinbar mit Fallstrukturhypothese1.)

$H_{12Ereignis}$, $H_{14ErlebenK}$, $H_{5ErlebenG}$: *Mindestens ein Elternteil leidet vor dem Hintergrund seines ausschließlichen Angehörigen-Opferstatus an einer posttraumatischen oder akuten Belastungsreaktion. Das Joggen mit dem Partner stellt für ihn den Versuch der Wiederherstellung der durch innere Unruhe/Übererregung gestörten psychophysiologischen Homöostase dar.*

(Diese Hypothese wird gestützt durch , $H_{1ErlebenK}$, $H_{2ErlebenK}$, $H_{3ErlebenK}$, $H_{8ErlebenK}$ und $H_{9Ereignis}$, $H_{11ErlebenK}$, $H_{2ErlebenG}$.)

Zu b):

Konfrontation mit dem äußeren Kontext:

Auch diese Lesart ist im vorbeschriebenen Fall wieder in zweierlei Hinsicht möglich: Im Falle von unverarbeiteten Eindrücken aufgrund einer aktiven Verwicklung oder auch in einer Situation von großen Sorgen um das tatsächlich entführte Kind.

Schlussfolgerungen (u. U. mit Berücksichtigung des inneren Kontextes):

$H_{13Ereignis}$, $H_{15ErlebenK}$, $H_{6ErlebenG}$: *Mindestens ein Elternteil versucht, sich mit dem Joggen von den aufgrund der aktiven Verwicklung in das Verschwinden des Kindes bestehenden unverarbeiteten Eindrücke abzulenken.*

(Diese Hypothese ist gut vereinbar mit Fallstrukturhypothese1.)

$H_{14Ereignis}$, $H_{16ErlebenK}$, $H_{7ErlebenG}$: *Mindestens ein Elternteil versucht, sich mit dem Joggen von seiner großen Sorge um sein seines Wissens nach tatsächlich entführtes Kind abzulenken.*

(Diese Hypothese wird gestützt durch , $H_{1ErlebenK}$, $H_{2ErlebenK}$, $H_{3ErlebenK}$, $H_{8ErlebenK}$, $H_{9Ereignis}$, $H_{11ErlebenK}$, $H_{2ErlebenG}$ sowie $H_{12Ereignis}$, $H_{14ErlebenK}$, $H_{5ErlebenG}$.)

Es kann folgende <u>Fallstrukturhypothese2</u> aufgestellt werden:
<u>**Mindestens ein Elternteil leidet deutlich unter seinem Angehörigen-Opferstatus und ist nicht in das Verschwinden seines Kindes verwickelt.**</u>

Zu c):

Konfrontation mit dem äußeren Kontext:

Im vorliegenden Fall ergibt diese Lesart dann nennenswert Sinn, wenn beide Elternteile in das Verschwinden ihres Kindes verwickelt sind: In ihrem Apartment können sie nicht ausschließen, von der Polizei oder Medien abgehört/belauscht zu werden.

Schlussfolgerungen (u. U. mit Berücksichtigung des inneren Kontextes):

$H_{15Ereignis}$, $H_{17ErlebenK}$, $H_{8ErlebenG}$: *Beide Elternteile sind in das Verschwinden ihres Kindes verwickelt. Sie nutzen die gemeinsamen Joggingrunden für eine ungestörte Unterhaltung.*

(Diese Hypothese ist gut vereinbar mit Fallstrukturhypothese1.)

Zu d):

Konfrontation mit dem äußeren Kontext:

Im vorbeschriebenen Fall ist diese Lesart sehr wahrscheinlich auszuschließen, da das Joggen laut Blog von Gerald McCann meist früh am Morgen stattfindet und die McCanns ohnehin nie angeben zu glauben, Madeleine befinde sich noch in Praia da Luz.

Schlussfolgerungen (u. U. mit Berücksichtigung des inneren Kontextes):

-

Zu e):

Konfrontation mit dem äußeren Kontext:
Diese Lesart bedeutet, mindestens ein Elternteil ist in das Verschwinden des Kindes involviert, sei es auch nur, dass er Kenntnis über die Lagerung der Leiche durch einen Dritten besitzt. Der Zwischen-/Endlagerungsort muss außerdem auf der Joggingroute liegen bzw. von ihr aus sichtbar sein.

Schlussfolgerungen (u. U. mit Berücksichtigung des inneren Kontextes):
$H_{16Ereignis}$, $H_{18ErlebenK}$, $H_{9ErlebenG}$: Das Joggen dient mindestens einem der Partner der unauffälligen Kontrolle des Zwischen- /Endlagerungsortes der von ihm oder einer dritten Person versteckten Leiche. Diese Stelle liegt also auf der Laufroute bzw. ist von ihr aus sichtbar.
(Diese Hypothese ist gut vereinbar mit Fallstrukturhypothese1.)

- Der Vater ist nach dem tragischen Ereignis nach Außen hin extrem aktiv (Appelle, Blogführung, Arbeit an der „Find-Madeleine-Kampagne"); seine Frau spricht hingegen in den ersten Wochen danach nur ausnahmsweise vor den Kameras und schreibt privat Tagebuch.

  Lesarten (einschließlich evtl. kontrastierender Gedankenexperimente):
  a) Der Vater weist persönlichkeitsbedingt generell einen aktiveren und extrovertierteren Verarbeitungsstil auf als die Mutter. Diese delegiert offensives Problemlöseverhalten in der Regel an ihren Partner.
  b) Die Mutter hat bezüglich des in Frage stehenden Ereignisses nicht die gleiche Erfahrung gemacht wie ihr Mann, sondern eine „schlimmere", die sie mehr „aus der Bahn wirft".
  Zu a):
  Konfrontation mit dem äußeren Kontext:
  Diese Lesart macht in dem vorbeschriebenen Fall Sinn. Es muss jedoch auch berücksichtigt werden, dass Frau McCann mit der Zeit eine immer aktivere Rolle in der Öffentlichkeit einnimmt.
  Schlussfolgerungen (u. U. mit Berücksichtigung des inneren Kontextes):
  H_{1PersK}, H_{1PersG}, H_{1Bez}: Gerald McCann weist zunächst persönlichkeitsbedingt generell einen aktiveren und extrovertierteren Verarbeitungsstil auf als Frau McCann. Diese delegiert anfänglich offensives Problemlöseverhalten in der Regel noch an ihren Partner. Im Zuge der so herausfordernden Lebenssituation nimmt Frau McCann jedoch eine progressivere Verhaltensorientierung an.
  H_{2PersK}, H_{2PersG}, H_{2Bez}: Frau McCanns ist von ihrer Persönlichkeitsstruktur her labiler als Gerald McCann und dekompensiert/regrediert unter starken Belastungen zu einem auffallend passiven Verhalten. Offensives Problemlöseverhalten delegiert Frau McCann in derartigen Situationen an ihren Ehemann.
  Zu b):
  Konfrontation mit dem äußeren Kontext:
  Im vorliegenden Fall kann dies einmal bedeuten, dass Frau McCann im Gegensatz zu ihrem Mann das leere Bett der Tochter vorfand, was sie schockierte. Es kann jedoch auch heißen, dass die Mutter ihr totes Kind auffand.
  Schlussfolgerungen (u. U. mit Berücksichtigung des inneren Kontextes):
  $H_{17Ereignis}$, $H_{19ErlebenK}$: Kate McCann fand im Gegensatz zu ihrem Mann das leere Kinderbett ihrer verschwundenen Tochter vor, was sie schockierte.
  (Diese Hypothese ist gut vereinbar mit Fallstrukturhypothese1.)
  $H_{18Ereignis}$, $H_{20ErlebenK}$: Die Mutter war es, die ihre tote Tochter aufgefunden hat. Das schockierte sie.
  (Diese Hypothese ist gut vereinbar mit Fallstrukturhypothese1.)

- Den 22. Juni, den 50. Tag des Verschwundenseins ihrer Tochter, begehen die Eltern mit dem Steigenlassen 50 gelber und grüner Luftballons.

603

Lesarten (einschließlich evtl. kontrastierender Gedankenexperimente):

a) Die Eltern wollen für das Verschwinden ihres Kindes Aufmerksamkeit erregen und zugleich ihre Hoffnung für dessen Wiederkehr demonstrieren.

b) Die Eltern wollen für das Verschwinden ihres Kindes Aufmerksamkeit erregen und zugleich „den Himmel" (Gott, die „Guten Mächte", im esoterischen Bereich bedeutsame Kräfte o. ä.) mit der Bitte um Erfüllung ihrer Wünsche/Hoffnungen anrufen, es dem Kinde gutgehen zu lassen und das Kind wiederzubekommen.

c) Das Steigenlassen der Ballons symbolisiert für die Eltern (unbewusst) ein Loslassen ihres Kindes, im Es-dem-Himmel-Übergeben und zugleich ein Gedenken an es sowie ein Mitgeben ihrer guten Wünsche.

d) Mindestens ein Elternteil hat eine besondere Affinität zur Möglichkeit, mittels Zahlen einen persönlichen Bedeutungsgehalt zu schaffen und auszudrücken. (Man hätte ja auch 10 Luftballons steigen lassen können.)

e) Mindestens ein Elternteil hat eine besondere Vorliebe für Größe. (50 Ballons kann man kaum noch halten; viel weniger hätten für die Gedenkaktion, unter pragmatischen Gesichtspunkten betrachtet, auch ausgereicht.)

Zu a):

Konfrontation mit dem äußeren Kontext:

Diese Lesart macht in dem vorbeschriebenen Fall in verschiedener Hinsicht Sinn. Die Frage ist, *wem* die Eltern ihre Hoffnung demonstrieren wollen: Der Bevölkerung, ihrer inneren Repräsentanz des Kindes, dem Täter oder sich selbst gegenüber?

Schlussfolgerungen (u. U. mit Berücksichtigung des inneren Kontextes):

$H_{19Ereignis}$, $H_{21ErlebenK}$, $H_{10ErlebenG}$: *Die von einer Entführung ausgehenden Eltern wollen für das Verschwinden ihrer Tochter Aufmerksamkeit erregen und gegenüber der Bevölkerung ihre Hoffnung auf eine mögliche Wiederkehr demonstrieren, um die Kräfte der Menschen für die Suche nach dem Kind zu mobilisieren bzw. aufrecht zu erhalten.*

(Diese Hypothese ist gut vereinbar mit Fallstrukturhypothese2.)

$H_{20Ereignis}$, $H_{22ErlebenK}$, $H_{11ErlebenG}$: *Die in das Verschwinden ihrer Tochter verwickelten Eltern bzw. der involvierte Elternteil möchte(n) für die vorgespiegelte Entführung der Tochter die öffentliche Aufmerksamkeit erregen sowie die angebliche Hoffnung der Eltern auf eine Wiederkehr des Kindes demonstrieren, um von der eigenen Verwicklung abzulenken.*

(Diese Hypothese ist gut vereinbar mit Fallstrukturhypothese1.)

$H_{23ErlebenK}$, $H_{12ErlebenG}$: *Die involvierten oder auch nicht involvierten Eltern bzw. ein Elternteil möchte(n) ihrer inneren Repräsentanz ihres Kindes gegenüber die Aufrechterhaltung der sich für das Wohl des Kindes einsetzenden Elternrolle signalisieren. Das bedeutet, mindestens einer von beiden hat eine relativ enge Bindung an Madeleine und ist darum bestrebt, diese aufrechtzuerhalten.*

(Diese Hypothese wird insbesondere gestützt von $H_{2ErlebenK}$.)

$H_{21Ereignis}$, $H_{24ErlebenK}$, $H_{13ErlebenG}$: *Die nicht mit dem Verschwinden ihres Kindes in Zusammenhang stehenden Eltern McCann bzw. einer von ihnen möchte dem Täter mit dieser Aktion „trotzen" und ihn so beeinflussen, dass Kind den Eltern wiederzugeben.*

(Diese Hypothese ist gut vereinbar mit Fallstrukturhypothese2.)

$H_{22Ereignis}$, $H_{25ErlebenK}$, $H_{14ErlebenG}$: *Die nicht in das Verschwinden involvierten Eltern wollen ihre eigene Motivation der Aufrechterhaltung der Hoffnung und der Suche stärken.*

(Diese Hypothese ist gut vereinbar mit Fallstrukturhypothese2.)

$H_{23Ereignis}$, $H_{26ErlebenK}$, $H_{15ErlebenG}$: *Die in das Vermisstsein ihrer Tochter aktiv verwickelten Eltern bzw. das verwickelte Elternteil wollen/will sich selbst gegenüber eine andere Realität suggerieren, nämlich die einer vorgefallenen Kindesentführung und einem Bestehen von Hoffnung.*

(Diese Hypothese ist gut vereinbar mit Fallstrukturhypothese1.)

Zu b):

Konfrontation mit dem äußeren Kontext:

Im vorliegenden Fall kann dies bedeuten, dass die Eltern von einer Entführung ausgehen, oder aber auch, dass zumindest ein Elternteil in das Verschwinden involviert ist.

Schlussfolgerungen (u. U. mit Berücksichtigung des inneren Kontextes):

$H_{24Ereignis}$, $H_{27ErlebenK}$, $H_{16ErlebenG}$: *Die von einer Kindesentführung ausgehenden Eltern bzw. zumindest ein Elternteil wollen/will für das Verschwinden ihres Kindes Aufmerksamkeit erregen und zugleich „den Himmel" (Gott, die „Guten Mächte", im esoterischen Bereich bedeutsame Kräfte o. ä.) mit der Bitte um Erfüllung der Wünsche/Hoffnungen anrufen, es dem Kind gutgehen zu lassen und das Kind wiederzubekommen.*

(Diese Hypothese ist gut vereinbar mit Fallstrukturhypothese2.)

$H_{25Ereignis}$, $H_{28ErlebenK}$, $H_{17ErlebenG}$: *Die Eltern, von denen mindestens einer involviert ist, wollen, bzw. der Elternteil will, für das Verschwinden des Kindes Aufmerksamkeit erregen und zugleich „den Himmel" mit der Bitte um Erfüllung der Wünsche/Hoffnungen anrufen, es dem Kinde im Jenseits gutgehen zu lassen und/oder es durch irgendein Wunder doch wiederzubekommen.*

(Diese Hypothese ist gut vereinbar mit Fallstrukturhypothese1.)

Zu c):

Konfrontation mit dem äußeren Kontext:

Diese Lesart macht im vorliegenden Fall eigentlich nur Sinn, falls mindestens ein Elternteil weiß, das Kind ist verstorben.

Schlussfolgerungen (u. U. mit Berücksichtigung des inneren Kontextes):

$H_{26Ereignis}$, $H_{29ErlebenK}$, $H_{18ErlebenG}$: *Das Steigenlassen der Ballons symbolisiert für mindestens einen vom Tod des Kindes wissenden Elternteil (unbewusst) ein Loslassen von ihm, ein Es-dem-Himmel-Übergeben und zugleich ein Gedenken an das Kind sowie ein Mitgeben von guten Wünschen.*

(Diese Hypothese ist gut vereinbar mit Fallstrukturhypothese1.)

Zu d):

Konfrontation mit dem äußeren Kontext:

Diese Lesart ist im vorliegenden Fall möglich.

Schlussfolgerungen (u. U. mit Berücksichtigung des inneren Kontextes):

H_{3PersK}, H_{3PersG}: *Mindestens ein Elternteil hat eine besondere Affinität zu der Möglichkeit, mittels Zahlen einen persönlichen Bedeutungsgehalt zu schaffen und auszudrücken. Das bedeutet, er weist zwanghafte und/oder schizotypische Strukturanteile auf.*

Zu e):

Konfrontation mit dem äußeren Kontext:

Auch diese Lesart ist im vorliegenden Fall möglich.

Schlussfolgerungen (u. U. mit Berücksichtigung des inneren Kontextes):

H_{4PersK}, H_{4PersG}: *Mindestens ein Elternteil hat persönlichkeitsbedingt eine besondere Vorliebe für Größe, d. h. er hat deutlich narzisstische Strukturanteile in seiner Persönlichkeit.*

- Am 28. Juni 2007 bitten die Eltern das Ermittlungsteam, für die Suche nach ihrer vermissten Tochter die Hilfe des Südafrikanischen Experten für Leichenaufspürungen, Daniel Krugel, in Anspruch zu nehmen, und ihn nach Praia da Luz kommen zu lassen.

Lesarten (einschließlich evtl. kontrastierender Gedankenexperimente):

a) Am 28. Juni ist mindestens ein nicht involviertes Elternteil in der Verarbeitung seiner Überzeugung, es habe eine Entführung gegeben, soweit, dass er die Möglichkeit ernsthaft in Betracht ziehen kann, dass sein Kind von dem Täter umgebracht wurde.

b) Die in das Verschwinden ihres Kindes involvierten Eltern haben die Leiche am 28. Juni 2007 bereits außerhalb von Praia da Luz endgelagert und können nun eine so extreme Tarnhandlung vornehmen.

c) Die Eltern haben vor, die bislang außerhalb des Außengeländes von Praia da Luz zwischengelagerte Leiche doch an dem letztgenannten Ort endzulagern. Zur Täuschung wollen sie sicherstellen, dass sowohl die Öffentlichkeit wie auch die Polizei vor dieser Umlagerungsaktion darüber informiert sind, dass der Experte in dem Ort keine Leiche gefunden hat.

605

Zu a):

Konfrontation mit dem äußeren Kontext:

Diese Lesart macht in dem vorbeschriebenen Fall Sinn.

Schlussfolgerungen (u. U. mit Berücksichtigung des inneren Kontextes):

$H_{27Ereignis}$, $H_{30ErlebenK}$, $H_{19ErlebenG}$: *Am 28. Juni ist mindestens ein Elternteil in der Verarbeitung seiner Überzeugung, es habe eine Entführung gegeben, soweit, dass er die Möglichkeit ernsthaft in Betracht ziehen kann, sein Kind könnte von dem Täter umgebracht worden sein.*

(Diese Hypothese ist gut vereinbar mit Fallstrukturhypothese2.)

Zu b):

Konfrontation mit dem äußeren Kontext:

Auch diese Lesart ist im vorbeschriebenen Fall möglich.

Schlussfolgerungen (u. U. mit Berücksichtigung des inneren Kontextes):

$H_{28Ereignis}$, $H_{31ErlebenK}$, $H_{20ErlebenG}$: *Die in das Verschwinden ihres Kindes involvierten Eltern bzw. das involvierte Elternteil haben/hat die Leiche am 28. Juni 2007 bereits außerhalb von Praia da Luz endgelagert und können/kann nun eine so extreme Tarnhandlung vornehmen.*

(Diese Hypothese ist gut vereinbar mit Fallstrukturhypothese1.)

Zu c):

Konfrontation mit dem äußeren Kontext:

Diese Lesart ist im vorliegenden Fall nicht auszuschließen.

Schlussfolgerungen (u. U. mit Berücksichtigung des inneren Kontextes):

$H_{29Ereignis}$, $H_{32ErlebenK}$, $H_{21ErlebenG}$: *Die Eltern haben vor, die bislang außerhalb des Außengeländes von Praia da Luz zwischengelagerte Leiche doch an dem letztgenannten Ort endzulagern. Zur Täuschung wollen sie sicherstellen, dass sowohl die Öffentlichkeit wie auch die Polizei vor dieser Umlagerungsaktion darüber informiert sind, dass der Experte in dem Ort keine Leiche gefunden hat.* (Da ein allein in das Verschwinden verwickeltes Elternteil sehr wahrscheinlich nicht soviel Aufwand betreiben und durch die vielen Umlagerungsaktionen auch ein erhöhtes Entdeckungsrisiko eingehen würde, dass es allein sicherlich noch mehr scheuen würde, wird davon ausgegangen, dass bei Zutreffen dieser Hypothese beide Eltern in das Verschwinden des Kindes involviert sind.)

(Diese Hypothese ist gut vereinbar mit Fallstrukturhypothese1.)

- Am 1. Oktober 2007, fünf Monate nach dem Verschwinden seines Kindes, nimmt der Vater im Gegensatz zu seiner Frau seine Arbeit wieder auf.

Lesarten (einschließlich evtl. kontrastierender Gedankenexperimente):

a) Der Vater hat das Geschehene fünf Monate später bereits so verarbeitet, dass er wieder arbeiten kann.

b) Der Mann braucht die Arbeit zur Stabilisierung seiner Persönlichkeit nach dem schlimmen Ereignis.

c) Der Vater hatte eine relativ geringe Bindung an sein Kind, sodass er unter seinem Verschwinden nicht besonders leidet.

d) Die Frau hat nach dem Verlust ihrer Tochter ein gesteigertes Bedürfnis, sich um die noch verbleibenden Kinder zu kümmern.

Zu a):

Konfrontation mit dem äußeren Kontext:

Diese Lesart kann in dem vorbeschriebenen Fall verschiedenes bedeuten: Entweder hatte sich der Vater mit weniger schlimmen Eindrücken auseinanderzusetzen als seine Frau und die Bewältigung der von ihm angenommenen Entführung ging deshalb, im Vergleich zu ihr, relativ schnell oder er kann sich, im Gegensatz zu seiner Frau, nach einem tragischen Ereignis generell wieder recht gut stabilisieren. Diese Stabilisierung kann wiederum auf zweierlei Weise erfolgen:

Entweder durch die Etablierung einer effektiven psychischen Abwehr bedrohlicher Aspekte des Geschehenen oder durch eine Bewältigung in Form des Durchlebens von Trauer, dem Akzeptieren der Ungewissheit, dem Integrieren der Schuldgefühle o. ä. .

Schlussfolgerungen (u. U. mit Berücksichtigung des inneren Kontextes):

$H_{30Ereignis}$, $H_{22ErlebenG}$: *Gerald McCann hatte sich bezüglich des tragischen Geschehens mit weniger schlimmen Eindrücken auseinanderzusetzen als seine Frau.*
(Diese Hypothese ist gut vereinbar mit Fallstrukturhypothese1.)

H_{5PersG}: *Herr McCann verfügt über eine größere Ichstärke als seine Frau. Diese dient ihm zur Etablierung einer erfolgreichen Abwehr gegen bedrohliche Aspekte des Geschehenen.*
(Diese Hypothese ist gut vereinbar mit H_{1PersK}, H_{1PersG}, H_{1Bez} und H_{2PersK}, H_{2PersG}, H_{2Bez}.)

H_{6PersG}: *Der Vater verfügt über eine größere Ichstärke als seine Frau. Diese ermöglichte ihm vor allem die Bewältigung eines Großteils der traumatischen und/oder konflikthaften psychischen Elemente in relativ kurzer Zeit.*
(Auch diese Hypothese ist gut vereinbar mit H_{1PersK}, H_{1PersG}, H_{1Bez} und H_{2PersK}, H_{2PersG}, H_{2Bez}.)

Zu b):

Konfrontation mit dem äußeren Kontext:
Auch diese Lesart ist im vorliegenden Fall möglich.

Schlussfolgerungen (u. U. mit Berücksichtigung des inneren Kontextes):

H_{7PersG}: *Der Mann braucht nach dem schlimmen Ereignis die Arbeit zur Stabilisierung seiner Persönlichkeit. Das legt nahe, dass er einen aktiv-überkompensatorischen und/oder narzisstischen Verarbeitungsmodus aufweist. Vielleicht ist es jedoch auch der Kontakt mit seinen Arbeitskollegen, der ihm gut tut.*
(Diese Hypothese ist gut vereinbar mitH_{1PersK}, H_{1PersG}, H_{1Bezn} sowie H_{4PersK}, H_{4PersG}.)

Zu c):

Konfrontation mit dem äußeren Kontext:
Auch diese Lesart ist im vorliegenden Fall nicht auszuschließen.

Schlussfolgerungen (u. U. mit Berücksichtigung des inneren Kontextes):

$H_{23ErlebenG}$: *Der Vater hatte eine relativ geringe Bindung an sein Kind, sodass er unter seinem Verschwinden nicht besonders leidet.*

Zu d):

Konfrontation mit dem äußeren Kontext:
Auch diese Lesart ist im vorliegenden Fall möglich, vor allem, da Frau McCann der Hauptverdiener ist, der daher mehr dazu gedrängt ist, wieder Geld zu verdienen.

Schlussfolgerungen (u. U. mit Berücksichtigung des inneren Kontextes):

$H_{33ErlebenK}$: *Die Frau hat nach dem Verlust ihrer Tochter ein gesteigertes Bedürfnis, sich um die noch verbleibenden Kinder zu kümmern und bleibt daher zu Hause, zudem sie in ihrer Rolle als Nebenverdienerin keinen so großen Druck hat, wieder Geld verdienen zu müssen.*
(Diese Hypothese ist noch besser vereinbar mit Fallstrukturhypothese1 als mit Fallstrukturhypothese2.)

- Dem Vorhaben des Ermittlungsteams, eine Rekonstruktion des Abends des 3. Mai 2007, dem Abend des Verschwindens ihrer Tochter, in Praia da Luz durchzuführen, stimmen die Eltern nicht zu.

Lesarten (einschließlich evtl. kontrastierender Gedankenexperimente):
a) Zumindest einer der Eltern fühlt sich der mit der Rekonstruktion wohl verbundenen Reaktivierungen der in Portugal erlebten schlimmen Geschehnisse nicht gewachsen und versucht, sie daher zu vermeiden.
b) Die Eltern versprechen sich von dieser Rekonstruktion nichts, da sie die Kompetenzen der Ermittler anzweifeln.

607

c) Die Eltern fühlen sich (zu Unrecht) einer Verwicklung verdächtigt und drücken mit ihrem Widerstand ihren Protest dagegen aus.

Zu a):

Konfrontation mit dem äußeren Kontext:

Diese Lesart ist im vorliegenden Fall sowohl plausibel, falls die Eltern in das Verschwinden ihres Kindes involviert sind, als auch dann, wenn sie es nicht sind.

Schlussfolgerungen (u. U. mit Berücksichtigung des inneren Kontextes):

$H_{34ErlebenK}$, $H_{24ErlebenG}$: Zumindest ein Elternteil fühlt sich der mit der Rekonstruktion wohl verbundenen Reaktivierungen der in Portugal erlebten schlimmen Geschehnisse nicht gewachsen und versucht, sie daher zu vermeiden.

(Diese Hypothese ist sowohl gut vereinbar mit Fallstrukturhypothese1 wie mit Fallstrukturhypothese2.)

Zu b):

Konfrontation mit dem äußeren Kontext:

Auch diese Lesart ist im vorliegenden Fall gut möglich.

Schlussfolgerungen (u. U. mit Berücksichtigung des inneren Kontextes):

$H_{35ErlebenK}$, $H_{25ErlebenG}$: Die Eltern versprechen sich von der Rekonstruktion nichts, da sie die Kompetenzen der Ermittler anzweifeln.

Zu c):

Konfrontation mit dem äußeren Kontext:

Von dieser Lesart sind in dem vorliegenden Fall verschiedene Bedeutungen abzuleiten, je nach tatsächlicher Gegebenheit der Verwicklung der Eltern.

Schlussfolgerungen (u. U. mit Berücksichtigung des inneren Kontextes):

$H_{36ErlebenK}$, $H_{26ErlebenG}$: Die nicht in das Verschwinden ihrer Tochter verwickelten Eltern fühlen sich zu Unrecht verdächtigt und drücken ihren Protest dagegen durch ihrem Widerstand gegen die Rekonstruktion aus.

(Diese Hypothese ist gut vereinbar mit Fallstrukturhypothese2.)

$H_{31Ereignis}$, $H_{37ErlebenK}$, $H_{27ErlebenG}$: Die in das Verschwinden involvierten Eltern bzw. der involvierte Elternteil haben/hat Angst vor einem Auffliegen, vielleicht auch durch einen nicht einzuschätzenden Druck von Seiten der Behörden, und sie weigern sich deshalb, an einer Rekonstruktion teilzunehmen.

(Diese Hypothese ist gut vereinbar mit Fallstrukturhypothese1.)

- Im Frühjahr/Sommer 2008 setzt sich das Elternpaar, dessen Kind ein Jahr zuvor verschwand, für die Einführung eines Alarmsystems in europäischen Vermisstenfällen von Kindern ein.

Lesarten (einschließlich evtl. kontrastierender Gedankenexperimente):

a) Zumindest ein Elternteil sublimiert die mit seiner Erfahrung verbundenen belastenden psychischen Elemente.

Zu a):

Konfrontation mit dem äußeren Kontext:

Diese Lesart ist im vorliegenden Fall gut möglich. Sie kann allerdings in verschiedene Bedeutungen aufgeschlüsselt werden, auch je nach Gegebenheit einer Verwicklung der Eltern in das Verschwinden:

Schlussfolgerungen (u. U. mit Berücksichtigung des inneren Kontextes):

$H_{32Ereignis}$, $H_{38ErlebenK}$, $H_{28ErlebenG}$: Zumindest ein Elternteil verarbeitet sublimierend sein Schuldgefühl, an dem Abend des Verschwindens „in aller Ruhe" zu Abend gegessen zu haben, während der Entführer seines Wissens nach zuschlagen konnte, und hinsichtlich der gegebenen Gefahr vom Bewusstsein her zu wenig „alarmiert" gewesen zu sein. Er will seinen Fehler, stellvertretend an anderen Objekten, ungeschehen machen.

(Diese Hypothese ist gut vereinbar mit Fallstrukturhypothese2.)

$H_{33Ereignis}$, $H_{39ErlebenK}$, $H_{29ErlebenG}$: Zumindest ein Elternteil verarbeitet sublimierend sein Schuldgefühl, an dem Abend des Verschwindens „in aller Ruhe" zu Abend gegessen zu haben, während das Kind in dem Apartment einen tödlichen Unfall erlitt, und für die

608

gegebenen Gefahr von seinem Bewusstsein her zu wenig „alarmiert" gewesen zu sein. Es will seinen Fehler, stellvertretend an anderen Objekten, ungeschehen machen.

(Diese Hypothese ist gut vereinbar mit Fallstrukturhypothese1.)

$H_{34Ereignis}$, $H_{40ErlebenK}$, $H_{30ErlebenG}$: **Zumindest ein Elternteil verschiebt in sublimierender Weise seinen Wunsch, dem Entführer seiner Tochter „das Handwerk zu legen": Wenn man nicht den Kindesentführer seiner Tochter aufhalten oder fassen konnte, so hilft man zumindest dabei, dass dies in ähnlich gelagerten Fällen möglich ist.**

(Diese Hypothese ist gut vereinbar mit Fallstrukturhypothese2.)

$H_{35Ereignis}$, $H_{41ErlebenK}$, $H_{31ErlebenG}$: **Zumindest ein Elternteil verarbeitet sublimierend seinen Wunsch, die Entführung oder der tödliche Unfall möge sich nicht ereignet haben, indem er „die Welt für (alle) Kinder ein wenig sicherer macht", wenn er dies nun leider nachträglich mit den <u>eigenen</u> Räumlichkeiten nicht mehr realisieren kann.**

(Diese Hypothese ist, je nach dem, ob es sich um einen Unfall oder eine Entführung handelt, gut vereinbar mit Fallstrukturhypothese1 oder 2.)

Anhang O: Ergebnisse anderer mit der objektiv-hermeneutischen Analyse ausgewählter Textstellen beauftragter Interpreten

Kurzanleitung für das Analyseverfahren der objektiven Hermeneutik zur Erinnerung nach der persönlich erfolgten Instruktion:

1) Satzweise bzw. bei längeren Sätzen in Teilsätzen (durch Farben markiert) sind je möglichst viele verschiedene Kontexte gedankenexperimentell zu konstruieren, in denen der Text wirklich genau so, wie er dort steht, und kein klein bissel anders eine „wohlgeformte Äußerung" (Oevermann) ergibt, d.h. semantisch, pragmatisch und nach Normalitätserwartungen allgemein so gesagt werden könnte. Es ist also zu konstruieren, *wer* (auch Institution z.B.) dies *in welchem Zusammenhang* zu *wem* „äußern" würde, *wie* und *warum* und ggf. *wo* (Darlegung der jeweiligen Geschichte muss aber längst nicht immer explizit alle diese Elemente enthalten, sondern so, wie sie einem in den Sinn kommt).
→ Regeln: Jedes Wort auf die Goldwaage legen, ggf. auch eines herausgreifen und auf seine „Kontextmöglichkeiten" hin analysieren. Die jeweils erfundene „Geschichte" (1-3 Sätze) soll für den Textteil wirklich spezifisch sein. Auch vor „riskanten", unsinnig erscheinenden oder ethisch problematischen Kontextzuschreibungen darf man nicht zurückschrecken   („nur Mut" :o).

2) Zur genaueren Verdeutlichung kann man sich auch „kontrastierende Gedankenexperimente" machen: In welchem Kontext würde man so etwas niemals sagen? In welchem Rahmen würde man so etwas fast sagen, wenn da nicht dieses Wort X drin wäre, das man anders sagen würde? Außerdem sind manchmal „Ersetzungstests" hilfreich: Wenn man ein Wort austauscht mit einer anderen Konnotation, wird man sich derjenigen bewusster, die das Wort und damit der Satz hat, den man vor sich hat. – Beides zeigt, was *kein* Zusammenhang sein kann und damit genauer, was der textspezifische Zusammenhang ist.

3) Die pro Satzteil gefundenen Kontexte nun nach Gemeinsamkeiten gruppieren. Pro Gruppe ein Abstraktum oder mehrere Abstrakta finden, dieses ist bzw. sie sind eine *Lesart*. Diese charakterisiert oft in einem Wort, von welchen Bedingungen man ausgehen muss, wenn jmd. diesen Satz bzw. Satzteil sagt.

4) Nach einer analysierten Sequenz, v.a. der jeweils ersten der beiden farblich markierten, soll man „raten", wie die Anschlusssequenz wohl lauten koennte. Auch hier ist abstrakt festzustellen, welchen Handlungsspielraum die eroeffnete Sequenz bereitstellt bzw. beschraenkt fuer die Fortfuehrung des Satzes.

5) Ebenso kann bei der Anschlusssequenz dann gefragt werden, welcher der bereitgestellten Handlungsspielraeume denn gewaehlt wurde und welche nicht. Auch hier abstrahieren auf eine knackige Charakterisierung, die dann meist auch schon eine Bedeutung impliziert.

Immer ist, egal auf welcher Ebene der Betrachtung, einem Sequenzanschluss oder einem Gesamtabsatz, besonders interessant, was der Sprecher tut, was er nicht haette tun muessen, sollen oder koennen, und was er nicht tut, aber haette tun muessen, sollen oder koennen.

Interpretiert man einen ganzen zusammenhaengenden Absatz, gilt es, die Lesarten der bereits untersuchten Teile mit den neu zu analysierenden Saetzen zu konfrontieren, diese bilden dann dafuer wieder einen Kontext.

/////////////////////////////

- Ein Beispiel, vereinfacht und leicht umgewandelt nach Oevermann -

„Mutti, wann krieg ich denn endlich mal was zu essen ?"

1) -Quengelndes Kind, das noch so klein ist, sich nicht selbstaendig etwas nehmen zu koennen und auf die Mutter angewiesen ist.
   -Eine erwachsene Frau, die bei ihrer Mutter zu Besuch ist, die staendig mit den Mahlzeiten im Verzug ist, also eine schon ueberfaellige Mahlzeit zuzubereiten haette.
   -Ein Ehemann, der seine Frau *Mutti* nennt und ein Muttersoehnchen ist.
   Betrachtet man alle Woerter noch mal ganz genau, faellt auf alle Faelle der Partikel =endlich mal= auf. Er zeigt an, das es sich auf jeden Fall um einen Kontext handeln muss, in dem das Essen schon ueberfaellig ist bzw. die Mutti gewohnheitsmaessig damit zu spaet dran ist.

2) Weitere Philosophie: Diesen Satz kann man sich in keinem freudvollen Tonfall vorstellen, sondern in einem aergerlichen oder noergelnden.
   Ein gleichberechtigter Ehepartner wurde nicht die gewahlte Anrede benutzen.

3) Lesarten sind also:
   - Beschwerde, Unzufriedenheit
   - Attribution der Mutter als mangelnd fuersorglich byw. umsorgend, u.U. gar als chronisches Versaeumnis
   - aeussere oder nur psychische Abhaengigkeit und Unselbstaendigkeit des Fragenden

4) Die Angesprochene vertroestet oder weist die Kritik zurueck und fodert den Sprecher auf, sich selbst etwas zu machen oder aehnliches.

5) Bekommt man nun den Anschlusssatz zu Gesicht *„Moechst Dein Brot selbst machen oder soll ich es Dir schmieren?"*, dann sieht man, dass die Angesprochene nicht eindeutig Stellung bezieht, wie in 4) erwartet, sondern dem Sprecher eine Alternative anbietet. Damit weigert sie sich einerseits, die attribuierte Unfuersorglichekeit durch das Essenmachen in Fuersorglichkeit umzuwandeln, andererseits aber auch, den Sprecher eindeutig zur Selbstaendigkeit aufzufordern.

Nun waere dieser Satz mit Kontexten zu versehen, etc., Prozedur also von vorne.

Zum Schluss sind dann noch die Analyseergebnisse mit dem wahren aeusseren Kontext zu konfrontieren, wodurch dann die latenten Besonderheiten des Falles klar werden.
Im Bsp.: Es handelte sich um einen achtjaehrigen Jungen, der bereits mit der Mutter am gedeckten Tisch sitzt und vor sich ein Gedeck mit Besteck liegen hat. Die Analyseergebnisse sagen uns also Folgendes: Er findet seine Mutter sehr unfuersorglich und beschwert sich ueber sie. Er moechte gern wie ein kleines Kind behandelt werden, das tatsaechlich noch abhaengig und unselbstaendig ist. Die Mutter erfuellt ihm diesen Wunsch nicht, aber fordert ihn auch nicht eindeutig auf, selbstaendig zu werden. Diese Doppelbotschaft frustriert ihn. Vielleicht reagiert die Mutter immer so und deshalb beschwert sich der Junge. Diese Hypothese muesste am weiteren Text ueberprueft werden.

Viel Vergnuegen !

612

1) Analyse einer Textstelle aus dem Blogeintrag von Herrn McCann zum Papstbesuch (Eintrag vom 30.05.07)[1] von Gabriele H.:

"It was extremely sunny and I have to admit that Kate and I were struggling somewhat with the heat in our dark suits..."

<u>Erster Schritt: Situationen</u>
a)
Zwei Personen gehen in der Mittagszeit durch eine Dünenlandschaft und kommen von einer Beerdigung, trauen sich nicht, die dem Klima unangemessenen Sachen auszuziehen aus Pietät, aber sie geben zu, dass es ihnen schwer gefallen ist, sich der Würde des Anlasses nicht zu entledigen. Eigentlich hatten sie Urlaub machen wollen, aber die Beerdigung „kam ihnen am Urlaubsort dazwischen". Sie haben keinen sehr großen emotionalen Anteil daran genommen, da sie nur über die Hitze klagen, nicht aber über den Anlass der Situation.
Das „Ich" erzählt diese Geschichte einer vertrauten Person, die das „Ich" und Kate kennt.
b)
Zwei Personen, Models oder Schauspieler, haben einen Fototermin unter freiem Himmel und müssen sich dort in feierlicher Kleidung präsentieren, die der klimatischen Situation nicht angepasst ist. Da sie ihr Geld damit verdienen, müssen sie die Situation ertragen. Sie sind sich aber so vertraut, dass sie untereinander zugeben können, dass es ihnen schwergefallen ist. Das klingt etwas zu wehleidig für echte Profis, so dass man annehmen könnte, dass sie noch sehr jung sind oder so etwas zum ersten Mal machen.
c)
Zwei Personen kommen von einer feierlichen Veranstaltung unter südlicher Sonne. Sie sind dunkel, festlich gekleidet, aber fühlen sich nicht wohl in ihrer Kleidung, sie passt nicht zu dem, wie sie sonst gekleidet sind, also ist es eher eine Ausnahmesituation. Sie scheinen es sich oder möglichen Beobachtern schuldig zu sein, ihre „Rolle" bis zum Ende zu spielen, obwohl sie nicht ganz von der Notwendigkeit überzeugt sind. Sie waren auf die Hitze der Sonne nicht vorbereitet.
d)
Zwei Leute sitzen in einem Beratungsgespräch, z.B. Arbeitsvermittlung, einem Kurs für sicheres Auftreten o.ä..
Der Erzähler gesteht, dass ihm bestimmte Berufssparten nicht so angenehm wären, weil sie z. B. von einer unbequemen Kleidung geprägt sind. Hier müsste er Haltung bewahren, was ihm schwer fällt. Er scheint solch einen Anlass nicht wirklich wichtig genug zu empfinden, um sich solchen Zwang anzutun, aber würde notgedrungen diese Anforderung auf sich nehmen.
Es klingt nicht wirklich wehleidig, sondern Zustimmung erheischend, dass es wirklich eine Zumutung ist, unter solchen Bedingungen zu agieren.
Er erzählt dies, um dem Berater klaren Wein einzuschenken, wie und wer er und seine Begleiterin ist, damit keine überhöhten Ansprüche an ihn gestellt werden können. So sichert er sich ab.

<u>Ergänzungen:</u>
Auffälliges zur Wortwahl:
„extrem" sonnig klingt nach Rechtfertigung für die Schwäche, es evtl. in der dunklen Kleidung nicht auszuhalten, „extrem heiß" müsste es eigentlich heißen, denn „sonnig" ist eigentlich nicht steigerungsfähig
Ich „muss" zugeben: klingt wieder etwas gesteigert, als wäre es etwas sehr Schlimmes, sich der dunklen Kleider zu entledigen, als sei dies ein besonders schweres Geständnis, wobei man sich fragt, warum dies so dramatisch sein sollte.
„gekämpft...mit der Hitze" klingt etwas dramatisch, man kämpft mit sich selbst, ob man sich ausziehen sollte oder nicht, mit der Hitze kann man nicht „kämpfen", die Bedingungen von außen scheinen unmenschlich gewesen zu sein, bzw. sie sollen wohl so dargestellt werden, dadurch bekommt die Situation etwas Heroisches oder Opferhaftes

<u>Zweiter Schritt:</u>
Kontrastierendes Denken / Wann sagt man so etwas nicht?
a)
- wenn man sich mit den klimatischen Verhältnissen des Ortes auskennt und das Gegenüber,

dem man den Satz erzählt, ebenfalls (zu „extrem sonnig")
- wenn man denjenigen, dem man dies erzählt, nicht erst von der Notlage überzeugen muss
  (zu „extrem sonnig")
b)
- wenn man dem Gegenüber nicht signalisieren muss, dass man normalerweise keine
  Schwächen zeigt (zu „ich muss zugeben")
c) (zu „struggling":)
- wenn man Araber wäre, weil die Frauen normalerweise immer schwarze Kleidung trotz
  großer Hitze tragen und nichts dabei finden
d)
- wenn man nicht davon überzeugt wäre, dass das Tragen dieser dunklen Kleidung wichtig
  ist, das kann wegen des Anlasses sein oder wegen einer inneren Haltung, die die Kleidung
  ausdrücken soll
e)
- wenn es nicht mindestens 30 °C gewesen wäre
f)
- wenn es Winter gewesen wäre oder geregnet hätte
g)
- wenn Kate eine große Szene gemacht hätte wegen der Kleidung, sie sich also uneinig
  gewesen wären
h)
- wenn sie alternative Kleidung dabei gehabt hätten und ein Umziehen problemlos gewesen
  wäre
i)
- wenn die Beiden Typen gewesen wären, die es überhaupt nicht einsehen würden, sich
  solchen Zwängen zu unterwerfen
j)
- wenn der Sprecher nicht von der Notwendigkeit seines Handelns überzeugt gewesen wäre, sondern sich
  lächerlich fühlen müsste, dass er es mit der Kleidung so lange ausgehalten hat für nichts und wieder
  nichts
k)
- Hier scheinen in dem Sprecher zwei Prinzipien miteinander in Konflikt geraten sein:
  seinen persönlichen Bedürfnissen nachzugeben und einem äußeren Zwang zu folgen, die
  Kleidung anzubehalten. Wenn er kein Gefühl für diesen normativen Zwang verspüren würde
  oder er seine persönlichen Bedürfnisse nicht wahrnehmen würde, hätte er den Satz nicht
  gesagt.
  - Wenn er den „normativen Zwang" ablehnen würde, hätte er den Satz nicht gesagt.
  - Wenn er seine persönlichen Bedürfnisse verachten/missachten würde, hätte er es nicht gesagt
l)
- Wenn er sich seiner „Schwäche" übermäßig schämen würde, hätte er den Satz nicht oder nur einer
vertrauten Person gesagt
m)
- wenn er es im Nachhinein falsch findet, dass er die Kleidung anbehalten hat und dies nicht zugeben
möchte.
n)
- Wenn er es im Nachhinein richtig findet, dass er die Kleidung anbehalten hat, aber keinen Zweifel
aufkommen lassen möchte an der Richtigkeit dieser Entscheidung

Dritter Schritt: Abstrakta aus den Geschichten des 1. Schrittes
- Disziplin (bei Kleidung)
- Durchhaltevermögen (in der heißen Sonne)
- Hintanstellen persönlicher Bedürfnisse (reagiert nicht „frei" auf die Umweltbedingungen)
- Willensanstrengung, die aber nicht leicht fällt und daher doppelt belohnenswert ist
- Leiden und Leidensfähigkeit
- Offenheit beim Zugeben von Schwächen

614

- Gewissenskonflikt zwischen äußerer Anforderung und inneren Bedürfnissen
- Vertrauen auf Verständnis gegenüber dem Zuhörer des Satzes

<u>Vierter Schritt: Wie könnte der Satz fortgeführt werden?</u>
1. aber dann zogen wir sie einfach aus.
2. und wir hielten bis zum Ende durch.
3. und wir sind froh, dass wir durchgehalten haben.
4. Aber wir haben es noch bis zum Hotel geschafft.
5. Aber als die Sonne unterging, wurde es endlich kühler.
6. Bis wir nicht mehr konnten und uns unter einen Baum in den Schatten setzten.
7. Bis uns ein Auto mitnahm.
8. Und da tauchte eine Tankstelle auf und wir tranken eine eisgekühlte Cola – das tat gut.
9. Aber dann sahen wir die Quälerei nicht mehr ein, zogen uns aus und versteckten die Anzüge im Gebüsch.
10. Bis Kate sauer wurde und sagte, dass sie das nicht mehr mitmachen wolle.
11. Bis ich auf meinem Handy eine SMS/einen Anruf bekam, die/der uns erlöste.
12. Die schon völlig ruiniert waren.
13. Bis wir endlich die Verkleidung leid waren.
14. Bevor wir hinter einer Hecke wieder in unsere normale Kleidung schlüpften.
15. Aber dann haben sie uns entdeckt.
16. Aber dann hörten wir eine Stimme.
17. Doch plötzlich zogen Gewitterwolken auf und es wurde stürmisch, so dass wir plötzlich froh über unsere Anzüge waren.
18. Aber sie waren ein guter Schutz in dem Sandsturm
19. Bis ich es nicht mehr eingesehen habe.
20. Aber wir halfen uns mit einem Trick: Wir stellten uns ein gekühltes Fass Bier vor.
21. Aber wir machten uns beide gegenseitig Mut.
22. Doch jetzt sind wir total stolz, dass wir durchgehalten haben.
23. Doch eigentlich wollten wir das niemandem erzählen.
24. Aber jetzt hinterher komme ich mir doch ziemlich blöd vor.
25. Doch wir durften nicht aufgeben.
26. Und wenn Kate mich nicht immer wieder weiter getrieben hätte, hätte ich mich auf den Boden geworfen und wäre lieber verdurstet.
27. Aber unsere Kinder warteten ja zu Hause auf uns.
28. Doch wir durften sie ja nicht ausziehen.
29. Doch wir hatten ja versprochen durchzuhalten.
30. Aber wir mussten uns beeilen.
31. Aber wir wollten ja pünktlich sein.
32. Bis dieser seltsame Typ kam.
33. Aber sie waren so teuer gewesen, dass wir sie hier nicht zurücklassen wollten.

<u>Fünfter Schritt: Vergleich mit der tatsächlichen Weiterführung</u>
... but Francis rescued us with an umbrella and some water
and following that some heavy cloud rolled in, cooling us down.

Welche meiner Möglichkeiten hat er gewählt?
Alle Sätze, die eine Rettung von außen versprechen(7, 8, 11, 17)
Eine Person kommt hinzu wie ein Deus ex machina, und die Naturgewalten helfen ebenfalls.
Die Rettung besteht aus einer vertrauten Person: Francis mit einem Regenschirm und Wasser (ziemlich lapidar, finde ich   ;-)!!!)

Welche hat er nicht gewählt?
Alle Sätze, die
- die Situation durch eigene Kraft lösen: 2, 3, 4, 8, 20, 21, 22, 26,
- einen Abbruch der Situation durch den Erzähler und/oder Kate herbeiführen:

1, 6, 10, 13, 14, 19
- einen nichtlösende Fortgang der Situation beinhalten: 5, 6,
- ein gutes oder schlechtes Ende im Dunkeln lassen: 15, 16, 17, 32
- die Situation nur genauer beschreiben: 12, 18
- eine abschließende Beurteilung der Situation durch den Erzähler beinhalten: 3, 22, 23, 24
- klären, warum die Beiden die Anzüge getragen haben: 28, 29, 33
- zeigen, dass es einen normativen Zwang für die Situation gab: 13, 22, 25, 27, 28, 29, 30, 31, 33

Der Sprecher klammert folgende Möglichkeiten aus:
- alles, was eine Selbstrettung ermöglicht
- alles, was eine Auflehnung gegen die Situation beinhaltet
- alle negativen oder dramatischen „Lösungen"
- alles, was eine Erklärung für die Situation wäre
- alles, was eine Meinungsverschiedenheit zwischen Kate und dem Sprecher beinhalten könnte
- alle Selbstreflexionen der Beiden über die Situation
- alle genaueren Beschreibungen der Situation bis zur Rettung
- eine Auflösung, dass das Ganze nur ein Spiel ist (Satz 13)
- alle Strategien der Beiden zur psychischen Bewältigung der Situation
- alle Strategien der Beiden zur physischen Bewältigung der Situation
- etwas Gutes in der Situation zu sehen (Satz 8, 17, 18)
- einen möglichen kriminellen Hintergrund
- jede abschließende Bewertung der Situation durch die Beiden
- das Verhältnis zwischen Kate und Sprecher näher zu beleuchten

Er benutzt die Konjunktion „aber", also einen **Gegensatz** (von mir 20x benutzt als „aber" und „doch", also entgegensetzende Konjunktionen)
M.E. hat die Rettung durch Francis eigentlich gar nichts mit einem „Gegensatz" zu tun.
Temporale Verknüpfungen durch z.B. „bis, bevor" (bei mir 8x) kommen genauso wenig vor wie die neutralste Form der Aneinanderreihung durch „und" (bei mir 4x) und durch das Relativpronomen „die" (Satz 12) zur näheren Erläuterung der Situation.

Die Gemeinsamkeiten zwischen meinen Möglichkeiten lassen sich so formulieren:
Alle sagen etwas über die Beiden selbst, z.B. ihre Stimmung und / oder persönliche Situation aus.

Fazit:
Dies wird bei der tatsächlichen Fortführung völlig ausgespart, die Rettung erfolgt sehr plötzlich. Man erfährt nichts weiter, wie sie auf die Situation **persönlich** reagieren.
Nur in dem Wort „rescued" wird deutlich, dass die Situation gefährlich war. Entweder ist dieses Wort übertrieben, oder die tatsächliche Gefahr wird verschleiert.

Was wird an der gewählten Möglichkeit deutlich?
Ein Dritter tritt unvermittelt hinzu, Rettung von außen, einer vertrauten Person, die die richtigen Dinge mitbringt, anscheinend wusste, was die Beiden brauchen:
Schatten und Wasser.
Ist der Schirm gegen die Sonne oder gegen die „Wolke"??? Von Regen ist keine Rede!

Wer handelt und löst, sind nicht die Beiden, sie „kämpfen" gegen etwas an, was man nicht bekämpfen kann (die Hitze) und halten aus, sind also in der passiven Rolle. Der aktive Teil kommt von außen, wird aber so sparsam beschrieben, dass man nicht genau weiß, wie die Rettung aufgenommen wird, welches Verhältnis der Sprecher zu Francis hat, wie er selbst über die Situation denkt. Auf jeden Fall scheint Francis etwas Positives zu verkörpern: Fürsorge, Wissen um die Situation.

„...and following that some heavy cloud rolled in, cooling us down."

Erster Schritt: Situationen

a)
Zwei Freundinnen machen eine mehrtägige Fahrradtour. Die eine hat sich gut auf die Reise vorbereitet und studiert noch im Fahren die Karte. Die andere ist körperlich nicht so fit und strampelt ihrer Freundin missmutig hinterher. Es ist heiß, es geht bergauf, die letzte Pause war gerade erst vor 5 Minuten. Da platzt der missmutigen Freundin der Kragen und sie schimpft auf das Wetter, ihr Fahrrad, die Strecke, die Idee, eine Radtour zu machen u.s.w.. Da sie ihre Freundin für all dies unterschwellig verantwortlich macht, entbrennt zwischen den Beiden ein heftiger Streit, bei dem es beinahe zu sehr bösen Worten gekommen wäre. Da ziehen plötzlich schwere Wolken auf und es beginnt wolkenbruchartig zu regnen. Die Beiden haben nun andere Sorgen, kommen wieder „zur Besinnung" und suchen mit vereinten Kräften Schutz vor dem Regen.

b)
Zwei Motorradgangs sind auf einem Highway in entgegen gesetzter Richtung unterwegs. Sie genießen das Fahren auf breiter Straße ohne Gegenverkehr. In dem Augenblick, als sie aufeinandertreffen, will keine Gruppe der anderen ausweichen. Alle müssen abrupt abbremsen, einige weichen einander aus, indem sie ins Feld fahren. Sie sind dermaßen wütend, dass sie ihre Motorräder ganz gegen ihre Gewohnheit einfach fallen lassen und sich mit wüsten Beschimpfungen aufeinander stürzen. Eine wilde Schlägerei ist im Gange. Da setzt ein heftiger Regenguss ein, der die Kämpfenden wieder zur Besinnung bringt. Sie lassen langsam von den Gegnern ab und fragen sich verwundert, wie das Ganze passieren konnte.

c)
Eine Gruppe von Wanderern unternimmt eine Bergbesteigung. Der Tag ist wunderschön, aber ziemlich heiß. Die Sonne steigt höher, der Schweiß rinnt vielen von der Stirn, die Flanellhemden sind durchgeschwitzt, einige kühlen sich den Kopf mit zusammengeknoteten feuchten Tüchern. In dieser Mittagsglut können sie den Gipfel hoch über sich sehen, aber die Etappe bis dorthin macht einige ganz kleinmütig. Insgeheim sinnen sie auf Umkehren, aber dies trauen sich nicht, dies laut zu sagen. Da ziehen plötzlich schwere Wolken auf, das Wetter schlägt blitzartig um, und es beginnt von jetzt auf gleich in Strömen zu regnen. Alle atmen auf, ziehen sich aus und genießen es, sich von dem Regen abkühlen zu lassen. Nun haben alle wieder neuen Mut für die letzte Etappe.

d)
Ein einfaches, kleines Segelboot ist auf die hohe See hinausgetrieben worden und in Seenot geraten. Die Crew von zwei Männern und einer Frau kämpft darum, wieder an Land zu kommen. Das Boot ist außer Kontrolle geraten, denn das Segel flattert im Winde und lässt sich kaum beherrschen, weil es dem dafür Zuständigen aus der Hand geglitten ist. Der Wind wird immer stärker. Alle versuchen vor allem, dem hin- und her schlagenden Baum auszuweichen, bis es endlich gelingt, ihn zu fassen und das Segel so in den Wind zu richten, dass ein Manövrieren wieder möglich wird. Die Crew ist total erleichtert und sieht wieder eine Chance für eine Rettung aus dieser Situation. Doch nach dieser Strapaze ist die Gefahr noch nicht gebannt, denn schwere Wolken ziehen nun nach dem Sturm auf, und es beginnt wolkenbruchartig zu regnen. Die Sicht beträgt nur noch 5 Meter. Die Temperaturen sacken gegen den Gefrierpunkt, die Crew ist völlig durchnässt, alle halten zittern das Ruder bzw. das Segel fest und klappern mit den Zähnen. Es wird lebensbedrohlich.

Ergänzungen:
Auffälliges zur Wortwahl:
„heavy", „rolled" und „down" haben in **dieser Kombination** etwas sehr Bedrohliches, als würde man von den Wolken „plattgemacht", die Menschen werden ganz klein gegenüber den Naturgewalten.
Nimmt man das „cooling" hinzu, wird das „down" plötzlich positiviert. Es kann ein Abkühlen von einem unnormalen Hitzezustand auf das Normalmaß bedeuten, aber auch von einer kochenden Gemütsverfassung auf ein sachliches Überdenken. Es kann aber auch als Erfrieren gedeutet und dann gefährlich werden.
Es wird nicht klar, ob die „Abkühlung" als etwas Positives oder Negatives gegenüber dem, was davor war, empfunden wird.

Kontrastierendes Denken / Wann sagt man so etwas nicht?

a)

Wenn es einem schon vorher kalt gewesen ist.

b)

Wenn man sich über Regen grundsätzlich ärgert.

c)

Wenn man sich von dem, was vorher war, nicht lösen kann und den Abkühlungseffekt gar nicht bemerkt bzw. genießen kann.

d)

Wenn das Vorhergegangene nicht etwas ziemlich Schwerwiegendes gewesen wäre, weil es hier extra erwähnt wird (i.S. von: Und das war noch nicht genug…)

e)

Wenn man so in Rage ist, dass man sich nicht abkühlen lassen will.

f)

Wenn man Francis die alleinigen „Rettungslorbeeren" zugestehen möchte (im Satzzusammenhang)

g)

Wenn man leicht ins Frieren gerät.

h)

Wenn man sich nicht die Zeit für Naturbeobachtungen nimmt (weil man z.B. andere Probleme hat), denn das „Hereinrollen" dauert ja seine Zeit.

Dritter Schritt: Abstrakta aus den Geschichten des 1. Schrittes
- positiver Erholungseffekt durch die Abkühlung (a, b, c)
- hohe körperliche Anstrengung (a-d)
- vorhergehende hohe emotionale Beteiligung
- Kampf (mit Naturgewalten: d) oder Streit (a und c auch mit sich selbst: aufgeben?)
- Alle gehen eigentlich einem schönen Hobby nach
- Körperliche oder seelische Spannung und Entspannung (a-c), zunehmende Dramatisierung (d)
- Grundsätzliche Freiwilligkeit der Ausgangshandlung
- Abkühlung sorgt für „Frieden" (a-c)
- Menschen sind aufeinander angewiesen
- sehr plötzliche Wechsel
- Grenzsituationen/Grenzerfahrungen

2) Analyse einer weiteren Textstelle aus dem Blogeintrag von Herrn McCann zum Papstbesuch (Eintrag vom 30.05.07)[2] von Gabriele H.:

"It felt as if time stood still for a moment ..."

Erster Schritt: Situationen

a)
Ein junger Mann befindet sich auf einem großen Ball in Wien. Er kennt kaum Menschen dort, tanzt hin und wieder mit fremden Damen, die ihn nicht wirklich interessieren. An diesem Abend entdeckt er eine junge Frau, der es ganz ähnlich zu gehen scheint. Sie tanzt Wiener Walzer, aber man merkt ihr an, dass der Tanz bei ihr nicht rund läuft. Der junge Mann ist zu schüchtern, sie aufzufordern und beobachtet sie stattdessen intensiv. Sie bemerkt diese Intensität und kommt auf ihn zu und bittet ihn zum Tanz. Vor lauter Überraschung sagt er sofort zu und beginnt mit ihr zu tanzen. Vom ersten Augenblick an schwingen sie im Gleichklang zur Musik und es ist, als wenn die Zeit für einen Moment still stehen würde.

b)
Ein Mann kommt nach 30 Jahren durch Zufall wieder an den Ort zurück, in dem er aufgewachsen ist. Das Dorf hatte ihm in diesen 30 Jahren nichts bedeutet und er hatte keine Sehnsucht nach dem Ort seiner Vergangenheit gespürt. Er läuft die Straße entlang und sucht das alte Haus, in dem er groß geworden ist. Plötzlich beginnt sein Herz zu klopfen, als er einen großen Kastanienbaum erblickt. Erinnerungen steigen in ihm auf, wie er mit seinem besten Freund auf diesen Baum geklettert war und wie sie sich immer ein Baumhaus darin gewünscht hatten. Da hört er ein leises Quietschen, das seine Aufmerksamkeit total gefangen nimmt. Er geht auf das Quietschen zu und erblickt die alte, rostige Gartenpforte ihres Hauses, die wie vor 35 Jahren schief in der Angel hängt und denselben quietschenden Ton von sich gibt. Da bekommt er ein Gefühl, dass die Zeit für einen Moment still steht.

c)
Eine Mutter geht mit ihrem kleinen Sohn zum Einkaufen durch eine belebte Straße. Der Junge reißt sich los und rennt, ohne sich umzusehen, über die Straße. Die Mutter läuft in Panik hinterher, wird aber von einem Auto erfasst und durch die Luft geschleudert. Der kleine Sohn dreht sich in diesem Moment um und sieht, wie seine Mutter durch die Luft wirbelt. Er versteht nicht wirklich, was da vor sich geht, aber er hat das Gefühl, dass die Zeit für einen Moment still steht.

d)
Ein Schüler sitzt in der Schule und träumt mitten im Physikunterricht vor sich hin. Er ist innerlich weit weg, lässt die Gedanken schweifen, fliegt über Berge und Wiesen und fühlt sich ganz leicht. Jäh wird er in die Gegenwart gerissen, denn sein Physiklehrer hat sich riesengroß vor ihm aufgebaut und sieht ihn erwartungsvoll an, als hätte er ihm eine Frage gestellt. Der Junge ist so intensiv in die Gegenwart geholt worden, dass er das Gefühl hat, die Zeit stehe für einen Moment still.

Ergänzungen:
Auffälliges zur Wortwahl:
„It felt" stellt sehr das Gefühl in den Mittelpunkt, also die subjektive Innensicht des Sprechers (oft heißt es nur: „Die Zeit schien still zu stehen" o.ä.), d.h. die Wahrnehmung („es fühlt sich an") ist dabei zentral, nicht das Wunder an sich, dass die Zeit still steht.
„for a moment" klingt seltsam als ungefähre Zeitangabe (jeder weiß aber ungefähr, wie lang ein Moment dauert), wo es doch um Zeitlosigkeit geht. Welche Perspektive nimmt der Sprecher ein? Stellt er sich im Nachhinein außerhalb der Situation? Bewertet er sie anders?
Wie kann er wissen, dass es für „einen Moment" war, wenn er das Gefühl hatte, die Zeit stehe still!?

Zweiter Schritt:
Kontrastierendes Denken / Wann sagt man so etwas nicht?
a)
Wenn man jemand ist, der durch nichts zu erschüttern ist.
b)

Wenn man nicht hinterher über die Situation reflektieren würde und sich die tatsächlich vergangene Zeit bewusst machen würde.

c)
Wenn man nicht zugeben wollte, dass man für einen Augenblick die Kontrolle verloren hat über sein eigenes Zeitgefühl, sich selbst(?)
- aus Scham vor zu großer Emotionalität
- weil man dem anderen nicht solch eine Wirkung auf sich zugestehen möchte
- weil man sich nicht an andere ausliefern möchte, denen man dies erzählt, da evtl. eine seelische Erschütterung vorausgegangen ist und man diese als zu intimes Erlebnis verheimlichen möchte

d)
Wenn man keinen Sinn für Poesie hätte.

Dritter Schritt: Abstrakta aus den Geschichten des 1. Schrittes
- Versunkensein in eine Sache und Ausblenden jeglicher sich verändernder Details „drumherum"
- Intensität des Augenblicks durch eine innere seelische Erschütterung
- Die „seelische Erschütterung" kann durch positives Erleben (a und b, zwei sehr archaische Gefühle: plötzlich „stimmt alles"/"intensive Kindheitserinnerungen, die einen „übermannen") ausgelöst werden, durch ein traumatisches Erlebnis (c) oder durch das unvermittelte Aufeinanderprallen von Innen- und Außenwelt
- Immer sind es männliche Protagonisten.
- Hingabe an den Augenblick (a und b)
- Innere emotionale Verwandlung durch ein äußeres Ereignis und dessen ganz persönliche Interpretation durch den Erlebenden
- Szenen, die ohne ein gesprochenes Wort auskommen
- Das Wesentliche passiert im tiefen Innern der Menschen, äußerlich kaum sichtbar

Vierter Schritt: Wie könnte der Satz fortgeführt werden?
1.) aber dann war der Augenblick auch schon wieder vorbei.
2.) aber sofort hatte ich mich wieder im Griff.
3.) doch leider holte mich die Gegenwart schnell wieder ein.
4.) und ich war wie gelähmt.
5.) So etwas ist mir noch nie passiert.
6.) Und das jagte mir Angst ein.
7.) Und ich hatte ein intensives Gefühl von mir selbst.
8.) Aber ich musste reagieren.
9.) Aber was ist schon „Zeit"!?
10.) und ich war selten so glücklich.
11.) bis ich merkte, wie mich alle anstarrten.
12.) und ich nahm alles wie unter einem Vergrößerungsglas wahr.
13.) doch jetzt ist es mir peinlich, das zuzugeben.
14.) aber ihr haltet mich wahrscheinlich alle für einen Spinner.

Fünfter Schritt: Vergleich mit der tatsächlichen Weiterführung

Welche meiner Möglichkeiten hat er gewählt?
Keine meiner Möglichkeiten! Es gibt nicht einmal Ähnlichkeiten!

Welche hat er nicht gewählt?
Alle Sätze, die die Innensicht des Sprechers, d.h. seine eigenen Gefühle näher erläutern (4, 6, 7, 12)
Alle Sätze, in denen der Sprecher die Situation bewertet (2, 3, 6, 10, 13, 14)
Alle Sätze, in denen der Sprecher nachträglich die Situation deutet (5, 9, 10)
Alle Sätze, die beinhalten, wie er sich von der Situation wieder löst (1, 2, 3, 8, 11)

Fazit:

Der Sprecher führt den Satz mit der sehr sachlichen Feststellung weiter, dass der Papst in ihre Gesichter geschaut hat. Es wird nicht ausdrücklich ein Kausalzusammenhang hergestellt, sondern die Verknüpfung ist eine temporale. Trotzdem deutet man das eine als Ursache für das andere.
Denn die Erzählreihenfolge ist ungewöhnlich, dass erst das „Wunder des Zeitstillstandes" erzählt wird und dann die (mögliche!) Ursache dafür.
Nach meinem Empfinden geht der ersten Satzhälfte eine seelische Erschütterung voraus, die hier nicht vom Sprecher thematisiert wird, sondern er überlässt die Verknüpfung dem Gegenüber. Die Rolle des Papstes bleibt im Dunkeln sowie der Grund für seine außerordentliche Wirkung.
Auch, ob das Zeitstillstand-Erlebnis als positiv oder negativ empfunden wird, wird nicht klar:
Hat der Papst ihn „durchschaut", in ihm etwas entdeckt, was er verschweigen will? Oder hat der Papst solch eine Ausstrahlung, dass er sich bei ihm „aufgehoben", „ganz" fühlt?
Diese außerordentliche Empfindung des Zeitstillstandes wird nur sehr lapidar weitergeführt.

„...and there was almost instant recognition..."

Erster Schritt: Situationen
a)
Sabine hat völlig überraschend eine Mail eines alten Klassenkameraden aus ihrer Schulzeit erhalten, in der sie eingeladen wird zu ihrem 30-jährigen Klassentreffen. Sie hatte den Kontakt zu ihren ehemaligen Schulkollegen nie gepflegt und noch nie an solch einem Treffen teilgenommen. Plötzlich überkommt sie ein Gefühl der Wehmut, und Erinnerungen steigen in ihr auf an Freundinnen, ihre erste Liebe Rainer, um den sich alle Mädchen gerissen haben, und an einige alte Lehrer, die es gut mit ihr gemeint hatten. Sie sagt zu. Treffpunkt ist die große Treppe vor dem alten Schuleingang. Noch ist keiner da. Sabine fühlt sich plötzlich fremd und fragt sich, ob sie sich wirklich dieser nostalgischen Veranstaltung aussetzen soll und die alten Erinnerungen auffrischen will. Wird sie überhaupt jemanden wiedererkennen? Sich an Namen erinnern? Wie peinlich könnte das werden. Die Schultür öffnet sich von innen und heraus tritt ein Mann mit Halbglatze und einem ziemlichen Wohlstandsbauch. Der „neue" Hausmeister? fragt sich Sabine. Aber der Mann beginnt zu winken und eilt, soweit es sein Bauch erlaubt, auf Sabine zu. Sie wundert sich über die Vertraulichkeit des Fremden, sie zögert, und doch: da ist ein fast sofortiges Wiedererkennen: Rainer. Das vertraute Gesicht, aber viel breiter geworden, die spärlichen grauen Haare, aber noch immer die unternehmungslustigen und herausfordernden blauen Augen. Mit einem Mal ist Sabine froh, dass sie sich entschlossen hat zu kommen.
b)
Ute ist seit etwas über einem Jahr Witwe. Das Jahr ist schlimm für sie gewesen. Auf Schritt und Tritt vermisste sie ihren Mann, der wie selbstverständlich 28 Jahre lang an ihrer Seite gewesen war. Sie war sehr depressiv gewesen, und Freunde hatten ihr geraten, einen interessanten Urlaub zu machen, neue Eindrücke zu gewinnen: Bali, Südafrika, China. Aber sie hatte immer abgewunken. Nach diesem Jahr verstärkte sich in ihr das Bedürfnis, an den Ort ihres Kennenlernens zurückzukehren: die kleine ostfriesische Insel mit dem Duft nach Meer und Strandhafer. Sie war seit damals nie wieder dort gewesen. Wie war das damals gewesen, das Gefühl? Hatte sie geahnt, dass der Urlaub ihrem Leben eine Wende geben würde? Plötzlich beschlich sie eine Angst, dass das Unternehmen verrückt war, weil sie nichts mehr finden würde, wie es damals gewesen war. Nachdem das Schiff die Hafenausfahrt passiert hatte, hielt sie neugierig Ausschau nach der Silhouette der Insel. Es war diesig, aber nach einer halben Stunde tauchten die Umrisse der Insel deutlich hervor. Und da war fast ein sofortiges Wiedererkennen: der Leuchtturm, die Formation der Dünen, die kleine gebogene Hafeneinfahrt, die Inselbahn – nichts schien sich seitdem verändert zu haben.
c)

Eine Frau war vor einiger Zeit beim Heraustreten aus einer Bank abends in der Dunkelheit brutal überfallen worden. Der Räuber war nicht vermummt gewesen. Es gab eine verbissene Rangelei um die Handtasche, die die Frau gewann. Sie war so geistesgegenwärtig gewesen, den Räuber unter eine Laterne zu ziehen und ihm ins Gesicht zu blicken. Daraufhin flüchtete er eilig. Einige Wochen später wurde die Frau auf die Polizeiwache bestellt und sollte den Täter identifizieren. Die Frau war etwas aufgeregt, weil sie nicht wusste, ob sie sich auf ihr Gedächtnis verlassen konnte. Sie wollte ja keinen Unschuldigen verdächtigen und dennoch der Polizei weiterhelfen. Sie wurde in einen Raum gebeten, dessen eine Seite aus einer Glasscheibe bestand. Dahinter standen fünf Männer verschiedener Größe und verschiedenen Alters. Die Frau brauchte nicht lange zu überlegen, denn da war fast ein sofortiges Wiedererkennen. Nur der Bart, den sich Person Nr. 4 in der Zwischenzeit hatte wachsen lassen, hatte die Frau für einen kurzen Moment irritiert. Aber dann war sie sich völlig sicher.

d)
Eine Frau hat einen kleinen unscheinbaren Silberring verloren, den ihr ihr erster Verehrer, ein 15-jähriger Mitschüler, einmal geschenkt hatte. Sie trug ihn ab und an noch immer aus einem nostalgischen Gefühl heraus, auch wenn sie längst glücklich verheiratet war. Oben auf dem Ring saß eine kleine silberne Schildkröte. Zuerst zögerte sie, ob sie wirklich zum Fundbüro der Stadt gehen sollte und ob ihr der Ring so wichtig war. Aber aus einem unbestimmten Gefühl heraus entschied sie sich, es zu versuchen. Der Beamte im Fundbüro holte eine relativ große Holzkiste aus einem Hinterraum und stellte sie vor die Frau hin. „Mal sehen, ob Sie in dem Durcheinander etwas finden", meinte er. Doch der Frau genügte ein kurzer Blick in die Kiste, denn da war ein fast sofortiges Wiedererkennen: Unter einem dicken Modeschmuckcollier blitzte die kleine Schildkröte hervor, und die Frau war froh, dass sie dem Ring noch eine Chance gegeben hatte.

e)
Eine Frau aus der ehemaligen DDR fuhr mit dem Zug von Bremen nach Hamburg. Auf einer Zwischenstation stieg ein neuer Fahrgast ein, der sich ihr genau gegenüber hinsetzte. Für den Bruchteil einer Sekunde wunderte sich die Frau darüber, dass ihr Herz plötzlich laut zu klopfen begann, und da war fast ein sofortiges Wiedererkennen des Stasioffiziers, der ihren Mann für fünf Jahre nach Bautzen gebracht hatte.

Ergänzungen:
Auffälliges zur Wortwahl:
Die Kombination von „fast" und „sofortiges" klingt eigentlich wie ein Widerspruch. Es bleibt unklar, warum das Wiedererkennen nicht sofort stattfand: Hatte sich etwas verändert, was erst einmal „weggedacht" werden musste? **Wollte** man sich nicht erinnern, musste man etwas überwinden? Brauchte man einfach nur einen Augenblick Zeit, um sich zu konzentrieren? War es zu abwegig, dass plötzlich etwas auftaucht, was wiederzuerkennen war?
Das „und" am Anfang klingt dafür, dass das Wiedererkennen vielleicht ungewöhnlich war, zu lapidar, nämlich als Aufzählung, nicht als Höhepunkt einer Spannung.

Zweiter Schritt:
Kontrastierendes Denken / Wann sagt man so etwas nicht?
a)
Wenn man geheimhalten muss oder will, dass man jemanden wiedererkennt.
b)
Wenn man starke innere Erregtheit nicht zeigen will, die das Wiedererkennen auslöst.
c)
Wenn man so tun will, als sei der Wiedererkannte einem egal, als habe man ihn wirklich längst vergessen.
d)
Wenn man mit dem Menschen nichts mehr zu tun haben will.
e)
Wenn man mit seiner Wiedererkennensleistung nicht angeben will.
f)
Wenn es einem peinlich wäre, jemanden nicht wirklich sofort wiedererkannt zu haben, weil derjenige einem z.B. sehr nahe steht.
g)

Wenn die Sichtverhältnisse es nicht erlaubt hätten (z.B. wegen Dunkelheit, Nebel).

h)
Wenn es aus Gründen, die in der Vergangenheit liegen, irgendwie für jetzt gefährlich wäre, zu verkünden, dass man jemanden wiedererkannt hat.

Dritter Schritt: Abstrakta aus den Geschichten des 1. Schrittes
- Alle Hauptpersonen sind weiblich (Intuition?)
- Es gibt ein kurzes Zögern, einen Widerwillen, einen Zweifel am Anfang der Geschichte, ob man sich einer Situation aussetzen sollte oder nicht (a, b, c, d).
- Der Sachverhalt, an den man sich erinnert, liegt jahrelang zurück (a, b, d, e).
- Die Überwindung des inneren Widerstandes vom Beginn führt zu einem überraschend positiven Erlebnis (a, b, c, d).
- Das Wiedererkennen macht Freude (a,b,c,d).
- Nach anfänglicher Unsicherheit fühlt sich die Hauptperson plötzlich sehr sicher, was ihre Wahrnehmung angeht (a, b, c, e).
- Das Wiedererkennen hat immer etwas mit einem wichtigen emotionalen Ereignis aus der Vergangenheit zu tun, positiv (a, b, d) oder negativ (c, e).
- Das Wiedererkennen ist immer etwas verzögert, weil sich der Zustand des Wiedererkannten etwas verändert hat (a, c, e) oder die Sichtverhältnisse ungünstig sind (b, d).
- Die Hauptpersonen scheinen mit ihrem jetzigen Leben eigentlich zufrieden zu sein, aber es gibt da eine tief sitzende, fast vergessene Sehnsucht (a, b, d) oder einen wunden Punkt (e).
- Die Frauen wirken äußerlich souverän, das Eigentliche spielt sich innen ab (a, b, c, d, e).
- Es gibt eine Angst davor, etwas nicht wiedererkennen zu können, zu versagen (a, b, c)

"... and a change in his expression."

Erster Schritt: Situationen

a)
Eine Familie hatte den todkranken Großvater zum Sterben nach Hause geholt. Der Großvater lag mit halb geöffneten Augen apathisch im Bett. Alle Familienmitglieder saßen still um das Bett herum und warteten darauf, dass etwas passiert. Alle beobachteten den Großvater und horchten beklommen auf seine flachen Atemzüge. Und da gab es einen Wandel in seinem Gesichtsausdruck; er schlug die Augen auf, sah alle Familienmitglieder noch einmal völlig klar und freundlich an und verstarb.

b)
Eine Geisel wurde in einem Keller gefangen gehalten. Die Frau hockte, mit Klebeband gefesselt, auf dem Boden, neben der Tür stand ein Hocker, auf dem ihr Bewacher saß. Er hatte noch nie ein Wort mit ihr geredet, obwohl sie schon mindestens 24 Stunden hier eingesperrt war. Der Bewacher spielte die ganze Zeit mit einem Messer. Dabei war seine Miene völlig undurchdringlich. Die Frau beobachtete ihn schon die ganze Zeit, weil sie glaubte, ihr weiteres Schicksal hinge von ihm ab. Aber sie wagte nicht, ihn anzusprechen, weil sie Angst vor seiner Reaktion hatte.
Vor der Tür hörte man plötzlich einen Schrei. Die Geisel zuckte zusammen und sah den Bewacher noch furchtsamer an, und da gab es einen Wandel in seinem Gesichtsausdruck.
Er sah aus, als sei er aus dem Schlaf erwacht und fixierte nun die junge Frau mit einem interessierten Blick.

c)
Ein Bahnschaffner erwischte kurz vor seinem Feierabend in einem total überfüllten Zug einen jungen Mann ohne Fahrkarte. Mit strenger Miene klärte er ihn darüber auf, dass er sofort den Zug zu verlassen und außerdem 60,- € zu bezahlen habe.
Die Fahrgäste in dem Abteil begannen leise zu murren, das sei eine völlig überzogene Maßnahme, es reiche doch, den Mann zur Kasse zu bitten. Der ohnehin überlastete Schaffner konnte seine Wut nur mühsam verbergen, er hatte diese Diskussionen kurz vor seinem Feierabend so leid, als plötzlich der Schwarzfahrer sein Hosenbein hochzog und eine stählerne Prothese sichtbar wurde. Der Schaffner

stutzte, und da gab es einen Wandel in seinem Gesichtsausdruck. Er packte sein Schreibgerät wieder ein, murmelte ein „Entschuldigung" und verließ sehr schnell das Abteil.

d)

Ein Mann kam abends niedergeschlagen von der Arbeit heim. Seine Frau war bei seinem Anblick sofort genervt, denn so ging es schon wochenlang. Längst hatte die Frau es aufgegeben, ihn zu fragen, wie es bei der Arbeit war.

Sie saßen wortlos beim Abendbrot und aßen still vor sich hin. „Ich bin gefeuert". Dieser Satz hing plötzlich in der Luft. Die Frau brauchte einige Augenblicke, um zu begreifen, und dann wetterte sie los, dass er zu nichts tauge, dass er nicht mal eine Familie ernähren könne, er solle sich ein Beispiel an seinem Freund Herbert nehmen, der würde seine Frau verwöhnen und ihr ein schönes Leben ermöglichen. Der Mann sank weiter in sich zusammen, was die Frau nur umso wütender machte. „Der Herbert fliegt mit seiner Frau jedes Jahr nach Bali, und du? Was bringst du zu Stande? Nicht mal im Bett funktioniert irgendetwas, aber der Herbert, der kann....." Und da gab es einen Wandel in seinem Gesichtsausdruck. Das Gesicht verzerrte sich plötzlich zu einer gequälten Grimasse. Und es wurde sehr still.

Ergänzungen:
Auffälliges zur Wortwahl:
„einen Wandel": Durch das Nomen kommt dieser Verwandlung eine größere Bedeutung zu, als wenn man sagen würde: „...verwandelte sich", die „Doppelpunkt dahinter" wird umso größer, man ist sehr gespannt auf die Auflösung: Inwiefern verwandelt sich da etwas, welche Bedeutung zeichnet sich auf dem Gesicht ab?
„expression": Dies ist ja eigentlich das Wort für „Ausdruck", hier wird es im Sinne von „Gesichtsausdruck" gebraucht, das klingt so, als sei es nicht nur eine vordergründige Sache „auf dem Gesicht", sondern tief im Inneren auch, der „Ausdruck" des ganzen Menschen verwandelt sich.

Zweiter Schritt:
Kontrastierendes Denken / Wann sagt man so etwas nicht?
a)
Wenn man nicht genau genug das Gesicht des anderen beobachtet.
b)
Wenn man sehr auf sich selbst fixiert ist.
c)
Wenn man in einer (z.B. hierarchischen) Position ist, in der man nicht abhängig ist von dem Gesichtsausdruck des anderen.
d)
Wenn man sich nicht die Zeit nimmt, hinzugucken.
e)
Wenn man sich nicht dafür interessiert, wie der andere reagiert.
f)
Wenn der andere sein Gesicht „total unter Kontrolle" hat.
g)
Wenn man es nicht für (über-) lebenswichtig hält, Gesichter in seiner Umgebung zu interpretieren.

Dritter Schritt: Abstrakta aus den Geschichten des 1. Schrittes

-   Auf den Wandel im Gesichtsausdruck wird irgendwie immer gewartet, aber der Zeitpunkt ist unabhängig vom Beobachter (bis auf c)
-   Das, was dem Wandel vorausgeht, kann sehr unterschiedlich sein (a: unabhängig vom Betrachter, b: Reiz von außen, c: kalkulierte Geste, d: Provokation)
-   Derjenige, dessen Gesicht sich verwandelt, stellt sich gerade dabei auf eine völlig neue Situation ein.
-   Der Wandel im Gesichtsausdruck ist immer eine Reaktion auf etwas.
-   Er ist nur der Anfang von einer darauf folgenden Aktion des „Gewandelten".
-   Der Wandel ist z.T. interpretationsbedürftig und kann sehr gefährlich sein (b, d), aber auch erlösend (a, c).

- Der Wandel hat Konsequenzen für das Gegenüber (a, b hier aber offen, c, d auch hier offen)
- Der Wandel hat etwas mit Emotion, innerer Bewegung zu tun, die sich nach außen fortsetzen wird.
- Derjenige, dessen Gesicht sich verwandelt, wird von dem anderen sehr genau beobachtet, denn es hängt für ihn etwas davon ab (a, b, c, (d))
- Es gibt immer ein überraschendes Moment (Zeitpunkt des Todes, Schrei, Prothese, Verplappern).
- Eigentlich wollen alle diesen Wandel, aber wenn er eintritt, wird die Situation plötzlich wieder sehr offen.

3) **Analyse eines Textausschnittes von der Homepagestartseite „Message from Kate and Gerry McCann"[3] von Barbara K.:**

I „(a) Madeleine is a beautiful little person. (b) She was a very happy and much loved little girl. (c) We believe there is a very good chance that Madeleine is still alive. (d) She deserves the love and security of her family. (e) She needs to be back home with her mummy and daddy, brother and sister"

Ia: „Madeleine is a beautiful little person."
- Zwei Ärzte in einer Gemeinschaftspraxis sprechen über eine neue Auszubildende.
- Zwei Ärzte/Therapeuten/Soz.arbeiter o.ä. (helfende Berufe), die sich lange um das Wohlergehen von M. bemüht haben (und dadurch sehr nahe geworden sind), schauen in ruhigem Stolz auf die sich gut entwickelnde (ehemalige) Patientin/Klientin. Vielleicht musste diese sehr tapfer sein (z.B. Chemo überstehen oder Verlust der Eltern) und ist jetzt von der Last befreit und auf dem guten Wege in ein normales Leben.
- Eine Lehrerin, Ärztin, Psychologin, Soz.päd. schreibt einen Entwicklungsbericht, ein Gutachten oder eine Stellungnahme und der Satz leitet eine differenzierte und detaillierte (liebvolle) Beschreibung ein.
- Ein Mann, körperlich groß und kräftig, sagt es zu seinen Eltern über seine neue Freundin. Diese muss sich durch z.B. einen Beistand in einer schweren Zeit der Bezeichnung „Person" als würdig erwiesen haben. M war also eine wichtige und stützende Person für den Sprechenden und wird es vermutlich auch In Zukunft für Ihn sein.

2) Würde statt „Person" so ein Wort wie „Ding" gebraucht, wäre M. entwürdigt und verlöre Potenz und innere, tiefe Wertschätzung.
3) liebvolle Beziehung + Abhängigkeit + bedeutsame Erfahrung
4) It's really nice to know her. Oder: It's really nice to have her here. Oder: I'm really happy that she survived. → Zukunft
5)Unerwartet ist der Wechsel vom Präsens ins Präteritum im nächsten Satz. Der erste Satz für sich verweist unbedingt auf die Erwartung einer Zukunft, ggf. sogar einer mindest. teilweise gemeinsamen Zukunft: Abrupt Abgebrochene Zukunft

Ib. "She was a very happy and much loved little girl."
- Ein Pastor, ein Schuldirektor oder eine Bürgermeister könnte diesen Satz auf einer Beerdigungsfeier sagen. Oder der Satz könnte Teil einer Traueranzeige sein.
- M. ist etwas widerfahren; sie hat z.B. beide Eltern bei einem Autounfall verloren und ist jetzt unglücklich in einem Kinderheim. Eine entfernte Verwandte spricht zu einer Bekannten über das Mädchen M., dass beide vor dem Unglück schon gekannt haben.

2) Präs. anstelle von Prät. würde die Tragik gänzlich herausnehmen und nahezu das Gegenteil der jetzigen Situation darstellen.

3) Der Satz hat eine unveränderbare Tatsache als Ausgangspunkt und bringt Tragik und Trauer mit sich.
4) Man erwartet als Nächstes zu hören, worin das Unglück bestanden hat/besteht.

lc) We believe there is a good chance that Madeleine is still alive.

- Es ist ein Kartenspiel, indem in Gruppen gegeneinander gespielt wird. Ein Teil des Spiel ist strategisch planbar, aber nicht alle Karten, die im Spiel sind, sind einsehbar (z.b. die der anderen Gruppen, sowie des unaufgedeckten Stapels in der Mitte). Somit ist der andere Teil des Spiels Glück und braucht auch Risikofreude. Eine Gruppe ist dran und gibt selbstsicher den Tipp ab, dass sie denken, dass die Figur des Spiels, „Madeleine", noch lebt. Das Spiel könnte eine „Verbrecherjagd in London" sein, ähnlich dem Gesellschaftsspiel „Scottland Yard", nur mit Aktionskarten, die eben Figuren unwiderruflich aus dem Spiel ausscheiden lassen. Die Gruppe behauptet nun einfach (nach Einbeziehung taktisch-logischer Überlegungen sowie Kalkulation des Risikos), dass M. noch lebt. Es ist klar, dass ihr Verhalten und ihre vorgegebene Sicherheit die anderen Spieler beeinflussen kann und somit ggf. tatsächlich den Anteil des Risikos, der im Verhalten der anderen Spieler besteht, etwas kontrollieren kann. Psychologische Momente des Spiels und der subtilen Beeinflussung (Rosenthal-effekt/Halo usw.).
- Durch erfahrene Leute (z.B. Verhandlungsgruppe bei der Polizei (Taktik und Strategie) formulierte öffentliche Stellungnahme von Eltern, deren Kind als vermisst gilt.

2) ohne „we believe" wechselt der „Status" der Sprechenden. Die Sprechenden wären ohne diese Einschränkung die Wissenden, also die die mit dem Unwissen der anderen spielen.
3) Strategie, Taktik und Gewinn/Erfolgs-Wille
4) "Our phone nummer is: xxxx". Oder: "We will find her!"
5) Im Folgesatz wird der vermeintlich hohe Status aufgegeben und es kommt zu einer Art von Bitte.

ld. "She deserves the love and security of her family."

- Eine Mutter/ein Vater erklärt seinem Kind (5-8 Jahre), dass es das weibliche Mäusebaby freilassen muss, damit dieses wieder zu seiner Mäusefamilie gehen kann. Die Eltern appellieren an die Fähigkeit des Kindes, sich in die Lage des Mäusebabys zu setzen, dass es sich alleine fühlt und dass dieses Mäusemädchen eben die Liebe und den Schutz ihrer Familie verdient.
- Eine europäische Frau heiratet in einen afrikanischen Stamm ein, neben dem Mann heiratet sie quasi eine ganze Großfamilie/Sippe mit – sie muss sich deren Regeln unterwerfen, steht aber auch unter deren Schutz. Ein Pfarrer/Würdenträger/Amtsmann appelliert implizit an die Familie, diese Aufgabe auch wahrzunehmen und sagt deshalb auch bewusst „ihre" Familie, sodass deutlich ist, dass die eigentlich fremde Frau nicht ausgeschlossen werden darf per Tradition und Gesetz.

2) "needs" anstelle von "deserve" würde den Charakter vom Allmächtigen/allmächtigem Gesetz verändern und übrig bleiben würde ein bedürftiges Kind und eine bedürftige Familie
3) UNUMSTÖLICHES GESETZ
4) "And we miss her. "Oder: "And the parents miss her." Und dann: "Please, give her back."
5) auf Ebene des UNUMSTÖßLICHEN GESETZES geblieben, hier hat auch das Wort „need" den Charakter; aber nur aufgrund des Wortes „back". Der Ausgangszustand ist der undiskutable beste Zustand.

1e "She needs to be back home with her mummy and daddy, brother and sister."

- Es gab mal einen Fall, dass Babies im Krankenhaus vertauscht wurden gleich nach der Geburt und 9-18 Monate (oder sogar 3 Jahre) lang in der jeweils anderen Familie aufwuchsen. Die Frage, welches nun die für das Kind nun besseren Eltern waren, wurde diskutiert, bzw. die Frage, wie die Kinder wieder zu den biologischen Eltern kommen ohne dass Kindern und Eltern zu schaden kommen. Der obige Satz wäre auf jedenfalls ein Plädoyer auf die biologischen Eltern (samt Geschwistern), dem Standpunkt wird Nachdruck verliehen mit dem unverrückbaren MUSS, das aber eigentlich infrage steht/angegriffen ist. „Back" würde sich auf den Umstand beziehen, dass das Kind ja von den biologischen Eltern gezeugt und von der leiblichen Mutter ausgetragen wurde. Dieser –wahre – Fall berührt grundsätzliche Fragen der Elternschaft. Wann wird ein Kind zu deinem Kind? Denn beide Eltern liebten ja auch das nicht-ihr-biologische Kind als ihr Kind und ihr biologisches Kind war ihnen fremd inzwischen.

- Eine Jugendliche ist von zu Hause ausgerissen und in einer Hippie WG aufgenommen worden. Ein WG-Mitbewohner tritt in Kontakt mit der Familie und die Mutter der Jugendlichen versucht ihr Anliegen, das Mädchen wieder zu sich zu holen, per Verweis auf ein unumstößliches Naturrecht zu untermauern. Wer die „bessere" Familie für die Jugendliche ist, muss ebenso grundsätzlich wie oben diskutiert werden.

- Eine Mutter/ein Vater braucht das Kind als psychischen Stabilisator und das Kind konnte mit Hilfe der Klassenlehrerin nach langen Diskussionen mit auf eine Klassenfahrt fahren. Die Mutter/der Vater hält es aber zu Hause nicht ohne das Kind aus, auch keine drei Tage, und legt nun ihre/seine persönlichen Bedürfnisse und Abhängigkeiten in das Kind hinein, indem es den eigenen Wunsch als Bedürfnis des Kindes deklariert (alles schon gesehen!). Wieder wird der MUSS-Charakter verwendet, weil es kein überzeugendes anderes Argument gibt.

2) Ohne „back" würde die Aussage weniger überzeugend sein und angreifbarer. Der Ausgangszustand wird als Ideal suggeriert./dargestellt.
3) Es wird ein UNUMSTÖßLICHES GESETZ formuliert, dass gerade ob der Unumstößlichkeit INFRAGEGESTELLT IST.
4) „When will you bring her back? Or shall I fetch her?"
5) WEM GEHÖRT DAS KIND?

4) Analyse eines Ausschnittes aus dem ersten Blogeintrag des Vaters McCann vom 13.05.07[4] durch Barbara K.:

II. (a) Kate is a keen runner and in the last few days has tried to include a run in the daily routine. (b) Yesterday (Sat) at 7am we ran to the monument at the top of the steep cliff overlooking Praia de Luz. (c) We reached it in 19 minutes.

II. a) "Kate is a keen runner and in the last few days has tried to include a run in the daily routine."

- In der Psychiatrie ist ein neues Mädchen (13 – ca. 24 Jahre) eingeliefert worden und vielleicht 1-3 Wochen schon dort. Eine Ärztin/Krankenschwester schreibt in ihren Wochenbericht ihre Beobachtungen der Patientin Kate.
- In einem Auswahlcamp des FBIs über 3 Wochen, in dem es um die detaillierte Einschätzung der Persönlichkeit und Belastbarkeit geht, schreibt einer der Juroren sich Notizen auf für einen späteren Bericht. (18-25 Jahre alt ist „Kate")

2) Mit „Mrs. McCann" anstelle von „Kate" würde die Person, um die es geht, älter werden. Nur der erste Satzteil wäre eine allgemeine Aussage über eine Person und Kate könnte auch ein kleines Mädchen sein, der zweite Satz gibt „Kate" eigenen Handlungsspielraum (include) und zeigt zugleich eine besondere Situation an, die zwischen Routine und Ausnahmezustand schwebt und ein Ringen um etwas beinhaltet (has tried).
3) BEOBACHTUNG + HANDLUNGSSPIELRAUM
4) „On the beginning of the week she can carry her plan to run out but from Wednesday on she always struggles."
5) Überraschend ist, dass es im folgenden Satz um „we" geht, nicht mehr nur um Kate und außerdem dass das „we" eine Gleichberechtigung zwischen dem Sprechenden und Kate beinhaltet. KATES STATUS/ZUSTAND

(b) Yesterday (Sat) at 7am we ran to the monument at the top of the steep cliff overlooking Praia de Luz.

- Eintrag im Reistagebuch. Männer- oder Frauengruppe oder Paar macht Aktivurlaub.

- Trainingscamp der Triathlongruppe in Portugal.
- Notiz auf einem Zettel, auf dem - zwanghaft nach Halt suchend wo es keinen Halt gibt- die Maßnahmen notiert werden, um vermisste Menschen nach einem Seesturm zu sichten. Auf der hohen Klippe wird nach Booten, Bootüberresten, Menschen geschaut.

2) Das "ran" irritiert, eigentlich rennen Touristen nicht, außer eben welche, die Jogger sind und für die so etwas Alltag ist. "went" umschlösse mehr Personen.

3) AKTIVITÄT

4) „And at noon we did it again, and even at 6 p.m." dann weiter: I think with this actions we will be in top form for the competition. Oder: But there still wasn't any sign of a human life not even a single plank (Holzplanke).

5) Die sportliche Version geht weiter, also ein Minutenzähler am Werk und gar kein echter Kampf um Leben und Tod. LEISTUNG.

(c) We reached it in 19 minutes.

- Personen haben eine eigene Bestzeit erlangt in einer gewählten Disziplin (zu Fuß, Laufen, mit ICE, Segeln, Fähre). Auf jeden Fall wurde Zeit gestoppt, Minuten gezählt und das Prinzip, je schneller desto besser, zählt. Kinder ab ca.8 Jahren bis Erwachsene ins hohe Alter hinein ist alles denkbar.

2) In einem primitiven Dorf, in dem es keine Uhren gibt; generell in einem Land, in dem exakte Zeitmessung und Schnelligkeit nicht zu den anerkannten Werten gehört.

3) LEISTUNGSPRINZIP: schneller, besser, höher. KAPITALISMUS + Abendländische Kultur

4) Now we want to beat our personal best time and reach it faster.

5) –

5) **Analyse eines Absatzes aus dem Blogeintrag des Vaters vom 27.05.07[5] durch Barbara K.:**

IV. (a) The couple of Sunday articles we read did not cover much of what we talked about and seemed to get some of the other stuff wrong! (b) We stated that Sean and Amelie are sleeping in our room (in separate cots) because of other family staying with us and that we were trying to treat them as normal and not to be overprotective. (c) This came out that we were so protective we have to have them sleeping in our bed! (d) These inaccuracies are not important in our search for Madeleine and the next phase is being planned currently.

IV (a) The couple of Sunday articles we read did not cover much of what we talked about and seemed to get some of the other stuff wrong!

- Eine Band, die gerade in der Krise steckt wegen Drogenkonsum und Vorwurf der Hehlerei, hatte Interviews/Presseerklärungen gegeben, eigentlich zwecks Beruhigung der Stimmung gegen sie. Aber die Klatschzeitung „Sunday" hat diesen Impuls nicht aufgegriffen (ob berechtigter oder unberechtigter Weise bleibt offen), sondern die Krise verstärkt. Der Satz stammt aus einem anderen Interview/Pressekonferenz, das/die anschließend gegeben wurde.

2) Der Satz kann in keinem freudigen Tonfall gelesen werden, sondern in einem ärgerlichen, vorwurfvollen, rechtfertigendem Ton. Bleibt im höflichenTon „did not cover much" „Some other stuff wrong", es wird nicht gesagt, dass sie die Unwahrheit oder Unsinn geschrieben haben und dass davon nichts stimmt.

3) RECHTFERTIGEN

4) „We really ask the press to stay with the truth and to take in that way her task to inform the publicy."

5) Überraschend ist, dass sie sich so in das Medienspiel hineinziehen lassen und sich im Detail rechtfertigen. Dadurch verlieren sie an Status, geraten in eine schwächere Verteidigungsposition.

(b) We stated that Sean and Amelie are sleeping in our room (in separate cots) because of other family staying with us and that we were trying to treat them as normal and not to be overprotective.

- In einer Selbsthilfegruppe für Eltern mit todkranken oder schwerkranken Kindern ist eine Aussage der Eltern als überprotektiv bewertet und kritisiert worden. Die Eltern stellen in einem Abschlusswort der Debatte ihre Position nochmals dar.
- Es gab eine öffentliche Drohung gegen die beiden Kleinkinder der Königsfamilie, die Polizei und Berater haben entschieden, dass entweder nichts zu befürchten ist oder dass vor allem die Ruhe nach Außen hin zu bewahren wichtig ist.

2) Man würde so etwas nicht sagen, wenn man sich seiner Sache sicher wäre, sich scher fühlen würde und unabhängig von der öffentlichen Meinung wäre. Der Satz ist kompliziert und bezieht sich teilweise auf vergangene Dinge außerhalb des Satzes. Menschen ohne Interesse und Neigung zur Auseinandersetzung zwischen Menschen werden abwinken und noch nicht einmal versuchen zu verstehen.

3) SICHERHEIT + NORMALITÄT

4) „So, please, let us go back to normality, we and you together. This struggle won't help us at all."

5) Der Sprechende fällt zurück in die rechtfertigende Position und bleibt im Detail haken, er verliert dadurch an Status.

IV. (c) This came out that we were so protective we have to have them sleeping in our bed!

- In einer Selbsthilfegruppe für Eltern mit todkranken oder schwerkranken Kindern, ist eine Aussage der Eltern als überprotektiv bewertet und kritisiert worden. Die Eltern stellen in einem Abschlusswort der Debatte ihre Position nochmals dar.

2) Der Satz macht nur Sinn, wenn die schutzgebende Funktion der Eltern a) einen Wert darstellt b) diese Funktion aber nur in einer bestimmten Weise ausgeübt werden soll – weder zu viel noch zu wenig. In einer Gesellschaft (andere Kultur/andere Epoche), in der Kinder immer im Bett der Eltern schlafen, wäre der Satz absurd. In einer Gesellschaft, in der Kinder einfach mit im Haushalt groß werden – ohne spezielle Debatten über Erziehungsstile – wäre dieser Satz ebenfalls absurd. Der Satz bezieht sich wieder auf etwas, das vorangegangen ist.

3) KINDERN SCHUTZ GEBEN

4) „Really, how could you think we – especially we – would be overprotective!"

5) Überraschend ist, dass die Sprecher nun doch endlich einen Schlussstrich unter diese Debatte ziehen, dadurch gewinnen sie wieder an Handlungsspielraum und damit Macht. MACHT-OHNMACHT

IV (d) These inaccuracies are not important in our search for Madeleine and the next phase is being planned currently.

- An einem Kindergeburtstag gibt es ein langes Schatzsuchspiel - gefunden werden muss "Madeleine". Dabei müssen die Kinder in Gruppen teilweise strategisch vorgehen und diese auch beim Spielleiter einreichen. In der Gruppe war ein Streit entbrannt, der die Kinder eine ganze Weile von der eigentlichen Aufgabe abgehalten hat. Ein Kind hatte sich aufgeregt, dass ein anderes anstatt zu warten und den Zollstock – der geholt wird- zu benutzen, um deine Distanz genau zu messen, geschätzt hat (dieses war eine kleine Teilaufgabe). Der geschätzte Wert wurde dem Spielleiter übermittel und war wenig genau. Ein weiteres Kind treibt die Gruppe an, im Spiel fortzufahren, indem es den obigen Satz sagt.

2) „details" anstelle von „inaccuracies" wäre üblicher. Diesen Satz würde man nicht sagen, wenn der Sprecher an sich Freude am Streit hat und ihn (heimlich) gerne weiterführen würde.

3) FÜHRUNG GEWINNEN

4) „Our aim is to find Madeleine and to bring her healthy back home."

5) –

6) **Analyse einer mehrfach vom Vater im Blog[6] verwendeten Redewendung durch Andy B.**

„a significant milestone":

1)
- Jemand hat eine wichtige Prüfung innerhalb seiner Ausbildung erfolgreich abgeschlossen.
- In einem lang andauernden Rechtsstreit erfolgt die Zusammenkunft aller Streitparteien zu einem einvernehmlichen Gespräch.
- Beim privaten Hausneubau wurde vor Wintereinbruch die Dacheindeckung abgeschlossen.

2)   Die Äußerung würde man nicht verwenden, wenn etwas Selbstverständliches hinter einem liegt (z. B. das tägliche Frühstück).

3)
- Nach dem Erreichen des Meilensteines baut man auf dem Erreichten auf.
- Man ist erleichtert und befreit, wenn man den Meilenstein erreicht hat und die Wegstrecke erfolgreich überwunden hat. Man ist erfreut, wenn die Strapazen hinter einem liegen.
- Man hat auf das gesetzte Etappenziel systematisch hingearbeitet.

7) **Analyse einer Äußerung von Frau McCann in der Nacht des Verschwindens ihres Kindes durch Andy B.**

„Why did I think that/it was safe?"[7]

1)
- In einem abgelegenen, ländlichen Dorf schließen die Bewohner ihre Häuser nicht ab, weil sie sich sicher fühlen, da dort noch nie kriminelle Vorfälle waren. Nun geschieht aber doch unerwartet ein Raub und sie machen sich Vorwürfe.
- Nachdem meine Finanzanlagen im Aktiengeschäft jahrelang positive Entwicklungen aufgewiesen haben und ich mich in dieser Anlageform sicher fühle, investierte ich dort weiter größere Summen. Ausgelöst durch die weltweite Bankenkrise führt diese für mich bewährte Anlageform kurzfristig zu höheren Verlusten. Nach meinem Kapitalverlust ist mir die zu hohe Risikobereitschaft ersichtlich.
- Das kurz unbeaufsichtigt spielende Kind hantiert mit den herumliegenden Stricknadeln an der Steckdose und bekommt dabei einen verletzenden Stromschlag. Die Mutter macht sich zwei Vorwürfe: Warum sind keine Kinderschutzsicherungen installiert? Weshalb liegen die Stricknadeln im Griffbereich des Kindes?
- Beim Fahrradfahrenlernen werden die bis dahin hilfreichen Stützräder entfernt. Bei dem ersten Fahrversuch, wo das Kind sich noch in Sicherheit fühlt, stürzt es. Dem Kind wird klar, es hätte vorsichtiger fahren müssen.

2)   Die Äußerung würde man nicht verwenden, wenn man eine „Katastrophe" *trotz Bemühen* nicht vermeiden konnte.

3)
- Jemand handelt aufgrund eines langen, gewohnten Sicherheitsgefühls zu sorglos und unterschätzt die Situation.
- Sein sorgloser Umgang führt zu einer „Katastrophe", die er durch vorausschauendes Handeln verhindert haben könnte.
- Er macht sich hinterher Vorwürfe.

8) Analyse eines Verhaltenselements der Mutter McCann aus der BBC-Sendung „Panorama" vom 19.11.07 (0:13 – 0:17) durch Andy B.

Schnelle Handbewegung mit Schnalzen der Zunge und Zeigegeste[8]

1)
- Ein Mann schneidet mit einer kurzen Bewegung einen Ast mit einer Motorsäge durch. Es geschieht sehr schnell. Er wird danach gefragt warum es so rasch ging und er zeigt dann mit den Fingern, dass der Ast nur sehr klein gewesen ist.
- Jemand trennt etwas durch und zeigt hinterher, dass nur ganz kleine Teile übrig geblieben sind.
- Ein Mensch wird mit einem schnellen Hieb auf den Kopf erschlagen und jemand weist danach auf die sehr kleine Wunde hin, die man von Außen sehen kann.
- Es wird ein radikaler Schlussstrich unter etwas gezogen. Derjenige der ihn gezogen hat gibt an, dass ihm jetzt die ganze Angelegenheit nur noch wenig bedeutet.

2) Um bloß eine Wegrichtung anzuzeigen schnalzt man nicht mit der Zunge. Das Geräusch weist auf etwas hin, das schnell geschehen ist und durch das plötzlich etwas vorbei ist.

3)
- Man macht etwas „kaputt", indem man etwas abtrennt oder jemandem einen verletzenden Schlag versetzt.
- Eine radikale Handlung geschieht sehr schnell. Danach ist ein bestimmter Zustand vorbei.
- Nach der Handlung ist nur etwas sehr kleines übrig.

9) Analyse eines Verhaltenselements der Mutter McCann aus einem Interview bei Sky News vom 01.05.08 (06:26) durch Andy B.

erschreckter Blick nach oben[9]

1)
- Jemand kommt nach Hause, betritt das Wohnzimmer und sieht den Scherbenhaufen der heruntergestürzten, wertvollen Vase.
- Ein Autofahrer trifft auf der Landstraße ein verunglücktes Fahrzeug. Bei der Hilfeleistung entdeckt er die toten Fahrzeuginsassen.
- Jemand erblickt am Ende seines Arbeitstages im Terminkalender den wichtigen übersehenen Termin.
- Eine ängstliche Frau will das geöffnete Schlafzimmerfenster schließen. Dabei erblickt sie erschrocken eine Fledermaus kopfüber an der Decke hängen.

2) Durch eine Übermittlung einer Schreckensnachricht, fernmündlich oder persönlich, erfolgt nicht dieser Gesichtsausdruck.

3)
- Das Erblicken von etwas Schrecklichen führt zu einem plötzlich erschrockenen Blick und löst Entsetzen aus.
- Etwas Schlimmes ist in Abwesenheit einer Person passiert. Die Person trifft später unverhofft darauf.
- Man erschreckt sich über seine Unachtsamkeit.
- Etwas Folgenschweres lässt sich nicht mehr rückgängig machen.